增修胶志校释

叶钟英　修
匡　超　纂
贾泽荣等　校释

齊魯書社
·济南·

图书在版编目（CIP）数据

增修胶志校释 / 叶钟英修；匡超纂；贾泽荣等校释. -- 济南：齐鲁书社, 2024.6
ISBN 978-7-5333-4849-6

Ⅰ. ①增… Ⅱ. ①叶… ②匡… ③贾… Ⅲ. ①胶州－地方志 Ⅳ. ①K295.23

中国国家版本馆CIP数据核字(2024)第109151号

书名题字　张建会
书名篆刻　陈　靖
责任编辑　李军宏　周　磊
封面设计　刘羽珂

增修胶志校释
ZENGXIU JIAOZHI JIAOSHI

叶钟英 修　匡超 纂
贾泽荣等 校释

主管单位	山东出版传媒股份有限公司
出版发行	齊魯書社
社　　址	济南市市中区舜耕路517号
邮　　编	250003
网　　址	www.qlss.com.cn
电子邮箱	qilupress@126.com
营销中心	（0531）82098521　82098519　82098517
印　　刷	山东新华印务有限公司
开　　本	889mm×1194mm　1/16
印　　张	54
插　　页	4
字　　数	1210千
版　　次	2024年6月第1版
印　　次	2024年6月第1次印刷
标准书号	ISBN 978-7-5333-4849-6
定　　价	480.00元

《增修胶志校释》编委会

增修胶志校释说明

2022 年 4 月，中共中央办公厅、国务院办公厅印发《关于推进新时代古籍工作的意见》，提出要完善古籍工作体系，提升古籍工作质量，并通过挖掘古籍的时代价值、促进古籍的有效利用、做好古籍普及传播等方式加快古籍资源的转化利用。根据胶州市委关于党校要“做好胶州历史文化系列课题研究，讲好胶州故事，增强文化自信”的要求，党校教职员工认真研究胶州历史文化，对胶州地方志《增修胶志》进行校释。

胶州从明万历年间开始编纂地方志，到新中国成立前共进行了五次编纂，分别是明万历志，清康熙志、乾隆志、道光志，民国《增修胶志》。《增修胶志》编纂完成后，迄今无整理本。我们根据 1931 年胶县大同印刷社排印本为底本，对《增修胶志》进行校释。校释过程中，参考《四库全书》《二十四史》《山东通志》《大清一统志》以及前几部《胶州志》等文献资料，整理、校正、标点、注释，并核对了志中引用文献的原文，使《胶州志》走出档案馆藏，进入百姓视野。这必将对我们了解胶州历史，发掘胶州文化，讲好胶州故事，宣传上合新区，有着积极的意义。由于《增修胶志》编纂受历代《胶州志》影响，有一定的时代局限性，一些封建的、唯心主义思想在文中以及作者的评述中时有体现。希望读者在阅读时，积极运用马克思主义唯物史观，弃其糟粕，取其精华，批判地鉴别和使用。《增修胶志》中的一些称谓，如把农民起义军称为“匪”“贼”“妖”等，以及“蒙元”“满清”“支那”等，我们是持批判态度的，但为保持文献资料的完整性与客观性，对类似上述情况的资料均照原样收录，不作改动。

一、《增修胶志》底本为繁体竖排，本次整理改为简体横排。其中，卷次、门类以及序跋，一依原书格式体例。因整理本有完整目录，故底本中卷首之“目录”内容不再体现。为适应现代人阅读习惯，底本段落起始顶格，整理本一律缩进二格；表格等按底本样式编排；其他如《典礼志》中“乐记”部分为特殊文字，依其旧例，原貌呈现。

二、本次整理方式为点校（句读、校勘）和注释（对人物、地名、职官、疑难词语等作简要解释）。

三、依据《简化字总表》，底本中的繁体字改为简化字，但人名、字号、地名、文献等专有名词，适度保留其繁体和异体字形。其余旧字形、明显错字，一律改为现在通行的规范字，不再出校记。避讳字径改为本字。

四、《增修胶志》最后附有《刊误》，整理过程中，据之一一改正，不再出校记。

五、对讹误、脱文、衍文、颠倒错乱等情况，由校释者根据上下文语境和文义，以及参照康熙《胶州志》、乾隆《胶州志》、道光《重修胶州志》等文献资料，纠错补遗，一律在注释中予以体现。

六、注释采用脚注格式，校勘、注释统一编排，不再另行区分。

七、底本中模糊不清的部分，整理本用□代替，每一个“□”代表一个汉字。根据其他古籍文献资料查到原文的，在文中补遗，并在注释中说明。

八、整理本“附录”部分增录胶州地方史志《胶州直隶州乡土志全编》《胶志通纪》，以及《新志刊误》等文献，以供读者参考。

目 录

增修胶志[①]序

志书胡为而作也？盖举一县之掌故，笔之于书，以垂诸久远也。曷重修乎尔？盖举数十年来因革损益，取春秋家自近者始之义，重为厘定也。曷序乎尔？盖序其缘始，俾知此邦人士补阙拾遗之盛心，且以证我缁衣之好②也。天道无百年而不变，世变愈亟，则人事之递变，遂百出而不可胜穷。《胶州志》重修于道光乙巳年，距今八十余年矣。此八十余年中，文物之变迁、时局之递嬗，往往出人意料以外。河汉无极，闻者惊怖，不有记载，奚示来兹？

余髫年游皖，晤此邦柯憼如③先生，获闻绪论。不图三十余年以后来游此邦，憼老早归道山，每一企想，殊有望古遥集之思。自念一身一世，凡所经历，恒非初意所及，矧④以一县之大，其沿革情状变化为何如耶？

余旧学荒落，老笔丛残。匡君北海⑤所谓瑞人神士，朗出天表。此编搜辑宏富，殆阅尽沧桑世界者。《易》曰："穷则变，变则通，通则久。"阅者当抱无涯之希望，以蕲⑥达于长治久安之一日，庶此编之不朽也。

中华民国二十年十一月二十四日胶县县长袁励杰序

---

① 增修胶志：《增修胶志》修成于民国二十年（1931），前任县长叶钟英、谢锡文以及时任县长袁励杰等主修，州人匡超任总纂。1931年由胶县大同印刷社铅印刊行，共55卷，100余万字。

② 缁衣之好：语出《诗经·郑风·缁衣》。《缁衣》歌咏郑国贵族礼爱贤士之举。后"缁衣之好"为官员礼贤爱士的代称。《礼记·缁衣》篇有"好贤如《缁衣》"。

③ 柯憼（jìng）如：本名柯劭憼，憼如为其字，又字敬儒。胶州人，祖父柯培元为嘉道间有名诗人，父柯蘅，弟史学家柯劭忞。光绪十五年（1889）己丑进士，历任安徽贵池县知县、太湖县知县，充江南乡试同考官，因劳致疾，卒于江宁客寓。

④ 矧（shěn）：况且。

⑤ 匡北海：即匡超（1862—1944），字北海，胶州人。任民国《增修胶志》总纂兼总校。

⑥ 蕲：通作"祈"，祈求。

增修胶志序

胶之有志，始于明万历年间，迄清康熙、乾隆年先后继修，至道光年志①而始臻完善。盖万历年志②稽古多谬，而康熙、乾隆年二志③复益之以附会，致令此邦硕学耆儒执笔而议其后。于是张氏谦宜④有《州志别本》，法氏坤宏⑤有《新志刊误》，张氏宾雁⑥有《刘志疏证》，弟群雁⑦有《补》《修志管见》等书刊行于世。若是乎修志之难也！惟道光年志为东莱李少白⑧先生所纂之书，识者称为善本。自道光末重修后，迄今又八十余年矣。回溯清季以至民国十数年间，潮流趋势，新政繁兴，时局变迁，老成凋谢，于此时而修志，其难更有加倍于昔者。然停废逾久，则搜辑愈难。以故民国十年前任陈县长章民倡为续修胶志之举，聘请赵子开⑨孝廉为总纂。未几，赵君归道山，继任者为邑绅匡北海先生。惜脱稿后因艰于筹款，未即排印，束置高阁八年矣。己巳冬，国府通令各省属县修志乘，于是胶邑重组修志局，仍聘匡君司纂事。讵修至去年五月，遭季军之乱⑩，停顿三月余。事平，该局监理萧君呈府乞展限，适余承乏兹土，对于邑乘乐观厥成，遂亟赞其请，俾免功亏一篑。计自民国十九年

---

① 道光年志：指《重修胶州志》，修于道光二十四年（1844），知州张同声主修，掖县李图总纂。共40卷，约40万字，又简称《李志》，亦称《前志》。

② 万历年志：指万历《胶州志》，修于明万历十九年（1591），知州余邦辅主修，州人赵慎修总纂并序。该志共8篇，是胶州历史上第一部史志，又称《旧志》。今佚。

③ 康熙、乾隆年二志：指康熙《胶州志》和乾隆《胶州志》。康熙《胶州志》修于康熙十二年（1673），知州孙蕴韬主修，州人高国檟总纂。该志是对万历《胶州志》的续补，共8卷，约12万字，又称《高志》。乾隆《胶州志》，修于乾隆十七年（1752），知州周于智和宋文锦主修，云南进士刘恬总纂。该志共8卷，约20万字，简称《刘志》。

④ 张氏谦宜：即张谦宜（1650—1733），字稚松，又字山农、山民，胶州人，张懋煌之子。康熙四十五年（1706）丙戌进士。与法若真、法坤宏并称胶州三大文人。一生著述宏富，有诗文、经史、评论、地理、方志、谱牒等30余种。张谦宜曾于清雍正七年（1729）编纂《州志别本》2卷，约4万字，主要对康熙《胶州志》进行考辨和补充。

⑤ 法氏坤宏：即法坤宏（1699—1786），字直方，一字镜野，号迂斋，胶州人，法枟之孙、法光祖之子。乾隆六年（1741）辛酉乡试第二，会试以年届七旬赐大理寺评事职，著述甚丰，方志方面有《新志刊误》《胶志通纪》。

⑥ 张氏宾雁：即张宾雁，字秋臣，一字雪爪，号悔堂，胶州人，张诠之孙。廪贡生，历任兖州府训导、青州府训导等职，后丁父忧，改教职，曾馆于栖霞、汶上、馆陶。著述较多，方志方面有《刘志疏证》。

⑦ 群雁：指张群雁，字不群，胶州人，张宾雁之弟。官至甘肃庆阳府安化县县丞。道光二十五年（1845）重修胶州志，聘群雁为分纂，著有《刘志疏证补》《修志管见》。

⑧ 李少白：即李图，字少伯，掖县人，柯劭忞岳父。修志名家，曾纂《博兴县志》《济南府志》《重修平度州志》《青州府志》等多种志书。应聘时主持胶西书院。

⑨ 赵子开：即赵文运，字子开，号容斋，胶州人。肄业济南泺源、尚志两书院，后历主诸城、莒州两邑书院讲席。民国时，任《续修山东通志》局分纂。民国十年（1921）主修《增修胶志》，未成而卒。

⑩ 季军之乱：1930年6月20日，山东省政府主席韩复榘命令季啸溪维持胶州治安。季啸溪却把胶州境内的各股土匪召集起来，编成6个营在胶城内劫掠绑架，是为"季军之乱"。

二月开纂，阅十有二月而告竣。余得窥全豹，喜其搜罗宏富，纲举目张，足补《前志》所不及。今志书将付印，总纂匡君索余弁言。余嘉在局诸君之苦心热血，卒竟全功。而锡文得与斯役，附骥以传，亦自谓有荣幸焉。爰述其本末如此。至斯书体例奚若，有匡君修志体例二十二则在，阅者当自知之，余不复赘。

中华民国二十年五月下浣①胶县县长德县谢锡文撰

① 浣(huàn)：唐代官吏每十天休息洗沐一次，称作休浣。后因称十日为浣，一月有上浣、中浣、下浣。

增修胶志序

胶县《前志》终于清道光二十五年。民国十年开局续修，至十三年事竣，而未付印。十九年因上峰调取县志，邑绅乃建议增修。以余曾承乏教育局长，对于胶县情形稍为熟悉，荐诸邑侯叶公，延为分纂，由是得参末议。窃取《前志》读之，考据精核，体例谨严，续志因而弗改当矣。惟是时会所趋，事实有推嬗，文体亦须变通。方今教育自治，皆国家根本要图，社会问题尤世界特别重视。数者皆《前志》所无，续志所略，而今日增修所不可缺者。于是商承总纂，一一补入，且多用新式表体，以期词简而事赅。夫志之难，难于创，而不难于因。兹编因而非创，似无所谓难者，然自国体变更，新旧殊制，周咨博访，文献无征，因而兼创，视《前志》则难矣。

窃谓修志一事，或稽之档案，或考之成书，或征之采访，资料既备，始有所依以为凭。今欲缘事以起例，即实以求是，其有可依据者无论矣。若夫教育成绩，虽有档案可稽，而零星分散，检查非易，则荟萃难。财赋盐法，纷纭复杂，甚至卷宗散佚，则钩稽难。民生状况，既无档案，又无成书，空洞泛阔，则调查难。至于毕业学生，肄业既非一校，居处又非一地，或辍业于半途，或服务于远方，采访既难周遍，且又迫于限期，无从容搜寻之可能。于此而欲无遗漏、无讹误，则尤难乎其难。然使畏其难而弗事纂辑，按之事迹有古而无今，既不免偏枯之弊，更无以顺潮流之势，而供阅者研究参考之资。故仅凭此管窥，以待后来之纠正，不敢任其废缺，致招通人之讥评。此则区区苦衷，愿识者共谅之也。

抑思自兹以往，政治之纷更，社会之演进，财政之繁杂，学子之竞胜，尤有日新月异、倏忽变迁之势。时过境迁，真象难明，有志之士欲从事摭拾旧闻，网罗轶事，苦于陈编莫窥，无可征信，其困难或更甚于今日。所贵备之以预，积之于素，纪录有专员，随时有调查，逐事有统计，探讨有资，纂辑自易，是所望于当局之提倡焉。书成，总纂索余弁言，因书概略如此。

中华民国二十年三月即墨黄象冕谨序

旧序一

余读《传》至韩宣子聘鲁，观书于太史氏曰“周礼尽在鲁”。今郡邑志即古史遗，镜往证今，厥系顾不重欤？然善治者日諰諰①簿书②期会③间，每于此谢未遑，使遐轨④湮沦。将考据亟反之靡由，治不古若奚怪也！

我胶，即古介国。自汉立胶东西郡，渤海汪洋，腾晖千古，高山峻岭，郁乎相望。其间名世若董仲舒、苏长公⑤，土著若盖公⑥、庸生⑦，皆腾茂蜚英，辉映前后，乃迄无志载。矧国家二百年来，州人夙称朴厚，庆历⑧而还，时俗骎薄，固其风会日趋于下，则夫为志以考古，维风信不可缓。我先君海壑⑨，尝有志焉而未逮。适际我余大夫松野公来守兹土，留意邦典，诸废次第修举，毅然以规创为己任，曰：“志不信今，曷由传后？”于是广咨旁稽，揽溟陬⑩之胜概则详“地里”，考沿革之往迹则明“建置”，崇报反则类“祠祀”，察生殖则悉“田赋”，寓规劝则列“官师”，表忠节则纪“人物”，重录进则著“选举”，赏鸿裁则戢“艺文”。纲举目张，汇登而确载焉。是役，属草于博士弟子员李绰然、崔一凤、宋一奇、高瀚、李君宠辈，搜括纂集，一禀裁于我公，分类成帙，凡为目八。

将寿诸梓，属余叙。余，郡人也，弗获辞。夫志，识也。备观览而昭劝惩，后之吏斯土者可瞩而兴，生其间者亦可鉴而奋，将不为董、苏，为庸、盖也乎？裨益非浅鲜也，不直行简已耳。

万历十九年州人赵慎修⑪撰

---

① 諰諰(xǐ xǐ)：忧惧的样子。

② 簿书：官署中的文书簿册。

③ 期会：谓在规定的期限内实施政令。

④ 遐轨：古人之遗迹；前人之法度。

⑤ 苏长公：即苏轼(1037—1101)。因其排行居长，故称。苏轼曾于北宋神宗熙宁七年(1074)九月出任密州太守。

⑥ 盖公：生卒年不详，西汉胶西人。著名学者，善治黄老之学，据晋皇甫谧《高士传》载，曹参相胶西，求为治之道，师事盖公，用盖公之说，齐国大治。

⑦ 庸生：即庸谭，胶州人。西汉著名经学家，世称胶东庸生、胶东大儒，是《古文尚书》重要传人之一。

⑧ 庆历："庆"指"隆庆"，是明朝穆宗朱载垕的年号，使用时间为隆庆元年至隆庆六年(1567—1572)。"历"指"万历"，是明神宗朱翊钧的年号(1573—1620)，此年号共使用48年，为明朝所使用时间最长的年号。

⑨ 海壑：即赵完璧，号云壑，晚号海壑，胶州人，赵慎修之父。弘治年间由例贡入国子监，授兵马司指挥，官至陕西巩昌府通判、固原州通判。赵完璧工诗文，其诗文合集《海壑吟稿》11卷，收入《四库全书》。

⑩ 溟陬(míng zōu)：海角。陬，山角。

⑪ 赵慎修：字敬思，一字清廓，胶州人，赵完璧之子。明嘉靖四十四年(1565)乙丑进士，历盐城知县、兵部主事、扬州知府，官至河南副按察使。胶州知州余邦辅主修《胶州志》，聘赵慎修参加修纂。

旧序二

皇上御极之十一年，道一风同，礼明乐备，百废厘举，崇右文教。祖训昭而实录告成，国史彰而纂修毕协，乃采风问俗，搜访遗编，汇郡邑乘而辑维之，以成一统之国志，布示天下，爰及于胶。

夫胶，古介国也。自春秋鲁僖公二十九年介葛卢来朝，而声名文物渐以郁茂。其经术则董仲舒、费直、庸谭为最著，其治效则盖公、张敞为最神。带海襟山，绵芊蜿蜒，俗以朴而能醇，士敦志而法古。溯厥渊源，览诸记载，泱泱乎何风之隆乎！韬不敏，承乏斯邑，其敢不为表章以对扬天子之休命？惟是《胶州志》修于明之万历十九年，未有更辑。其间天时人事之不一，吏[1]治人才之日新，版章土宇沿袭或殊，而况数罹兵燹[2]之后，碧化膏原，无非志士；环归月下，尽属贞操。使非有博闻强识之俦，追踪往迹，摭实表微，其何以申明轶事、考镜得失也？乃檄博士弟子员，择其淹通，共襄是役。佥曰高生国槱[3]，能搜散帙，熟旧闻，揣摩是书多历年所，且书垂成，可专任焉。爰为鸠室庀材[4]，剞劂[5]以进，厘其亥豕，核其掌故，偕学博及乡大夫诸茂才，劘励[6]而共成之。五阅月，岁癸丑书成，不禁慨然曰："是足以志胶矣！"

夫志者，志也。从来贞臣孝子、义夫节妇，莫不有志。而山川土俗之成文，动植飞潜之洽化，取而志之，亦莫不各遂其志。是故记载不实，不足以示文献之征；笔削不严，不足以彰劝惩之用。是役也，搜揽子史，周咨耆旧，效编年而记大事，法夏五而存阙疑。封建沿革，详历朝也；图纬星野，辩国是也；署廨司所，存旧章也；形胜景物，讨古实也；兵防驿递，重边圉也；户口徭役，遵王制也。至于人物以彰教化，吏治以益民生。忠孝节义，同日月之光天；科目艺林，表文章之华国。虑海道之难悉而微茫岛屿，得之张氏之疏章；虞殉节之或遗而黯淡秋霜，备录王公之野史。汇为八卷，列若前筹。虽俗吏无文，深愧综核之不精，以

① "吏"，底本作"史"，讹。
② 兵燹(xiǎn)：兵灾。因战乱而造成的焚烧破坏等灾害。
③ 高国槱(yǒu)：字棫之，胶州人。康熙岁贡，任寿张训导。
④ 鸠室庀材：或作鸠工庀材，指招集工匠，准备材料。
⑤ 剞劂(jī jué)：雕刻，雕琢刻镂。
⑥ 劘(mó)励：打磨，琢磨。

滋疚戾而搜简残缺什伯。畴曩①祇黾勉于王命之斋皇②，輶轩③之郑重，其敢于石渠④、天禄⑤增培塿⑥哉？惟冀俗日淳，风日茂，家可颂，户可封，鼓舞太平，以无负圣天子搜罗之意，则后之抚绥斯土者，实嘉赖之矣。

康熙十二年知州孙蕴韬撰

---

① 畴曩（chóu nǎng）：往日；旧时。

② 斋皇：辉煌，形容艳丽。

③ 輶（yóu）轩：古代使臣乘坐的一种轻车，亦为使臣的代称。

④ 石渠：即石渠阁，因宫殿下石为渠以导水，故称石渠阁，是汉朝皇宫内藏书之处。石渠阁实为国家档案馆，存有汉代以前的文书、律令、户籍等档案类资料。

⑤ 天禄：即天禄阁，全名“天禄麒麟阁”，修建于汉高祖七年（前200），是汉代贮藏典籍的宫殿，后亦通称皇家藏书之所。天禄阁实为国家图书馆，收藏大量秦代及先秦书籍资料，与石渠阁同为汉宫御用藏书典籍和开展学术活动的地方。

⑥ 培塿（lóu）：又称部塿，小土山。

旧序三

胶邑，古琅邪也。自炎汉来，沿革损益，代有成规。维时学士大夫腾茂蜚英，亦且后先相望于其际。逮我朝定鼎，政教广被海隅出日之区，罔不丕冒，治功文章，炳炳麟麟，《旧志》之说备矣。第癸丑以迄壬申，中间八十余年，重熙累洽，风会骎骎①日上，都人士②咏《棫朴③》而蔚兴者，有迈前轶后之观，使非重加纂修，勒诸简册，莫为之后，虽盛弗传也。滇南周公④，以名家来宰是邦，政事以洽，民人以和。鸣琴之暇，爰编次而更订之。将付梓，会膺上考，拟驾鹿为宣化之行。而余奉简命来代，因嘱余踵成其事。余受而读之，搜罗遍，援据确，纪事纂言，纲举目张。于以著黔陬山川风物之美，表章名公、巨卿、理学、忠义、贞士、节媛之徽烈，洵哉南丰先生⑤所云“义近于史”者。行见胶之人相与观感兴起，争自淬励，致道一风同之盛。即锦不敏，追步后尘，亦获仰承教益，藉手以登风俗之书，则斯志岂浅鲜哉？

乾隆十七年知州宋文锦⑥撰

---

① 骎骎(qīn qīn)：形容马跑得快的样子，比喻事业进展得很快。

② 都人士：居于京师有士行的人。这里泛指所有有士行之人。

③ 棫朴(yù pǔ)：白桵和枹木。此指《诗·大雅》之《棫朴》篇，该篇咏“文王能官人也”，故多以喻贤材众多。

④ 周公：指周于智，云南嶍峨(今云南峨山彝族自治县)人，进士，乾隆十五年(1750)任胶州知州。为重修州志，捐银千两。

⑤ 南丰先生：即曾巩(1019—1083)，字子固，世称南丰先生，唐宋八大家之一，是北宋时期儒家的代表人物。

⑥ 宋文锦：襄平人，进士，乾隆十七年(1752)任胶州知州。

旧序四

史家惟志为难，而郡邑之志尤难。修郡邑之志，名为因旧，而实同创始，则又难乎其难者矣！何则？志之体详密而不尚芜杂，义谨严而不得疏漏，非文献足征则不能以臻其实，所以难尔。然正史所录，内有史宬①之藏，其外臣下所献，亦皆达于义、娴于文者之所为，故裒集②较易。若郡县之志，官府藏牍数十年辄弃毁，采访所陈或不能达，古今踳驳③失义，而其书又必合表传④诸体，以为志表尚纪年，旧牒散则舛误易生，以传为志则义主叙事而文伤直质，故曰尤难也。然使创始为之，考古制，明今度，审臧否，辨得失，著实裁伪，以成一家言，外此无烦拟识矣。近之方志则不然，其纪地或因小以冒大，如《旧志》入魏胶州是。或执今以概古，如《旧志》入汉胶西是。或记显而遗隐，如《旧志》遗晋高密都黔陬是。其书人，官阀、姓字义例淆乱，而传文尤许略失实。其记事，或因旧制不合盛朝规度，或采里谚而不衷理道。踵是以为志，考其所可信，尤当考其所不可信，著其所由是，尤不得不著其所由误。是故殚精于志中者十之二三，劳心于志外者十之七八。宜操觚之士，多却避而不肯为也。胶州之志失修者将百年，稽古多谬，始自万历年志，而康熙、乾隆年二志益之以附会，榛芜否塞，览者或不欲卒读，宜此邦人士执笔议其后者多也。掖县李少白先生，旧为胶西书院山长，病其书，欲订正之，会除博兴学博，不果而去。又八年，余自齐河来莅斯州，寅僚缙绅多言修志事，而先生适以荐举待铨归里，乃延主笔削⑤，以果前愿。勤搜讨，严义例，合国史家乘以折其衷，汇往制今法，以观其通。芟除榛莽，易之以雅驯，阅十月而稿竣。所谓以因为创，戛戛乎其难者，盖至此而大易焉。

斯州庐山真面埋没者且二百年，一旦还其本来，而适与余莅是邦，会何幸如之！志成将付梓，州人士请叙其事，余以告先生。先生曰“君例宜弁言”。余乃述其本末如此，合先生所为十例观之，而书之大旨可睹矣。

道光二十五年二月朔日胶州知州桐城张同声⑥撰

---

① 史宬(chéng)：又称皇史宬，见于明代，是明清两代国家档案存放处。
② 裒(póu)集：聚集。
③ 踳(chōng)驳：舛谬杂乱。“踳”同“舛”。
④ 表传：指史书、年表、传记。
⑤ 笔削：指著述。笔，书写记录；削，删改时用刀削刮简牍。
⑥ 张同声：字振之，安徽桐城人，道光二十三年(1843)任胶州知州。

增修胶志凡例二十二则

一　此次修志，与《前志》体例不同。议者谓国体变更，改州为县，书名统曰县志，何以续前？概曰州志，又何以示后？初议拟分作二编，前编以州名，后编以县名。愚以为志书门类具备，若分前编后编，则门类亦须分而为二。民国成立未久，门类诸多缺略，分作两编，前繁后简，民国几同闰位①，且清与民国事多牵连，殊难分析。此书仍并《前志》合为一编，划分时代以清眉目，题曰《增修胶志》，以别于续修、重修之例，庶前后不相抵触。

一　《前志》所载，均仍旧照录原文，未敢擅行改窜，以存《前志》本色。间有增补或更正者，皆为附注以志之。其非《前志》，而又无附注者概属新增。

一　《前志》以表、志、传、考、记分列五门，盖沿《史记》《汉书》以志、传、表、世家等分门之例，以文体类别之。惟近代事体繁赜，非多列表式不足以包括一切。且一类之中，或列表、或不列表，亦复体格不纯。若沿袭旧例，于新志殊多窒碍。兹仿《山东通志》之例，以事体分类，不以文体分类，总举大纲，分列条目，使门类各归统系。所谓若网在纲，有条不紊，亦惟求详审不苟，使阅者易于醒目耳。

一　自德人租青岛，以胶为环界，属于濒海诸岛多划入租界。而胶之疆域一变，迄日本继续占据，未之或改。迨民国十一年冬交还我国，当道又划作特别区。然胶之故土未便湮没，使后世无从稽考。兹仍依前图开方式绘之，于特别区画一界线，填注志别，并将全境铁路、电线补填其中，庶新旧图可资参考焉。又仿《胶澳志》式将全境绘一总图，用折叠法加入志书，俾阅者一目了然。

一　六乡建置图。近有新置庄村理宜补入，而河道迁徙亦须另行测绘。惟成书期迫，兼之筹款维艰，无力求备，不得不悉照《前志》原图，藉以存旧。

一　清宣统三年，将六乡划分十三区为自治区域。民国十九年，又并十三区改为七区制，各区所属村庄均宜按区分载，以备查考。爰据县署档案及建设局、区公所划区清册分别照录。惟所划各区村庄是否一无乖舛，无从详考，识者正之。又据档册将城区街市分段②补入，俾与乡区相称，视《前志》体例，似较详审。

---

① 闰位：非正统的地位。闰，多余。

② “段”，底本作“叚”，讹。据上下文义改。下同。

一　物产、风俗、古迹。王克掞①孝廉谓宜并于山川，作序以明之，其论最当。惟“形胜”一门，《前志》列于“杂述”记后，与“古迹”并入考部，不知“形胜”与“山川”相依。据古之图经所谓识其山川险要、道路厄塞，以为防守之备者也。故《山东通志》“形胜”与“古迹”备载于《疆域志》。兹援其例，移“形胜”“古迹”于“山川”后，视克掞原议略为变通，编次较为适当。

一　职官。自清光绪三十年，胶州改为直隶州，辖高、即二县，官制与前之州制不同，故“职官表”于改直隶州后，即援照直隶州体制，以高、即二县职官隶属之。迄民国裁直隶州知州以下各缺，而官制又一变，县知事以下各机关概不以官名。民国十七年复改为委员制，各县设国民党执行委员会，委员、县长以下又增置公安、教育、建设、财政四局，隶属于县政府。复立法院民、刑两庭，而官制又与民国十七年以前大异，故前以职官列表，后以职员列表。凡所改革，均依《前志》体例，于表前叙明概略，俾阅者洞悉原委焉。

一　武职。自民国初年，裁副将以下各缺，协署旷废，卷宗失落。自清道光末年以后，武职各员到任年月无从查考，仅由协署旧书吏笔述，得其概略。复由县署兵房放饷册查出若干员补录之。惟得之传闻则所列武职表，其中讹谬遗漏在所难免，阅者谅之。

一　财赋一门。自民国以来有国家税与地方税之别，而地方税又有省税与县捐之异。除附捐外，又有基金息、学田租等，门类繁杂，与清不同。故续清代赋役，仍依《旧志》格式，使前后符合。民国财赋，则间用新式表记，以便包括一切。且清代赋役系兼差徭而言，民国则差徭裁免，有赋而无役，故易名财赋，以总其纲焉。

一　盐法一门，皆依据县署及石河场署档案录入，惟自盐大使裁缺后，盐场移于即墨金口旧署，卷宗散亡大半。而金口复因起盐潮，档案焚毁，故灶课②一项诸多缺略，无从调查，容俟有识者补正之。

一　学校为造就人才之地，而今昔情形各殊，规制亦大异。昔之学校学官于岁科试送考外，课士③一端，鲜有注意者，其他教育更无论矣。今则师生萃于一堂，按规定时间分班授课，学生成绩之优劣，视职教员之尽职与否，故非将各校成绩列为表式，不足供人研究之资而为进行之准。至中学以上毕业学生，程度既高，人才从出，列入选举，既属非宜，而其成绩又难割爱，故并附于学校之后。

一　选举。自清季科举停废，人材取自学堂，奖给举贡不拘科年，无从列表，但举奖给举人者一人，附科举表后，奖给贡生者二人，附五贡表后，以备一格。又，众议院、省议会各议员通用投票选举，亦新法选举之不容没者。兹将当选议员分作两级列表，以继旧制选举。

---

① 王克掞：字幼藻，一字至泉，胶州人。乾隆四十二年(1777)丁酉科举人。与侄王夏殚心经史，好考据，著述甚丰，有20余种，多散佚不传。

② 灶课：盐税。灶，灶户、盐户。

③ 课士：考核士子的学业。

之后至县议员均依照法定额数选出当选者，实繁有徒①，不复列表。

一　典礼一门。按民国所通行者，于《大清通礼》几于完全变革，合并一编，殊多窒碍。因划分清代、民国为上下卷，各从其体例所宜，以免前后抵牾之病。至党治国所颁行之纪念典礼，并附列于后，以重国家通令。

一　兵防。胶州旧有水陆两营，此次增修皆须详其泛地、搜其军实而考之。惟自清光绪中季二十余年来，裁水师营，裁绿营，武职各缺均陆续裁撤。旧署卷宗散佚无存，仅由县署兵房检查旧卷，采录大略，以期接续《前志》。惟历年既久，考核良难，势不能如《前志》之详审。至于编警察、练民团以及陆军驻防，均与胶之防务攸关，故备志原委，以附于胶营之后，并援《山东通志》体例，附载兵事，以备参考。

一　艺文。《前志》只列书目及著者姓氏，于书之大略，无一语道及，殊失作者之意。赵总纂因纂今志"艺文"一卷，每一书后略述此书颠末，并叙作者生平大概，以补人物所未备。惟与《前志》有详简之殊，故将新旧"艺文"分为上下卷，以示区别。又，检查《山东通志》"艺文"各部所载胶人著述甚夥②，而胶志疏漏殊属非是。爰据《通志》所载逐条补入，虽仍不免遗珠之憾，然视赵君原稿稍加详焉。

一　《前志》"金石"列于考部，系以文体类别。惟古人文字流传，往往不见于志传而见于金石者，陆放翁诗所谓"先秦金石，古文章也"。兹援《山东通志》之例移于"艺文志"内。

一　人物。如殉难忠义、庐墓孝子及妇女奇烈大节彰彰者，无待疑矣。其他事功、文苑、孝友、笃行、艺术、节孝等，虽有访稿、碑志采录送局，而载笔或涉浮词，即难据为信史，惟善善从长，亦不敢吹求过刻，致有遗珠之憾。又，旌表定例，孝子庐墓必于盖棺，妇女守节必于限满，但苦志高行久而易湮，今援《前志》之例，于孝子之现存、节妇之稍不及限者，并附载于志，俾免湮没。

一　《前志》"列女传"属于何代者，若宋元明清皆划分之。其旌表者，并分别部院道府州学各门类，眉目分明，体裁最为详密。惟此次修志，采访诸君于列女何年旌、何年殁，多略而不叙，以致隶属何代无从区别。至于由何署旌表，或汇旌，或特旌，亦多未详，势不能如《前志》之精审。故此编所载列女，于年代无考者，皆附于后以传之。又，《前志》节妇多有未及题旌，延搁数十年始邀旌典者，此编于后旌者，均移于新志，以彰其荣。

一　大事、祥异两记，有前编已载而或有疏略者，有与本邑确有关系而前编遗漏未书者，虽云综其大纲未遑详志，究于载笔未臻完密。兹据省志"通纪"及《高密志》"杂稽"中所载大事、祥异，凡关于兹邑者，悉择而录之，以补《前志》之阙。顾采访所及，往往传闻异辞，检查卷宗亦多缺略，事过境迁，无从考核，仅据采访来稿所述，其中讹谬在所难免，识

① 实繁有徒：又作"实蕃有徒"，意思是确实有不少这样的人。

② 夥（huǒ）：多。

者正之。

一 《前志》书大事、祥异，必系以年月，盖仿《春秋》编年之例。惟自民国元年改用阳历，若仍援《前志》体例沿用夏时，则与民国纪年诸多窒碍，不得不稍变体例。属于前代者，则按旧历书之；属于民国者，则按新历书之。虽前后体例未能合一，然时会所趋，遵用国历，亦三王不相袭礼之义耳。惟“大事记”即《山东通志·通纪》，盖本《春秋》《通鉴》书法[①]，兹依《通志》编次，移“大事记”于“疆域”前，以符《通纪》之例。

一 人民生活、社会经济相生相养，关系最为切要，而地方自治又为民权发展之始基，故集合农工商等业，并地方自治，汇为“民社”一门。惟民生多寡之数，由户口而分；经济发生之源，自田地而出。传曰“有人此有土，有土此有财，有财此有用”，故先列户口，次及田地，以为纲领，分列农工商各业以为条目，附列地方自治于后，以为结束。俾留心社会者，有所考察，而知胶邑民社之状况。惟农、商等项，平时既无统计，但凭短期间之临时调查，遗漏错误势所难免，补遗正误，是所望于后之君子。

① 书法：古代史官修史，对材料处理、史事评论、人物褒贬，各有原则、体例，谓之“书法”。

清道光二十五年《重修胶州志》凡例十则

一曰审名以纪地。州之制，三代汉魏视行省，隋唐以来与郡同，明人统支县而属之府，清初犹因之。乾隆时始夷与县等。惟秩为大夫官差尊耳，地等乎县，则沿革所录，当以县治在今州者为正文，而注所属州郡于左方，如元魏曰黔陬属胶州高密郡，梁乡属胶州东武郡是。乃与省志、府志有别。其郡治在今州者，则于县名下注曰倚郭①，而仍书所属于左方，如北齐黔陬曰倚郭，又书属胶州平昌郡。元胶西曰倚郭，又书属益都路胶州是。为州郡治。无倚郭县者，直书某州某郡，而注其支县于下，曰某某属之，如明曰胶州之高密、即墨属之是。其县治不在今州者，书曰某治之某偏某地，如唐与五代曰胶西之东偏板桥镇是。其左方皆书所属如前。又，古小国之君视大国之卿，故汉制王国视郡县属之，侯国视县属于郡，为地志之通例。介之朝鲁，附庸也。地尽于今，州当与介根、黔陬同例。《旧志》不察，书法与莒、琅邪同，非矣。今并正之如表。

二曰据地以书人。方志之限以地，犹国史之限于代也。故纪封建者以国都，载官师者以治所，称人物者以著籍。胶东庸生之为州人，以坟庙为征，非胶东国之通例也。而《旧志》因及都即墨之胶东王与其相以及二公沙、祁旹。隋始置胶西县，以并黔陬，而《旧志》因及都宛之胶西王与其相以及盖公。元始于胶西置胶州，而《旧志》因及治东武郡《地形志》“郡”讹“陵”，钱竹汀以为衍文，非。之胶州刺史与密州太守以及赵明叔。建国设官、衡品论人，无不借才邻境，尚可以信后世乎？今并删之，搜古籍而补其漏，续以新闻，庶不没此州之实云。

三曰本官以述政。政事者，诸侯三宝之一，乌容不书？然政体有广狭，州县有及有不及，不尽同也。元明欲辟胶莱河，避海运成山之险，卒无成功。今上御极②，海运尝一试矣。然粮艘不及淮子口，胶安得有海运哉？《旧志》有海运部，汇前人海运而备载之，是考古一端耳，安可语斯州政绩乎？今但采元明旧迹，注“大事记”中，而删其总目，不使空议混国是也。而耗羡之征、盐法之变、祭祀之供，《赋役全书》所不及载。《旧志》缺书者，并依现在簿书补之，统归于可行云尔。

四曰尊时以考礼。昔孔子惜夏殷之无征，而礼乐主从周礼，以时为大也。故历代礼乐之志史各异文，如坛壝③庙貌之制，清朝多因明旧，而祀礼有不同。明，风云雷雨山川坛，今名神祇坛，其序曰云师、雨师、风伯、雷师、山川、城隍之神，而《旧志》仍明旧。刘猛将

---

① 倚郭：亦作“倚廓”。宋元时州、路治所所在之县。

② 御极：登基，即位。

③ 坛壝（wéi）：古代祭坛四周的矮墙。

军庙以祀元指挥刘承忠，《通礼》有明文，而《旧志》称宋刘宰，其误不容不正。至关帝徽号，乾隆以来代有加封，文昌、天后用太牢。加追祀孔庙，从祀增入陆宣公、文信国、吕新吾、黄石斋、刘念台、孙征君。释奠，更订乐谱。乡饮已补笙诗，乡曲之儒多所未悉，其缺又何可不补也？今皆依《大清会典》《通礼》二书，通行于州县者录之，庶览者得以明当代之制。

五曰因民以纪事。《春秋》书星日之变，盖本于太史之掌，孔子修之，仍其旧耳。今《时宪书》之颁者，其宜否切于民用者六十余条。而日月之蚀，惟临时戒官吏为救护。五星列宿之变，惟钦天监以时奏闻。未尝以示民，其义可知也。故《安丘①志·总纪》有虚危星占，《四库全书》讥其无当，曰："天果为安丘一邑示耶？"《旧志》"大事记"泛及星日之变，其失正同星野之讹，尤不暇论矣，今皆削之。惟书饥穰、旱涝、虫豸、草木之祥，兵戎赈救之事，兴筑疏瀹②之役，凡以重民依而已。风俗物产之志，其义并统乎此。

六曰取献以征文。《旧志》距今百年，踵修者，古籍而外，不能不藉乎都人士载笔之功。《高志》修于康熙十二年，张山农进士谦宜有《州志别本》正其得失。《刘志》修于乾隆十七年，法镜野孝廉坤宏《学古编》③ 有《新志刊误》二十五条。张秋臣广文宾雁更为《刘志疏证》三卷，纠其全书。为《州志前编》七卷，补其疏漏。秋臣亡，其弟不群茂才群雁复为《疏证补》《修志管见》二书以终兄志。而灵山渊明苏君潜修，亦为其《卫志》四卷，以待征后世。五家者，其于桑梓之地著作之际，可谓勤矣。故凡《旧志》舛误革正者，多采五家之说。依《汉书》如淳、应劭、服虔、阚骃④之例，各注其姓氏，以明所自。间有未尽，为按语以申之。而时贤闻见、考据之确者，亦并所不遗云。

七曰法古以辨体。今之方志，最失古义者，莫舆图与文艺若也。晋裴秀言地图之体有六："一分率，二准望，三道里，四高下，五方邪，六迂直。"唐贾耽《九州华裔图》、明罗洪先《广舆地图》、本朝胡朏明《禹贡·锥指》、顾祖禹《方舆记要》皆法此义，为开方图，诚不可易之规也。后人舆图，惟以幅满为限，延袤宽广，略无边际，将何观焉？自《汉书·艺文志》讫于元明正史所载，皆书籍名目，未尝举篇家，载其全词。后之方志，滥收无度，不分土著、宦游、杂著之文，皆类而纂之，至为繁猥。康对山《武功志》依范氏《吴郡志》例，惟择文分注于各卷。州人张云湄⑤司马维祺为《大名志·艺文部》，仿正史而注其原叙于后，时并称焉。今仿顾氏、胡氏，为舆地、水道开方图，而删其衙署八景之猥俗者。《艺文》则兼用《武功》《大名》二志之例为弃取，庶于著述体裁，无所或苟云。

---

① "安丘"，底本作"安邱"。"丘"作"邱"，因避孔子讳。今改为本字，下同。

② 疏瀹（yuè）：疏浚，疏通。

③ 《学古编》：即《迂斋学古编》，4卷，法坤宏撰，其弟子王克掞校定。卷首有宋弼、韩梦周、王克掞序，后有辛宜岷、高远业跋。卷一为书、序、记、论、议、说、书后；卷二为传、书事、志铭、墓表、行状、文；卷三为《胶志通纪》，是贯通古今胶州的地方简史；卷四为杂著，多经史考订之作，《新志刊误》二十五条亦收入此卷。

④ 如淳、应劭、服虔、阚骃（kàn yīn）：皆汉末著名学者，在地理学、史学、语言学方面成就卓著。

⑤ 张云湄：张维祺，字云湄，胶州人。乾隆四十三年（1778）进士，曾任大名知县、肥乡知县等职，主修过《大名县志》。

八曰博采以备义。道里者，地理之大要。方志家惟载四至八到，距京省之总数失于过略。昔陶唐有记里车，唐书羁縻州载道里尤详。本朝六部则例，亦有道里表，标别远近，为出政施令之准，不可已矣。元徐硕为《嘉禾志》，载碑碣之文，多至十一卷。近日方志祖其意，遂立“金石”一目，所以考订残缺，质信今古者也。《旧志》殊未备，今于“沿革”后立“道里”“远近”二表，附以《旧志》“海道”共为一卷，于“古迹考”后增“金石”一目。取张秋臣前编所录，附以新碑，独为一卷。又仿《晋书》记载《五代史杂传》、李于鳞《青州志外传》、马仲韬《安丘志·偭德传》，采叛官莠民之甚者，录其事于“杂记”中，以垂炯戒，使览者无或不备之憾。

九曰辨诬以存信。志所宜及而《旧志》舛误者，固据古籍与张法诸家①之书，各正之矣。若志所不及，而《旧志》诬以为有第删之，而不明其所以删之之故。浅见之士，犹或谬于旧闻而不辨其实，如《旧志》明知胶西、胶东无黔陬、计亓而并载之，明知松兹、扶柳之在他郡而不敢删，徒以滋惑后来。今备录张法诸家辨论，并其说之两歧可疑者，为“讹疑考”一卷，使疑信不相淆，而斯邑有真志矣。

十曰附今以待后。旌表有定例，孝子庐墓必于盖棺，列妇守节必于限满，但苦志高行久而易湮。兹于孝子之现存、节妇之稍不及限者并附卷末，以待继此修志者之表彰。又，孝子、孝妇毁身事亲，烈妇或先夫死，弃孤弗恤，虽非中庸之道，然亦足以励风化，一并附存，无非善善从长之义尔。

① 张法诸家：指张谦宜、张宾雁、张群雁、法坤宏等。

民国十一年修志姓氏

总裁

前任胶县知事陈训经
前任胶县知事黄泽沛
前任胶县知事王大成
现任胶县知事萧方麒

总理

省议会议员叶秉钧

监理

众议院议员、山东教养局局长高翔龙
清附贡王廷勋
清云南按察司经历逄绪训
清候选训导、前劝学所所长徐宗杰
青岛特别大学农林科毕业生张之韶

总纂

清举人、拣选[1]知县赵文运
清廪贡考取典史、直隶任用县佐匡超

分纂

清拔贡[2]、候选直隶州州判赵宗乾

---

① 拣选：挑选。谓在官员中选择任用。

② 拔贡：科举制度中选拔贡入国子监的生员的一种。清制，初定6年一次，乾隆七年（1742）改为每12年（即逢酉岁）一次，由各省学政选拔文行兼优的生员，贡入京师，称为拔贡生，简称拔贡。拔贡经朝考合格，入选者一等任七品京官，二等任知县，三等任教职，更下者罢归，谓之废贡。

清庠生[①]、教育局董事王凤池
清庠生、县议会议员刘伯勋
清廪贡[②]、前浙江玉环厅巡检匡汝霖

襄纂

清增贡[③]高枚勋
清廪贡赵希嘏
清监生[④]赵墉

总校

匡超

分校

赵宗乾　王凤池　刘伯勋　匡汝霖

采访

清庠生战铭勋
乡长杨汝能
高等小学校毕业生杨蓝田
县议会议员高振民
前乡长姜太恕
山东市政厅总务科科员孟继文
国民小学校教员刘允恭
西辛安社社长潘守伦
高城区区长刘鉴清
高等小学校教员丁邦荣
阳武区区长张世善
胶澳辛家庄小学教员刘铭勋
清增贡、国务院存记荐任职逄名训

---

① 庠生:古代学校称庠,故学生称庠生。明清科举制度中府州县学生员的别称。
② 廪贡:指府州县的公给膳食的廪生被选拔为贡生。
③ 增贡:由廪生扩增的增生通过报请纳捐方式取得贡生资格者称增贡。
④ 监生:国子监生员的简称。明清两代称在国子监读书或取得进国子监读书资格的人。清代也可以用捐纳的办法取得这种称号。

清岁贡、候选训导王金鉴
清庠生朱德馨
山东优级师范学校毕业生王鸿图
清增贡高振祐
清增生邹玉章
清庠生张信芳
清监生杨湘
代理教育局局长张光宗
前高等小学校校长宋克修
代理高等小学校校长王韵轩
前高等小学校教员王东瀛
清武生、前卢公区区长杨蔚堂
宝华区区长展鹏章
县议会议员孙成章
龙泉区区长田继业
齐城区区长张其祥
娄公区区长郭殿邦
清庠生张元熙
清庠生萧遐龄
农会会长李成均
清庠生丁显超　赵同周
清武生姜龙海
清庠生贾锡章　薛凤仪
清庠生牟如琛　田延庆
乡长胡岐凤　孙凤章
警察队分队长薛汉西
清庠生陈立德　杨幹卿
清增生宋在玑
清庠生王者宝
清廪生单葆真
单级毕业生王璟春　邵念祖
郑城区区长刘清锜
乡长卢葆枢
前学务委员范清溪　姜竹坡　王凤云

清庠生李绍泽
教育局董事刘景琦　刘鼎勋
清庠生战百熙
前区视学刘宗山
县视学王连辉
前区视学张泽生　张松乔　张克勤　张国璧

庶务兼会计

单级毕业生管鸣盛
吏员高彦臣
收掌王凤池　赵宗乾

增修胶志姓氏

总裁

前任胶县县长叶钟英
前任胶县县长祁庆墀
前任胶县县长谢锡文
现任胶县县长袁励杰

监理

胶县建设局局长萧书亭

总纂兼总校

直隶任用县佐匡超

分纂兼分校

前胶县教育局局长黄象冕
清岁贡王金鉴

校对兼采访

清廪贡匡汝霖

采访

胶县教育局局长陆文会
胶县财政局局长刘象仪
胶县教育局县督学丁显超
龙泉区区长田晋传
社长小学管理员赵同周
清国子监生傅采臣

第一区公所助理员牟如琛
清庠生张元熙
前济南地方检察厅实习检察官周钟麟
前临清县警察所一等警佐王鸿图
胶县商会文牍张鞾芳
魏家屯小学教员黑连锦
师范讲习所毕业学员周敦绰
清庠生张其祥
清庠生战百熙
宋家庄小学教员张子仪
清庠生刘邦瑞
胶县县立平民工厂管理员张殿云
郏城区区长刘邦淑
阳武区区长金桂栋
高城区练长崔汉三
县立小学教员苑清溪
前县议会会员高振民
清国子监生刘清锜
县立小学教员黄学尧　朱仁政
自治讲习所毕业生赵汲中
行上店小学教员范嘉树　韩麟祥
空冲水小学教员王助功
赵家庄小学教员杨廷论
正南隅隅长彭瑑
清廪生李书年

庶务兼会计

胶县建设局书记高则尧

缮写

前胶县教育局书记匡凤官
前胶县财政局庶务孙绍祁

绘新图

胶县建设局技术员陈保禄

排印《胶志》管理职员姓氏

监理

胶县建设局局长贾揆　翁惕　易简

监印兼总校

直隶任用县佐匡超

分校

清廪贡匡汝霖

排印

刘芳谱

明万历十九年修志姓氏

知州余邦辅

乡绅赵慎修

诸生李君龙　胡一桂　李绰然　高　瀚

　　宋一奇　崔一凤　赵　儆　赵延庚

清康熙十二年修志姓氏

总裁

知州孙蕴韬
通政使张若麒
布政使宋可发

增定

学正赵秉正

参订

贡生宋世远　王遇明　宋世厚　王礼贤　王　懿
　　杨希震　匡　瑾　宋世显　匡　珍　宋世耀
　　王　圻　法　樟　王　锦　法　权　匡兰祥
　　宋可群　高　璪　赵履丰

纂集

生员高国槱

校阅

生员姜长颖　李世铭　宋栗征　张应建①　袁延祚
　　高斯拱　匡　炎　曾应选　纪之石　陆　峤
　　高人雅　宋　瑶　王　铉　李　濂　赵方熉
　　张　塾　于化龙　魏宗武　郭殿邦

---

① “建”，底本作“运”，讹。据康熙《胶州志》、乾隆《胶州志》改。

乾隆十七年修志姓氏

裁定

知州周于智　宋文锦

采辑

学正刘志讷
训导刘怀愫

监理

知县王廷伟　王纬先
贡生匡镶
监生宋宣

纂修

进士刘恬

分纂

知县法重辉
举人李观瀛
拔贡生张诠
廪监李大木
监生法坤厚　宋牧
生员王显宗
廪生赵法宪　宋儒轼　王藩

校对

举人宋京

廪生邢尔恒

生员崔儒视　高蔚庠　高蔚越　宋　晋　王以诚

　　周士麟　赵　纬　周再庚　王以诗　赵衍谟

道光二十五年修志姓氏

鉴定

升任太常寺少卿、分守登莱青海防兵备道王镇
莱州府知府达镛

总修

胶州知州张同声

协修

胶州儒学学正王沛霖
胶州儒学训导邓琳枝
胶州州同奎联
石河场盐课大使徐正谊
胶州吏目李玉棠
灵山司巡检徐梦龙

监理

刑部直隶司主事杨阶
安徽铜陵县知县王玕
候选训导匡梦云
候选布政司经历孙藩
监生议叙九品衔徐应周

总纂

候选知县、前博兴县教谕李图

分纂

附监生、候选兵马司吏目张群雁

参订

汶上县训导王廷兰

岁贡生宗橘

廪生李之雍

廪生柯名彦

生员宋僎

监生候选州吏目张祖樾

布衣张民坊

增修胶志卷一　舆图

舆地图序

《前志》原序曰：图与书并启于河洛之符，后世文繁书多而图少。然书非图不显，况地形尤以图经为本者乎？开方者，体国经野之大法，说见于《礼·王制》篇。唐贾耽以为《九州华裔图》，有尺寸千里之妙，后言地理者多宗焉。盖开方得经纬之实，而后广轮之分率以齐，“地邑民居必参相得”，舍是何以为理哉？《刘志①》凡十余图不是之详而侈陈庙署八景。夫庙署有定制者不待图，无定制者不必图也。八景所在，游眺无关治理，故皆删之云。兹于《前志》原图均仍旧，惟总图及县城图，则另由建设局测绘焉。

---

① 刘志：道光《重修胶州志·舆地图序》作“旧志”。

新图（全境图　城池图）

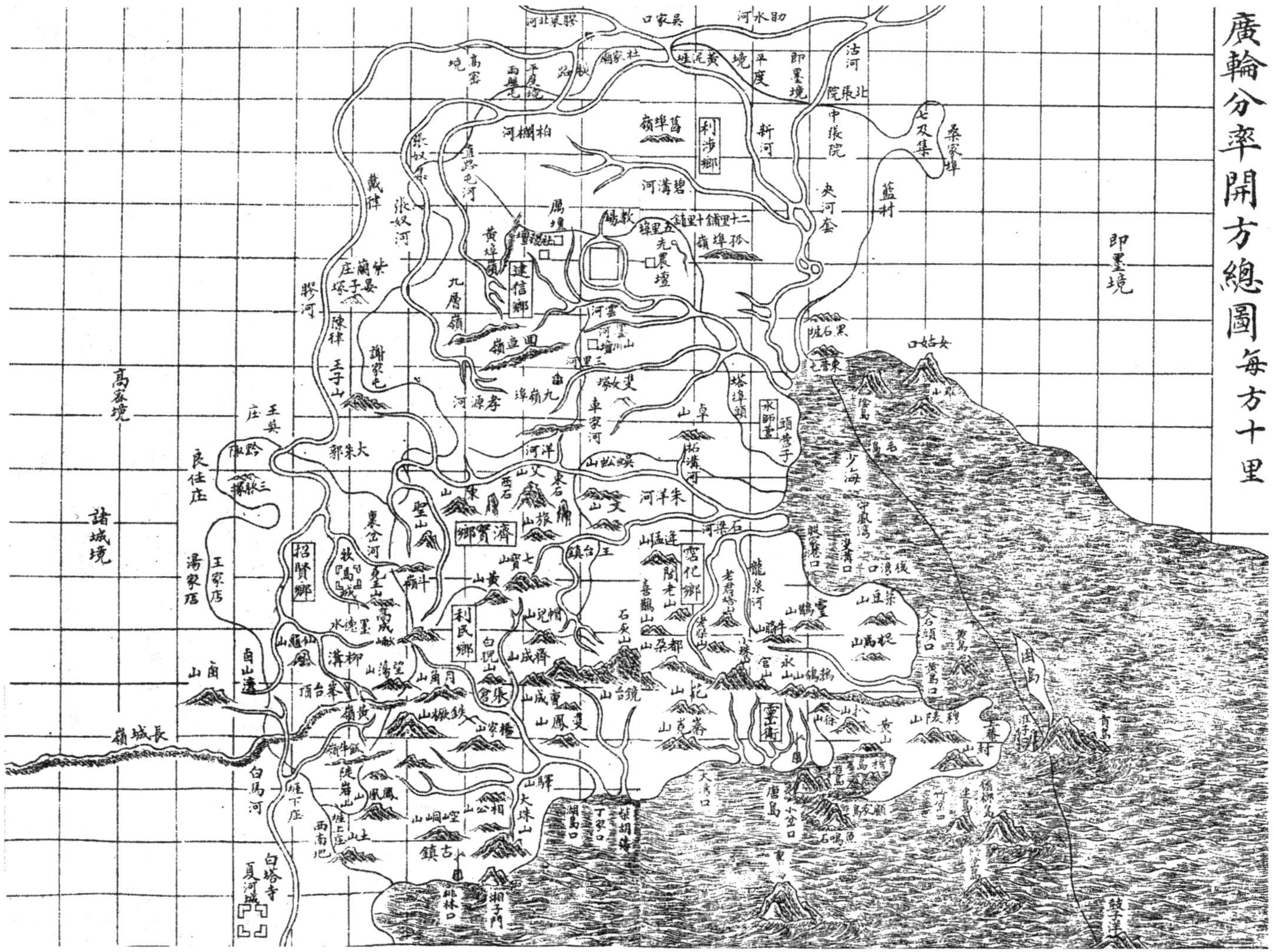
廣輪分率開方總圖每方十里
即墨境
高密境
諸城境
長城嶺
利涉鄉
建信鄉
招賢鄉
利民鄉
濟貫鄉
雲化鄉
膠河
白馬河
新河
藍村
良住庄
湯家店
王家店
夏河城
白塔寺

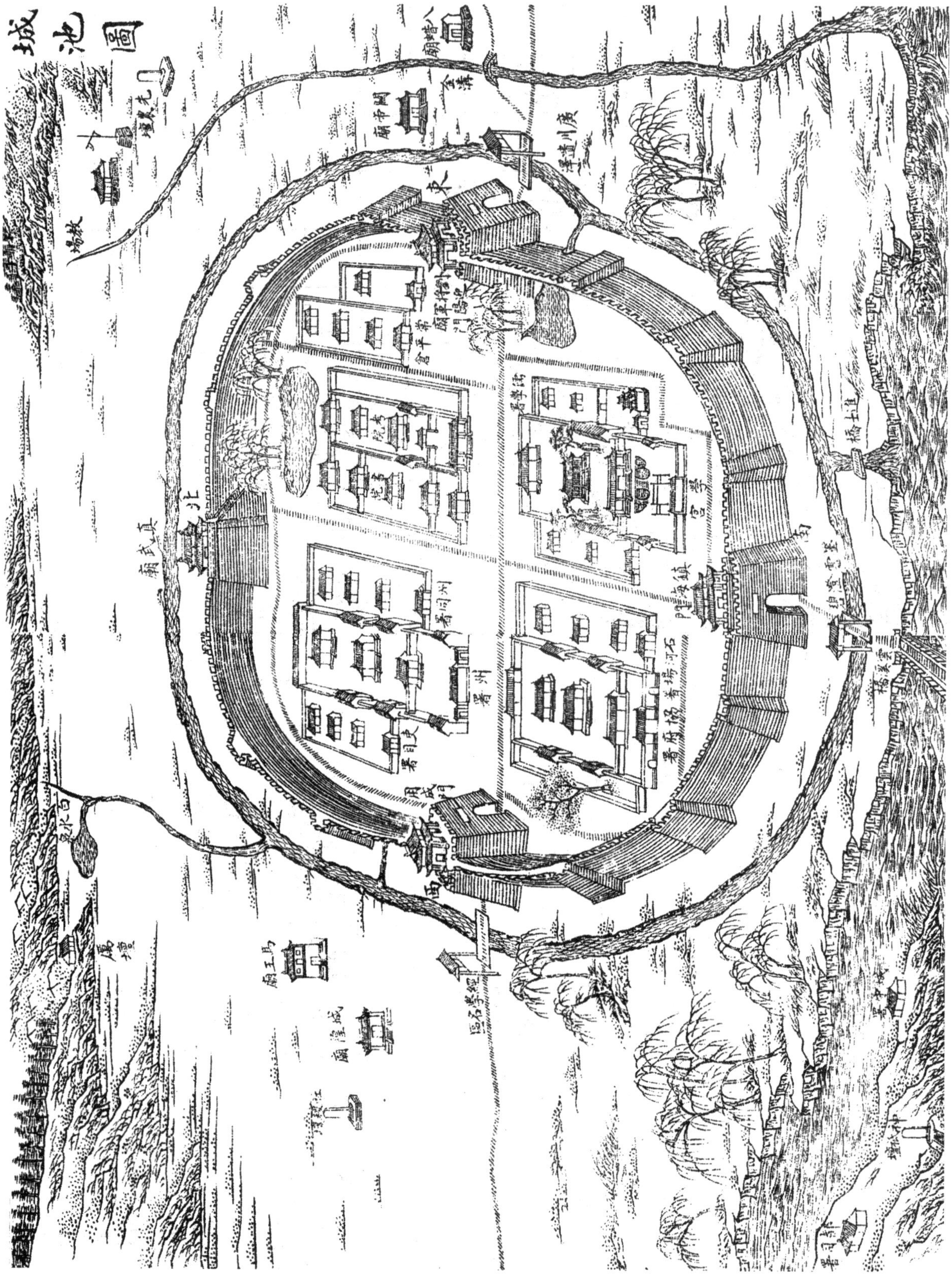
城池圖

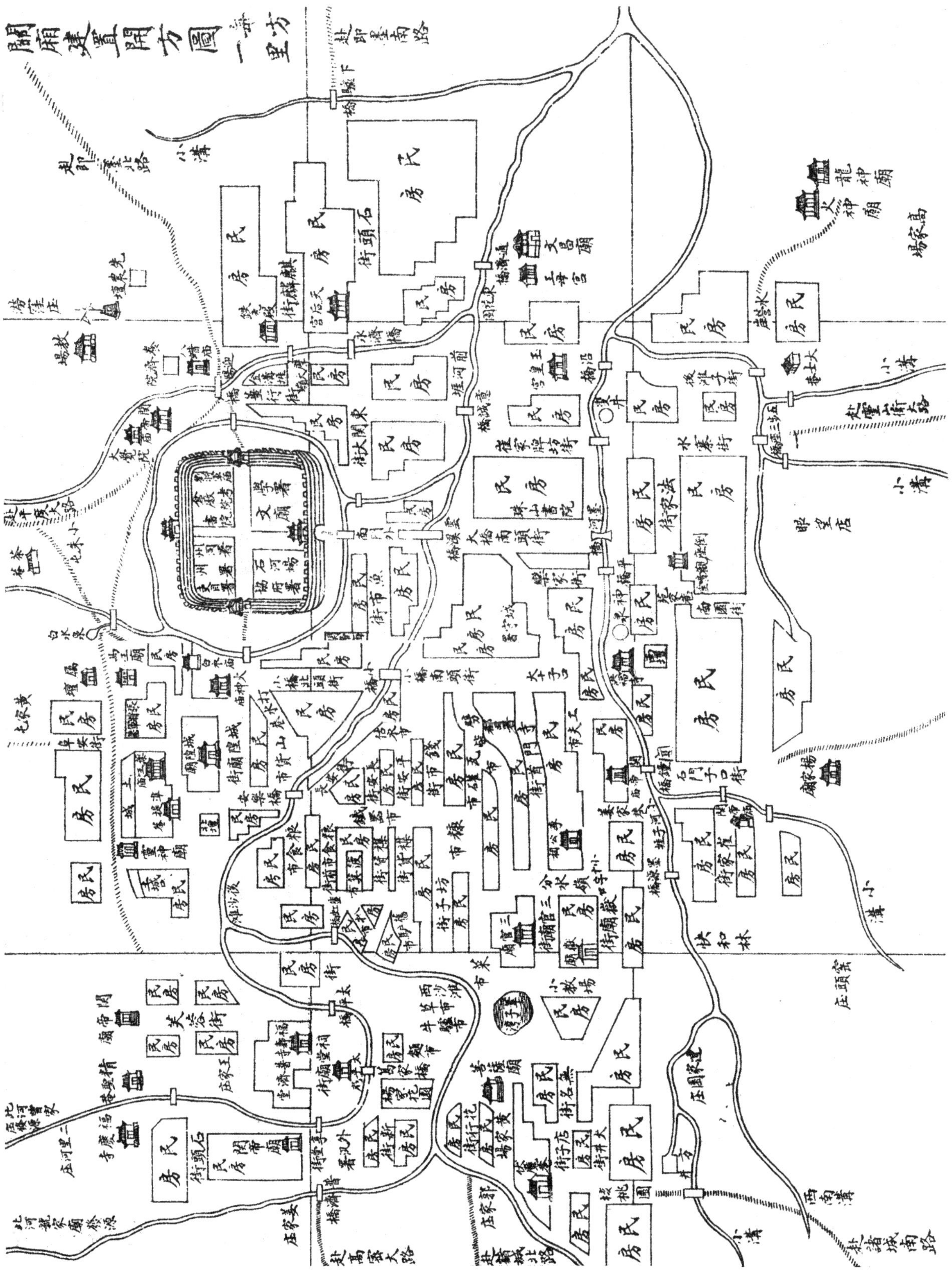

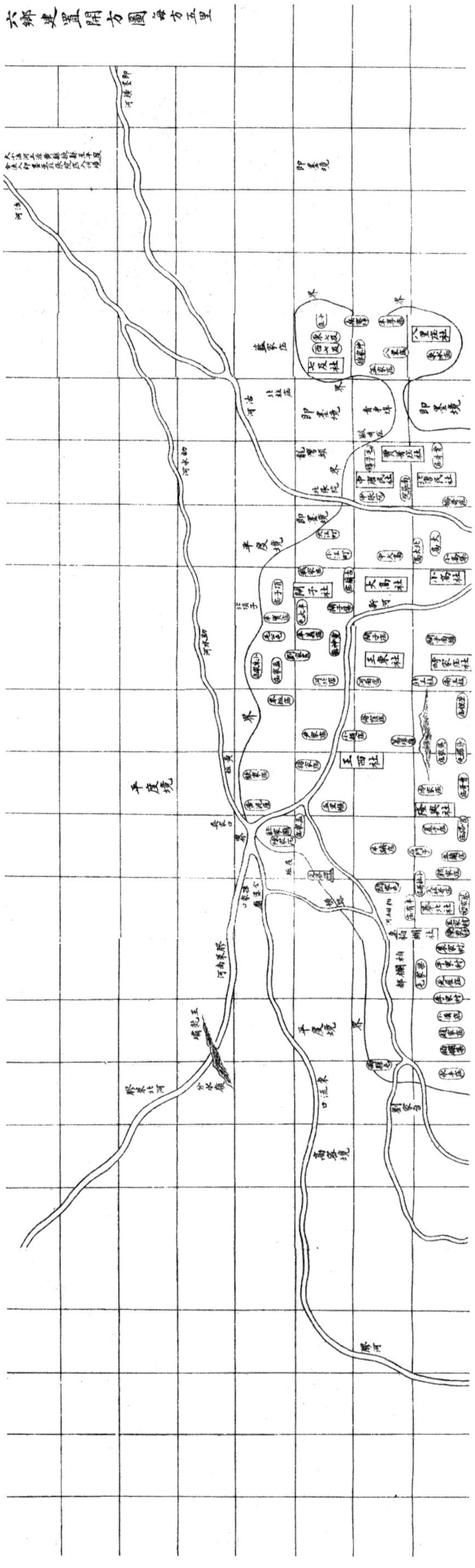
六鄉建置開方圖 每方五里

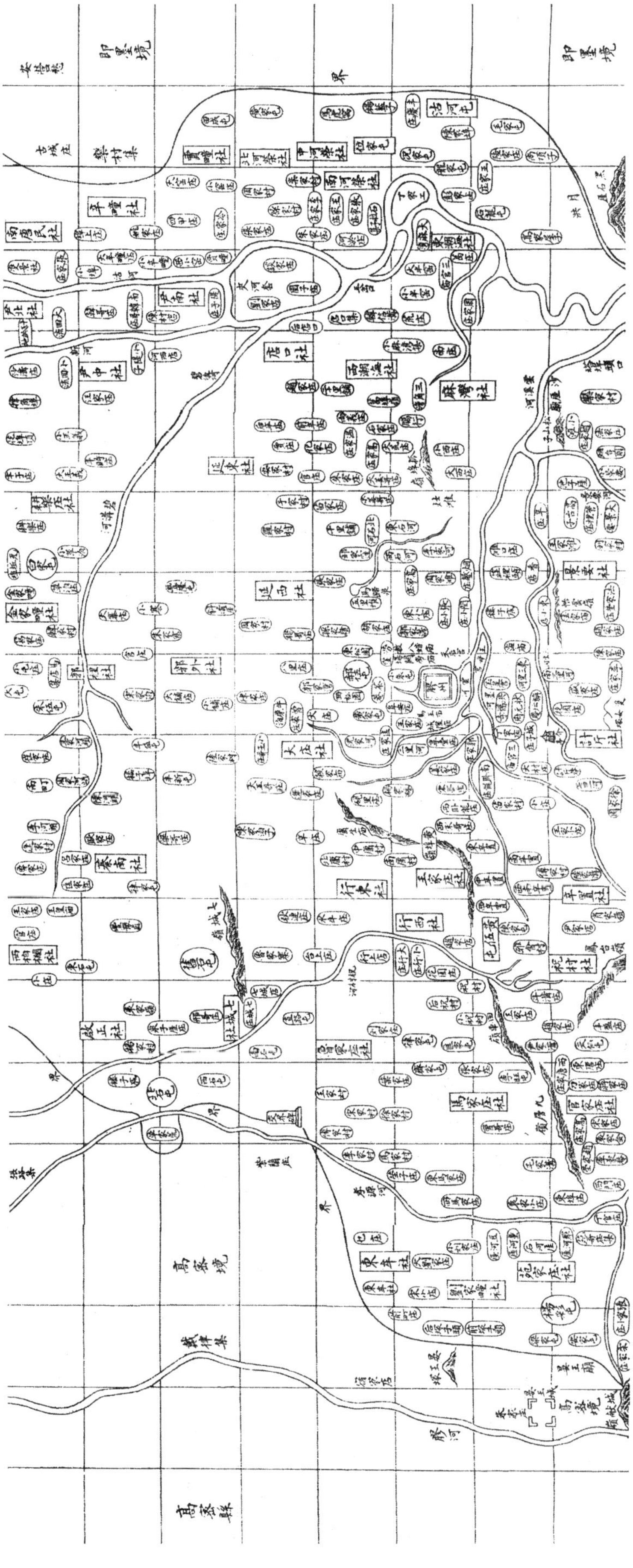
即墨境

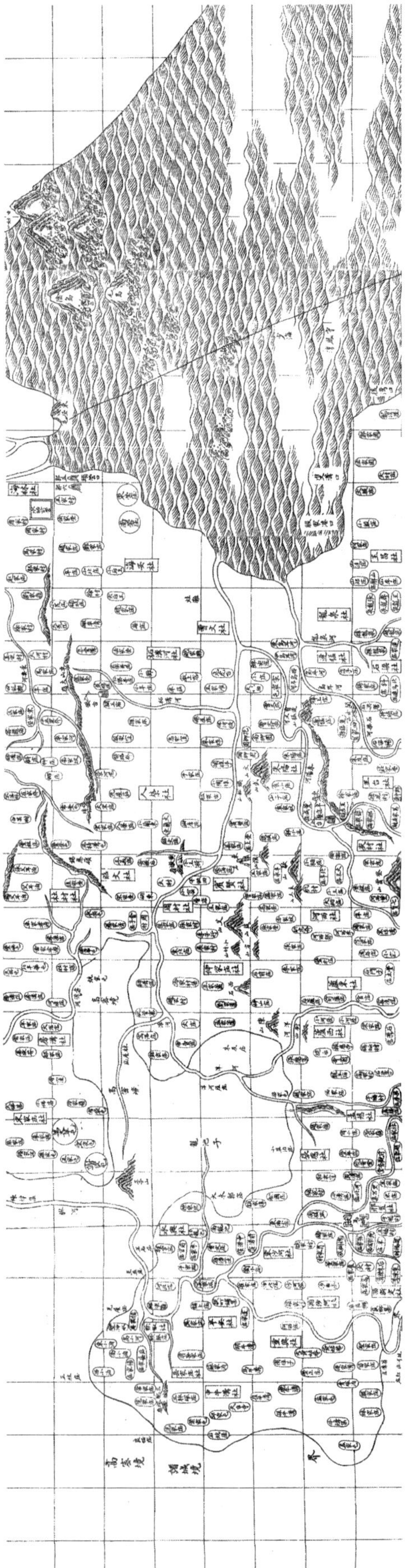

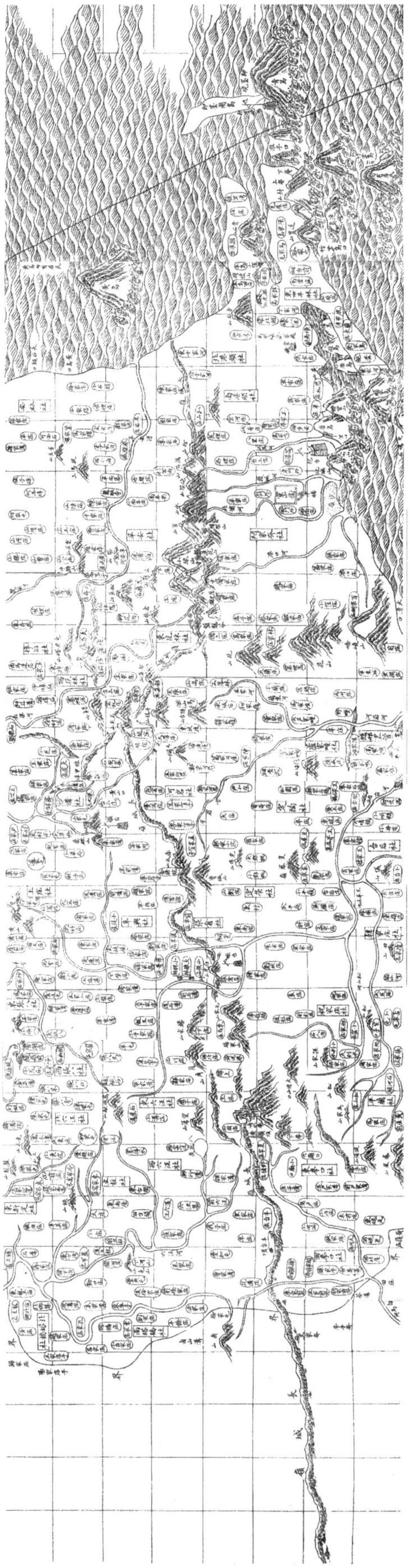

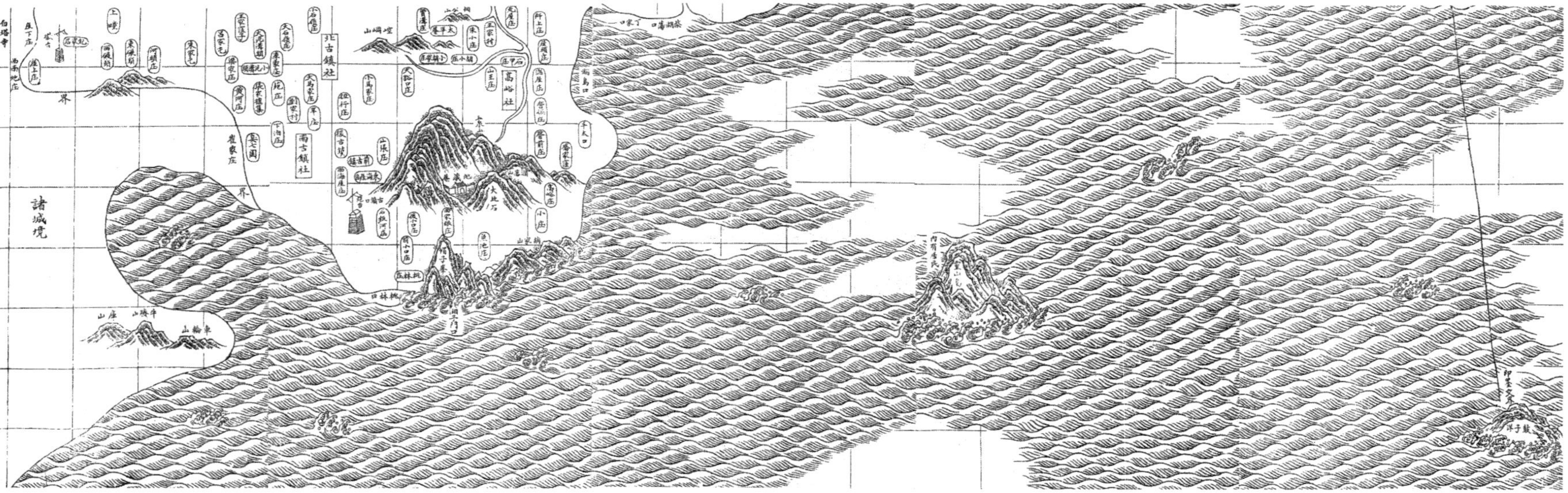

上图陆地四百十八方，每方折大地六十二顷五十五亩，共折大地二万六千一百四十五顷九十亩。

水地一百五十六方，每方折大地六十二顷五十五亩，共折大地九千七百五十七顷八十亩。

水陆共计折大地三万五千九百零三顷七十亩。

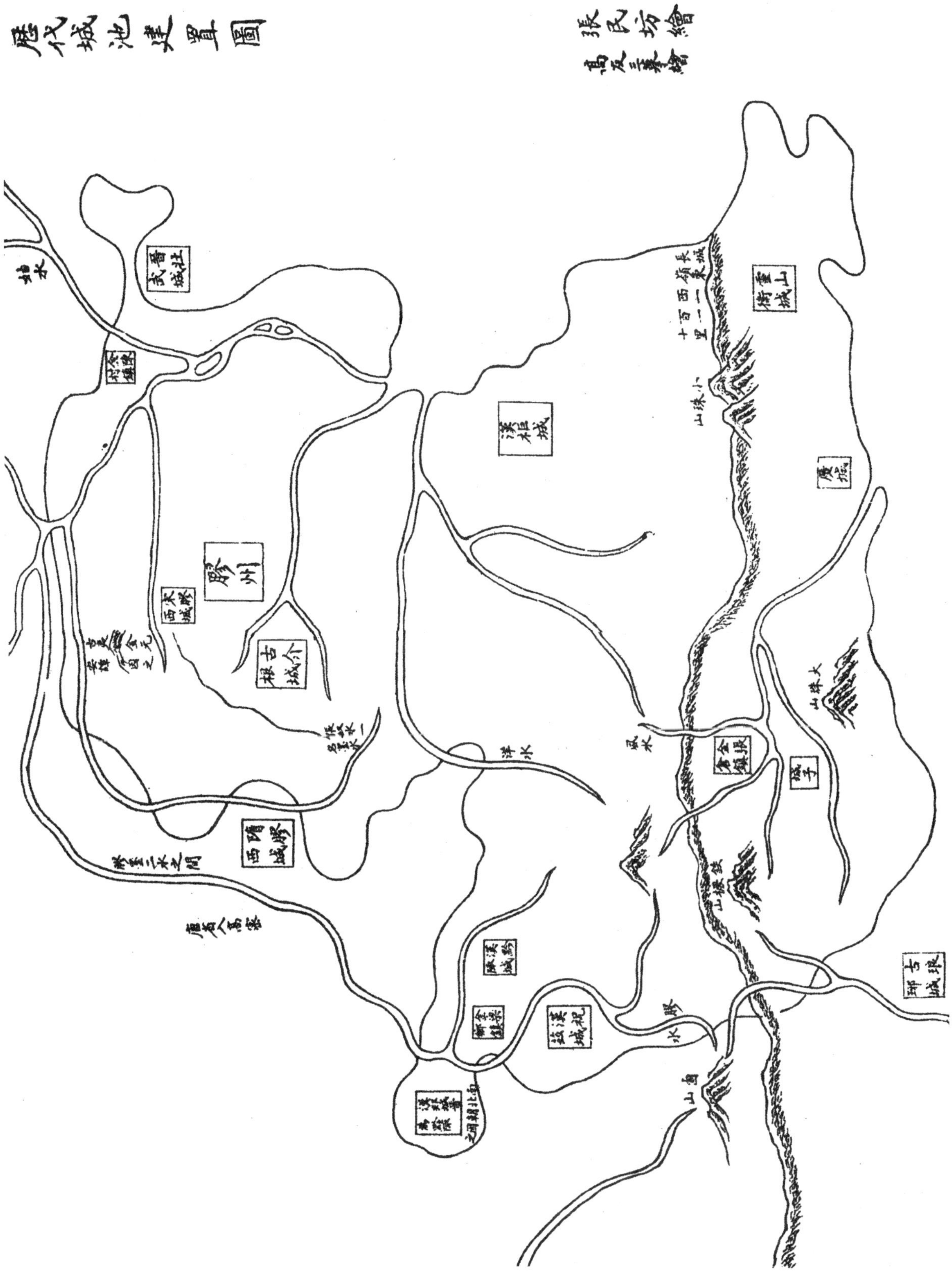
歷代城池建置圖
張氏坊繪

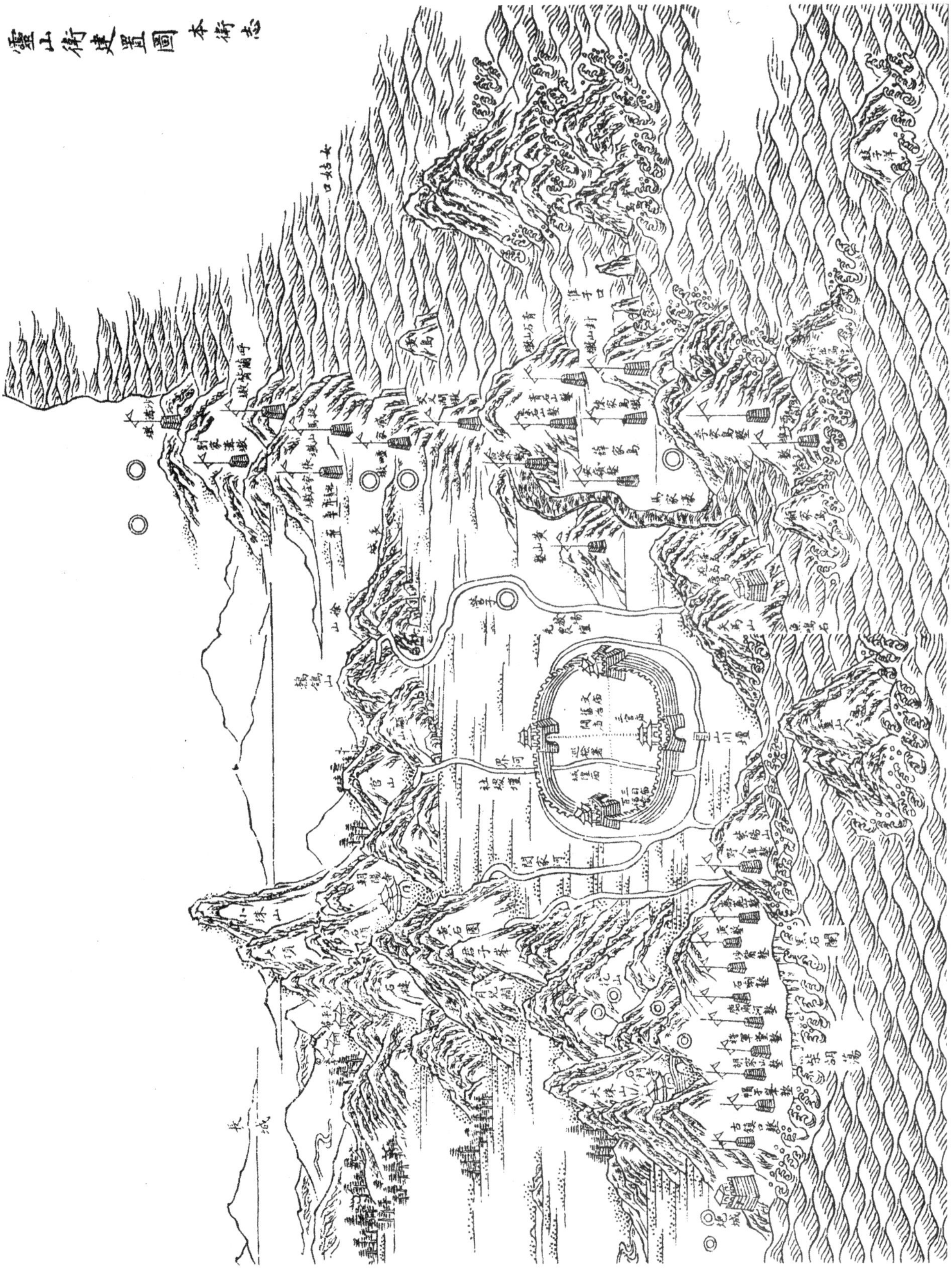

靈山衛建置圖 本衛志

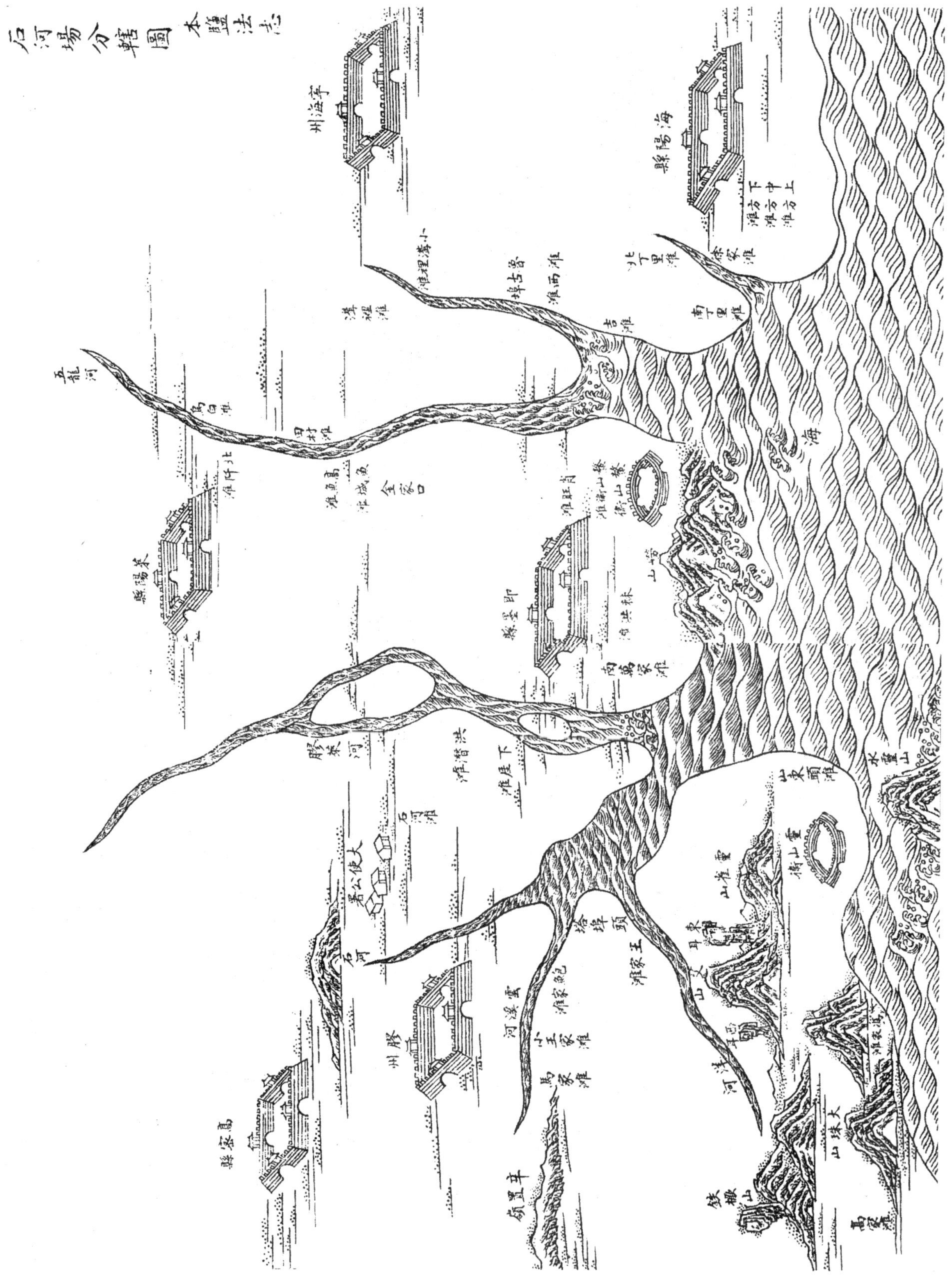
石河場分轄圖　本鹽法志

水道图序

州之水，大小可名者二十余。南鄙之水，山岭所界，近海易下，无渠种之利，亦无泛滥之患。胶、姑二水，为源颇远。胶，自诸趋密，东北分流，越平、胶，入胶莱南河，其势已杀。惟姑，大小歧源，自黄县、掖县至平度合流，南界胶、即之间，挟众流而赴胶水合之，秋夏雨集，辄为民害。云、墨二水，逼近关城，为居庐、村巷所束，越城而东，亦有时激而滥决。故官司董工役捍民患者，惟从事于姑、墨、云三水，他无及焉。然州东之地平衍，土性松散，堤善溃而流易淤，河流所过肥美，宜种植，民辄据为己有，与河争地。而关城之间，寸土尺宅尤所宝贵，故疏导之功往往不能尽如初意，或已成功不能以久，为可惜也。《考工记》曰："善沟者，水漱之；善防者，水淫之。"而归于磬折参伍[①]，解者以为直三而折五。盖直多则溜淤，折多则损岸。故参伍、磬折为行水不易之规，不宜以地限之也。《记》复有曰："欲为渊，购句于矩[②]。"尤驱水归壑之大法，盖使下流湍激宽深而后上流沛然无阻。此非下民尽力出其地利，不自私以除公害，为上者不惮劳怨，收群心，抑强御，为经久之计，则不能底厥成功也。故详图四水源委，为廑民瘼[③]者览焉。白猊拒艾[④]，亦邑水之大者，故并附而图之。

---

① 磬折参伍：《考工记·匠人》："凡行奠水，磬折以参伍。"郑玄注："郑司农云：奠读为停，谓行停水。沟形当如磬，直行三，折行五，以引水者疾焉。"参，同"叁"；伍，即五。或三或五，指变化不定的数。

② 购句于矩：底本作"则勾之"，讹。据《考工记》"欲为渊，购句于矩"改。

③ 廑(qín)民瘼(mò)：为民众疾苦勤劳。廑，勤劳，殷勤；瘼，疾苦，困苦。

④ 白猊拒艾：皆河名。白猊，即风河，俗称白猊河，本名风水河，今西海岸新区境内。拒艾，又作柜艾，今胶州市洋河。

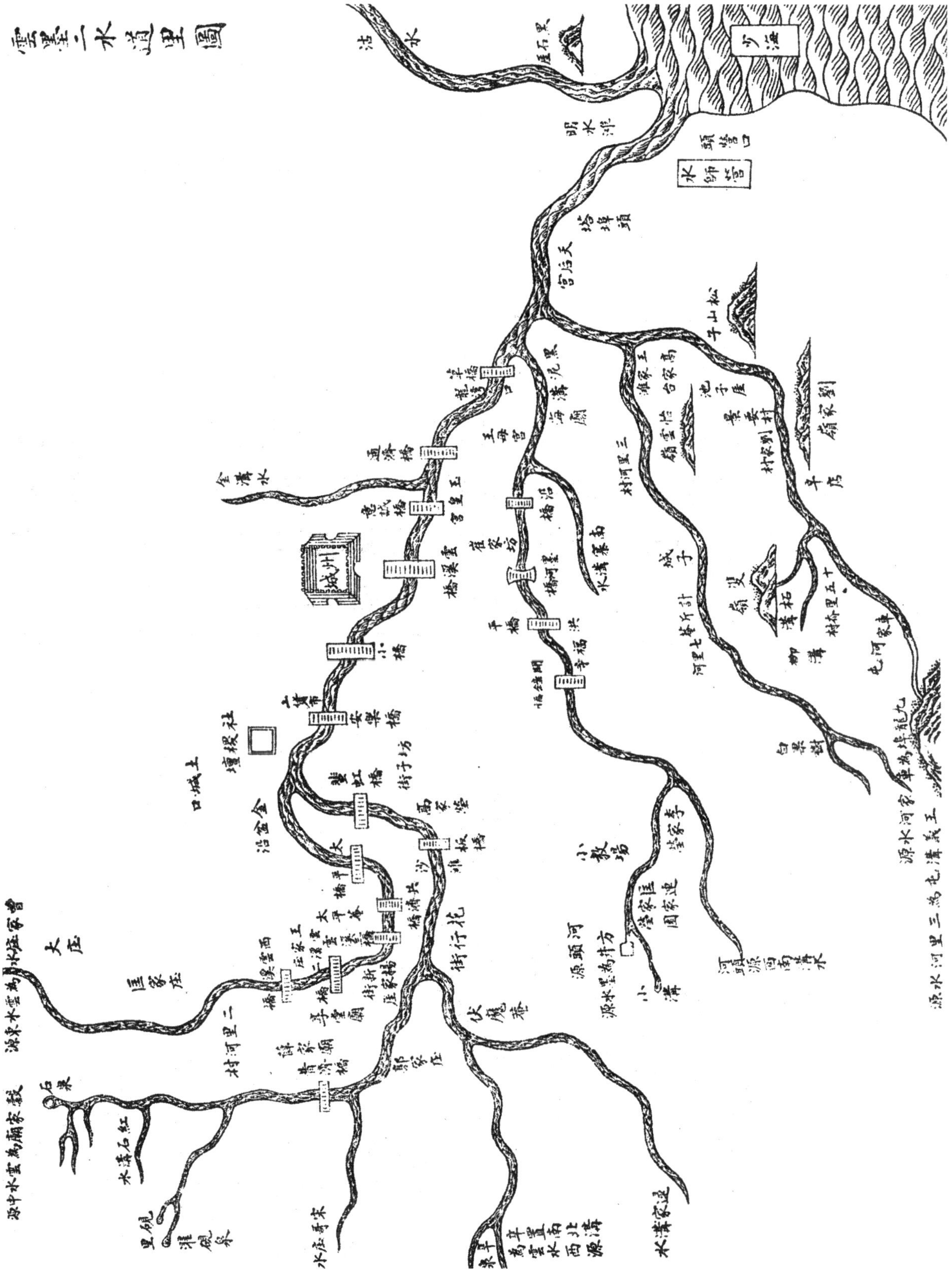
雲溪二水道里圖

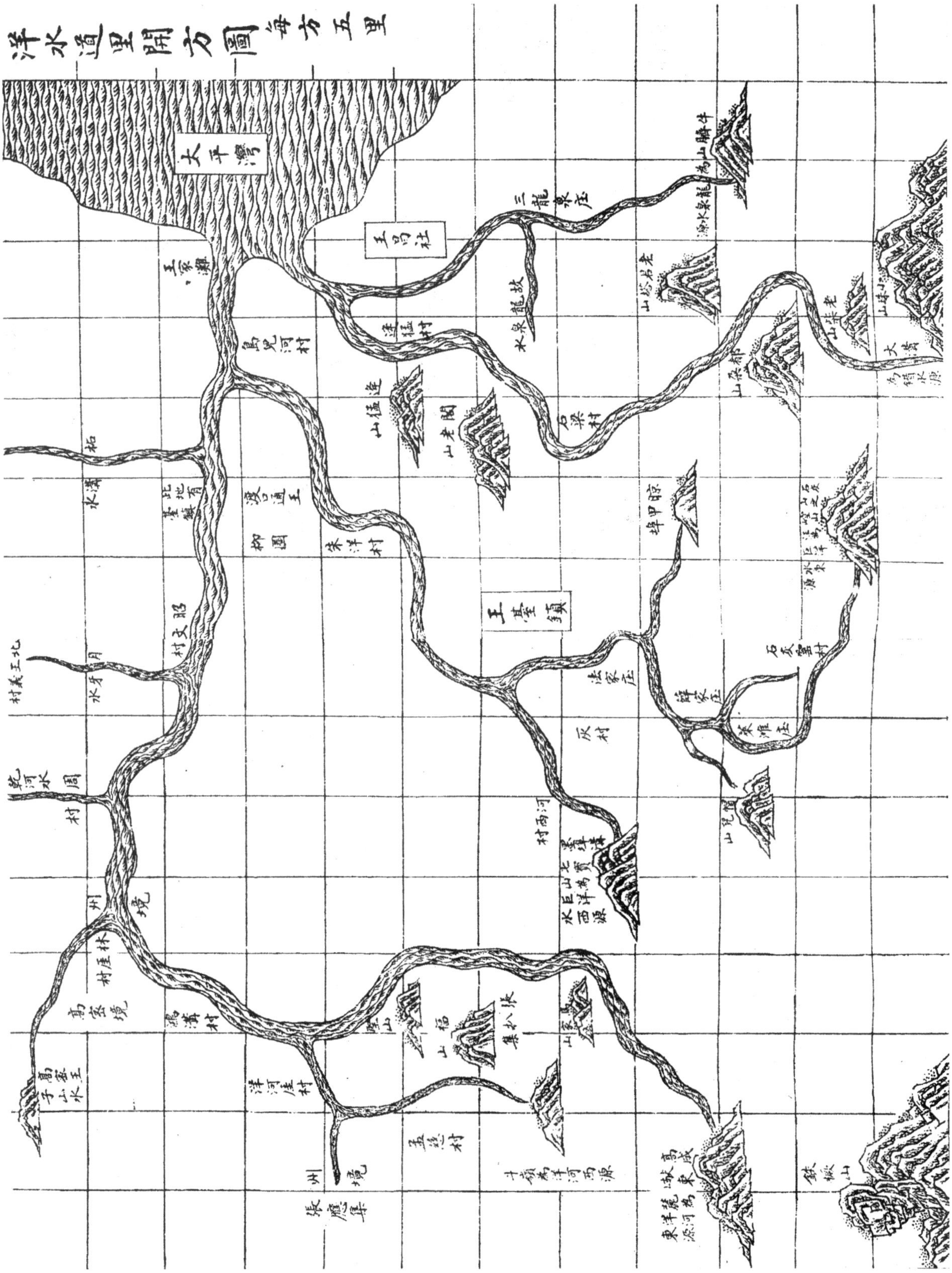
洋水道里開方圖
每方五里

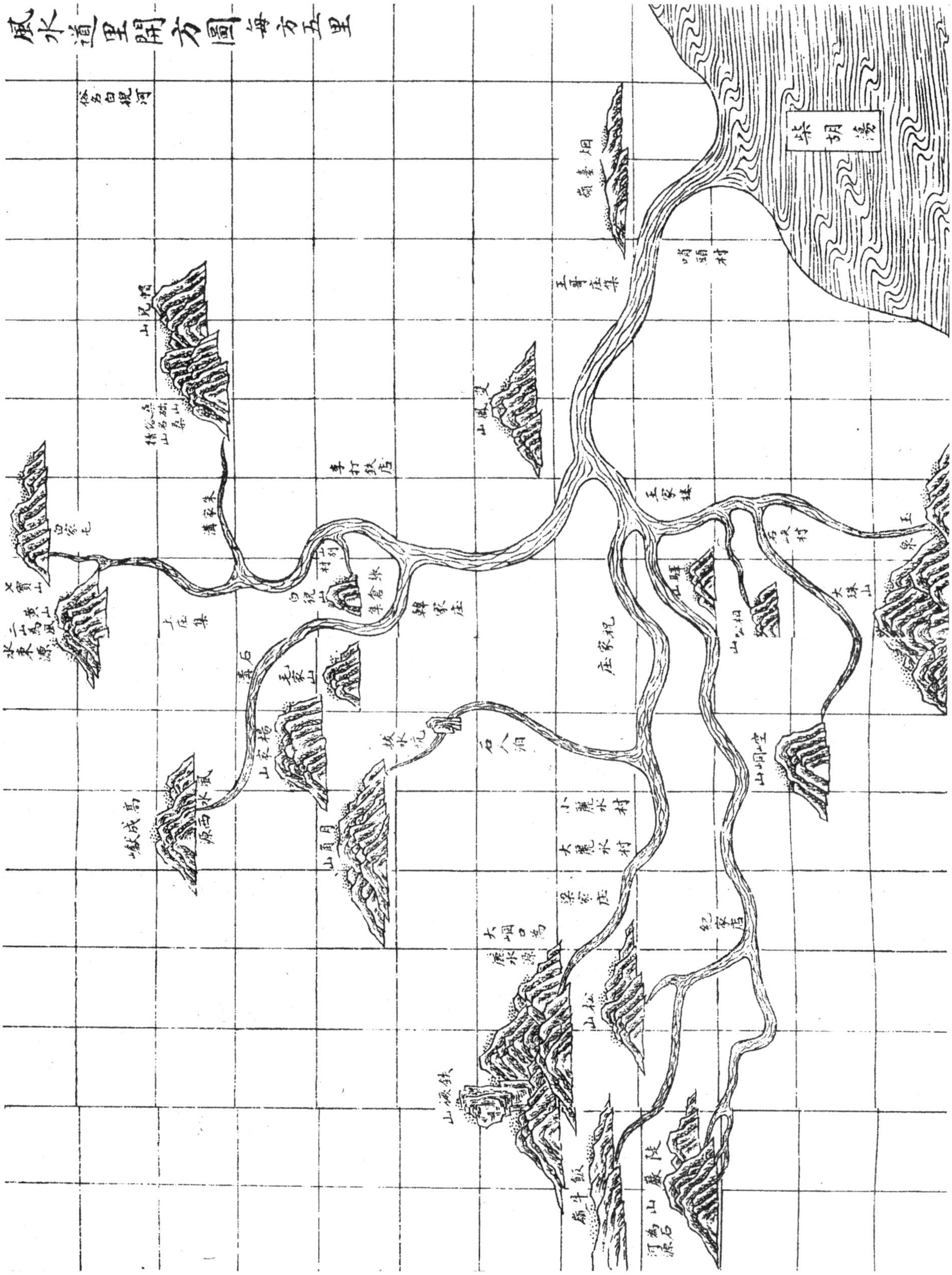
膠水道里開方圖
每方五里

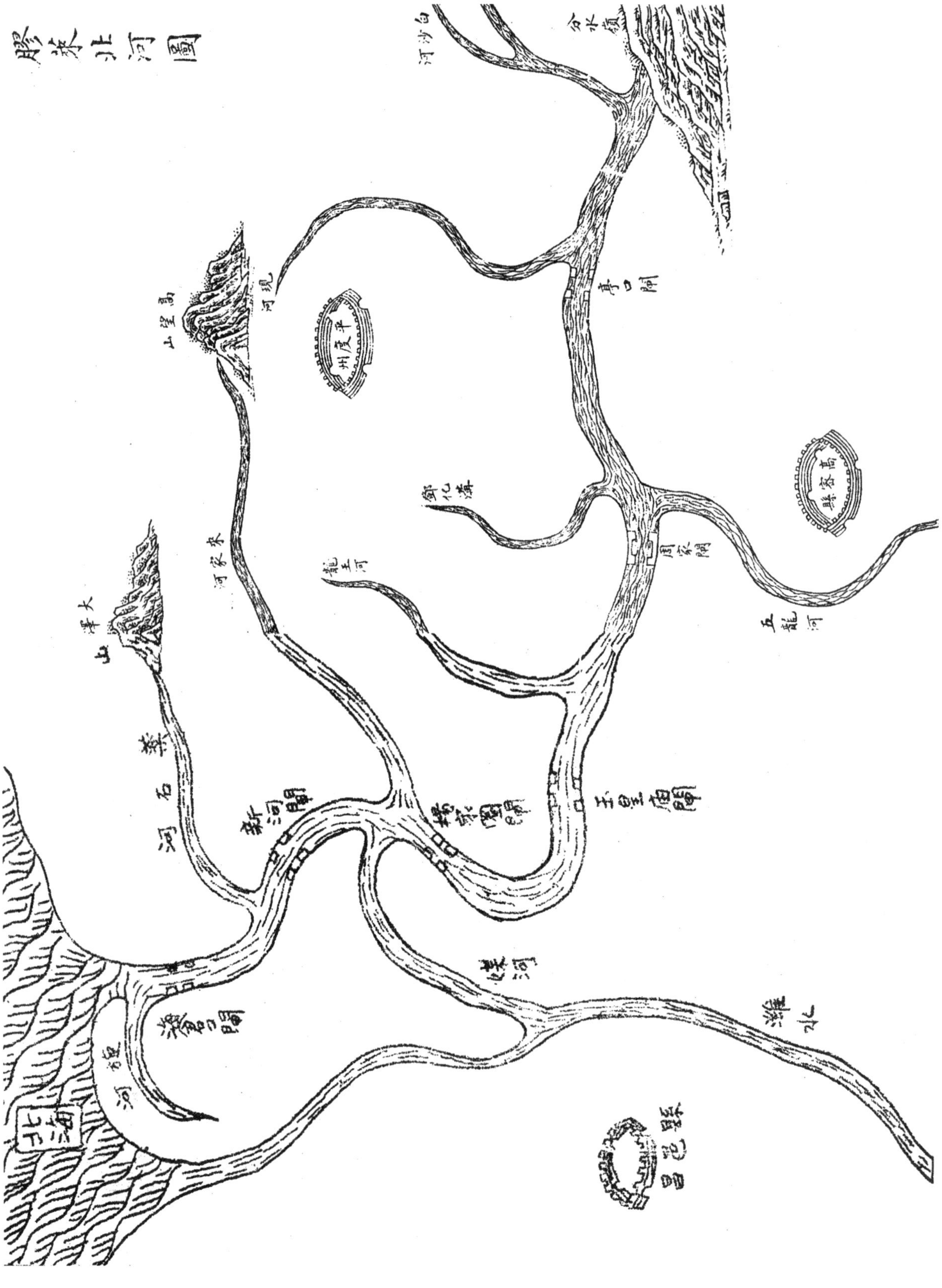
膠萊北河圖
平度州
高密縣
昌邑縣
五龍河
濰水
北海

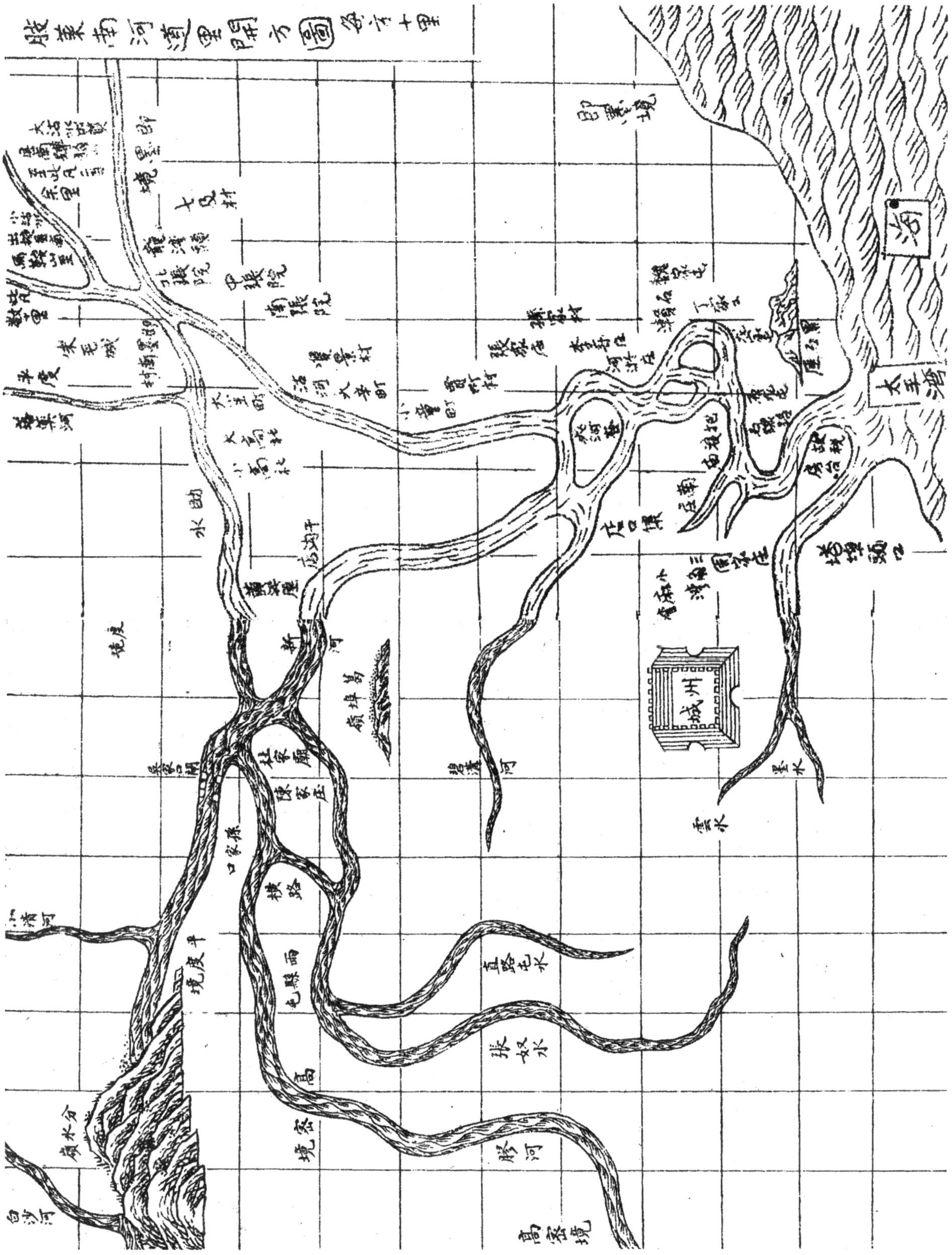
膠萊南河道里開方圖每方十里
太平灣
州城
膠河

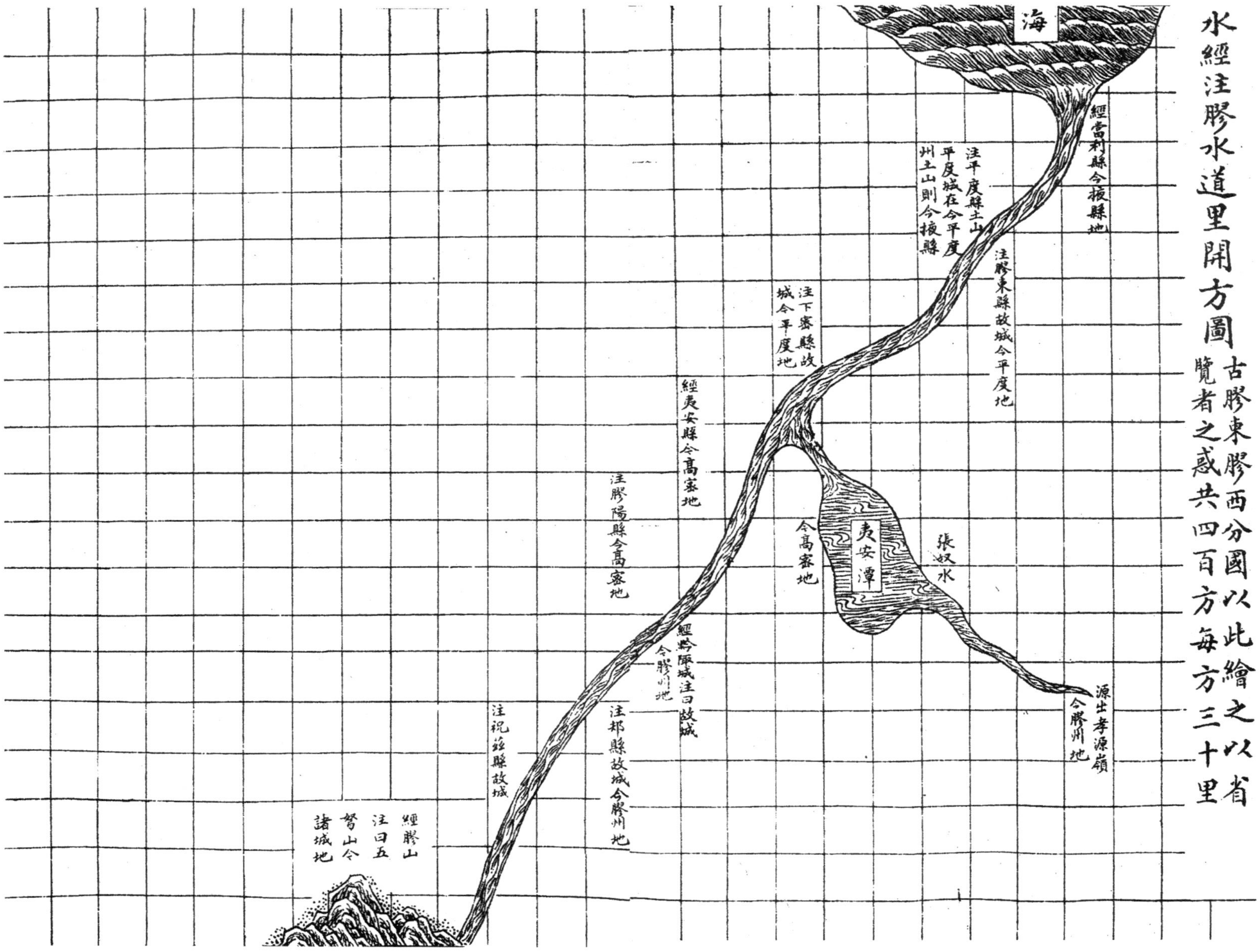
水經注膠水道里開方圖
古膠東膠西分國以此繪之以省覽者之惑共四百方每方三十里
海
經當利縣今掖縣地
注平度縣土山平度城在今平度州土山則今掖縣
注膠東縣故城今平度地
注下密縣故城今平度地
經夷安縣今高密地
注膠陽縣今高密地
今高密地
夷安潭
張奴水
源出孝源嶺今膠州地
經黔陬城注曰故城今膠州地
注邦縣故城今膠州地
注祝茲縣故城
經膠山注曰五弩山今諸城地

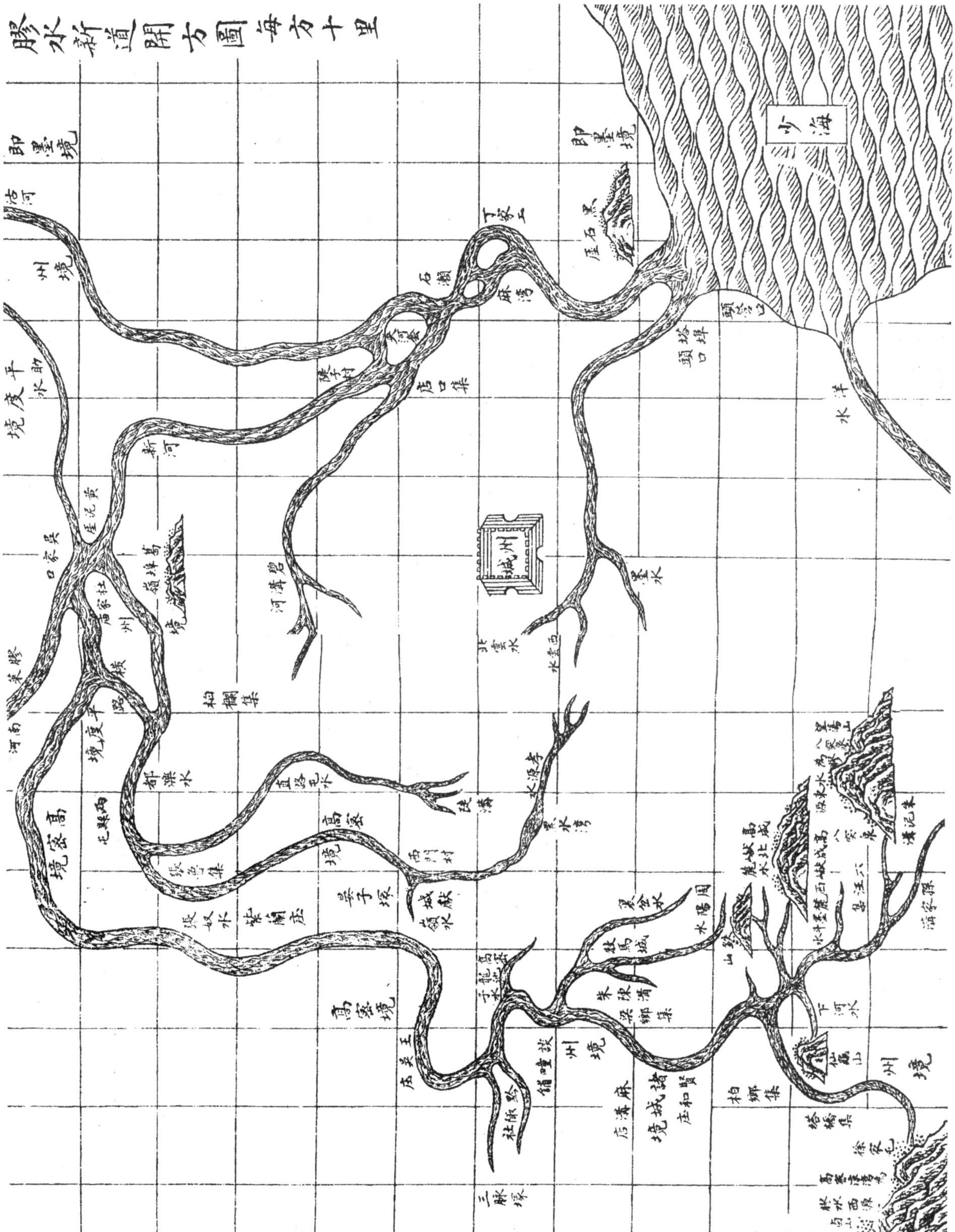
膠州新道開方圖
每方十里
即墨境
少海
州城

海疆图序

张群雁曰："胶，海邦也。除盐滩归之赋法，水军归之兵防，海错①归之物产。若夫潮港岛岸、泛津渡口，皆所宜详。"盖自唐设板桥镇而诘戎②重，宋设板桥市舶司，金人置榷场而通商远，胶西久为海舶夷庚③。

国初，鲸鲵梗化，御寇孔殷，因有海防之禁。康熙十八年海州、云台初复，给事中丁泰请弛海禁，略曰："由胶州抵云台山，仅半日程。南至庙湾镇里河口，通淮扬亦一日可至。转运米豆，南北互济，犹不过轻舟，沿岸赍粮百石而止，连樯大艘未尝至也。"其后，海氛靖而禁防弛，遂为商船辐辏之所。南至闽广，北达盛京，夷货海估④，山委云集，民用以饶，埒⑤于沃土。水师之设，第以巡往来、禁豪猾而已。今图其界城、岛岸、港汊，州之所辖舟行可出入者，无不备注，并取《通志·海道》分附《道里表》后，亦庶乎留心怀远之一助云。

---

① 海错：各种海味物产。
② 诘戎：讲武治兵，整治军事。
③ 夷庚：平坦大道。
④ 海估：海贾，海上商人。
⑤ 埒(liè)：等同，相比。

海疆道里圖

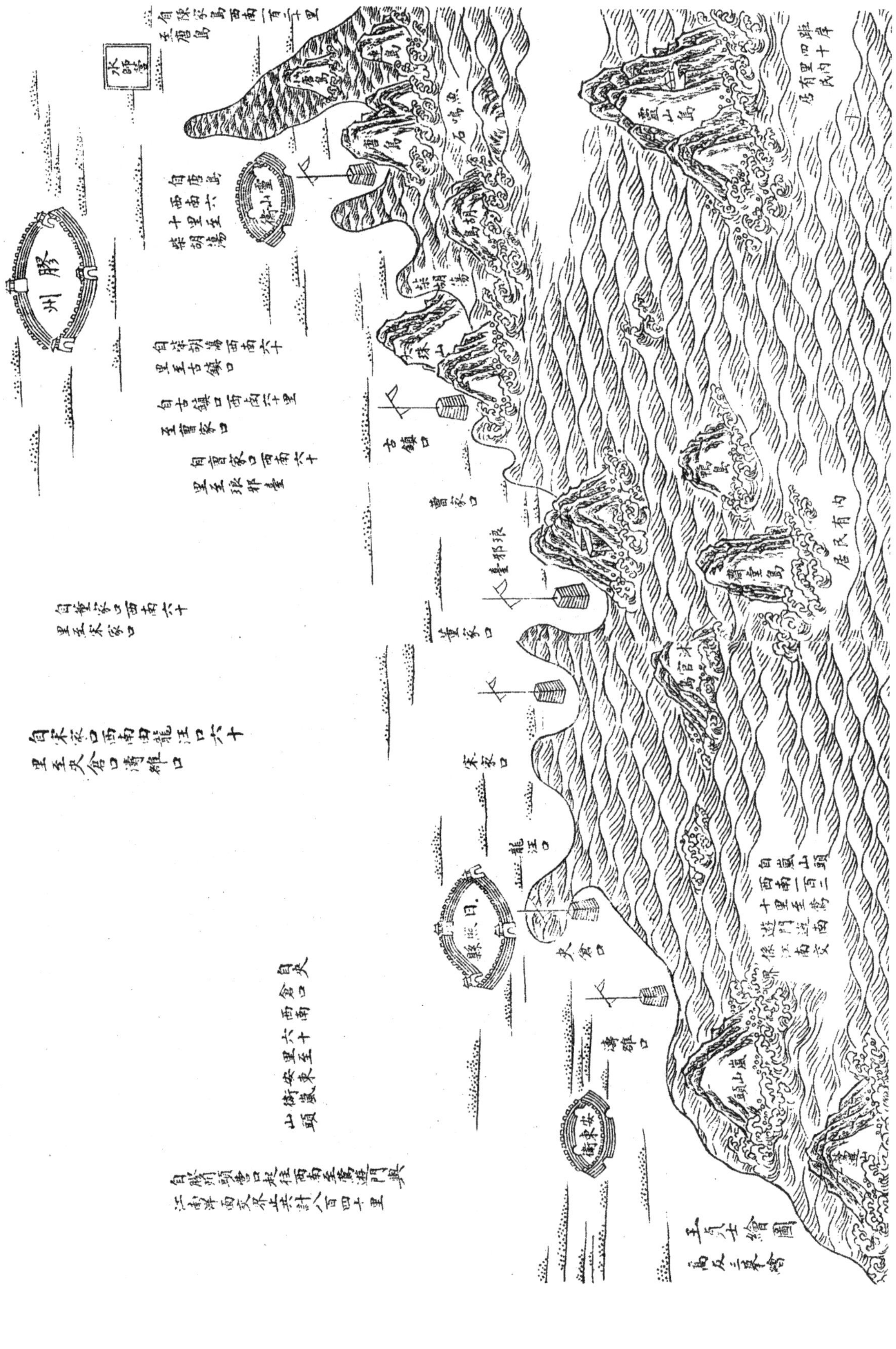

以上皆《前志》原图。

胶州要缺冲繁难

星分玄枵①之次，直虚危。纬度，北极出地三十六度一十六分，距北京卯酉线南三度三十九分；经度，距北京子午中线偏东三度五十七分。冬至，日出辰初初刻十四分，日入申正三刻一分，昼三十八刻二分，夜五十七刻十三分。夏至，日出寅正三刻一分，日入戌初初刻十四分，昼五十七刻十三分，夜三十八刻二分。广六十五里，纵一百五十里，至北京陆程一千六百里，至省城陆程七百里。东至即墨县界四十里，县治一百里；西至高密县界二十五里，县治五十里；南至海一百五里；北至平度州界四十五里，州治一百二十里；东南至海二十五里；东北至平度州界七十里；西南至青州府诸城县界九十里，县治一百四十里；西北至高密县界二十五里。录《山东通志》。

---

① 玄枵(xiāo)："玄"，底本作"元"，避康熙帝玄烨讳。今改为本字，下同。"玄枵"为十二星次之一。与二十八宿相配为女、虚、危三宿，与十二辰相配为子，与占星术的分野相配为齐。

增修胶志卷二　大事记

大事记序

邑乘[1]之有“大事记”，犹省志之有“通纪”也。盖本《春秋》编年纪事之体例，而胪列其事关一邑之利害得失，以资考镜者也。夫大事之独见于兹邑者，记录固不待言矣，即其事为他邑所分见而为本邑所经历者，记录亦不得或遗。《前志》谓记中所书多阔词，要其利害涉及兹邑者，并谨书之。盖事势牵连有不得不然者，非轶于本部范围之外，自淆其例也。自清道光二十五六年后，胶之事变亦多端矣，爰采新《通志·通纪》所载，并考之案卷，访之传闻，撮举大纲，继《前志》备书其事，使览者得以察其利害得失焉。

己卯　周武王十三年，封少昊之裔兹舆期为莒子，都于计。

庚寅　襄王二十一年春，介葛卢朝于鲁。冬，复朝鲁。

辛卯　二十二年秋，介人侵萧。

丙午　灵王十七年，晋伐齐，齐严城守，东至胶水。见《史记·晋世家》。

壬子　二十三年秋七月，齐崔杼伐莒，侵介根。

乙丑　敬王四十四年，齐田常割齐安平以东至琅邪，自为封邑。《正义》曰：从安平东莱、登、沂、密皆自为封邑也。

庚午　显王十八年，齐筑长城。长城之筑不自此始，见《古迹考》，此盖重修。

辛巳　赧王三十五年，燕将乐毅破齐，遣军渡胶，东略琅邪至海下，其城皆为郡县。

壬午　三十六年，齐宗人田单以即墨兵袭破燕军，复齐地。按：即墨故城在平度南，田齐威王时封即墨大夫。古大夫所治皆大都，汉郡守其遗制也。此时即墨当兼胶州地。

庚辰　秦始皇帝二十六年，灭齐，置琅邪郡，始置黔陬县。

壬午　二十八年，帝东游海上，自之罘南登琅邪，遣徐市同福。入海求仙。齐人徐市上书言：海中有三神山，仙人所居，请得斋戒，与童男女求之。于是遣市发童男女数千人入海。今治南徐山，《齐乘》云即徐福入海处。

丙戌　三十二年，伐匈奴，飞刍挽粟[2]，起琅邪负海之郡。

壬辰　二世元年春，帝东行郡县，至于琅邪。秋九月，故齐王族田儋自立为王，率兵东略定齐地。

乙未　楚义帝元年春二月，项籍分封齐王市为胶东王。夏六月，田荣追杀市于即墨，并

---

① 邑乘：县志，地方志。春秋晋国史书称乘，后世称史书为史乘，家谱为家乘。

② 飞刍挽粟：迅速运送粮草。

三齐。三齐：临淄、济北、胶东。汉未分郡以前，今胶州地属胶东。详见“沿革表”。

戊戌　汉太祖高皇帝四年冬十一月，汉相国韩信袭齐，追破齐王广于高密，使曹参攻杀齐将田既于胶东。

己亥　五年春正月，立韩信为齐王，尽有胶泗之地。

庚子　六年春正月，以琅邪、胶东等六郡立子肥为齐王。

庚申　吕后七年秋七月，立营陵侯泽为琅邪王，以黔陬属琅邪国。

壬戌　武帝元狩四年，计亓置盐官。时从桑弘羊①请，以“齐大煮盐”东郭咸阳②等乘传举行盐铁，禁民私铸铁器、煮盐者。

乙亥　元封五年冬，始置十三部刺史循行郡县。琅邪郡属徐州部，《汉书·地理志》所书郡县皆本此。

宣帝五凤某年，增海租三倍。

丁丑　元帝初元五年夏，罢盐、铁官。

庚辰　永光三年冬，复盐、铁官。

甲戌　新莽天凤元年秋七月，改邞③曰纯德、柜曰祓同。

癸未　更始元年秋九月，汉兵诛莽，复邞④、柜旧县。

丁酉　东汉光武帝建武十三年，省祓、柜、邞、计亓四县，以柜入徐州刺史部琅邪郡琅邪县。计亓入黔陬侯国，改属青州刺史部东莱郡。

庚子　十六年，青、徐、幽、冀州盗起，遣使者下郡国，听群盗自相纠摘除罪。

戊申　安帝永初二年，廪东莱贫民。时州郡大饥，人相食。

己酉　三年，海贼张伯路寇略缘海九郡。

辛亥　五年，青州刺史法雄讨张伯路，斩之，海隅平。

戊寅　献帝建安三年，分北海置城阳郡，以黔陬县属。时曹操以青、徐二州附于海，以委臧霸，霸入青州，以孙康为城阳太守。

丙戌　十一年，李典、乐进破海贼管承，承入海。

己丑　晋武帝泰始五年春，追封谥皇弟，以皇子景度嗣为城阳王。

己酉　太康十年，移城阳郡治于黔陬县。旧治莒县，是年分入东莞郡故。

乙卯　惠帝元康五年夏六月，以城阳郡改置高密国，徙陇西王泰为高密王，邑万户，都黔陬，北迁治于胶水西。张宾雁曰：当在六年后。

戊寅　光熙元年，帢令刘柏根反，高密王简奔聊城。青州部自此后更历王弥⑤、聪勒⑥之乱，州郡

---

① 弘：底本作“宏”，避乾隆帝弘历讳。今改为本字，下同。

② 东郭咸阳：西汉齐人，是资产累千金的大盐商。《史记·平准书》载“咸阳，齐之大煮盐”。

③ “邞”，底本作“祓”，讹。据《汉书·地理志》“邞，胶水东至平度入海。莽曰纯德”改。古县名，在今山东胶州市西南铺集镇黔陬村。下同。

④ “邞”，底本作“祓”，讹。据《汉书·地理志》改。详参本页注释③。

⑤ 王弥（？—311）：晋东莱郡（今山东莱州）人。汝南太守王颀之孙。永兴三年（306），参加刘柏根起义，柏根败死，王弥率余部退保长广山（今莱阳东），有众数万。后兵败转投刘渊，与刘曜、石勒攻入洛阳，后与二人不和，被杀。

⑥ 聪勒：此处指“十六国”前赵政权之刘聪和石勒。

沦没，流民南渡江左，侨置郡县①，有南高密郡国、黔陬等四县。

甲辰 宋武帝大明八年，省高密郡，以黔陬县属北海郡，寻复。

丁未 明帝泰始三年，遣辅国将军刘怀珍将兵讨沈文秀，进至黔陬。文秀所署长广太守刘桃根将数千人戍不其城，军于洋水，遣王广之将百骑拔之。

戊申 四年，沈文秀归宋。魏将慕容白曜攻青州，帝以文秀弟、中兵参军沈文静为辅国将军，统高密、北海、平昌、长广、东莱五郡军事，由海道救青州，保于不其城。秋八月，分置东青州，以文静为刺史。城陷，魏以房幼安为高密太守。

己酉 后魏孝庄帝永安二年，置胶州及东武郡梁乡县。《学古编》：初置胶州，领东武、高密、平昌三郡，治东武陵，以胶名州始此。

东魏孝静帝兴和某年，置临海郡于梁乡县。

丙子 齐文宣帝天保七年冬十一月，置平昌郡于黔陬县。

庚子 周静帝大象二年秋七月，青州总管尉迟勤以青、齐、胶、光、莒五州起兵讨杨坚。

癸卯 隋文帝开皇三年秋八月，废平昌郡，以黔陬直隶胶州。

乙巳 五年，改胶州为密州。

丙辰 十六年置胶西县，治于胶、墨二水之间，割黔陬北鄙益之。

乙丑 炀帝大业元年，废黔陬入胶西县。

丁卯 三年，改高密郡为密州。

癸酉 九年，土寇起，胶西县城废。

壬午 唐高祖武德五年，改高密郡为密州。

癸未 六年，省胶西入高密县，以县东鄙置板桥镇。

壬午 玄宗天宝元年，改密州为高密郡。

乙巳 代宗永泰元年秋七月，淄青平卢②将李怀玉逐节度使侯希逸，据淄、青、沂、密十州。

辛酉 德宗建中二年冬十二月，密州来降。

壬戌 三年春正月，置徐、海、沂、密都团练观察使。淄青留后③李纳复攻陷密州。

甲子 兴元元年，李纳归命，复以密州属之。

己亥 宪宗元和十四年春二月，诛李师道。淄、青、沂、密十三州平。

丁巳 昭宗乾符四年冬十月，朱全忠陷密州。

癸亥 天复三年，平卢节度使王师范讨朱全忠，拔密州。全忠将杨师厚攻师范于青州，密州复陷。

丁未 晋天福十二年春二月，群盗陷密州。

---

① 侨置郡县：东晋为安抚南渡士族百姓而建立侨郡侨县，仍用北方故地郡县名称，侨民另立白籍，并减免租税。

② 淄青平卢：唐方镇名。或称淄青，或称平卢，治所在青州。

③ 留后：唐代节度使、观察使缺位时设置的代理职称，北宋以后渐废。

壬申 宋太祖开宝五年春二月，升密州为安化军节度。

乙未 真宗天禧三年，知密州王博文请弛盐禁，候[①]岁丰乃复。从之。时诸路旱蝗，州负海，盐场饥民多盗鬻抵罪。博文为请弛盐禁，以俟丰年乃复。从之。

辛巳 仁宗庆历元年冬十一月，罢密州等八州盐课。时京东、密州等八州仍岁凶灾，听人贸易，官收其算，而罢密、登岁课，第令户输租钱。

壬辰 皇祐四年，知密州蔡齐以不雨请弛盐禁。

乙卯 神宗熙宁八年，以密州属京东东路。《学古编》：分胶西地置安丘县，分京东为东、西路，以密州属东路，领诸城、安丘、莒、高密、胶西五县。

癸亥 元丰七[②]年，起居郎杨景略使高丽，还，请立海神庙于板桥镇。秋七月，景略与左司郎中钱勰同自密州发洋，勰得达，而杨遭风，又于八月自登州发洋。板桥久为海舶孔道，朝臣与高丽往来由此，故景略归而奏乞立庙。故知密州苏轼嫌板桥湫隘[③]，移书使迁文登，因古庙而更新之，而杨不从。

乙丑 八年冬十二月，前知登州军州事苏轼奏"停防海兵士分屯密州板桥等处"。苏轼状奏：今岁差平海六十人分屯密州板桥等处，去年又差澄海一百人往莱州、一百人往密州屯驻。兵势分弱，易启戎心，且无处学习水战，今后只于威边等指挥差拨，不得更差登州、平海、澄海四指挥兵士。

丙寅 哲宗元祐三年，以板桥镇为胶西县，兼临海军使，见《地理志》。仍置板桥市舶司。《宋史·食货志》：初，知密州范锷[④]上言："板桥濒海，东则二广、福建、淮浙，西则京东、河东、河北，商贾所聚，海舶之利颛于富家大姓，宜即本州置市舶司，板桥置抽解务。"诏都转运使吴居厚条例以闻。至是，锷等复言："广南、福建、淮浙贾人，航海贩物至京东、河东、河北等路，运载钱帛丝棉贸易，而象犀、乳香珍奇之物，虽尝禁榷，未免欺隐。若板桥市舶发行，则海外诸物积于府库者，必倍于杭明二州。使商舶通行，无冒禁罹刑之患，而上供之物，免道路风霜之虞。"乃置市舶司。由海道往外蕃，令以物货名数并所诣之地，报所在州招保，毋得参带兵器，或可造兵器及违禁之物，官给以券。擅乘船由海入界河及往高丽、新罗登莱州境者，罪以徒[⑤]，往北界者加等。

己丑 徽宗大观三年，罢铸夹锡钱，改行当十钱，申令京东路缘海县镇。《食货志》：时铸崇宁、大观御书当十钱，颁式于诸路，置铸钱监，换纳民间私钱，依式改铸，严盗铸之法，行大观新修钱法。各监司分行州郡，按责居停，邻保告验，私钱给赏。既以人言不便，诏当十钱送官，给以小钱而折十钱。为币既重，民往往不肯输官，私铸者如故，多冒法。自淮浙转入东北所在州县，督捕急则弃之江河，或瘗藏不出。乃申当十钱行使之令，京东、京西、河北并边镇寨、四榷场以及登、莱、密州缘海县镇皆禁止。至是，以彗星之变赦天下，凡以私钱得罪者皆赦之。

戊申 高宗建炎二年，胶西高密盗起，知密州赵野弃城走，为其下所杀。

己酉 三年秋闰八月，密州守将李逵降于金。

壬戌 金熙宗皇统二年，置板桥榷场，与宋互市。《本纪》：宋人请于板桥等处互市，各置场于两界，许之。

己巳 九年始建先师庙。明郡人王和《修庙诗》序云皇统末。《州志前编》云九年。详"讹疑"。

---

① "候"，底本作"侯"，讹。据道光《重修胶州志》改。

② "七年"，底本作"六年"，讹。据《宋会要辑稿》："七年……十月九日，诏朝奉郎、守起居郎杨景略、朝散郎、守尚书左司郎中钱勰并为中书舍人，免试。景略、勰奉使高丽，方还在道，并擢之。"

③ 湫隘（jiǎo ài）：低洼狭小。

④ 范锷：底本、道光《重修胶州志》均作"范谔"，讹，据《宋史》改。下同。

⑤ 徒：徒刑，古代五刑（笞、杖、徒、流、死）之一。

己卯 废帝正隆四年，罢胶西榷场。见《金史》。互市行已十八年，至是，以将伐宋罢之。

辛巳 六年秋九月，以苏保衡将水军由胶西泛海袭宋临安。冬十月，宋李宝破之于陈家岛，副统制完颜郑家奴死之。《名臣言行录别集》：金主三道伐宋，以工部尚书苏保衡为浙东道水军都统制，益都尹完颜郑家奴副之，泛海径趋临安，用降人倪询、商简、梁三儿等为乡道，约以十月十八日至海门山，入钱塘江。干事毕，令雄州刺史阿瓦至江上迎报。及出胶西海口泊唐岛，而宋将李宝与其子公佐、海州魏胜引舟师至石臼山。相距三十里，《金史》作三百里，有金大汉军水手数百降之。大汉军签起上等户也，宝问之，颇得金军事实。裨将曹洋请逆战，朐山县宰高敞曰："不可。彼众我寡，宜避之。"洋曰："彼虽众，皆不谙海道。且降人云女真在船中唯匍匐而踵，略不能动，虽众何为？"时北风日起，宝遣曹洋、黄瑞祷于石臼神，祈风助顺。夜漏将尽，起碇进船，风犹未顺。良久，风忽自柂楼中出，如钟铎声。宝众喜，争奋引舟握刃待战。金操舟者皆宋中原遗民，见宝船，给兵入舟中，金人遂不知宋师猝至。风驶舟疾，过山薄敌，鼓声振荡，海波腾跃。金人惊，掣碇举帆，帆皆油缬，弥亘数里，风浪卷集一隅，窘束无复行次。宋师以火箭射之，烟焰遂发，延烧数百艘。火所不及者犹欲前进。宝叱壮士跃登其舟，以短兵击杀之，其余签军[1]登岛垠，脱甲降之者三千余人，副都统完颜郑家奴及阿瓦等死者六人。保衡舟未发，亟引去。倪询等三人及诏书、印记、征南行程历、器甲、粮斛以万计，皆为所获。重不能举者悉焚之，火四昼夜不绝。宝既捷，将乘胜席卷，公佐切谏，乃还军，遣曹洋轻舟奏捷于临安。是时，金主驻瓜洲，胶西败闻，大怒，期指日度[2]江，变作，遂被弑。

甲申 世宗大定四年，复胶西榷场。从尚书省奏。

戊午 章宗承安三年，复罢胶西榷场。

癸酉 宣宗贞祐元年冬，蒙古木华黎屠密州。《宣宗记》：蒙古陷中原、山东，惟东平、徐、邳、海数城仅存，余残毁，大掠而去。

甲戌 二年秋七月壬午，沂州防御使仆散留家自胶西讨杨安儿党贼棘七等四万众，于新河败之。安抚使兼统军仆散安贞复大败之，贼皆溃去。杨安儿党棘七众四万陈于新河。仆散安贞遣左翼仆散留家由上流胶西济，继以大兵，杀获甚众，进破安儿于莱州。宣差伯德玩复密州，留家略定胶西诸县，余贼溃去。

丁丑 兴定元年冬，蒙古木华黎破密州。

戊寅 二年夏四月，红袄贼据胶西。河北行省侯挚督兵复密州，以次平之。侯挚、田琢两传：初，李全等据密州及胶西、高密诸县。挚督兵讨之，败黑旗贼，拔胶西县。渠贼李全来援，并破之。权知益都府事田琢遣治中张林生擒李旺于胶西。八月，莱州经略某累破旺党，胶西、高密官军亦屡破之于诸村及海岛间。

辛巳 宋宁宗嘉定十四年冬十一月，张林以京东诸州降蒙古，李福自胶西逃归楚州。《纲目》：初，张林附李全归宋，以林为京东安抚使。全以胶西当登、宁海之冲，百货辐辏，使其兄福守之，为窟宅计。时互市始通，北人尤重南货，价增十倍。全诱商人至山阳，以舟浮其货而中分之。自淮转海，达于胶西。福又具车辇之，而税其半，乃听往诸郡贸易。车、夫皆督办于林，林不能堪。林财仰给六盐场，福又欲分其半，林许福恣取盐而不分场。福怒曰："待与都统提兵取君头耳。"林惧，遂以京东诸郡降于蒙古。木华黎以林行山东东路、益都等州都元帅府事，福狼狈走还楚州。次年，李全攻张林于青州，林走，全入据青州。

丙戌 理宗宝庆二年，蒙古攻李全于青州，胶西降于移剌涅儿。

丁亥 蒙古太祖二十二年，置胶州于胶西县，以高密、即墨来隶。

---

① 签军：金元间凡遇战事，签发所有平民丁壮当兵，谓之签军。也指被强行抽调的丁壮组成的军队。

② 度：通"渡"。

庚寅 太宗二年，立益都路课税所，拨州县灶户隶之。

甲辰 太宗后三年，宋寿春军由海道来袭。

戊申 定宗三年，宋统制赵葵遣兵泛海来袭。

癸丑 宪宗三年，罢司侯司。

壬戌 世祖中统三年春二月，李璮以山东郡县降宋。璮，自其父全盗据山东地，阴阳于宋、金、元之间，至璮者四十余年。璮于元，每言宋舟舰势欲出胶西向益都，又言宋若遣舟师捣胶莱之虚等语，以相恐喝，而请缮城堑，为自益计。至是入益都，以郡县降宋。秋八月，璮败，伏诛。

癸亥 四年，诏统军司及千户等子弟入朝，充秃鲁花。禁煎贩私盐。

庚申 至元七年，统军使塔出镇沿海等城。诏禁斥堠于胶州、即墨。宋兵来攻，千户贺祉战退之。

辛未 八年，宋统制范广来攻，千户蒋德等逆战败之，俘广。

壬申 九年，置沂、莒、胶、密、宁海五州都城池所千户。诏州县达鲁花赤管民长官，兼管诸军奥鲁。

丙子 十三年，以沂、莒、胶、密、宁海五州所括民为防城军者，为民免其租赋。

戊寅 十五年，以淘金户佥军者属淘金总管府，仍淘金胶州。

乙卯 十六年，发粟钞赈灶户之贫者。

戊辰 十七年秋七月，用姚演言开胶莱河。莱人姚演献言：起胶西县东陈村海口，西北达胶河，出掖县海仓口，南北通潮汐，河道长三百里。邑人张谦宜《胶莱河辨》：元胶莱河在今胶州、平度州、高密县、昌邑县、掖县之间，南起灵山海口，北抵三山岛，长三百七十五里。《胶州志》以为："元人海运凿此避登州成山之险；自明至国朝，凡漕运梗塞，必议海运，议海运，必议修胶莱河。"其实不然。《元史·食货志》曰："初，伯颜平江南时，尝命张瑄、朱清等，以宋库藏图籍，自崇明州从海道载入京师。而运粮则自浙西涉江入淮，由黄河逆水至中滦旱站，陆运至淇门，入御河，以达于京师。后又开济州泗河，自淮至新开河，由大清河至利津河①入海。因海口沙壅，又从东阿旱站运至临清，入御河。又开胶②莱河道通海，劳费不资，卒无成效。"按：此则胶莱河者，特自淮通海之尾闾，非海运之孔道，明已。志称无效，是此河虽开，用之未久而即废，又明已。再考元总管于钦山水纂文曰：至元初，莱人姚演建言首起胶西县东陈村海口，自东南趋西北，凿陆地数百里，欲通漕直沽海口，数年而罢。余常乘传过之，询土人云：此河为海沙所壅，又水潦积淤，终不能通，徒残人耳！按：此则胶莱河之不足恃，元时已然，何后人之不察乎？隆庆五年，莱州兵备副使王献初开马家濠，欲引海水入新河，至陈村闸以北水浅不能行。万历四年，张居正喜事，遣尚书刘应节、侍郎徐栻督工，请开古路沟，以避南海浮沙，开船路沟以避分水岭道迂，而工大，卒不能成。万历三十年，监生崔旦上言生事，调天下贤员三十辈，画段分修，至分水岭，沙靡不能立埽；其深水不过三尺，浅处打坝蓄水，不干则缩；欲借海水，南潮止行二十里，北潮止行六十里；欲引沽河，水急多沙；引潍河，岸高路背。抚臣疏覆而止。千户谈九畴画《图说》，总河潘季驯有《河防一览》皆可考。按：又据《食货志》，海运凡三道：世祖至元十一年，道"自平江刘家港入海，经扬州路通州海门县黄连沙头、万里长滩开洋，沿山嶼而行，抵淮安路盐城县，历西海州、海宁府东海县、密州、胶州界，放灵山洋东北，路多浅沙，行月余始抵成山。计其水程，自上海至阳村马头，凡一万三千三百五十里。至元二十九年，朱清等言其路险恶，复开生道。自刘家港开洋，至撑脚沙转沙觜，至三沙、洋子江，过扁担沙、大洪，

---

① "河"，底本无，据《元史·食货志》补。
② "胶"，底本作"东"，讹。据《元史·食货志》改。

又过万里长滩，放大洋至青水洋，又经黑水洋至成山，过刘家岛，至之罘、沙门二岛，放莱州大洋，抵界河口，其道差为径直。至元三十年，千户殷明略又开新道，从刘家港入海，至崇明州三沙放洋，向东行，入黑水大洋，取成山转西至刘家岛，又至登州沙门岛，于莱州大洋入界河。当舟行，风信有时，自浙西至京师，不过旬日而已，视前二①道为最便云”。按：此则元人海运绝不由胶莱河，其三道曲折，俱由成山，亦非必避之险也。且如道由胶州灵山斜入登州，胶莱河之南口，即灵山之北岸，果其经内地以避险，志何以不书？海道往返万里有余，其水之恶、山之险，必不止于成山，何独避此数百里乎？夫海运之利，正以不待疏浚而巨舟无碍，所以海运之粮日增，则漕运之粮日减。若曰避险而已，何不专行漕运而必海之从耶？又《食货志》载至元二十年至天历元年，每运失米之数，非遇险不避之大证与？嗟夫！元初轻用民力，尝试开河而罢为空渠，悔已无及。今幸天下无事，去海就河，上供自足，奈何以读书不精，考订不确，存海运已前之覆辙，使侥幸功名者妄据《州志》为口实哉！后世欲复海运，宜直遵《元史》，而不必滥采讹传以贻大害于东方，庶几吾言为有益乎？

辛巳 十八年，命益都等路都元帅来阿八赤②督开运河。《河渠志》：火鲁火孙等奏："阿八赤所开河，经济州③，而其地又有一河，旁有民田，开之甚便。若开此河，阿八赤所管一方屯田，宜移他处，不阻水势。"从之。以奥鲁赤、刘都水及精算数者一人，至济州定开河夫役。按：《阿八赤传》发兵万人开运河，阿八赤往来督视，寒暑不辍。有两卒自伤其手，以示不可用，阿八赤奏闻，斩之以惩不力。运河既开，阿八赤迁胶莱海道漕运使。

壬午 十九年，镇国上将军张君佐修胶西闸坝，用新附汉军万人。冬，立胶莱莒密盐使司。

癸未 二十年冬，胶西县造船分海运。《本纪》从中书省言：阿八赤所开河，二处皆有仓也。

乙酉 二十二年春二月，诏罢胶莱新河。《河渠志》：初，御史台言："胶莱河道浅涩，不能行舟。"漕臣囊加解、万户孙伟、右丞麦术丁④集议，凡三移文，言阿八赤所开河益少损多，不便转漕。拟以此水手军人二万，舟千艘，从利津海漕运。至是从之，所开胶莱河遂废。冬十一月，敕枢密院计胶莱诸处漕船，备征日本。

戊子 二十五年秋七月，赈胶州饥民。《五行志》：连岁饥，常采橡为食，令减价粜米以赈之。

庚寅 二十七年，罢胶莱海道运粮。《本纪》：去岁，海船万户府上言："山东宣慰使所运江南米，陆负至淮安，易闸者七，然后入海，岁止二十万石。若由江阴入海至直沽，民无陆负之苦，且米石省运估八贯有奇。乞罢胶莱海道运粮万户府，而以漕事责臣，当岁运三十万石。"许之。

甲午 三十一年，胶州州同知林鹗修至圣孔子庙。见《延祐修庙碑记》。

甲寅 仁宗延祐元年春正月，胶州达鲁花赤燕帖木而修至圣孔子庙。七月工竣，至泰定元年，达鲁花赤普颜不花始立碑，详"金石"。

戊午 五年冬，罢胶莱、莒密盐使司，置胶莱分司。《百官志》：以盐法涩滞，降分司印，巡行各场，督收课程，罢胶莱、莒密盐司所属盐场。

辛酉 英宗至治元年秋八月，赈胶州饥民。五月饥，至此始赈。

庚午 文宗至顺元年春二月，以粮五千石赈沂、莒、胶、密、宁海饥民。

辛未 二年春，以盐课钞万锭赈胶州饥民。益都路宋德让、赵仁各输米三百石，助赈饥

---

① "二"，底本作"三"，讹。据《元史·食货志》改。
② 来阿八赤（？—1288）：有的史书称阿八赤、阿八失。宁夏府（今宁夏银川）人，党项族，元代将领。
③ "济州"，底本作"胶州"，讹。据《元史·河渠志·济州河》改，下同。
④ "麦术丁"，底本作"麦禾丁"，讹。据《元史·河渠志》改。

民九千户。《本纪》：从中书省请以输粟补官例予官。

壬午 顺宗至正二年，罢胶、密淘金所千户。《盖苗传》：自设淘金总管府，总六所，以兴金课，至是六十余年。民岁买金以输官，民有忤官长意者，辄谓所居地有金矿，掘地及泉而后止。猾吏为奸，莫敢谁何。盖苗为山东廉访使，奏罢之。

庚寅 十年冬十一月，罢沂州分司元帅府，改立兵马指挥使司，复分司于胶州。《元史》。

丁酉 十七年春二月壬申，刘福通党毛贵陷胶州，佥枢密院事脱欢死之。故老相传，以为夜入城屠戮殆尽，匿免者四姓：曰栾曰崔曰邓①，其一人亡其姓。自是遂移治千户所城。毛贵连陷莱州、益都路以及滨、莒等州，遂据山东。

辛丑 二十一年，河南行省察罕帖木而复山东，分兵徇滨海郡邑，皆平之。

癸卯 二十三年春三月，立胶东行中书省及行枢密院，总制东方事。

丁未 二十七年冬十一月，吴将军徐达拔益都路，遣别将徇下胶、潍诸州县。

戊申 明太祖洪武元年春正月，诏天下郡县立卫所。《学古编》：是年置山东行中书省，治济南府。

己酉 二年，诏天下州县立学。免今年田租。省胶西县治。千户袁贞重筑州城。详"建置"。

辛亥 四年夏六月，倭寇胶州，始创建州署。《学古编》：是年省胶西县治，领高密、即墨。

壬子 五年，魏国公徐达调指挥佥事朱兴筑灵山卫城，备倭。详"建置"。千户申义建胶州所千户署。

甲寅 七年夏六月，倭寇滨海州县。靖海侯吴祯率沿海各卫兵捕获俘送京师。

乙卯 八年，知州赵礼移建文庙，建社稷、风云雷雨二坛，并详"建置"。增修州署。《旧志》：六年建，误。以下续修俱详"建置"。千户申义甃州城。详"建置"。《学古编》：是年，置古镇逄猛巡检司。

丙辰 九年，以胶州隶莱州府。《明史》：仍领高密、即墨。《学古编》：是年改行中书省为承宣布政使司。

乙丑 十八年冬十一月，蠲山东田租。

丙寅 十九年，知州张恭修文庙。详"建置"。

戊辰 二十一年，诏天下卫所屯田。

辛未 二十四年，免山东田租。

乙亥 二十八年，免山东秋粮。

甲申 成祖永乐二年，指挥佥事郭崇重建卫城。详"建置"。

乙未 十三年，罢胶莱海运。

丙申 十四年，都督同知蔡福等备倭山东。

丙午 宣宗宣德元年，养马山东。《学古编》：胶人有以马头官役破家者。

乙卯 十年，诏天下卫所立学。

丙辰 英宗正统元年，立灵山卫武学。

---

① 曰栾曰崔曰邓：法坤宏《胶志通纪》记为"曰栾曰崔曰王"。

乙丑　十年，改武学为儒学，设教授。

甲辰　十三年，永康侯徐安备倭山东。

庚寅　宪宗成化六年，知州毛智修文庙。冬，免山东被灾粮税。

壬辰　八年，知州林璿修文庙。

戊申　孝宗弘治①元年，知州鲁凯修文庙，并修灵山卫学宫。指挥使张某修卫城。并详“建置”。

己未　十二年，知州曹嵩改建文庙。详“建置”。

辛未　武宗正德六年，流贼刘六等寇胶州，陷灵山卫。千户匡允中婴州城守御，缮其倾圮。

乙未　世宗嘉靖十四年，按察司副使王献开胶莱新河。《高志》：四年，王献开新河，未成。

丁酉　十六年春正月，王献凿马家濠。

丙午　二十五年，知州杨中启增修文庙。详“建置”。

丙辰　三十五年，倭寇灵山卫养马岛。见郑若曾《筹海图编》。按：养马岛当即灵山岛。

戊辰　穆宗隆庆二年，裁登、莱、青三府驿递。从岳州府知府李元芳之请也。

己巳　三年，邑人姜光宿等修文庙。

癸酉　神宗万历元年，知州王炎修州城。

乙亥　三年，知州王炎清丈地亩。

丙子　四年，尚书刘应节、侍郎徐栻开胶莱新河，寻罢。

辛卯　十九年，巡抚李公辅巡行莱州，筑两河堤。详“建置”。知州余邦辅均丁赋，修文庙并州志。

丙申　二十四年，太监陈增来开矿，寻罢。详“杂述”。

丁酉　二十五年，知州杨位大修州城。详“建置”。

戊戌　二十六年，太监陈增榷税于胶州。《学古编》：多立土商名目，穷乡僻坞，米、盐、鸡、犬皆令征税。

乙巳　三十三年，知州赵尚忠修文庙。

癸丑　四十一年，知州孙枝芳修文庙。

乙卯　四十三年，知州李尚志修文庙。

戊午　四十六年秋九月，加田赋。以辽师乏饷故。

己未　四十七年冬十二月，加田赋。

庚申　四十八年春三月，加田赋。三年所加凡九厘。《赋役全书》：“九厘”之名本此。

乙丑　熹宗天启五年，知州向君化修文庙。详“建置”。

己巳　庄烈帝崇祯二年，妖贼邱打先等据谈疃铺作乱，署州事莱州府同知寇化捕斩之。

---

①　弘：底本作“宏”，避乾隆帝弘历讳。今改为本字，下同。

辛未 四年，妖贼张允、王才等作乱，知州王献吉擒斩之。

壬午 十五年冬十二月，清兵南狩围州城，知州郭文祥严城守。次年春正月，女沽营千总杨京入援，败死，围解。

甲申 清世祖顺治元年春，诸城土寇邱子嬴陷灵山卫，土寇张大雅等攻州城。明登莱巡抚曾化龙、胶州知州郭文祥御之，获高密县闯贼伪官孙握玉，诛之。夏五月，登州将官滕允玉以兵至，围解。昌邑土寇李好贤降，擒大雅斩之。六月，大雅党韩继本再攻州城，化龙、文祥弃官。秋七月，以柯永盛为胶镇总兵，统兵讨继本等，诛之，土寇平。九月，永盛遣部将连洗之诸城平寇。《诸城志》：莒州贼庄调之据九仙山为乱，知县程滂请于胶州总兵，遣部将连洗击之。《沂州府志》作莒贼曹武生。是年，革屯卫世袭官军，裁仓大使，设掌印卫守备、驻防把总、夏河所千总、胶州所千总。

辛卯 八年，知州王星华复建州署。以毁于火故，以后续修，皆详“建置”。

癸巳 十年秋八月庚寅，胶州镇总兵海时行反，登莱守道徐大用、署州事莱州府推官李煌、旗鼓司张思选并死之。九月，时行伏诛，传首胶州。追至亳州，擒斩之。见《府志》。

甲午 十一年春，籍海时行叛产。《学古编》：巡抚耿淳①亲临督催，倍估其价值一十四万两，以货于民，民有以此破家殒命者。

戊戌 十五年，移沂州镇驻防胶州。

己亥 十六年秋，知州赵民善修州城。详“建置”。

辛丑 十八年，大兵养马于胶。平栖霞山贼还，驻胶三月始去。知州赵民善修文庙。

甲辰 圣祖康熙三年，裁儒学训导。总兵佟辅圣、知州郎熙化重建文庙。

乙巳 四年，赈山东饥，蠲本年租税。从拊循周有德之请也。

辛亥 十年，裁灵山卫经历司、夏河所千总、胶州所千总，并其田赋于灵山卫。邑人宋可发修文庙。

癸丑 十二年，知州孙蕴韬修州城。《州志》：学正赵秉正修文庙。

庚申 十九年，复设训导。

壬戌 二十一年，裁胶镇总兵，置胶州营副将。

癸未 四十二年秋七月，副将金国正击海寇于瞭头营，获七人。

甲申 四十三年，以岁饥蠲今年、明年租赋。

丙戌 四十五年，以登州水师营前军移驻胶州南关。

己丑 四十八年，知州龚大良修文庙。秋，巡海获福建贼五十八人。

壬辰 五十一年，知州龚大良修州城。

癸巳 五十二年，水师营游击滕国祥击海贼，死之。

戊戌 五十七年，知州高泽寰修文庙。

---

① 耿淳：法坤宏《胶志通纪》记为“耿焞”。

己亥 五十八年冬，副将王来祐、训导杨士玉修文庙。以水灾故。

庚子 五十九年，知州冯景夏筑墨河堤。

癸卯 世宗雍正元年，议裁边海卫所。巡抚陈世倌请留之。疏云：臣以沿边卫所关系海防，非身历其地，不能备悉情由。据绅士军民周士迪、徐可元、陆启昆、陈之遵等具呈前来，臣亲登岛屿，细察形势，揆之旧制，验之舆情。卫所之去州县，远者数百里，近者百余里，即在百里、数十里内者，中隔层峦叠嶂，险阻扼塞，有车不能容轨、马不能并辔之处。向来海氛窃发，全赖卫所守千飞督屯军、乡勇，各执刀石、器械，奋勇守御，海船望风而遁，不敢登岸。一经裁去，则城郭空虚，万一萑苻①有警，州县相隔，崇山峻岭，一时救援不及，可以乘虚而来，所关非小，其不便议裁者一也。海口泛地，虽有营弁②专责，查各卫所中，惟安东营与安东卫同城，其余存城防兵多者二十余名，少者十余名，而浮山一所仅有三名。一经裁去，以寥寥防泛之兵，当海疆险要之地，缓急不足倚恃，守御不足策应③，设欲增兵，又须增饷，其不便议裁者二也。卫所地土皆系斥卤，不比膏腴，额征丁地银两为数无多。既无事，另设州县，若竟委之营弁，则征收非其责成；若以委之杂职，则微员未堪弹压，其不便议裁者三也。军民赋役科则轻重不同，归并州县，军民不相画一，奸胥得上下其手。更有零星屯地，一户止纳银数分者，命其远涉④道途，逾山越涧，往来浮费逾于正额，且有雀角小嫌，必待奔于长吏之庭申诉、辨理，守候羁时，易致旷业，其不便议裁者四也。各卫现有学校，科岁额进生员八名，生员食廪出贡以及中式等例不由州县，一旦裁去，学宫荒废，祭祀缺然，将使海滨士子不得沾作人雅化，其不便议裁者五也。总之，文职管银两而不管军，武职管兵而不管银两。莫若卫所之守备、千总，以武衔而兼文事，训练屯军、督率乡勇、征收钱粮，兼理词讼，无事则安屯，有事则资御，军民有所庇依，得以保其家室；宵小有所畏忌，可以戢其奸谋。此卫所之设，所以星棋罗布，与州县犬牙相错，以固内地之藩篱，以守海隅之险阻。其为海防计者，法甚详密，谋甚深远。宜绅士、军民扶老携幼，遮道攀舆吁留，情不能已，相应仍照旧议存留，无庸裁并。春三月，知州成永健筑墨河西堤。

甲辰 二年，灵山卫田赋改输布政司。明制屯卫、兵饷、田赋均统于各省。都司与布政、按察并称三司。是年，都司裁，故改输布政。

丙午 四年，内阁学士何国宗、巡抚陈世倌来视胶莱河故道，并丁赋入地亩。建先农坛，筑唐岛、古镇口炮台。

戊申 六年，知州黄之瑞筑洋河堤。洋河北岸长五余里。

己酉 七年，移水师营，驻头营子。

壬子 十年，建社稷、神祇二坛。

甲寅 十二年冬十二月，裁灵山卫并于胶州，仍留卫学，额附于州学。从河东总督王士俊之请也。其疏略云：学校关系人材。雍正五年裁莱州府，属金、复二卫。七年裁河间、献县二卫，俱归并州县考试。查金、复二卫全系奉天，人民渐归里，赴考无人。河间、献县二卫初增编号，设额附入府学，后因归并屯军，府县两处考试，是以将学额裁革，归县籍考试。今卫所人民文风蔚起，若因归并州县，将各卫学额一并裁汰，令归州县定额内考试，未免人多途隘。应将各卫廪膳岁贡，仍照学政旧款留行，廪粮等项均令归并州县，于各卫额征粮内分支造报，将灵山卫生员归胶州学管束，童生考试仍照卫额，统入该州县一体进取。查胶州原额二十名，今应添并灵山卫额八名，共进二十八名。童生应试仍取卫廪，保结卷面，另添字号，分额进取，以杜州县卫通融冒滥之弊。至各卫旧有文庙，敬谨封

---

① 萑苻(huán fú)：《左传·昭公二十年》："郑国多盗，取人于萑苻之泽。"后萑苻代指盗贼。

② 营弁(yíng biàn)：旧时称中下级武官。

③ "应"，底本脱。据陈世倌《请留边卫永固海防疏》补。

④ "涉"，底本作"沙"，讹。据道光《重修胶州志》改。

扃。春秋丁祭，统归州县儒学，仍令巡检、千总于朔望日入庙行香，不得亵慢残损。原有籍田改作学田，所存坛宇改作讲约①，其忠孝、乡贤、名宦各祠，均改为义学。祠内设立姓氏，移送归并州县，入祠奉享。关帝、城隍②各庙听从士民祭祷，则学校人文仰知鼓励，而一切坛宇、祠庙亦俱安置得宜。疏上部议，如所请行。裁教授、守备、把总，设千总，改逄猛巡检司为灵山巡检司。

乙卯 十三年，令民垦③荒田。知州王维筑萧家河堤。

辛酉 高宗乾隆六年秋九月，知州陈端重修文庙。次年十一月工始竣。

丁卯 十二年冬十一月，胶州营兵哗，三日始定。详“官师传”。

戊辰 十三年，免山东田赋。秋，赈民饥。

己巳 十四年春，免被灾田赋之四。秋，胶河改东流入南新河。冬十月，知州朱若炳创建珠山书院。次年，知州周于智继之，工始竣。详“建置”。

辛未 十六年春，知州周于智筑两河堤。因旧增筑，绵亘五十余里。秋九月修《州志》。成于次年五月。冬十月重建文庙。次年，知州宋文锦继之，工始竣。

壬申 十七年，胶莱运判移驻胶州。初驻胶，后驻济南，至是仍驻胶，嘉庆时裁。夏四月，知州宋文锦浚柏栏河。

壬午 二十七年，知州李瀚浚云河。

丁亥 三十二年春三月，知州蓝应桂修城垣。冬十月，知州李奉翰继修。次年，工始竣。

辛卯 三十六年，裁古镇巡检司。

甲辰 四十九年，知州顾昌运修文庙。

丙午 五十一年，知州张玉树、灵山巡检杨凤临劝士商赈民饥。秋，张玉树建胶西、灵山两书院。详“建置”。

丁巳 仁宗嘉庆二年，调州兵协剿湖北教匪。

戊午 三年，琉球船至。琉球商民名城等三十二人舟遇风，泊淮子口。闻于上，资之还国。秋，把总唐元魁追贼船于竹岔岛，败之。

乙丑 十年，知州爱星阿增修胶西书院。详“建置”。

庚午 十五年，琉球船至。琉球商民屋宜子等七人舟遇风，泊海上。闻于上，资之还国。

辛未 十六年，大饥。知州刘文琠劝士商赈济。详“官师传”。

癸酉 十八年，调州兵协剿曹州教匪。

辛巳 宣宗道光元年，琉球船至。琉球商民兴和子等十四人舟遇风，泊海上。闻于上，资之还国。

壬午 二年春二月，知州李文耕浚云、墨二河。邑人逄克家《浚云议》：凡人必高出于物之外，而后能灼见物之顺逆利害而节制之，以收其利而避其害。拘于物之内，未有不为物蔽者也。父师大人为一州主，甫下车即议浚修云溪以除积害，远近闻之，无不抃跃，以为数十年所未有。当斯时也，悬高鉴，奋独断，不惑一人之私议，以慰阖

① 讲约：即讲约所，会讲的场所。
② “城隍”，底本作“隍城”，讹。据上下文义改。
③ 垦：底本作“恳”，讹。据上下文义改。

州之公望。父师之志也，乃邑人不识，各自为谋，纷纷陈说，至渎清聪，非所谓道谋无成者欤？夫人各一地，地各一利，人各执一地之利害，以概全邑，何惑乎？其扞格而不相入耶。且纷纷陈说者，皆据浚修以前之利害为言，绝未思及浚修以后之情形。浚修以后则水由地中行，地上无水患。何论堤外无堤，亦无水患，更何论有堤。第浚修之道，不可不深思而详筹之。盖浚修主于治水，不主于治堤，水不治而堤不能独治，且众水不治而云水亦不能治，何则？云水者，众水之干，凡水之所归也。水自辛置岭东北行至郭家庄后，谷家庙水入焉；又东至粮食市后，北云水入焉；又东径两石桥，苇湾阴沟水及劈柴市阴沟水入焉；又东过云溪桥，与城濠水合，与墨水合，与金沟水合。水一也，而为众水之所归。岸非阔，渠非深，不足以容之，势不能容而欲其无泛滥之忧，岂可得哉？且众水久失浚治，亦自为患，即使有堤以障之，而以南之水土壅流浅不得顺下，一遇暴雨，水发，亦自难免泛滥之忧，而况云水又南溢而助之虐哉！邑之地北高而南下，地既下，而民居复稠，故土易壅而水易淤。三十年来苇湾阴沟及墨水、濠水为患尤甚者。地下，民稠，无路以泄之、无地以容之之故也。故曰浚修之道，不系于堤之有无，而系于水之治否。《书》谓“浚浍距川”，决川距海岂有他哉？顺水之性而已。诚能顺水之性，即使有损于数家，而阖邑沾其利，犹且决然为之，取其大利而遗其小害也。而况水治，则阖邑沾其利；水不治，则阖邑被其害，而此数家者未必能独利耶。且古兴大工为救荒善政，今二麦未熟，粮价腾贵，乡曲穷民必多仰此工作以赡其身家者。既除水患，又裕民食，一举两得，何为不可？如重违一二人私便之议，而欲除数十年昏垫之苦，以慰亿万民饥渴之思，虽使神禹复生，不能有为，而下流二十里已成之功半途而废，岂不重可惜哉？生居治北，地高溪远，无预于水患。然童时尝居西隅，戊申水灾，亲受其害，故痛之深而筹之审，非敢为一人之私论也。今不揣愚贱，拟策四条，伏愿父师大人周视水道之曲折通塞，地势之高下广狭，准之旧制，参以明见，倘有裨于万一，望俯察而垂纳焉。当时多采其议，至七月河工竣。自西关蜚虹桥起，至海口塔埠头止，计长十八里。

乙酉 五年春二月，知州顾绍先修炮台。

丁亥 七年夏闰五月，知州倪彤书浚云河。

己丑 九年春三月，知州王镇浚云、墨二河。至六月工竣。自西关太平桥起，至海口塔埠头止，计长十八里。

乙未 十五年春，知州戴屺重修学宫。秋，修胶西、珠山两书院。

丙申 十六年春，知州戴屺劝士商赈民饥。详“官师传”。秋，修灵山书院。

庚子 二十年夏六月，知州韩亚熊修唐岛、古镇口炮台，选壮丁协防海匪。

辛丑 二十一年，巡抚托浑布檄调高唐州营兵百人防堵淮子口。数月始撤。知州韩亚熊修卫学明伦堂。

甲辰 二十四年春四月，知州张同声重修州城，至十二月工竣。重建胶西书院，至七月工竣。详“建置”。五月修《州志》，成于次年三月。六月琉球船至，琉球国八重山守臣向文治、松景福随从二十人供米于其中山王，中途遇风，漂至古镇口。其人衣皆缝掖，冠若古毋①追，而前后相掩，邪交于旁，无缝际，履为鞣鞢②，无前后雍，木舄革纠③，缀之以幨，罣拇指之岐以行。闻于上，资之还国。

乙巳 二十五年秋七月，知州张同声创建考院。详“建置”。以上《前志》。

癸丑 文宗咸丰三年，诏各邑团④练。

辛酉 十一年春三月，知州张廷扬筑土圩，详“建置”。夏四月，廷扬罢，绅民禀留廷扬帮

---

① “毋”，底本作“母”，讹。

② 鞣鞢：我国古代少数民族的一种靴子。

③ 纠(xún)：细带。

④ “团”，底本作“围”，讹。据下文改。

办团练并修圩。秋七月，廷扬去，圩未成。八月，捻匪寇胶入郛[①]。贼二次围城，共四十余日，焚掠杀戮，惨不堪言。知州殷嘉树两次与贼议和，初赂银一万二千两，鸦片一千二百包。继赂银一千二百两，并索妇女钗环等物与之，围始解，贼退。僧邸来札询贼状，嘉树禀称，亲率民勇与贼接仗，擒斩二十余名，现贼已西窜云云。后又详报守城功，保举官弁、团董诸人，加衔、议叙者甚多。

壬戌 穆宗同治元年春二月，僧格林沁筹办山东亩捐。《通志》。

甲子 三年春二月，巡抚阎敬铭奏请，停止山东亩捐。《通志》。

丁卯 六年，捻匪复东窜胶莱一带，巡抚丁宝桢追贼至胶，以西关前河崖为行营，设粮台于东乡店口集，筑胶莱大墙，截击之。《通志》。

戊辰 七年秋八月，以捻匪荡平，免山东等省被扰州县逋赋。《通志》。

庚辰 德宗光绪六年春二月，知州李翼清浚云、墨二河。工竣，复沿堤栽柳以固堤防。从邑绅匡源等之请也。州牧李翼清禀略云：窃查卑州城外，旧有云溪河、墨河二道分泄西南、北一带山泉之水。云河发源于城西北七八里之曹家庄、谷家庙及正西八九里之辛置岭等处，泉水分流至城外汇成一河，东南至塔埠头入海。墨河发源于城西南二里许九层岭，细流涓涓，至城外始成河身，东流汇云溪河入海。该二河水势：墨河发源尚近，水不甚勇。云河上游挟众山之水建瓴而下，夏秋大雨时行之际，山水骤发，湍急异常。城外关厢地势本低，形如釜底，两岸民房、街道星罗棋布。关厢间尤为街市辐辏之所，河身不能宽畅，每遇水，动辄漫及街市，甚至冲激泛滥，溢入墨河，相助为虐。加以上流辛置岭等处素多沙泥，挟沙带泥而来，水势更猛。以故水涨则漫溢出漕，水退则河身淤垫，实属胶境第一大患。卑职光绪二年二月到任，察看地形、水势，即思鸠工挑浚，俾复旧规，为民除害，亦因工段绵长，经费无出，且甫经到任，民信未孚，迁延观望，以迄于今。讵于本年七月间雨水过大，二河水陡涨出漕，水门进易而出难，又为行道庐舍所逼，水势过激，以致圩内四隅贫民庐舍冲塌不少。当经卑职倡捐，查办抚恤，富户踊跃乐输，凑集京钱万贯，灾民幸免流离，并将所剩捐资挑挖城濠，俾资疏导，禀报在案。十月间，卑州绅士匡源由省回胶，以二河水患日深，邀同城关绅富联名呈请兴修，当即首先倡捐纹银一千两，邀集城关绅商富户剀切劝谕，令其禀公商议，量力捐资。一面带同绅董亲赴上下游，往来查勘，逐段丈量统计二河挑浚之工。计长四千九百余丈，宽深丈尺，仿照道光二年丈法，宽自四五丈至二三丈不等，深自一丈余至八九尺不等。连日相度情形，博采众议，反覆筹商，已得要领。非将城外至塔埠头二十余里河身一律挑挖、深通，河流不能顺轨；非将东圩水门改建宽大，水势不能畅泄；非将菜市、草市沿桥等处冲毁旧堤一律修筑，不能使二河各归故道。统计挑河、筑堤、改建水门等费，非京钱四五万缗不能敷用。现在各绅商捐数，连卑职倡捐之千金，已有京钱三万余串，可以再令量力捐资，并拟派拨沿河居住之贫民，酌给饭食，令其帮同工作，较雇民夫所省不少力，加撙节[②]，可以敷衍兴办。卑职悉心体察民情，甚为允协，拟即选择公正绅董，派定段落，筹议章程。俟来春农隙之时，一律兴工云云。

山东是年筹设电线及电报局。

甲申 十年，胶州始设电报局。见“建置”。

丙戌 十二年夏四月，知州陶锡祺浚云、墨二河。从邑绅傅儒功等之请也。

戊子 十四年，知州孙符乾修州署。次年工竣。详“建置”。

辛卯 十七年夏五月，胶州、烟台各海口添筑炮台。《通志》。

十九年，知州许颂鼎修胶西书院。详“建置”。

---

① 郛(fú)：即“郭”，外城。

② 撙(zǔn)节：节省，节制。

甲午 二十年，日军侵朝鲜，山东沿海州县告警。冬，文登、荣成、威海卫、宁海均失守，东省戒严。《通志》。

乙未 二十一年，日本就约，东省解严。《通志》。

丙申 二十二年，巡抚李秉衡请将山东绿营兵额分年裁撤。《通志》。

丁酉 二十三年，设邮政局。详“建置”。秋九月，德人突驶兵轮入青岛，据之。冬十月，德兵入胶，经宿而退。十一月，复入胶，据考院，数日始退。详“兵防”。

戊戌 二十四年，德人修胶济铁路。春正月，改以策论试士，建设学堂。秋八月，清太后训政①，复制艺。勘威海、胶澳租界。割胶境之阴岛、薛家岛至黄山之间，及塔埠头、红石崖潮，而所至之处，均划入租界。又以青岛周遍百里为环界，胶治滨海陆地东南北三面皆在环界之内。州牧张承燮从登莱青道李希杰前往划界。

庚子 二十六年夏五月，拳匪肇乱。秋七月，联军入京，清德宗奉太后西行。山东戒严。《通志》事详“杂述”。德国派军队驻胶州铁路站北营房。因去年高密乡人与德人冲突，是年又有拳匪治乱，借口保护铁路。

辛丑 二十七年，奉文各州县设立学堂，知州张承燮设达材学堂。详“学校”。秋七月，拳匪肃清，与联军和议告成，德宗奉太后回京，东省解严。

壬寅 二十八年，裁绿营兵，改练巡警。

癸卯 二十九年，省铸铜元行使各州县。

甲辰 三十年，胶济铁路成，升胶州为直隶州。山东巡抚周馥请改胶州为直隶州。折略云：查山东胶州一缺，地居沿海，本系繁难外调要缺，与附近之高密、即墨二县统辖于登莱青道，隶莱州府兼辖。当时海禁未开，一切政治由府统帅，原足以资治理。自光绪二十四年，德国租借胶澳，创设胶济铁路，现在火车已至济南省城，胶州为铁路西来首站，华洋行李络绎于途，冲要繁难倍于往昔。该州东为即墨县，西为高密县，皆铁路所经之地，该管之莱州府治距各该州县北皆二百余里。文报往还，每多迟滞，办事易于隔阂，非有官职较崇之员就近为之领袖，不足以联枢纽而资治理。臣与司道悉心商酌，拟请胶州知州一缺改为直隶州知州，定为冲繁难三字，外调要缺仍归登莱青道管辖，而以即墨、高密隶之。遇有中外交涉及地方一切事宜，统由胶州直隶州承转，无庸再归莱州府兼辖，以此量为变更。庶声息易通，事机较顺，实于内治外交两有裨益云云。知州余则达增修考院。详“建置”。

乙巳 三十一年，停科举及岁科试。设巡警局，详“兵防”。设师范传习所，嗣后宣统三年设师范研究所。民国元年设单级教员养成分所，均不久即停，详“学校”。设中学堂，后因改县停办，详“学校”。设县立高等小学堂。后改名第一小学校，详“学校”。十二月德国驻军撤退，山东巡抚杨士骧与胶抚汪然美隆订立撤兵条款，载明胶、高两处兵房，按照原支实数除去折旧，作价四十万元，由中国买回，作为地方公用。民国四年变卖官产，胶县兵房售诸侨寓李涵清。

丙午 三十二年，部颁禁烟章程。设劝学公所。

丁未 三十三年，至圣先师孔子升大祀。详“典礼”。

己酉 宣统帝元年，山东设谘议局，胶选议员二人。详“选举”。设初级师范学堂。后因改县停办，详“学校”。

---

① 训政：即皇太后垂帘听政。

辛亥 三年春正月，知州张汝钧设防疫所，时瘟疫盛行，胶济铁路停车数日。数月改卫生会。办理清街、舍药、施棺木等事，民国元年撤。秋八月，设州上级议会。十六日，湖北武昌革命军起义。冬十月，山东宣布独立。

中华民国元年一月一日改用阳历。旧历三年十一月□日。

三月，成立临时省议会。前谘议局无形消灭，至是由各县同乡会共推议员，成立临时省议会。

八月，成立正式省议会，胶选议员一人。见“选举”。

是年，恢复县上级议会。前于革命时无形消灭，至是恢复。

二年，奉令裁直隶州，改州称县。裁石河场大使、灵山巡检司、协镇、都司、分防各泛千把总等缺。设女子小学校。田赋改征洋元，并带征教育附捐、自治附捐。详“财赋”。设商会。

三年，令解散省议会及县上级议会。

八月二十五日，日本以对德宣战通告。二十六日筹备山东中立。九月，日军自龙口登岸，假道于胶攻青岛。德军败退，日人入据青岛。

十月六日，日军进至济南，占据胶济铁路全线。

是年，设农会，设烟酒公卖分栈。时袁大总统世凯筹备帝制，令各省设烟酒公卖局，以资筹款。各县设公卖分栈，酒商歇业，极感困难。后改名烟酒事务分局。征收屠户捐。详“财赋”。

四年，令以关、岳合祀，通行各县，颁关、岳合祀典礼。知事易扬远修大沽河堤。邑绅逄绪训等董其事，自李哥庄起，北至平度界之沙沟。改视学所为劝学所。

九月，浚云、墨河。邑绅逄绪训等董其事。巡警局改组警察所。

十二月三十一日，大总统袁世凯改元洪宪。

五年，山东吴大洲等聚众自青岛起革命，号护国军。连陷周村、潍县、高密、诸城，胶城戒严。

三月二十三日，袁政府取消洪宪年号。

七月，吴大洲分党扰胶境，占据邑南乡王台镇、西南朱陈沟等处。

九月，民军受抚，城乡解严。详“兵事”。

是年，恢复省议会。设乙种农业学校。

六年，调查民军骚扰地方，赔偿损失，不果行。

七年，省议会第二届选举议员，胶选一人。见“选举”。创设警备队，带征附捐。详“财赋”。设地方管理财政处。

八年，征收牲畜、屠宰两税，公益捐。详“财赋”。

九年，设劝业所，变卖官产。协镇及盐大使各署均卖于民户。

十年，续修胶志。总董一、总纂一、分纂四、襄纂三、庶务一。

是年，省议会第三届选举议员，胶选二人。见“选举”。

十一年二月，青岛匪党煽动，胶城戒严。三月，邑人设立公安局。

七月，驻防陆军及警备队、民团击土匪于黑土岭。见“兵防”。十月解严，撤公安局。

十一月，日本交还青岛并胶济铁路。政府以王正廷充鲁案善后，督办接收青岛及胶济铁路。

是年，加征警备附捐。详“财政”。

十二年，改劝学所为教育局。详“建置”及“学校”。变卖珠山书院。裁地方自治讲习所，设地方自治筹备处。

七月，山东财政厅长派员来胶，设产销局于破桥。九月，奉省令取消。产销局系沿线铁路分设济南、周村、博山、益都、潍县、胶县六处，一时商民群起反对。周村有殴毙局员、胶县有殴伤局员等事。终由各县商会联名电请省长取消，历经抗议，始蒙允准。

十二月，令各县办清乡县署，设清乡局。年余告竣。

十三年三月，续修《胶志》告竣，撤局。

是年，改征警备附捐。详“财赋”。

十四年，改劝业所为实业局。

六月一日，山东省公署发行定期有息金库券九十万元；七月一日，发行有息金库券九十二万元；十一月一日，发行有息三月金库券九十万元，均由军队行使各县。是年，胶县商会财政处收存陆军兑换现洋之金库券一万八千余元。金库券延期兑现，信用已失。陆军所领之券不能行使，乃持以向商会财政处兑换现洋，故二处受此损失。

九月，重修文庙。先是①，邑绅高振洙倡议重修，至是开工，十六年十月工竣，共用款京钱六万一千缗有奇。

十月，设莱胶道，以胶县知事马鸿藻兼道尹，辖胶县、高密、即墨、平度、掖县、昌邑、潍县、安丘、诸城，共九县。组织九县警察队。

是年，省令征收田赋，于正税、附税、附捐外，又征洋十三万八千一百八十二元。军事善后特捐每银一两征洋二元二角，营房捐每两征洋一元，共征如上数。

十五年三月，省公署发行有息六月期金库券九十万元。八月，发行无息七月期金库券四十万元，均由军队行使各县。是年，胶县商会、财政处存陆军兑换现洋之金库券若干，遍查无案可稽。

是年，实业附捐税契一张带征洋二角，教育附捐每银一两加征洋三角四分。详“财赋”。设货物税局。时张宗昌督鲁，创设是局，无物不税，且税率无定准，惟以局员之估价为凭。十八年，改名货物统捐局。

是年，省令征收田赋，于正税、附税、附捐外，又征洋二十四万三千五百四十六元五角一分。讨赤特捐每银一两洋四元二角。李黄堵口附捐每两洋四元四角，军事善后临时捐每两洋一元，共计如上数。

十六年一月，省公署发行公债票。胶县领到二十万元，商会拟一万七千一百四十五元，各区拟十八万二千八百五十五元，限期十年还清，未届期而张去。

五月，江浙五省总司令孙传芳部陈以燊军队来胶。陈原属周荫人部下，归孙节制，孙北退山东时，周下野，陈率所部来胶。七月三日，陈军独立。越四日，举队南行。陈受冯玉祥委为东北国民军援鲁总司令，嗣以张宗昌军东下，追而南行。青岛海军陆战队三营来胶驻防。是月，胶县南乡与胶澳毗连地方

---

① “先是”，底本作“光是”，讹。据道光《重修胶州志》改。

发现红枪会。会首邓天寿等在南乡广传邪术，又名“大刀会①”。各会首拥众数百人扰乱各村，势甚猖獗。迭经军警剿抚，蔓延至十七年始平。

六月，保安总司令张宗昌召集各县乡老会议，问民疾苦。胶县举三人赴会。开会时由总司令按次询问，有数县因乡老言，更易知事。此后各县教育局长、实业局长因回避本籍，更调十余处，亦由此会发起。二十四日，驻胶海军陆战队三营哗变。陆军队来胶后，张宗昌又委钟镇国来胶，拟改编三营为教导团，营、排长尽行更易，各营官弁不服，遂于二十四日鸣枪为号，率队哗溃，绅商家略有损失。二十六日，青岛陆军第八军五百二十五团祝宏德部来胶驻防。十月，南乡大刀会起事于王台镇，团长祝宏德与县长王天伟往剿不利，经山东清乡总办、掖县徐鸿宾，运输司令邑人韩文友，货捐总局局长、邑绅柴维桐和解息事。先是，刀会之起本以自卫，既而渐有不轨行动。县长同祝军往剿不胜，被围五六日。后由青岛陆军李吉祥旅长来援，始解围，仍相持月余。嗣有韩文友等调处始散。是役也，陆军死营长一员、兵士四十二名，刀会方面死亡亦相当。胶县保安局供给军需，约费洋三万余元。详“兵事”。

十二月，设县立第二小学校。详“学校”。

是年，省令征收田赋，于正税、附税、附捐外，又征洋五十二万七千二百五十二元一角三分。军事特捐每两洋八元；赈济特捐每两洋一元；河工特捐每两洋六角六分；汽车路附捐每两洋五角五分；原续军事附捐每两洋二元。共征如上数。

十七年三月，驻胶祝宏德军队奉令调赴明水参战。时南军刘桂堂部驻明水一带，祝团奉令参战，甫交绥即溃。四月二十九日，张宗昌离济南北遁。五月一日，国民军入济南。三日，日军攻济南。五日，国民军退出，日本兵入济南，并派兵驻胶济铁路重要各站，胶州站约驻五百人。国民军设省政府于泰安。是月，胶东副司令顾震来胶，索洋十六万元，给养费约十七万元。张宗昌北行后，任命刘志陆为胶东防御总司令，祝祥本、顾震、方永昌、沈鸿烈为副司令。顾由海州退胶县，旋赴平度，与刘志陆合击方永昌，既而败退，赴诸城。

是年，警备附捐每两改征洋一元一角。详“财赋”。

是年四月，以前征收田赋，于正税、附税、附捐外，又征洋二十三万八千七百九十六元四角八分。军事特捐每两洋四元，汽车路附捐每两洋八角七分，河工特捐每两洋六角六分，共合如上数。

八月二日，省政府委霍树声为胶县县长，柳长泰为公安局局长。十二日，树声接篆。十三日，自称胶高保安司令周崐山原属顾震部。擅将二人拘禁，同时拘霍之幕友二十余人，旋释放，霍之居停②陈子明亦被拘，罚洋八千元始出。委杨纪光为县长。十四日，东乡大刀会攻城，警备队长刘惠林与周崐山同率队击却之。刀会本仇视军队，又因周崐山擅拘职官，借口声讨。是日早，约五百人由东圩门入，分趋东门、南门。驻东门外关帝庙军队猝不及防，被会众砍死副官一员、兵一名，驻兵群起击之。南门外驻有警备队一排，截击刀会。斯时刘惠林、周崐山出南城，各率队用机关枪排击毙十余人，会众始溃散。九月二十四日，周崐山杀公安局长柳长泰。

十月六日，周崐山出走，杨纪光同行，霍县长乘隙遁去。详“兵事”。八日，邑绅成立协进

① “刀”，底本作“力”，讹。据《青岛市志・大事记》改。
② 居停：寄寓之所的主人。

会，举湖南人张客公驱周崐山，张与有力。为会长，主持县事。见“职官志”附记。

十一月□日，张客公出走，邑绅成立临时维持会，举张维清、冷之珉相继为会长。见“职官志”附记。是月，顾震设县政府于王台镇，征收丁粮杂税，约共征去五十六万元。顾震设县政府以雒名余为县长，己则往来于诸城、铺集等处。十八年二月，国民军杨虎城部到诸城，顾退王台，旋由王台赴即墨驻兵三月，约索去三四十万元。五月某日，孙魁元由平度前往勒迫缴械，顾逃大连。

是年，乡间土匪蜂起。有假借大刀会、红枪会、双理会等名目勒捐者，有假借军队司令名义索给养者，有不事假借绑架勒赎者，种种举动，不胜枚举。兵灾损失总计一百四十八万六千二百五十六元零二分六厘。见财政厅颁发各县兵灾损失册。

是年，裁莱胶道尹，改县公署为县政府。

十八年二月，顾震率队由王台东赴即墨。时杨虎城部开至王台，旋退去。

三月，驻胶州车站日兵撤退。自五月三日济南惨变后，胶州车站日兵来去无常，时多时少，至是撤退。

四月，警备队长刘惠林率队赴王台镇剿匪，匪闻兵至退去，刘驻镇数日回。刘驻王台时，适驻诸城杨虎城军队亦来剿匪，彼此误会，几开火，后经说明始释。泰安省政府移济南。五月，成立县党部、建设局、公安局。见“职员表”。十三日，国民军第一集团第四十六师第二百七十三团团长宋润田来胶驻防。

七月一日，成立县法院。见“职员表”。十日，编遣委员杨博仁来胶点阅军队。二十七日，西藏回回哈吉姆氏旅行到胶。该氏离国已经九载，足迹遍十七国，濒死者十数次，而遍游世界之志始终不懈。

八月某日，某旅旅长陈九畴来胶点阅军队。名为编遣军队而来，实则暗察奸宄①。时有自称营长者在胶县东北乡招募土匪一二百人，夤缘②四十六师某营官代请师长收编，并请发一月饷银。饷已至，而军队未到。故陈旅长前来调查，既而知为匪徒，拘数人，余解散。

九月，县政府奉令筹设警察维持治安。共分三大队，归县长节制。二十四日，四十六师师长范熙绩来胶巡阅军队。是月，建筑新法院。在州署西督捕厅旧址。

十月，警备司令刘惠林奉省令改编为山东警备第二旅第二营营长，调赴济南，胶县多年购置之枪械、子弹、服装等尽被携去。约值二十万元。是月，宋团长移防西行，第二百七十三团第二营营长李汉泉来胶驻防。

十一月，李营长移防西行，第二百七十四团第三营营长陆逵宾来胶接防。成立农民协会。详“职员表”。设军政部硝磺局第十六分局。

十二月，冯玉祥部宋哲元、石敬亭等通电反对中央。东省戒严。

是年，自治附捐每两改征洋三角。

是年，地方自治筹备处、农会、教育会、实业局均无形取消。

十九年一月，成立妇女协会。改财政管理处为财政局。详“职员表”。

叶县长派邑绅李翰赴大连购枪，令财政局拨款四万八千元，经日船运到石岛，被海关截

---

① 奸宄(guǐ)：坏人。

② 夤缘：拉拢关系；攀附。

留。奉令征收田赋，每银一两改征洋四元。二十四日，陆营长移防西行，第二百七十五团第二营营长李镇亚来胶驻防。是月，设县立第三小学校。详“学校”。

二月六日，《增修胶志》局设建设局内。监理一、总纂一、分纂二、庶务一。是月成立工会。

二十八日，李营长调赴诸城，第二百七十四团第二营营长何成林来胶驻防。未几，开拔西去。

三月三日，县政府会议设公益局。城隅戒严。闻诸城独立军一部分东下，会议戒严，令各隅修圩墙，夜间出夫守圩，并电省府请兵。设公益局于县署内，以备招待军队。既而省军队来驻一日即去，旋解严。

是月，大珠山一带土匪蜂起，南乡各村发传单敛钱，每村勒缴数千元至数万元不等，违者合村被焚。沙沟村人初与匪战，失利被焚，杀五十余人，如是者不一而足。

五月三日，警备队协同各区团丁赴立柱剿匪李小七部。失利，练长相宝善阵亡，同时殉难者十余人。详“兵防”。是月，南乡一带土匪分扰附近城圩、村庄，城隅戒严。叶县长令四隅两社民户每夜出夫，登圩瞭望以防匪至，并用土屯塞东西圩水闸。二十六日，讨逆军第三路游击司令季啸溪部来城招兵，于关厢设五招兵处。

六月二十日，季啸溪由高密来城。各机关均到车站欢迎。二十五日，第一军团韩总指挥复榘①由济南退却。时晋军四面包围济南，各国领事团恐引起战事，与韩商令退让。韩遂率队退至周村、青州、潍县、昌乐、高密等处。省政府移驻青岛。

三十日，季啸溪率所招匪军入城，县长祁庆墀乘夜潜逃。是月，取消妇女协会。

七月一日，季部王振东即王顺。纵囚劫库。三日，季啸溪招集邑绅组织临时治安维持会，四日宣告成立。二十一日，季部孙思良与孙宝善合谋诱杀王振东，啸溪率其党潜遁至城阳，被海军陆战队擒获，解至青岛，于二十三日伏法。详“兵事”。是日，韩总指挥委任谢锡文为胶县县长，二十四日接篆视事，维持会取消，改为公益局。

八月一日，赵师长来胶解决匪军，将驻城孙思良部开赴前线。赵旋回，以手枪旅旅长雷太平为胶县戒严司令，将关厢季部各团完全开拔西去，胶城解严。十日，雷旅长调防潍县，五十八旅旅长展书堂来胶驻防。十五日，展旅西行，第二十二师第一团三营营长靳宪章同第二十师第三团二营营长南化广来胶驻防。十六日，西北军退出济南。十七日，韩总指挥入济南。十九日，省政府由青岛迁回，韩总指挥旋兼任山东省政府委员、主席。自张学良表示拥护中央后，西北军日渐不支，济南之退出亦受此影响。二十四日，县政府组织警察队。旧队由季啸溪部消灭，至是另行招募。二十五日，靳营长、南营长全队开赴前线，城防空虚，县长谢锡文谕令韩信区民团姜子方带领团丁来城防卫。二十六日，民团进城，共四十余人。二十七日，第五十八旅第三团第二营营长张凌霄来胶驻防，民团开回店口原防。三十日，城区保卫团开成立会。共推邑绅王启甡为团长，匡纯熙为副团长，吴燮臣为总队长，设局于寺门口，旋停办。

九月二日，张营长开赴潍县，手枪旅第二团第二营营长陈亚民来胶接防。二十九日，匪

① “榘”，底本作“渠”，讹。据《晚清民国逸史丛书·鲁将韩复榘》改。下同。

首王子明、李小七等纠党六七百人，携所掠男女肉票约百余人及骡马等，由诸城之大仁河窜至南乡塔桥村。先是孙宝善部开拔，后中途联王子明部占据景芝镇。因官军往剿潜逃，孙部留诸城境，王部遂入南乡。

十月三日，王子明等东窜，路经法家庄，庄民率众出御，匪怒反击，焚庄，死五十余人，掳去妇女四十余名，旋往据水城等村。在小珠山麓。另派五十余人驻大珠山，离水城三十里。相犄角，城中闻信严重警备。四日，陈营长调防高密，胶县民众代表赵汝曾等电省主席，请兵剿匪。八日，七十三师师长展书堂，即前五十八旅旅长。带二混成团来胶剿匪。十日，开往王台镇。十一日，展师长同县长赴王台督剿。十二日，展军团攻水城一带土匪，击毙四十余名，擒斩三十余名，内有匪参议翟元礼一名、匪团长于金等二名。夺获枪枝、迫击炮等多件，官兵阵亡三人。余匪窜至东乡店口等处，经官军追击窜入高密境，获嫌疑匪二十余名。经司令部讯明，于次日在城内十字口及各城门外枪决。十六日，展师长奉令全部开拔西行。自展师来胶后，一切供给及酬仪等约费洋1万余元。行时商民沿路燃放鞭炮，并陈设茶点欢送，颇极一时之盛。详“兵事”。十八日，第二十师五十八旅第三团第二营营长江保元来胶驻防。是月，奉令各县警备队、保卫团均改编民团，以县长为大队长，另由民团总指挥委大队副及各中队长。山东民团共分四区，胶东为第四区，共辖二十五县，总指挥驻潍县。设民众教育馆。详“学校”。

十一月二日，江营长奉令开赴潍县，第一军团第十四军军长曹福林及二十二师六十五旅长唐尧逊来胶。是日，唐令第二十八团三营留守城池，余随曹部军队开赴王台镇。为解决诸城孙思良部，防其东窜。四日，谢县长召集各界开全体欢迎曹军大会。五日，陆军第二十八团炮兵三营开赴济南。七日，曹军全部开赴潍县，陆军第七十三师二百一十九旅三营营长林凤钧来胶驻防。是日，赴南乡剿匪，唐旅长率混成团部开赴济南。九日，林营长奉令全部开赴潍县。

是年，教育附捐每田赋一两改征洋四角，税契每张带征洋二角。详“财赋”。

十一月二十七日，民团第三中队队长金显修奉调带队赴潍训练。改编总指挥部卫队团第一营第二连。

十二月十日，胶莱汽车局在青岛。设分站于胶沙汽车行内。先是各处汽车均由各车行自办，至是由建设厅派员设局并设分站售票，禁止各行自售。若各行将汽车入局接局章，每获票价百元，局内抽利三十五元，余归车行，其目的盖欲将汽车全路收归省有，而以车行汽车作为股份给以收入之酬金。闻此章程系由陈厅长鸾书所规定，今始实行。是月二十五日，民团第二中队队长率队会同店口民团及即墨民团并驻即。海军陆战队赴闸子一带剿匪，匪败退远窜，获悍匪刘启烈等数名。

二十年一月一日，货物统捐局及铁路货捐局均取消。二局均与厘捐相频，故随厘金取消。

三月，奉令缩编民团，三十一日，缩编完竣，留官佐目兵夫共一百五十名。为减轻民力负担故。

增修胶志卷三　疆域志第一　沿革附封建

沿革表序

《前志》原序曰：州在虞夏，当为青州莱夷之域，然邑名不可考。至周见于《春秋传》注曰计、曰介，盖皆起于武王之世。春秋末，计更曰介根，介不复见。然即史策推其事理，盖与介根并折入齐云。秦置郡县，始以介为黔陬。汉始以介根为计基，并置郑、柜、祓，凡五县，盖汉承秦旧，以周食采置列县，故城多而地小。王莽时，以平原、安德、鬲、漯阴、重丘五县封孺子婴为安定公，地方百里，是其验也。新莽以郑[①]为纯德，柜为祓同，他无所更。东汉并四城于黔陬[②]，于其东更置葛卢。而《旧志》遗之者，疑不当以国君名县也。不知葛卢本山名，见于黄帝之世。《管子》：蚩尤取葛卢雍狐之金，以为兵。《路史》称葛卢山。介先君取以名子，汉以之氏其县矣，夫何疑？魏省葛卢，惟黔陬存。西晋为高密国都，又为高密郡治，历前燕、前秦、东晋、刘宋、后魏、北齐、宇文周，皆郡国迭置，而县无更名。惟魏有梁乡，虽治所无考，金尝因以置镇者也，姑并存之。高齐以置平昌郡，隋废平昌，始置胶西县，而省黔陬以入之。唐并胶西于诸城、高密，而于高密之东置板桥镇。胶于此时盖不能与诸县侪。历五代入宋，始复为胶西县。至金而设三镇，曰梁乡、曰张仓、曰陈村，今遗址犹可考也。元始置胶州于胶西，统三县，胶西为倚郭。明始省胶西入胶州，统县二，曰高密、即墨。清以二县直隶莱州府，而胶州乃定与诸县等[③]。稽所隶郡国，在诸城者四，秦汉琅邪，元魏高密、东武，唐、五代、宋密州；在莒者二，周莒国，晋城阳；在掖者三，汉东莱，明莱州，清因之；在平度者一，楚胶东；在胶州者三，晋高密国，齐平昌，元胶州。总隶部所在临淄者二，周汉齐国，汉、魏、晋青州；在益都者五，晋幽州，燕秦、刘宋青州，赵宋京东路，金山东东路，元益都路。在郯城者一，汉徐州；在诸城者一，魏齐胶州；在即墨者一，东晋东青州。此其沿革大略也。旧表遗书县三[④]，柜、葛卢、梁乡，而误入者一，兹乡。又轶秦楚之际，曹魏、慕容燕、苻秦、高齐、宇文周，夫伪统霸国，割裂纷扰。苟非广搜博采，以竟其实，欲一贯诸盖难。故因诸家之说，考验于往籍，补所未备，更为是表。先定其县名，而后详书所属于下。综群史以为折衷，务使疆域分合，览者了然如指掌，然后山川、游宦、人物皆得依为取舍云。

---

① “郑”，底本为“祓”，讹。据《水经注·胶水》转引《汉书·地理志》“胶水出郑县，王莽更之纯德矣”改。
② 民国《增修胶志·大事记》记载，东汉光武帝建武十三年(37)，省祓、柜、郑、计亓四县。计亓入黔陬侯国。
③ 康熙《胶州志》记载，国朝仍为胶州，领高密、即墨，隶莱州府。
④ “三”，底本作“二”，讹。据道光《重修胶州志》改。

周	秦	秦楚之际
介《春秋》："僖公二十九年春，介葛卢来朝。"杜注："介，东夷国也，在城阳黔陬县。"又详"封建表"。 计《春秋》："隐公二年夏五月，莒人入向。"杜注："莒国，今城阳莒县。"疏："莒初都计，后迁莒。" 又更曰介根《左传》："襄公二十四年，齐崔杼伐莒，侵介根。"杜注："介根，莒邑。今城阳黔陬县东北计基城是也。"张宾雁曰：莒既南徙，以计地为介根。 介自为国。介根为莒邑，后与介并入齐《史记·年表》：莒灭于楚。介亡，无明文。张宾雁曰：《列子》称今东方介氏之国，其人数数能解六畜之语。盖偏知之所得。御寇[1]，春秋后人，而曰"今介氏"，可见介国春秋以后尚存矣。《左传》：昭公二十年，晏婴述齐地曰：聊摄以东，姑尤以西。则介根入齐，不待莒亡。《史记·田敬仲完世家》：田常割齐，自安平以东至琅邪，自为封邑。《苏秦列传》曰：以胶东委燕。则介之入齐，亦可知。	黔陬 始皇二十六年置。于钦《齐乘》曰：《县道记》"黔陬，秦所置，在高密郡东北，古介葛卢国也。后移县于胶水西，相去三十里"。按：《县道记》，《寰宇记》曰：《郡国县道记》，唐贾耽著。其时高密郡治诸城，故曰黔陬在东北。 属琅邪郡《文献通考》："秦分青州为三郡：齐郡、琅邪郡、辽东郡。"《汉书·地理志》："琅邪郡，秦置。"《山东通志》："莱州府，秦为齐郡东境。"《旧志》从之。张宾雁曰：《通志》言一府，大概未尽分析。《水经注》：琅邪郡，城在琅邪台西北十里。在今夏河所城，明属灵山卫，去今州界二十余里，秦之黔陬岂有密迩[2]琅邪之地而析隶齐郡者乎？《通典》："高密郡，秦郡东境。"	黔陬 属胶东国《史记·秦楚之际月表》：项羽怨田荣，杀之，分齐为三国：临淄王田都始，故齐将，都临淄。济北王田安始，故齐将，都博阳。胶东王田市始，故齐王，都即墨。按：此胶东，三齐之一，与《汉书》胶东国大小不同，琅邪、黔陬皆当属之。 又属齐国《月表》：楚义帝元年七月，田荣击杀胶东王市，属于齐。王田荣始，故齐相。 又属汉南四郡《月表》：二年，项羽立故齐王田假为齐王。三年十二月，汉将韩信击杀齐王田广，属汉为郡。四年二月，立韩信为齐王。十二月信徙王楚，属汉南四郡。按：此时衡山、长沙、淮南、楚、梁皆有王，是南无临江汉郡也。故齐地为汉南四郡。
西汉	**新莽**	**东汉**
黔陬《汉书·地理志》："故介国也。"师古曰："陬，音子侯反。" 计亓《地理志》："莒子始起此，有盐官。"师古曰："即《春秋》传所谓介根也，语音有轻重。"按：《左传》杜注引此作计基。陆德明音释：基，《汉书》作丌。如淳曰：丌音基。古"基"作"丕丌"，即古"其"字。《集韵》：其，古作亓。然则丌、亓、其、基一音也。《诗》：往近王舅。郑笺：近作迈。《礼记》：笄而字，亦从"亓"得音，皆音基。计斤之名，自古无读如斧斤之斤者，坊版《汉书》作"斤"，直字形之讹，不可不正。师古谓语音有轻重，盖计基、介根反切，皆归见字母。基、根轻重之转，亦如古音西读如先，十读如神，寅收支真两韵之类也。若读如斧斤之斤，则与根为异母，轻重不可转矣。	计亓 以柜为祓同 以郑为纯德 祓 国除，不可考。	黔陬《后汉书·郡国志》曰：故属琅邪，有介亭。刘昭《注补》[3]引《左传》杜注"介根"曰："县东北计基城。"又自注曰："号介国。"《旧志》皆以为杜注，非是。按：此时计斤、柜、祓并省入黔陬。纯德除，亦入焉。

① 御寇：即列御寇，相传为战国郑人，属道家诸流。

② 密迩（ěr）：靠近，贴近。

③ 《注补》：西晋史学家司马彪所著《续汉书》八志，由南朝梁刘昭注补。全书共30卷，分为律历、礼仪、祭祀、天文、五行、郡国、百官、舆服。

柜《地理志》：“根艾水东入海。”如淳曰：“音巨。”《水经注》：“胶水北径黔陬县故城西。”又曰：“柜艾水。出县西南柜艾山，即《齐记》所谓黔艾也。东北流径柜县故城西。”顾祖禹曰：苏林以为根艾水，即胶之洋水。《山东通志》《高密志》皆以柜入高密，误。 郑《地理志》：“胶水东至平度入海。”师古曰：“音夫，又音扶。”《水经注》：胶水北径祝兹故城东，又径郑县故城西。按：胶水出五弩山，径二县而至此城处。水东确为胶州域内，而郦氏又误以为吕平之封，则非。 祓《地理志》“侯国”，师古曰：“音废。”《齐乘》曰：胶州西南七十里，汉祓侯国，俗曰肥城。废音之转也。《记》谓“祓城无迹可考，当在临朐者”。非是。		葛卢《郡国志》有尤涉亭。赵一清《水经注释》：“东汉废计斤入黔陬，又析置葛卢县。”又曰：“尤涉亭，即姑、尤之水入海之处。”《旧志》失载。按：有尤涉亭，本范氏原注，刘昭有《注补》，因升原注为大字。《旧志》乃以葛卢为尤涉亭，合上黔陬侯国读之，以为介君葛卢所筑亭，谬甚。详见“讹疑考”。范氏《郡国志》原序曰：凡《前志》有县名，今所不载者，皆世祖所省并也。前无今所有者，后所置也。
属徐州琅邪郡《地理志》曰：秦置，户二十二万八千九百六十，口一百七万九千一百，县五十一。	属徐州填夷郡　师古曰：“填，音竹人反。”	属青州刺史部东莱郡《郡国志》：高帝置雒阳东，三千三百二十八里，十三城，户十万四千三百九十七，口四十八万四千三百九十三。
魏	**晋**	**前燕**
黔陬	黔陬　高密国都。武英殿聚珍版《水经注》按语：“晋黔陬为高密郡治。”故《州志前编》有晋高密太守。然列史无明文，故第称国都。	黔陬
属青州城阳郡《宋书·州郡志》注：“城阳郡，后汉无，魏复分北海立。”按：《三国志·魏书·武帝纪》：“建安三年，分琅邪、东海、北海为城阳、利城、昌虑郡。”实汉献帝时，《宋书》以为魏耳。《晋书》：城阳十县，琅邪所分四，北海所分五，东莱所分一，即黔陬。《魏书》不及东莱，疏矣。洪亮吉《三国疆域志》：魏城阳领县十二。校晋城阳多朱虚、夷安、营陵三县而无诸县，说者谓本《太康志》，采自《宋书·州郡志》。然考《州郡志》注，《太康地志》属城阳，惟八县，朱虚、东武均注属东莞，颇有异同。未知洪氏所本伊何。	属青州城阳郡《晋书·地理志》：“汉置，属北海，自魏至晋，分北海而立焉。统县十，户十万二千。”按：属北海，当作属徐州。 又属高密国。《晋书》：惠帝元康十年，又分城阳之黔陬、壮武、淳于、昌安、高密、平昌、营陵、安丘、大、剧、临朐十一县为高密国。其前承魏仍曰郡也。又详“封建表”。	属青州城阳郡　洪亮吉《十六国疆域志》：“《晋书·地理》：‘慕容恪灭赵，寇青州。以朱秃为青州刺史，凡领旧郡六。’”按：《晋书·宗室传》：高密孝王略，卒于永嘉三年，以彭城康王子纮嗣。石赵僭号，晋高密国犹存，故城阳郡至前燕始见。所谓“旧郡六”皆复晋旧，不因于石赵也。

前秦	东晋	宋
黔陬 属青州高密郡《十六国疆域志》：领县三。《晋书·苻坚》："高密太守毛璪之[①]。"	黔陬 属幽州高密郡《晋书·地理志》："苻氏败后，青州刺史苻朗以州降。朝廷置幽州，以别驾辟闾浑[②]为幽州刺史。"按：幽州陷于南燕，改名燕郡，黔陬不相属。晋义熙五年，平南燕，更名北青州，复属之。	黔陬 倚郭。《宋书·州郡志》：属城阳。 属青州刺史高密太守《宋书·州郡志》：汉文帝分齐为胶西。宣帝太始元年更名高密，光武建武十三年并北海。晋惠帝又分城阳。宋孝武并北海领县六，户二千三百四，口一万三千八百二，去州陆二百，去京都陆一千六百。
后魏	**北齐**	**后周**
黔陬《魏书·地形志》：有黔陬城、野艾山祠。《旧志》改作黔陬城野有艾山祠，误。详见"讹疑考"。 梁乡《地形志》注："永安中置。有梁乡城。五弩山，胶水出焉。纪丘山、琅邪台、秦始皇碑。兴和中立临海郡，寻罢，属焉。"按此注，县治当在今诸城。《州志前编》：入胶州，以金人于胶州置梁乡镇，实本《地形志》，是县地多在今州可知，故从之。 黔陬属胶州高密郡《地形志》："后汉并北海，晋惠帝复，刘骏并北海，延昌中复，领县五，户七千五百五，口一万六千一百五十三。" 梁乡属胶州东武郡《州郡志》注："永安二年置，领县三，户八千六百一十七，口一万八千七百[③]五十七。"又曰：胶州治东武陵。按：陵字当属"郡"字之讹。钱大昕《读史考异》以为衍文，则谓"刺史治高密之东武县矣"。	黔陬 倚郭。 梁乡 不可考。 属胶州平昌郡《隋书》长孙无忌《地理志》胶西县注："旧曰黔陬，置平昌郡。开皇初郡废。"按：《隋志》曰旧者，多本《魏书·地形志》而言。以魏收《书》后更无地志也。此知为齐置者，以《魏志》自有平昌郡，无黔陬地，故此为齐置也。又，无忌本《志序》：天保之末，总加并省。宇文周东夏削平，有省废。不言建置，则平昌之置，在天保七年，并省州郡之前，可知。	黔陬 倚郭。 属胶州平昌郡《旧志》不载齐周。《州志前编》谓：周与齐同。览《齐》《周》二书，推寻事理，义无可异。然《前编》据《尉迥传》于胶州上冠以青州总管之制，与今督抚同。今地志书地，惟及布政使司，书官乃及巡抚以上，故不从。
隋	**唐**	**五代**
黔陬 本平昌倚郭县，大业初并入高密胶西县。 胶西《隋书·地理志》："旧置平昌郡。开皇初郡废。十六年置胶西。大业初又以黔陬入焉。"按：此胶西既置，黔陬尚存，故并列之，而书其并置以明之。	高密县东偏板桥镇《唐书·地理志》注："武德三年置高密县，六年省胶西入焉。"《齐乘》："唐省胶西入高密，以其地为板桥镇。"又为诸城县东北域《太平寰宇记》：诸城为高密郡治，有黔陬城、大珠山、洋水。盖亦承唐言之。	板桥镇《旧五代史·郡县志》《新五代史·职方考》均不分代，故亦合书之。盖地志与本记不同，故五代合书，与新莽、前燕等分书，一例也。
属青州部密州高密郡《地理志》："旧置胶州，开皇五年改为密州。大业三年改为高密郡。统县七，户七万一千九百二十。"	属河南道密州高密郡《地理志》："土贡赀布[④]、海蛤、牛黄。户二万八千二百九十二，口十四万六千五百二十四，县四。"	属河南道密州高密郡高密县《新五代史》：五代俱有密州，迄宋初犹曰板桥，则五代之未置县亦可知。石晋以避讳改辅唐为胶西县，则今之安丘，不及胶州，故不录。

---

① 毛璪之：生卒年不详，东晋时期大臣，官至高密太守。

② 辟闾浑(？—399)：辟闾蔚之子。曾担任青州别驾。淝水之战后，随青州刺史苻朗投降东晋，被任命为平原太守，与后燕作战。后来，东晋在广固设置幽州，任命辟闾浑为幽州刺史、龙骧将军。399年，南燕慕容德率军来攻，辟闾浑战败被杀。

③ "七百"，底本原脱，据《魏书》改。

④ 赀布：细麻布。《新唐书·地理志二》："莱州东莱郡，中。土贡：赀布、水葱席、石器、文蛤、牛黄。"

宋	金	元
胶西《宋史·地理志》:“元祐三年以板桥镇为胶西县。”又为临海军。	胶西《金史·地理志》:“镇三,张仓、梁乡、陈村。”	胶西《齐乘》:倚郭。
胶西属京东路密州《地理志》:本防御州。建隆元年复[①]为防御。开宝五年,升为安化军节度[②],后降防御,六年[③]复为节度。崇宁户一十四万四千五百六十七,口三十二万七千三百四十,贡绢、牛黄。县五。	属山东东路密州《地理志》:“户一万一千八十二,县四,镇七。”	属益都路胶州《元史·地理志》:“唐初为胶西县,宋置临海军,属密州。元太祖于县置胶州,领三县:胶西、高密、即墨。胶西为中县,高密、即墨皆下。”
临海军属密州高密郡安化军节度 按:此即前注升为安化军节度,又降又复者也。而《金史·地理志》追书宋地,有高密郡三字,故备书之。盖为县则属太守,为军则属节度,不可混也。本史地志:“崇宁户十四万四千五百六十七,口三十二万七千三百四十。贡绢、牛黄,县五。”		
明	**清**	**中华民国**
胶州《明史稿·地理志》:洪武初,以州治胶西县省入,距府二百二十里,领县二。西南有介根,废县,汉为计斤。东北有沽河,南流入海。又东南海口有马家濠,有灵山卫。高密、即墨属之。	胶州 苏潜修《灵山卫志》:雍正十二年裁并灵山卫于胶州。按:《诸城志》有裁并灵山卫地三顷二十亩有奇。《旧志·田赋部》又有收并鳌山卫地九十顷十九亩有奇。则灵山卫不尽入胶州,鳌山卫不尽入即墨。虽其界不可考,然今州之境,视明为促于西而舒于东,无疑矣。又《明史稿·地理》载有安东卫、石臼岛千户所,则误而侈矣,故不具录。	胶县 民国二年裁府、直隶州、散州,统改名曰县。
属山东布政使司莱州府《地理志》:洪武九年为府,领州二,县五,距布政司六百四十里。	属山东布政使司莱州府 胶州直隶州 光绪三十年升胶州为直隶州,以高密、即墨二县属之。	属胶东道 民国初年设胶东道,辖二十六县。 属莱胶道 民国十四年裁胶东道,改设莱胶道,辖九县。十七年裁。

附历代封建表　封建之制自周衰,春秋、战国迄于唐宋五季变乱[④]相寻,纷争不已,为害最烈,秦废之宜也。况其制与近代潮流尤相抵触。惟削而不书则无以存古,且非所以鉴前车,故仍附诸沿革之后,谓之存古也。可谓之垂戒也,亦无不可。且封建代有兴废,时有变更,亦犹沿革性质也。附于沿革,按门类尚非矛盾。《前志》原序考核颇精,并存之以资考证。原序曰:《旧志》所载封建凡十七,祝兹、胶西、胶东国各三。齐、兹乡、壮武、扶柳国各一。张宾雁《州志前编》多除之,是矣。盖弗除,则当以类补。刘齐以前有太公田和、韩信矣。胶东以前有田市矣。且晋无壮武郡,而有壮武郡公。金无胶西郡,而有胶西郡王。唐亦无胶东、胶西二郡,而有胶东郡公彦道、胶西郡公孝义矣。类而充之,可胜既乎?若因郏而误及扶柳,因祝兹而误及兹乡,松兹尤弗可解。然《前编》除之有未尽者,莒之先君都计,惟兹舆期可考。兹丕公[⑤]以下皆迁莒者耳,可附注而不得正列于斯表。有除之而过者,徐历之祝兹本松兹宜除,吕

① “复”,底本作“后”,讹。据《宋史》志第三十八改。
② “节度”,底本原脱,据《宋史·地理志》补。下同。
③ “六年”,底本原脱。据《宋史》志第三十八补。
④ 五季变乱:旧称唐宋之间五个政权后梁、后唐、后晋、后汉与后周为“五季”。季,末世也。在五代时期,唐代名城长安、洛阳、扬州尽于五代化为灰烬,所以称五代时期为“五季之乱”或“五代之乱”。
⑤ 兹丕公:又称莒平公。东周初期莒国国君,己姓,名期,莒国第13任君主。

莹、刘延年之祝兹不宜除也。至晋高密王泰传凡七世，惟再世嗣王纮归宗，彭城国入于前燕，其子俊当东晋之复青州，理宜复国，故《晋书》谓至宋而国除也。《前编》至孝王略而止，殊未备。齐有平昌王高子瑗，隋有平昌郡公元岩，见《南北史·帝王世系表》，并宜补者。盖南北朝封建，虽不皆至国，类有食户在其地。又，隋以五千户封周裔宇文洛为介公。至后五代犹存，与酅公、莱公为三恪，似皆袭青莱故国。而《通鉴》胡注以为介州晋地，故不录。元只兰、札思罕两官入《前编》，以为其意近封建，列于表末，要其制有异焉，故为附语以别之。

周	汉	晋	北齐	隋
莒子兹舆期《文献通考》：少昊之后，武王始封，十一世至兹丕公始见《春秋》。《汉·地理志》：始都计，后徙莒。《州志前编》据《通考》：莒，嬴姓。按：《左传》杜注、《小学绀珠》皆以为己姓。按：《左传》莒、女皆己姓，则杜注是。按兹丕公以下有纪公庶其、渠丘公朱、犁比公密州、展舆、著丘公去疾、共公庚舆、莒子狂，皆见《左传》。已迁莒，故不入表。	前祝兹侯吕莹《汉书》：以皇太后昆弟子侯。高后八年四月丁酉封，九月反，诛。	高密文献王泰《晋书》：泰，字子舒，彭城穆王权之弟、魏阳亭侯。武帝受禅，封陇西王，徙封，事详"列传"。元康九年薨。泰四子：越、腾、略、模。越封东海王，腾出后叔父子[2]，略嗣。按：汉高密国本胶西所更，故《诸城志》录高密国而以为治所，未详。《州志前编》据《后汉书》，凡县名，先书者为郡国治所，为古今地志之通例，以为在黔陬，考之往籍，往往而合，故从之。	平昌王高子瑗 周嘉猷《南北史·帝王世系表》：广平公盛，神武从叔祖，为太尉，无子，以兄子子瑗继，为魏尹。	平昌郡公元岩《南北史·帝王世系表》：敷州刺史祯子。岩，字君山，隋平昌郡公，河北行台仆射。
	后祝兹侯刘延年《汉书》：胶东康王子，武帝元封元年五月丙午封，坐弃印绶出国，免。《史记》刘延年作刘延，元封作元鼎。	二世孝王略 字元简，文献王子。宋永嘉三年薨，事详"列传"。子据嗣。		
		三世王据 孝王子，据薨，无子，以彭城康王子纮为嗣，后纮归本宗，立纮子俊以奉其祀。		
介君葛卢 见《春秋》僖公二十九年，事详"列传"。其始封、继世皆无考。《州志前编》据《路史》，斟姓本出"己"姓，高阳氏后。按《路史·国名纪》：斟，己姓。汉之北海斟县。灌，斟姓，《传》谓"斟灌"。今青之寿光东南有斟灌城[1]。寻，斟姓，《传》谓"斟寻"。张渤《地记》："济南平寿，古斟寻国。"介，斟姓，斟介也。《传》谓"介斟"，在东郡卫地，或谓即"斟灌"，非。若葛卢国，则密之胶西。历指其地，密州东郡异地，则介。斟与介为二国，其文甚明，不得以斟介之姓，姓葛卢矣。	东汉 黔陬侯	四世王纮 字伟德，初封堂邑[3]县公。建兴末，元帝承制，以纮继高密王据。及帝即位，拜散骑侍郎，迁翊军校尉、前将军。雄之诛也，纮入继本宗，拜国子祭酒，加散骑常侍，迁大宗正、秘书监。		
		五世恭王俊 字道度，以彭城王纮子出嗣高密王略[4]，官至散骑常侍。子纯之嗣。		
		六世敬王纯之 历临川内史、司农少府卿、太宰右长史。薨，子恢之嗣。		
		七世王恢之 义熙末，以给事中[5]兼太尉修谒洛阳园陵。宋受禅，国除。		

① 斟灌城：传为夏代斟灌国都城，遗址位于今寿光市洛城街道西斟灌村。

② 出后叔父子：过继给他的叔父为子。

③ "字"，底本作"子"，讹。"堂邑"，底本作"唐邑"，讹。二者均据《晋书》卷三七"纮字伟德，初封堂邑县公"改。

④ "略"，底本作"据"，讹。据《晋书》卷三七"恭王俊，字道度，出嗣高密王略"改。

⑤ "中"，底本无，据《晋书》补。给事中，官职名。秦汉为加官，晋以后为正官。明代给事中分吏、户、礼、兵、刑、工六科，辅助皇帝处理政务，并监察六部，纠弹官吏。清代隶属都察院，与御史同为谏官，故又称给谏。省称"给事"。

元官人附《州志前编》：《元史·志》诸官人为勋戚之族始，太宗定有各官人：岁赐五户，丝若干斤，分拨某郡若干户，为食采分地。此二官人见太宗庚子普明院碑阴，当即其制，岁赐，《志》无之，盖史缺也。以近封建意附焉。				
只兰官人	札思罕官人			
以上《前志》。				

增修胶志卷四　疆域志第二　道里

道里表序

《前志》原序曰：方志言疆域者，莫不云四至八到①。四至谓四正，合四隅谓八到。是到与至相复也。考《禹贡》“导沇水”有云：“又东北，会于汶，又北东，入于海。”是一隅而分为二也。彼三隅不可反乎？裴秀方邪、高下、迂直之说，其在开方之图，惟方而直者，里与方等，余皆里多于方。其邪迂兼乎高下者，里数尤夥，亦远近自然之杀也。今依《明堂图》四门左右个式，效《禹贡》之文，分四至八到为道里。近表凡十二格，记方者四，记邪者八，迂直、高下则各随其道里之次，更互注之。庶地形无所遁遗，而开方非虚说矣。若夫远表纪越境所适，程途绵邈，惟以城邑为准望②，定其方向而已。故以四方、四隅标为八格，其海道一表皆商舶所由，则标所适省府为格，不可以方隅拘矣。

道里近表

北东	出东门微高，直二里至东松园，又四里至周家村，又微下六里至斜沟崖，又直十三里至韩家村，又迂十里至王柱，又迂五里至闸子集，又迂五里至大汪疃，入即墨界，凡四十五里。
正北	出东门微高，直八里至八里庄，又迂十二里至官庄西头，又直五里至马店集，又微高下迂四里至官路，又直四里至夏于庄，又迂九里至五里堠，又微高下迂八里至吴家口，入平度境，凡五十里。又自马店迂偏西渐下八里至丰跻，又直十二里至崖丘，入平度境，凡四十五里。盖秋夏雨多，则东由吴家口，春冬路干，则由崖丘，交界碑在崖丘南四里许。
东北	出东门微高，下迂五里至五里堆，又迂七里至罗家村，又迂五里至安家村，又迂六里至赵家庄，又迂二十里至矫哥庄，又迂四里至贾哥庄，又迂十五里至七及集，入即墨界，凡六十二里。
正东	出东门微高，下迂五里至五里堆，又迂五里至十里铺，又直十里至二十里铺，又直五里至店口集，又迂七里至贾疃，又迂八里至即墨栾村，入即墨境，凡四十里。交界碑在栾村集西四里许。
东南	出南门迂八里至辛庄，又直十二里至塔埠头，凡二十里。
南东	出南门迂三里至三里河，又高下迂十二里至辛店，又高下迂七里至关王庙，又高下迂八里至洋河崖，又直五里至漕文集，又迂七里至田家窑，又高下迂十四里至老君塔山，又高下迂七里至窝落庄，又高下迂十二里至辛安集，又高下直六里至李家庄，又高下直五里至于家河，又渐下迂十里至壕洼庄，又高下直四里至薛家岛，凡一百里。
正南	出南门迂三里至三里河，又高下迂十二里至辛店，又高下迂七里至关王庙，又高下迂八里至洋河崖，又直五里至漕文集，又迂七里至田家窑，又高下迂十四里至老君塔山，又高下迂七里至窝落庄，又高下迂十五里至南辛安，又高下迂十里至荒里，又高下迂四里至戴哥庄，又迂八里至灵山卫，凡一百里。

① 四至八到：古地理书用“四至”（东、南、西、北四正）或“八到”（合东南、西南、东北、西北四隅）表示州县方位距离的量词合称“四至八到”。

② 准望：辨正方位。

南西	出南门迂三里至三里河，又高下迂十二里至辛店，又高下迂七里至关王庙，又高下迂八里至洋河崖，又直五里至漕文集，又高下迂十五里至王台集，又微高下迂十二里至薛家店，又高下迂八里至苗家河庄，又高下迂五里至李打铁店，又高下迂十五里至张仓集，又高下迂十里至石人泊，又高下迂十里至梁家庄，又高下迂五里至纪家店，又高下迂十五里至崖上庄，入诸城界，凡一百三十里。
西南	出西门高下迂十二里至赵家店，又高下迂二十里至丁官庄，又高下迂八里至张家庄，又迂五里至高密陈律集，又高下迂二十五里至谈疃铺集，又迂三里至彭家庄，又迂十三里至孟家屯，又迂四里至牛沟集，又迂三里至盍家屯，入诸城界，凡九十三里。
正南	出西门高下直六里至黄埠岭，又直十里至刘家庄，又直八里至莹子庄，又迂六里至小刘家疃，又直五里至冢子头，又直五里至朱家庄，入高密界，凡四十里。
西北	出西门高下迂十二里至行上店，又迂十三里至紫兰庄，入高密界，凡二十五里。
北西	出西门高下迂五里至砚里，又迂三里至辛庄，又迂高下十里至七城店，又迂七里至楼子底，又迂八里至张鲁集，入高密界，凡三十三里。

道里远表

东北	迂二百二十里至莱州府，以下接于东北。迂三十五里至平里店，又迂二十五里至朱桥集，又迂二十里至辛城，又迂二十里至慈口，又迂二十里至黄山馆，又迂三十里至白马，又迂三十里至黄县，又迂六十里至登州府，凡四百六十里。
正东	迂一百里至即墨城，又迂高下六十里至劳山，再东系海。
东南	迂二十里至塔埠头，上舟。以下接海疆道里。
正南	迂一百里至灵山卫，又迂五里至海涯。
西南	迂高下一百四十里至诸城县，又迂三十五里至直沟，又迂五十五里至三九店，又迂五十里至招贤集，又迂四十里至莒州，又迂六十里至夏庄，又迂三十里至汤头，又迂三十里至白台集，又迂四十里至沂州府，凡四百八十里。
正西	迂五十里至高密县，以下接入西北。
西北	自高密县迂六十里至障陵，又迂六十里至南流，又迂五十里至潍县，又迂三十里至朱流店，西入昌乐界。又迂二十里至昌乐城，又迂七十里至青州府，又迂五十里至临淄县，又迂一百十里至长山县，又迂三十里至邹平县，又迂六十里至章丘县，又迂一百十里至济南府省城，凡七百里。至京九百里，凡一千六百里。又一路自潍县迂二十里至留饭桥，又迂三十里至稻田，又迂三十里至寿光县，又迂三十里至辛店，又迂三十六里至言信店，又迂十八里至草桥，又迂十八里至高家都，又迂十八里至康家坊，又迂二十四里至阎家庄，又迂十二里至辛店，又迂[①]二十四里至蒲台县，又迂六十里至辛店，又迂六十里至阳信县，又迂六十里至庆云县，又迂三十里至玉树集，又迂三十里至盐山县，又迂三十里至辛店，又迂三十里至沧州，又迂二十里至凤凰店，又迂三十里至兴集镇，又迂三十里至青县，过运粮河，又迂二十里至莱而庄，又迂二十里至大城县，又迂四十五里至天地店，又迂四十里至狼虎庙，又迂二十里至阎家口，又迂四十里至南孟镇，又迂四十里至牛头镇，又迂四十里至固安县，又迂二十里至雨发，又迂四十里至逄古庄，又迂四十里至黄村，又迂四十里至潘家庙，又迂十五里至京师，进右安门，凡一千二百八十里。
正北	迂四十五里至崖丘入平度界，又迂二十五里至兰地，又迂十五里至红沟，又直二十里至郝家店，又迂二十里至平度城，又迂十里至平度北十里铺，又直高下十里至二十里铺，又迂高下十里至苏村，又迂渐高十五里至高望山，又直渐下十里至夏丘铺，入掖县界，又直十里至白沙，又迂高下三十里至莱州府城，凡二百二十里。

① “迂”，底本无，据上下文义补。

海疆道里表 皆接近表东南路上舟

盛京	由塔埠头口上船，东南九十里至淮子口。又正东偏北七百里至石岛。又东北一百里至成山头，又北转西三百里至威海，又西北三百里至庙岛，又西偏北八百七十里至天津，又东北一千五百里至金州卫，又东北三百三十里至盛京田庄台，凡四千一百九十里。以上《前志》。
江南	由塔埠头口上船，东南九十里至淮子口，又西南八百里至千里岛，又东南三百里至大沙头，又西南四百里至铜沙，又西三百里至上海，凡一千八百九十里。
浙江	由塔埠头口上船，东南九十里至淮子口，又西南八百里至千里岛，又东南三百里至大沙头，又西南四百里至铜沙，又西南一千五百里至宁波，凡三千九十里。
福建	由塔埠头口上船，东南九十里至淮子口，又西南八百里至千里岛，又东南三百里至大沙头，又西南四百里至铜沙，又西南一千五百里至宁波，又西南六百里至福州，凡三千六百九十里。
广东	由塔埠头口上船，东南九十里至淮子口，又西南八百里至千里岛，又东南三百里至大沙头，又西南四百里至铜沙，又西南一千五百里至宁波，又西南六百里至福州，又西南九百里至香港口。凡四千五百九十里。

增修胶志卷五　疆域志第三　山川

山川序

张宾雁《州志前编》原序曰：尝恭读御制《热河考》① 云：考水源而不亲履其地②，晰其支派脉络分合之由，虽博综载籍，稽诸故老之流传，不能参互而订其舛。至哉言乎！得志山川之要义矣。又曰《旧志》于山之起伏、水之源流离合多所弗详，兹采形家所辑录，邑人李誉《山水记略》。删其枝叶，使从志乘家言，分山为中条、南条、北条，水亦如之，并著其奠丽之区、滨枕之乡。然张志多用郦氏《水经注》文体，其词犹涉繁富，盖《水经注》特述地理，故援引至博，不嫌旁涉。今之方志、图表、传考各以类从，义可互征，重搜而旁引之，则事已涉复，故并加芟汰，参以苏潜修《卫志》，期于得实而止。其道里远近未详者，遣小吏分途履而纪之，为采补焉。庶几与宾雁恭述御制之义，无敢或悖云。

山川上

峰台顶在州西南百一十里，崇冈突起，形如台，形家言以为分脉于诸城五弩山也。东十里历野猪北岭至黄岭月角山，自此南分焉；北折为望荡山，山形峭削，在六汪集东南仙龟山，自此北分焉；其自望荡山又北为高成巘，在州西南八十里。高冈无峰峦，顶微有石，石纹交错，名棋盘石。西去野猪岭二十里。

自高成巘而东为黄山，又东一山无名，又东为七宝山。山在州西南七十里，俗名矿山，明太监陈增尝开矿于此。遍山掘伐，凹凸相次，未得金，徒扰民耳。山势盘旋纡回，矿出石坚润，五色备，盖州山石之佳者。其东五里为登云山，在河西村。又东南历白石岭，十余里至帽儿山。山平冈，微峰攒簇，俗名九顶帽儿山。南起尖峰为桑础山，迤东有黑涧，涧石纯黑。过此为齐城山，山在州南七十五里，俗亦名黄山。西南东北屹然两峰，古齐长城联之两峰之间，名黄山口，有南北道，通王哥庄集。自七宝山至此，可二十余里也。自齐城山东北峰，又东南四里为马栏山，山西有犸虎洞石。又东南六里为镜台山。自齐城山东北峰，又东北十里为小珠山。镜台山，长城山之别峰，法黄山之墓在焉。

---

① 《热河考》：清乾隆帝曾派蒙古喀喇沁旗郡王及内大臣对热河进行考察，并钦作《热河考》，原文见《高宗御制文》二集第21卷。

② “地”，底本作“他”，讹。据《热河考》改。

小珠山与大珠山皆古朱山也。崔季珪《述初赋序》云："登州山以望沧海。"《封氏闻见记》云："州山即朱山，淳于，州国也。吴楚之人谓州为朱，则此山宜名州山。"而《封记》与《通典》又以为仙人朱仲所居。按《列仙传》：汉朱仲，会稽贩珠人。岂其氏朱而业珠，山以是名朱，又名珠欤？小珠在州东南九十里，屹然两峰，西北曰釜台筒，东南曰大顶。《卫志》："其最高者为大顶。"《续夷坚志》所谓"小珠山，双峰嵯峨，高入云际也"。远见云岚覆掩则雨征，俗谓之小珠戴帽。东北五峰曰五老，东阿有寺曰朝阳寺，有龙泉，泉上有龙祠，祷雨辄应。泉水清冽甘美，士人品为山泉第一。寺前山壁悬空，石散布点缀，青松如画屏然，名松朵子。《卫志》：大顶之东有卧羊石，有五丁山，有松朵子，有黄芽石，有黑涧，有鞍子沟，有黄埠岭。岭前为官山，官山东为永山。下临深涧，涧底巨石森立，形容万状。大顶之南，《卫志》：大顶之后有垂背石，有船石，有直楼，其前为万人井，有桃水沟，有四角石，有瀑布石，有押兜石，有穿心石，有白石顶。稍低为白石顶。《卫志》：白石顶与大顶对峙，南北相望，有天门，有天桥，有纱帽石，有尖顶涧，有仙人迹。仙人迹前有朝阳寺，寺南为五条沟，为石岭，为黄石圈，为鹤山。鹤山西出为君子峰。山谷盘屈，地势高厂，产白石英。又南有莲花山、竹子山。竹子山一名君子峰。峰前为月儿涧。东为帽架山，涧西为大石岭、小石岭、大石楼、小石楼、开山口，层峦叠嶂，绵亘十余里。又东十里至灵山卫。以上山之中条也。邑人李进士世锡《题朝阳寺南涧》诗云："上有珠山之高，下有沧海之深。中有古涧长千寻，危石撑挂结重阴。流水隐隐鸣后林，紫苔碧草覆前岑。高秋风日清衣襟，有客有客皆素心。美酒满壶为我斟，黄花满把为我簪。何必踞山而钓海，聊复大醉而长吟。"此诗镌石壁上，末志"康熙丁丑"。后其宗人李鸣谦又题诗云："石上观诗剥绿苔，涧南有寺一桥开。游人行到云生处，疑是龙蛇出地来。"

铁橛山在州西南百一十里，《齐记》之黔艾山也，《水经注》谓之拒艾山，《齐乘》谓之铁橛山。山势矗兀而色黑，故曰黔曰铁，名义同焉。山接黄岭之南，北巅滴水岩最著，山壁悬空，清泉下滴，落石坎中，极旱不涸。卉多秋海棠。东谷口两崖屹立，对峙如门，名峒门，一名大峒口。邑人王倜《滴水岩》诗："径以石为天，时闻雨声冷。才坐如深秋，淅沥敲云影。峰峰侧夕阳，明灭照未整。天杪青欲去，川原相与永。空洞藏物化，清迥发深省。"法方伯若真《滴水岩绝顶海棠》诗："六十年前发未秃，六十年后形如木。可怜牛马懒驰驱，可怜湖海行蹙蹙。从官岳牧无一长，卖尽城南千亩竹。锵锵戈甲惊归魂，力结黄山构茅屋。窗中卧看滴水岩，墙头四补双珠谷。前年六儿荐海棠，搔首长歌酒在腹。曾忆滴水南山头，缦亭锦绣云簇簇。谁劈莲花万丈峰，谁散丹珠千百斛。楚江生死怅别离，飘飒风雨山光矗。云溪溪北老丈人，八十注书号白复。尺素回寄卖柴夫，解授黄山手一掬。但说篆法汉与秦，蒙笼睡眼行行读。读之大叫揖山灵，恨不飞蹴南山麓。且为死友挽生刍，且为花魂慰痛哭。是在石阙舞婆娑，是在樵担分朴樕。幽姿不肯受人怜，寂寞红颜秋馥馥。甘随岜曲伴神仙，羞却卷纱妒映目。梅花原不与同时，何年聘入昭阳宿。纵然未到浣花溪，犹以无香混鹿鹿。懒散春愁醒复迟，君王弃置亦何速。吁嗟乎！得伴秋风两老翁，共洒荒村三径菊。相逢不必上金城，相亲不怨食无肉。惟愿樵子牧夫解腰下之垂镰而去之，拂霜凌雪偃沟渎。"

铁橛山东南有松山，山宜松，故名。南有陡岩山，山势陡削，山下有寺。又南有凤凰山。又一土山无名，在石河头村，山西界诸城。自铁橛山东谷口东南八里有土埠，曰土山村，曰土山屯。又东有相公山，一名相谷，或作丞相山，俱无考。其南为崆①峒山，俗名崆峒寨，有寺，寺后有摩天石。东有石室，壁劖佛像，有天窗洞。东南有太平庵，又东南为大豁口。

① "崆",底本作"啌",讹。据下文改。

大珠山在州南百二十里。《齐乘》："大朱山，岸海名山也。"高峻逊小珠，而广阔倍之。其南峰临海曰望海楼，楼东有麻衣庵，有石室悬山壁，下临深涧。晋陈仲举、元张清源、明赵麻衣俱尝隐此。庵侧有朝阳洞、说法石，石室临涧，旧有铁板桥通出入，今废。石室之东山壁题云逍庵，庵西有黑龙潭，潭西北有女儿石，望如好女山头婷立也。东南十里为帽子峰，高十余丈，峰南临海为象子门，峰之东北为大寨、为阔落山、为金把顶，下有梧桐涧，地藏、菊花等庵在焉。大寨之西为玉泉山，山隐有石门寺，金之玉泉院也。寺西廊为磨铁庵，寺东侧即玉泉，玉泉山所由名。又东有冰洞、卧象石、狮子峰，寺南有钟峰、和尚石，自仙人朱仲著山始而芳址久邈。近人王无竞僩、诸城刘子羽翼明、李渔村澄中辈游此，法黄山若真读书于庵，皆诸人为之名云。以上南条山，自中条分支者也。掖人孙镇《大珠山》诗："巍巍大珠山，其高逼星斗。冲击闻波潮，豁爽见陵阜。白日落海上，青天挂峰首。划然古石室，玄冥何代剖。时时云霞出，夜夜风雷走。古来栖真仙，药室留石臼。如何缚尘缨，不见长年叟。我欲弃家游，未知终得否？"邑人王僩《石门寺南涧》诗："西南还太古，岩溪留胜概。良辰一相携，游赏复我辈。山深暖夕阳，鸿濛余苍霭。不谓桃花源，乃在招提外。好鸟悦芳草，声声欲春碎。翠湿滴泉香，藤老助石怪。茶烟上青空，叆散学云态。幽光发奇壑，微吟坐其内。意到转忘言，静与数峰对。"

白猊山在州西南九十里，或云以仙人柏猊所居名山，俗又呼为百儿山，谓祷之多子云。

曹城山在州南八十五里，俗名曹家山，或作曹丞山。其南五里为虎埠山，俗名虎皮山也。又南二十里至哨头村，后岭废堠存焉，故亦名烟台岭。自虎埠山又东六里为隐珠山，又南十五里至两河庄西岭，岭之巅有广城故城址也。广城南有二垒，南北相距数里许，曰大营、小营，下即柴胡荡。自曹城山南十里至双凤山，山顶微分，峭石嶙峋，西临风水，南下平冈五六里，抵王哥庄集。

花山在州东南百里，西临兰水，东南转抵小珠山。前为峤峣山，俗名官山，在小珠山东南岩东下四里，山小而秀。东为永山，山之南自灵山卫迤东，北为炮架山，东临止马河。折而西由卫城东为瞭望山，滨海自永山东折南，由卫城东至炮城山。《卫志》：永山后为涝山，涝山后为老君城，老君城北为鹁鸽山，鹁鸽山东为徐山、为炮架山，为长城岭，东尽于海。天马山滨海，东北与瞭望山对临，小岔口东而唐岛玉明石，即鱼鸣石。南而灵山，西南而大珠山，环列海面，与水光相映，若翠屏然，亦山海雄观矣！以上南条山自中条分支者也。

仙龟山，州西南七十里以形名，在六汪村西北，又北有铁山。

尧王山在州西南七十里有寺。西北有牧马城，详"古迹考"。西南有土山。

陈山在州西南五十里，一名神山，山阿有寺。又东北十二里为艾山。

艾山在州西南三十五里，双峰耸秀，黛色欲滴。西巅有碧霞宫，东阿有大王殿，殿前银杏大十围，山东西两峰起立，名东、西石耳。东石耳之南为鼓山，东为蜈蚣山。邑中碑石多采之。又东南为旂山，东为文山，旗山之南为歇山。丘简肃公樅《登艾山》诗："底事山名艾，山应艾父多。何人撷芳草，为我拔沈疴。泉暗岩交树，天低海漾波。黄公旧庐近，忍听阮咸歌。"赵太史泰临《登艾山》诗："风尘梦想故山游，白发投簪向急流。世路不堪惊险绝，幽怀自合老林丘。放歌欲傍青冥鹄，把酒遥凌沧海洲。黄绮归来紫芝老，寒云暮霭不胜愁。"

斗楼山在州南七十里，山方高若楼。迤北为石灰山，亦名赵家山，《刘志》谓之十会山。又北径薛家店东岭数里为晾甲埠，又西北入王台镇，凡十里许。东北分为东岭，十五里至逄猛山，或云以隐士逄萌得名。王莽时逄萌学长安，后解冠挂东都门，隐劳山[1]东，适过此山，故名。西临巨洋水，与文山隔水相望。

都朵山在州东南七十余里，俗名都朵子。其东祭山，其北喜鹊山，亦名灵鹊山。昔年多映山红，花开时红映山谷，俗名花林山。自此西北分为老君塔山，山有老君堂，故名，亦名凤凰山。西临错水，自灵鹊山东北十五里为绿豆山，或名龙斗山。又北至捉马山，亦名陈山。东濒海。

鹁鸽山在五老峰东里许，山陡峻，产鸽，故名。又东十里为徐山，为扒山。《三齐记》："小朱山，又东徐山，方士徐福一作市。将童男女二千会此入海，采药不返。"山之阴为长城岭，山东南一山，亦名黄山。又东过马家濠为穆陵山，又东南至薛家岛入海。以上北条山，自中条分支者也。

诸岭附

橡沟岭在州西南四十里，东至黄墩岭，临洋水止焉。其北有摩天岭，又西北为烟台岭、锡恩岭，在州西南十余里折而北为萧家岭，在州西南十五里又北为悬崖岭，又东北历辛置村北岭，至黄埠岭，在州西七里上有赴京省大道，旧以此为回车岭，谓孔子观海至此，盖出前明人之傅会也，详"讹疑考"。又北六里至庸村北岭，为红埠岭，在州西北七里，土皆赤。东坡有庸生祠墓，详"古迹考"。自锡恩岭东分为不落林岭，岭宜槲，岭北有不落林村，迤南为九龙埠。在州西南二十里，每岁四月市马牛者集此，呼为九龙山。又东八里为臧家屯北岭，东南分为转头山。自九龙埠南分为尖尖埠，滨洋水。又自臧家屯北岭东北分为虎头岭，岭石巉巉[2]，以形名。东五里为大岭，在州南十五里，势博大，自北至，豁然见南山插汉[3]，如出户而迎其面。又东为高卓岭，卓如山立，亦名卓山。又东北由刘家岭迤东分为营房北岭，北为松山子，以在景尧村东，或作景尧山。东北三里亦名烟台岭，北与莲花山、孤埠岭对。其自不落林岭东北十余里至双岭，在州西南七里，望如人之并肩坐者，旧谓宋王氏冢，亦名双女冢，也见"古迹"，但高据岭巅异常，垅似冈势之隆起者未必为女竁[4]耳。自萧家岭东北分者为福寿岭，在州西南七里。又东北历城子村南岭下介根城而冈势穷。自萧家岭西北分者为凤台岭，在尹家店西，又西南历杜村北岭至房沟村，临张奴水者可十五里，西北历陡沟岭、石羊坡至大行村者可十二里，西北五里至九层岭。岭见《山东通志》，谓其起伏以九数。盖统州岭名之，今止以牛神庙村一岭当之。自红埠岭东岭，由水牛庄历梁哥庄后岭，至耿家庄

---

① 劳山：即青岛崂山，古又有劳盛山、牢山、鳌山等称名。
② 巉巉(chán)：山势高险的样子。
③ 插汉：指插入河汉，极言其高。
④ 竁(cuì)：墓穴。

岭，临碧沟河者，可十里。又北十里由七城村岭至泉子崖，又东北十五里抵柏栏集北岭，岭北即都泺。由柏栏集前岭东历杜哥庄南岭至马店集北岭，可十里。又东北抵葛埠岭、胶莱南河者各十里。自曾家庄北岭东四里，至大庄①北岭为驻节岭。在州北四里，又东北抵碧沟河南者，可十里。东南由五里堆岭南至张家庄东烟台岭云河者，可五里。东由邹家洼村北岭折而东南，凡十里。至莲花山孤埠岭，南临明水滩与州东南烟台岭遥对，若门户然。又东北至店口集前复折而南，凡十里，至麻湾集前。撒马岭东阻沽河，石濑滩过此，则黑石崖入即墨境棘埠岭，见《山东通志》。今不知为何岭，或以为即红埠、黄埠一带岭之通名麒麟山，见《刘志》。在东关以石斑埋土中，与南关鸡鸣山皆强名山耳，平地无部娄也。

山川下

水出中条，山南为南条，北为北条。胶水为大导，源诸城卤山阴、高密境之凉湾，《水经》谓“出黔陬县胶山也”。自凉湾东北流至徐家屯南入州境，又东北五里径塔桥集东，又西北至柏乡集前，东与望荡山之八突泉水合，水出望荡山西。雍正九年，知州王维访以为胶源出此，州人赵节谓卤山、望荡二源皆是。但发有后先，如人兄弟以伯仲不以肥瘦也。八突泉水自望荡山西流，引纳众水六七里至六汪集西。又西北有墨斗水，一名墨德水，自西高城巘十里来注之；又西北十里径仙龟山东有下河水，自其山东来注之；又西北有高成巘北麓岭水、托五凤楼岭水、铁山水，皆自东来注之；又西北至柏乡集前与卤山源合名胶河，口势渐大，又屈径柏乡集东，有小水自东来注之。西有古城，《水经注》所谓胶水，北径祝兹县故城东是也。又西北流至贤和庄，入诸城境，又北七里径麻沟店而东北再入州境，又东北径梁乡集西。梁乡，金胶西县三镇之一。其东有牧马城，即古东黔陬城。《水经注》所谓“胶水径故黔陬城西”是也。又北十余里至谈疃铺南，周阳河自东南来注之。周阳河二源：南源出高成巘北麓柳家屯，西北流径石马山东、牧马城右侧，凡二十里至殷天官墓西，朱陈沟水自南来注之。又北三里与北源合，北源出斗岭右，西北流名里岔河，径里岔集前牧马城左侧，凡二十里至沙河村东与南源合。二源合流又北三里至谈疃铺南入胶水，胶水又东北径谈疃铺东高密境，龙池子水自东南十里来注之。又西北五里至黔陬社东岸，阔沙明水，清澈见底，而《寰宇记》云“水色如胶，故名胶河”。岂古今清浊异耶？村有古城，即古西黔陬城。《水经注》所谓“胶水北流径黔陬县东”是也。有二水西自三脉冢径此城南、北、东来注之，又西流五里至王吴庄入高密境，携张奴水、都泺水屈曲东北九十余里，合于平度胶莱南河吴家口。曹魏以来西北入北海；元时东入都泺而西入胶莱北河为经流；清康熙中筑堤于高密鱼潭

① “大庄”，底本作“土庄”，讹。据“城隅六乡制”改。

口，令西北流；乾隆七年，复由鱼潭口东流入胶莱南河，会沽水以达于海。

张奴水，《水经注》："胶水，左会一水，世谓之张奴水。水发夷安县东南埠下，西北流，历胶阳县注于胶。"《齐乘》："张奴水，一名墨水，出高密东埠下。"今胶水之左一水，俗名张鲁河，一名乌池河，源于州西南锡恩岭之右，即《刘志》之孝源河也。《刘志》歧为二水，曰张鲁河会孝源河，实只一水也。孝源即张奴之上游，张鲁即张奴之讹音。张奴者，《齐乘》谓"水侧有张奴店"，其说非也。《水经注》："卢奴城内有水渊而不流，水色正黑，水黑曰卢，不流曰奴，故此城藉水以取名耳。"又云："雍奴，薮泽之名。四面有水曰雍，不流曰奴。"张奴水亦名墨水，而下注都泺则得名，当即卢奴、雍奴之类，而张奴店因水得名，非水以张奴店得名也。其源三泉，俱西流至苇源河村而合，又西北径孝源店南，谓之孝源河。《刘志》谓"以焦花孝女名也"，详见"讹疑"。又西流五里汇为潭，谓之黑水湾。自潭西出径杜村中，又西北六里至房沟村南，屈北流径西门村西，有高密城献岭水自西来注之。又北六七里径苑哥庄东、刘家疃东，其西高密界有诸晏城，即隋胶西县城。《齐乘》："胶墨二水之间，土人呼为诸晏城。以前有晏子冢，故也。"又北至紫兰庄东入高密境，又北八里径张鲁集西，传即故张奴店，西距胶水里许，因名小胶河。又北挟州西直路屯河，由东流口屈东入于都泺，即《水经注》之夷安潭也。都泺连平度、胶、高密三州县，东西起长垄曰横路，为分界，早雾中或见有城郭、人物，若海市然。即《史记·天官书》所谓"广野气成宫阙"者，然非恒有。昔水阔时饶菱藕、鱼虾之利。嘉庆十七年，大水后有成陆可耕垦者，余陂犹千顷，水泛则茂生茸草，宜于覆屋。张奴水自都泺分为二：一由胶、高密界之两县屯东而北过横路，至平度界入胶水；一由州之柏栏集北而东北十五里入平度界，又东北过州之葛埠岭，北至杜家庙村，南入于胶莱南河。

直路屯河，《山东通志》"出棘埠岭"。今按：州之祝村河，出凤台岭北之陡沟，东北流四里至祝村东，又有二水自南来注之。又北数里至大桁村东北，径庸村西土牛埠下之苎麻湾，北流又三里至台上村，世谓之台头河。明尚书刘应节谓与张鲁河至新河亭口闸，黑泥下地，宜挑治者也。自台上村又西北径直路屯，河因取名焉。又西北入高密境至张鲁集北，入于都泺张奴水。

胶莱南河，元从姚演言所开新河，以通漕直沽。南起胶州陈村海口，北抵莱州海沧口，谓之胶莱河，见"大事记"。自平度州分水岭界为二渠，上承平度明堂山所出之白沙河，西南流至分水岭，南北分受之。入南河者东南流，有小清河自北来注之。又东南二十里至吴家口，右与胶水合，左与助水河合，而水势壮矣。助水河自即墨南村东之沽河，决口西导以灌新河，故谓之助水。明人《名世类苑》引《兰雪斋漫抄》：沽河自莱阳入平度州崖头南三里挑河小闸口，又南至即墨县、陈村入海。按"古迹"：南村一名干坝，旧坝桩木犹存，水势阔大，北十里至吴道口挑河，挑河十五里达吴家口入南新河，其口名小闸口，后沽河口塞，有平度两目山所出之落药河，南流至南村入助水河，又西南十九里至州之黄泥头村东，屈从村北，西入胶莱南河。吴家口南岸自黄泥头村属州境，对岸皆平度境也。胶莱南河又南半里，至陈家庄北入州境，又南二里径杜家庙村东，都泺、张奴水自西南来注之，又南至赵家村东径干沟店南，又东南过陈家闸，又东南径小回流村东，又东南径河西店东，对岸为陈村店。元凿新河，所谓首起胶西陈村海口者，即金之陈村镇也。又东南径堤子村中碧沟河自西来注之，即明人所议欲开碧沟二十里，直接黑龙以避沽河之沙者。源出柏栏村前岭、玉皇庙村之东大湾，东南流四里径四河头村，黑泥沟小水自北注之。又东五里径马店集南鲍家屯东，小水自西南六里来注之。又东径韩家村南，又东南至堤子村，入于胶莱南河。胶莱南河自堤子村南而分东南，出二里至夹河套，左与沽水合，名三岔口，亦名官道口，其经流南下，由夹河套右径店口集，东有石桥，又东南至河淤庄东与沽水合，以下通称沽矣。

沽水，二源分沽、尤。《左传》晏子云“姑、尤以西”，杜注：齐东界，沽水、尤水。今按：沽出黄县南蹲狗山曰大沽，屈曲西南流径招远、栖霞、莱阳四县境至平度朱毛城东，凡二百余里，与尤水合。尤出掖县南马鞍山曰小沽，屈曲南流径莱阳、平度，凡百数十里至朱毛城东，与沽水合，西南流，通称沽河。至龙湾头村，西北入州境，有一水自东北来注之。水出即墨北之灵山，西南流径州之七及村北，又西南过平度境，至龙湾头村西北入沽水。沽水又西南径三张园村西，对岸王疃、大高、小高三村。又径双景村西，对岸大回流村，又其东即墨境有汉晋壮武城，又南径二辛疃，至贾疃村西，对岸陈村店。沽水自贾疃前又东南径张家庄至孙家村西，又西南至李哥庄西，与胶莱南河合。胶莱、沽分合间长五里，名夹河套。二河，凡汇数邑之下与海潮逆水，常泛涨。明万历中，巡抚李公辅筑堤，与新沽两岸绵亘数千丈，谓之两河堤，世名李公堤，至今赖之。然遇水盛犹不免冲决漂没，故东鄙护堤者谨焉。又南径河淤庄西，又东至石濑桥右枝渠南出，径大麻湾汇于把浪庙。湾可数里至石龙屯北，复合于沽水包黑石崖，而北为麻湾口，海常泛溢，立庙祷之，名把浪庙，今庙名隐，而水与庄犹留其称。其经流过石濑桥而东南径魏家屯西，又西南径龙家屯北，过石线路。水面石纹斜浮，故名。潮落，可履之而涉，即明开胶莱河所谓石濑滩，巨石坏船，凿之不碎处。南岸石龙屯，屯南有故渠，东南抵黑石崖，即明所谓石落港青石磕舟处。尚书刘应节欲避此险，乃于把浪庙前别开丁家工，即今河道，而故渠因塞矣。又西北流径南庄前，有小麻湾水、三角湾水、周家庄水，皆自北注之。又东南径故税房台东，对岸黑石崖高三丈，即墨境也。水至此益深阔，谓之洪，渔者利之。其左又东南径罗家营西，又南入于太平湾。太平湾旧名守风湾。知州成永健《沽河行》：“沽河岸上春树枯，河荣社里春草无。树皮作食草根尽，青春惨淡昏鸦呼。去年河涨蛟鳄吼，家家庐舍十去九。积骸抛弃莽成丘，孤独流离寒露肘。何人晏饮还酕醄，城狐肆毒犹纷嚣。赫然震电明秋毫，芜秽迅埽天风高。天高剥极数不返，仓皇补救事已晚。蛟背忽复当丘山，驽力不惜下长阪。长阪直下沽河隈，沙飞涛起声喧虺①。河荣河荣亦何奈，吞声相向心徒哀。”法方伯若真《沽河行》：“飞虹北望折中流，长使蛟龙半夜愁。落落青茅遮断壁，行行白鹭宿横洲。慕容车骑双沽尽，秦帝楼船大海收。直到穆陵三岛外，书生何事不封侯。”

云水，《高志》《刘志》并云源出州西南辛置岭，而以出谷家庙为又一水，至匡家庄前合流辛泉，同谓之云河，非也。云水有三源：中源，出谷家庙石泉南流里许，西岸数小水来注之；又南红石沟水自西来注之；径二里河村西濯砚泉水自西北来注之。水出砚里南，二泉并涌，州人以为庸生尝于此濯砚，于传无征。又南径薛家庙，西过大路石桥，又南有宋哥庄，小水自西来注之；又东径郭家庄后，至杨家崖下汇为泽。西源，辛置岭辛泉水自南来注之，源出辛置南北

① 虺（huǐ）：毒蛇。

沟合流，东至郭家茔前并逯家沟水，东北流至伏魔庵后小堤，径花行街西至杨家崖下入中源之云。是水来源细微，冬春常干，夏秋雨集挟岭沙而来，淤填河身，水无所容，能为城市害。又自杨家崖合流，东历沙滩至坊子街、西高家茔堤过板桥，东北过蜚虹桥至土城口南，与东源合。今蜚虹桥南已淤，无大水，亦入太平桥。王侍郎纮云，东源为云溪之正源，出治西北曾家庄，此水遂处弯曲如云，侍郎家溪上，因自号云溪，当不误。屈曲西南流径大庄西至匡家庄西，又东南径二里河村东，又东南径王家庄石桥，又东南过享堂庙东石桥，又东流复南至新街，又东过葛家桥、太平桥东北径金盆沿至土城口，南与西源合，三源合流。东南过安乐桥，桥之北有社稷坛，东径山货市，又东南过云溪二桥，又东径南门外云溪桥，又径玉皇宫后意诚桥之东，金沟水自北来注之；又东过通济桥至王母宫东南名龙湾口，又东南过草桥，墨水及三里河合，车家河水自西南来注之。径塔埠头天后宫北而东南绕塔埠头东，又东南至郑家营东与沽水合。东十里有守风湾故渠，越二营子抵黑石崖。昔商船所泊，后淤浅，康熙时复开东南新渠，而故渠废，秋夏云、沽水溢入之，名明水滩。李进士世锡《云溪》诗："家枕云溪上，溪与东海连。溪流不盈尺，海势竟吞天。市人玩水弱，问此何为然？登高时放目，远近无殊观。一者万之祖，微乃大之先。涓涓自必至，造化应无权。"

墨河，胶寸下土色如墨，故名。出治西南二里，河头源沟有二泉，东泉甃为方池以利汲，名方井，出池与西泉合而东流径连家园，北绕匡氏茔东，又东径小教场南，细流涓涓，东南至李家茔北，河头源西南沟水自东南来注之。东北合流始成河，又东过闻钟桥径洪福寺后，又东北过平桥至墨河桥与城南门外云溪桥南北直至崔家坊，与云水隔一堤。乾隆二十七年，自此决口，北入云水。道光二年，复筑堤塞之。东流过玉皇宫石桥，南寨沟水自西南来注之，又东南径海庙后东入黑泥沟，散为沮洳①，水盛则东入云。

张庄河，出治东北五里堆，复岭相间，三源齐发。西源马蹄泉，《高志》谓"源出石孔，状若马蹄也"。稍东与中源合流径匡氏茔，左至其茔前，复与茔右东源合而南流为稻池，《高志》所谓"平流原隰引之以灌稻田也"。又西南径张家庄，因名张庄河，有万家河水自西北来注之。水受治北洼田之水于郭家湾东出，径教场岭后而东南流。又有干渠西通东城濠万家河，又东南入张庄河。张庄河又南散于明水滩，张庄河之东有石河，底岸皆石，故名。《高志》云"南流入海"，《刘志》以为"石河出马蹄泉"，误矣。石河水亦南流，散于明水滩，滩皆斥卤，煎盐于此，即石河场。其地近海，《高志》故谓"入海也"。

车家河，《刘志》谓"出九龙埠北"。东北流径车家河屯，又东北径十五里夼村南柳沟、柘沟，二小水自北双岭来注之。又径新店北刘家村南，即《刘志》"九里沟"。其南为刘家岭，屈从其岭北，东北流径景要村，南至松山西，而北径高家台至王家滩，三里河水自西来注之。水有二源：西源出白果树村南之王家屯，东源出王义沟屯，即《刘志》"白果树南岭"。俱北流至白果树村而合。东北径下家庄名七里河，其南双岭也。又东北径计斤、城子二村前，又东径三里河村，又东径怡云岭，北至王家滩合于车家河，又东北入于云。

① 沮洳：低湿的地带。

洋水，《通鉴》：刘怀珍进至黔陬，军于洋水。顾炎武《山东考古录》谓：即州之洋河。《水经注·胶水》篇云：拒艾水出黔陬县，西南拒艾山，即《齐记》所谓黔艾山也。东北流径柜县故城西，又谓是水为洋水，一作洋洋水。又东入海。《地理志》“琅邪郡”有柜县根艾水东入海，即斯水也。拒艾山即今铁橛，故《旧志》称洋河自铁橛发源，但今洋水出高城巘诸山而不发于铁橛。郦注出拒艾者，特举其山之著名者耳。其水二源：东源出城巘东，东北流径马家山东，又东北径张八集东，又北径圣山东，又北入高密洋河崖村东，与西源合；西源出斗岭之北，北流径福山西，又西北径孟慈村东，又北有一水自西北张应集前来注之。又东流至高密洋河崖村东与东源合，东北流五里至鸿沟村南，又东南五里至林崖村东，复入州境，有高密王子山水自西北来注之。又东径周村南有乾河水自北来注之。又八里径昭文村南，月牙河自北王义村十里来注之。又东至柳圈村，北有渡口通王台镇，又东径朱阳村北，柘沟河自北来注之，朱阳水自南来注之。又东径岛儿河村北，是地谓洋水为岛儿河。错水自南来注之。其南王昌社即汉之柜县，又东径王家滩入于太平湾。

巨洋水，《刘志》之朱阳河也，或又作珠洋。王克掞曰“皆巨洋之讹耳”。《通鉴》：刘怀珍进至黔陬，军于洋水。注：洋水即巨洋水。按：今所谓朱阳河在古黔陬之东，与怀珍屯军处合，而下流并于洋水，古或以为一水。唐置县，以汉腄县之声洋为清阳。《齐乘》：以南阳水入建德水谓之巨洋。洋阳相混已久。前洋水本名拒艾，此又讹巨洋为朱阳欤？其水二源：西源出七宝山东黑埠沟，东北流五里至河西村东，又东北流五里径灰村北，又东北三里与东源合；东源出石灰山之碇山汪，西流至石灰窑村西，又北流径莱滩。《刘志》以为出此，不知至此已十里矣。又东至薛家庄前，一水自东南某山来注之，又北径灰村东，一水自西南帽儿山来注之，又东北至法家庄东，一水自东晾甲埠来注之，又西径王台镇前，北绕其镇西至河西村东与西源合，又东北十里至朱阳村东，又东北径漕文集南至岛儿河村西入于洋。

错水，《齐乘》云“出小朱山东入海”。今按：小珠山北大沟出一水，《旧志》谓之石梁河，即是水也。东北流五里径老柴山西，又东流径都朵山东，又西北径老君塔西，又西北至石梁村西，又东北径阁老山东，又东北径逄猛山东，又东至岛儿河村，龙泉河自南来注之。龙泉水，《高志》云“出小竹山东，湛深不测，祷雨辄应”。今按：牛脐山出一水，北流十里有村三，皆名龙泉。有一小水自西来注之，或以为故龙泉水，但源非山泉，而流亦短浅，不足当龙泉之目也。龙泉河又北至逄猛村北入于石梁河，又东北入海。

新安河，源于老君塔山，东流六里至牛脐山西，又南流四里至松朵山东，又东南二里东转十里至新安集前，又东南十里入海。

风水，南条水之大者也。有东西二源：西源出高成巘南之石沟东，南流径杨家山、毛家山东，又东南径白猊山西，又径张仓集西，金人所置镇也。又东一里与东源合；东源一出黄山南，一出七宝山南，《刘志》之砚台河也。南流径白家屯至上庄前，朱家沟水自东桑犊山来注之。又南径山别村，白猊泉水自东白猊山来注之。《齐乘》以出此山为风水，不知已纳于上源，不得擅一水之目也。又南径李打铁店西至张仓集东，与西源合。二源合流，又东南径韩家庄、祝家庄东至双凤山前，丽水自西南来注之。又东南径王哥庄集前，又东径哨头村后，对岸烟台岭，土人因名烟台河，又东南五里入于柴胡荡。

丽水，即《刘志》之大嵋水，源于铁橛山东南之大嵋口者也。东流径梁家庄南，又东五里径大小丽水村，石人泊水自东北来注之。水出月角山东麓之拔水坑东流，有巨石如人立，故名石人泊。又东石河水自西南来注之。水出陡岩山东，散泉涌发，东流至纪家店西，又一水自西北松山及饭牛岭，水合来注之。又东径驿山北，玉泉水自南来注之。水出大珠山之玉泉，《高志》云清莹如玉，故名。北流里许出山，东北流至石峡村，又一水自西南崆峒山来注之。又二里黄金塔水自西相公山来注之，均入于丽水，又东北径王家楼至双凤山前合于风。

黄山河，源于齐城山之西南，土人名其山曰黄山，水因名之。南流径虎埠山，东北为姜家洼，又东径河岩村前，兰水自北镜台山来注之，又东南由卢家滩入于柴胡荡。

港口河，源于小珠山阳，屈曲南流三里余，有一水自西峤峣山来注之，又东南至灵山卫西南拉网圈东入海。

白石泉，水出小珠山白石顶天门下，飞落峰巅，若白练焉。

北坝河，《刘志》谓出永山、官山间者也。南流一里至灵山卫城北，又西南过卫西门外迎鹤桥，南入于海。按：是水一名界河，故道由卫城西北水窗入，出西南水窗至南门外与东来朱家港水合而西南，由沙岭前入海。明末指挥佥事汤某因水害塞之，不复入城矣。

止马河，一名夼河，出炮架山南，流里余径灵山卫城东，又南二里入于济泥崖海港。

卫城河，出炮架山南流，一名朱家港，至灵山卫城东入卫城濠而南，有城内刘家泉、汤家泉水出西南水窗东来注之，又南入于海。

白马河，西源二：一出诸城卤山之阳西南流，一出卤山东麓州境之转弯屯东南流，各十里至徐前夼南东西岸，古长城中断二流，束合其下，又南数里入诸城境。东源二：一出黄岭之阳，土人名马家河，西南流；一出铁橛山右西北流，各十余里至丰台顶南而合。又西南数里至市麦集东南入诸城境，又西十余里四源合流而南至泛河崖入海。

横河，二源：西源出诸城石楼山西，西南流径白塔寺，凡十五里，其西岸皆诸城境，以下不入州境矣。东源出凤凰山南之黄崖，西南八里入诸城境，又十里二源合流，二十七里入于崔家溜海口。

海岛附

《刘志》：东海，在治东南二十里，沿岸岛屿罗列，惟淮子口通船。《齐乘》云："控东南海道，风帆信宿①可至吴楚。"

灵山岛，《卫志》：在卫城正南海中，方广四十余里，北至岸四十里，嵌露刻秀，俨如画屏，屹立于巨浸②之上，草色山光，翠然夺目，林木茂密，不生毒虫。《类书》引《名胜志》

---

① 信宿：两夜。

② 巨浸：大水，指大河流、大海、洪水、大湖泽等。

云："未雨而云，先日而曙，若有灵焉。"山距东北数十里，《刘志》作"十里"。海中有石突出水面，长二丈余，为玉明石，一作鱼鸣石。又东北近岸则唐岛、唐岛在灵山卫南海岸，与灵山岛南北相对。又小唐岛在唐岛对岸海中。嵇岛、游岛、马家濠、薛家岛、顾家岛。顾家岛在唐岛东，山顶多石，三面临海，惟东临陆地，居民三十家，其西隅名前湾。每岁谷雨后桴筏网罟云集，捕鱼之利，民颇饶给。又有刘家岛在顾家岛东北，二岛相连。《卫志》云"隔九里"，南北临海，东西通陆地，有两村毗居，其民五十余家，渔业次于顾岛。

顾家岛，与唐岛南北相对，中隔海水八里，潮通马家濠，即胶莱河运道也。

薛家岛，东为陈家岛，陈家岛东有封山，俗名风火山。封山之下则海焉。《刘志》：封山三面临海，跻巅一望，浩瀚无际，远近岛屿历历可数，当日轮乍起，飞赤漾绿，不可端倪，游者号为"小蓬莱"。其南有竹岔岛在海中，其东南大海中有岛形如覆釜为鼓子洋，遍山皆耐冬。花有色白者一株，大数握，生于峭壁巉岩之上，下临无际，花开时有琼宫雪塔，远望数里。然岸陡水急，奔腾澎湃，舟不能近，好事者多方构之，终不获。《旧志》"胡氏世说"云：灵山东北海中有鼓子洋，岛上有白耐冬花，大可拱把。好事者泛海致之，遇老人驾小舟至，芒履道服，貌甚古。问："小子何往？"以实对。叱曰："此非世俗间物，可留伴耐冬人耳。"又云："即墨有道学先生胡峄阳，为吾通一问讯。"言已，不见其人。惊疑，遂反①登筏，大风忽起，弃其所获，乃已。后访胡峄阳，具道其事。胡怃然曰："此三国时徐庶也，隐居鼓子洋久矣。"

鼓子洋之北为淮子口，水庋层峦，尖峰上出，如刀剑林立，潮长则没，潮退则见，土人呼为大仙桥、小仙桥，其水湍急，最为险要，居封浮山之间，船进胶口必由之径，开马家濠所以避其险也。唐岛北岸有炮城，城上有楼，泛兵守之。

灵山之西北近岸为黑石栏，石栏之上即峤峣山，峤峣之西为沙嘴、为将军台、为柴胡荡、为胡家山、为帽子峰。帽子峰在石门寺南，即大珠山插入海中高峰也。帽子峰之西即古镇口，古镇口亦有炮城制，与唐岛口东西相列。

淮子口之北为少海，海中有岛为黄岛。《刘志》：黄岛在治东南六十里，海中潮汐薄岸，地极泻卤。西南岸有青石山、崇石山，南与封山接。崇石山之北有白塔夼、有交叉涧。交叉涧之北为臧家疃、捉马山、张家庄、胡栏觜、刘家沟、孙家港、沙沟。沙沟之北则为大洋河。以上《前志》。

胶之镇山一曰铁橛，本名胶山，胶水出焉。凡胶州诸山无非其脉络所盘亘也。望山二：曰大珠、曰小珠。名山一，曰艾山。胶之川二：曰胶河、曰洁河。其水四：曰洋河、曰朱阳河、曰七宝河、曰石梁河。录王克掞说。管子曰："长城之阳，鲁也；其阴，齐也。"盖自泰山以北诸州县之山皆自泰山北麓。长城山发脉长城，西起防门，东尽胶州之小珠，则山川之大势可知已。长城自防门以东，循泰山之阴，过历城至莱芜，北抵章丘，缘博山径临朐之大岘山，古穆陵关也。又东径安丘之大弁山，大岘、大弁皆沂山连麓。又东径莒州之高柘山，入诸城界，为诸城之长城。度雷石山，而东至回头山分支，而入胶州界。自回头山南出者为琅邪山，南入日照。其东北出者为胶州入脉之始，入脉而初者为五弩山。《水经注》所谓"胶山也，胶水出焉"。胶水出铁橛之阴，仍以铁橛为胶山可也。自五弩山西北出者入诸城为白龙山，又北入安丘、潍县之境。南出分支为铁橛山，为大珠山。自铁橛西出藏马山入诸城境。大珠山东尽于海，

① 反：通"返"。

西为古镇口，东望灵山，又东望崂山，大珠东趋崂山，西顾为海岸大关锁。自五弩山分支东出为高城巘。自高城巘东出为七宝山，南折为长城山。自长城山之西与铁橛山相拱揖者为百儿山，七宝河绕其山而南过王家庄而入海者也。自长城山而东，其南出有齐城山、双凤山、迎珠山、虎背山，又东而南出者有镜台山、花山，其北出者有十会山、喜鹊山。至长城之尽东而特起者在南为小珠山，南望灵山，灵山卫在山麓下。东北为捉马山，北为灵鹊山。东望黄岛，北望头营子，相望皆际海。东与崂山相拱揖，中为淮子口，为胶州水口之关锁，其自高城巘东北出者为福山、圣山、陈山。又东特起为艾山，《水经注》“洋水，出拒艾山者也”。拒、艾各一山。拒，艾水所出，即今拒城河，恐非艾山。或云拒艾水，即今洋河。艾山东西耳如俎，俎有距，故曰拒艾山。其自高城巘北出者为尧王、九龙埠、九层岭、棘埠岭、黄埠岭，则州治结脉之所由也。自九龙埠蜿蜒而东者为大岭，东尽于海，水师营在焉。自胶州而东出者为五里堆岭，东尽于麻湾口，南阻汇海。其自棘埠岭而北出者入平度界为分水岭，胶莱南北河之所由分也。又北为明堂山、大泽山矣。明堂即大泽东峰。然《通典》曰“古齐长城起自大珠山，则自东而西”。《通志》：自大泽山南为明堂山，至胶莱河分水岭入胶州境为棘埠岭、为九层岭、为七宝山，又南为五弩山。自五弩山南为长城岭，西南入诸城县境为回头山。斯其说为不同也，盖本圣祖仁皇帝之指画，为从前所未发。王克揆《山川考》。

增修胶志卷六　疆域志第四　形胜

形胜序

《前志》原序曰：乾知险，坤知阻，险阻形而阴阳之理具。王公设险以守其国，形胜之义所由起乎，盖与兵家言相表里。古之《图经》，所谓识其山川险要、道路厄塞，以为防守之备者也。而后之治形家者，一则特相阴阳为郭璞、杨、讪之术，其失也褊；一则侈陈山川为夸毗登眺之具，其失也泛。《旧志》所录《通志》《府志》之言，大抵多骈语，逞文士俪青妃白之技，无裨实用，故更为此考，以明形胜之义云。愚按：《前志》“形胜”与“古迹”“金石”并列于考部，徒以其文类而言，不知形胜与山川相表里，《传》所谓“表里山河”，必无害也。兹援《山东通志》纲目、体例，将“形胜”移入《疆域志》“山川”后，门类较为相当。

四境形胜

邑城踞北面南，登望四面远埠如环，阴阳向背得其地，惜周围才三里，不足容民居、巨村、大族。东西南傅城周可十余里。自宋、金设市舶司，商贾所集，良莠杂处，设有不虞。明知州王献吉利害之议最得其要，大抵水浅道狭无险可据，有警当以筑垒为守，村庐隐蔽可以伏兵，出奇制敌。

马店在治北二十五里，居南北之衢，道狭而村大，此北鄙扼要也。再北胶水有吴家口、孙家口皆在平度，可设侦分守。

黄埠岭在治西五里，西高东下，非近郊可恃之险，再西行上与高密之戴吕、紫兰毗接，皆非巨镇，盖必以高密城为西障云。

胶即营故地在胶即之间，地势颇壮阔，乃斯邑东面之障。近则陈村，金人曾以设镇，皆可为守备之地。

灵山卫城在治南百里之遥，而与今海口商舟来往，亦不毗接。盖明人一时之制，未尽地理之宜。故清代更设水师营而废屯卫。然城池颇壮大，实胶南居民保障重地，设有海氛，为第一要隘。灵山卫依山环海，最为险固。由安东鱼溜一带，至此转向东北行海中，陈岛、薛岛横伏若桥。昔人欲于岛西凿濠避险。居人识此溜为海运旧道，沿溜而行，可保无患。自安东至此三百余里，风便一日可达。采《通志》。

水师营距治东南十八里，居海上头营子，当入海之衢，便于侦盗贼、护商舟，与邑城为犄角，得远近之宜。

王台距治南五十里。铺上距治西南六十里。张应距治西南五十里，皆通衢巨村，可以积谷、畜众，为西南之保障。

海疆形胜

淮子口在陈家岛东黄庵山下，有露明石、大仙桥、小仙桥之险，非长年水手不敢轻入，为大洋入胶之总衢。《卫志》称“险要泛”。

小青岛在淮子口对岸，入海者必由之道。《卫志》称“险要泛”。

唐岛在灵山卫南门外，自斋堂岛至此一百五十里，有漫岭无高山，舟至灵山卫者必泊此。《卫志》称“冲泛”。

灵山岛在海中央，东面峭壁如削，西面水多巨石，无岸口避风，西南城子口可泊小船十余只，避东北、正北、正东风。鼓楼圈在灵山岛东北，可容船十余只，避正北、正西风，可暂泊。《卫志》称“迂泛”。

古镇口在大珠山西南海道迤西，其北岸多礁石，船不敢近，或有商船重载，必停船海中，以小船拨运，遇东南风起，则拔锚他徙，刻不可停。设有巡兵可以哨守。《卫志》称“闲泛”。青岛口、唐岛口、古镇口各处炮台今俱废。

陈家岛在淮子口西，其东为黄庵山，峭壁巨石，不可攀跻。《卫志》称“闲泛”。

薛家岛在陈家岛西，一面临海，三面居陆，实为平地，无险可守，无口可防。《卫志》称“开泛”。

黄岛在黄庵北，有岛之名，实为平冈。潮来则四面皆水，潮落则徒步可入。其北可暂尔避风，不可久泊。《卫志》称“闲泛”。

柴胡荡在灵山西北，对岸乃海道之西北，石矶险窄，港汊曲回。海滨居民或用二三百石小船拨载，载稍重则搁浅。且待东南风始入，西北风始出。若长行之船不敢入。《卫志》称“僻泛”。以上均《前志》。

胶州湾，海口约二里内有大澳，北面有舌形陆地，分为东西二澳。西澳西北面有小河口可达胶县。东面为即墨县。有通东澳河口，为商贾屯集之区。澳首有城，为浮山所。又湾东有小澳，澳首有琴头镇。采《通志》。清光绪二十四年划入德国租界，民国十年始由日本交还中国。

增修胶志卷七 疆域志第五 古迹

古迹序

张宾雁原序曰："胶自建国以来二千余年，沧桑陵谷，屡经变易，要其所留遗者，渺矣。"立乎今日，以指往代，所恃以仰先型，溯前烈者，惟其迹而已。《旧志》所记其信以传信，疑以传疑，与在疑信之间者，皆略为考订，存之于左。宾雁子民坊又记宾雁论述曰：过庭余闻有视前更详者，大抵皆有唐以前，论多精确可从。自宋以来，则《旧志》与宾雁弟群雁、与时贤所传可采者并录之。兹复据《通志》所载，采访所及，择其可传者十数条并录于下，以补《前志》之阙焉。

介根城，莒邑，莒子始封此，后徙。《左传》杜注："今城阳黔陬县东北计基城是也。"《汉书》：琅邪有计斤县。古本作"计丌"。颜师古以为即介根。后汉初废，入黔陬，今治西南五里城子村，有土城约周一里，其西北两面为农圃划平，其东之南尚有数弓，独南面犹存。《齐乘》："计斤城有两塔对立，曰东西计斤。"今城子村西南隅有计斤庵，当即所谓"东西计斤"，古有塔而今废也。《郡国志》"黔陬县有介亭"，小注引介根，后人遂于计斤立介亭，以附会之，非故址也。

长城在治南八十里齐城等山。《管子·轻重》篇曰："长城之阳，鲁也。长城之阴，齐也。"是春秋已有长城。《竹书纪年》：周显王之十八年，齐筑防以为长城。在齐威王之二十八年，《齐记》云"齐宣王筑长城"。《水经注》云"长城，田氏之所造"。盖兴筑之始靡得而记云。又《泰山郡记》及《括地志》、《水经注》皆云至琅邪台入海。《山东通志》云"至胶州大珠山入海"。今考治内长城入海处在小珠山东，徐山之北，西南去琅邪台九十余里，去大珠山亦三十里，诸书皆臆说也。城因山为之，培高堑下，各有门阙、邸阁，今不可见。春生草长，髻鬆分垂，如马鬣然。西起平阴之防门，即齐防门。《春秋传》：襄公十八年，齐侯御诸[1]平阴堑防门。杜注："平阴城南有防门。"所未详者长城耳。而《水经注》引京相璠曰：平阴，齐地，其南有长城，东至海，西至济，河道所由，名防门。齐侯堑防门，即此防以筑，言非即长城首兹而起也欤？径泰山北麓而东至诸城亭子夼后，入州境十五里至六汪庄南、铁橛山阴，东历杨家山、白猊山、齐城山，至黄山顶十余里，又东历小珠山阴、鹁鸽山，至徐山之北于家河庄东入海三十里。城之历州境者百五十余里。掖人孙镇《长城》诗："齐宣寡明德，可以称愚蒙。当时筑长城，兴役劳人工。要之畏楚兵，安足为霸功。缘冈峙崇观，跨谷绝惊虹。晨朝发丁男，日夕死山中。吁嗟版筑苦，不如远从戎。何为此城下，佛郁成沙虫。骨肉谁见

① "诸"，底本作"晋"，讹。据《左传·襄公十八年》"齐侯御诸平阴，堑防门而守之广里"改。

收，鞭扑以邀忠。楚灭几何时，齐运亦告终。雉堞无复存，邈然丘垅同。我来访遗迹，满目惟蒿蓬。悲歌三叹息，惨澹来天风。”

东黔陬城在治西南八十里，胶水之东牧马城。《汉·地理志》之黔陬县也。本春秋介国，详见“介亭”。城南有黔艾山，因名焉。颜师古曰“陬，音子侯反”，而《太平寰宇记》引《郡国县道记》曰：“黔陬，秦所①置。”是汉因之以及魏。按：以《水经》及《注经》所云“胶水出黔陬县北，过其县西”。《注》所云“胶水又北径黔陬故城西。”《魏·地形志》“黔陬县有黔陬城”，皆指此城而言。注：胶水径东黔陬后，即继以西黔陬，则东城去西城不过十数里，西城滨水，东城亦犹是。二城在两岸，故分东西，其实亦南北也。今牧马城在胶水东岸，西北去西城二十里，邑人王克掞以为即东黔陬城。自西晋至明中叶已千数百年，明择地养马，因旧而更新之，至今犹形势可观，时耕出古器。以南别无故城，惟以此为秦、汉、魏之黔陬城，确乎可信。注两言四十里，皆引晏、伏拒艾水之文，而力辟之，非胶水正注。《寰宇记》误读此语，遂有两城三十里之说，大误。

柜城在治东南四十五里，洋水之南。《汉志》“琅邪柜县”注：“柜艾水东入海。”《水经注》：柜艾水出柜艾山，东北流径柜县故城西，王莽之祓同也。世谓之王城，又谓是水为洋水矣。又东入海。今其地仍名王城，而社讹为王昌矣。高密县西南三十里有柜城河北流，《太平寰宇记》及其县志引《汉志》柜县柜艾水，以实之方向，既不相符，亦无洋水、王城等名，且其水东隔胶水，岂能飞越乎？今治西南有洋水出高成巘等山，东北流入海。顾炎武《考古录》以为即柜艾水，而王城实在其东，与《水经注》所谓径柜县故城西者合，则柜城之不得他属也明矣。又，汉柜县注：莽曰祓同，何焯以为疑“祓”下注，误入“柜”下，则《水经注》已沿用之。至《齐乘》以“柜艾”作“相艾”，则为字形之讹，无疑也。

计斤城，汉黔陬，古介国地。颜师古以为介根，而刘昭注《续汉郡国志》又以左氏“介根”及杜氏“计基城”注于黔陬。王克掞云：“是盖后汉省计斤入黔陬，注县下耳。”据此，则“介根”“计基”说虽不同，其为州境一也。又江南赣榆县计斤城，其县志云：一名盐官城。据《水经注》游水左径琅邪计斤县故城西，又东北径赣榆县北。及《容斋随笔》“莒迁盐官，世谓之南莒”。二书并举以证计斤在赣榆，盖六朝侨郡之遗，非汉计斤也。

郏城，汉县。州志引《山东通志》谓“在州西南胶水东”，说盖本之《水经注》者。按《水经注》：胶水径扶县故城西后，又径黔陬故城西。黔陬故城即州南界胶水东之牧马城，郏县在其南胶水之东可知。“扶”小注，《汉书》作郏。汉郏县，注音夫，又音扶。则扶、郏二字本可通用。扶即郏县，胶水既径其城西，则《通志》谓郏城在胶水东者，未可易矣。乃详考郦《注》：既云水径黔陬城西，后又云胶水北径晏、伏所谓西黔陬城东，高密郡侧有黔陬县，《地理志》曰：“胶水出郏县，王莽更之纯德矣。”疑即是县。据此是又以胶水西之西黔陬城为郏城，与前说扶县在胶水东者，本文已自多歧，千载后更孰定其一是，要不出两黔陬

① “所”，底本作“新”，讹。据《郡国县道记》改。

城与胶水间耳。沈维基云“古人遗迹大略可得其所在，终不能确指其故处”，于兹益信。

胶西县城在治西关，宋元祐三年[1]立。元太祖于县置胶州，至正十七年废。今南面隳于云河，东西两面夷为阛阓[2]闾阎[3]，其北尚可见高三尺，袤一里，州人名曰土城口。其有城址而无考者，治南九十里张仓集风水之南有城子泊，治南百里两河庄南有广城。以上《前志》。

祝兹城在州西南柏乡集，汉高帝封徐厉为祝兹侯，即此。《通志》。

尤涉亭在治西南五里。《通志》。

地理古境，按：州境自宋元祐三年始判，以前板桥镇，说者谓本隋胶西县地。胶西县，隋大业时以黔陬县省入。唐初又省胶西入高密县，似黔陬亦在其中，而五代及宋因之，焉不知非是？按：隋废黔陬县，即州西南西黔陬城，《元和郡县志》以属诸城，《寰宇记》同。据此，则唐及宋黔陬城于高密无涉矣。盖黔陬城以南、以东长城、朱山、徐山至于海，先不知何时已属诸城。而黔陬或自唐废胶西县后，又割属之高密，则以胶西废城东包计斤至于海属焉。而其东北沽水又不知自何时属于即墨，具在《郡县志》《寰宇记》二书，可覆按也。又溯自周以来，封演于朱山为州山，谓以州国得名，则其山春秋时州国地。诸晏城去州境三里，则州西境在晏子采地内。壮[4]武城去州境二里，则州东境，汉壮武西境地。壮武，汉胶东八县之一。

胶东庸生故里庸村在治西北七里，于八县不知何属，但于壮武为近，史无明文，不敢臆决。又诸城卤山即《水经》黔陬县胶山，则其山，曹魏黔陬县境也。治南孝源店河，即郦《注》“张奴水出夷安县东阜”，则孝源河即元魏之夷安县境也。朝济而夕设板，往来纷更，古今之异，至不可齐。故论沿革者，惟据治所。《前志》。

韩信道，《旧志》据《通志》在治西北二十里。汉韩信追田横于即墨，假道柏栏将军经此，故名。又考《前志》“舆图”，治东北店口社有韩信沟云。《通志》。

梁乡镇城在治西，金置。《通志》。

张仓镇在治南，金置。《通志》。

广城在治南一百里。《通志》。

庸生故里，按：州西北庸村，汉胶东庸生故里也，祠、墓在焉。庸村距胶东国远，其南则琅邪之计斤。邑人张谦宜《张司空墓辩》因以生为计斤人，即不得谓生里遂在他邑。果尔，班氏岂不书曰琅邪？顾曰胶东？按：《汉书》载庸生者三：一见《艺文志》，一见《张禹传》，一见《儒林传》，皆为胶东庸生，千余年来无异词，其非琅邪人可知。非琅邪，则计斤即不相蒙，其里亦从，可定矣。但庸村在古即墨城西南百六十里，当时岂无县治？系之以国奈何？说者谓县统于郡，乃系史例，生之得书当亦如王吉，本皋虞人，而《张子文传》但举

① “三年”，底本作“二年”，讹。据《钦定大清一统志》卷一三八改。
② 阛阓（huán huì）：街市，街道。
③ 闾阎（lǘ yán）：古代平民居住的地区，民家。
④ “壮”，底本作“庄”，讹。据后文改。

其郡名以立文，谓之琅邪王阳，盖即此类未可知也。生治《古文尚书》及《齐论语》，于秦火之余，功垂后世。今祠畔有濯砚泉，相传为生遗迹。后之言生故里者，自当以胶东为正。若谦宜所云计斤与庸村近，即以生为计斤人，则抛荒《汉书》之过也，未免武断。《前志》。

濯砚泉在治西北七里砚里庄南。《旧志》云"泉有两眼涌出"。明万历间始凿为池。相传此泉牛马不敢饮，谓庸生灵异云。泉东有路名庸生古道。

徐山，徐福将童男女入海处。《旧志》据《齐乘》而未知其所本，及读《寰宇记》所载"徐山"，乃释然矣。《记》引《三齐记》云："始皇令术士徐福入海求不死药于蓬莱、方丈山，福将童男童女二千人于此山集会而去，因曰徐山。"据此，则山之以徐福得名，其说已古。至《畿辅通志》盐山丱兮城，亦云"徐福将童男女所筑"，则未知所据何书耳。《前志》。

黔艾山祠，《魏·地形志》"黔陬县有野艾山祠"。《水经注》"柜艾山，即《齐记》所谓黔艾山也"。《考古录》以为铁橛山。黔艾山上有古祠，当即《地形志》所云，野艾乃黔艾之讹耳。或又云：黔，字书云巨金切，音与根近，黔与根字形虽异，而音则一，《汉书注》"根艾即黔艾"之借音，说亦可通。《前志》。

板桥镇海神庙，宋起居郎杨景略使高丽，还，奏立。东坡嫌板桥湫隘，欲立于文登，而杨不从。东坡诗云："顷者三韩①使，几为蛟鳄吞。归来筑祠②宇，要使百贾奔。"注："板桥，商贾所聚，当即今之海庙。"其地在宋时潮汐往来，故立海庙焉。《前志》。

寺观之古者玉泉寺在州南百二十里大珠山麓，一名石门寺，金大定五年建。洪福寺在治南隅墨水南，古曰南寺，今曰大寺，元至正六年重修。崇福寺，今名讲经寺，在州西二十里牛神庙村，至正十一年广通建。据碑，有经文三藏及画五十三参十六尊者，今不可考矣。其载《府志》而考之未详，及无迹可考者。慈云寺在州西南隅，古曰北寺，唐大顺元年建。《旧志》以"慈云晓钟"为八景之一，盖有明梵刹中最庄严者，久废，为民居。或云即今都司署寺门首其地也。茂林寺在州南四十里，北齐时建。清凉寺在城西，唐大顺二年建。福胜寺在州南三十里，与清凉寺同时建。太微观在州南二里，宋德祐元年建。普明寺在州城内，宋庆元五年建。以上六处其地皆不可考。黔陬寺在州西南七十里黔陬村，元泰定二年建。崇元观在州南四十里，俗呼石梁观，在石梁村。《前志》。

张应院报恩寺在邑西南七十里，古之大刹也。基址方圆三四亩。前殿四天王，后殿释迦佛及十八罗汉，中殿韦佗，东廊关包海，西廊达摩祖师，东偏殿玉帝、牛王、财神，西偏殿观音菩萨。庙院有大银杏二株，皆十围；古柏一株，扶疏参天。禅院在其西，各有院落。东邻艾山，南对珠山，西衬洋河，蔓延而东，沿岸杨柳成行，葱葱数里，北枕峰岭。寺中有古碑卧地，因地邻张应，故名张应院。寺为元至正元年建，明正统八年重修，万历四十一年又重修，清光绪五年修理两庑，十一年重修佛殿。碑载"金石"。

---

① "韩"，底本作"转"，讹。据《苏轼诗集》改。

② "祠"，底本作"神"，讹。据《苏轼诗集》改。

汉庸生祠，详“建置”。清道光间，州牧冯云鹗有《谒庸生祠》诗一首，诗曰：“胶城西北为庸村，村人崇祀庸生尊。祠宇久荒成佛刹，武功张君新石门。我来展谒零春露，汉儒想像谭经处。三尺青阡墅草芳，犹是胶东一抔土。当年孔壁出遗经，会遭巫蛊事不行。先生受学从都尉，尔时犹见真古文。阙门庆忌胶东史，是否同游订兰芷。至今惟有濯砚泉，冷香曾拂隃麋[①]水。池边草色秋冬青，不濡霜雪流清泠。牛马到此不敢饮，土人谓君有神灵。访求遗裔庸村少，来此诸城一田老。短衣至骭朴无文，留与春秋荐蘋藻。我望童蒙能继绝，庸德庸言作瓜瓞[②]。有父朝耕陇上云，有儿夜读溪头月。好将典诰述先贤，浩歌一声天地阔。”云鹗，江苏通州人。

汉娄敬祠在邑西乡娄敬庵庄，祀汉建信侯娄敬，不知建于何时。按《汉书》：敬，齐人。称郡，则临淄人。高帝封建信侯。《刘志》谓“敬，胶西人”，误也。明季邑人董安因敬苗裔不可考，倡议将祠改为菩萨殿，然至今佛座旁犹供娄敬像。《采访册》。

石室在治南九十里大珠山之阳，晋高士陈仲举隐居于此。《通志》。

麻衣庵在治南大珠山望海楼东，明赵麻衣隐此，故名。详“山川”。

清华岩，邑西南大珠山北头山名崆峒寨，庙曰玲珑庵。庵后石壁孤立，直入云霄。古峭奇秀，别开异境。而石壁中间有横书“清华岩”三字，字如斗大，纯系楷书，体势端严超隽，殊非凡笔，未知何人所书，其年代亦不可考。《采访册》。

仙人桌、仙人桥在朱仲区西花社寨里庄东南里许，地为大石板，势颇崎岖。中有平坦处，即仙人桌所在。桌为正方形，面积约四方尺，四腿綦圆，深可二寸，似春台桌式。离桌西南隅四五步有仙足迹一只，长二寸许，稍向东三步复有仙人男足一只，较普通人足为大，两足痕俱前方向北。自此南行数十步有小沟，两岸皆天然石成，上横长石板二块，可行人畜，即仙人桥也。所有各迹皆数千年物，惟时代不可考。《采访册》。

介葛卢墓，《旧志》未载。据《山东通志》云“古黔陬城有介葛卢墓，入高密界”。今《高密志》以为系胶州界，《旧志》误入高密。今据《高密志》及《太平寰宇记》补入。《前志》。

柏栏将军墓在治北二十里。《通志》。

汉庸生墓在治西北七里庸村东，墓前有祠，详“建置”。高征君凤翰《庸生墓》诗：“汉家遗冢庸生碣，千年抔土余蚁垤[③]。我来径行古墓门，下马再拜独呜咽。忆昔经术重汉庭，漆书竹简幸不绝。尚书鲁壁蝌蚪文，孔家谏议穷搜抉。尧舜二典互分张，商盘周诰仅掇缀。再传都尉得庸生，胶东大儒继前哲。零落祠堂几废兴，苍鼠移家穿古穴。荒烟冷断砚池云，牧儿横踏原上月。可怜此生千载人，遗迹依稀尚明灭。苍茫叉手立斜晖，仰天一叹天欲雪。”《前志》。

娄敬墓在治西南三十里旁沟社，旧有祠。《通志》。

晏子冢在邑西北冢子头庄前，有古冢，形如土山，相传为晏子冢，其庄因是得名。《采访册》。

宋王氏双女冢在治南七里岭上，旧传冢上有祠，今废。

---

① 隃麋（yú mí）：墨。
② 瓞（dié）：小瓜。
③ 垤：土堆。

金知密州孔辉墓在治西南七十五里孔家庄。详“金石”。济南路知法栾琇墓、武义将军、密州刺史栾彬墓俱在治西十五里贡家疃。

元武义将军卢琮墓在治北三十里柏栏村南。乡贡士王伟墓在治南三十里十亩田。胶州行军千户吉四公墓在治东北四十里双景村。俱详“金石”。以上《前志》。

明中书左①丞殷哲墓在治南王台社。岳州府知府李元芳墓在治南二里杨家庙南。大学士高弘图墓在治南五十里阁老山。庠生王倜墓在治南百十里安子沟庄东。《前志》七十里，王克掞更正。中书温如玉墓在治东乡温家庄南。详“侨寓”。

明都堂韩福墓在韩家村前里许，有墓碑，碑文字迹磨缺不可辨，惟石人、石马尚完好如故。《采访册》。

清戎武将军，《诸城志》驻防副将。连洗墓在治西南连家园。碑题：皇清诰封戎武大将军连公之墓。字迹磨缺，有顺治某年男连圃桂等字，余不可辨。驻防游击解帜墓在治南大朱山。胶镇旗鼓厅张思选墓在治西北土城口东。详“金石”。胶州知州赵民善墓在治东十二里石河村。胶州知州陈明熙墓在治东二十里乐哥庄。歙县县丞高凤翰墓在治西八里辛置岭。《前志》。

清江南布政使法若真墓在治南镜台山，长城山之别峰。王克掞补注。进士张谦宜墓在治西南松山。浙江宁绍台兵备道王垓墓在治南三里河北堐三元庙后。浙江巡按匡兰兆墓在治东乡五里堆。

① “左”，底本作“右”，据《明太祖实录》卷一二八改。

增修胶志卷八　疆域志第六　建置

建置志序

国家设立郡县，必有多端之建置，盖体国经野之宏模，于是在焉。《前志》于兹邑建置先后之序，轻重之宜，条列原委，郎若列星。惟时会所趋，建置亦多改制，《易》曰"变则通，通则久"，又曰"革去故，鼎取新"，盖因时制宜，不能援昔日之规轻为訾议。例如铁路、邮政、电线之建设，凡隶于胶者，实关于一邑之交通便利，均须列入。况自清季以迄民国，新政繁兴，尤多改制，如划分自治区域以及安长途电话、修各处马路等，均系策画治安之要政，属于建设范围。兹依《前志》体例，于"建置"后仍附"杂置"一门，使宏纤毕具。爰据《前志》所载及近数十年来建置兴废因革，胪列于左，以志始末焉。

城池

州城，《旧志》"沿革"云：故城在今治西北里许，俗名上城口。元顺帝至正十七年，毛贵陷胶州，城废，移治今所，乃元置兵马分司也。张谦宜据《高密志》谓蒙古宪宗蒙哥七年建。详见"辨讹"。《旧志》本土城，明洪武二年，千户袁贞重筑。八年，千户申义甃①以砖石，周四里，高二丈五尺，厚一丈二尺，池阔二丈五尺，深一丈五尺。三门：东曰迎阳，南曰镇海，西曰用成，门各有楼，四隅各有楼角，铺舍十七所。正德六年，值流贼之变，千户匡允中婴城守御，缮其倾圮②。万历元年，知州王炎重修。二十五年，知州杨位令巡检申万金展东北隅基址，修理完固。清顺治十六年，久雨浸淫，东隅崩塌数十丈，知州赵民善补修。康熙七年，地震倾颓。十二年，知州孙蕴韬补修。五十一年，知州龚大良重修。五十八年，大雨倾圮过半。乾隆三十二年，知州蓝应桂修，署州事、潍县知县李奉翰继修。岁久颓败。道光二十四年，知州张同声重修。《前志》：碑在北极台上，同声撰文。详"金石"。光绪三十年，胶改直隶州，知州余则达拨修考院余款，修补东南角坍塌处。民国五年，邑绅公议分段补修。西城门外北段因雨坍塌数丈余，均行补修，并城楼、三门角楼、铺舍，一律修整完固。民国十八年九月，经建设局将三城门内照壁改为蓝底，均画总理遗像，附书遗嘱、遗训及党纲等。

---

① 甃(zhòu)：修治。

② 圮(pǐ)：塌坏，倒塌。

圩垣

胶邑旧无圩垣。清咸丰十一年春三月，南捻东扰，逼近胶境，知州张廷扬与邑绅议修土垣以资防堵。垣周围四千余丈，濠面宽二丈，深一丈及一丈五尺不等。自西北隅薛家庙至享堂为一段，自享堂至郭家茔为一段，自河头源水门至窑头为一段，自窑头至杨家庙为一段，自杨家庙至高家场为一段。北隅自东门外关帝庙迤西北历郝伍屯、阜安街至薛家庙为一段。惟自高家场至木场一带终未接修，卒致捻匪由此缺口入。贼退后至同治三年，知州陈代卿与邑绅筹议改砌以砖，较土圩颇坚固。自同治三年兴修，次年工竣。

灵山卫城，《卫志》：在胶州南九十七里。明洪武五年，《府志》《旧志》皆作三十五年，误。魏国公徐达《府志》作徐辉祖。调指挥佥事朱兴筑土城以备倭。周围三里，高二丈五尺，厚半之。门四，池深二丈五尺，广二丈。永乐二年，指挥佥事郭崇《旧志》作郭景。重修，外包以砖，周方加二里，四门加楼，增铺舍十余所，后渐圮。弘治元年，分巡副使赵鹤龄檄指挥使张某重修，名其四门：东曰朝阳，西曰阅武，南曰镇海，北曰承恩。道光末倾圮过半，《前志》。现已全颓矣。今惟四城门尚存。

《旧志》城隅六乡制

城里
四隅
正东隅
正南隅
西南隅
正西隅

乡社

建信乡，领社二十六，屯七，村庄二百一十四。

王家庄社，西宋哥庄、东宋哥庄、西卧龙庄、南卧龙庄、郭家庄、享堂、姜家庄、王家庄、二里河。

大庄社，大庄、杨哥庄、八里庄、牛屎坡、曾家庄、谷家庙、沈家河、匡家庄、二里河、逄家庄、郭家湾。

桁东社，南庸村、中庸村、北庸村、水牛庄、砚里、辛庄。

桁西社，大桁、小桁、花园、叶家庄、刘家庄。

东牟社，东牟、乜庄、前疃庄。

鲁哥庄社，李家村、马家村、徐家村、宋家村、王家村、傅家村、桁上店、台上、直路屯。

刘家疃社，刘家疃、营子、宋家小庄、前冢子头、后冢子头、窦家河崖、小刘家疃。

苑哥庄社，苑哥庄集、雒家河崖、滕家河崖、石家河崖、东埠庄、东马哥庄、西马哥庄。

宋哥庄社，宋家庄、隋家庄、张家庄、李家庄、小佛乐、大佛乐、张家小庄。

杨彩屯，安家屯、梁家屯。

万文萃屯，王家屯、宋家屯、孙家屯。

郝伍屯，小珠屯、杨家林、阜安街、黄家屯、茶庵、东松园、西松园。

谢家屯，谢家屯一庄。

宫家庄社，李家庵、赵家茔、丁管、西门庄、苑家会、宋家庄、高家庄、刁家庄、蒋家庄。

马家庄社，西唐家庄、赵家庄、张家庄、曹哥庄、苑家小庄、毛家沟、东唐家庄。

杜村社，雷家孝源、杜村、车家孝源、张家艾儿坡、匡家茔、孝源店、艾儿坡。

房沟社，河崖、房沟店、大店、常家庄、娄敬庵、辛家庄、郝家庄、刁家岭、涝洼、房沟。

祝村社，祝村、小祝村、押虎村、尹家店、杨家艾儿坡、赵家店、王家庄、尹家沟、后祝村、斗沟。

辛置社，西辛置、傅家村、萧家岭、逯家沟、王家小庄、大村、小庄、苗家村、西南辛置、南辛置、中辛置、东辛置。

计斤社，状元府、丁家庄、三官庙、计斤庵、七里河、徐家园、挪庄、白果树、不落林、崔家夼、柳沟、斜庄、柘沟、匡家庄、菩萨庙、陈家庄、李家庄、盛家庄、花园、城子、旃檀庵、三里河、南三里河。

李旺屯，李旺屯一庄。

黄伍屯社，陈家屯、匡家屯、律家屯。

丰盈庄社，丰盈庄、丰安庄、久安屯、永裕屯、天仙屯、丰华屯、南丰华屯。

景河庄社，景河庄、常丰屯、永安屯、丰恒屯、丰登屯、丰久屯、丰林庄。

永丰庄社，永丰庄、梁家屯、郭家屋子。

丰隆屯社，丰隆屯、向义庄、丰家庄、丰时庄、小草坡、丰庆庄、黄家屯、石家庄。

丰豫屯社，丰新屯、东石屯、丰义屯、丰豫屯。

丰实庄社，丰实庄、丰大屯、丰益庄、丰豫庄。

旧石屯，旧石屯一庄。

丰济庄社，丰济屯一庄。

北石屯，北石屯、南石屯、西石屯。

丰永庄社，丰永庄、丰利庄、丰泰庄、丰远庄、丰厚庄、丰旺庄、丰全庄、丰新庄、丰满庄、丰至庄。

丰年庄社，丰年庄、丰正庄、丰兴庄、丰和庄、丰稳庄、丰裕庄、丰美庄。

利涉乡，领社四十三，屯二，村庄二百二十一。

延东社，十里铺、雒家村、苗家村、朱家庄、于家庄、化家庄、温家庄、官庄、前辛庄、后辛庄、安家村、贾家庄、斜沟崖。

延西社，周家村、西石河、北石河、李家河、周家滩、张家庄、胡家庄、孙家岭、涝洼、五里墩、高家庄、邹家洼。

麻湾社，南庄、三角湾、大荒庄、高家庄、大姜哥庄、大西庄、小西庄、小姜哥庄、东石河。

店口社，店口集、后店口、二铺、赵家庄、圈子庄、韩信沟。

北河荣社，孙家村、周家村、张家庄。

中河荣社，李哥庄、栾家庄、朱家村。

南河荣社，王家庄、张家庄、石濑子集、河淤庄。

西潮海社，小麻湾集、周家庄、三官庙、小半窑、荒庄、葛埠岭、腊桁庄、高家屋庄。

东潮海社，大麻湾、大半窑、葛家庄、陆家庄、王家庄、彭家庄。

贾疃社，谈家庄、刘家店、堤子、贾疃、西小窑、四甲庄、冷家庄、大窑、小窑。

辛疃社，大辛疃、小辛疃、埠土庄、小埠庄、陶家庄。

贾哥庄社，贾哥庄一庄。

七及社，东七及集、西七及庄。

八里庄社，八里庄、王家庄、钟家埠、泉水庄、小庄。

南唐民社，矫哥庄、双荆庄、张家庄。

北唐民社，张院一庄。

中唐民社，张院庄、毛子埠。

沽河屯社，龙家屯、石龙屯、毛家庄、陈家埠、南顶子庄、况家屯。

魏家屯社，魏家屯一庄。

周陈屯社，周陈屯、羊栏子。

尹中社，南韩哥庄、北韩哥庄、汪家庄。

尹南社，陈村店、河西店、小堤子。

尹北社，大回流、十五亩地庄、小回流。

闸子社，闸子集、灵神庙、战家庄、王疃、刘家荒、顶子庄。

大高社，大高庄、北大高、中大高、古蓝庄、小王疃庄。

小高社，小高集、沙沟庄。

金家疃社，葛哥庄、金家疃、草坡、瓦丘埠。

時家庄社，营里庄、南王柱、花埠顶、大王义庄、小王义庄、葛埠岭、吴家庄。

韩家村社，韩家村一庄。

王东社，王柱、丈家埠、闸子南头、闸子庄、河南庄、河北庄、麦丘。

王西社，五里堠、涝洼、小赵家庄、尹家庄、杨家庄、杜家庙、钱家庄、黄泥崖、陈家庄、孟家庄。

隆兴社，夏淤庄、曹哥庄、官路庄、立蓝庄、石门子庄、冷家庄、郭家庄。

綦南社，匡家庄、吕家庄、梁哥庄、耿哥庄、楼子埠、东河头、周家河头、王家河头、陈家河头、崔家庄、袁家村、丰家村、律家屯、玉皇庙、车家河头、南疃。

綦北社，大杜哥庄、小杜哥庄。

郭外社，陈家坡子、大王哥庄、小王哥庄、陆家村、小铺、大铺、朱家寨、小寨、官庄、大寨、律家庄、宋家坡子。

郭里社，马店集一庄。

东柏栏社，蔡家寺、王家村、陈家村、于家村、瓦屋庄、李家村、小沟、赵家庄、王家庄、鲁家庄。

西柏栏社，柏栏集、小庄、官庄。

七城社，七城、邢哥庄。

启正社，秋连庄、鲁家寨、七城店、杨家村、楼子底、泉子崖、苑家岭。

白家屯，白家屯一庄。

朱伍屯社，大屯、小屯、朱伍屯。

张耀屯，张耀屯一庄。

田成屯社，田成屯、犸虎窝、羊栏子。

耕乐庄社，耕乐一庄。

济实乡，领社十八，屯三，村庄二百二十九。

王台社，辛庄、徐家庄、庄家茔、郎中沟、王台集、桂花村、姜家庄。

河西社，河西郭、河西李、河西董、黑埠沟、七宝庄、苑家沟、辛庄、杨家庄、仉村、驯虎夼、范家庄、大相家庄。

灰村社，小相家庄、北辛庄、小王家庄、大王家庄、宋家庄、安乐庄、营里庄、邢家庙、薛家庄、葛家灰村、纪家庄、三甲庄、刘家庄、尹家庄、灰村庄。

沙沟社，王家屯、草夼、大草夼、薛家店子集、薛家庄、邱家庄、王家庄、沙沟庄、来滩台上、石灰窑、山柴家、山赵家、大沟庄、王家庄。

张八社，关爷庙庄、台头庄、金草沟、仲家庄、张八寺庄、张八吕、斗岭前、张八马、张八朱、小荒、烈节庄。

东张八社，大张八、小张八、江家庄、马家庄、仲家庄、薛家沟。

上庄社，瓦屋庄、上庄集、冷家庄、董家庄、王家小庄、宅科庄、盛家庄、刘家小庄、胡家庄、雷家庄、大窝落、小窝落、林子庄、庙王庄、黄山庄、崔家屯。

迟王屯，迟家屯、王家屯。

景要社，大景要、小景要、刘家村、法家茔、赵家庄、东三里河、楼子底、庄里头、滩口、王家滩、高家台子、池子崖、管里、辛庄、匙家庄、刘家岭、小荒庄、大荒庄、赵家庄、车家河屯、杨家林、车家河、十五里夼、宋家茔、辛店、马家庄、享堂沟、撇车沟、徐家村、姜家村、大河村、东小店、香店、回龙观。

海林社，邓家庄、王家村、法家茔、郭家村、马家村、周家村、唐家村、辛庄、法家庄、栾家庄、赵家庄、小疃、烟台前、营房集。

栢沟社，柴路夼、殷家洼、孙家庄、关王庙、来福庄、辛庄、小辛庄、鲍家滩、廒上庄、小滩庄、大乐哥庄、小乐哥庄、匡家茔、法家茔。

人荣社，牛房庄、魏家庄、于家庄、闹埠、小闹埠、大兰东、小兰东、瓦屋庄、大宋家庄、宋家庄、高家洼、朱家埠、人荣庄。

昭文社，昭文庄、黄墩后、王义庄、宋家茔、王义沟。

海安社，柏家庄、赵家庄、海庄、小后旺、大后旺、徐村。

宾贤社，高家茔、秦家庄、宾贤、谈城、姜家庄、澄海、茔上庄、王家庄、曾家庄、张家茔、冷家坟。

周村社，周村、张家村、祠东、大村、小王义、十亩田、香甸、匡家庄、蔡家沟、小窑、会子庄。

仲家庄社，冷家村集、赵家村、东北庄、战家村、李子行、李家庄、裴家庄、石前庄、神仙庄、市卖庄、大庄、邓家庄、窝落子、张官寨、相沟庄、孟家庐、刘家庐、王家庐、王家庄。

东营屯，罗家营子一庄。

南营屯，南营屯一庄。

庐东社，石门子庄、小庄、官庄、后夼庄、后庐庄、窑洼庄、前庐庄、石沟庄。

庐西社，张应集、小河崖、寺前、苑后庄、宋家庄、福坛村、小河崖、报恩寺。

沾化乡，领社十五，屯一，村庄一百七十三。

龙泉社，龙泉孙、龙泉张、龙泉赵、龙泉王、龙泉山曹家戚、龙泉山宋家。

王昌社，山冯家、山李家、山王家、大殷家庄、山隋家、小殷家庄、何家庄、法家园、山邵家、山解家、山柴家、隋家庄、何家屯。

北港头社，于家河、西于家河、张家湾、陈家庄、刘家庄、李家庄。

南港头社，车家岭、吴家庄、两步庵、王家港、戴哥庄、周家夼、高家台、八里庄、岔河庄、荒里、夼里、扒山。

辛林社，薛家岛集、顾家岛、瓦屋庄、后茶湾、显浪庄、丁家河、兰东庄、濠南头、官庭庄、濠洼、濠北头、焦家庄、辛庄、陆家湾、刘家岛、董家河、史沟庄、南营庄、北营庄、思礼庄、小洼嘴、烟台前、陈家岛、辛岛、北安子庄、石龙庄、辛岛西庄。

安林社，山陈家、辛安庄、薛家坡、李家坡、宋家坡、西小坡、马家楼、管家楼、滩里、小石头、徐家庄、石峡路、廓落石、辛庄、孙家沟、张家庄、龙湾崖、郭家园、大村庄、城子埠、和乐埠、辛安集。

辛安社，上庄、下庄、豆磨后庄、辛安集、小南辛安、台头庄、蛎蚁坡、龙眼寺、泥沟坡、于家庄、惠家庄、黄泥崖、唐家埠、陈家庄。

谷家屯，谷家岛、南营庄、马家屯、后岔庄。

曹文社，曹文集、天妃庙、小庄、王家滩、洋河崖、镵尖庄、北柳圈、港崖庄、兔鹘台、南柳圈、西柳圈、曹文庄、宗家屯。

朱阳社，董城庄、袁家坟、郭家小庄、袁家小庄、朱阳庄。

逄猛社，逄猛孙、逄猛王、埠上、西岛儿河、东岛儿河、岛儿河、店子庄、中岛儿河。

石梁社，石梁刘、南马连庄、石梁唐、朱及庄、石梁杨、井头、逄家庄、贯里、田家窑、北马连庄、斜庄、朱葛庄。

埠后社，东埠后、西埠后、中埠后、阡儿沟、三角湾、岳家庄、魏家庄、周家庄、徐村、大荒、小荒。

东花林社，柳花坡、花林店、窝落子、南庄、小南庄、木张口。

西林花社，寨里、插旗崖、北庄、台上、窝驼、刘家庄、独朵庄、大夼、王家庄、小夼。

宗家屯社，宗家屯一庄。

招贤乡，领社二十一，屯一，村庄二百零八。

东拳口社，小坡、灶户庄、店子庄、小庙口、野猪庄、夏家庄、下庵庄、大庙口、前尹家沟、后尹家沟、东砚瓦庄、园前庄。

西拳口社，花沟庄、曹家沟、辛庄、丰台、小河西、耿家沟、大河西、西北崖、西砚瓦庄、市麦集、薛家茔、胡家、长夼王家、长夼李家、前夼徐家、前夼赵家、前夼。

东六汪社，山周家、圈里、郑家庄、山刘家、单家沟、小沟、石屋沟。

西六汪社，墨德水庄、官庄、柳桁沟、六汪集、找子庄、宋家庄、孙家沟、前六汪、舍窑洼。

南塔桥社，前徐家庄、后徐家庄、常家庄、刘家庄、东安子庄、大吕家庄、小吕家庄、塔桥集。

北塔桥社，赵家庄、涝庄、王家店子、朱家沟、龙王庙子、孔家庄、柏乡集、后柏乡、王家桥、灰沟、勤口庄。

立柱社，后六汪庄、前立柱庄、后立柱庄、小庄、大庄、李家窝落、冷家窝落、东台头庄、西台头庄、下河山庄、法家庄、崔家庄、王家庄、胶河庄、东南崖、石老婆屯。

东辛定社，赵乔村、黄家窝落、尧王山、大东庄、小东庄、于乔村、袁家窝落、赵家窝落、墩坡、王家窝落、贺家屯。

西辛定社，后朱陈沟、乐家庄、下坡庄、后沟、良乡集、高家庄、前朱陈沟、铺上栾、龙山庙子、齐家庄、东下坡。

邢置社，里岔集、河北庄、萧家村、杨家庄、崔家庄、槐树底、董家村、大村、孙家辛庄、米家庄、王家庄、赵家庄、薛家滩、孙家滩、高家滩、横沟、高木寨。

孟慈社，孟慈庄、林家庄、观音堂、后观音堂、黄家岭、染房庄、于家村、斗岭后、石崖子、高家村、龙王庙、周家小庄。

翟柳等屯，柳家屯、傅家屯、翟家屯、陈家屯、朱家屯。

岳家庄社，前岳家庄、后岳家庄、杨家庄、三脉冢、苏家坡、叶家屯、范家庄、范家屯、常家庄。

永兴社，陈家庄、南龙池、北龙池、尤家庄、姜家庄、后官庄、前官庄、于家庄、铺上集、吴家庄。

东沙河社，南楼庄、东南小庄、松园庄、谈家埠、沙北庄。

西沙河社，沙河庄、沙南庄、罗家村。

重兴社，殷家庄、林家庄、苗家庄、盛家庄、后良乡、河西庄、大皇姑庵、小皇姑庵、疃铺庄、逄家沟、青冢坡。

东牛沟社，胡家牛沟、孟家屯、鹿家牛沟、孙家牛沟、天台寺、崔家牛沟、马家牛沟、邱家屯、石坑崖、贺家屯。

西牛沟社，牛沟集一庄。

南黔陬社，黔陬庄、西小坡。

北黔陬社，空冲水、河北庄、邢家岭、高家庄、侯家庵、南小坡、东小坡。

平安社，谈疃铺、彭家庄、小庄、中涝庄、漕文庄、崔家庄、前营庄、后营庄。

张应社，干沟庄、沙沟庄、郭家洼、胡家村、赵家岭、赵家庄、曲家庄。

利民乡，领社十五，村庄二百二十一。

定荣社，曹哥庄、崔家庄、大邓陶庄、小邓陶庄、山刘家、丙村、朱家庄、宋家庄、太平岭。

卢家疃社，大卢家疃、小卢家疃、辛庄、广城、冯家滩、两河庄、店头庄、大兰东、小兰东、水成庄、山冯家、东陡崖、野滩、黑涧、西山冯家口、西陡崖。

台后社，黄头庄、大哨头、袁家村、台后庄、萧家庄、大台、小哨头、阡上、小井庄、瓦屋庄、王家村、贾沟庄、朱家小庄、胡家小庄、烟台庄、河东庄、小台。

定陶社，王哥庄集、东楼庄、王家石桥、李家石桥、郝家石桥、松园、董家庄、杨家庄、相沟头、陈家庄、小庄、辛庄、瓦屋庄、秦家庄、刘家庄、马厂庄。

阎家夼社，固上、高家庄、店子、蔡家庄、郑哥庄、小洼、山前庄、白果树、蒋口庄、葛家庄、张家庄、赵家庙、小洼、卫西门外、西南庄、卫东门外、窝落台上、卫北门外、朱家庄、侯家庄、周家庄、赵家庄、林家庄。

河岩社，孟家洼、李家洼、姜家洼、郭河岩、报卧庄、郭家庄、大庄、葛河岩、薛家岭、初家岭、王家河、王河岩、不落林。

高峪社，胡家小庄、山王家、石峡集、古崖头、海崖庄、营前庄、营后庄、乔家洼、高峪庄、南小庄、宅科庄、鱼池庄、风台口。

灵社，灵山卫集一庄。

辛兴社，朱家沟、苗家庄、王家沟、赵家庄、李打铁店、辛兴庄、后营庄、别家庄、前沟庄、滕家庄、张家庄、薛家庄、前罗家庄、后棘林、前棘林、山后庄、西店子庄、辛屯、上柴家庄、修家沟、下柴家庄、大斗崖、小斗崖、后沟庄、李家沟、金猪坑。

张仓社，张仓集、前石沟、后石沟、大于家庄、小于家庄、簸箕掌上庄、墩上庄、黄泥港、西北庄、大夏庄、东南崖、韩家庄、薄岭头、刘枚庄、东南庄、祠堂庄、前辛庄、后辛庄。

祝家庄社，祝家庄、后钐庄、前钐庄、袁家庄、石人坡、邢家庄、小洼、大荒庄、小丽水。

韩家庄社，东岭庄、埠头庄、逄家庄、小平岭、斜里庄、孟家庄、王家楼、逯家庄、小屯、战家屯、朱家屯、孟家滩、塌山河庄。

南古镇社，辛庄、古镇营、前营庄、刘家村、下坡庄、山张家、石板河、后小口、前小口、桃林庄、曲家园、东海崖、西海崖、臭七园。

北古镇社，芏子口、洼子庄、大泥沟、小泥沟、梁家庄、黄河庄、苑家庄、大马家庄、李家庄、小马家庄、代虎口、扭桁庄、张家楼集。

平兰社，梁家庄、周家庄、大丽水、张家坟、大石岭、小石岭、吕家屯、纪家店、马家庄、松山庄、安子庄、黄崖前、上滩崖、上河头庄、东念头、西念头、石河头。

以上乡六，社一百三十七，屯十六，村庄一千二百六十六。以上《前志》。

清季改十三区制　《前志》惟分四隅六乡。清宣统三年，每乡照自治规画分为两区，其四隅并王家庄、郝伍屯两社亦为一区，计六乡，共十二区，合城区为十三区，村庄亦多添改。

<table>
<tr><th colspan="3">中央区</th></tr>
<tr><th>城里</th><th>四隅</th><th>两社</th></tr>
<tr>
<td>城东南段 东门里、南街、达子茔南巷、文庙南街、泮宫街、文巷、文昌阁南街。
城东北段 三元巷、仓廒巷、仓廒后、后所、将军庙、小湾崖、考院大街、十字口。
城西南段 南门里旧协署街、文庙西街、南巷子。
城西北段 西门里北巷子、衙署前街、北极台后。</td>
<td>正东隅 东门外、东城濠、关帝庙、八蜡庙、臭漆园、姜行街、金沟崖、摩天岭、铁瓦殿、匡家街、麒麟街、十不全庙街、春场、下驴桥、大石桥、东花园、长尾桥、大觉院、孙家街、天后宫、玉皇宫、王母宫、葫芦峪、前河崖、大街、进士桥。
正南隅 南门外南城濠、大鱼市、大桥、毂轮桥、栾家街、小十字口、平桥、双龙口、法家街、姜家巷、邢家巷、高升街、苑家巷、双女井、大寺庙、南坛王、捎门里、南寨沟、杨家庙、辛庄、高家场、阎王店、五步桥、后滩子、水营庵、海庙、水寨街、南贯阑干井、崔家牌坊、沙井埏。
西南隅 南窑头、北窑头、地瓜地、四槐岭、石门口、小井、崔家街、崔家园、阑干井、小河埏、大十字口、捎门里、岳庙街、小教场、朱道士庙、辛家胡同、枣树林、店子街、河头源、半间楼、连家园、方井、大井、三眼井、石头路、沿墨桥、花行街、盐猪店、九曲巷、黄家场、斜流街、伏魔庵、无名街、萧家楼。
正西隅 西门外西城濠、白衣庙、火神庙、马王庙、驴尾巴巷、城隍庙街、阴阳巷、打水巷、安乐桥、粮食市前街、地瓜蔓市、小鱼市、簸箕市、扒市、地瓜干市、旧驴市、城隍庙后、药王庙前、药王庙后、将军坟、皮球湾、灵神庙前、棘子茔、土城口、北坛、钱市街、铁器市、长安街、山货市、旧估衣市街、小桥南头、太平街、新钱市街、劈柴市、无量殿、糠市、坊子街、芙蓉湾、菜市、果木市、蜚虹桥、太平桥、祠堂庙街、太平庵、花园后、葛家桥、老民院、辛街、官材巷、前河崖、沙滩、面市、洼草市、骡驼店、地瓜市、寺门首、鸭缘湾崖、三官庙、分水岭、工夫市。</td>
<td>王家庄社 捎门里、芙蓉街、吴公街、大石头街、小石头街、享堂、窑湾、劈缝、薛家庙、棋杆街、梁山坡、王家庄前街、王家庄后街、郭家庄、卧龙庄、南卧龙庄、东宋哥庄、西宋哥庄、姜家庄、二里河。卧龙庄以下六庄属圩外。
郝伍屯社 白水泉、阜安街、北佛地、灵神庙、后破桥、小珠屯、杨家林、黄家屯、茶庵、东松园、西松园。小珠屯以下六庄属圩外。</td>
</tr>
</table>

<table>
<tr><th>庸生区</th><th>娄公区</th></tr>
<tr>
<td>大庄社 逄家庄、西大庄、牛市泊、郭家湾、匡家庄、东大庄、八里庄、杨哥庄、沈家河、曾家庄、谷家庙。
桁东社 东庸村、西庸村、中庸村、南庸村、水牛庄、砚里庄、辛庄。
桁西社 刘家庄、大桁庄、小桁庄、花园庄、叶家庄。
东牟社 东牟村、乜庄、前町。
鲁哥庄社 王家村、直路屯、徐家村、北台、宋家村、李家村、傅家村、马家村、行上店。</td>
<td>杨彩屯社 安家屯、梁家屯。
苑哥庄社 苑哥庄、东埠庄、西马哥庄、石家河崖庄、雒家河崖庄、郭家河崖庄、东马哥庄、齐家屯庄。
马家庄社 苑家小庄、张家庄、东唐家庄、赵家庄、西唐家庄、曹哥庄、马家沟庄、邱家庄。
宫家庄社 苑家会庄、李家庵庄、赵家茔庄、高家庄、西门庄、宋哥庄、刁家庄、蒋家庄、丁管庄。</td>
</tr>
</table>

计斤社 崔家夼、柏果树、挪庄、盛家庄、花园、南三里河、北三里河、状元府、三官庙、七里河、徐家园、城子庄、不落林、李家庄、陈家庄、匡家庄、柘沟、柳沟、斜庄、西计斤庵、东计斤庵、旃檀庵、丁家庄、双岭、菩萨庙。 **辛置社** 法家大村、萧家岭、东辛置、逯家沟、西辛置、辛置河北、王家小庄、苗家村、杨家村、傅家村、傅家沟、赵家小庄、辛置河南。 **启正社** 泉子崖、苑家岭、楼子底、杏果庄、杨家村、鲁家寨、秋连庄、杏子庄。 **蓁西社** 崔家庄、东丰家村、西丰家村、南町、玉皇庙、袁家村、李家河头。 **旧栏社** 陈家庵、李家村、瓦屋庄、蔡家寺、于家村、王家村、小沟底、赵家庄。 **东栏社** 王家村、陈家庵、于家村、王家庄、瓦屋庄、蔡家寺、鲁家庄、小沟底、李家村、谈家荒。	**房沟社** 常家庄、刁家岭庄、郝家庄、大、小店子庄、娄敬庵庄、涝洼庄、河崖庄、辛家庄、房沟庄。 **万文萃社** 王家屯、孙家屯、宋家屯。 **杜村社** 河北庄、雷家孝源庄、张家艾耳泊、孝源店子庄、车家孝源庄、高家艾耳泊、匡家孝源庄、匡家茔庄、南匡家茔庄、河南庄。 **丰盈社** 天仙屯、九安屯、南丰华屯、贺家屯、永腴屯、北丰华屯、赵家屯。 **景河社** 迟家屯、灶户屯、毛家屯、常丰屯、永安屯、王家屯、董家屯、臧家屯。 **刘家疃社** 茔子庄、窦家河崖、后冢子头、小刘家町、宋家小庄、南冢子头、北冢子头、大刘家町庄。 **黄伍屯社** 匡家屯、陈家屯、律家屯。 **东祝村社** 艾耳泊、赵家店、东祝村、雅会村、尹家店。 **西祝村社** 陡沟庄、赵家庄、西祝村、王家庄、北祝村、尹家沟庄。
西栏社 柏栏集。 **新栏社** 后两县屯、中两县屯、前两县屯、柏栏集、谈家荒。 **丰跻社** 毛家屯。 **金家屯社** 金屯庄。 **旧石屯社** 前屯、后屯。 **南石屯社** 南石屯、西石屯、北石屯。 **永丰社** 阎家屯、宋家屯、了头屯、南町、前梁家屯、后梁家屯、于家村、郭家屋子。 **七城社** 七城庄、郜家村、邢哥庄。	**李旺屯社** 李旺屯。 **谢家屯社** 谢家屯。 **丰永社** 姜家屯、崔家屯、黄山屯、东小屯、辛屯、白家屯、李家屯、孤山泊、丛[①]家屯、神山屯。 **宋哥庄社** 隋家庄、东大佛乐庄、西大佛乐庄、小佛乐庄、李家庄、张家庄、宋哥庄、张家小庄。 **南丰年社** 丰兴庄、丰河庄、丰余庄。 **北丰年社** 丰年庄、丰稔庄、丰美庄。
卢公区	韩信区
张耀屯社 张耀屯。 **丰亨社** 丰隆屯、丰亨庄、石家庄、朱家庄、草泊庄、杨家屯。 **丰豫社** 丰豫屯、丰新屯、丰石屯、丰益屯。 **郭里社** 马店集。 **东隆兴社** 冷家庄、吴家庄、曹哥庄、官路、夏于庄、匡家庄。 **西隆兴社** 石门口、郭家庄、栗子园。 **金町社** 西草泊、金家町、葛家庄、瓦丘埠。 **蓁中社** 小杜哥庄。 **蓁北社** 大杜哥庄。 **白家屯社** 白家屯。 **耕乐庄社** 耕乐庄。 **蓁南社** 王家河头、陈家河头、周家河头、梁家庄、耿家庄、楼子埠、酆家村。	**麻湾社** 南庄、大荒庄、石河庄、高家庄、河西屯、三角湾庄、大西庄、大姜哥庄、小姜哥庄、小西庄、姜家屋子庄、胡家滩。 **西潮海社** 小麻湾集、三官庙、小半窑、葛埠岭、高家屋子庄、周家庄、荒庄、檄桁庄、王家屋子庄。 **东潮海社** 大麻湾庄、葛家庄、大半窑、桃源庄、彭家庄、王家庄、陆家庄、西毛家庄。 **沽河屯社** 前石龙屯、后石龙屯、龙家屯、陈家埠子庄、吕家庄、东毛家庄。 **魏家屯社** 魏家屯。 **周陈屯社** 周陈屯、羊栏子。 **延东社** 雒家村、十里铺、斜沟堐、朱家庄、苗家庄、贾家庄、前辛庄、后辛庄、安家村、管庄、于家村、温家庄、华家庄。 **南河荣社** 石濑子、张家庄、王家庄。 **中河荣社** 李哥庄。

① “丛”,底本作“从”,讹。据村名历史沿革改。下同。

郭外社 陆家村、朱家寨、前大王哥庄、后大王哥庄、大铺、小铺、大寨、小寨、宋家泊子、陈家泊子、小王哥庄、官庄、律家庄。 **韩家村社** 韩家村。 **延西社** 西石河、北石河、西五里堆、东五里堆、赵家庄、涝洼、胡家庄、挪庄、朱家庄、孙家岭、周家滩、李家河、高家庄、邹家洼、张家庄、周家村。 **朱伍屯社** 东屯、南屯、北屯。 **王西社** 五里堠、大赵家、小赵家、尹家庄。 **王东社** 闸子南庄、闸子河西、闸子北庄、麦丘。 **王正社** 陈家庄、黄泥崖、孟家庄、蓝家园、杨家庄、铁家庄、杜家庙子。 **王中社** 店子河北、店子河南、北王朱庄、撑角埠。 **丰实社** 丰大庄、丰裕庄、丰益庄、丰实庄。 **东小高社** 小高庄。 **西小高社** 小高庄。 **南小高社** 小高庄。 **北小高社** 小高庄。 **南大高社** 大高庄、旺町。 **北大高社** 大高庄、古阑。 **中大高社** 大高庄、古阑、旺町。 **畤家庄社** 东岭、西岭、中王朱、南王朱、东王义庄、西王义庄、花埠岭、吴家庄、赵家茔。 **田成屯社** 毛公屯、孟家屯。 **小旺町社** 小旺町。 **闸子社** 解家庄、古阑、大旺町、詹家庄、顶子庄、闸子南庄、闸子北庄、闸子集、刘家荒、灵神庙。 **丰庆社** 马虎窝、李家庄、黄家屯。	**西河荣社** 河淤庄。 **北河荣社** 周家村、孙家村、张家庄。 **店口社** 店口集、后店口、二铺、赵家庄、圈子庄、韩信沟庄。 **尹南社** 陈村店、河西店。 **尹中社** 前韩哥庄、后韩哥庄、汪家庄。 **尹北社** 大回流、小回流、十五亩地庄、姜家街。 **贾町社** 小窑、冷家庄、老窑、刘家店、西堤子、大窑、四甲庄、贾町、东堤子、谈家庄。 **辛町社** 大辛町、小辛町、陶家庄、东小埠庄、西小埠庄。 **南唐民社** 双景、贾家楼庄、纪家庄、张家庄。 **中唐民社** 中张院庄。 **东唐民社** 矫哥庄。 **北唐民社** 南张院庄、帽子埠庄。 **贾哥庄社** 贾哥庄。 **七及东社** 东七及集、桑家埠、东庄。 **七及西社** 桑家埠、西庄。 **八里庄社** 八里庄、泉庄、王家庄、中间埠庄、小庄。
陈圣区	**宝华区**
柘沟社 殷家洼、廒上庄、来福庄、小乐家庄、孙家庄、北辛庄、南辛庄、柴路夼、关王庙、小滩子庄、栾家坟、匡家茔、大乐家庄、鲍家滩。 **人荣社** 油坊庄、宋家庄、高家洼、魏家庄、西闹埠子、大闹埠子、西宋家庄、朱家埠、阑东庄、人荣庄、于家庄、瓦屋庄、黑土岭。 **北景社** 刘家岭、南赵家辛庄、管里庄、景要庄、刘家村、南三里河、西赵家庄、王家滩、东滩、楼子底、小荒庄、大荒庄、池子堐、匙家庄、南高家台子、北高家台子、法家茔、东店子庄、杨家林、庄里头。 **南景社** 徐家村、车家河屯、十五里夼、马家庄、姜家村、匡家茔、享堂沟、大河村、回龙观、车家河、撇车沟、宋家茔、辛店、西马家庄。 **伸庄社** 曲家庐、战家村、冷家村、李子行、石前庄、刘家庐、大庄、李家庄、相沟庄、市卖庄、赵家庄、王家庐、李家庄、舍窑洼、窝落子庄、裴家庄、仉管寨、牛兰沟、神山后、邓家庄、王家庄。	**王台社** 王台镇、郎中沟、姜家庄、桂花村、庄家茔、徐家庄、北辛庄。 **宾贤社** 澄海庄、北谈城庄、南谈城庄、王家庄、曾家庄、姜哥庄、冷家坟、张家茔、高家茔、秦家庄、宾贤庄。 **周村社** 蔡家沟、周村庄、泊子庄、寺东庄、大村、小王义庄、十亩田庄、小窑庄、香甸庄、张家村、匡家庄。 **庐东社** 官庄、石门子庄、窑洼庄、石沟庄、前庐庄、后夼庄、崔家小庄。 **庐西社** 赵家庄、院后庄、寺西庄、宋家庄、中小河堐庄、前小河堐庄、后小河堐庄、寺前庄、张应集庄、集南头庄、报恩寺。 **东张八社** 薛家沟、房家庄、仲家庄、马家庄、姜家庄、小张八庄、大张八庄。 **西张八社** 关爷庙、张八朱、张八马、张八吕、张八寺、烈节庄、陡岭庄、金草沟、荒庄、郜头庄。

海林社 南赵家庄、辛庄、法家庄、栾家村、北赵家庄、邓家庄、周家村、郭家村、卞家庄、营房集、王家村、唐家村、法家茔、杨家林、马家村。 **东营屯社** 罗家营子。 **南营屯社** 徐家营子。 **东海安社** 东营庄。 **南海安社** 海庄。 **西海安社** 殷家村、赵家庄、小后旺、大后旺。 **昭文社** 昭文庄、王义庄、黄墩后、宋家茔、会子庄。	**尚家社** 尚庄集、黄山后庄、庙王庄、王家小庄、刘家小庄、冷家小庄、胡家小庄、瓦屋庄、董家庄、雷家庄、宅科庄、大窝落、小窝落、林子庄。 **南沙社** 王家庄、殷家台、石灰窑、山柴家、山赵家、大沟庄、沙沟庄。 **北沙社** 西草夼庄、东草夼庄、北王家庄、薛家庄、邱家庵、薛家店子、来滩庄。 **河西社** 黑埠沟、七宝山、河西庄、河西郭、河西董、河西李、杨家庄、河西范、北夼、仉村、大苑家沟、小苑家沟庄、相家庄。 **灰村社** 西灰村、东灰村、三甲庄、殷家洼、邢家庄、薛家庄、雒家庄、宋家庄、大王家庄、小王家庄、营里庄、大相家庄、钟家辛庄、挪庄、山相家、刘家庄。 **迟屯社** 迟家屯。 **王屯社** 王家屯。
龙泉区	**朱仲区**
石梁社 田家窑、石梁刘、石梁杨、石梁唐、崖逄庄、南马连沟、北马连沟、大杨家庄、小杨家庄、匡家茔、朱及庄、朱葛庄、贯里庄、井头庄、朱哥庄。 **埠后社** 东埠后庄、西埠后庄、中埠后庄、阡耳沟庄、徐村、岳家庄、法家庄、周家庄、盛水庄、三角沟庄、大荒庄、小荒庄、井头庄。 **逄猛社** 逄猛张庄、逄猛王庄、逄猛孙庄、庄家岛、耳河魏家岛、耳河张家岛、耳河王家岛、耳河雷家店子、埠上庄。 **朱阳社** 大朱阳庄、小朱阳庄、袁家坟庄、袁家小庄、郭家大庄、董城庄。 **龙泉社** 龙泉戚家、龙泉薛家、龙泉王家、龙泉赵家、龙泉张家、龙泉河西庄、河西杨家庄、于家洼、河北孙家、郭家沟、山曹家庄、山殷家庄、山宋家庄。 **东王昌社** 大殷家庄、小殷家庄、山隋家、山隋家南茔庄、何家屯东庄、何家屯西庄、法家园、师家屯、郑家庄、杨家庄、何家庄。 **西王昌社** 山王家、山李家、山栾家、柳林子庄、山邵家、山解家、逄家庄、郝家庄、牛齐前庄。 **南曹文社** 东曹文庄、西曹文庄、东柳圈庄、西柳圈庄、北柳圈庄、小柳圈庄、南屯社、北屯庄、小庄。 **北曹文社** 洋河崖庄、兔鹘台庄、王家滩、天妃庙、镵尖庄、山子庄、小庄。 **宗家屯社** 东宗家屯、西宗家屯。	**西花林社** 独朵子庄、刘家庄、小王家庄、阿陀庄、台上庄、寨里庄、插旗崖庄、北庄、大夼庄、小夼庄、宋家茔子庄。 **东花林社** 窝落子庄、花林庄、流化泊庄、小南庄、大南庄、木厂口庄、青石湾庄、和尚庄。 **西辛安社**① 黄泥崖庄、唐家埠庄、冷家沟庄、泥沟泊庄、台头庄、蚰蜒坡庄、下庄、上庄、豆磨后庄、王家庄、大桥庄、黄埠岭庄、蛇埠子、林庄。 **东辛安社** 南辛安庄、策里沟庄、小庄、龙眼寺、下庄、河北辛安、西街陈家庄、殷家庄、于家庄、惠家庄、小辛庄。 **安林社** 辛安集、王家大庄、山陈家、和乐埠庄、城子埠庄、高家沟庄、管家大村、郭家店子、龙湾子崖、张哥庄、孙家沟、辛庄、石峡路园、徐哥庄、小石头庄、东盐滩、管家楼、马家楼、廓落石庄、李家泊子庄、大泊子庄、宋家泊子庄、薛家泊子。 **北港头社** 港头藏家、港头陈家、港头刘家、港头李家、西于家河、东于家河、臧家茔庄。 **南港头社** 武家庄、车家岭、扒山庄、荒里庄、八里庄、戴哥庄、岔河庄、周家夼、高家台、王家港、两步庵庄、张家湾庄。 **西辛林社** 辛庄、思礼庄、兰古墩庄、孙家沟庄、焦家庄、官亭庄。
郑城区	**高城区**②
东沙河社 楼子庄、沙北庄、前小庄、谭家埠、松园庄。 **中沙河社** 谭家村、沙南庄。	**东辛定社** 于乔村、黄家窝落、墩坡、西尧王山前、东尧王山前、中尧王山前、赵家窝落、袁家窝落、王家窝落、赵桥村、贺家屯。

① 社：底本为“庄”，讹。

② “高城区”，底本作“高成区”，讹。据民国《增修胶志·民国十一年修志姓氏》“采访”部分“高城区区长刘鉴清”改。下同。

西沙河社 罗家村。
东牛沟社 胡家庄、孙家庄、邱家屯。
中牛沟社 邱家屯、崔家牛沟、马家牛沟、天台寺、东天台寺、石坑崖、贺家屯、张家屯、鹿家牛沟、孙家庄。
西牛沟社 西牛沟集。
重兴社 盛家庄、青冢坡、东皇姑庵、西皇姑庵、河西庄、林家庄、后良乡、团埠子、苗家庄、殷家庄、逄家沟庄、辛屯。
岳家庄社 侯家屯、苏家坡、范家屯、范家庄、杨家庄、前岳家、后岳家、三脉冢、常家庄。
平安社 彭家庄、前涝洼、后涝洼、中涝洼、崔家庄、曹文庄、谈疃铺庄。
永兴社 铺集、吴家庄、尤家庄、陈家庄、前官庄、后官庄、姜家庄、于家庄、南龙池、北龙池。
西邢置社 萧家村、杨家庄、尹家大村、槐树底、孙家庄、辛庄、崔家庄。
孟慈社 孟慈庄、林家庄、周家小庄、前观音堂、染房庄、石埋子、堤岭后、龙王庙、高家庄。
北黔陬社 邢家岭、侯家岭、空冲水、南小坡、东小坡、高家庄。
南黔陬社 黔陬庄、西小坡。
张应社 赵家岭、赵家庄、曲家庄、郭家洼、胡家村、干沟庄、沙沟庄。
中黔陬社 河北庄。

西辛定社 前朱陈沟、后朱陈沟、东龙王庙、高家庄、栾家庄、东下泊庄、西下泊庄、后沟庄、铺上庄、水城庄、良乡集、齐家庄。
东邢置社 高家滩、孙家滩、薛家滩、里岔集、里岔河、北赵家庄、王家庄、米家庄、高木寨、横沟庄、行埠岭。
东立柱社 西台头庄、冷家窝落、李家窝落、大庄、东台头、崔家庄、六汪河北。
西立柱社 法家庄、前立柱庄、后立柱庄、胶河庄、殷家小庄、王家庄、下河山庄。
东六汪社 单家小沟、单家大沟、石屋沟、埠石村、圈里庄、山周家、郑家庄、河南刘家、簸箕张。
西六汪社 六汪集、前六汪、柳桁沟、孙家沟、找子庄、墨德水庄、官庄、舍窑洼、宋家庄。
北六汪社 朱家屯、柳家屯、傅家屯、萧家屯、陈家屯。

东拳口社 野猪庄、夏家庄、小庙庄、大庙口、皂户庄、小坡、栗桁店子、前尹家沟、后尹家沟、东砚瓦庄、园前庄、滴水庄。
西拳口社 赵家前夼、徐家前夼、李家前夼、王家前夼、胡家前夼、花沟、曹家沟、辛庄、丰台、市美集、耿家沟、大河西、小河西、西砚瓦庄、西北砚瓦、薛家茔。
北塔桥社 柏乡集、赵家庄、孔家庄、灰沟、朱家沟、勤口庄、东涝庄、西涝庄、王家店子、西龙王庙子、王家桥。
南塔桥社 塔桥集、吕家大庄、常家庄、刘家庄、东庵子、前徐家庄、后徐家庄、小吕家庄。

阳武区

灵山社 灵山卫集。
东卢社 小兰东庄、大兰东庄、水城、店头庄、兰西庄、黑涧庄、大荒庄、东庄、西山冯家、山冯家庄、陡崖子庄。
西卢社 大卢家疃、小卢家疃、广城辛庄、冯家疃、石嘴子。
东阎夼社 卫东门外南庄、东门外北庄、西门外庄、西南庄、北门外庄、朱家庄、高家台庄、柏果树庄、大篓庄、小窑庄、蔡家庄、开山口庄、山前庄、林家庄、固上庄、郑哥庄。
西阎夼社 赵家庄、大岔口庄、店子庄、小窑庄、赵家庙庄、港口庄、葛家庄、高家庄、窝落子庄、张家庄、羊七岭、侯家河庄。
东台社 烟台东庄、河东庄、黄土庄、南洼庄、台后庄、阡上庄、大哨头庄、袁家庄。
河岩社 王家河、大庄、李家洼、王家河岩、报卧、冯家岭、郭家河岩、不落林、郭家小庄、山冯北、山阎家屋子、郑家河岩、姜家洼、薛家岭。
定陶社 相沟头、杨家庄、陈家庄、王家庄、瓦屋庄、董家庄、李家石桥、王家石桥、尹家小庄、秦家庄、刘家庄、马厂、松园、郝家石桥、北辛庄、东楼庄。
定荣社 曹家庄、崔家庄、大邓陶、小邓陶、双凤山、山刘家、宋家庄、朱家村、丙村、太平岭、徐家村。

齐城区

西台社 大台庄、小台庄、小哨头庄、王家村、朱家小庄、山神庙、前夹沟、黄石坎、萧家庄、小井庄、胡家小庄、瓦屋庄。
韩家庄社 孟家滩、小平岭、斜里庄、孟家庄、逄家庄、王家楼、逯家庄、土山屯、小屯、朱家屯、塌山河庄、后埠头。
中辛兴社 王家沟、滕家庄、前庵子沟、后庵子沟、赵家庄、罗哥庄、辛兴庄、金猪坑。
东辛兴社 苗家河、朱家沟、李家店子、前沟庄、滕家河、后沟庄。
西辛兴社 李家沟、龙阁店子、小于家庄、大于家庄、辛屯、小陡堐庄、大陡堐庄、修家沟、山后庄、别家庄、前棘林庄、后棘林庄、下柴家庄、上柴家庄。
东韩家社 挪庄。
张仓社 刘枚庄、前辛庄、后辛庄、东南庄、东南崖、曹城山庄、埠岭头、前石沟、后石沟、大于家庄、小于家庄、张家祠堂庄、张仓集、墨水墩庄、西北庄。
古镇社 石板河、山张家、前小口庄、后小口庄、曲家园庄、石屋子沟、臭漆园、下泊庄、东古镇营、西古镇营、桃林庄、刘家村、辛庄。

高峪社 石峡庄集、宅科庄、胡家小庄、山王家、海埋庄、乔家洼、南小庄、风台口、茔后庄、鱼池庄、茔前庄、黄石峡、顾家崖庄、石峡、南山庄、高峪庄。	**祝家村社** 袁家庄、石人坡、祝家庄、安子沟、大荒庄、东丽水庄、邢家庄、小洼庄、前钐庄、后钐庄。 **东平兰社** 于家河、石河头、大石岭、小石岭、梁家庄、东碾头、大丽水、吕家屯、黄埋前、马家庄、大固庄、河头。 **西平兰社** 西碾头集、埋上庄、河湾庄、周家庄、纪家店、松山庄、崖下庄、马家庄、张家坟庄、安子庄、上町庄、南沟、山张家。

以上城区街道一百九十六，十三区，领社一百九十四，屯九十九，村庄一千二百四十四。各区所划入社、屯及村庄，皆据十三区公所来册照录，惟查所划村庄与县政府档案微有出入，未知孰是，俟考。

划入胶澳特别区所属村庄共四十五。依据《胶澳志》及县署档案，清光绪二十四年七月，中德签订租地合同及边界合同，各立界石。当时划入租地界内各村庄胪列如左：

黄岛里社 前湾庄、后湾庄、柳沟庄、窝朋庄、盐滩庄。	**谷家屯社** 谷家屯、西营子、谷家岛、马家屯、后岔湾、陈家岛。	**东辛林社** 草场、任山、里南庄、薛家岛、南屯、烟台前、南庄、北安子、陆家湾、前报卧、后报卧、竹岔岛、显浪庄、瓦屋庄、北庄。	**西辛林社** 西村、刘家岛、东村、辛岛、濠洼、濠南头、濠北头、石龙庄、董家河、后沟、鱼鸣嘴、丁家河、兰东庄、史沟、辛岛、西庄。	**北港头社** 敢岛。 **海林社** 塔埠头。 **高峪社** 灵山岛。 **灵山社** 即墨埋。 **东王昌社** 红石崖。

民国改并七区制 民国十八年十月，山东省政府民政厅令：饬各县遵照各县划区办法，不得少于四区以下，不得超过十区以上，并须遵照区自治施行法，各冠以次第各称。十九年一月，经本县建设局召集各区长开会讨论议决，划全县为七区，呈准施行。兹据建设局划定各区所属村庄，按区分列于后。惟所划村庄视前制略有出入，是否无讹，俟后详考。

第一区 城隅两社，街道与前中央区同，兹列大纲，余不复赘。

县城里	正东隅	正南隅	西南隅	正西隅
王家庄	郝伍屯			

第二区

西卧龙庄、西宋哥庄、沈家河、曾家庄、北庸村、大行庄、小朱屯、茶庵、城子庄、柘沟、徐家园、匡家庄、温家庄、计斤庵、逯家沟、杨家村、徐家村、直路屯、鲁家寨、泉子崖、前屯、东酆家村、前梁家屯、于家村、王家庄、谭家荒、新屯、宋家屯、谢家屯、石河崖、前冢子头、西冢子头、张家小	南卧龙庄、二里河、牛市泊、杨哥庄、中庸村、小行庄、东松园、状元府、挪庄、李家村、双岭、崔家庄、南三里河、东辛置、北辛置、苗家村、行上店、李家村、杨家村、袁家岭、袁家村、李家河头、后梁家屯、王家村、陈家庵、郭家屋、南石屯、瓦屋庄、苑哥庄集、梁家屯、小刘家疃、宋家屯、李家	姜家庄、黄埠岭、谷家庙、八里庄、水牛庄、刘家庄、西松园、崔家夼、三官庙、斜庄、不落林、陈家庄、王家茔、西辛置、南辛置、傅家村集、王家村、七城集、南鲁家寨、楼子底、前崔家庄、玉皇庙、阎家屯、李家村、赵家庄、前两县屯、西石屯、东牟庄集、郭河崖、安家屯、东冢子头、王家屯、	东宋哥庄、匡家庄、郭家湾、西大庄、辛庄、叶家庄、黄家屯、丁家庄、流沟、七里河、旃檀庵、北三里河、赵家庄、傅家沟、王小庄、法大村、台上庄、西邢家庄、邢家庄、店子、后崔家庄、南町、郭家屋子、鲁家庄、柏兰集、后两县屯、北石屯、乜庄、东埠庄、茔子庄集、宋家小庄、孙家屯、隋家	凤凰庄、东大庄、逄家庄、南庸村、砚里庄、花园庄、杨家林、白果树、王家村、盛家庄、花园、菩萨庙、李家庄、萧家岭、赵小庄、马家村、宋家村、郜家村、秋敛庄、金家屯、西酆家村、北小庄、蔡家祠、小沟底、官庄、中两县屯、单家屯、前町庄、罗河埋、大刘家疃、豆家河崖、宋哥庄、小佛乐、常家庄、刁家岭、赵家茔、小店、尹家店、后祝

庄、张家庄、大店、李家庵、蒋家庄、苑家小庄、马虎沟、尹家沟、匡家屯、西唐家庄、杜村集、雷孝源、匡艾耳泊、打连沟屯、郝家屯、天仙屯。	庄、房沟、娄敬庵、丁官庄、宋家庄、赵家店、祝村、王家庄、律家庄、范家小庄、张艾耳泊、孝源店子、五言河、王家屯、布袋屯、凤凰屯。	大佛乐、河埕庄、郝家庄、苑家会、高家庄、杨艾耳泊、陡沟、赵家庄、齐家屯、邱家庄、南杜村、南匡家茔、李家庄、永安屯、赵家屯、小东屯。	庄、辛家庄、涝洼、西门庄、刁家庄、押虎村、小祝村、李旺屯、东唐家庄、张家小庄、高艾耳泊、张孝源、董家屯、迟家屯、贾家屯、东马哥庄。	村、陈家屯、曹哥庄、毛家沟、车孝源、北匡家茔、毛家屯、灶户屯、久安屯、西马哥庄。

第三区

南庄、河西屯、固家庄、葛埠岭、大半窑、陶元庄、陈家埠、石拉集、前石龙屯、后辛庄、安家村、赵家庄、孙家村、高家庄、西小窑、大辛町集、存军店、后韩哥庄、双景庄、中张院、王家庄、桑家埠、孙家岭、周家村、高家庄、宋家泊子、大寨、朱家寨、大屯、夏于庄、小杜哥庄、夏家庄、小屯、毛家屯、耕乐庄、赵大庄、西北庄、沙沟庄、灵神庙、朱家庄、孟家庄、赵闸子、撑角埠、老鸦庄、营里庄、葛埠岭。	大西庄、大荒庄、三官庙、高家屋子、彭家庄、龙家屯、魏家屯、王家庄、十里堡、贾庄、温家庄、圈子庄、周家村、贾町、冷家庄、小辛町、河西店、十五亩地庄、纪家庄、南张院集、泉庄、朱家屯、西五里堆、涝洼、邹家洼、陈家泊子、小寨、大铺、小屯、官路庄、大杜哥庄、郭家庄、包家屯、金家町、白家屯、大旺町、北寺庄、小高庄、战家庄、杜家庙、铁家庄、王闸子、沙沟庄、东王义集、南王柱、崔家岭。	胡家滩、东石河、小半窑、荒庄、陆家庄、毛家庄、母朱屯、张家庄、斜沟埕、化家庄、苗家庄、后店口、张家庄、四甲庄、谈家庄、东小埠、小堤子、姜家街、贾家楼、毛子埠、仲间埠、石家庄、胡家庄、张家庄、朱家庄、前大王哥庄、小铺、立兰庄、曹哥庄、小草泊、沟里、黄家屯、草泊、韩家村、解家庄、孙大高、闸子集、刘家荒、陆家庄、陈家庄、麦丘庄、北王柱集、五里堠、中王柱、花埠顶、王家岭。	小西庄、姜家屋子、橛桁庄、大麻湾、王家庄、后石龙屯、羊阑子、河淤庄、前辛庄、官庄、罗家村、二十里堡、大姜哥庄、大窑庄、刘家店、西小埠、汪家庄、东回流、张家庄、贾哥庄、小庄、逢贤庄、周家滩、西石河、李家河、后大王哥庄、陆家村、马店集、石门口、冷家庄、杨家屯、辛庄、马虎窝、葛哥庄、吴家庄、刘大高、北南庄、南闸子、毛公屯、黄泥埕、陈闸子、店子河南庄、尹家庄、西王义。	三角湾、小麻湾集、王家屋子、葛家庄、毛家庄、吕家庄、丰庆庄、李哥庄、朱家庄、于家村、店口集、韩信沟、小姜哥庄、小窑庄、堤子庄、陶家庄、前韩哥庄、西回流、矫哥庄、八里庄、七及庄集、东五里堆、挪庄、北石河、赵家庄、律家庄、官庄、后屯、郭家庄、匡家庄、丰隆屯、丰于屯、李家庄、瓦丘埠、小旺町、固兰庄、小高集、顶子庄、孟家庄、杨家庄、徐闸子、店子河北庄、小赵庄、野子屯。

第四区

大景要、小荒庄、杨家林、管里庄、古敦、宋家茔、大河村、匡家茔、法家庄、辛庄、马家村、杨家林、海庄、匡家茔、冷家村集、东北庄、张官寨、裴家庄、舍窑洼、蔡家沟、大村、谈城庄、曹家庄、姜哥庄、黄墩后、大兰东、小宋家、高家洼、蓝家坟、王台集、庄家茔、河西赵、河西范、仉村、崔家小庄、宋家庄、小河崖、孤山泊、上庄集、冷家庄、雷家庄、张八朱集、烈节庄、宅科庄、房家庄、薛家庄、沙沟庄、山赵家、小相家、西灰村、三甲庄、挪庄。	小景要、盛福村、池子埕、辛庄、东南屯、车家河、回龙观、撇车沟、大赵家、周家村、蓝家村、北滩、大后旺、来福庄、李子行、孟家庐、邓家庄、牛兰沟、王家庄、小窑、匡家庄、冷家坟、王家庄、秦家庄、崔家茔、小兰东、油房庄、瓦屋庄、谈家茔、徐家庄、郎中沟、河西董、河西郭、前卢家、石门子庄、赵家庄、寺前庄、丛家屯、王小庄、黄山后集、刘小庄、台头庄、张八吕、大张八、江家庄、东草夼、大沟庄、石灰窑、邢家庙、营里庄、宋家庄、刘家庄。	刘家岭、匙家庄、王家滩、赵家庄、小河东、享堂沟、马家庄、徐家村、小赵家、郭家村、东郎耳担、罗家营子、小后旺、关王庙、窝落子、大庄、相沟庄、小宋家庄、周村、张家村、寺东、谈城茔、张家茔、昭文庄、李家庄、魏家庄、黑土岭、东庄、大辛庄、辛庄、黑埠沟、大苑家沟、河西杨、石沟、窑洼、曲家庄、后小河崖、白家屯、大窝落、宅科庄、胡小庄、张八寺、斗岭庄、仲家庄、薛家沟、邱家庵、山柴家、东灰村、张家庄、尹家洼、河南雒、洼子庄。	刘家村、庄里头、法家茔、东店子、滩里赵、车家河屯、辛店、营房庄集、卞家庄、王家村、西郎耳担、徐家营子、赵家庄、孙家庄、赵家庄、王家庐、战家村、陈山后、十亩田、泊子、宋家茔、前澄海、高家茔、大王义、会子庄、朱家埠、大闹埠、廒上庄、中辛庄、杏花村、七宝山、相家徐、河西庄、后卢家、张应集、苑后庄、神山屯、崔家屯、庙王庄、董家庄、盛小庄、小荒庄、关爷庙、小张八、薛家店集、西草夼、台上庄、赵家庄、南辛庄、大王家、薛家庄。	大荒庄、高家台、楼子底、胡家庄、十五里夼、姜家村、西马家庄、马家滩、董家庄、唐家村、郭家庄、郑家营子、尹家村、殷家洼、曲家庐、石前庄、市卖庄、李家庄、香甸、小王义、宾贤庄集、后澄海、匡家茔、宋家茔、于家庄、大宋庄、小闹埠、柴路夼集、小辛庄、姜家庄、驯虎夼、小苑家沟、河西李、官庄、福坛村、报恩寺、李家屯、小屯、小窝落、瓦屋庄、林子庄、张八马、金草沟、马家庄、来滩、北王家庄、王家庄、大相庄、葛家庄、小王家。

第五区

龙泉王、山殷家、于家洼、郭家沟、曹文集、西柳圈、花骨台、赵家庄、袁家坟、土山后、张岛儿河、东屯、石梁唐、石梁刘、北马连沟、三角湾、东埠后、胜水庄、法家园、龙泉解、郝家庄、山乐家、东兜母宫、下庄、于家庄、牛马庙、赵家河、花林庄、小桥、西山子、大李渐、十老崖、大夼庄、刘家庄、北大桥、宋泊子、东南庄、马家楼、北辛庄、郭家台、高家沟、惠家庄、东小庄、南辛安、港头刘、两步庵、车家岭、岔河庄、思里庄、焦家庄。	山宋家、龙泉赵、凤凰村、敖子埠、东曹文、南屯、天妃庙、小屯、袁小庄、逄猛王、魏岛儿河、西屯、阎家庄、小杨家庄、朱哥庄、西埠后、阡耳沟、大殷家、史大村、龙泉邵、山李家、南涝洼、西兜母宫、上庄万、泥沟泊、黄埠岭、西泥沟泊、小南庄、铁山前、青石湾、东大平、宋家茔、台上庄、高唐寨、王家庄、北山宋、东盐滩、李泊子、郝洛埠、灵湾子、小高家沟、上崖庄、赵家庄、东于家河、西于家河、吴家庄、张八湾、高家台、官廷庄、孙家沟。	龙泉张、河西孙、大燕台、王家茔、南柳圈、洋河崖、港崖庄、大朱阳、郭小庄、逄猛孙、王岛儿河、田家窑集、埕逄家、井头庄、大荒庄、周家庄、魏家庄、小殷家、郭家园、龙泉逄、柳林子、九条沟、下庄河南、王家庄、蛇浦林、双道口、东泥沟泊、窝落庄、陡崖庄、和尚庄、西大平、北庄集、小夼庄、首泉、辛安集、徐哥庄、薛泊子、十字路院、孙字沟、小庄、篆山前、殷家庄、龙眼寺、港头臧、岭头庄、周家夼、扒山庄、花科庄。	山曹家、龙泉孙、小高家沟、李子行、北柳圈、王家滩、山子庄、小朱阳、赵小庄、逄猛张、埠上庄、朱家庄、贯里庄、南马连沟、小荒庄、中埠后、徐村、山隋害、南茔、牛膝后、山王集、孙家沟、上庄徐、大桥南、台头庄、冷家沟、柳花泊、北木张口、菩陀岭、安子沟、铁锅庄、独朵子、窝驼庄、西山坡、大泊子、北山薛、管家楼、郭洛口、管家大村、英山西庄、绿豆山前、下崖庄、策李子沟、港头陈、藏家茔、港口庄、荒里、辛庄。	龙泉薛、杨家庄、龙泉戚、羡花山前庄、东柳圈、镵尖庄、小庄、董成庄、蔡家茔、庄岛儿河、店子庄、石梁杨、大杨家庄、匡家茔、岳家庄、法家庄、土山后、龙泉郑、屯里、牛膝前、陈家岭、大平、上庄、唐家埠、黄泥崖、厉乂泊、大庄南、南木张口、山神庙后、大腿洼、野鸡旺、插旗崖、寨里、西南窑、山陈家、小石头、王大庄、城子埠、张哥庄、英山前庄、下庄河北、陈家庄、赵家岭、港头李、戴哥庄、王家港、八里庄、兰古墩。

第六区

姜家庄、北崔家庄、彭家庄、谈家村集、赵家庄、东高家庄、于家村、南崔家庄、槐树底、河北庄、楼庄、侯家庵、河北庄、苏家泊、胡家牛沟、邱家屯、马家牛沟、尤家庄、逄家沟、大皇姑庵、柳家屯集、萧家屯、王乔村、孔家庄、东南庄、陈乔村、墩泊、后朱陈沟、埠上蓝、横沟庄、胶河庄、王家庄、野朱庄、小庙口、小河西、西北崖、丰台庄、河南刘集、小单家沟、六汪集、舍窑洼、塔桥集、东安子、鹁鸽洞。	陈家庄、后小庄、曹文庄、胡家村、赵家岭、龙王庄、前观音堂、大村、萧家村、西高家庄、沙北庄、高家庄、前岳家庄、范家庄、庄家牛沟集、鹿家牛沟、小寺、吴家庄、盛家庄、小黄姑庵、傅家屯、柏乡集、涝庄、龙王庙、大庄、山前庄、贺家屯、齐家沟、水城庄、王家庄、殷家小庄、夏家庄、小泊庄、东砚瓦、胡前夼、臧河崖、曹家沟、郑家庙、山周庄、柳桁沟、六汪河北、前徐家、刘家庄、砖瓦屯。	南龙池、前涝庄、沙河庄、干沟庄、曲家庄、周小庄、后观音堂、杨家庄、孙家庄、前小庄、空冲水庄、邢家岭、后岳家庄、常家庄、天台寺集、张家屯、前官庄、殷家庄、林家庄、团埠子、朱家屯、勤口庄、王家店、东台头、李窝落、徐乔村、赵窝落、东下泊、赵家庄、高木寨、后立柱集、灶户庄、店子庄、下庵庄、赵前夼、薛家茔、圈里庄、磕埠石、前六汪、孙家沟、后徐家、小官庄。	北龙池、中涝庄、罗家村、沙家庄、孟慈庄、染房庄、林家庄、辛庄、黄家窝落、松园庄、大泊庄、黔陬庄、杨家庄、侯家屯、贺家屯、孙家牛沟、后官庄、河西庄、良乡庄集、辛屯、翟家屯、后柏乡、朱家沟、西台头、崔家庄、尧王山、前朱陈沟、后沟庄、行埠岭、丰稳庄集、前立柱、前尹家沟、袁前庄、市美集、李前夼、耿家沟、辛庄、西砚瓦、小沟庄、石屋沟、宋家庄、找子庄、大吕家。	谈町铺集、后涝庄、沙南庄、郭家洼、石崖子、陡岭庄、黄家岭、董家村、里岔集、谭家埠、南小泊庄、西北小庄、三脉冢、范家屯、崔家牛沟、石坑崖、于家庄、苗家庄、青冢泊、牛家屯、陈家屯、灰沟庄、赵家庄、冷窝落、石老屯、袁窝落、蓝家庄、西下泊、米家庄、丰美庄、下河庄、后尹家沟、大庙口、大河西、王前夼、花沟庄、徐前夼、大单家沟、簸箕掌、后六汪、墨得水、小吕家。

第七区

灵山卫集、西门外、林家庄、蔡家庄、小窑庄、蒋家店、小兰东、东山冯庄、西两河、冯家滩、高家滩、郭河岩、安口庄、孟洼子、葛家庄、东楼庄、董家庄、相沟庄、小台后、烟台东、顾崖头、瓦屋沿、宅科庄、曹哥庄、徐大村、胡小庄、小哨头、刘家村、西海崖、曲家园、大马家庄、大泥沟头、团山前、崖上庄、上町庄、崖下庄、大石岭、大固庄、大屯、王家楼、前钐庄、袁家庄、张仓集、韩家庄、西北庄、后辛庄、上柴家、修家沟、辛屯、王家沟、罗哥庄、后棘林。	北门外、固上庄、白果树、张家庄、羊七岭、山子后、东陡崖、野滩庄、大卢滩、石嘴庄、山前屯、薛家岭、葛河岩、王家河、王家林、郝石桥、尹小庄、松园庄、河东庄、南洼庄、茔后庄、乔家洼、相子门、大邓陶、双凤山、黄石坎、小井庄、后营庄、石板河、桃林庄、李家庄、小泥沟头、洼子庄、张家坟、纪家店集、于家河、小石岭、东碾头、小屯、塌山河、小窑庄、小丽水、东南庄、大下庄、山牛涧、前石沟、下柴家、李家沟、李铁店集、滕家庄、金猪坑、逄家庄。	郑家庄、葛家庄、朱家庄、赵家庙、赵家庄、侯家河、西陡崖、水城集、小卢滩、孟家滩、黄山屯、王河岩、山冯家、李洼子、报卧庄、陈家庄、杨家庄、马厂庄、黄土庄、大哨头、山王家、石甲集、高小庄、小邓陶、大台庄、王家村、夹沟庄、辛庄、前小口、石屋沟、小马家庄、大豁口、大桥庄、河湾庄、南沟庄、大丽水、黄崖前、河头庄、前埠头、挪庄、后钐庄、邢家庄、黄泥港、刘枚庄、东南堐、后石沟、大陡崖、龙阁店、赵家庄、前安子沟、朱家庄、芏子口。	东门外、高家台、大岔口、开山口、蝎场子、不过山前、东两河、大荒庄、辛庄、薛家滩、阎家屋子、大庄、姜洼子、小张家、王哥庄集、李石桥、瓦屋庄、辛庄、小河东、高峪庄集、胡家小庄、鱼池庄、海崖庄、山刘庄、小台庄、萧家庄、朱家屯、东海崖、臭七园、下泊庄、黄家庄、扭行庄、西碾头集、安子庄、松山庄、山张家、马家庄、孟家庄、斜里庄、后埠头、安子沟、石人泊、埠岭庄、墨成庵、上沟庄、大于家、小陟崖、前棘林、辛兴庄、苗家河、宋家庄、梁家庄。	窝落子、南高家庄、西南庄、山前庄、小洼庄、大兰东、店头庄、黑涧庄、广城庄、孙家滩、冯家岭、郑家岩、不落林、郭小庄、王石桥、秦家庄、刘家庄、东阡庄、袁家村、茔前庄、台子沟、凤台口、梧桐涧、崔家庄、朱小庄、瓦屋庄、前营庄、山张家、后小口、张家楼集、范庄、王家洼、马家屋、周家庄、石河头、吕家屯、梁家庄、逯家庄、太平岭、祝家庄、大荒庄、杨家固、墩里庄、祠堂庄、前辛庄、小于家、别家庄、刘大村、后安子沟、朱家沟、秉村。

以上七区，共屯九十七，村庄一千三百四十六。

坛庙

坛庙以下所载建置，或修或废，均按《前志》书之，未加附注。凡自道光二十五年以后之记载，概系新增。

社稷坛在城西半里，邑人呼为北坛。明洪武八年，知州赵礼建。社主土，以句龙配；稷主谷，以后稷配。坛制：高三尺，方广二丈五尺四，出陛①各三级。北向为前，九丈五尺，后傍各五丈，缭以周垣，出入以北门。前清定制：社以石柱，稷仍用木。《山东通志》云：今以木为二神牌，祭则设于坛上。雍正十年，知州王维复建。乾隆五十年，知州张玉树重修。今碑址犹存。

神祇坛在城南半里，邑人呼为南坛。唐以前，风师、雨师各为坛。天宝时增雷师。元祀风伯一坛，雨、雷共一坛。明时增云师，合四神为一坛，洪武八年知州赵礼建，称风云雷雨坛。嘉靖时合山川共祀。清顺治初称天神地祇坛。《大清通礼》定名神祇坛，合祀山川并城隍，以云雨风雷、山川城隍为序。坛制：高二尺五寸，方广二丈五尺。四出各有陛，南陛五

---

① 陛：宫殿的台阶。泛指台阶。

级，东、西、北陛三级。四面各十五丈，缭以周垣，出入以南门。神牌以木为之，高二尺三寸，广四寸，厚五分。雍正十年，知州王维复建。乾隆五十年，知州张玉树重修。

先农坛在城东北半里，今在东圩外，演武厅旧址东南。古祀神农，以后稷配，耕耤以供宗庙，社稷则祀之。清顺治八年，举耕耤礼，祀于京师。雍正四年，九卿奉旨议通行天下州县，于该地方官择东郊洁地，照九卿所耕耤田四亩九分之数建坛。坛制：高广与神祇同。雍正四年，知州黄之瑞建。至光绪二十三年，德人入胶，耕耤礼废，碑久仆，坛亦圮。今为农会栽桑之地。

邑厉坛在城西北，俗呼为孤魂坛。《会典》：府州称郡厉，县称邑厉。胶为散州，与县同，当为邑厉。《旧志》曰郡厉，缘旧名也。明洪武八年，知州赵礼建。坛制：周围五丈，高二尺四寸，前出陛三级，缭以周垣，南向。清乾隆五年，知州陈端、州同姚廷珖、吏目宗国佐等会修。二十三年，邑人傅守钰置地三亩余，建厅堂、两厢、大门、照壁，为城隍巡所。后为傅氏续修，不具载。今大门、厅堂尚存，余皆圮。

祠庙

文庙，自齐宣王立庙于稷山，名曰孔父山。汉明帝诏郡县、学校皆祀孔子而庙堂兴，唐时州县学庙始遍天下。贞观四年，诏州县学皆立孔子庙。咸亨元年，诏州县孔子庙堂有破坏并先来未造者，令有司速事营造，庙始遍天下。学者多称夫子庙，宋称文宣王庙，元称宣庙。自唐开元以文宣王、武成王为文、武宗祀，元天历后又易以武安王，而学校乃有文庙、武庙之称。明嘉靖时，诏改宣圣庙，称至圣先师孔子庙。《大清通礼》：直省府州县庙祀先圣孔子，有监祀分主各府者主其地。文庙之文是从民间便称尔。胶州学庙，宋以前无闻，建始于金皇统末，《高志》以为大定，《刘志》以为承安，张宾雁以为皇统。《刘志》本明吴宽碑文与承安诏书。张本《王和诗序》石刻。和，为邑人。而皇统在前，故从之。吴碑盖亦本承安诏，然承安诏州县无学庙者立焉，胶为剧邑，金自天会已有其地，不当及承安始有庙，是因诏书而复修耳。大定在皇统后、承安前，《高志》不应一无所本，故皆录之。详"金石"。未详其地。张宾雁曰在西城，以元城在今城西北土城口。而刘赓庙碑云"巽隅"，故曰西城也。大定、承安间再修之，后圮废。元初假东岳庙为文庙。见王和诗序。详"金石"。前至元三十一年，州同知林鹗始修复之，学正刘世杰为碑文。未详其词。延祐元年，达鲁花赤燕帖木而改建，大学士刘赓为碑文。详"金石"。《王和诗序》云：延祐初徙。今考刘碑云：庙学在巽隅，前州同林鹗修复。修而曰复，当承元初假岳庙而言，是即和《序》所谓徙尔。又云门逵①不能旋车，东庑逼近民居，买地广袤十有一寻，是因修复之后扩而大之，不当云徙也，故曰改建。元末毁于毛贵之乱。明洪武八年，知州赵礼移建于今城内东南。其制：大成殿六楹，屋制四柱四殿。《旧志》：宋徽宗政和四年，御书大成殿额，颁孔子庙，遂为定制。东西庑各六楹，前为大成门，一曰戟门。《旧志》：宋太祖建隆间，诏用正一品礼，立十六戟于文

① 门逵：门前的道路。

宣王庙。徽宗增至二十四载。又前为泮池，《礼》：天子之学曰辟雍，诸侯曰泮宫。文庙为学宫之祀，乡学与国学之分，惟此制为明辨。又前为灵星门。灵星祀天田，盖苍龙七宿之首。祀配以后稷，汉以前制度也。元始以名坛壝之门，以《诗》毛传“丝衣①，灵星之尸也”。古迎尸于门内，故以为郊坛门，名文庙之灵星门，元无明文。《明史·礼志》：洪武三十年改建国学。帝自为规划，已有灵星门，不言始设，盖因元旧名故。《礼》以八年移庙而有此制。《旧志》以为嘉靖九年设，误，且其年无修庙之事。十九年，知州张恭、州同杜筠昌修。成化六年知州毛智、八年知州林璿、弘治元年知州鲁凯相继修。十二年，《旧志》作八年，误。知州曹嵩改建，《旧志》：拓广殿庑、斋舍，置祭器，栽树木。学士吴宽为碑文。详“金石”。嘉靖二十五年，知州杨中启增修，改学门由右。隆庆三年，邑人姜光宿、赵继业、栾尚约重修。万历十九年知州余邦辅、三十三年知州赵尚忠、四十一年知州孙枝芳并重修。四十三年，知州李尚志增修，尚书赵焕为碑文。详“金石”。崇祯十年，知州向君化重修。见“金石”。清顺治十八年，知州赵民善复修。康熙三年，总兵佟辅圣、知州郎熙化重建。七年地震，大成殿前溜倾，知州刘大庆暂葺之。十年，邑人宋可发重修。十二年，学正赵秉正继修。四十八年，知州龚大良重修。《旧志》：开拓垣墉②，立石为界。五十七年，知州高泽寰重修。见“金石”。五十八年，大水泛溢，毁其半，副将王来祐、训导杨士玉倡捐重修。乾隆六年，知州陈端重修。十七年，知州周于智倡捐重建，知州宋文锦继之。四十九年，知州顾昌运重修。见“金石”。嘉庆二十五年，知州戴屺修，未毕。道光十五年，屺再任重修。详“金石”。光绪三十三年，孔子升为大祀，庙制：大门、大成殿、御碑亭，旧制皆覆黄瓦，余覆绿瓦，今改为通覆黄瓦。胶以工款未筹，不果行。民国五年，大成殿前东庑后壁坍塌，由劝学所拨学款重修。十年，知事陈训经以学宫久荒，与邑绅公议重修，用按亩抽捐法筹备工款。延至十四年，知事管炳交莅胶，始与邑绅高振洙、匡纯熙等会议，先择要修理，遂于是年八月兴工，仅将大成殿、大成门、崇圣祠修讫，因款无几，停工。十五年，复筹款开工继修，自群墙、月河、两庑及文昌阁、忠义孝弟、名宦、乡贤、节孝各祠，均次第修整。十六年十月始完全告竣。

崇圣祠，旧曰启圣祠，清雍正元年改今名。在戟门东。明万历六年知州楼楙中建，生员赵怀慎捐赀成之。清顺治十八年，知州赵民善修。康熙七年地震，墙复倾，生员杨希震等重修。乾隆六年，知州陈端重修。道光十五年，知州戴屺重修。民国十四年，邑绅高振洙、匡纯熙等监修。

文昌宫，文昌本星神之祀。《周礼》：“以槱燎③，祀司中、司命④。”郑康成以为文昌第五星、第六星。《晋书》《隋书》南郊从祀，皆以文星次于北斗，于坛不于庙。《明史稿·礼志》“梓潼帝君者”记云：“神姓张，名亚子，居梓潼七曲山。《山东通志》：越嶲人，因报母仇，居剑山之七曲山。仕晋战没，人为立庙。”唐玄宗、僖宗、宋咸平中屡封至英显王。道家谓“上帝

---

① 丝衣：一般指《诗·周颂·丝衣》，是周代贵族举行“宾尸之礼”时所用的乐歌。

② 垣墉（yuán yōng）：墙。

③ 槱燎：古代封禅祭天的一种仪礼。把生牛等祭品放在柴堆上焚烧，使其上达于天，以祀天神。

④ 司中、司命：司中主生，司命主死，故并祀之。

命梓潼掌文昌府书及人间录籍”，故元加号为帝君，而天下学校亦有祠祀之。《山东通志》：唐明皇西狩追封左丞，僖宗入蜀封济顺王，宋咸平中改封英显王，元加号“辅元开化文昌司禄宏仁帝君”。《济南府志》：明景泰五年，敕赐文昌宫额，令学校祀之。清嘉庆六年，太常寺奏府州县各立文昌宫，升为中祀，祭以太牢，并追祀先代。《明史稿》以为梓潼帝君与文昌无与，宜罢学校之祀。朱竹垞彝尊①、桂未谷馥②，皆以为天神之祀，必有配享，文昌亦宜有配享。《大清通礼》载祀文昌祝文，文昌六星、梓潼、桂籍③事举备，盖因元明故礼而加崇，后儒配享之说似为近之，然今为正祭。宫在文庙东南，平地起楼，高二丈余，上下二层，下即魁星阁。明万历三十五年，知州赵尚忠创基。三十六年，知州黄烺、苏希瞻建。四十三年，知州李尚志修。清乾隆三十年，知州李瀚重建。道光十五年，知州戴屺重修，改角门于阁西。又，文昌庙在城东南半里，始建不详。乾隆六十年，知州刘尚惠重建。道光二十五年，邑人重修。城内阁高地狭，不便行礼，春秋祀文昌皆在城外庙中行事已久。惟上丁祀魁星，犹在城里阁内。烟台岭魁星阁在城东南十余里，岭之最高处，取名文笔峰。

名宦祠《旧志》：明洪武四年，诏天下学校各建先贤祠，左祀贤牧令，右祀乡贤。《大清会典》：古今圣贤、忠臣、烈士、名宦、乡贤载在祀典者，令有司岁时致祭，定制设祠于学宫内，亦以上丁致祭。按：胶之名宦、乡贤祠始于明弘治十四年，知州曹嵩建祠戟门左，名尚贤祠，合祀秦汉以来名宦、乡贤二十三人，其后分祠各祀，不详何时。万历四十一年，知州孙枝芳重修名宦、乡贤二祠，邑人匡铎捐资成之。四十三年，知州李尚志改建二祠于启圣祠前，今在戟门左右。在戟门左。顺治十六年，大雨倾为平地。康熙四年，邑人宋可发重建。乾隆六年，知州陈端重修。道光十五年，知州戴屺重修。祀：汉胶西相董仲舒；胶东相张敞、王成；东汉胶东相吴祐；宋密州守苏轼；金胶西主簿房周卿；元州倅④林鹗、柴本立，监州脱欢；明知州赵礼、张恭、文敏，学正王振宗，训导任纶，知州仇镇、董鼐，州同杜筠昌，知州毛智、林璿，州判孙纮，知州张铨、高文登、陈辅尧、王献吉、徐律时、高瀛台；清知州赵民善，参将吴友名。本省檄令通祀者。赠大学士吏部尚书宋学朱，总督直隶山东河南等处兵部尚书、谥“勤愍”朱昌祚，总督直隶山东河南等处兵部尚书李荫祖，山东巡抚李錡、杨延耀、郎永清，山东学政赵申季、任塾，山东布政使卫既齐、侯居广、陈继新，山东按察使蔡琦、吴毓珍、苏昌臣，山东督粮道朱廷桢，山东驿传道韩镐、宋广业，登莱青海防道丁蕙、连登，山东按察使、前任胶州知州李文耕，山东盐运使王廷抡、罗铨，山东河南总督田文铠，山东总督祖泽溥，莱州府知府杨声远、惠庆，山东通省总镇王文雄，山东布政使刘斯嵋，胶州知州张同声。据《通志》增连登等七人。

乡贤祠《会典》同“名宦祠”。在戟门右。康熙七年，地震圮。十年，知州孙蕴韬、学正赵秉正重建。乾隆六年，知州陈端重修。道光十五年，知州戴屺重修。祀：秦柏兰将军；汉娄敬、盖公、费直、公沙穆、公沙孚、庸谭；元刘璿、泰州知州张缉、翰林院编修张复初；明浙江左布政使张绅、中书左丞殷哲、绍兴府知府杨可久、刑部侍郎崔衍、阳武侯薛禄、兵科

① 朱竹垞彝尊：即朱彝尊（1629—1709），号竹垞（chá），清朝词人、学者、藏书家。
② 桂未谷馥：即桂馥（1736—1805），字未谷，山东曲阜人。清代书法家、训诂学家、篆刻家。
③ 桂籍：科举登第人员的名籍。
④ 倅（cuì）：副，辅助的。州倅，指州官的佐贰，主管的幕僚。

给事中李纲、大同府知府栾瑄、宁夏巡抚韩福、广东按察司副使匡翼之、太仆寺寺丞高迪、怀庆府同知邓中和、通判崔志仁、岳州府知府李元芳、河南按察司副使赵慎修、陕西按察司佥事匡铎、周府长史①张鲤、赠文渊阁大学士高梦说、赠归德府知府高应辰、举人袁学古、河南按察司副使高锵、进士赵效、户部主事于从政、完县知县高翮、乾州知州王楫、赠按察司佥事高瀌、鹿邑县知县纪懋勳、吏科给事中宋可久、西和县知县高衍庆、进士赵开成、赠扬州府通判王惟一；内有高公神碑，名失考。清赠户部主事李恪、赠怀远将军赵怀慎、赠山西按察使宋之曾、赠太常寺卿张宏范、赠广东布政司参议赵麟祥、赠陕西道御史王文炤、赠太常寺卿张熙、赠安徽布政使法寰、湖南按察司佥事李世铎、广东布政使宋可发、赠广西提学道王子信、封广西提学道王柱今、广西提学道王如辰、福建提学道高曰聪、翰林院侍讲赵文煛、举人王如春、湖州府同知赵泰甡、工部侍郎王懿、赠河南候补府经历徐守谅。守谅新增②。

忠义孝弟祠《会典》：雍正元年，礼部议覆③，行令直省州县各建忠义孝弟祠于学宫内，春秋致祭。在文庙西。雍正三年，知州郑为龙建。道光十五年，知州戴屺重修。祀：秦柏兰将军；宋潍州知州祁炜；元监州脱欢、刘濬、泰州知州张缉；明李缙、王斌、姜文盛、王世道、庠生栾大道、武德将军匡允中、监生冷时泰、陕西按察司佥事匡铎、进士匡延年、赠文渊阁大学士高梦说、庠生冷若虚、举人袁学古、冷国治、王肱、高三重、姜桃桢、孙必登、高嗣吕、高景安、魏诏爵、郭环胶、赠按察司佥事高瀌、鹿邑县知县纪懋勳、女姑营千总杨京、文渊阁大学士高弘图、庠生宋献璧、赵运昌、河南道御史高允兹、建宁府知府高简；清赠怀远将军赵怀慎、赠山西按察使宋之曾、赠怀远将军赵佐、赠太常寺卿张宏范、赠陕西道御史王文炤、赠太常寺卿张熙、赠安徽布政使法寰、赠贵州道御史匡如檟、贵州道御史匡兰兆、廪生张若敛、儒官张启先、登莱道徐大用、署胶州知州李煌、胶镇旗鼓司张思选、邓可茂、王乾、署沂镇守备李成蛟、王笃生、仇文玉、庠生周道恺、高攀贞、赠中宪大夫周相龙、封武翼都尉杨世选、议叙八品衔赵湘、庠生赵恩普、从九品赵恩沛、举人冷馨德、郓城县训导张书绅、岁贡生宋舒翘、候选训导高徽琛、布政司理问④徐玟，武进士潮阳营游击王懋勳、武举王国梁、武举高镇方、武生李鸿、诰封文林郎宋辉祖、光禄司署正黄宗训、六品衔黄宗文、从九品张应田、刘珍、张于皋、廪生宋相运、冷昀扬、增生冷茂馨、庠生高徽峨、宋学经、宋玉衡、高徽域、宋翔鹤、王凤仪、刘彩章、徐守炯、宋翔南、杜淇、儒童赵仕志、黄建堂、黄昭湘、黄建庆、黄守镛、处士高徽玟、监生王登高、黄建檀、黄守镇、赵岳榻、徐应□，登中营经制外委高殿甲、随朝伴官洪毓琛、例授承德郎王贞吉、孝子王聿新、郭鹏扬、宋汝增、王受训、武生赵庆擢。杨世选下增五十人。

---

① “史”，底本作“使”，据道光《重修胶州志》改。

② “增”，底本作“赠”，讹。据上下文义改。

③ 议覆：议论后答覆。

④ 理问：审理，讯问。亦为官名。元行省有理问所，置理问、副理问等官；明清时为布政使司直属官员之一，掌勘核刑名。

节孝祠《会典》：雍正元年，礼部议覆，行令直省州县各择公所，建节孝祠，春秋致祭。在文庙外迤东。雍正七年，知州黄之瑞建。道光十五年，知州戴屺重修。所祀姓氏详“列女传”，兹不复。

关帝庙在城东门外。唐建中三年，配享太公庙，专祠，未详所始。唐德宗建中三年配享。礼仪使颜真卿奏“治武成王庙，请如《月令》，春秋释奠”。诏馆定可配享者，列古今名将六十四人，蜀前将军汉寿亭侯与焉。元明宗天历九年，封“显灵威勇武安英济王”。《山东通志》：明初复称汉寿亭侯关公庙。万历二十二年，赐额曰英烈庙。张尔岐《蒿庵闲话》曰：“明初复称汉前将军。万历末，内出金牌敕封三界伏魔大帝神威远振天尊关圣帝君，于正阳门外祠醮三日，太常祭祀则仍旧称。天启间，部覆得旨称帝君。”清初曰关圣庙。顺治九年，封“忠义神武关圣大帝”。雍正三年升为中祀，用太牢，追崇三代，封帝曾祖为光昭公，祖为裕昌公，父为成忠公。宋荦《筠廊偶笔》：《蒲州关侯祖墓记》，冯子山公[①]撰：康熙十七年戊子，解州有常平士于昌者，读书塔庙。塔庙，关侯故居也。昌梦侯授以“易碑”二大字，惊而寤。见浚井者得巨砖，碎之，砖上有字。昌急合读，乃侯之祖考两世讳字、生卒甲子大略。循山而求，得墓道焉，遂奔告解守王。朱旦作《关侯祖墓碑记》，载侯祖石盘公，讳审，字问之，和帝永元二年庚寅生，居解州常平村宝地里。公冲穆好道，以《易》《春秋》训其子，卒于桓帝永寿三年丁丑，享年六十八。子讳毅，字道远，性至孝，父殁庐墓三年，即免丧，于桓帝延熹三年庚子六月二十四日生侯。侯长，娶胡氏，于灵帝光和元年戊午五月十三日生子平。其大略如此。今以五月为帝诞辰，六月为帝忌辰，据此似有误。乾隆三十二年加封“忠义神武灵佑关圣大帝”。《济南府志》：二十五年，山东按察使沈廷芳以易谥上请奉旨定曰“神勇”。三十二年又加封。嘉庆十九年加封“仁勇”。道光八年加封“威显”，曰“忠义神武灵佑仁勇威显关圣大帝”。庙在城东门外，明万历时建，清顺治间，邑人赵履丰重修。《高志》云：“关帝庙在州城南，康熙七年地震，圮，邑人宋可发重建。”不载建始。又载“关帝庙在城东门外，明万历间，郡人赵佐妻张氏捐地建，有碑。清赵履丰重修”。《刘志》惟载东门外庙，盖以官祭在此是矣。而亦曰宋可发重建，则误合城南之庙而一之。按：《高志》曰捐地建而不书建之人，则属官建。可知以万历时有“协天大帝”之封也。其后赵履丰修，则以继其先志，若庙亦属赵氏修者。雍正十三年副将张孟仪、乾隆十八年知州宋文锦并重修。五十年，知州张玉树重建。嘉庆五年，知州刘复善重修。道光九年知州王镇重修，二十一年知州韩亚熊重修。光绪九年，知州李翼清、副将玉山仝修。民国三年，陆海军呈请以岳忠武王与关壮穆侯合祀。四年，奉令通行。十二年，县知事王大成与邑绅筹拨公款重修，改名关岳庙。

八蜡庙在东门外，始建不详。《旧志》：明天顺六年，知州董鼐重建。清乾隆二十六年，知州李瀚重修。《刘志·祀典》引《礼·郊特牲》：一先啬、二司啬[②]、三神农、四邮表畷[③]、五猫虎、六坊、七水庸、八百种[④]。按：《通考》谓汉儒改昆虫为百种，以为昆虫为民害，不宜祭。不知正祭除昆虫之神禳[⑤]民害，非祀昆虫也。易以百种，反与司啬诸神相复。道光二十六年，知州张同声重修。民国八年至十年，蝗灾，邑人感神佑，十年夏阖州重修。

---

① 冯子山公：底本作“冯子山”，即冯景，字山公，一字少渠，浙江钱塘人。宋荦《筠廊偶笔》记录了蒲州朱旦所作《关侯祖墓记》，并认为“事奇而不雅驯，以示吾友冯子山公”，山公走笔重新作《记》。“子”为敬称。

② 先啬、司啬：都是农神。啬后来作“穑”，收割谷物，后也指管理农事的官。

③ 邮表畷：泛指田间道路神。邮，田间庐舍。表，田间道路。畷，田间小道。

④ 百种：司百谷之种之神。

⑤ 禳(ráng)：祭名。祈祷消除灾殃、去邪除恶之祭。

刘猛将军庙，《山东通志》：《周礼·族师》“春秋祭酺①”。酺与步同为人物灾害之神。宋绍兴中议举酺祭，蝗灾，则祀之。今祀刘猛将军，祭酺之遗制也。《大清通礼》：神为刘承忠。《饶阳志》：“承忠，年十八。元末为封川副指挥，善逐蝗，以战死王事。”明洪武初封为“刘猛将军”，初立庙于广川。清雍正四年，令天下州县皆立庙，列入祀典。《通志》以为南宋刘宰，邵晋涵②《柚堂笔谈》以为北宋刘武穆锜，《苏州志》以为武穆弟銑，皆非是。自明以来庙貌皆少年，《通礼》不误也。庙旧在城外。乾隆十四年，知州朱若炳移建城内仓巷北。道光十六年，知州戴屺重修，今废，改设小学堂。

玉皇宫在城东南里许，始建不详。清咸丰十一年，邑绅彭守庸等监修。光绪十七年，阖州重修。

天后宫，天后姓林氏，明莆田《天妃圣母庙记》：唐牧裔都巡检林公愿女，《山东通志》误作“源”。母王氏，宋太祖建隆庚申三月二十三日生妃于莆阳湄屿。太宗雍熙戊子九月九日化升乡人，立祠于莆田，后屡著灵应，濒海郡县多建祠祀之。宣和四年，始赐顺济庙额。绍兴二十六年，始封灵惠夫人。绍熙元年，始进爵灵惠妃。元至元十八年，始进封护国明著天妃。《明史》：永乐七年，封“护国庇民妙灵昭应宏仁普济天妃”。清康熙二十三年，江浙闽广抚镇奏请加封“护国庇民妙灵昭应弘仁普济天后”。宋庆元六年，追封天后父曰“灵感嘉佑侯”，母曰“显庆夫人”。清道光二十三年，加封天后父曰“灵感嘉佑衍泽公”，母曰“显庆衍泽夫人”。宫在城东南半里，始建不详。康熙六十一年，知州成永健③重修，后由海商续修。光绪十四年，南北众商重修。

王母宫在城东二里许，始建不详。清光绪二年，知州李翼清重修。十九年，知州许颂鼎、宋森荫等先后继修。二十三年，邑人张基昇重修。

城隍庙，本坛祀，唐人始有《祝城隍庙文》。明洪武二年，封州城隍为灵佑侯。见“金石”。庙在西门外，始建不详。明洪武二年重修，未备其制。八年，知州赵礼增建。成化十五年，知州毛智重修，见“金石”。嘉靖七年，知州邱凤来、二十九年邑人匡天伦相继修。万历十七年，邑人姜继曾、匡铎重修，铎捐地以拓其制。清雍正五年知州黄之瑞、乾隆二十七年知州李瀚并重修。五十四年知州张玉树、嘉庆六年知州刘复善并重修。道光二十四年，知州张同声重修。光绪三年，知州李翼清同邑绅匡源等重修。九年，又与邑绅傅儒功等同修。民国十年，阖邑重修。见“金石”。

赵公祠在城隍庙大殿东，清康熙元年建，祀知州赵民善。见“金石”。

龚公祠在城隍庙大殿西，清康熙五十二年建生祠，祀知州龚大良。见“金石”。

火神庙，本《月令》炎帝祝融之祀。宋以祀大火配阏伯④，元封宣王，明祀火神、炮神，并用于军礼，清曰司火之神。《刘志》：庙在西门外，始建不详。旧官祭所在，一在城东南里

---

① 酺(pú)：神名。主人物灾害。
② 邵晋涵(1743—1796)：清代著名学者，史学家、经学家。
③ “健”，底本作“建”，据民国《增修胶志》卷一四《职官志·清职官》改。
④ 阏伯：火正，被后世尊称为火神。

许。《高志》：顺治间建。嘉庆二年，知州徐绍薪以火神不宜在西方，始移祭于此。光绪二十三年，邑人曾鲁信重修。

海神庙在城东南，火神庙后。《高志》：天顺六年，知州董鼐建。万历七年，知州楼楸中重建。见“金石”。清嘉庆十三年，知州徐绍薪重修。同治十三年，南北众商同修。

马王庙在州署东，始建不详。清嘉庆十七年，知州周履端重修。一在西门外北偏。《高志》：顺治元年建，道光十五年知州戴屺重建。以后庙中主持僧自行修理，不具载。《明史》祭马祖、先牧、马社、马步之神。按《周礼》注：马祖谓“房宿[1]，天驷[2]也”。

真武庙在北城上，邑人称为北极台。明洪熙元年建。见“金石”。本《月令》颛顼、玄冥[3]之祀。宋以来祀玄武七宿，以避讳改玄为真，神前有龟蛇之像。石申曰：斗[4]，龟蛇蟠结之象，牛蛇象，女龟象，虚、危、室，皆蟠结之象。明封北极佑圣真君，清代因之。康熙七年，地震圮。十二年，邑人宋可发重建。道光二十四年，知州张同声重修。

先医庙在城东门外，即元之三皇庙。自明以来，州县惟得祀两庑，改曰先医。明崇祯元年，知州萧尚宾建。清光绪十四年，阖州重修。《元史》“郡县三皇庙”：元贞初，命郡县通祀三皇，如宣圣释奠礼。太皞伏羲氏以句芒氏之神配，炎帝神农氏以祝融氏之神配，轩辕黄帝氏以风后氏、力牧氏之神配。黄帝臣俞跗[5]以下十人，姓名载于医书者，从祀两庑。有司岁春秋二季行事，而以医师主之。明洪武时，以民间祀三皇为卑亵，改曰先医，而三皇之像未之敢毁。

东岳庙在城西南隅，《高志》：金天德二年建。明天启三年，山东平阳府赵城县主簿[6]宋时雍同邑绅重建。见“金石”。乾隆二十九年，知州李瀚重修。宣统三年，阖州重修。又泰山行宫在城正南隅里许。俗名“杨家庙”。

旗纛[7]庙，明时建于州署东千户所后，久废。庙祀营武之神，凡七位，南向，共一坛。霜降后祭。逢霜降日，武弁率所属致祭于演武场，即其礼也。今废。

二神祠，相传为汉萧何、曹参，在州署仪门外迤东。明万历元年，知州王炎建。清道光十五年，知州戴屺重建。光绪十四年，知州孙符乾重修。

狱神祠，《瓮牖闲评》：“狱神，本皋陶之祀。”在州署仪门西。明万历元年，知州王炎建。清道光十五年，知州戴屺重建。光绪十四年，知州孙符乾重修。

柏兰将军祠在城北三十里柏兰村，今废。详“讹疑”。

董公祠，《高志》：在东门，内塑汉董仲舒。今废。详“讹疑”。

庸生祠在城西北七里砚里庄，即生故里。始建不详。乾隆五十一年，知州张玉树重建。道

---

① 房宿：二十八宿之一。

② 天驷：即“房宿”“房星”，指神马。

③ 玄冥：水神名。

④ 斗：北方七宿之一，北方七宿为斗、牛、女、虚、危、室、壁。

⑤ 俞跗(fū)：相传上古黄帝时有名医俞跗，参见《史记·扁鹊仓公列传》。

⑥ “簿”，底本作“薄”，讹。据上下文义改。

⑦ 纛(dào)：古时军队或仪仗队的大旗。

光四年，知州冯云鹓修。十三年，知州吴梯重修。祀汉儒庸谭。明大学士毛文简公纪《谒庸生祠[①]》诗："败屋颓垣带薜萝，断碑岁月记宣和。而今祭祀乡人少，伊昔谈经弟子多。雨砌行蜗留篆字，风林啼鸟想弦歌。我来仰止仪型在，敬采蘋[②]花酌涧波。"学正王振宗诗："胶东大儒人不识，至今遗像在山侧[③]。荒祠寂寞几经年，涧草岩花自春色。穹碑屹立当庭心，篆文磨灭苍苔深。天寒日暮鸟声绝，黄叶萧萧风满林。"

张司空祠在城西南七里计斤社，详"讹疑"。

阳武侯祠在城正南隅。明万历二十七年，知州汪兆龙建，祀明赠鄞国公薛禄，久废。

李岳州祠在城西南隅。明隆庆二年，山东六府人公建生祠，祀明岳州府知府李元芳。门首有坊。万历十五年，知州严思恭立。清康熙四十三年重建。乾隆四十一年，知州王溥重修。道光二十四年，知州张同声重修。

六贤祠在城西里许，始建不详。乾隆五十四年，知州张玉树重建。道光十三年，知州吴梯重修。祀：秦柏兰将军、汉胶西相董仲舒、庸生谭、晋司空张华、明阳武侯薛禄、岳州府知府李元芳。每岁春秋致祭，今废，惟二碑尚存。见"金石"。

高相国祠，旧曰表忠，今曰愍忠。旧在城南水月庵。清康熙间，知州龚大良建。后移东门里仓巷，祀明文渊阁大学士高弘图。每岁春秋致祭，民国成立后，祀典废。

愍忠祠在城西里许，与六贤祠比邻。清顺治十年建。乾隆五十四年，知州张玉树重建。道光十三年，知州吴梯重修。祀明文渊阁大学士高弘图、清莱胶道徐大用、署胶州知州李煌、胶镇旗鼓司张思选。每岁春秋致祭，祠久圮，祀典亦废。

忠亲王庙在东关天后宫迤东。清同治四年，僧格林沁督剿捻匪，战殁于曹州，奉旨令直省州县皆立庙。春秋致祭，赐谥忠亲王。清光绪六年，知州李翼清建，见"金石"。民国成立后，祀典废。

官廨[④]

州署在城内西北。明洪武四年创建。八年，知州赵礼继之，乃备其制。成化、嘉靖间，知州毛智、刘鲸、张铨等相继修葺。万历元年，知州王炎建迎宾馆于大门内迤东。五年，知州楼楙中建思补轩于三堂东。九年，知州武成重修。清顺治八年，毁于火。九年，知州王星华重建大堂为亲民堂。十六年，知州赵民善重修。康熙三年，知州郎熙化重修，建楼于内寝，名五子楼。七年，地震圮，知州刘大庆复之。十年，知州孙蕴韬重修。乾隆十年，知州陈时

---

① "祠"，《山东通志》和乾隆《胶州志》均作"庙"。

② 蘋(pín)：多年生水生蕨类植物，茎横卧在浅水的泥中，叶柄长，顶端集生四片小叶，全草可入药，亦作猪饲料。亦称"大萍""田字草"。

③ 乾隆《胶州志》为"至今遗像青山侧"。

④ 官廨(xiè)：官署，旧时官吏办公处所的通称。

贤改思补轩为春露堂，后因年久失修，不堪居住。同治四年，知州陈代卿借居胶西书院，以后历任州牧皆借书院为官舍，旧署遂圮，惟房科①、班役②各房俱存。光绪十四年，知州孙符乾集款重修，逾年工竣。惟迎宾馆久废未复，余概复旧观。大门东为申明亭，西为旌善亭，今存。再进为仪门，直北大堂三间。《前志》为五间。左右为库，翼室为吏舍，前为戒石亭。再进为二堂三间，东西翼以厢房，旧制左为赃罚库，右为炉房，今废。再进为三堂三间，左东院、北花厅、南书房各五间。三堂后为寝室五间，又后为五子楼，楼后为十八间房，共计房一百三十间。光绪三十年，胶州直隶州辖高、即两县，改为直隶州署。民国二年，裁州为县，改为县署。三年，知事易扬远复于寝室西偏，将督捕署后旧址划入，改作花园。北构书房三楹，中建小亭一座，亭西垒石为假山，环以曲池，以为公余憩息之所。十八年，改县署为县政府，九月重修大堂，匾额旧为“亲民堂”，今改为“大礼堂”。大门内坊旧书“天威咫尺”，今易“天下为公”四字。大门外照壁素画总理遗像并书遗嘱、遗训等。

州同署在州署东，始建不详。道光十九年，州同邬椿重修。光绪十八年，州同彭松年重修。民国二年裁缺，改为女学校。

吏目署在州署西，旧为州判署。明永乐五年，州判韩景建。天启间裁州判，改为吏目署。民国二年裁缺，改为管狱员署。十八年，改为法院。东、西法庭二处，全院共房二十五间，九月建修，计用款三千二百六十元。

儒学署，学正宅在明伦堂东，训导宅在崇圣祠后。明弘治十四年，《旧志》作八年，误。知州曹嵩建。民国二年裁缺学正宅，改设视学所，后改为劝学所，今改为教育局。训导宅改设教育会。今废。

石河场大使署，旧在城正南隅。《高志》云，久为有力者侵没，今场官皆赁民房以居。清嘉庆十七年，移城内西南运判旧署。民国二年裁缺，署废。另设盐场所，移居金口。九年，奉令变卖官产，盐署卖与居民。

灵山卫巡检司署在卫城内北街。民国二年裁缺，改为警察分所。

协镇署在城内西南，旧为总兵署。本明大学士高弘图第，叛镇海时行假名逃产，据为署。清康熙二十一年，裁总兵改为协镇署。民国二年裁缺，署废。九年，奉令变卖官产，卖与居民。

都司署在城外西南隅寺门首街，即慈云寺旧址。始建不详，或云清乾隆元年。改守备为都司。旧守备署在西门外马王庙前路西，裁后废为民居，都司署亦久圮，历任都司皆住民房。民国二年裁。

游击署，旧在城南隅水寨街，街以是得名。清雍正十一年，移建城东南二十里头营子。民国二年裁。

灵山卫驻防千总署在卫城北街。民国二年裁缺，改为巡警分局仓库。常平仓，始汉宣帝时耿寿

---

① 房科：旧时官衙里的下级办事人员。
② 班役：差役，当差。

昌，系官所和籴[1]。义仓[2]，始隋长孙平，系民间自出，即社仓也，后世又别之耳。清康熙十八年，题准地方官劝谕官绅士民捐输米谷，乡村立社仓，市镇立义仓。

常平仓，一在城内东北隅。《高志》：明洪武八年，知州赵礼建，共廒一百二十间。《刘志》云一百二十六间。清顺治、康熙间续建，官氏不详，碑载"金石"。道光十六年，知州戴屺重修。一在王台，《刘志》：七十间。又灵山卫仓二十一间，久废。又预备仓，《高志》：旧在六乡，明天顺六年，知州董鼐移建州署东。万历九年，知州王炎改建州署大门内旧吏廨前。共廒房十九间。社仓：万历十八年，知州余邦辅建，共十三所，东西二仓，初卜东西二隅，后改预备仓，旧址合为一所，共廒房七间，看守房二间；建信乡仓二所，一在苑哥庄，一在鲁哥庄；济实乡仓二所，一在王台社，一在周村社；利涉乡仓二所，一在马店集，一在店口社；招贤乡仓二所，一在谈疃铺，一在塔桥社；利民乡仓二所，一在王哥庄集，一在张仓社；沾化乡仓一所，在逄猛社。每仓各廒房三间，看守房二间。今惟王台社仓尚存，余皆废。光绪八年，知州李翼清劝令富户捐谷，存储城西隅坊子街，名曰义仓，今存。

官库，东西各三间，在县署大堂左右，东贮赋税，西贮兵械。

财政局，原名财政管理处，在胶西书院旧址西偏。民国六年，知事易扬远设。十八年七月，奉令改名财政局。

公安局，民国十八年八月创立，在旧驴市乾昌当店。十九年七月迁城隍庙改建。

教育局，原名劝学所，就旧学正署改建。民国十二年七月更名教育局。

建设局，民国十八年五月创立，初在坊子街百子庙内。十九年一月迁马王庙东院改建。

学官

明伦堂　元世祖至元十三年，云南行省平章赛典赤[3]始建明伦堂，购贮经史。因下其式于诸路，明洪武十五年诏置卧碑于明伦堂。在大成殿后，始建不详。明万历三十六年，知州苏希瞻重建。四十三年，知州李尚志重修。清乾隆六年，知州陈端复建。十七年知州周于智、五十二年知州张玉树并修。道光十五年，知州戴屺重修。

敬一亭　明世宗嘉靖五年，作《敬一箴》，颁之太学，遂诏郡邑学校皆行镌石并刊《程子四箴》《范氏心箴》，作亭覆之，因名。在明伦堂后。明万历三十六年，知州苏希瞻创建。见"金石"。四十三年，知州李尚志重修。清康熙四十四年，知州龚大良、学正魏鸿祚重建。雍正六年，学正史继经重修，后圮。

---

① 和籴：古时官府以议价交易为名向民间强制征购粮食，合籴者为常平仓。
② 义仓：隋以后各地为备荒而设的粮仓。
③ 赛典赤：全名为赛典赤·赡思丁·乌马儿，元代政治家。

尊经阁 元仁宗延祐二年，常州路总教史壎即郡庠建尊经阁以储书籍。诏天下学校皆建阁。在明伦堂后迤西，久圮。

斋房在明伦堂东。明弘治十四年，知州曹嵩建，久圮。

射圃 义始于古泽宫之制，明洪武二十五年定制，每月朔望习射于射圃。树鹄置射位，初定三十步，加至九十步。在明伦堂西，今名箭道。《高志》谓“在东门外八蜡庙后”，非是。按：在东门外者，乃武榭阅兵之所，学宫射圃、武生月课之制，不相涉也。

泮宫坊在灵星门西。明万历四十三年，知州李尚志建。清乾隆六年，知州陈端复建，今存。

灵山卫学宫，旧在卫署东。明正统元年，莱州府通判任经、指挥使萧俊建。弘治元年，胶州知州鲁凯修。见“金石”。正德元年，指挥使龚铨重修。清康熙七年，地震圮，教授常天祚重建。四十一年教授刘景和、四十九年教授李生梓并修。雍正十二年，裁并卫学后，皆卫人续修。自民国十一年，经土匪损坏过半，邑人陈熙翰、张国秀募款重修。

胶西书院在州东门里。乾隆五十一年，知州张玉树创建，倡捐银三千余两，以其息为经费。嘉庆十年，知州爱星阿增修。道光十五年，知州戴屺重修。二十四年，知州张同声重建。光绪三年，知州李翼清由愉兴当店东捐款拨钱三千吊，作为胶、灵书院生童膏火息本。并详“金石”。十九年，知州许颂鼎重修。颜后堂曰崇雅轩。三十一年诏停科举，书院废。今改设财政管理处，同善、因利两局。

仰山阁在书院大门内迤东，今存。

珠山书院在州城南水寨街西巷。乾隆十四年，知州朱若炳①创建。十五年，知州周于智继之，工始竣，倡捐银一千两，以其息为经费。道光二年，知州李文耕移建南门外墨河桥北路东。五年知州冯云鹓修。十五年知州戴屺重修。后久圮未修，月课并入胶西书院。光绪二十七年改试策论，遂废。今旧址变卖于居民，见“金石”。

灵山书院在卫学宫后。清乾隆五十一年，知州张玉树创建。道光十五年，知州戴屺重修，后月课并入胶西书院。光绪三十一年诏停科举，遂废。

考院在州东门里。清道光二十五年，知州张同声创建。二十六年，巡抚觉罗崇恩大阅过胶，题院内大堂额曰“思乐堂”。光绪三十年②，胶升为直隶州，辖高、即两县。三十年，知州余则达增修考院，以备胶、高、即文童州试。自三十年甲辰兴修，次年乙巳工竣。院门西建官厅三楹为提调点名处，大门内东厢三间为州尊点名处。二门内列东西号房，共计四十二间。正北建楼三楹，下为暖阁，东西为翼室，楼后北厅三间，颜曰海天抡秀。东西厢房各三间，共计房七十二间，见“金石”。三十一年，诏停科举，废考院，改建高等小学校，今改名第一小学。

义学，《旧志》“社学”。明万历十九年，知州余邦辅创建十所：一在城正东隅八蜡庙

---

① “朱若炳”，底本作“宋若炳”，讹。据道光《重修胶州志》改。

② “三十年”，底本作“二十五年”，讹。据民国《增修胶志·大事记》改。

前，一在正西隅城隍庙右，一在西南隅三清庙前，一在正南隅洪福寺西，外六所在六乡。清康熙四十六年，知州龚大良建义学三间于学宫西偏，建社学三间于北乡马店，皆久废。道光二年复设东隅义学在八蜡庙，西隅义学在六贤祠，南隅义学在海神庙，知州李文耕立。北隅义学在关帝庙，道光十六年知州戴屺立。又，介东义塾在三里河，道光十一年寿官①刘炆立，置田二十亩，附贡高徽鐄捐屋基助之。咸丰十一年，捻匪之乱，生息家多毁于火，义塾遂废。光绪元年，知州李翼清捐资复设西隅义塾，又于灵山卫、薛家岛、七及集增设义塾三处。十六年，知州孙符乾及同城官僚并捐廉及海舢耗羡，设立义塾，斋分三等。初在文庙东西庑，后移于城南隅分水岭，名曰育才义塾。咸丰初年，邑人刘殿元设立介东义塾，次年赵涵吉设立介西义塾。光绪初年，黄县商民张允武设立义塾三处：一在祠堂庙街，一在北佛地庙，一在王家庄。光绪二十八年，知州余则达又添设王家庄、庸村、二十里堡三处义塾。停科举后，均改为蒙养学堂。三十二年，知州德林又添设蒙养学堂七处：一在玉皇宫，一在王母宫，一在准提庵，一在薛家庙，一在伏魔庵，一在萧家庄，一在王台，旋改为初等学校。

师范讲习所，初在书院，民国四年建立。十六年移小桥南头路东。详“学校”。

达材学堂在城南门里。清刑部员外郎王士庥旧宅，后变卖建立学堂。清光绪二十七年，知州张承燮建，后改名高等小学校。民国四年，因陆军驻胶，旧达材学堂为陆军营部借住，高等小学校移于胶西书院。六年移于考院。十七年改名第一小学校。详“学校”。

职业学校在东隅水寨街师范讲习所旧址，民国五年改建。详“学校”。

第一小学校 详“学校”。

模范小学校在城内明伦堂。民国元年，知事吴镇涛改建。详“学校”。

女子两等小学校在城内旧州同署。民国二年，知事吴镇涛改建。详“学校”。

演武场在城东圩门外东北里许。明洪武五年，千户申义建，营垒甚广。明季惟存厅事三间、将台一所。清顺治二年，总兵柯永盛修。久圮。今将台遗址犹存。

电报局在东关大街路南。清光绪十年，北洋大臣李鸿章奏设。今改为电政局。

邮政局在西关估衣市街东头路北。清光绪二十三年设。

铁路在北圩外二里余，为胶县车站。清光绪二十七年，德与中国立约兴修。三十年，工竣，名曰胶济铁路。东自胶州湾起，西至济南止。该路在境内东西共四站：东李哥庄、胶东至胶州站、西芝兰庄，再西接高密界，东南接即墨境；又东南至青岛。自民国三年十月日人占领，至十二年一月一日日人交还中国，政府派督办鲁案善后事宜，王正廷接收，嗣后归中国管理。

马路，自胶州车站起，至城西安乐桥北，计长一千四百二十公尺，宽三公尺五，两边人行道四至约宽六公寸。于清光绪三十二年，州牧余则达募捐建筑。民国八年，由商会翻修，十三年重修。十九年五月建设局局长萧书亭展修，接安乐桥北，复延长展至西门外。计长三百零八公尺，宽与旧铁

① 寿官：明清两代的闲职官员，多为八品，是官府对70岁以上乡邦中德高望重老人的待遇，皇帝御赐冠带匾额。实际获此殊荣者较少。

路等。先是修路工竣后，公议以马路捐作岁修费，由商会管理。民国十八年由商会移交建设局管理。

电话局，附设马王庙建设局内。民国十九年五月，县长叶钟英委建设局长萧书亭估工安置，复由城至王台镇设长途电话。建设局局长萧提议，叶县长开会议决，呈准山东建设厅于是年五月安置。计各机关号码：一县政府，二县法院，三财政局，四县党部，五教育局，六警察第三队，七商会，八公安局，九警察第二队，经费共计五千余元。

杂置

养济院在城东八蜡庙后，始建不详，住舍二十间。清乾隆五十三年，知州张玉树重建，久圮。王克掞注："养济、普济、育婴皆雍正八年行文各省，至十二年知府严有禧督立。"

普济堂在城西福寿寺西，始建不详。住舍三十五间，官厅一间。清乾隆五十三年，知州张玉树重建，久圮。王克掞注："康熙四十五年，京城士民公建普济堂。雍正八年，行文各省督抚，转饬有司照京例推行。"

育婴堂在城西福寿寺西，始建不详。住舍七间，清乾隆五十三年，知州张玉树重建，久圮。王克掞注："康熙元年，京师建立育婴堂。雍正八年，行文各省照例推行。"

同善局，旧在城隍庙西官厅，后移于胶西书院内。清光绪初年，知州李翼清立。余详"救济院"。

因利局在胶西书院内。民国九年设，十八年改为贷款局。

救济院由同善局改组，在文庙省牲所旧址。民国十九年十一月成立，内设养老所、育婴所、贷款局，即前因利局。三所均辖于救济院。

递铺总铺在城西门外，东至即墨界，三铺：石河、辛庄、河东；西至高密界，二铺：行上、鲁哥庄；南至灵山卫，四铺：辛置、柘沟河、逄猛庄、花林；北至平度界，三铺：于家寨、夏于庄、新河。今废。《刘志》有西南至诸城界，六铺：辛置、房沟、台家夼、朱郭、谈町、王家庄，无灵山卫四铺。余详"兵防"。

堤堰。李公堤，旧名两河堤，在城东三十里。新河、沽河之岸水暴发，利涉乡大高等九社居民苦之。明万历十九年，巡抚李公辅倡捐筑堤，延袤三千余丈，民获安堵。《职官志》有李辅，无李公辅①。清乾隆十六年，知州周于智因旧增筑，绵亘五十余里。

冯公堤在城南门外。墨河数为邑患，清康熙五十九年，知州冯景夏发帑筑堤，因名。又，成公堤，雍正元年，知州成永健再署州事，踵冯公堤增修其西，故西堤名成公堤。今俱废。黄公堤在城南三十里洋河堐，长五里余，雍正六年，知州黄之瑞筑。王公堤在城南百里萧家

① 李公辅：即李辅，明万历间任山东巡抚。"公"是敬称。

庄，河岸长三里，雍正十三年，知州王维筑。又，王公堤在西门外山货市①南岸，咸丰七年，邑人王亘捐资建修。玉皇宫河堤在城东南，旧系土堤。道光二年，知州李文耕建修，遂易以石，工未竣以升任去，嘱后任倪彤书修成之。民国四年，知事易扬远与邑绅逄绪训等重修。又，云河北堐石堤在准提庵西，年久倾圮。民国十九年，建设局长萧书亭招工重修。计堤长三十余公尺，基宽一公尺，顶宽四公寸，高与旧堤等，共用洋八百五十元。

桥梁，近城之水二：南墨北云，皆由城南而东。其桥之巨者，南门外曰云溪桥，俗名大桥。旧名唐湾，明天顺六年，知州董鼒易以石，改今名。成化六年，知州毛智重修。嘉靖、隆庆间，邑人匡铎、姜继曾共修，改为五虹，复圮。僧宗牧募化重修，改名东新。清顺治九年，知州王星华督修，改为七虹，名海宁。雍正五年，游僧普善增修。乾隆十四年，知州朱若炳劝令邑人监生徐培德等重修，增为九虹，仍名云溪。北条水所汇也。光绪二十八年，邑人冷凤池、窦金铭等重修，改为五虹，共用钱一万零一百十六千。迤东意诚桥，又东通济桥，俗名大石桥。道光初年，孙姓始修，以石意诚桥。光绪二十八年，邑人重修，改名东云十桥。若南门外迤东进士桥，又东安澜桥，后改名永济桥，皆北来小水由之入云者也。由云溪桥而西为云溪小桥，原名小珠桥。久圮。明成化六年，知州毛智重建，易为五虹，后复圮。清顺治十五年，邑人周宗友倡修复旧。康熙五十六年，苏商邵尔芳重修并筑北岸堤。迤西山货市有安乐桥，西南有蜚虹桥，道光二十一年，邑人重修。又西太平桥当大道，道光十四年，邑绅布政司理问杨圻修。二十二年，邑人监生张寿清重修，年久倾圮。建设局提议募捐，于民国十九年五月重修。计桥面增高一公尺，两码头与地平，较前宽、长、坚固，共用洋一千余元。迤西南有共济桥。又西曰云溪三桥。迤东北曰云溪二桥，当大道，道光二十五年邑人从九品王曜增修。迤北曰云溪一桥，在王家庄，距城二里，始建不详，后圮。咸丰十年，邑人王亘增修，名曰东云第一桥。光绪六年，亘孙葆崇重修。复于桥之南增修一桥，名曰云溪小桥。由镇华门西至姜家庄有二桥，东曰普济，西曰广济，皆道光十年知州王镇劝邑人重修。以上东云诸桥，光绪年间邑绅王葆崇俱重修。以上皆云溪东西二源所经者也。墨水至小河子堐有墨源桥，迤东曰闻钟桥，在洪福寺西；又东曰虹仙桥，俗名平桥。光绪二十八年邑人重修；又东曰墨河桥，俗曰“毂轮子桥”。又东曰沿桥，在玉皇宫前；迤东至草桥，又东经海庙前、水门外半里许，墨即入云矣。南关外有普渡桥，旁有二小桥，俗呼五步三座桥。柳溪桥，此西南小水由之入墨者也。又花行街西新建一桥曰南溪桥。其远于城者，西十二里有迎阳桥，北二十里有碧沟河桥，南三十里有洋河桥，今名洋河后桥，皆渐圮。南三十五里有漕文河桥，今圮。东南六十四里有胡同口桥；东五里墩有迎仙桥；东二十五里有显灵灵桥，在店口河，康熙四年李常明募建，知州龚大良重修，《高志》云“沽河桥”即此。年久倾圮。民国十六年，村董募捐重修。东十八里大麻湾东，旧有朝阳桥，民国十五年，社庄长募捐重修。东三十里有新河桥；东三十五里有闸口桥；东四十里有利济桥，即小高河桥。康熙五十年，知州龚大良倡捐创建；东南三十里有

---

① “山货市”，底本作“山货布”，讹。据道光《重修胶州志》改。

石濑桥，知州龚大良重修，今圮。又，胶城南门外、西门外二桥，旧名吊桥，民国二十年四月，经县长谢锡文募款重修，均易以石。南曰永乐桥，西曰长安桥。

灵山卫城内西街有石桥，东门外为通济桥，南门外为长平桥，西门外迎鹤桥，西一里为西石桥，西七里有太平桥。

市集共五十九，《李志》二十五。在城区者二：曰西关集、沙滩集。属今第一区。在乡区者五十七，曰傅家村集、东牟庄集、苑家庄集、营子庄集、杜村集、丰稳庄集。属今第二区。小高集、闸子集、北王柱集、东王义集、马店集、柏兰集、七城集、小麻湾集、店口集、大辛疃集、南张院集、七及集。属今第三区。王台镇集、薛家店子集、张八朱集、张应集、上庄集、黄山后集、冷家村集、宾贤庄集、柴家夼集、乐家庄集、营房集。属今第四区。辛安集、北庄集、山王家集、曹文集、田家窑集。属今第五区。市美集、河南刘集、六旺集、柳家屯集、塔桥集、柏乡集、法家庄集、良乡集、里岔集、谈家村集、谈町铺集、庄牛沟集、天台寺集。属今第六区。灵山卫集、水城集、王哥庄集、顾堐头集、石甲集、张家楼集、西碾头集、张仓集、李铁店集、纪家庄集。属今第七区。

山会共十九：王台、牛沟、市美、良乡、六旺、张应、谈疃铺、百龄山、九龙山、尧王山、庙子山、柏乡山、双凤山、马虎山、晾甲埠、龙泉王、王柱山、老君塔、七宝山。

新井在北坛吴家坊子西，民国七年修。先是清光绪间，州牧余则达因居民艰于水，提议募捐凿井。有地师言坊子东地必有水，穿之果得水，遂砌以砖石，奈水苦不适用，遂作废井。至民国七年，又有堪舆①家言坊子西地下有水，掘不数尺，泉果涌出，即将迤东废井砖石移砌新井，因地洼下，恐河水淤漫，乃高筑井台数尺，居民便焉。

模范井在邑西宋哥庄庄内苗圃附近，穿井数眼，灌溉田园。民国十八年九月，建设局提议兴修。

新柳林在邑东大麻湾东、沽河西岸。因该村社庄长呈报淤出沙土地十六亩，民国十九年春，由建设局领杨柳等千余株栽于该处，俾成森林，充该处小学经费。

漏泽园在西门外，久废。始于宋崇宁三年，置以葬族柩之无主者，以僧领之，并置居养院、安济坊，通行天下各州县。《李志》。

义田，一在黄家屯，清乾隆时监生傅守钰捐地十亩。一在郝伍屯，乾隆时监生徐培德捐地六亩。一在郭家庄西，乾隆时监生匡培捐地六亩，嘉庆二十年培子锡彤捐地三亩。一在河头源，嘉庆六年监生张元涛捐地六亩。一在城后，嘉庆十七年僧正司德琇捐地五亩。一在河头源西，嘉庆二十年布政司经历李华西捐地三亩五分。一在卧龙庄，道光元年及十五年候选千总扬坊前后共捐地十三亩。一在白水泉，道光六年匡棠捐地一亩五分。一在河头源，道光八年监生郭文鉽捐地二亩四分。一在郭家庄西，道光二十四年从九品王曜捐地五亩一分。一在西圩镇华门外，道光二十六年从九品王曜捐地五亩三分。一在二里河庄西南，同治十一年并光绪十八年候选同知张基昇前后共捐地计三亩二分。一在享堂南场，又陈家河头、周家河头、王家河头、车家河头，同治十年庠生王为极共捐地四亩四分五厘。一在河头源西圩门外，

① 堪舆：指住宅基地或墓地的形势，后来把相看宅地者称为堪舆家。

光绪十九年法继善捐地一亩五分七厘。一在大行西刘家庄前，光绪三十一年省议员叶秉钧捐地一亩七分四厘。一在教场东，同治十一年张逢春捐地二亩四分。一在胡家滩，光绪十年胡振垲捐地三亩四分。一在郭家庄水门外，光绪十五年南城兵马司副指挥唐树谷捐地一亩三分。一在河头源水门外，同治五年黄宏德堂捐地一亩三分。一在卧龙庄，光绪十八年候选员外郎王圣格捐地一亩一分五厘。一在东圩外，光绪七年、十九年法梦吉前后捐地一亩二分五厘。坐落未详。一在西圩外，同治七年法维宁捐地五分。坐落未详。一在王台镇东南，光绪六年光禄寺署正庄渐逵捐地五亩。

瘗骨阡在西岭，明知府刘任捐置。

增修胶志卷九　疆域志第七　物产

物产序

物产之类繁矣。其类别虽各因其土地之宜，然亦有非其所产而来自他方者。又有昔所未睹今则层见迭出而日新不已者，是岂地势有变迁，抑人谋有工拙欤？及读太史公《货殖列传》，于鼓铸渔盐畜牧而外，下及枣栗姜韭醯酱[1]之属，纤悉毕陈，乃知因利厚生，固不拘一格也。胶自德租胶海湾，建修铁路，交通便利，百物繁兴，宜其物产之饶远过于咸、同以前矣。兹为之博考旁稽，分类备举，以补《前志》之阙。谨援《通志》体例，并参以管见所及，类著为表，以待博物君子及留心实业者参考而研究焉。

矿产	制造	植物	动物
金石类	饮食类	谷类	鸟类
铅 产邑南区薛家沟。 **重晶石** 产邑西南齐城区王家沟，邑商刘仁臣因勘出晶石矿区九百四十五亩，已呈请开采。备案见档案。 **煤** 产邑西南小竹山丛家屯。见档案。 **花皮连** 产邑南七宝山。见档案。 **不灰木** 俗呼灰龙骨，亦名石龙骨，林家村后沟中时出。 **鱼化石** 产城西宋家庄，状如鱼石质，试之铿然有声。 **铅矿** 齐城区塔山山阴坐岳顶山发现铅矿，高密人石甫田呈请省农矿厅领采，核准。 **沙石矿** 在邑西娄公区苑家会庄与赵家庄二处，石质较山石粗松，居民购作屋基之用。	**盐** 向用晒盐少而煮盐多，今用晒盐多而煮盐少。 **豆油** 出口大宗。 **花生油** 出口大宗。 **豆饼** **花生饼** **粉条** 俗名细粉，绿豆制者最佳，番薯次之。前设专行装载南船，为出口北货大宗，今此业渐衰。 **腌猪** 今此业废。 **黄酒** 有枣酒、菊花酒等品。 **烧酒** **果膏** 凡果之佳者皆可熬膏，最著者如子瓜、青果、佛手、香橼、梨、枣、木瓜等膏，均与卫生有益。近来食货店装成罐头销售远地，最为馈赠珍品。	凡谷粱谓之谷，以实仓庾、充禄谷，利久贮，故得谷之总名。 **稻粱**[2] 凡仓储，南必以稻，北必以粱。经曰“稻粱”，文必对举，有由来矣。其蓻中摧读如挫，年丰则气香而宜马，故《礼》“粱曰芗萁[3]”，其凿曰小米，亦对举之文，以稻为大米也。黄赤者黏，白者弗黏。赤粱为穈谷。《说文》：“穈，赤苗嘉谷，俗谓之黍。”谷凿曰小黄米，白为芑，《说文》：“芑，白苗嘉谷。”凿曰白谷米。稻有水陆之分，胶之稻，陆者十之八九，产邑南鄙，黏曰稌。《诗》曰：“丰年多黍多稌。”《韵会》：稌，糯稻。其凿曰糯，俗作糯米。不黏曰“粳”，其凿曰大米。有异种曰山东头米，产邑之安林社，粒白而长，性坚，炊倍常稻乃熟。更有一种曰香稻，粒赤而小，既熟香乃发，尤为他邑所无，疑即古	**鸡** 有数种，有太和鸡，雄者善斗。又有身体伟壮、高可二尺余者，俗名大胡鸡，雄者亦善斗，又名斗鸡。又有八宝鸡，全体白羢，乌皮、绿嘴、绿五爪，顶有毛冠。 **鹅** 一名舒雁。 **鸭** 一名舒凫。 **雉** 一名野鸡。 **凫** 即野鸭，海中一种，头上有冠，石首鱼所化，忌与木耳、胡桃、豆豉同食。 **松鸡** **鸽** **鸦** 乌别名。 **鹊** **鹰**

---

① 醯(xī)酱：醋和酱，亦指酱醋拌和的调料。

② “粱”，底本作“梁”，讹。据上下文义改。下同。

③ 芗萁(xiāng qí)：指祭祀所用之高粱。《礼记·曲礼下》：“凡祭庙之礼……粱曰芗萁。”陈澔集说：“粱，谷之强者，其叶亦香，故曰芗萁。”

磕子馍馍 以细白面粉加酒糟作引发之，调以白糖，用木刻模型磕出蒸食。民间多用作馈赠礼品，其模型各种花样甚夥。

石花冻粉 石花菜俗曰海蒿子，产沿海一带，大珠山南尤多。附近渔户每用铁网捞取，蒸晒晾干备食。色微白，似洋粉，故名冻粉。近拟开厂制造。

海米 有大小二种。

庙豆豉 用黑豆煮熟，置于幽暗之处，视其将霉，出而晒之，加盐，杂以霜茄及香油、南酒等，中秋后培之于坛，用泥固封其口，向日环而曝之。至来年冬开坛，香味清冽，蒸调鱼肉皆宜。此品为他县所无。

服用类

山绸 以山茧织者。

椿绸 以椿茧织者。

草帽

毡帽 胶商设作坊制造，岁以数万计，由海运外省出售。自皮帽、羊帽盛行，此业渐衰，出口无几矣。

毡鞋 细绒者佳，温暖耐久。

绒毡 细软坚韧，温暖异常。铺床者长短、宽狭，造时酌定。饰几案者有红紫黄绿蓝白等色。

棉布 工厂所织，有爱国布、时布、斜纹、打连布、大线布，本机细布。近年改良，有出口售者。人所咏红莲稻者，未知是否。水稻惟产邑东麻湾者为最佳。

黍稷 粱之珍类惟黍稷，故《尔雅翼》以粱为黍稷之总名。黏曰黍，弗黏曰稷，其穗散垂，稷尤稀张。其稚也，虽老农不能辨。《诗》曰："彼黍离离，彼稷之苗。"言形相似也。皆先熟，充粢盛①，故亦以对举为文。黍之凿曰黄米，中酒材。凡谷之黏者莫如黍，故《礼》"黍曰芗合"。稷为未脱稃②，其颗明润，年丰则光耀目，故《礼》"稷曰明粢"，又作粢。《尔雅》："稷，粢也。"与《礼》合稷与穄③同。《齐民要术》以穄为稷，而以稷为谷，非。其味正甘，得稼穑之本，故为百谷长，其凿曰穄米。　考稷：秦汉以来诸书注冒粱为稷，唐宋以来之言稷者，又恒主于穄。按：稷为首种。今以北方播种后先考之：高粱最先，粟次之，黍糜又次之。粟即粱也，糜即穄也。粱与穄既均不得为首种，然则高粱之为稷无疑矣。《说文》："秫④，稷之黏者。"程氏《九谷考》云："自汉唐以来，言稷之谷者屡异，而秫为黏稷则不能异。缀文之士⑤其讲说秫之义者虽异，而天下之人呼高粱为秫秫，又呼其秸为秫秸，卒未有异，此所谓礼失而求诸野乎？"　采《通志》。

秫 《尔雅》谓之众。类亦有三，皆媲谷以为名。穗大粒聚获多者

鹭鸶 一名白鹭，身如白雪，顶上有长毛十数茎，毵毵然⑥。《禽经》云：鹭飞则露，亦候时之鸟也。

鸑鷟 夜鸣则有风雨。

鸤鸠 《诗》曰"雎鸠"，《毛诗传》所谓"鸷而有别，多子。江表人呼为鱼鹰"，即此。

鹈⑦ 一名淘河，《正字通》："陆玑曰：'形如鸮⑧而大，喙长尺余，颔下大如数升囊，小泽中有鱼，共贮水满而弃之，水竭⑨鱼出，乃食。'"

鹡鸰⑩ 水鸟也。《诗》曰脊令，俗名鸋鴂。按：《小雅》"翩翩者鴂"，《毛传》："鴂，夫不也。"《郑笺》："谨悫孝顺之鸟。"与兄弟急难之义合。

布谷 即鸤鸠⑪，俗名班鸠。雨则逐妇，晴则呼妇。

戴胜 鸠属，言头上毛如机上之胜也。《禽经》以为脊令，非。

黄鹂 色极黄有黑翎，冬则以泥土自裹，蛰于山谷，春则破而出。《诗》所云"出于幽谷，迁于乔木"是也。

---

① 粢盛：古代盛在祭器内以供祭祀的谷物。粢，稷。
② 稃（fū）：小麦等植物的花外面包着的硬壳。
③ 穄（jì）：作物名。穄子。一年生草本植物，不黏的黍类。亦称"糜子"。
④ 秫（shú）：黏高粱，可以做烧酒，有的地区泛指高粱。
⑤ 缀文之士：指从事写作的人。缀文，谓连缀词句以成文章。
⑥ 毵毵然：形容毛发、枝条等细长的样子。
⑦ 鹈（tí）：水鸟，喜群居，捕食鱼类。亦称"伽蓝鸟""淘河鸟""塘鹅"。
⑧ 鸮（xiāo）：鸟名。又称猫头鹰。鸱鸮科各种类的通称。为农林益鸟，古人认为是恶声之鸟，祸鸟。
⑨ "竭"：底本作"渴"，讹。据上下文义改。
⑩ 鹡鸰（jí líng）：俗称张飞鸟。与鹨（liù）有亲缘关系，体型纤细，尾特别长，习惯性地上下抖动。后以"鹡鸰"比喻兄弟。
⑪ 鸤鸠（shī jiū）：即布谷，亦作尸鸠。

	发网 发襞极细，用药水染之，各色俱备。又有单网、双网、长网、团网、花网诸名目。民国初年此业特盛，今渐衰矣。 **帽** 有线织、网织之别，各色皆有，男女通用。近有发庄。 **各式鞋** 有粗细、厚薄之分，其细致者价高、耐久。 **皮鞋皮靴** 近来业此者甚多。 **毛巾** 细软耐久，有出口发售者。 **器具类** **铜万寿香盒** 盒盖细花透露，四面镌钟鼎文，制造工巧，式分方圆长扁，饰以雕刻木座。 **铜万寿如意** 形仿如意式，盖镌透漏花纹，面刻钟鼎古篆，下带雕刻木座。士绅用作陈列玩具，近来价甚昂，与香盒俱名闻各省。 **锡仙鹤烛台** 有高四五尺者。 **铜烛台** 各式方圆盖，底俱螺丝扣，分之则可两用，合之则成一扣，系馈赠特品，出口甚夥。 **杂用类** **石灰** 邑西南乡造者甚多。 **火柴** 民国十二年成立火柴工厂，在车站东北，栖霞李涵清创办。 **洋烛** 附设火柴工厂造。 **碱** 有煮水、淋灰二种，城北阜安街有万春碱庄，销售甚畅。 **烛** 旧制以上牛油灌者，分红、白二种。	曰高粱，言视粱为高也。穗散粒稀而黏者曰蜀秫。蜀，独也，言独大于黍也。其不黏者曰木稷，言其种猥大如稷，如木本也。又曰芦穄，义从同。三者皆中酒材。蜀秫、木稷秸赤白，篾细，中席材。高粱秸巨，中篱薄，其篾粗厚，间为筐筥[1]，若常席，其稃皆中染。《周礼》湛之以丹秫是也。《齐民要术》以粱为秫，《尔雅正义》以稷为秫，朱子谓黍高丈余，亦指秫言。皆似而非，盖因高粱而概以为粱，因蜀黍而概以为黍，因木稷而概以为稷，得其同，失其异矣。惟王伯厚以稻粱菽麦黍稷为六谷，首曰稻粱菽，以其多获，统南北言之也。次曰麦黍稷，以其种殊，北地所偏宜也。皆因经文以对举为义，是深达古今之异，得稼稻之实者。 **玉蜀秫** 秫之别种也，俗名包儿米。穗逐节生，粒大如薏苡[2]，苞若毛竹短笋，其端有须。昔年胶土不甚宜，今种者多，又有秸，甚细小，米亦稀少，曰关东禾子。 **麦** 有大小之分，小曰来，大曰麰、大麦。穗、芒俱长，实中饴，芽中药材，能消腹胀。普种曰小麦，《月令》谓之首种，有卢麦、白麦二种，俗名有兔丝头、螂儿蛋、五花头等名。皆秋种，亦有春种者，名春大麦。芒者名芒麦，无芒者名秃麦，亦曰火麦。农民伺其将熟而蒸食之，曰连展。其秸可为笠，俗名草帽。	**练雀** 有五色者，似鸲鹆[3]而小，其尾如练带，俗名拖练。 **鹳** 身如鹤，顶无丹，项无乌带，俗名灰鹤。 **鹌鹑** 一名鴽，《礼·月令》："田鼠化为鴽。" **燕** 一名鳦，一名玄鸟。 **翠** 俗名老乌翠。 **鹞** 《列子》："鹞为鹯[4]，鹯为布谷，久复为鹯。" **鸱鸮**[5] 恶鸟，捉鸟子。一名鸺鹠，《尔雅注》："即鸱鸮也。"《埤雅》："昼无所见，夜则飞，啖蚊虫，《庄子》所谓'夜撮蚤，察毫末，冥目而不见丘山'是也。" **雁** 大者曰鸿。 **鸨** 亦作鸨、鴇，皆音保，似雁，班文，无后趾。 **䴕**[6] 俗名啄木虫。人以石塞其穴，则画符于地，石自出，画毕即以羽扫之。 **鹪鹩**[7] 《诗》曰桃虫，一名巧妇，俗名粉眼。 **红雁** 略小于雁，酱红色，夫妇挚爱，失其偶则肠断而绝。邑南鄙多有之。 **光棍夺锄** 贾逵[8]《九扈[9]》注"春趣扈民耕"，《尔雅》"春扈分盾"，时亦呼布谷，光棍夺锄盖即春扈。

① 筥(jǔ)：盛物的圆形竹筐。

② 薏苡(yì yǐ)：多年生草本植物，颖果卵形，灰白色，像珍珠，供食用、药用。又称"薏米""薏仁米""苡米""苡仁"。

③ 鸲鹆(qú yù)：也称鸜(qú)鹆，俗称"八哥儿"。

④ 鹯(zhān)：古书中说的一种猛禽，似鹞鹰，鹞类猛禽。亦称"晨风"。

⑤ 鸱鸮(chī xiāo)：鸟名。俗称猫头鹰。常用以比喻贪恶之人。

⑥ 䴕(liè)：鸟名，即啄木鸟。

⑦ 鹪鹩(jiāo liáo)：鸟，体长约10厘米，羽毛赤褐色，略有黑褐色斑点，尾羽短，略向上翘，多在灌木丛中活动，吃昆虫等。

⑧ 贾逵(30—101)：字景伯，扶风郡平陵县(今陕西咸阳)人。东汉著名经学家、天文学家。

⑨ 九扈：按《左传·昭公十七年》，九扈为九农正。以此八扈，并上扈鴳为九。贾逵云："春扈鳻鶞，相五土之宜，趣民耕种者也。"

	砖瓦 各区皆有窑场，西南造者佳。 **靛** **蜜** **蜡** **木炭**	**荞麦** 麦之别种，花小而白，茎红。麦颗有三角，色黑，九月始获，莳不畏晚。凡秫谷旱涝则犁其苗而种荞麦，称为救荒之谷。 **豆** 有五色之分，曰黄豆、白豆、黑豆、绿豆、绛豆，俗名趴豆。青豆、茶豆各如其色，以名之黄者用尤广。青豆有老青、二青、四粒花、四粒泥扎诸名。趴豆有大红袍、野雀口等名。黑豆有大小二种。豆亦曰菽，《春秋疏》“豆之苗曰菽”。《尔雅》以菽为豆之总名。其别种曰豌豆，有冬种、春种之分，颗圆，色白而微黄，亦有稍黑者曰铁豌豆，熟先于麦。又有蚕豆，黑绿色，颗扁圆，大如指顶。 **䅟子** 有黑白二种，黑者俗名雁过红，与秫谷同时种、获。《本草纲目》：气味甘涩，补中益气。其别类稗，叶似稻，节间无毛，水潦伤稼，亦可充食，俗名水䅟子。按：《正字通》以稗为䅟子，谓生水田下隰①，五月种，苗如茭黍，八九月抽茎，有三棱②，结穗如粟；一名龙爪粟，俗呼鸭爪稗，见周宪王《救荒本草》③。盖本《齐民要术》，误合二为一，其所言皆水䅟子也。 **薏苡米** 《本草》：花红白。实色青白，似珠而稍长。一名回回米，又名西番秫，出邑西南乡，亦中药材。 **麻** 牡曰枲④，雌曰苴，其实曰黂⑤，亦可食。其别种曰苘⑥，纫不及麻而用尤广。	**窠来** 凡鸟巢居，此独喜田间洼下处，故名。 **唧唧梗** 有大小二种，多于墙隙或树窟中营巢。 **雕** 《本草》：“雕似鹰而大，尾长，翅短，土黄色，鸷悍多力。” **打鱼郎** 一说即鹭之俗称。 **信天翁** 出自邑东南海上。 **雪雀** 色白而微黄，邑人多养此。 **桑扈** 一名窃脂，俗呼偷胭脂。又有蓝者，体微小。 **兽类** **马** **赢** 俗作骡。 **驴** **牛** **羊** **豕** **猫** **犬** **狐** **狸** **兔** **獾** **狼** **鼠** **臊鼠** **野豕** **鹿** **獐** 以上三兽昔载《卫志》，今无之。

① 隰（xí）：低湿的地方。
② 棱（léng）：又药名，三棱。又香附子，名水三棱。
③ 《救荒本草》：明朱元璋第五子朱棣撰，朱棣封周王，卒谥“定”，当为“周定王”。
④ 枲（xǐ）：大麻的雄株，只开雄花，不结果实，称“枲麻”。
⑤ 黂（fén）：麻的子实；亦泛指麻。
⑥ 苘（qǐng）：苘麻，一年生草本植物，可以做绳子。

脂麻 俗作芝，《礼·月令》“食麻与犬”。《正字通》：麻，即油麻。《尔雅翼》：“胡麻，一名巨胜。”按：巨胜子今药家所用，形如脂麻而大倍之，色赤无油，盖脂麻之别种，北产无之。与郑相家长生方霜桑叶黑脂麻不同，今人以麻饼为胡饼，盖皆误于《尔雅翼》。

草棉 一名古贝草，《元史》谓之古贝棉，《贡》“厥篚织贝”。清纂《书经》以为今之棉布，盖古者皆以麻为布故，织贝为远方之贡。自元至元间，古贝草棉入中国，始衣被天下。唐宋以前所谓棉，皆木棉也。草棉种宜沙土，胶自近岁东鄙始渐种之，与稼穑同，故附麻末，一名吉贝。

蔬菜类

菘 谓之白菜。《埤雅》：“隆冬不凋，四时常见，有松之操，故其字会意。”《集韵》或作苁蘴，从丰，尤得此菜之用，其品为蔬菜第一。种于春谓春白菜，种于夏谓热白菜，一种梗圆，叶末如箭羽，可渍为菹，俗名箭干白。

卷心白 菘之特种也。种于初秋，成于立冬，叶卷如纯束，味清而腴，邑内业园圃者多种之，为出口大宗。

蓼菜 俗名辣菜根。大如萝卜，可为菹，亦可渍食。

萝卜 一名来服，言来麰之所服也，有红、白二色，以善消食故，根、叶皆可食。其别种曰胡萝卜，如参，惟根可食。又有绿色者，俗呼辣萝卜。

葱 《本草》：“葱，中空外直，有聪通之象。”

韭 《说文注》：刈之复生，异于常草，故自为字。加草，非。《广雅》：花谓之菁，可为菹。又，山韭曰藿。

水产鳞属

鲤

鲫 似鲤。

鲮 形似梭，故名。

鲻 似鲤，身圆头扁，因有脂，亦曰脂鱼，出沽[①]河者佳，为胶特产。

嘉鯕 《刘志》《府志》皆作鲫鯕。按：字书无鲫字，李南涧《诸城志》作嘉鯕。

鳢 即黑鱼，首有七星，夜朝北斗，有自然之礼，故谓之鳢。

黄鲴 首有白石，一名石首。

青鱼 二月间最多，今渐少。

柳叶鱼 宜羹食。

鲽 音榻，种类不一，大者曰鲽泥，小者曰牛舌，曰婢屣，皆二目，与比目[②]鱼不同，俗有子鲽、花鲽之别。

白鲦鲥 类白鲦，头项缩、腹阔、脊穹、细鳞，青白色。

鹰花 鹰音债，身有黑点，如鹰之斑，故名。

鳖 形与鹰花同，其分以口，鳖张口，鹰花闭口。

鲅 出子最佳。

金鱼 夏初孵化，种类不一。有名蛋鱼者，形如卵，尾宽而长，金色。又有名龙头凤尾者，体稍长，眼凸起如豆，尾与蛋鱼等。有文鱼者，尾比他鱼小而行缓，故名。三者皆有红、白、黑、花诸色，惟以蓝花者为罕贵。

蠃属

鲟鱼 鼻短，背无斜行，甲不及鳇鱼，可食，不恒见。

① “沽”，底本作“沾”，讹。据上下文义改。
② “目”，底本作“日”，讹。据上下文义改。

蒜　有大小二种，产灵山卫者佳。薹亦可茹，其别种曰薤①。

菠菜　一名菠薐，唐时贡自菠薐国，故名。

生菜　莴苣之属，可生茹。

薹菜　根叶皆可食，而根尤佳。《本草注》：此菜易起薹，采其薹则分枝必多。

茼蒿

芫荽　一名胡荽。《韵会》：张骞使西域得胡荽。

荠菜　味属甘，《诗》：“其甘如荠。”春秋皆生，亦可蒸食。

苦菜

芹菜　俗曰芹芽。

豆角　其荚长，细如角。

茄　色紫，蒂长。近有洋茄子一种，色微淡，味逊土茄；近有白茄，长、圆二种。

扁豆　名四季者，园蔬也。初夏即成，家种者有青、白、紫数种，近又有洋扁豆。

金簪　其花约四五寸许，色纯黄，肥腴可啖。

黄花　比金簪细而短，胶邑南乡多种之。旧注作金簪，误。

芥　子如小米，味辛。

椒　音焦，俗名秦椒，从木，误。木本者曰花椒。椒有圆大如柿者，有微小者，其长而下锐者数种，皆向下垂；又有长不及寸而向上生，俗名朝天椒，辛味特甚。

辣菜　有青、红二种，味辛。

蔓菁　一名诸葛菜，子可为油，菜和面可为粥。

莙荙②　形类菠菜。

鲒　鼻前有骨如斧斤，生子在腹，子朝出食，暮还入，皮中刀剑鞘。《本草》“鲛鱼皮”即此。

鱀　鲒属体似鱏③，尾似鮈④，大腹，喙小，锐而长，齿罗生，上下相卫，鼻在额上，少肉多膏，胎生。大者长丈余，能食人，俗名海妈虎。

鲨　青目赤颊，背上有鬣，腹下有翅，哆口无鳞，胎生，亦鲒属也，宜羹食。

鲇　《尔雅翼》：偃额，两目上陈，口方，头大，尾小，身滑，无鳞。

鳝　亦作䱇，腹黄，故世称黄䱇。生水岸泥窟中，夏出冬蛰。一种蛇变者为蛇䱇，有毒害人，南人以缸畜数百头，夜以灯照之，其蛇化者必项下有白点，身浮水上，即钩弃之。又一种青白色，名曰白鳝，胶多有之。

银刀　一名带鱼，大者长三尺余，宽三四寸，色白如银，故曰银刀。谷雨时网之，动以万计。

银鱼　似天津之冰鱼而小，其雌多子，一种名面条鱼。

趖鱼　大者长五六寸，多子涎，春初肥而多子。

黄鲼　状如盘，无足无鳞，背青腹黄，口在腹下，目在额上，尾长有针，螫人甚毒。

水镵鱼⑤　以形似名。

鳗鲡　有雄无雌，以影漫于鲡鱼，则其子皆附于鲡鬐⑥而生，故谓之鳗鲡。

---

① 薤（xiè）：多年生草本植物，地下有鳞茎，鳞茎和嫩叶可食。
② 莙荙（jūn dá）：又名厚皮菜、猪菠菜。
③ 鱏（xún）：水底栖息的鱼。传说，伯牙鼓琴，鱏鱼出听。
④ 鮈（jú）：鱼名。一曰出江东，有两乳。
⑤ 水镵鱼：鱼名。镵（chán），古代的一种掘土器。装上弯曲的长柄，用以掘土。此种鱼形似镵，故名。
⑥ 鬐：也作鳍，鱼类的运动器官。

阴轻菜 一名苋，有红、白二种。

莴苣

苿蓝

茴香 有大小二种。

果类

桃 种类甚繁，有六月鲜、秋桃、蜜桃、冻桃，凡此皆上尖下蒂。又有无尖者，其形甚扁，皮白色，名盒子桃。

杏

梅

李

栗 古作㮚。

榛

柿

核桃 一名胡桃。

梨 有数种，若秋白、长香、恩梨。又有桑皮，因其皮色如桑，故名桑皮梨。中药材，熬膏可以止咳。

棠梨 木与枣中，剞劂材。

枣 有大小二种。

羊枣 俗名糯枣。

石榴 子有红、白二种，味亦有甜、酸之别。

樱桃 一名含桃。

樱珠 一名珠樱，南山者佳。

葡萄 食之有玫瑰味者，名玫瑰紫；又有龙眼、白羊葡萄，皆青色而粒小；又有羊奶式者，青、紫二色皆有。

蘋婆 无专种，花红接者最佳。

柰①子

花红 即古之林禽，夏熟、秋熟。秋熟者为秋子。

山楂 中药材，其别种曰映山红。

银杏 俗名白果。

文官果

木瓜 中药材，其别种曰木梨。

河豚 一名鲑鱼，《雷公炮炙论》：“鲑鱼插树，立使枯。”《刘志》作挺鲏，挺应作脡。《本草集解》：“河豚，鳃目能脡者，有毒。”按：河豚子最毒烈，食之立胀断人肠，血次之，肝又次之。

鰈鲭 《本草》曰箴鱼，即箴梁，长二三尺，宽惟尺余，绿骨、长喙、利齿。

鳍 海鳍极大，泥鳍生溪中，微小，似鳝而锐。

海蔘 蔘亦作参，生海底石礁上，长六七寸，无首，目遍身，钝刺如丁，曝而薨之，长二三寸，黑色，食补肾。

海蛇 郭璞《江赋》：水母目虾，注曰海蛇。李时珍曰：蛇有“作”“宅”二音，南人讹为折，或作蜡、鲊者，并非。《旧志》作蛰，尤非。盖此物之下诸虫所集，有宅之义，故字从宅。

海蛔 出海滩沙泥中，无首无目，长四五寸，中有孔，触之蠕动，海人以汤祛皮，劘丝加姜、桂食之。

蛸 一名八带鱼，《山海经》谓之八则鱼，好入海中石罅磈磄间。

跳鱼 长寸余，状如海狗，常在港涯乱跳。

海狗 头如狗，微舒两翅，翅上二介，下为鱼身，狗尾，无鳞，有毛，浅绿色。

蟆糊 前海西者最佳，今此地为沙所淤，取近海西者当之。

介属

鳖 一名甲鱼，以其甲也，甲与角名互通，俗读甲曰角。因误角为鳜。殊不知鳜乃鳞属，非介属也。

---

① 柰(nài)：苹果的一种，通称柰子；亦称红红、沙果。

海棠果

佛手柑　一名枸橼，中药材。

香橼　有数种。

金枣　俗名羊奶橘，灵山卫有高丈余者。

无花果　大如李，色紫，味甘，不花而实。

葛藤　出灵山岛中。实如枇杷，味甘美。

寿星桃　桃之异种，可盆植，只结三四枚，色、味俱美。

蜜罗柑　南方产。性畏寒，叶比柑叶窄而小，果形如王瓜，甜如蜜。

蓏①类

西瓜　本西产。胶地近亦种之，然味与子瓜无异。

子瓜　西瓜之别种，内多子，农民多种之，装其子于海舶，为出口货大宗。

甜瓜　有硼瓜、金线缕诸名。

绵瓜

黄瓜　色纯绿，即王瓜，南音相通也。

捎瓜　黑绿色。

蛮瓜　色白而微绿。

番瓜　一名倭瓜。

冬瓜、北瓜、南瓜

丝瓜　形似黄瓜而长，瓤干如乱丝。

瓠②　《埤雅》：长而瘦上曰瓠。

壶卢　一名匏③。

落花生　俗曰长生果，须垂地结实，近来种者益多。又有洋长生果，颗粒较大，油气短，农民多种之，为出口货大宗。

虾　春月有老公虾，夏有站虾，秋有秋虾，秋冬有白虾、草虾之属。春又有风虾、桃花虾之属。

蚌　大曰蚌，小曰蛤。

蟹　盖曰筐，角曰螯，足曰跪。海蟹，尖筐，有二巨螯，熟深红色。河蟹，方筐、圆筐，螯青白色，沽河者佳。其尤小者出海滩，一名郭索，俗曰白角蟹，宜盐渍。又一种生海滩泥窟中，一小螯一大螯，土人名曰独角蟹，疑即古人所谓执火拥剑也。

蛤　《南史·王融传》作蛤蜊，《淮南子》作合黎，王充《论衡》作合蜖。

蚶子　蛤之异种也，形如瓦屋瓴，俗呼瓦瓴子。凡蛤无血，蚶独有血，食之滋阴。

黑蛤蜊　腹有小蟹如榆荚，与蛤共生，蟹出觅食，蟹迷则蛤死。郭璞《江赋》：�蛣腹蟹即此。

江瑶柱　壳长尺余，形如牛角肉，不堪食。中有四柱，洁白如玉，可食，异常鲜美。

西施舌　出大珠山海滩，形如鸭卵而匾，肉不堪食，舌长寸许，以酒冲食，鲜嫩异常。

鳆鱼　《唐韵》：鳆音伏，今读作报。音书作鲍，非，鲍乃薧之总名也。按：古报、服同音，《礼·少仪》“每报往”，注，“报”读作“赴”。

鲤　壳如银管。

鲜　似蛏而扁，《旧志》作蜣，字书无。

---

① 蓏(luǒ):《说文》:“在木曰果,在地曰蓏。”古书上指瓜类植物的果实。

② 瓠(hù):也叫瓠子。葫芦的变种。茎蔓生,果实长圆形,绿白色,嫩时可食。

③ 匏(páo):葫芦,果实老熟后对半剖开,可做瓢。

山药 中药材。

番薯 俗名地瓜，胶初无此产。清乾隆初年，闽商自吕宋携至，适合土宜。今蕃衍与五谷等，亦可切干，蔓叶可作喂养料，农民冬食多仰赖之。又有别种曰地蛋，名马铃薯，来自外洋。

芋 一名蹲鸱。

草类

荻 即蒹①也。《毛诗陆疏广要》：蒹，小而中实。凡曰萑、曰薍、曰菼、曰鵻、曰虇、曰蒹、曰荻、曰乌蓲，一物八名者，皆蒹也。按：萑、荻是成材名，余皆言其秀发。

苇 即葭也，《陆疏广要》：葭，大而中虚。凡曰苇、曰芦、曰华、曰葭、曰马尾，一物五名者，皆葭也。按：苇是成材名，余皆言其秀发。

蔘② 所斩切，上声。叶细而科实，荻之类也，中笛薄③。按：《隋书》，南郊神座皆用莅席④。今青州人谓之茁，字书无茁字，或云即菼之转音。

茅 其根相牵，有节，可医咯血。

蓼 有数种，一名水红。

蒲 蒲笋充蔬，黄入药，叶为席、屦、扇、盖。

萍 水草也，叶面背俱青，其四叶合成一叶。如田字形者，蘋也；叶两相对者，藻也；叶细如丝，节节连生者，蕴也。

书带草 叶如韭，花白，实青，根作须，与麦门冬不同，今到处有之。然《三齐记》云："乃不其山

海蛎 生海旁石上，大者如拳，小者魂礧相连，海人劚取之，去其壳可食。

海螺琐 壳尖锐，去尖，可吸食。

泥螺 微毒。

乌鱼 一名乌鲗，卵曰竹遗，一作鲢鮧⑤，形如蛹，数十层，剖片如榆荚。

气鼓 脊有白筋⑥，故附介末。

虾虎 大者四五寸，皮有骨节，首多须，二月出海中。雌者有子一条，味鲜美。

昆虫类

蚕 有桑蚕、柞蚕、椿蚕。

白蜡虫 出灵岛，食檞叶，矢可为蜡。

蜂 有蜜蜂、蠭窝蜂、土蜂数种，又别种俗名气不愤，身大如蜂，能含蜘蛛或桑虫，在地穴藏之，声曰"似我""似我"，不数日化为己形，疑即螟蛉。又一种亦能含桑虫，或在木孔或墙孔，数日而化，亦同。

蝶 亦作蜨。

蝉 俗名蠽柳，小者曰蜩，名孳子，又有伏天、温柔诸名。

蜘蛛 有缘壁捕蝇者，曰蝇虎；有在墙隅结网者，曰壁钱；有于空中作网状如鱼罾⑦者，身大而圆；又有一种长蹄⑧者，名蟏蛸⑨。

---

① 蒹(jiān)：古书上指芦苇一类的植物。
② 蔘(shēn)：同"参"，人参。
③ 笛薄：蚕薄，养蚕用具。
④ 莅席：用细蒲草编织的席子。
⑤ 鲢鮧(zhú yí)：鱼鳔、鱼肠用盐或蜜渍成的酱。
⑥ "筋"，底本作"筯"，讹。据上下文义改。
⑦ 罾(zēng)：一种用木棍或竹竿做支架的方形渔网。
⑧ 长蹄：长脚小蜘蛛。
⑨ 蟏蛸(xiāo shāo)：蜘蛛的一个种类。通称"喜蛛"或"蟢子"，民间认为是喜庆的预兆。

		井中特出之物，他处无有也。” **慈姑草**　生水田中，似茺草而肥，根曰地梨，可以御荒。 **附子苗**　花似牵牛，根可食，《尔雅》：“葍，藑。”注：“根如指，正白可啖。”疏：其根正白，可煮热灰中，温啖之，饥荒之岁可蒸以御饥。按：附疑葍之讹。清嘉庆时，川饥，北鄙之民掘附子苗以食，与蔬合。 **王蔧**[1]　音岁，俗名扫帚。 **苜宿**　可蒸食。 **海蓬**　叶长而圆，可食，以生斥卤，故名。 **茸草**　产北都，即古都泺地，利以覆屋，一名蓼秸。产西南山麓者曰山草，质尤坚，耐雨雪，山居民皆用之。今东滩亦长茸草。 **蓝**　花叶蓝色，沤成为靛，中染料。自洋靛入口，业此者稀。 **烟**　《本草》名淡巴菇，昔年种者甚夥，自南洋烟草公司纸烟盛行，土烟之利几为所夺。 **避尘草**　高不及尺，叶细如毛，明滑无尘，故名。又有洋避尘草，来自西洋，与内地者叶相似，惟茎长五六尺或七八尺。西人皆置盆于几上，四围下垂，皆可及地，至秋，枝间生红实，大于豆，红绿相间，颇适观。 **秀墩草**　秋后生蓝豆，每墩十穗。 **含羞草**　花如球，大如弹丸，浅紫色，叶寸余，状似马缨，能自开合，其蒂如骨之有节，以手触之辄下垂，移时仍复原状。	**蟋蟀**　亦名促织，长五六分，全体色黑。雄者善鸣又善斗，末有尖尾二，较雌者为长。雌者翅短，尾毛之间并有产卵管。 **蝼蝈** **虾蟆** **蛙**　古作鼃。 **蚯蚓**　一名曲蟮。 **螳螂** **螽**[2]　有阜螽、草螽、蜇螽、蟿螽[3]、土螽五种。今博物家以阜螽、蟿螽、土螽属蝗虫科，蜇螽、草螽属螽斯科。 **蜗牛**　《尔雅》“蚹蠃[4]，螔蝓[5]”，注即“蜗牛”。《古今注》“陵螺也”。 **萤**　俗名萤火虫，腐草所化。一名夜光，一名景天，一名宵烛，一名磷，一名熠耀。 **蝇**　有四种：家蝇、苍蝇、青蝇、人麻蝇。 **蚊**　雨虫所化，翅有银罗纹者甚毒。 **蛇** **蠍**　音歇，作蝎[6]，非。 **蜻蜓**　《说文》作蜻蛉，有青、赤、黄、红四种。 **蝙蝠**　一名鼠仙。 **蝎虎**　一名守宫。 **蛓**[7]　音次，俗名八角，其毛蜇人。

① 王蔧(suì)：古书上即地肤，就是扫帚菜。
② 螽(zhōng)：昆虫，身体绿色或褐色，善跳跃，对农作物有害。
③ 蟿(jì)螽：虫名。头尖，后翅大，善跳跃。捕执其后肢，欲跃不得，遂作舂米之状，故俗称舂米郎。
④ 蚹蠃(fù luǒ)：蜗牛类的软体动物。
⑤ 螔蝓(yí yú)：水螺。一说即蜗牛。今以水生者为螺，陆生者为蜗牛，古人无此分别。
⑥ 蝎(xiē)：与蠍同，又音曷，木虫蛀虫。
⑦ 蛓(cì)：一种毛虫，刺蛾科黄刺蛾的幼虫。俗称“洋辣子”。

		万年松 形如干柴，置之干处，能数年不枯，以土栽之，即生绿叶，如松。 **铺地锦** 茎红叶绿，铺地而生，阡陌间多有之。 **木类** **松** 有马尾松、刺松诸种。 **柏** 俗名片松，亦称侧柏。 **枞** 音琮，《尔雅》"松叶，柏身"，注："太庙梁材。"按：即今刺松，南方杉松类，叶疏细而长谓之枞。 **桧** 按：《集韵》，桧，古活切，音括。是桧，即今栝松，故孔氏《禹贡》"栝柏"注"柏叶，松身"。与桧同训。 **桐** 有六种，庭院所植者，梧桐也。 **楸** 《说文》："梓也。"《通志》以为即槚。 **枫** 叶尖而三曲似云头，《埤雅》："枝善摇，故字从风。" **椿** 《禹贡》作杶，《左传》作橁，《说文》作櫄。一名櫄子，曰香苓子，暖胃，叶可渍食。 **樗** 俗曰炊树，《旧志》实名凤眼草，见隋杜公瞻[1]《编珠》。皮粗，色似漆，质软而白，叶为羽状复叶，有臭气，故又名臭椿。 **榆** 荚曰榆钱，可蒸食。其皮黏，为香料，荒亦可救饥。 **杨柳** 杨有青、白二种。柳有垂丝柳、丛柳、团叶柳诸种，其别种名榉，又别种曰黄杨，木甚坚贵。 **柞** 性坚韧，中炭材。 **柘** 一名檞，即山桑，可饲山蚕，为丝坚韧，胜凡丝。《通志》作"柞"，误。 **桑** 叶可饲蚕。实曰葚，有红、白二种，味甘，可食。谷可绩纸霜，桑叶亦中药材。	**蟫**② 即蠹，俗名书鱼。 **咽咽** **蚁** 大者曰蚂蚁，小有黑、黄二种，别种有白蚁，胶不恒见。 **蜣螂** **葡萄虎**

① "瞻"，底本作"蟾"，讹。

② 蟫(yín)：生活在衣箱、书箱深处的虫。别名蠹虫，俗名蠹鱼。

		柽 俗名三川柳，条赤叶密。 **楮**《说文》：谷也，其皮可绩以为布，又可擣以为纸。 **皂角** 实如小豆，不可食。 **欃** 干直者中军器，枸者中农叉。 **橡** 实壳，俗呼橡子，碗可染皂。 **槐** 有黄心、白心二种，豆可为茶。又别种俗名洋槐树，花白而香，可以蒸食。又别种名四季槐，叶如槐花，淡红色，状如豆，结角如菉豆。 **菉竹** **金镶玉竹** **凤尾竹** **观音竹** 枝叶细小，而近土数节，皮皆紫色，可以盆栽。 **花类** **玉兰** 一名辛夷，紫色而花单者曰木笔。 **栀子** 有四季随芽生花者，俗名月栀子花，大与寿星栀等，有牡丹、寿星数种，其实中染料，亦中药材。 **瑞香** 花似栀子，旧历正月开，有紫、白二色。 **梅** 有朱、红、白、绿数种，其别种曰蜡梅，有磬口、虎蹄、朝阳、素素心诸种。 **山茶** **耐冬** 有红、白二种。 **桂** 有丹桂、银桂、金桂、四季桂数种。 **碧桃、绛桃** **海棠** 有西府垂丝、红梨铁梗诸种。 **丁香** 一名百结，有大小、紫白二种，又有四季丁香，紫色，四时开花，穗如凤尾天竹。 **紫荆** **木槿** 一名朝及，有红、白二色，亦可蒸食。	

		绣球 别种曰八仙，有红、紫、白三色。 **马缨** 一名合欢。 **棣棠** **杜鹃** 花似映山红，夏五月开，有深红、浅红、白、紫、黄诸色。又有白双花而带朱点者，名赤龙卧雪，其自蜀地来者名川鹃，叶窄长而花微小。 **百日红** 本名红薇，其花紫者曰紫薇，俗名怕痒花。 **榆叶梅** **樱花** 来自日本。 **木兰花** 来自南方，一名白兰，畏寒，叶如柿，枝叶皆香，花由叶蒂而生，状如兰花，香可达数十步外。 **以上木本。** **蔷薇** 有红黄二种。 **夹竹桃** 有红白二种，各有双单。 **真珠** 初开似珠。 **玉马鞭** **金丝桃** **黄金带** **木芙蓉** 花无种，春剪其枝而埋之，即可生芽，中药材。 **子午莲** 蔓生，柘叶紫茎，花丛须，色碧，午开子闭。《群芳谱》未有也。 **铁线莲** 蔓生，花白色碧。 **天竹** 有凤尾、狮头诸种，以豆别。 **凌霄** **牡丹** 又有绿色者，有深紫色者，一名墨牡丹。 **木香** 有双、单花二种。 **玫瑰** 有双、单花二种，枝叶丛生，花深紫，似蔷薇而多刺，香味甜美，四月开。 **月季** 有红、黄、白诸种最大者。 **长春** 花小而枝劲，周岁有花。 **迎春** 花大而枝袅，春开花，后即无花。	

探春　正月开白花，细小略似丁香。

接接高　来自西洋，不枯，叶窄而长，茎高约二尺余，花大如钱，五色皆备。开时由下而上，渐谢渐开，愈开其茎愈高，故名。自春徂夏，花无已时。洋花中香者甚少，此花独香，如草桂。

洋海棠　来自东洋，畏寒，叶如杏叶，而多绉纹。花状如蝴蝶，色如茄花而带紫点，鲜明有光，春夏皆花。

绣带　从生，易发长枝而无蔓。

藤萝

金银花　有紫花者，本名忍冬，藤其花先白后黄，端阳节即开，入药材。

杨妃钮　小白花，六月结实，霜时如红蜡钮，望之与樱珠无异，不可食。

珊瑚　细粒如珊瑚珠，故名。

以上藤本。

荷花　有红、白二种。近有金边，莲蕊圆如球，瓣极厚密，又有佛座、千叶二种，别一种名洋莲。

芙蕖　白花似莲而小，宜用盆贮水植之。近有红色者来自东洋，曰洋芙蕖。

菊花　有百余种之多。

蓝菊　又名江西蓝，俗呼江西蜡，有黄、白、红、紫、绿各色。

芍药　有淡黄色、墨色者名婪尾春，有红、紫、白诸色。

茉莉　五色俱有，近时种类尤多，有二起楼、三起楼、十样锦诸种，又别种曰南茉莉，色纯白，香味甚冽。

百合　一名夜合，根结如蒜，可食，亦中药材。

虎皮莲　花开后俱向下垂，故又名倒垂莲。花瓣黄色带黑点，形似虎皮，故名。

山丹　根如百合，可食，有红、黄二色，大、小二种。

玉簪　白者香，紫者无香。

		萱草 花有双单二种。《诗》作谖，《说文》作藼又作蕿，《尔雅》作萲。一名蠲忿[①]，一名忘忧，一名宜男。 **罂粟** 一名米囊。 **虞美人** **芭蕉** **美人蕉** 近有西洋一种，茎、叶、花较中国者大，高可六七尺，叶微有紫色。 **芙蓉蕉** 俗名洋芭蕉，花有红、黄二色，胶昔无此种，今有之。 **鸡冠** 有红、白、紫、黄诸种，又有高矬之别。 **剪秋萝** **晚香玉** **缠枝莲** 缠，直碾切。廛，去声。 **凤仙** 俗名指甲花，有彩凤、珊瑚、铁梗、平顶珠诸种，种名急性子，中药材。 **旱莲** 一名金雀，一名荷托莲，又有花如茄花色者，其枝叶较小。 **翠雀** **翠梅** **草桂** **金盏** **金钱** 花每夜落。 **铃儿草** **万年青** 一名如意草。 **胡蝶花** 根名射干，一名淡竹，中药材。 **仙人掌** 又有仙人指，大、小二种。大者其指长生发与拳掌等，小者能于指顶围生五六小指，长不过五六分，而色变为鲜红。 **仙人拳** **茑萝** 别有一种自南来者，叶如牵牛，花如茑萝而色淡。 **睡莲** **向日葵**	

---

① 蠲忿（juān fèn）：消除忿怒。

		锦葵 **秋葵** **蜀葵** **洋锦花** 来自西洋。 **锦带** **西番莲** 俗名东洋菊，有红、白、黄、紫各色。 **长寿花** 有红、白二色，宜盆植。 **六月雪** 花白，细碎如雪，六月开，故名。 **粉团花** 叶似月季。 **荷包牡丹** 叶似牡丹，绿嫩而小，每一枝缀花十余朵，形似荷包，故名。又名鱼儿牡丹，四月开。 **僧鞋菊** 色深紫，形如僧鞋，故名。 **珠兰** 有黄、白二种，白者随芽生，花自四月开至十月。黄者四月开后即无花。 **夜来香** 高可四五尺，叶似凤仙而大，花黄色，形如茉莉，日暮即放，清香远溢。 **虎头海棠** 丛生，高约二尺，每枝端蕤生数十朵，渐次开放，花状如僧鞋菊而小，有红、紫、黄、白数种，来自江苏。 **草绣球** 初开白花，继作淡红，卒变蓝色，一花可开数十日，其穗较木本者大而鲜。 **蝴蝶梅** 高数寸，一叶一花，大如钱，花四出，上二深紫色，下二淡黄色，有紫点，微风吹之，如蝶翔舞。 **平地雷** 即夏枯草，至夏即枯，立秋前由地内突生一干，其端数花，色微紫，形如玉簪花而小。 **珍珠梅** 来自南方，高约一尺五寸，叶如石竹，每枝端生花一穗，状如丁香，四季均开，春秋最盛，有深红、浅红、蓝、紫诸色，虽系草木，植诸盆内亦能逾冬不槁。	

		秋海棠 有红、白二色。又有洋秋海棠，来自东洋，有大、小二种，其枝叶、花色与内地秋海棠无异。大者枝叶稍大，惟冬季必须置之暖处可以周年开花，因系草本，故畏寒。 **石竹** 有五色。又有穗花石竹来自南方，枝叶与北种相类，而花稍小，每穗可开十余日，开时如锦。又有双花石竹来自东洋，较内地者枝叶稍大，花则层叠多瓣，各色皆备。 **牵牛** 有红、蓝二色，种即黑白丑，又有大花牵牛，来自西洋，蔓生，与内地牵牛无异，惟花大，径可三寸，五色俱备，当日开谢。又有纯白花一种，周围大瓣，内皆小瓣，细如鹅毛。 **洋蝴蝶梅** 西洋种，与内地蝴蝶梅相似，惟花大如杯，五色皆备，有黑如墨者，且能一花数色，周岁有花。 **洋菊花** 来自东洋，干不甚高，约尺五寸，枝叶与菊花无异，花瓣白色，春暮即开，至秋尤盛。 **垂钟海棠** 叶似秋海棠而小，花皆下垂，式如钟，有红、白二色。 **剪夏纱** 叶如剪秋萝，花作丹色。 **垂兰** 来自东洋，叶如兰而短，开白花。 **莛兰** 花紫蓝色，近自东洋来者，花有白、红二色。 **洋马齿苋** 花大如钱，五色俱备，明艳夺目。 **以上草本。** **药材类** **藁本** 产于灵山。 **桔梗** **柴胡** **防风** **荆芥** **苦参** **黄芩** **蓖麻子**	

		蛇床子 车前子 地榆 丹参 沙参 蒲公英 俗曰婆婆丁。 地肤子 冬葵子 葛根 三棱 香附 紫苏 地锦 薄荷 一作蔢蕳 夏枯草 茵陈 蒺藜 菟丝 地丁 马鞭草 刘寄奴草 瞿麦① 萹蓄② 艾叶 王不留行 豨莶草③ 黑白丑 栝蒌 一名果赢。按：在木曰果，在地曰蓏。此物蔓生，附木，故得兼名。 卷柏 益母草 小茴香 马齿苋 枸杞 枸、杞二木名，棘如枸之刺，茎如杞之条，故兼二名。根皮即地古皮。 槐花、槐米	

① 瞿麦：别名高山瞿麦，是石竹科、石竹属多年生草本植物。
② 萹蓄：又名竹片菜，一年生草本蓼科蓼属植物。
③ 豨莶（xī xiān）草：一年生草本植物，茎上有灰白色的毛，叶对生，呈椭圆形或卵形。

		桑白皮 皂荚 桃仁 杏仁 枣仁 葶苈①子 麦门冬 或作虋②冬。 草决明 蝉蜕 桑螵蛸 鳖甲 海螵蛸 蛤粉 牡蛎粉 石决明 即鳆鱼③壳。 霜桑叶 金银花 半夏 产灵山。 黄连 丛生，叶如子瓜，小黄花五，出根即黄连。 天冬 高约二尺，干如小竹，无节，叶如松毛，花小如黍，形如梅，故俗名松竹梅。 菖蒲 有金钱、虎须等种，根中药材。 金丝荷叶 叶汁可治耳聋。 佛手柑 有紫芽、白芽二种，性畏寒，能理气。 狮头柑 实大于拳，其皮高下不平，突起如豆，香味甚冽，入气分又治痰。 橘红 实大如拳，香微辛，能化痰。 柑 实大如橘红等，性能调气。	

按：以上所列物产各类除新增外，其已载《前志》，多有因《前志》简略而后又加详者，每一类之中，新、旧《志》殊难分析，故概未附注。

① 葶苈（tíng lì）：十字花科葶苈属，一年或二年生草本植物。
② 虋（mén）：赤粱粟。谷的良种。
③ 鳆（fù）鱼：软体动物，贝壳椭圆形，生活在海中，肉可食。亦称“鲍鱼”。

增修胶志卷十　疆域志第八　风俗附方言

风俗序

《前志》原序曰，司马温公有言："上行下效之谓风，熏陶渐渍之谓化，沦胥委靡之谓流，民心安定之谓俗。"盖谓流俗赖风化为运移尔。自《史记》《汉书》以来，多统论三齐之风，未尝分地以征其俗，近日志乘乃分郡县言之。《山东通志》谓胶民朴野，勤耕绩，士重儒术，敦志节。《莱州府志》曰民以农为务，士敦经术，俗多狷介，衣冠、文物有古风。旧州志谓生理疏阔，民贫俗俭，士矜功名，颇尚气。大抵相袭为文，若弗暇详考者，爰采其里俗，以四民所业、五礼所行与古今之宜、丰杀[①]之等，悉胪为篇云。惟胶自国体改革以来，时会所趋，士习、民风较数十年前为之一变。兹据《前志》所述，益以近所经历者，以补前编所未及，仍附以张群雁先生"方言""方音"，俾莅兹土者有以识利弊之端、变迁之故，庶几释回增美[②]，无乖温公之训也夫。

士：上者，谨内行，明经术，达于义理，不以遇不遇限其志；其次，谦抑自持，语言如恐伤人，遇事变或失之拘；其次，博览好吟咏，习书画，脱遗世事。《前志》。自清光绪季年，科举废，学堂兴，学者被欧风濡染，厌旧喜新，渐变习尚。民国以来实行教育，普及民间子弟，甫成童即皆入小校肄业，私塾益少。其学生知识开通，颇有爱国思想，遇有外交损失利权等事，辄群起抵制，结合团体，到处演说，虽官吏不能禁。

农：上者，力穑积财置田，自奉俭而谨租税；其次，不识积储，遇凶年则窘；其下，佃人之田，吝于偿粟，多杂糠秕，退佃则以麦苗少偿，麦熟则强割以待讼，其顺逆恒视乎官法之宽严。州之田多归于仕宦与士商之家，散在四乡，不能自种，佃于人，惟倩租。丰年利专在佃，凶年害专在主，纳税之外所得无几，佃户玩法逃歉，最是一州弊端。《前志》。又，农民专靠天时为丰歉，不讲防备水旱诸法。遇旱则祈雨，遇涝则祈晴，遇蝗、雹则许愿于神，有应则各村醵钱演戏以酬谢神佑，此风至今犹然。

工：梓人[③]、獶人[④]，俗曰窑匠。颇有巧目；陶人、织人，皆处野。近数年来，洋布、爱国布盛行，城市有设厂购纱自织者，而绵布用者日少。冶人先时多外籍，近则铁器多能自造，冶[⑤]金银者昔年多豫章，近则多系邑人制造。酒工、毡匠视他处为多，俗所趋也。《前志》。

---

① 丰杀：犹增减。《晋书·礼志中》："礼典轨度，丰杀随时，虞夏商周咸不相袭，盖有由也。"
② 释回增美：去除邪僻，增加美善。《礼记·礼器》："礼，释回，增美质。"郑玄注："释，犹去也；回，邪辟也；质，犹性也。"
③ 梓人：木匠。
④ 獶（náo）人：泥墙的匠人。
⑤ "冶"：底本作"治"，讹。据上文"冶人"改。

商：大者曰装运、江南、关东及各海口皆有行商。曰典当、近因贫民易于营生，典衣物者少，当店徒有其名。曰银钱，交易皆一言为券，无悔改者。清光绪间，买空卖空之风甚盛，商人每日聚市预估银价、油价之涨落，各赌多寡以射利。有因此致富者，亦有因此破产者。迄民国初年，此风未息。近因官禁綦严，始革此弊。商家遇凶荒能急公周乏，其余布帛、菽粟、海错、蔬果，较近邑颇多，贫者易于谋生。增补《前志》。

五礼

冠礼，久不行，其遗义时寓于婚礼，责成人也。婚于结亲时，士商家皆定于一诺，不用婚启，六礼犹具。颇异其名：通聘①曰下插戴②，问名曰讨生时，纳吉曰送日子，亲友助床奁曰添箱，《前志》。催妆曰铺床，亲迎乘彩舆，每舆舁夫四人，以幼童乘女舆往曰押轿，自合卺③以至庙见④曰坐帐，曰叫二日，曰回三，曰拜天地，不一其名。凡铺床，先婚期一日即须邀请亲友设筵款待，至婚期后三日始止。酒席费视其家之财产丰啬为多寡。其富家往往于婚事完毕后另设全筵，遍请贺客，有费至数千缗⑤者。女家妆奁等费耗财尤巨，奢靡成风，至今有增无减。新妇坐帐，须盘膝端坐，不言笑，不行动，违则观者大哗。直至三日回门，行庙见礼，始许言动如常。初入房时无论亲戚、邻居及族人等，男女、尊卑、长幼皆可入房平视，谓之闹喜房。过此日后，则男女避嫌，分别綦严。

民国以来，改定服制尚未通行，婚娶时新郎皆着便服，惟新妇仍珠冠蟒袍，装饰如旧。间有用文明结婚者，其仪节与旧制大异，仅士绅喜新者为之。惟官衔牌已改旧式，仪仗亦概用国旗。兹将文明结婚仪式略述大概于下：

一、奏乐	七、交换饰物
二、证婚人入席	八、证婚人读证书
三、主婚人入席	九、新郎新娘用印
四、介绍人入席	十、介绍人用印
五、奏乐	十一、证婚人用印
六、男女宾相引新郎、新娘入席，内向立，行结婚礼，新郎、新娘相向三鞠躬	十二、主婚人用印

① 通聘：旧时男家向女家送订婚彩礼。
② 下插戴：订婚时男方送给女方的定礼，今作“下插定”。
③ 合卺（hé jǐn）：即交杯酒。卺是瓢，把一个匏瓜剖成两个瓢，新郎新娘各拿一个饮酒。
④ 庙见：新妇首次拜谒祖庙。
⑤ 缗（mín）：用于成串的铜钱，每串一千文。

十三、证婚人读颂词	二十、新郎、新娘谢介绍人，一鞠躬
十四、来宾代表致祝词	二一、介绍人退
十五、主婚人致谢词	二二、新郎、新娘谢来宾：一鞠躬
十六、新郎、新娘谢主婚人，一鞠躬	二三、新郎、新娘退
十七、主婚人退	二四、奏乐
十八、新郎、新娘谢证婚人，一鞠躬	二五、摄影
十九、证婚人退	

按：婚娶旧习俗失之过严，坐帐二日，束缚如囚。新文明失之过宽，结婚、离婚男女自由，父母不能限制。胶县风气未开，用新式者百无一二。故因结婚而离婚、因离婚而结婚者殊不多觏，亦见习惯已久，虽时尚亦难遽为转移也。

丧礼，附身、附棺，各尽其诚。丧之第二日晚，孝子诣城隍庙曰送盘缠，具纸扎舆轿、仆马、箱柜等物焚化之。乡间则赴土地庙，与城俗稍异。仪文丰俭不等，葬无停柩，颇近古风。彩幄芦室，富室必备，绝无杂剧恶习；贫者惟具广柳①，碑碣、坟垣皆遵古制。预期亲朋各分诸务，至期悉备，亲朋赙②奠，物丰仪周，允为民俗之厚。乡民之丧，辇舆埋筑，邻里相助，惟具酒馔无夫值，尤见古风。《前志》。

丧事，皆论七，自病殁后一七以至七七，每遇七期必祭奠，焚冥镪③，或延僧道诵经忏度，至百日止。过此，遇周年则墓祭，至三周止。葬期，近者一七或二七，远者三七至五七、七七不等。迷信风水，终年停柩者绝少。葬期，远者多于一七内行成服礼，葬之日辞灵、安葬、虞祭等，皆本《文公家礼》④。富贵之家，特别请文武官长行点主⑤、祀土礼⑥。民国改制，旧式已不适用，而民间仍沿旧俗，不惟一切仪式，如官衔牌、伞扇、魂轿、彩楼等均尚仍旧，甚至撒讣文、下差帖、题主送旌，多用清代封典。惟封诰楼及黄色龙旗、龙伞、宫扇等仪仗废除，不用旗帜则概用国旗。届葬期开吊二日，先期必请差客会齐，返虞后必留差客酬劳，均设盛筵款待，所费颇巨。敛时亦多用旧式衣冠，盖一则沿袭已久，骤难变更，一则各种新式丧葬仪文尚无明文颁布，故习尚至今未改。

祭仪，士大夫家各有宗祏⑦，祀高曾远祖，祖祢⑧则祀于寝。婚丧、仕宦必告。岁时之祭不疏不数，每遇冬、年，戚族皆衣冠往拜之。自民国来，民间无正式礼服，此风渐衰。惟墓

---

① 广柳：广柳车。古代载运棺柩的大车。柳为棺车之饰。
② 赙(fù)：拿钱财帮助别人办理丧事。
③ 冥镪：指烧给死人用的纸钱。镪，成串的钱。
④ 《文公家礼》：亦名《朱子家礼》，是朱子所著，主要讲纲常伦理、礼节礼仪，分通礼、冠礼、婚礼、丧礼、葬礼等。
⑤ 点主：旧俗丧礼之一。填写神主上“主”字上端之点。
⑥ 祀土礼：祀土官在坟墓周围察看地势，并明烛、拈香，读祝土神文，祈请土神佑护亡人顺利安葬。
⑦ 宗祏(shí)：宗庙中藏神主的石室，借指宗庙、宗祠。
⑧ 祖祢：先祖和先父。祢，奉祀亡父的宗庙。

祭之礼、清明节、七月望、十月朔①外，有岁暮之祭，或行或否。《前志》。

宾礼，婚葬之宾期于成礼无不周备，至亲昵私燕则随意丰俭，不尚虚文，至戌而罢。《前志》。近数年来赌风极盛，绅商、富室尤好麻雀牌之戏，每值宴会或平时相聚，辄斗牌以为乐，恒夜以继日，宾朋不散，亦俗尚之一变也。

方言

张群雁曰："胶僻处海滨，北境之人声浊上，南境之人声偃下，附城之人声平简。莅兹土者不易于辞听，因取毕拱辰先生《韵略》之字，择其反切为《方言》，并删其泛芜而录如左云。"李之雍先生又增补《方言续解》合为一册，兹并采入，分类录之，并补其遗漏，以备采风问俗者览焉。

目深曰𥉂睺，上音抠，下②音候。耳垂曰皻皶，上音腊，下音打。目瞷曰眨，音斩。微视曰䀹，撒平声。偷视曰眺，雪年声。短视曰近觑，音趋。推人曰搜，音竦。覆物曰拚，音捣。藏物曰擨，音也。以拳加物曰扠，日皆切。以肩掀物曰撻，音欠。足踢曰踡，音卷。足蹬曰蹺，旁上声。不聪曰傻，沙上声。不敛曰伥，除庚切。不洁曰踑赖，上音惫，下音癞。羞缩曰眠娗，上音免，下音殄。乖张曰㓟莫，上音列，下音角。不正曰儳僽，上音蔑，下音屑。不峭利曰邋遢，上音臈，下音趿。不爽快曰褦襶，上音赖，下音戴。诱人为非曰撺掇，上音蹿，下音朵。依人度日曰傝㒓，上音磕，下音趿。背人私语曰譖譟，上音察，下音七。暗地害人曰嚩噍，上音博，下音樵。村远曰夼，音圹。驿平曰疃，音毯。高埠曰埂，音梗。高崖曰吭，刚上声。土干曰垎剌，上音搭，下音拉。尘细曰埻土，埻同坳。近海曰港沟，港音蒋。近滩曰碱场，碱，公斩切。水淡曰潡，音擎。路泞曰泥，锄加切。碾谷曰㲉，音纂。碾米曰市，音伐。屑粗曰粫，音踹。米粗曰𪎊，音铲。连展曰麟馂，上音廪，下音谆。饭焦曰锅渣，锅音輵。干面曰糢，不平声。肥肉曰膔，音镳。手进食曰唵，音俺。口就食曰唼③，音插。缝衣曰䋭，峭平声。补鞋曰鞠，音仉。火伸帛曰熨，音愠。水浸物曰渧，音炮。碾轮曰磆，音驼。酒床曰醡，音劄。水盆曰盉，音缚。酒壶曰榼，音海。擦桌曰㧓，音骂。踹鼓曰鞔，音瞒。补壶曰穴，音滴。灭火曰沁，音亲。磨刀曰鐋，音汤。磈磨曰镌，音攒。指量物曰㪉，音椎。肘量物曰庹，音托。竹勒鸡毛曰担，音旦。墙钉木橛曰橇，音债。种麦曰耩，音讲。种谷曰耧，音楼。秫稍曰莛秆，莛音廷。谷根曰秨子，秨音渣。禾早熟曰穛，音馇。稼晚收曰䅈，音民。树分枝曰桠杈，上音丫，下音巴。树无枝曰榾柮，上音沽，下音堆。虾蟆子曰蛞蚪，上音括，下音达。蛇行草曰嶂龛，上音出，下音臈。拔草曰薅，音蒿。推车曰巩，音拱。挹水曰舀，音扰。弃水曰泼，音顷。物掩盖曰閅，音鳖。物著雨曰霉，音霉。蒸米作酒曰酶，音媒。蒸米培醋曰粨，音查。磨麦作曲曰𪍿，音搠。下卤作腐曰拃，音斩。竹篾曰

① 十月朔：农历十月初一，俗称十月朝，又称祭祖节。

② "下"：底本作"上"，讹。据上下文义改。

③ 唼（shà）：古同"歃"，盟誓时用嘴吸取（牲血）。

箍，音沽。斫柄曰榫，音损。铁锅曰锔，音菊，古作鎜。银鳔曰焊，音旱。风转曰飅，旋去声。雨侵曰潲，音哨。酒酸曰倒畚，音反。饭臭曰㯕餶，上音斯，下音恼。豆粉曰粉团，音团。酱瓜曰瓜齑，音赍。饽一笼曰一荚，音庄。草一束曰一菓，音检。碗一块曰一鞘，音纣。线一扎曰一绺，音柳。以上《前志》。

增补方言

天时　秋曰凉渗䍐，冬曰冷灞䞍，大风曰刮，瓜上声。回风曰趏，雪平声。雷声曰雳笏鲁，电光曰睒闪，云响曰云霳，无云曰鬲享晴，大霰曰饭朴糊，浓雾曰幕露降，讹沫落酱。碎云曰墕剌磕拉云，月晕曰风轕邋，雨润曰汳潮，春阴曰拃冻，大雾曰海麻互，即莫胡。彗星曰埽帚星，冬暖曰攮忽。

地理　歧路曰跁路，同岔。路远曰穹吊远，路险曰跷礅，尧窍。地洼曰澥涝，土秽曰溇音倭瀼，沙屯曰沙埚，水响曰湝，滑上声。放水曰滢，倘上声。

身体　身长曰细蹽䠷，小女髻曰鬏髤，扻介。小儿发曰鬌髫，摞翟，手挝曰摣，挝，手挡曰趙，招。手挠痒曰搲，瓦。手捻鼻曰擤，拧本，亨上声，讹醒。手揍曰攥，缵。手捋曰攥，柞。目汁曰眵，鸱同眵，耳脓曰䏶，底。足不起曰趿躐，傪拉同。行不正曰歪孬，外邋同。鼻受凉曰嚏呸，讹代伾。口品味曰囉唼，头强起曰頠，乍。挣身善走曰趔势，拳捣曰搋，歪上声。手敌曰㧅，妆去声。两指撕曰掐，恰。单拳打曰捶，手动曰揞抄，堕莎。手摇曰摆洒，退缩曰踀，楚去声。跛行曰㑩，缺平声，瘸蹷同。额曰夜赖盖，颏曰下巴骨，额下鼻上曰鼻窠，肩曰尖膀，肱曰葛巴，乳曰奶子，膝骨曰髆胳盖，膝骨后曰曲般，踝曰何郎骨，小儿蒙眼作戏曰叟同摸互。

性情　心狠曰欹，蔻。性谬曰懤，宙。不聪明曰傻，沙上声。不善良曰辣害，以言惧人曰吓唬，下虎。以声畏人曰喝咄，嗑夺。唾人曰呸，陪平声。大声曰嗷，骤惊而怒曰吓怒极，故作惊词曰灰，粗卤曰漭撞，野霸曰撒沛，泼同。痴呆曰痴耸，迂拙曰蠢倴，古作体。自夸曰谶弄，迈弄。面斥曰伧促，伧蹙。挑事曰挑唆，条梭。关己丑声曰搯瓦脸，事太烦琐曰躣蹖，太污秽曰霾态蛋，善逢迎曰滑溜球，惹人嗤笑曰胖头鸟，不识好歹曰瞎眼虫，故难人曰勒揹，忍不住曰瘕烦性，丧其家业曰逃失，吝于财物曰裹讹疙固，不和睦人曰碜岑上声酸，亦曰假酸。好苛求曰摘嫌，怀安曰獶浓养，软弱曰铺囊，强暴曰横魂流，骄奢曰胀丈膨，狡诈曰诡调钓头，放荡曰浪张货，不顺叙曰拙，又纣丑。逞勇曰泼皮虎，装豪侠曰大头廓落，猪名。

伦类　祖父曰㑳，祖母曰妈，娣姊曰妯娌，幼女待年婿家曰团圆，医生①曰大音代夫，巫神曰神婆，同岳曰连衿，亦曰连乔。同室曰当家，外祖外母曰老爷曰老娘，岳家父母曰丈人丈

① 此处底本作“医生生”，衍一“生”字，删除。

母，嗣族人者曰过房，亦曰过继。复本姓曰归宗，续室曰填房，再醮曰半花，假母曰姏娘，义子曰买官，亦曰干儿。随娘改嫁曰跟脚，孕生他姓曰带腹，妾同妻曰平房，庶为嫡曰复堂，晚年所娶曰后婆，亦曰晚婆。先妻所生曰前窝，吹打曰鼓手，剃头曰待召，讹周。仆称主人曰主讹准家，农种人地曰佃户，亦曰客家。扢起亦作奇手曰小揢，讹吕。土豪曰恶棍，贸迁有无曰行杭贩，调说生意曰经纪。

人事 送妆奁曰铺床，初冠笄曰上头，亲友助奁曰添箱，侍女随新人曰陪嫁，洞房陈设曰摆圆房，新妇上床曰坐庐帐，从嫁筵曰随身饭，洞房宴曰合婚酒，假托名色曰打局，窃物远逃曰拐骗，初丧曰倒头，发引曰出殡，候客曰开奠，亦曰开吊。茶水送庙曰泼汤，三牲行奠曰烧纸，次晚同祭曰摆坐夜，二日诣庙曰送盘缠，返虞宴族曰抢遗饭，有事襄理曰帮忙，随处用役曰打闲，合夥曰佮葛伙，事怪曰蹺蹻，乔。事乱曰哱波啰，总买曰全夃[①]，孤。料值曰啮价，诈买曰诓骗，谝同。巧买曰磕打，托故求帮曰打秋风，亦曰抽丰。因人得润曰喝浑水，计破曰漏马脚，事乱曰烂羊头，掩饰不过曰猫盖屎，急迫而行曰狗跳墙，瓦解曰迸蚌情，玉成曰惪怂，市侩首率曰掌柜，买卖说合曰牙子，以手称物曰敁敠[②]，占度。或作颠笃，又作度量、称量、章量，许可曰中，碎裂曰斯，匠人以薄片塞空曰龹土，工抛砖瓦曰撇。

宫室 映壁曰照壁，台阶曰姜礤，隙。兽头曰干弹，干净。拦门棍曰拴，闭门机曰櫄，闩同。牝瓦曰瓪瓦，瓬瓦曰瓻瓦。闭户曰㝥，磕同庴。遮门曰扂，牐闸同，俗音茶。粪坑曰屙落，墙缺曰朵口，门旁圆石曰石鼓，檐角雕木曰花牙，圆瓦当去声曰猫头，撑檐木曰猪嘴，门机曰哈马。

货物 多买曰趸，腤痽同。欠值曰赊，十六两曰觔，斤同。四十斤曰楿，砲今作二十斤。称低曰芇欠，绵䤢同。尖曰㮰哨尖，齐曰鰇潛齐，干曰焦干，白曰嘌白，细洗曰涮，粗洗曰磢[③]，创。草刀曰剿，扎去声。野刀曰钹[④]砑，碾米曰碾念，轮曰碢驼履，塞曰楥，绚楦鞧同。瓷瓮曰磵，瓨甗同。压酒曰筵，今作榨。漉酒曰篘[⑤]，捞米曰笊篱，甑[⑥]隔曰箅[⑦]篦子，竹罗曰筛子，崽子。水盆曰盋，拨。酒壶曰榼，海。箱饰曰鐰件，铁锈绣同曰鉎鏥缩。物破未离曰璺[⑧]，问。鞭尾曰鞘，刀柄曰把，凿石具曰錾[⑨]，昝去声。穿木锥曰钻，纂去声。二数曰貮，弍同。三数曰弎，撒平声。木在中曰閳，听。木在下曰杆，敢。拈绳曰縒，矬平声。绞绳曰䌷，柠同□。打铁曰钻，解铁曰锉，矬去声。抓物曰拘钩，俗讹铙钩。弓囊曰袚袋，撒袋。爽眼曰真讹皴亮，工快曰

---

① 夃(gǔ)：古同“贾”，卖。
② 敁敠(diān duo)：底本作“战敠”，形近而讹。意思为用手估量物体轻重。
③ 磢(chuǎng)：用碎瓦、石块等冲刷(器物)。
④ 钹(pō)：一种两边有钩、有刃，下有长木柄的镰刀。
⑤ 篘(chōu)：一种竹制的滤酒的器具。
⑥ 甑(zèng)：古代炊具，底部有许多小孔，放在鬲(lì)上蒸食物。
⑦ 箅(bì)：有空隙而能起间隔作用的器具。
⑧ 璺(wèn)：陶瓷、玻璃等器具上的裂痕。
⑨ 錾(zàn)：錾子，雕凿金石用的工具。

𣽅栓去声溜。

服物 短袂曰裿䙬，无袖曰褙褡，补衣曰縠，辽。缝带曰帣，锹讹峭平声。洗衣曰糨，初缝曰絇，钩。对缝曰繧，隐。细缝曰絎，杭。粗缝曰编，衣长曰裱䙬，衣瘦曰裾倅，居律。皮袜曰皲，榜。单裙曰襚，雪平声。毛布曰氆氇①，彩䌷曰毾㲪，撒。

饮食 饭厚曰糒，俦。磨米作饭曰餍，秣同。糖面成饼曰酵饼，胶讹焦。烹鱼曰，纂爨。炸菜曰焯，绰。烹蛋曰煡，倭。煮肉曰熬，奥平声，爊通。火干饭曰爂，插。火干肉曰爒，爒炒同。鱼加醋曰蘇，苏。酒一巡曰一啉，林。咬物易断曰脆，翠。食物杂砂曰碜，墋。酒曰燉曰酾，敦去声，筛。饼曰烙曰炉，滚水和面曰烫②面，粥煮太薄曰澥漓，懈离。盐酱豆曰豉，粀。捣蒜曰攒，窜平声。焯菜曰㸃，料。饮酒曰嗐，许。贪吃曰饕，滔。馂留渣曰滗，必。出水曰氵，即。

百谷 粱稍曰莛秆，廷秆。粱秆曰秫禾，麦加蹂曰穰秸，禾变黑曰乌穲，妹。豆荚曰角，麦针曰，亡俗作芒。

树木 续木曰椄，接。擪③枝曰靠，无枝曰棤柮，跕堆。分枝曰了爬，鸦巴。枝折曰殈，劈。斜砍曰槎，汉。松实曰松樾虎笼，椿英曰姑固，栗壳曰栗蓬壳。

果蔬 似杏而酸曰杏梅，似柑而圆曰香橼，元。閅别柿曰烘柿，脆柿曰漖柿，漖讹揽。大赤枣曰糖唐讹倘枣，小黑梨曰桑梨，匾柿曰托柿，匾桃曰盒子桃，胡荽曰芫荽，北菌曰蘑菇，南菌曰香蕈，凫茈曰地栗，番薯曰地瓜，倭瓜曰番瓜，萝卜曰萝白，红者曰胡萝白，瓜初结曰葅茁葅同子。

花草 生芽曰茁，札。吐穗曰蔘，参讹，窜平声。染绛曰茈，紫。草染蓝曰淀，电黰靛同。花凋零曰枯棰，撒讹绥。枝萎曰蔫，烟。菸花未放曰古朵，古都。紫薇曰百日红，酴醿曰八班宝，子午花曰夜落金钱，凤仙花曰假指桃花，亦名急性子。罂粟曰生菜莲，踯躅曰映山红，即杜鹃。玫瑰曰刺玫菊，芘芣④曰金钱葵，即荍。荷实曰莲蓬，蓼花曰水红，同葓。淡竹叶曰蓝蝴蝶，水中生草曰菱扎菜，水上枯草曰浮蒼，讹浮柴。藚⑤曰接骨草，蕨曰夬子，蕨同快。

禽兽 伏卵曰菢，抱同菢。啄粟曰鸽，千。毛出曰毨，扎毨同。毛根曰窋，竹。形小曰鷚子，初生曰雏子，鸢曰鹞鹰，隼曰鹞鸠，讹吁夺。秃鹫曰鸴鸢，兔鶻曰大鹰，红眼鹰曰班雄，黄眼鹰曰鸳䳇同子，窃脂曰偷胭脂，窃蓝曰蓝靛，科在草曰趱草，鸡在泥曰泥里扎，黄鹂曰黄蜡棒，戴胜曰毢毾毛，宵雇曰唧唧梗，玩鸟曰鸩鸩儿，知阴晴曰早鴶夜鴶，蛙。割麦插禾曰光棍夺锄，恒养者金翅虎皮，南来者珍珠芙蓉，山鸟曰山和尚、山道士，野鸟曰麻谷莠、大眼贼，恋偶曰相思鸟，恋群曰早姊妹，鸟交曰伏群，雏出曰鸽鹆，千节。鹤曰仙毫，雉曰野鸡，雀曰

---

① 氆氇(pǔ lǔ)，藏语音译。藏族手工生产的一种羊毛织品，品种甚多，织有各种。
② “烫”：底本作“荡”，讹。据上下文义改。
③ 擪(yè)：(用手指)按压。
④ 芘芣(pí fǒu)：又名荆葵、锦葵、荍(音 qiáo)，草本植物。
⑤ 藚(xù)：一种中药草，即泽泻。

家鵶，鵄梟曰猫儿头，鷦鷯①曰粉眼，鷰曰燕子，翠鶉曰鴳②鶉，斫木曰夺木虫，鸟之小者曰隹隹，牝马曰骡马，牝驴曰騲驴，驴马踶人曰踜，驴马卧地作滚曰打战，大牛曰犤犍，小牛曰犤，朴讹，怕上声。牯牛不犗曰犍子，小牛曰犊，灭平声。牝牛曰犨牛，牡豕曰豵③猪，牡狗曰牙狗，狸之大者曰貄，貔子尾曰以八牛，张角曰觰楂。豕发地曰㹅，灰同㞀。马转土曰驏，战。马逸曰趹，穴同猋。狗食曰舔，忝。猫吐曰吣，沁亲去声。猪嘴曰窴，巩。犬吠曰䆘，汪。驴载曰他，惰，俗作垛。驝曰骆驝，驼同。犬喜曰撒吽，欢。

昆虫 蝉曰蛰流，捷流。蝗曰蚂蚱，蜣螂曰蛣蜣螂，螳螂曰刀螂，蛾未出曰蛹，永。蝉未蜕曰蜽，圭。虫食豆曰虸蚄④，方讹黄。螳螂子曰螵蛸，标宵，亦名博燋。虾蟆子曰蛞括蠹，东讹疙疸。蜥蜴曰马蛇，水蛭曰马蜞，奇讹蹄。蝙蝠曰蟞蚨，又讹鳖虎。蛐蜒曰蚰蜒⑤，小虫曰姑姑子，即蚱蜢。螽飞有声曰蚳⑥蜡板，瓜打即螇蚸⑦。蛾飞有声曰锢卢锅，长螽曰捎母角，绿蝗曰青头郎，蝗无翅曰肉墩子，蝗有力曰蹬倒山，倒窝蜂曰气不愤，浮水虫曰担杖钩，蝎钩人曰蜇，蠚、蠚⑧同。蝎生子曰盆，愤。食苗曰截虫，蠹木曰蛀虫。

鳞介 鵖鲫曰乌鱼，鲫盖曰海螵蛸，鯸鮐曰河豚，鲀同。水母曰海蛇蛇，鮀同，音秺，俗讹音折，作蜇蛰。鳞美曰鲟鳇，讹秦黄。头美曰鲫鲟，加吉。尾美曰鯡鱼，把通作鲅。子美曰鲅鱼子。以地美者沽河鮨⑨，亦通用鰡，以其肥当作脂。淮河鲤，以时美者开凌鲅，亦用鰺。鳖曰团鱼，讹作鳜，非。鳜非鳖也。蚌大者曰鰒报鱼，蚌小曰波螺，似蜗，讹波。壳小有尖曰海螺，俗曰海螺蛼。圆而带泥曰泥螺，蛎曰海蛎，蛤曰蛤蜊，讹辣。方长曰蠏，瘦长曰蛏，称。扁曰匾浅子，黑曰黑蛤蜊，鱼因黏滑曰鲇鱼，鱼以色别曰黄姑、白姑，鳅曰泥勾。鲦曰浮梢，蛤之大者曰江珧柱，虾酱曰莫胡。

杂类 思饮曰磕，让酒曰宣，以蒲作履曰蒲袜，以布承溺曰藉子，藉应作褯。《说文》“褯褓也”。衣破裂曰缉厉，履衬曰铺衬，门背横木曰光门背，树木有孔受扃⑩曰门鼻子，烧木灭水曰麸炭，以水灭火曰侵，锅破以铁固之曰锢路锅，刍灵曰童男女，木偶曰窟里子，毁坏曰作践，木段曰滚子，栅曰栅栏，响声远闻曰互隆，击空声曰古东，水突流曰花拉，冰柱曰凌孤椎，孝子庐于墓侧曰虑墓，虑庐转重读。牌位曰牌外，位外古读同。衣敝曰蓝卤，亦曰滥路，缕卤路声近。杰出曰天王甲，吓小儿曰马告告，告即貗马，貗者狼也，又貗犬呼也，古通用皋，故呼犬曰皋，形容怪声曰狼号鬼叫。以上李之雍补。

---

① 鷦鷯(jiāo liáo)：鸟，体长约10厘米，背赤褐色，腹灰褐色，尾短，捕食小虫。亦称“桃虫”“巧妇”。

② 鴳(yàn)：鴳鶉。

③ 豵(zōng)：公猪。

④ 虸蚄(zǐ fāng)：吃庄稼叶的害虫。

⑤ 蚰蜒(yú yán)：又名蚨(fú)虷，蛐蜒(俗称草鞋虫)的别称。

⑥ 蚳(tún)：“蛄”的讹字。

⑦ 螇(xī)：蝉。蚸(qí)：米中小黑虫，即米象。

⑧ 蠚(hē)：蜇，蜂、蝎子等用毒刺刺(人或动物)。

⑨ 鮨(yì)：鱼，体侧扁，红色或褐色，有斑纹，口大，可以伸缩，牙细而尖。大部分生活于海洋中，有的进入淡水。

⑩ 扃(jiōng)：从外面关闭门户用的门闩、门环等。

方音

虹曰酱，雹曰拔，港曰蒋，日曰义，人曰仁，血曰歇，肉曰幼，熟曰述，渴曰磕，饮曰哈，额曰叶，尾曰乙，谢降曰谢酱，场园曰场完，胶河曰焦河，岳庙曰迓庙，宋家庄、鲁家庄曰宋姑庄、鲁姑庄。以上变音，以下讹音。俱讹具，祠讹祀，韦讹苇，憎讹赠，箪讹但，羹讹梗，咸讹显，垠讹认，黎讹利，潜讹浅，卑讹比，樊讹范，陬讹凑，扃讹迥，跻讹济，颜讹雁，珍讹枕，缄讹减，緅讹绉，绨讹耻，龚讹巩，缁讹止，雌讹次，亏、窥皆讹愧，谋、牟皆讹木，颓、魋皆讹腿，惭餐皆讹粲。以上本皆平声。靡讹迷，几讹机，殍讹瓢，轨讹规，范讹繁，窘讹迥，颡讹桑，衅讹欣，懿讹夷，殉讹旬，茗讹名，颋讹廷，绍讹韶，鄙讹卑，菡萏讹函谈，颖、郢皆讹盈，估、诂皆讹孤，赳、纠、咎皆讹鸠，菲、匪、篚、斐皆讹非。以上本皆上声。莉讹黎，谥讹尸，遂暇讹随霞，值讹侄，孳讹兹，勘讹堪，屡讹吕，付讹夫，邵讹韶，堠讹侯，纬讹维，玩讹完。以上本皆去声。戚讹妻，揖讹衣，翕讹熙，匿讹泥，服讹符，俗讹徐，局讹拘，逸、佚皆讹夷，綌讹兮。以上本皆入声。

增修胶志卷十一　职官志第一　历代职官

历代职官表序

《前志》原序曰："职官之志，所以明宰化出治之本，非以志姓名而已。历代之史皆有此志，详其阶、禄、职掌而不及名氏，以不可胜记也。间一及之，明异数而已。近之方志专详姓氏、里贯，姓氏轶者，至缺其官而不书，岂所以考往制昭来兹哉？明罗念庵为《广舆地图》，并列文武建置于前，盖达乎政体者矣。张宾雁《州志前编》法此意为《历代职官表》，惜及守、令、相、史而止，与所为元职官三表者未足相称，故因而广之，备载长吏①，以明陈殷置辅②先后、损益之成轨。若汉三老、啬夫③，明之正科正术④，古所谓少吏⑤，用土人为之，是选举余材耳，故不具录。"

周　《周礼》："子、男之卿再命⑥，大夫一命，士不命。"

莒卿一	大夫三	介根宰
介大夫		

秦　《汉・百官志》⑦：县令、长皆秦官。万户以上⑧为令，秩⑨千石至六百石。减万户为长，秩五百石至三百石。皆有丞、尉，秩四百石至二百石，是为长吏⑩。百石以下有斗食、佐史之秩，是为少吏。亭有长，乡有三老、有秩、啬夫、游徼。三老掌教化，啬夫职听讼⑪，游徼⑫循禁贼盗。皆秦制也，汉因之。

黔陬令	丞	尉

楚　楚义帝时县令称"公"，见《项羽本纪》萧公角⑬注。

---

① 长吏：指州县长官的辅佐。
② 陈殷置辅：意为设置正官和辅佐的官吏。陈、置都是设立的意思。殷，正官；辅，辅佐。
③ 三老、啬夫：《汉书・百官公卿表》载："大率十里一亭，亭有长。十亭一乡，乡有三老、有秩、啬夫、游徼。三老掌教化，啬夫职听讼，收赋税。"汉三老、啬夫即少吏。
④ 正科正术：职官名称，丞以下小吏。
⑤ 少吏：县丞、县尉以下的小吏。
⑥ 命：官阶。周代官阶自一命至九命。
⑦ 《汉・百官志》：指《汉书・百官公卿表》。
⑧ "以上"，底本无，据《汉书・百官公卿表》补。
⑨ 秩：俸禄。当时没有后世的品级，就用俸禄代表品级。
⑩ "吏"，底本作"史"，下"少史"同，均讹。据《汉书・百官公卿表》改。
⑪ "职听讼"，底本作"听职讼"，讹。据《汉书・百官公卿表》改。
⑫ "徼"，底本无，据《汉书・百官公卿表》补。
⑬ 萧公角：项羽部下。《史记集解》苏林曰："官号也，或曰萧令也。时令皆称公。"

黔陬公	**丞**	**尉**

汉　制见秦。又《百官表》：列侯所食国令长名相，又有家丞、门大夫、庶子①。

<table>
<tr><td>黔陬令</td><td>丞</td><td colspan="2">尉</td></tr>
<tr><td>计亓令</td><td>丞</td><td colspan="2">尉</td></tr>
<tr><td colspan="2">计亓盐官</td><td colspan="2"></td></tr>
<tr><td>邦　或令或长，无考。</td><td>丞</td><td colspan="2">尉</td></tr>
<tr><td>柜　或令或长，无考。</td><td>丞</td><td colspan="2">尉</td></tr>
<tr><td>祝兹②侯相</td><td>家丞</td><td>门大夫</td><td>庶子</td></tr>
<tr><td>祓侯③相</td><td>家丞</td><td>门大夫</td><td>庶子</td></tr>
</table>

附：新莽④伪官　郡守为大尹令长，为邑宰。见《莽传》。

黔陬宰	丞	尉
计亓宰	丞	尉
纯德宰	丞	尉
祓同宰	丞	尉
祓宰	丞	尉

东汉　复汉制。

<table>
<tr><td colspan="2">葛卢　或令或长，无考。</td><td colspan="2">丞</td><td>尉</td></tr>
<tr><td>黔陬侯相</td><td colspan="2">丞</td><td colspan="2">门大夫</td><td>庶子</td></tr>
</table>

魏　承汉制。

黔陬令	丞	尉

晋

高密王国　《晋书·职官志》：王置师友、文学各一人，避景帝讳，改为傅。友者，因文王、仲尼四友之名号⑤。又改太守为内史，省相及仆射。有郎中令、中尉、大农为三卿。大国置左右常侍各一人。省郎中，置侍郎二人，

---

① 庶子：周代司马的属官，掌诸侯、卿大夫之庶子教养等事，秦因之，汉以后为太子属官。

② 祝兹：西汉高后（吕雉）八年五月置，封吕侯昆弟吕荣为祝兹侯，都址在今青岛黄岛区六汪镇柏乡村西南。

③ 祓侯：汉武帝元狩四年（前119）封，都今胶州里岔镇。

④ 新莽：新朝（9—23），是西汉末由外戚王莽篡汉建立的朝代，又称新莽。由于新朝时间短，非正统，因此不被后世承认。

⑤ "者，因文王、仲尼四友之名号"，底本原脱，据《晋书·职官志》补。

典书、典祠、典卫、学官令、典书丞各一人，治书四人，中尉司马、世子庶子、陵庙牧长各一人，谒者四人，中大夫六人，舍人十人，典府各一人。按：晋初平原、琅邪、扶风、齐为大国，后封者无大国。高密例不得置常侍。凡有秩二十二，摘其要者表之。

傅友	文学	内史	郎中令	中尉	大农	典书	典祠	学官令	典卫	中尉司马	世子庶子	中大夫	舍人

高密郡　《晋书·职官志》：郡皆置太守。又置主簿、主记室、门下贼曹、议生、门下史、记室史、录室史、书佐、循行、干、小史、五官掾、功曹史、功曹书佐、循行小史、五官掾等员。又曰：郡国皆置文学掾一人，州刺史所领中郡以上为置部从事一人。又《宋书》：咸康[①]中省郡丞。今择其要为表。县同。

太守	部从事	主簿	五官掾	功曹史	文学掾
李辑 《北史·李谧传》：楷[②]，字雄方，除书侍御[③]，家于平赖南，有[④]男子五人。辑，字护宗，位高密郡守。按：《唐书·宰相世系表》称，辑父避赵王伦之难，徙于常山，辑宜仕晋。但惠帝初置高密国未尝为郡守，或由慕容苻氏所置，在东晋，皆未可知。因《州志前编》附于晋。					

黔陬县令　《职官志》：令长以下，有主簿、录事史、主记室史、门下书佐、干、游徼[⑤]、议生、循行功曹史、小史、廷掾、功曹史、小史书佐干、户曹掾史干、法曹门干、金仓贼曹掾史、兵曹史、吏曹史、狱小史、狱门亭长、都亭长、贼捕掾等员。

黔陬令	主簿	记室	功曹	校官掾

前燕与前秦伪官并缺。

东晋

黔陬令	**都尉** 《宋书》：晋江左都尉，大县二人，小县一人。

宋　《宋书·百官志》：郡守，秦官。置守、丞、尉各一人。守治民，丞佐之。郡当边戍者，丞为长史，汉景帝更名太守，尉为都尉。晋成帝省郡丞，宋太祖元嘉四年，复置。郡官属略如公府，有功曹史、主选举、五官掾、主诸曹事，部县有都邮、门亭长，又有主记史，催督期会。又《文献通考》：秦置郡，丞以佐守，汉因之。于定国[⑥]条州大小，为设吏[⑦]员，治中、别驾、部[⑧]从事，秩六百石，晋因之而省郡丞，宋、梁以下复置。

---

① 咸康：东晋晋成帝司马衍的年号，自335—342年，共计8年。
② 楷：即李辑父亲李楷，李楷有五个儿子，分别是李辑、李晃、李棨、李劲、李睿。
③ 书侍御：即治书侍御史，官名。秦置，亦称治书御史、持书侍御史，简称御史、侍御。
④ “有”，底本作“百”，据《北史》改。
⑤ “徼”，底本作“微”，据《晋书·职官志》改。
⑥ 于定国（？—前40）：字曼倩，东海郡郯县人，西汉时期官员，元帝时曾为丞相。
⑦ “吏”，底本作“史”，讹。据《文献通考》改。
⑧ “部”，底本作“簿”，讹。据《文献通考》改。《汉官仪》作“诸部”。

高密太守	郡丞	功曹史	五官掾	主记史	都邮	门奇长	主记史
刘乘民 平原人，迁冀州刺史。周嘉猷《南北史世系表》：乘民祖员外常侍昶，徙北海都昌，盖平原籍，实都昌人。							

黔陬令 《宋书》：县令千石至六百石，长五百石，记秩略如前同。	都尉

后魏　《魏书·官氏志》云：天赐二年，郡置太守三人，用七品者。又云：刺史、令长各之州县，以太守上有刺史，下有令长，虽置而未临民。太和二十三年，复次职令，中郡太守、内史、相，第五品，下郡太守、内史、相，第六品，属官之秩不传。按：太守不行，此隋人省刺史置太守之原也。

高密太守	
房幼安 按：《魏书·地形志》：庄帝永安二年，置胶州，其高密太守治夷安，在今高密，其以幼安为太守，以安初附在献文帝皇兴二年，其时高密当犹因宋旧治黔陬尔。又《官氏志》：自太祖天赐二年，郡置太守三人，自七品而上皇族二人、庶族一人，皆不实之官。幼安之为太守，以安初附则亦当实至，不可以常制拘。至置临海郡于梁乡，旋废。而梁乡治所实不在胶，特以其地隶今版图者多，故收县令而不表郡守。	
黔陬令 《魏书·官氏志》：初制，县置三令长，八品者。太和二十三年，高祖复次职令。及帝崩，世祖初班行，以为永制。上县令、相，第六品，下县令、相，第八品。	
梁乡 或令或长，失考。	

北齐　《隋书·百官志》：后齐，上上郡太①守，属官有丞、中正、光迎功曹、光迎主簿、功曹、主簿、五官、省事、录事，及诸曹②掾佐、博士、助教等员。

平昌郡太守	丞	中正	光迎功曹	光迎主簿	功曹	主簿	五官省事	五官录事	诸曹掾佐	太学博士	太学助教
黔陬令	丞	中正	光迎功曹	光迎主簿	功曹	主簿	录事		诸曹掾佐		

后周　《周书·卢辩传》：郡守官分七命、正六命、正五命之分。郡以民户多寡为差。丞有四命及二命之分，依郡守命数为差。

平昌郡太守 盖复秦制，宜有尉、丞。	**丞** 以下郡佐无明文，当因魏旧。
黔陬令 自五命以下以民户多寡为差。	**丞** 以下职皆不列，亦当因魏旧。

隋　《隋书》：罢州置郡，太守，上郡从三品，中郡正四品，下郡从四品，置东西曹掾、主簿、司功、仓、户、

① "太"，底本无，据《隋书·百官志》补。
② 诸曹：借指各部的官员。

兵、法、士曹等书佐，各因郡之大小而为增减。改行参军为行书佐，别置都尉、副都尉。都尉①正四品，领兵，与郡不相通。副都尉正五品。后诸郡各置通守一人，位次太守。又《文献通考》：隋改治中、别驾为长史、司马，盖隋以州为郡，无复军府，则州府之职参为郡官，炀帝罢之，又置郡赞治，后又改为丞，位通守下。

<table>
<tr><td>平昌郡太守</td><td>通守</td><td>郡赞治</td><td>曹掾</td><td>主簿</td><td>书佐</td></tr>
<tr><td colspan="3">平昌都尉</td><td colspan="3">副都尉</td></tr>
<tr><td colspan="3">胶西县令 《隋书》：以所管闲剧②及冲要以为等级，丞、主簿如故。县尉③又改为县正，又改为户曹、法曹④分司以承郡之六司。</td><td>丞</td><td>主簿</td><td>尉</td></tr>
</table>

唐

<table>
<tr><td>高密令 《唐书·百官志》：上县：令一人，从六品上；丞一人，从八品下；主簿一人，正九品下；尉二人，从九品上。中县：令，正七品上；丞，从八品下；主簿、尉各一人，主簿从九品上，尉⑤从九品下。下县：令，从七品下⑥；丞，正九品下⑦；主簿、尉同前。凡县皆有经学博士、助教各一人。按：唐胶西并于高密，县治不在今州，然司民之官不可缺，不可以郡守以上专主治所者，例也。与前梁乡同。</td><td>丞</td><td>尉</td><td>博士</td><td>助教</td></tr>
<tr><td>板桥镇将 《唐书·百官志》：上镇：将一人，正六品下；镇副二人，正七品下；仓曹参军事、兵曹参军事各一人，从八品下。中镇：将一人，正七品上；镇副一人，从七品上；兵曹参军事一人，正九品下。下镇：将一人，正七品下；镇副一人，从七品下；兵曹参军事一人，从九品下。凡军镇，二万人以上置司马一人，正六品上；增仓曹、兵曹参军事各一人，从七品下。不及二万者，司马从六品上，仓曹、兵曹参军事正八品上。又有戍主、戍副、录事、佐史等官，不具录，择其要表之。</td><td>镇副</td><td>仓曹参军</td><td colspan="2">兵曹参军</td></tr>
</table>

五代 《旧五代史·职官志》：梁开平元年诏：畿赤⑧县，置令、簿⑨、尉各一员。四年四月敕：诸州镇使，官秩无高卑，位在县令之下。

高密令	尉
板桥镇将	

宋 《文献通考》：宋太祖革五季之患，召诸镇会于京师，赐第以留之，分命朝臣出守列郡，号权知军州事。元

① “都尉”，底本无，据《隋书》增。
② 闲剧：清闲和繁忙。也指事务清闲。下文“繁剧”与“闲剧”相对，指事务繁忙。
③ “县尉”，底本原脱，据《隋书》补。
④ “法曹”，底本原脱，据《隋书》补。
⑤ “主簿从九品上，尉”，底本原脱，据《唐书·百官志》补。
⑥ “下”，底本作“上”，讹。据《唐书·百官志》改。
⑦ “下”，底本作“上”，讹。据《唐书·百官志》改。
⑧ 畿赤：唐代称京城所治之县为赤县，京之旁邑为畿县，合称“畿赤”。宋因之。
⑨ “簿”，底本无，据《旧五代史·职官志》补。

祐三年，于胶西县置临海郡。

临海军节度使 《通考》：唐天宝元年，改州为郡，自是州郡、史守更相为名，其实一也。	判官 《通考》：宋节度属官有推官、判官、书记、支使，虽置以节度，实则郡僚耳。	书记 有出身者曰书记，无曰支使。	支使 《通考》：书记、支使在判官之下、推官之上，至元明则推官在上，古今不同如此。	推官	板桥佐十将
					徐文 有传。

胶西县令 《通考》：宋建隆元年，天下诸县除畿赤外，有望、紧、上、中、下。四千户为望，三千户以上为紧，二千户以上为上，千户以上为中，不满千户为中下，五百户以下为下，掌总治民政，有戍兵则兼兵马部监。	县丞 《通考》：宋初不置丞，天圣中始置，熙宁四年繁剧，令户二万以上①增置县丞一员。	板桥镇主簿 《通考》：开宝三年，诏诸县千户以上置令、簿、尉，四百户以上置令、尉，四百户以下置主簿、尉，主簿兼知县事。	尉	板桥镇市舶司抽务解 《通考》：镇戍关市官，随②，镇置将、副，戍置主、副③，关市置令、丞。唐因之，各有上、中、下三等。宋制，诸镇监官掌巡逻、盗窃及火禁之事，兼征榷酤，则掌其出纳会计，镇寨凡杖罪以上并解本县，余听决遣。
		卞进之 有传。		

金　《通考》：金，诸县令一员，正七品。丞一员，正九品。主簿一员，品同上。尉一员，正九品。中县而下，以主簿与尉通领④巡捕事。下县不置尉，以主簿兼之。自京县而下，以万户以上为上县，三千户以上为中县，不满三千为下县。

胶西县	主簿	尉	督监 金于胶西县立二镇：梁乡、张仓、陈村，各设督监一员。
	房周卿 有传。		赵 失名，为梁乡镇督监，见赵千户牌。

---

① “上”，底本作“下”，讹。据《文献通考》改。
② 随：古国名，隋文帝原受封于随，立国后去掉“辶”，作“隋”。
③ “副”，底本无，据《通典》补。
④ “领”，底本作“县”，讹。据《文献通考》改。

增修胶志卷十二 职官志第二 元代职官

元职官表序

《前志》张宾雁原序曰："有元肇域①，凡州县设达鲁花赤②，胶从同。此外更若干员，颇为繁杂。然若元帅等官，则开国之边镇见焉。盐务、漕运等官，则一代之财赋关焉，虽区区一邑之疆理③，而其职官有如此者。校官有教授、学正、训导、山长，又有直学焉，史志为书院属官，则教化攸系，惜其名不传。而书院与山长均无由稽也。今取《元史》民官、军官、钱谷官等名分疏之，虽缺略犹未全，而百余年之握符④以临兹土者，可以观矣。"

民官表 以下三表⑤皆本张宾雁《州志前编》，与《元史》官制微有不同，然皆出碑刻，得当时事实，故仍之。

	州都达鲁花赤	副达鲁花赤	管民长官	相副官	刺史	同知	提领	知法	司侯司司侯 宪宗三年省。	司判
蒙古太宗	斜烈	许来住	赵禹甫	赵禹卿	赵辅国	移剌	刘瑀	栾彬 有传。	周杲	李和 已上见庚子普明院碑⑥阴。

	州达鲁花赤⑦ 《元史·百官志》下州秩从五品，俸三十贯，职田六顷。	知州 秩同上。俸一十八贯，职田三顷。	同知 秩正七品，俸、职田同上。	判官 秩正八品，俸二十三贯，职田同上。	教授 秩九品，成宗定无职田者给以俸米。	学正 二员，蒙古字一，汉字一。	直学	吏目 俸四十贯。	阴阳提领	司正
元世祖中统	撞兀 见延祐学庙碑。	董进 有传。								

① 肇域：疆界。

② 达鲁花赤：一作"达噜噶齐"，蒙古语的音译，指镇压者、制裁者、盖印者。元职官名，是代表军政、民政和司法的官员，由成吉思汗设立，广泛通行于蒙古国和元朝。

③ 疆理：疆界。

④ 握符：本指手握玺印，指帝位。此指手握官印。

⑤ 三表：指下之民官表、军官表、钱谷官表。

⑥ 普明院碑：蒙古太宗十二年（1240）立，《普明院碑》碑阴记有胶西行政区划。

⑦ 《元史·食货志·俸秩》记载："下州达鲁花赤，俸三十贯；知州同。同知，一十八贯。判官，一十三贯。吏目，四十贯。""至元三年，定随路府州县官员职田……下州达鲁花赤六顷，知州同，州判三顷。""至元二十一年，定江南行省及诸司职田比腹里减半……下州达鲁花赤三顷，知州同，同知二顷，州判一顷五十亩。"

至元		董进 十年去任。	林鹗 三十一年任，有传。			南华子 见四年卢氏碑。 刘世杰 礼部劄付。			王恭	董弼 上自刘世杰，见二十八年王公碑。
成宗元贞						刘世杰				
大德	王家奴 忠勇校尉兼管诸军奥鲁①，劝农事。	安乃马带 奉议大夫兼管诸军奥鲁劝农事。	徐安仁 征仕郎。 秦稳	杨英 将仕郎兼管诸军奥鲁，劝农事。		别别帖木儿 蒙古字学。 刘世杰 升彰德路教授。 王文昌	□□ 姓名缺。此上应有书院山长。	孙敬 陶温 已上见四年集元观碑阴。 孙好智 宁海州人。见元刘埙撰《宁海州□□孙公墓志》。		
仁宗延祐	燕帖木而 元年任，有传。		尚杰	陈忠原 乔如楫		林诚		李泰 已上俱见元年庙学碑。		
英宗至治	普颜不花 元年任，有传。	刘庆甫	莫文渊 历城人。	赵景廉		朱郁 已上俱见二年庙学碑。				
泰定帝泰定	普颜不花	王偁	莫文渊	命安		孙若拙		孙辉 以上见元年庙学碑。		
顺帝元统		柴本立 见至正崇福寺碑，有传。								

① 奥鲁：古代蒙古军队出征时留在后方的家属、辎重等，设奥鲁官进行管理。

至正			卢志	辛买骤	严仲良	韩伯昌		李德福 已上见六年洪福寺碑。		
	忽都不花 承直郎。	刘征 奉政大夫兼管诸军奥鲁，劝农事。	朱伯不花 承事郎[①]。	国里 敦武校尉。	严思温			刘克和 已上见十一年崇福寺碑。		
	胶守签书枢密院监 至正十七年置。《元本纪》参《续弘简录》。				州判 《百官志》十七年正月准添州判一员，诏有司正官，俱兼防御使事。					
	脱欢 有传。				王 失名。					

	县达鲁花赤	县尹	县丞	主簿	县尉	典史	巡检
太宗	杨完	吕斌	李彦	王瑀	李成	赵庆	张 失名。
	姜远	孟 失名。	帅府评事李贵子。 李立	水军元帅王珍子，兼镇抚。			已上俱见庚子普明院碑阴。
宪宗				卢琮 八年任，由县尉升。	卢琮 三年任，以军功进，有传。		

	县达鲁花赤[②] 中县秩正七品，俸一十八贯，职田四顷。	县尹 秩同上，俸一十三贯，职田三顷。	主簿 俸同上，职田二顷。	县尉 俸三十五贯，职田同上。	教谕	典史 俸同尉。	梁乡镇都巡检	副使

① 承事郎：承事郎，文散官名。宋始置，为文官第二十三阶，正八品，相当于唐的征事郎。

② 《元史·食货志·俸秩》记载："中县达鲁花赤，俸一十八贯；县尹同。主簿，一十三贯。县尉，一十二贯。典史，三十五贯。""至元三年，定随路府州县官员职田……县达鲁花赤四顷，县尹同，县丞三顷，主簿二顷，县尉、主簿兼尉并同，经历四顷。""至元二十一年，定江南行省及诸司职田比腹里减半……上县达鲁花赤二顷，县尹同，县丞一顷五十亩，主簿一顷，县尉同。中县同上。无县丞。"

世祖至元			**卢琮** 见四年卢氏碑。					
成宗元贞	**宣住** 进义副尉。							
大德	**燕帖木而** 进义副尉兼管诸军奥鲁，劝农事。	**孔衍** 忠勇校尉兼管诸军奥鲁，劝农事。	**魏居仁** 登仕郎兼管诸军奥鲁，劝农事。 **栾克敦** 本县人。	**王德昭**		**陈珪孙** 失名。	**高得枝**	**傅天朋** 上自宣住，见四年进元观碑阴。
武宗至大	**燕帖木而**							
仁宗延祐			**孔思迪** 至圣[1]四十四代孙，见元年庙学碑。					
英宗至治					**王思温** 见二年庙学碑。			
泰定帝泰定		**袁** 失名。	**王治**	**朱** 失名。			**王云** 已上见元年庙学碑《后叙》。	
顺帝至正	**王速辅** **奥剌** 见十一年崇福寺碑。	**王郁** **高山**	**姬直方** 已上见二年栾氏碑。 **孙信** **孔瀚** 字世贞，至圣五十三代孙，见《阙里志文献考》。		**孔思贞** 至圣五十四代孙，见《阙里志》。	**董崇宗** 已上见六年《洪福寺记》。		

① 至圣：指孔子。

军官表

	水军元帅	胶西元帅	监军	兵马钤辖	水军镇抚	帅府评事	判军官司事	管军总领	管军总把	把军弹压
太宗	王珍 博山县石炭坞有蒙古元帅王珍墓碑。	姜义斌 庄守信	董进	程智	王瑀 珍子，主簿兼。	李贵	钱元液	掌普仁	从英	提旺 王斌
宪宗								卢琮		
世祖中统	张荣实 碑文：三年任水军万户，镇胶西，当即水军元帅，有传。							卢琮		
（世祖）至元	张荣实 三年去任。							卢琮		

续表

	行军千户	管军百户	提控	签书	令史	管匠使达鲁花赤	管匠提领	管匠参谋	管鹰房使达鲁花赤	鹰房[1]参谋
太宗	王远	辛成逄顺杨春	张立	徐兴	上 失名。	海思	沙伯甫	越罗	乌领套哥 已上见庚子普明院碑阴。	
宪宗	王国昌 有传。贺进									
世祖中统	王国昌 元年入觐。									
（世祖）至元	贺祉 进子，六年袭，十年去任，有传。蒋德 在八年，有传。吉 失名。见吉氏墓碑。	王宜京 见二十八年王公碑。								

① 鹰房：又称“鹰坊”。古代宫廷管理、饲养猎鹰的地方。

	胶州所千户	管秃鲁花所千户	管鹰房打捕人匠所达鲁花赤	总管	总领	管军总把	百户	弹压	知事	孔目	提控	提领
成宗大德	张 失名，逄猛村人。 葛珠	肖鹗	海驴	郭玦	夹 失名。	贾国瑞	张 失名。 葛 失名。 刘 失名。 李 失名。	王 失名。	杨 失名。	隋 失名。	赵 失名。	王 失名。 薛 失名。 王 失名。 赵 失名。 史 失名。 王 失名。 孙 失名。 孙 失名。 曹 失名。 别 失名。 别 失名。 赵 失名。
泰定帝泰定				马岀 碑作鹰房捕人匠总管，见元年庙学碑。		孟 失名。已上见元年庙学碑阴。				李福 高密人，见李氏族谱。		
顺帝至正	毛 失名。	栾信 见十一年崇福寺碑。									刘 失名。 徐 失名，已上见十一年崇福寺碑。	

钱谷官表 盐司，五品。提举，二千户以上提举从五品，一千户以上提举正六品，副使正八品。

	盐判	管句	卖盐官	省差税使	提领	库副
	徐谦	李筠 权司事。	李濮	纪昌	邢天福	颜圮 已上见庚子普明院碑阴。

	胶莱莒密司盐使 至元十九年置，领盐场八：石河、即墨、衡村、西由、海沧、登宁、信阳、淘洛。见《本纪》并《百官》。	副使	判官	石河仓头场管勾一二员。 正同副各一员。	局官	埚官	令史	税史司令	提举	提领	务大使	副使	胶密淘金所千户 至正二年罢。	典史
世祖至元													李元 潘昌 修伯通 葛茂	于津
成宗大德	李实	邓玉	史国英 进义副尉。 罗国才 登仕佐郎。	周 失名。 李前 敕授。 段谊 省札。	杨瑞	王 失名。								

	胶莱分司同知 延祐五年冬，以盐法涩滞罢盐使司，置分司同知。	分司运判	外郎	奏差①	宣差②	石河场盐判	司令	管勾	局官	提举	务提领	大使
顺帝至正	那海	燕赤不花	李惟一	崔威□ 也先	阿都赤驴儿 失秃儿 宣差高密。 秃坚帖木儿 宣差即墨。	杨政 尹庸 徐良臣 李德用 李 失名。	栾 失名。	臧仲礼 卢子玉	孙 失名。 宫 失名。	严守信	李子威	许蕃 已上见六年《洪福寺记》。

① 奏差：元明清时在某些官署中设置的供差遣的官职。亦指负责传唤的官职。
② 宣差：供传唤役使的差人。

	胶莱海道都漕运使	总管	万户	胶莱海道都漕运司丁庄万户府都镇抚	胶西纲押纲官二员
					《百官志》：至元十九年十二月，立京畿、江淮都漕运司二，仍各置分司以督纲运。二十四年，分立都运司于河西，务押纲官隶焉。荣、阳等纲凡三十，有胶西纲押纲官，秩正八品。每编船三十只为一纲，应运十余万石。每纲船户约不及三百户，纲官以常选①正八品为之。
世祖至元	**来阿八赤** 宁夏人。十九年，佩三珠虎符授通奉大夫、益都等路宣慰使、都元帅，开胶莱河迁是职。二十一年②，调同佥宣徽院事③。见《元史》本传。 **张君佐** 鄢陵人，十九年奉命修胶西闸坝，二十一年兼海道运粮事。见《元史》本传。 **囊加觧**④ 二十一年漕臣。见《元史·河渠志》。	**姚** 失名。	**孙伟** 二十一年任。见《河渠志》。又：海阳县西南有孙伟墓碑：衔云昭武大将军。	**蔡珍** 彰德安阳人。二十一年任。二十七年进后卫亲军千户。《本传》：胶莱作“胶东”，“东”盖“莱”字之误。	

① 常选：指古代定期选举官吏的一种制度。
② “二十一年”，底本作“二十二年”，讹。据《元史》改。
③ “宣徽院事”，底本作“宣慰使徽事”，讹。据《元史》改。
④ “觧”，底本作“碍”，讹。据《元史·河渠志》改。

增修胶志卷十三　职官志第三　明代职官

明职官表序

《前志》原序曰："兹地置官之盛者，曰晋曰元曰明。晋以王国所都，元初诘戎①、榷税分职尤繁，明则以海防备倭警也，皆因时势使然。然元代设职颇多可省，而明人屯卫实驭边之长策。盖滨海之区，皆华夷所界毗，武卫之奋，屯田为上，畀以世职土著其间，则本固而不可拔，兵足而民不扰。其计良便留意海疆者可无取诸？至于牧民之长、董儒之师，历代所同，虽郡县异称，多寡殊，资其义无俟深论矣！"

州官表　《明史》：凡州，知州一人，同知、判官无常员，其属，吏目一人。《续文献通考》：所属衙门，儒学学正一人，训导三人，税课局大使一人，副使一人。又：知州掌教养州民之事，同知、判官为之贰。凡诸州务，上视府下视县，以月计上府，以岁计上省，以三岁之计上吏部。同知、清军厅或兼巡捕。判官督粮、管马、捕盗、董农、管河，分职任事而领于知州。吏目出纳文移或分领州事。又：巡检司于各州县关津要害置之。

	知州	州同	州判	吏目	学正	训导	逄猛古镇司巡检	石河场大使 副使	税课局大使 副使 仓大使 附
洪武	张恭有传。见成化十五年城隍庙碑。碑云：洪武二年建城隍庙。 赵礼 八年任，有传。 张恭 十九年复任，详讹疑。	陈南宾有传。 杜筠昌有传。				周思再州人，见选举。			
永乐	文敏 三年任，有传。 阎珏十一年任。		韩景 五年任，有传。		王振宗七年任，有传。	任纶有传。			

① 诘戎：整治军事。

续表

	知州	州同	州判	吏目	学正	训导	逄猛古镇司巡检	石河场大使 副使	税课局大使 副使 仓大使 附
洪熙	阎珏 李哲			卢迪	岳崇 已上见元年真武庙碑。				
正统	陈僚 十二年任。 仇镇 十三年任，有传。								
天顺	董鼐 六年任，有传。 曹洪 八年任。		居安	张濂 方经	师谊	吴文 王岱			
成化	熊鳞 三年任。 毛智 六年任，有传。 林瓒 八年任，有传。 鲁凯 献县人，二十一年任。	王钟 杨铭 高隆 张纶 李瑶 刘显 二十年任。 徐信 王显	刘鉴 宋纪 晁清 刘謨 解绍芳 朱综 赵翯 朱焕 王诚 赵琐 张濬	李制 张中 祝英 田耘 刘镒	周衢 叶灿 法文质 济南岁贡，见《法氏族谱》。《旧志》云景泰间任州训导，遂占籍。 吴勤 宋勤 杨澄	庞瑜 赵登 赵鹗 李实 王进			
弘治	鲁凯 见灵山卫庙学碑。 吴彻 八年任，《旧志》云：太医院籍。 曹翯 十年任，见十七年庙学碑，有传。《旧志》四年任，误。 郭廷珪 仪封人，十八年任。	李寿 张思恭 赵隆 曾执诚 梁山	孙纮 五年任，有传。 尹吉元 赵钦 韩裕 白思温 苑宽	陈坚 梁钰 见庙学碑。	朱斌 王宣	杨鼐 李福 李信 王逊 田厚 常伦 徐祯 见庙学碑。 范洁		胡斐文 任大使。 李嵩 任副使。 俱见十七年庙学碑。	张清 税课局大使。 赵凤 仓大使。 俱见十七年庙学碑。

续表

	知州	州同	州判	吏目	学正	训导	逄猛古镇 司巡检	石河场 大使 副使	税课局 大使 副使 仓大使 附
正德	何继周 闽县人，四年任。 吴鸾 七年任。 盛杲 临安人，十一年任。 欧于钟 十二年任。 颜冲 丹阳人，十四年任。 孙黼 阳曲人，《旧志》遗，由《通志》补。	郑宠 何缙	白思恭 武桓 吕仲先 何吴	王铎 陈表	方洪 姚儒 陈翊	张羽 徐桓 胡濬 王顾英 侯爵 李登			
嘉靖	韩镈 二年任。 邱凤来 六年任，有传。 施佑 归安人，七年任。 戈霈 景州人，十一年任。姜氏坊作“沛”。 刘鲸 解州人，十四年任。 张铨 十七年任，有传。 余棠 二十年任，有传。 杨中启 二十四年任，有传。	陈嘉言 刘学 许锐 李嘉言 杜戴 申舜臣 杨勉道	王道 万溥 王璋 刘彦章 钟美 阎京 窦相 孙畿 张标 吴涛 王澜 余士泮 崔江 苏杭 容恭 南文 任寀 赵烿 钱学古 顾仁	许谦 赵崇礼 杨景礼 宁仑 狄用臣 王凤苞 岳府 张文学 张思敬 苑藩 二十六年任，有传。	曹密 有传，见《姜氏坊》，《旧志》作曹宠。 杨时新 邹鲁 徐皋	丁进禄 封宾 陈锜 曹郁 蔡存仁 崔世英 张万生 白本厚 朱世相 姚济			赖庭 由《姜氏坊》补。《坊》称管工大使，疑即税课局大使。

续表

	知州	州同	州判	吏目	学正	训导	逄猛古镇司巡检	石河场大使 副使	税课局大使 副使 仓大使 附
嘉靖	程世鹏 揭阳人，二十七年任。 黄玠 二十九年任。 林天骏 闽县人，三十一年任。 杨科 三十四年任，有传。 刘孟承 三十七年任，有传。 童汝淹 四十二年任，有传。 刘廷芝 唐县人，四十五年任。				刘暹 见城隍庙碑阴。 贾钦 永清贡生，由《永清县志》补。 袁随 三十三年任，有传。 李守田 赵河 鲍文	韩元之 成觐 王守信 白耿光 沈清 王立 有传。			
隆庆	秦相 大名举人，见《大名县志》。《旧志》云大名进士，三年任。 李学礼 四年任，有传。 胡文光 五年任，有传。 江万和 徽州人。 王炎 六年任，有传。	仇孟辰 杨应山 吴思训	郭迁乔 宋伟 四年任，有传。 宋锦 由《张氏坊》补。 孙承祖	常如松 张思恭 梁纯 见《张氏坊》。 李楫	刘槚 三年任，有传。 刘维藩 王崇澜 有传，作"崇兰"，误。	何伯仁 吴御 臧璋 卜相 周一夔 见《张氏坊》。 曹舜弼			

续表

	知州	州同	州判	吏目	学正	训导	逄猛古镇司巡检	石河场大使 副使	税课局大使 副使 仓大使 附
万历	刘弼宽 三年任，有传。 楼楙中 江都进士，五年任。 武成 宁州人，八年任。 赵克念 十一年任，有传。 严思恭 十三年任，有传。 余邦辅 十七年任，有传。 高文登 二十年任，有传。 罗启先 鄱阳人，二十二年任。 杨位 二十二年任，有传。 张居仁 赵州进士，二十五年任。 汪兆龙 兴安举人，二十六年任。 赵尚忠 三十年任，有传。	杨寀 石德质 五年任，有传。 程溱 杨承宠 十五年任，有传。 郑世臣 朱照 曹履芳 潘梦 山阳人，《旧志》误作“蔓”。 田世禄	尹毗 马负图 束桓 吴灿文 曹应骢 邱衮 十五年任，有传。 杨淔 黄金殿 李淞 鲍槐 陈良心 石怀珍 王荐 真定卫籍，清源人，见真武庙钟，详见“讹疑”。	李期立 王大年 王荩臣 王绍贤 十四年任，有传。 祝大宾 阎诰 杨凝 杨学颜	蔡士先 徐有说 柳栋 曹希植 十年任，有传。 阎讷 十四年任，有传。 于三善 冉嗣 杨守 郝邦宰 陈人龙 谈性学 王之典	王一贯 吴铨 解见 姜周望 孙康民 侯来朝 陵县贡生。 孙尚贤 葛景晖 赵廷佐 范煦 诸城岁贡。 宋作孚 王应元 高尚质 孙思禹 王埏 孙之杰 巩北辰 李延绪 齐从可 郭思孝	申万金 见《府志》，任逄猛司巡检。		

续表

	知州	州同	州判	吏目	学正	训导	逄猛古镇司巡检	石河场大使 副使	税课局大使 副使 仓大使 附
万历	欧远勋 三十五年任，《旧志》作"达勋"，误。 黄烺 苏希瞻 四川人，三十六年署任。 孙枝芳 四十年任，有传。 李尚志 顺天举人，见四十三年庙学碑。 姚国枢 四十四年任，有传。 陈辅尧 四十七年任，有传，《旧志》作尧辅，误。	谭三才 由庙学碑补。	姜文焕 由庙学碑补。	杨文焕 由庙学碑补。	尚三策 举人，四十一年署任。 李如桂 由庙学碑补。	程文震 刁学伊 陈九迁 衣应运 蒋勤 由庙学碑补。			
天启	贾传芳 元年任。有传。 向君化 三年任，有传。 萧尚宾 七年任，有传。	周 失名。			毕得□ 李永训 见庙学碑。《高志》作永培。	梁任大 崔良能 孔□宾 黄一凤 见庙学碑。			

续表

	知州	州同	州判	吏目	学正	训导	逄猛古镇司巡检	石河场大使 副使	税课局大使 副使 仓大使 附
崇祯	梅开 元年任，有传。 王献吉 三年任，有传。 阎思学 八年任，有传。 殷序 十年任，有传。 谢美生 十二年任，有传。 徐律时 十三年任，有传。 高瀛台 由名宦祠神碑补。 郭文祥 十五年任，有传。	钱翊之 谢允福							

卫所官表　苏潜修曰："卫之所设，其制有二：立于郡县曰守御，无专城，附于郡县；立于边陲濒海曰防御，有专城。民社、钱谷、学校，制与县①同。其所置世袭军官皆习武事，文治非其所长。于是有经历之员、仓储之司、训士之职，文武兼设，所以俾无废事与。"《明史》：卫设指挥使司，指挥使正三品，指挥同知从三品，指挥佥事正四品，镇抚司镇抚从五品。其属经历司经历从七品，知事正八品，吏目、仓大使、副使各一人。所辖千户所，多寡各不同。其恩荫寄禄、升授、改调无定员，各有掌印，有佥书。所千户，正千户一人，正五品，副千户二人，从五品，镇抚一人，从六品，其属，吏目一人。所辖百户所凡十，共百户十人，正六品，升授、改调、增置无定员。总旗三人，小旗百人。凡千户，一人掌印，一人佥书，曰管军。千户、百户，有试用，有实授。大率以五千六百人为一卫，一千一百二十人为一千户所，一百一十二人为一百户所，每百户所设总旗二名，小旗十名。自指挥以下官皆世袭，其军士亦父死子继。

卫官世袭指挥使五人　初授昭勇将军，升授昭毅将军，加授昭武将军。

---

①　县：底本作"学"，据苏潜修《灵山卫志》改。

龚氏一世 失考。**成化时有铨为掌印指挥。**重建朝阳寺，正德时又修卫学。 **梁氏一世** 失考。**嘉靖时有勋。**协修关帝庙。				
程氏一世 常 原籍江西广信府铅山县，叔父寄，永乐八年以军功授富峪卫中所正千户，世袭无子，常嗣。宣德十六年，调金吾左卫中所正千户，从都督刘战虏有功，景泰元年正月，迁指挥佥事。二月，从武清侯石亨巡边，出大同遇敌，奋先斩获甚众。四月，回代州遇寇临城，击退之，迁指挥同知。天顺五年，从怀宁伯孙镗出兵甘凉，未行，曹钦反，以击贼功迁指挥使。八年，迁灵山卫世袭指挥使，成化七年卒。子俊袭。	**二世 俊** 卒，无子，弟杰袭。 **杰** 卒，子文袭。	**三世 文** 卒，子相袭。	**四世 相** 卒，子炜袭。	**五世 炜** 卒，子延祚袭。
六世 延祚 自文至延祚，俱赠昭勇将军。				
柳氏一世 失考。	**成化时有信** 助修朝阳寺。后注：成化时者同此。			
	弘治时有奇 协修文庙。后注：弘治时者同此。			
	嘉靖时有碧 监修马家濠工。后注：嘉靖时者同此。			
李氏一世 失考	**弘治时有同氏**	**经** 年失考，与唐瀛重建明伦堂。		

世袭指挥同知四人 初授怀远将军，升授定远将军，加授安远将军。

史氏一世 失考。	**成化时有昪**	
毕氏一世 失考。	**成化时有宣**	
高氏一世 失考。	**成化时有昪**	**弘治时有宣**
张氏一世 失考。	**成化时有原**	

世袭指挥佥事十人 初授明威将军，升授宣威将军，加授广威将军。

汤氏一世 失考。	**成化时有昱**			
唐氏一世 彰 原籍湖广常德府石门县，父荣以军功授世袭百户。阵亡，赠武略将军，副千户。彰继以军功，升世袭正千户，寻迁指挥佥事。卒，子俭袭。按：唐氏可考者八世，《卫志》以为九世，盖合彰父荣言之，非在灵山世数也。	**二世 俭** 卒，子宽袭。	**三世 宽** 成化五年协修朝阳寺，卒，子勋袭。	**四世 勋** 卒，子钺袭。	**五世 钺** 有传。卒，子尧相袭。
六世 尧相 卒，子瀛袭。	**七世 瀛** 为掌印指挥佥事，重建明伦堂。卒，子继功袭。	**八世 继功** 天启元年为掌印指挥佥事，重建福至寺。		
夏氏一世 失考。	**成化时有端**			

王氏一世 瑾 原籍武定州，以军功授本卫指挥佥事，升同知，封明威将军。卒，子惟精袭。按：瑾封仍明威将军，是权守[①]同知耳，子故仍袭佥事，苏氏[②]云恐有误。	**二世 惟精**	**成化时有玺** 未知其世。		
陈氏永乐时有辉 监修卫城，疑即初袭。		**成化时有安**		
郭氏永乐时有崇 重修卫城，疑即初袭，“崇”亦作“景”。**成化时有瑄**				
张氏一世 失考。	**成化时有禧**	**弘治时有钺**	**隆庆时有尔中** 中式武举。	
焦氏一世 鹍 原任陕西榆林卫都司，调本卫指挥佥事世袭，升留守司副使。	**成化时有逵**	**嘉靖时有逵**	**为掌印佥事** 重建关帝庙。	
许氏一世 失考。	**成化时有胜**			
杨氏 无考。				
萧氏一世 失考。	**正统时有俊** 与通判任经创建武学。	**成化时有贵**		

世袭灵山卫镇抚二人 初授忠显校尉，升授忠武校尉。

王氏一世 扬休 原籍怀来县，洪武间以军功授本卫镇抚，封忠武校尉，世袭子孙。	自一世扬休外，俱失考。
张氏一世 失考。	**成化时有璟。**

世袭左所千户九人 正千户，初授武德将军，升授武节将军。副千户，初授武略将军，升授武毅将军。

金氏一世 辂 原籍山后人，祖蛮。蛮洪武时归附宋国公冯胜，屡立战功。历授小旗、总旗，以克盱眙金川门功，升大嵩卫中所副千户。永乐二年赐姓金，名荣。卒，子亮继，从都督毛福寿击贼有功，升正千户。亮卒，辂继，天顺八年迁灵山卫左所正千户。卒，子鼎袭。	**二世 鼎** 有传，卒，子奎袭。	**三世 奎** 卒，子儒袭。	**四世 儒** 卒，子守业袭。	**五世 守业** 卒，子玉声袭。
六世 玉声				
宗氏一世 得 原籍江西临川县，元末从起兵濠州，以军功封世袭正千户。卒，子善袭。	**二世 善** 卒，子安袭。	**三世 安** 卒，子彝袭。	**四世 彝** 卒，子寿袭。	**五世 寿** 卒，子雄袭。

---

① 权守：代理之意。
② 苏氏：即苏潜修，这里指其编撰的《灵山卫志》。

六世 雄 卒，子器袭。	七世 器 以军功升指挥佥事，卒，子一邦袭。	八世 一邦 有传。		
孟氏一世 失考。	成化时有荣，为正千户			
朱氏一世 失考。	成化时有玉，为正千户。		嘉靖时有继祖，为正千户。	
刘氏一世 失考。	成化时有真，为正千户。		嘉靖时有琦，为正千户。	
魏氏一世 失考。	成化时有宣，为副千户。			
陈氏一世 失考。	成化时有聪，为副千户。			
王氏一世 失考。	成化时有弼，为副千户。			
余氏一世 失考。	成化时有泰，为副千户。			
杨氏一世 失考。	成化时有卜里，为副千户。			
柳氏 无考。				
叶氏 无考。				

世袭左所百户十人 初授昭信校尉，升授承信校尉。

刘氏 无考。				
叶氏 无考。				
韩氏 无考。				
谷氏 无考。				
张氏一世 失考。	成化时有胜			
李氏一世 失考。	成化时有安			
柳氏一世 失考。	嘉靖时有茂 协修关帝庙。			
詹氏 无考。				
阮氏一世 失考。	成化时有胜			
迟氏一世 失考。	成化时有贵			
翟氏一世 失考。	嘉靖时有浩 协修关帝庙。			
魏氏一世 失考。	成化时有泰			
侯氏一世 胜 原籍扬州仪征县。初，胜从曾祖宁，洪武六年，以小旗出海捕倭。十六年，从征有功升总旗。三十年，以从征五开功授世袭百户。三十四年，夹河阵亡，无子传弟贵，贵传子通，通传子泰，泰传胜。成化十三年，由鳌山卫前所百户调灵山卫左所百户。胜卒，子爵袭。	二世 爵 卒，子英袭。	三世 英 卒，子师儒袭。	四世 师儒 卒，子尚卿袭。	五世 尚卿 未详。

《卫志》又载：有世袭前所千户五员，百户十员。按：前所即夏河所，今入诸城，故不录。又：宗其彦[1]《卫志》订正载，修马家濠世职姓氏，有指挥张宪、李继、梁鼎、唐尧相、焦鹍、陈道、龚臣、毕勋、杨春、郭尚贤、汤相、史绅；千户朱昌、余尚宾、宗守正、刘司道、崔九衢、陈熊、王勋、魏缙、阮通、刘恩、车英、杨鹤龄、迟渚、杨梅；百户侯英、李志、翟祥、吴汉、柳杰、杨桂、张轼、孟昇；镇抚王琮、张□，多《卫志》所未载，以其时不详，故附载于此。

世袭胶州守御所正千户三人

<table>
<tr><td rowspan="2">匡氏一世 德 原籍淮安府赣榆县，父福以元行省参政归附有功，授沂州百户，后升副千户。卒，子德袭。洪武二十五年升本所正千户。卒，子济袭。</td><td rowspan="2">二世 济 卒，子英袭。</td><td rowspan="2">三世 英 卒，子勋袭。</td><td rowspan="2">四世 勋 卒，子允中袭。</td><td>五世 允中 有传。卒，无子，以弟允道袭。</td></tr>
<tr><td>允道 卒，子天伦袭。</td></tr>
<tr><td>六世 天伦 掌印千户，卒，子受爵袭。</td><td>七世 受爵 以中式武举第一授即墨营钦依把总[2]。卒，子拯袭。</td><td>八世 拯 中式武举三次，后升即墨营中军，封明威将军。卒，子万里袭。</td><td>九世 万里 掌印千户，卒，子凤超袭。</td><td>十世 凤超 授钦依胶即营守备。</td></tr>
<tr><td rowspan="2">汪氏一世 清 原籍淮安府山阳县，父兴洪武初为真定小旗，传子奴才，奴才传弟聚以授百户，聚传弟清，仍以兄功升长淮正千户。宣德二年调本所正千户。卒，子有袭。</td><td rowspan="2">二世 有 卒，子信袭。</td><td rowspan="2">三世 信 卒，子杰袭。</td><td>四世 杰 卒，弟林袭。</td><td></td></tr>
<tr><td>林 卒，子文焕袭。</td><td>五世 文焕 掌印千户，卒，子沛袭。</td></tr>
<tr><td>六世 沛 卒，子士宏袭。</td><td>七世 士宏 中式武举二次。卒，子肇隆袭。</td><td>八世 肇隆 卒，无子，以从子应选袭。</td><td>九世 应选 边操正千户，卒，子如海袭。</td><td>十世 如海 掌印正千户。</td></tr>
<tr><td rowspan="2">杨氏一世 旺 原籍直隶徐州，曾祖家成洪武初归附，授小旗，守御密云燕山。传子狗儿，以功授百户。传弟林，从征后有功，授陈州副千户。传子旺，以靖难功钦升本所正千户。宣德六年乃至任。卒，子通袭。</td><td rowspan="2">二世 通 卒，子辅袭。</td><td rowspan="2">三世 辅 卒，子珙袭。</td><td>四世 珙 卒，子继祖袭。</td><td>五世 继祖 卒，无子，复以辅子珙弟璋袭。</td></tr>
<tr><td>璋 掌印千户，卒，子世芳袭。</td><td>世芳 卒，子一槐袭。</td></tr>
<tr><td>六世 一槐 未详。</td><td></td><td></td><td></td><td></td></tr>
</table>

世袭胶州守御所副千户三人

<table>
<tr><td rowspan="2">储氏一世 允 原籍直隶当涂。初，从太祖充管军千户，已而除百户。守无为等处，改授建宁千户，又调兖州百户。洪武二十五年，钦升本所副千户。卒，子镛袭。</td><td rowspan="2">二世 镛 卒，子晟袭。</td><td rowspan="2">三世 晟 卒，子彪袭。</td><td>四世 彪 卒，弟禄袭。</td><td></td></tr>
<tr><td>禄 卒，子清袭。</td><td>五世 清 卒，子佐袭。</td></tr>
</table>

① 宗其彦：纂有《灵山卫续志》。

② 钦依把总：据顾炎武《天下郡国利病书》云："由武进士或世勋高等题请升授，以都指挥体统行事者，谓之钦依把总。"

六世 佐 卒，子绳武袭。	七世 绳武 卒，无子，复以清子佐弟辅袭。			
辅 掌印千户，卒，子文瑞袭。	文瑞 未详。			
刘氏一世 信 原籍直隶乐亭县，祖大洪洪武初授百户，以渡江功升江阴副千户，调义勇卫。传子源，源传子信，正统三年钦调本所副千户。卒，子兴袭。	二世 兴 卒，子洁袭。	三世 洁 卒，子希尧袭。	四世 希尧 掌印千户，卒，子廷仁袭。	五世 廷仁 卒，子璟袭。
六世 璟 卒，无子，弟环袭。				
环 未详。				
胡氏一世 振 原籍江西奉新县。曾祖受二代弟俊三充役南昌军，生子春，以从征有功授宁波副千户。历调羽林、济南副千户。传子连，连传子振。成化十一年，以申明军政调本所副千户。卒，子翰袭。	二世 翰 卒，子九皋袭。《高志》误“翰”为“瀚”。	三世 九皋 卒，子来宾袭。九皋墓碑：嘉靖时为申明军政，掌印千户。	四世 来宾 卒，子懋功袭。按：胡氏墓碑：振、翰、九皋皆授武略将军，来宾独晋阶武德将军。	五世 懋功 中式武举。历官至都司。

世袭胶州守御所镇抚一人

赵氏一世 俨 州人，以武生擢将材，以军功授遵化游击，世袭本所镇抚，有传。卒，子业耕袭。	二世 业耕 仕至蓟镇营参将。卒，子廷对袭。	三世 廷对 仕至西宁武关阳方口参将。

世袭胶州守御所百户十人

张氏一世 安 原籍安徽凤阳府，祖得山始为管军万户，父信忠以功授永宁百户，信忠传子让，让传弟安，永乐十年除本所百户。卒，子名袭。	二世 名 卒，子杰袭。	三世 杰 卒，子灏袭。	四世 灏 卒，子纪袭。	五世 纪 卒，子惟宁袭。
六世 惟宁 未详。				
王氏一世 安 原籍登州府福山县。祖秃儿以青州军戍密云，少子黑代戍。黑弟冲后又代黑，以功授东胜百户，传子安。宣德六年调本所百户。卒，子胜袭。	二世 胜 卒，子信袭。	三世 信 卒，子清袭。	四世 清 卒，子正学袭。	五世 正学 未详。
谈氏一世 真 原籍凤阳府全椒县，父名三，明太祖起兵，兄弟三人从开平王常遇春攻采石录功。伯曰一除陕西西宁卫指挥，仲曰二除西安卫指挥，三充刘总管军。卒，子真代。洪武二十四年，以全军功除本所百户。卒，子忠袭。	二世 忠 卒，子胜袭。	三世 胜 卒，子广袭。	四世 广 卒，子经袭。	五世 经 卒，子仁袭。

六世 仁 卒，子时政袭。	**七世 时政** 卒，子九锡袭。	**八世 九锡** 卒，无子，弟九畴袭。		
		九畴 以武举升任都指挥佥事，赠昭勇将军，有传。		
韩氏一世 均保 原籍浙江乐清县，父得名自宁波从军，克取福建延平，均保以父功授总旗。洪武二十四年除本所百户。卒，无子，以从子贵袭。	**二世 贵** 卒，子志袭。	**三世 志** 卒，子雄袭。	**四世 雄** 卒，子春袭。	**五世 春** 卒，子守道袭。
六世 守道 卒，子应武袭。	**七世 应武** 三次武举。			
吴氏一世 性 原籍直隶望江县。父普胜初从徐国公军，又从何丞相，以平附功授百户，传子性。永乐十年除本所百户。卒，子能袭。	**二世 能** 卒，子俊袭。	**三世 俊** 卒，子亮袭。	**四世 亮** 卒，弟高袭。	
			高 卒，弟浩袭。	
			浩 卒，从弟亨袭。	
			亨 卒，子守祖袭。	**五世 守祖** 卒，子鸾袭。
六世 鸾 未详。				
魏氏一世 成 原籍直隶华亭县，随父旺从军有功，授汝宁百户。宣德三年调本所百户。卒，子兴袭。	**二世 兴** 卒，子忠袭。	**三世 忠** 卒，子凯袭。	**四世 凯** 卒，子瀛袭。	**五世 瀛** 卒，子崇儒袭。
六世 崇儒 卒，子世爵袭。	**七世 世爵** 卒，子登庸袭。	**八世 登庸** 卒，无子，弟奋庸袭。		
		奋庸 卒，子绳武袭。	**九世 绳武** 未详。	
朱氏一世 贵 原籍兖州府宁阳人。父得水代妻父张成名从军济宁，贵代父军，以从征有功授西安百户。宣德三年调本所百户。卒，子铭袭。	**二世 铭** 卒，弟胜袭。			
	胜 卒，子俊袭。	**三世 俊** 卒，子臣袭。	**四世 臣** 卒，子弦袭。	**五世 弦** 卒，子尚忠袭。
六世 尚忠 卒，子永泰袭。	**七世 永泰** 未详。			
黄氏一世 兴 原籍直隶滦州。代父自当从军属费指挥使，从征有功授永平百户，又以从阳武侯功准世袭本所百户，宣德六年至任。卒，子龙袭。	**二世 龙** 卒，子胜袭。	**三世 胜** 卒，子凯袭。	**四世 凯** 卒，子继宗袭。	**五世 继宗** 卒，子宪臣袭。
六世 宪臣 卒，子德宏袭。	**七世 德宏** 卒，子惟正袭。	**八世 惟正** 卒，子承荫袭。	**九世 承荫** 未详。	

陆氏一世 斌 原籍直隶和州。祖四以军功授总旗，传子仪，仪无子，传弟信，以全伍功升百户，传子斌。永乐十年调本所百户。卒，无子，以从子顺袭。	**二世 顺** 卒，子兴袭。	**三世 兴** 卒，子广袭。	**四世 广** 卒，弟庆袭。 **庆** 领文赴部卒于途，有孙承业，未获袭。	

弘治十七年，庙学碑有正千户匡允定、副千户朱桓。按：朱桓，《高志》谓以军机未袭，军机谓何，未详。嘉靖八年，城隍庙石刻有掌印千户李剑。万历十三年，庙学碑有佐贰百户张所蕴、京操[1]百户韩甲，多与《卫志》不符，其世系亦无从考定，故不入表。又，《府志》志州城，洪武初千户袁贞筑土垣，八年，千户申义重营城郭。据此则明初千户有袁、申二氏。又，《高志》载百户丁九功，以祖过调莱卫，其祖何人，不详。按：守御所百户十人，丁氏既调莱州卫，似不得谓胶州所世袭矣。又载，百户郝尚武以人、文不到部未叙，未识何所百户。苏潜修曰："《府志》载卫军户共一千四百八人，前所军户未载，后所军户共九百六十七人。盖明制沿海卫所以指挥、千户等官分隶，五年推选掌印官一员，次佐贰，次巡捕，次边操，次京操，余各随营听用。迁徙、调遣，不时更易。官职既无常员，军数自无定额。所以多寡无由考核。"

	灵山卫经历司 洪武五年设。	卫学教授 正统时设。	训导 按：明吏：卫学训导二人。	仓大使 洪武二十一年设。	胶州所吏目
洪熙				贾宗 郭斌 乔迪	周俊 以上俱见二年镇武庙碑。
正统		灵混			
景泰		皇甫启明			
天顺		黄绚			
成化	胡祯 荆南人。	刘子建 吕和 梅芳 柳杨			
弘治		王进阶 李炎 洛阳人，平度州训导，五年摄本卫学事。 徐进		方文礼 五年任。	
正德		何方 杨舟 徐州佐			

① 京操：洪武十六年(1383)，明令各地军队每年至京操练，俗称"京操"。

续表

	灵山卫经历司 洪武五年设。	卫学教授 正统时设。	训导 按：明吏：卫学训导二人。	仓大使 洪武二十一年设。	胶州所吏目
嘉靖		刘九畴 薛凤鸣 胡承恩 白受采 顾秀 王秀民 吴大成 贾胡 李承宝 马镗			刘暹 见二十九年城隍庙碑。
隆庆		张时雨 齐东贡生。			
万历		李缙 刘栋 马如龙 赵应宿 申希渊 高万全 李如丹 梁希招 高策			
天启	樊文谏	徐时庵 以字传。 张凤墀 长山贡生。			

增修胶志卷十四　职官志第四　清代职官

清职官表序

清初设驻防而裁屯卫，所以除世隶选将材，开国之规理固然也。既而文教兴，武卫偃，改总镇为副阃，代卫守备以千总①。久之，官民洽而吏事简。并卫所、裁教授、省经历，移巡检于灵山，太平之治以渐验也。如此，故《前志》综其因革之迹，分文、武表之，厘然详矣！惟自清季以来，事变纷更，体制屡易，或兼辖属邑，或新立名目，或裁汰冗员，或归并他部，或特设专司，凡此之类，尤不能不详其原委，分别列表，俾后之览者了然。于兹邑职官之因革损益必与时势相权，亦可知设官为民，在吏贤否，不在多寡也。

雍正以前职官文表　康熙初纂《大清会典》，各州正官知州一员，同知、判官因事添改无定员。首领官吏目一员，所属衙门学正一员，训导一员，各盐场大使一员，各卫经历一员，各府州县巡检司巡检一员。

	知州	州同	卫教授	卫经历	盐大使	学正	训导	吏目	巡检
顺治	李凤鸣 元年任，有传。 李茂时 三年任，有传。 王殿珍 辽东人，五年任。 郑朝凤 辽东人，六年任。 王星华 八年任，有传。 李煌 十年署任，有传。 赵民善 十年任，有传。	魏邦珣 元年任，有传。 刘名标 三年任，有传。 李生材 榆林贡生，五年任。 陈圣训 自在州贡生，七年任。 王锡瓒 解州恩贡，九年任。 郑宗文 满洲人，十一年任。 张星 富顺人，十六年任。	王永昌 辽阳贡生，元年任。 张凤墀 长山贡生。 苟文蔚 贡生。 于际清 贡生。 于云龙 贡生。 王鹏冲 文登进士。 李天祥 贡生。 李若愚 贡生。	王嘉相 六年任。 段素 十三年任。		郑印 黄县岁贡，五年任。 王淑躬 六年任，有传。 王钟枚 淄川举人，十二年署任。 张鹏翰 十五年任，有传。 赵秉正 十八年任，有传。	周启元 蓬莱岁贡，五年任。 王愫 益都岁贡，九年任。 陈其鲁 堂邑岁贡，十二年任。 孙茂前 单县岁贡，十六年任。	张自省 华州吏员，元年任。 庞士英 大兴供事，八年任。 万耀然 怀宁吏员，十一年任。 傅一德 十四年任，有传。	

① 千总：官名。明初京军三大营置把总，嘉靖中增置千总，皆以功臣担任。清初为武职中的下级，位次于守备。

续表

	知州	州同	卫教授	卫经历	盐大使	学正	训导	吏目	巡检
康熙	**郎熙化** 元年任，有传。 **杨奇烈** 五年任，有传。 **刘大庆** 七年任，有传。 **孙蕴韬** 九年任，有传。 **张琢玺** 十六年任，有传。 **徐世臣** 辽东人，十七年任。 **黄章** 十九年任，有传。 **张象翀** 潼川进士，二十五年任。 **孙文光** 余姚人，三十年任。 **王柱国** 辽东人，三十五年任。 **王基昌** 辽东人，三十八年任。 **龚大良** 四十四年任，有传。 **陈明熙** 永嘉人，五十二年任。 **高泽寰** 静海人，五十三年任。 **成永健** 五十八年署任，有传。 **冯景夏** 五十九年任，有传。	**李境** 河南贡生，三年任。 **贾汉谊** 六年任，有传。 **邓天栋** 辽东监生。 **陈舆** 大兴贡生。 **程正儒** 鲁山拔贡。 **田安世** 高平监生。 **吴永锡** 徐州监生。 **计鼎** 秀水监生。 **陈正心** 山阴监生。 **翁广义** 会稽监生。 **何广廷** 五十二年任，有传。	**石汝介** 贡生。 **常天祚** 六年任，有传。 **袁述** 三十五年任，有传。 **朱泰交** 泰安举人。 **姜铭鼎** 州人，见选举。 **刘景和** 三十九年任，有传。 **张继祖** 平阴贡生。 **李生梓** 栖霞贡生，四十六年任。 **杜云雷** 临清贡生，五十二年任。 **王坦** 贡生，六十年任。 **吴瓒** 沾化副贡，见《沾化志》。	十年岁灵山卫经历		**杨璠** 青城举人。 **王士贞** 淄川举人。 **鹿廷壍** 福山举人。 **魏尊光** 曹县贡生，三十二年任。 **魏鸿祚** 莱芜举人，四十四年任。 **李昭** 莱阳举人，五十年任。 **高淑圣** 灵山卫人，见选举。 **刘汝洵** 寿光岁贡，见《寿光志》。 **孔尚标** 孔子六十四代孙，见《阙里志》。	《大清会典》：三年裁训导，十五年复设训导一员。 **王汝** 长山贡生。 **焦毓祯** 章丘贡生。 **郝纯祉** 章丘贡生。 **沈濬** 淄川贡生，二十二年任。 **阎慎** 昌乐贡生。 **张孔殷** 莒州岁贡。 **赵于蕃** 高唐贡生，五十年任。 **杨士玉** 六十一年任，有传。	**张敷龄** 元年任，有传。 **傅应昌** 直隶吏员，三年任。 **陈良弼** 通州吏员，十年任。 **谢荣宗** 灵寿监生。 **叶其蓁** 山阴监生。 **沈联清** 仁和监生。 **张廷铨** 仁和生员。 **张廷佐** 山海卫监生。 **薛士龙** 会稽监生，五十三年任。	

续表

	知州	州同	卫教授	卫经历	盐大使	学正	训导	吏目	巡检
雍正	**成永健** 元年再署任。**郑为龙** 二年任有传。**黄之瑞** 淮安人，四年任。**姚廷槐** 房山人，七年任。**王维** 安邑人，八年任。	**冯复元** 钱塘监生，五年任。**姚廷珖** 宣化监生，八年任。	**于其瑛** 贡生，三年任。**张虞言** 十二年任，有传。是年裁卫教①授，诸生统于州学。		**赵文炳** 直隶涿州廪贡，十一年任。**宋缵** 历城举人，十二年任，《旧志》遗。	**史继经** 四年任，有传。**郭士泰** 长山举人，八年任。	**赵行笃** 平阴贡生，五年任。**焦应年** 章丘贡生，七年任。	**曹填** 钱塘贡生，七年任。**郭宏恕** 十年任。**余国佐** 十三年任。	十二年裁逄猛巡检，设灵山巡检。**卞宗尚** 扬州人，十三年任灵山卫巡检。

雍正以前职官武表

	总兵	副将	游击	守备	千总	把总	外委	卫守备	把总
	胶州镇 顺治元年，设胶州镇总兵官，其时辖下有游击等官，前、后、左、右、中五营。十年，以海逆叛裁革，仍设于沂镇。十一年，调沂镇右营守备驻防胶州。十四年，创设游②击统土兵守防。十五年，复设胶镇为海防，移沂镇驻胶。康熙元年，改沂镇营为胶州都督府。二十一年，裁胶州总兵官，移镇登州，改设胶州协镇营副将，其时辖下有守备等官。乾隆元年，改守备为中军都司。							**灵山卫** 顺治元年裁世职设卫守备、把总。	
			《沂州志》：康熙六年，调胶州后营游击驻沂州，其名不传。						
顺治	**柯永盛** 元年任，有传。**海时行** 六年任，十年反，伏诛。见兵事。			**张思选** 有传。			**徐蓁天** 武进士，元年任。**冯允昌** 武进士，十年任。		

① "教"，底本作"救"，据上下文义改。
② "游"，底本作"逆"，据下表"游击"改。

驻防官									
	洪进 十一年，以沂州镇右营守备权驻防。 **王守居** 十二年，以听用官院委驻防。 **温其厉** 十二年，以听用官院委驻防[①]。 **陈国隆** 十三年，以沂镇中军权驻防。								
特设游击									
吴友名 十四年任，有传。									
	总兵	副将	游击	守备	千总	把总	外委	卫守备	把总
	臧延龄 十五年，以沂镇都督移驻。旧志作“永龄”，误。 **李永盛** 奉天人，十七年任。			**李成蛟** 十六年任，有传。 **张聿修** 本州人。					
康熙	**佟辅圣** 元年任，有传。 **李克德** 奉天人，五年任。 **解帜** 宛平武进士，九年任。 **周卜年** 奉天人，十六年任。		**朱一明** 见艾山碑。 **武** 遗其名，见《学古编》。	**黄廷瑞** 浙江武举，二十二年任。				**董霱** 武进士，元年任。 **庞道正** 武进士。 **许登榜** 武进士。 **杨令名** 定兴武进士。 **吕灿** 扬州武进士。	**马迎善** 本州人。 **杨大成** 蓬莱人。

① “防”，底本作“院”，讹。据道光《重修胶州志》改。

康熙	**惠占春** 陕西世职，十九年任。二十一年始改胶州镇为胶州营，裁总兵设副将。							

胶州营						灵山卫	
	副将	守备	千总	把总	外委	卫守备	把总
	李世兴 二十二年任。 **周洪昇** 三十五年任。 **王应虎** 三十八年任。 **姜际龙** 三十九年任。 **金国正** 三十九年任。	**孔毓钺** 山西武进士，三十六年任。 **李生著** 直隶人，三十九年任。				**余震** 三十二年任，有传。 **高节** 三十九年任，有传。	

胶州营					水师营 康熙四十年，调登州水师游击、守备、千把总等官驻胶州，五十二年，定设经制游击一员，千总一员，把总二员。			灵山卫	
	副将	守备	千总	把总	游击	千总	把总	卫守备	把总
康熙	**王景奭** 满洲人，四十七年任。 **李麟** 陕西人，五十二年任。 **王珏** 五十六年任，有传。 **戴坤** 五十九年任，有传。	**王顺** 直隶人，四十一年任。 **陈仲义** 陕西人，四十七年任。 **李永春** 五十年任，有传。 **伍万雄** 陕西人，五十二年任。 **王国楫** 直隶武举，五十四年任。 **雷昇** 凉州人，五十五年任。			**林拱** 同安人，四十五年任。 **滕国祥** 四十九年任，有传。 **陈孟** 五十二年任。	**王与槐** 武城武举，四十七年任。		**孟泽厚** 五十七年任，有传。	

雍正	**王来祜** 元年任，有传。 **张孟仪** 七年任，有传。 **余可仪** 陕西人，十年任。 **吴进昌**	**李景泰** 元年任，有传。 **吴进昌** 直隶人，见《府志》。 **徐士英** 蓬莱行伍，十三年任灵山卫千总。			**陈汝镌** 龙溪人，元年任。 **谢云** 七年任，有传。 **刘定国** 海澄人，十二年任。			**谢君典** 历城人，元年任。 **王金** 六年任，有传。 **李兆英** 云南人，九年任。十二年裁守备、把总，设千总。	**余可仪** 陕西人，《府志》，临洮人。 **刘玉** 东安卫人。 **梁得恩** 蓬莱人。 **姚继圣**

乾隆以来文职表

	知州	州同	胶莱运判 初驻胶州，后驻济南府。康熙五十八年裁，雍正七年复。乾隆十七年巡盐御史吉庆奏请仍驻胶州，嘉庆时裁。	盐大使	学正	训导	吏目	巡检
乾隆	**陈端** 元年任，有传。 **陈时贤** 满洲荫生，十年任。 **宋永昇** 长洲贡生，十一年任。 **朱若炳** 十四年任，有传。 **周于智** 十五年任，有传。 **宋文锦** 汉军镶红旗进士，十七年任。	**王绵庆** 亳州人。 **刘元勋** 宁波拔贡。 **沈书** 吴县人，十二年任。	**戴均** 江苏长洲监生，十七年任。 **张德履** 湖南华容监生，十八年任。	**姚德文** 湖北举人，九年任。 **周在图** 湖南宁乡举人，十三年任。 **常英** 满洲正白旗举人，十六年任。	**刘志讷** 武城举人，十年任。 **刘垌** 诸城举人，十八年任。	**贾桓贞** 菏泽廪贡。 **李佩** 郯城岁贡。 **王引梿** 十二年任，有传。 **刘怀愫** 沂水廪贡，十五年任。 **王家梅** 海阳廪贡，二十一年任。	**张泰** 余姚人。 **许峰** 海阳贡生，十五年以州同借补。 **耿允谦** 山西绛州人，十九年任。	**沈廷灿** 顺天大兴人，十年任灵山司巡检。 **徐国振** 江宁人，十一年任古镇司巡检。 **赵世守** 开泰附贡，二十一年任灵山司巡检。

续表

	知州	州同	胶莱运判	盐大使	学正	训导	吏目	巡检
	傅隆阿 满洲镶黄旗人，二十二年署任。 **李瀚** 二十三年任，有传。 **朱昇钥** 二十九年署任。 **李瀚** 二十九年复任。 **戴均** 三十一年署任。 **蓝应桂** 浙江定海举人，二十一年任。 **李奉翰** 三十三年任，有传。 **何乐善** 河南济源举人，三十三年任。 **周嘉猷** 浙江钱塘人，三十六年署任。 **何乐善** 三十六年复任。 **王溥** 四十年署任，有传。 **尹文炳** 江西玉山人，四十一年署任。 **许承苍** 四十一年任，有传。	**吴兰同** 浙江石门拔贡，二十三年任。 **陈熊** 浙江兴宁监生，三十一年任。 **李冠瀛** 直隶怀安举人，三十五年任。 **连颐山** 安徽阜阳监生，三十八年任。 **方性晋** 安徽桐城监生，四十三年任。 **李士勳** 山西介休监生，四十五年任。 **丁方荄** 四川乐山监生，五十三年任。	**宋宗夏** 江苏长洲贡生，二十一年任。 **戴均** 三十年复任。 **谢洙** 浙江会稽举人，三十八年任。 **陶良元** 江苏上元贡生，四十六年任。 **钟凤腾** 福建武平拔贡，五十三年任。	**张克绅** 汉军镶红旗监生，二十一年任。 **陈班** 广东归善举人，二十四年任。 **张佐** 福建晋江举人，四十一年任。 **陈百福** 安徽阜阳监生，五十年任。 **金銮佐** 江苏江都监生，五十一年任。	**吕士珍** 莱芜举人，三十二年任。 **尹云峙** 滨州举人，三十八年任。 **张鹤年** 五十年任。 **庄闾** 五十一年任，有传。 **尚瓆** 恩县举人，五十六年任。	**赵司论** 济宁举人，三十二年任。 **程述程** 济宁廪贡，四十六年任。	**宋全义** 陕西华州监生，三十五年任。 **牛天禔** 顺天大兴人，三十八年任。 **张任超** 湖北汉阳监生，四十七年任。 **陶应观** 浙江会稽监生，五十年任。	**商基坤** 贵州附生，二十一年任灵山司巡检。 **王梦熊** 陕西长安监生，二十七年任古镇司巡检，三十六年裁。 **万本瑜** 江西南昌监生，四十四年任。 **杨凤临** 湖南城步监生，五十一年任。 **王璐** 顺天宛平人，五十四年任。 **徐绳武** 安徽青阳人，五十八年任。

续表

	知州	州同	胶莱运判	盐大使	学正	训导	吏目	巡检
	顾昌运 湖南武陵附贡，四十三年任。 **张玉树** 四十九年任，有传。 **张度** 河南夏邑人，四十九年署任。 **张玉树** 五十年复任。 **杜安诗** 顺天宁河举人，五十四年署。 **张玉树** 五十四年复任。 **徐国才** 安徽怀宁监生，五十四年任。 **沈霁** 江苏吴县监生，五十六年署任。 **刘尚惠** 顺天大兴监生，五十七年任。		**朱锡彤** 直隶大兴举人，五十七年任。 **钟凤腾** 五十九年复任。	**叶汝芝** 直隶沧州附监，五十四年任。 **陈世德** 福建顺昌监生，五十七年任。	**李怀广** 邹平举人，五十八年任，有传。	**程尚义** 历城廪贡，六十年任。	**马汉杰** 陕西长安监生，五十四年任。 **殷芳春** 河南洛阳廪贡，五十九年任。	
嘉庆	**观泰** 满洲正红旗举人，元年任。 **刘复善** 河南夏邑监生，元年任。 **斐廷桂** 河南密县举人，二年署任。 **周以勋** 浙江嘉善举人，五年署任。	**丁芳葵** 江苏监生。		**重禄** 满洲镶兰旗监生，四年任。	**杜光瀛** 滨州举人，四年任。		**王大化** 浙江山阴人，四年任。	**王钟秀** 顺天宝坻监生，五年任。

续表

	知州	州同	胶莱运判	盐大使	学正	训导	吏目	巡检
	刘复善 六年复任。 **杨续时** 河南武安进士，七年署任。 **刘复善** 七年复任。 **周定拔** 江西安福举人，七年代理。 **张怀清** 陕西华阴举人，七年署任。 **汪正炜** 安徽歙县举人，八年署任。 **爱星阿** 八年任，有传。 **稽承勳** 江苏无锡监生，十一年代理。 **爱星阿** 十一年复任。 **徐绍薪** 直隶抚宁举人，十二年任。 **施常** 浙江会稽人，十三年署任。 **刘文琠** 十四年任，有传。	**稽承勳** 江苏无锡监生，八年任。 **王建寅** 顺天大兴监生，十二年任。	**观成** 满洲正黄旗监生，八年任。 **倪启祥** 浙江萧山人，十一年任。	**谭超** 广东东莞举人，七年任。 **赵全庆** 江西南丰监生，八年任。 **孙斯美** 十四年署任。 **赵全庆** 十四年复任。 **李昱** 试用盐经历，十四年署任。 **贾震** 十五年任。 **李承烈** 十六年署任。	**王元策** 十年署任。 **刘梅** 嘉祥举人，十一年任。 **彭崑龄** 齐东廪贡，二十一年署任。	**丁联琇** 诸城人，八年署任。 **褚锡九** 寿光岁贡，八年任。 **梅之芳** 长清廪贡，十四年署任。		**王邦彦** 直隶巨鹿人，十七年任。 **张禄卿** 顺天大兴监生，二十年任。

续表

	知州	州同	胶莱运判	盐大使	学正	训导	吏目	巡检
	郑侨源 顺天大兴监生，十四年署任。 **刘文琠** 十四年复任。 **萧霖** 湖北汉川举人，十六年代理。 **胡道垠** 湖北孝感监生，十七年署任。 **周履端** 江苏阳湖人，十八年任。 **李际唐** 十九年代理。 **周大赑** 直隶天津举人，十九年署任。 **蓝嘉言** 浙江定海人，二十年任。 **李若琳** 贵州开州举人，二十一年代理。 **蓝嘉言** 二十一年复任。 **高泽履** 江西鄱阳进士，二十二年署任。 **蓝嘉言** 二十三年复任。 **孙世栋** 顺天宛平监生，二十三年兼理。①	**王鸿宾** 福建人，十七年署任。 **李际唐** 河南温县监生，十七年任。 **雷永春** 二十四年署任。 **莫椿** 二十四年署任。			**葛覃楚** 二十二年任，有传。	**牛松年** 滋阳举人，十五年任。 **陈廷英** 齐河廪贡，十八年任。		

① 底本“孙世栋”下衍“蓝嘉言二十三年复任”，删除。

续表

	知州	州同	胶莱运判	盐大使	学正	训导	吏目	巡检
	刘世培 广东清远拔贡，二十四年署任。 **戴圮** 二十五年任，有传。 **阮超然** 贵州修文举人，二十五年署任。	**姚淦** 江苏昭文监生，二十四年任。						

乾隆以来武职表

	胶州营					水师营		
	副将	都司	千总	把总	外委	游击	千总	把总
乾隆	**周广** 宁夏武进士，二年任。 **蒋耀祖** 满洲人，四年任。 **马负书** 七年任，有传。 **清泰** 满洲人，十一年任。 **海冲阿** 满洲镶红旗人，十三年任。 **丰盛阿** 满洲人，五十一年任。 **穆维** 五十八年任，有传。	**许大学** 陕西武进士，元年任。 **王廷标** 直隶荫生，二年任。 **尹瑜** 兖州人，九年任。 **永常** 满洲人，十年任。 **薛懋功** 福建人，十一年任。 **能都** 满洲人，十三年任。 **姚骧**① 大同人，十三年任。	**王永吉** 黄县人，五年任，灵山泛千总。 **张璠** 直隶保定武举，十年任灵山泛千总。 **周世德** 蓬莱人，十三年任。 **高月桂** 洛阳人，十三年任灵山泛千总。 **任天春** 掖县人，灵山泛千总。	**滕凤仪** 掖县人，十二年任。 **孙治国** 十三年任，有传。 **聂得胜** 蓬莱人，十三年任。 **陈国禄** 蓬莱人，十三年任。		**邹世惠** **孟天栋** 蓬莱人，五年任。 **赵得禄** 十三年任，有传。 **朱名扬**	**管可成** 州人。	**廖际遇** 三年任，有传。

① “骧”，底本作“镶”，讹。据道光《重修胶州志》改。

续表

	胶州营					水师营		
	副将	都司	千总	把总	外委	游击	千总	把总
		班文 奉天人。 刘景尧 直隶滦州武进士。 姚国栋 五十八年任，有传。	沈铎 直隶天津人，灵山泛千总。 韦洪 历城人，灵山泛千总。	潘有功 蓬莱人，十四年任。 徐际德 蓬莱人，十五年任。			吴月周 蓬莱人，十五年任。	
嘉庆	宁德 满洲人，世袭一等男。 富通 满洲人。 马建纪 四川同同行伍，莱州营参将，十四年署任。 常冠英 冯联科 冯应辉 乌凌阿 满洲镶白旗人。 达隆阿 满洲人，二十一年署任。 李约文 汉军正黄旗人，世袭云骑尉，二十二年任。	毕文标 太原人。 刘去玷 武进士，七年署任。 宋凯 历城人，九年任。 魏永太 菏泽人。 张士全 杨联萼 高唐武举，世袭云骑尉，十三年任。 靳有升 河南河内人，二十五年任。	徐延龄 历城武举，十二年任灵山泛千总。 朱锦 张云龙 历城武举，任王台泛千总。 崔恒达 武举，任王台泛千总。 孙兆麒 蓬莱人，十九年任灵山泛千总。 黄成清 即墨人，二十三年任王台泛千总。 李衍道 章丘武举，二十五年任灵山泛千总。	李秉和 即墨人，十一年任。 王凤池 灵山泛把总。 沈梦麟 蓬莱人，十五年任。 杨起业 蓬莱人，十六年任。 于方浩 即墨人，二十年任。 吴陛魁 蓬莱人，二十三年任。 阎学曾 蓬莱人，二十三年任。	姜唯曾 州人，十六年任。 刘凤吉 州人，十六年任。 姜绪 州人，二十年年任。 谭珠 文登人，二十四年任。	陆国昌 江苏人，三年任。 李景增 江苏崇明人，四年任。 杨大鹏 江苏上海武举，八年任。 徐耀 江苏崇明人，十四年任。 马安正 江苏上元人，二十年任。	吕得功 蓬莱人，三年任。 姚文魁 海丰人，八年任。 袁永吉 蓬莱人，九年任。 林万清 蓬莱人，十六年任。 王帅门 蓬莱荫袭，十八年任。 姚廷桂 蓬莱人，二十年任。 刘孔熙 荣成人，二十一年任。 王赐恩	唐魁元 三年任，有传。 林万清 蓬莱人，八年任。 周任贤 蓬莱人，十八年任。

道光以来文职表

道光	知州	州同	盐大使	学正	训导	吏目	巡检
			盐署旧卷久经散佚，考《前志》仅载三十一人，亦多遗漏。兹复参考旁卷，搜罗旧闻，按照履任年期及官员姓名、籍贯逐一登载，虽不无遗漏，要可得十之七八焉。				
	周云凤 江苏沐阳监生，元年兼理。 **李文耕** 云南昆阳进士，二年任，有传。 **顾绍先** 江苏吴县监生，二年任。 **邵元章** 顺天宛平人，三年署任。 **顾绍先** 三年复任。 **冯云鹓** 江苏通州进士，三年署任。 **顾绍先** 四年复任。 **姚淦** 七年代理。 **倪彤书** 七年署任，有传。 **王镇** 顺天大兴举人，八年任。 **吴梯** 广东顺德举人，十年任。 **杨承憩** 江苏金匮监生，十二年署任。		**岳龄** 七年任。 **廉叙** 七年任。 **朱定国** 七年署任。 **孙昌煦** 浙江乌程监生，八年任。 **姚德用** 浙江钱塘监生，十五年署任。 **吴观** 江苏阳湖监生，十五年任。	**张炳蔚** 邹平举人，三年署任。 **丁华龄** 黄县举人，五年任。 **贾楙** 历城廪贡，十五年署任。 **汪沛霖** 历城举人，十六年任。以上《前志》。	**李景灏** 陵县廪贡，四年署任。 **于献** 东阿廪贡，四年任。 **朱榜庆** 聊城副榜，十三年署任。	**李玉棠** 河南虞城监生，元年任。以上《前志》。	**罗焕** 顺天大兴供事，十三年任。 **徐梦龙** 顺天宛平供事，十四年任。以上《前志》。

	吴梯 十二年复任。 **戴圮** 十四年复任。 **王发越** 山西黎城进士，十七年署任。 **韩亚熊** 陕西澄城进士，十七年任。 **宋澍** 广东花县举人，二十二年代理。 **王观澄** 浙江归安监生，二十二年署任。 **张同声** 安徽桐城监生，二十三年任，有传。除补传外，以上《前志》。	**邬椿** 顺天大兴人，十九年任。 **奎联** 汉军正蓝旗监生，二十三年任。以上《前志》。 **狄继善** 二十九年七月代理。 **李联** 二十九年八月复任。 **张祖恩** 直隶宛平监生，三十年十月代理。	**杨咸僖** 四川会州监生，十九年署任。 **张履祥** 十九年署任。 **曹衔遇** 浙江嘉兴监生，二十年任。 **朱清泰** 江苏金匮附贡，二十二年署任。 **徐正谊** 安徽宿松贡生，二十二年任。以上《前志》。	**邓琳枝** 二十七年十一月代理。 **汪沛霖** 二十七年十二月复任。	**邓琳枝** 聊城举人，十六年任，有传。除补传外，以上《前志》。 **王祁明** 二十四年三月代理。 **邓琳枝** 二十四年五月复任。 **孙玉藻** 济南历城举人，二十七年二月代理。 **邓琳枝** 二十七年四月复任。 **江沛霖** 二十八年四月代理。 **邓琳枝** 二十八年正月复任。	**张延焜** 河南河内监生，二十八年六月任。	**狄继善** 顺天宛平监生，二十四年十月代理。 **徐梦龙** 二十四年十二月复任。
咸丰	**顾珽** 高密县知县，元年十二月兼理。 **张同声** 二年四月复任。 **李岱霖** 五年三月兼理。 **仇恩注** 山西曲沃供事，五年八月署任。 **屠道彰** 湖北孝感举人，六年四月任。 **宋澍** 掖县知县，六年八月兼理。 **吴炜** 直隶清苑进士，六年九月代理。	**陈鹏** 湖南善化监生，元年十一月署任。 **刘景淑** 四川内江举人，二年八月任。 **吕伟暾** 顺天宛平供事，二年十一月代理。 **顾德畴** 江苏武进监生，三年二月署任，七月补授。 **史铭鼎** 九年五月代理。 **顾德畴** 九年六月复任。	**俞长林** 顺天大兴监生，三年四月任。 **叶鈵** 直隶沧州人，七年八月代理。 **杨秉文** 十年闰三月署任。	**邓琳枝** 元年十一月代理。 **李锡璋** 惠民廪贡，元年十一月署任。 **李世贤** 利津举人，元年十二月任。 **李芳华** 滨州增贡，二年八月署任。 **王奉琳** 阳信举人，二年十二月任。 **邓琳枝** 八年九月兼理。 **王奉琳** 八年十月复任。	**黄篪** 单县增贡，九年二月署任。 **刘印溥** 曲阜增贡，九年八月任。	**吕伟暾** 四年七月代理。 **张延焜** 四年十月复任。	**钮德宽** 浙江会稽俊秀，四年十月代理。 **单光禄** 浙江山阴监生，五年二月任。 **金枚** 直隶大兴监生，六年六月任。

	殷嘉树 直隶天津举人，七年五月任。 **方传植** 安徽桐城监生，八年三月署任。 **殷嘉树** 九年八月复任。 **蒋通** 浙江海宁举人，九年十月署任，有传。 **文熙** 汉军正蓝旗监生，十年八月兼理。 **张廷扬** 直隶祁州举人，十年十月任。 **殷嘉树** 十一年四月复任。						**沈元祐** 浙江山阴监生，十年三月代理。 **张廷焜** 十年七月复任。	
同治	**周树德** 贵州都匀监生，元年正月署任。 **陈代卿** 四川宜宾举人，三年五月署任，有传。 **杨济** 顺天宛平举人，五年七月任，有传。 **王寿仁** 浙江仁和监生，七年五月代理。 **吉灿升** 陕西韩城拔贡，同治七年任。 **余师濂** 江西南昌举人，八年十月任。 **胡廷耀** 江苏武进监生，九年七月代理。 **王寿仁** 浙江仁和监生，十三年正月任。 **时冠卿** 直隶河间举人，十三年二月任，有传。	**葛维谨** 四年五月代理。 **顾德畴** 四年闰五月复任。 **斐叔棻** 九年八月代理。 **程熙** 九年署任。 **张士壮** 直隶获鹿监生，十年七月任。	**石含章** 浙江会稽监生，元年四月任。 **韩培德** 四年五月署任。 **宝顺** 满洲人，四年十二月任。 **安庚辛** 九年正月任。 **黄樾** 九年十月任。 **丁燮** 十一年十一月任。 **王荫培** 直隶昌黎监生，十二年十月任。	**刘印溥** 三年兼理。 **王奉琳** 三年九月复任。 **刘印溥** 四年七月代理。 **孙元复** 济宁增贡，四年九月署任。 **孔继瑚** 曲阜四氏举人，五年五月任。	**王献琛** 四年八月兼理。 **刘印溥** 四年九月复任。 **孔继瑚** 七年三月兼理。 **张兴畲** 肥城廪贡，七年五月署任。 **陈家树** 黄县廪贡，七年十二月任。 **孔继瑚** 十一年九月兼理。 **袁启熊** 长山增贡，十一年十一月署任。 **王仲烈** 章丘附贡，十二年三月任。	**徐廉** 河南祥符监生，四年十二月代理。 **张廷焜** 五年任。 **王日华** 安徽太平监生，七年十一代理。 **张葆诚** 直隶南皮监生，九年正月任。 **范国济** 江苏宝山监生，九年四月任。 **张清濂** 顺天昌平供事，九年六月任。 **王德铨** 江苏萧县监生，九年九月任。	**张廷焜** 元年七月代理。 **李辅清** 安徽当涂监生，元年任。 **傅培** 顺天大兴监生，二年三月任。 **张祖恩** 四年十一月代理。 **谢祖潢** 江西南丰监生，四年十二月署任。 **周炳垣** 直隶清苑监生，五年七月任。 **徐廉** 七年二月代理。 **张斯淦** 安徽桐城监生，七年十二月任。 **崔道履** 浙江嘉兴监生，七年三月代理。 **韩五云** 八年六月署任。

光绪	**李翼清** 江苏武进监生，元年二月任，有传。 **许祺身** 浙江钱塘监生，七年代理。 **李翼清** 七年十一月复任。 **陶锡祺** 江苏阳湖监生，十年五月署任。十一年二月补授，有传。 **孙符乾** 河南固始举人，十四年三月署任。 **文敬** 满洲镶黄旗笔帖式，十四年七月代理。 **孙符乾** 十五年九月复任。 **许祺身** 十六年五月署任。 **张熙仁** 十六年八月代理。 **李子春** 江西武宁进士，十六年八月代理。 **许颂鼎** 浙江海宁州举人，十六年九月署任，此年七月补授。 **林丛桂** 福建闽清举人，十九年正月代理。 **宋森荫** 直隶乐亭举人，十九年正月署任。 **许颂鼎** 二十年正月再任。 **罗志伸** 河南郑州廪贡，二十一年五月署任。 **张承燮** 陕西平利举人，二十四年六月任。	**沈祥之** 三年六月代理。 **刘士壮** 三年七月复任。 **黄思鲁** 九年四月代理。 **刘士壮** 九年五月复任。 **李翼清** 江苏阳湖监生，十一年六月代理。 **张明扬** 直隶涿州监生，十一年八月署任。 **王淦** 浙江山阴供事，十一年十二月任。 **黄思鲁** 浙江钱塘监生，十八年正月代理。 **彭松年** 直隶曲阳附贡，十八年二月任。 **王彬** 直隶天津监生，十九年八月代理。 **周长煦** 福建侯官监生，十九年十一月署任。 **李绶章** 直隶宛平监生，十九年十一月署任。 **李绶章** 二十三年五月补授。 **吴观庆** 四川成都吏员，二十七年三月代理。	**周颖曾** 元年三月署任。 **汪以和** 浙江海宁人，二年三月任。 **唐宝珍** 六年三月代理。 **汪以和** 六年九月复任。 **李宸栋** 八年三月任。 **龚葆珂** 二十年十一月任。 **郑观仁** 十四年三月任。 **毓桢** 汉军镶白旗监生，十五年三月任。 **侯士琛** 福建侯官监生，十八年三月任。 **汤馥荃** 十八年九月任。 **书麟** 十八年十月任。 **周文保** 十九年正月任。 **廉祥** 汉军镶黄旗人，十九年六月任。 **吴增祥** 二十一年二月任。 **袁以来** 二十三年二月署任。 **朱华** 浙江山阴监生，二十四年十月任。	**王仲烈** 四年正月兼理。 **孔继瑚** 四年二月复任。 **王仲烈** 九年十一月兼理。 **孔继瑚** 十年二月复任。 **颜士忠** 十四年三月兼理。 **田赓和** 滋阳举人，十四年五月任，有传。 **张景镐** 益都廪贡，十九年十月代理。 **郭金篆** 诸城举人，十九年十一月署任。 **于清千** 海阳举人，二十年三月任。 **李衡鋆** 二十六年三月兼理。 **于清千** 二十六年六月复任。	**孔继瑚** 五年二月兼理。 **王仲烈** 五年五月复任。 **孔继瑚** 十年兼理。 **庄畏** 莒州举人，十一年二月任。 **颜士忠** 兰山岁贡，十三年五月任。 **李衡鋆** 黄县廪贡，十八年六月任。 **于清千** 二十四年四月兼理。 **李衡鋆** 二十四年七月复任。	**宋广祚** 江苏阳湖监生，二年八月代理。 **王德铨** 三年八月复任。 **宋广祚** 六年六月代理。 **朱应楣** 浙江钱塘监生，七年六月署任。 **杜荣光** 浙江会稽监生，八年八月任。 **王彬** 直隶天津监生，十四年六月代理。 **杜荣光** 十四年九月复任。 **王文采** 顺天大兴秀监，二十年四月代理。 **杜荣光** 二十六年六月复任。 **倪镐** 浙江萧山监生，二十年十月署任。 **路蕃** 直隶满城监生，二十一年十一月任。 **谭光辅** 直隶大兴秀监，二十七年九月代理。 **路蕃** 二十七年十一月复任。 **董传铎** 二十八年六月代理。 **宋际泰** 二十八年八月署任。 **王炳奎** 湖北江夏监生，二十九年九月任。	**邢俊华** 直隶南宫附监，四年八月任。 **王淦** 十六年十月兼理。 **程家炜** 安徽歙县监生，十七年四月署任。 **王熙钊** 浙江归安监生，十八年五月任。 **李绶章** 二十三年二月兼理。 **刘士贵** 江西安福监生，二十四年二月署任。 **赵恩泽** 山西汾阳监生，二十四年三月任。 **席荣荫** 江苏吴县监生，二十八年六月任。

	余则达 安徽怀宁监生，二十八年七月署任。						**陈增彦** 顺天三河监生，二十九年八月任。

道光以来武职表 道光间，胶州原设副将一、都司一、千总一、把总一、外委一，水师营游击一、千总一、把总一。至同治十三年，水师营裁。其胶州营武职，自光绪中季亦逐渐裁撤，民国元年副将以下武职全裁。

	胶州营					水师营		
	副将	都司	千总	把总	外委	游击	千总	把总
道光	**马正雄** 四川广元人，济南城守营参将，元年任。 **富珠礼** 满洲人。世袭三等子。七年署任。 **觉罗舒祥** 满洲人。七年署任。 **欧阳焕** 七年任。有传。 **张青云** 陕西富平探花。十一年任。 **额里克** 满洲人。即墨营参将。十三年署任。 **松明** 满洲正白旗人，轻车都尉，拣发游击。十五年署任。 **托明阿** 满洲正红旗人，三等侍卫。十六年任。	**马德俊** 滋阳世袭云骑尉，七年署任。 **马现** 新泰行伍，八年任。 **李国栋** 齐东人，世袭骑都尉，十一年署任。 **宋振荣** 招远人，世袭骑都尉，安东营都司。十二年署理。 **张骏纶** 菏泽人。世袭云骑尉。十三年署任。 **王世俊** 直隶宣化行伍。十五年署任。 **尚政润** 汉军镶蓝旗武举。十七年署任。 **徐錞** 山西繁峙行伍。十八年任。	**韩振邦** 蓬莱人。二年任灵山泛千总。 **金城** 蓬莱人。六年任。 **裴希盛** 蓬莱人。九年任。 **范有朋** 蓬莱人。十二年任。 **金魁元** 蓬莱人。十六年署任。	**陈其德** 蓬莱人。二年任。 **金希贤** 蓬莱人。六年任。 **姜清平** 即墨武生。六年任。 **王克聪** 即墨武生。七年任。 **徐恒顺** 蓬莱人。八年任。 **曲殿魁** 蓬莱武生。九年任。 **万长春** 沾化武举，十年任。 **姚伟** 蓬莱武生。十四年任。 **范玉** 蓬莱人。十四年任。	**杨遇清** 州人。元年任。 **徐廷兰** 州武生。三年任。 **王显苓** 州人。八年任。 **白大凤** 州武生。十年任。 **张自成** 州人。十五年任。 **法梦麟** 州人。十九年任。 **高殿甲** 州武生。二十年任。	**周耀廷** 历城武进士。四年署任。 **惠昌耀** 历城人。世职，五年任。 **周耀廷** 十一年再署任。 **汤清瑞** 江苏崇明人，行伍。十一年任。 **周维藩** 江苏崇明行伍。十六年任。以上《前志》。 **陈振疆** 安徽泗州侍卫。二十年任。	**李延举** 蓬莱人。十六年任。	**赵德福** 州人。 **杨成功** **庄玉阶** 蓬莱人。七年任。 **张福增** **李思忠** 荣成武生。十六年任。

续表

	胶州营					水师营		
	副将	都司	千总	把总	外委	游击	千总	把总
	张玑 陕西醴泉人，三等侍卫，莱州营参将。十七年署任。 **福昇** 满洲正白旗人，步军校尉，济南抚标参将。十八年署任。 **三音保** 满洲正白旗人，前锋参领。十九年任。 **德建** 蒙古正黄旗人，二等侍卫。二十年任。 **广泰** 满洲镶黄旗人，副护军参领，临清州协副将。二十三年署任。 **杨录之** 汉军镶白旗人，三等侍卫，莱州营参将。二十三年署任。 **尚五德** 汉军正黄旗人，步军校。二十三年任。 **三星保** 满洲镶黄旗人，銮仪卫云麾使拣发参将。二十四年署任。 **莫尔根布** 满洲正白旗人，侍卫拣发游击。二十五年署任。	**董大凯** 高唐人，世袭云骑尉。二十三年署任。 **徐錞** 二十三年复任。 以上《前志》。 **刘玉豹** 二十六年任。	**马振九** 蓬莱人。二十二年任。 以上《前志》。	**林攀龙** 蓬莱人，栖霞籍。十六年任。 **黄中兴** 即墨人，十七年任。 **荀文郁** 文登武生。十八年任。 **于廷森** 即墨人。二十年任。 **王克恭** 文登人。二十二年任。 以上《前志》。	**徐源** 州武生。二十三年任。 **宋得喜** 蓬莱人。二十三年任。 以上《前志》。	**顾清源** 江苏如皋武苏举。二十四年任。 以上《前志》。		**丁得清** 蓬莱人。二十四年任。 以上《前志》。

续表

	胶州营					水师营		
	副将	都司	千总	把总	外委	游击	千总	把总
	塔清呵 蒙古镶红旗人，参领。二十五年任。 **玉兴** 满洲镶黄旗人，世管佐领，授侍卫什长拣发，以游击补用。二十六年署任。 以上《前志》。 **安德淳** 二十八年任。 **阿克当阿** 二十九年署任。 以上除安德淳、阿克当阿外，余皆《前志》。 **金刚保** 三十年任。	**叶世勳** 二十九年任。		**王克聪** 即墨武生。二十六年再任。	**姚玉魁** 二十八年任。	**武魁林** 二十九年任。 **韩进忠** 三十年任。	**孙立彦** 二十七年署任。 **朱福源** **孙立彦** 二十九年复任。 **白永隆** 二十九年任。 **朱福源** 二十九年任。	**于士文** 二十七年任。 **朱福源** 二十八年任。 **孙立彦** **孙立仁** 二十九年任。 **高逢志** 二十九年署任。 **王富贵** 二十九年任。
咸丰	**叶世勳** 元年二月兼理。 **嵩瑞** 元年二月署任。 **金刚保** 元年闰八月复任。 **嵩瑞** 元年十二月再署任。 **郝光甲** 二年八月任。	**叶世勳** 元年二月复任。	**刘锡铬** 二年十一月任。		**郭万春** 二年八月署任。			

续表

	胶州营					水师营		
	副将	都司	千总	把总	外委	游击	千总	把总
	德龄 二年九月任。 **叶世勋** 三年十月兼理。 **武隆额** 四年正月任。 **张金钟** 四年八月兼理。 **定顺** 四年九月任。 **杨会川** 七年五月兼理。 **春祺** 七年闰五月任。	**张金钟** 四年八月任。 **杨会川** 五年八月任。 **胥联芳** 十一年正月任。	**刘曰亨** 五年三月任。 **高华堂** 八年三月护理。 **宋得喜** 八年四月署任。 **张鸿祚** 十一年代理。 **宋得喜** 十一年复任。	**张釐**①**东** 二年十月署任。 **潘天得** 二年十一月任。 **左万清** 八年九月任。 **潘天得** 九年正月任。 **王世俊**	**姚玉魁** 二年九月任。 **吴魁龄** 五年正月任。 **王安邦** 九年三月任。 **贾丕元** 九年九月任。	**高振甲** 元年正月任。 **王富贵** 元年二月代理。 **罗朝辅** 元年六月署任。 **陈腾飞** 二年十月兼理。 **朱福源** 三年四月任。 **罗朝辅** 三年十二月任。 **朱福源** 五年七月署任。 **王富贵** 原任千总。五年七月署任。 **施元敏** 六年四月署任。 **陈其恕** 六年六月任。 **杨万春** 七年十一月任。 **陈其恕** 复任。十一年捻匪至殉难。有传。	**王富贵** 三年三月任。 **范玉** 八年二月任。	**黄廷康** 三年四月任。 **孙立彦** 三年十月再任。 **白世兴** 四年正月任。 **赵钥** 五年正月任。 **高逢志** 六年正月署任。 **白世兴** 六年正月复任。 **冯太隆** 七年十一月任。 **李国安** 九年十月任。

① 釐(xī):《说文解字》:“釐,家福也。”本义为幸福、吉祥。

续表

	胶州营					水师营		
	副将	都司	千总	把总	外委	游击	千总	把总
同治	**兴瑞** 世袭云骑尉兼世管佐领，即墨营参将。三年署任。 **玉山** 满洲人。四年任。 **玉山** 十三年丁忧，邑绅等禀请留任。	**金榜贤** 六年署任。 **胥联芳** 十年复任。		**潘天得** 六年复任。	**齐万年** 自胶防营裁撤后，旧卷散佚，万年后继任何人，无从查考，至民国元年裁。	**李扬威** 世袭云骑尉，九年任。十三年裁水师营。		
光绪	**杨飞熊** 行伍。五年署任。 **玉山** 六年复任。 **傅海** 莱州府参将。十一年署任。 **李仁党** 湖南行伍。十二年署任。 **万年清** 十四年署任。 **李楹** 十四年署任。 **冯义德** 湖南湘潭县人。记名简放①。十七年兼理。 **詹占元** 二十二年任。 **尚国泰** 二十四年代理。 **张大鹏** 二十四年署任。 **夏锡纯** 二十五年任。	**金榜贤** 二年代理。 **张学颜** 泰安人，武进士。三年署任。 **尚国泰** 安徽太和县人，侍卫。四年四月任。有传。 **尚国泰** 二十四年复任。民国元年裁。	**黄文典** 世袭云骑尉。三年五月代理。 **匡宗彦** 世袭云骑尉。五年任王台泛千总。 **赵安邦** 邑武庠生，世袭云骑尉。七年六月署灵山泛千总。 **周文骏** 山东人，监生。八年署任。 **黄文典** 八年五月署任。 **黄文典** 十六年代理。 **周文骏** 十七年任。 **杨一清** 州人。世袭恩骑尉，二十二年任王台泛千总。	**宁魁元** 八年署任。 **潘昆池** 蓬莱人，行伍。十三年任。 **宁魁元** 十七年再任。 **贾丕元**				

① 记名简放：清制，经过考核铨叙派任道府以上的外官。

续表

	胶州营					水师营		
	副将	都司	千总	把总	外委	游击	千总	把总
	尤富临 二十八年任。**吴金魁** 河南南阳人。三十四年任。民国元年裁。		**赵安邦** 三十四年再任。民国元年裁。	**钱景元** 三十四年任。民国元年裁。				

光绪以来改直隶州文职表　自光绪二十四年德租胶澳，创设胶济铁路，交涉日繁。三十年经部议奏，升胶州为直隶州，辖高密、即墨二县，所有胶州原设知州以下各缺，均改为直隶州缺。兹表于直隶州下，并附高、即二县职官隶属之，以别于前之州制云。又：三十二年添设巡营局，因巡官姓名无可稽考，故付阙如。

	直隶州知州	州同	盐大使	学正	训导	吏目	巡检
光绪	**余则达** 三十年升胶州为直隶州，七月奉文留任接署。	**李绶章** 三十年七月署任。	**朱华**	**于清千**	**李衡鋆**	**王炳奎**	**陈增彦** 署任。
	高密县知县			教谕	训导	典史	
	陈公亮 江苏溧阳廪贡。二十九年十一月任。			**尹曰遴** 日照举人。二十九年二月任。	**李荫漳** 历城举人。十八年六月任。	**马钟之** 江苏上元监生。三十年代理。**史肇盛** 直隶宛平监生。三十年署任。	
	即墨县知县			教谕	训导	典史	巡检
	陈毓崧 三十年代理。**程云翰** 江苏武进监生。二十九年二月署任。			**杨维东** 昌乐廪贡。七年十月任。	**庞永锡** 茌平岁贡。二十八年四月任。	**孙学敬** 直隶大兴秀监。二十八年三月任。	栲栳岛 **孙尚贤** 三十年代理。**李中浚** 直隶河间监生。三十年三月署任。鳌山卫 **乔澍** 山西闻喜县监生。三十年三月任。

续表

	直隶州知州	州同	盐大使	学正	训导	吏目	巡检
	直隶州						
	余则达	李光荣 三十一年任。					黄式骧 湖南善化人。三十一年十一月署任。
	高密县						
	姚赞元 浙江归安监生。三十一年七月署任。				刘启宇 掖县举人。三十一年十一月署任。	马钟之 三十一年十一月补授。	
	即墨县						
	陈毓崧 湖南湘潭文童，三十一年任。						
	直隶州						
	德林 汉军镶蓝旗附贡，三十二年九月任。	李绶章 三十二年再任。					叶鑫 浙江山阴监生。三十二年十二月署任。
	高密县						
	即墨县						
							鳌山卫 张兆华 三十二年署任。
	直隶州			学正			
			敬文 三十三年正月代理。 富忠 满洲正白旗监生。三十三年七月任。	李衡鋆 三十三年兼理。 清光绪三十二年，以学官多系旧学，特设劝学公所以兴新学，与学官并列，主其任者曰“劝学总董”。			

续表

	直隶州知州	州同	盐大使	学正	训导	吏目	巡检
	高密县						
	萧俊生 直隶静海武备学堂学生，三十三年正月署任。						
	即墨县						
	直隶州						
		刘培钧 湖北钟祥廪生。三十四年二月任。		**崔廷选** 利津恩贡，三十四年正月任。 **李衡鋆** 三十四年二月任。	**李衡鋆** 先是部颁新章，各省遇有复设教职缺出，应行停选，至是衡鋆移补学正，训导缺裁。	**崇安** 满洲正黄旗人，三十四年八月任。 **史应桐** 直隶乐亭监生。三十四年十一月任。	
	高密县						
	王梦松 直隶滦州俊秀，三十四年正月署任。				**王崧策** 莒州举人。三十四年七月署任。		
	即墨县						
	直隶州						
宣统						**杜家骧** 江苏山阴秀监。元年十二月任。	**刘文烂** 元年署任。
	高密县						
	王鉴清 奉天海城附生，元年八月任。				**栾臣藩** 莱阳附贡。元年五月任。		
	即墨县						
	张百城 安徽天长举人，元年二月代理。 **严正烺** 元年署任。				**庞永锡** 元年复任。按：光绪三十四年复设教职已裁，何以高、即二县仍复委缺？恐有舛误。	**孙学敬** 元年复任。	栲栳岛 **黄钟祺** 江西南城监生，元年三月任。 **索午霖** 元年署任。 **武恪忠** 鳌山卫 **胡恩寿** 浙江会籍监生，元年三月任。

续表

	直隶州知州	州同	盐大使	学正	训导	吏目	巡检
	直隶州						
	姚赞元 浙江归安监生，二年三月署任。						**史肇封** 直隶宛平监生，二年四月署任。
	高密县						
	即墨县						
	直隶州						
	张汝均 安徽祁门附贡。三年二月任。 **姚赞元** 三年十二月再署任。						
	高密县						
	即墨县						
							栲栳岛 **卞朝纲** 二年任。 鳌山卫 **胡恩寿**

增修胶志卷十五　职官志第五　民国职官员

民国以来文职表　民国二年裁直隶州，胶改为县，知县改称知事，州同、学正、吏目、巡检均裁，盐大使改为盐场知事，移驻即墨金口，监狱改设管狱员。三年，灵山卫设警察事务分所，二等警佐。九年设劝业所。十四年设莱胶道尹，知事或兼任或分任，时有变更。十七年党政府成立，裁道存县。

胶县知事	巡警局	管狱员	劝学员长	劝业所长	灵山卫 巡检
吴镇涛 广东渔川人。元年八月任。 **吴元誉** 二年九月任。 **易扬远** 广东渔川人。海军学校毕业。二年十一月任。 **陈训经** 福建闽侯人。七年十月任。 **黄泽沛** 贵州荔波拔贡。十一年三月署任。 **王大成** 浙江嘉兴附贡。十一年六月署任。 **萧方骐** 四川三台附贡。十二年十二月署任。 **管炳文** 江苏武进监生，山东法政学堂毕业。十四年七月署理。 **马凤藻** 山东历城附贡。十四年九月任，十月设莱胶道兼莱胶道尹。 **杜树芬** 安徽太平人。北京中国大学法律科毕业。十五年十月任莱胶道尹兼胶县县知事。十六年辞县知事职。	巡官姓名阙。	**杜家骧** **苏元勳** 淄川县人，十六年十二月任。	民国元年改“劝学总董”为“劝学员”。 **高振崇** 元年一月任。 **王学孔** 元年四月任。 **县视学** 民国二年改“劝学所”为“视学所”，“劝学员长”为“县视学”。 **刘名勳** 二年八月任。 **张名勳** 四年三月任。 **劝学所长** 五年九月改“视学所”为“劝学所”，“县视学”为“劝学所长”。 **张名勳** 五年九月任。 **徐宗杰** 六年九月任。 **张光宗** 十二年七月任。 **教育局长** 十二年十一月改“劝学所”为“教育局”，“所长”为“局长”。 **张光宗** 十二年十一月任。	**张之韶** 民国九年三月任。 **张钧** 十年七月任。 **实业局长** 十四年改“劝业所”为“实业局”，“所长”为“局长”。 **张钧** 十四年任。十八年实业局取销。	**史肇封** 灵山卫二等警佐。 **史肇封** 二年巡检裁缺，卫人禀请留任警佐。十年改编后裁撤。

续表

胶县知事	巡警局	管狱员	劝学员长	劝业所长	灵山卫 巡检
王天伟 江西安福人。直隶法政专门学校毕业。十六年三月任，十七年八月交卸。			**张名勳** 十四年九月代理。 **王至任** 十四年十月代理。 **徐宗杰** 十五年二月任。 **匡越** 十六年七月代理。 **黄象冕** 十七年二月任。		

按：王天伟交卸后，省委县长霍树声接篆。甫一日，被自称胶高保安司令周崐山拘禁，私委杨纪光为县长。月余，随周去。邑绅组织协进会举湖南人张客公为会长，与会员意见不合，月余辞去。又举邑绅张维清为会长，改名临时维持治安会，旋以病辞。又举商会会长冷之珉为会长，内设两股、一部：总务股股长李翰、财政股股长逄绪训、评议部部长匡纯熙。旋由省委知事赵金华到任。数日，因日本人干涉辞去，仍由维持会维持。其时有驻王台、铺集之顾震军觊覦胶城，而高密陈子成军亦派人疏通来胶。日本浪人派送县知事。平度孙殿英军来索军费十万元，本县警备司令刘惠林索购枪款五万元，均经维持会竭力拒绝，商民得以安堵如故。至十八年四月，省委何县长正式就职后始闭会。

民国十八年来职员表 十八年济案解决后，本县正式隶属国民政府统治之下。中国国民党胶县县党部由青岛迁回，对于其他机关，虽无管辖之权，而①负有监察指导之责，所谓以党治国也。本县党务之公开自此开始，故于本志“职官表”后别为“职员表”，而冠以党部。盖机关虽多，以党务职员冠其首，斯大纲举而众目毕张。兹将各职员分门列表，以资观览。

县党部 按：胶县党务发轫于民国十五年。当时张宗昌督鲁，民众苦于横征暴敛。学界志士丁德先、徐介明、萧美洗等在北平入党，回胶秘密活动，于南乡岳家庄设一小学，以为掩护，宣传机关自是至十六年六月，纯为秘密工作时期。十六年七月，陈以桑在胶举义，党员萧书亭联合一般青年学生起而响应，党务一度公开。未几，陈军南退，党员相率远避，复归于秘密。十七年国军克鲁时，惟胶东半壁因济案关系陷于日军势力范围之内，乃秘密成立胶县临时县党部，推举萧书亭、徐丹亭、杨雨生、丁仞翔、薛凤五为执行委员。时山东省党务指导委员会在泰安成立，明令发表萧书亭、丁仞翔、王岐周、徐丹亭、萧美洗为胶县党务指导委员。后以萧美洗在平不能回县工作，以王如心补充，乃于八月一日在分水岭成立党务指导委员会，开始办公。突有日军武装入会，捣毁总理遗像及国旗等，迫令退出二十华里以外。翌日，迁往南乡王台镇。十六日，各委员回城参加县长及公安局长就职典礼，突被占胶县之伪司令周崐山将县长及公安局长拘押，工作人员乃相率逃避。自是而萧家庄、岳家庄、卢家疃迁徙无定。虽经播迁，困难万状，而工作仍不少懈，共计成立区分部九、区党部三。办理总登记后，以环境益趋恶劣，乃避居青岛秘密办公。十八年一月，在青岛举行第一次全县代表大会，选举萧书亭、丁仞翔、冀三纲、郝玉镜、韩伟堂为执行委员，郭登瀛、卢觉民、刘德泉为候补执行委员，刘泽生、薛凤五、王如心为监察委员，李鹏久为候补监察委员。是年三月，奉命取消民众训练委员会，关于民训事

① “而”，底本作“面”，讹。据上下文义改。

宜合并于训练部办理。五月，济案解决，日军撤退，乃得迁回县城，假师范讲习所为会址。九月，始迁入胶西书院。十月，省党务整理委员会认为工作不力，将全体执、监委员一律裁职，另派萧书亭、冀三纲、胡义山为整理委员。十一月，执委会结束，改组为整理委员会。十九年一月，胡义山因事撤职，以胡文蓁补充。是年六月，晋军侵入济南，季啸溪乘乱招南乡土匪孙宝善等陷县城，整委会移青岛办公，八月乱平，始得迁回。十二月，冀三纲他调，另以刘冰补充。二十年三月，奉命变更内部组织，各部、处一律取消，另设总务组织训练、宣传干事各一人，承常务委员之命，分任各项事务。六月，刘冰、萧书亭先后调回，以魏棣九、傅炳琳补充。十二月，魏棣九、胡文蓁相继辞职，另以刘世勋、王佩璋补充。兹将历届委员姓名、年龄、籍贯、职务、略历分别列表如下。

以上党部来稿。

中国国民党山东省胶县 **临时县党部委员一览表** 自民国十七年一月起，至本年八月止

姓名	别号	年龄	籍贯	职务	略历	备考
萧书亭	以字行	二十八岁	胶县	执行委员兼常务委员	山东省矿业专门毕业。曾充博山县实业局长、本县师范讲习所所长	
徐丹亭	以字行	二十四岁	胶县	执行委员兼青年妇女部长	山东省立一中毕业。曾充本县师范讲习所教员	
杨雨生	以字行	三十三岁	胶县	执行委员兼宣传部长	山东省第二甲种农业。曾充本县乙种农业学校校长	
丁仞翔	以字行	二十七岁	胶县	执行委员兼组织部长	山东省立一师毕业。曾充本县一高教员	
薛凤五	以字行	二十七岁	胶县	执行委员兼农工部长	北平朝大肄业。曾充本县三高教员	
摘要	组织成立临时区分部九个，区党部三个。党员共五十一人					

中国国民党山东省胶县 **党务指导委员会一览表** 自民国十七年八月起至十八年一月止

姓名	别号	年龄	籍贯	职务	略历	备考
萧书亭	以字行	二十八岁	胶县	指导委员兼常务委员	见前	
王岐周	以字行	二十七岁	同上	宣传部长	山东省立四师毕业。曾充本县讲习所教员	
丁仞翔	以字行	二十七岁	同上	组织部长	见前	
萧美洗	以字行	二十五岁	同上		北平师大学员	因求学终未到县工作，即以王如心补充
徐丹亭	以字行	二十四岁	同上	民众训练委员会常务	见前	
王如心	以字行	二十九岁	同上	训练部长	山东省立四师毕业。曾充四师附小主任	
摘要	重行划分成立区党部、区分部，党员共六十五人					

中国国民党山东省胶县 **县党部**执行监察**委员会第一届委员一览表** 自民国十八年一月起至本年十一月止

一、执行委员会委员表

姓名	别号	年龄	籍贯	职务	略历	备考
萧书亭	以字行	二十九岁	同上	常务委员	见前	
丁仞翔	以字行	二十七岁	同上	组织部长	见前	
冀三纲	慰怀	二十三岁	益都	民众训练委员会常务	广东农运讲习所毕业	
郝玉镜	寰清	二十六岁	博兴	宣传部长	青州区党部训练班毕业	
韩伟堂	秀亭	十九岁	胶县	训练部长	党务训练所毕业	
郭登瀛	海寰	二十一岁	同上	候补	师范讲习所毕业。指委会宣传部干事	
刘德泉	以字行		同上	同上	山东省武术传习所毕业。曾充小学教员三年	
卢觉民	以字行	二十七岁	同上	同上	正谊中学毕业	
摘要	改选各区分部，党员共五十二人					

二、监察委员会委员表

姓名	别号	年龄	籍贯	职务	略历	备考
刘泽生	以字行	二十四岁	胶县	常务委员	山东大学肄业，曾任讲演所长	
薛凤五	以字行	二十八岁	同上		见前	
王如心	以字行	三十岁	同上		见前	
李鹏久	以字行	二十四岁	同上	候补兼执委会干事	瑞华中学毕业	

中国国民党山东省胶县 **党务整理委员会委员一览表** 自民国十八年十一月成立

姓名	别号	年龄	籍贯	职务	略历	备考
萧书亭	以字行	二十九岁	同上	常务委员	见前	二十年六月调回，以魏棣九补充
冀三纲	慰怀	二十三岁	益都	宣传部长	见前	二十年二月辞职，以刘冰补充
胡义山	静岩	二十四岁	河北省雄县	组织部长	河北党训所毕业。曾充烟台市整委	十九年一月调省，以胡文蓁补充
胡文蓁	以字行	二十八岁	莒县	组织部长	山东省训所毕业。曾充濮县整委	二十年十二月调省，以王佩璋补充

续表

姓名	别号	年龄	籍贯	职务	略历	备考
刘冰		二十五岁	临朐	常务委员	武汉政治[1]毕业。曾充胶济铁路工会整委	二十年六月调回，以傅炳琳补[2]充
魏棣九	以字行	二十六岁	滕县	常务委员	山东省工专毕业。曾充即墨整委	二十年十二月辞职，以刘世勋补充
傅炳琳	少坡	二十四岁	胶县	常务委员	本县师范讲习所毕业。曾充招远整委	二十年十一月分配职务，拟任常务
刘世勋	剑虹	二十九岁	同上	常务委员	高密县中学毕业。曾充省农协干事，莱芜整委	二十一年一月另分职务，拟任常务
王佩璋	瑞三	二十五岁	阳信		山东党训所毕业。曾充阳信执委、商河整委	
摘要	改组各区分部，取消区党部，重行划分为四个区分部。党员共四十三人					

按：本县党务现尚在整理时期，党部来稿各表后均附工作摘要若干条，惟工作含有事实性质。职员表系以职务人员为主体，若附加工作体例，似未符合，故删之。

附胶县民众团体　中国国民党以国民革命实现三民主义为中国之唯一出路，至于国民革命之目的，是在求中国之自由、平等，其方法是在唤起民众，使农、工、商、学、兵和妇女各界团结起来，因此，民众应在本党领导指挥之下。本党党员恪遵总理遗教，负唤起民众重大之责任，散布乡间作实际领导民众之工作。而胶县地处鲁东，民气习旧，又加本党北伐到达山东时，胶县民众更在帝国主义铁蹄之下，所以胶县县党部自民国十六年奉命组织，即首重民众运动，故分派全县党员赴乡作秘密工作。在此恶劣环境之中，虽无良好之成绩表现，但被唤醒各界之民众亦不在少数。兹将各界民众觉悟者之组织团体概况分述如下。

节录党部来稿。

一、农民团体　胶县全县人民在五十万以上，农民份子占有四十万以上，故在秘密期间，党部同志努力农民宣传。当军阀在鲁专制时期，党部曾派各党员参加农民自组织之大刀会、红枪会等会，引入轨道，领导工作。有党员纪约堂等十余人，领导王台一带农民二万余人起而作，反抗军阀之苛捐杂税，与军队拼命死战，结果农民得胜，此为胶县党部领导农民运动最大之一种表现，胶县农民之运动基础[3]亦即树立于此时，于是乡、区农民协会纷纷成立。至民国十八年县党部整理委员会成立后，即由省农民协会委派刘德泉等为胶县农民协会筹备委员，即于十一月成立并推定刘德泉为常务委员，其余各委员分担各科重要职务。及至二十年三月，奉中央令改组为胶县农会，由党部领导，受县政府监督，于是开代表大会选举干事。兹将农民协会及农会职员等分别列表于左。

节录党部来稿。

---

① 武汉政治：即武汉中央军事政治学校。
② “补”，底本作“西”，讹。据上下文义改。
③ “础”，底本作“碍”，讹。据文义改。

农民协会筹备委员会职员一览表

委员姓名	会员数目	成立日期	会址	备考
刘德泉	区农民协会三处 乡农民协会十八处 会员共二千零十五人	民国十八年十一月十九日	本县西关坊子街实业局旧址	本会成立伊始，即按行政区将全县划分为十三区。每乡先介绍忠实会员二人，负责办理会员登记事宜
薛凤五				
萧鞠荪				
刘廷儒				
王寿平				
姜澄川				

改组农会职员一览表

职员姓名	会员数目	成立日期	会址	备考
干事长 刘德泉	区农会三处 乡农会二十七处 会员共三千二百人	民国二十年三月二十一日成立	本县西关坊子街农民协会旧址	本会成立后，呈请由县党部、县政府临时津贴。各工作人员按时分赴各处，组织区、乡农会并研究发展农业改良方法
副干事长 萧鞠荪				
干事 刘廷儒				
薛凤五				
薛华山				

二、商民团体 民国元年十一月，州议会呈准以绅界郭绪栋、商界王仲谦等六人为商会组织员，以州议会为监督，于二年六月组织就绪。票选逄绪训为总理，王启甡等为董事。是时《商会法》尚未颁布，呈准知事吴称为总理董事。四年，奉到部颁《商会法》及施行细则，会长以二年为一任，会董事每年改选半数。是年三月，依法改组，呈准农商部备案。十八年，奉到国民政府制定《商会法》改为委员制，任期四年，每二年改选半数。是年八月，依法改组呈准工商部备案。嗣于二十年二月，奉胶县党务整理委员会训令："务于二月十五日以前改组完竣。当于二月十四日依法改组，呈准实业部备案。"兹将商会历届选举总理、正副会长、主席、委员等职员姓名，分别列表于下：

民国元年至十四年商会历届职员一览表

民国元年十一月组织	二年六月改选	四年三月改选	六年九月改选	八年九月改选	十年十月改选	十二年十月改选	十四年二月改选
组织员 郭绪栋 王仲谦 赵汝曾 王登如 高锡骏 张世善	总理 逄绪训	会长 逄绪训 副会长 王启甡	会长 冷之珉 副会长 逄绪训	会长 王仲谦 副会长 冷之珉	会长 冷之珉 副会长 王仲谦	会长 冷之珉 副会长 赵汝曾	会长 逄允璠 副会长 冷之珉
	总理一人，董事十二人，会员一百零二人	会长一人，副会长一人，会董十二人，会员一百二十人	会长一人，副会长一人，会董十六人，会员六十九人	会长一人，副会长一人，会董十六人，会员一百五十五人	会长一人，副会长一人，会董十六人，会员二百四十三人	会长一人，副会长一人，会董二十二人，会员二百四十六人	会长一人，副会长一人，会董十六人，会员二百四十四人

民国十六年至二十年商会改组职员一览表

民国十六年九月改组	十八年九月改组	二十年二月改组	会址
会长 **冷之琨** 副会长 **赵汝曾** 会长一人，副会长一人，会董十六人，会员二百七十七人	主席 **赵汝曾** 常务委员 **崔炳其** **匡　趫** **纪之桢** **逄允瑨** 执行委员十六人，监察委员七人，会员二百零五人	主席 **赵汝曾** 常务委员 **薛立崐** **纪子桢** **匡　趫** **崔炳其** 执行委员十五人，监察委员七人，会员二百二十三人	西关铁器市街

三、工商团体　民国十九年三月五日，胶县党务整理委员会准山东省总工会筹备委员会函发马信斋、张霖澍、王松亭三人委任状三件，委三人为胶县总工会筹备委员会委员。复于十一日由省总会筹委会发下钤记一颗，遵于十三日启用，呈报成立。成立后即开会公推王松亭为常务委员兼登记科主任，张霖澎为总务科主任，马信斋为调查科主任兼指导科主任，开始工作。同时，又成立火柴业工会，一共计会员四百九十四人；人力车工会，一共计会员八十七人。民国二十年二月，奉令取消总工会，遵照国民政府实业颁布《工商同业公会法》，造具表册呈准胶县党务整理委员会指导许可，组织茶食业同业公会、纸业同业公会、布业同业公会、药业同业公会、咸鱼业同业公会、炭业同业公会、铁业同业公会，均于本年二月成立，惟酒业同业公会在九月成立。除十九年工会筹备委员会委员已详载说明不复列表外，兹将二十年二月至九月各业公会职员，分别列表于后。

胶县工商各同业公会职员一览表

团体名称	成立年月	职员姓名	会址	组织概况
铁业公会	民国二十年二月	主席 **殷书勋**	西关铁器市街	主席一人，常务委员二人，执行委员四人
布业公会	同上	主席 **徐同方**	同上	同上
茶食业公会	同上	主席 **薛立崐**	西关糠市	同上
酒业公会	二十年九月	主席 **李嵩浦**	西南关大鱼市街	主席一人，常务委员四人，执行委员十人
纸业公会	二十年二月	主席 **王毓文**	同上	主席一人，常务委员二人，执行委员四人
咸鱼业公会	同上	主席 **冷济世**	西关扒市街	同上
药业公会	同上	主席 **逄允瑨**	西关坊子街	同上
炭业公会	同上	主席 **韩大章**	西关簸箕市街	同上

四、教育团体 清宣统三年组织县教育会，奉令成立。自成立后至民国六年改组四次，六年后十余年未经改组，十八年奉令停止，二十年三月复重新组织教育会成立。惟十八年以前历届教育会职员姓名已详“学校志”，不复列表，以免重复。兹将二十年三月改组教育会成立后职员列表于左。

县教育会职员表

会名	负责人姓名	成立年月	会址	组织概况	会费	备考
胶县县教育会	陆文会 宋克修	民国二十年三月	城里南门里文庙东	干事七人，事务员一人。会员五十六人，内有党员六人，非党员五十人	每名一角。常年费二角	

五、妇女团体 本会于民国十八年十一月二十六日成立，设委员三人，由县党部保送省党部加委，复由省妇女协会发给钤记，至十九年六月奉令停止工作。

妇女协会

团体名称	职务	委员姓名	成立年月	地址	组织概况	备考
妇女协进会筹备委员会	常务	周谨	民国十八年十一月二十六日	附设城里后所女学校，后移文庙	常务员一人 组织员一人 宣传员一人	十九年六月奉令取消
	组织	于瑞云				
	宣传	匡鸣岐				

行政职员 专制时代，行政者谓之官。官者，管也，管理民众者也。共和时代，行政者无论合议制与单独制，皆谓之职员，以其受民众之托，担任治理民众之职务也。行政者不能尽职，即为负民众之托，而民众可以弹劾之，此公例也，故不可不慎其选。兹将各行政机关职员列表于下：

总纲 / 职员及经费数目 / 机关名	县行政各机关职员一览表	所属职员	常年经费
县政府	**何尤** 河南新安人，国立北京大学毕业。十八年四月任 **张慕瀛** 江苏东海人，清附生。十八年五月任 **叶钟英** 湖北大冶人，湖北法政专门毕业。十八年八月任 **祁庆墀** 江苏铜山人，江南高等商业学校毕业。十九年六月任 **谢锡文** 山东德县人，天津北洋法政学堂肄业。十九年七月任 **袁励杰** 江苏武进县人，清举人。二十年八月任 **李实甫** 江苏海州人。二十一年三月任	秘书一 科长一 科员一	一七、七二四元

续表

总纲 职员及经费数目 机关名	县行政各机关职员一览表	所属职员	常年经费
公安局	**王在田** 江苏六合人。十八年五月任 **梁百祥** 河南鹿邑县人。十九年七月任 **李青山** 河南舞阳县人。二十年六月任 **田俊臣** 河北省河间县人。二十年九月任 **姚汉亭** 河南睢县人。二十年十二月任	主任二 股员三 巡官三	一三、五八四元
教育局	**李树荣** 山东益都县人，第四师范学校毕业。十八年五月任 **陆文会** 山东潍县人，济南东鲁中学高中科毕业。山东大学本科国文学系肄业二年。十九年一月任	县督学一 事务员三 教育委员四 书记一 共九人	二三、六六八元
建设局	**萧书亭** 原名彩绅，胶县萧家庄人，山东矿业专门毕业。十八年五月任 **贾揆** 山东济南人，山东公立农业专门学校农学本科毕业。二十年六月任 **翁惕** 福建闽县人，北京国立工业专门学校毕业。二十年十一月任 **易简** 河南商城人，本省公立农业专门学校毕业。二十年二月任	技术员三 办事员三 书记员三 共计九人	七二、二四八元
财政局	**逄绪训** 邑城里人，监生。十八年五月任 **刘象仪** 邑谈家村人。十九年一月任	事务员四 书记员一	二、七二六元
备考	**公安局** 职权类旧警察所而规模较大。十八年五月成立，局长由民政厅直接委任，地址在旧城隍庙 **教育局** 沿旧名旧址而规模较大。局长由教育厅考试委任 **建设局** 由实业局改设而范围较宽。局长由建设厅考试委任，地址在马王庙 **财政局** 原名财政管理处，主任名管理员，由县长呈请省府委任。十八年改今名后，局长由各区长公选，再由县长呈请委任。地址在胶西书院旧址		

司法职员　司法独立，各国所通行，亦我国所认许。第以人才未贮、财政不裕，是以迟迟未能实行，各县司法仍由县知事兼理，党政改组，毅然设立法院，诚为当务之急。惟是司法之选，一曰明，二曰公，不明则是非淆，不公则黑暗生。昔日上控案件，审得初审谬误者处分极严，故县知事有所惮而不敢肆。今则对于原判，无论维持与否，概与原审判官无关，其明与公者固能无所蒙蔽、无所偏倚以保司法之尊严，若或不明不公，而又无处分以继其后，又何所畏而不为枉法之行为？操用人之柄者，不可不注意于此也。兹将司法各员列表于下：

职务名称 职员名称 司法名称	民刑	合庭	检察庭	管狱员	其他职员	备考
	审判官	候补审判官	检察官			
法院	**刘鸿筠** 长清人，山东法政学校毕业。十八年一月任 **史善兰** 河北通县人，北平中央大学毕业。二十年一月任	**朱培祺** 昌邑人，法官养成所毕业。十八年十一月任 **王雍** 商河人，北京大学法科毕业。十九年二月任 **隆济经** 利津人，山东法政学校毕业。二十一年三月任	**杨传鸿** 滋阳人，山东法政学堂毕业。十八年七月任 **许慎轩** 郓城人，山东法政学校毕业。十九年十二月任 **黄宝第** 江苏江都县人，北平中国大学法律科毕业。二十年三月调任	**童澍霖** 浙江萧山县人，浙江私立法政讲习所毕业。十八年一月任 **李桢** 湖①北黄梅县人，湖北官立法政学堂毕业。二十年十二月任	民刑庭书记官 **王树荣** 十八年五月任 **徐志鸿** 二十年十月任 检察庭书记官 **李元榜** 二十年三月任 **李振声** 二十一年三月任	地址：督补厅旧址 常年经费：十八年起九千六百元，至十九年七月改为八千零七十六元

① “湖”，底本作“潮”，讹。据下文“湖北”改。

增修胶志卷十六　职官志第六　侯王历代官师

侯王官师传序

侯王官师虽有世继不世继之分，要皆以莅民为义，与里闬[1]之贤别，故《前志》分传而合序之，以为列传首。惟考侯王之在胶者介葛卢、高密王泰而外，他无闻焉。自历代迄于明清，胶之武功文治可传者，惟官师而已。盖官兼民社之任，师专学校之责，政教之所系者大也。兹据《前志》所载，复采道、咸、同、光数十年来政绩昭著之官师，列传于后，以比甘棠[2]之爱焉。至于民国成立，知州以下佐贰、副将以下武职及学正、训导均裁去，所存者，知事一官而已。其历任兹土者，虽不乏循良之选，以其人存，故不复录。

周晋侯王传

周介葛卢

介，鲁附庸国。鲁僖公二十九年春，介君名葛卢者将伐萧，求援而朝于鲁。时僖公会诸侯于外，鲁人舍于昌衍[3]之上，馈之刍米。葛卢以未见僖公，其冬复来朝。僖公礼之，加燕好[4]。葛卢闻牛鸣，曰："是生三牺，皆用之矣，其音云。"问之，而信。《左传》林注："传言人听，或通鸟兽之情。"《正义》曰："《周礼》：夷隶[5]掌与鸟言，貉隶[6]掌与兽言。郑康成云：'夷隶，征东夷所获。貉隶，征东北夷所获。'然则介国亦是东夷之国，其土俗或知兽音，故葛卢晓之云。"

晋高密王泰　**子略**

高密文献王泰，字子舒，彭城穆王权之弟，魏阳亭侯，补阳翟令，迁扶风太守。武帝受禅，封陇西王，邑三千二百户，拜游击将军。出为兖州刺史，加鹰扬将军。迁使持节[7]、都

---

① 里闬：指里门、乡里乡亲。

② 甘棠：见《诗经・召南・甘棠》。据《毛诗序》，"《甘棠》，美召伯也。召伯之教，名于南国"。《郑笺》云："召伯听男女之讼，不重烦劳百姓，止舍小棠之下而听断焉。国人被其德，说其化，思其人，敬其树。"召伯去世后，人民思召公之政，作《甘棠》歌咏之。后世以"甘棠"称颂循吏的美政和遗爱。

③ 昌衍：杜预注"鲁县东南有昌平城"，在今山东曲阜东南。

④ 燕好：指设宴招待并馈赠礼品。

⑤ 夷隶：官名。《周礼》谓秋官之属，一说为周朝置。掌供役牧人养牛与鸟言。

⑥ 貉隶：司寇的属官，掌驯养猛兽之事及兽言。

⑦ 使持节：官名，晋朝以后，使持节、持节、假节、假使节等，其权大小有别，皆为刺史总军戎者。唐初，诸州刺史加号持节，后有节度使，持节之称遂废。

督宁益二州诸军事、安西将军，领益州刺史，称疾不行。转安北将军，代兄权督邺城守事。迁安西将军、都督关中事。太康初，入为散骑常侍①、前将军，领邺城门校尉，以疾去官。后代下邳王晃为尚书左仆射。出为镇西将军，领护西戎校尉、假节②，代扶风王骏都督关中诸军事，以疾还京师。永熙初，代石鉴为司空，寻领太子太保。及杨骏诛，泰领骏营，加侍中，给步兵二千五百人，骑五百匹。泰固辞，乃给千兵百骑。楚王玮之被收，泰严兵将救之。祭酒丁绥谏曰："公为宰相，不可轻动，且夜中仓卒，宜遣人参审定问。"泰从之。玮既诛，乃以泰录尚书事，迁太尉，守尚书令，改封高密王，邑万户。元康九年薨，追赠太傅。泰性廉静，不近声色。虽为宰辅，食大国之租，服饰肴膳如布衣寒士。任真简率，每朝会，不识者不知其为王公也。事亲恭谨，居丧哀戚，谦虚下物，为宗室仪表。当时诸王，惟泰及下邳王晃以节制见称。虽并不能振施，然其余莫得比焉。泰卒，三子略立。略，字元简，孝敬慈顺，小心下士，少有父风。元康初，愍怀太子在东宫，选大臣子弟有名称者为宾友，略与华恒等并侍左右。历散骑黄门侍郎、散骑常侍、秘书监，出为安南将军、持节、都督沔南诸军事。迁安北将军、都督青州诸军事。略逼青州刺史程牧，牧避之，略自领州。永兴初，㡕③令刘柏根起兵东莱，诳惑百姓，众以万数，攻略于临淄，略不能拒，走保聊城。怀帝即位，迁使持节、都督荆州诸军事、征南大将军、开府仪同三司④。京兆流人⑤王逌与叟人⑥郝洛聚众数千，屯于冠军。略遣参军崔旷率将军皮初、张洛等讨逌，为逌所谲，战败。略更遣左司马曹摅统一作繞旷等进逼逌。将大战，旷在后密自退走，摅军无继，战败，死之。略乃⑦赦旷罪，复遣部将韩松又督旷攻逌，逌降。寻进开府，加散骑常侍。永嘉三年薨，追赠侍中、太尉，子据立。薨，无子，以彭城康王子纮为嗣。其后纮归本宗，立纮子俊以奉其祀。

宋金元官师传

卞进之　徐文　房周卿

卞进之，籍失考。宋神宗时为板桥主簿，其治绩不传。孔平仲尝寄以诗，有云："以才牵

① 散骑常侍：官名。入则规谏过失，备皇帝顾问，出则骑马散从。秦汉时，散骑为皇帝侍从，与中常侍性质相同。东汉省散骑，又以宦官任中常侍。曹魏初年，并散骑、中常侍为一，故称散骑常侍，以士人任职。

② 假节：皇帝将节借给执行临时任务的臣子使用，用以威慑一方，当臣子临时任务完成后，这个节会被收回。

③ 㡕(xián)：《汉书·地理志》东莱郡有㡕县。西汉置，治今山东龙口西南。汉至南朝宋属东莱郡或东莱国，北魏、东魏属东牟郡。北齐天保七年(556)并入黄县。

④ 开府仪同三司：魏晋南北朝时期的一种高级官阶，从一品。开府，在指定的地方建立办公之地，当事人有了固定的办公场所。官府开到什么级别的仪仗，明确了同三司。三司，指三公(东汉太尉、司徒、司空)。

⑤ 流人：流放之人，古犯人之一种。

⑥ 叟人：即叟族之人，汉至元朝时期分布在今四川南部、云南、贵州部分地区，支系繁多。

⑦ "乃"：底本作"反"，讹。据《晋书》改。

挽自由身，岁暮无家寄海滨。扰扰满前人一把，纷纷趋事抱千钧。”盖高才能任烦剧而屈于下僚者。见《清江集》。徐文，字彦武，莱州掖县人。徙胶水，少时贩盐为业，往来濒海数州，刚勇尚义，侪辈皆惮之。宋季盗起，募战士。文为密州板桥佐①十将，勇力过人，挥巨刀重五十斤，所向无前，人呼为徐大刀。御侮捍患，厥功懋焉。西与夏人战，生擒一将，东还破群贼。累转承信郎，后以功迁水军都统制。房周卿，籍失考，金章宗时为胶西主簿，尝兴建学宫，一时文风为之大振。祀名宦祠。以上据《州志前编》。

王国昌　董进　张荣实　贺祉

王国昌，高密人，元初为州千户。中统元年入觐，世祖察其能，迁为左武卫、亲军千户，佩金符②，召问军旅之事，奏对甚悉，帝嘉之。后奉命往高丽黑洋山觇③海道，波涛汹涌，或劝之还，国昌神色自若，直抵其处。高丽有叛臣据珍岛，国昌攻拔之，复屯高丽。卒于军。时又有王国昌，安州戍将，在宪宗三年，与此非一人。董进，即墨石桥人，金末徙益都，入元以军伍进，尝监军胶州，历高密县尹，后以拘括李璮、马群，为行省④撒吉思⑤所奏，擢知胶州，授金符。凡事从宜，询其利病，仁抚鳏寡，威制豪横，民用小康。至元十年，年七十四以疾归。张荣实，霸州保定人，元水军万户，中统三年李璮叛，从史天泽讨平之，赏金碗及金二百五十两、马一匹，命镇胶西。至元五年去任，仕至湖北宣慰使。贺祉，益都人，父进，尝平涟水有功，授千户守州。祉初以质子入宿卫，至元六年袭父职仍为州千户。七年，宋兵来攻，祉固守，战退之。八年九月，宋统制范广由海道帅师来攻，祉与千户蒋德固守力战，俘范广等五十余人，获战船百艘。后十年去任，赐金虎符，进怀远大将军。以上据《州志前编》。

林鹗　燕帖木而　普颜不花　柴本立　脱欢

林鹗，籍失考。至元三十一年为州同知。仁惠治民，勤心抚字，修复圣庙，尤为兴一邑文教之先声。尝巡行阡陌，至铁橛山拳口峪时，有虎伤人及食牛为害，鹗祷于神，虎皆遁去，祀名宦祠。燕帖木而，畏吾儿⑥人，父撞兀，尝监是州。延祐元年，燕复来监州，尝修文庙，塑像凿池，功实创始。学士刘赓称其亲仁善邻，足以风世云。《元史》列传有顺帝后答纳失里之祖父床兀儿及燕铁木儿，与此监州父子同名，所历时代亦合，虽字形少异，元人国语有音无字，音相近固可互用证也，惟以勋戚、贵胄不能下为州官。且列传云，钦监人碑云：畏吾人两国相去甚远，入元以国为氏，非一人。又睿宗玄孙名燕帖木而，封楚王，与此非一人也。普颜不花，色目人⑦，至治元年任州达鲁花赤，能听断曲直，分别

---

① “佐”，底本作“佑”，讹。据民国《增修胶志·职官志·宋金元官师传》改。《金史·徐文传》谓徐文为密州板桥左十将，可证。

② 金符：古代帝王授予臣属的信物。元朝统治者尤盛行赐予各级官吏金符、银符之制。

③ 觇（chān）：窥视；侦察。

④ 行省：元代于河南、江浙、湖广等11地设行中书省，作为地方行政机构，简称行省。

⑤ 撒吉思：回鹘人。忽必烈时为北京宣抚，锄奸抑强，境地安宁。

⑥ 畏吾儿：又作畏兀儿人，即西州回鹘人。

⑦ 色目人：元代对来自中西亚和欧洲各民族的中国人的统称。

是非，虽吏人文士不及。与僚佐同寅协衷①，临事之际，辄以身先，未尝言劳，以期成功。在任五六年，博士孙若拙称其“贤由天性”云。时又有普颜不花，名位在后见。柴本立，籍失考。顺帝初为知州，祀名宦祠，事未详。脱欢，籍失考。顺帝时山东盗起，朝议设分枢密院于沂州，以指挥使司隶焉。脱欢以佥枢密院分镇至州，适刘福通遣其党毛贵陷州城，脱欢力战而死。祀名宦、忠义二祠。《元史》脱欢有十余人：一太宗侍臣、一博尔忽子袭弟一千户、一忙哥撒儿子万户、一札剌亦儿部②人，三人俱宪宗时。一世祖第九子封镇南王、一术赤台曾孙封郡王、一苦撒拔儿子昭毅大将军、一穆呼嘿玄孙学士、一武昌总管、一张拔都之将校，皆世祖时。一刘国杰子湖广行省平章、一朵罗台子枢密院断事官，在元贞间。一合丹之孙自北境来归，在大德五年。一参知政事，在九年。一阔里吉思子术安之王傅，在至大三年。太祖第六子阔列坚太子之玄孙封安定王，在皇庆二年。一哈剌哈孙子浙江行省左丞相，在致和元年。一平章政事，在至正元年。一中书右丞，在七年。一同知太常院贬死，在二十年。一阿鲁辉之将官辽阳总管。自浙江左丞相以下五人，与佥书履历或合或不合，史无明文，不敢臆决也。以上参录张宾雁《州志前编》。

① 同寅协衷：又作同寅协恭。指为同僚恭谨事君，共襄政事之典。《尚书·皋陶谟》：“百僚师师，百工惟时……同寅协恭，和衷哉！”同寅，同僚。

② “札剌亦儿部”：底本作“札剌史赤儿部”，讹。据《元史》改。

增修胶志卷十七　职官志第七　明代官师

明官师传

赵礼　张恭　陈南宾　杜筠昌

赵礼，《旧志》籍失考。洪武八年为知州。清修雅重，动循礼法。凡城池公署、学宫坛壝，皆其所建，经营草昧，劳阀著于一时。胶为商舶辐辏之地，胥吏倚税为奸，其弊已久。礼察知曰："人出万死涉海觅微利，岂可令若辈坐享耶?"严禁绝之。张恭，湖广沔阳州人，洪武初为知州。二年建城隍庙。据成化十五年修城隍庙碑。十九年再莅胶，《旧志》十九年任，详见"讹疑"。一遵赵礼法制，无所更改，时称赵张，并祀名宦祠。陈南宾，名光裕，以字行。《旧志》湖广茶陵州人，洪武间由无棣丞来任州同知，以经术为治，后召为国子助教。详见《明史》。杜筠昌，籍失考。洪武间为州同知。崇学校，课农桑，尝与知州张恭同修学宫，见《旧志·学校志》。祀名宦祠。

文敏　韩景　王振宗　任纶

文敏，《旧志》湖广沔阳州人，永乐三年为知州，兴学劝农，勤于政治。《高志》云有"张赵[①]之风"。韩景，《旧志》籍失考。永乐五年为州判官，建置公署，称贤劳。王振宗，《旧志》浙江慈溪举人，永乐七年为州学正。德行纯粹，学问渊涵，课士劝学，无间寒暑[②]，尤工诗赋。九载卒于官，门下士有扶柩至其家者。任纶，《旧志》北直隶元城举人。永乐间为州训导。明经学，砥躬行，勤于训士，迁鲁王府纪善[③]去[④]。与文敏、王振宗并祀名宦祠。

仇镇　董鼐　毛智　林璿　孙纮　曹暠

仇镇，《旧志》山西汾州举人，正统十三年为知州。莅政廉平，抚民以惠。胶滨海，地碱薄，民多积赋远逃，居者有代纳之苦。镇至，详请除荒地三千九百余顷，蠲税粮一万七千余石，岁为定额。迁江西赣州知府去，百姓攀辕送之。董鼐，《旧志》通州按：《旧志》州县多不明所隶，明南北直隶皆有通州，未审鼐籍何省。举人，天顺六年为知州。刚正廉介，人不敢干以私。兴学育才，劝农力本，祷雨辄应，民以为神。毛智，《旧志》浙江杭州举人，成化六年为知州。政尚宽平，刑清讼简，田野宴然，诸所修置，咸调度得法。林璿，《旧志》福建长乐进士，成化八年或云十八年为知州。厚重周慎，外柔内刚，政令之出，计定而后下，兴利除害，期于必行。孙纮，《旧志》浙江鄞县进士。为某道御史。弘治五年以劾奸谪州

---

① 张赵：指张恭和赵礼。

② "暑"，底本作"署"，讹。据上下文义改。

③ 纪善：明代亲王属官名，掌讲授之职，正八品。

④ "去"，底本作"云"，讹。据道光《重修胶州志》改。

判官，仁明廉恕，行政务存良厚，卒于官。与仇镇、董鼐、毛智、林璿并祀名宦祠。曹嵩，南直隶长洲进士。弘治十年《旧志》作四年，误。由江西抚州推官来任知州，增修学宫，创建尚贤祠。详见“金石”。

匡允中　唐钺　金鼎

匡允中，胶州所正千户。世系详翼之传，并详“职官表”。读书识韬略。正德六年，流贼刘六等猖獗，所过州县无不蹂躏。允中豫为守备，浚城隍，引云水以深其流，迁民入城。贼果至，围数匝，攻甚急，民惶惧，或号泣互相告。允中下令曰：“敢有哗者，按军法!”众志始定。允中率众昼夜巡逻，贼薄城，矢石俱下，贼知有备，逸去，允中纵击之，杀获甚众，城赖以安。卒，祀忠义祠。唐钺，灵山卫指挥佥事。世系详“职官表”。正德六年，流贼刘六等破卫城，钺力战死之。事闻，赠昭勇将军指挥使。金鼎，灵山卫正千户，世系详“职官表”。迁即墨营某官备倭。正德七年，流贼刘六等劫营，鼎力战死之。据《卫志》。

邱凤来　张铨　余棠　杨中启　苑藩

邱凤来，《旧志》江西南昌人，嘉靖六年为知州。爽明英断，无苛政冗迹。张铨，《旧志》南直隶吴江人，嘉靖十七年为知州。循理安民，不穷治词讼，尝新州署堂宇，材木取诸废寺，无秋毫扰民，祀名宦祠。余棠，《旧志》河南祥符人，嘉靖二十年为知州。平易近民，政绩丕著。杨中启，《旧志》河南灵宝人，嘉靖二十四年为知州。方正严明，绰有风裁，兴学劝士，境内肃然就理。苑藩，《旧志》北直隶武强监生。嘉靖二十六年为州吏目。公正有廉操，人号苑青天。巡抚曾铣按：《旧志》作石塘，其别号也。廉其治状，褒奖之。

曹密　袁随　王立　杨科　刘孟承　童汝淹

曹密，《旧志》籍失考。嘉靖间为州学正。才长学博，为文力追先正[1]，尝修州志。袁随，《旧志》南直隶通州举人，嘉靖三十三年为州学正。严重端方，以治戴氏礼名家，登丙辰科进士，历官至某省左布政使。王立，《旧志》河南怀庆府某县人，嘉靖间为州训导。醇朴坦易，中外如一，尤蔼然僚友间，寻迁北直隶邢台某官，士林遮道送之。杨科，《旧志》南直隶华亭人，嘉靖三十四年为知州。力行节俭，不忍以催科迫民。刘孟承，《旧志》江西庐陵人，嘉靖三十七年为知州。居官廉洁，众服其清介。童汝淹，《旧志》籍失考。嘉靖四十二年为知州。兴学育才，与诸生讲说经义，朝夕不倦。

刘樌　李学礼　宋伟　胡文光　王炎　王崇澜

刘樌，《旧志》广东归善举人，隆庆三年为州学正。端方率士，笃励名教，工古文词，一时人才多所造就。迁沂水知县，致仕贫不能归，胶之门下士携金走沂水，赆[2]其行。李学礼，《旧志》南直隶颍[3]州进士，隆庆四年为知州。爽毅英敏，洞悉民间疾苦。胶田粮多飞诡[4]，

---

① 先正：泛指前代的贤人、名臣。

② 赆(jìn)：赠送财物。

③ “颍”，底本作“颖”，讹。作地名时应为“颍”。

④ 飞诡：明朝粮户将田地寄在享有优免徭役的官吏、缙绅名下，以逃避赋役。

豪者耕无粮之地，而责孱者①偿租，学礼乃清丈之，造鱼鳞②、经纬、顺甲三册，自是亩清税定。洊历某省布政司参政。宋伟，《旧志》唐县按：北直、河南皆有唐县，未审伟籍何省。贡生，隆庆四年为州判官。性持重，寡言笑，催科有法，终日不闻鞭扑声，而事皆就理，迁邹平知县去。胡文光，《旧志》南直隶黟县人，隆庆五年为知州。俭朴质实，以长厚得民。王炎，《旧志》山西解州举人，隆庆六年为知州。清介严明，片言折狱，摘发奸伏如神。赋役务均平，任二载，游民归业，盗贼屏迹，升湖广汉阳知府。王崇澜，《旧志》山西怀仁人，隆庆间为州学正。清慎温恭，足为士子楷模。

刘弼宽 石得质 曹希植 赵克念

刘弼宽，《旧志》山西安邑人，万历三年为知州。宽厚博大，政平民和，历任未久而民思之。石得质，《旧志》陕西某县选贡，万历五年为州同知。貌朴心醇，政平事简，清操为士民所重。曹希植，《旧志》东昌府某县人，万历十年为州学正。持身廉介，课士精勤，日坐斋中，手不释卷。诸生常贽③及一切馈遗，悉拒不受。赵克念，《旧志》北直隶宁晋人，万历十一年为知州。温恭简默，驭吏治民无所苛责。以水患有逋赋④，克念请缓征不遂，坐催科不力，降调。

严思恭 阎讷 王绍贤 汤承宠 邱衮

严思恭，《旧志》云南某县举人，万历十三年为知州。性廉介，政尚简易，尝修学宫，葺州署。升湖广长沙府同知。阎讷，《旧志》河南胙城人，万历十四年为州学正。秉性清介，笑语不苟，造就多士，悉有矩矱⑤。诸生有轶行，开谕多方，士皆悦服。王绍贤，《旧志》浙江仁和人，万历十四年为州吏目。材识爽敏，处事协民情。寻升广西某府知事。汤承宠，《旧志》浙江嘉兴岁贡，万历十五年为州同知。禁强暴，安善良，锐于行政，以丁忧去。邱衮，《旧志》江西南昌吏员，万历十五年为州判官。明断有为，鞫狱⑥多平反。

余邦辅 高文登 杨位 赵尚忠 孙枝芳

余邦辅，《旧志》浙江龙游举人，万历十七年为知州。均丁赋，修学宫，辑州志，善政及民，民深德之。高文登，《旧志》浙江嘉兴举人，万历二十年由河南叶县知县来任知州。仁恕勤敏，政修职举。州人戴之如父母，闻母疾告归，送者皆泣下。祀名宦祠。杨位，《旧志》河南汝宁某县进士，万历二十二年为知州。性仁慈，善听断。尝修城垣，事集而民不扰，时有“慈母”之誉。赵尚忠，《旧志》山西阳曲举人，万历三十年为知州。清慎廉介，执法不阿。尝重修学宫，丕兴文教。孙枝芳，《旧志》南直隶苏州某县进士，万历四十年为知州。

---

① 孱者：弱者，无能力之人。

② 鱼鳞：旧时为征派赋役和保护封建土地所有权编造的土地登记簿册。因所绘田亩挨次排列，状如鱼鳞，故名。亦作鱼鳞册、鱼鳞簿等。经纬册、顺甲册皆为清丈土地造册之法。

③ 贽（zhì）：初次拜见长辈所送的礼物；见面礼。

④ 逋赋：交不上的赋税。

⑤ “矱”，底本作“镬”，讹。据上下文义改。矩矱，规矩法度。

⑥ 鞫（jū）狱：审问。

崇学校，爱百姓，尝新学宫，去后士民不忘。

姚国枢　陈辅尧　谈九畴　宗一邦

姚国枢，《旧志》南直隶昆山举人，万历四十四年为知州。值大祲①之后，民多流亡，户口凋残，国枢悉心民瘼，为百姓请命，开除死绝丁徭，民生复苏。陈辅尧，《旧志》作尧辅，《学古编》据《启祯野乘》②改辅尧。《明史·忠义传》及《扬州府志》亦作辅尧。南直隶扬州某县举人，为某县知县。大计③，天下清官第一，拟授御史。铨曹④有所求，弗应。转胶州知州。邑绅某赠茧绸一匹，辞之不得，遂悬公帑。莅任五月，升永平府同知，督刍辽左，闻命，单车就道，行李萧然。州人思之，肖像于二贤祠，以配董仲舒、苏轼，遂称三贤祠。据《学古编》。又入祀名宦祠。《高志》载：辅尧，万历四十七年任胶，操守清洁，化民息讼，升辽东监军同知，殉难死，谥忠烈。谈九畴，武举，胶州所百户，世系详“职官表”。万历二十五年倭寇高丽，经略邢玠奉命往援，由海运饷军。倭方屯闲山，乃朝鲜西海扼登莱运道，闻者顾愕。九畴得檄，即扬帆督进，直抵大同江，援军赖之，成锦山之捷，录功。迁都指挥佥事。又尝从山东抚臣某勘胶莱河，九畴分里为图以献，并著《胶莱河图》，有三阻不可行，时以为名论。子震采，别有传。宗一邦，灵山卫正千户，世系详“职官表”。万历时尝奉檄编审胶治、沾化等乡，简除流亡，州民感戴，为立生祠祀之。

贾传芳　向君化　萧尚宾　梅开

贾传芳，《旧志》北直隶威县荫生，天启元年由青州府通判擢胶州知州。时教匪猖獗，陷邹、滕诸县，妖党煽惑，至胶，传芳悉捕，置之法，民得安堵。向君化，《旧志》湖广松滋人，天启三年为知州。政平事理。时圣庙倾圮，君化即捐俸金倡修。学正李永培，在籍御史高弘图助成之。有碑见“金石”。萧尚宾，《旧志》江西上高举人，天启七年为知州。有治绩。梅开，《旧志》江西某县举人，崇祯元年为知州。正直持法，不畏强御，民歌颂之。

王献吉

王献吉，南直隶华亭举人，崇祯三年为知州。干练有吏才，具远识。下车巡视城垣，叹曰：“城陋若此，如民何?”又以兵食寡乏，乃为“三议”，以请上官。议曰：窃以山东州县有边腹偏全之不同，胶州北连平度，西绾高密，东北辖即墨，惟东南逼海，延袤百五十里，商舶往来，奸回⑤潜杂，难于稽察。又有辽东逃民，依栖近岛，彼方为乐郊之依，此难为秦越之视，抚绥迸逐，事有两难。而卫所城池徒存，不足守御，赋重役烦，逃移将尽。谨撮其利害切要三者，据实陈之。一州城。因胶州所旧址，周围仅四百余丈，城内逼窄，只州治、儒学及一二宦宅而已，士民数千家俱庐城外，别无垣堡门栅可供启闭，是以干掫⑥时警，剽

---

① 大祲：亦作“大侵”，指严重歉收，大饥荒。

② 《启祯野乘》：清代邹漪著，书前有东林名士钱谦益作序。其为记载明朝天启、崇祯两朝的纪传体史书，共16卷。

③ 大计：明清两代考核外官的制度，每3年举行一次。

④ 铨曹：指主管选拔官员之长官。

⑤ 奸回：奸恶邪僻，指奸恶邪僻的人或事。

⑥ 干掫：本指夜间巡逻击捕，后泛指捍卫。

劫屡告。近传流贼窃发，人心汹汹，可为殷鉴①。夫城小人众，兵法所忌。幸值承平，万众露处。猝有不虞，欲入保则无地以容，欲修捍御则无可乘之障。此其利害之切，不待智者而知也。更张恢扩非一时所能卒集，宜相要害，先立门楼数处，以为启闭瞭望，然后视民居疏密，周以土垣，联以木栅，如鹿角寨然。有事可为仓卒预备之计，无事可因高渐增以成土城，俟丰岁而以砖砌之，诚不可已之计也。夫民情难与虑始，曲突徙薪②之见少，筑舍道旁之谋多。有地方之责者，谋之不早，若瘝旷③，何尚乞宪檄④，诹集士民，以兴规度，以谋万全。一城东三里即海潮往来之地，南至灵山卫百五十余里俱可泊船，居民稀少，墩台瞭望久废不讲，近传虚警，遵宪檄，拨遣民壮，昼夜巡逻，而海洋寥阔，风帆往来，缓速难期，商贾自淮南来者俱取道于此，民食所赖以济，又难概绝，讥察防御，岂易尽宜。窃议各于近城海口，择营地屯兵数百以弹压，海洋与州城为犄角。沿海一带，每三里筑一烟墩，守卒四人，瞭望相接，便于援应。查本州有兵千余，今置胶即营，去州百余里，在即墨境上，非滨海要冲，置之无用，合无调三四百名以屯海口。其墩堡守卒，则灵山卫与本屯可以拨给，此皆备足之兵食，不必招募，一旦更置，间而可立办者也。一胶州田赋。自知州王炎履勘，在万历初年以至万历十九年，《田赋志》所载，民间有垦田隐匿未报之情，今距炎履勘历六十余年，征之民间，垦田必倍于昔。天启以前，国家无事，赋役无增，迩来东事孔棘，加派民财，皆据故册，是以赋愈重而民愈困，而新垦者竟食无税之田，辗转鬻于豪门，遂成橐中之藏，而民间遗赋常累族党，以故郡县士民目击独肥之势，深抱偏瘠之苦，合辞吁请公，勘隐匿之田，稍宽重税之征，使国家不失正课，而百姓免加派之苦，诚均平便利之至计也。但事体丛脞⑤，非令长一人所及。一假胥役奸弊百出，恩怨交集。欲置不问，则无以慰士民仰望之心；欲力为举行而才劣识暗，恐未能清厘夙弊，而谤毁交攻，其后进退徬徨，莫知所适，是又不得不仰企宪命，藉一群听，以候进止。以上三者，皆胶州切近利害，与他州县异者。诚宜未雨绸缪，以怀永图，而非常之举，黎民所惧。古者建置郡邑，必藉才力之臣；均田制赋，必资心计之吏。职何人斯，敢不自亮？但区区管见，迫于忧时，辄敢冒昧上陈。伏冀鉴其狂瞽⑥，采择施行。上官韪其言，未能即用。次年李九成叛，围莱州，陷平度，诸邑戒严。献吉缮城隍，营壁垒，誓民卒，修战具。贼游骑南涉胶水，知献吉有备而还。事已，以劳疾卒于官，祀名宦祠。按：招远杨检讨观光有《献吉全城记》，惟赞其功而不详事迹，故不录。今于《旧志·艺文》中得其“三议”，次为传。

阎思学　殷序　谢美生　徐律时

阎思学，《旧志》河南祥符举人，崇祯八年为知州，有治绩。殷序，《旧志》云南某县举

---

① 殷鉴：殷人灭夏，殷人的子孙应该以夏的灭亡作为鉴戒。后喻指借鉴。

② 曲突徙薪：比喻事先采取措施，才能防止灾祸。突，烟囱；曲突，使烟囱弯曲。薪，柴草；徙薪，搬走柴草。

③ 瘝(guān)旷：耽误荒废。

④ 宪檄：对上官下发的檄文的敬词。

⑤ 丛脞：细碎，杂乱。

⑥ 狂瞽：意思是愚妄无知。多用作自谦之辞。

人，崇祯十年为知州，治绩卓著，有"殷君去思碑"，在州治左三贤祠内。谢美生，字隆菴，《旧志》湖广孝感举人，崇祯十二年为知州，有治绩。徐律时，《旧志》南直隶宣城进士。崇祯十三年为知州。以文化莅民，而强毅有为。卒于官，祀名宦祠。

郭文祥　杨京

郭文祥，福建福清进士，崇祯十五年为知州。是年冬十二月，清兵徇地至胶，文祥约削籍侍郎高弘图、致仕参将谈震采等为守计，次年春围解。清顺治元年，土寇张大雅等犯州城，文祥约在籍御史高允兹等守城，与登莱巡抚曾化龙御却之，斩大雅于南门外。三月明亡，文祥与化龙皆弃官航海去。文祥著有《胶西孝子合传》《节妇烈妇合传》。各传分载人物、列女两传，兹不复。其《孝子传序》云：余读屠赤水①先生所传方孝子庐墓事，其言曰：人子久在亲膝下，一旦不戒于霜露，去高堂，即重泉②裂肝折肠，宜何如？而蒙犯烟露与狐兔狎，日守亲之遗骸，晨昏觌③饮食祝，以视世之执丧而私饮酒臛④食者，亲甫入土而享闺房、听丝竹者，又何如？伤哉！孝乎，其事、其心，盖亦有同然者。余莅胶，考胶之以孝称者前后不乏人。宋时一，元时二，明时六。采《密邑志》，复于密得二人，谨为传。杨京，原名本润，字洙漪，本州千户所人，武举第一，授女姑营千总。崇祯十六年春正月，胶有兵警，京率百余人入援，力战而死，祀忠义祠。以上《前志》。

---

① 屠赤水：即屠隆（1542—1605），字长卿、纬真，名隆，赤水为其号，明万历五年（1577）进士，官至礼部郎中。明代文学家、戏曲家。

② 重泉：九泉。指死者所归。

③ 觌（dí）：观察，察看。

④ 臛（huò）：肉羹。

增修胶志卷十八　职官志第八　清代官师

清官师传

柯永盛

柯永盛，奉天人，顺治元年以固山大授胶州镇总兵官，奉命荡除东方土寇。是时，四征弗庭，节镇得专斩断。永盛统京兵若干人，分置五营，号令严明，军容甚肃。部下裨将连洗、董大用、杨翼明、《旧志》作遇明。刘伯禄、贾熊、孔国治等，皆选锋①虓武②。时胶州土寇张大雅、张千出已死，韩继本为首，高密则单之赏，昌邑则李好贤，即墨则黄宗贤、周六，而沂州余寇聚于诸城。永盛师至昌邑，好贤迎降，进破单之赏，于高密斩之。胶州官吏迓③永盛，继本帅其丑④逃之小珠山。永盛遣连洗南平诸城；遣董大用解即墨围，斩宗贤、周六；遣杨翼明夜袭继本寨，大破之。继本与其左右死士踞扶台甬，翼明亲冒矢石仰攻之，贼殊死斗，久乃不支，斩继本，枭示以安众。连洗之兵亦以捷闻，乱兵散遣为民，东土大定。永盛镇胶二年，调江西赣州总兵去。连洗，字栋宇，顺治六年调任湖南。

李凤鸣　魏邦珣　李茂时　刘名标　王淑躬　王星华

李凤鸣，《旧志》奉天某县举人，顺治元年为知州。时胶初隶版图，民心未定，凤鸣抚残黎⑤，缉群盗。镇兵与民杂处，凤鸣因事调剂，中机宜⑥，民赖以安。升工部员外郎。魏邦珣，《旧志》顺天大兴岁贡，顺治元年为州同知。和雅安详，奉法惟谨。迁河南布政司理问。李茂时，《旧志》直隶某县举人，顺治三年为知州。清廉爱民，雅重士林，减地丁火耗，革杂派不征，以纾民困。调山西辽州知州去。刘名标，《旧志》汉军镶红旗人，顺治三年为州同知。性廉明，善断狱。凡诸县疑狱，上官辄以委名标，事无冤滞。以保荐迁长芦盐运司运判，历官山东督粮道。王淑躬，《旧志》长山举人，顺治六年为州学正。老成长厚，雅意作人，重修启圣祠。迁福建闽清县知县。王星华，字已山，《旧志》江南金坛贡生，顺治八年为知州。时奸民漏赋，吏胥侵盗库帑⑦，酿成顽习。星华履亩清税，抉剔历年痼弊。以蠹役谋陷，谢事去。尝著书遗后至者，题曰《守胶初政》，又著有《秋霜野史》。附《秋霜野史序》：胶城之南，云岭在望，屹然并峙，双冢存焉。途之人指而目之曰：此双女冢，盖靖康间遗事也。自此节一倡，而胶西死

---

① 选锋：古代指挑选精锐的士兵组成的突击队、先锋。
② 虓（xiāo）武：勇猛威武。此指勇士猛将。虓，虎叫。
③ 迓（yà）：迎接。
④ 丑（chǒu）：众也。《诗经·小雅》："执讯获丑。"
⑤ 残黎：疲敝的民众。
⑥ 机宜：事理，时宜。
⑦ 库帑（tǎng）：指官库所藏的钱财。

节之女，指不胜屈。余因慨天下贞淫之习，前有作者，后有继者，发于一人之性情，而流为百年之风俗，其由来者渐也。夫事穷而节义见，以投缳伏剑，发抒其悲愤淋漓之气，虽学士大夫恒难之，岂轰轰然责之巾帼之属？乃胶西海澨一弹丸耳，种种奇烈接踵而见，有以临难著节者，有以殉夫著节者，有以苦守著节者。或闻诗礼，或业屦席，或为室女，或为小星，各行其志之不容遏，而激于势之不再计。荆钗裙布之内，卓然为奇男子、伟丈夫之概。噫，亦异矣哉！昔曹文叔乞子字养之妻①、卫敬瑜缕丝系燕之妇②，迄今传为佳话，况乎视死如归、大义光于日月而劲气严于霜雪者哉！余凭吊而论列之：夫临难一事，以不可不死之身，当不能不死之会。自尽难，骂贼不绝口尤难。殉夫一事，以可以无死之身，矢不可不死之志。就义难，从容不返顾尤难。苦守一事，以不可以死之身，行不可以死之事。抚孤难，历数十年如一日尤难。诸女顾为其难者，此非女子之行，而贤人君子之行也。今垂数百年，残碑断碣委诸草莽，孰起九原而问之。余特搜见闻所及，汇为一编，次为三帙，题其简曰《秋霜野史》。贯以双女者，志风节渊源也；缀以列女者，志风节流传也。后之人展卷读之，尤凛凛有生气。嗟乎！女子其不幸而以节见也，夫女子其犹幸而以节见也夫！

张思选　李煌　赵民善　吴友名

张思选，字虎山，陕西延安人，胶镇守备，摄旗鼓司。时总兵海时行贪墨不职，镇兵将叛，已有成谋。顺治十年，朝命调胶镇兵南征，时行逗遛，逾时不发。秋八月二十七日，分守登莱道徐大用亲临督催，大阅于演武厅，发帑犒师。将士露刃挺立，呼不应。思选横刀阅台，叱之曰："奴辈反耶？何敢尔！"众拥上，杀思选于台，执大用胁与同反，不从，杀之，遂劫时行以叛。据《学古编》。思选妻孥③闻变，阖户自焚，其仆张俊以思选孤子奔，不知所终。州人渴葬思选于土城口。碑碣见"金石"。李煌，《旧志》江南某县人，顺治十年以莱州府推官来署知州。海逆叛，殉难死。与张思选、徐大用并祀愍忠祠。时行事详"兵事"。赵民善，字化宇，奉天人，《旧志》满洲人，贡生。顺治十年由山西介休知县，以简材能来任知州。时海逆初平，焚劫之余，城同新造，簿书零落难稽。民善招抚流亡，精核吏事，旬日间纲纪具举。十一年，籍海时行叛产二十万金，变价者破家殒命。巡抚某亲临督责，民善力争之，得少减。大兵平栖霞山贼还，过胶轮蹄杂遝，络绎三百余里。民善故识其大帅，出与约：请勿入城，勿毁庐舍，勿夺人酒脯什器，违者死。大兵分屯三城隅，民善昼夜步出巡巷市，遇有不法，令两健儿拉臂亲注骲箭④，射其脐三发，旗丁震慑惮之，如帅府驻胶三月始去。高密单某私蓄衡府婢，为仇家所诬，祸且不测，事下胶州，某持黄金千两暮啖⑤民善，民善大声曰："岂有要钱赵化宇者！"诘旦⑥鞫狱城隍庙，诬者伏法。民善笑谓某曰："生理直而污令以金耶？"

---

① 曹文叔乞子字养之妻：夏侯令女是三国时夏侯文宁的女儿，嫁给了一个叫曹文叔的。曹文叔不久死去，又没有儿子，夏侯令女便先割断头发，表示不再嫁。后来，父亲叫她改嫁，她割去两个耳朵表示不肯。后来，父亲见她实在无依无靠，又想动员她改嫁，她又将自己的鼻子割去表示守节不嫁。元胡炳文《纯正蒙求·夫妇之伦》记载："魏曹文叔妻夏侯氏名令女，文叔早死，自以年幼无子，恐家必嫁己，乃断发、截两耳为信。及曹氏尽死，强迎以归，冀其意微沮使人讽之，令女复截其鼻……"

② 卫敬瑜缕丝系燕之妇：南北朝时，霸城（今陕西西安）王整的姐姐嫁给卫敬瑜为妻，二人恩爱无比。卫敬瑜去世后，父母舅姑想要王氏改嫁，她坚决不从，甚至为此割下耳朵以表决心。后来王氏看到燕子失偶，独身离开又返回，有感而作《孤燕诗》。其事迹被收录于《南史·孝义传·张景仁》。

③ 妻孥：妻子和子女的统称。

④ 骲（bào）箭：用骨或木做箭头的箭。箭头有孔，发射时能发出响声，故又称响箭。

⑤ 啖：拿利益引诱人。

⑥ 诘旦：平明，清晨。

后升湖广衡州府知府，以逋累①不能行，寻卒。州人丧之，如哭其私亲，为建赵公祠，立慕思碑。详见“金石”。吴友名，《旧志》河南商丘人，顺治十四年由江西游击特调胶州营游击。鉴海逆之变，严行伍，辑兵民，与知州赵民善文武协和，以为保障。迁即墨营参将去。友名与民善并祀名宦祠。张谦宜《胶镇志》谓“友名自南来，掠人子弟为优伶”。附此以备参考。

傅一德 张鹏翰 赵秉正 李成蛟

傅一德，《旧志》江西南昌人，顺治十四年为州吏目②。练于吏治，以诚信接民。张鹏翰，《旧志》定陶岁贡，顺治十五年为州学正。加意作人，课士会文，未尝或倦，卒于官。赵秉正，《旧志》临清恩贡，顺治十八年为州学正。勤于课士，尝捐资助修学宫。迁国子监学录③去。李成蛟，《旧志》籍失考。顺治十六年任胶即营守备，署沂镇中军事。十八年，栖霞土寇于七反。成蛟从大军征剿，攻之于巨齿岈，奋勇先登，抵贼巢，身被重伤，兵寡力尽战而死。祀忠义祠。

佟辅圣 郎熙化 张敷龄

佟辅圣，《旧志》奉天人，康熙元年由沂镇总兵官移驻胶州。居官公正，仁而有威，却陋规，自奉俭约，好资助贫士。与知州郎熙化修文庙、驱蝗、祷雨，无不立应。郎熙化，《旧志》满洲正黄旗贡生，康熙元年为知州。性廉介，为政明敏，刑清讼简，有古循吏风。尝修文庙、饬祀典，尤与总兵佟辅圣文武协和，以安善良，迁陕西延安府同知。六年，以治盗狱未决，部议回原职勤缉。盗闻之，相率投首。改补四川重庆府同知去。张敷龄，《旧志》直隶某县吏员，康熙元年为州吏目。明爽有断才，以勤捕盗著绩。

杨奇烈 贾汉谊 常天祚 刘大庆 孙蕴韬

杨奇烈，汉军正红旗人，《高志》盖州人，贡生。任按察司副使，分守海防道。于七之乱，奇烈为监军，保全甚众。康熙五年，左迁胶州知州。廉介爱民，有德政，寻改四川泸州知州。详见“府志”。贾汉谊，《旧志》山西曲沃人，《高志》曲沃人，汉军籍官生。康熙六年由郁林州知州左迁来任州同知。有治赋才，责民不苛，惠政丕著。常天祚，直隶静海卫举人，康熙六年为灵山卫教授。七年地震，学宫倾圮，天祚捐金修之。据《卫志》。刘大庆，《旧志》陕西榆林卫荫生，康熙七年为知州。性仁恕，缓征赋，革火耗，洁己奉公，事不扰民。以丁忧去，后补沧州知州，迁苏州府同知。孙蕴韬，《旧志》汉军正红旗官生，康熙九年为知州。清慎明敏，强干有为，缓征税，辩冤狱，修城垣，辑州志，爱威并济，时有“慈母神君”之誉。

张琢玺 黄章

张琢玺，河南邓州荫生，康熙十六年为知州。年二十有四，祖母严正，有庭训，随之任

---

① 逋(bū)累：指积欠的赋税、债务等。

② 吏目：中国古代文官官职名。元代有不少提举司与明、清时太医院、五城兵马司以及明代太常寺、盐课提举司、市舶提举司、京卫指挥使司等，皆有吏目掌文书。

③ 学录：国子监所属学官。也指各州县学学官，协助教授、学正教育生员。

经师。云间①叶某主幕事，琢玺禀受成事，如学徒之承师授。是时，蠹役马成龙为民害，胥吏悉听颐指，盘据官衙四十余年，历任官莫知其奸。琢玺按行郊坰②，成龙骑前导，顾曰："使君年少如是，第坐府中，凡事委成龙，不难治矣。"琢玺心嗛之而未有以发。会有奸僧藏妇人尸积草中，而迹大露，遣成龙往捕，成龙阴纵之以逃，复。琢玺不动声色，姑薄笞系之狱，夜毙诸狱中，陈尸于市，民大悦。寻以罣误③降调，囊空如洗，士民无贫富争相投赠。去之日，胶人攀辕而送者数十里。黄章，浙江钱塘副贡，康熙十九年为知州，强干有为。时总兵惠占春由袭荫来镇胶，年少倨贵④，遇事掣肘有司，镇兵复恃势贪横，夺民产，出息钱与贫民子母⑤相权，而责其必偿。章一绳以法，兵与民讼者辄裂其牍。占春积忿欲攻章，一军尽甲。章闻之，大启重门，秉烛坐堂上以待，中军武佚其名。横刀立镇府门，占春欲出不得，久乃罢。章夜赴省告变，因陈利害。抚院为具题⑥裁胶州镇总兵，改设胶州营副将。命下日，州民欢呼，共勒石纪其事。据《学古编》。

余震　袁述　高节　刘景和

余震，《旧志》江西进贤武进士，康熙三十二年任卫守备。清正仁明，升福建福宁州⑦参将。卫人为立甘棠遗爱碑。袁述，《旧志》淄川举人，康熙三十五年任灵山卫教授。言坊行表⑧为士子矜式。高节，河南开封进士，康熙三十九年任灵山卫守备。浑厚慈祥。升广东香山都司去。据《卫志》。刘景和，《旧志》德州贡生，康熙三十九年任灵山卫教授。清介自矢，勤于课士，尝捐俸倡修学宫。致仕归，卫人立碑颂之。

金国正

金国正，字殿卿，陕西回回人。由行伍为湖广督标军校，总督郭琇拔其材，洊历参将。康熙三十九年迁胶州营副将。时胶兵疲甚，国正初至，除弊政，凡占役⑨买间者俱备操练，火枪、排稍⑩、斩马刀皆亲教之。进退疾徐有节，口呵手指，旅为超距者，累日不倦。教数数不从，然后鞭之。尤善马射，左右鸣镝⑪无虚发，背射尤矫捷，身魁肥，多力常裂帛，束腹旋折如飞，面黑微髭，好咄咤诟谇，然未尝酷挞人。生平不读书，论事适合道理，听掾⑫史读文牒一字不忘，率意条答，老吏不能过。四十三年七月，贼船至黄岛，城中鼎沸，国正

---

① 云间：此处为松江府的别称，今在上海松江区一带。

② 郊坰(jiōng)：泛指郊外。

③ 罣(guà)误：同"诖误"，因过失或被别人牵连而受到处分或损害。

④ 倨贵：意为傲慢矜贵。西晋潘岳《西征赋》："轻棘、霸之儿戏，重条侯之倨贵。"

⑤ 子母：古称钱币轻而币值低者为子，重而币值高者为母。尤言本利，子利息，母本金。

⑥ 具题：谓题本上奏，指申报朝廷的题本。

⑦ "福宁州"，底本作"宁福州"，讹。据《明实录闽海关系史料》"嘉靖二十七年九月己亥"条"先是……海贼啸聚福宁州流江等澳"以及清乾隆二十七年(1762)刊刻而成的《福宁府志》改。

⑧ 言坊行表：意为言行为人表率。

⑨ 占役：逾制占用公务人员当差。

⑩ 排稍：一手持盾一手持矛的兵士。

⑪ 鸣镝：又名响箭、嚆矢，是飞行时会发出声音的一种箭矢。

⑫ "掾"，底本作"橡"，讹。据上下文义改。

若弗知，夜发兵，民不闻嚣。时营中犹存屯卫余弊，父子世及多孱弱，不胜戈戟兵行。国正叹曰："焉能尽汰若曹，骤驱市人以战乎？设一队败，全师丧魄矣！我当自行。"知州某劝勿轻举，国正忿而戟手言："食君禄，受君命，临难不为发一矢，焉用我辈为？"乃出师，鼓吹建櫜以行。国正练甲两重，左右佩铣锏、长刀，浴铁①铠胄，晶晶射人眸，载以副马虎面儿，负两弓同韔②，略小于常弓，野豕甬，盛竹矢百羽，眚而笴短。识者曰：战阵之劲，利器可以洞重札云。是秋荒旱③，民摇摇思去。国正所至，民供饮食如流水。南巡灵山卫，值贼扬兵于隔港，从者五十骑耳，初见敌皆失色。国正曰："止俟，近三十步吾亲射之。"众少定。贼疑有伏兵，终不敢过港，登舟扬去。明日历古镇口西南大洋，船近岸二里许不敢前，燃炮作虚声。国正笑曰："我固知其不敢上也。"以九子炮迎击，贼扬帆东走。我兵纡道三百里赴即墨之登窑口，贼泊近滩，部分未定而国正至，立马射之，贼捩柁④少却。国正大呼，奴怯战当降。贼用佛郎机⑤犯前行，火丸刷马尾，国正屹然如山，兵发红衣炮，贼又去。国正虑其西窥瞭头营，我之腹里也，授计戍长伏峡中，以待大酋出，相地利者乃旋设塘哨于头营，贼不果来，伏兵斩级者七人。国正嘻哈揶之曰："此何足言功。"《学古编》："贼果至，伏发获七人，悬首国门，胶议设水师营始此。"已闻贼在牢山上清宫，夜卷甲疾驰至，则已遁，恨恨者久之。时城门昼闭，抢攘⑥至九月，贼卒不敢深入，畏国正也。次年，岁大饥，市无斗粟，兵恟惧⑦，讹言将为变。国正抚之曰："我死，若乃死耳。"贷商米千斛散之，饷银至，续酬其直，商旅便之，变始辑。时有赈员胡绳祖听细人谋，封南商米船，欲转贩牟利。州人忿噪，围其邸舍，掷瓦石詈之。众至五千人诉于官，官噤慄无所措。国正方疫未汗，卧内传箭，立开封榜，遣偏裨传谕，众始解散。景芝盗李和之白昼掠粮至，乘轿建旂，诸城、高密皆震。国正数出，贼浸避之。是年，调浙江副将，士民吁留，巡抚奏许带俸复任。四十五年，迁陕西花马营副将以去。据张谦宜《金将军事略》。

龚大良　滕国祥　王珏　孟泽厚

龚大良，浙江仁和吏员，康熙四十四年为知州。值甲申大祲后，大良缓征平籴，清讼狱，严保甲，邑赖以安。水师远哨外洋，海贼猝至，侦闻，大良率轻骑南驰百六十里，夜登贼舟，俘其酋五十八人以归。大良素性宽仁，莅胶九年，修学宫，筑城垣，前后补空丁一千有奇，劝赎难民万口，胶人爱之，呼为龚大娘。五十二年擢刑部郎中。濒行，民为立生祠，肖其像，舆大良临观焉。据《学古编·建祠碑记》。详见"金石"。滕国祥，《旧志》蓬莱行伍，康熙四十九年任水师营游击。五十二年，出哨登窑海洋，猝遇贼船，将战期会，而后

---

① 浴铁：披挂铁甲。
② 韔(chàng)：弓袋，古代装弓的套子。韔，弓衣也。
③ "旱"，底本作"早"，讹。据上下文义改。
④ 捩柁(liè tuó)：即"捩舵"，亦作"捩柂"。拨转船舵，指行船。
⑤ 佛郎机：亦作佛郎机炮，明代泛称葡萄牙、西班牙人为佛郎机人，故称其所制火炮为佛郎机炮。
⑥ 抢攘：纷乱貌。
⑦ 恟惧：纷扰惊惧。

哨船不至，国祥独进。时营兵多闽人，与贼通战方接，舵工故抢下风，国祥立斩之，左右皆逃。国祥左臂挟舵，右执短兵接战，贼矢中臂，犹斩十余人，力尽死之。事闻，赠骠骑将军，荫一子，官守备。王珏，《旧志》陕西某县人，世袭二等精奇尼哈番①，康熙间由即墨营参将以捕盗功，升胶州协副将。胶兵素骄，珏号令严肃，众始敛戢。后署登州镇，以积劳卒于军。孟泽厚，直隶靖海卫武进士，康熙五十七年任灵山卫守备。英锐精明，以军政卓异陛见②。回，卒于途。据《卫志》。

成永健　冯景夏　戴坤

成永健，《旧志》江南盐城进士，康熙五十八年由日照知县来署知州事。时云水泛溢，继以年饥。永健赴省为民请命，得帑金二千两，按户以给，复劝富室输粟煮粥，以食饥民，全活数千人。去之日，倾城饯送，马不得行，民有泣下者。雍正元年再莅胶，增筑墨河西堤。成永健《王台行》：王台村边妇夜哭，夫死路隅女已鬻。女闻走哭枕父尸，哀鹃啼猿听不得。行人凄恻各泪垂，霾雾冷风暗山谷。对此酸心复踡跼，何人袖手空缩朒。使君赢③马泥鹿鹿，倒橐典衣女为赎。沟壑难回既死魂，尸素空縻大府禄。吁嗟豪华厌粱④肉，管弦夜饮犹不足。冯景夏，字树斋，《旧志》浙江桐乡举人，康熙五十九年为知州。值胶水泛溢后，加意抚循，民赖以安。筑正南隅河荣社两堤，以障狂澜。州人立石曰冯公堤。六十年，以军务奉檄赴西陲，胶人多为诗送之。高凤翰《请缨行》：冯夫子请长缨，老出玉关绝塞行。须髩虽苍意气横，六饵缚丑来王庭。丈夫乘时贵有用，安能株守柴与荆？临歧一相送，别泪不须倾，直入虎穴得虎子，古来异域重功名。嗟余白发困书生，床头有剑空夜鸣。安得相从驰铁骑，指挥万里扫欃枪。张齐淹⑤《长堤行》：惊心犹记海蛟吼，巨涛怒抉云河口。云河夹岸少宁居，室庐拼作鱼龙薮。单车叱驭大冯君，两年抚字活黔首。长堤一道障狂澜，天吴横气归何有？尔时贱子获相从，追随朝夕缘非偶。岂因口腹爱猪肝，道义文章期可久。忽闻夜半下兵符，短衣重向边庭走。也知此别只经年，话旧琴堂频携手。昨朝相逐过新堤，折柳之时偏值柳。即今趋事总殷勤，勿翦勿伐知共守。吾师西去慎加餐，临风好饮旗亭酒。他日迎还郭细侯，曲尘低拂青十亩。一带烟条似六桥，冯堤苏堤同不朽。戴坤，《旧志》陕西某县人，康熙五十九年以军功来任胶州协副将。时亢旱，坤率兵民跣足步祷，甘雨立沛。

王来祐　李景泰　郑为龙　史继经

王来祐，《旧志》汉军正黄旗人，雍正元年任胶州协副将。善抚士卒，不恶而严。时文庙大成殿圮，来祐与训导杨士玉倡捐重修。李景泰，《旧志》直隶河间武进士，雍正元年由侍卫除胶州营守备。整饬行伍，恩威并至，谨身洁己，尤为士民所重。郑为龙，字令侯，一字海峰，《旧志》山西文水进士，以庶吉士改知县，雍正二年来任知州。清廉爱民，擢陕西汉中知府，洊升湖南粮道。史继经，《旧志》乐陵举人，雍正四年任州学正。督课精勤，鼓励人士，学者首称焉。

---

① 精奇尼哈番：底本作“精奇哈哈番”，讹。爵名。清初九等世爵之第四等。

② 陛见：谓臣下谒见皇帝。

③ “赢”，底本作“嬴”，讹。据上下文义改。

④ “粱”，底本作“梁”，讹。据上下文义改。

⑤ 张齐淹：清早期胶州人。字小范，号恒斋。雍正乙卯（1735）拔贡，曾任昌乐县教谕，《山左诗钞》收录其诗。擅书画。著有《长堤行》。

王金　张孟仪　谢云　张虞言

王金，本州人，见《王氏族谱》。《府志》福建福清人，《卫志》广东人。雍正六年任灵山卫守备。莅任见屯赋、火耗加正供[①]之三，曰“是何重也”？吏以旧例对曰“有是例哉”。其轻之，以加二。又知卫所用秤重于州秤四分，改从州，卫人颂其廉。据《卫志》。张孟仪，《旧志》河南某县人，雍正七年任胶州协副将。禁豪强，严侦逻，洁己率属，训练精勤，兵咸驯辑，民赖以安。谢云，福建同安人，以选将材来任水师营游击。为人短小精悍，练习军事。自雍正七年水师移驻灵山卫，头营子营务久弛，云至力整饬之，不数月，壁垒旌旗为之一新。《旧志》云二年任。据此云来任，当在七年以后，《旧志》似误。尤善射矢，无虚发。因忤镇帅某，久不得调，迟十年以积劳，迁某官去。据《学古编》。张虞言，博山举人，雍正十二年任灵山卫教授。忠厚诚笃，狷介文雅。十三年以裁并去，后补曹州府教授。据《卫志》。

陈端　马负书　王引樾

陈端，《旧志》江南泰州贡生，乾隆元年为知州。性英毅，绝交游，绅士无投刺[②]者。历任八载，衙无蠹吏，案无留牍，尝增修学宫。内迁刑部员外郎去。马负书，字羲祥，《旧志》籍失考。康熙丙辰武进士第一。乾隆七年由侍卫洊升胶州协副将。兵畏其威，民怀其德，待绅士以礼。迁登州镇总兵官。以巡兵再过胶，时大旱积旬，负书至而甘霖降，民以为马公雨云。王引樾，《旧志》诸城贡生，乾隆十二年任州训导。勤于职业，凡事务持大体，尤以礼让为先。次年，捕蝻[③]积劳卒，士民思之。

孙治国　赵得禄　廖际遇

孙治国，历城行伍，任胶州营城守把总。御卒严而有恩。丙丁之际，勤于诘盗，谨夜巡，便于商民，翕然得时誉。乾隆十二年大饥，斗粟银二两，外贩不至，营兵无所得食，治国为告籴于州之富人，请春出粟估值，秋饷至，如数抵扣奉价。富人有黠者，阴与阃司[④]相首尾，奉价到，独伪让不受，既受者闻之皆反价。是年冬，又饥，治国复为请富人惩前事，弗应。营兵怒诟曰：“非吾辈不完若价，若自私反于官府，今阃司父子藉吾金生息渔利，而坐视吾辈死，何耶!”乃号于众，共赴协镇府诉其情。府门闭不得入，众兵拥府门，麾之不退。会协镇以他事系人，门启，银铛出，众兵入大噪，折槛而走，鸣钟聚谋于关帝庙。饥民待哺者且千人，环伺庙门外，耽耽乘间将为乱。城中恂惧，富人夜走避。水师营游击赵得禄闻变，率神机军二百，向晨至，设伏东郭冢间，独步诣庙门，哭而入，与众兵誓于神祈。知州宋永昇借支库银二千两，按名遍给，前之不出粟者皆争出，乱既定。黠者复扬言于众曰“始祸由治国”，上官系治国于狱。人谓治国当趋自明，否且得重谴。治国叹曰：“官府交相为而欲委罪于末员，何所逃死?”仰药而卒。事上，诛首乱者七人，协阃皆夺官。州人怜治国之无辜，敛

---

① 正供：指法定的赋税。
② 投刺：投递名帖。
③ 蝻：初生为蝻，高飞为蝗。
④ 阃（kǔn）司：明代地方军事机构都司的别称。

金恤其妻孥，送之回籍。据《学古编》。赵得禄，蓬莱人，乾隆十年为水师营游击。公正莅下，恩威并著。胶州营兵之哗，杨曰范、李起龙实为之首，二人素骄悍，至是以借粟不谐，谋为乱，其帅官莫能钤束。得禄既率所部潜伏以防变，而令把总廖际遇一作际昌持《中枢政考》①，以利害谕曰范、起龙，又与治国借州库金，劝富人出粟，息其事，独为胶人所德。士民欲上其功于当道，得禄以不能救治国死为恨，力辞焉。廖际遇，福建龙岩人。有干济才，素得众心。淮子口有石名郭五礁、郭六礁，甚险峭，商舟、兵船误触之，立碎。际遇乘小舟度礁远近，立石柱于郭五、六礁前，出水面丈余，舟人望而知备，事在乾隆五年。十三年，蝗作，际遇捕蝗尤力，灾速弭。上官嘉之，迁成山泛千总去。

朱若炳　周于智　李瀚　李奉翰

朱若炳，字彤章，一字云亭。《旧志》广西临桂进士，以庶吉士散馆改知县。乾隆十四年来任知州。时岁比不登②，流亡在道，若炳力为赈拯，民赖以安。有弃婴儿者，抱归署中，多方哺育，全活数十人。后召其亲属与之，闻者莫不感泣。若炳素工词翰，尤能振兴文教，捐资构地，创建珠山书院。甫成调德州，士民垂涕送之。寻迁江西九江府知府。周于智，云南嶍峨进士，乾隆十五年为知州。勤求民瘼，廉敏有为。修文庙，筑沽、云二河堤，重修州志。捐银千两交典商生息，永为书院肄业诸生膏火资。详见“金石”。十七年，迁直隶宣化府知府去。李瀚，汉军镶黄旗举人，乾隆二十三年为知州。勤于政治，导诸河入海以息水患。筑沽河堤，长五十余里，谕乡社沿路栽树以息行旅。去后民思其泽，为勒石道傍，曰李公树。李奉翰，汉军正蓝旗监生，乾隆三十三年由潍县知县来署知州事。修城浚濠，择人而任，无浮冒，民乐输将，不期月而工竣。

许承苍　张玉树　庄闾

许承苍，字莪溪，江苏武进进士，乾隆四十一年为知州。振厉文教，善听断，勤捕盗，讼狱以息。著有《制艺》一卷。张玉树，字荫堂，一字德润，陕西武功进士。乾隆四十九年为知州。未莅任时，微行至胶月余，洞悉民间利弊。其为政威爱互济，诘奸弭暴，四境肃然。筑社稷、神祇两坛，修庸生祠，捐地十亩予其裔以奉祭祀。重建养济院普济、育婴两堂，以惠茕独。创建胶西、灵山两书院，购书数千卷分贮之，延名师主讲，择诸生肄业其中。工课印册，专吏随时登记，以验勤惰，非给假不许外出，并倡捐三千余金，岁取赢余以为膏火资。公事毕，即亲诣讲论，每至夜分。五十一年春，大饥，民染瘟疫。玉树捐廉劝赈，煮粥施药以济民，凡六七月。五十三年夏，大水淹没民舍甚多，玉树遣人遍查被灾户口，按名散钱并禀上宪，请帑赈济，实惠及民。升济宁直隶州知州，入祀武功乡贤祠。胶人立木主，与前知州朱若炳并祀胶西书院。庄闾，莒州举人，乾隆五十一年任学正。以学行为诸生矩矱。知州

① 《中枢政考》：大学士鄂尔泰等于乾隆六年（1741）编著的政书，计八旗则例15卷、绿营则例16卷。各依类记事，主要有职制、公式、户役、仓库、田宅、军政、邮驿、关津、盗贼、杂犯等类。此外，八旗则例又有宫卫、马政、营造三类，绿营则例有漕运、土蕃二类。是书详细记载了顺治、康熙、雍正三朝有关八旗、绿营的各项规章制度。

② 岁比不登：农业连年歉收。比，频频。登，丰收。

张玉树建立胶西、灵山两书院，年饥举行荒政①，阊皆与事焉。

穆维　姚国栋　唐魁元

穆维，直隶河间行伍，以从征王伦功，洊升抚标参将。乾隆五十八年迁胶州营协副将，谙练步伐，娴火阵。嘉庆二年从征湖北教匪，擢登州镇总兵官，仍留征剿。卒于军，予世荫。姚国栋，字宁臣，历城武举，乾隆五十八年任胶州营都司。善马射，好吟咏。嘉庆二年从征湖北教匪。六年春，匪众数千犯竹谿，国栋以三百兵御却之，擢兴国营参将。是年冬，阵亡，予云骑尉世职，祀昭忠祠。其《劫营诗》云："林暗草萧萧，寒山冻泬漻②。碉楼正风雪，火阵下云霄。虏胆仓皇破，霾氛蹴踏消。归来犹未曙，壁垒尚鸣刁。"唐魁元，莱阳人，嘉庆初为水师营把总。三年秋，有水寇觇淮子口，劫商船，魁元率众奋往，斩获无数，夺贼船一，俘贼四枭首。塔埠头贼遁至江南，诈为商人，讼魁元以诬良且贿吏胥。魁元不能辨，竟免官。

爱星阿　刘文琠　葛覃楚

爱星阿，字景斋，满洲镶黄旗翻绎生员，嘉庆八年为知州。有治绩，尤留意文教。十年春捐廉四千金，重修胶西书院，更拓基，添建斋房，自是肄业者益众。升临清直隶州知州去。刘文琠，字云峤，湖北江夏生员，以军功授东阿县主簿，嘉庆十四年来任知州。惠政及民，怜才下士。十六年大饥，文琠劝富民出粟，设赈厂数处，粥粟兼放，择绅士分董其事，多所全活。尤重文教，恤寒畯③，倡令邑绅捐置考案，免童试自备之累。又自捐千金，交典商权子母，遇乡试分给诸生，以充资斧，并立碣书院，刊其规条。详见"金石"。请养去，胶人思之，与爱星阿并祀胶西书院。葛覃楚，字西林，蓬莱举人，葬亲庐墓。嘉庆二十二年任胶学正。端方正直，恤寒素，勤讲课。知州李文耕重修珠山书院，新立三义学，覃楚皆襄其事，所荐义学师，必择老成学问之士。卒于官，入祀蓬莱乡贤祠。

李文耕　倪彤书　戴屺

李文耕，字复斋，一字垦石，云南昆阳进士，道光二年由邹平知县以清廉第一擢胶州知州。下车修云、墨二水，日数往督工，疏浚有方。整饬胶西、灵山、珠山三书院，厚诸生膏火。设三义学，间出劝农。有呈贞烈者，即亲书以褒之。东北鄙有节妇某氏，夫族涎其产，逼之嫁。氏携族中孺子诣官，请立为夫祀，并呈田券。文耕立拘其族人，诘为首者扑责之，使立继书，并取其田券钤以印记，率僚佐往表其门，观者皆叹美焉。未一载，擢泰安府知府，州人辑诗歌为巨册以送之。后洊升山东按察使。邮寄千金交典商生息，为士子会试资，兼补乡试之不足。碑见"金石"。既卒，胶人为立木主，诹吉祀于胶西书院，不期来会者数百人。文耕为政持大体而自奉俭约。出，惟一马一吏与两仆从。政暇，则习颜鲁公书法，于前贤遗迹每手书碑碣以纪之。倪彤书，字又锄，浙江仁和进士，以庶吉士散馆改授菏泽知县，道光七年来署知州事。廉介勤敏，尝微行，收莠民博具，严惩之。更饬城隅乡社，川流巡夜，盗窃

① 荒政：为赈济灾民以维持政权统治的政策。
② 泬漻(xuè liáo)：空旷清朗。
③ 寒畯(jùn)：出身寒微而才能杰出的人。

远逃，胥吏辑敛。疏河道，筑云溪堤堰。尤重士行，集州、卫生童，分课胶西书院。彤书日坐讲堂，评定甲乙，如家塾，奖励备至，诸生咸乐其裁成①。去之日，州人汇诗册送之，祖饯者数里。后洊升泰安府知府。戴屺，字已山，江苏丹徒进士，嘉庆二十五年由历城知县来任知州事。下车修学宫，未毕，以丁忧去。道光十四年由滨州知州再莅胶，踵前工重修学宫，并文昌阁，胶西、灵山、珠山三书院。碑见“金石”。创北隅义学，与旧义学为四。十六年大饥，前巡抚钟祥檄州县劝捐以赈，屺延绅士于明伦堂集议，情词慷慨，民心悦服。于是，邑绅孙荣煛、李允元、孙泽等各捐至六七千金，众皆踊跃，不两月凡得制钱十余万缗。屺又预遣人赴沭阳贩舟粮，为来岁民食计，并请于上官，免海估粮税，谕富民出粟平粜，分遣僚佐查城乡户口十二万六千余人，设赈厂十三所，择绅士分董其事，颁赈票为约信，十日一散钱粟，凡五阅月闭赈。屺以其事上当道，乞奏请优奖。旋缘事忤巡抚经额布②，劾屺罢官，而前请亦卒不得遂。屺既罢，有亏帑，州人醵金为屺补仓谷数千石，并资之行。先是，屺以大计卓异第一，又获江南海盗唐巨丰。后江苏抚臣某上其事，以七品秩起屺复用，而屺已卒。胶人思之，立木主祀于胶西书院，与前知州朱若炳、张玉树、爱星阿、刘文琠、李文耕称六贤焉。戴屺《恤灾行》：上帝悯赤子，多方全其生。有时劫运至，任数不任情。书生荷一命，司牧以牧民。何图天灾行，涂体空艰辛。河伯挟蛟至，风师以木行。遂令禾与稼，摇落当西城。流亡愧俸钱，心逐哀鸿征。奠宅禄微捐，缓赋文例申。饼食亦小惠，难免沟壑湮。方思集父老，哀富以益贫。涣汗颁我前，民艰悉胪陈。有能急民急，荐剡与同升。大吏岂欺余，捧檄先自欣。持告都人士，周行灿然呈。饥鸟万羽瘁，拯蚁一念诚。鬫湽迟须臾，死亡将互更。善恶人所趋，天报殊亨屯。况复久财聚，将恐积怨伸。谁云邓家山，千年固金城。恻隐仁之端，愿言怀群伦。

欧阳焕

欧阳焕，字郁斋，湖南宁远武进士。道光八年由抚标参将迁胶州协副将，惟一仆从，无家属。诸商以私例馈金，却之。商复缘吏求纳，焕曰：“吾岂为名高者，顾吾宦游孑然独处三十年，禄有余矣，馈何为？”吏进曰：“非敢污主，顾私例废，则官用乏，奈后来何？”焕笑，留而置之。日齐士卒，校射堂下，视所中多寡以为赏。冬，以其余分吏卒，遍为捍夜者裘，不足益以官俸。每漏一下，饬属弁率步卒，备枪矛、弓矢巡逻城市，如是践更者五而毕。并檄所部安丘、灵山诸泛严捕获，密侦伺，于是盗贼怵息，士卒不言劳而民安。凡三阅岁，惟州牧之更代时一往，其他师儒、属吏通刺③而已，缙绅、商贾概弗通。十一年以老告归，胶之人共谋所以饯之，惧其峻拒，乃合浙闽、秦晋之商共制寿屏赍仪，以诣焕署，焕却仪物而收其文。辞去之日，送者祖席相接六七里。焕叹曰：“知胶人爱吾若此，吾死于胶何憾已矣！”不可复回，乃北向拜曰：“吾辞国。”东向拜曰：“吾辞胶人。”洒泪而别。以上《前志》。

---

① 裁成：犹栽培。谓教育而成就之。

② 经额布：卜拉木氏，号秋山，满洲正黄旗人，贡生。道光十一年(1831)十月，任山东按察使；十二年二月，任河南按察使；十四年七月，任云南布政使；十五年九月，任山西布政使；十六年七月，任山东巡抚；十九年八月，任成都将军；二十年四月，任吉林将军；二十八年十二月，降职(以鲁抚任内有失)。咸丰三年(1853)卒。

③ 通刺：出示名片以求延见。刺，名片。

邓琳枝　张同声　蒋通　陈代卿

邓琳枝，字芗峰，聊城人。嘉庆己卯举人，始署即墨教谕，迁胶州训导。抵任后，殚心教育，与诸生论文娓娓不倦，栽培士类，人材辈出，一时登贤书①、捷南宫②者，皆出其门。俸满后，升曹州府学正，加内阁中书衔，以道远、年老，遂籍于胶。殁后，门生匡源、范承缇、匡懋纶、杨际清等共拟醵资，请旨入祠。旋以辛酉捻匪之乱，不果行。张同声，字振之，安徽桐城人，道光二十三年知胶州。勤政爱民，勇于为义。时州童试无考棚，遇试期辄于州署仪门内扎席棚，令试童自备桌凳，一有不慎即兆焚如③。同声乃捐廉创建考院，并建设胶西书院，聘宿儒主讲其中。又重修学宫、祠庙、城垣及旌善亭、申明亭、普济堂等处，皆捐廉为之倡，兼筹岁修之费。前后任胶十余年，百废俱举，邑人至今称之。以劳疾卒于官，祀名宦祠。蒋通，字新菴，浙江海宁县人。先是署冠县时擒获巨盗六名，嗣任阳谷、寿张、定陶等县，均办赈出力。拔署胶州，通居官廉正，有气骨，爱民惠下，不避艰险。会廷议加征，胶邑素食民盐，当道以盐税加正课三千票，而盐地皂户别自有税，并派民食官盐，通以扰民，抗拒甚力。又拟开运河，设关税榷货物，商民大哗，阛阓④罢市，通据实上陈，痛诉商民疾苦，事遂寝。士民深感之，而通竟以忤上罢职。去之日，士民遮道攀辕，至有泣下者。陈代卿，字云笙，四川宜宾县人。由道光己酉选拔中式⑤辛酉顺天举人。同治初知胶州。履任后，即以整饬学校、访拿讼棍、严禁赌博、亲理词讼、迅结命案为先务，折狱明察，民无冤滞。尤惠爱士子，课试曾无旷废。时捻匪之乱初平，群议善后之策，易土圩以砖，代卿即委邑绅傅儒功、郭同源等董其事，躬自监督。其勤慎，类如此。

杨济　吉灿升　时冠卿　李翼清

杨济，字叔通，顺天宛平人。由举人候补知县，以军功擢知胶州。济居官忠厚持重。同治六年，捻匪将由胶窜莒、沂一带，东抚丁宝桢驻胶截击，济供应无缺。宝桢檄饬毛勇三千人入城助守。民患之，请于济。济乃商诸在籍翰林逄润古见抚帅，陈请在圩外安营，人心稍定。时宝桢统兵筑墙于胶莱河，以堵贼。济与副将玉山昼夜巡防，心力并瘁。事定，以积劳卒于任。民感其德，为立木主于城隍庙，与前刺史⑥陈代卿⑦配祀焉。吉灿升，字剑华，陕西韩城县人。道光己酉拔贡，同治七年由章丘县擢知胶州事。居官公正爱民，尤喜培养士子，整饬胶西、灵山、珠山三书院，广设义塾。每月书院课卷必亲为评定甲乙，一时所拔取者，皆知名士。灿升工书法，笔姿秀丽，人有得其尺幅⑧寸缣者，莫不珍为秘宝。后洊升至济东

---

① 登贤书：科举时代称乡试中式为登贤书。

② 捷南宫：礼部会试考中进士。

③ 焚如：指火灾。

④ 阛阓（huán huì）：借指店铺。

⑤ 中式：指科举考试合格。《明史·选举志二》：“三年大比，以诸生试之直省，曰乡试，中式者为举人。”《清史稿·礼志八》：“顺治初，会试中式举人集天安门考试。”

⑥ “刺史”，底本作“剌吏”，讹。据职官名改。又称刺使。刺，检核问事，即监察之职。史，“御史”之意。

⑦ “陈代卿”，底本此处缺。据民国《增修胶志·清职官》补。

⑧ “幅”，底本作“愊”，讹。据上下文义改。

泰武临道，署理山东按察使。年老无子，卒于官。时冠卿，直隶河间举人。同治七年在籍随办团防，剿匪出力。任胶时，勤劳俭朴，嘉惠士林，月课诸生谆谆训勉如塾师，课艺辄择其尤者，张贴示众。常步行巡察，访民疾苦。封烟寮，驱狎妓，合境肃然向风。嗣因中外战事，当道檄令广置牛皮蒲包等备军需，及购成，因议和中止，赔累甚巨。在州未一载解任去。李翼清，字念仔，江苏武进人，光绪元年擢知胶州。关心民瘼，尤重节义。凡孝子、烈女、节妇湮没不彰者，悉采访确实，详请旌表。州四隅旧有义塾，咸丰辛酉毁于兵燹，翼清重加整理，捐廉延师，更于灵山卫、薛家岛、七级集添设义塾三处，增加胶、灵两书院膏火、乡会试士子路费，均立碑碣以为永久之图。岁旱，徒步祷雨三日，甘霖立沛。时或歉收，谷价腾贵，商贾闭籴，翼清立平其价，又请于上宪，蠲免海道贩粮税，以是飞挽者咸踊跃争先，饥民获济。翼清为治，善于发奸摘伏，严惩讼棍、蠹役，平反冤狱，擒获巨盗，皆出人意表。而于捕蝗、治河诸事，尤克尽心力，故当时有能吏称。州人感其德政，为立碑颂之。官至东昌府知府。

陶锡祺　田赓和　夏锡纯　陈其恕 袁三子附

陶锡祺，字铨生，江苏阳湖人，清光绪十二年由历城县来知州事。恺恻[①]慈祥，爱民如子，独严于治盗、治城。西南有沙滩旷地，每间二日，四乡买卖牲畜者麕集于此，俗曰大集。凡获盗案，必于集日张席棚于稠人广众中，严笞之，率笞至三千乃已，一时盗匪敛迹。尤厚遇士类，每月课生童于书院，常例膏火外优加奖金。凡贫民无业者，冬则舍棉衣，放年例钱，务令实惠均沾。有《劝民息讼歌》刊以行世，至今邑人犹传诵焉。去之日，胶民祖帐[②]绵亘数里，送牌伞者络绎于道，贫民至有泣下者。田赓和，字仲平，滋阳县举人，清光绪十四年任胶州学正。品行学问为士林楷模，一时食饩[③]入庠者，除纳院费正规外，不索丝毫。岁试例举优生，必以名实相符者应选，不徇情面。尤好义举，与都司尚国泰等创办城南隅育材义塾，首捐俸以为之倡，复由商舶募捐六千缗作为塾中常年经费。塾内师资分上、中、下三级，自任上级，教授生徒，启迪不倦，至今士林称颂弗衰云。夏锡纯，字西堂，由山东精健营擢升胶州副将。生平谦退和平，循循若书生，尝自书"吃亏是福"四字，随所在悬之座右。遇士卒以恩，营中患难急需，辄施财救济之。饷糈[④]曾不侵蚀克扣，武略亦为人所称颂。陈其恕，登州水师前营游击，驻胶之头营子。咸丰辛酉捻匪窜胶至营房，其恕督队抵御，勇而捷。有优人袁三子者，善技击，陈素重之。贼至，促令逃，袁不可，挥刀随陈出，杀伤甚众。久之，陈力竭，欲溃围出，袁步从之。贼追及，攒矛刺，陈坠马死。袁大痛，摧坚复入，格杀数人，卒以负伤过巨，以刀自刺其喉，死。

---

① 恺恻：有同情心、怜悯之心。
② 祖帐：古代送人远行，在郊外路旁为饯别而设的帷帐。
③ 食饩：明清时经考试取得廪生资格的生员享受廪膳补贴。亦即为廪生。
④ 饷糈(xǔ)：指军粮给养。

增修胶志卷十九　财赋志第一　清代赋役

清代赋役序

清世祖御碑：世世子孙永不加赋。故自顺治迄宣统二百六十余年间，始终无加赋之举。盖鉴明之弊，重恤民艰，贻谋远也。顾田有开垦之益，亦有沙水之害，赋课之或增或损，不可执原额以为率固也。况吾胶自德占青岛划归租界，而赋课一变，建修铁路占用民田，而赋课再变。至于员役之裁减，新政之经费，其留支之数较《前志》所载又不同矣。此固关于一邑财政之大端，不可不详为考核。兹援据《前志》所载，并将豁免裁减各项志其原委，备列于后，以备参考焉。《前志》原序曰：明人本唐春秋两税以定赋，用宋雇役[1]以便民，漕粟而外赋役皆归银币，名一条鞭法，总于户部为鱼鳞册，行之州县为《赋役全书》。以旧管、开除、新收、实在四柱[2]稽其损益多寡之数，至为简易。其季兵兴政繁，赋增虽良，有司不能奉行其实。兴朝革命，厘定赋供，除崇祯暂加条目，命户部郎中王宏祚修订《赋役全书》[3]，惟存正供、折色[4]、九厘[5]、胖衣、班匠[6]五者而已。然其书迟至十年，奉旨迫督而后成，以承明之弊、逃丁逋赋多也。于是休养生息，与民更始。至康熙五十二年，田赋复明之旧，而丁额几过之。圣祖仁皇帝因万寿圣节丕降不世之恩，诏以五十年人丁为额，所有以后生人皆为盛世滋生人丁，世世子孙永不加赋。至雍正二年旧丁渐除，而新丁不可复补。世宗宪皇帝深知斯民多寡贫富至不均也，乃依少詹事丁以恺奏，大免丁赋，不分州县，以其数均征于各省田赋之下。自雍正四年始，山东之地每田赋一两，当均征丁赋一钱一分五厘有奇。胶州地浮于丁，较旧数增征丁赋银一千八十七两有奇。收并灵山、鳌山二卫丁浮于地，较旧数减征丁赋银二百九十四两有奇。民咸乐从之，以其道至公、政至均也。羡耗银[7]者正赋外民所供，以备输纳消耗之用者也，其数定于雍正三年，每正供一两加耗银一钱四厘，以限有司取民有制也。而《赋役全书》不载，盖修书者失之，《旧志》因而遗之。且田有开垦之益、沙水之害，赋课增损无常，不可以旧迹为率。故采新修全书，与癸卯报销州册为《赋役志》，以见随时损益。至善之宏规云：盐法有守官，《旧志》合于赋役，然会计不尽于一州，故分志之。

---

① 雇役：又称雇役法，雇人服役。王安石制定新法：百姓可以输钱于官，由官募人代役。

② 四柱：即四柱清册，是宋代官厅中账簿结账的平衡公式。四柱结算法是中国古代重要的会计结算方法之一。“旧管”即“期初余额（或上期结存）”，“新收”即“本期增加额”，“开除”即“本期减少额”，而“实在”则为“期末余额”。

③ 《赋役全书》：又名《条鞭赋役册》，明清两朝记载各地赋役数额的册籍，是官府公布的征收赋税税则。

④ 折色：旧时谓所征田粮折价征银钞布帛或其他物产。

⑤ 九厘：又指九厘额银，是清代赋役名，清顺康年间之地丁册内有九厘额银之项目。实际明代之九厘银，也称辽饷或新饷，为明代加派的三饷之一。

⑥ 班匠：官营手工业的各行各业匠户。明初班匠轮流服役，后改为纳银代役。康熙时将班匠银（税）改入“一条鞭法”征收，即摊入地赋中征收，匠籍也随之废除。

⑦ 羡耗银：又称火耗银，是明清于正规税粮或税金之外的一种附加税。“火耗”本指零碎白银经火镕铸成银锭或元宝过程中所生的损耗。

胶州地丁

《旧志》：明万历十四年审编，当差九则，人丁一万七千四百七十三丁。十九年，知州余邦辅因九则不均，丁徭苦累，详请无论上中下户，每丁编银一钱五分。崇祯年间审编五则，人丁一万六千六百九十七丁。

万历三年，知州王炎清丈地四千八百顷。十年，改折地一万二千三百五十七顷五十六亩四分九厘五毫。明旧制：六百四十八步为亩，至此改二百四十步为亩，故数如此。崇祯年间不分等则，地一万四千七百四十五顷九十八亩一分八厘。清朝《赋役全书》原额不分等则，一例人丁一万三千六百一十七丁。顺治十年，实在当差人丁一万三千八百四十八丁，每丁征银一钱八分，共该银二千四百九十二两六钱四分。康熙五十年，额外新增人丁四千二百四十九丁，该银七百六十四两八钱二分，额外新安插寄居岛民此沿明时旧目起，隆庆时逃军入海岛，非康熙时有其事。七十二丁，每丁该银一钱八分，共该银一十二两九钱六分。五十二年，万寿恩诏"自五十年后新增人丁为盛世滋生人丁，永不加赋"。道光十六年，盛世滋生不加赋人丁一十万六千三百五十丁。

原额大粮一例，地一万三千七百四十九顷一十七亩顺治十五年，定二百四十弓为一亩。六分三厘八毫，每亩征正供杂办即后起运①下各折色。并九厘、胖衣皆沿明制，取民名目。等银二分二厘五毫五丝有奇，共征银三万一千十二两四钱八厘八毫有奇，征米二勺②三抄一撮③一圭④有奇，共征米三百一十七石八斗五升五合二勺有奇。额外新垦大粮地一千五百二十三顷三十四亩一分一厘七毫，每亩征银二分二厘五毫有奇，共征银三千四百三十六两二分二厘六毫有奇。每亩征米二勺三抄一撮一圭八粟有奇，征米三十五石二斗一升六合七勺一抄六撮八圭六粟有奇。

额外荒田地九百九十七顷八十八亩三分三厘二毫，每亩征银三分，共征银二千九百九十三两六钱四分九厘九毫有奇。

额外新垦额外荒田地一百顷八十一亩四分四厘，每亩征银三分，共征银三百二两四钱四分三厘二毫。

额外东都屯地六十三顷四十亩二分，每亩征银二分四厘，共征银一百五十二两一钱六分四厘八毫。

---

① 起运：沿自明代，是指州县将自己经手征收的部分款项解送户部等在京各部寺。未送在京各部寺的款项称存留。

② 勺：市制容量单位。10 撮为 1 勺，10 勺为 1 合（gě）。

③ 撮：量词，中国市制容量单位，一升的千分之一。

④ 圭：古代量名。一圭为 0.5 毫升。

额外石柱屯地三十七顷五十亩，每亩征银一分，共征银三十七两五钱。

额外新垦额外石柱屯地一百九十八顷四十六亩一分九厘四毫，每亩征银一分，共征银一百九十八两四钱六分一厘九毫四丝。

原额学田地一十六顷七十亩九分四厘六毫，每亩征租银一分四厘九毫，共征银二十四两八钱九分七厘九丝五忽四微。

以上地丁共征银四万一千四百二十七两九钱六分八厘四毫有奇。又康熙八年，折苍术，依时价增银一两七钱四分三厘七毫五丝。其折色名目皆不见于前，依《赋役全书》旧文列于起运下。又二十四年，临仓本色米三百五十三石七升一合九勺八抄九撮一圭六粟有奇，每石折银八钱，该银二百八十二两四钱五分七厘五毫有奇。又自四十二年为始，摊班匠银亦明时旧目，属丁役。九十两四钱五分。以上增折，共增银三百七十四两六钱五分一厘三毫有奇。又自雍正四年为始，以通省丁银摊通省地亩，征收胶州应摊征人丁银四千三百五十七两四钱八分六厘九毫有奇，较旧数该银三千二百七十两四钱二分，实增丁银一千八十七两六分六厘九毫有奇。连前共实征银四万二千八百八十九两六钱八分六厘七毫有奇。

道光二十三年，《报销册》额征一四耗银六千四两五钱五分六厘。每地丁正银一两，耗羡一钱四厘，名曰一四耗。

地丁起运

正解起运司库地丁银三万九千六百七十四两八钱七分八厘八毫有奇。

起运折色脚价银一百二两二钱八分一厘三毫有奇。

历科举人车价银一十九两六钱二分五厘。

起运本色供用库芝麻五石三斗八升七合七抄，每石征银一两，共征银五两三钱八分七厘七丝。

脚价银四分三厘九丝有奇。

京库地亩绵花绒一十二斤三钱六分一厘二毫六丝，每斤征银七分，共征银八钱四分一厘五毫有奇。

铺垫银一钱二分二毫二丝有奇。

脚价银六厘七毫三丝有奇。

苍术三十七斤八两，每斤征银二分，共征银七钱五分。

包裹红黄纸价银五钱一分五毫五丝。

狐狸皮二十六张七分，每张价银四钱三分，共征银一十一两四钱八分一厘。

牛角弓面二十七副九分，每副价银七钱，共征银一十九两五钱三分。

分解临清仓米改折正费，银二百八十一两三钱三分二厘七毫有奇。

脚价银一百一十七两六钱二分三厘八毫二丝有奇。

盘费银二十一两五厘三毫六丝有奇。

席草银三两三钱二分五厘五毫七丝有奇。

德州仓小麦，无麦纳米，折色银五百八十五两七钱二分一厘一毫七丝有奇，加银三两五钱一分四厘三毫二丝有奇。

脚价银一两一钱六分九厘七毫一丝有奇。

学田租银二十四两八钱九分七厘九丝有奇。

以上起运本色正费并学租，共银一千七十八两八钱四分九厘九毫有奇。

耗羡起运

正解司库耗羡银五千一百九十两四分二厘，又本州养廉银一千四百两，按季请领。又存学租随耗银三两四钱八分六厘。

分解粮道临米随耗银五十五两五钱七分五厘。

德米随耗银七十七两二钱二分五厘。

临米脚价银三两九钱八厘。

德米脚价银五两四钱三分二厘。

地丁存留

官俸役食银一千四百九十五两六钱二分六厘二毫九丝有奇。

内：

本州知州一员，俸银五十二两一分六厘。门子二名，工食银一十一两二钱五分二厘。皂隶一十二名，工食银六十七两五钱一分二厘。仵作四名，工食银二十二两五钱四厘。马快八名，工食银一百二十六两一分六厘。民壮四十名，工食银三百二十两。看监禁卒八名，工食银九十两一分六厘。轿伞扇夫七名，工食银三十九两三钱八分二厘。库子四名，工食银二十二两五钱四厘。斗级四名，工食银二十二两五钱四厘。递铺司兵二十八名，工食银一百二十三两一钱三厘八毫九丝有奇。孤贫二十九名，口月粮、冬衣布花银一百四两四钱。

州同一员，俸银六十两。门子一名，工食银五两六钱二分六厘。皂隶六名，工食银三十三两七钱五分六厘。笼马伞夫二名，工食银一十一两二钱五分二厘。

吏目一员，俸银三十一两五钱二分。门子一名，工食银五两六钱二分六厘。皂隶四名，工食银二十二两五钱四厘。马夫一名，工食银五两六钱二分六厘。

石河场大使一员，俸银四十两。皂隶二名，工食银一十二两四钱。

灵山司巡检一员，俸银三十一两五钱二分。皂隶二名，工食银一十二两四钱。弓兵二十名，工食银六十二两。

儒学学正一员，俸银四十两。训导一员，俸银四十两。斋夫三名，工食银三十七两二钱。膳夫三名，工食银二十两六钱六分六厘四毫。门斗三名，工食银二十二两三钱二分。

里甲[①]、夫马、工料银一百七十四两四钱七分九厘五毫内。

走递马三匹，草料银五十五两八钱。走递驴一头，草料银九两三钱。马夫二名，半工食银三十一两。白夫八名，工食银七十四两四钱。鞍屉棚厂槽鍘银三两九钱七分九厘五毫。

杂支银三百四十三两九钱四分五厘八毫三丝三忽三微三纤。

内：

修理龙亭、幔帐等项，银二钱九分二厘五毫。

祭祀文庙，银三十五两。香烛，银一两二钱五分。祭祀崇圣、乡贤、名宦诸祠，银四两。祭祀神祇、社稷坛，银四两。孤魂、邑厉坛，银四两三钱八分。

乡饮银六两。

廪生廪粮银二百六十两四钱。

岁贡生袍帽伞盖等项府学州学银二十一两三钱三分三厘三毫三丝三忽三微三纤。岁贡生正副盘费并协济本府，银二两八钱六分。迎贺旗匾花红并协济本府，银四两四钱三分。按：胶州每岁报销存留项内，有关帝、文昌、天后祀银五十七两二钱，《赋役全书》不载，亦修书者之失也。宜正增于此，而起运下减数亦如之。

耗羡存留

坐支州同养廉银八十两。

吏目养廉银八十两。

灵山司巡检养廉银八十两。

公费银一百六十两。

地丁等项脚费银二百六十八两八钱八分八厘。

外杂税无定额商税，并明加银、牛驴抽税银、牙杂税银、当税银、税契银、船税银，皆尽征尽解。

收并卫所地丁

收并灵山卫所原额实在当差一例，人丁七百一十四丁，该银二百五十七两四分。额外新收安插寄居岛民人丁一丁，该银三钱六分。道光十六年，盛世滋生不加赋，人丁四千一百五十三丁。

收并胶州所原额实在当差一例，人丁五百九十三丁，该银一百六两七钱四分。康熙五十

---

① 里甲：明州县统治的基层单位，后转为明三大徭役（里甲、杂泛、均徭）的名称之一。里甲之役以户计，以邻近的110户为1里，从中推丁多田多的10户轮流充当里长，余100户分10甲，每甲10户，轮流充当甲首。

年，额外新增人丁一十七丁，该银三两六分。道光十六年，盛世滋生不加赋，人丁二千八百三十丁。

收并鳌山卫所原额实在当差一例，人丁六十四丁，该银二十一两一钱二分。康熙五十年，新增人丁一十一丁，该银三两六钱三分。道光十六年，盛世滋生不加赋，人丁六百三十一丁。

收并灵山卫所原额兑剩名粮余价一例，地四十三顷二十二亩一分四厘三毫，每亩征银一分七厘，该银七十三两四钱七分六厘四毫有奇。

原额官军俸粮一例，地五百一十六顷七十七亩八分五厘七毫。

实在成熟并新垦，共地一百六十六顷七十五亩七分九厘一毫，每亩征银一分七厘，该银二百八十三两四钱八分九厘四毫有奇。

额外杂项，城里地二十六亩七分五厘七毫，每亩征银七分，该银一两八钱七分二厘九毫九丝。

额外杂项，教场地四十一亩二分九厘二毫，每亩征银四分，该银一两六钱五分一厘六毫八丝。

额外杂项，营盘地一顷八十八亩二分五厘五毫六丝，每亩征银三分五厘，该银六两五钱八分八厘九毫有奇。

额外杂项，达官军赡并牧马草场地一十二顷五十二亩一分九厘一毫四丝，每亩征银一分，该银一十二两五钱二分一厘九毫有奇。

额外新垦城里地一顷七十二亩四分八厘四毫，每亩征银七分，该银一十二两七分三厘八毫八丝。

额外新垦城濠地三亩九分四厘，每亩征银四分，该银一钱五分七厘六毫。

额外新垦草场地七顷二十亩七分六厘七毫，每亩征银一分，该银七两二钱七厘六毫七丝。

收并胶州所原额兑剩名粮余价一例，地九十一顷六十亩五分二厘六毫，每亩征银一分七厘，该银一百五十五两七钱二分八厘九毫有奇。

原额官军俸粮一例，地一百二十顷三十亩六分七厘八毫。

实在成熟并新垦及劝垦一例，地九十七顷二亩五分三厘三毫，每亩征银一分七厘，该银一百六十四两九钱四分三厘有奇。

原额新垦墩台地二十五亩，每亩征银一分一厘一毫六丝有奇，该银二钱七分九厘一丝有奇。

收并鳌山卫所原额兑剩名粮地八十四顷六十九亩九分六厘五毫。

实在成熟并新垦地一十五顷二十四亩一分二厘五毫，每亩征银二分二厘六毫八丝八忽，该银三十四两五钱七分九厘三毫有奇。

原额奉裁官军俸粮地二百五十一顷三十亩七厘五毫。

实在成熟并新垦共地八十一顷[1]六十七亩九分一厘三毫，每亩征银二分二厘六毫八丝八忽，该银一百八十五两三钱一分三厘六毫有奇。

额外荒田地二顷二十九亩一分九厘，每亩征银一分，该银二两二钱九分一厘九毫。

以上收并地丁，共征银一千三百三十四两一钱二分六厘四毫有奇。又奉文通省应征丁银，自雍正四年为始，摊入地银内征收。本州收并二卫应摊征人丁银九十七两四钱五分三厘七毫有奇，较旧丁银三百九十一两九钱五分，实减人丁银二百九十四两四钱九分六厘二毫有奇，实征共银一千三十九两六钱三分一毫八丝有奇。

道光二十四年，报销册收并二卫耗羡额，征一四耗银一百四十五两五钱四分八厘。

起运地丁银九百一十六两四钱二分二厘一毫有奇。

起运耗羡银一百三十九两三钱六分二厘。

地丁存留

膳夫一名，工食连闰，银八两二钱六分六厘六毫有奇。

杂支，银一百一十四两九钱四分一厘四毫有奇。

岁贡袍、帽、伞、盖，银一十两七钱八分一厘三毫有奇。

廪生十二名，廪馔银一百四两一钱六分一厘。

坐支耗羡地丁脚费，银六两一钱八分六厘。

外税契银无定额，尽征尽解。以上《前志》。

豁免

咸丰十一年，胶被捻匪之乱，未完丁银二万一千八百八十九两四钱四分三厘。同治六年，捻匪复至，未完银六千二百五十五两三钱八分四厘，耗羡银八百三十三两五钱三分，均请蠲缓在案，因非永久豁免，故不列入。

《前志》：额征州地丁银四万二千八百八十九两六钱八分七厘。光绪二十五年，因德国划界豁免银五百五十七两四钱二分三厘。二十九年，因铁路占地豁免银三十七两七钱五分一厘。三十年，因添修桥洞豁免银一钱三分八厘。宣统三年，因挑挖界沟豁免银三钱四分五厘。除[2]豁免，实征银四万二千二百九十四两零三分。

《前志》：额征一四耗羡银六千零零四两五钱五分六厘。光绪二十五年，因德国划界豁免银七十八两零三分九厘。二十九年，因铁路占地豁免银五两二钱八分五厘。三十年，因添修桥洞豁免银一分九厘。宣统三年，因挑挖界沟豁免银四分八厘。除豁免，实征银五千九百二

① “顷”，底本作“项”，讹。据上下文义改。
② “除”，底本作“馀”，讹。据上下文义改。

十两零零八分六厘。

《前志》：额征收并卫所丁银一千零三十九两六钱三分零一毫八丝。光绪二十五年，因德国划界豁免银三十七两六钱七分二厘。二十九年，因铁路占地豁免银二两一钱六分一厘。除豁免，实征银九百九十九两七钱九分七厘一毫八丝。

《前志》：额征收并卫所一四耗羡银一百四十五两五钱四分八厘。光绪二十五年，因德国划界豁免银五两二钱七分四厘。二十九年，因铁路占地豁免银三钱零三厘。除豁免，实征银一百三十九两九钱七分一厘。

以上四项，除豁免外，共征银四万九千三百五十四两九钱六分三厘有奇。

扣支

清末裁缺等项有扣支一款，不归上亦不归下，留作地方公用，如城工、桥工等是。

各役孤贫、月内小建，扣银一十六两。

乡饮，扣银六两。

知州编俸，扣银五十二两零一分六厘。

以上旧例，共扣银七十四两零一分六厘。

光绪某年，裁巡检缺，扣银三十一两五钱二分。

六年，裁递铺司兵，扣银九十八两四钱八分三厘。

十二年，裁递铺司兵，扣银六十一两五钱五分二厘。

二十年，裁递铺司兵，扣银六十一两五钱五分二厘。

三十二年，裁膳夫工食，扣银十一两一钱二分八厘。

三十二年，裁斋夫工食，扣银二十两零零三分。

三十四年，裁训导缺，扣银四十两。

同年，停支廪粮，扣银二百六十两四钱。

同年，裁门斗一半工食，扣银十一两一钱六分。

同年，停支州岁贡银，扣银二十三两。

同年，停支府岁贡银，扣银五两六钱二分三厘。

同年，裁膳夫工食，扣银二十两零六钱六分六厘。

同年，裁斋夫工食，扣银三十七两二钱。

同年，减官俸二成，扣银三十四两三钱四分。

同年，杂俸减平，扣银七十四两六钱五分九厘。

以上扣支州款，共银七百九十一两三钱一分二厘。

宣统二年，停支灵、鳌廪粮，扣银一百零四两一钱六分。

同年，裁灵、鳌膳夫工食，扣银八两二钱六分七厘。

以上扣支卫款共银一百一十二两四钱二分七厘。

合计以上三项，共扣银九百七十七两七钱五分六厘。

增修胶志卷二十　财赋志第二　民国财赋

民国财赋序

昔之政治简而约，今之政治繁而杂，诸务皆然，财政尤甚。昔之财赋，有司会有管库，其权操之官府。今之财赋，有国家税与地方税之别，而地方税又有省税与县捐之异。国税省税仍由官府管理，地方捐则由地方管理。且所管理者除附加捐外，又有基金息、学田租等，此其所以杂也。三代之制取诸民者，只有田赋。后世虽有盐、铁等官，而仍以田赋为财政大宗。清代田赋永不加征，今则田赋一项加而又加，视昔三倍。而一切杂税，又复日渐扩充，此其所以繁也。县为自治单位，而一县之中，又须划分自治区若干。划分之后，地方财政之发展，其繁且杂，当更甚于今日。间尝盱衡①古今中外，文明愈进，生活愈高，治理愈密，斯财政亦愈纷，公例然也。泰西②各国赋税之重甚于中国，而民不以为虐者，以取之于民者仍用之于民而已。是故财政无虑其繁且杂也，但使经理得其人，用途得其当，繁而不至于滥，杂而不至于紊，斯为得理财之要领耳。民国以前，田赋一项足括一邑财政之汇源，其余杂税寥寥无几。民国财政则名目繁多，非田赋一项所能概括。且民国以来，差徭裁免，有赋而无役，与《前志》赋役尤难相混。故以财赋挈③其纲而分列其目于下，俾阅者易于稽核焉。

〔一〕 田赋

明代田赋略而不详，大概与清相等。至民国则其制大变，清用银而民国用元，一变也。清地丁只有正税，民国益以附捐，二变也。清时每银一两，民国改征银元二元二角，以此视彼每两约多征五钱之数，三变也。十九年，每两改征洋四元，四变也。经此数变，将从前繁杂名目一概取消，以归简易，而期一律，立法可谓善矣。兹将收入、支出、扣支三项分列于后。

〔甲〕收入

前清地丁，民间应纳银数，由官府定价，照价缴钱。官府以钱买银，付银炉化炼造成银锭，解省兑库。征时有浮

---

① 盱衡：观察；纵观。

② 泰西：旧泛指西方国家，一般指欧美各国。

③ “挈”，底本作“絜”，讹。据上下文义改。

费，化炼有火耗。官获其益，民受其损。民国以来，银币通行全国，因而改征银元，较旧制甚为便利。

〔子〕正税收入

清季胶州，州卫地丁原额及耗羡，共为四万九千三百五十四两九钱六分三厘有奇。民国三年奉文，地丁改征银元，除耗羡银六千零六十一两一钱三分六厘不计外，下余粮银共为四万三千二百九十三两八钱二分七厘，每银一两改折二元二角，共应征洋九万五千二百四十六元四角一分九厘。是年秋，被水冲沙压，各地奉令豁免银一百零八两六钱五分五厘，又奉文豁免各处义冢粮银十七两七钱六分六厘，二共豁免银一百二十六两四钱二分一厘，每银一两折洋二元二角，共豁洋二百七十八元一角二分六厘。民国九年，因变卖官产，入升科银十四两五钱九分七厘，每银一两折洋二元二角，共增洋三十二元一角一分三厘。以上除豁免并加增，实应征银四万三千一百八十二两零零三厘有奇，折征洋九万五千元零零零四角零六厘有奇。内以一元八角为国家税，以四角为省地方税。十九年，山东省政府财政厅重订《经征田赋章程》，第三条内载每丁银一两改征洋四元，以二元二角为地丁正税，以一元八角为地丁附税，由是九万五千元零零零四角零六厘之收入统归地丁正税。水冲沙压，各地俟垦复后征税。十九年尚未垦复。

〔丑〕附税收入　归省地方用者曰附税。

民国变洋以来，每银一两征洋四角，为省地方附税。十九年，奉令每银一两征洋一元八角为附税，共征洋七万七千七百二十七元六角零五厘。

〔寅〕附捐收入　归县地方用者，曰附捐。民国四年，附加濮阳河工捐，按正税百分之十征收，至九年上忙止。又十一年每税银一两，附加京钱一千五百二十文，共征钱六万四千余吊，以作修文庙及续修《胶志》之用。近数年来，因军事特捐及接待军队并剿匪等，每年附捐之数甚多，因非永久性质，故不列入。

民国定制各县所用田赋，附捐不得超过正税额数。胶县附捐每银一两加至二元二角，共征洋九万五千零零零四角零六厘。

附载附捐经过表　按：清时地方公益无底款可拨者，多由绅董劝募，按富户财产多寡摊捐。近则凡有所需，皆出自田赋附捐。民国二年，每粮地一亩带征铜元一枚，充教育经费，此为附捐征收之始。嗣是新政繁兴，若自治、若警察、若实业等需款既多，附捐屡年递增。兹将各项附捐历年增加数目，列表于左。

附捐用途	教育	地方自治	警察队	公安局
开始征收	民国二年，每地一亩附征铜元一枚	民国二年，每县丁银一两带征足钱二百五十六文，卫丁银一两带征足钱二百三十文	民国七年，每丁银一两带征钱二千文。十一年，续加八百文	十八年，每银一两带征洋四角
合计收数	二万六千三百九十五吊六百八十文	一万零九百二十四吊七百二十文	十二万零九百零九千六百零八文	一万七千二百七十二元八角
增加征收	十五年，每丁银一两附征洋三角四分	十八年，每丁银一两改征洋三角	十三年，改征洋九角。十七年，改征洋一元一角	
合计收数	一万四千六百八十一元八角八分一厘	一万二千九百五十四元六角	四万七千五百元零零二角	
十九年征收	每丁银一两附征洋四角	同十八年	同十七年	同十八年
合计收数	一万七千二百七十二元八角	同十八年	同十七年	同十八年
十九年总收数	九万五千零零零四角			

附记 十八年，因建设局的款不足，自治尚在停办，暂划自治附捐一半作为建设局经费。

〔卯〕总核收入

以上正税征洋九万五千元零零零四角有奇，附税征洋七万七千七百二十七元六角有奇，附捐征洋九万五千元零零零四角有奇，三共征洋二十六万七千七百二十八元四角有奇。

〔乙〕支出

〔子〕正税及附税支出 县政府经费按月向省府支领，不由此款坐支。

地丁税，除坐留征收费百分之三外，计国府支出正税洋九万二千一百五十元零三角，省府支出附税洋七万五千三百九十五元七角，共支出洋十六万七千五百四十六元有奇。

〔丑〕附捐支出

地丁附捐，除坐留征收费及手续费外，计警察队支出洋四万四千九百十二元八角八分，公安局支出洋一万六千七百四十元零一角六分，教育局支出洋一万六千七百四十元一角六分，地方自治支出洋一万二千二百九十六元二角五分，共支出洋九万零六百八十九元二角有奇。

〔寅〕总核支出

以上支正税、附税洋十六万七千五百四十六元有奇，附捐洋九万零六百八十九元二角，共支出洋二十五万八千二百三十五元二角有奇。

〔丙〕扣支

此项用途与前清同。

民国元年，由灵山卫地丁项下扣岁贡银一两七钱八分一厘。

〔二〕 杂税及附捐

新政繁兴，需款孔多。田赋不足于用，故加附捐。田赋附捐不足于用，故设杂税。杂税不足于用，故加杂税附捐。但此项附捐征收困难，不若田赋附捐带征之易，故田赋附捐已等于正税。而杂税附捐比较正税，最多者不过百分之三十，少者仅百分之七八。避难就易，其势然也。兹将正税数目及附捐用途分列如左。

〔甲〕杂款正税

牲畜税，九千一百九十元。民国八年开始，由包办商人交纳。

屠宰税，七千八百四十元。与牲畜税同时办理。

牙课，七千六百八十六元。征税已久，由牙纪交纳。

油业税，每年七千二百元。民国十年由包办商交纳。

税契，三万零九百八十三元。此款无定额上数，就十八年收入计算。

合计六万二千八百九十九元。

〔乙〕杂税附捐表

税契收入无定额，此表系就十八年收数计算。

附捐类别	附捐用途	开始征收办法	数目	合计	备考
牙课附捐	地方自治	始自民国三年，由各牙行交纳	二一六九元	六千一百七十六元	此表所列，据档案均名公益捐，实即附捐性质。故列为杂税附捐，俾与地丁附捐名目一律。惟屠户捐无正税，仍从公益捐名目，列诸附捐之后
税契附捐	建设局	十五年，每税契一张征洋二角	二〇〇〇元		
	教育局	十九年，每税契一张征洋二角	九月开始无年额		
牲畜屠宰附捐	补助各机关	民国八年，与正税同时交纳	一六四〇元		
油业税附捐	同前	民国十年，与正税同时交纳	二〇〇元		
屠户公益捐	警察队	民国三年，由包办屠户商交纳	一六七元		

〔三〕 教育经费

地丁及税契附捐在外。

基金、生息、学田租，每年收入洋七千零四十七元六角一分二厘。详“民国学校”。

〔四〕 经管

按：江苏、湖北、湖南各县及中山县财政局，均合国税、省税、县财政而管理之。山东各县财政局向以管理县财政为限，故胶县财政如田赋附捐、杂税附捐、基金息、学田租等归县地方动用者，由县政府征收后拨交财政局管理。其余国税，省、地方税及杂款、正税，均由县政府管理。现在凡属学款，均由县政府直交教育局，不由财政局经管。此项办法由前李局长树荣创始，后奉厅令规定《教育局经费办法》。田赋、附捐由县政府发交财政局转发教育局保存、支发，基金息、学田租等由教育局直接征收，但须将收数报财政局，编入决算册报。兹将各处经管各项分列于下。

〔甲〕县政府经管款项

地丁正税，洋九万二千一百五十元零三角有奇。

地丁附税，洋七万五千三百九十五元七角有奇。

杂款正税，洋六万二千八百九十九元。

以上，共经管洋二十三万零四百四十五元有奇。

〔乙〕财政局经管款项

地方自治 地丁附捐、牙课附捐。共洋一万四千四百六十五元二角五分。

县警察队 地丁附捐、屠户捐。共洋四万五千零七十九元八角八分。

公安局 地丁附捐，洋一万六千七百四十元零一角六分。

建设局 税契附捐，洋二千元。

补助各机关 牲畜屠宰、油业各捐。共洋一千八百四十元。

以上共经管洋八万零一百二十五元二角九分。

〔丙〕教育局经管仍由财政局册报款项

教育经费 地丁附捐、基金息、学田租等。共洋二万三千七百八十七元七角七分有奇。

以上三处，经管各项共计洋三十三万四千三百五十九元四角六分有奇。

增修胶志卷二十一　财赋志第三　盐法

盐法志序

东海鱼盐之利，齐因之以致富强。胶，则东海一重镇也。自汉以迄明清，胶之盐法及盐官可考者，《前志》序已备述大概，无待赘言矣。民国初年，石河大使裁，改设盐场知事于即墨金口，而胶之盐法一变。且近二十余年来，租界之划分，铁路之侵占，水沙之冲压，财政之变更，盐课或增加或豁免，较之数十年前盐法又别开生面。爰据《前志》所载，复调查金口盐卷及县署档案，胪列概要，以继赋役之后。独惜金口盐场，因事变卷宗焚毁，全豹莫窥，以致纪录多缺，不无遗憾耳。《前志》原序曰：盐法之兴，始于管夷吾牢盆①之制，大盐贾至东郭咸阳②始著名，皆齐人。管子时今之州地未属齐，咸阳不著何地人。斯州盐制始可考者，惟《汉书·地理志》注“计基有盐官”云。至元而设胶莱莒密盐司。以胶冠三州之前，胶殆为治鹾③之重镇矣。李全兄福与张林争市舶利，有六盐场。今可考者惟石河、行村【傅梦弼《西由场庙学碑》④作衡村】仍其名。明嘉靖时及国朝乾隆间，运判尝驻胶州，迄于嘉庆间裁焉。而自康熙时石河场大使兼行村场，辖地犹有二州四县，界数百里。盖行盐以道里通闭、远近为适宜，不可以郡县计也。因采新旧《盐法志》附《赋役志》后，览者得以分观焉。

清代盐法

石河场署　详“建置”。

石河场界

《盐法志》：石河场坐落胶州，距城二里。按，盐法，旧志云“距城三十里”，新志云“二里”，皆指大使旧署言尔。东至宁海州四百八十里，西至高密县五十里，南至海一百二十里，又东至即墨县一百里，东南至海阳县三百里，北至莱阳县界四十里。并行村场在内，行村原辖地界不详。以上《前志》。自元以来，立十九场曰：永利、宁海、官台、丰国、新镇、丰民、富国、高家港、永阜、利国、固堤、王家冈、信阳、涛雒、石河、海沧、行村、登宁、西繇。至清康熙十六年，裁丰民归永利，裁利国归富国，裁丰国、宁海归永阜，裁新镇、高家港归王家冈，裁行村归石河场，是为十二场。十八年，又裁官台并归寿光，裁固堤并归潍县，为十场。道光十一年，裁胶莱分司所辖五场归并滨泺分司兼管，又裁东宁归西繇，裁信阳归涛雒，是为八场，即永利场、富

---

① 牢盆：煮盐器具；借指盐政或盐业。
② 东郭咸阳：西汉齐国（青州）人，是资产累千金的大盐商。汉武帝时为大农丞，领盐铁事。
③ 鹾（cuó）：盐的别名。
④ 《西由场庙学碑》：即《西由场新建庙学记》，元代傅梦弼撰。

国场、永阜场、王冈场、官台场、西繇场、石河场、涛雒场。据《山东通志》增补。

胶州滩场十一副，盐锅四十三面。即墨县滩场十五副，草荡四处，盐锅九十三面。莱阳县滩场二副，草荡四处，盐锅二十一面。海阳县滩场十二副，草荡二十四处，盐锅五十四面，共二百一十一面，每面征银一钱。《前志》。石河场旧行鹽、末二盐，后以潮退水远，鹽盐①难成，惟行末盐②。《旧志》云：东海取盐之法二，近海者晒以池，厥形颗，厥品中，是谓鹽盐。其远而不宜池者，利用煎，煎以盘，厥形散，厥品上，是谓末盐。煎盐之法，临海置滩，潮汐时至，弥漫四走，既退而碱留，则渗灰于上而吸其液。别于滩外阜处，叠土逾尺，隆起于地而为牢，缭以细垣，视牢有半，厥形正方。穴其一面以为溜，下承以坎，聚灰牢中，淋以海水而为卤，卤成而试之，投以石莲，沉而下者淡，浮而横侧者半淡。淡则煎，费菹薪③，故必俟浮而立于卤面，乃注盘而煎之。周盘四围，护以织苇，固以蜃泥。自子至亥，为一伏火，可煎六盘，盘凡百斤，足充二引有奇。诘旦，出牢中灰，更晒之。夙卤未销，得新益壮，映日浮花，散若轻雪。复纳诸牢，渍卤尤壮。故蓄灰之法，以久而良。旱则土燥，盐沉不起，潦则水淫，盐解易散。煎虽人事，亦非雨旸时若④，罔克⑤有功。至晒盐之法，其取卤分土淋、灰淋。土淋取咸碱滩土，曝干入池，取卤与灰淋同。每灶各砌砖石为晒池，日晴霁，挽坑井所积卤，永渗入池，曝之。自辰逮申，盐即可扫，少阴晦则无盐。故海堧⑥之场多晒盐场，去斥卤远，多火盐。胶地旧尽煎盐，今开滩者众，亦多晒盐。参录《山东通志》。

灶丁⑦

石河场原额灶丁六百八十八丁。丁银一半摊入州县地亩征收，一半按丁均征，凡银一百一两三钱七分九厘。又除州县新垦场地加摊丁银一两八分九厘，实征灶丁银一百两二钱九分。新增灶丁一十五丁，共征灶丁银二两二钱一分。又除州县新垦场地加摊丁银二分四厘，实征灶丁银二两一钱八分六厘，共一百二两四钱七分六厘，均摊灶地⑧、民佃灶地征收。清康熙五十一年以后，滋生不加赋灶丁五十丁。

裁并行村场原额灶丁六百二十六丁，丁银一半摊入州县地亩征收，一半按丁均征，凡银九十二两二钱四分三厘。又除州县新垦场地加摊丁银九钱九分一厘，实征丁银九十一两二钱五分二厘。裁并行村场新增灶丁二十二丁，共征灶丁银三两二钱四分二厘。又除州县新垦场地加摊丁银三分五厘，实征灶丁银三两二钱七厘，共九十四两四钱五分九厘，均摊灶地、民佃灶地征收。清康熙五十一年以后，滋生不加赋灶丁四十八丁。

石河场灶户。清康熙八年，开垦灶地六顷六十一亩六分二厘七毫，每亩征银六厘，共征银三两九钱六分有奇。九年间开垦灶地五顷八亩一分七厘七毫，每亩征银六厘，共征银三两四分九厘。

---

① 鹽盐：池盐。
② 末盐：细末状的盐。
③ 菹薪（zū xīn）：枯槁的草木；柴草。
④ 雨旸时若：指晴雨适时，气候调和。雨旸，雨天和晴天。
⑤ 罔克：不能，做不到。
⑥ 海堧（ruán）：海边地。
⑦ 灶丁：指煮盐工。从明朝开始，盐民分为两种人。一种叫灶丁，身份为犯人，政府将其发配到沿海地区烧盐做苦役，这种人有一种特殊的户籍叫灶籍，世世代代都是灶丁，不能改行，只能烧盐，其地位接近于官奴；另一种人叫灶民，虽然也从事盐业生产，但具备完整的公民资格，可以担任管理灶丁的低级官吏，也可以改行，还可以参加科举考试。
⑧ 灶地：盐民聚居设灶煮盐的地方。

配运

石河场配运额票一万一百三十三张，每岁应配盐二百二十七万九千九百二十五斤。清康熙间，登莱青参议道①丁蕙奏归里甲征一税，自是昌潍以东不食官盐，而额票惟虚文。《盐法续志备考》②以黑扒③有名无实，嘉庆时裁。其旧数胶州黑扒额票三千张，每票银一钱六分七厘七毫一丝六忽，共票课银五百三两一钱四分八厘。高密县黑扒额票一千二百六十三张，每票银一钱六分七厘七毫一丝六忽，共票课银二百一十一两八钱二分五厘。即墨县黑扒额票二千张，每票银一钱六分七厘七毫一丝六忽，共票课银三百三十五两四钱三分二厘。莱阳县黑扒额票旧系三千八百七十张，乾隆三年拨给海阳县七百三十三张，宁海州一百七十七张，余黑扒额票二千九百六十张，每票银数同上，共票课银四百九十六两四钱三分九厘，以上皆配运石河场盐。宁海州黑扒额票旧系一千一百二十张，乾隆三年拨给海阳县二百九张，收拨莱阳县一百七十七张，余黑扒额票一千八十八张，每票银数同上，共票课银一百八十二两四钱七分五厘，配运石河场盐七十七张，余配登宁场盐。海阳县收拨莱阳县黑扒额票七百三十三张，宁海州黑扒额票二百九张，现行黑扒额票九百四十二张，每票银数同上，共票课银一百五十七两九钱八分八厘，配运石河场盐七百三十三张，余配登宁场盐。又笔帖式④解费⑤不随引票⑥摊征。按：胶州、高密、即墨每处征银十两五钱六分，海阳县征银四两六钱四分，莱阳县征银十两七钱七分，宁海州征银九两二钱三分。纸朱公费，每票三厘；领票公费，每票三分四厘五毫；都翰公费，每票一厘四毫；饭食公费，每票一分四厘；残票解费，每票一厘；随课征银。给兵公费，每课银一百两征银九钱六厘二毫五丝二忽；平饭解费，每课银一百两征银四两四钱。

灶地

原额并新垦灶地一百四顷五亩四分七厘，行村场原额并新垦三百四十三顷一亩八分九厘四毫，又新垦六十五亩四分五厘，又新垦六亩三分三厘。自首灶地十三顷四十四亩四分七厘七毫，行村场自首并续报七顷九十八亩八分八厘七毫，每亩征银六厘，共灶地四百六十九顷二十二亩五分八毫，征银二百八十一两五钱三分五厘，每两均摊丁银三钱六分九厘九毫有奇，重摊三钱七分三厘四毫有奇。草荡原额五顷八亩七分八厘三毫，行村场原额四十七顷九十七亩八厘五毫，每亩征银六厘，共五十三顷五亩八分六厘七毫，征银三十一两八钱三分五厘，每两均摊丁银与灶地同，二共征银三百一十三两二钱七分，加摊丁银二百三十二两九钱七分，盐锅银二十一两一钱，鱼盐课钞银一钱六分，共银五百六十七两六钱，解费银二十四两九钱七分五厘。

胶州，原额民佃灶地银四百四十一两二钱七分七厘，加摊灶丁银三百二十八两六分，摊征迷失灶地银二两九分六厘，原额盐课银一百九两九钱四分五厘。

高密县，原额民佃灶地银六十一两六钱五分，豁除冲压地亩银一钱一分一厘，实征银六

---

① 参议道：官名，即分守道。清沿明制，于各省布政使下置副职若干人，称为左、右布政使参政或左、右布政使参议，派驻于一定地区掌理钱谷诸事，是为分守道。清制，凡由科道补授此职者，称布政使参议，也称参议道，秩从四品。乾隆十八年(1753)废布政使参政及参议诸衔，概称分守道，秩正四品。

② 《盐法续志备考》：即《山东盐法续增备考》，嘉庆、道光两朝有关山东盐政之档案文献。《清史稿·艺文志》著录为王定柱编，6卷。是书继嘉庆十三年(1808)续修《盐法志》，辑录当年至道光八年(1828)有关山东盐务档案而成，分为盛典及捐输、优恤、帑本利、调济及展缓课款、盐法条例、附录及部例。

③ 黑扒：又称黑扒票，清代山东票盐的一种。因其盐票背面加盖的戳记为黑色而得名。又有红扒票。黑扒票发行于场灶之地，税轻；红扒票发行于距场灶稍远地区，税重。

④ 笔帖式：清代官府中低级文书官员。

⑤ 解费：解送的费用；解送款项。

⑥ 引票：运销引盐(指官盐。按引法规定运销的食盐)的票据。

十一两五钱二分九厘。加摊灶丁银四十五两八钱三分三厘，豁除冲压地亩银九分，实征银四十五两七钱四分三厘。摊征迷失灶地银二钱九分三厘，豁除冲压地亩银一厘，实征银二钱九分二厘。原额盐课银十三两三钱二分，豁除冲压地亩银一分一厘，实征银十三两二钱九厘。

即墨县，原额民佃灶地银五十五两五钱三分二厘，加摊灶丁银四十一两二钱八分四厘，摊征迷失灶地银二钱六分四厘，原额盐课银五十四两四钱九分七厘。

莱阳县，原额民佃灶地银三百六十三两五钱，加摊灶丁银一百三十四两四钱八分七厘，摊征迷失灶地银一两七钱二分七厘，原额盐课银六十二两七钱六分五厘。乾隆三年，全拨归海阳县征收。

宁海州，原额民佃灶地银八十八两二钱八分。乾隆三年拨归海阳县银五十二两七钱二分五厘，实征银三十五两五钱五分五厘，加摊灶丁银四十五两九钱四分。乾隆三年拨归海阳县银一十九两五钱七厘，实征银二十六两四钱三分三厘，摊征迷失灶地银四钱一分九厘。乾隆三年拨归海阳县银二钱五分，实征银一钱六分九厘，原额盐课银三十五两五钱八分八厘。乾隆三年拨归海阳县银二十一两二钱五分五厘，实征银一十四两三钱三分三厘。

海阳县，乾隆三年收并莱阳县民佃灶地银三百六十三两五钱，宁海州民佃灶地银五十二两七钱二分五厘，共银四百一十六两二钱二分五厘。收并莱阳县加摊灶丁银一百三十四两四钱八分七厘，宁海州加摊灶丁银一百七十四两九钱四分九厘，共银三百九两四钱三分六厘。收并莱阳县摊征迷失灶地银一两七钱二分七厘，宁海州摊征迷失灶地银二钱五分，共银一两九钱七分七厘。收并莱阳县盐课银六十二两七钱六分五厘，宁海州盐课银二十一两二钱五分五厘，共银八十四两二分。王克掞辨正云：前段云加摊灶丁银，拨归海阳一十九两五钱七厘，此云收并宁海加摊灶丁银一百七十四两九钱四分九厘，前后不符，未知误在何处。

以上共银若干，旧解胶莱运判。嘉庆时运判缺，裁，直解盐运司。

支款

石河场大使俸银四十两，皂隶工食银一十四两四钱。支领见上卷。

石河场大使养廉银二百两。赴运司支领。

石河场书役纸笔、饭食银六十两。内书攒二名，纸笔、饭食银二十四两；皂役六名，银三十六两。支领同上。以上除王克掞辨正一段外，余均《前志》。

摊豁 《通志》载：盐课向分二大宗，灶地、滩池等项悉征之灶户为灶课，民佃灶地加摊丁地及盐课等，亦即附入灶课中，引票、正课及一切杂课悉征之商为商课。谨按：商课亦谓之票课。胶县自商课摊入地丁后，亦谓之摊课。兹就票课、灶课分别言之，以清眉目。惟灶课多归场署征收，自石河场改组迁即墨金口后，卷帙已多散失，嗣经盐潮之变，损毁殆尽。此后所录，仅据县署档案列入。县案所无，概付阙如。

票价正课摊豁

《前志》：胶州黑扒票《通志》云：康熙时定制票课，视引课[1]为轻，黑扒票尤轻。额领三千张，每票

---

① 引课：旧时贩卖盐、茶按引课税。引，宋以后盐或茶运销时以“引”为计量单位，每引规定的斤数，不同时期和地区各不相同。

银一钱六分七厘七毫一丝六忽，共票课银五百零三两一钱四分八厘。自票课摊入地丁后，每粮银一两摊征票课银三分六厘二毫，以足五百零三两一钱四分八厘之数。光绪二十五年，因德国划界，随大粮摊豁银七两零四分四厘，豁票三十九张，实征银四百九十六两一钱零四厘。二十九年，因胶济铁路占地摊豁银五钱三分。除摊豁，实征银四百九十五两五钱七分四厘。

票课加价及摊豁

光绪二十七年，因筹庚子赔款①，每票一张加征银一两，计票二千九百六十一张，共加征银二千九百六十一两。二十九年，因胶济铁路占地摊豁银三两，豁票三张。除摊豁，实征银二千九百五十八两。

加价解费摊豁

票课加价后，加征解费银一百三十两零一钱五分六厘。二十九年，因胶济铁路占地摊豁银一两五钱一分六厘。除摊豁，实征银一百二十八两六钱四分。

灶课摊豁

《前志》：民佃灶地额征银四百四十一两二钱七分七厘。光绪二十五年，因德国划界摊豁银六两一钱七分八厘。二十九年，因胶济铁路占地摊豁银四钱四分一厘。除摊豁，实征银四百三十四两六钱五分八厘。《通志·盐法》后叙云：民佃灶地者，始于明正德初，各场灶丁多逃亡，地归民人承种，纳粮应征，灶丁盐斤，按丁课等则折银。第地亩散在各州县，日久混淆，明季已无籍可稽，清初多无地输粮，因有于荒芜灶地垦补之议，而民佃中有盐课一项，尤疑重征。夫明初，灶户计丁征盐，后始改征银，是丁银即盐课也。今丁银已摊入各项灶地，不当复有与丁银，异名同实之盐课，此则急宜厘剔者也。

《前志》：加摊灶丁额，征银三百二十八两零六分。光绪二十五年，因德国划界摊豁银四两五钱九分三厘。二十九年，因胶济铁路占地摊豁银三钱二分八厘。除摊豁，实征银三百二十三两一钱三分九厘。

《前志》：加摊迷失灶地额，征银二两零九分六厘。光绪二十五年，因德国划界摊豁银二分九厘。二十九年，因胶济铁路占地摊豁银二厘。除摊豁，实征银二两零六分五厘。《通志》云：自雍正八年，将灶丁之半摊入八场灶地及各州县民佃灶地内，余半仍派丁。至乾隆二年，复以其半分摊，于是民佃灶地中有加摊灶丁一项。雍正十一年，因灶地迷失复行摊入，于是民佃灶地中又有加摊迷失灶地一项。

随解杂费摊豁

原额随解杂费二百四十两零一钱四分五厘。光绪二十五年，因德国划界摊豁银五钱零五厘。二十九年，因胶济铁路占地摊豁银二钱七分五厘。除摊豁，实征银二百三十九两三钱六分五厘。此项杂费即《前志》所载笔帖式费、纸朱公费等款，惟此等费用时有增加，增加年月无可稽考，故与《前志》不符。

以上各项除摊豁外，共征银四千六百两有奇，其余灶课及莱、海等县盐课，县署无案可稽，从缺。

---

① 庚子赔款：庚子年（1900），八国联军攻陷北京，逼迫清政府赔偿各国银本息共计9亿多两，史称“庚子赔款”。

民国盐法

〔一〕**变洋** 此次变洋，各款系由运司单开指定，比较从前县案征解各款，或裁免或加增，故数目不符。

清季额领黑扒票二千九百五十八张，每张例重二百二十五斤，共合六十六万五千五百五十斤。民国三年，奉文每百斤作洋七角，共征洋四千六百五十八元八角五分。

向不按票应完票价等款，票价：正课民佃灶地，加摊灶丁，加摊灶地。共原征银一千二百五十五两七钱三分六厘。每银一两作洋一元八角，共征洋二千二百八十五元五角三分九厘。

向归灶户自催自解各款，计：石河场盐课银六十六两二钱一分，信阳场银三十七两三钱二分九厘，胶州所银四两四钱八分六厘，高家港银一两九钱二分，共银一百零九两九钱四分五厘。每银一两作洋一元八角，共征洋二百零六元六角零八厘。此款由灶户催征，县署给文解兑，不归县署征解。

随解票价等项四四解费[1]，票价：正课解费二十二两一钱三分九厘，民佃灶地加摊丁地解费三十三两九钱四分三厘，自催自解解费四两八钱三分七厘。共原征银六十两零九钱一分九厘，改征洋一百零九元六角五分四厘。

随解票价等项一二积并银一两七钱，改征洋三元零六分。此项为从前县案所无。

以上各项，共改征洋七千二百六十三元七角一分一厘。

〔二〕**裁免**

民国三年变洋时，同时裁免新额各款计领票课款银即前随解杂费之一部。二百一十七两六钱零三厘，加征票课银二千九百五十八两，洋款解费银一百三十两零一钱五分二厘，共裁免银三千三百零五两七钱五分五厘。

〔三〕**摊豁** 此项摊豁俟水冲沙压，各地垦复后盐课照旧摊征。十九年尚未垦复。

民国三年变洋后旋遇秋灾，水冲沙压，各地既奉明文豁免粮银若干，所有变洋盐课，除灶户自催自解各款不列摊豁外，余均随大粮豁免一部，计原征洋七千零五十七元一角零三厘，应摊豁洋一十八元零四分四厘。除摊豁外，实征洋七千零三十九元零五分九厘，合之自征自解各款，共征洋七千二百三十九元六角六分七厘。

〔四〕**二次裁免**

民国八年，因实行新票税则，将摊入地丁之票课裁免，以免重征之嫌，计票价正课银八百九十二元零零零四毫，四四解费洋三十九元一角九分三厘即前随解杂费变洋之一部。七角，票税洋四千六百五十八元八角五分，一二积并洋三元零六分，共裁免洋五千五百九十三元一角三

---

[1] 四四解费：清代山东盐税杂款之一，系引票正课纸朱和灶课民佃场灶税契等费用。因每征银一两随征解费银四分四厘，故名。

分三厘有奇。以前票课及解费尽裁，向后惟余灶课。

〔五〕现征灶课

民佃灶地洋七百八十三元一角七分八厘，加摊灶丁洋五百八十二元二角四分一厘，加摊灶地洋三元七角二分一厘，四四解费洋六十元零二角四分二厘，一二积并洋一元八角八分一厘，共征洋一千四百三十一元二角六分三厘。除因水冲沙压摊豁洋三元六角七分三厘外，实征洋一千四百二十七元五角九分，合之灶户自催自解各款，共征洋一千六百三十四元一角九分八厘。积并一项，民国八年裁免，十五年奉文复征，惟收数略减。

〔六〕新税经过

〔甲〕设局及专卖。

民国四年八月，商人集茂公号奉委来胶，创设官盐公店，蜚虹桥路南。择定九月十五日开市，每盐一斤售价五十文。此为胶县设局专卖之始，亦即沿海十八县设局专卖之始。先是运司订定《新税简章》：略载每票盐百斤收票税四角，渔盐百斤收票税二角。于各场及冲要城镇设总售票处，并于村市择要设售票分处。又载凡距场窎远①之区、零星商贩、食户购运不便，当照移盐就民办法，准由售票局兼设盐栈，照章纳解票税、运盐趸发②等语，至是实行试办。

〔乙〕取消专卖。

集茂公设局月余，旋奉部令准民间领票运销，专卖商无形取消。先是烟台绅商闻有沿海十八县开设盐栈专卖消息，乃发起盐务讨论会，函致民运十八县各举代表赴烟讨论。胶县推前内阁中书胡逢恩前往与议，议决后又同烟台代表赴京请愿。拟请加重摊课，而取消设局征税及专卖。结果财部于设局征税不允取消，而于专卖事则饬运司仿皖北十九县办法，听民投充运商于纳税后，报明运往何县行销，由运使填给运照办理，其原招商人有不愿充运者，听其辞退等语。当部令到东之日，正集茂公开市未久之日，依照部令办理，与民运民销无异，集茂公只得辞退。由是沿海十八县又成民运之局。

〔丙〕盐潮。

民国四年，甫经征收新税，适遇民军起义，山东发生战事，暂行停办。迨民国八年，摊粮票课奉文于上，忙开征时裁免，于是重征新税，定于五月一日实行，设分局于即墨金口。乃不数月，而有莱海人民焚烧金口盐局，戕杀巡丁，捣毁各富户，驱逐局长、场长之变，盖民运民销各地，素不闻盐税之说，一旦加此负担，不免心骇，而一时巡丁四出，往往有藉端讹诈等弊。于是，黠猾者流因人心之愤激，捏造谣言，谓设局征税，系各富户集股营利所为，非赖群众极端抵制不可，因而散发传单，敛财自肥。酝酿既久，遂于八年八月某日暴发，嗣经军队弹压，逮捕为首诸人正法，风潮始息，而设局征税如故。但自此又对于运盐斤量，略有变更，即每百斤加耗盐二十斤，仍缴百斤之税，自食盐在二十斤以内免税之规定是也。胶县滩场多划归租界，而未划归者局中亦未派验放员。盖盐场无多，派员则得不偿失，故从缓也。

按：此次风潮以前，有文登县反抗盐税、戕害排长等事，以后有昌邑县渔儿村殴辱巡官、警兵等事。十六年，胶县

---

① 窎(diào)远：深远；遥远。

② 趸发：批发。

大刀会起事，附海盐区红石崖、陈家港、海庄验放处、滩务处及缉私队分防驻所，均被蹂躏捣毁。夫民之于盐，亦犹布帛、菽粟，一日不可缺。管子兴鱼盐之利，官山府海，实为富国良策，而踵其事者，乃至变本加厉，甚至抵借洋款，授人以柄，并欲使民运民销，各县一律设栈专卖，不但与民争利，直是与民争食。风潮之起，有由来矣。向使盐课尽摊入地丁，不为层层之扰累，岂不甚善？而惜乎，势有不能也。

补记 石河场署卷帙既经损毁，所属灶课无从查考。兹仅据金口场署现存档案及询之书差记忆所知，撮举大要，开列于左。

胶州盐锅二十九面，即墨三十五面，莱、海两县八十三面。每面征银一钱，共一百四十七面①，共征银十四两七钱。

又胶县灶粮，通年九十二两四钱九分六厘，高密五两五钱九分七厘，诸城拾两零九钱，平度二两八钱四分一厘，昌邑二两八钱四分一厘，即墨、莱阳两县七十二两零三分七厘。石河场所辖六县：胶、高、即、莱阳、海②、宁③，六属本无诸、昌、平三处。此列三县者，因年久迁移，兼有逃逋或至诸、昌、平居住也。宁海久属西由场，故不列入。

胶县地租，通年十八千七百一十文，莱阳二十千一百一十六文，即墨六千文。以上补记各项均与《前志》不符，或由灶户逃亡，或由制度变更，既无全卷可查，姑志于此，以待考证。

---

① 一百四十七面：底本作“一百七十四面”，讹。据上下文义改。
② 海：即海阳县。
③ 宁：即宁海州。

增修胶志卷二十二　学校志第一 清代学校 民国学校

学校志序

学校之制，三代以后屡变。大抵周以前由家塾、党庠递升至国学，汉魏六朝则重选举，唐乃有科目，宋以经义取士，至明初改为制艺，垂六七百年如故。今则废科目而立学校，其制近古，而所习则大异焉。前者无论矣，今试即制艺与科学论之，由前之制，足以收士子之邪心，其弊也，有空言而无实效。由后之制，足以救俗儒之陋习，其弊也，蔑古礼而启嚣风。两者俱利弊相兼，亦在善变者取其长，补其短，以期培养真才耳。

清代学校

学宫　详“建置”。

学署　详“建置”。

清世祖钦颁卧碑文

朝廷建立学校，选取生员，免其丁粮，厚以廪膳，设学院、学道、学官以教之。各衙门官以礼相待，全要养成贤才以供朝廷之用。诸生皆当上报国恩，下立人品。所有教条开列于后：

一 生员之家，父母贤智者，子当受教。父母愚鲁或有非为者，子既读书明理，当再三恳告，不使父母陷于危亡。

一 生员立志，当学为忠臣清官。书史所载忠清事迹，务须互相讲究，凡利国爱民之事，更宜留心。

一 生员居心忠厚正直，读书方有实用，出仕必作良吏。若心术邪刻，读书必无成就，为官必取祸患。行害人之事者，往往自杀其身，常宜思省。

一 生员不可干求官长，交结势要，希图越次进身。若果心善德全，上天知之，必加以福。

一 生员当爱身忍性。凡有司官衙门，不可轻入。即有切己之事，止许家人代告，不许干预他人词讼，他人亦不得牵连生员作证。

一 为学当尊敬。先生若讲说，皆须诚心听受。如有未明，从容再问，毋妄行辨难。为师长者，亦当尽心教训，勿致怠惰。

一 军民一切利病，不许生员上书陈言。如有一言建白①，以违制论，黜革治罪。

一 生员不许纠党多人，立盟结社，把持官府，武断乡曲。所作文字，不许妄行刊刻。违

① 建白：提出陈述和建议。

者听提调官治罪。 顺治九年二月初九日

清圣祖御制至圣先师孔子赞并序

盖自三才①建而天地不居其功，一中传而圣人代宣其蕴。有行道之圣人，得位以绥猷②。有明道之圣人，立言以垂宪。此正学所以长明，人心所以不泯也。粤稽③往绪，仰溯前徽，尧舜禹汤文武达而在上，兼君师之寄，行道之圣人也。孔子不得位，穷而在下，秉删述之权，明道之圣人也。行道者，勋业炳于一朝。明道者，教思周于百世。尧舜文武之后，不有孔子，则学术纷淆，仁义湮塞，斯道之失传也久矣。后之人而欲探二帝三王之心法，以为治国平天下之准，其奚所取衷焉？然则孔子之为，万古一人也审矣。朕巡省东国，谒祀阙里④，景仰滋深，摛笔⑤而为之赞曰：清浊有气，刚柔有质。圣人参之，人极以立。行著习察，舍道莫由。惟皇建极，惟后绥猷。作君作师，垂统万古。曰惟尧舜，禹汤文武。五百余岁，至圣挺生。声金振玉，集厥大成。序《书》删《诗》，定《礼》正《乐》。既穷象系，亦严笔削。上绍往绪，下示来型。道不终晦，秩然大经。百家纷纭，殊途异趣。日月无逾，羹墙可晤。孔子之道，惟中与庸。此心此理，千圣所同。孔子之德，仁义中正。秉彝之好，根本天性。庶几夙夜，勖哉令图。溯源洙泗，景躅唐虞。载历庭除，式观礼器。摛毫仰赞，心焉遐企。百世而上，以圣为归。百世而下，以圣为师。非师夫子，惟师于道。统天御世，惟道为宝。泰山岩岩，东海泱泱。墙高万仞，夫子之堂。孰窥其藩，孰窥其径。道不远人，克念作圣。

康熙二十五年七月

清圣祖御制四配赞

颜子赞

圣道早闻，天资独粹。约礼博文，不迁不贰。一善服膺，万德来萃。能化而齐，其乐一致。礼乐四代，治法兼备。用行舍藏，王佐之器。

曾子赞

洙泗之传，鲁以得之。一贯曰唯，圣学在兹。明德新民，止善为期。格致诚正，均平以推。至德要道，百行所基。缵承统绪，修明训词。

子思子赞

於穆天命，道之大原。静养动察，庸德庸言。以育万物，以赞乾坤。九经三重，大法是存。笃恭慎独，成德之门。卷之藏密，扩之无垠。

孟子赞

哲人既萎，杨墨昌炽。子舆辟之，曰仁曰义。性善独阐，知言养气。道称尧舜，学屏功

① 三才：天、地、人是构成自然界的最重要的元素，故为"三才"。

② 绥猷：顺应民意，上体天道。

③ 粤稽：查考、考证之意。粤，语助词，用于句首或句中。

④ 阙里：孔子故里，借指曲阜孔庙。

⑤ 摛笔：执笔为文，铺陈翰藻。

利。煌煌七篇，并垂六艺。孔学攸传，禹功作配。　康熙二十八年闰三月

清圣祖御制训饬士子文

国家建立学校，原以兴行教化，作育人材，典至渥也。朕临御以来，隆重师儒，加意庠序。近复慎简学使，厘剔弊端，务期风教修明，贤才蔚起，庶几棫朴作人之意。乃比年士习未端，儒效罕著，虽因内外臣工奉行，未能尽善，亦由尔诸生积痼已久，猝难改易之故也。兹特亲制训言，再加警饬，尔诸生其敬听之。从来学者，先立品行，次及文学，学术事功，源委有叙。尔诸生幼闻庭训，长列宫墙，朝夕诵读，宁无讲究？必也躬修实践，砥砺廉隅，敦孝顺以事亲，秉忠贞以立志。穷经考业，勿杂荒诞之谈。取友亲师，悉化骄盈之气。文章归于醇雅，毋事浮华。轨度式于规绳，最防荡轶①。子衿佻达②，自昔所讥。苟行止有亏，虽读书何益？若夫宅心弗淑，行已多愆，或蜚语流言，挟制官长。或隐粮包讼，出入公门。或唆拨奸滑，欺孤凌弱。或招呼朋类，结社要盟。乃如之人，名教不容，乡党弗齿，纵幸脱褫扑，滥窃章缝返之，于衷宁无愧乎？况乡会科名，乃抡才大典，关系尤巨。士子果有实学，何患困不逢年？顾乃标榜虚名，暗通声气，夤缘③诡遇，罔顾身家。又或改窜乡贯，希图进取，嚣凌腾沸，网利营私，种种弊端，深可痛恨。且夫士子出身之始，尤贵以正。若兹厥初拜献，便已作奸犯科，则异时败检逾闲，何所不至？又安望其秉公持正，为国家宣猷树绩，膺后先疏附之选哉？朕用嘉惠尔等，故不禁反复惓惓。兹训言颁到，尔等务共体朕心，恪遵明训，一切痛加改省，争自濯磨，积行勤学，以图上进。国家三年登造，束帛弓旌，不特尔身有荣，即尔祖父亦增光宠矣。逢时得志，宁俟他求哉？若仍视为具文，玩愒④勿儆，毁方跃冶，暴弃自甘，则是尔等冥顽无知，终不能卒教也。既负栽⑤培，复干咎戾，王章具在，朕亦不能为尔等宽矣。自兹以往，内而国学，外而直省乡校，凡学臣师长，皆有司铎之责者。并宜传集诸生多方董劝，以副朕怀。否则职业弗修，咎亦难逭，勿谓朕言之不预也。尔多士尚敬听之哉！　康熙四十一年正月

清世宗上谕

为士者，乃四民之首，一方之望，凡属编氓⑥，皆尊之奉之，以为读圣贤之书，列胶庠⑦之选，其所言所行，俱可以为乡人法则也。故必敦品励学，谨言慎行，不愧端人正士。然后以圣贤诗书之道开示愚民，则民必听从其言，服习其教，相率而归于厚。或小民偶有不善之事，即怀愧耻之心，相戒毋⑧令某人知之。如古人之往事，则民风何患不淳！世道何患不复

---

① 荡轶：放纵；不受约束。

② 佻达：轻薄放荡，轻浮。

③ 夤(yín)缘：攀援，攀附。比喻拉拢关系。

④ 玩愒(kài)："玩岁愒日"之节略词。谓贪图安逸，旷废时日。

⑤ "栽"，底本作"裁"，讹。据上下文义改。

⑥ 编氓：指编入户籍的平民。

⑦ 胶庠：周代学校名，胶为大学，庠为小学。后世通称学校为"胶庠"。

⑧ "毋"，底本作"母"，讹。据上下文义改。

古耶！朕观今日之士，虽不乏闭户勤修、读书立品之辈，而荡检逾闲①、不顾名节者，亦复不少。或出入官署包揽词讼，或武断乡曲欺压平民，或违抗钱粮藐视国法，或代民纳课私润身家，种种卑污下贱之事，难以悉数。彼为民者，见士子诵读圣贤之书，而行止尚且如此，则必薄待读书之人，而并且轻视圣贤之书矣。士习不端，民风何由而正？其间关系极为重大。朕自即位以来，加恩学校，培养人材，所以教育士子者，无所不至，宜乎？天下之士皆鼓舞奋兴，争自濯磨，尽去其佻达之习矣。而内外诸臣条奏中，胪列诸生之劣迹，请行严惩者甚多。朕思转移化道之法，当先端其本原。教官者，多士之仪型也。学臣者，教官之表率也。教官多属中材，又或年甚衰迈，贪位窃禄，与士子为朋俦②，视考课为故套，而学臣又但以衡文为事，任教官之因循怠惰，苟且塞责，漫不加察，所以倡率之本不立，何怪乎士习之不端而风俗之不淳也。朕孜孜图治，欲四海之大、万民之众，皆向风而慕义，革薄而从忠。故特简督学之臣，慎重教官之职，欲使自上而下，端本澄源，以收实效也。凡为学臣者，务须持正秉公，宣扬风化。于教官之称职者，即加荐拔。溺职者，即行参革。为教官者，训诲士子，悉秉诚心，如父兄之督课子弟。至于分别优劣，则至公至当，不涉偏私。如此各尽其道，则士子人人崇尚品诣，砥砺廉隅。且不但自淑其身，而群黎百姓日闻善言，日睹善行，以生其感发之念，风俗之丕变，庶几其可望也。特谕。　雍正四年九月二十九日

清高宗《御制平定准噶尔告成太③学碑》文

辽矣山戎④，熏粥⑤旃裘⑥。毳幕⑦之人，界以龙沙⑧。畜其驒奚⑨，虽无恒业，厥有分部。盖自玄黄⑩部判，万物芸生，东夷西夷各依其地。谬举淳维⑪，未为理据，皇古莫纪。其见之书史者，自周宣太原之伐，秦政亘海之筑，莫不畏其侵轶猾夏是虞。自时厥后，一二奋发之君，慨然思挫其锋而纳之宥。然事不中机，材不副用，加以地远无定处，故尝劳众费财，十损一得。缙绅之儒守和亲，介胄之士言征伐。征伐则民力竭，和亲则国威丧。于是有“守在四夷，羁縻不绝，地不可耕，民不可臣”之言兴矣。然此以论汉唐宋明⑫之中夏，而非谓我皇清之中夏也。皇清荷天之龙兴东海，抚华区，有元之裔，久属版章，岁朝贡，从征狩，执役惟谨。准噶尔厄鲁特者，本有元之臣仆，判出据西海，终明世为边患。至噶尔丹而稍强，

---

① 荡检逾闲：指行为放荡，不守礼法。

② 朋俦：朋辈；伴侣。

③ “太”，底本作“文”，讹。据乾隆《永兴县志》改。《平定准噶尔告成太学碑文》，乾隆二十年（1755）五月立于北京国子监。弘历撰文，以满、汉、蒙、藏4种文字镌刻。

④ 山戎：春秋时期北方古代民族，又称北戎，活动地区在今河北北部。

⑤ 熏粥：古族名，匈奴的别名。

⑥ 旃裘：古代北方游牧民族用兽毛等制成的衣服。后借指古代北方游牧民族。

⑦ 毳幕：北方游牧民族居住的毡帐。

⑧ 龙沙：古时泛指塞外沙漠之地。

⑨ 驒奚（tuó xī）：亦作“驒騱”，野马名。

⑩ 玄黄：指天地。

⑪ 淳维：匈奴祖先，又名熏育，夏桀之庶子，避商汤攻伐，迁至北方荒漠之地，世代繁衍，为匈奴族。

⑫ “明”，底本脱，据《广州碑刻集》补。

吞噬邻蕃，阑入北塞。我皇祖三临朔漠，用大破其师，元恶伏冥诛，胁从远遁迹，毋俾遗种于我喀尔喀。厥姓策旺[①]阿拉布坦收其遗孽，仅保伊犁，故尝索俘取地，无敢不供。逮夫部落滋聚，乃以计袭哈密，入西藏，准夷之势于是而复张。两朝命将问罪，虽屡获捷，而庚戌之役，逆子噶尔丹策楞能用其父旧人，乘我师怠，掠畜于巴里坤，捣营于和卜[②]多，于而准夷之势大张。然地既险远，主客异焉，此劳往而无利，彼亦如之。故额尔德尼招之败，彼亦以彼贪利而深入也。皇考谓："我武既扬，不[③]可以既，允其请和，以息我众。"予小子敬奉先志，无越思焉。既而噶尔丹策楞死，子策旺多尔济那木札尔暴残，喇嘛达尔济篡夺之，达瓦齐[④]又篡夺喇嘛达尔济，而酗酒虐下尤甚焉。癸酉冬，都尔伯特台吉策楞等率数万人来归。越明年秋，辉特台吉阿睦尔撒纳、和硕特台吉班珠尔，又率数万人来归。朕谓："来者不可以不抚，而抚之莫若因其地其俗而善循之，且毋令滋方来之患于我[⑤]喀尔喀也。"于是，议进两路之师，问彼罪魁，安我新附。凡运饷筹驮、长行利战之事，悉备议之。始熟经于庚戌之艰者，咸惧蹈辙，惟大学士忠勇公傅恒，见与朕同，而新附诸台吉，则求之甚力。朕谓："犁庭扫穴，则不敢必然，喀尔喀之地，必不可以久居。若而人毋宁用其锋而观厥成，即不如志，亦非所悔也。"故凡禡旗命将之典，概未举行，亦云偏师，尝试为之耳。塞上用兵必以秋，而阿睦尔撒纳、玛木特请以春月，欲乘彼马未肥，则不能遁。朕谓其言良当，遂从之。北路以二月丙辰，西路以二月己巳，各启行。哈密瀚海向无雨，今春乃大雨，咸以为时雨之师。入贼境，凡所过之鄂拓克[⑥]，携羊酒糗糒[⑦]，迎恐后。五月乙亥至伊犁，亦如之。达瓦齐于格登山麓结营以待，兵近万。我两将军议："以兵取则伤彼必众，彼众皆我众，多伤非所以体上慈也。"丁亥，阿玉锡等二十五人，夜斫营，觇贼向。贼兵大溃，相蹂躏死者不可胜数，来降者七千余，我二十五人无一人受伤者，达瓦齐以百余骑窜。六月庚戌，回人阿奇穆、霍集、斯伯克，执达瓦齐来献军门，准噶尔平。是役也，定议不过二人，筹事不过一年，兵行不过五月，无亡矢遗镞之费，大勋以集，遐壤以定，岂人力哉？天也。然天垂佑而授之事机，设不奉行之，以致坐失[⑧]者，多矣。可与乐成，不可与谋始，亦谓蚩蚩之众云尔，岂其卿大夫之谓？既克集事，则又曰："苟知其易，将劝为之。"夫明于事后者必将[⑨]昧于机先，朕用是寒心。且准噶尔一小部落耳，一二有能为之长，而其树也固焉；一二暴夫为之长，而其亡也忽焉。朕用是知思，武成而勒碑文庙，例也。礼臣以为请，故据实事书之。其词曰：茫茫伊犁，

---

① 姓策旺：《广州碑刻集》《武陵县志》等作"任策妄"。
② "卜"，底本作"□"，据《广州碑刻集》等补。
③ "不"，底本作"□"，据《广州碑刻集》等补。
④ 达瓦齐：清朝中前期生活在西北的准噶尔部的一位首领。
⑤ "于我"，底本作"□□"，据《广州碑刻集》等补。
⑥ 鄂拓克：蒙古语，指部落、屯营地。
⑦ 糗糒（qiǔ bèi）：干粮。
⑧ "坐失"，底本作"□天"，讹。据《广州碑刻集》等补改。
⑨ "者必将"，底本作"□□□"，据《广州碑刻集》等补。

大干之西。匪今伊昔，化外羁縻。条支①之东，大宛②以南。随畜猎③兽，蚁聚狼贪。乃世其恶，乃恃其远。或激我攻，而乘我缓。其计在斯，其长可穷。止戈靖边，化日熏风④。不侵不拒，不来⑤其那。款关求市，亦不禁诃。始慕希珍，终居奇货。吏喜无事，迁就斯惵。渐不可长，我岂惧其⑥？岂如宋明，和市之为？既知其然，饬我边吏。弗纵弗严，示之节制。不仁之守，再世斯斩。篡夺相仍，飘忽荏苒。夙沙革面，煎巩披忱。集泮飞鸮，食黮怀音。锡之爵位，荣以华裾。膝前面请，愿效前驱。兵分两路，雪甲霜锋。先捣中坚，如晁错攻。益以后劲，蒙古旧属。八旗子弟，其心允笃。二月卜吉，牙旗飘飖。我旗斯腾，无待折胶。泉涌于碛，芜茁于路。我众惟跃，谓有天助。匪啻我众，新附亦云。黄发未睹，水草富春。乌鲁木齐，波罗塔拉⑦。台吉辛桑，纷纷款纳。牵⑧其肥羊，及马湩酒。献其屠耆，合掌双手。予有前谕，所禁⑨侵凌。以茶交易，大愉众情。众情既愉，来者日继。蠢达瓦齐，拥兵自卫。依山据淖，惟旦夕延。有近万人，其心十千。勇不目逃，抡二十五。曰阿玉锡，率往贼所。衔枚夜袭，直入其郛。挥矛拍马，大声疾呼。彼人既离⑩，我志斯合。突将无前，纵横鞳鞨⑪。案角鹿埵⑫，陇种东笼。自相狼籍，孰敢撄锋？狐窜鼠逃，将往异域。回部遮之，凶渠斯得。露布⑬既至，告庙受俘。凡此葳功，荷天之衢。在古周宣⑭，二年乙亥。准⑮夷是平，常武诗载。越我皇祖，征噶尔丹。命将祃旗，亦乙亥年。既符岁德，允协师贞。兵不血刃，漠无王庭。昔时准夷，弗恭弗谌。今随师行，为⑯师候尉。昔时准夷，日战夜征。今也偃卧，知乐人生。曰匪准夷，曰我臣仆。自今伊始，安尔游牧。尔牧尔耕，尔长孙子。曰无向非，岂有今是。两朝志竟，亿载基⑰成。侧席不遑，保泰持盈⑱。　乾隆二十年五月

清御制先师庙匾额

圣祖御书“万世师表”。康熙二十三年颁。

世宗御书“生民未有”。雍正五年颁。

---

① 条支：古西域国名，一般指塞琉古王朝。
② “宛”，底本作“□”，据《广州碑刻集》等补。
③ “猎”，底本作“□”，据《广州碑刻集》等补。
④ “日熏风”，底本作“□□□”，据《广州碑刻集》等补。
⑤ “来”，底本作“乘”，讹。据《广州碑刻集》等改。
⑥ “惧其”，底本作“□□”，据《广州碑刻集》等补。
⑦ 波罗塔拉：地名。在伊犁东北，蒙古语意为“青色的草原”。原为厄鲁特蒙古牧地。
⑧ “牵”，底本作“□”，据《广州碑刻集》等补。
⑨ “禁”，底本作“□”，据《广州碑刻集》等补。
⑩ “大声疾呼。彼人既离”，底本作“大齐□□。□□□□”，据《广州碑刻集》等改补。
⑪ 鞳鞨：敲钟击鼓的声音。此指纵横杀伐之状。
⑫ 鹿埵：古方言，败退溃散貌。
⑬ 露布：一种写有文字并用以通报四方的帛制旗子，多用来传递军事捷报。
⑭ 周宣：即周宣王。
⑮ 准：底本作“淮”，讹。据《广州碑刻集》等改。
⑯ “为”，底本作“□”，据《广州碑刻集》等补。
⑰ “基”，底本作“其”，讹。据《广州碑刻集》等改。
⑱ “盈”，底本作“宁”，讹。据《广州碑刻集》等改。

高宗御书“与天地参”。乾隆二年颁。

仁宗御书“圣集大成”。嘉庆四年颁。

宣宗御书“圣协时中”。道光元年颁。

文宗御书“德齐帱载”。咸丰二年颁。

穆宗御书“圣神天纵”。同治三年颁。

德宗御书“斯文在兹”。光绪元年颁。

至圣谥号

汉平帝元始元年，追谥孔子为褒成宣尼公。北魏孝文帝太和十六年，改谥孔子为文宣尼父。后周静帝大象二年，追封孔子为邹国公。隋文帝赠孔子为先师尼父。唐太宗贞观十一年，追谥孔子为宣父。高宗乾封元年，追赠孔子为太师。玄宗开元二十七年，追谥孔子为文宣王。宋真宗大中祥符元年，加谥孔子为元圣文宣王，五年，改封至圣文宣王。元成宗称大成，文宗武宗称大成至圣文宣王。明世宗嘉靖八年，更定孔庙祀典，尊孔子曰“至圣先师”。

清世祖顺治二年，加称大成至圣文宣王先师。十七年，改称至圣先师。按：唐开元二十七年，孔子始正南面。孔子没，子贡用檀木雕像。汉蜀郡太守文翁又塑孔子于石室，皆用像。至明洪武十五年始更木主。嘉靖九年，令天下木主。清太学用木主，各府州县或像或主，悉仍其旧。

崇圣祠封号

宋真宗大中祥符元年，追封圣父为齐国公。元文宗至顺元年，加封圣父为启圣王。

清世宗雍正元年，册封孔子先世五代俱为王，木金父公为肇圣王，祈父公为裕圣王，防叔公为诒圣王，伯夏公为昌圣王，叔梁公为启圣王。

从祀贤儒

四配　谨按：去封爵，但称复圣等号，定于明嘉靖九年。又《宋·礼志》四配之位，居正位之东面西向，而东西向不知始自何时。

复圣颜子，魏正始七年配。唐贞观中称先师，开元中称亚圣。唐宋自太子少师、太师、兖公累封至兖国公。元至顺元年称兖国复圣公。明景泰三年置博士。

宗圣曾子，唐总章元年配，开元八年列像十哲之末，宋咸淳三年重配。唐宋自太子少保、太保、郕伯、郕侯、武城侯，累封至郕国公。元称郕国宗圣公，明嘉靖十八年置博士。

述圣子思子，宋大观二年从祀，端平二年陟十哲，咸淳三年配，封沂国公，元称沂国述圣公，明弘治十六年置博士。

亚圣孟子，宋元丰七年配，明洪武五年罢，六年复。宋封邹国公，元称邹国亚圣公，明景泰三年置博士。

十二哲

先贤闵子损，字子骞，鲁人，唐赠费侯，宋封琅邪公，改费公，清康熙三十九年置博士。

先贤冉子耕，字伯牛，鲁人，唐赠郓侯，宋封东平公，改郓公，清雍正二年置博士。

先贤冉子雍，字仲弓，鲁人，唐赠薛侯，宋封下邳①公，改薛公，清雍正二年置博士。

先贤宰子予，字子我，鲁人，唐赠齐侯，宋封临淄公，改齐公。

先贤端木子赐，字子贡，卫人，唐赠黎侯，宋封黎阳公，改黎公，清康熙三十九年置博士。

先贤冉子求，字子有，鲁人，唐赠徐侯，宋封彭城公，改徐公。

先贤仲子由，字子路，卞人，唐赠卫侯，宋封河南公，改卫公，明万历中置奉祀生，崇祯十六年置博士。

先贤言子偃，字子游，吴人，唐赠吴侯，宋封丹阳公，改吴公，清康熙五十一年置博士。

先贤卜子商，字子夏，卫人，唐赠魏侯，宋封河东公，改魏公，清康熙五十九年置博士。

先贤颛孙子师，字子张，陈人，唐赠陈伯，宋封颍川侯，加封陈公，陟十哲，清雍正二年置博士。

先贤有子若，字子有，鲁人，唐赠卞伯，宋封平阴侯，清雍正二年置博士

先贤朱子熹，字元晦，号晦庵，婺源人，徙居建阳之考亭。仕历部郎提刑、修撰待制、漳州府江东转运广南经略、荆湖安抚等官，赠宝谟阁学士，谥文。宋封信国公，改徽国，元改齐国，明景泰六年置建阳博士，嘉靖二年置婺源博士，宋淳祐元年从祀两庑，明崇祯十五年称先贤，列汉唐诸儒上。清康熙五十一年陟十哲之末，位于东序。乾隆三年又陟有子，乃移朱子于西序，定十二哲。

东庑先贤

蘧子瑗，字伯玉，卫人，《石室图》列入弟子内。唐赠卫伯，明嘉靖九年改祀于乡，清雍正二年复。澹台子灭明，字子羽，鲁武城人，唐赠江伯，宋封金乡侯。原子宪，字子思，鲁人，唐赠原伯，宋封任城侯。南宫子适，字子容，鲁人，唐赠郯伯，宋封汝阳侯。商子瞿，字子木，鲁人，唐赠蒙伯，宋封须昌侯。漆雕子启，字子开，蔡人，唐赠滕伯，宋封平舆侯。司马子犁耕，字子牛，宋人，唐赠向伯，宋封绥阳侯。梁子鳣，字叔鱼，鲁人，唐赠梁伯，宋封千乘侯。冉子孺，字子鲁，鲁人，唐赠纪伯，宋封临沂侯。伯子虔，字子析，鲁人，唐赠聊伯，宋封沭阳侯。冉子季，字子产，鲁人，唐赠东平伯，宋封诸城侯。漆雕子徒父，字子有，鲁人，唐赠须句伯，宋封高苑侯。漆雕子哆，字子敛，鲁人，唐赠武城伯，宋封濮阳侯。公西子赤，字子华，鲁人，唐赠郜伯，宋封巨野侯。任子不齐，字子选，楚人，唐赠任城伯，宋封当阳侯。公良子孺，字子正，陈人，唐赠东牟伯，宋封牟平侯。公肩子定，字子中，鲁人，唐赠新田伯，宋封梁父侯。邬子单，字子家，鲁人，唐赠铜鞮伯，宋封聊城侯。罕父子黑，字子索，鲁人，唐赠乘邱伯，宋封祁乡伯。荣子旂，字子祺，鲁人，唐赠雩娄伯，宋封厌次侯。左人子郢，字子行，鲁人，唐赠临淄伯，宋封南华侯。郑子国，字子徒，鲁人，唐赠荥阳伯，宋封朐山侯。原子亢，字子籍，鲁人，唐赠莱芜伯，宋封乐平侯。廉子洁，字子

① “邳”，底本作“邱”，形似而讹。

庸，卫人，唐赠莒父伯，宋封胙城侯。叔仲子会，字子期，晋人，唐赠瑕邱伯，宋封博平侯。公西子舆如，字子上，鲁人，唐赠重邱伯，宋封临朐侯。邽子[1]巽，字子敛，鲁人，唐赠平陆伯，宋封高唐侯。陈子亢，字子禽，陈人，唐赠颍伯，宋封南顿侯。琴子张，字子开，一名牢，字子张，卫人，唐赠南陵伯，宋封平阳侯。步叔子乘，字子车，齐人，唐赠淳于伯，宋封博昌侯。秦子非，字子之，鲁人，唐赠汧阳伯，宋封华亭侯。颜子哙，字子声，鲁人，唐赠朱虚伯，宋封济阴侯。以上唐开元时从祀。颜子何，字子冉，鲁人，唐赠开阳伯从祀，宋封堂邑侯，明嘉靖九年罢，清雍正二年复。县子亶，字子象，鲁人，清雍正二年从祀。乐正子克，周人，宋封利国侯。万子章，齐人，宋封博兴伯。皆清雍正二年进从祀，乾隆二十一年改称先贤某子。周子敦颐，字茂叔，世称濂溪先生，宋道州营道县人，知南康军、虞部郎中，赐谥元，封汝南伯，元加道国公，宋淳祐元年从祀，明崇祯十五年称先贤，景泰六年置博士。程子颢，字伯淳，世称明道先生，宋河南人，官太子中允，权监察御史，追谥纯，封河南伯，元加豫国公，宋淳祐元年从祀，明改先贤，崇祯三年置博士。邵子雍，字尧夫，世称康节先生，宋河南人，两举遗逸[2]，授将作监[3]，补团练推官，赠著作郎，谥康节，封新安伯，淳祐三年从祀，明改先贤，崇祯三年置博士。以上《前志》。

西庑先贤

林子放，字子邱，鲁人，《石室图》列入弟子内。唐赠清河伯，宋封长山侯，明嘉靖九年改祀于乡，清雍正二年复。宓子不齐，字子贱，鲁人，唐赠单父伯，宋封单父侯。公冶子长，字子长，鲁人，唐赠莒伯，宋封高密侯。公皙子哀，字季次，齐人，唐赠郳伯，宋封北海侯。高子柴，字子羔，齐人，唐赠共城伯，宋封共城侯。樊子须，字子迟，鲁人，唐赠樊伯，宋封益都侯。商子泽，字子季，鲁人，唐赠睢阳伯，宋封邹平侯。巫马子施，字子旗，一名期，陈人，唐赠鄫伯，宋封东阿侯。颜子辛，字子柳，鲁人，唐赠萧伯，宋封阳谷侯。曹子恤，字子循，蔡人，唐赠曹伯，宋封上蔡侯。公孙子龙，字子石，卫人，唐赠黄伯，宋封枝江侯。秦子商，字子丕，鲁人，唐赠上洛伯，宋封鄄城侯。颜子高，字子骄，鲁人，唐赠琅邪伯，宋封雷泽侯。壤驷子赤，字子徒，秦人，唐赠北徵伯，宋封上邽侯。石作子蜀，字子明，秦人，唐赠郈邑伯，宋封成纪侯。公夏子首，字子乘，鲁人，唐赠亢父伯，宋封巨平侯。后子处，字子里，齐人，唐赠营邱伯，宋封胶东侯。奚容子葴[4]，字子皙，卫人，唐赠下邳伯，宋封济阳侯。颜子祖，字子襄，鲁人，唐赠临沂伯，宋封富阳侯。句子井疆，字子界，一作复姓，句井名疆，字子疆。卫人，唐赠淇阳伯，宋封滏阳侯。秦子祖，字子南，秦人，唐赠少梁伯，宋封鄄城侯。县子成，字子祺，鲁人，唐赠巨野伯，宋封武城侯。公祖子句兹，字子之，鲁

---

① “子”，底本作“字”，讹。

② 遗逸：在野遗贤、逸民之称。宋代在科举、门荫之外另设“举遗逸”选官，网罗有贤能者为朝廷效力，一般数量不多，官品较低。

③ 将作监：古代官署名，掌管宫室建筑及各种异样器用打造的官署。

④ 葴（diǎn）：古人名用字，通“点”。

人，唐赠期思伯，宋封即墨侯。燕子伋，字子思，鲁人，唐赠渔阳伯，宋封汧源侯。乐子欬，字子声，鲁人，唐赠昌平伯，宋封建城侯。狄子黑，字子皙，卫人，唐赠临济伯，宋封林虑侯。孔子忠，字子蔑，孔子兄之子，唐赠汶阳伯，宋封郓城侯。公西子蒧，字子上，鲁人，唐赠祝阿伯，宋封徐城侯。颜子之仆，字子叔，鲁人，唐赠东武伯，宋封宛句侯。施子之常，字子恒，鲁人，唐赠乘氏伯，宋封临濮侯。申子枨，字子周，鲁人，唐赠鲁伯，宋封文登侯。以上唐开元时从祀。左子丘明，一作复姓左丘名明。鲁人，唐贞观中从祀，宋封中都伯，明嘉靖九年称先儒，崇祯十五年改先贤。秦子冉，字子开，鲁人，唐赠彭衙伯从祀，宋封新息侯，明嘉靖九年罢，清雍正二年复。牧子皮，公都子，齐人，宋封平阴伯。公孙子丑，齐人，宋封寿光伯，皆清雍正二年进从祀，乾隆二十一年改称先贤某子。张子载，字子厚，宋大梁人，后寓郿县之横渠镇，世称横渠先生，崇文院检书，知太常礼院，谥明，封郿伯，淳祐元年从祀，明改先贤，天启二年置博士。程子颐，字正叔，颢之弟，世称伊川先生，官崇政殿说书，追谥正，封伊阳伯，元加洛国公，宋淳祐元年从祀，明改先贤，景泰六年置博士。

东庑先儒

公羊氏高，齐人。唐贞观时从祀，宋封临淄伯。伏氏胜，济南人，秦博士，传《尚书》，唐贞观时从祀，宋封乘氏伯，清置博士。董氏仲舒，广川人，汉景帝时博士，元至顺元年从祀，明封广川伯。后氏苍，字近君，郯人，东汉礼宗，明嘉靖九年从祀。杜氏子春，河南缑氏人，汉周官家，唐贞观时从祀，宋封缑氏伯。诸葛氏亮，字孔明，琅邪人，蜀汉丞相，谥忠武，清雍正二年从祀。王氏通，字仲淹，隋龙门人，门人私谥文中子，明嘉靖九年从祀。陆氏贽，字敬舆，嘉兴人，唐中书侍郎同平章事，谥宣，清道光六年从祀。范氏仲淹，字希文，吴县人，宋参政宣抚使，赠兵部尚书，谥文正，清康熙五十四年从祀。欧阳氏修，字永叔，庐陵人，宋参政，赠太子太师，谥文忠，明嘉靖九年从祀。杨氏时，字中立，世称龟山先生，将乐人，宋工部侍郎，龙图学士，谥文靖，明弘治八年封将乐伯从祀。罗氏从彦，字仲素，世称豫章先生，沙县人，宋博罗主簿，谥文质，明隆庆六年从祀。李氏侗，字愿中，世称延平先生，剑浦人，谥文靖，元封越国公，明隆庆六年从祀。吕氏祖谦，字伯恭，祖好问，封东莱郡侯，自称东莱吕，故世称东莱先生，婺州人，宋国史院编修，谥成改忠亮，封开封伯，景定元年从祀。蔡氏沈，字仲默，世称九峰先生，宋建阳人，谥文正，明封崇安伯，正统二年从祀。陈氏淳，字安卿，世称北溪先生，龙溪人，宋安溪主簿，清雍正二年从祀。魏氏了翁，字华父，世称鹤山先生，浦江人，宋端明学士，福州安抚，赠秦国公，谥文靖，清雍正二年从祀。王氏柏，字会之，世称鲁斋先生，金华人，主丽泽、上蔡两书院，宋咸淳十年赐谥文宪，清雍正二年从祀。赵氏复，字仁甫，世称江汉先生，元德安人，清雍正二年从祀。许氏谦，字益之，世称白云先生，元金华人，清雍正二年从祀。按：益之以后至元卒，鲁山以前至元十八年卒，以益之位鲁山前，盖沿明人之误。吴氏澄，字幼清，世称草庐先生，崇仁人，元翰林学士，谥文正，明正统八年从祀，嘉靖九年罢，清乾隆二年复。胡氏居仁，字叔心，世称敬斋先生，余干人，明布衣，谥文敬，万历十二年从祀。王氏守仁，字伯安，世称阳明先生，余姚人，明隆庆初赠新建伯，谥文成，万历十二年从祀。罗氏钦顺，字允升，世称整庵先生，泰和人，明尚书，赠太子太保，谥文庄，清雍正二年从祀。黄氏道周，字幼平，漳浦人，明武英殿大学士兼吏、兵二部尚书，清乾隆四十一年追谥忠端，道光五年从祀。汤氏斌，字孔伯，睢州人，清礼、工二部尚书，乾隆元年追谥文正，道光三年从祀。谢氏良佐，道光二十九年从祀。李氏纲，咸丰元年从祀。公孙氏侨，咸丰七年从祀。张氏履祥，同治十年从祀。辅氏广，光绪三年从祀。《前志》先儒，后又增加五人。

西庑先儒

谷梁氏赤，鲁人，唐贞观时从祀，宋封睢阳侯。高堂氏生，鲁人，汉礼经博士，唐贞观时从祀，宋封莱芜伯。孔氏安国，字子国，孔子十一世孙，汉谏议大夫，作《尚书传》，唐贞观时从祀，宋封曲阜伯。按：子国，汉武帝时人，卒于宣帝初。毛氏苌，景帝时为河间献王博士，武帝立，从献王朝京师，子国时犹童稚，唐人之祀犹在苌后，今在苌前，盖沿明人之误。毛氏苌，赵人，汉河间献王博士，善说诗，世称小毛公，唐贞观时从祀，宋封乐寿伯。按：侯登岸《毛亨宜从祀议》略云：《诗正义》① 引《诗谱》②："鲁人大毛公为《训诂传》于其家，河间献王得而献之，以小毛公为博士。"徐坚《初学记》云：赵人荀卿以《诗》授鲁国毛亨，作《训诂传》，以授赵国毛苌，时人以亨为大毛公，苌为小毛公。亨传经之功较苌为大，且在其前，乃苌自唐已从祀孔子庙庭，而亨独不与何也？《钦定四库全书》既据《诗谱》定传《诗》者为毛亨，则亨之祀典似未可独阙。故窃为此议，备有言责者之采择。郑氏玄，字康成，高密人，汉以侍中、中郎将、大司农征，俱不就，唐贞观时从祀，明嘉靖九年改祀于乡，清雍正二年复。范氏宁，字武子，鄢陵人，晋中书侍郎，豫章太守，唐贞观时从祀，明嘉靖九年改祀于乡，清雍正二年复。韩氏愈，字退之，南阳人，唐吏部侍郎，谥文，封昌黎伯，宋元丰七年从祀，清乾隆二年置博士。胡氏瑗，字翼之，世称安定先生，海陵人，宋湖州教授，天章阁侍讲，谥文昭，明嘉靖九年从祀。司马氏光，字君实，夏县涑水乡人，宋尚书左仆射，赠太师，追封温国公，谥文正，配享，哲宗咸淳三年从祀。尹氏焞，字彦明，洛人，宋敕称和靖处士，除说书③、少监、常少、侍讲、待制、侍郎等官，清雍正二年从祀。胡氏安国，字康侯，崇安人，宋宝文阁直学士，谥文定，明封建宁伯，正统二年从祀。张氏栻，字敬夫，世称南轩先生，绵竹人，宋吏部侍郎，知江陵府，谥宣，景定二年从祀。陆氏九渊，字子静，世称象山先生，金谿人，宋荆门知军，谥文安，明嘉靖九年从祀。黄氏干，字直卿，世称勉斋先生，闽县人，宋朝奉郎，谥文肃，清雍正二年从祀。真氏德秀，字景元，世称西山先生，浦城人，宋知制诰，拜参政，谥文忠，明封浦城伯，正统二年从祀。何氏基，字子恭，金华人，宋授教授、校勘、说书等官，皆不受，谥文定，清雍正二年从祀。文氏天祥，字履善，一字宋瑞，庐陵人，宋理宗宝祐四年进士，对策第一，洊历右丞相加少保，封信国公，清道光二十三年从祀。

---

① 《诗正义》：唐贞观十六年（642）孔颖达等奉唐太宗诏命所作《五经正义》之一，为当时政府颁布的官书。
② 《诗谱》：郑玄作，已佚。
③ 说书：官名。掌进读书史，讲释经义，备顾问应对。

陈氏澔，字云庄，一字可久，世称云庄先生，都昌人，元时著《礼记集说》，清雍正二年从祀。按：云庄人元最久，宜位仁山后。金氏履祥，字吉父，世称仁山先生，兰溪人，宋以史馆编修召，未用国亡，清雍正二年从祀。许氏衡，字平仲，世称鲁斋先生，河内人，元集贤学士、国子祭酒，谥文正，封魏国公，皇庆二年从祀。薛氏瑄，字德温，世称敬轩先生，河津人，明大理卿，谥文清，隆庆五年从祀。陈氏献章，字公甫，世称白沙先生，新会人，明翰林检讨，谥文恭，万历十二年从祀。蔡氏清，字介夫，晋江人，明国子祭酒，谥文庄，清雍正二年从祀。吕氏坤，字叔简，世称新吾先生，宁陵人，明刑部侍郎，清道光六年从祀。刘氏宗周，字起东，世称念台先生，山阴人，明左都御史，清乾隆四十一年追谥忠介，道光二年从祀。孙氏奇逢，字启泰，容城人，明万历举人，清道光八年从祀。陆氏陇其，字稼书，平湖人，清监察御史，雍正二年从祀，乾隆元年追谥清献。韩氏琦，清咸丰二年从祀。公明氏仪，咸丰二年从祀。陆氏秀夫，咸丰九年从祀。曹氏端，咸丰十年从祀。方氏孝孺，清同治二年从祀。吕氏柟，字泾野，高陵人，明官至南京礼部侍郎，同治二年从祀。赵岐，字颁卿，汉京兆长陵人，少明经史，有才艺，尝著《孟子章句》及《三辅决录》等书，从祀失年。毛氏亨，汉赵人，世称大毛公，同治二年从祀。袁氏燮，同治七年从祀。许氏慎，清光绪二年从祀。陆氏世仪，光绪二年从祀。张氏伯行，光绪二年从祀。刘氏德，光绪二年从祀。游氏酢，光绪十八年从祀。吕氏大临，光绪二十一年从祀。顾氏炎武，字宁人，昆山人，明贡生，著有《亭林集》《日知录》等书行世，光绪三十四年从祀。黄氏宗羲，字太冲，明余姚人，受业刘宗周，研究先儒之学，学者称梨洲先生，清康熙初诏取所著书宣付史馆，光绪三十四年从祀。王氏夫之，字船山，明季讲学衡山，著有《纲鉴》《通论》等书行世，清光绪三十四年从祀。《前志》先儒，后又增加十八人。

崇圣祠配享先贤

孔子牧皮，先师之兄，清咸丰七年配享崇圣祠。颜子无繇，字路，复圣之父，唐赠杞伯，从祀两庑，宋改曲阜侯，元加杞国公，谥文裕，明嘉靖九年配祀启圣祠。曾子点，字皙，宗圣之父，唐赠宿伯，从祀两庑，宋改莱芜侯，明嘉靖九年配祀启圣祠。孔子鲤，字伯鱼，述圣之父，宋封泗水侯，咸淳二年从祀两庑，明嘉靖九年配祀启圣祠。孟孙子激，字公宜，亚圣之父，元延①祐三年封邾国公，明嘉靖九年配祀启圣祠。增加孔子兄牧皮一人。

崇圣祠从祀先儒

周氏辅成，周子敦颐之父，累赠谏议大夫，明万历二十三年从祀。张氏迪，张子载之父，官殿中丞，清雍正二年从祀。程氏珦，字伯温，程子颢、程子颐之父，封永年伯，明嘉靖九年从祀。朱氏松，一作松年。字乔年，朱子熹之父，谥献靖，元封齐国公，明嘉靖九年从祀。蔡氏元定，字季通，蔡子沈之父，赠迪功郎，谥文节，明嘉靖九年从祀。

---

① “延”，底本作“廷”，形似而讹。元代延祐三年为1316年。

学额

州学，岁科两试，各取文童二十名。清同治二年加额二名，此后永为定例，每试取文童二十二名。清乾隆三十六年恩诏入学广五名，五十六年广五名。嘉庆元年广五名，二年广七名，五年广七名。道光元年广七名，三十年广七名。咸丰三年广六名，同治二年广七名，拨府一名，军需捐正额加二名。光绪二年广六名，光绪二十一年广六名，三十年广六名，三十年年终奉文停止。武童，每岁试取十五名，同治二年亦加额二名，此后岁入十七名，光绪二十七年停止。廪膳生、增广生各三十名，三年两贡，礼生六十四名，乐舞生一百名。光绪三十四年俱停止，惟五贡展至宣统二年庚戌科后停止。

灵山卫学，旧额廪膳生二十名，增广生二十名，岁入文童八名，武童八名，科入文童八名。乾隆十六年奉文裁减廪、增生各八名，文、武童各三名，新额廪膳生十二名，增广生十二名，光绪三十四年停止。岁入文童五名，科入文童五名，光绪三十年停止。岁入武童五名，光绪二十七年停止。二年一贡。与州贡同年停止。

学田

旧府志：明洪武十五年，原额设学田地十六顷七十亩九分四厘六毫久荒。万历三十年知府龙文明檄知州赵秉忠查复足原额，每年征收谷石为儒学、社学供馔及社学延师馆谷之费，明亡溷入民田。清康熙三十二年，知州张象翀同学正魏尊光、训导沈濬复按籍查足学田原数，坐落小行、庸村、柏栏、西石屯、人荣、古镇等村，每年征租银解提，以赡贫生。

书籍

《上谕》五部，《圣谕广训》二本，《上谕三教论》一本，《御制训饬士子文》一本，《御纂易经》二部，《书经》二部，《诗经》二部，《春秋》二部，《性理》二部，《钦定四书文》一部。又，《明史》一部，《学政全书》一部，《教条》一本，《仪注》一本，《名教罪人诗》一本，《乐式册》一本，《驳吕留良四书讲义》一部。今皆无存。

以上除先儒增加二十三人、崇圣祠先贤增加一人外，余均《前志》。

书院

清代学校，除设学官外，复有书院之制。胶邑书院有三，曰胶西书院，曰灵山书院，曰珠山书院，均由州官延聘宿儒主持院事，名曰山长。阖邑生童均按月课试，经学院考取隶名学官者，廪、增、附皆谓之生。经州、县、府考试未蒙院试录取者，皆谓之童。每月各书院由州官考试者曰官课，由山长考试者曰院课，各评定甲乙，榜示于外。生分超等、特等、壹等，童分上取、中取、次取。惟官课分别给以膏奖，院课无。而士子所仰望以资训导者，全在山长一人。若学官对于诸生除岁科两试送考外，别无讲学等事，非若山长之密切也。光绪末年，停科举，兴学堂，改书院为校士分馆，嗣又改为师范传习所。由是书院之制与学官同废。

学款

书院息本，存胶平银①一千八百二十四两正。乡试息本存库平银②五百两正，会试息本存

---

① 胶平银：原为流通于胶州一带的银码，后来成为青岛通行的记账货币。

② 库平银：清政府部库称量银两的标准，简称库平。

库平银四百两正，以上均月利一分，遇闰加增。义学息本存库平银五百两正，月利一分，遇闰加增。乡会试息本存胶平银一千两正，诸生入学费息本存胶平银三千一百七十三两六钱一分四厘，蒙养学堂息本存胶平银一千一百七十五两八钱四分，以上皆年利八厘。以上七款共计库、胶平银一千四百两正、七千一百七十三两四钱五分四厘。书院息本存洋四千元正，年利一分。中学预备费息本存洋三千六百七十八元三角七分四厘，年利一分。以上二款共计洋七千六百七十八元三角七分四厘。乡试息本存钱二千吊正，会试息本存钱一千吊正，义学息本存钱一千九百六十吊正，校士分馆息本存钱一千吊正，以上皆月利一分，遇闰加增。达材学堂息本存钱五千吊正，年利一分。考院岁修息本存钱一百五十吊正，庸生祠息本存钱四十吊正，以上皆月利一分，遇闰照加。考院岁修息本钱二千吊正，庸生祠息本存钱一百六十吊正，乡试息本存钱一百二十吊零六百二十二文，会试息本存钱一百吊正，以上皆年利一分。蒙养学堂息本存钱四百一十九吊九百四十二文，月利九厘。学款盈余息本存钱二万吊正，年利一分。以上十三款共计钱三万三千九百五十吊零五百六十四文。

胶县教育基金生息岁入总数

生息库平银一百六十八两，生息胶平银六百四十六两八钱二分六厘，生息银洋七百六十七元八角三分七厘，生息钱三千五百二十一吊四百十四文。

胶县教育经费不动产岁入数

高等小学官荒地租钱六千四百八十四吊九百三十文，学田地租钱五千七百零七吊二百零六文，初等小学地租钱一千二百九十九吊六百七十六文，学费地租钱六百吊正，义学租谷二石一斗折钱八十六吊一百文，北海书院地租钱二百二十四千文，统计处地租钱九十七千六百零六文，以上七款共计钱一万四千四百九十九吊①五百十八文。

学堂

清光绪二十七年上谕“政务处奏请各省速办学堂”等语。建学储才实为当今急务，前经谕令各直省设立学堂，责成该督抚、学政切实通筹，举办通省学堂，同时并举财力，或有不逮，若必待各府厅州县中小学堂帑足始行开办，转致观望迟延。查袁世凯所奏山东学堂事宜及试办章程，拟先于省城立学堂一所，分斋督课，先从备斋、正斋入手，俾初学易于速就，渐有师资，再行次第推广，其教规课程，参酌中西，而谆谆于明伦理、循礼法，尤得成德达材本末兼资之道。着政务处即将该署督原奏并单开章程，通行各省，立即仿照举办。三十一年，袁世凯等又奏请，推广学堂，先停科举，奉旨即于是年停止，以后人才取自学堂，限年毕业，请奖给举、贡、廪、增等不拘额数。所有奖励均详“选举”。惟清代学堂只有师范传习所学生毕业四十五名，师范研究所学生毕业五十二名，其余达材学堂等虽创自清代，而学生未及毕业即行改组，无成绩可言，其有成绩涉及民国者，均列入民国学校内，此不备载。

---

① “吊”,底本作“千”,讹。据上下文义改。

民国学校

清名学堂，民国更名学校，广言之则曰教育。兹将办理教育机关及各校教育成绩并各级学生成绩分列于下。

〔一〕**教育局**　清光绪三十二年成立劝学公所，此为清设办新学机关之始。此后名称屡变，至党治国而规模始大，所有公文直接教厅，不经县署转呈。除历次所长、局长姓名列入职官，无庸复叙外，兹将历次变更名称及属员列表于左。

变更时期	变更名称	首领名称	委任机关	职员名目	委任机关
光绪三十二年	劝学公所	总董	省委	劝学员六人	县委
宣统二年	同	总董兼劝学员一人	同		
民国元年	同	劝学员长	同	同	同
民国二年	视学所	县视学	同	乡视学六人	同
民国五年	劝学所	劝学所长	五年九月后道委 六年七月后省委	劝学员四人	同
十二年	教育局	教育局长	同	县视学二人 教育委员四	省委 县委
十八年	同	同	同	县督学一 教育委员四	省委 县委

附设学务机关

民国四年，设学务款产员。政府因学款不固定，往往有挪用之弊，故设专员保管清理之，十二年取消。

十二年，设学务董事会。定章五人至九人，县知事选派县视学一人，余由参事会派参事一人，再举资格相合者三人或五人。自治团体未成立以前，由教育局长就合格人员加倍推荐，呈请县知事选任，以保管学款为主要。凡开始动用学款，须招集开会议决之。胶县初设时共九人，后来时有增减，十八年取消。

十八年，设经费保管委员会。定章五人至九人，县署一、党部一，其余由中小学校长及办地方公益有成绩者充之，胶县共六人。

十九年，设教育行政委员会。定章用教育素有经验者五人至九人充之，凡教育进行事件，须开会议决之，胶县共六人。

〔二〕**教育会**　此会与教育局均创自清季，伊时仅具雏形，规模狭小，故并载于民国内。

教育事业至为重大，非有协助，行政机关不足以资提倡而励进行，政府有见及此，故于宣统二年明令各县组织教育会，定章由合格报名会员选举正副会长及评议员。胶县自宣统三年成立至民国六年，共选四次，办理事项①除研究教育进行事宜、辅助教育行政外，每年春、秋两季招集全县学生开观摩会，考试国文、算术，评订甲乙，分别结奖，以资鼓励。会长系义务职，不支薪，常年经费二百四十元。十八年，党政改组，停支经费。第一届正副会长周敬礼、徐宗仁。第二届徐宗杰、周敬礼。第三届周敬礼、于腾蛟，周敬礼病故，由赵宗乾代理。第四届匡纯熙、徐本湘。此为

---

① “项”，底本作“顷”，讹。据文义改。

民国六年，以后未改选。

〔三〕各种教育成绩表

教育类别	学校及其他教育名称	成立年月	地址	毕业期限	十八年以前毕业人数	十九年肄业人数	职教人数	经费年额	备考
各种短期教育	县立单级教员养成所	民国元年八月	明伦堂后敬一亭	甲种六月，乙种一年	甲种四十二名，乙种五十二名				清时设传习所、研究所，皆由创办学堂师资缺乏，设此二所招集旧日塾师传授新法，传授毕即停办，故谓之短期教育。嗣以小学学生年级不一，各县无力建造多级教室，不得不合数年级学生编为一级，名曰单级教授。因有教员养成分所之设，自此乡立、私立继续设置，不数年间毕业达三百余人。师资增多足敷应用以后，所设之师范讲习所及初级师范则招生资格须有限制，且系长期性质矣。党国以来，凡教员不明党义者，须入训练班两月，并加入军事教育，体育一门颇严厉
	宝华　龙泉 公立单级教员养成分所	民国三年五月	王台	一年	一级三十一名				
	高成　郑城 公立单级教员养成分所	民国三年五月	里岔	一年	一级二十一名				
	胶高即私立单级教员养成分所	民国二年　月	小桥南头谦顺银号旧宅	一年	一级三十七名				
各种长期教育	中学堂	清光绪三十一年	达材学堂	五年	一级二十四名，民国元年毕业				清设达材学堂，为胶州设立学堂之始。光绪三十一年胶州升直隶州，奉文设中学堂，由胶州、高密、即墨三处招生，经费亦由三处分任，地址在达材学堂，同时达材学堂改名高第小学堂。以达材学堂内班学生肄业，其中共计中学内班学生三十名、外班学生三十名，小学内班优级二十名、外班初级二十名。内班膳宿均官费，外班每日到堂听讲。嗣以校址为陆军占用，中学迁北大楼德国旧营房，小学迁旧考院。民国改州为县，于学生毕业后裁撤中学

续表

教育类别	学校及其他教育名称	成立年月	地址	毕业期限	十八年以前毕业人数	十九年肄业人数	职教人数	经费年额	备考
各种长期教育	初级师范学堂	清宣统元年	胶西书院	五年	一级二十四名，民国三年毕业				此校由胶、高、即每县招生十名，学款亦分任。民国改州为县，于学生毕业后裁撤
	师范讲习所	民国四年五月	初设胶西书院，后移小桥南头			二级五十七名，男四十五，女二十	四人	一千八百八十四元	初设时名小学教员讲习所，嗣以初等小学改为国民学校，与小学教员名义不符，改今名。九年停办，十六年重行开办
	县立第一小学校	清光绪二十八年	初在南门里，后移胶西书院、旧考院	高级三年，后改二年，初级四年	高级二十一级三百八十四名，初级二级三十四名	高级三级六十四名，初级四级二百零六名	十二人	三千零六十元	清季创办高等小学，定期三年毕业。民国十年改用四二制，初级四年，高级二年，不许单设高级。兹校先是只有高级，十七年始添初级，故初级毕业人数甚少
	县立第二小学校	民国十六年十二月	王台	同	高级一级十二名	高级四十五名，初级男一百十五，女二十四	男九人，女一人	二千八百八十四元	此校由邑王台人韩文友向县署请求发款成立，校舍借用，伊新建房屋
	县立第三小学校	民国十九年一月	岳家庄	同		高级二十二名，初级七十六名	四人	五百元	此校原系薛氏私立，七年改名公立，十六年改为两级，由县款补助京钱一千五百吊，十八年改为县立
	县立第一女子小学校	民国二年八月	州同旧署	同	高级四十名，初级一百十名	高级三十六名，初级一百一十七名	七人		此校初名女子初等小学，后改国民小学。八年改为高等附设国民学校，又改名两级小学，后改今名
	公立第一小学校	十一年二月	前家子头	同		三十八名	二人		
	县立职业补习学校	民国五年	水寨街		高级三十四名	高级四十九名，初级一百一十四名	九人	二千七百元	此校原名乙种农业学校，三年毕业，嗣改为农科职业学校，十八年十二月改今名。高级二年毕业，初级四年毕业。初级学生系十五年由初级小学并入，故无毕业

续表

教育类别	学校及其他教育名称	成立年月	地址	毕业期限	十八年以前毕业人数	十九年肄业人数	职教人数	经费年额	备考
义务教育	全县初级小学一百一十四处								清季创办蒙养学堂，五年毕业。民国改为初等小学，又改称国民学校，四年毕业，后改今名。民国七八年间，初级小学增至二百余处，嗣经兵匪肆扰，日渐倒闭。十七年仅一百七十七处，十八年仅一百三十九处，十九年调查如上数，计县立三十六、公立六十七、私立十一
社会教育	通俗讲演所	三年九月	菩萨庙，又迁北坛并教育馆，后移财神庙				所长一人，讲员二人	八百十六元	此所初名讲演会，后易今名。定章每月讲演稿及听讲人数须按期呈报县署，转呈教育厅备查。原有所长一人，讲演员一人。十八年党政改组增添经费及讲演员
	胶县公立图书馆	民国四年	初在北坛，后移财神庙				馆长一人	四百五十六元	初设时名通俗图书馆，馆中附设阅报所，均由教育会长兼理，不支薪水。书记一人，月薪十二元。每日阅书报人数须按期呈报县署，转呈教育厅备查。十八年党政改组，二者均易今名且分离
	民众读书阅报所		同				所长一人	三百元	
	民众教育馆	十九年十月	钱市街财神庙				馆长一人，各部设主任一人		自此馆成立后，凡社会教育均属之。内分三部，曰讲演部、图书部、阅报部，各委一人主之，以前各长名义取消
	瑞华中学校	清光绪年设小学。民国元年添中学	西南关三官庙前	原旧制四年，十八年改新制六年	男一百零六名，女四十六名	三级男七十四名，女二十八名	外国三，中国七，共十人，董事十七人	八千元	此校由瑞典牧师任其斐创办，民国十二年又在小教场创修楼房七间，余房十七间，成立女子中学。十八年合并男中学内，该房作女生宿舍，是年奉令重行立案
	信义小学校	民国十三年	北围门内路西	高级二年，初级四年	七名	高级男四十，女十三。初级男一百二十，女五十		二千元	此校由德国部牧师创办。十八年奉令重行立案

续表

教育类别	学校及其他教育名称	成立年月	地址	毕业期限	十八年以前毕业人数	十九年肄业人数	职教人数	经费年额	备考
	爱德女子中学校	民国六年设小学。十九年设中学	北围门里路东	中学六年，小学六年	小学九十名	中学十九名，高级二十名，初级六十名	八人	二千五百元	天主教方济哥会素以慈善为主旨，民国二年波兰国修女马明义创此会于胶县。六年创设学校，成立后在县署立案。十八年奉令重行立案

〔四〕学款

地丁附捐，洋一万六千七百四十元一角六分。详“财赋”。

基金生息，洋四千八百七十六元三角一分八厘。见“清代学款”，但彼时息本尚少。民国十年益以变卖学田款六千四百余元，而息本愈厚。初时以银计或以钱计，民国十五年改用洋码，共为二万三千零四十九元二角。利息多寡不一，且时有增减，兹就十九年度计算如上数。

学田租，洋二千一百七十一元二角九分四厘。见“清代学款”，但彼时租人尚少。民国十五年由教育局会同县公署派人清丈，分别等第增加租钱并改用洋码，共计如上数。

以上共洋二万三千七百八十七元七角七分有奇。

附各级学生成绩

〔一〕中学以上毕业学生。按学校等级不一，资格各殊。中学以下尚属国民教育，中学以上始属人才教育，犹前代选举，举人称人，进士始称士，故是编所录以中学以上毕业为断。兹将各级成绩分别列表于下，其采访未及者，概付阙如。

学程类别	学生姓名	性别	学校名称	学习科目	毕业年限	毕业年月	毕业后任何职或入何校
大学毕业一览表	柯昌泗		国立北京大学	文科			见“选举”
	刘化龙		北平私立朝阳大学	法科		十四年六月	见“选举”
	丁知之		国立北平师范大学		四年	十七年六月	胶济铁路党部委员 青岛市立中学教员
	杨懋春		山东私立齐鲁大学		同上		肄业北平燕京大学研究院
	周辉第		北平私立中央大学		同上		见“选举”
	张东之		辽宁大学		同上		
	刘雪徒		郁文大学	村治科	同上	十八年十二月	职业：补习学校教员

续表

学程类别	学生姓名	性别	学校名称	学习科目	毕业年限	毕业年月	毕业后任何职或入何校
各等优级学校毕业一览表	张之韶		青岛特别专门学校	农林科	三年	元年十二月	山东大学教授 胶县建设局技术员
	高钟谦		同上	法政科	三年	二年十二月	大律师
	祁际可		同上	同上	同上	同上	山东交涉课员 青岛市政府财政科股长
	杨芝田		同上	同上	同上	同上	
	邹士柏		同上	同上	同上	同上	
	杨　沅		同上	同上	同上	同上	国民大学教员 山东地方审判厅推事
	张世耀		同上	工科	四年	同上	
	郭鸿文		同上	同上	同上	同上	
	王天杰		北平国立法政学校	法政	四年	十三年六月	见“选举”
	高继忠		同上	同上	同上	同上	
	张荣科		山东省立法政学校	同上	同上	七年	
	张荣莲		同上	同上	同上	九年	大律师
	徐梦笔		同上	同上	同上	七年	
	刘文勳		同上	同上	同上	十三年十二月	
	张建勳		同上	同上	同上	同上	
	萧彩绅		山东省立矿业学校	矿科	同上	十二年六月	见“党部职员”
	李宝晏		同上	同上	同上	同上	
	姜维翰		山东省立医科学校	医科	同上	十四年六月	
	高继信		同上	同上	同上	十三年六月	
	张文灏		山东省立商业学校	商科	同上		
	张柏如		上海同济医工学校	工科	同上		淄川西昆铁路工程师
	徐国光		上海美术学校		三年		
	叶　雯		安徽农林学校		八年		栽种培植教习
	周宗浚		中央陆军测量学校		二年	十六年六月	国立北平大学地质系肄业二年

续表

学程类别	学生姓名	性别	学校名称	学习科目	毕业年限	毕业年月	毕业后任何职或入何校
	韩景琇		上海体育学校		三年		
	王鸿图		山东省立法政学校		别科三年		
	卢文峰		同上		同上		
	萧士俊		同上		同上		
	魏永恪		同上		同上		见“选举”
	姜怀珍		直隶保定军官学校				山东第一警备旅中校团副
	崔清爽		山东省立商业学校	交通科	二年		
	李敦中		安徽农林学校		八年		见“选举”
	王延祺		山东省立高等师范	史地科	连初级八年		见“选举”
	张杰铭		山东省立高等学堂		合备斋、正斋、专斋八年	元年	见“选举”
各等中级学校毕业一览表	王金声		省立第一中学		旧制四年	十年六月	
	潘锡芝		同上		同上	十三年六月	
	徐中桂		同上		同上	十五年六月	北平郁文大学肄业，师范讲习所教员
	殷宝昌		同上		同上	同上	
	叶维翰		同上		新制初级三年	十九年十二月	
	张振鲁		山东大学高中部	文科	六年	十六年六月	国立北平大学肄业
	王康年		省立第九中学		旧制四年	十二年四月	哈尔滨[①]二等邮政局局长
	王承霖		同上			八年十二月	
	王梦儒		同上			十年七月	
	郭瀚清		同上			十五年七月	
	李世昌		同上			九年　月	
	李恩极		同上				
	刘文润		省立第十中学				山东省立大学肄业，胶县民众教育馆长
	王至善		同上			十六年六月	
	徐延亮		同上			十二年六月	国立北平大学医学院肄业

① “滨”，底本作“宾”，讹。

续表

学程类别	学生姓名	性别	学校名称	学习科目	毕业年限	毕业年月	毕业后任何职或入何校
	李　云		山东私立正谊中学		旧制四年	十年六月	胶县警察队巡官
	王相格					同上	
	王楷格					同上	
	卢国桢					十二年十二月	
	卢国楹					同上	胶县教育局教育委员
	王知俭					同上	货物税局事务员，第一完全小学教员
	王克良					同上	第一完全小学教员
	战化龙					十四年六月	即墨教育局事务员，第二完全小学教员
	叶维礼					同上	
	卢培峻					十五年十二月	
	黄梦儒					同上	第三完全小学教员
	韩允中					十四年六月	职业：补习学校教员
	周钟酵						
	李正源						
	逄诵鼎				以上皆同		北平中国大学国学系肄业
	刘文杰				新制前期三年		
	王基鑠				同上		北平朝阳大学肄业
	朱华堂				新制初级三年	十八年六月	县立第三小学校校长、建设局事务员
	苗锡鲁		以上皆同				
	周宗源		私立天津觉民中学		旧制四年	十五年六月	
	周茂勋		同上		同上	十四年六月	
	法志功		山东私立育英中学		旧制四年	十五年六月	
	张世贤		同上		同上	同上	
	刘玉池		同上		同上	同上	
	赵凤仪		同上		同上		
	丁振钟		济南私立济美中学		新制前期三年	十六年六月	肄业国立北平大学工学院

续表

学程类别	学生姓名	性别	学校名称	学习科目	毕业年限	毕业年月	毕业后任何职或入何校
	刘世勳		高密县立中学		旧制四年	十五年六月	
	刘鹏翔		同上		同上	同上	
	刘鹏南		同上		同上	同上	
	刘鹏云		同上		同上	同上	
	刘廷儒		同上		同上	同上	胶县农民协会委员
	韩及第		同上		同上	同上	
	高振乾		胶高即县立中学		同上		
	王韵轩		同上		同上		胶县县立高小校长
	王文思		同上		同上		哈尔滨①广益中学校长
	张中条		同上		同上		
	逄云寿		河北私立南开中学		同上		
	高禩琦		山东省立高等学堂正斋		同上		青岛特别专门学堂肄业
	杨受林		省立第一甲种农业		同上		胶县职业学校校长、蒲台县建设局长
	宋葆田		同上		同上		
	王泽生		同上		同上	十七年六月	
	刘维祺		青岛礼贤中学		同上	十七年六月	肄业国立北平大学工学院
	赵玉榴		同上		同上	十五年十二月	山东大学工科肄业、山东总工会委员
	胡兆英	以上皆男	同上		同上	十五年六月	
	韩秀文	女	北平大同私立中学		高中六年	十九年六月	肄业北平国立大学女子学院
	王学孔	男	省立高等师范简易班				胶县劝学员长、师范讲习所所长
	徐宗杰		同上				泰安高等小学教员、胶县教育局局长
	于腾蛟		省立高等师范初级班		五年	民国二年	胶县师范讲习所所长
	张名勳		同上		同上	同上	胶县劝学所所长、教育局局长
	张光宗		省立第一师范		同上	九年六月	胶县第一高等小学校长、教育局局长
	宋克修		同上		同上	同上	胶县第一高等小学校校长

① “滨”，底本作“宾”，讹。

续表

学程类别	学生姓名	性别	学校名称	学习科目	毕业年限	毕业年月	毕业后任何职或入何校
	丁凤翔		同上		同上	十五年六月	胶县第一完全小学校校长
	萧彩瑜		同上		同上	同上	北平师范大学肄业
	韩伟堂		同上		新制前期三年	十八年六月	本校后期肄业
	赵俊仪		一师附属农村师范		同上		
	王人格		省立第四师范		同上	十五年六月	青岛特别市码头工会文书、干事
	王大恕		同上		旧制五年	十六年六月	济宁县教育局局长
	刘文源		同上		新制前期三年	同上	北平国立大学肄业法学院
	张清纬		同上			十七年六月	胶县师范讲习所所长
	徐茂本		胶高即县立初级师范		旧制五年	民国三年六月	胶县第一完全小学教员
	周懋琨		同上		同上	同上	尧王山公立小学教员
	匡绵勋		同上		同上	同上	苗家河小学教员
	任曾鲁		同上		同上	同上	
	王至任		同上		同上	同上	代理胶县教育局局长、职业学校校长
	孙中温		同上		同上	同上	
	郭景仪	以上皆男	高密中学校		旧制四年	十五年	金陵陆军军官学校毕业
	邵淑华	女	省立第一女子师范		旧制五年	十四年六月	胶济铁路青岛小学教员
	丁玉琴	同	同上		同上	同上	
	丁秀文	同	同上		同上	十二年六月	胶济铁路小学教员
	邵素华	同	同上		同上	十五年六月	胶济铁路管理局会计科办事员
	刘宝树	同	同上		新制前期三年	十四年六月	
	杨全真	同	青岛文德中学		旧制五年		
	杜　廉	同	河南第一女子师范		同上	十三年六月	胶县女子完全小学校校长

〔二〕国外留学。学程至于留洋，已属登峰造极，且靡费巨款，辽涉洪涛，往返良非易易，在一邑中殊不多觏①，故无论已未毕业，一概载入，以示特别优异。兹将留学诸生分别列表于下，其采访未及者，概付阙如。

① 觏(gòu)：遇见。

姓名	留学资格	出洋年月及费用	留学校名	习何科目	曾否毕业	毕业后任何职务
高祼瑛				医科	十五年六月毕业	山东大学教授，河北保定大学教授
杨道林	济南正谊中学毕业，日本留学		美国北加那利亚大学	理化科	十六年六月毕业	齐鲁大学化学主任、教授，山东省政府工商厅技士，安徽省政府建设厅技士兼度量衡检定所主任
王克捷	山东第一中学毕业	十三年二月自费	伦敦大学、柏林大学	经济科	十九年回国，未毕业	
高祼瑾	山东矿业学校毕业	十六年三月，官费	美国普尔渡大学	机械电汽	十八年六月毕业	芝加哥工厂实习
周宗濂	天津南开高中毕业	十八年四月自费	比国①比京大学	经济科		

① 比国：指比利时。

增修胶志卷二十三　选举志第一　历代选举

选举表序

选举自汉以降，古制不行久矣。顾取人之法，门类不一，名目各殊，而综其大纲，皆选举之变例也。《前志》于荐举、制科，以至恩荫、考授，掾史、援例出身，与夫由武科行伍进者，皆并入选举。汇而表之，并诰敕亦附列其中。虽无当于三代选举之法，然恐其姓氏湮没，则其事迹无从而纪，故分注备列，使览者得详焉。兹表所列，凡属于清代者，悉遵《前志》之例，亦惟恐其姓氏湮没，其事迹无从而纪耳。近十余年来，吾国采欧美制度，投票选举，谓为服从民意，是又国体时势相值使然。而于前此之选举例外，别开一格。夫岂可使其姓氏湮没也哉！表而著之，庶循名可以核实而选举之因时制宜，亦于是见焉。谨依《前志》体例，金元共为一表，明清各三外，附议员选举表一，明清诰敕表一，共九表。其规制异同，仍依代分注之，以志区别焉。

金元选举表

金		
乡贡进士《金史·选举志》：进士有词赋、经义、策论等科，历乡、府、省、廷四试而除官。省试，一曰会试。会试至三不取者亦与仕。乡贡进士，盖会试未取者，即今之举人。	**举人**《选举志》：律科、经童中选者为举人。与进士异业，非今制举人也。	**门荫**《选举志》：凡诸色出身文武官四品、五品，荫子孙、弟侄三人，门荫则二人。
王伟 有传。	**栾琇** 律官科，济南路知法。 **栾彬** 琇子。律官科，有传，见元碑及《栾氏族谱》。《旧志》入明洪武甲子科，误。	**孔思忠** 辉孙，昭信校尉。《选举志》：昭信校尉，从六品，昭信以上，初除主簿及诸司副使。又贞元中七品用荫，文儒林、武忠显，许荫一人，至六品承直、昭信，许荫二人。 **孔思义** 思忠弟，武节将军。《选举志》：正六品以上，曰武节将军。

孔辉　定远大将军、元帅右都监，有传。《选举志》：定远大将军，正四品中。但仕途出身失考，无从入表，故附于此。

元　《通志》：元自延祐二年乙卯始设科取士，大约用宋、金之旧制而参以国族，又分蒙古、汉人为左右榜，故当时有一榜两状元之谣。至元乙酉遂罢科举，后先凡三十年云。				
进士 考元《选举志》：进士、举人考试与今制同，明所因也，其用翰林官，亦皆由进士。	**举人**	**世职**《元史·兵志》：万户、千户死阵者，子孙承袭，死病则降一等。把总、百户老死，万户迁他官者，皆不得袭。是法寻废，以后无大小，皆世其官。	**荫子**	**掾史**

张复初 有传。	**张绅** 见明荐举。 **张缉** 绅弟，有传。 **张经** 缉弟。	**王宜京** 铉从子，至元管军百户。 **王琛** 宜京从弟，至元侍卫军百户，管诸色人匠。 **吉天玉** 四公子，至元左卫亲军，管军百户。 **吉天禄** 天祺弟，至元佐卫亲军，管军百户。 **吉天福** 天禄弟，至元佐卫亲军，千户。 **栾琮** 彬孙，至正朝列大夫、益都路亲军，万户府经历。 **栾克敬** 彬孙，有传。 **王敬** 以父琛卒于军，袭侍卫军百户。见乡贡进士王公碑。	**卢世荣** 琮子，有传。 **卢世昌** 琮子，有传。 **卢世杰** 琮子，有传。 **栾淑** 以父克敬荫，除河阳镇，复除绍兴务大使，见栾氏显亲①碑。	**杨郁** 山东廉访司司吏。 **李平** 宪府儒吏。 **栾义** 祺次子，儒吏。 **栾迪** 彬曾孙，王家冈场典吏。 **栾献** 迪子，益都府司吏。已上三人见栾氏显亲碑。

卢琮 有传。栾祯 彬子，至元提举扬州路务库。栾祺 祯弟。王铉 伟孙，至元忠勇校尉。王简 琛弟，至元江淮密枢院提控案牍。王瑞 简弟，至元浙东宣慰使奏差。王瑜 瑞从弟，至元浙东转运使奏差。吉四公 详见“金石”。吉天祺 天玉弟，荆湖北道宣慰司经历。吉天祯 天福弟，至元山东道宣慰使奏差。李端元 承事郎，卢州榷茶提举。李端荣 承事郎。公宁 将仕郎。管元 博士官。上自李端元，见大德二年集玄观碑。王玹 有传。李泰 见王玹传。栾克忠 克敬弟，至正江东道宣慰使奏差。栾克刚 彬孙，有传。栾信 世系、官阶并缺。栾规 迪弟，至正少府监奏差。栾用 克敬从子，至正知扬州。栾思明 彬玄孙，至正沂州学正。王德正 廉访签使。杨居敬 奉议大夫，莱州知州。李文渊 广德县尹。郭恕 景陵县尹。李文治 瑞州路录判。李文济 广州井场官。荷 失名，江夏县主簿。冷瑛 承事郎，南顿县尹。一德普化 衢州路治中②。上自王德正，见至正十一年崇福寺碑。已上数人仕途出身失考，无从入表，故附于此。以上《前志》。

---

① “亲”，底本作“观”，讹。据道光《重修胶州志》改。

② 治中：官名。西汉元帝时始置，全称治中从事史，亦称治中从事，为州刺史的高级佐官之一，主众曹文书，位仅次于别驾，相当于副州长。

增修胶志卷二十四　选举志第二　明代选举

明选举表

荐举　《通志》：明之征辟盛于洪武、永乐两朝，以太祖曾停制科十有余年。成祖开创燕京，河北英才加意延揽，故察举之典，拔茅连茹，一邑之中，动以十数计。仁、宣以后专用科目，征辟之人，盖寥寥无几云。按：胶人膺荐举者数人，《刘志》并入张整，误。详见“讹疑”。

洪武

张绅　十八年举，有传。《旧志》遗。

杨可久　举孝廉，有传。《学古编》：十八年，诏有司举孝廉，州人杨可久膺荐。

姜圭　举人材，有传。

崔衍　举人材，有传。

制科　《通志》：洪武二年诏开科举，六年谕中书省臣科举暂且停罢，别令有司察举贤才，必以德行为本，文艺次之。十七年复颁行科举式，凡三年大比，子、午、卯、酉年乡试，辰、戌、丑、未年会试，以四书义三道、经义四道为第一场。论一道、诏诰表内科一道，判语五条为第二场。时务策五道，为第三场。乡试定期八月，会试定期二月。乡试中式谓之举人，会试中式谓之进士。殿试对制策一道，分甲第而无黜落。

	进士	武进士	**举人** 张懋煌《科第考》，洪武间制。举人三科不成进士者，以杂职用。有出仕愿会试者听。又云，三十年令吏部考试，在监下第举人中式者，选教谕训导，不中式者，除授州吏目。	武举
洪武	十七年		甲子科《旧志》是科有栾彬，误。	
			周思再 本学训导。	
	二十年		丁卯科	
			林森 刑部主事。 **姚皋** 江西按察司佥事。 **孙辅中** 吏科给事中。 **上谨**	
	二十三年		庚午科	
			韩炳 平定州州同。《旧志》作平度州州同，误。 **王文**《科第考》：府同知。	
	二十九年		丙子科	

续表

	进士	武进士	举人	武举
			史智 松江府教授。 **刘询** 山阳县训导。	
建文	元年		己卯科	
			乔从 仪封县知县。《府志》作乔崇。	
永乐	元年		癸未科 张懋煌《科目年表》：建文四年壬午六月，燕兵克南京，帝出奔，故不及乡试。永乐初定国，亦未补行。至元年癸未始特设乡试。二年甲申，始特设会试。《旧志》作壬午科，误。张宾雁曰：永乐元年补行乡试，非元年，为壬午也。	
			李纲 见"进士"。	
	二年甲申科			
	宋臻 曾棨榜，开州同知。张懋煌《科第考》：《州志》载臻为乙酉举人。《明登科考》载臻为甲申进士，二书必有一误。今按"进士题名碑"：宋臻，永乐二年甲申曾棨榜，高密人。据此则《州志》载入三年乙酉举人，误也。但其乡举，实年不可考，无从入表。 **李纲** 有传[①]。			
	三年		乙酉科 《旧志》是科有宋臻，误。	
			宋经 沧州学正。 **徐杰** 南皮县训导。	
	六年		戊子科	
			史彬	
	九年		辛卯科	
			辛绰 石埭县知县。 **栾瑄** 见"进士"。 **韩福** 见"进士"。	
	十二年		甲午科	
			于臻 偃师县知县。 **韩煦** 见"进士"。	
	十三年乙未科			

① "传"，底本作"博"，讹。

续表

	进士	武进士	举人	武举
	韩福 陈循榜，有传。			
	十五年		丁酉科	
			曲春 沁州州判。	
	十六年戊戌科			
	栾瑄 李骐榜，有传，见国子监题名碑。《旧志》作壬辰马铎榜，误。			
	十八年		庚子科	
			秦彪 **韩恭** 上海县教谕。	
	十九年辛丑科			
	韩煦 曾鹤龄榜，监察御史。			
	二十一年		癸卯科	
			李聪 临颍①县训导。	
宣德	元年		丙午科	
			冷蒲 西平县训导。	
	四年		己酉科	
			邓逵 深州吏目。 **李全** 蠡县知县。	
	十年		乙卯科	
			宋瑢 隰州学正。	
正统	三年		戊午科	
			张显 凤子，有传。	
	十二年		丁卯科	
			萧进 《高志》，宁晋县教谕。	
景泰	元年		庚午科	
			韩绅 福子，工部员外郎。	
	四年		癸酉科	
			宋信 临颍县训导。	

① “颍”，底本作“颖”，讹。临颍县，明时属许州。

续表

	进士	武进士	举人	武举
	七年		丙子科	
			何琮 有传。《旧志》误琮为宗。	
天顺	三年		己卯科	
			崔瓘 岢岚州训导。 **郭俊** 代州训导。	
	六年		壬午科	
			王灏 偃城县知县。《通志》：平度州人。此从《府志》。 **李聪** 张懋煌曰：姓名同前人。 **蔡蓁** 新郑县知县。	
成化	元年		乙酉科	
			崔臻	
	四年		戊子科	
			纪存仁 征从子，抚宁县教谕。	
	七年		辛卯科	
			宋汉 见“进士”。 **王宪** 猗氏县知县。	
	十三年		丁酉科	
			彭瓒 见“进士”。	
	十四年戊戌科			
	宋汉 曾彦榜，有传。			
	十六年		庚子科	
			何循序 知州。 **冷禄** 温州府通判。 **张正学** 显子，有传。 **崔瑄** 通州学正。 **匡翼之** 济孙，见“进士”。	
	十九年		癸卯科	
			萧鹗 进子，吉州知州。	
	二十二年		丙午科	
			张勉学 显子，有传。	
	二十三年丁未科			

续表

	进士	武进士	举人	武举
	匡翼之 费宏榜，有传。 **彭瓒** 复姓袁，有传。			
弘治	二年		己酉科	
			姜周辅 见“进士”。 **林方** 汝宁府教授，《府志》作林芳。 **王相** 宁国府通判。	
	五年		壬子科	
			高迪 壹孙，有传。 **邓中和** 有传。	
	十一年		戊午科	
			赵从龙 本子，有传。	
	十二年己未科			
	姜周辅 伦文叙榜，有传。			
	十七年		甲子科 张宾雁曰：是科主考官王守仁。其乡试录叙主考巡抚布政使币聘中额随时酌定。是科中式七十五人。	
			邓祺 **崔志仁** 有传。	
正德	二年		丁卯科	
			宋希睿 王府纪善。 **杨宗贤** 华州知州。 **胡通**	
	五年		庚午科	
			高光烈 有传。 **李华** 聪子。《济南府志》：陵县教谕。《旧志》作襄陵县教谕。	
	八年		癸酉科	
			姜润身 选子，锦衣卫籍，见“进士”。 **栾骢** 瑄曾孙，信阳州知州。《栾氏族谱》代州长史、五台知县。	
	十一年		丙子科	
			姜润宗 原名藻，选从子。	
	十四年		己卯科	

续表

	进士	武进士	举人	武举
			张汝翼 翔孙，有传。	
嘉靖	五年丙戌科			
	姜润身 龚用卿榜，有传。			
	十年		辛卯科	
			马思问 有传。 **萧凤仪** 鹗子。	
	二十五年		丙午科	
			冷焕然 临县知县。 **彭继祖** 复姓袁，鹤龄子，有传。 **栾尚约** 驄子，见“进士”。 **李元芳** 有传。 **彭继业** 继祖弟，见“进士”。	
	二十八年		己酉科	
			杨正咏 顺德府通判。 **刘早** 瑶子，见“进士”。 **宋庭桂** 裕子，《高志》遗，《通志》及题名碑作廷桂，《刘志》作定桂，皆误。 **王价** 锦衣卫籍，见“进士”。	
	二十九年庚戌科			
	栾尚约 唐汝楫榜，山西道监察御史。 **王价** 仕至知府。 **彭继业** 复姓袁，有传。			
	三十一年		壬子科	
			张铭 见“进士”。 **姜继曾** 光宿子，见“进士”。 **高应鸾** 轼子，丰润县知县。 **纪克一** 澄孙，见“进士”。	
	三十二年癸丑科			
	姜继曾 陈谨榜，江西道监察御史，河南布政司参政。			
	三十四年		乙卯科	

续表

	进士	武进士	举人	武举
			赵慎修 完璧子，见“进士”。 **郑璿** 泌阳县知县。 **王师文** 《旧志》漳州府同知，《科第考》作彰德府同知。 **赵一经** 有传。	
	三十五年丙辰科			
	张铭 褚大绶榜，有传。			
	三十七年		戊午科	
			纪五常 存仁曾孙，见“进士”。 **匡铎** 翼之孙，见“进士”。 **郭居易** 巍然子，有传。 **别丛** 夏津县籍。	
	四十年		辛酉科	
			逄梦龙 顺天榜，饶阳县知县。 **李太和** 相孙，顺天榜。	
	四十一年壬戌科			
	刘早 申时行榜，有传。			
	四十三年		甲子科	
			姜维德 《旧志》作惟德。	
	四十四年乙丑科			
	赵慎修 范应期榜，有传。 **匡铎** 有传。			
隆庆	元年		丁卯科	
			薛曜 永谙子，有传。	
	二年戊辰科			
	纪克一 罗万化榜，处州府同知。 **纪五常** 有传。			
	四年		庚午科	
			张思诚 铭从子。 **陈增美** 香河县知县。《旧志》：太原县知县。	
万历	元年		癸酉科	
			张思讷 思诚弟。 **袁学古** 继业子，有传。	

续表

	进士	武进士	举人	武举
	四年		丙子科	
			张汝元 铭子，有传。 **孟熊** 容成县知县。	
	十年		壬午科	
			赵任 怀慎子，见“进士”。 **王岳锡** 价子，锦衣卫籍，见“进士”。	
	十一年癸未科			
	赵任 朱国祚榜，有传。 **王岳锡** 台州府知府。	**杨世美** 游击，乡举年失考。		
	十三年		乙酉科	
			高锵 应辰子，见“进士”。	
	十六年		戊子科	
			冷梦魁 吴桥县知县。	
	二十六年戊戌科			
		汪士元 乡举年失考。		
	二十八年		庚子科	
			于从政 有传。	
	二十九年辛丑科			
	高锵 张以诚榜，有传。			
	三十四年		丙午科	
			赵敞 慎修子，见“进士”。	
	三十七年		己酉科	
			高弘图 迪元孙，见“进士”。	
	三十八年庚戌科			
	高弘图 韩敬榜，有传。 **赵敞** 有传。			
	四十年		壬子科	
			袁允隆 学古子，见“进士”。 **姜士佐** 继稷子，有传。 **郭竹征** 居易孙，见“进士”。	
	四十三年		乙卯科	

续表

	进士	武进士	举人	武举
			赵偲 完璧孙，有传。	**高弘谟**
	四十四年丙辰科			
		谈震采 九畴子，有传，乡举年失考。		
	四十六年		戊午科	
			杨本浩	
天启	二年壬戌科			
	郭竹征 文震孟榜，有传。			
	四年		甲子科	
			宋可久 之曾子，见“进士”。 **高宏教** 知县。	
	五年乙丑科			
	宋可久 余煌榜，有传。			
	七年		丁卯科	
			法寰 有传。 **匡延年** 铎子，顺天榜，见“进士”。	
崇祯	三年		庚午科	
			张若麒 若獬弟，见“进士”。 **张若獬** 熙子，见“进士”。 **高允兹** 翮子，见“进士”。 **纪懋勷** 思温孙，有传。 **张其谟** 平度州籍。	**杨京** 世美子，第一名，有传。
	四年辛未科			
	张若麒 陈于泰榜，通政司通政使。			
	六年		癸酉科	
			张懋熺 汝元孙，见“进士”。 **陈墀** 增美子，有传。	
	七年甲戌科			

续表

	进士	武进士	举人	武举
	张懋熺 刘理顺榜，监察御史，巡按湖广。 **张若獬** 有传。 **高允兹** 有传。			
	九年		丙子科	
			张桂征 汝元子。 **方之璧** 邹平教谕，鄱阳知县。 **张大年** 思讷孙，见[①]“进士”。	
	十年丁丑科			
	匡延年 刘同升榜，有传。 **袁允隆** 有传。			
	十二年		己卯科	
			张茂先 见“进士”。 **赵开成** 完璧曾孙，见“进士”。	
	十三年庚辰科			
	赵开成 魏藻德榜，有传。			
	十五年壬午科		壬午科	
	崔尔屹 史惇榜，《旧志》遗，由题名碑补，乡举年失考。		**纪腾蛟** 丕烈子，见“进士”。 **高简** 允兹子，见“进士”。 **李世镐** 太和曾孙，见“进士”。 **高谒** 兴化县教谕。 **匡兰馨** 如桐子，见“进士”。	
	十六年癸未科			
	高简 杨廷鉴榜，有传。 **纪腾蛟** 有传。 **张大年** 华亭县知县。			

汪士宏 守御所正千户，武举三次。匡受爵 守御所正千户，武举第一，即墨营把总。胡懋功 守御所副千户，武举二次，历官都司。韩应武 守御所百户，武举三次。匡拯 守御所正千户，武举三次，即墨营中军。谈九畴 守御所百户，武举，有传。邹师孔 武举二次。匡持 受爵子，武举，安东卫把总。杨汝松 武举。杨本清 世美子，武举。赵佑 俨兄，武举三次，授镇抚掌所印游击加副总兵。官赐蟒玉服一品服，出使朝鲜。张尔中 卫指挥使，武举三次。鄞万里 卫前所正千户，武举三次。程延祚 卫指挥使，武举二次。宗寿 卫左所正千户，武

① “见”，底本作“行”，讹。据道光《重修胶州志》改。

举，《旧志》遗。**匡宏训** 允植子，武举二次，授把总，升邓镇游击，《旧志》遗。**姜效古** 学古弟，武举，《旧志》遗。已上武举年代失考，无从入表，故附于此。其见“进士”者不复。

明选举表中

贡监 按《明史藁》：科举必由学校，而学校起家，可不由科举。学校有二：曰国学，曰府州县学。府、州、县学诸生入国学，乃可得官。入国学者通谓之监生。举人曰举监，生员曰贡监，品官子弟曰荫监，捐资曰例监。同一贡监，有岁贡，有选贡，有恩贡，有纳贡。同一荫监，有官生，有恩生。

	岁贡 副贡。附按《明史藁》：贡生入监，初由生员选择，既命各学岁贡一人，故谓之岁贡。	**选贡** 超贡。附按《明史藁》：弘治中于常贡外，令提学行选贡之法，不分廪膳[①]、增贡生员，通行考选，务求学行兼优、年富力强、累试优等者，乃以充贡。	**恩贡** 功贡。附按《明史藁》：恩贡，国家有庆典或登极诏书，以当贡者充之，而其次即为岁贡。	**荫监** 按《明史藁》：明初因前代任子之制，文官一品至七品皆得荫一子，以世其禄。后又渐为限制，在京三品以上方得请荫，谓之官生。出自特恩者，不限官品，谓之恩生。或即与职事，或送监读书。正德十六年定例，凡文武官死于忠谏者，一子入监。其后守土官死节，亦得荫子。	**例监** 按《明史藁》：例监始于景泰元年，令天下纳粟纳马者入监读书，限千人止，行四年而罢。其后或遇岁荒，或因边警，或大兴工作，率援往例行之。又云，自开纳粟之例，庶民亦得援生员之例以入监，谓之民生，亦谓之俊秀。
洪武					
	殷哲 有传。 **高辉** 兵部左侍郎。 **郭玉** 河间县知县。 **李质** **崔福** **崔衍** 见荐举。 **李英** 户部主事。 **栾朋** 监察御史。 **阎古用** 宝鸡主簿。 **姜圭** 见荐举，《旧志》遗。 **逄瓒** 鸿胪寺序班。 **张整** 嘉善县丞，《刘志》入荐举，误。				

① 廪膳：明清两代称由公家给以膳食的生员，又称廪膳生。明初生员有定额，皆食廪。其后名额增多，因谓初设食廪者为廪膳生员，省称廪生，增多者谓之增广生员，省称增生。又于额外增取，附于诸生之末，谓之附学生员，省称附生。后凡初入学者皆谓之附生，其岁、科两试等第高者可补为增生、廪生。廪生中食廪年深者可充岁贡。清制略同。

永乐					
	徐懋 孝陵卫经历。 **杨昌** 唐山县知县。 **李勉** 漳州府通判。 **周绍** 知县。 **上汉臣** 浑源州知州，《旧志》误源为原。 **李荃** 高平县丞。 **崔绅** 都事。 **宋孜** 镇南卫经历，夷陵州同。 **阎祥** 文安县丞。 **姜宗** 太原府照磨①。 **张凤** **张仪** 推官②。 **崔冲** 都事。 **韩荣** 衢州府照磨。 **宋谦** 腾骧卫经历。 **兰桂** 县丞。 **宋义方** 海盐知县。 **叶昌** 顺天府检校。 **綦俊** 通州训导。 **任斌** 元城县训导。 **赵永** 海阳县驿丞。 **宋戬** 巡城吏目。			**韩景** 以父福恩荫入监。	
宣德					
	王善 应州吏目。 **郑斌** 会稽县大使。 **傅文** 税课司大使。 **徐允** 丰县知县。 **耿昭** 赣州府检校。 **耿鉴** 安化县知县。 **管建** 狄道县知县。 **田畯** 西安府检校。				

① 照磨：官名，即照刷磨勘的简称。元朝建立后，在中书省下设立照磨一员，正八品，掌管磨勘和审计工作。另肃政廉访司中负责监察的官员也称照磨，"纠弹百官非违，刷磨诸司文案"。

② 推官：明朝为各府的佐贰官，属顺天府、应天府的推官为从六品，其他府的推官为正七品，掌理刑名、赞计典。

正统					
	姜文 宁夏仓大使。 **隋恕** 经历司经历。 **徐英** 保定府检校。 **耿杲** **韩志** 灵石县知县。 **王骈** **高端** 壹从子，汤阴县税课局大使。 **纪征** 新郑县训导。 **赵文** 崇仁县丞。 **谭连** 大使。 **邓暹** 嘉定县典史。 **魏泰** 阜平县知县。 **崔璞** 武进县丞。 **张恕** 定远仓大使。				
景泰					
	崔顺 **李衡** 永嘉县丞。 **宋泰** 汝南大使。 **王聪** 万全县知县。 **王询** 通州仓大使。 **逯深** 大使。 **綦英** 昌平县丞。				
天顺					
	王政 定襄县知县。 **朱祥** 凤阳府经历。 **苏泽** 岳阳县知县。 **韩瑀** 大使。 **栾琛** 通州卫经历。				
成化					
	姜达 圭孙。 **张翕** 安州州判，《旧志》误入弘治。 **栾鸿** 澧州州判。 **李振** **栾鹚** **王纲** 淳安县训导。				**匡振之** 翼之弟，蒲州州同。 **宋裕** 汉从子，乌程县主簿。 **王朝瑞** 徽州府检校。 **张翔** 南京金川草场大使。

	冷袭 深泽县知县。 **栾凤** 监察御史，见《府志》及《栾氏族谱》，《旧志》遗。 **叶凤** 见《旧志》，《府志》不载，或即栾凤之讹。 **邓中亨** 广平府训导。 **栾鵷** 肃府奉祀。 **王和** 斌子，详斌传。 **张灏** 晋府奉祀。 **綦纪** **韩昊** 武强县训导。 **宋达** 教授。 **王显** 扬州府训导。 **张杰** 良乡县训导。 **徐琮** 完县训导。				
弘治					
	赵本 **赵琉** **丁祯** 长垣县训导。 **王春** 石楼县训导。 **刘嵩** 满城县训导。 **张嵑** 整子，和州学正。 **杨佐** 清丰县主簿。 **黄澄** 唐县训导。 **高轸** 鸿胪寺序班，《旧志》入例贡。 **李宾** 教谕。 **王淮** 抚宁县训导。 **秦辅** 《府志》作秦浦。 **逯廷辅** 训导。 **邓中庆** 虹县训导。 **栾准** 博野县训导，《旧志》误准为淮。				**冷时泰** 禄子，有传。 **高轩** 德府典膳。 **高轼** 德府典膳。 **赵廷璧** 从龙子，无为州州同。 **郭大亨** 廪监，湖广经历司经历。 **朱裕** 七品散官。 **杨正宗** 鸿胪寺序班。 **赵完璧** 从龙子，有传。

正德					
	魏廉 湖州训导。 匡辅之 济孙训导。 张玑 新乡县训导。 姜选 达弟，石州吏目，《府志》作邓选，误。 高光大 滦州训导。 郭选 云南断事，真定府通判。 刘资 绍兴府训导。 李相 缙子，详缙传。 李昂 肥乡县训导。 张瓒 霸州训导。 王琼 训导。 李浦 衡府教授。 赵从虎 本子，《高志》潞州训导，《赵氏族谱》潞安府训导。 郭仪 冀州训导。 王良翰 石州训导。	郭元桀 癸酉，教谕。			匡允升 翼之子，鸿胪寺序班。 崔继皋 主簿。
嘉靖					
	姜唐 淇县训导。 赵时阳 庆阳府教授。 王屏 阜平县训导。 赵时弼 有传。 萧音 延平府教授。 王存仁 教授。 张克敬 教授。 徐阶 袁鹤龄 瓒子，交城县训导。 姜润周 选从子，赞皇县训导。 潘良 抚宁县教谕。 崔辅 有传。 汪文炤 灵石县知县。 綦盛 阜平县教谕。 匡允文 翼之从子，广平府训导。 匡允辅 振之子，稷山县知县。	匡允植 振之子。	高建节 迪子，有传，《府志》《高志》俱作恩贡。		高应鹏 轩子，乐亭县丞。 高应熊 轼子，陈留驿丞。 高应奎 廪监。 高应期 廪监。 赵献可 增监，寿州吏目。 赵行可 献可弟，易州吏目。 郭巍然 选子，阳曲县主簿。 姜待问 润身子，中书舍人。 姜启亨 润身从子，中书舍人。 姜待价 启亨弟，无为州吏目。 张缍 陕西行都司都事。

	赵和璧 从虎子。 **王之翰** 相子，涿州训导。 **崔宗仁** 灵山卫籍，武进县主簿，《高志》作澄县县丞。 **邓肱** 房山县训导。 **冷昉** 开元卫教授。 **冷时叙** 汤阴县训导。 **崔宗经** 灵山卫籍，龙游县知县，《卫志》作宗京。 **边宁** 有传。 **韩希文** 阜城县训导。 **汪文奎** **邓廷绍** 有传。 **姜光宿** 达孙，有传。 **高建中** 阳武县主簿。 **杨正蒙** 夷陵州学正。 **王纳善** 鳌山卫籍，平越府教授。 **冷永华** 孟县训导。 **赵天叙** 灵寿知县。 **邓楠** 文安县教谕。 **姜应麟** 平安县教谕。 **王寿** 教谕。 **张缴** 石楼县教谕。				**张组** 嘉善魏塘镇巡检。 **张缥** 陕西按察司检校。 **宋时亨** **宋时昌** 昌平州吏目。 **栾尚镇** 滑县主簿，凤翔县丞。 **栾翔梧** **宋时熙** 《旧志》，兵马司未详何职。 **薛永谙** 七品散官。 **栾翔格** 陕西按察司检校。 **郭居重** 大亨孙，三水县丞。 **袁信古** **李启允** 鸿胪寺序班。 **赵慎动** 完璧子。
隆庆					
	邹祚 广平府训导。 **冷粹然** 长垣县丞。 **上好仁** 延长知县。 **姜文遇** 平遥知县。 **纪思温** 存仁曾孙，滋阳县训导。 **匡天祐** 武城县教谕，据《匡氏族谱》，《旧志》作天佐，误。	**张鲤** 有传。			**郭景元** 居易子。 **纪思聪** 存仁曾孙。 **韩效曾** 谷城县主簿。 **袁衍庆** **匡斑** 允辅子。

万历					
	匡克恭 保定府通判,《旧志》作允恭,误。 游鸾 铁岭卫教授,《旧志》作教谕。 萧明鸾 高苑县教谕。 高铨 光烈孙,宝坻县丞,《旧志》作教谕,误。 赵一鹗 定辽卫教授。 袁好古 继祖子。 杨瓒 《旧志》,遥授训导。张宾雁曰:遥非地名,疑即今之例授。 崔如岱 福山县训导。 冷栋 堂邑县教谕。 马思徂 遥授训导。 汪尚简 武定县教谕。 曾守谊 高沧 建节子,有传。 孙约 诸城县训导,升大嵩卫教授,见《诸城县志》。 耿文耀 鲁府教授。 李君宠 诸城县教谕,庆王府教授。 胡一桂 寿阳县教谕,衡王府教授。 崔宗颜 灵山卫籍。 杨嘉祉 青县教谕。 阎崇德 《府志》作养德。 李先斐 考城县教谕。 王庆相 训导。 冷重光 海州训导。 赵慎几 完璧子,石楼县教谕。 宋有庆 庭桂从子,秦兴县丞,南宁卫经历。	王心学 纳善子,鳌山卫籍。			姜继宜 光宿子,廪监,《旧志》误宜为直。 刘楷 有传。 姜学古 达元孙。 袁稽古 交河县主簿。 赵倬 慎几子。 赵伸 白璧孙,鸿胪寺序班。 高聘说 建策孙,苑马寺监正①。 栾可任 纪五教 存仁曾孙,随州吏目。 袁效古 鸿胪寺序班。 赵僖 怀慎子,鸿胪寺鸣赞,《赵氏族谱》光禄寺署丞。 姜元春 继曾子,文华殿中书舍人②。 赵佐 怀慎子,有传。 温如玉 长洲籍,有传。 薛楷 王府典膳。 薛子永 廪监。 薛子愿 曜子,附监,鸿胪寺序班。 纪皋谟 思聪子,大同府翔州仓大使。 袁允昌 郭士骢 附监。

① 监正:明代太仆寺、苑马寺所辖诸牧监,各设监正一人,正九品。

② 中书舍人:明清时于内阁中之中书科,设有中书舍人,掌书写诰敕、制诏、银册、铁券等,从七品。

	张大中 王家冈场盐课大使，《旧志》遗。 **张大纲** **胡来聘** 九皋子。 **张大典** 济阳教谕。 **周卜世** 青县教谕，四氏学教授。 **王文耀** 楫子，鳌山卫籍，戊午副贡，湖随州同。 **张大猷** 《旧志》遗。 **张大道** 检校，《旧志》遗。 **郭景宇** 居易从子，蓬莱县教谕。 **栾尚聘** 黎城县丞。 **郭郕** 莱阳县训导。 **高汝砺** 壹元孙，成山卫教授。 **宋士仁** **高汝霖** 汝砺弟，训导。 **赵怀礼** 白璧子，有传。 **崔拟欧** 沂水教谕。 **徐有载** 真定府教授。 **刘云台** 临淄教谕，见《临淄县志》，《旧志》遗。 **宋一奇** 涿州州判。 **匡绩** 天祐子，新昌县县丞。	**栾尚彩** **王楫** 心学子，鳌山卫籍，有传。	**王梦旭** 甲子，鳌山卫籍，历沔池、沂水教谕、铁岭卫教授、偃师知县。 **纪三策** 澄曾孙，崇德县训导。 **马如龙** 大宁知县。		
泰昌					
		赵延庚 汲水县丞。 **郭郛** 居易孙，有传。			
天启					
	张汝致 **胡怀敬** 副贡，《旧志》遗。 **王静学** 心学从弟，鳌山卫籍，邱县县丞。 **杨誉** 正昧子。 **王若曾** 濮州训导。	**高念兹** 翩子，沙县知县。	**纪丕烈**		**高弘商** 弘图弟，光禄寺署正。 **高弘都** 弘图弟，廪贡，鸿胪寺署正，《旧志》，光禄寺丞。

	张志定 鲤子，有传。	**高朗之** 弘图子，授通判。 **王文炤** 楫子，鳌山卫籍，有传。			
崇祯					
	赵守珠 均州学正。 **高衍庆** 建节孙，有传。 **庄倜** 东平州学正。 **姜士杰** 继稷从子，新蔡知县，开封府同知。 **游上林** 鸾子。 **上国光** 青州府教授。 **张自修** 庐州府训导。 **胡定** 懋功子，德州学正。 **逄尧典** **高述善** 汝砺子，训导。 **郭键** 居重子。 **崔尔屹** 见“进士”。 **张珩** 黄陂县训导。 **崔屿** 有传。 **姜士佳** 士佐弟。 **纪尔忠** 五常孙，威县知县，《大名县志》作魏县。 **王知已** 隆已弟，宝鸡县主簿，《旧志》入例贡。 **薛士纲** 子愿子，壬午副贡，《旧志》遗。 **法若真** 寰子，副贡，《旧志》遗。 **李启白** 太和子，正贡，《旧志》遗。	**高灖** 锵子，有传。 **张光先** 茂先兄，《高志》超贡。	**纪宏启** 存仁玄孙，州判。	**高国柱** 以父灖恩荫入监，署苏州府同知。 **郭丽** 以父竹征恩荫入监，登封县知县。	**温正春** 中书舍人。 **纪澄** 南直隶盐场大使。 **张栈** 西水驿丞。 **高自卑** 榆次县典史。 **高淳** **高濾** 附监。 **宋可举** 之曾子。 **匡永** 附监。 **高联芳** **高适之** **高申之** 附监。

灵山卫贡监　《卫志》载明贡监无年、月，与前表不可相入，故独表之。

岁贡	选贡	恩贡	荫监	例监
郭泰 郭杰				

续表

岁贡	选贡	恩贡	荫监	例监
唐昇 宁波府照磨。				
顾胜 孟津县主簿。				
吴俊				
乔诚 邢台主簿。				
白诚 留守司经历。				
魏良				
张鹗				
陈明 荆府奉祀。				
宋泰 沛县主簿。				
张鹏 大名府通判。				
刘庆 蒲州吏目。				
郭坚 楚雄府审理。				
张鵾 江宁县主簿。				
郭奎 庐州府照磨。				
阎稷 确山县丞。				
高仁 鲁山主簿。				
高俊 贵池县丞。				
许俊 静宁州州判。				
乔世卿				
朱鼎 杞县县丞。	苏丛 有传。			
唐龙				
詹国光				
詹国恩 清源县丞。				
郭九皋 长源主簿。				
郭九卿 盱眙主簿。				
王霁 蒲州州判。				
宋德盛 上元县丞。				
惠远 三元县丞。				
陈思义 萧山县丞。				
武兰 盐山县丞。				

续表

岁贡	选贡	恩贡	荫监	例监
苏应时 丛子，潞城县丞。 **苏应节** 丛子，青县知县。 **张栋** 邯郸县丞。 **陈思孝** 思义弟，南城兵马司副指挥。 **武伦** 庄浪县教谕。 **张大振** 平谷知县。 **侯芝** 有传。 **凌思义** 榆次县丞。 **焦鹤** 镇安知县。 **毕应午** 涞水知县。 **宗闵** 广宗县教谕。 **苏应聘** 丛子，代州同知。 **张大顺** 临县知县。 **苏应期** 丛子，有传。 **张大纲** 阜平知县，姓名同州人。 **苏应锡** 日照训导。 **韩武** 绥德州州判。 **张拱北** 获嘉县丞。 **陈思可** 夏邑主簿。 **毕应奎** **宋价** **王学孔** 归安县丞。 **宋井南** 有传。 **焦之恒** 青州府训导。 **张国维** **阎相** 泰州学正。 **苏润** 应锡子，有传。 **朱重光** **苏濬** 应聘子，有传。 **苏淳** 应期子，辽阳卫教授。				

续表

岁贡	选贡	恩贡	荫监	例监
顾禔 有传。 **梁廷试** 辽阳卫教授。 **张宿东** 铜仁知县。 **苏洪** 应锡子，滕县教谕。 **宋储** 乐安教谕。 **陈惟河** 宿州学正。 **郭东岱** 安东卫教授。 **阎省已** **苏浩** 应期子。 **宗一科** 滋阳训导。 **苏万邦** 洪子，蒲县知县。 **宗鼎爵** 鳌山卫教授。 **高云龙** 有传。 **陈教典** **陈于衮** 清源主簿。 **王经世** 有传。 **苏溥** 青州府教授。 **唐士选** 安阳主簿。 **唐士彦** 南昌府同知。 **苏国** 江宁主簿。 **苏万姓** 洪子，深泽知县。 **陈谔** 孝义知县。 **苏万方** **苏万春** 润子，有传。 **苏万室** 有传。 **侯于都** 开建知县。 **张主聪** **焦嗣爵** 海阳知县。				

明选举表下

世袭 勋戚附	荫生	议叙①	吏员	行伍②
薛禄 世袭阳武侯，有传。《年表》：禄嫡长子勳早卒，追封阳武侯，以禄嫡孙诜袭。 **薛诜** 《年表》：宣德七年袭，十年领前府都督，正统四年卒，子琮袭。 **薛琮** 《年表》：景泰四年袭，成化四年卒，子伦袭。 **薛伦** 《年表》：成化十二年袭，弘治三年管神机营右哨，正德十六年坐鼓勇营，卒，子翰袭。按《职官志》：神机军管火器。又京兵五营，皆有坐营官，《明史》京兵有四勇营，鼓勇居第四。 **薛翰** 《年表》：嘉靖九年袭，十九年管红盔将军上直军，二十三年卒，无子，族人争袭不得，请田宅入官，世绝者三十余年，后以翰再从子铼袭。按《明史》：永乐时，设明甲、红盔二军。 **薛铼** 《年表》：万历五年袭，卒，无子，弟钲袭。 **薛钲** 袭年无考，《年表》：万历十九年任前府督都佥事，卒，子濂袭。 **薛濂** 袭年无考，有传。 **赵俨** 怀慎子，世袭守御所镇抚，掌所印，有传。按：卫所世袭，惟俨为胶人，故列是表。子孙见《职官表》。 **薛桓** 禄次子，尚宣宗次女常德公主，秩驸马都尉，有传。 以上《前志》。	**薛晖** 以阳武侯荫勋卫，《旧志》作世袭勋官。 **薛民望** 京营守备。《旧志》：以阳武侯禄荫世袭勋官。 **薛缵** 庠生，以阳武侯荫勋卫。 **薛绪** 以阳武侯荫勋官。 **薛滨** 以阳武侯荫勋卫。 **薛尔振** 以阳武侯荫勋官。 **薛寀** 以阳武侯荫勋卫。 **薛棻** 以阳武侯荫勋卫。 **薛棨** 濂嫡子，官中府都督，见濂传。	**赵臻** 以成化六年赈饥，充州典史，议叙授维扬闸官③。 **王秬** 斌子，以成化六年赈饥，议叙承事郎散官。 **李君实** 浙江杭州府经历。 **李谦甫** 君实子，潍州吏目。 **李廷硕** 谦甫弟，常州典史。	**刘瑶** 嘉兴府司狱。 **耿臣** 高陵县主簿，加食州判俸。 **刘叙** 合肥典史。《旧志》附注：通达律令事，无拂民。 **林兴** 绛县典史。 **赵臻** 见议叙。 **张嘉真** 正学孙，山西巡检。	**薛禄** 见世袭。 **高壹** 授校尉。 **薛果** 东宫侍卫。 **匡乾** 冀州守备，崇祯壬午殉难。 **张应运** 珩从子，有传。

① 议叙：清制，考绩优异的官员交部核议，奏请给予加级、记录等奖励。
② 行伍：指军队。五人为伍，五伍为行。
③ 闸官：明清时期专责闸务的官吏。

增修胶志卷二十五　选举志第三　清选举上

清选举表上

荐举　按《通志》：顺治元年恩诏直省府州县学，有才学出众、孝弟著闻者，听学臣特荐试用。嗣后凡遇覃恩颁诏，必先开载①地方有司，延访山林隐逸之士。又按《学古编》：雍正五年诏举贤良方正之士。顺治二年特荐法若真，雍正五年举高凤翰。以后康熙、乾隆屡开博学鸿词科，又开经学科。光绪二十七年诏开经济特科②，嗣因远省赴京不便，至二十九年③始举行。宣统元年，诏举孝廉方正，县各一人。

续《前志》。

顺治二年

法若真　寰子，以五经异才特荐，召试，授中书舍人，仍准会试，见“进士”。

雍正五年

高凤翰　曰恭子，举贤良方正，有传，《旧志》作孝廉方正。《高氏世德录》：凤翰膺孝友端方科保举。以上《前志》。

光绪二十九年

法伟堂　举经济特科，因病未与试。

宣统元年

徐宗仁　庠生，候选盐大使，举孝廉方正。

制科　按《科场条例》：顺治二年定子午卯酉年乡试，辰戌丑未年会试。乡试以八月，会试以二月，后改三月。又按，乡、会试加科俱由特旨，其试期或仍于八月乡试，次年三月会试，或改以三月乡试，八月会试，均临时酌定，不拘成例。有与正科同岁，或移正科于前，或移正科于后，亦不拘成例。又按顺治二年定乡、会试。第一场试，四书义三篇，经义四篇。第二场试，论一篇，诏诰表各一道，判五条。第三场，试策五道，又定诏诰二道，惟五经卷兼作。康熙二十六年部议，裁诏诰二道。二十九年议准，乡、会试第二场论题，将《性理》《太极图说》《通书》《西铭》《正蒙》一并命题。四十一年议准，第二场仍复诏诰二题，令其兼作。五十五年议定，二场论题专用《性理》。乾隆二十二年议准，自己卯科乡试为始，于第二场经文之外，一体试以五言八韵唐律一首，裁去表判。四十七年议准，将二场排律诗一首，移置头场制义后，以头场之性理论一道，移置二场经文后。五十二年议准，以戊申科乡试为始，乡、会五科之内，五经轮试毕后，乡、会试第二场，裁去论一篇，五经各出一题，作为定例。五十八年，咨准各省一体遵照办理现行事例，乡、会试第一场四书制义题三，五言八韵诗题一；第二场五经、制义题各一；第三场策问五。《前志》。

---

① 开载：逐一记载。
② 经济特科：清末新政特设的科举制科，为选拔“洞达中外时务”人员的科目，系仿乾隆年间的博学鸿词科而设。
③ “二十九年”，底本作“十九年”，讹。据上文“光绪二十七年”推导而来。

	进士	武进士	举人 按《科场条例》，乾隆十七年定，下第[1]举子，礼部查造清册，送总理事务王大臣[2]拣选、带领引见，分别以知县试用，教职铨补。	武举
顺治	二年		乙酉科《通志》二年，初行乡试。山东仍照旧额，中式九十名。	
			匡兰兆 如槚子，见“进士”。 法若真 官子，见“进士”。 李世铎 启白孙，顺天榜，见“进士”。	
	三年丙戌科《通志》：三年初行会试，取中四百名。四年再行会试，取中三百名。诏凡二年中式而愿再试者听。		丙戌恩科	
	李世镐 傅以渐榜，有传。 法若真 选庶吉士[3]，有传。 匡兰兆 有传。 法若贞 有传。 李世铎 有传。		王埰 文谒子，鳌山卫籍，见“进士”。 冷开泰 见“进士”。	
	四年丁亥恩科			
	王埰 吕宫榜，有传。			
	五年		戊子科	
			赵焘 麟祥子，第二名，见“进士”。 张应桂 若麒子，见“进士”。 李粹白 见“进士”。 王垓 文炤子，鳌山卫籍，见“进士”。 宋可发 可久弟，见“进士”。 高景之 弘都子，见“进士”。	

① 下第：科举时代，考试不中者曰下第、落第。此指会试落第之举人。

② 总理事务王大臣：官名。雍正十三年（1735）高宗继位之初，暂罢军机处，改称总理事务处，命庄亲王胤禄等为总理事务王大臣，负责处理原军机处所办之一切政务，以赞襄皇帝。

③ 庶吉士：亦称庶常，是明、清两朝翰林院内的短期职位。在通过科举考试中进士者中选择有潜质者担任，为皇帝近臣，负责起草诏书，有为皇帝讲解经籍等责，是内阁辅臣的重要来源之一。

			纪御蛟 腾蛟从弟，见“进士”。 **朱尔铉** 见“考授”，《通志》作尔扃。	
	六年己丑科			
	张茂先 刘子壮榜，工部主事。 **王垓** 有传。 **匡兰馨** 有传。 **赵焘** 有传。 **冷开泰** 有传。 **宋可发** 有传。 **纪御蛟** 有传。			
	八年		辛卯科 《通志》，恩诏广额，山东加中十名。	
			李世钿 世铎弟，有传。 **宋澄** **韩魏** 见“进士”。	
	九年壬辰科			
	张应桂 邹忠倚榜，选庶吉士，有传。 **韩魏** 永州府通判。			
	十一年		甲午科 《通志》，恩诏广额，山东加中五名。	
			王如辰 见“进士”。 **李世锡** 太和曾孙，见“进士”。 **高昱之** 弘都子，有传。 **雒献图** 见“进士”。	
	十二年乙未科			
	王如辰 史大成榜，有传。			
	十四年		丁酉科	
			高种之 弘图从子，见“进士”。	
	十五年戊戌科			
	雒献图 孙承恩榜，有传。 **李粹白** 兵部观政，保康县知县。			
	十六年己亥恩科 《通志》因云贵新附，再行会试。			

	高种之 徐元文榜，金坛县知县。			
	十七年		庚子科《通志》十七年定直省乡试额，山东定额四十六名。	
			周谦 法稷子，有传。	**赵震** 兵部效用，广东双鱼海朗守御所千总。
	十八年辛丑科			
	李世锡 马世俊榜，有传。 **高景之** 崇阳县知县。			
康熙	二年 按：是年乡试后以八股制义，始于宋王安石诏废不用，科举改三场为二场，首场策五道，二场“四书五经”各论一道，判语五条，至七年始复制义，如旧例。		癸卯科	
			王岐毓 有传。 **姜铭鼎** 灵山卫教授。 **张应斗** 珩子，成山卫教授。	**王培** 垓弟，鳌山卫籍，见“进士”。
	五年		丙午科	
			高于嵋 青州府教授。 **高曰聪** 曰恭弟，见“进士”。	**匡铸新** 绩孙。 **傅之绲** 滁州卫守御所千总。
	六年丁未科			
		王培 陕西永昌卫掌印守备。		
	八年		己酉科《通志》：恩诏广额，山东加中七名。	
			纪之竹 腾蛟子，石泉县知县。 **赵文煛** 季子，见“进士”。	**周渭** 见“进士”。
	九年庚戌科			
	赵文煛 蔡启僔榜，选庶吉士，有传。			
	十一年		壬子科	
			王请试 经世子，灵山卫籍，见“进士”。 **韩内美** **张宿耀** 有传。	**陆若骏** 守备署都司。 **高士望**

	十二年癸丑科			
	高曰聪 韩菼榜，有传。	**周渭** 大定营游击。		
	十四年		乙卯科	
			李肇丰 肇泰弟，见“进士”。 **高曰恭** 志清子，有传。 **张治** 淳弟，见“进士”。	**高国杰** 涟子，霍县守备。
	十五年丙辰科			
	王请试 彭定求榜。 **李肇丰** 永丰县知县。 **张治** 有传。			
	十六年		丁巳恩科《通志》：十六年特行恩科，乡试专考贡监官生，除顺天专差考试，山东西等省，就河南省考试，取中十一名，京闱取中八名。	
			张淳 若麒孙，顺天榜，有传。 **法樗** 若真子，顺天榜，见“进士”。	
	十七年		戊午科	
			张文嵋 有传。 **王如春** 如辰弟，有传。 **赵泰甡** 俨曾孙，见“进士”。 **薛希瑄** 有传。	
	十八年己未科			
	法樗 归允肃榜，有传。			
	二十年		辛酉科	
			战殿邦 见“进士”。	
	二十一年壬戌科			
	战殿邦 蔡升元榜。 **赵泰甡** 有传。			
	二十三年		甲子科 恩诏广额，山东加中七名。	
			周肇汝 谦子，有传。 **王懿** 如辰子，见“进士”。	**殷有功** 见“进士”。 **杨錡**
	二十六年		丁卯科	
			万世馨 平度州籍，见“进士”。 **宋契裔** 灵山卫籍。	

	二十七年戊辰科			
	王懿 沈廷文榜，选庶吉士，有传。 **万世馨** 有传。			
	二十九年		庚午科	
			张檩 平度州籍，成山卫教授。	
	三十二年		癸酉科	
			万世安 平度州籍。 **张谦宜** 懋煌子，见“进士”。 **高班** 昱之子，莱阳县教谕。 **韩允恭** 见“进士”。 **王纮** 见“进士”。	**高烋** 国檩子。
	三十八年		己卯科《通志》：三十五年，加山东乡试正额十四名，合前额为六十名。	
			郭重福 **匡瑮** 兰祥子，见“进士”。	**匡忠** 见“进士”。
	三十九年庚辰科			
	王纮 汪绎榜，有传。			
	四十一年		壬午科《通志》：三十九年定官卷例，四十一年定五经取中额。	
			赵泰临 俨曾孙，第一名，见“进士”。 **宋世藩** 改名世峻，有传。 **高攀嵩** 见“进士”。 **高淑圣** 灵山卫籍，胶州学正。	**王肃文** 见“进士”。 **邓均** 有传。
	四十二年癸未科			
	赵泰临 王式丹榜，选庶吉士，有传。			
	四十四年		乙酉科《通志》：恩诏广额，山东加十一名，《科第考》作十七名。	
			王功濯 懿子，有传。 **张燕翼** 文嵋子，有传。 **赵锡畴** 怀礼玄孙，太和县知县。 **周卜世** 内阁中书。 **王源** 顺天榜。	

	四十五年丙戌科			
	张谦宜 施云锦榜，有传。 **韩允恭** **高攀嵩** 有传。			
	四十七年		戊子科	
			高辛祜 景之子，有传。 **赵光廷** 怀礼曾孙，见考授。 **于广** 见“进士”。	**郭楠** 第二名，三江营守备。 **庄锡彤** **乔基** **宋梁**
	四十八年己丑科			
	于广 赵熊诏榜，选庶吉士，有传。	**匡忠** **王肃文** 湖广守备。		
	五十年		辛卯科 《通志》：五十年加增山东乡试正额十二名，并前额为七十二名，外加五经三名，本科又恩广八名，共八十三名。	
			李湄 世钿子，有传。 **高大烈** 嗣吕曾孙，见考授。 **王廷伟** 渊度子，鳌山卫籍，有传。	**邓垲** 见“进士”。
	五十一年壬辰科			
		邓垲		
	五十二年癸巳恩科		癸巳恩科 《通志》：特开恩科，二月乡试，八月会试。	
	匡瑮 王敬铭榜，青州府教授。		**高琚** 文熠子，霸州知州。 **赵嵚** 泰临子。 **李宫** 肇丰子，顺天榜，徐州州同。	
	五十六年		丁酉科	
			宋孝诚 振甲子，有传。 **高珣** 邯郸县知县。 **张存仁** 沅子，金州卫籍，有传。	**李云程**
	五十九年		庚子科	
			宋云会 见“进士”。 **赵忻** 泰临子，新宁县知县。	**王元浩** 见“进士”。

雍正	元年《通志》：特开恩科，四月乡试，十月会试。		癸卯恩科	
			周延祉 鱼台县教谕。 **高铮符** 有传。 **王统先** 功濯子，沁水县知县。 **赵鏶** 俨元孙，震泽县知县。 **王纬先** 功濯子，郿县知县。 **王缒先** 懿孙，沁水县知县。 **张柟** 淳子，顺天榜。	
	二年《通志》：二年补行正科，二月乡试，八月会试。		甲辰科	
			薛世道 有传。 **雷乃霆** 钦赐国子监学正。	
	四年		丙午科	
			王寯 士栋子，见“进士”。 **王续先** 缒先弟，永和县知县。	
	五年丁未科 改期三月。			
	宋云会 彭启丰榜，有传。	**王元浩** 殿试第一甲第一名，授侍卫，有传。		
	七年		己酉科	
			宋瑞钰 顺天榜，有传。	
	十年		壬子科《通志》：八年十一月，卿云①现于阙里，特诏，广十年乡试额，每正额十名，广一名，零数亦广一名。	
			宋珩 见“进士”。 **法重辉** 有传。 **宋熙** 士芳子，顺天榜，见“进士”。	**张廷桂**
	十三年		乙卯科 恩诏广额，山东加中二十名。	
			李观瀛 有传。 **匡圣时** 諟子，顺天榜，见“进士”。 **王弈瞻** 纮孙，顺天榜。	**邵元勳**

① 卿云：即庆云，一种彩云，古人视为祥瑞。此处盖指此年有“卿云”之兆，故增加乡试名额。

乾隆	元年丙辰科		丙辰恩科 恩诏广额，山东加中二十名。	
	宋珩 金德瑛榜，东昌府教授。 **匡圣时** 有传。		**宋澄** 可发孙。 **宋京** 士芳子，顺天榜，有传。	
	二年丁巳恩科			
	王寯 于敏中榜，选庶吉士，有传。			
	三年		戊午科	
			张大文 **法基昌** 樗孙，顺天榜。	
	四年己未科			
	宋熙 庄有恭榜，壶关县知县。			
	六年		辛酉科	
			法坤宏 樗孙，第二名，有传。	
	九年		甲子科	
			高蔚宸 见“进士”。 **匡均** 圣朝子，特简①，福建知县。	**周大诏** 有传。
	十年乙丑科 会试改期三月，永著为例。			
	高蔚宸 钱维城榜，有传。			
	十二年		丁卯科	
				黄子壮 临清卫守备。
	十五年		庚午科	
			栾廷鈖 坪子，第一名，见“进士”。 **王以训** 续先子，见“进士”。	**徐渭** 见“进士”。 **郝进陞**
	十六年辛未科			
	栾廷鈖 吴鸿榜，有传。 **王以训** 登州府教授。			
	十七年		壬申恩科	
			张熠	**李大程**

① 特简：皇帝对官吏的破格选用，指在特定范围内选用某些官吏。

	十八年		癸酉科	
			纪在谱 有传。 **宋牧** 云会子，顺天榜。	**徐瀛** 浙江嘉湖卫守备。
	十九年甲戌科			
		徐渭 殿试第一甲第二名，授侍卫，长沙营副将。		
	二十一年		丙子科	
			薛桐 希瑄曾孙，第二名，有传。 **法嵩龄** 坤宏子。 **张新德**	**王道直** 元浩子，江南守迁守备，署清江浦都司。
	二十四年		己卯科	
			冷文全 峄县教谕。 **薛世容** 希包子。	
	二十五年		庚辰恩科	
			赵衍训 济宁州学正。	**高蔚林** 见“进士”。 **黄子健** 徐州府运千总。 **张光文**
	二十七年		壬午科	
			匡文昱 圣时子，有传。 **匡文炅** 圣时子，见“进士”。 **王奋庸** **高蔚越** 有传。	**李名标**
	二十八年癸未科			
		高蔚林 授侍卫，江苏常州营游击抚标，城守营参将。		
	三十年		乙酉科	
			李汉 **孙棠** 钦赐国子监学正。	**徐宗勇**
	三十一年丙戌科			
	匡文炅 张书勳榜，有传。			

	三十五年		庚寅恩科	
				周从义 大诏子，第一名，道光十一年，辛卯恩科，重赴鹰扬宴①，有传。 **高蔚勇** **孙瑜**
	三十六年		辛卯科	
			冷文翰 邹平县教谕。 **张元正** 改名元埰，河南淯川县知县。 **纪有堂** 有传。 **冷介瑞** 文焬子，聊城县教谕。 **张维祺** 见“进士”。	**胡泽寰** **傅龙图** 江南庐州卫掌印守备。 **王大纯** 道光十一年，辛卯恩科，重赴鹰扬宴。
	三十九年		甲午科	
			匡晖吉 第二名，有传。 **胡湘兰** 铣元从子，有传。 **冷纮玉** 文炜子，见“进士”。 **陈秉锦** 灵山卫籍，邹县训导。	**汪铠** 见“进士”。 **孙岳龄** 见“进士”。 **李国栋**
	四十年乙未科			
		汪铠 有传。 **孙岳龄** 浙江太平营参将。		
	四十二年		丁酉科	
			王克掞 有传。 **宋宪庠**	
	四十三年戊戌科			
	张维祺 戴衢亨榜，有传。 **冷纮玉** 东城兵马司正指挥，湖北安陆府同知。			
	四十四年		己亥恩科	
			王景曾 藩子，鳌山卫籍，滋阳县教谕。	**李元勳** 见“进士”。 **李人龙**
	四十五年庚子恩科		庚子科	
		李元勳 四川川北镇中营都司。	**杨维梁** 志敏子，有传。 **赵衍祺**	**孙朴** **丁作栋**

① 鹰扬宴：科举制度中武科乡试放榜后，考官和考中武举者共同参加的宴会。

	四十八年		癸卯科	
			高照业	
	五十一年		丙午科	
			宋健 士芳曾孙，有传。 **赵葆舒** 历城县教谕。 **李乔年** 顺天榜，蒲台县教谕。 **孙友闻** 顺天榜，有传。	**孙荣晔** 候选卫守备。 **徐志经**
	五十三年 预行乡试正科。		戊申科	
			赵霪 顺天榜，改名遴卿。有传。 **张芳** 掖县籍，改名仲光。	**李芳龙** 人龙弟，改名庆龙。 **李金声** 安徽滁州卫守备。
	五十四年		己酉恩科	
			匡苞 文炅子，见“进士”。 **宋潢** 熙孙，见“进士”。	
	五十五年庚戌恩科			
	匡苞 石韫玉榜，有传。			
	五十七年		壬子科	
			法梦渭	
	五十九年		甲寅恩科	
			宋绳祖 改名绳先，有传。 **高顺业** 顺天榜。 **宋晋** 钦赐。	**韩抡元**
	六十年乙卯恩科		乙卯恩科	
	宋晋 钦赐翰林院检讨，有传。		**冷鹏翥** 文燗子，单县教谕。 **张敦谦** 顺天榜，维祺弟。	
嘉庆	三年		戊午科 恩诏广额，山东加中二十名。	
			匡伾 均孙，署江苏沭阳知县。 **周茂龄** 炳麟子。 **蔡玮** 现任诸城县教谕。 **周天度** 天牧弟，在平县教谕。 **胡铣元** 莱阳县教谕。 **孙汶** 顺天榜，见“进士”。	**崔修** 伟弟，有传。 **王延柏** 商河泛把总。 **田泰来** 兵部差官，九江镇标前营守备。 **高鸿举** 见“进士”。

	五年		庚申恩科	
			张曾霱 维祺子，见“进士”。 **高蔚溶** 顺天榜，见“进士”。 **孙友于** 顺天榜，有传。	**李廷扬** 见“进士”。
	六年辛酉恩科		辛酉科	
		李廷扬 殿试第一甲第三名，授侍卫，直隶宣化镇总兵，调浙江衢州镇总兵。	**张奎高** 有传。 **周天牧** 道恺子，有传。	**田遇昌**
	七年壬戌科			
	孙汶 吴廷琛榜，选庶吉士，有传。 **宋潢** 选庶吉士，湖南临武知县。	**高鸿举** 授侍卫，有传。		
	九年		甲子科	
				崔克谐 **王长龄**
	十二年		丁卯科	
			徐学时 户部江西司员外郎，保举御史[①]引见记名。 **胡镐元** 铣元兄，钦赐。	**庄玉琳** 兵部差官。 **郭占魁** **叶殿魁** 兵部差官。
	十三年戊辰科		戊辰恩科	
	胡镐元 钦赐翰林院检讨。		**孙汝惶** 棠孙。 **匡锡椴** 顺天榜，现任定陶县教谕。	**叶泮** **马岱元** 登州右营把总。 **雒汲**
	十四年己巳恩科			
	张曾霱 洪莹榜，选庶吉士，有传。			
	十五年		庚午科	
			宋渠 **郭振镛** **高裔云** 现任高唐州学正。 **宋坰** 健子。 **高攀璧** 顺天榜。 **侯若瓒** 灵山卫籍，钦赐。	**杨兆熉** 志宽孙，第二名。 **黄梓**

① 保举御史：清代考试选拔御史的制度。

	十六年辛未科			
	高蔚溶 蒋立镛榜，直隶灵寿县知县。			
	十八年		癸酉科	
			高槐业 大兴县籍，见议叙。	**李金台** 人龙子，高密泛把总。 **杨臣基**
	二十一年		丙子科	
			张曾雯 敦谦子，有传。 **高徽若** 现任博山县训导。	**王浩**
	二十三年		戊寅恩科	
			徐有说 **柯培元** 顺天榜，见议叙。	**丰太平** **赵彤飏** 葆舒子，高密泛把总。 **杨桂林** 见“进士”。
	二十四年己卯恩科		己卯科	
		杨桂林 授侍卫，有传。	**高徽翰** 郓城县教谕。	**唐可荣**
道光	元年		辛巳恩科 恩诏广额，山东加中二十名。	
			薛维锦 希包曾孙，宁海训导。 **高承紫** 现任招远县教谕。 **王廷兰** 元浩曾孙，现任汶上县训导。	
	二年		壬午科	
				张青云
	五年		乙酉科	
				郭殿飏
	八年		戊子科	
			宋汝坤 梓孙。	**李捷三**
	十一年		辛卯恩科	
			黄建乐 署朝城县教谕。 **沙衍英** **杨芳泽** 改名鼎勳，见考授。 **王士庥** 琦子，顺天榜，刑部员外郎，奉天司行走。	**李桂扬** 金声子，见“进士”。 **郄世恩** 现任招远泛把总。 **李麟瑞**

	十二年壬辰恩科		壬辰科 补行乡试正科。	
		李桂扬 授侍卫。		**张腾云** **孙云青** 瑜孙。
	十四年		甲午科	
			高行方 蔚哲曾孙。 **王应蔚** 汝为曾孙，见“进士”。	**冷震东** 旭昶弟，见“进士”。
	十五年		乙未恩科	
			庄以莅 改名汉准，试用教谕。	**冷旭昶** 第一名，见“进士”。 **王懋勳** 见“进士”。
	十六年丙申恩科			
		冷旭昶 授侍卫，现任福建漳州镇标左营守备。 **冷震东** 授侍卫，现任陕西延绥镇城守营都司。		
	十七年		丁酉科	
			金恂 灵山卫籍，现署郓城县教谕。	**高鉴塘** 见“进士”。 **王锦堂** 候选千总。 **孙祥麟**
	十八年戊戌科			
		王懋勳 即补营守备。		
	十九年		己亥恩科	
			张书绅 **匡源** 锡椵从子，顺天榜，见“进士”。	
	二十年庚子恩科		庚子科	
	匡源 李承霖榜，选庶吉士，翰林院编修，前吏部左侍郎，署礼部尚书，军机大臣，有传。			**韩金科** **孙斗南** 云青从子。
	二十三年		癸卯科	
			匡懋纶 均曾孙，江苏溧水县知县，有传。 **张元兴** 灵山卫籍，肥城训导。 **赵炳奎** 葆舒孙，大兴县籍。 **周相焯** 天度子，承德府籍，见“进士”。	**薛际昌**

	二十四年甲辰科		甲辰恩科	
	王应蔚 孙毓泩榜，湖南知县。 **周相焯** 陕西凤翔府知府升用道，有传。以上续《前志》。	**高鉴塘** 候选卫守备。以上《前志》。		**邓辉堂**
	二十六年		丙午科	
			邱镛 以上续《前志》。	**徐守敏** 渭曾孙，第二名。 **孙星南** 云青子。 **高镇方** 以上《前志》。
	二十九年		己酉科	
			宋季丰 解元，见“进士”。 **王者瑞** **法昀** 顺天榜，昌乐县训导。	**乔魁龄** **邓玉堂**
	三十年庚戌科			
		徐守敏		
咸丰	元年		辛亥恩科 恩诏广额，山东加中二十名。	
				邓麟堂 **杨桂程**
	二年壬子恩科		壬子科	
	高徽翰 章鋆榜，即用知县，改授泰安府教授。		**范承綖** 国史馆誊录，大挑知县，改就教职，有传。 **高光伟**	
	五年		乙卯科	
			逄润古 见“进士”。 **冷馨德** 有传。 **王毓雯** 顺天榜。	**高殿华** 解元，兵部差官，即用卫守备。 **邓金堂** **乔和龄**
	八年		戊午科	
			宋季子 见“进士”。	**乔万龄** **李瑞阁** **王国櫟** 懋勳子，有传。 **韩金榜**
	九年己未科		己未恩科	
	宋恩溥 孙家鼐榜，原名季子，三甲六十名，礼部主客司主事，钦加四品衔，有传。		**孙彝政** 见“进士”。	**乔锡龄** **乔梦龄**

同治	元年		壬戌恩科　并补行咸丰十一年辛酉科，恩诏广额，山东加中二十名，又加军需四名。	
			张金铭　有传。 **宋岱龄**　灵山卫籍，见“进士”。	**朱祥瑞**
	三年		甲子科	
				赵逢恩 **张腾甲**　见“进士”。
	四年乙丑科			
	逄润古　崇绮榜，二甲六十二名，翰林院编修，二品衔，湖北武昌府知府，署盐法道，有传。 **宋季丰**　即用知县，改授沂州府教授，有传。			
	九年		庚午科　并补行丁卯科。	
			杨际清　见“进士”。 **柯劭忞**　见“进士”。 **高业传** **韩复芳**	**王和龄**　见“进士”。
	十年辛未科			
	宋岱龄　梁耀枢榜，三甲二十名，河南鹿邑等县知县，有传。 **韩复芳**　钦赐翰林院检讨。	**张腾甲**　即用营守备，回籍后在局办公出力，升用都司。 **王和龄**　即用卫守备，补安东卫守备。		
	十二年		癸酉科　恩诏广额，山东加中二十名。	
			高何 **邱桂乔** **薛文英**　顺天榜。	
	十三年甲戌科			
	孙彝政　陆润庠榜，二甲二百二十五名，户部主事加四级，有传。			

光绪	元年		乙亥恩科	
			刘振昇 **纪敦睦** 淄川县训导。 **柯劭憼** 见“进士”。 **邓鸿翔** 顺天榜。	**王立铭**
	二年丙子恩科		丙子科	
	杨际清 曹鸿勋榜，二甲一百五十六名，翰林院庶吉士，刑部江西司主事，有传。		**王其慎** 有传。	
	五年		己卯科	
			王辉普 **法伟堂** 见“进士”。 **傅振曾** **高英俊** 寿张县教谕，有传。	
	八年		壬午科	
			纪宝鼎 有传。 **赵应时** 钦赐。	
	十一年		乙酉科	
			李玮堂 见“进士”。	
	十二年丙戌科			
	柯劭忞 赵以炯榜，二甲四十五名，翰林院编修，湖①南学政，贵州提学使，典礼院学士，南书房行走。 **李玮堂** 二甲五十四名，历任福建、广西、江西知县。			
	十五年己丑科		己丑恩科	
	法伟堂 张建勋榜，二甲五十四名，即用知县，改授武定府教授，钦加国子监学正衔，有传。 **柯劭憼** 二甲一百二十八名，授安徽贵池县知县，调署太湖县，见外徙。		**宋企适** 见“进士”。 **周跻堂** 浙江候补盐大使。 **张子用** 壬辰会试，挑取誊录，丁亥会考，以县丞用，有传。	
	十七年		辛卯科	
			王叔谦 见“进士”。	

① 湖：底本作“潮”，讹。

	十八年壬辰科			
	宋企适 刘福姚榜，三甲九十六名，补授云南易门县知县，有传。			
	十九年		癸巳恩科	
			赵文运 亚元拣选知县，有传。 **胡逢恩** 见“进士”。	
	二十年甲午恩科		甲午科	
	王叔谦 三甲二十九名，署福建上杭县，有传。 **胡逢恩** 张謇榜，三甲七十名，内阁中书侍读衔，安徽候补知府，钦加盐运使衔，有传。		**王得瑞**	
	二十三年		丁酉科	
			张梯云 直隶候补州同，大名高等审判分厅监督推事。	**纪循善** 自光绪甲午科后，武科停止，所有武举进士，均令投标学习，其精壮之武生，及向习武艺之童生，均准其入伍，俟各省建立学堂，再酌定挑选考试章程，以定造就。
	二十八年		壬寅补行庚子辛丑恩正并科 是科改试策、论、经、义，停废八股试帖。	
			王金铠 会考挑取内阁中书。 **鹿锡畴**	
二十九年癸卯恩科 此科以后遂停科举，自清顺治二年乙酉科起，至光绪二十九年癸卯科止，凡一百一十一科。光绪三十一年八月初四日，袁世凯等奏请推广学堂，先停科举，奉旨即于是年停止。以后人材取自学堂，限年毕业。奖给举贡，不拘额数，举而不选，不载是篇。				
宣统			三年	
			李敦中 宣统三年山东优级师范学堂毕业，到京覆试及格，经学部奏准，奖给师范科举人，以七品小京官用。按：李敦中毕业于山东优级师范学堂，而《学校志各等优级学校毕业一览表》，因据《采访册》，李敦中名下填注安徽农林学校毕业，未知是否采访之误。	

增修胶志卷二十六　选举志第四　清选举中

清选举表中

	恩贡	拔贡	副贡	岁贡	优贡
	谨按《学政全书》顺治元年恩诏：直省府州县学俱以本年正贡改为恩贡，次贡作正贡，永著为例。	谨按《学政全书》顺治元年题准：在外府州县学廪生，赴提学道考试。康熙二十四年议准：直省各学于现考一、二等生员内遴选文艺精纯、品行端方者，府学二名，州、县各一名，准为拔贡，入监读书。三十九年议准：选拔之年，以陪贡充，停止选拔。六十一年议准：再行选拔一次。雍正五年定：选拔六年一举。乾隆七年定：选拔十二年一举。永著为例。	谨按《学政全书》顺治二年定：顺天府乡试副榜五十五名，增附准贡监廪生及恩拔岁贡贡监，俱免其坐监[①]，即与廷试。康熙元年题准：停乡试副榜贡额。十一年议准：直省乡试，仍取副榜作贡送监，其廷试停止。	谨按《学政全书》顺治二年题准：直省起送贡生，州学三年二人。又题准：贡生廷试以三月十五日，吏、礼二部官同翰林院官，赴内院公同阅卷定序。康熙元年题准：州学二年出贡一名。八年议准：仍三年二贡。二十六年议准：岁贡概免来京廷试，著学臣挨序考准，咨部补授训导。	谨按《学政全书》顺治二年题准：直省府州县学，不拘廪增附，将文行兼优者，大学起送二人，小学起送一人，入监肄业，名为贡监。乾隆四年议准：嗣后举报优生升入太学者，除确访实行考试经义外，并限以大省无过五六名，中省三四名，小省一二名，学政详慎举报。三十四年奉上谕：嗣后学政举报优生，照选拔贡生之例，会同督抚，一体考核。
顺治	**崔尔岩** 有传。 **赵复昌** 即墨籍。 **王肇敏** 鳌山卫籍，山西太原府断事司断事[④]。 **纪起蛟** 腾蛟弟。	**张应甲** 若麒子，有传。 **纪镛** 澄元孙，戊子，临江府通判[③]，《旧志》作恩贡。 **王墴** 文耀子，鳌山卫籍，甲午。 **薛一棠** 有传。	**匡兰瑞** 兰兆弟，乙酉，宜章县知县。 **高弘逵** 乙酉。 **吴朱祯** 戊子，扶沟县知县。 **赵柱明** 戊子。	**崔尔端** 台州府推官[②]。 **殷辂** **王文谒** 心学孙，鳌山卫籍，永州府同知。 **赵昌嗣** 任子，有传。	

① 坐监：在国子监读书。
② 推官：官名，唐朝始置。掌理刑名、赞计典，为正七品，康熙六年(1667)废除。
③ 通判：官名，多指州府的长官，掌管粮运、家田、水利和诉讼等事项，对州府的长官有监察的责任。清为正六品。
④ 断事：官名。断事为正六品，副断事为正七品。

	匡瑾 兰兆子，凤翔县县丞。 **匡㦗** 延年子，见“考授”。 **王笃生** 有传。 **张其策** 平度州籍，有传。	**赵城** 僖孙。	**李公植** 戊子。 **匡琦** 兰馨子，辛卯。 **赵烈** 开成子，甲午。 **张应象** 应运弟，庚子。	**王隆己** 泗水县教谕。《王氏族谱》：明岁贡，清平教谕。 **高湕** 漉从弟，乡宁县知县。 **曾学镜** 泗水县教谕。 **王肇域** **张懋煌** 懋熺弟，有传。 **法樗** 见“进士”。 **张㙬** 懋熺子，夏邑县知县。 **栾冲汉** **王文烛** 楫子，鳌山卫籍，昌乐县训导。 **匡岱** 延年子。 **宋璜** 见“考授”。 **匡棐** **陈三谟** 有传。 **王垌** 文谒子，鳌山卫籍。	
康熙	**张义问** **高于岣** 于嵋弟。 **法枚** 若真子。 **王遇明** 有传。	**王懿** 壬子，见“进士”。 **宋士芳** 世远子，丙辰，有传。 **韩士欐** **宋振甲** 宪儒孙，戊寅，有传。 **王瀓度** 钊子，鳌山卫籍，戊寅。	**姜毅** 士佐孙，招远县教谕。 **王懿** 辛酉，见“进士”。 **张鏯** 甲子。 **张友逸** 洽弟，乙酉，峄县教谕。 **王懋** 如辰子，戊子。 **王思** 如春子，戊子。 **薛世基** 阳信县教谕。 **高勳** 景之孙，泗水县教谕。 **于汝亨** 禹城县教谕。	**匡如梓** 绩从子。 **宋世远** 可举子，见“援例”。 **周之屏** **杨希震** 见“考授”。 **赵天成** 慎几孙。 **王礼贤** **崔敷极** 有传。 **姜长华** 元春子，有传。 **匡兰祥** 兰兆弟，见“考授”。	

			赵忻 见“举人”。	薛希方 有传。 王世芳 李宗沆 粹白子。 王埙 文耀子，鳌山卫籍。 王慎 如春子。 王坦 灵山卫教授。 姜长颖 士佳子，文登县训导。 周方震 高国檦 瀌子，寿张县训导。 周渼 见“考授”。 张懋燮 陵县训导。 纪之石 腾蛟子，曲阜县训导。 徐撛 见“援例”。 张沅 应昌子，见“援例”。 郭宏基 高箓 念兹子，武城县训导。 周三俊 宋瑶 见“考授”。 高信执 高顺之 宏教子，有传。 高溥之 有传。 谈原立 高笃 念兹子。 匡炎 兰兆子，有传。 杨有声 赵锡田 怀礼元孙。 赵锡晋 锡田弟。	

				匡曰浚	
				于之超	
				周谨	
				李濂 世铎子，见“援例”。	
				赵埰	
				宋宗贤 寿光县训导。	
				王埏 垓弟，鳌山卫籍。	
				栾士杰	
				高燽 国櫄子。	
				陈汝翼	
				高湆	
				张邦臣	
				姜珽	
				姜璋	
				赵永祺	
				赵逢圣 城子，即墨县训导。	
				匡圣朝 滥了。	
				姜璜 郓城县训导。	
				姜深 长颖孙。	
				王铉 埰子，鳌山卫籍，观城县教谕。	
				高斯揆 顺之子。	
				庄肇坦 蒲台县训导。	
				王鈖 埙子，鳌山卫籍。	
				高玫 昱之子。	
				王鏴 坦子，鳌山卫籍，福山县训导。	
				李廷献	
				张敬修 训导。	
				高栗徵	

				于肇辛 **王如云** 如辰弟。 **王恺** 如云子，冠县训导。 **王士栋** 纲子，有传。 **赵充廷** 怀礼曾孙，有传。 **冷钥** 昌乐县训导。 **高铮符** 见“举人”。	
雍正	**周肇涞** 有传。	**高鹤程** 癸卯，有传。 **冷廷枢** 开泰曾孙，栖霞县教谕。 **法重辉** 若贞曾孙，金州卫籍。见“举人”。 **张秉义** 沅子，己酉，有传。 **宋廷栴** 瑞鉽子，己酉，善化县知县。 **张齐淹** **宋廷榕** 瑞鉽子。 **王沛** 镇子，己卯，鳌山卫籍。	**栾培** 丙午。	**宋鸣埒** 见“考授”。 **杨隆瑜** **薛世业** 希方子，德平训导，有传。 **高天麟** 三重元孙。 **王士櫄** 纲子。 **张洛** 邹县训导。 **赵翊** 怀礼曾孙。 **赵润** 锡田子。 **于殿飏** **李作霖** 湄子，鱼台县训导。 **张延纪** **王镠** 埙子，鳌山卫籍。 **韩体仁** **王渊度** 钊子，鳌山卫籍，都昌县知县。 **徐瓘** **王潚度** 钊子，鳌山卫籍。 **王之丰**	**张五典** 沅子，寿张县训导。

				王泳度 鋐子，鳌山卫籍。 张璧 平度州籍。 王志符	
乾隆	唐章	张洤 辛酉，有传。	张永宁 昌乐县教谕。	周宣	法重谟 戊午。
	纪于昴 懋勳曾孙。	宋晋 京子，癸酉，曲阜县教谕，见“举人”。	李文曾 湄孙，癸酉，历官泰州州判、敦煌县知县。	王淑度 钊子，鳌山卫籍。	高蕃仲 己巳，有传。
	陈言昌	宋昱 珩子，癸酉，有传。	王以训 甲子，顺天榜，见“进士”。	郎士选	周再庚 己卯，有传。 以上《前志》。
	邢尔恒	纪有堂 之石曾孙，乙酉，见“举人”。	冷文炜 廷枢子，甲子，皋兰县知县。	纪之钰 昌乐县训导。	
	周炳麟 有传。	杨维梁 丁酉，见“举人”。	匡苞 文炅子，丙午，见“进士”。	王朝鼎 镠孙，鳌山卫籍。	
	匡文坛	王琛 淑度曾孙，丁酉，鳌山卫籍。	隋璧	王道亨	
	王肇澂 鈖子，鳌山卫籍，昌乐县教谕。	赵德鸣 錞曾孙，己酉，郓城县教谕。	魏钟	匡文绣 于蕃弟，莒州训导。	
	王振基	王国光 湛孙，己酉，鳌山卫籍。	高蔚昣 己酉。	栾坪	
	王振域		赵节 己酉，有传。	李幼樽 湄子。	
	王清欲 垌曾孙，鳌山卫籍。		邓廷法 顺天榜，署湖南宝庆府通判。	匡范 元恭曾孙。	
	王述曾 镇孙，鳌山卫籍。		王楹 乙卯，有传。	王梦尹	
			宋应时 乙卯。	高田畯 玫子。	
			邓元炳 乙卯，顺天榜，署沾化县教谕。	李元镇	
			张奎高 秉义曾孙，甲寅，见“举人”。	张桐 训导。	
			张文蔚 甲寅。	胡谦亨 鱼台县训导。	

				赵象垣 郓城县训导。	
				谈俊 濮州学正。	
				庄锡祉	
				高攀麒 昱之曾孙，兖州府训导。	
				李光祚	
				张世根	
				高汝春 曰聪孙。	
				樊兆龙 章丘训导。	
				高为枢	
				庄澐	
				丁绅	
				匡大勋	
				高凤晓	
				张在浚	
				张健	
				宋儒轼 有传。	
				张嘉谟	
				王藩 镇子，鳌山卫籍。	
				张维镐 有传。	
				徐克昌	
				宋字	
				法上	
				胡铨	
				王泽深	
				孙绳武	
				王钻	
				高境	
				纪圣谟 有传。	
				王豭 清欲子，鳌山卫籍。	
				冷文端	

				徐佩玉 孙元举 张克宽 纪岳 见“援例”。 祁元堂 李涵 金旡咎	
嘉庆	曾延祈 王毅 渊度曾孙，有传。 张宁蕴 秉义孙，有传。 张寿颐 有传。 冷峻德 文炜子。 匡禄辛	徐学时 克昌孙，辛酉，七品京官，见“举人”。 宋慧龙 癸酉，见“考授”。	纪毓琎 甲子，见“援例”。 匡侠 丁卯，均孙，见“议叙”。 王鸿逵 丙子。 王廷兰 元浩曾孙，戊寅，见“举人”。	冷文会 万中选 见“考授”。 匡梦麟 圣朝孙。 赵启谟 赵柏台 殷希孟 崔宏远 有传。 王镀 杨本 薛维桢 世道孙。 宋达孝 珩孙，有传。 冷维烺 维焜弟。 赵夔典 张抡彦 宁蕴子，有传。 纪熙皞 岳子。 周从恕 从义弟，有传。	
道光	张颖建 有传。 匡慎行 晖吉子。 宋为龙 以上《前志》。 高徽崗 庚戌，有传。	柯名晋 培元弟，乙酉。 匡源 锡蝦从子，丁酉，见“进士”。 以上《前志》。 宋季丰 己酉，见“进士”。	谈如晦 戊子，钦赐。 张雨亭 庚子。 以上《前志》。	毛寅宾 傅松龄 周道晋 王元凯 周锡彤	

				张翔云 冷京瑞 张殿图 冷文政 高濲方 薛雍熙 维桢子。 薛维栋 世道孙。 宋见龙 慧龙兄。 赵岳枸 霔子。 匡梅 苞子。 张寿璜 王惟符 范汝谦 张言坊 宾雁子。 李誉 高徽型 胡建勳 冷仁德 高泽 倪震东 以上《前志》。 徐守价 戊申。 宋松南 庚戌。 宋基 辛亥。	
咸丰	李之雍 壬子，有传。 徐应祺 癸丑。 韩振甲 丙辰，有传。 魏松年 庚申。	张金铭 辛酉，府学，见“举人”，有传。 高履方 辛酉。	李林贞 己未。 纪旭撰 己未，钦赐。	宋文立 癸丑。 苏肇许 甲寅。 冷元凯 丙辰。 谈应龙 丁巳。 纪循洛 己未。 宋翼龙 庚申。	

同治	张淮澄 壬戌，直隶州州判改就教谕，钦加光禄寺署正衔。 匡学洙 壬申，有传。	高英俊 癸酉，寿张教谕，见“举人”。 王吉震 癸酉，鳌山卫籍，有传。	庄尚彬 庚午钦赐。 周钦明 庚午钦赐。 丰恩锡 庚午钦赐。 萧延年 癸酉，有传。	柯名彦 壬戌。 丁魁三 癸亥。 周锡玠 乙丑。 傅连箴 丙寅。 张鸿仪 丙寅。 王大来 戊辰。 张毓鈊 己巳。 金振玉 辛未。 邓鸿翔 壬申。 庄桢元 甲戌。	杨际清 丁卯，朝考一等第一名，以知县用，见“进士”。 法伟堂 庚午，见“进士”。
光绪	王鸣珂 乙亥，有传。 王昭廉 庚辰。 李振芳 辛巳，有传。 周龄与 己丑。 张天池 庚寅。 孙超 辛卯。	徐宗穉 乙酉，商河县教谕，有传。 张建桢 丁酉，有传。	赵兰洲 己卯，直隶州州判，有传。 丁介南 癸巳，二十九年癸卯科后停止。	刘慎典 乙亥。 陈凤翔 丁丑。 张怀西 戊寅。 纪相撰 庚辰。 徐守忠 辛巳。 邓毓琛 癸未。 李林长 甲申。 高宗藩 丙戌。 鞠东彦 丁亥。 徐天爵 己丑。 王寰 己丑。 赵金诏 庚寅。 张清选 壬辰。 周麟勋 癸巳。 祁鸿翔 乙未。 庄梯元 丙申。	王其慎 丙子，见“举人”。

				匡书城 戊戌。 **高辛元** 己亥。 **张星炜** 辛丑。 **苗怀璞** 壬寅。 **蔡建寅** 乙巳。 **单伯诚** 丁未。 **张淑华** 丁未，候选按察司经历。 **孙大年** 戊申。 **赵法纶** 戊申，加额。	
宣统	**李泰运** 己酉，高密。 **张数青** 庚戌，高密。以上皆府学，时属直隶州，是科后停止。	**周辉远** 己酉，历任直隶威县等县知事。 **赵宗乾** 己酉，加额，直隶补用直隶州州判，是科后停止选拔。		**邓林儒** 庚戌。 **单墹** 庚戌，高密原府学，时属直隶州。 **王金鉴** 辛亥。 **刘邦建** 辛亥，加额，是科后停止。	**张晋** 己酉，高密原府学，时属直隶州，是科后停止。
	附奖贡				
光绪				**高振乾** 光绪三十一年诏停科举，以后人材取自学堂，限年毕业，奖络举贡不拘额数。振乾于三十四年中学毕业，经提学司覆试，奖给岁贡生。	
宣统	**王学孔** **徐宗杰** 以上均于宣统元年山东优级师范学堂简易科毕业。三年，经抚院奏准，奖给贡生，以训导用。				
灵山卫					
	恩贡	拔贡	副贡	岁贡	优贡
顺治	**焦纮缥** 天津卫同知。			**陈珽** 沂水县教谕。	

				梁梦霭 延安府同知。 **宗自亨** 蒙阴县教谕。 **唐士魁** 桃源县主簿。 **王请大** 见“考授”。 **程世英** **毕高选** 有传。 **宋士升** 衡水县知县。 **陈调鼎** 会稽县县丞。 **宗泰** 有传。 **王之佐** **王请度** 云南县知县。 **宗璜** **王晓** 博州州判。 **宗孔教** **唐嘉桢** **苏自森** 训导。 **王鹤生** 馆陶县训导。 **陈子哲** 博兴县训导。 **梁昂** **宋之钊** 有传。 **高芹生** **王必载** **宗迈** 《旧志》误“迈”为“遇”。 **宗华** **陈扆** **王尔彝** 滋阳县训导。 **唐桂** 有传。	
康熙	**宋彬**	**苏更森** 甲午，淇县县丞。 **王尔鼎** 壬子，《旧志》误“鼎”作“弼”。	**宋汤裔** 之钊子，癸酉。	**苏再武** 万春子，有传。 **梁秉枢**	

		毕公嗣 丙寅，邹县教谕。 焦复亨 戊寅，有传。 毕毓珩 壬寅，城武县教谕。		宗拓 梁秉睿 焦亮 有传。 王嵩生 王尔衡 嘉祥县训导。 梁翼枢 王尔端 阳谷县训导。 王怡 唐文炜 郯城训导。 毕公亮	
雍正	宋戴裔 之钊子。			苏念祖 再武子，有传。 焦复震 亮子。 宋廷佐 汤裔子。 徐发 宗启昌 昌乐县训导。 王鹏程 博山县训导。 陈方宓	
乾隆	宗如琦 泰子。 李常年 焦深 侯铎 宗冕 宗圣学 李应第 程履生	陈勖 荣城县教谕。		王炤 尔衡子。 焦渐亨 亮子。 宋俊 契裔子。 程洲 有传。 詹祉 毕公藩 王憬 陈之遵 有传。 宋廷辅 汤裔子。 张鹏翼 宗荫诒 宋廷猷 苏潜修 有传。	

				毕大垣 宋鹤程　诸城县训导。 毕大栋 焦汸 詹兆咸 焦其森 宋鹤云 程鸿儒 王续先 张灿 陈中和 王尚忠 武运昌 栗堉 宗其彦①　有传。 侯若瓒 唐锐	
嘉庆	宋以渐 宗其俊 程墉	柳殿元　癸酉，长山县训导。	陈浔　甲子。	张钊 苏凌云　蒲台县训导。 毕豫智 薛腾 宗其思 宋以恒 宗其硕　高苑县训导。 王尚志　登州府训导。 朱志郑　现任文登县训导。 宋衢　现任济阳县训导。 宗裕 宋淇	

① “宗其彦”，底本作“宋其彦”，讹。据道光《重修胶州志·人物志》改。

				宋学山 惠克勤	
道光	惠秉中 宋沆 以上《前志》。 薛文堉 庚戌。	金恂 乙酉，见“举人”。 张元兴 丁酉，见“举人”。 以上《前志》。 魏振玉 乙酉，东昌府冠县训导。	金恂 乙未，见“举人”。 以上《前志》。	陈以玲 宗橘 阎丕显 白大淳 宋湝 宋濬 翟淳 王泮 侯廷栝 陈承桂 金怡 宋淮 张步云 陈台铭 陈兰陔 以上《前志》。 白大润 戊申。 薛鼎三 庚戌。	
咸丰	宋锡鹏 壬子。 程树远 甲寅。 柳青葵 丙辰。 阎登俊 庚申。	宋岱龄 辛酉，见“进士”。		宗联芳 壬子。 李绍湘 甲寅。 苏德润 丙辰。 张元复 戊午，候选训导。 翟梦祥 庚申。	
同治	陈绍舜 壬戌。 陈汉超 丙寅。 陈以桢 壬申。	陈熙章 癸酉。		金鸿祥 壬戌，候选训导。 薛贵三 甲子。 梁守中 戊辰。	

				侯玉书 戊辰。 翟维柄 庚午，候选训导。 宗绪芳 壬申。 施凤鸣 甲戌。	
光绪	魏鸣珂 丙子。 陈建堂 己卯，候选训导。 赵凌汉 壬午。 叶纯光 壬午。 金子铭 庚寅。 朱骏声 庚寅。 张金芝 庚子。 阎铭鼎 己酉。 陈象晋 庚戌。是科后停止。	翟毓奇 乙酉。 张拱璧 元兴子，丁酉。 魏永恪 己酉。是科后停止。		张金藻 丙子。 张金科 戊寅，候选训导。 杨福舍 庚辰。 张金策 甲申。 程绣田 丙戌，候选训导。 魏师竹 戊子。 柳际周 庚寅。 金克昌 壬辰。 张方正 甲午。 阎佐清 内申。 白书奎 戊戌。 魏瑶琴 庚子。 陈锡铭 壬寅。 白庸昌 甲辰。 陈象谦 丙午。 魏学思 丙午。 魏永廉 丁未，补授直隶督河厅。 薛兆洛 戊申。 薛兆源 庚戌。 金桂栋 庚戌。是科后停止。	

增修胶志卷二十七　选举志第五　清选举下附诰敕表

清选举表下

按：此表所列官阶，多有已见《前志》而复又升迁者，若划分新旧，而前后牵连殊难分析。故此表于《前志》下概未附注。其《前志》已载，而成书后其人始殁，凡有事迹可传者，均补入人物传。

	世袭	荫生	考授 吏员附	议叙	援例 附《旧志》例贡监	行伍
顺治		**张若騜** 廪生，以从兄若骐荫官监生，舒城县知县。	**匡嶐** 岁贡，考授知县。		**赵廷鼐** 劄付训导。	**傅廷豹** 有传。
		匡珍 庠生，以父兰馨荫官生，考教习。	**李溶** 准贡，考授州同。		**赵煦** 开成子，附监，随征委署石阡府推官。	**李成** 曹州营守备。
			朱尔铉 举人，考授知县。		**赵昌龄** 任子，中书科中书。	**高弘绣** 以军功授甘肃抚标左营游击，有传。
			宋璜 岁贡，考授县丞。		**郭尔翰** 居重从孙，廪监。	**纪之兰** 沂镇千总。
			宋可群 附监，考授州判。		**匡从哲** 宏训孙，附监。	
			宋可典 附监，考授县丞。		**宋世远** 可举子，有传。	
康熙	**薛受益** 高密人，以军功授左都督，历官广东潮州镇总兵，予世袭拜他喇布勒哈番①，又拖沙喇哈番②，诰授荣禄大夫，奉旨准入灵山卫籍，有传。	**法樟** 以父若真荫官生，有传。	**王圻** 垓弟，准贡，考授州同。	**宋人龙** 廪贡，国子监肄业，议叙四川酆都县知县。	**宋世厚** 可举子，准贡，有传。	**高文熠** 有传。

① 拜他喇布勒哈番：满语，顺治四年（1647）定名，世职世爵，自公爵以下八级，拜他喇布勒哈番为第七级。乾隆元年（1736），定汉字为骑都尉。

② 拖沙喇哈番：清爵名。汉称旧为外所千总。顺治四年（1647）定名为“拖沙喇哈番”，正五品。乾隆元年（1736）定汉字为云骑尉，满文如旧。

续表

	世袭	荫生	考授 吏员附	议叙	援例 附《旧志》例贡监	行伍
	薛瓀 受益子，由世袭历官都督佥事，福建台湾镇挂印总兵，有传。	**宋世耀** 以父可发荫官生。	**邓煜** 例监，考授县丞。		**宋世显** 可发子，准贡，有传。	**韩成** 有传。
	薛隆绍 瓀子，世袭骑都尉，又一云骑尉，官贵州抚标参将。	**薛士杰** 以父荫，历官处州镇总兵左都督。	**姜錧** 士佐孙，有传。		**法权** 若真子，准贡。	**程尚仁** 镇羌营游击。
	薛廷起 隆绍子，世袭骑都尉，又一云骑尉，官山西滨州营参将。	**张淳** 以祖若麒荫官生，见“举人”。	**高穗之** 种之弟，贡生，考授县丞。		**法象熠** 准贡。	**韩良辅** 大名营副将。
		王綒先 以祖懿荫主事。	**宋瑞鉽** 有传。		**王锦** 垓子，贡生，三水县知县。	**薛受益** 见“世袭”。
		王继先 以祖懿荫刑部主事，历官汉兴道按察司副使。	**王绍先** 懿孙，贡生，考授国子监教习，官临晋县知县。		**匡元忠** 蘧子，附监。	**薛应时** 灵山卫籍，湖广临兰营守备。
		王元鬯 以父纮荫官生，官辽州直隶州知州。	**杨希震** 岁贡，考授州同。		**袁骅** 增监。	**张厥孝** 庠生改武，宁远营守备。
		高玮 以父文熠荫官生，拣发[1]陕西候补府同知。	**张均宰** 庠生，考授鸿胪寺序班。		**匡元寅** 蘧子，附监。	**庄一虎** 云南府营游击。
		高世锦 以祖文熠荫官生，历官陕西兴汉镇游击。	**宋世恭** 太和县县丞。		**赵履谦** 焘子，附贡，鸿胪寺序班，青县知县。	**赵业隆** 增生改武，以军功任江西九江镇总兵。
			王纲 隆己从子，廪监，考授州同。		**法士锦** 附监。	**张廷桂** 天津营守备。
			王请大 灵山卫籍，岁贡，考授知县。		**法若隽** 附监。	**宋弘毅** 武生，莱州营卫守备。

① 拣发：清代官制用语。谓在候选人员中挑选分发任用。

续表

	世袭	荫生	考授 吏员附	议叙	援例 附《旧志》例贡监	行伍
			周渼 岁贡，考授训导。		高璪 有传。	匡士骥 经制外委[3]。
			宋瑶 岁贡，考授训导。		王垣 附监。	吴虎 费县把总。
			王璣 垓弟，考授州同。		王钊 垛子，有传。	张太型 安东卫千总。
			王垣 文谒子，廪贡，考授州同。		逄元勳 附监。	邓承宗 临清州营守备。
			匡兰祥 考授[1]训导。		张应昌 应运弟，附贡，金县知县。	高尔志 京营守备。
			匡元恭 隆子，附监，考授县丞。		宋源 郓城县知县。	匡于蕃 江南徽州营守备，改泗州营运千总。
			匡詠 炎子，监生，考授州同。		李濂 世铎子，岁贡，候补内阁中书舍人。	高尔崇 卫守备。
			匡阊 炎子，监生，考授州同。		李泽 禹城县教谕。	高永昇 沂镇把总。
			王镇 垓子，考授州判。		邓昱 瓯[2]宁县县丞。	郭炜 郭元孙，安东营把总。
			赵光廷 举人，考授中书，改知县。		徐聚 有传。	郭殿选 昌邑泛千总。
			赵履丰 焘子，附监，考授州判。		赵撛 开成从子，附监。	宋世卿 武生，南安营参将。

① “考授”，底本作“授考”，讹。据道光《重修胶州志》改。

② “瓯”，底本作“殴”，讹。瓯宁县，清时隶属福建建宁府。

③ 外委：清制，额外的低级武官，有外委千总、外委把总，职位与千总、把总略同，但品秩较低。后来又分为经制外委与额外外委，前者在额定编制之内，后者则为额外委任的低级人员。

续表

	世袭	荫生	考授 吏员附	议叙	援例 附《旧志》例贡监	行伍
					王嘉德 附监。 郭源昌 郛孙，有传。 匡连 李耀宗 赵继祖 煦子，监生。 法若冀 监生。 法象煜 监生。 法楠 若真子，监生。 高人誉 法果 若贞子，监生。 崔辂	
雍正			赵泰裕 俨曾孙，廪监，考授州同。 赵泰阶 俨曾孙，附监，考授州同。 赵泰复 泰临弟，考授州同。 李肇泰 琳暲子，附贡，考授州同。 高大烈 举人，考授中书舍人。 赵镩 泰裕从子，附监，考授县丞，补授中城兵马司吏目①。		宋章 齐河县教谕。 傅之彩 廪贡，郓城县训导。 庄肇垓 廪贡，新城县训导，署新城知县。 唐世泽 有传。 法辉祖 樟子，有传。 高蔚哲 廪贡，诸城县训导。	高际强 登镇右营千总。 高问学 湖广提标把总。 潘成学 济南新城泛把总。 张聿修 胶州营守备。 李大楹 登州右营把总。 王金 灵山卫守备。

① 吏目：官名，金朝始置。明朝地方各州设，为州之属官，从九品。清承明制，于地方各州设，从九品，掌司奸盗、察狱囚、典簿录。

续表

	世袭	荫生	考授 吏员附	议叙	援例 附《旧志》例贡监	行伍
					高璨 永平府经历。	**高士奇** 陕西榆林卫守备。
					杨璨 江南苏州府营粮通判。	**张世涵** 武生，即墨营千总。
					王麟生 灵山卫籍，保昌县县丞。	**高起茂** 莱州营把总。
					匡谌 有传。	**高有光** 登州镇千总。
乾隆			**宋鸣塝** 岁贡，考授训导。	**王以谨** 绍先子，国子监肄业，议叙南阳县县丞，署淅川县知县。	**邓光岳** 有传。	**高攀泳** 陕西西安府把总。
			王湛 垓孙，考授州同。	**崔堂** 廪贡，国子监肄业，议叙寿光县训导。	**傅甡** 山西太原府司狱。	**李士杰** 日照县把总。
			高瑧 昱之子，考授县丞。	**张宾雁** 有传。	**宋珆** 士芳子，廪贡，宁海州训导。	**徐世恩** 有传。
			高用霖 弘逵孙，考授县丞。		**杨志敏** 有传。	**潘成福** 湖广安陆营都司①。
			高元质 溥之子，有传。		**杨志聪** 有传。	**胡景** 有传。
			高奋男 弘逵曾孙，考授州同。		**赵再生** 锡田子，新宁州吏目。	**苏希贞** 以军功任寿乐营千总，署武定营守备。
			高蔚斗 攀嵩子，考授州同。		**徐大章** 廪贡，登州府训导。	**管可成** 成山汛守备。

① 都司：官名。清朝绿营兵军官，为正四品武官，次于游击、参将。都司为副将总理营务的，称协标都司。

续表

	世袭	荫生	考授 吏员附	议叙	援例 附《旧志》例贡监	行伍
			赵录 泰裕子，考授府经历。		**高远业** 廪贡，登州府训导。	**高炩业** 以军功候补千总。
			高景业 吏员，考授正八品职，见“援例”。		**王辉曾** 湛子，鳌山卫籍，府经历，分发江苏，署华亭县主簿。	**辛榛** 江西文英营都司。
			冷素存 律例馆①供事，考授正八品职，见“援例”。		**张炳照** 浙江秀水县主簿。	**管永和** 成山泛水师营千总。
					冷绣瑞 文炜子，长芦海丰场盐课大使。	**管永顺** 登州营把总。
					徐瓒 有传。	
					杨志宽 陕西大荔县县丞，署三水县知县。	
					王以诗 统先子，廪贡，平原县训导。	
					王以志 纬先子，工部员外郎，虞衡司②行走③。	
					王以谏 统先子，附贡，山西大同府通判。	
					王应昌 府经历，署浙江富阳县县丞。	
					王玅 绍先孙，广东增城县典史。	
					冷维焜 廪贡生，有传。	

① 律例馆：清代官署名。顺治二年（1645）置，掌修撰法令，审定条式，颁行全国。

② 虞衡司：官署名。明、清时置，掌山泽采捕、陶冶及其税收政令，属工部。

③ 行走：清朝官制用语，即入值办事之意。清制，凡不改原来官职而调充其他职务，即称在某处某官行走。如御前大臣上行走、军机大臣上行走、南书房行走、总理各国事务衙门行走之类。

续表

	世袭	荫生	考授 吏员附	议叙	援例 附《旧志》例贡监	行伍
					高洪业 廪贡，菏泽县训导。 孙镐 中书科中书。 冷素存 府经历，署直隶保安州吏目。 高景业 府经历，署江西丰城县丞加捐知县。 王以试 绍先从子，山西隰州吏目。 纪岳 有传。 法药生 中城兵马司指挥，广西平乐府同知。	
嘉庆	高徽进 以七世祖允兹顺治十年海时行叛殉难，嘉庆六年世袭恩骑尉。卒，子步云袭。 高步云 增生，嘉庆十九年袭。卒，以孙彤恩嗣承袭。 高彤恩 承步云袭。 法梦徵 增生，以六世祖寰顺治十年海时行叛殉难，嘉庆六年世袭恩骑尉。卒，子庆荫袭。 法庆荫 道光七年袭。卒，子昕袭。 法昕 道光十三年袭，早卒，无子。		高太长 供事，考授正八品职，广西思恩府经历。 万中选 岁贡，考授内廷正义堂教习，期满以知县用。 张奎高 有传。 宋慧龙 拔贡，考授八旗官学教习，期满以知县用，分发河南，署永城县知县加知州衔。	赵得润 德鸣弟，供事，安徽当涂县大信司巡检。 高枋业 蔚溶子，供事，江西余干县典史。 匡侠 副贡，国子监肄业，平阴县教谕。 金廷瓀 廪贡，国子监肄业，议叙训导。 赵德俊 德润弟，廪贡，国子监肄业，海丰县教谕。 谈璥 廪贡，国子监肄业，长山县训导。	孙友于 见“举人”。 胡桂 有传。 王以谕 统先子，有传。 孙汉 廪贡，署昌乐县训导。 纪熙清 岳子，廪贡，署武定府教授。 邢梦桐 廪贡，署曹州府教授。	法德茂 武生，贵州镇远营守备，署天柱营游击。

续表

	世袭	荫生	考授 吏员附	议叙	援例 附《旧志》例贡监	行伍
	法旭 承庆荫嗣，道光十七年袭。				**匡梦吉** 圣朝孙，廪贡，德平教谕。	
	匡简 以五世祖兰兆顺治十年海时行叛殉难，嘉庆六年世袭恩骑尉。卒，以嗣子泰增袭。				**冷承德** 署江苏仪征县九江口巡检。	
	匡泰增 武生，道光八年袭。卒，以嗣子懋森袭。				**孙荣昇** 安徽无为州知州，署泗州直隶州知州，有传。	
	匡懋森 道光十八年袭，二十五年引见①，以千总补用。卒，以嗣子宗彦袭。				**匡续源** 廪贡，署商河县训导。	
	匡宗彦 武生，咸丰六年袭。卒，以嗣子立勋袭。				**张汝为** 廪贡，署莱阳县训导。	
	匡立勋 光绪十八年袭。				**冷恺** 东城兵马司吏目。	
	匡润田 以六世祖如槚顺治十年海时行叛殉难，嘉庆六年世袭云骑尉。道光二十九年补请以如槚次子兰瑞后润田承袭。卒，子叙五袭。				**高福业** 中城兵马司吏目。	
	匡叙五 六品功牌，同治十一年袭。卒，以嗣子懋桢袭。				**徐瀚** 陕西郿县典史。	
	张文明 以五世祖若敛顺治十年海时行叛殉难，嘉庆六年世袭恩骑尉。卒，子从龙袭。				**张云翮** 江苏松江府知事。	

① 引见：清代特指京官五品以下、外官四品以下，授官时文官由吏部、武官由兵部带领朝见皇帝。

续表

	世袭	荫生	考授 吏员附	议叙	援例 附《旧志》例贡监	行伍
	张从龙 监生，道光八年袭。				**冷杰** 盐运司经历，署浙江清泉场盐大使。	
	张长松 以五世祖启先顺治十年海时行叛殉难，嘉庆六年世袭恩骑尉。卒，子鸿祚袭。				**邓松龄** 附监，江西永丰县县丞。	
	张鸿祚 续《前志》。道光二十五年袭。卒，子荣恩袭。				**王琦** 以诗子，廪贡，冠县训导，加捐光禄寺署正①。	
	张荣恩 光绪二十三年袭。				**范如谌** 廪贡，署昌乐县训导。	
					高薰业 有传。	
					王玙 以谏子，增贡，东城兵马司副指挥、福建南靖县知县。	
					匡梦云 圣朝孙，廪贡，试用训导，见“议叙”，有传。	
					邓统 署安徽贵池县李阳司巡检，加捐兵马司副指挥。	
					王溶 以志子，有传。	
					高相业 顺业弟，户部司务、广东司行走。	
					王琎 以志子，广西梧州府同知。	
					崔伟 宏远从子，武生，有传。	

① 县训导，加捐光禄寺署正：底本脱，根据中国国家图书馆数字方志民国《增修胶志》电子版补充。

续表

	世袭	荫生	考授 吏员附	议叙	援例 附《旧志》例贡监	行伍
					纪毓琎 在谱孙，副贡，禹城县训导，升任蒙阴县教谕。 **王琅** 以谕子，中书科中书。 **王瑮** 任浙江武义县典史。	
道光		**李维翰** 以父廷扬荫兵部主事，升员外郎，掌山西道监察御史，署吏科掌印、给事中，升鸿胪寺少卿、太仆寺卿、宗人府府丞、兵部右侍郎、礼部左侍郎、刑部左侍郎加二级，有传。	**张祖樾** 曾霱子，监生，元年恩诏考职二等，授州吏目，选授云南宣威州吏目，见“议叙”，有传。	**高槐业** 有传。	**王士庥** 琦子，举人，刑部员外郎、奉天司行走，见“议叙”，有传。	**法梦麟** 登州营经制外委。《前志》。
			赵维垣 吏员，考授未入流[1]。	**柯培元** 举人，实录馆[2]议叙知县，补福建瓯宁县知县，署龙岩直隶州知州，有传。	**王士庆** 玙子，刑部陕西司郎中。	**王学业** 二十六年拔补水师前营额外外委。
			杨鼎勳 榜名芳泽，举人，考授景山官学教习，期满分发湖南候补知县，署茶陵州知州。	**纪卯元** 有堂孙，有传。	**王庆颐** 琛子，廪贡，济宁州训导。	**孙得玉** 二十六年拔补登镇水师后营额外外委。
			纪孝伦 卯元子，东平州吏员，考授未入流。	**高焕文** 供事，议叙未入流，浙江德清县典史。	**高桐业** 蔚溶子，现任中城兵马司吏目。	**孙得喜** 二十六年拔补登镇水师后营额外外委。
				纪毓珽 在谱孙，廪贡，国子监肄业，议叙训导。	**李怀沂** 金声子，安徽庐州卫千总。	**范景增** 二十八年拔补水师前营额外外委。

① 未入流：明、清称官阶不到从九品的职官。

② 实录馆：顺治九年（1652）始设，清代修史机构。

续表

	世袭	荫生	考授 吏员附	议叙	援例 附《旧志》例贡监	行伍
				高徽琛 廪贡，国子监肄业，议叙训导。	**王玕** 以谕子，安徽绩溪县知县，调铜陵县知县，见“议叙”。	**赵名扬** 二十九年拔补水师后营额外外委。
				孙荣臾 荣昇弟，州同职，六年奉办海运，钦加五品衔，十五年捐赈议叙加三级。	**孙彝宗** 增贡，中书科中书，加捐光禄寺署正。	**张永祥** 二十九年拔补水师后营额外外委。
				李允元 附贡，同知职，十五年捐赈议叙加三级。	**孙彝训** 汉子，户部郎中，升陕西凤翔府知府。	**郭万春** 二十九年拔补胶营额外外委。
				孙彝诰 同知，十五年捐赈议叙加三级。	**孙彝箴** 彝训弟，候补刑部司务，加捐同知。	**郑安邦** 三十年拔补登镇水师前营额外外委。
				孙既堂 教谕，十五年捐赈议叙加二级。	**杨阶** 附贡，南城兵马司正指挥，升刑部直隶司主事，见“议叙”。	**王锦堂** 武举，以候补千总借补登中营把总，咸丰三年捻匪之乱，调赴临清守城，城陷殉难，世袭云骑尉，有传。
				杨阶 刑部主事，十五年捐赈议叙加二级，二十四年议叙加四级，有传。	**孙彝昭** 彝箴弟，国子监典簿，升江西抚州府通判。	**赵振邦** 三十年拔补胶营额外外委。
				孙泽 同知职，十五年捐赈议叙加一级，纪录三次。	**孙既堂** 荣曾子，廪贡，乐陵县教谕，见“议叙”。	
				高敬礼 副指挥，十五年捐赈议叙加一级，纪录一次。	**周荣程** 儒俊孙，廪贡，署滕县教谕，补授文登教谕，有传。	
				王玕 知县，十五年捐赈议叙纪录三次，又城捐，加知州衔。	**高敬礼** 原名滋绵，南城兵马司副指挥，见“议叙”。	
				孙彝教 理问职。	**孙彝修** 分发东河候补通判。	

续表

	世袭	荫生	考授 吏员附	议叙	援例 附《旧志》例贡监	行伍
				孙彝典 监生。	**高含章** 鸿举子，增贡，署兰山县训导，选授峄县教谕，有传。	
				杨墀 监生。	**徐振钧** 附贡，试用训导。	
				孙彝畤 附生。	**李垚晋** 允元子，附贡，兵部主事、车驾司行走，见“议叙”，有传。	
				孙敬五 附生。	**高延吉** 候补刑部司狱。	
				彭守庸	**冷善长** 江苏长洲县丞。	
				傅儒业 监生。以上皆十五年捐赈议叙盐运司知事职。	**王垲** 廪贡，馆陶县教谕，署武定府教授，推升知县，补直隶龙门县知县，有传。	
				张寿清 监生，十五年捐赈议叙盐运司知事。	**傅儒勣** 监生，候补通判，加盐提举衔，又加捐知府。	
				高印堂 武生，十五年捐赈议叙千总职。	**傅儒功** 监生，兵部武选司主事，兼武库司行走，加员外郎，升衔，见“议叙”，有传。	
				杨堳 盐运司知事，十五年捐赈议叙纪录二次。	**孙彝炳** 附贡，候选训导。	
				王士庥 刑部员外郎，十五年捐赈议叙纪录二次。	**孙彝鼎** 候选府经历。	
				李廷扬 直隶宣化镇总兵官，十五年捐赈议叙纪录二次，有传。	**赵锡绸** 八品衔，候选布政司库大使①，有传。	

① 库大使：官名。始于元，主管官库。明代布政使司与顺天府有库大使、副使各一人，隶布政使者秩从九品。清沿置，隶布政使者秩正八品，隶运使、盐法道及各道者秩从九品，隶盐茶道及各所俱未入流。

续表

	世袭	荫生	考授 吏员附	议叙	援例 附《旧志》例贡监	行伍
				黄光昱 主簿职，十五年捐赈议叙纪录一次。 **孙彝修** 十五年捐赈议叙县丞职，见“援例”。查十五年捐赈议叙，尚有给八九品顶戴者六十人，因无职衔，故不备载。 **张兆惠** 附生，二十二年捐助江苏军需，议叙盐运司知事职，有传。 **杨立铣** 阶子，河工捐输，议叙兵马司副指挥。 **宋嵩庆** 慧龙子，附贡生，由军功历任直隶大名、宣化、顺德府知府，候补道，钦加盐运使衔，赏戴花翎，有传。 **宋锡庆** 慧龙子，河工议叙，分发河南候补知县，任河南商丘县知县，候补同知，直隶州知州。 **傅金科** 武生，议叙把总。 **李垚晋** 兵部主事，二十四年城捐议叙加一级，咸丰六年捐赈，又议叙，以员外郎选用。 **刘讟** 候选教谕[1]。	**赵宜** 九品衔，候选县丞。	

① 教谕：底本原脱，据中国国家图书馆数字方志民国《增修胶志》电子版补。

续表

	世袭	荫生	考授 吏员附	议叙	援例 附《旧志》例贡监	行伍
				匡梦云 候选训导。 以上皆二十四年城捐议叙加一级，纪录二次。 王士庚 城捐议叙县丞职衔。 孙树芬 城捐议叙盐知事职衔，加二级。 孙树经 孙建堂 孙述贤 徐振声 以上皆二十四年城捐议叙盐知事。 王嘉树 王嘉礼 杨立镐 彭翔云 以上皆二十四年城捐议叙八品衔。 柯名彦 洪懋德 杨筠 匡叙五 张世僖 王霆 傅儒勤 高玉相 高徽点 刘鸿文 以上皆二十四年城捐议叙奖给九品。		

续表

	世袭	荫生	考授 吏员附	议叙	援例 附《旧志》例贡监	行伍
				王懋勳 直隶守备，城捐议叙加三级，有传。 **傅金科** 武生。 **王懋修** 武生。 **高官业** 武生。以上皆二十四年城捐议叙外委职衔。 **孙大同** 监生，候选员外郎，二十四年城捐议叙加四级，纪录二次。 **孙彝典** 监生，二十四年城捐议叙盐运司知事，加按察司经历，钦加六品衔。 **孙彝畤** 附生，二十四年城捐议叙盐运司知事。 **孙敬五** 附生，二十四年城捐议叙盐运司知事。 **孙彝教** 布政司理问，二十四年城捐议叙加通判职衔。 **孙述贽** 议叙九品衔。		
咸丰	**范清** 以父景增水师后营外委在洋追贼殉难，咸丰元年世袭云骑尉，二年承袭。 **高徽顺** 以兄殿甲咸丰四年临清剿匪殉难，世袭云骑尉，八年承袭。		**高术方** 附贡，考授州吏目，署湖北沔阳州州判。	**匡笃叙** **杨德遂**	**黄彝勋** 附贡，山西沁源县典史。 **胡檠** 福建鹧鸪闸巡检，升华封县县丞，候补知县。	**法梦麟** 登州营经制外委，三年拔补胶营额外外委。 **赵殿魁** 十一年拔补胶营额外外委。

续表

	世袭	荫生	考授 吏员附	议叙	援例 附《旧志》例贡监	行伍
	杨继瑜 以父克庆咸丰四年临清剿匪殉难，五年世袭云骑尉。卒，子复陛袭。			**杨克忠** 以上皆三年捐赈，议叙从九品。	**叶秉玉** 从九品，指分[①]直隶候补，历署永平府滦州巡检、定州吏目。	**高殿华** 十一年拔补胶营额外外委。
	杨复陛 同治十三年袭。			**周安** 监生，三年捐赈议叙按察司经历职，并予封典[②]。	**张霦** 从九品。	**王成** 拔补登镇水师后营额外外委。
	徐斗标 以嗣父源咸丰四年临清剿匪殉难，八年世袭云骑尉。			**李作霖** 武生，三年捐赈议叙守御所千总职。	**张光辅** 从九品。	**朱祥玉** 拔补登镇水师后营额外外委。
	王若增 以父锦堂咸丰四年临清剿匪殉难，八年世袭云骑尉。卒，子金镛袭。			**张允升** 监生，三年捐赈，议叙县主簿职。	**傅儒兰** 附贡，试用训导，署武城临朐教谕，加光禄寺署正衔。	**王霖普** 候选都司。
	王金镛 光绪十三年袭。			**张清棻**	**彭守庸** 由盐知事衔加捐刑部主事、广东司行走、员外郎升衔。	**邓辉堂** 五年拔补登右营栖霞泛把总。
	郄伯里 以父世恩咸丰四年临清剿匪殉难，世袭云骑尉，同治五年承袭。			**刘承衔**	**高洁方** 廪贡，候选训导，署高唐州学正。	**赵殿楹** 十年拔补胶营额外外委。
				李瑞书	**邓和度** 优生，署高苑县训导。	**杨克德** 九年拔补胶营额外外委。
				宋长清	**陈汉玮** 附贡，候选训导。	**王廷幹** 候选守御所千总。

---

① 指分：又称加捐指分。清制，凡京外月选官，均由吏部掣签确定分发何省或何衙门。捐纳章程规定，凡候补官，只要缴足规定额数捐银，即可要求指定分发至某省或某衙门，谓之指分。

② 封典：皇帝给官员本人及其妻子、父母、祖先封号的典礼。这种制度始于晋朝，其后历代相沿，但各不相同。清代制度是将给官员本人的封号称“授”，给其曾祖父母、祖父母、父母、妻室的称“封”或“赠”，对活人称封，对死人称赠。一品官，其曾祖父母以下皆有封号；三品以上的，其祖父母以下皆有封号；七品以上的，父母以下有封号；九品以上的，仅封其本人。

续表

	世袭	荫生	考授 吏员附	议叙	援例 附《旧志》例贡监	行伍
				田实甫	傅儒敏 监生，云南永平县知县，加捐知州，署直隶沧州知州，加二级。	高华堂 靖海卫把总，军功五品衔。
				邵维道	傅儒效 监生，候选员外郎，加一级。	赵辉远 八年拔补登镇水师前营额外外委。
				刘蕃锡	傅儒珍 改名清远，廪贡，候选训导。	张思恭 九年拔补登镇水师后营额外外委。
				李椿	杨钦元 附贡，署博兴县教谕。	王名业 十年拔补登镇水师前营额外外委。
				徐守廉	张华雯 监生，原籍安徽桐城，未入流，江西清江县典史。	李鹤龄 十五年拔补登镇水师前营额外外委。
				杨立镕	王铭箴 光禄寺良酝司署正。	高振桓 登州水师营守备。
				石元贞	高敬礼 南城兵马司副指挥。	高振甲 登州水师营守备。
				刘锦堂	杨元祖 鼎勳子，监生，候选知县，加同知衔。	
				张葆元	姚廷谟 监生，直隶赵州高邑县典史。	
				张鼎元	柯箖 福建延平府经历，署南平县县丞，六品衔，保举知县。历任南平、浦城等县知县，以卓异军功升同知，赏戴[1]花翎。	
				张锡彤	匡名翊 候选未入流。	

① “戴”，底本作“載”，讹。据上下文义改。

续表

	世袭	荫生	考授 吏员附	议叙	援例 附《旧志》例贡监	行伍
				张锡珽	高桂芳 敬礼子，由布政司理问改捐知县。	
				王云声	杨立钺 从九品。	
				赵长春	杨立鉥 从九品。	
				王艮德	王铭扬 监生，候选未入流。	
				赵中庸	王鸿绪 吏员，从九品。	
				薛蕙馨	邱锡璞 吏员，从九品。	
				姜宏谦	赵宜 从九品，候选照磨。	
				江荣启		
				崔玺		
				顾瑶		
				周甸峰		
				张询		
				张谌		
				韩元 典史。以上皆三年捐赈议叙从九品。		
				高东业 武生，三年捐赈议叙千总。		
				李星潢 武生，咸丰四年捐赈议叙守御所千总。		
				王毓桂		
				周梦筠		
				孙树桂		
				宋茂盛		
				刘宏瑨		

续表

	世袭	荫生	考授 吏员附	议叙	援例 附《旧志》例贡监	行伍
				高振方		
				徐宗泗		
				赵士忠		
				孙大有		
				孙大庆		
				孙大章		
				孙大吉		
				王源长		
				傅醴泉		
				高晟业		
				张绍德		
				张师枚		
				王云汉		
				刘秀春		
				高蔚桢		
				徐会清		
				张荣棠		
				宋立本		
				王丕颐		
				王清		
				刘效贤		
				马景曾		
				杨敦		
				唐桓		
				高徽衢		
				张源		
				姜敬修		
				王伯元		
				宋壎		

续表

	世袭	荫生	考授 吏员附	议叙	援例 附《旧志》例贡监	行伍
				王淳 **李廷楷** 以上皆四年捐赈议叙从九品。 **郭方楹** **赵天祐** **孙维恭** 以上皆四年捐赈议叙未入流，并赏给封典。 **高兰芳** 未入流，四年捐赈议叙，赏给封典。 **高道方** 未入流，四年捐赈议叙，赏给封典。 **孙简** **孙翕** **洪守城** 典史。以上皆四年捐赈议叙从九品。 **匡懋忠** 太医院医士，由吏目保升院判加五品衔，见“外徙”。 **王映奎** 庆颐子。监生，候选布政司经历，六年捐赈议叙加盐运使司运同衔，特恩加二级，有传。		
同治	**法旭** 续《前志》，世袭恩骑尉，复以本生父庆宜咸丰十一年捻匪之乱殉难，同治五年世袭云骑尉，奉旨以子旭兼袭。卒，以子信堂、立堂分袭。 **法信堂** 旭堂弟玮子，承旭嗣，光绪元年袭。		**徐植本** 监生，考授太医院吏目，黑龙江绥化厅巡检，见“议叙”。	**傅俭堂** 都司衔，咸丰十一年军功，议叙赏加游击衔，有传。 **彭维壎** 都司衔，咸丰十一年军功，议叙赏加游击衔。	**韩培甲** 廪贡，加捐训导，补授巨野县训导，有传。 **唐庆瑞** 直隶吴桥县典史。	**高徽显** 三年拔补胶营额外外委。

续表

	世袭	荫生	考授 吏员附	议叙	援例 附《旧志》例贡监	行伍
	法立堂 旭堂弟晖子，承旭嗣，光绪十六年袭。			**徐振钧** 补历城县训导。	**杨名翊** 监生，浙江诸[1]暨县县丞，布政司理问衔。	
	张福印 以父书绅咸丰十一年殉难郓城任所，同治三年世袭云骑尉。			**张祖樾** 候选州吏目，咸丰十一年军功，议叙六品衔。同治十年，选授云南宣威州吏目，见“考授”。	**宋位槐** 候选未入流，分发直隶补用。	
	孙桂 以父启咸丰十一年殉难，同治三年世袭云骑尉。			**宋季丰** 进士，咸丰十一年军功，议叙五品衔。	**匡郁** 监生，江苏试用县丞。	
	王登鳌 以父国梁咸丰十一年殉难，同治四年世袭云骑尉。			**高潍方** 候选知县，咸丰十一年军功，议叙五品衔。	**匡弼** 懋忠子，监生，陕西[2]雒安县三要司巡检。	
	杨钟奇 以父麟超咸丰十一年殉难，同治六年世袭云骑尉。			**王毓雯** 举人，拣选知县，军功议叙，着以本班尽先补用。	**王应莆** 监生，福建浦城县庙湾巡检。	
	洪锡范 以父毓琛咸丰十一年殉难，同治六年世袭云骑尉。			**邓书升** 詹事府供事，县丞衔，文宗圣训[3]告成，议叙以双月三缺[4]后选用。	**高振棣** 英俊兄，布政司理问。	
	法懋先 以嗣父星煌咸丰十一年殉难，同治六年世袭云骑尉。			**郭同源** 增贡，因累办捐赈，议叙五品衔，援例授翰林院孔目，有传。	**王瑞藻** 秀监，云南腾越厅龙川江经历，改授安徽凤阳府经历，有传。	
	杨立屏 以嗣父境咸丰十一年殉难，同治六年世袭云骑尉。			**金长庚** 廪生，七年因城防出力，议叙训导。	**王锡霖** 垲子，监生，候选知县，选缺后以知州升用。	
	王筠庆 以父登高咸丰十一年殉难，同治六年世袭云骑尉。			**高昂** 供事，议叙县丞，署赤城县县丞，保准补缺后以知县用。	**杨堳** 候选盐运司知事。	

① “诸”，底本作“施”，讹。

② “西”，底本作“补”，讹。据上下文义改。

③ 文宗圣训：共计110卷，同治五年（1866）敕编。清帝王告诫臣下的诏令、言辞称为圣训。

④ 双月三缺：即归吏部分班于单、双月掣签选用之员缺。清制，文职京官郎中以下，除题缺、调缺、拣选缺、考选缺外，均为月选缺；文职外官道员以下，除请旨缺、题缺、调缺、拣选缺及佐杂除要缺外，均为月选缺。

续表

	世袭	荫生	考授 吏员附	议叙	援例 附《旧志》例贡监	行伍
	黄文俊 以嗣父守锷咸丰十一年殉难，同治六年世袭云骑尉。			**傅承先** 詹事府供事，实录馆议叙县丞，历任河南淮宁、项城、沈丘等县县丞，加一级。	**杨塔** 从九品。	
	黄昇平 以父宗训咸丰十一年殉难，同治七年世袭云骑尉。			**王亘** 例贡，以捐赈议叙翰林院孔目，有传。	**杨岐周** 从九品。	
	黄文典 以祖建檀咸丰十一年殉难，同治七年世袭云骑尉。卒，子绍芬袭。			**王曜** 以助赈议叙布政司经历，复因团练守城功加五品衔，有传。	**杨景周** 从九品。	
	黄绍芬 光绪二十三年袭。			**王吉云** 曜次子，议叙布政司理问。	**王振玉** 附贡，补授滕县训导。	
	赵天爵 以祖湘、父恩普咸丰十一年同殉难。湘无子，同治六年以天爵兼袭云骑尉世职，八年并为骑都尉。			**王元格** 监生，议叙五品衔。	**赵伯楹** 从九品，候选盐课大使。	
	范钟岱 以父承祚咸丰十一年殉难，同治七年世袭云骑尉。			**王方格** 监生，议叙五品衔。	**赵莲** 监生，候选巡检。	
	庄安清 以父麟堂咸丰十一年殉难，同治七年世袭云骑尉。				**高业伟** 附贡，候选知州。	
	刘玉堂 以父士进咸丰十一年殉难，同治七年世袭云骑尉。				**徐万寿** 附监，历任顺天府保定、直隶肃宁县典史，加理问衔，选补云南建水县典史。	
	冷振英 以父茂馨咸丰十一年殉难，同治八年世袭云骑尉。				**王玉琳** 郡庠生，候选训导。	
	王同华 庠生，以父任咸丰十一年殉难，同治八年世袭云骑尉。卒，子光宇袭。				**王圣格** 监生，候选员外郎，加二级，有传。	

续表

	世袭	荫生	考授 吏员附	议叙	援例 附《旧志》例贡监	行伍
	王光宇 光绪二十一年袭。 **冷焕曾** 以父馨德咸丰十一年殉难，同治八年世袭云骑尉。 **刘清高** 以父岱东咸丰十一年殉难，同治八年世袭云骑尉。 **刘清贞** 议叙六品衔，以父蕃锡咸丰十一年殉难，同治八年世袭云骑尉。 **李梦侨** 以父庆云咸丰十一年殉难，同治八年世袭云骑尉。卒，子承恩袭。 **李承恩** 十三年袭。 **洪守城** 以兄守城咸丰十一年殉难，同治八年世袭云骑尉。 **王金甲** 以父会文咸丰十一年殉难，同治十年世袭云骑尉。 **高廪丰** 以父对扬咸丰十一年殉难，同治十年世袭云骑尉，后改文生，见“议叙”。 **宋立堂** 以祖学经咸丰十一年殉难，同治十年世袭云骑尉。 **郭浦** 以父维裕咸丰十一年殉难，同治九年世袭云骑尉。					

续表

	世袭	荫生	考授 吏员附	议叙	援例 附《旧志》例贡监	行伍
	徐宗颐 以父守炯咸丰十一年殉难，同治十年世袭云骑尉。 **王铠** 以父凤仪咸丰十一年殉难，同治十二年世袭云骑尉，后改文生。 **刘培深** 以父鈖咸丰十一年殉难，同治十二年世袭云骑尉。					
光绪	**赵安邦** 以祖岳楣咸丰十一年殉难，光绪四年袭。	**高翔龙** 以父仁堂光绪二十六年拳匪之乱殉难完县，荫八品，后改直隶候补府经历，见“世袭”。	**匡超** 绶玟子，优廪生，光绪三十二年考职二等，授典史，补直隶沙河县典史，代理正定府经历，民国四年保准，以县佐分发直隶任用。	**宋振麟** 监生，光绪九年捐赈议叙布政司理问职。	**栾景泗** 光禄寺署正衔，元年报捐主事，签分户部山西司行走，加捐员外郎衔，有传。	**杨连科** 二年拔补河苇营千总。
	杨立钥 以嗣父墧咸丰十一年殉难，光绪六年世袭云骑尉。			**薛守良** 监生，九年捐赈，议叙盐大使职。	**周骏声** 附贡，署济阳县教谕，补诸城县训导，在任候选知县。	**杨保清** 四年拔补胶营额外外委。
	张镇西 以嗣父于皋咸丰十一年殉难，光绪八年世袭云骑尉，后改文生。			**蔡宠渥** 监生，九年议叙县丞职。	**黄懋勋** 监生，候选县丞。	**张本陶** 原籍武定府，滨州寄籍，胶州额外外委，五年拔补青岛口经制外委。
	卢保棣 以嗣父文周咸丰十一年殉难，光绪十一年世袭云骑尉。			**胡奉恩** 武生，九年捐赈，议叙营千总职。	**赵勳台** 江苏试用从九品，因剿捻出力，保奖。	**韩承恩** 五年拔补额外外委。
	高桂方 以嗣父徽清咸丰十一年殉难，光绪十一年世袭云骑尉。			**高廪丰** 贡生，九年捐赈，议叙盐大使职。	**张基昌** 附贡，刑部郎中，花翎二品衔，山西试用道。	**王廷幹** 候选守御所千总。
	高翔龙 以父仁堂光绪二十六年拳匪之乱殉难直隶完县，世袭云骑尉。			**法继善** 府经历，九年捐赈议叙赏给封典。	**高振峦** 附贡，湖北候补知县，同知升衔，赏戴花翎，历任公安、松滋、江陵等县。民国元年，署荆州府知府。	**杨得胜** 行伍军功尽先，拔补千总。

续表

	世袭	荫生	考授 吏员附	议叙	援例 附《旧志》例贡监	行伍
				王德馨 监生，十七年捐赈议叙光禄寺署正衔，并赏给封典。二十九年工赈议叙，赏戴花翎。	**逄嗣训** 廪贡，法部员外郎、举叙司行走、北京高等审判庭推事。	**杨立镕** 候选都司，加一级。
				张士墀	**逄绪训** 监生，云南按察司经历，花翎五品衔。	**黄文典** 署灵山泛千总。
				蒋辉勳	**逄迪训** 附贡，两淮候补盐判，花翎四品衔。	**匡宗彦** 署王台泛千总。
				杜尚德	**唐树谷** 附生，鸿胪寺序班，南城兵马司副指挥。	**赵安邦** 署灵山泛千总，十七年补宁福营千总。
				王麟煌	**高乃斌** 江苏试用巡检。	**杨一清** 胶营候补守备，二十二年补胶营外泛千总。
				薛华西	**赵俊臣** 附贡，候选训导。	**孙鹤龄** 二十二年拔补胶营额外外委。
				任大同	**胡檑林** 监生，候选州同。	**赵振邦** 黄县泛把总，即补水师营把总。
				孙大任	**胡奎城** 蓝翎五品衔，候选州同。	**张钟奇** 甘肃尽先守备。
				赵德治	**杨坊** 布政司理问，加二级。	**高凤城** 天津武备学堂毕业，三十四年札委①吉林陆军步队第二标统带官，余详“民国选举”。
				林乃恕	**杨执** 候选光禄寺署正，加一级。	**李凤举** 参府保升总镇北京招讨使。
				王鸿逵	**杨埰** 布政司经历。	**李鹏扬** 行伍军功保至副将，余详“民国选举”。

① 札委：清制，即以“札”委任官员。

续表

	世袭	荫生	考授 吏员附	议叙	援例 附《旧志》例贡监	行伍
				徐宗浩	杨墧 从九品。	郭景仪 南京陆军军官学校步兵科毕业，补中尉排长，升任营长，余详“民国武职表”。
				石瑞卿	杨均 盐运司经历。	张振扬 由天津武备学堂毕业，历任河南马营营长、湖南督军署副官、察哈尔都统署副官长。
				刘鉴	杨圩 候选州同。	
				金长龄	杨官城 布政司经历。	
				黑克琛	高振东 附贡，光禄寺署正。	
				谈起第	高振栗 候选布政司理问。	
				徐宗范	高振珩 候选州同。	
				孙桂	傅儒苣 监生，候选府知事。	
				郭云鹤	傅儒芳 优行增贡，署曲阜县训导。	
				李绍义	傅万礼 监生，候选兵马司吏目。	
				曾泗珍	徐河清 监生，候选县丞。	
				曾继贤	傅敏曾 从九品。	
				傅俊臣 以上皆十七年捐赈议叙从九品。	傅毓琨 从九品。	
				李承绎	傅毓玟 从九品。	
				迟汝明	傅儒选 从九品。	
				黄寅清	傅儒琛 从九品。	

续表

	世袭	荫生	考授 吏员附	议叙	援例 附《旧志》例贡监	行伍
				刘旭东	傅连第 按察司知事。	
				孙甡芳	匡鄂 附贡，候选府经历。	
				李承宗 以上皆十七年捐赈议叙未入流。	匡都 附贡，候选训导。	
				周廷相 监生，十七年捐赈议叙同知衔，赏戴花翎。	匡郇 监生，安徽试用巡检。	
				李国辅 监生，十九年捐赈议叙州同职衔。	柯绍忠 附贡，湖南候补通判，署浏阳县知事。	
				韩东礼	高鸿仪 振岳子，湖南候补巡检。	
				王丕摭	王启甡 监生，邮传部主事，加员外郎衔，赏戴花翎。	
				李德清	王懋甡 花翎三品衔，候选郎中。	
				赵景塘	匡汝霖 廪贡，浙江候补巡检，会考一等，拔署玉环司巡检，海运京局委员保升县丞。	
				赵法轼	孙大喆 廪贡，济南府学训导。	
				迟敬义	王兰沣 廪贡，署滕县教谕。	
				李钟泰	匡纯熙 廪贡，候选训导。	
				薛兆钰	孙大庚 监生，浙江安吉县县丞，在任候补知县，署桐庐县知县，海运保举，加同知衔，有传。	
				邓炳炎	傅贇 候选典史。	

续表

	世袭	荫生	考授 吏员附	议叙	援例 附《旧志》例贡监	行伍
				徐宗摛	逄名训 增贡，鸿胪寺序班。	
				韩枚	逄恭训 光禄寺署正，加捐主事。	
				田翰蔚	高振翩 增贡，候选府经历。	
				匡宝信	徐守谅 监生，按察司经历，加捐布政司理问，有传。	
				宫受果	柴维桢 监生，候选知县，加同知衔。	
				相葆桢	柴维桐 监生，广东海康、番禺、潮阳等县知县，以功擢升廉州府知府，广东候补道，花翎二品衔，余详"民国选举"。	
				王孝行	赵炳乾 监生，候选布政司理问。	
				李祥云	徐金声 附贡，候选训导，加捐中书科中书，有传。	
				柳吉	王吉臣 廪贡，候选训导。	
				薛德昇		
				殷荩		
				殷菡		
				杨景海		
				吴云卿		
				姜清月		
				王立勋		
				孙履丰		
				张喆方		
				黄桂荫		

续表

	世袭	荫生	考授 吏员附	议叙	援例 附《旧志》例贡监	行伍
				刘同馨		
				孙德元 以上皆十九年捐赈议叙从九品。		
				傅嘉谋 监生，十九年捐赈议叙守御所千总，并赏给封典。		
				傅儒孝 议叙从九品。		
				傅儒廉 附生，翰林院待诏。		
				傅儒铭 议叙七品。		
				傅儒业 议叙盐运司知事，候选布政司经历。		
				法志先 议叙六品衔。		
				傅儒芹 监生，议叙千总。		
				徐宗勉 附生，鸿胪寺序班，河南试用府经历，加二级，赏戴花翎，有传。		
				孙堉 玉牒馆[1]供事，书成议叙未入流，五缺选用。		
				杨立锴 议叙八品。		

① 玉牒馆：官署名。清代宗人府所属机构，掌修玉牒（皇族谱牒）。顺治十三年（1656）开馆。后定制，玉牒十年一修，届修则开，修成则闭。

续表

	世袭	荫生	考授 吏员附	议叙	援例 附《旧志》例贡监	行伍
				徐植本 太医院医士，检补黑龙江绥化厅巡检兼巡政厅理事、通判，调任江西萝塘分司，军功议叙，在[①]任即补知县，加五品衔。 **张唯清** 监生，候选县丞，二十一年以嵩武营军[②]功保升知县，署山西交县知县，加同知衔。 **王葆崇** 附贡，鸿胪寺序班，恩赏六品衔，因办公出力，议叙湖北试用知县，加同知衔，有传。 **王金鑰** 陆军学堂毕业，因剿匪保奖，议叙知县，署察哈尔多伦县知事。 **傅鸿诏** 附贡，候选训导，因办[③]昭信股票，议叙知县，补授直隶宁晋县知县，加四品衔，赏戴花翎。 **逄恩承** 监生，分部郎中，二十七年捐赈议叙，以道员分省补用签掣广东，改江苏候补道，复改直隶候补道，钦加二品衔，赏戴花翎，余详“民国选举”。		

① “在”，底本作“任”，形似而讹。据上下文义改。
② “军”，底本原脱，据上下文义补。
③ “办”，底本作“辨”，形似而讹[办(辨)]。据上下文义改。

续表

	世袭	荫生	考授 吏员附	议叙	援例 附《旧志》例贡监	行伍
				高先膺 内阁供事，议叙河南试用典史，历署新野、舞阳等县典史。 **徐宗城** 监生，二十九年工赈议叙按察司经历。 **张春华** 监生，二十九年工赈议叙通判职。 **张泰业** 附生，候选巡检，二十九年工赈议叙，赏戴蓝翎。 **高振汉** 监生，二十九年工赈议叙从九品。 **王骏书** 监生。 **彭嘉祥** 监生。 **宋敬典** 监生。 **孙毓乾** 监生。 **李延纪** 监生。 **田金鳌** 监生。 **逄进宝** 监生。 **李名扬** 监生。 **张作肃** 监生。 **张棫芳** 监生。 **马云峒** 监生。 **胡麟台** 监生。 **曾度** 监生。 **杨寅清** 监生。 **李宗泌** 监生。以上皆二十九年工赈议叙从九品。		

续表

	世袭	荫生	考授 吏员附	议叙	援例 附《旧志》例贡监	行伍
				张延桢 布政司理问衔，二十九年工赈议叙五品封典。 王茂梯 监生，二十九年工赈议叙府经历。 蔡中相 监生，二十九年工赈议叙盐课大使。 高秀山 监生，二十九年工赈议叙按察司经历。 徐宗喆 监生，二十九年工赈议叙布政司理问。 王兰徵 监生，二十九年工赈议叙布政司理问。 朱赓元 从九品，二十九年工赈议叙奖给封典。 张镇南 监生，二十九年工赈议叙府经历。 赵炳辰 监生。 赵邦基 监生。 陈景新 监生。以上皆二十九年工赈议叙府经历。 邓炳炎 从九品，二十九年工赈议叙奖给封典。 张膺善 监生，二十九年工赈议叙按察司经历。		

续表

	世袭	荫生	考授 吏员附	议叙	援例 附《旧志》例贡监	行伍
				黄元龙 监生，二十九年工赈议叙布政司经历。 **于振江** 监生，二十九年工赈议叙布政司理问。 **庄迎祥** 监生，二十九年工赈议叙布政司理问，五品封典。 **赵学圣** 监生，二十九年工赈议叙县丞。 **赵德清** 监生，二十九年工赈议叙布政司理问。 **范迪钧** 监生，二十九年工赈议叙州同职。 **王至荣** 监生，二十九年工赈议叙光禄寺署正。 **王丕寅** 候选按察司经历衔，十九年工赈议叙奖给七品封典。 **曾鲁信** 监生，候选主事，二十九年工赈议叙六品封典，赏戴蓝翎。 **匡毓崧** 州吏目职衔，二十九年工赈议叙九品封典。 **孙簠** 监生，二十九年工赈议叙盐课司大使。 **傅贻教** 河南试用府经历，二十九年工赈议叙六品升衔，赏戴蓝翎。		

续表

	世袭	荫生	考授 吏员附	议叙	援例 附《旧志》例贡监	行伍
				李宗泌 监生，三十年工赈议叙从九品。 **李传嗣** 监生。 **徐法周** 监生。 **贾宗谊** 监生。 **徐本谊** 监生。 **高振玕** 监生。 **张锡瑞** 监生。 **徐法垚** 监生。 **李宝贤** 监生。 **徐本原** 监生。 **鞠楙业** 监生。 **殷锡庆** 监生。以上皆三十年工赈议叙从九品。 **宋寰清** 监生，三十一年工赈议叙中书科中书，加一级。 **李述印** 监生，三十一年工赈议叙从九品。 **刘守先** 监生。 **宋监周** 监生。 **宋源清** 监生。 **王士道** 监生。 **薛玉堂** 监生。 **薛训龄** 监生。 **薛瑞龄** 监生。 **薛春龄** 监生。以上皆三十一年工赈议叙从九品。		

续表

	世袭	荫生	考授 吏员附	议叙	援例 附《旧志》例贡监	行伍
				罗廷俊 监生，三十一年工赈议叙同知衔。 **纪鸿志** 监生，三十一年工赈①议叙布政司经历职衔。 **纪伯元** 监生，三十二年工赈议叙从九品。 **陈元庆** 监生。 **纪官云** 监生。 **黄延祐** 监生。以上皆三十二年工赈议叙从九品。 **傅述曾** 议叙六品衔。 **傅政曾** 议叙六品衔。 **傅荣成** 议叙五品衔。 **傅贻纬** 议叙五品衔。 **胡松林** 从九品，议叙六品衔。 **胡振壂** 议叙六品衔。 **胡振垲** 议叙五品衔。 **杨筠** 庠生，议叙九品衔。 **杨垍** 议叙八品衔。 **杨墩** 议叙八品衔。 **杨藻清** 监生，议叙六品衔。		

① “赈”，底本作“账”，形似而讹。据上下文义改。

续表

	世袭	荫生	考授 吏员附	议叙	援例 附《旧志》例贡监	行伍
				高绮纶 鸿举孙，庠生，鸿胪寺序班，提补鸣赞[①]，覃恩[②]加六级，五品蓝翎。 **高绮缙** 鸿举孙，监生，国史馆供事，期满议叙江苏县丞。 **高绮绅** 鸿举孙，监生，议叙湖北试用巡检。 **高凤城** 由北洋武备学堂毕业，以河工出力，保县丞职衔，嗣以剿匪出力，晋保知县，累保至免补知县，以同知直隶州分省补用，余详“民国武职”。		

附议员选举 清光绪三十四年十月开办谘议局，山东巡抚袁通饬略云：照得谘议局选举章程，早经宪政编查馆奏请，钦定颁行，钦遵在案，业于本月十九日开办，府直隶州照章为覆选监督，直隶州所有辖地及散州县照章为初选监督。计山东一省覆选举监督凡十有三，初选举监督凡一百零七。每属遴派司选员一人，先在省垣设讲演所，半月派员讲解选举章程及调查办法。各该州县即宜于十一月以前遴选本地公正明达、热心任事之绅士，到各该管领之府直隶州候司选员，到时如法演讲，再分赴各处实行调查选举，此开办入手之大略也。窃意此事办理伊始，必且疑沮横生，或以为扰民而不可行，或以师外人为可耻，此则本部院不能不略加解释，期于交相儆勉。今日之谘议局必由人民选举议员，为参预政事之渐，实暗合《周礼》询国危、国迁[③]，《春秋》朝其国人，《洪范》谋及庶人之意。质言之，皆所谓亲民也。故谘议局入手先须调查合乎选举之资格，于是而初选、而覆选，其被选举者为议员。山东省分照章应得一百人，至明年九月初一日谘议局成立，议员到会议决应兴、应革各事宜。故一切选举章程之解释、调查入手之方法，以及选举票投票匦，均拟饬筹备处次第妥办，分别给发云云。民国元年九月公布众议院及省议会选举法并施行细则，十月奉大总统令略云：共和为现今世界最良之政治，而国会又为发摅[④]共和政治之管枢[⑤]，前经饬令各地方长官所有选举事宜，务宜按照法定程序慎重执行，惟选举议员为我五大民族平等之权利。此次众议院及省议会议员初覆选举，不久即将依令举行，各该选举监督务须督饬办理选举事务人员，依照法令各尽职权。至凡有选举权之国民，亦宜各以尊重权利为心，于应选议员时不可随意放弃云云。按众议院省议会选举法，每届选举由各选举监督，按照地方情形划分本管区域为若干投票区。初选监督及覆选监督，各于办理选举事务所设管理监察各员。初覆选举时，各设投票匦于投票所，初选由选举人投票，

---

① 鸣赞：官名。明、清鸿胪寺为鸣赞官，掌行礼时傧导赞唱。
② 覃恩：封建皇帝普行封赏或赦免活动的统称。
③ 询国危、国迁：据《周礼》记载，古代社会的“民”享有“询国危、询国迁、询立君”的权利。
④ 发摅：宣扬；传播；阐发。
⑤ 管枢：关键。

开票时以得票最多数为初选当选人；覆选由初选当选人投票，开票时以当选人名额除投票人总数，得数三分之一或半数，始能当选为议员。当选人足额时，其余票数较多者为候补当选人。初选当选人应选后，由初选监督给予证书；覆选当选人应选后，由覆选监督给予证书；如本覆选区众议院议员、省议会议员解职、辞职、身故时，依法以候补当选人递补，由选举总监督给予证书。选举人与被选举人，均以住居年限、年纳直接税之数或不动产之数及某种学校毕业或与某种学校毕业相当之资格，定其合格与否。众议院议员、省议会议员均以三年为一届，期满后另行选举。

宣统	众议院议员	省议会议员
		元年 清光绪三十四年，诏各省设谘议局，改行投票法选举议员，于宣统元年五月遵章投票，胶州当选二人。 **邱桂乔** 清光绪癸酉科举人。 **赵贵三** 生员。
以上选举，道光二十五年以前均《前志》，二十五年以后均增补。		

附诰敕表 凡诰敕中有已列名选举表内者，其出身已明，不复注。

明		
诰 封赠	**敕** 封赠	**貤** 封赠
薛安 以曾孙禄赠荣禄大夫、柱国、阳武侯。	**张凤** 以子显封文林郎、巨鹿县知县。	**宋昇** 以孙汉赠文林郎、福建道监察御史。
薛大 以孙禄赠荣禄大夫、柱国、阳武侯。	**宋屺宗** 以子孜赠征仕郎、镇南卫经历。	**高淮** 以子轸赠登仕郎、鸿胪寺序班。
薛遇林 以子禄赠荣禄大夫、柱国、阳武侯。	**薛明远** 以弟禄封招抚将军。	**宋庭兰** 以子有庆赠修职郎、泰兴县县丞。
韩才甫 以子福赠通议大夫、都察院右副都御史。	**匡茂** 以子翼之封文林郎、监察御史。	
高冠 以子光烈赠奉直大夫、绛州知州。	**栾铎** 以子瑄封承德郎、刑部主事。	
薛勳 以子诜赠阳武侯。	**宋仪** 以子汉封文林郎、福建道监察御史。	
姜光宿 以子继曾赠中宪大夫、按察司副使。	**姜茂** 以子周辅赠文林郎、大理寺左评事。	
匡允定 以子铎赠奉政大夫、户部郎中。	**栾瑀** 以子鸿赠承务郎、怀来卫经历。	
纪绘素 附生，以子五常赠奉政大夫、户部清吏司郎中。	**袁源** 以子瓒封承德郎、刑部主事。	
赵从龙 以子完璧封朝列大夫、兵马司指挥加三级。	**栾滋** 以子镳封文林郎、五台县知县。	
赵完璧 以子慎修封中宪大夫、大名府知府。	**姜仲宽** 以子圭赠宣德郎、光禄寺署正。	
高应辰 附生，以子锵赠中宪大夫、归德府知府。	**郭祥** 以子选赠承直郎、云南断事司断事。	
高建策 以曾孙弘图赠光禄大夫、太子太保、吏部尚书、文渊阁大学士。	**高亨** 以子迪赠承德郎、太仆寺寺丞。	
高擢 以孙弘图赠光禄大夫、太子太保、吏部尚书、文渊阁大学士。	**郭巍然** 以子居易封文林郎、怀柔县知县。	
高梦说 附生，以子弘图赠光禄大夫、太子太保、吏部尚书、文渊阁大学士。	**姜选** 以子润身赠文林郎、监察御史。	

张晟 以子鲤赠奉直大夫、周府长史。	**薛永谙** 以子曜赠文林郎、襄阳府推官。	
郭景定 以子竹徵赠中宪大夫、南阳府知府。	**高轼** 以子应鸾赠文林郎、丰润县知县。	
谈时宜 以孙震采赠昭勇将军、都指挥佥事。	**高铨** 以子瀚封文林郎、砀山县知县。	
谈九畴 以子震采赠昭勇将军、都指挥佥事。	**张榴徵** 以子懋熺封文林郎、监察御史。	
纪持 监生，以子克一赠奉政大夫、处州府知府。	**袁鹤龄** 以子继业赠征仕郎、中书舍人。	
纪丕烈 以子腾蛟赠奉直大夫、兵部职方司主事加一级。	**高翮** 增生，以子允兹封文林郎、监察御史。	
唐继志 以子士彦赠奉政大夫、开封府同知。	**于弼** 以子从政赠承德郎、户部主事。	
高□□ 以子云龙赠奉政大夫、花马池同知。 以上《前志》。	**郭景完** 以子郛赠承德郎、徽州府通判。	
	姜继稷 以子士佐赠文林郎、芮城县知县。	
	高斗 附生，以子衍庆赠文林郎、西和县知县。	
	苏林 以子从赠文林郎、江西道监察御史。	
	姜继禹 庠生，以子士杰封文林郎、新蔡县知县。	
	王惟一 以子经世赠承德郎、扬州府通判。	
	苏应锡 以子润赠文林郎、平安县知县。	
	侯尚义 以子于都赠文林郎、开建县知县。	
	陈恭 以子增美赠文林郎、香河县知县。	

清

诰 封赠	敕 封赠	貤 封赠
宋节 以孙可发赠通议大夫、山西按察使司按察使。	**匡如檟** 以子兰兆封文林郎、贵州道监察御史。	**匡经** 廪生，以孙兰馨赠中宪大夫、太仆寺少卿。
宋之曾 附生，以子可发赠通议大夫、山西按察使司按察使。	**李逢和** 以子粹白赠文林郎、保康县知县。	**高璲** 以孙曰聪赠中宪大夫、福建提学道。
张弘范 附生，以孙若麒赠通议大夫、太常寺卿。	**高弘都** 以子景之赠文林郎、崇阳县知县。	**徐继徽** 以曾孙渭赠武义大夫、宁国营参将。
张熙 以子若麒赠通议大夫、太常寺卿。	**高弘宗** 廪生，以子种之赠文林郎、金坛县知县。	**王如云** 以子恺赠修职佐郎、冠县训导。

高允兹 以子简赠中宪大夫、建宁府知府。	**李兆甲** 武生，以子世镐封承德郎、工部营缮司主事。	**宋仿濂** 以孙云会赠文林郎、云和县知县。
法惟忠 以孙若真赠通奉大夫、江南布政使司布政使。	**李兆男** 增生，以子世锡封文林郎、嘉鱼县知县。	**于为龙** 以孙广赠中宪大夫、太常寺少卿。
法寰 以子若真赠通奉大夫、江南布政使司布政使。	**赵年** 庠生，以子文煛封儒林郎、翰林院编修。	**王纲** 廪监，以孙寯赠文林郎、翰林院庶吉士。
法官 以子若贞赠中宪大夫、山西井陉兵备道按察司副使。	**张应甲** 以子洽赠文林郎、永丰县知县。	**赵泰阶** 以出嗣子鏻赠文林郎、震泽县知县。
赵怀慎 廪生，以孙业隆赠怀远将军。	**赵基** 增生，以子泰甡[①]封文林郎、金华县知县。	**邹师尹** 以子圣裔赠登仕郎、太医院吏目。
赵佐 以子业隆赠怀远将军。	**赵握** 附生，以子泰临封文林郎、翰林院检讨。	**焦亮** 以子复亨赠修职郎、郓城县教谕。
赵麟祥 附生，以子焘赠中宪大夫、广东督粮道按察司副使。	**法樟** 廪荫生，以子辉祖赠征仕郎、中书舍人。	**谈沆** 以子俊赠修职佐郎、滨州训导。
匡如桐 附生，以子兰馨赠中宪大夫、太仆寺少卿。	**宋瑞鉽** 以子廷栴封文林郎、善化县知县。	**张文嵋** 以子燕翼封修职郎、单县教谕。
李恪 增生，以子世铎赠奉直大夫、户部浙江司主事加一级。	**赵翙** 增生，以子锡畴赠文林郎、太和县知县。	**徐继善** 以子擤赠修职佐郎、博平县训导。
冷应第 附生，以子开泰赠奉政大夫、顺德府同知。	**高文伟** 以子珣赠文林郎、邯郸县知县。	**杨之淳** 以孙璨赠承德郎、苏州府通判。
王楫 以孙垓赠中议大夫、户科掌印给事中加三级。	**张沅** 以子秉义封文林郎、桑植县知县。	**高延春** 监生，以子成仪赠修职佐郎、兰山县训导。
王梅 廪生，以子文谒赠奉政大夫、永州府同知。	**宋士芳** 以子熙封文林郎、壶关县知县。	**高仰** 以孙起茂赠奋力校尉、莱州营把总。
王文炤 以子垓封中议大夫、户部掌印给事中加三级。	**王功清** 增监，以子继先赠承德郎、刑部河南清吏司主事。	**高识** 以子鹤程赠修职郎、嘉祥县教谕。
王文谒 以子埰赠中宪大夫、卢滁和兵备道。	**叶行舟** 以子芸封昭信校尉、登州营千总。	**匡炎** 以孙圣时赠文林郎。
王子信 以孙如辰赠中宪大夫、广西提学道。	**赵泰容** 监生，以子鏻赠文林郎、震泽县知县。	**匡谧** 以出嗣子圣时赠文林郎。
王柱今 廪监生，以孙懿赠资政大夫、工部右侍郎。	**杨静修** 以子璨赠承德郎、苏州府通判[②]。	**高曰恭** 以子凤翰赠修职郎、歙县县丞。
王如辰 以子懿赠资政大夫、工部右侍郎。	**李大树** 廪生，以子文曾封文林郎、敦煌县知县。	**高弘逵** 以孙元质赠儒林郎、捐职州同。
赵延选 以子震赠宣武将军，广东双鱼、海朗守御所千总加一级。	**宋均** 以子云会赠文林郎、云和县知县。	**高瑰** 以曾孙蔚林赠武义都尉、江苏城守营参将。

① “甡”，底本为“牲”，讹。据民国《增修胶志·人物志·列传三》改。
② “判”，底本作“刊”，讹。据上下文义改。

高志清 以子曰聪封中宪大夫、福建提学道。	**王士栋** 以子寯赠文林郎，翰林院庶吉士。	**高人性** 增生，以孙蔚宸赠文林郎、延津县知县。
匡寄 附生，以子忠赠明威将军。	**高堡** 以子攀嵩赠文林郎、雒容县知县。	**苏再武** 以子念祖赠修职佐郎、博兴县训导。
于之选 以子广赠中宪大夫、太常寺少卿。	**尚明源** 以子桂封儒林郎、捐职州同。	**高泗诰** 以孙蔚焕赠奉直大夫、捐职布政司理问加二级。
王廷爵 以曾孙纮赠光禄大夫、工部右侍郎加二级。	**管朔芳** 以子可成封忠显校尉、成山泛千总。	**李世祥** 以孙元勳赠武德骑尉、川北镇守备。
王清乾 以孙纮赠光禄大夫、工部右侍郎加二级。	**高不息** 以子起茂赠奋力校尉、莱州营把总。	**纪象託** 监生，以孙有堂赠文林郎、石门县知县。
王有聪 以子纮赠光禄大夫、工部右侍郎加二级。	**高溥之** 以子元质赠儒林郎、捐职州同。	**冷允浃** 州同职，以孙文炜赠文林郎、靖远县知县。
薛介 以曾孙受益赠荣禄大夫、左都督、潮州镇总兵官。	**高琇执** 以子际强赠昭信校尉、登州营千总。	**高士仪** 以子蔚哲赠修职佐郎、诸城县训导。
薛梗 以孙受益赠荣禄大夫、左都督、潮州镇总兵官。	**匡禔** 以子圣时赠文林郎。	**傅显魁** 以孙天维赠儒林郎、捐职州同。
薛应诰 以子受益赠荣禄大夫、左都督、潮州镇总兵官。	**高若峋** 以子蔚宸赠文林郎、延津县知县。	**胡璿** 以子谦亨赠修职佐郎、鱼台县训导。
韩一桂 以曾孙成赠荣禄大夫、都督同知、崇庆镇总兵官。	**纪鹏翱** 以子有堂赠文林郎、石门县知县。	**周相龙** 以孙元炎赠中宪大夫、捐职布政司经历加五级。
韩昇 以孙成赠荣禄大夫、都督同知、崇庆镇总兵官。	**胡振元** 附生，以子湘兰赠文林郎、长宁县知县。	**徐一范** 州同职，以子瓆赠修职佐郎、滕县训导。
韩凤来 以子成荣赠荣禄大夫、都督同知、崇庆镇总兵官。	**宋学程** 附生，以子人龙封文林郎、酆都县知县。	**张文祥** 以孙维祺赠文林郎、肥乡县知县。
高守成 以孙文熠赠骠骑将军、都督佥事、南瑞镇总兵官、陕西副都统。	**纪汝桢** 附生，以子在谱赠文林郎、长子县知县。	**纪之梅** 以孙在谱赠文林郎、长子县知县。
高九锡 以子文熠赠骠骑将军、都督佥事、南瑞镇总兵官、陕西副都统。	**孙玟** 监生，以子士润封儒林郎、捐职州同。	**宋廷佐** 以子鹤程赠修职佐郎、诸城县训导。
高琚 以子世锦赠武翼都尉、正定营游击。	**冷廷枢** 以子文炜赠文林郎、靖远县知县。	**冷廷琴** 增监生，以子文全赠修职郎、峄县教谕。
解宗礼 以子帜封骠骑将军。	**胡有信** 以子景封武信骑尉、青州营把总。	**王藩** 候选训导，以子景曾封修职佐郎、淄川县教谕。
周之翰 以孙渭赠怀远将军、大定营游击。	**赵绪** 附生，以子鸿仪封武略骑尉、捐职千总。	**周廷柬** 增生，以子再庚封修职佐郎、兰山县训导。
周士鉴 以子渭赠怀远将军、大定营游击。	**傅载** 以子作舟封儒林郎、捐职布政司经历。	**孙安元** 监生，以孙士润赠儒林郎、捐职州同。
程启明 以孙尚仁赠昭勇将军、镇羌营游击。	**范忻** 以子汝晋赠儒林郎、捐职布政司理问。	**韩景琦** 以孙中选赠文林郎、随朝伴官。
程九功 以子尚仁赠昭勇将军、镇羌营游击。	**傅守钰** 监生，以子天维赠儒林郎、捐职州同。	**宗如砥** 以子启昌赠修职佐郎、昌乐县训导。

匡位 以子于蕃赠武德将军、徽州营守备。	**傅天勳** 廪生，以子轶赠儒林郎、捐职州同。	**邓文英** 以孙光岳赠中宪大夫、户部陕西司员外郎加三级。
王德威 以孙元浩赠骠骑将军、洞庭营副将。	**宋京** 以子暄封文林郎、奎文阁典籍。	**陈垲** 增生，以子秉锦赠修职郎、邹县教谕。
王璘 以子元浩赠骠骑将军、洞庭营副将。	**高丕** 以子若铜赠儒林郎、捐职州同。	**冷蕴秀** 以子维焜赠修职佐郎、登州府训导。
徐捷 以孙渭封武义大夫、宁国营参将。	**韩元礼** 监生，以子中选封文林郎、随朝伴官。	**范英** 以孙栓赠承德郎、捐职州同加一级。
徐宏锦 监生，以子渭封武义大夫、宁国营参将。	**宋乔龄** 布政司经历职，以子汝维赠儒林郎、捐职同知。	**赵延青** 监生，以子葆舒封修职郎、曹县教谕。
栾坪 廪贡，以子廷鈖封中宪大夫、石阡府知府加一级。	**陆凤彩** 监生，以子恂封文林郎、捐职按察司经历。	**赵瀛** 监生，以子德鸣封修职郎、郓城县教谕。
王纬先 以子以志赠奉直大夫、工部虞衡司候补员外郎。	**法梦徵** 增生，以子庆荫赠武略骑尉，世袭恩骑尉。	**高廷侯** 以孙攀鉽赠奉直大夫、捐职州同加二级。
邓运序 以子光岳封中宪大夫、刑部湖广司郎中加二级。	**李琛太** 监生，以子延年封儒林郎、捐职布政司理问。	**孙肇治** 监生，以孙友于赠奉直大夫、兵部车驾司员外郎。
高建基 以孙蔚林赠武义都尉、江苏城守营参将。	**张人林** 监生，以子顺雁封儒林郎、捐职布政司理问。	**崔璋** 以孙伟赠昭武都尉、蒲州营都司。
高丰 以子蔚林赠武义都尉、江苏城守营参将。	**高蔚淇** 监生，以子槐业赠文林郎、新安县知县。	**徐伯壎** 廪生，以从孙学时赠奉直大夫、户部员外郎。
李永兆 以子元勳赠武德骑尉、川北镇守备。	**范应祥** 以子栓赠承德郎、捐职州同加一级。	**徐克昌** 以孙学时赠朝议大夫、户部湖广司候补主事加三级。
潘盛之 以子成福赠昭武都尉、安陆营都司。	**傅天维** 以子龙图赠武略佐骑尉、江南运千总。	**徐维清** 以从子学时赠奉政大夫、户部湖广司候补主事加三级。
徐兆章 以孙世恩赠武义大夫、蔚州路参将。	**赵葆舒** 以子彤飏封武信骑尉、高密泛把总。	**宋暟** 监生，以子健赠修职郎、临清直隶州学正。
徐元禄 以子世恩赠武义大夫、蔚州路参将。	**赵斯年** 布政司经历职，以子云枢封文林郎、奎文阁典籍。	**邓以宸** 州同职，以子松龄赠修职郎、永丰县县丞。
辛世义 以子榛赠昭武都尉、文英营都司。	**纪世恩** 以子毓彭封儒林郎、捐职布政司经历。	**胡国璧** 州同职，以子铣元赠修职郎、海丰县教谕。
张淳 以子楷赠中宪大夫、光禄寺署正加五级。	**法亮中** 按察司经历职，以嗣子汝简赠儒林郎、捐职布政司理问。	**法辉祖** 以孙药生赠奉直大夫、东城兵马司正指挥加一级。
冷文炜 以子纮玉赠奉政大夫、安陆府同知。	**柯春** 监生，以子培元赠文林郎、瓯宁县知县。	**高攀鉽** 州同职，以孙薰业赠奉政大夫、遵化直隶州知州。
杨璋 州同职，以子志敏封中宪大夫、候选守巡道。	**郑垲** 以子锡田赠文林郎、诗礼堂启事。	**王宏佐** 以孙廷表赠武德佐骑尉、捐职守御所千总。
法克平 待诏职，以子药生赠奉直大夫、东城兵马司正指挥加一级。	**周元燮** 附生，以子际运赠文林郎、捐职布政司经历。	**高大煌** 以孙若铜赠儒林郎、捐职州同。
高华生 以子攀鉽赠奉直大夫、捐职州同加二级。	**杨楙** 监生，以子兆炳赠儒林郎、捐职布政司经历。	**王续先** 以子尚志赠修职佐郎、登州府训导。

高宪宗 监生，以子蔚焕赠奉直大夫、捐职布政司理问加二级。	**郭文鉽** 监生，以子人洵封文林郎、诗礼堂启事。	**郑进卿** 以孙锡田赠文林郎、诗礼堂启事。
宋珩 以子昱封朝议大夫、贵阳府知府。	**孙瑜** 以子志声赠儒林郎、捐职布政司理问。	**法景祖** 以孙得茂封武信骑尉、登州营把总。
徐惟寅 附生，以子学时赠朝议大夫、户部湖广司候补主事加三级。	**王焕** 以子道兴赠儒林郎、捐职布政司理问。	**法荣** 以从子得茂封武略骑尉、文登营千总。
高元质 州同职，以子虞惇封中宪大夫、捐职同知加二级。	**孙荣晧** 以子藩赠儒林郎、候选布政司经历。	**法周** 以从子得茂封武略骑尉、文登营千总。
高虞惇 同知职，以子锡珖封奉直大夫、捐职布政司经历加二级。	**李金声** 以子怀沂封武略佐骑尉、庐州卫千总。	**法德峻** 以弟得茂封武德骑尉、镇远营守备。
周汝琴 监生，以子元炎封中宪大夫、捐职布政司经历加五级。	**杨兆燕** 府经历职，以子均封征仕郎、捐职盐运司经历。	**孙士润** 州同职，以孙荣昇赠奉直大夫、无为州知州。
高立份 以孙鸿举赠武翼都尉、永安营都司加一级。	**杨兆燾** 以子官城封儒林郎、捐职布政司经历。	**赵禄钧** 增生，以子遴卿封修职郎、长清县教谕。
高昤 监生，以子鸿举封武翼都尉、永安营都司加一级。	**赵凤** 以嗣子得福封武略骑尉、成山泛千总。	**冷文烺** 以子介瑞赠修职郎、堂邑县教谕。
高相业 以子徽鏶封奉直大夫、捐职州同加二级。	**高清方** 监生，以子振棣封儒林郎、捐职布政司理问。	**法允华** 贡生，以出嗣子汝简赠儒林郎、捐职布政司理问。
杨志贤 以子桢赠奉直大夫、捐职州同加二级。	**宋元龙** 监生，以子步衢封征仕郎、捐职盐运司经历。	**张洛** 以孙曾霭赠朝议大夫、刑部奉天司主事加三级。
杨桢 州同职，以子兆煜赠通议大夫、捐职知府加三级。	**张夔龙** 武生，以子棋封武略骑尉、捐职千总。	**张敦谦** 以从子曾霭赠奉政大夫、刑部云南司员外郎加一级。
杨樾 州同职，以子兆勳封朝议大夫、捐职同知加一级。	**王道旭** 以子铭训封武略骑尉、捐职营千总。 以上《前志》。	**孙铨** 监生，以孙汶赠中宪大夫、湖南粮储道。
法堂 以子得茂封武德骑尉、镇远镇守备。	**匡检** 增生，以子懋纶赠文林郎、江苏溧水县知县。	**匡梦桂** 武生，以子侠赠修职郎、平阴县教谕。
孙钧 监生，以子荣昇赠奉直大夫、无为州知州。	**宋沛** 以嗣子岱灵封文林郎、河南鹿邑县知县。	**李世洁** 监生，以孙延年赠儒林郎、捐职布政司理问。
孙铎 监生，以子友于赠朝议大夫、兵部武选司员外郎加二级。	**宋溢** 以出嗣子岱灵赠文林郎、河南鹿邑县知县。	**孙镐** 以孙渠赠奉直大夫、捐职布政司理问加二级。
孙友晋 附贡，以子汶封中宪大夫、湖南粮储道。	**宋钧** 以孙慧龙赠儒林郎、河南永城县知县。	**高蔚焕** 布政司理问职，以孙徽鏶赠奉直大夫、捐职州同加二级。
孙荣时 盐大使职，以子渠赠奉直大夫、捐职布政司理问加二级。	**李华西** 布政司经历职衔，以孙垚晋赠承德郎、兵部主事、车驾司行走。	**宋宣** 监生，以孙汝维赠儒林郎、捐职州同。
杨维楹 以子兆煊封奉直大夫、捐职布政司经历加二级。	**李允元** 同知职衔，以子垚晋赠承德郎、兵部主事、车驾司行走。	**范应甲** 以孙汝晋赠儒林郎、捐职布政司理问。
崔勤远 监生，以子伟赠昭武都尉、蒲州营都司。	**王庆龄** 以子锡奎赠文林郎、候选按察司经历。	**胡泽书** 监生，以子桂赠登仕佐郎、晋江县鹧鸪司巡检。

王化淏 以子廷表赠武德佐骑尉、捐职守御所千总。	**张钟亘** 以子膺善赠文林郎、候选按察司经历。	**李璿** 以从子乔年赠修职郎、蒲台县教谕。
张维祺 以子曾霭赠朝议大夫、常德府知府。	**张元哲** 以子兆惠赠修职佐郎、盐运司知事。	**孙友昆** 贡生，以弟友于封朝议大夫、兵部武选司员外郎加二级。
杨桐 监生，以子兆烺赠奉直大夫、捐职布政司理问加二级。	**张兆惠** 庠生，盐运司知事，以子世僖赠武略骑尉。	**陆璋** 以孙恂赠文林郎、捐职按察司经历。
高蔚洙 附贡，以子薰业赠奉政大夫、遵化、直隶州知州。	**张世僖** 以子继祖，赠文林郎、军功六品衔。	**李尧年** 监生，以从子金声封武德骑尉、滁州卫守备。
杨枢 以子兆炘赠奉直大夫、捐职州同加二级。	**匡梦桂** 以子伓封文林郎、江苏沭阳县知县。	**李鉴** 监生，以从子怀沂封武略佐骑尉、庐州卫千总。
李元福 以孙廷扬赠武显将军、高州镇总兵官。	**宋皓** 试用训导，以子企适赠文林郎、云南易门县知县。	**高惠吉** 监生，以弟鸿举封武翼都尉、永安营都司加一级。
李友仁 以子廷扬赠武显将军、高州镇总兵官。	**纪彬若** 以子敦睦赠文林郎、淄川县教谕。	**孙凤翮** 以孙志声封儒林郎、捐职布政司理问。
杨柱 监生，以子兆鹏赠奉直大夫、捐职布政司理问加二级。	**王曜** 以子摛藻封儒林郎、候选光禄寺署正。	**李恭** 以弟廷扬封武功将军、阜和营副将。
李大年 以子金声赠武德骑尉、滁州卫守备。	**王士度** 附贡生，以子丕寅赠文林郎、按察司经历。	**李名扬** 武生，以弟廷扬封武显将军、高州镇总兵官。
杨大勳 监生，以孙桂林赠武翼都尉、游兵营游击。	**曾泗玲** 以子鲁信赠承德郎、候选主事。	**杨士彤** 监生，以曾孙桂林赠武翼都尉、游兵营游击。
杨世选 监生，以子桂林封武翼都尉、游兵营游击。	**匡德俊** 以子毓崧赠登仕佐郎、候选州吏目。	**杨大经** 武生，以再从孙桂林封昭武都尉。
孙荣曾 附贡，以子睦堂赠奉直大夫、捐职州同加二级。	**匡宗孟** 以子纯熙赠修职佐郎、候选训导。	**杨逢凯** 武生，以从子桂林封昭武都尉。
孙频 附贡，以子彝宗赠奉直大夫、候选光禄寺署正加二级。	**张永珅** 以子镇南赠修职郎、候选府经历。	**纪俭** 监生，以子毓琎封修职郎、福山县教谕。
孙汉 廪生，以子彝训赠朝议大夫、凤翔府知府。	**朱学陶** 以子赓元赠登仕佐郎、候选从九品。	**纪倓** 附生，以从子毓琎封修职郎、禹城县教谕。
徐志业 监生，以子凤阁封武德骑尉、捐职守备。	**邓元圃** 以子炳炎赠修职郎、候选从九品。	**周道恺** 增生，以子天牧赠修职郎、在平县教谕。
孙泌 附贡，以子彝教赠奉直大夫、捐职布政司理问加二级。	**张会源** 庠生，以子建桢赠征仕郎、直隶州州判。	**冷文炯** 监生，以子鹏翥封修职郎、海丰县教谕。
冷宝第 以子旭昶赠武德骑尉、福建漳州镇标左营守备。	**高振鸿** 吏员，以子先膺赠登仕郎、河南新野县典史。	**纪遵渚** 贡生，以子卯元赠修职佐郎、东平州训导。
冷宝璐 从九品职，以嗣子震东封昭武都尉、陕西延绥城守营都司。 以上《前志》。	**张元滨** 以子文尉封征仕郎、候补直隶州州判。	**蔡兆麟** 以子玮赠修职郎、诸城县教谕。
李元福 以曾孙维翰赠光禄大夫、刑部左侍郎。	**张清源** 以子延桢赠儒林郎、候选布政司理问加二级。	**柯廷桂** 以孙培元赠文林郎、瓯宁县知县。

李友仁 以孙维翰赠光禄大夫、刑部左侍郎。	**王绂** 以子德馨赠儒林郎、光禄寺署正衔。	**高启业** 附生，以子徽翰封修职郎、郓城县教谕。
李廷扬 以子维翰赠光禄大夫、刑部左侍郎。	**庄澌奎** 以子迎祥封儒林郎、候选布政司理问加二级。	**张人树** 增生，以子宾雁赠修职郎、江宁府经历。
匡圯 以孙源赠光禄大夫、吏部左侍郎。	**张永珅** 以子镇西封武略骑尉，世袭云骑尉。	**孙永旭** 州同职，以孙彝训赠朝议大夫、凤翔府知府。
匡锡旂 庠生，以嗣子源赠光禄大夫、吏部左侍郎。	**唐星瑞** 武庠生，以子树谷赠文林郎、南城兵马司副指挥。	**孙友于** 以孙彝教赠奉直大夫、捐职布政司理问加二级。
匡锡晋 庠生，以出嗣子源赠光禄大夫、吏部左侍郎。	**傅儒芳** 以子鸿诏赠文林郎、直隶宁晋县知县。	**孙沅** 贡生，以再从子彝训封朝议大夫、凤翔府知府。
周道恺 以孙相焯赠通奉大夫、陕西凤翔府知府加四级。	**张清和** 以子梯云赠儒林郎、直隶试用州同。	**郭塽** 武生，以孙人洵赠文林郎、诗礼堂启事。
周天度 在平县教谕，以子相焯赠通奉大夫、陕西凤翔府知府加四级。	**宋九龙** 以子步衢赠征仕郎、候选盐运司经历。	**高徽铭** 监生，以孙振棣赠儒林郎、捐职布政司理问。
张其垣 以孙允武赠昭武都尉、候选游击。	**杨玺** 以子立铃赠儒林郎、候选布政司理问。	**杨樵** 以孙官城赠儒林郎、捐职布政司经历。
张德明 以孙基昌赠中议大夫、山西候补道。	**冷庆长** 以子镇南赠儒林郎、诗礼堂启事加六品衔。	**杨兆炆** 以子堉封修职佐郎、盐运司知事。
张允武 以子基昌赠中议大夫、山西候补道。	**冷褒德** 附监生，以子韶春赠儒林郎，议叙按察司知事加六品衔。	**宋汝纶** 附贡，以孙步衢赠征仕郎、捐职盐运司经历。
孙泌 附贡生，以子彝政赠奉直大夫、户部主事加一级。	**徐守谅** 以子宗勉封承德郎、河南试用府经历加二级。	**赵魁** 以出嗣子得福封武略骑尉、成山泛千总。
逄克传 以孙润古赠资政大夫、湖北盐法道。	**黄本** 以子宗训封儒林郎、光禄寺署正，辛酉殉难，世袭云骑尉。	**张錞** 以孙棋封武略骑尉、捐职千总。
逄克家 以嗣孙润古赠资政大夫、湖北盐法道。	**黄梓** 武举，授武略骑尉，以子彤训封修职郎、候选训导。	**王道盛** 监生，以从子铭训赠武略骑尉、捐职营千总。
逄瑗贞 以子润古赠资政大夫、湖北盐法道。	**杨立镕** 以子唯清赠文林郎、候选府经历。	**孙渠** 理问职，以从弟睦堂赠奉直大夫、捐职州同加二级。
逄兴古 附贡生，以子嗣训赠朝议大夫、法部员外郎。	**杨埭** 郡庠生，以兼祧子立典赠文林郎、候选县丞加一级。	**冷维焘** 监生，以孙旭昶赠武德骑尉、福建漳州镇标左营守备。
宋汝綍 以孙嵩庆赠中宪大夫、直隶候补道。	**杨果** 以子兆炜封文林郎、金丝堂启事。	**冷宝玮** 监生，以从子震东封昭武都尉、陕西延绥城守营都司。 以上《前志》。
柯培元 以孙劭忞赠通议大夫、贵州提学使。	**黄域** 以子彝勳封儒林郎六品衔、山西沁源县典史。	**李恭** 以从子维翰赠光禄大夫、刑部左侍郎。
柯築 福建候补同知，以知府升用，以出嗣子劭忞赠通议大夫、贵州提学使。	**黄琛** 以子初封文林郎、候选知县。	**李宽** 武庠生，以从子维翰赠光禄大夫、刑部左侍郎。
柯蘅 庠生，以嗣子劭忞赠通议大夫、贵州提学使。	**杨立钧** 辛酉殉难，世袭云骑尉，以子一清封武德骑尉、候补守备，任胶州营王台泛千总。	**匡域** 以从子源赠光禄大夫、吏部左侍郎。

王庆颐 廪贡生，署兖州府教授，以子映奎赠中议大夫，议叙盐运使司运同衔加二级。	**徐金声** 候选训导，改中书科中书，以子宗仁赠文林郎、举孝廉方正，以知县用。	**匡锡嘏** 廪贡生，以从子源赠光禄大夫、吏部左侍郎。
赵恩普 庠生，以子天爵赠昭武都尉、候选都司。	**高桐业** 以出嗣子昂封文林郎、赤城县县丞、河防保举，以知县用。	**匡锡祚** 以从子源赠光禄大夫、吏部左侍郎。
赵湘 八品衔，以孙天爵赠昭武都尉、候选都司。	**周安** 以子骏声赠文林郎、诸城县训导，在任候补知县。	**周尚文** 以曾孙相焯赠通奉大夫、陕西凤翔府知府加四级。
张钟艾 以子唯清赠奉政大夫、山西交县知县，军功保举加同知衔。	**王思曾** 以子毓雯赠儒林郎、山西候补知县。	**宋以智** 以孙岱龄赠文林郎、河南鹿邑县知县。
徐宗义 以子植本赠奉政大夫、黑龙江绥化厅即补知县加五品衔。	**高启业** 以子徽翰封儒林郎、泰安府府学教授。	**孙彝典** 以从子大同封奉直大夫、候选员外郎。
傅光 以孙俭堂赠武翼都尉、候选都司加一级。	**宋辉五** 以子季丰封儒林郎、沂州府府学教授。	**孙泌** 附贡生，以子彝敏赠修职郎、兰山县训导。
傅松乔 以子儒勷封朝议大夫、候选知府。	**冷绣瑞** 长芦海丰场盐大使，以子善长赠文林郎、震泽县知县。	**徐守忠** 候选训导，以子宗樨赠修职佐郎、商河县教谕。
傅俭堂 以子述曾赠奉政大夫，议叙五品衔。	**王道盛** 以子铭箴赠承德郎、光禄寺良酝司署正。	**傅光** 以孙儒勷赠文林郎、云南永平县知县。
王映奎 以子圣格封朝议大夫、候选员外郎加二级。	**黄缙** 以子光远封文林郎、兵马司副指挥。	**傅儒蕙** 随朝伴官，以弟儒兰赠儒林郎、光禄寺署正衔、临朐县教谕。
高铨业 庠生，以孙凤城赠武显将军、陆军协都统衔。	**杨琳** 以子志聪赠文林郎、直隶冀州武邑县知县。	**王振旬** 以子圣格赠奉直大夫、候选员外郎。
高延龄 从九品，以子凤城赠武显将军、陆军协都统衔。	**杨志宽** 以子维梁赠承德郎、光禄寺署正加一级。	**孙荣曾** 附贡生，以从子既堂赠修职郎、乐陵县教谕。
王其慎 以子叔谦赠奉政大夫、同知衔、福建上杭县知县。	**杨兆鹏** 以子埰赠儒林郎、候选布政司经历。	**赵淮** 以子伯楹封登仕郎、候选盐课大使。
王士庆 以子丕烈赠奉直大夫、候选员外郎。	**杨兆忻** 以子培赠征仕郎、候选中书科中书。	**张庸坊** 以孙膺善赠文林郎、候选按察司经历。
杨坊 以子立镕封武翼都尉、候选都司加二级。	**杨兆熊** 以子执赠儒林郎、候选光禄寺署正。	**张元倬** 以子佃赠修职郎、候选教谕。
徐应时 武庠生，以子守敏封武德骑尉、御前侍卫，晋封昭武都尉、宣化镇右营都司。	**杨立铣** 以子翊清封儒林郎、诸暨县县丞，理问升衔。	**张钿** 以子元澄赠修职郎、候选教谕。
宋慧龙 河南永城县知县，加知州衔，以子嵩庆赠中宪大夫、直隶候补道。	**王亘** 以子六谦封征仕郎、候选训导加二级。	**张彝宪** 以子大喆赠修职佐郎、济南府府学训导。
杨兆勷 候选同知，以孙立铣赠朝议大夫、南宁府同知加知府衔。	**匡泰增** 以子懋森赠武德骑尉、补用营千总。	**张继延** 以子甡芳赠宣德郎、布政司经历。
杨阶 以子立铣赠朝议大夫、广西南宁府同知、知府衔。	**匡本恭** 以子学洙赠征仕郎、候选直隶州州判。	**孙友尚** 以孙彝典赠文林郎、按察司经历。
杨圻 以孙际清赠奉直大夫、翰林院庶吉士加三级。	**匡凤举** 以子书城赠征仕郎、候选训导加二级。	**杨兆熠** 以孙铣赠文林郎、候选兵马司副指挥。

杨钦元 附贡生，署博兴县教谕，以子际清赠奉政大夫、刑部主事、云南司行走加五品衔。	**匡书城** 候选训导，以子肇骏赠儒林郎、候选州同。	**赵宜** 从九品，以元孙天爵赠昭武都尉、候选都司。
高城方 以子振峦晋封朝议大夫、同知衔、湖北候补知县加三级。	**张群雁** 以子晋坊赠儒林郎、庆阳府安化县县丞加同知衔。	**赵锡絅** 从九品，以孙天爵赠昭武都尉、候选都司。
宋愈 以子观炜封奉直大夫、礼部主客、清吏司主事加一级。	**郭堧** 以子文鉽赠文林郎、奎文阁典籍。	**逄克厚** 以从孙润古赠资政大夫、湖北盐法道。
栾庚 以子景泗赠奉直大夫、户部主事、山西司行走加员外郎衔。	**张元瀛** 以子兆德赠文林郎、孔庙屯官。	**逄瑞贞** 庠生，以从子润古赠资政大夫、湖北盐法道。
高慧澄 以出嗣子业伟赠奉直大夫、候选知州。	**张铨** 武庠生，以子应孝赠儒林郎、候选布政司经历。	**杨志贤** 郡庠生，以从堂孙兆煜赠通议大夫、山西汾州府同知、隰州直隶州知州、候选知府加三级。
彭键 以子守庸赠奉直大夫、刑部主事、广东司行走、员外郎升衔。	**张应孝** 以子逢春赠儒林郎、候选布政司经历。	**杨圻** 候选理问，以孙际清赠奉直大夫、翰林院庶吉士加三级。
徐宗川 以子本令赠奉直大夫、布政司理问加二级。	**张逢春** 以子绪基赠儒林郎、候选布政司理问。	**王培曾** 以弟若曾封武德骑尉，世袭云骑尉。
黄守钧 辛酉殉难，世袭云骑尉，以子文典赠武德骑尉、候补守备。		**王彦曾** 以再从子金镛封武德骑尉，世袭云骑尉。
胡振坪 以子逢恩封通奉大夫、盐运使衔、安徽即补知府加三级。		**高振宏** 吏员，以子乃斌赠登仕佐郎、江苏试用巡检。
王振玉 滕县训导，以子凤官赠奉直大夫、捐职布政司理问加二级。		**王丙璋** 以子兰沣赠修职郎、滕县训导。
高秉岳 以子殿华赠武德骑尉、候补守备。		**冷遇春** 以子金藻赠修职佐郎、候选训导。
彭焓 以子键封昭武都尉、候选都司。		**冷佶** 以子元凯赠修职佐郎、候选训导。
彭世丰 以子璋封儒林郎、候选州同加三级。		**冷增瑞** 以子杰赠修职郎，任浙江盐运司知事。
彭世臣 以子崿赠武德佐骑尉、候选守御所千总。		**赵同云** 以子金诏赠修职郎、按察司知事。
胡圣勳 以孙逢恩晋赠通奉大夫、盐运使衔、安徽即补知府加三级。		**宋又新** 以弟观炜封朝议大夫、礼部主客司主事加四品衔。
杨琏 以子志宽赠奉政大夫、陇州州同知加三级。		**宋源科** 以弟观炜封朝议大夫、礼部主事加四品衔。
王朝栋 以孙金藻赠昭武都尉、候补都司加一级。		**匡烈** 贡生，以子梦云赠文林郎、候选训导。
杨兆煜 以孙立镕赠武翼都尉、候选都司加一级。		**杨金罍** 以从子一清封武德骑尉、候补守备，任胶州营王台泛千总。
王曜 以子瑞藻封奉直大夫、安徽凤阳府经历加五品衔。		**唐德诰** 以子庆瑞封登仕佐郎、直隶吴桥县典史。

匡侠 副贡，平阴县教谕，以子懋忠赠奉政大夫、太医院六品院判加五品衔。		**董有基** 以子秉玉封登仕佐郎、直隶定州吏目。
匡肇骏 以子绣千赠奉政大夫、同知衔、候选州同加三级。		**张训宜** 以子华雯封登仕佐郎、江西清江府典史。
高鸿举 河源营游击，以子含章赠朝议大夫、峄县教谕、候选知县加运同衔。		**姚家荃** 以子廷谟封登仕佐郎、直隶高邑县典史。
李会云 以子玮堂赠奉政大夫、江西安仁县①知县升直隶州加五品衔。		**宋昙** 增生，以孙观炜赠奉直大夫、礼部主客、清吏司主事加一级。
迟继周 以子锡山赠奉政大夫、候选县丞加五品衔。		**王仲谦** 以从堂弟金镛封武德骑尉、世袭云骑尉。
柴□□ 以孙维桐赠通议大夫、署广东廉州府知府。		**法梦源** 以子继善封修职郎、候选八品衔。
柴可珍 以子维桐赠通议大夫、署广东廉州府知府。		**王道旭** 以子垲封修职郎、馆陶县教谕。
张光禄 以子应甲赠武德佐骑尉、守御所千总。		**张桂徵** 以子元兴封修职佐郎、肥城县训导。
张应斗 以子遇春赠武德佐骑尉、守御所千总。		**胡振鏖** 议叙六品衔，以再从子逢恩封朝议大夫、盐运使衔、安徽即补知府加三级。
王化淏 以孙懋勳赠武功将军、安徽随营参将。		**胡振垲** 以再从子逢恩封朝议大夫、盐运使衔、安徽即补知府加三级。
王廷杰 武庠生，以子懋勳封武翼都尉、晋封武功将军、朝阳营游击、安徽随营参将。		**黄衍训** 庠生，以子枚臣封修职郎、候选训导。
彭录 以子维壎赠武义都尉，议叙参将职衔。		**王熉** 以子振玉封修职佐郎、选授滕县训导。
张灿文 以子元坦封奉直大夫、布政司经历加二级。		**彭守庸** 以孙璋封奉直大夫、候选州同加三级。
张记坊 以子钟珠封奉直大夫、河南候补知县，军功保加五品衔。		**彭键** 以孙世晋封武翼都尉、候选都司加一级。
郭振泰 以孙绪泰赠奉直大夫、同知升衔。		**彭维堜** 以子世业赠登仕佐郎、候选从九品。
郭振纮 以孙绪栋赠中宪大夫、四品衔、候选同知。		**彭维埠** 以子世绅赠登仕佐郎、候选从九品。
郭承汉 以子绪栋赠中宪大夫、四品衔、候选同知。		**彭维垣** 以孙崿赠武德佐骑尉、候选守御所千总。
王廷幹 七品衔，以子锦堂赠武德骑尉、登州营千总，世袭云骑尉。		**张允升** 县主簿衔，以子廷桢封修职佐郎、候选训导。

① “安仁县”：底本作“安安仁县”，第一个“安”字为衍字，删除。

王锦堂 以嗣子若曾累赠武德骑尉，世袭云骑尉。		**杨静修** 以孙志敏赠中宪大夫、直隶候补守巡道。
王若曾 以子金镛累赠武德骑尉，世袭云骑尉。		**杨志宽** 以孙兆炜赠文林郎、金丝堂启事。
赵伯楹 以再从子天爵赠昭武都尉、候选都司。		**杨立鉊** 以从子一清赠武德骑尉，世袭云骑尉。
		杨立鈊 以从子一清封武德骑尉，世袭云骑尉。
		杨墩 以子立典赠文林郎、候选县丞加二级。
		杨垠 以子立铝赠登仕郎、候选主簿。
		杨立铉 以子振清赠登仕佐郎、候选从九品。
		王方正 以从孙筠庆赠武德骑尉，世袭云骑尉。
		王懋修 武庠生，以弟懋勳封武翼都尉、潮阳营游击。
		王重度 以弟吉云赠儒林郎、候选布政司理问。
		李腾骧 以子承宗赠登仕佐郎、候选从九品。
		王予沾 以曾孙金藻赠武翼都尉、都司衔加一级。
		王镒 以从曾孙建中赠承德郎、曲阜县训导加六品衔。
		王朝栋 以孙摛藻赠儒林郎、候选光禄寺署正。
		王晓 以从子瑞藻赠奉政大夫、云南腾越厅经历加二级。
		王亘 以孙葆崇赠征仕郎、鸿胪寺序班加四级，议叙六品衔。
		郭方杲 旌表孝子，以子振焘赠奉直大夫，议叙五品衔。
		郭人湘 以子方杲赠登仕佐郎、翰林院孔目、乡饮大宾。
		张钟奇 以从子膺善赠文林郎、候选按察司经历。
		孙云裔 以孙恒晋赠文林郎、鸿胪寺序班加五级。

		孙士蔼 以子恒晋封文林郎、鸿胪寺序班加五级。
		张鈷 以子元瀛赠修职郎、八品寿官。
		张铎 以子元汲赠修职郎、八品寿官。
		王霖普 候选都司，以弟锦堂封武德骑尉、登州中营千总。
		王霖沛 以子若曾赠武德骑尉，世袭云骑尉。
		王耀曾 以从子金镛赠武德骑尉，世袭云骑尉。
以上道光二十五年以前均《前志》，二十五年以后均增补。		

增修胶志卷二十八　选举志第六　民国选举

民国选举表序

选举自民国以来，与清制大异。清制由科举出身者为正途，又有世袭、恩荫、考授、议叙、援例各途，与夫由武科行伍进者皆谓之出身，故《前志》并入“选举”，分别列表。若民国，则世袭、恩荫、科举、援例等目皆废，文职只有考授、保举两途。保举即议叙之变例，武职则并行伍于保举，其出身则概由各级学校及陆军等学校毕业者定其资格，与清代分各项出身者制度大变。至选举议员，系采用欧美投票法，由国民选出，在清季已通行各省。故于清选举表后附列一表，以备一格。民国元年至十年其制犹行，嗣后迄未恢复，然亦未便湮没，故附列于前，以别于文武选举。兹援《前志》选举体例，仍将文武职汇为一表，并增文武职实任一门，与考授及文武保举，共计五项，分别列表于左。其由清代出身者，概列清选举表中，不复赘述，以免混淆。

民国选举

众议院议员	省议会议员
十年 众议院第三届选举议员，胶县当选一人。 **高翔龙**	**元年** 省议会第一届选举议员，胶县当选一人。 **高翔龙** 见“清选举”，世袭荫生。 **七年** 省议会第二届选举议员，胶县当选一人。 **叶秉钧** **十年** 省议会第三届选举议员，胶县当选二人。 **叶秉钧** **王启甡** 见“清选举援例”。

文职			武职	
实任	保举	考授	实任	保举
逄恩承 由清候补道员，于四年实任广西桂林道道尹。有传。	**郭绪栋** 由清嵩武军书记官，于五年充山东督军署秘书官、商埠局局长，寻充巡阅使，署秘书长。十一年奉直开战，事平，以功保授济南道道尹，因吴巡阅使挽留，未赴任。有传。	**李敦中** 由优级师范毕业，三年考取县知事，分发四川补用，改分山西任用。	**高凤城** 由清二十三阵步队协统，于元年充陆军二十三师步兵四十五旅旅长，三年代行都督事，四年充改编第二混成旅旅长并代行将军事，旋任命延珲镇守使，六年代行督军事。有传。	**邓鉴** 由奉天武备学堂毕业，以军功保至营长，见“实任”。

柴维桐 由清廉州府知府，于三年任吉林长春道尹，七年任吉林财政厅厅长，十三年任山东盐运使，十六年任济南道道尹。有传。	**匡超** 四年由直隶巡按使保准，以县佐分发直隶补用。	**周辉远** 由北京文官考试，考取县知事，见“实任”。	**李凤举** 三年调湖北驻防武汉，充任旅长，有传。	
柯昌泗 由文学士简任职，于十四年充国务院签事，十五年任山东东昌道道尹兼聊城县县知事，十六年任直隶政务厅厅长，旋任保定道尹。	**王金钥** 由济南陆军学堂毕业，保举荐任职，见“实任”。	**周辉第** 北京中央大学毕业，考授承审员，见“实任”。	**李鹏扬** 元年任湖北督军署副官长，有传。	
高振峦 由清江陵县知县，于元年署荆州府知府，是年三月改府留县，卸任。	**柯昌泗** 由北京大学毕业，奖文学士，保简任职。	**张杰铭** 山东高等学堂毕业，三年北京文官考试，考取县知事，分发直隶任用，五年改归湖南任用。	**王凤奎** 十二年任热河巡防营营长。	
周辉远 历任无极、文安、威县、盐山等县县知事。	**纪荃撰** 以军功累保简任职，见“实任”。	**王天杰** 北京国立法政大学法科专门毕业，考取直隶法官，十七年河北省考取县知事，见“实任”。	**丁毓贤** 由山东武术传习所毕业，历充邹平县警备队分队长、总队长，河南息县武装警察队总队长，十四年任建国豫军第五路第一团一营营长，十六年调河南陆军第十师十九旅三十七团团副。	
周辉第 历充河北邱县、东鹿、献县、景县，山东武城县承审员，保免荐任职分发河北任用，代理山东博平县县知事。		**刘化龙** 北京朝阳大学法科专门毕业，十八年山东第一次考取县知事，见“实任”。	**邓鉴** 十八年任奉天陆军第二旅十八团第二营营长。	
王天杰 历充巨鹿、饶阳、新城、晋县承审员，十一年七月代理饶阳县县知事，十九年十二月任河北省高邑县县长。		**赵毓科** 监狱专修科毕业，考授管狱员，见“实任”。	**孙景超** 前任直隶陆军第三师工兵营中校营长。	
王金钥 五年充多伦统捐局局长，六年署理多伦厅厅知事。		**刘健堂** 监狱专修科毕业，考授管狱员，见“实任”。	**杜占鳌** 以军功于民国二年在四川陈将军部下任某营营长，有传。	
刘化龙 十九年任德平县县知事。		**赵贵三** 监狱专修科毕业，考授管狱员，见“实任”。		
纪荃撰 历任山东邱县、安徽蒙城、江苏宿迁等县县知事。		**赵德润** 监狱专修科毕业，考授管狱员，见“实任”。		

赵毓科 任平度管狱员，十四年任阳谷县县知事。		**王鸿图** 山东法政专门学校别科毕业，考授警佐，见“实任”。		
刘健堂 二年任章丘县管狱员，十年升署山东第四监狱看守长，十二年升任第四分监监长，十四年升任第六监狱典狱长。				
赵贵三 任滨县管狱员。				
赵德润 任单县管狱员。				
王鸿图 任临清县警察所一等警佐。				

增修胶志卷二十九　典礼志第一　清代典礼

典礼志序

清代通行之典礼，《大清通礼》记载详矣。故《前志》录“典礼”一门，举州县仪节之所同者，悉遵《通礼》一书而胪列之，凡以昭时制也。夫典礼所从出，根乎国家之体制，所谓异世不相沿也。民国成立，体制变更，君主时代之典礼与民国体制相抵牾，而业经革除者无论矣。其他有明令所颁布、为各县所通行者，煌煌巨典记载，固不容没也。兹据《前志》所载，并民国颁行之典礼，分别备录于左，以见两代因革损益之大端焉。

清代典礼

朝贺

《通礼》：直省[①]三大节[②]朝贺之礼。守土官[③]豫[④]于公所正中，恭设“皇帝万岁”龙牌于亭，南向，设香案于亭之南。其日五鼓，有司[⑤]设燎[⑥]于庭，设镫[⑦]于门庑。省会自将军、总督以下分七班行礼。将军、总督、加将军衔提督为一班，巡抚、副都统、提督、学政为二班，总兵官、协领、参领、盐政、织造、督关郎中、布政使、按察使、各道为三班，佐领、督关员外郎、知府、副将、参将为四班，防御、督关主事、司库、同知、通判、游击、都司为五班，骁骑校、知州、知县、教官、守备为六班，笔帖式、库使、经历、州同、州判、县丞、盐大使、千总等为七班。文东武西，立位东西，面北上拜，位北面。东班西上，西班东上，重行[⑧]异等。纠仪官位班行之北。夜漏未尽，朝服毕会，行三跪九叩礼，毕，退。若府不附省、州县不附府者，在城文武官于公所按班行礼，均如省会仪。

接诏

《通礼》：颁诏直省之礼。有司豫于公廨[⑨]设屏，南向。屏前设诏案，又前设香案，案东设台阶，下为文武官拜位，如朝贺仪。绅士班于文官之末，耆老、军民集于武官之末，

---

① 直省：各省。因直属中央，故称。下文“省会”，古称“首邑”，清代指省城。
② 三大节：清代指元旦、冬至及万寿日。
③ 守土官：郡县地方官的统称。
④ 豫：通作“预”，预先，事先。
⑤ 有司：主管某部门的官吏。
⑥ 燎：古代庭中照明的火炬。燎是放在地上，烛是拿在手里。
⑦ 镫：同“灯”，中国古代照明器具。
⑧ 重行：不妄行，动必以礼。
⑨ 公廨：官府办公的地方。

皆北面。宣诏官一人，展诏官二人，立台下西。诏至郊，守土官备龙亭旗仗[①]出迎。使者出诏书，以架奉陈龙亭内，乘马随后，鼓乐前导。大吏率僚属朝服出迎，道跪，候过，兴。先至公廨门外序立，绅士、耆老、军民毕会。诏至门，跪迎，如初礼。使者下马，从龙亭入，奉诏书陈于案，退立。引礼生引群官就位，北面立。通赞赞行三跪九叩礼、赞宣诏。使者奉诏授宣诏官，复位，立。宣诏官跪接，登台。展诏官二人从升，均西面。展诏书宣读，讫，复陈于案，皆降。复赞行三跪九叩礼，退。使者以诏授督抚，恭镌誊黄[②]，颁学政、盐政、织造、督关两司、道府，转颁所属州县卫将军、提镇、协参，转颁所属，宣布军民，均与省会仪同。

受朔

《通礼》：岁届颁朔[③]之日，各省会首县[④]于督抚署内，向阙[⑤]列屏设案。布政使以所刊《时宪书》[⑥]，设于龙亭，鼓吹前导，舁设公署，恭陈于案。质明，督抚以下文武官朝服毕会，咸就拜位，如朝贺之仪。赞行三跪九叩礼，兴，以次祗受[⑦]，各退。布政使分发专城之道，转行所属州县卫。到日，行礼祗领，与省会同。

迎春

《通礼》：直省迎春之礼。先立春日，各府州县于东郊造芒神[⑧]、土牛[⑨]。立春在十二月望后，芒神执策，当牛肩；在正月朔后，当牛腹；在正月望后，当牛膝。示民农事早晚。届立春日，吏设案于芒神、春牛前，陈香烛、果酒之属，案前布拜席，通赞、执事者于席左右立，府州县正官率在城文武官丞史以下朝服毕诣东郊。立春时至，通赞赞行礼，正官一人在前，余以序列行就拜位，赞跪、叩、兴，众行一跪三叩礼。执事者举壶爵跪于正官之左，正官受爵，酌酒、酬酒三，授爵于执事者。复行三叩礼，众随行礼，兴。乃舁芒神、土牛，鼓乐前导，各官后从，迎入城，置于公所。各官执采杖环立，乐工击鼓，击土牛三，乃各退。

---

① 龙亭旗杖：设有龙亭的旗杖队。龙亭，五代、宋金故宫遗址。清顺治十六年（1659）改为贡院，康熙三十一年（1692）在贡院内修万寿亭，亭内陈设有皇帝万岁牌，作为地方官吏节日朝贺之处，故名龙亭。文中“龙亭”概指恭放诏书的案具。

② 誊黄：旧时皇帝下的诏书，由礼部用黄纸誊写。

③ 颁朔：指古代帝王于每年季冬把来年的历日布告天下诸侯的行为。

④ 首县：旧称州、府治所所在地的县。“下县”则指非州、府治所所在地的县。

⑤ 阙：京城。

⑥ 《时宪书》：即《时宪历》，清代的历法书，因避乾隆弘历名讳又称《时宪书》。时宪书即“历书”。我国自古以农立国，历法的准确与否，直接影响国计民生，所以历代天子都十分重视修订历法一事。

⑦ 祗受：恭敬地接受。“祗”，敬，底本作“祇”，讹。后文意思同者径改，不再出注。

⑧ 芒神：即句芒，主管春天耕牧之神。

⑨ 土牛：用泥土制的牛。古时在农历十二月出土牛以除阴气，后来立春时造土牛以劝农耕，象征春耕开始，也称“春牛”。

耕籍

《通礼》：岁仲春吉亥[①]，或用季春，祭先农[②]之日，致祭先农礼毕，各官易蟒袍诣籍田[③]。通赞赞行耕籍，各就耕所，执事者授耒耜与鞭，皆右秉耒，左执鞭，进耕。省会督抚以府佐贰[④]官一人执种箱，一人播种；布政使、按察使以首领官执箱播种；各道以州县佐贰官执箱播种；知府、知县以县丞执箱播种。皆耆老一人牵牛，农夫二人扶犁。各九推九返[⑤]，毕，释鞭耒，以次序位田首，西南北上。农夫遂终亩，告毕事。各官补服望阙立，通赞赞齐班，引班分引督抚以下至香案前，按班序立，重行北面。耆老、农夫稍远列行，北面随立。赞跪、叩、兴，行三跪九叩礼，兴，各退。若府不附省、州县卫不附府者，正官率佐贰、丞史耕籍，各以耆老二人执箱、播种，余仪均同。

乡饮

《通礼》：直省府州县乡饮酒之礼，以守牧令[⑥]为主，仪同京师。其仪：岁孟春望日、孟冬朔日，举乡饮酒之礼于学宫。前期，戒宾，宾礼辞，许；戒介[⑦]亦如之。先一日，司正率执事者诣讲堂肄仪[⑧]。设监礼席，次于庭东，北向。布宾席于堂西北，南向，主人席于东南，西向，介席于西南，东向。众宾之长三人，席于宾西，南向东上，皆专席不属。众宾席于西序，东向，僚佐席于东序，西向，皆北上。司正席于主人之东，北上。如有乡大夫来观礼者，坐于东北，如仪。届日质明[⑨]，执事者入，具馔，设尊于案，实酒于樽，加幂[⑩]勺觯[⑪]爵，在尊北。读律者奉律令陈于中案。主人率司正及僚属咸朝服入，乃使人速[⑫]宾介。届时，宾介盛服至，序立于庠门外之右。主人出迎宾及阶，主人与宾让升，三让乃升，主人与宾互拜，皆有赞，咸即席。赞礼者赞扬觯。司爵诣酒尊所，举幂酌酒于觯，进授司正。司正扬觯而语曰："恭惟朝廷，率由旧章。敦礼崇教，举行乡饮，非为饮食，凡我长幼，各相劝勉。为臣尽忠，为子尽孝，长幼有序，兄友弟恭。内睦宗族，外合乡党，无或废坠，以忝所生。"读毕，赞读律令，乃律令曰："凡乡饮酒，序长幼，论贤良，高年有德者居上，其次序齿列坐。有过犯者，不得干与。违者罪以违制失仪。"读毕，赞供馔，执事者举馔案于宾，次介，次主人，众宾以下遍举。赞献宾，赞宾酢，主人复位。主人起献介，介酢主人，皆坐。酒数行，工升

---

① 吉亥：古礼，天子于每年正月之亥日亲耕，须为占卜为吉的亥日。
② 先农：传说中教先民耕种的农神，亦说后稷。
③ 籍田：古代天子、诸侯征用民力耕种的田。每逢春耕前，天子、诸侯执耒耜在籍田上进行示范性耕作。
④ 佐贰：辅佐主官的官员，如通判、州同、县丞等。
⑤ 九推九返：天子、诸侯、卿大夫、士亲耕籍田，天子扶犁三推三返，诸侯五推五返，卿大夫七推七返，士九推九返。
⑥ 守牧令：即守牧，指郡守州牧一类的地方长官。
⑦ 介：行乡饮酒礼时佐助宾客的人。
⑧ 肄仪：预习、演习礼仪程序。
⑨ 质明：天亮的时候。
⑩ 幂：盖覆食物的巾。也用作动词，覆盖，遮掩。
⑪ 觯：古代饮酒器，形似尊而小。
⑫ 速：请。

歌①周诗《鹿鸣》三章，卒歌笙奏高宗御制补《南陔》《白华》《华黍》诗。间歌周诗《鱼丽》《南有嘉鱼》《南山有台》三章，笙奏高宗补《由庚》《崇丘》《由仪》诗。乃合乐，歌《周南·关雎》三章、《召南·鹊巢》三章，卒，歌工告备，出。执事者行酒，主宾以下饮，无算爵②。赞礼，赞彻馔，众起，离席。主人率僚属在东西上，宾介在西东上，皆北面。赞拜，主人再拜，宾介以下皆再拜。宾降西阶，介及众宾从，立于庠门外之右，东面北上。主人降东阶，率僚属送宾于庠门之左，西面，旅揖，宾介退毕。

以上属嘉礼。

坛祀

社稷坛。《通礼》：社右稷左，异位同坛，以春秋仲月上戊致祭。省会以总督若巡抚一人主之，有故，则布政使摄事。监司分驻各府者，各主其地社稷之祭。其他府州县皆以长官主之，长官有故，则佐贰以次摄。在城文官丞史、武官把总皆与祭。眡割牲、省齐盛③，府、州以佐贰，县以丞若史各一人。纠仪，府以教授、训导，州以学正、训导，县以教谕、训导二人。执事均用掾史，赞相④礼仪皆于学弟子员内选充。祭期、牲帛、器数及行礼仪节，均与省会同。其仪：前期主祭官暨陪祭执事官，各于公廨致斋三日，扫除坛壝内外。祭之前夕，掌馔洁备品物，置案于神厨，设香烛。眡割牲官公服诣案前上香，行三叩礼毕，宰入牵牲告腯⑤，遂割牲，以豆⑥取毛血瘗⑦于坎。祭之日，鸡初鸣，执事人入，设案一，于坛上正中，北向。陈铏⑧二实和羹，簠⑨二实稻粱⑩，簋⑪二实黍稷，笾四实形盐⑫、枣栗、鹿脯，豆四实青菹、鹿醢⑬、芹菹、兔醢。若不能备，各就土所有以其类充。案前设俎，陈羊一豕一。又前设香案一，陈祝文、香盘、炉镫。左设一案，东向，陈篚⑭一、实帛二，尊一，爵六。又设福胙⑮于尊爵之次。司祝、司香、司帛、司爵位案西，东面。阶下之东设洗⑯。漏未尽，主祭官及陪祭官朝服毕集，省齐官入坛，遍眡牲器酒齐⑰，馔者告洁，退。引班引陪祭官入，

---

① 升歌：祭祀、宴会时登堂演奏乐歌。

② 无算爵：不计算饮酒杯数。古代某些饮酒礼不限定饮酒数量次数，至醉而止。

③ 齐盛：指盛在祭器内的黍稷。“齐”通作“齍(zī)”，盛黍稷的器皿。底本用齐、用齍不一，此处遵底本用法。

④ 赞相：举行典礼时司仪赞唱导引各种仪式。

⑤ 腯(tú)：肥壮。多用以形容牲畜。

⑥ 豆：古时一种盛肉或其他食品的器皿，也用作祭祀礼器。

⑦ 瘗(yì)：埋藏。

⑧ 铏：古代盛菜羹的器皿，常用于祭祀。

⑨ 簠(fǔ)：古代祭祀时盛谷物的器皿。呈长方形，口外侈，腹下收。下有四矩形短足，上有盖。上下对称，合成为一体，分则为两个器皿。簠出现于西周早期，主要盛行于西周末春秋初。

⑩ “粱”，底本作“梁”，讹。

⑪ 簋(guǐ)：古代盛食物的器皿。

⑫ 形盐：特制成虎形的盐，供祭祀用。

⑬ 醢(hǎi)：肉酱。

⑭ 篚(fěi)：古时盛物的竹器。

⑮ 福胙：祭祀所用的肉类。

⑯ 洗：古代盥洗时接水用的金属器皿，形似浅盆。

⑰ 齐：带糟的浊酒。《周礼·天官冢宰·酒正》：“辨五齐之名：一曰泛齐，二曰醴齐，三曰盎齐，四曰缇齐，五曰沈齐。”

东西序立。引赞引主祭官入，盥手。通赞赞执事者各司其事，赞就位。引赞引主祭官、引班引陪祭官咸就拜位立。赞迎神，引主祭官升诣香案前跪，司香跪奉香，主祭官三上香，兴。赞复位，引主祭官降阶复位立。赞跪、叩、兴，主祭暨陪祭官行三跪九叩礼。赞初献，引主祭官升诣神位前跪，司帛跪奉篚，主祭官受篚恭献，仍授司帛，兴，奠于案。司爵跪奉爵，主祭官受爵拱献，仍授司爵，兴，分诣社稷位前，各奠正中，皆退。赞读祝，引主祭官诣香案前跪，陪祭官皆跪。司受三叩，兴，奉祝文跪于右。读曰："惟某年月日，某官某致祭于社稷之神，曰：惟神奠安九土，粒食万邦。分五色以表封圻，育三农而蕃稼穑。恭承守土，肃展明禋。时届仲春、秋，敬修祀典。庶丸丸松柏，巩磐石于无疆；翼翼黍苗，佐神仓于不匮。尚飨①！"读毕，三叩，兴，以祝文复于案，退。赞叩、兴，主祭官暨陪祭官三叩，兴。赞复位，引主祭官降阶复位，立。赞亚献，引主祭官升诣神位前，献爵于左。赞终献，献爵于右，均如初献仪。赞赐福胙，引主祭官升诣香案前跪，司爵跪进福酒于右，主祭官受爵拱举，司爵接爵，兴。司馔跪进豆肉于左，主祭官受豆拱举，司馔接豆，兴，各退。赞叩兴，主祭官三叩，兴，复位。赞送神、赞跪、叩、兴，主祭官暨陪祭官行三跪九叩礼。赞彻馔，执事官彻馔。赞瘗祝帛，执事官奉祝香帛馔诣瘗所。礼毕，各退。

先农坛。《通礼》：岁以仲春亥日致祭或用季春。省会及府州县主祭、陪祭文武官及各执事人，均如祭社稷之礼。先二日，主祭、陪祭各官致斋公所，扫除坛上下。祭日，鸡初鸣，执事人入，设先农神案坛中，案上陈设均同社稷，惟铏一、帛一、稷三不同。洗盥至迎神、上香、三献礼并同。其祝辞曰："惟某年月日，某官某致祭于先农之神，曰：惟神肇兴稼穑，粒我蒸民。颂思文之德，克配彼天。念率育之功，陈常时夏。兹当东作，咸服先畴。洪惟九五之尊，岁举三推之典。恭膺守土，敢忘劳民？谨奉彝章，聿修祀事。惟愿五风十雨，嘉祥恒沐神庥，庶几九穗双歧，上瑞频书大有。尚飨！"祭毕，率属行耕籍礼。

神祇坛。《通礼》：直省府州县各建神祇坛，祀云雨风雷、境内山川、城隍之神。岁春秋仲月，诹吉②致祭，在城文武各官皆与社稷坛同礼。设案坛之正中，南向。云雨风雷神居中，境内山川神位左，城隍神位右。案陈铏一、帛七、尊一、爵二十有一、羊豕、簠簋笾豆、福酒胙肉之数。祭祀仪节与祭官及执事序位，并如社稷坛。祝辞曰："维某年月日，某官某致祭于云雨风雷山川城隍之神，曰：惟神赞襄天泽，福佑苍黎。佐灵化以流形，生成永赖；乘气机而鼓荡，温肃攸宜。磅礴高深，长保安贞之吉；凭依巩固，实资捍御之功。幸民俗之殷盈，仰神明之庇护。恭修岁祀，正值良辰，敬洁笾豆，祗陈牲帛。尚飨！"余并与社稷同。

岁孟夏后诹吉雩祭③，陈设、仪注④同前，若间不雨及潦，诹宜祀之辰，具祝文，随时撰

---

① 尚飨：又作"尚享"。希望死者享用祭品。多用作祭文的结语。

② 诹吉：选择吉日。

③ 雩祭：古代求雨的祭祀。

④ 仪注：制度，仪节。

拟。备牲牢、笾豆、香帛、尊爵，守土官率属素服虔祷，为民请命，行礼仪节与常祀同。既应而报[①]，陈设供具，朝服行报祀礼，仪节并同。各府州县岁春秋诹吉致祭，若雩若祈若报，并与省会同。

庙祀

《通礼》[②]：直省府州县先师孔子庙。岁均以春秋仲月上丁，行释奠礼。省会：正献以总督若巡抚一人主之，两序以道员各一人，两庑以知府、同知各一人。眡割牲、省齐盛，以道员各一人。纠仪，以教授、训导各一人。司祝、司香、司帛、司爵、司馔、引赞、通赞、引班，以学弟子员娴礼仪者执事。在城文武官、县丞、千总以上咸与祭。监司[③]分驻各府者，主其地文庙之祭。他府州县以长官为正献，其贰及所属两序分献。崇圣祠[④]，皆教谕正献，前后两庑皆食饩弟子各员一人分献。将祭，致斋二日。祭前一日，有司饬庙户，洁扫殿庑内外。眡割牲官公服诣神案，眡割牲，如仪。正献官率执事人入学习仪，教官率乐舞诸生入学习舞习吹。祭之日，陈设省齐，祀官偕执事人咸入就位，行礼仪节，省府县均与太学遣官释奠同。祝辞曰："维某年月日，某官某致祭于至圣先师孔子，曰：惟先师德隆千圣，道冠百王。揭日月以常行，自生民所未有。属文教昌明之会，正礼节乐和之时。辟雍钟鼓，咸恪荐于馨香；泮水胶庠[⑤]，益致严于笾豆。兹届仲春、秋，祇率彝章，肃展微忱，聿将祀典，以复圣颜子、宗圣曾子、述圣子思子、亚圣孟子配。尚飨!"迎神，乐奏《昭平之章》，辞曰："大哉孔子，先觉先知。与天地参，万世之师。祥征麟绂，韵答金丝。日月既揭，乾坤清夷。"初献，乐奏《宣平之章》，辞曰："予怀明德，玉振金声。生民未有，展也大成。俎豆千古，春秋上丁。清酒既载，其香始升。"舞羽籥之舞。亚献，乐奏《秩平之章》，辞曰："式礼莫愆，升堂再献。响[⑥]协蕡镛[⑦]，诚孚罍[⑧]甗[⑨]。肃肃雍雍，誉髦[⑩]斯彦。礼陶乐淑，相观而善。"终献，乐奏《叙平之章》，辞曰："自古在昔，先民有作。皮弁祭菜，于论思乐。惟天牖民[⑪]，惟圣时若。彝伦攸叙，至今木铎[⑫]。"舞均如初。彻馔，乐奏《懿平之章》，辞

---

① 报：报祭，报德之祭。《诗·周颂·良耜序》"良耜，秋报社稷也"，孔颖达疏："秋物既成，王者乃祭社稷之神，以报生长之功。"

② "通礼"，底本无，据《大清通礼》卷一一补。

③ 监司：负有监察之责的官吏。

④ 崇圣祠：供奉孔子祖先之所在。

⑤ 胶庠："胶"通"郊"。周代学校名，胶为大学，庠为小学，后世学校通称为"胶庠"。

⑥ "响"，底本作"飨"，讹。据《大清通礼》改。

⑦ 蕡(fén)：镛：蕡，古代军中用的大鼓。镛，大钟。借指高雅之乐曲。

⑧ 罍(léi)：古代一种盛酒或水的容器。

⑨ 甗(yǎn)：古代一种可蒸可煮的炊器。

⑩ 誉髦：指有名望的英杰之士。

⑪ 牖民：诱导人民。"牖"通"诱"。

⑫ 木铎：以木为舌的大铃，铜质。古代宣布政教法令时，巡行振鸣以引起众人注意。又比喻宣扬教化的人，如孔子。《论语·八佾》："天下之无道也久矣，天将以夫子为木铎。"

曰：“先师有言，祭则受福。四海黉宫①，畴②敢不肃？礼成告彻，毋疏毋渎。乐所自生，中原以菽。”送神，乐奏《德平之章》，辞曰：“凫绎③峨峨，洄水洋洋。景行行止，流泽无疆。聿昭祀事，祀事孔明。化我蒸民，育我胶庠。”

乐谱 民国祀孔仿此

《春仲箫埙篪谱》

昭平之章 辞详“典礼志”

伬仉伩伍伬仩伍伩仉伩伍伍伬仩伍伍伍仩仉伩仉仩伬仩仉伩伬伍仉伩仉伬。

宣平之章，民国改曰雍和之章 后仿此

伬仉伩伍仩仉伬仩伩仉仩伍仉伩伍伩伍仩伬伍伩伩伍伩伬仩仉伬仉伩仉伬。

秩平之章，民国改曰熙和之章

伬仉伩伍仩伍仉伬仩伍仉伩伍仩伍伬伍伍伩伩仉伬仩伬仩伍仉伩伍伩仉伬。

叙平之章，民国改曰渊和之章

伬仉伍伩仩伍仉伩伍仩仉伬仩伍伩仉伍仩伬伍仉仩仉伩伍伍仩伬仩伍仉伬。

懿平之章，民国改曰昌和之章

伬仉伩伍伬仩伬伍仉伬伍仩仉伩仉伬伍仩伬伍仉伩仉伬伍仩仉伬伍伩仉伬。

德平之章，民国改曰德和之章

伬仉伩伍仩伬仉伩仩伍伍仩仉伩伍伩伍仩仉伬伬仩仉伩伬伍伬仩仉伩仉伬。

《秋仲箫埙篪谱》

昭平之章

伩亿仩伬伩仉伬仩亿仩仉伬伩仉伬伬伬仉亿仩亿仉伩仉亿仩伩伬亿仩亿伩。

宣平之章

伩亿仩伬仉亿伩仉仩亿仉伬亿仩伬仩伬仉伩伬仩仩伬仩伩仉亿伩亿仩亿伩。

秩平之章

伩亿仩伬仉伬亿伩仉伬亿仩伬仉伬伩伬伬仩仩亿伩仉伩仉伬亿仩伬仩亿伩。

叙平之章

伩亿伬仩仉伬亿仩伬仉亿伩仉伬仩亿伬仉伩伬亿仉亿仩伬伬仉伩仉伬亿伩。

懿平之章

伩亿仩伬伩仉伩伬亿伩伬仉亿仩亿伩伬仉伩伬亿仩亿伩伬仉亿伩伬仩亿伩。

德平之章

伩亿仩伬仉伩亿仩仉伬伬仉亿仩伬仩伬仉亿伩伩仉亿仩伩伬伩仉亿仩亿伩。

---

① 黉(hóng)宫：黉学，学校。

② 畴：谁。

③ 凫绎：凫山和绎山，均在今山东邹城。

《春仲笛箎谱》

昭平之章

⿰亻六亿仩伬⿰亻六⿰亻凡伬仩亿仩⿰亻凡伬⿰亻六⿰亻凡伬伬伬⿰亻凡亿仩亿⿰亻凡⿰亻六⿰亻凡亿仩⿰亻六伬亿仩亿⿰亻六。

宣平之章

⿰亻六亿仩伬⿰亻凡亿⿰亻六⿰亻凡仩亿⿰亻凡伬亿仩伬仩伬⿰亻凡⿰亻六伬仩仩伬仩⿰亻六⿰亻凡亿⿰亻六亿仩亿⿰亻六。

秩平之章

⿰亻六亿仩伬⿰亻凡伬亿⿰亻六⿰亻凡伬亿仩伬⿰亻凡伬⿰亻六伬伬仩仩亿⿰亻六⿰亻凡⿰亻六⿰亻凡伬亿仩伬仩亿⿰亻六。

叙平之章

⿰亻六亿伬仩⿰亻凡伬亿仩伬⿰亻凡亿⿰亻六⿰亻凡伬仩亿伬⿰亻凡⿰亻六伬亿⿰亻凡亿仩伬伬⿰亻凡⿰亻六⿰亻凡伬亿⿰亻六。

懿平之章

⿰亻六亿仩伬⿰亻六⿰亻凡⿰亻六伬亿⿰亻六伬⿰亻凡亿仩亿⿰亻六伬⿰亻凡⿰亻六伬亿仩亿⿰亻六伬⿰亻凡⿰亻凡⿰亻六伬仩亿⿰亻六。

德平之章

⿰亻六亿仩伬⿰亻凡⿰亻六亿仩⿰亻凡伬伬⿰亻凡亿仩伬仩伬⿰亻凡亿⿰亻六⿰亻六⿰亻凡亿仩⿰亻六伬⿰亻六⿰亻凡亿仩亿⿰亻六。

《秋仲笛箎谱》

昭平之章

仩仜⿰亻凡⿰亻六仩亿⿰亻六⿰亻凡仜⿰亻凡亿⿰亻六仩亿⿰亻六⿰亻六⿰亻六亿仜⿰亻凡仜亿仩亿仜⿰亻凡仩⿰亻六仜⿰亻凡仜仩。

宣平之章

仩仜⿰亻凡⿰亻六亿仜仩亿⿰亻凡仜亿⿰亻六仜⿰亻凡⿰亻六⿰亻凡⿰亻六亿仩⿰亻六⿰亻凡⿰亻凡⿰亻六⿰亻凡仩亿仜仩仜⿰亻凡仜仩。

秩平之章

仩仜⿰亻凡⿰亻六亿⿰亻六仜仩亿⿰亻六仜⿰亻凡⿰亻六亿⿰亻六仩⿰亻六⿰亻六⿰亻凡⿰亻凡仜仩亿仩亿⿰亻六仜⿰亻凡⿰亻六⿰亻凡仜仩。

叙平之章

仩仜⿰亻六⿰亻凡亿⿰亻六仜⿰亻凡⿰亻六亿仜仩亿⿰亻六⿰亻凡仜⿰亻六亿仩⿰亻六仜亿仜⿰亻凡⿰亻六⿰亻六亿仩亿⿰亻六仜仩。

懿平之章

仩仜⿰亻凡⿰亻六仩亿仩⿰亻六仜仩⿰亻六亿仜⿰亻凡仜仩⿰亻六亿仩⿰亻六仜⿰亻凡仜仩⿰亻六亿仜仩⿰亻六⿰亻凡仜仩。

德平之章

仩仜⿰亻凡⿰亻六亿仩仜⿰亻凡亿⿰亻六⿰亻六亿仜⿰亻凡⿰亻六⿰亻凡⿰亻六亿仜仩仩亿仜⿰亻凡仩⿰亻六仩亿仜⿰亻凡仜仩。

箫体长，笛体短，短则声高。故尺字应箫之五字，工字应箫之乙字。

《春仲钟磬凤箫谱》

昭平之章

⿱⺮億夹仲林⿱⺮億应林仲夹仲应林⿱⺮億应林林林应夹仲夹应⿱⺮億应夹仲⿱⺮億林夹仲夹⿱⺮億。

宣平之章

⿱⺮億夹仲林应夹⿱⺮億应仲夹应林夹仲林仲林应⿱⺮億林仲仲林仲⿱⺮億应夹⿱⺮億夹仲夹⿱⺮億。

秩平之章

⿱⺮億夹仲林应林夹⿱⺮億应林夹仲林应林⿱⺮億林林仲仲夹⿱⺮億应⿱⺮億应林夹仲林仲夹⿱⺮億。

叙平之章

簴夹林仲应林夹仲林应夹簴应林仲夹林应簴林夹应夹仲林林应簴应林夹簴。

懿平之章

簴夹仲林簴应簴林夹簴林应夹仲夹簴林应簴林夹仲夹簴林应夹簴林仲夹簴。

德平之章

簴夹仲林应簴夹仲应林林应夹仲林仲林应夹簴簴应夹仲簴林簴应夹仲夹簴。

《秋仲钟磬凤箫谱》

昭平之章

仲南应簴仲夹簴应南应夹簴仲夹簴簴簴夹南应南夹仲夹南应仲簴南应南仲。

宣平之章

仲南应簴夹南仲夹应南夹簴南应簴应簴夹南簴应应簴应夹仲南仲南应南仲。

秩平之章

仲南应簴夹簴南仲夹簴南应簴夹簴仲簴簴应应南仲夹仲夹簴南应簴应南仲。

叙平之章

仲南簴应夹簴南应簴夹南仲夹簴应南簴夹仲簴南夹南应簴簴夹仲夹簴南仲。

懿平之章

仲南应簴仲夹仲簴南仲簴夹南应南仲簴夹仲簴南应南仲簴夹南仲簴应南仲。

德平之章

仲南应簴夹仲南应夹簴簴夹南应簴应簴夹南仲仲夹南应仲簴仲夹南应南仲。

谱中律吕与箫谱同倍。应钟者伬也，夹钟者仉也，仲吕者仩也，林钟者伍也，应钟者仕也，南吕者亿也，乾隆八年部颁之本，凤箫与箫合，谱而钟磬可例推矣。

《春仲琴谱》

昭平之章

芍芶荀荷匩苟荷荀芶荀苟荷匩苟荷荷荷苟芶荀芶苟匩苟芶荀匩荷荀荀芶芍。

宣平之章

芍芶荀荷苟芶匩苟荀芶苟荷芶荀荷荀荷苟匩荷荀荀荷荀匩苟芶匩荀荀芶芍。

秩平之章

芍芶荀荷苟荷芶匩苟荷芶荀荷苟荷匩荷荷荀荀芶匩苟匩苟荷芶荀荷荀芶芍。

叙平之章

芍芶荷荀苟荷芶荀荷苟芶匩苟荷荀芶荷苟匩荷芶苟芶荀荷荷苟匩苟荷芶荷。

懿平之章

芍芶荀荷匩苟匩荷芶匩荷苟芶荀芶匩荷苟匩荷苟荀芶匩荷苟芶匩荷荀芶芍。

德平之章

芍芶荀荷苟匩芶荀苟荷荷苟芶荀荷荀荷苟芶匩匩苟芶荀匩荷匩苟芶荀芶芍。

《秋仲琴谱》

昭平之章

芎荷苟茝芎芑茝苟荷苟芑茝芎芑茝茝茝芑荷苟荷芑芎芑荷苟芎茝荷苟荷芎。

宣平之章

芎荷苟茝芑荷芎芑苟荷芑茝荷苟茝苟茝芑芎荷苟苟茝苟芎芑荷芎荷苟荷芎。

秩平之章

芎荷苟茝芑茝荷芎芑茝荷苟茝芑茝芎茝茝苟苟荷芎芑芎芑茝荷苟茝苟荷芎。

叙平之章

芎荷茝苟芑茝荷苟茝芑荷芎芑茝苟荷茝芑芎茝荷芑荷苟茝茝芑芎芑茝芎荷。

懿平之章

芎荷苟茝芎芑芎茝荷芎茝芑荷苟荷芎茝芑芎茝荷苟荷芎茝芑荷芎茝苟荷芎。

德平之章

芎荷苟茝芑芎荷苟芑茝茝芑荷苟茝苟茝芑荷芎芎芑荷苟芎茝芎芑荷苟荷芎。

谱中廿者，散字也。勹者，勾也。乚者，挑也。一二三四五六七者，记弦数也。八音惟丝声最微，若用按弹则为他音所掩，故古者食指向外挑，谓之搏中；指向内勾，谓之拊。但用柱马支弦，将右手鼓于临岳之下，自绰注吟猱之法，起而古音尽亡矣！明大成谱用按弹，释奠谱仍用散弹。今虽柱马之制不传，施之雅乐必遵散弹为是。

《瑟谱》四时同

昭平之章

[illegible]。

宣平之章

[illegible]。

秩平之章

[illegible]。

叙平之章

[illegible]。

懿平之章

[illegible]。

德平之章

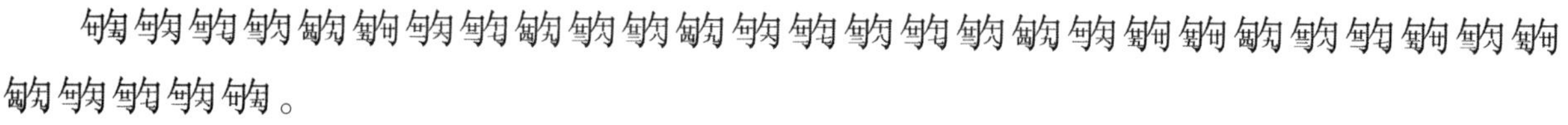

谱中勹者，勾也。数目字者，记弦数也。止弹十五至廿五弦者，取清律也。两弦兼弹者，两手合作，阴阳相配也。

鼓节

昭平之章 下五章仿此

大哉孔子 楹足足 楹足足 楹足足 先觉先知 楹足足 楹足足 楹足足

与天地参 楹足足 楹足足 楹足足 万世之师 楹足足 楹足足 楹足足

详征麟绂 楹足足 楹足足 楹足足 韵答金丝 楹足足 楹足足 楹足足

日月既揭 楹足足 楹足足 楹足足 乾坤清夷 楹足足 楹足足 楹足足

八音惟革最多，门外、堂下、左右四隅皆设。起止、升降、警众、相舞皆用之。全乐全章，一句一字，皆凭以为节，其名不一，其制不同。今所用者，为六鼓右所谱，盖楹鼓、足鼓也。楹在左，足在右，每奏一句，楹击一声，足应二声。旧谱一击一应。凡一章终，第三击宜稍迟。

习舞 民国祀孔仿此

羽籥舞谱 执籥用左，秉翟用右，籥在内，翟在外，籥纵翟横，大指在内，四指在外，成佾就班，南向，两两而立。

第一成宣平之章

予 正立，羽籥植。怀 身作向内势，内足勾后，面转向外，籥指内，羽植如十字。

明 正立，两手微拱，羽籥如十字。德 正立，籥植近肩，羽平衡如十字。

玉 向西，首微侧，右足进前，籥平指西，羽斜举。振 身俯向东面，转向西，两手伸出，羽籥斜交。

金 正面，身微蹲，籥斜举，羽植。声 向内身俯，两足并，羽籥植地。

生 外向，两足并，籥植，羽倒指内，少垂。民 内向，籥斜指，羽植。

未 正立，面向外，两手相并推向内，羽籥植。有 正立，籥平举过肩，羽植。

展 内向，两足并，籥内指，羽植。也 外向面仰，两手推出，羽籥斜举。

大 身微向外，两手推向外，羽籥并植。成 正面，身微蹲，羽籥如十字。

俎 向内身俯，内足进前，籥斜指下，羽植。豆 外向，籥下垂，右手伸出，羽植。

千 正立，籥斜举，羽植。古 身微向外，羽籥偏外如十字。

春 正面，身微蹲，籥植过肩，羽平额，交如十字。秋 向内，两手伸出，羽籥植。

上 正立，籥平衡，羽植籥上。丁 正立，籥植居中，羽衡籥上。

清 内向，两足并，籥内指，羽植如十字。酒 身俯向外，外足进，前趾向上，羽籥斜交。

既 正立，籥平衡，羽斜指东。载 正立身俯，籥平衡，羽居中植籥上。

其 正立，左手伸出，籥斜举，羽植近左肩。香 正面，左足虚立，籥衡膝上，羽植。

始 正立附首，羽籥如十字。升 正立，两手高拱过额，羽籥如十字。

第二成秩平之章

式 正面，身微蹲，两手并，羽籥植。礼 内向，内足虚立，籥斜倚膝，羽植。

莫 外向，身微俯，面微仰，籥高举斜指外，羽植。愆 内向，起内足，两手相并推向外，羽籥植。

升 正立，羽籥如十字。堂 正面，右足勾后，两手高举，羽籥斜交。

再 身微蹲，面向东，籥植近肩，羽衡膝上。献 身微蹲，面向西，羽植近肩，籥衡膝上。

响 正立，羽籥向下斜交。协 正面，身向内，外足进前，内趾虚立，羽籥并植。

蕤 正面，身向外，内足进前，外趾虚立，羽籥并植。镛 正立，籥植，羽倒指东。

诚 身俯向西，面侧向东，籥平指，羽植如十字。孚 正立，首微俯，羽籥植。

罍 正面，起左足，籥高举，羽植。甗 正立，籥植过肩，羽平额交如十字。

肃 内向，首微俯，两足并，羽籥如十字。肃 俯身偏外，起外足，羽籥如十字。

雍 正立，两手伸出，羽籥并植。雍 内向，籥斜指内，羽植籥上。

誉 正立，籥平举，右手微伸出，羽植。髦 正立，左手伸出，籥平举，羽植近左肩。

斯 正面，起右足，羽高举，籥植。彦 正立，籥植居中，羽衡籥下。

礼 身微向东，右足进前，羽倚肩，籥平指东。陶 正面，身作向东势，两手高举，羽籥推向东并植。

乐 身微向西，左足进前，籥倚肩，羽平指西。淑 正面，身作向西势，两手高举，羽籥推向西并植。

相 正立，羽籥斜交。观 仰面向内，两足并，羽籥如十字。

而 正面，身微向东，籥下垂，羽倚肩。善 身俯，面微仰，向内抱内膝，羽籥斜交如十字。

第三成叙平之章

自 正立，籥下垂，羽植。古 向外身俯，两足并，羽籥斜交。

在 正面，身微蹲，两手推向内，羽籥植。昔 外向，起外足，羽籥植。

先 正面，右足交于左，羽籥如十字。民 向西身俯，左足进前，籥下垂，羽植地。

有 向东身俯，右足进前，籥下垂，羽植地。作 正立，籥平衡，羽植居右如十字。

皮 正面，左足勾后，籥斜举过肩，羽植。弁 正面，屈右足，左足伸出，趾向上，籥平等举，羽植居中。

祭 正面，屈右足，羽籥偏左如十字。菜 正立身俯，羽籥植地。

于 内向，两手相并，羽籥斜指内。论 正面，身作向外势，两手高举，羽籥斜交偏外。

思 向内身俯，起内足，籥衡斜，羽植。乐 正立，籥下垂衡斜，羽植籥上。

惟 正面，屈左足，羽籥偏右如十字。天 正面，屈左足，右足伸出，趾向上，籥下垂衡斜，羽斜举过肩。

牖 正立，羽籥向右斜倚肩。民 正立，羽籥向左斜倚肩。

惟 正立，籥平衡，羽高举。圣 仰面内向，籥平衡，羽植如十字。

时 外向，籥平指外，羽植如十字。若 正立身俯，羽籥如十字。

彝 外向，籥平指外，羽植。伦 正立，羽籥偏内如十字。

攸 正立身俯，籥斜植地，羽植。叙 正立，两手相交，羽籥并植。

至 正面，屈左足，羽籥如十字。今 正面，屈双足，籥平衡，羽植居右。

木 正面，屈双足，羽籥植。铎 俯首至地，羽籥如十字。

凡舞与吹合节。合字、四字欲迟，工字、六字欲疾，上字、尺字欲适中。以上《前志》。

以上所载乐谱乐舞，乃学校专司肄习之事，故《前志》列于“乐校”。惟考此二者系用于祀孔典礼，兹移于“典礼志”庙祀后，伦次较为相宜。

崇圣祠同时致祭。正献以督学使者[1]主之，若按试他郡，则以布政使一人摄。分献以教谕、训导，执事以学弟子员。余陈设行礼，并如太学。崇圣祠祭仪祝辞曰：“维某年月日，某官某致祭于肇圣王、裕圣王、诒圣王、昌圣王、启圣王，曰：惟王弈叶钟祥，光开圣绪，盛德之后，积久弥昌。凡声教所覃敷[2]，率循源而溯本，宜肃明禋之典，用申守土之忱。兹届仲春、秋，聿修祀事，配以先贤颜氏、先贤曾氏、先贤孔氏、先贤孟孙氏。尚飨！”

谨按：太学仪颇繁，择其要，录于左。

大成殿陈设 按：释奠、释菜仪同而牲牢异。下县皆知春秋释奠，不知朔日释菜，故陈设录释奠，而下仪注引释菜，以互备云。

先师位前：牛一、羊一、豕一、登一、铏二、簠二、簋二、笾十、豆十、炉一、镫二。四配位前：各羊一、豕一、铏二、簠二、簋二、笾八、豆八、炉一、镫二。十二哲位前：铏一、簠一、簋一、笾四、豆四，东西各羊一、豕一、炉一、镫二。殿中设一案，少西，北向，供祝版[3]。其南，东设一案，西向，陈礼神制帛九色白、香盘四、尊三、爵二十有七。西设一案，东向，陈礼神制帛八色白、香盘三、尊二、爵二十有四。凡牲陈于俎，凡帛盛以篚。正位、四配异篚，十二哲东西共篚。凡尊实酒，承以舟[4]，疏布[5]幂勺具。东庑二位同案，每位爵一，实酒，每案簠一、簋一、笾四、豆四。先贤案前：羊二、豕二、香案一、炉一、镫二。先儒案前，羊一、豕一、香案一、炉一、镫二。设案一，于南北向，陈礼神制帛二色白，香盘二、尊三、虚爵六、俎篚幂勺具。西庑陈设同。

崇圣祠陈设

正位前：各羊一、豕一、铏二、簠簋各二、笾豆各八、炉一、镫二。配位前：簠一、簋一、笾四、豆四，东西羊豕各一、炉一、镫二。中设一案，少西，供祝版。东设一案，陈礼神制帛五色白、香盘五、尊四、爵十有五。西设一案，陈礼神制帛[6]四色白、香盘四、尊三、爵十有二。两庑，东二案、西一案，每位尊一，实酒，每案陈设簠簋、笾豆、羊豕、炉镫，如配位之数；各南设一案，陈礼神制帛一、香盘一、尊一、虚爵三、俎篚幂勺皆具。凡乐阶上，编钟十有六，在东；编磬十有六，在西。太学又有金钟一、玉磬一。皆县以虡业。东，应鼓[7]一、柷一、麾一；西，敔一。东西分列琴六、瑟四、箫六、篴[8]六、篪四、排箫二、埙二、

---

① 督学使者：学政的别称，又称“督学”“学使”。明、清派往各省督导教育行政及主持考试的专职官员。
② 覃敷（qín fū）：广布。
③ 祝版：又作“祝板”，祭祀时所用的书写祝文的木版、纸版等。
④ 舟：古代尊彝等器皿的托盘。
⑤ 疏布：素布，粗布。
⑥ “帛”，底本作“白”，讹。据《大清通礼》改。
⑦ 应鼓：乐器名，小鼓。
⑧ “篴”，底本作“篴”，形似而讹。“篴”，“笛”的古字。

笙六、搏拊[①]二、旌二、羽籥三十有六。设洗于阶东，前后殿同。

朔日释菜，望日上香。教授、教谕、训导等官分班行礼，与太学同。其仪：释菜之礼，届期，执事者启殿门及东西庑门，洁扫内外，展神幄[②]，拂拭神案。每案陈菜枣栗各一、豆炉一、镫二。设案一，于殿内之东，陈香盘七、尊一，每位爵一。又设案于东西两庑之南，各陈香盘三、尊一，每位爵一，凡尊实酒，幂勺具[③]。司香、司爵立于案旁。设洗于阶下之东。通赞，二人立于殿内东西楹，二人立于殿外东西阶上，皆公服。质明，主祭官朝服、诸生吉服，同集。引赞引由大成门左侧门入及庭内。通赞赞就位，咸就位，北面立。师儒以位序，诸生以齿序，咸列于后。通赞赞跪、叩、兴，咸行三跪九叩礼，兴。赞行释菜礼，引赞引诣阶东盥手，升东阶，入殿左门，诣先师位前；司香奉香盘从，引赞赞跪，通赞赞上香，司香跪奉香，主祭官三上香，兴，退。诣尊案前，眡注酒，司爵举幂酌酒实爵，引赞引复诣先师位前，司爵执爵从，引赞赞跪，通赞赞献爵，司爵跪奉爵，乃受爵拱举，以授司爵，兴，献于正中，退。以次诣四配位前，跪，上香，献爵，仪同；赞复位，引乃退，降阶复位。初迎神时，引赞引两序分献官二人盥手，升东西阶，入殿左右门，诣十二哲位前，跪，上香，献爵，毕，降阶复位，均如仪。两庑，引赞引分献官二人盥手，诣先贤先儒位前，跪，上香，献爵，毕，复位，仪同。通赞赞跪、叩、兴，主祭、分献及诸生均行三跪九叩礼，毕，兴，各退。崇圣祠行礼仪节，同上香之礼。凡朔望，届期，执事者拂神案，然镫，设香盘于殿内及两庑各案，肄业生、司香各一人立于案前，设洗于阶东。质明，官朝服、诸生吉服入大成门左侧门，阶下就位，如释菜之仪。通赞赞行上香礼，引赞引盥手，升东阶，入殿左门，诣先师位前，引赞赞跪，通赞赞上香，司香奉香，主祭、司官三上香，兴；引诣四配位前，以次跪，上香，毕，赞复位，引退，降阶复位。引赞引同官盥手，升阶，分诣两序十二哲位前，跪，上香，毕，降阶复位，均如仪。引同官盥手，分诣两庑先贤、先儒位前，跪，上香，毕，复位，仪同。通赞赞跪、叩、兴，主官以下行三跪九叩礼，各退。崇圣祠正殿两庑上香，仪皆同。

直省府州县忠义、孝弟、名宦、乡贤、节孝祠。春秋释奠礼毕，教谕一人，公服诣祠致祭。是日，执事人入，陈羊一、豕一、笾四、豆四、炉一、镫二，陈祝文于案左，陈壶一、爵三、帛一、香盘一于案右。引赞二人引主祭官诣案前，北面立。礼生自右奉香盘，三上香，讫，引赞赞跪、叩、兴，主祭官跪，三叩首，兴。礼生自右授帛，受，拱举，仍授，礼生献案上。礼生酌酒实爵，自右跪授爵，受，拱举，仍授，礼生兴，献于正中。读祝毕，执事酌酒献于左，又酌献于右，退。赞跪、叩、兴，跪，三叩首，兴。余皆与祀先儒同。忠义孝弟祝词，曰："惟灵禀赋贞纯，躬行笃实。忠诚奋发，贯金石而不渝；义问宣昭，表乡闾而共式。祇事懋彝伦之大，性挚莪蒿；克恭念天显之亲，情殷棣萼。模楷咸推夫懿德，纶恩特阐

---

① 搏拊：古乐器名，似鼓，以手拍击。

② 神幄：神祠。

③ "具"，底本作"其"，讹。

其幽光。祠宇维隆，岁时式祀。用陈尊簋，来格几筵。尚飨！”节孝祝祠，曰：“惟灵纯心皎洁，令德柔嘉。矢志完贞，全闺中之亮节；竭诚致敬，彰阃内之芳型。茹冰蘖而弥坚，清操自励；奉盘匜而匪懈，笃孝传徽。丝纶特沛乎殊恩，祠宇昭垂于令典。祇循岁祀，式荐尊醪。尚飨！”以上二祝文，直省府州县与顺天通用。名宦、乡贤二祠，各省州县撰拟不同。胶州名宦祝词，曰：“惟神宦游兹土，政善民安。惠泽覃布，模范流传。今兹仲春、秋，谨以牲醴庶品，用申常祀。尚飨！”乡贤祝词，曰：“惟神发迹胶东，扬休上郡。媲美前贤，表仪后进。今兹仲春、秋，谨以牲醴庶品，用申常祀。尚飨！”

直省府州县关帝庙。岁均以春秋仲月，及五月旬有三日致祭。前殿主祭以地方正官一人，后殿以丞史，执事以礼生。祭日，陈设、迎神、上香、奠献、读祝、送神、眂燎礼仪并与京师同。前殿祝词：“维某年月日，某官某致祭于忠义神武灵佑仁勇威显关圣大帝之神，曰：惟帝浩气凌霄，丹心贯日。扶正统而彰信义，威震九州；完大节以笃忠贞，名高三国。神明如在，遍祠宇于寰区；灵应丕昭，荐馨香于历代。屡征异迹，显佑群生。恭值仲春、秋嘉辰，遵行祀典。筵陈笾豆，几奠牲醪。尚飨！”后殿祝词曰：“惟某年月日，某官某致祭于光昭公、裕昌公、成忠公，曰：惟公世泽贻庥，灵源积庆。德能昌后，笃生神武之英；善则归亲，宜享尊崇之报。列上公之封爵，赐命优隆；合三世之肇禋，典章明备。恭值仲春、秋诹吉，祇事荐馨。尚飨！”前殿迎神乐词曰：“青湛湛，玉霄门。神来下，彩旄纷。宫墙轮奂，笾豆芳芬，光景动人民。丹心昭日，浩气扶轮。”初献词曰：“调兰醑，酌桂尊。神来享，房俎陈。忠贯金石，义炳乾坤，纯臣戴一君。力扶王室，不愿三分。”亚献词曰：“泛盎齐，觞再进。箫鼓谐，声歌韵。武节绝伦，不辞利钝，神武天威震。方知旧史，未符公论。”终献词曰：“礼秩秩，乐欣欣。严威灵，至今存。惟灵惟佑，佑国佑民，典祀极隆文。式扬显号，时荐明禋。”御撰词曰：“司仪告彻，灵风来湒。神聿归，嘉征萃，大济群生，善良胥得意，邪慝无伸喙。皇化所及，咸尊庙食。东西朔南，靡勿暨。”

直省府州县文昌庙。岁均以春秋仲月，地方官躬诣致祭行礼仪，陈设与关帝庙同。其迎神乐词曰：“光煜煜，拱辰枢。神来格，耀天衢。香通肸蠁，灵贶留俞，奎垣气似珠。礼隆燎祀，仪荐璧孚。”初献词曰：“调兰醑，酌桂尊。神来享，洁苾芬。徽扬孝友，化洽忠淳，宝曜接洪钧。灵通七曲，祀炳千春。”祝词曰：“惟某年月日，某官某致祭于文昌帝君，曰：惟神迹著西潼，枢环北极。六匡丽曜，协昌运之光华；累代垂灵，为人文之主宰。扶正久彰夫感应，荐馨宜致其尊崇。兹届仲春、秋，用昭时祀。尚其歆格，鉴此精虔。”亚献词曰：“嘉羞齐，觞再盛。乐歌协，宫商应。图书之府，珠纬静炳，文章征福命。象叶儒林，明经修行。”终献词曰：“众乐备，百礼暨。降烟煴，调元气。祥占载筐，克相上帝，敬谨荐精禋。神感和平，丕承嘉惠。”御撰词曰：“祝告利成，将享隆神。既居歆，答光训。桂籍长稽，焕人文；德寓绥安，神功骏。自时中乂，咸尊庙食，于万斯年，昭泰运。”文昌帝君前代祝词，曰：“惟某年月日，某官某致祭于文昌帝君之前代，曰：祭引先河之义，礼崇返本之思。矧夫世德，弥光延赏斯及。祥钟累代，炳列宿之精灵；化被千秋，为人文之主宰。是尊后殿，用答前庥。兹值仲春、秋，肃将时事，用申告洁，神其格歆。尚飨!”余陈设、祭器数及行礼仪节，均与关帝庙后殿同。

直省府州县致祭猛将军刘承忠之礼。每岁春秋，所在守土官具祝文、各随时撰拟。香帛、羊一、豕一、尊一、爵三，陈设祠内如式。质明，守土正官一人，朝服诣祠，行礼仪节与直省祭关帝庙同。

直省府州县岁三月寒食节、七月望日、十月朔日祭厉坛①于城北郊。前期守土官饬所司，具香烛，公服诣神祇坛，以祭厉告本境城隍之位，上香，跪，三叩，兴，退。至日，所司陈羊三、豕三、米饭三石、尊酒、楮帛②于祭所，设燎炉于坛南。黎明，礼生奉请城隍神位于坛，设于正中，香案一，炉镫具。赞礼生二人，引守土官公服诣神位前，赞跪，守土官跪，赞上香，守土官三上香，赞叩、兴，守土官三叩，兴，退。执事者焚楮帛，守土官诣燎炉前，祭酒三爵，退。礼生仍奉城隍神位，还神祇坛，退。

以上属吉礼。

救护

直省府州县卫，遇日月食，各按钦天监推定时刻分秒③，随地救护。省会于督抚署，府州县卫各于公署，均以督抚及正官一人领班行礼，正二教职二人纠仪，学弟子员二人赞礼，二人引班，阴阳官一人报时。至日，班首官上香，伐鼓，众官祗跪行礼，并与京师救护同，均分初缺、食既、复圆三次，素服，行三跪九叩礼。

以上属军礼。

见谒

直省文职见长官礼。州县见督抚，辕门外下舆马，升堂，北面再拜，兴，三揖，辞退，三揖。督抚皆立受，余如府倅④见仪。见司道，行停参礼，司道不迎送，余如知府见仪。州县见知府，迎送于屏门外，余如见司道仪。见同知、通判，迎送于堂檐下，余仪同。教职见督抚、司道、知府等官，均如知县见仪。府首领、县佐贰等官见同知、通判，如州县见司道仪。杂职官见同知、通判，如见知府仪。见知县，如知州见知府仪。

直省儒学弟子员见学师之礼，与国子生见国学师仪同。学政案临，次日，释奠学宫，讲学于明伦堂，提调等官谒见，如仪。教职引学弟子员进见，各三揖，退立。学弟子员出班讲书，俟行赏罚毕，各退。受业弟子见师长之礼：初见，师未出，先入，设席正位，俟于堂下。师出，召见，乃奉贽⑤入，奠贽于席，北面，再拜。师起，答拜。兴，谨问起居，命之坐，乃侍坐。有问，则起而对，辞出，三揖，师不送。常见，侍坐，请业则起，请益

---

① 厉坛：祭祀厉鬼的坛。厉，厉鬼，无人祭祀的鬼。

② 楮帛：旧俗祭祀时焚化的纸钱。楮，落叶乔木，皮可制皮纸，故代称纸。

③ “秒”，底本作“杪”，形似而讹。据上下文义改。

④ 府倅（cuì）：知府的佐贰官，即副手，如同知、通判等。

⑤ 贽：初次见面所送的礼物。

则起。师有教，立听，命坐，乃坐。师问更端，仍起而对。朝入一揖，暮出一揖。与同学弟子，均以齿序。

以上属宾礼。

读法。每月朔望，奉上谕十六条于公所，有司率僚属行三跪九叩礼，铎生宣讲《圣谕广训》及律令数条。礼毕，退。

送学。岁科试，新进儒童①于发案②，后有司择吉开中门，延入升堂，饮以酒，给花红③。礼毕，率诸童赴学谒至圣先师，次拜本学师长。设席于明伦堂，饮毕，鼓乐送出。

宾兴。每乡试年，有司于七月择吉，请科试优等诸生于大堂，设彩觞宴，毕，各馈贶仪④，开中门，鼓乐送出。

以上随时诸礼。以上《前志》。

① 儒童:明清科举制度,凡应秀才考试的士子,不论年龄大小,皆称"童生",别称"儒童"或"文童"。

② 发案:考试后公布被录取者名单。

③ 花红:指簪在帽上的金花和披在身上的红绸。

④ 贶仪:礼物。

增修胶志卷三十　典礼志第二　民国典礼

中华民国典礼

国庆

岁以十月十日为民国成立纪念日，通令各机关、学校悬旗一日，以志庆祝。

坛祀

祀天

《通礼》：每岁冬至日，各地方行政长官代表地方人民祀天于南郊。省会献官以巡按使主之，巡按使今改为省长。有故则道尹今废，后仿此。代祭。道尹及县知事各于其所驻地方代表人民祀天，有故则各以其属代。在城文武、委任①以上咸与祭。书祝版、眂割戒具、陈设省齍，省会以政务厅长，各地方以其属官为之。纠仪，省会以道尹，各地方道尹以县知事，县知事以掾属。执事，省会以政务厅人员及地方员绅之娴礼仪者选充之，各地方以属官或地方员绅充其仪。前期献官及与祭官、执事官散斋二日，致斋一日。

前祀一日昧爽②，执事官择南郊高洁之处，扫地为坛壝。献官、与祭官、执事人次及馔幔③惟地之宜。坛上正中，设笾豆案一。少西，祝案一，其左馔桌一，西向。又南炉几一、左右镫几各一、东福胙桌一、尊桌一、接桌一，均西向。西接桌一，东向。

是日午后，执事官大礼服敬书祝版，用纯青纸朱书，版长一尺二寸，广八寸。安奉于次，遂省牲眂宰，陈牲俎，办笾豆簠簋之实。登一，实以太羹。簠二，实以稻粱。簋二，实以黍稷。笾十有二，实以形盐、薧鱼④、枣、栗、榛、菱、芡、鹿脯、白饼、黑饼、糗饵、粉糍。豆十有二，实以韭菹、醓醢、菁菹、鹿醢、芹菹、兔醢、笋菹、鱼醢、脾析⑤、豚拍⑥、酏食、糁食。展器于馔幔⑦。笾豆簠簋均用陶器。

祀日昧爽，执事官入坛，具器陈于案。笾豆案上爵垫一，其前登居中，簠左簋右，笾从簠，豆从簋。又前俎一，实以苍犊。又前炉几，设炉一，焚以沈香。镫几二，设青纱灯，然以椽烛⑧。篚一，实苍帛，长丈有八尺，设东接桌上。尊实以酒，承以舟，疏布幂樿杓

① 委任：辛亥革命以后到新中国成立前文官的最末一等，在荐任以下，由直辖长官任命。
② 昧爽：拂晓，黎明。
③ 馔幔：馔，陈设或准备食物。幔，覆盖用的大块幕布。
④ 薧鱼：干鱼。薧，干的食品。
⑤ 脾析：牛胃，牛百叶。
⑥ 豚拍：猪肋骨肉，一说猪腿。“拍”同“髆（bó）”，肩胛。
⑦ “幔”，底本作“慢”，讹。据本页注释③改。
⑧ 椽烛：像椽子一样的大蜡烛。

具，并匏尊三，俱设于奠桌上。壶一实福酒，爵一、盘一实胙肉，设福胙桌上。司乐设乐悬于坛下，镈钟[1]一、编钟十有六，在东；特磬一、编磬十有六，在西，皆悬以虡业。东，应鼓一，民国四年二月，政事堂礼制馆更正应鼓，原系建鼓之误，并添设鼍鼓[2]、鼗鼓[3]、应鼓。柷、麾一；西，敔一。东西分列琴一、瑟四、箫十、笛六、篪六、排箫、箫[4]、埙、笙十、搏拊二、旌二、节二、干戚、羽籥各六十有四。陈设毕，省齍官升坛，省眂齍盛及笾豆登俎之实，毕，降。

是日昧爽，献官、与祭官均集。献官具祭服，盥毕，署名于祝版，司祝进奉于祝案。通赞赞执事者就位，执事者皆就位。引赞引献官就拜位，北向立。赞就位，与祭官皆就位，北向序立。通赞赞乐舞生就位，执事者各司其事，与祭官各就位。通赞赞燔柴[5]，司乐举麾、赞举燔柴。乐奏《始和之章》，辞曰："瞻仰苍穹兮维穆清，万物资始兮众冯生。一阳初复兮征乾行[6]，肇修元祀兮昭功成。吉士以飨兮非人营，薪燎扬举兮通神明。云车来下兮降冥冥，庶垂鉴观兮歆精诚。"工鼓柷[7]，乐作。通赞赞四拜，献官、与祭官皆四拜。司乐偃麾，工戛[8]敔，乐止。通赞赞奠帛，司乐举奠帛。乐奏《宣和之章》，辞曰："灵旗[9]兮翩然，对越[10]兮告虔。量币兮诚陈[11]，肃将事兮玉筵[12]。神来兮洋洋，骏奔走兮后先。"引赞赞升坛，引献官升坛，正立。赞献帛，司帛爵进篚，献官受篚拱举。赞复位，引献官复拜位立。乐止，通赞赞奉俎，司乐赞举奉俎。乐奏《咸和之章》，辞曰："阳位兮南郊，列俎兮升肴。茧栗[13]兮毛炰[14]，荐芳馨兮有椒。神享兮克诚，鉴在下兮昭昭。"引赞赞升坛，引献官升坛，正立。赞奉俎，司馔执壶以进，献官拱举，司馔以羹沃俎者三，退去。赞复位，引献官复拜位立。乐止，通赞赞行初献礼，司乐赞举初献。乐奏《雍和之章》，辞曰："缩酌兮初陈，陶匏兮上尊。至敬兮无文，申众志兮明禋。洁齐兮丰诚，昭民力兮普存。"乐作。乐工举节，舞干戚之舞。引赞赞升坛，引献官正立。赞献爵，献官受爵拱举。引赞赞诣读祝位，引献官诣读祝位，正立。乐暂止。通赞赞读祝，司祝捧祝立于献官右，读曰："维某年月日，大总统某令某官某代表地方人民，敢昭告于上天。曰：苍苍者气叩，声臭而无闻，芸芸之生，托洪蒙以资始。虽天无私覆，匪系于方域之亲，而民有秉彝不忘乎本。始之祭，时维冬至，阳气初生，敬以

① 镈钟：古乐器名。小钟和大钟。单独悬挂，与编钟不同。
② 鼍鼓：用鼍皮制的鼓，其声亦如鼍鸣。
③ 鼗鼓：一种摇鼓，俗称拨浪鼓。
④ "箫"，底本作"箫埙"，讹。
⑤ 燔柴：古代祭天仪式。将玉帛、牺牲等置于积柴上而焚之。
⑥ 乾行：犹乾道，天道。乾，天。
⑦ 柷：乐器名。奏乐开始时击柷，终止时敲敔。一说二者同用以和乐，不分终始。
⑧ 戛：敲击。
⑨ 灵旗：战旗。出征前必祭祀祈祷，以求旗开得胜，故称。
⑩ 对越：指帝王祭祀天地神灵。
⑪ 诚陈：即陈诚，表达出一片赤诚之心。此处因用韵而互调。
⑫ 玉筵：丰盛的宴席。
⑬ 茧栗：形容牛角初生之状。言其形小如茧似栗。
⑭ 毛炰：将整个牲畜（多为小猪）连毛投置火中，烤炙致熟。

币帛、牺齐、齍盛庶品，备兹禋燎，祗荐洁诚，呜呼！维玄有宰，无间元元之心。至诚感神，咸懔昭昭之象。尚飨！”读毕，献官拱举，乐复作。引赞赞复位，引献官复拜位立。通赞赞四拜，献官及与祭官皆四拜。乐止，武功之舞退。通赞赞行亚献礼，司乐赞行亚献。乐奏《协和之章》，辞曰：“笾豆兮大房，鼓钟兮喤喤。再献兮升香，气清明兮目黄。灵承兮暨留，福我民兮降康。”乐作。舞羽籥之舞。献官奠献如右。礼同初献。赞复位，乐止。通赞赞行终献礼，司乐赞举终献。乐奏《永和之章》，辞曰：“泰元兮蕃釐，降鉴兮融怡。芗合兮明粢，粒蒸民兮孔贻。裸献兮三成，仰高高兮在兹。”乐作。献官奠爵如右。礼同亚献。赞复位。乐止，文德之舞退。通赞赞献官代表地方人民受福胙，司乐赞举受福胙。乐奏《绥和之章》，辞曰：“大圜兮九重，骖白虎兮苍龙。肸蠁①兮丰盈，神将归兮柴宫。盥荐兮诚孚，荷嘉休兮民同。”乐作。引赞赞诣福胙位，引献官至位，正立。赞饮福酒，献官受爵拱举，受胙，如饮福酒之仪。赞复位，通赞赞四拜，献官、与祭官皆四拜。乐止。通赞赞彻馔，司乐赞举彻馔。乐奏《熙和之章》，辞曰：“祀事兮礼成，神听兮和平。赞彻兮居歆，传笾豆兮牺盛。视听兮自民，德施普兮芸生。”乐作。司帛爵进彻笾豆各一，俱少移故处。乐止。通赞赞望燎，司乐赞举望燎。乐奏《泰和之章》，辞曰：“泆荡兮天间，焫萧兮合芗。气建兮芬芳，纷四烛兮神光。明旦兮敢忘，大报本兮万方。”乐作。赞奉祝帛馔、送燎，有司各奉祝帛酒馔，恭送燎所，各燎柴。引赞赞诣望燎位，引献官诣望燎所，望燎毕，通赞赞礼成，乐止，献官、与祭官皆退。民国三年八月，政事堂礼制馆颁行《祀天通礼》。

附国民祀天仪

《通礼》：每岁冬至日，国民得祀天于家，主人或主妇主祭，家属与祭。祭所：扫除庭院以为露祭之所。祭品或生或熟，惟家所宜。祭仪：一、焚香四拜。二、三献爵，每献皆拱举。三、饮福受胙四拜。四、焚帛四拜。《祀天通礼》。

先农坛、神祇②坛诸祀，民国未颁通礼，今皆不祀。

庙祀　光绪三十三年，先师孔子升为大祀。礼部议奏：典礼庙制，街门、大成门、大成殿、御碑亭，旧制皆覆黄瓦，缘覆绿瓦，今拟改为通覆黄瓦。神牌，旧制朱地金书，今拟金地青书。神幄及案衣，旧制销金红缎，今拟改为黄云缎。爵，旧制用铜，今拟改用银。至祭品，旧制十笾十豆，今拟加二笾二豆，为十二笾十二豆。乐舞，旧制六佾，今拟用八佾。旧制专用文舞，今拟添用武舞。崇圣祠正位祭品，旧制羊一、豕一、笾八、豆八，今拟加牛一、笾二、豆二。直省府厅州县文庙规制、供奉礼器、乐舞暨崇圣祠祭品，拟并同。大学行礼仪节仍遵旧制，惟承祭官出入，向例由左侧门，今拟改由右侧门，不饮福受胙。以上各例奉旨依议。摘录《山东通志》。

祀先师孔子

《通礼》：各地方行政长官，皆以岁夏时仲春、仲秋两上丁日，庙祀至圣先师孔子。省会献官以巡按使主之，巡按使后改为省长。有故，则以道尹代。四配以简任官或荐任官，十二哲以荐任官，两庑以委任官，各东西一人。书祝版、眡割戒具、陈设省齍，以政务厅长。纠仪，

---

① 肸蠁(xī xiǎng)：联绵不绝。

② “祇”，底本作“祗”，讹。地神曰“祇”。

以道尹。执事人，以政务厅人员及地方员绅、学校教员学生之娴礼仪者选充。在城文武、委任以上咸与祭。道尹、各县知事，各于其所驻地方主祀。有故则各以其属代。分献以属官或公立学校校长。书祝版、眂割戒具、陈设省齍，各以其属官为之。纠仪，则道尹以县知事，县知事以椽属。在城文武、委任以上亦咸与祭。

崇圣祠正献以属官，分献以学校教员或地方员绅。陈设器数、行礼仪节并同巡按使祭孔子仪。

前祀三日斋戒，散斋二日，致斋一日。祭前一日，有司饬庙户，洁埽殿庑内外。凡诸陈设，罔敢疏忽。大成殿正位，笾豆案一，其前俎一，又前香案一，皆南向。东配二龛，西向，西配二龛，东向，笾豆案、俎、香案各二。东序一龛，西向，西序一龛，东向，笾豆案各六，统设俎、香案，东向各一。殿中少西祝案一，南向。东尊桌一、接桌一、福胙桌一；西尊桌一、接桌一，均北向。正位神龛东旁馔桌一，南向。四配神龛北旁馔桌各一①。东西哲位神龛北旁馔桌各一，均东西向。东庑先贤四十位、先儒二十八位，笾豆三十九，每案二位。统设俎、香案各二，先儒先贤各一。均西向。西庑先贤三十九位、先儒三十七位，笾豆案三十九，每案二位，惟第二十案先贤一位，第三十九案先儒一位。统设俎、香案各二，均东向。庑内两旁各设馔桌一，南北向。门内之南，各设尊桌一，北向。

崇圣祠正中五龛，均南向，笾豆案五，香案五，统设俎一。东配一龛，西向。笾豆案之西配一龛，东向。笾豆案二，香案二，统设俎东西各一。正位案旁东馔桌三、西馔桌二。配位馔桌东西各一。殿内少西祝案一，南向，东尊桌一、接桌一，西尊桌一、接桌一。东庑先儒三位，西向，笾豆案二，西庑先儒二位，东向，笾豆案一，俎统设东西各一、香案一，馔桌、尊桌亦东西庑各一。

是日午后，执事官大礼服敬书祝版，用白纸墨书版，长一尺二寸，广八寸。洁室安奉，遂省牲眂宰，辨笾豆簠簋之实。将事之夕，夜半，执事官各率其属入，具器陈正位。笾豆案上垫爵一，其前登一，实以太羹。铏二，实以和羹。簠二，实以稻粱②。簋二，实以黍稷。笾十有二，实以形盐、薧鱼、枣、栗、榛、菱、芡、鹿脯、白饼、黑饼、糗饵、粉糍。豆十有二，实以韭菹、醓醢、菁菹、鹿醢、芹菹、兔醢、笱菹、鱼醢、脾析、豚拍、酏食、糁食。俎实牛一、羊一、豕一，香案上设炉一、灯台二。四配位，每案爵垫一、铏二、簠二、簋二、笾八、去白饼、黑饼、糗饵、粉糍。豆八，去脾析、豚拍、酏食、糁食。俎实羊一、豕一，香案上设炉一、烛台二。十二哲位，每案爵垫一、爵三、铏一、簠一、实以黍。簋一、实以稷。笾四、实以形盐、枣、栗、鹿脯。豆四、实以菁菹、鹿醢、芹菹、醓醢。登二，俎实羊一、豕一。香案上设爵垫一、炉一、烛台二、帛九色白、尊四、爵十有二。设东尊桌、接桌上帛八、尊三、爵九。设西尊桌、接桌上壶一实酒、盘一实胙肉，均设东福胙桌上。正位四配异篚，十二哲共篚，几尊实酒，承以舟，疏布幂勺具。东庑每位爵一，每案簠一、簋

① “各一”，底本作“各一一”，衍“一”，删除。
② “粱”，底本作“梁”，讹。据上下文义改。

一、笾四、豆四，先贤先儒案前，统设俎，实牛羊各二，香案上设炉各一，烛台各二。尊桌上设帛二、尊二、虚爵、六篚，幂勺皆具。西庑陈设同。

崇圣祠正位，每案爵垫一、铏二、簠二、簋二、笾十、去糗饵、粉糍。豆十，去酏食、糁食。香案上设炉一、烛台二，俎实牛一、羊一、豕一。配位每案爵垫一、簠一、笾四[1]、豆四，香案上设炉一、烛台二，俎实羊一、豕一。东尊桌、接桌上设帛六、尊六、爵十有八。西尊桌、接桌上设帛四、尊四、爵十有二。两庑每位爵一，每案陈设簠簋笾豆，如配位之数，东西统设俎，各实羊一、豕一，香案上各设炉一、烛台二，尊桌上各设帛一、尊一、虚爵三，幂勺皆具。

司乐悬乐于大成殿外两阶，镈钟一、编钟十有六，在东。特磬一、编磬十有六，在西。皆悬以虡业。东，应鼓一、柷一、麾一。西，敔一。东西分列琴六、瑟四、箫六、笛六、篪四、排箫二、埙二、笙六、搏拊二、旌四、节四、干戚、羽籥各六十有四。

陈设均毕，执事官省眡齍盛，办簠簋笾豆之实。是日昧爽，献官、与祭官均集，献官具祭服，盥毕，署名于祝版。通赞赞执事官就位，引赞引正献官由大成门右门入，升阶就位，北向立。分献官均于通道左右，北向序立。通赞赞乐舞生就位、执事官各司其事、陪祭官各就位。通赞赞辟户，辟户讫，赞迎神，司乐举麾，赞举迎神，乐奏《昭平之章》。辞见《前志》。工鼓柷，乐作。引赞赞四拜，司乐偃麾，工戛敔，乐止。通赞赞奠帛爵，行初献礼，司帛爵奉帛篚，揭尊幂，勺挹酒，实爵以进，司乐赞举初献，乐奏《雍和之章》。《前志》作《宣平之章》。舞干戚之舞。引赞赞诣奠帛爵位，引献官进殿右门，诣案前正立。赞献帛，司帛进篚，献官拱举，赞献爵，司爵进爵，献官受爵拱举，赞复位，献官仍由殿右门出，复拜位立。四配、十二哲两庑分献官各就案，受帛爵拱举，各复位。引赞赞诣读祝位，引献官诣读祝位，乐暂止。通赞赞读祝，辞曰："维年月日，某官致祀于至圣先师孔子，曰：维先师德参化育，道贯古今。集群圣之大成，炳前知以垂宪。天下为公，中国一人之量。生民未有，六经千载之心。循宫墙而瞻富美，入室升堂。隆俎豆而奉馨香，先明后法。兹当上丁，祗率彝章，肃展微忱，聿将祀典，以复圣颜子、宗圣曾子、述圣子思子、亚圣孟子配，呜呼！声名所届，血气莫不尊亲。光景常新，礼乐明其禋祀。尚飨！"读毕，献官拱举，引赞赞复位，通赞赞四拜。乐止，武功之舞退。通赞赞行亚献礼。礼各初献。司乐赞举亚献，乐奏《熙和之章》。《前志》作《秩平之章》。舞羽籥之舞。四配、十二哲两庑分献，如初终献，礼如亚献。乐奏《渊和之章》。《前志》作《叙平之章》。舞如亚献。乐止，文德之舞退。通赞赞赐福胙，引赞赞诣饮福受胙位，献官受福胙拱举。引赞赞复位，通赞赞四拜，献官皆四拜。通赞赞彻馔，司乐赞举彻馔，乐奏《昌和之章》。《前志》作《懿平之章》。乐止。通赞赞送神，司乐赞举送神，乐奏《德和之章》。《前志》作《德平之章》。通赞赞四拜。乐止。通赞赞奉祝帛送燎，司祝奉祝，司帛奉篚，司爵奉酒馔，恭送燎炉。乐作。通赞赞阖户，

---

① "笾四"，底本重出，疑上脱"簋一"。

阖户讫。赞礼成，众官皆退。

崇神祠同时致祭，引赞引承祭官入祠，诣阶下盥手，分献随入。通赞赞执事官各司其事，献官各就位，北向立。通赞赞辟户，迎神四拜，赞奠帛爵，行初献礼，引赞赞就奠帛爵位，引承祭官入殿右门，诣肇圣王位前正立，司帛奉篚，承祭官受篚，拱举。司爵奉爵，承祭官受爵，拱举。以次诣左右正位前，奠帛献爵，仪同。引赞赞诣读祝位，引承祭官诣读祝位。司祝奉祝立案左，读祝辞曰："维年月日，某官致祭于肇圣王木金父公、裕圣王祁父公、诒圣王防叔公、昌圣王伯夏公、启圣王叔梁公，曰：维王垂裕后昆，光开圣绪，为层冰之积水，作大辂之椎轮。既祖功而宗德，必有达人。亦木本而水源，不忘数典。兹届上丁，聿修祀事，配以先贤孔氏、先贤颜氏、先贤曾氏、先贤孔氏、先贤孟孙氏。尚飨！"读毕，引赞赞复位，承祭官出殿右门复位。通赞赞四拜，承祭官、分献官皆四拜。分赞引分献官入殿左右门，诣配位前，诣两庑从位前，奠帛献爵，复位，均如①正献仪。亚献，各献爵于左，终献各献爵于右，均各如初献。通赞赞彻馔、送神四拜，承祭官、分献官皆四拜。赞奉祝帛，送燎，司祝、司帛、司爵各奉祝帛、酒馔，以次送燎，如仪。通赞赞阖户，阖户讫。赞礼成，众官皆退。民国三年，政事堂礼制馆颁《祀孔典礼》。

忠义孝弟祠

名宦祠

乡贤祠

节孝祠

以上各祠春秋释奠礼毕，分祭官分诣各祠致祭，陈设及祭品仍与旧制同。

祀关岳 《旧志》：各州县祀关而不祀岳。民国三年十一月陆海军呈请合祀，四年奉令通行。是年，政事堂礼制馆颁《关岳合祀典礼》。

《典礼》：各地方关岳庙，皆以岁春秋分节气后第一戊日，由驻在该地方文武推官职较高者一人亲诣敬祭，官职较次者二人东西序分献。纠仪，以军官、警官各一人，执事人各以其属及地方官绅、学校教员学生之娴礼仪选充之。在该地方各军官、警官及兼有军警职，各文官一体与祭。前祭一日斋戒。是日昧爽，执事人洁蠲殿内外，设供张②。正位，笾豆案二、香案二、俎一，皆南向。东西序，笾豆案各四，俎案东西各一。殿中，少东，祝案一，北向。东尊桌一、接桌一；西尊桌一、接桌一、福桌一，均北向。正位旁馔桌，东西各一。东序从祀位十二，笾豆案三、俎香案各一，西向。西序从祀位十二，笾豆案三、俎香案各一，东向。两旁馔桌各一。供张既备，执事人敬书祝版，用白纸墨书。诣宰所，眡割戒具，办笾豆之实。将事之夕，执事人入，具器陈正位。笾豆案上，各爵垫一，各登一、实以太羹。铏二，实以和羹。

① "如"，底本作"各"，讹。据上下文义改。

② 供张：即供帐。指供祭祀、宴饮之用的帷帐、用具、饮食等物。

簠二，实以稻粱[1]。簋二，实以黍稷。笾十，实以形盐、藁鱼[2]、枣、栗、榛、菱、芡、鹿脯、白饼、黑饼。豆十，实以韭菹、醓醢、菁菹、鱼醢、脾析、豚拍。统设俎，实牛一、羊一、豕一。香案上设炉一、烛台二。两序，每案爵垫一，爵三，实以酒。铏一，实以和羹。簠一，实以黍。簋一，实以稷。笾四，实以形盐、枣、栗、鹿脯。豆四，实以菁菹、鹿醢、芹菹、兔醢。镫二，统设俎，各实羊一、豕一。香案上各设爵垫一，炉一，烛台二，帛二，尊二，皆正位、东序位各一。爵六，正位、东序位各三。设东尊桌、接桌上帛二，尊二，皆正位、西序位各一。爵六，正位、西序位各三。设西尊桌、接桌上幂勺具蜃器一，实祳。设桌上帛，皆白色。司乐设乐，悬于殿外阶上，镈钟一、特磬一、编钟十有六、编磬十有六、琴六、瑟四、箫四、笛四、篪四、排箫二、埙二、笙四，建鼓一、搏拊二、柷一、敔一、干戚三十有六、麾一、旌二，东西分列。陈设毕，执事官省齍盛及笾豆登铏之实。是日昧爽，陪祭各官豫集，献官戎衣至，进幄次[3]盥毕，司祝以祝版进，献官恭阅署名。司祝进奉于祝案，鼍鼓初严[4]，通赞赞执事官就位，执事官各就位。再严，然烛焚香。三严，献出幄次，入中门，升中阶就位，北向立。分献、陪祭各官均于阶下就位，北向序立。通赞赞乐舞生就位、执事官各司其事、陪祭官各就位。通赞赞迎神，司乐举麾，赞举迎神。乐奏《建和之章》，辞曰："懿铄兮神功，震华夏兮英风。义勇兮河东，惟汤阴兮与同。修祀典兮方州，伫降歆兮闷宫。"乐作，赞拜，献官再拜，众官皆再拜。乐止，通赞赞奠帛爵，行初献礼，司帛爵奉帛篚，揭尊幂，勺挹酒，实爵以进。司乐赞举初献。乐奏《安和之章》，辞曰："神来兮格思，风马下兮灵旂。量币兮初陈，荐芳馨兮玉卮。瞻仰兮明威，俨如在兮轩墀。"乐作，舞干戚之舞。赞诣奠帛爵位，献官先诣关壮穆侯[5]位前，正立。引赞赞献帛，司帛进篚，献官受篚拱举。赞献爵，司爵进爵，献官受爵拱举，退。次诣岳忠武王位前，正立，献帛、奠爵仪同，赞复位。两序司帛爵各奉篚实爵进，至东西序位前，分献官各就案前，受帛爵拱举，退。司祝就祝案前立，引赞赞诣读祝位，献官进诣读祝位，正立。乐止，通赞赞读祝。辞曰："惟年月日，某地方某官敬祭于关壮穆侯岳忠武王，曰：惟神武功彪炳，伟烈昭垂。建大节于千秋，振英风于六合。忠诚正直，丽河岳而长留；智仁勇功，与日星而并耀。洁馨香而合祀，德量同符；肃俎豆以明禋，心源如接。惟祈歆享，克鉴精诚。尚飨！"读毕，献官拱举。乐复作。引赞赞复位，通赞赞行亚献礼，司乐赞举亚献。乐奏《靖和之章》，辞曰："万舞兮洋洋，礼再举兮陈觞。灵昭昭兮既留，庶鉴诚兮降康。"乐作，舞同初献。献官礼与初献同。乐止，通赞赞行终献礼，司乐赞举终献。乐奏《康和之章》，辞曰："名世兮钟灵，炳河岳兮日星。祀事兮三成，肃骏奔兮庙庭。"舞同亚献。献官、分献官礼与亚献同。乐止，舞退。引赞赞诣受祳位，献官进殿，诣受祳位正立。赞受祳，献官受祳拱举。赞复位，

---

① "粱"，底本作"梁"，讹。据上下文义改。
② 藁鱼：干鱼。藁，干枯，枯槁。
③ 幄次：古代帝王休憩或祀神用的帷帐。
④ 严：古代戒夜曰"严"，此指戒夜更鼓。
⑤ "侯"，底本作"候"，讹。"穆侯岳忠武王"即指岳飞。

赞再拜，献官再拜，众官皆再拜。通赞赞彻馔，司乐赞举彻馔。乐奏《蹈和之章》，辞曰："告彻兮礼成，神其受兮苾芬，明德兮惟馨，播声威兮八纮。"乐作，通赞赞送神，司乐赞举送神。乐奏《扬和之章》，辞曰："云驾兮高翔，神将归兮九闾。受福兮烝民，导我武兮惟扬。"乐作，引赞赞再拜，献官、众官均再拜。乐止，通赞赞奉祝帛，送瘗。乐作，乐章与上并为一阕。通赞赞礼成，献官、众官皆退。

祀文昌

《前志》：文昌庙，岁均以春秋仲月，地方官躬诣致祭，行礼。民国无祀文昌典礼，各县地方长官仍沿前例。岁以夏历二月初三日，躬诣致祭，行三鞠躬礼，今废。

旧制朝贺、接诏、受朔、迎春、耕籍、乡饮、社稷各坛祀，刘猛将军、高相国、僧忠亲王各庙祀。救护、见谒、读法、送学、宾兴各礼，均于民国成立后停废。

党治国举行纪念典礼 民国成立后，一切拜跪礼节均改为鞠躬礼，以三鞠躬最为隆重。民国三年，明令祀孔仍用拜跪。十八年党政统一，因孔子为历代道统之宗，改诞日为纪念日，改大成殿为纪念堂。孔子纪念日，各学校放假一日，地方官率所属及教育职员学生至文庙，向孔子遗像行三鞠躬礼。礼毕依次演讲，然后退，其余一切祀典均废。按古礼有升降之节、拜跪之仪，历代相沿，罔敢逾越，今易拜跪为鞠躬，本非古礼。况自党政府成立，祀典废，纪念兴。其所表示在关于庆贺，则悬党旗国旗；关于哀悼，则下半旗；至总理逝世、烈士殉国等纪念，则皆臂缠黑纱以表哀悼。凡纪念日，各机关均书各项标语，张贴各处警告，又有放假不放假、轻重之区别。其纪念会场秩序如奏军乐、读遗嘱、演讲等，又皆因时制宜，与古礼之一定仪节不同。虽其崇拜伟人，表彰前烈，与古人崇德、报功之意亦颇符合，而绳以用礼宗旨，则各行其是。今昔悬殊，时会所趋，易世不相沿袭，自古已然。若生今之世，反古之道，非所以尊国体也。盖生于君主时代，则宜遵时王之制；处于民主时代，则宜从中央之令。矧在党治统系之下，体制又一变，惟时会虽有不同，其名为典礼则一，兹将各项纪念典礼列表于左。

纪念类别	特别纪念	第一类国定纪念日							
纪念事项	孔子圣诞	民国成立	国庆	成立革命政府	革命军誓师	总理诞辰	总理逝世	革命先烈	国耻
纪念日期	八月二十七日	一月一日	十月十日	五月五日	七月九日	十一月十二日	三月十二日	三月二十九日	五月九日
纪念史略		辛亥武昌首义，满清既亡。各省代表齐集南京，组织临时政府，并于是年（即西历一九一一年）十一月十日选举总理为临时大总统，于一九一二年元日就职，颁国号为中华民国，改元为中华民国元年。	民元前一年（清宣统三年，西历一九一一年）十月十日，国民党同志熊秉坤、蔡济民等揭总理之名在武汉首义，讨伐满清。各省纷起响应，不两月克复十余省，推翻满清政府，创立中华民国。	民国十年，直系军阀勾结帝国主义及南方反动份子，欲扑灭革命势力。同时，国际共管中国之声浪甚高，革命势力危急万分，于是非常国会选举总理为非常总统，于五月五日就职成立革命政府。	民国十五年七月九日，本党国民革命军在粤誓师出发北伐。十七年春又继续大举北进，于六月间克复北平，统一全国。	民元前四十六年（即清同治五年十月初七日寅时）（即西历十一月十二日）孙总理诞生于广东香山县翠亨①乡。父，讳道川；母杨氏。时值鸦片战后二十六年，洪杨被灭后三年。	民国十三年，曹吴既倒，北方请孙总理解决国是。总理于十一月十日发表对时局宣言，十三日由粤北上，与北方将领商国是。肝疾发，仍扶病入京，为国民奋斗，遂致一病不起，于十四年三月十二日上午九时逝世，享年六十岁。	民元前二年，国民党第九次在广州失败后，黄兴、赵声等乃集合各省革命志士于民元前一年（即清宣统三年，西历一九一一年）三月二十九日在广州重行举事，焚攻督署。事败，战死及被害者凡七十二人，丛瘗黄花岗，称“黄花岗七十二烈士”。	民国三年冬，当欧战及袁世凯酝酿帝制时，日本派兵占我青岛，进逼济南，并于翊年一月十八日向北京政府要求“二十一条”，其中侵略南满、东蒙、山东、福建权利甚巨，于民国四年（即西历一九一五年）五月七日向我提出最后通牒，以威胁北京政府。时世凯帝制熏心，为其屈服，卒于九日签字。但我全国民众永誓否认。

① “翠亨”，底本作“翠亭”，形似而讹。

纪念仪式		全国一律悬旗结彩提灯志庆，各地党政军警、各机关、各团体、各学校均分别集会庆祝，并由各该地高级党部招开庆祝大会。	同前。	除不结彩提灯外，余仪均同前。	同前。	同前。	全国下半旗志哀，并停止娱乐宴会一天。各地高级党部招集民众举行追悼大会，各界人等均臂缠黑纱。	全国下半旗志哀，由各地高级党部召集各机关、团体、学校分别祭奠，并举行纪念大会。	全国下半旗，各地高级①党部召集各机关、各学校及民众团体开会举行纪念。
放假与否		休假一日	同前	同前	同前	同前	同前	同前	不放假
备考		凡举行纪念，各机关就本事概要书标语，张贴各处。	是日名曰“双十节”，与一月一日为全国最大纪念日。					凡前后因革命而死之烈士，除有特别纪念外，均并是日纪念。	凡各帝国主义压者，迫订立不平等条约之国耻，均并是日纪念。

① “级”，底本作“纪”，讹。据上下文义改。

纪念类别	第二类党部纪念日								
纪念事项	北平民众革命	清理共党	陈英士先生殉国	总理广州蒙难	廖仲恺[3]先生殉国	总理第一次起义	朱执信先生殉国	总理伦敦蒙难	肇和兵舰举义
纪念日期	三月十八日	四月十二日	五月十八日	六月十六日	八月二十日	九月九日	九月二十一日	十月十一日	十二月五日
纪念史略	民国十五年三月十二日，日本掩护奉系军阀用炮舰轰大沽口，十六日八国公使馆借口《辛丑条约》，提出“哀的美敦书[1]”，以胁迫北京政府。群众异常愤慨，深虑军阀政府丧权辱国，故群起谋应付，于十八日在天安门开国民大会并赴北政府请愿，竟被枪击。当场殉难五十余人，轻伤无数。	民国十二年，共产党请加入本党，消灭三民主义之革命。本党乃于十六年四月十二日，在各地同时将彼党清除，以固党基。	陈英士先生，名其美，浙江吴兴人，生于民元前三十六年即清光绪二年，游学日本时加入同盟会，随总理革命。辛亥起义，先生光复上海。袁氏称帝，先生在上海运动独立。袁恨之甚，乃买凶刺杀之。民国五年五月十八日遂被害，年仅四十。	民国十一年，总理由广西移师北伐，因陈炯明叛迹已露，故于四月返粤免陈炯明职。陈逃往惠州，嗾[2]其部属于六月十六日举兵围总统府，总理避登永丰等舰，率海军戡乱，不利，乃于八月九日离粤赴沪。	廖仲恺先生，广东惠阳人，生于美洲，年十七归国，后游学日本，入同盟会谋革命。民二渡日助总理组织中华革命党。民十二复赞[4]总理改组国民党。民十四，计划讨伐陈、杨、刘等逆。国民政府成立长财政，并努力党务，遭反革命者之忌，于民国十四年八月二十日在粤中央党部被刺，时年四十九。	总理于民国纪元前十七年（清光绪二十一年，公历一八九五年）秋，举义于广州，不克，陆皓东与邱四、朱贵全死之。总理偕郑士良走日本。此为总理第一次之起义。	朱执信先生，番禺人，弱冠游学日本，加入同盟会。辛亥三月二十九日广州举义，先生亲与其役，受伤颇重。民元而后翼赞总理讨袁护法，努力宣传。民国九年奉总理命，入粤联络粤军将领，讨莫荣新被害。时九月二十一日也，年三[5]十六岁。	民元前十六年（即光绪二十一[6]年，西历一八九五年）总理在广州举义失败后，清廷严令通缉。总理即逃日本，翌年周游欧美，于十月十一日抵伦敦，被清驻英公使诱禁使馆，并拟密送归国。事泄，英人大哗，其师康德黎竭力营救，始脱险。计蒙难凡十有二日。	民国四年冬，袁世凯帝制阴谋大露，总理乃派陈英士先生在沪进行讨袁。十一月间王晓峰、王明山杀郑汝成于沪。袁闻讯，怖甚，大行增兵。英士先生遂乘袁军布置未定之际，突于十二月五日派杨虎率同志三十余人袭占肇和军舰，发难讨袁，适遇袁军拥至，众寡不敌而肇和舰又遭敌舰应瑞、通济轰击，同时死伤极多。于是此首先发难反抗帝制之肇和战役不得不告失败。

① 哀的美敦书：意为最后通牒。
② 嗾（sǒu）：教唆，指使。
③ “恺”，底本作“凯”，讹。据下文改。
④ 赞：帮助。
⑤ “三”，底本原脱。据朱执信生平（1885—1920）补。
⑥ “一”，底本作“二”，讹。据后文“西历一八九五年”改。光绪二十一年为1895年。

纪念仪式	各地高级党部召集党员开会纪念，各机关、团体、学校派代表参加。	同前	同前	同前	同前	同前	同前	同前	同前
放假与否	同上	同前	同前	同前	同前	同前	同前	同前	同前
备考									

附记 革命纪念仪式：民国十八年七月一日，中央第二十次常务会议，通过二十八条（孔子诞辰在外）；十九年，第一百次常务会议，删除国际妇女节、建都南京、国际劳动节、济南惨案学生运动、上海惨案、沙基惨案、七月一日之国民政府成立、南京和约、辛丑条约、云南起义等十一条，共余上列之十七纪念日。

附载开会秩序略式：

一、摇铃开会。

二、奏乐。

三、读总理遗嘱。

四、主席报告开会宗旨。

五、演讲纪念事实及宣传要点。

六、奏乐。

七、闭会。

增修胶志卷三十一　兵防志第一　兵制清兵制

兵防志序

兵防者，所以御外侮，弭内乱也。胶邑兵防，旧有水陆两营，其兵制之沿革，所辖之泛地，与夫武榭①、军实之数，简练、巡哨之方，《前志》已备载之矣。然以数十年前窳败②之兵防，较之今日新式之军操、新式之枪械，其利钝优劣不待智者而明也。且自胶澳大开，华夷杂而良莠混，斯邑兵防之重百倍于昔，爪牙不利，何以图存？然则兵防之制，或昔时特设而今日裁撤③，或百年仍旧而一旦改编，亦事势之不得不然者也。自胶澳收回，当道划作特别区域，而胶之沿海口岸多附属于特别区，则是将来海防之布置，不完全在胶邑范围内矣。其范围内，城乡之兵防则有警备队，后改名警察队，今改编民团，隶属于县政府，其官佐名称、编制规则与陆军虽有区别，而其保卫地方、剿办盗匪，实与军队相辅而行。况四乡民团尤得古法，寓兵于农遗意，民之防匪与兵之防匪一也。至如陆军驻防，变迁无定，与昔之胶防营制不同，以其与胶之防务攸关，故附及之。而兵事则依《山东通志》例附记于后，以备参考。夫祸变之来不可究诘，要在防之有素。追维畴昔，因革之规及历年增减之数，并先后废兴之殊制，爰述始末，使阅者知因时制宜，有备无患耳。

清代兵制

绿营④

胶州营。清顺治元年，总兵柯永盛⑤以辽海兵五营剿灭胶州土寇，一年平定，移驻沂州，留左营守备驻扎胶州。六年移沂镇，总兵海时行⑥驻胶州。十年因兵变裁革，仍设于沂镇。十一年调沂镇右营守备驻防胶州。十二年招募土兵二千，扎委守备，另营操防。十三年调沂镇中营守备驻防胶州。十四年另设游击⑦一员，统领土兵守防，即为胶州营。十五年抚臣密陈海防，请移沂镇总兵驻扎胶州，设陆左营官五员，水右营官四员，沂镇营随镇移驻。康熙元年设提督于青州，辖两镇，改沂镇营为胶州都督府。随镇移驻游击一员，中军守备⑧一员，

① 武榭：古代培养军事人才的教育机构。

② 窳(yǔ)败：破败、衰败。

③ “撤”，底本作“撒”，讹。

④ 绿(lù)营：清朝国家常备兵之一。

⑤ 柯永盛：辽阳人，汉军镶红旗，清初军事将领，顺治元年(1644)任胶州总兵。

⑥ 海时行：蒙古族人，祖先为也先部落人，顺治三年(1646)任胶州镇总兵。

⑦ 游击：清代武官名。从三品，在清朝绿营，军阶由高至低分别为提督、总兵、副将、参将、游击、都司、守备、千总及把总。

⑧ 守备：清朝武官名，管理军队总务、军饷、军粮，正五品。

千总①二员，把总②四员，专防胶州，其余官分防各汛。二十一年罢提督，又裁胶州总兵官，留镇左营为胶州协镇营，副将一员，统领守备一员，千总两员，把总四员，属于登镇。五十年拨收水师兵三十五名。雍正七年添设外委千总③一员，外委把总三员。九年改守备为中军都司。十三年改设灵山卫千总一员，添设浮山所④把总一员，抽拨镇标中右二营马兵十一名，步兵四十五名。乾隆元年又添设火器外委把总三员，寻裁去。据《前志》道光二十四年统计，额设副将一员，都司一员，千总二员，把总五员，外委千总一员，外委把总三员，马兵一百一十一名，内经制外委四名，额外外委二名，步兵四百四十六名。以上据王克掞依《通志》更正。《刘志》：马兵一百十六名，步兵五百六十一名。道光三十年裁马兵四名，步兵四十名，拨归水师营。同治元年裁马兵二名，步兵十四名，拨归濮州营。八年开除停补步兵四十九名。光绪年间裁胶营协防外汛。十三年裁胶州存营。民国元年裁副将、都司、外汛千总。

专防胶州汛。原设城守把总二员，在城马兵五十四名，外经制外委四名，额外外委二名，支食马粮步兵一百九十九名。《前志》。《刘志》：马兵九十七名，步兵二百八十二名。清光绪某年裁。

分防外汛。原设千总一员，外委把总一员，马兵十四名，步兵四十名。《前志》。《刘志》无分防外汛条。清光绪某年裁。

分防灵山卫⑤等汛。原设本口千总一员，马兵十名，步兵五十一名。古镇口外委把总一员，马兵二名，步兵一十三名。《前志》。《刘志》：灵山卫马兵八名，古镇口马兵二名，步兵十四名。民国元年裁。

分防登窑口等汛。原设本口把总一员，马兵三名，步兵四十四名。青岛外委把总一员，马兵一名，步兵一十二名。《前志》。《刘志》：本口步兵四十八名，青岛口马兵二名，步兵十四名。民国元年裁。

分防岞山汛。原设外委千总一员，马兵二名，步兵一十三名。《前志》。《刘志》：有董家湾，无岞山。民国元年裁。

分防浮山所汛。原设把总一员，马兵六名，步兵三十一名。《前志》。《刘志》：浮山马兵十二名，步兵五十四名。民国元年裁。

分防安丘汛。原设把总一员，马兵十三名，步兵四十三名。《前志》。《刘志》：安丘马兵十五名，步兵七十八名。民国元年裁。

原设烟墩八处，关王庙、王台、纪家店、护岭庙、张仓五处在州境，景芝、岳家店、官

① 千总：明代驻守京师的京营兵分为三大营，设千总、把总等领兵官，职位低下。清代绿营兵编制，营以下为汛，以千总、把总统领之，称营千总，为正六品武官。

② 把总：清代绿营兵低级军官。秩正七品，位次于千总。

③ 外委千总：清代武官名。外委千总，正八品；外委把总，正九品；额外外委，从九品。

④ 浮山所：明代所设保卫海防的军事机构，清代雍正十二年（1734）建置裁撤，改设浮山所巡检司，位于今青岛市南区。

⑤ 灵山卫：按照明太祖朱元璋"跨府设卫，连县设所"的设计，灵山卫由当时的莱州府管辖。雍正十二年（1734）裁灵山卫，划归即墨。

庄三处在安丘县境。《前志》：今皆废。《刘志》：旧置沿海墩堡，大臼墩，小臼堡，墩军五名，堡军六名，各有泛地，分辖于营弁巡司。灵山卫墩三十，夏河所墩十六，胶州所墩二十六，逄猛司墩三，古镇司墩三。

海防

登镇前营水师，王克掞云：登镇有左营右营，其前营为水师，惟一营当云登镇前营水师。《李志》云：水师前营，似水师不止一营。今依王说更正。旧驻登州水城。清康熙四十五年，以胶州为海防要泛，特添战船十只，调水师游击一员，守备一员，千总二员，把总三员，水兵六百名，驻胶州海口，是为前营水师。五十二年，止留前营经制官游击一员，千总一员，把总二员，其守备一员，驻文登营养鱼池。水战兵二百五十名，赶缯船①康熙四十三年，以沙唬船改名赶缯船。《刘志》误缯为绘。五只。雍正七年，移驻头营子地方，续添双篷艍船五只，外委千总一员，外委把总一员，火器外委把总二员，添兵二百五十名，共五百名。十二年，成山卫添设千总一员，抽拨赶缯双篷艍船各一只，兵一百名，驻防养鱼池地方。乾隆二年，裁去火器外委把总。七年，裁去兵一百六十名，双篷艍船四只。计现驻胶州额设游击一员，千总一员，把总一员。《刘志》水战兵二百名，守兵四十名，赶缯战船四只。道光二十四年，移查册开，额设战兵一百六十四名，守兵二十三名。道光十二年，裁战兵三名，实在战守兵一百八十四名。《前志》。同治十三年均裁撤。

千总分泛，南至江南交界止，泛地二十四：头营子、黄岛、灵山卫、唐岛、灵山岛、柴胡荡、古镇口、夏河所、葫芦嘴、窑头口、石拦觜、斋头、董家口、龙湾口、董石拦、琅琊台、宋家口、安家口、龙汪口、石臼所、夹仓、涛雒、张雒、岚山头。《前志》。同治十三年裁。

把总分泛，东至马头觜止，泛地五十二：会岛口、阴岛口、女姑口、青岛口、槟榔屿、浮山所、董家湾、登窑口、下清宫、崂山头、千里岛、淮子口、大关岛、小关岛、鳌山卫、芦口、田横岛、七沟村、黄埠墩、臧村口、钓负觜、巉山、山东头、蔡哥庄、泊子口、洋山墩、周哥庄、栲栳岛、雄岸所、斋口、万粟山、行村、朝里口、羊角盆口、徐家口、大嵩卫、草岛觜口、青岛、琵琶口、南横口、西横口、海阳所、浪暖口、窑山头口、西石、五垒岛口、靖海卫、槎山、苏山、长会口、望海口、朱家圈。《前志》。同治十三年裁。

原设炮台四座，唐岛口、古镇口二座，在州境。青岛口、董家湾口二座，在即墨县境。《前志》。今皆废。

胶州营原设军装器械并添制枪炮，额数鸟枪二百四十三杆，嘉庆三年八月，又济南公所发来七十杆。八年九月内凯撤兵丁带回五杆，又鸟枪十七杆。道光十九年九月，抚标②拨给弓箭兵兼习者，藤牌二十五面，牌刀二十五口，白花铁盔甲九十二顶副。外委马兵披戴青素铁盔甲十九顶副，马兵披戴又青素铁盔甲四顶副，弓箭兵披戴青素铁盔甲九十顶副，弓箭兵披戴青素铁盔甲九顶副，弓箭兵披戴铁盔头三百一十九顶，各项步兵顶戴青棉甲三百一十九

① 赶缯(zēng)船：清时一种用于海战的快艇。
② 抚标：明清时巡抚直辖的军队。

身，各项步兵披用诸盔甲皆乾隆以前制。威远炮三位，子母炮八位，炮台炮兵操演大小铁炮六位，存营炮兵操演五位，炮台炮兵操演一位，内有硼裂一位，劈山炮十位。嘉庆三年四月内，登镇拨去二位，余八位。鸟机枪四杆，预备火药一万七百五斤十五两二钱，炮手、鸟枪兵按月支放，出陈易新。预备铅一千四斤六两四钱，炮手、鸟枪兵按月支放，出陈易新。官腰刀六百四十一口，外委各兵佩带大铁子四百五十个，小铁子二千九百三十九个，稽锣锅七十四口，帐房七十八顶，大纛十面杆，什长小旗五十面杆，红旂十面杆，沿海炮台存火药四百斤，铁子四百斤，大沙子一百斤，火绳二十斤，火药、火绳出陈易新。铁锹七十四张，铁镢七十四把，铁斧七十四柄，铁镰七十四张，鸟枪二十三杆，马兵执把操演砍刀二百二十口，抬炮①十二位。又道光十九年，抚标拨给马兵兼习抬炮十位。又二十一年，添抬炮十位，续添二位。《前志》。

水师营军装器械额数，赶缯战船四只，每只带角船一只，藤牌十六面，钩镰枪十六把，竹杆枪四十把，缭割二十把，火筒四十四个，以上随船修制。牌刀十六口，腰刀一百七十四口，火罐一百六十个，火箭七十二筒，铁蒺藜②一千六百个，以上随时修制。大炮八位，威远炮十位，劈山炮四位，子母炮十六位，子炮九十四个，抬炮四位，鸟枪八十杆，以上请项修制。《前志》。

以上水陆两营原设及添制军装器械子药等，自清道光末六七十年来屡经变乱腐窳，损失无从查考。今所存者，惟抬枪数十杆，土炮十余尊，均不堪用。

清光绪二十二年，山东巡抚李秉衡奏裁兵额，请自二十二年起，将山东绿营兵分限五年，裁减五成。二十四年，巡抚张汝梅遵旨覆奏，请裁至二十四年。所裁三成为止，其余二成仍照原额。二十八年，巡抚周馥奏准全裁绿营兵，改练巡警。《通志》。

旧制州署，额设民壮四十名，添募健壮十名，又增海防勇壮四十二名。光绪三十一年裁撤，改编巡警。

附驿递③

《周礼》：路设候馆，以待宾客。汉置督邮，掌监属县，有东西南北中部，谓之五部督邮。故督邮，功曹之极位。《文献通考》。晋魏及隋初，督邮之官犹有存者。唐宋不设，其事统于郡守而委其任于功曹令史。元驿递之制，在汉地者，兵部领之。在北地者，隶于通政院。两驿相距修远则道半设邀驿，陆行马，水行舟，民出马供应，复④其地。明洪武初，设水马驿及递运所，后改为驿，设驿丞、所大使各一员，其夫马免粮之例与元制等。至弘治时，改

---

① 抬炮：过去使用的以火药发射铁弹丸的一种炮。

② 铁蒺藜（jí lí）：古代一种军用的铁质尖刺的撒布障碍物。

③ 驿递：古代驿站的一种，官府接待宾客和安排官府物资的运输组织。

④ 复：免除（其地）徭役或赋税。

折征①，收马价照旧支给，水递夫船亦如之。以上俱《续文献通考》。清制设有驿递，专供往来差务员役，持奉兵部勘合火牌②，验明照数应付，因地冲僻酌量设置，俱由州县官管理，责成督抚驿道稽查整治。《山东通志》。胶州向无驿站，惟有里马八匹，马夫五名，白夫八名，后设走递驴一头。《莱州府志》。自光绪间，设邮政局、电政局，缓急文书传达均速，而驿递之制遂废。

附铺递③　清制郡邑冲僻不同，有驿站新不及者设铺递。

清代胶州直隶州额设城内、石河、辛庄、河东、行上、鲁哥、新置、逄猛、灵山卫城、于家寨、夏于庄、辛河共十二铺，铺司、铺兵共二十八名。《山东通志》。今废。余见“建置·杂置门”。

巡警　清光绪二十八年全裁绿营兵，改练巡警。

编制

清光绪三十一年，开办警务学堂，招生训练，设教弁一员，复由警生中选巡长一员，巡目④二员，协同训练。三十二年，设巡警局，挑选警务学堂毕业生，编为巡警，警巡改为巡官，巡捕改名巡警。三十三年，改巡官为副巡官，正巡官由知州兼领。初在城关试办，划分三段十二岗，巡兵轮流站岗巡查。嗣又于王台集设立分局，并陆续添招新生，由教弁训练，以备毕业后派充四乡镇集等处巡警。又以州境当铁路冲要，匪徒易于出没，关厢各处居民良莠不齐，复增设查夜兵三十名，巡长、巡目各一员，统归副巡官督率，并由教弁带授警察操法。三十四年，奉札改为分区，副巡官改名区官，教弁改名巡官，仍以本州兼充警务长。

服装 案卷未详。

军械

清宣统三年，由省城军械局拨给改机毛瑟步枪四十杆，刺刀全，每枪配子弹五十粒，共二千粒。

---

① 折征：实物赋税折价征收银钱。

② 勘合火牌：清制，凡各省将军、督、抚、提、镇、都统、学政、盐政等衙门，遇有驰驿之差，官兵均给以邮符，以资凭验，官员之邮符称为勘合，兵役所发邮符称为火牌，新疆举子亦给以火牌。

③ 铺递：古代驿站的一种，铺递用以传递公文。凡州县往来公文，都由铺递传送。

④ 巡目：清末新军士兵分为目与兵两级，又各分正副。每棚有正副目各一人，带领正兵四人，副兵八人。正副目不作为军官。

增修胶志卷三十二　兵防志第二　兵制民国兵制

民国兵制

考民国兵制，以陆、海军为两大部，近又增设航空军，统以国防为宗旨，系属中央统辖。其分配各省之军队，则时有变迁，非若前清绿营分属于各省州县，有一定驻所。自清季绿营全裁，在各县担任保安防匪之责者，惟有警察，其次则民团。兹据档案，先将警察历年改编之名号、额数及服装枪弹等，并据采访历年军队驻防，分别胪列于后。

警察

编制

民国三年，巡警局改名警察事务所，置一二等警佐①各一员。灵山卫设警察事务分所，置二等警佐一员。是年，于巡警原额三十名外又增设巡勇②四十名。四年，改编警备队，招募编练步队③十六名，马巡四名。七年，奉省令，警备队以三百名为定额。步警，以四十名为一分队，每分队分为四棚④，每棚十名。骑警，以二十名为一分队，每分队分为两棚，每棚十名。步警，每分队设什长⑤四名，号兵一名。骑警，每分队设什长二名。全额定为步警七分队，骑警一分队。警备队领队官以本县知事兼任，全队设总队长一员，步警每分队各设分队长一员，骑警分队设骑警目一名。当时因警费尚绌，先行编练步警三分队，骑警一分队，共四分队，连同原有之警队二十名，合计一百四十名。九年，编制步警五分队，骑警一分队。设总队长一员，分队长五员，骑警目一员，号目一名，号兵五名，护兵九名，马警什长二名，马警十八名，步警什长二十名，步警二百名。十年八月，警备队一律改编警察队，就原有五分队改为八分队。一、分队：每三棚为一分队，设分队长一员。每棚警目一名，警兵九名，伙夫一名。计共设八分队。二、马队：暂设马警十名，伙夫一名，马十一匹，只设马警目以管束之，不设队长。三、大队：每三分队为一大队，设大队长一员，巡记一名，勤务兵二名，号警兵⑥，每大队长各兼带一分队。第一大队长兼带第一分队，第二、第三分队属之。第二大队长兼带第四分队，第五、第六分队属之。第三大队长兼带第七分队、第八分队，及马队属之。四、总队：三大队为一总队，设总队长一员，书记一员，巡记二名，勤务二名，勤务兵四名，警目一名，伙夫一名。十一年，又将原有警察队第八分队编为游击队，共设九分队，置总队长一员，大队长三员，分队

① 警佐：警察职名，县警察所设警佐一至三人，掌全县警察事务。
② 巡勇：旧指警察。
③ 步队：步兵队伍。
④ 棚：清末陆军编制单位，兵士十四人为一棚。
⑤ 什长：古代的一种军职。五人为一伍长，十人为什长。
⑥ 此处应有人员数目，底本阙如。

长六员。其三分队仍以大队长兼领，警队名额共计二百七十名。十二年，又改编为武装警察，共三大队九分队。步警八分队，骑警一分队。总队长一员，书记一员，巡记二名，教练一员，稽查一员，密探四名，护目一名，号目一名，护兵四名，伙夫一名。每大队设大队长一员，分队长二员，巡记一名，护兵二名，号兵二名，目兵九十名，伙夫九名。每大队兼带一分队，不设分队长。第三大队设步警两分队，马警一分队，马警目一员，兼带九分队长，马警十名，伙夫二名，马夫一名，马十一匹。第一大队兼带第一分队，第二大队兼带第四分队，第三大队兼带第七分队，其余第二分队、第三分队、第五分队、第六分队、第八分队，马警第九分队皆自为一队。全队共有密探、护号、马步、目兵及伙夫、马夫共三百名。据视察道区县警察报告书。十三年十月，武装警察队设总队长一员，大队长三员，分队长五员，书记一员，巡记五员，教练一员，密探三名，勤务目一名，勤务兵十名，号警目一名，号警兵六名，警目二十四名，警兵二百十九名。马警长一名，马警兵原额十名，又添募十名，共计二十名。伙夫二十六名，马夫一名，马二十一匹，合计官佐目兵共三百二十八员名。同时又加募保安警察十名，于城圩街市设置岗位，以重守望。档案。十四年山东改划道区，设莱胶道①尹，县警备队改归道尹管辖。设警备队司令一员，职视上校，即以道尹兼领之。不另设司令部，置副司令一员，职视中校。置少校军事员一员，上尉军事员二员。少校军实员一员，上尉军实员二员。县警备队设总队长一员，职视中校，以县知事兼领之，下设副队长一员。八月改编警察队总队，设总队长一员，书记一员，巡记二名，教练一员，密探六名，勤务目一员，勤务兵四名，号警目一名，伙夫一名。第一大队设大队长一员，由总队长兼带，巡记一名，勤务兵二名，号警兵二名，分队长二员。步警三分队每分队设分队长一员，目兵三十名，伙夫三名，其第一分队由总队长兼带，不另设分队长。第二大队设大队长一员，巡记一名，勤务兵二名，分队长二员。步警三分队每分队设分队长一员，目兵三十名，伙夫三名。其第四分队由大队长兼带，不另设分队长。第三大队设大队长一员，巡记一名，勤务兵二名，号警兵二名，分队长一员。步警二分队，每分队长一员，目兵三十名，伙夫三名，其第七分队由大队长兼带，不另设队长。外设马警一分队，设马警长一名，马警目二名，马警兵十八名，马夫二名，伙夫二名，不设队长，由总队长兼带。合计总队及第一第二第三三大队共额数三百名，密探一班在内。档案。十七年六月，裁道尹，改县署为县政府，奉令设公安局，巡警改为保安队，属县管辖。十八年六月成立，设队长一员，一等巡官一员，二等巡官二员，三等雇员一员，教练一员，传达二名，号兵二名。一班一等巡长一名，一等巡士一名，二等巡士二名，三等巡士七名。二班巡长一名，一等巡士一名，二等巡士二名，三等巡士七名。三班三等巡长一名，一等巡士一名，二等巡士二名，三等巡士七名。四班、五班、六班、七班、八班、九班均同上。伙夫九名。以上共一百一十九名。总队长由县长兼任。档案。是年九月，本局添设周番警

① 莱胶道：1925年由胶东道分置，治所在胶县，辖境相当于今山东青岛、胶州、黄岛、诸城、高密、安丘、昌邑、潍坊、平度、即墨、莱州等市县地，1928年废。

士四名，号目四名。除保安队长、一二等巡官、三等雇员如前外，添设三等巡官一员，一等巡长三名，二等巡长三名，三等巡长三名。一等警兵九名，二等警兵十八名，三等警兵六十三名，一等号警二名，伙夫九名。王台分局三等巡官一员，三等雇员一员，一等巡长一名，二等巡长一名，三等巡长一名，一等警士三名，二等警士六名，三等警士二十一名，周番警士二名，号警一名，公役二名，伙夫三名。十一月又奉令缩编，设一等巡官一员，二等巡官一员，三等巡官一员，一等巡长一名，二等巡长一名，三等巡长二名，一等警兵十名，二等警兵二十四名，三等警兵四十八名。是年八月，奉令将县内各团队区部一律取销，改组警察，就已经成立之县保安队改编一分队，即以该队长为第一分队队长，保安队下马警十名，改为骑巡队，归总队部直辖。档案。十八年九月，奉令改编警察队，设警察队长一员，每分队设分队长一员，各排设巡官一员，每棚设巡长一名，一等警二名，二等警三名，三等警六名。第一分队由县长兼总队长，副队长一员，教练官一员。第二分队巡官二员，第三分队巡官、队长各一员，文牍①、会计、医务各一员。档案。是月，奉省令，原设之警备队，改编为省警备队。前警备队长刘惠林被省政府改编为警备第二营，并委惠林为营长。十月，调省训练。十九年五月，组织警察队，设总队长一员，教练官一员，分队长三员，巡官九员，文牍、会计、医务各一员，录事三员，巡长十九名，号警四名，一等警三十六名，二等警八十一名，三等警一百八十名，骑警十名，马夫二名，伙夫十八名。领饷册。是年七月一日，匪军占城，所有警察队均被收编，并枪械亦连带攫去，由是城防空虚。八月，县政府另组警察队成立，总队长一员，县长兼任。大队部教练官一员，文牍一员，会计一员，医务一员，号警一名，巡长一名，巡士九名，伙夫一名，马夫一名。第一分队号兵二名，一班巡长一名，一等警一名，二等警四名，三等警六名；二班巡长一名，一等警一名，二等警四名，三等警六名；三班巡长一名，一等警一名，二等警三名，三等警七名；四班巡长一名，一等警一名，二等警三名，三等警七名；五班巡长一名，一等警一名，二等警三名，三等警七名；六班巡长一名，一等警一名，二等警三名，三等警七名；七班巡长一名，三等警四名；八班巡长一名，三等警四名；九班巡长一名，三等警三名。伙夫七名。档案。

服装

自民国七年，规定警备队总队长、分队长、骑警目，每年各发给呢军衣一套，哈布单军衣两套，夹军衣一套；骑步警兵等各发给军帽三顶，打连单军衣一套，哈布夹军衣一套，风衣一套，于用时发给，用后缴存。十年，本县警队定为每年发给单棉两套服装。自十四年来，每年夏秋两季由济南鼎豫军服庄购备，目兵单绵灰色军衣帽各二百五十八套，马兵军衣帽二十一套，肩章二百七十九付，领章二百七十九付，裹腿二百七十九付，军鞋除官佐外共二百五十九双。又警察所警兵黄布、青布单绵军衣各三十套，肩章领章各三十付，青布鞋三十双。十八年，巡警改组公安局，由济南华胜、鼎豫两军服庄合办，夏秋冬三季

① 文牍：旧时指官府中经管文书档案的人。

黄布、青布单夹绵军衣帽各八十九套，军鞋八十六，官佐在外。裹腿八十九。是年十月，县警察又收公安局黑夹制服一百三十套①，领章全警帽一百三顶，裹腿一百三付。十九年，县警察复由华胜、鼎豫两军服装合办，单夹绵三季军衣帽各二百八十九套，又添购雨衣帽一百零三套。据财政局报告。

军械

民国八年，查现有枪械：三十年式枪一百零一杆，子弹六千八百二十五粒。曼利夏枪十七杆，子弹一千四百粒。套筒枪二杆，子弹十五粒。九年，查有枪械：三十年式枪一百杆，子弹七千八百七十三粒。太白②太枪一百杆，子弹三千九百六十四粒。曼利夏③枪三十杆，子弹三千四百七十六粒。自来得手枪三杆，子弹四百一十六粒。十年，查有三十年式枪八十八枝，子弹一万零二百八十八粒。套筒枪四十四枝，子弹二千四百六十粒。曼利夏枪四十八枝，子弹四千三百二十六粒。湖北造八十一枝，子弹一万三千零三十七粒。自来得枪八枝，子弹九百六十三粒。十一年，查有三十年式枪八十九枝，子弹共二万三千四百九十四粒。七九枪四十枝，子弹八千七百五十七粒。太白太枪八十枝，子弹七千六百八十四粒。曼利夏枪六十枝，子弹八千三百一十粒。自来得手枪四枝，子弹六百七十七粒。俄式枪六枝，子弹四百三十五粒。林明敦枪④二十六枝，子弹六百一十二粒。马蹄泥枪三枝，子弹九十八粒。拐子一枪十枝，子弹五百三十五粒。十三年，所存各种枪械子弹，除消耗外，现存并续添查有三十年式枪八十八枝，子弹一万九千八百六十八粒。太白太枪七十四枝，子弹六千八百八十五粒。曼利夏枪五十九枝，子弹六千一百九十二粒。自来得手枪八枝，子弹一千二百三十一粒。俄式枪六枝，子弹四百十粒。林明敦枪三十枝，子弹六百十二粒。马蹄泥枪三枝，子弹三十粒。拐子一枪十枝，子弹四百八十粒。七九即套筒共枪四十四枝，湖北造八十一枝，以上二枪子弹实存一万五千四百九十七粒。十六年，警备队旧存有三十年式枪八十一枝，子弹九千三百三十八粒。曼利夏枪四十八枝，子弹四千四百六十四粒。自来得枪七枝，子弹八百零五粒。俄式枪三枝，子弹二百六十粒。拐子一枪五枝，子弹二百八十粒。套筒枪四十枝，子弹二千零⑤一粒。湖北造枪六十九枝，子弹一万二千五百五十四粒。十七年，县警察所所长刘惠林报告，经管各种枪械子弹计存，自来得匣枪二十八枝，子弹一千四百二十粒。三十年式枪七十五枝，子弹一万五千一百三十三粒。湖北造枪七十枝，套筒步枪三十枝，套筒马枪九枝。以上三种共七九子弹七千三百零四粒。曼利夏枪四十八枝，子弹六千九百零六粒。俄式枪十一枝，子弹一千一百一十粒。拐子一枪十枝，子弹四百八十粒。林明⑥敦枪二十二枝，子弹

---

① “一百三十套”，据后文“领章全警帽一百三顶，裹腿一百三付”来看，此处似应为“一百三套”，“十”为衍字，当删。

② “白”，底本作“百”，讹。据下文改。

③ “夏”，底本脱，据下文补。

④ 林明敦枪：清末制造的击针式后装单发枪，1867 年江南制造总局首先生产。

⑤ “零”，底本原作“零零”，第二个“零”字为衍字，删除。

⑥ “明”，底本作“门”，讹。

四百四十粒。三九式枪一枝，广东造枪一枝，以上二种共子弹八十粒。三八式枪一枝，江南造枪一枝，迫击炮二门，炮弹五十八颗。以上除迫击炮弹外，共计各种枪械三百零七枝，子弹三万二千八百七十三粒。又存县库太白太枪十枝，子弹五千六百二十九粒。十七年八月，交警察所保管，查县库实存太白太枪六十二枝，曼利夏枪一枝，林明敦枪八枝，马蹄泥枪二枝，均不堪用。太白太子弹库存五千六百二十九粒，曼利夏子弹库存一千零九十一粒，马蹄泥子弹臧保奎存三十粒，林明敦子弹库存一百七十二粒，共计枪械七十三枝，子弹除臧保奎存三十粒，余六千八百九十二粒。是年七月，查警察并县库旧管新收各项枪枝子弹，除自十六年至十七年屡次剿匪消耗外，实存三十年式枪警察存七十五枝，子弹一万五千一百三十三粒。太白太枪县库存六十二枝，子弹五千六百二十九粒。曼利夏枪警察存四十八枝，子弹六千九百零六粒。县库存一枝，子弹一千零九十一粒。自来得枪警察存二十八枝，子弹一千四百二十粒。俄式枪警察存十一枝，子弹一千一百一十粒。林明敦枪警察存二十二枝，子弹四百四十粒。县库存八枝，子弹一百七十二粒。马蹄泥枪县库存二枝，臧保奎存一枝并子弹三十粒。拐子一枪警察存十枝，子弹四百八十粒。七九即套筒警察存步枪三十枝，马枪九枝，湖北造枪警察存七十枝，子弹共存七千三百零四粒。迫击炮二门，炮弹五十八粒。江南造枪警察存一枝，三八式枪警察存一枝，三九式枪一枝，广东造枪一枝，警察存共二枝，子弹八十粒。以上共计实在迫击炮二门，弹五十八颗及各项枪枝三百八十一枝，各项子弹三万九千七百九十五粒。档案。十八年七月，警察队队长刘惠林自奉令改编，调省训练，所有警察现存之各种枪械、子弹并迫击炮、炮弹等均被完全带去。十九年五月，查现存之各种枪械子弹三十年式步枪五枝，子弹共二千一百粒。七九步枪四枝，子弹无。七九套筒步枪二十三枝，七九班河步枪四枝，七九班河马枪二枝。以上三种子弹共四百八十粒。三号匣枪十枝，子弹一千粒。步枪四十七枝，马枪三枝，子弹共二万六千八百粒。手枪二枝，子弹一百二十粒。六合枪一枝，子弹六千粒。手提式枪一枝，子弹三百粒。快枪一枝，子弹一百粒。共计枪一百零三枝，子弹共三万五千九百粒。档案。是年七月一日，被匪军收编，警队所有枪械子弹全数攫去。八月，由县政府陆续买到三十年式马枪一枝，子弹五十三粒。旧套筒改造马枪一枝，子弹一百五十三粒。旧八音手枪一枝，子弹五粒，皮九龙袋二条，皮枪袋二条，盒子枪两把，子弹一百五十粒。又从本城检得马枪一枝，子弹一百五十粒。九月，买到七九步枪一枝，子弹二百粒。三把盒子枪，一把子弹五粒。手枪两枝，子弹七粒。九月，由青岛购到匣枪八十枝，子弹八千粒。十月，第七十三师展师长以旧步枪三十三枝，子弹二千粒，换去盒子枪二十枝，子弹一千零八粒，皮枪袋四条，黄番布子弹袋八条，枪皮带二十二条，枪穗二十二条。十一月，买盒子枪二枝，又从本城检得步枪五枝，共计枪一百一十枝，子弹二千七百一十六粒。是年十月，警察队总队部领到破手提式枪一枝，三号迫击炮一尊，太白太枪八枝，来复枪十二枝，手提式皮袋一根，扎枪头十一个，长扎枪两杆，破刺刀十三把，短刀二把。档案。

驻防

民国七年，规定驻防本县全境。除城区外，旧制向分六乡区，即建信、招贤、利涉、济实、沾化、利民等。乡领队官按乡择定适中地点，酌派步警一分队，附属骑警二名，设所驻防，担任本乡区防剿事宜，定名为胶县警备队某乡分驻所。除分派驻防各乡外，其余步骑各警留守城区，每星期城区驻警，或甲分驻所，得与乙丙分驻所互相会哨一次。民国七年编制警备队规则。十年，改编武装警察，第一分队移防张家楼，第二分队全驻灵山卫，第三分队全驻王哥庄，第二大队兼带第四分队驻铺集，第五分队全队驻城内，第六分队二十名驻大行庄，拨十名驻李哥庄，第三大队兼带第七分队二十名驻辛安，拨十名驻王台镇，第八分队暨马警第九分队随总队驻城内，以资策应。档案。十一年查分驻各乡警队，原只灵山、里岔二处。本年九月，扒山剿匪一役，原驻灵山之第一队移驻管家楼，后因调回训练，为时未久，改驻王台镇，旋因青岛收回薛家、刘家、顾家各岛，恐有余匪伏匿，奉剿匪司令指挥令，总队长率全数警队填扎薛家岛。档案。十四年八月，警察队第二分队全队驻灵山卫，第三分队目兵二十名驻辛安，第三分队目兵十名驻王台，第四分队全队驻铺集，第六分队全队驻张家楼，第七分队全队驻王哥庄，第八分队全队驻马店。据报告书。

海防

十三年十月，因直豫鲁战事，本县萧县长会商驻胶步十九团第三营营长，协议布防于沿海要地，筹设瞭望哨暨船舶稽查处，以第一大队第二分队、第三分队分任巡查防剿队，第二大队及其余分驻各队以马警联络策应。设高峪等处船舶稽查处，张家楼等处瞭望哨。档案。

陆军驻防

民国三年，陆军第五师二十团三营营副张士铨统带十一连军队驻胶。四年，十九团三营营长王得志接防。是年秋，十九团二营营长杨长义接防。九年，十九团二营营长柳长清接防。十一年驻防潍县第五师十九团团长杨长义因剿匪驻胶。十二年移驻高密双羊店，仅留十九团三营营长王庆荣统带步队第十连、第十一连、第十三连驻胶，外有马四连、炮三连协同驻防，嗣又添派步队第九连驻胶。十三年，团长杨长义复回胶驻防。十四年，张宗昌任督办山东军务。十五年，第五师全部归张宗昌改编，第十九团亦连同解散，杨长义遂撤防南去。十六年五月，直奉联军孙传芳部队陈以燊军来胶，驻城内及南圩外附近各村。六月三日，以燊宣告奉国民革命军冯玉祥委任充东北国民军总司令，在胶独立。越四日，闻张宗昌军东下将至胶，以燊率全队遁去。是月，驻青岛海军司令毕庶澄之陆战队三营来胶驻防，住城内高氏家庙，旋由张宗昌派陆军教导团钟镇国到胶改编陆战队。二十六日，陆战队三营哗变东窜，而第八军五百二十五团团长祝洪德来胶，驻城内第一小学。留数月，调明水剿匪。八月，驻青岛之第八军军长祝祥本来胶，驻县署，数日即回青岛。十七年五月，国民革命军蒋中正攻下济南，张宗昌败走天津，时日本借保护铁路为名，沿胶济路线二十华里内不许驻兵，因是胶东一带无国民军，而宗昌余党前混成旅旅长顾震军、自称胶高保安总司令周岷山军均先后驻胶；岷山设总部于城内达材学堂旧址，顾震据南乡王台镇，设县政府，置税局。十八年二月，国民军杨虎城军亦至王台，于时顾震军开赴即墨，驻城之周崐山军亦被日本胁迫缴械解散，崐山遁去。是年四月，日本撤兵。五月，国民革命军四十六师第二百七十三团团长宋润田始来胶驻防。十月，宋润田团部开赴潍县改编，第二百七十三团第二营营长李汉泉来胶接防。十一月，李汉泉营换防，第二百七十四团第二营营长陆逵宾来胶接防。十九年一月，陆逵宾开赴潍县，第二百七十五团第二营营长李镇亚来胶接防，二月开赴诸城，第二百七十四团第二营营长何成林来胶接防，未几，开拔西去。五月二十六日，讨逆军第三路游击司令季啸溪部来城招兵，于关厢设五招兵处。六月十日，季啸溪率所招匪军入城。二十一日，季部孙思良与孙宝善合谋诱杀匪团长王振东，啸溪逃至城阳，被获伏法。思良继啸溪设司令部于城内。八月一日，第十九师师长赵长清来胶解决匪军，将孙思良部开赴前线，赵回高密原防，以手枪旅旅长雷太平为胶县戒严司令，勒令季部各团完全开拔西去。十日，雷旅长调防，驻扎潍县之五十八旅旅长展书堂来胶驻防。十五日，展旅开回原防，第二十二师第一团三营营长靳宪章同第二十师第三团二营营长南化广来胶驻防。二十五日，靳、南两营长全队开赴前线。二十七日，第五十八旅第三团第二营营长张凌霄来胶驻防。九月二日，张营长开赴潍县，手枪旅第二营营长陈亚民来胶接防。十月四日，陈营长调防高密。八日，七十三师师长展书堂即前五十八旅旅长。带二混成团来胶剿办南乡王子明股匪。十日，开往王台镇。十一日，展师长前往督剿。十二日，在水城一带剿匪大胜。十六日，展师长奉令全部开拔西行。十八日，第二十师五十八旅第三团二营营长江葆元来胶驻防。十一月二日，江营长开赴潍县，第一军团第十四军军长曹福林及二十二师六十五旅旅长唐尧逊来胶。是日，唐令第二十八团三营留守城池，余随曹部军队开赴王台镇。五日，第二十八团炮兵三营开赴济南。七日，曹军长全部开赴潍县，第七十三师二百一十九旅三营营长林凤钧来胶驻防。是日，赴南乡剿匪。唐旅长率混成团部开赴济南。九日，林营长全部开赴潍县。

保卫民团　考民团本为乡民自卫而设，其目的在守望相助，遇警则群出而御匪，无事则散处而为农，即古代寓兵于农遗法，所以辅助军警保卫闾阎①，最为良策。胶县为海疆岩邑，珠山一带久为匪薮，濒海之处港汊纷岐，岛屿林立，匪踪出没，防不胜防。乡民受其扰害，匪伊朝夕②，徒恃军警截剿，往往鞭长莫及，故民团尤为缉匪安民之必要。查胶县保卫团，自清宣统三年十月成立后，迄民国十数年来，迭经奉令整饬团纪，保管枪械，以防不虞。惟查民国十一年，保卫团全县共三十三处，独城区招募之团丁常用驻城，其枪械服装亦均完备。至各区民团向无定额，凡居住该社内年满二十岁以上男子，皆为团丁。有事则相互援助，无事则各守田园，其兵器先是亦只土枪，并刀矛等械，枪药皆随时自行购备。团员、团丁皆系义务，无薪饷，无服装，与城区办法完全不同，近数年来，乡区民团逐渐改良，快枪、匣枪及服装、旗帜较前稍为完备，亦吾乡民众注重自卫，急图发展之进步也。兹据民国十一年办理保卫团档案，分别列表于左，并近数年来改组情形，备录于后，以供省览。

① 闾阎：古代里巷内外的门，后泛指平民百姓。

② 匪伊朝夕：又作“匪朝伊夕”，不止一日，形容时间长。

县保卫团表民国十一年档案						
团区段落	团员额数	团丁名数	枪械种数	弹药种数重量	经费办法	成立日期
全县保卫团共三十三处，城区保卫团驻县城北关马神庙	民国八年十二月，设正团员一员，副团员一员，正队长一员，副队长一员。十一年十二月改组保卫局，设正局长一员，副局长一员，局董四员，正队长一员，副队长一员	民国八年十二月招募四十名。十一年十二月添募四十名，合前四十名，共计八十名	九响毛瑟枪二十三枝，改机毛瑟枪二十八枝，林明敦枪七枝，来复枪二十枝	九响毛瑟枪弹五千粒，改机毛瑟枪弹四百十四粒，重量一两一钱	由城关各绅商捐集，正副团员、正副局长均系义务，不支薪津。先是队长月薪京钱三十千，副队长月薪京钱二十四千，书记月薪京钱二十千，团丁正目月饷京钱二十千，副目月饷京钱十八千，团丁月饷京钱十五千，号兵月饷京钱十八千，伙夫月饷京钱十千，局役月饷京钱十千。嗣后增加薪饷，队长月薪京钱五十千，副队长月薪四十四千，书记月薪四十千，团丁正目月饷三十三千，副目三十一千，团丁二十九千，号兵三十一千，伙夫十五千，均由绅董经手支发	前清宣统三年十月初一日成立
娄公区马哥庄等社，在县城西，计六村庄	正团员一员，副团员一员	无定额，凡居住该社内年满二十岁以上男子皆为团丁，遇警则互相援助，无事则散处为农	土枪并刀、矛等械	土枪、火药随时自行购备	团员、团丁皆系义务，无薪饷，无服装，所需杂费为数无多，由团内殷实之户自行认捐	民国二年八月十日
韩信区麻湾等社，在县城东，计九十四村庄	团员一名	同上	同上	同上	同上	民国五年二月五日
韩信区东七及等社，在县城东北，计十村庄	团员一名	同上	同上	同上	同上	民国六年四月十二日
宝华区宾贤等社，在县城南，计五十一村庄	正团员一员，副团员一员	同上	同上	同上	同上	民国二年五月二十二日
宝华区芦东等社，在县城西南，计八村庄	正团员一员，副团员一员	同上	同上	同上	同上	民国四年七月十八日
宝华区东西张八等社，在县城西南，计二十村庄	团员一员	同上	同上	同上	同上	民国四年七月十八日
宝华区王台等社，在县城南，计十五村庄	正团员一员，副团员一员	二十名	同上	同上	同上	民国八年九月十九日

宝华区南沙等社，在县城南，计七村庄	团员一员	同上	同上	同上	同上	民国八年十二月三日
宝华区上庄等社，在县城西南，计十五村庄	团员一员	同上	同上	同上	同上	民国八年九月二十一日
龙泉区南北曹文等社，在县城南，计十六村庄	正团员一员，副团员一员	同上	同上	同上	同上	民国二年三月五日
龙泉区西王昌社，在县城东南，计九村庄	正团员一员，副团员一员	同上	同上	同上	同上	民国四年八月二十八日
朱仲区安林社，在县城东南，计二十二村庄	正团员一员，副团员一员	同上	同上	同上	同上	民国二年三月十日
朱仲区东西花林社，在县城东南，计十七村庄	团员一员	同上	同上	同上	同上	民国二年四月二十日
朱仲区东辛安社，在县城东南，计八村庄	正团员一员，副团员一员	同上	同上	同上	同上	民国五年七月九日
朱仲区西辛安社，在县城东南，计十村庄	正团员一员	同上	同上	同上	同上	民国五年七月九日
高城区东西辛定等社，在县城西南，计二十一村庄	正团员一员，副团员一员	同上	同上	同上	同上	民国四年一月八日
高城区西立柱社，在县城西南，计七村庄	正团员一员，副团员一员	同上	同上	同上	同上	民国四年三月八日
高城区北塔桥社，在县城西南，计十一村庄	正团员一员，副团员一员	同上	同上	同上	同上	民国四年七月十五日
高城区西六旺社，在县城西南，计七村庄	正团员一员，副团员一员	同上	同上	同上	同上	民国四年七月二十三日
齐城区南古镇社，在县城西南，计十四村庄	团员一员	同上	同上	同上	同上	民国二年五月二十一日
齐城区祝家庄社，在县城西南，计十一村庄	团员一员	同上	同上	同上	同上	民国二年八月二十六日

齐城区北古镇社，在县城西南，计十三村庄	正团员一员，副团员一员	同上	同上	同上	同上	民国三年三月六日
齐城区东辛兴社，在县西南，计十村庄	正团员一员，副团员一员	同上	同上	同上	同上	民国四年八月十日
齐城区韩家庄社，在县城西南，计十一村庄	团员一员	同上	同上	同上	同上	民国四年八月十三日
齐城区东西平兰社，在县城西南，计十村庄	正团员一员，副团员一员	同上	同上	同上	同上	民国四年二月三日
阳武区高峪社，在县西南，计十三村庄	团员一员	同上	同上	同上	同上	民国二年十二月十七日
阳武区西卢家滩等社，在县城南，计八村庄	团员一员	同上	同上	同上	同上	民国四年八月十日
阳武区东卢家滩等社，在县城南，计九村庄	团员一员	同上	同上	同上	同上	民国四年十一月二日
阳武区河岩社，在县城南，计十六村庄	团员一员	同上	同上	同上	同上	民国五年八月三十日
卢公区张耀屯，在县城北，计一村庄	正团员一员，副团员一员	同上	同上	同上	同上	民国四年七月十三日
阳武区东西台后社，在县城南，计十八村庄	团员一员	同上	同上	同上	同上	民国四年一月二十八日
全县面积二千九十方里，东至海，南至海，西南与诸城县交界，西与高密县交界，北与平度县齐界，东北与即墨县交界						

自卫团　民国十八年档案，奉省令将县警备队改编为团。

编制

民国十八年一月，奉省令，所有县警备队无论已否拨入公安局，悉数划归自卫团，并规定自卫团编制暂行条例，将全省划分为十区，每区置区长一人，并由各该区内之县长兼任副区长。胶县属第九区，奉总团长令，胶县县长兼本团第九区副区长，并设队长一员，受区长及副区长之指挥监督，办理剿匪及训练事项。队长之下设中队长、分队长等员。队部置书记兼会计、庶务①一员，传达兵二名，随从兵二名，伙夫二名。每中队置司书②兼会计、庶务一员，团兵七十二名，正副目各九人，传达兵一名，伙夫三名。是年六月，本县各区因盗贼出没无常，警备队实力薄弱，不能肃清，于是民众自动组织人民自卫团，由庸生区规定简章，

① 庶务：旧时特指机关总务部门主管的各项事务，亦指这些事务的经办人员。
② 司书：旧指官署、军队中从事文书工作的人。

遵照自卫团编制，公推团总一员，每团分三队，每队分三班，每班计十名，每团班长团丁计九十名。每团设教练、书记、会计各一员，队长三员，董事六员，商办团内一切事务。本团成立若干团，抽出一团作为常备团，归团总节制，其余各团无事归农，有事听团总及队长调遣，协助剿捕事宜。本团各庄社长均有团董，责任筹画款项事宜。各团丁饷项均归各社担负，按照地亩之多寡抽办，以资一致。本团抽丁法以民户之地丁多少摊派，约地十亩只抽丁一名，佃地二十亩者抽一名，挨次类推。本团成立后，如有匪警，各团丁即遵命踩缉①之。本团应用枪械，由本团另案照各社地丁筹画之。本区内冲要地点，须不时常川梭巡或与邻区各团定期会哨，以资连络。是年七月，高成区西拳口社社庄长与邻社边防庄村会议，共十八庄，按户编联，十家为一甲，举一甲长。十甲为一牌，举一牌长。组织预备团，附属常备团，接洽办事，守望相助，保卫地方。其枪械子药等费概由自备，不需官款，经县政府批准施行。同时韩信区公议设自卫团分局，于店口招集团丁六十名，以资调遣。又胶南龙泉、宝华、朱仲、阳武、齐城、高成六区民众各派代表在王台集会议，组织人民自卫团。八月，奉省令，自卫团一律改为保卫团，团总由县长兼充，自卫团即时取消。是月，胶南六区改组，保卫团成立，公举各队长、团董，并设六区保卫团董事会于王台镇。八月奉省令颁行县保卫团法。

保卫团

编制

县保卫团，每团为一牌，以闾长为牌长。每乡或镇为一甲，以乡长或镇长为甲长。每区为一区团，以区长为区团长。县为总团，以县长为总团长。区团、甲、牌于必要时均得增设副长，襄办事务。凡二十岁以上、四十岁以下之男子，均有入保卫团受训练之义务。牌长、甲长、区团长由总团长分别委任，并呈报省政府备案。其副长亦同各甲长。保卫团之旗帜由内政部定之。枪枝须由总团长验明烙印编号，不敷用时，由总团长呈明省政府，核准添置。

训练

保卫团应受军事及政治训练。军事训练授以军事智识及技术，其训练员由各区聘任之。政治训练授以党义及政治常识，其训练员由总团长指派之。训练时间除平时训练外，各乡镇三个月会操一次，各区半年全操一次，其时间及办法由总团长呈报省政府备案。其平时训练，农忙时得免除之。总团长对于保卫团须随时派员视察、督促、指导。

任务

各居户如有窝藏盗匪、寄顿赃物，或有反革命份子混入煽乱、秘密聚集，或携带违禁物品者，甲长、牌长须随时侦查、指获解送该管官署，依法讯办。各乡镇遇有水火、盗贼及其他非常事变时，甲长应以一时警号，召集团丁分任围捕、消防事宜，并一面飞报区县核办及邻近乡镇协助。除匪徒拒捕得正当防卫外，所获盗匪应即解送该管官署，依法讯办，不得私

① 踩缉：追捕。

讯。各甲长、牌长闻邻近有警时，应即招集团丁前往协助。各区团长接到各乡镇警报，应即召集本区团丁前往应援。遇情节重大时，并应报县调派军警赴剿。总团长接到前条警报，应即率警督同各区保卫团赴援。如遇大帮股匪不能抵御时，并应即咨会附近驻军赴剿，一面飞报省政府核办。保卫团团丁服务以不出境为原则，但边界各乡镇应与邻近毗连乡镇互相援助。保卫团因捕获盗匪所得之赃物，除军火应即报，由总团长呈明省政府核示办法，其余各物应即时公布，听候事主认领。如有侵没，即由总团长依法惩处之。

奖惩

一捕获经通缉或悬赏缉拿之著匪或反革命份子者；一遇盗匪抢劫或反革命份子扰乱当场捕获者；一协同他乡镇捕获盗匪或反革命份子者；一夺获盗匪及反革命份子枪械者；一因捕拿盗匪及反革命份子被伤或毙命者，均由县政府分别奖恤；一密报盗匪或反革命者于窝藏处所因而捕获讯明属实者；一救火御灾异常出力者；一全团枪枝、步伐整齐训练成绩优良者，均由县政府分别核奖。一保卫团在乡镇内容留盗匪及反革命份子或形迹可疑之人，隐匿不报或明知故纵者；一乡镇内发生抢劫重案不能依限破获者；一诬陷良善或滥行逮捕者；一借端骚扰、包揽词讼或诈取财物者；一会操训练或遇警无故不到者。有上列之一者，均由县政府分别惩办。各乡镇团丁如有接济盗匪军火，或谋为不轨情事，除治犯者以应得之罪外，联保①各团丁一并惩办，甲长、牌长并应受失察处分。甲长、牌长如有接济盗匪军火，或谋为不轨情事，除治犯者以应得之罪外，联保各长一并惩办，区团长并应受失察处分。

民团

民国十九年十月，省令各县警察队一律改编民团，按组织民团法，全省划分鲁东、鲁西、鲁南、鲁北四区，每区设总指挥一。胶县民团属鲁东指挥管辖，其等级则为一等县民团。兹据财政局民团编制、薪饷表并旗帜、徽章等式胪列于后。

编制 一等县民团制

县长兼大队长一员，少校副队长一员，上尉中队长三员，中尉排长九员，上尉书记兼军需一员，准尉司书五员，号目一名，号兵六名，传令目一名，传令兵一名，班长二十七名，副班长二十七名，一等兵八十一名，二等兵一百六十五名，伙夫二十三名，总计三百六十一员名，共班长目兵三百一十六名。按一等县，每大队分三中队，每中队分三排，每排分三班，每班设正副班长各一名，一等兵三名，二等兵六名。据财政局薪饷册，按胶县大队部及第一中队原系警察队，于是年十月十六日奉令改编民团，第二中队亦于是日成立，其第三中队于十一月一日成立。大队部大队长一员，县长兼任，少校副队长一员，书记兼军需一员，司书二员，目兵夫八名。第一中队中队长一员，排长三员，司书一员，目兵夫一百名。第二中队中队长一员，排长三员，司书一员，目兵夫一百零五名。第三中队中队长一员，排长三员，司书一员，目兵夫八十名，以上各队均归鲁东民团总指挥部节制。除第三中队于本年十一月

---

① 联保：民国时期推行的保甲制度之一。十户为甲，十甲为保，若干保为联，互相担保，互相监视。

二十八日调赴潍县训练外，其余大队部及一二中队共现有官佐、目兵夫二百二十八员名。大队部开示。

军械

大队部手枪二枝，子弹一百七十粒。第一中队手枪二十九枝，八音在内。子弹二千八百粒。步枪二十枝，子弹一千粒。第二中队手枪十七枝，八音在内。子弹一千五百十七粒。步枪三十二枝，子弹一千六百二十三粒。第三中队手枪七枝，八音在内。子弹三百粒。步枪十枝，子弹四百粒。共计枪一百枝，子弹七千一百一十粒。十九年十二月大队部开示。

服装

民团服装一律灰色，三季单夹绵军衣及军帽、军鞋、裹腿布等均由济南军服庄订购。财政局开示。

旗帜

民团旗帜蓝色红边白布筒，中嵌国徽，径长五寸，字用白色。大队旗帜，长二尺半，宽三尺余，与中队同。

徽章

民团官佐徽章用白色布制成，等边三角形，边线用蓝色，红黄蓝格，将官用红色，校官用黄色，尉官用蓝色。第三格队号如系大队部，即书大队部，中队即书第几中队。第一格三角形上嵌白色徽章，下书胶县民团。第四格右书职务，左书姓名。目兵徽章用白布蓝线，四周长方形，第一格中嵌徽章，第二格横书胶县民团，第三格横书例如第几中队、第几排、第几班、某职务，第四格横书姓名，第五格横书民国某年某月某日，第六格横书某字第几号。

符号

民团符号用白布黑字，长宽各二寸四，角书某县民团。以上皆财政局民团册。

增修胶志卷三十三　兵防志第三　兵事清代兵事　民国兵事

清代兵事

按：《前志》兵防只载有清以来营制、防泛、军械等，其余兵事则概付阙如。惟考《山东通志·兵防》一门述历代兵事颇详。兹依其体例，将兵事增入兵防，以补《前志》之阙。惟历代兵事《前志》虽载入“大事记”，惜仅述概略，未便照录，致有重复之病，故仍援旧志例，断自清代，以符增修名义云。

胶州之设总兵官，自通政①张若麒请报父仇始。清顺治初得柯永盛，故辽东名将，部下多选锋虓武，能自握筹策，东方以靖。是时，四征弗庭，总兵得专斩伐，甲士搜余党，辄献首功，州人畏兵如神，视总兵则帝天也，节镇之势遂成。永盛调守赣州，海时行至，其先本元乜先部落，送明英宗回銮，为达官指挥，至时行已失官，生长京师，为丐，狡猾无赖，为官司戮辱。明末闯贼犯京师，乘乱掠，珠玉满家，买棺盛之，自被衰麻，杖而哭，贼不入其门。大清兵破闯贼，长驱大进，时行反服②献门，得为天津中军③，事巡抚张忻。时江南主使左懋第④来聘，已纵去，又欲获之。时行请于忻，单骑说回，兵部以为能，升广东参将。又夤缘冒功，授左都督，镇胶州。故所亲京都恶少年、坝上诸马贼皆鲜衣细铠，从为卫队，顾贫无以给，抵任侨居匡氏园。清初下令，甲申五月朔已后奔江南者为逃官，明末以官往者不问。故太傅高大学士，崇祯十六年起南京兵部侍郎，彼自殉旧主，与本朝无损也。时行乃疏奏，当籍没。户部覆允官卖，未令总兵专之也。时行既以兵权胁州府，宰相产故大，无能公行占买者，时行先据膏腴，徐以租补库直奇零⑤折配，牟利已巨万，买船估粜余粮，价辄倍。入掘太傅宅地，尽得其古玉、宝鼎、金石、钿漆诸玩器，又使其党开邸第，逐蒸鱼、切肝、筑脂、卖浆之利，占行市，克军饷，与富商大贾通假贷。是时，民柔而重犯法，搢绅多惴惴保家，莫敢撄其锋。兵故有柯镇余劲，往往椎埋⑥、夺货、博债、食人，一兵或私畜四马，妻子皆金翠绮罗，弦索酒歌。然时行曾与督府会剿满家峒诸贼，坝上儿跳荡军中，颇能翦老弱及平民，辄夸胶镇为劲兵，其实五军才四百人，任刀矟⑦但豪富，军容略盛耳。时行归，益骄倨，奉拟王侯，訹诱旧家子为门生，恣所啖嚼。搢绅虽承奉恐后，然心实厌苦之。时行

---

① 通政：官名。明朝通政使司副长官。左、右各一人，正四品。
② 反服：旧指已脱离隶属关系的臣下为旧君服丧。
③ 中军：主将的代称。
④ 左懋第：明代山东莱阳(今青岛莱西)人，著名政治家、外交家。
⑤ 奇零：不满整数的零头数。
⑥ 椎埋：劫杀人而埋之，亦泛指杀人。
⑦ 矟(shuò)：即“槊”，长矛。

尝怒抉人眼，州民不寒而慄。会东莱张大学士端，其父忻，故时行上官也。有海州[①]二使左右之，阳诺而阴不省，张已衔之。州人各以新科进士为显官，气岸高，不相下，而时行亦善弥缝，然终以为无如我何也。顺治十年，洪经略承畴大征，有称其能将兵者，廷论以隶幕府，盖亦实谋去之。先是疑法太史若真[②]，使人篡取家函信，深恨之。又怨匡吏部兰馨不为援手，益挚金珠求病罢。而张大学士[③]方用事机，真[④]不可回矣。时行谬为大言，欲建卫、霍功。顾坝上健儿、京师恶少，自时行致富笼络蚕食，皆失职，怨望。时行佯大度而心患之，选其尤黠杰者，贻之雕弧泥金刀矢、善马绣鞯、蟒甲朱缨以悦其意，谋寝懈，然调发期已迫，巡抚使莱州道参议徐大用促行。时行窘，犹贪小利，谋以行战饷银皆买豆、腌猪，先贩淮安，兵后至，则入其羡而给以本。然兵已狺狺[⑤]不能平，又恇怯，与主将埒。沈回子性凶悍，主盟噪劫，与其谋者不过三十人。绅士以风闻告，辄嚄唶[⑥]回护，故富人皆不动而兵益得以为计。八月二十七日，大阅誓师，时行犹缓带座狨[⑦]以示闲暇，健儿校步射，而堂上将饮酒，梨园各冠带上翻，射堂屏。回子等提刀骂上："妻子无月廪，而偕我死耶？"争前缚时行。中军张思选挥刀遮咤："奴反耶？"刀误中柱而头已断，血涌梁间。裨将康延泰上马摇鞭，所部千人皆从，勒阵以待捕击。而中军死、主将禽[⑧]，向使不顾此两人，直前搏战，乱可立定也。是时，材官于科，故坝上儿，受时行饵者也，单骑走漕府上变。时行既就缚，左右亲兵尽散，乃为好语，括镇府资，借宦商财，以祈招安。沈回子惧众人观望，一骑先入，杀徐大用，一骑杀署印推官李煌，提头入辕门，五军大乱。康延泰之阵晡时[⑨]乃解，哭入东门。贼亦仓猝不知所为，乃奉时行入先师殿，解其缚，严卫之。贼中有李化吾者，明之废弁，阴说沈回子使称伪号，事成除之，不成使老革[⑩]独灭族。武夫以为然，乃取梨园龙衣皮弁及文武品服，册时行为大明重兴王，李弁为左丞相、行军司马。他土豪署官有差，沈回子等与旧将韩启元、陈其策、祖明善、刘成功、康延泰皆伪总兵，揭黄旃[⑪]于南门，曰礼贤招兵。反已成，乃纵贼。时行还府，其女妾皆燕姬妖淫，已为兵将奸挟，渐遣归，倾府中金银采币[⑫]，五千人攘之不能尽。时行乃授意左右，分屠所怨家。匡氏园素所不能得者，纵火烧之。时禁旅半征行，

---

① "州"，底本作"舟"，讹。据张谦宜《胶镇志》改，见《胶澳志・艺文志》。

② 法若真：山东胶州人，清朝浙江按察使，善书画。书法魏晋，笔势飞动。雅画山水，偶然涉笔，便潇洒拔俗，自成一格。学识不凡，是清代山东为数不多的诗书画皆有成就的文人。

③ "士"，底本作"土"，讹。

④ 真：《胶澳志・艺文志》载张谦宜《胶镇志》作"寘"，今作"置"。

⑤ 狺狺（yín yín）：比喻争辩不休。

⑥ 嚄唶（huò zè）：大声呼叫，大声谈论，形容不知顾忌或意气飞扬，借指勇悍之士。

⑦ 座狨："座"通"坐"。宋制文官中书舍人以上，武臣节度使以上，九月至翌年三月得乘狨座，称"坐狨"。狨座，用狨皮连缀而成的坐褥。

⑧ 禽：通"擒"。

⑨ 晡（bū）时：下午三点到五点。

⑩ 老革：老兵。

⑪ 旃（zhān）：赤色的曲柄旗。

⑫ 采币：币帛，彩色丝织品。

登莱兵仅足守城，故贼得肆暴无忌，贼尚欲练乡兵，取邻县。故明边太监者，曾督蓟辽兵，退为道士，时行雅重之，其人有心计，怜胶州斗大城，一为战场，生齿且尽，故谬说以误之，使南夺洪经略兵，不成则入湖广山与流贼合。先是时行亦遣谍书，招昌邑李好贤，明末土贼，国初降。好贤首其书不至，又使人招满家硐诸贼，以会剿怨不纳，计无所之，乃从边策去。然犹焚所修宅及他怨家宅，火昼夜不绝。贼之有识者，亦先屠妻子，拥其掳掠者以行，辎重、妇女、牛马、骡驼长四十里，乌合亦一二千人，皆锦袍袭甲而骑，然堪战者少，特以亡命负虚声，为官军所惮。贼劫邑绅子为神机将，神机好刀马，从盗魁王见之学，并质以为军锋。王见之者，刀马无双，每战旋舞，足蔽三人，故所向披靡。攻莒州，屠睢宁①，至不留鸡犬。诸伪将虽敢斗而追兵先后遮绝，有沂镇之兵，天津大名之兵，怀庆汝宁之兵，漕府操江之兵。贼各纵酒色，恋宝货，时行又昏庸，日夜惊泣，伪将无所秉谋，王见之等皆逃，坝上儿陆续走，弃金银满营如土苴②。至亳③州，不可支，乃乞抚。督府幸其疲而易制，乃羁縻之，分其残军，伪将相皆降。疏上，王铁山名永吉。在兵部，法太史若真日哭国门，曰："焉有建号署官、攻城略地而可赦者？"由是时行贿不通，张东莱坚持之，乃集其父子兄弟逆校，皆斩于大名，传首胶州。自贼时行以九月初三日去，十月登州兵备至，鞭笞州同、吏目、督府，钩考反贼，故用事及污伪职者，缧绁④满狱。巡抚题叛产，估直十四万有奇，蔓延敲扑死者千余人，官吏参罚，文移纠缪⑤，升沈死绝，犹不可解者，凡二十年。吁！利之为害，烈矣哉！委登州推官贾廷奭审讯州同王锡瓒，以士民呼噪得免。吏目庞士英屡受非刑，卒亦辨明得免。以上节录张谦宜《胶镇志》。自清顺治十年平海时行之乱后，民安耕凿者几二百年。至咸丰、同治间，捻匪东窜，分股扰胶东一带诸州县，而胶邑受祸尤惨。考捻匪起于皖北颍⑥寿蒙亳之间，蔓延及于江苏徐州等处。咸丰八年始窜入东境，加以沿途裹胁，势益披猖。十一年春二月，警报至胶，知州张廷扬颇有布置，旋去任，以殷嘉树代，至是贼乃大至。秋八月初七日，贼逼西南圩下，民丁迭出试贼。初九日，城泛左万清率民勇出御，见贼即溃，由圩之东南缺口奔回。初十日夜丑刻，贼即由此缺口入。十一日逼城下，城之三门次第掩屯。十二日，知州殷嘉树、副将春祺、都司宋得喜、把总左万清偕团练长傅儒功、高含章及富绅等与贼议和，赂银一万二千两，烟土一千二百包。是日戌刻，贼陷水师营，游击陈其恕及外委某并死之，优人⑦袁三子从战死。姜维耀《南捻记事》在初八日。十六日贼去，二十七日卯刻复至，直入关厢⑧，杀掳较前尤甚。二十九日，贼遣邑诸生薛尔培至城下索和，又与银一千三百两，杂民间妇女首饰充足之。九月十六日，贼始拔队西行，城围解。中间，贼在乡间攻破谈家庄一围、堤子一围，两攻宋家

---

① 睢(suī)宁：江苏省北部，今隶属徐州。
② 土苴(jū)：渣滓，糟粕。比喻微贱的东西，犹土芥。
③ "亳"，底本作"亳"，讹。
④ 缧绁(léi xiè)：捆绑犯人的绳索。借指监狱，囚禁。
⑤ 纠缪："缪"通"谬"，纠正谬误。
⑥ "颍"，底本作"颖"，讹。
⑦ 优人：古代以乐舞、戏谑为业的艺人。
⑧ 关厢：城门外大街和附近的居民地区。

屯围，皆被击退。当贼围城时，难民街巷悉满，米薪缺乏，诸井汲涸。十七日，众杀媚贼邑人杨垣于州署前，悬其首于西城外，以其在贼中两次射书入城为贼索银，并以焚屋挟商富也。十九日，黑旗贼过胶，自东北向西南行，迤逦十余里，约三时方尽，未有裹掠。前寇胶者，乃白旗贼也。僧邸札来询贼状，知州殷嘉树禀称九月十五日亲带民勇与贼接仗，擒贼二十余名，现贼已西窜云云。邑人高辛元《南匪志略》。此次之乱，死难男女，按邑绅徐宗勉《辛酉殉难事略》所载，共计二千八百八十四人。经采访而得者，合计男女共有五千余人，其采访未及归于湮没者，尚不知凡几也。同治六年，李鸿章奉命代曾国藩督剿山东捻匪，建议设运防于山东，又于运河东岸修堤筑墙，防贼东窜。时贼首任柱、赖文洸自河南窥山东，日驰数百里。官军驰追不及，被贼冲过运河东岸长墙，径趋东莱。鸿章遂令东淮诸军循胶莱河分段筑墙，而濒海河滩沙水沮洳①，不能版筑，改由新河以西屯扎，至潍河以东，胶州由麻湾起，首经店口，东北直达即墨下营，包沽河在内，浚濠三十五里。夏五月，丁宝桢自平度移军胶州。先是捻匪自西破防东窜，时胶州迭闻警报，于是月初五日屯塞圩门为防守计。武生匡镇寰在西圩墙见二骑疾驰而至，疑为贼骑，马上人大呼曰："吾非贼，乃丁宫保标下王新安、王正起二帅前站。"出令箭示之，信。于是副将玉山、知州杨济均出迎，军队陆续进圩。初八日，宝桢至胶，驻西关前河堐杨宅，从行有王新安、王正起、杨飞熊、刘铭传诸将领。设粮台于店口，派吉灿升为管理粮台随员，令王正起赴东乡监筑大墙，并带兵防堵，令杨飞熊巡查贼讯。是月，宝桢移军烟台，防贼窜入福山、黄县等处，旋由平度回胶。贼东窜时，有细作进奎光门理发，被巡官潘某察其奸，立即擒获，禀明正法，悬首奎光门。未几，有毛勇三千人来胶，势汹汹，欲进城，人心惶恐。时编修②逄润古由京回籍，遂往谒宝桢，乞安置。乃令其驻扎圩外。凡采办货物进城者，须领签，众始安帖③。七月终，忽传东大墙北口潘鼎新营被贼攻破。会天大雨，宝桢即于夜间督军追剿，西至淮河岞山等处。河水因雨暴涨，阻贼去路，宝桢军与之交仗，杨飞熊奋勇血战，斩获千余贼，凫水死者无算。十月初，宝桢督吉胜、常武、东治、振守等军，东发追贼至益都金岭镇，时王正起、王新安各军自寿光、潍县追贼至安丘，与铭军会，三战三捷。二十二日，铭军追贼至日照，先锋骑军以洋枪伤任柱右耳，贼奔赣榆。越二日，铭军追抵赣④榆，任柱裹创力战。时天方大雾，昏不见人。有捻目潘贵升以洋枪轰毙任柱，投降铭军，贼登时奔溃。是时，贼尚数万，分股入郯⑤城、日照等处。十一月朔，鼎军追及之，贼走诸城、高密、昌邑、安丘，回奔潍县。鼎军会铭军追及之。贼向东北循海溃奔，窜入胶境。宝桢军截击于胶之柳家屯。贼向小南沟潜遁，沟在柳家屯迤南高成巘，地

① 沮洳(jù rù)：低湿之地。

② 编修：官名，始置于宋，主要负责文献修撰工作，明、清属翰林院。编修正七品，职位次于修撰，与修撰、检讨同称为史官。

③ 安帖：安定、平静；妥帖；踏实。

④ "赣"，底本作"戆"，讹。

⑤ "郯"，底本作"剡"，据宣统《山东通志・兵防志八》改。

势险阻。贼窜入时，适潘鼎新与唐仁廉合军追至，斩伪天燕[1]赖世就[2]，斩级逾千。马贼张向春、赵林高俱率众降。贼向高、潍、昌乐、临淄西奔，被东军新安、正起等营扼于金岭镇。贼遂东趋寿光，经官军节节尾追，复南窜，由淮安奔扬州，为驻防道员吴毓兰擒斩殆尽，文[3]洸歼焉。于是东捻平。据《通志》及采访册。

光绪二十三年秋九月，德国东洋舰队司令官棣利司，以巨野县教案为口实，率军舰三艘，突由海港登岸，占我胶澳。冬十月，德兵入胶州，三城门均派德兵站岗，全队驻城隍庙及太平街各栈，当即出榜安民，俾免惊扰。时州牧罗志伸接待殷勤，供应无缺乏。次晨，德军即全部开回青岛。十一月，德军复来胶，踞城内书考两院为行营。知州罗主持镇静，以安人心。二十四年三月，胶澳租约签字。四月，德人宣言以胶澳为其保护地。是年开始修胶济铁路，邑之奸民附德供役，辄倚仗德兵势力，诈人钱财。甚或以螺丝抛掷居民院内，诬以盗窃。无故被德兵戕杀者甚众，皆莫敢控告。德人既以胶州为青岛环境，德兵任便出入，乃借词护路，于胶州车站北建筑营垣驻兵。二十六年，德人以上年高密乡民与胶济路员冲突，本年北京又有义和团之乱，八国联军入京，遂借口进兵分驻胶州。三十一年，山东巡抚杨士骧与德胶抚汪然美隆交涉，订立撤兵善后条约。十二月，驻胶德兵撤回青岛，所有兵房由我国备价收买，并组织警察队保护铁路。采访册。

民国兵事

民国三年七月，欧洲大战开始。八月，日本发最后通牒，要求德人退出青岛。是月，日德宣战，日本第二舰队封锁胶澳海口。九月三日，日军自龙口登岸。十三日，由即墨抵胶州，驻军北营垣及西关纪家、捎门里，各大户占据殆遍。城郭各门均有日军把守，游骑至四乡索取食物。所遇居民奔窜，有避匿稍后者，辄遭凌辱。又借词供给未备，屡与官绅为难。嗣又声言搜查德国奸细，合邑汹汹，计无所出。后经邑绅力与交涉，谋未逞。日军留胶四十余日，始退至青岛。是役也，城厢绅商各户供给日军食用并市肆停滞营业，损失巨万，境内居民男妇等被日兵戕害、殴伤、强辱者甚众。事平，虽经当道抚恤有案，惟所报损失迄未赔偿。四年十二月，大总统袁世凯改元洪宪，南方民军起义讨袁。五年，山东吴大洲等聚众，自青岛起革命，号护国军，据周村，使其党分扰各县。潍县、高密、诸城相继失守，胶城戒严。七月，大洲分党扰胶境，占据邑南王台镇、西南朱陈沟等处，所至树立民团旗帜。一时莠民乘机作乱，皆借词为民军筹饷，横索钱财。有稍不如命者，辄诬为袁党，抄没其家产。又逼送名誉旗、德政匾，诳惑视听，居民大扰。九月，大局平，护国军归，招抚其余党，复借口革命成功，退伍待用，横行闾里间。事定，政府有赔偿损失之命令，究未一被实惠。采访册。民国十一年七月一日，薛家岛匪纠众数十人，窜入胶境西乡西门庄，烧毁民居，架去票民二十

---

① 天燕：太平天国后期设置的文爵之一，简称为燕。
② 赖世就：广西陆川人，原名赖九、赖世国，太平天国将领，后封奏王。
③ “文”，底本作“汶”，讹。据前文改。

余名，往东逃窜，经新起之联庄会各团追击。黄县长泽沛得报，即派警察游击队队长崔步瀛带队驰往援应，一面函请陆军营团各长，飞饬王台驻防队葛连长孝言，并派第七连岳连长秀林带队驰赴红石崖一带，黄知事自带一小队，会同赫督连长继召驰往东南督剿。葛连长率队五十名并带机关枪一架，向王台东海崖杜截。途次奉营长令，赴红石崖一带截剿。据探报，岛匪现分两股，一股二十余人，窜据王台西北二十余里之闹埠子庄。一股三十余人，窜据闹埠子西之黑土岭庄。葛连长率队转赴闹埠子庄，崔警队长与岳连长各于途次探明，带队驰至。维时该匪等在该庄古庙内盘踞，先经联庄会副练总宋兆麟率领团众奔至该庄堵截，黄县长督同军队、民团向前攻击。匪众还枪抗拒，相持一小时之久，匪力不支，即由庙内窜出，向黑土岭逃走。当时救回票民六名，击毙悍匪三名，擒获匪人王三月一名。因黑土岭先有股匪三十余人窜据，该逃匪进庄会合，匪势复张。官军尾追至庄，黄知事督同崔警队长指挥进剿庄之西北面、正北面，陆军岳连长、葛连长并力剿击正东面、东南面，联庄会率团围攻东北面、南面、正西面。匪众枪弹充足，负嵎死抗，飞弹如雨。联庄会副练总宋兆麟率众奋勇死斗，与团丁田小山、孙宝聚均受重伤殒命。朱本元、宋成名、周大库、王均令、周岱洪、王守义亦皆被拒受伤。警队冲锋前进，激战尤烈，第六连副兵杨立铨、正兵张怀贞皆中流弹死。战至午后七点，军警民团齐声纳[①]喊，奋勇攻入庄内，生抢匪目童金柱一名，毙匪数名，击伤者尤众，救回男女票十一名，夺获枪械子弹及军装各物多件。黄县长进庄抚慰居民，佥[②]谓此役匪党多被歼灭云。是月，黄县长解任去。未几，复有海西悍匪孙学彦、马文龙、张健斋等纠众数千人，盘踞租界各岛，四出劫掠。县长王大成邀同高、即两县县长，于八月二十九日同赴青岛与日交涉，允为协助。九月七日，接到青岛守备军警务部长大桥长三郎通牒，准八日讨伐南岛海匪，照会派军迎剿。即晚十一钟，驻城军警出发，并调集附近军警民团兜击。讵贼已侦知日军往讨，即于七日晚纷纷出岛，劫夺舢板，携票向胶境南乡沿海山庄窜入。及军警驰至时，贼已占据险要。八日清晨，杨团长长义同王县长先后亲赴前线督剿，官军分南北两路夹攻。九日拂晓，进占扒山、牛王庙等处。而贼众约有二千，皆战术娴熟，反攻甚猛。官军仅五百人，前后横被遮断，势甚危急。适是晚，援军第七连并带山炮一尊，驰抵辛安，向前进剿。匪势不支，弃山退却[③]，窜入海西南半岛内。是役也，击毙匪首马七一名，匪四十余名，受伤者加倍，生擒三名，匪首范景恩因伤重回岛死。官军阵亡三人，伤六人。十一日，杨团长带队复由辛安出发，亲往灵山卫一带察看前防地势，分布军警驻守。柳营长长清留守灵山卫。王县长督率警队固守辛安，并分队进驻长城岭，使军警首尾衔接。十四日，杨团长回辛安集，王县长回城筹接济，并巩固城防。十七日，各路援军云集前线防地，驻潍二十旅第一营王营长兰芳亦率队五百人前往协剿。先是贼退窜租界各岛。时王县长复电致青岛日署，仍前驱逐，并派交涉员吴隆巽亲往交涉。旋接复电，定于本月二十一日派兵往剿，嘱

① 纳：通“呐”。
② 佥（qiān）：众人，大家。
③ “却”，底本作“郤”，当为“卻（却）”之形似，讹。据文义改。

为堵截。讵事前为岛匪侦悉，二十日，均向沙子口租界一带逃窜。二十四日，合股齐赴即墨攻城。城内已预为防备，贼未得逞，仍回沙子口一带盘踞。胶县开来援军，吴旅一营成团两连，即调驻即墨。胶境归第五师十九、二十两团，陆军两营余人及警察队二百七十人分段严防。全境自岛匪逃窜后，居民安堵如故。岛匪孙学彦等，寻经山东督军田中玉收抚，编为军队，自是匪势稍衰。以上档案。未几，复有大刀会之乱。十六年，胶县西南乡大刀会四起，亦名红枪会，横行乡里间。会众恃符咒邪术，各带兜肚①，自称刀枪不入。愚民被其诱惑入会者日众。声言杀土匪，不劫民家，所至迫索给养，不应则杀之。村民不堪其虐，纠集练众，在七宝山后崔家屯截杀会匪数人。然会众来去无常，终莫能胜。是年六月二十四日，胶县驻防三营兵变。先是渤海舰队总司令毕庶澄驻青岛，委部下曹某、张某、王某三营长带队来胶，进城后纪律甚佳，兵民颇称和辑，是谓海军陆战队。嗣因张宗昌委教导团团长钟镇国来胶，意欲改编陆战队，以夺其权。该队营长以下军官，均被镇国秘密更动，用其私人，内有童子军数十名。至是镇国声言点验陆战队，拟将营长、排连长等实行裁汰，以致激该营之怒，阴蓄异谋。至二十四日，会县长王天伟邀请镇国及各营长赴宴，陆战队即纠众到县署，借欠饷为名，索镇国出见，皆持枪整队以待。镇国由署后逾垣遁去，各营长亦乘间潜逃，陆战队遂相率哗变。时三城门及城内各街口皆同时鸣枪为号，排队出城。西关各商店略有损失，盖变由激愤而成，其志不在抢掠。会天大雨，变兵出圩时，河水暴涨，皆纷纷越水，向东南逃窜。是月，前福建督办周荫人军陆续来胶，共约马步军万余人。王县长天伟出与交涉，大队均驻圩外附近村庄房屋，至无容足处，乃露宿于野。延长数里，弥漫坡陇，一望无际，幸全军皆守纪律，地方未受骚扰。未几，荫人通电下野，全部归陈以燊统带。以燊率领卫队驻城内文庙等处。先是以燊归周节制，均属直鲁联军孙传芳部。至是，以奉革命军西北路总指挥冯委任援鲁总司令，遂于七月三日宣告独立，聘用邑人柳长泰为参谋长兼前路总指挥。是日，由商会通谕各商店、民户一律悬青天白日旗，表示欢迎。时孙传芳军驻扎潍县，不附以燊，而驻高密之陈部各营亦不服从，以故陈军未得西展。张宗昌闻报大怒，迭以飞机俯瞰陈军，回翔示威，并掷炸弹数枚落于城南各处。次日用铁甲车装载俄兵千名为先锋队，并调本营兵万余人长驱东下。讵行至坊子，火车出轨。比及移车就轨，时天色已暮，而陈军亦于是晚全部开拔向南遁去。行时纪律肃然，适大雨骤至，皆冒雨而行，无乱次者，至今城乡间犹艳称之。据采访册。是月，胶县南乡与胶澳毗连地方，发现红枪会会首邓德奎，字寿千，在南乡一带广传邪术。八月二日，距红石崖二十里之港头，突来会众三百余人，将盐局抢劫并掳去员司②七人，受伤者四人。驻青胶东防守总司令祝祥本令警厅派员前往谕解，旋由司令部调陆海军队飞行机，于是月三日下午至胶城飞翔调查刀会情形。四日，管队长恩成随同刘副司令惠林

---

① 兜肚：入大刀会时，由会首发护身兜肚一个和大刀一把，同时宣布戒律若干条。兜肚是用色布做成的，黑表蓝里，上面用朱笔写着“左青龙，右白虎，朱雀护前，玄武护后”。据说会徒带上兜肚，只要不违犯戒律，平时可以逢凶化吉，对敌作战时可以刀枪不入。

② 员司：政府机关中处于中下级的人员。

由城出发，抵距城四十里之田家窑。据报，窝洛子、南辛安、刘家屯等处聚有会徒二千余人，势甚猖獗，遂直向窝洛子前进。抵庄会徒到者三百余人，管队长即以和平解决晓之，会徒要求到南辛安会议。管队长即随同刘副司令招集区长及各社长等二十余人剀切宣谕，会徒等允即日将会解散，并出具悔过书，不复滋事云。九月，王台以南刀会仍复猖獗。二十三日，警备第二大队第三分队队长庄全福报告，本区西邻诸境有十二字之刀会王小广盘据小柳家屯、饮马泉等庄。十月一日，王台之刀会四百余人突袭红石崖，刀伤盐警二名，夺去马步枪三枝。该区警队暂避青岛。五日，防守胶东祝司令①祥本檄祝团长宏德相机剿办，又派李团长吉祥率队前往协剿。三日，王县长天伟随同祝团长宏德驰抵南乡王台镇，一面饬派警备第三大队长孟传永带队至西南之杜村分途截剿。四日，祝团长率队赴王台西南之插旗崖、亮甲埠一带相机剿抚。该会聚众抗拒，官军齐用猛力射击，格毙会匪十余名，余均四散。惟杜村一方因警力单薄，众寡不敌，阵亡马警一名。祝团长正拟会合警队，复出痛剿，讵会匪于晨六时聚众极夥围攻王台，前扑后继，相持不下。祝团三营杨营长永举被困于重围中，遂遇害。王县长亦被匪包围，数日不得出。适青岛派来援军，李团长吉祥协剿，围始解。是役也，陆军阵亡营长一员，兵士四十二名。刀会亦死亡相当。七日，督办张宗昌复调重兵，檄祝司令亲往指挥。祝于早晨五钟抵胶，任旅长德福亦同日开到。祝司令所派李团到胶，即开赴王台与祝团会合，向西南一带进击。自三日至八日在王台军警会合，与匪接战数次，官军猛烈击射，毙匪数百名，获枪数百枝。匪势不支，向南溃窜。祝司令、任旅长督队来城。王县长因城防重要，亦于七日星夜驰回，暂由副总队长刘惠林会同陆军剿办。十一日，任旅长督率王、徐两团在城西南二十五里之杜村一带剿捕会匪。匪纠众死抗，经官军痛击，毙匪三百余名，夺回土炮枪械多件。匪势不支，均向西南溃散。即将杜村十五庄一律肃清。在王台，祝、李两团亦率队会警向红石崖、薛家岛、灵山卫一带进剿。十四日，据探报，任旅长于昨日行抵大小佛乐，发现会匪二三千名，当即实施痛击，毙匪数十名，并获抬杆土枪三十余枝，洋铁筒炸弹百余枚。匪势不支，纷向高密褚家、王吴一带溃窜。祝团长同日在黄山屯遇会匪六七千人，即经分队三面兜剿，毙匪数百名，余均纷向西南方面溃退。闻此股匪徒，多系诸城、日照、莒县窜来者。是日，任旅长在高密境城律②督队出发，行抵辛庄、上大港等处，发现会匪二千余名，当即分头痛击。鏖战多时，毙匪首一名，匪徒数百名，获快枪、土枪甚夥。匪势不支，均向褚家、王吴及铺上大小朱葛一带溃散。十七日，由高密军队拿获匪首十五名，一律枭首，解来胶县，分挂各要路，以昭炯戒③。二十二日，王县长随同柴总办勤唐、徐总办鸿宾及吴参谋、鲍副官等同到王台镇，召集绅董、社庄长并聚集南乡黄山屯，对刀会会首等劝导解散。该会首闻之皆感泣，愿听命。二十三日，先缴兜肚一百六十六个，余俟陆续呈缴。齐城、阳武两区由王恭，朱仲、龙泉两区由纪月堂，高城区由李明亭各负责办理。祝、

① “司令”，底本作“令司”，讹。据上下文义改。
② 城律：村名，归属于今山东潍坊高密柏城镇。
③ 炯戒：明显的鉴戒或警戒。

李两团仍驻王台，监视黄山屯之刀会举动，并协同收械。任旅长及王、徐两团于二十三日，由高密距城河仍来胶境黔陬、铺上集驻守。张旅长骏于十九日夜，率部来胶驻城，因刀会输诚①，尚未出动。是年十一月，复有伪司令郑桂华、伪副司令刘孝先等纠党百余人，盘据谈家村、里岔一带，架票勒赎，大肆劫掠。王县长令警备队副总队长刘惠林率队往剿。惠林督率训练处第一大队并带二三大队各一分队，暨警备队抽编一大队，于本月二十日驰抵黔陬。二十二日拂晓，率队由黔陬出发，行至铺集南端，与匪接触，激战三小时，毙匪三名，生擒匪徒李万一名。该匪退据牧马城，恃险抵抗。官兵倍加奋勇，猛力攻击。至下午三时，匪势不支，向南溃窜，当场击毙匪首刘孝先一名，匪徒十三名，生擒刘昭富、范进玉二名，截回孟慈庄票民周辉健等十一人，金槽庄票民刘万春等三人，福香庄票民李宝子等二人，共计十六人。获快枪七枝，大抬杆十二枝。跟踪追击至二十余里。天色已暮，兵士疲倦，回至里岔宿营。次日派队搜索，捕获大刀会匪袁世贞一名。惠林驻兵里岔，连日派队分赴四乡游击，已无匪踪。二十七日，惠林督队回城。擒获李万等三犯，已奉令就地正法。而南乡大刀会在黄山屯一带，均愿缴械解散。各部队正在分途游缉。二十五日，任旅长由铺上向遥望山一带游击，卒遇土匪甚夥，当即击毙百余名，余均溃散。二十八日，祝司令集议决分三路游缉，搜捕余孽，仍饬任旅追剿遥望山余匪，向六旺一带前进。张旅长由王台向石灰窑、黄山屯、曹哥庄、王哥庄、大台、张家楼、柳屯、大朱葛等处。祝团长向苗家屯、张仓、李店子、东西碾头等处分头游缉。均于三十日出发，克日②肃清。十二月五日，王县长仍在王台随同韩局长文友，督饬办理善后，并议定扼要分驻军警，继以清乡。祝、李两团仍驻王台镇慑，任、张二旅均于本月三、四两日，完全开拔，各回原防。徐鸿宾、柴勤唐两总办亦于四日回省。自是大刀会多遵谕解散，由各社庄长出具保结。十七年二月二十三日，第二警察分所武堃先缴到朱仲区社长等所收刀会符子兜肚三百件。先是一月十一日，灵山卫龙泉、孙家庄、赵家庄、徐哥庄等处，由东窜来匪股各数十人不等，自称南军别动队，分扰各村，大肆劫掠。十二日意图窜王哥庄一带滋扰，先派人扬言恫吓威胁前大刀会会首邓寿千、王恭等联合会徒加入。寿千等严词拒绝，当由保卫团集合团丁实行抵抗，寿千等亦竭力协助，该匪等始各退窜。王县长亲赴王台一带侦察，始知该匪等系由特别区薛家岛、红石崖分股窜来，已将各该处警所包围，强迫缴械，并在县境东乡辛安集塌伏一部。王县长即调集各区保卫团竭力防剿，一面连夜遄回③。适值祝司令检军来胶，即调派混成一营，并由王县长选派警队，定于十五日亲率副总队长刘惠林督饬，会同前往辛安、王哥庄等处相机进剿。警备队李大队长、孙分队长，于十三日进至阎家屋子，即闻该匪在郭河岩盘据，当即协同团练开始攻击，毙匪三名。匪势不支，向山冯家一带逃窜。十五日清晨，王县长协同祝团长，带领范营长骑兵及刘惠林率警驰抵王台，查得该匪在辛安设立国民革命军别动队司令部，伪司令孙协、伪副司令梁毅，

① 输诚：表明诚心，献出诚心。
② 克日：约定或严格限定期限。
③ 遄(chuán)回：急速返回。

勾结土匪图谋不轨，官军正在督队进击。时旋据保卫团团总等报告，已将伪司令孙协及匪徒刘合清[1]击毙，擒获冯超即冯明斋、唐起文二人，余各四散逃窜。骑兵即赴红石崖游击，王县长带警驰往辛安，破获伪司令部，起获关防旗帜、臂章及印刷品多件，并马枪十五枝暨子弹所架，红石崖、薛家岛各处局所员警、人民亦均救出放回，仍留刘惠林率警在辛安搜剿余孽。自是红石崖等处已无匪踪，所获冯明斋即冯超、唐起文二犯，并已经格毙，伪司令孙协即孙鸿宾、匪犯刘河清首级二颗及关防党旗等件，派武大队长堃先带同警队一并解送青岛司令部。以上档案。祝团长宏德旋奉电令调明水剿匪。四月，大珠山啸聚股匪二百余人，盘踞山里，时有匪探出没于灵山一带。匪首孙鸿勋为已毙孙协之胞弟，率众声言欲赴辛安镇报仇。当经胶澳商埠警察厅，报告青岛司令部祝祥本，祝即令行胶县，饬王县长督警会同剿捕。督省两署亦电促出发。是月七日，警察分所所长车道坦、保卫团团总卢葆枢报告：五日，股匪邢敬臣在诸境张家庄被警队击退，逃至县境松山等处，匪徒约有八十余人，快枪三十余枝。王县长当派孙巡官、刘团正、张团佐各率警团进剿，匪势不支，于六日复逃至杨家山里。王县长抽调警队，并集合民团，于八日亲率出发追踪进剿。该股匪经警团痛击后，一股西窜诸城境，一股北逃杨家山里及大于家庄、周家庄等处。即令警团分头追击。九日，在夏家庄东南埕遇匪，齐力猛击，鏖战数小时，匪败北退，由市美逃窜。以上档案。是年四月二十九日，张宗昌退出济南遁。五月一日，国民革命军入济南。三日，日本炮击省城，居民死者甚众。五日，国民革命军[2]退出，设临时省政府于泰安。日军遂据济南，并沿胶济路线派兵把守。维时胶济路南北盗贼蜂起，兼宗昌余部散处胶东一带，到处索给养、勒兵饷、拉民夫及牲畜等，百端骚扰，往过来续，市井萧然。是月，韩信区大刀会聚党二百余人，并纠结即邑南岭同会，合众三百余人扰乱各村，势甚猖獗。六月初旬，适有自即墨装运枪炮之车子九十余辆，并护送兵士三四十名，道经大麻湾河口，被刀会截住，杀死兵士三十余人，余皆奔逸，遂将车辆解往即邑南岭而去，旋又至东马哥庄盐务分局，戕害盐巡十余人，财物劫掠一空。九月，被县城警备队刘惠林、匡耕山，率队前往剿灭，抄出枪炮子弹若干，解送县署，其乱始定。先是五月间，周岷山随同张宗昌旧部顾震军来胶，盘踞县城。未几，顾军开赴平度，攻方永昌，以某团之二四连畀周，使驻胶留守。及顾军战败南退，因日人宣告铁路附近二十华里内不许任何军队驻扎，遂舍胶县西去。行至高密境，日人以侵犯路线拒之。会高密西离城十七里周阳庄附近有匪，顾震遂督队往剿。至周阳，天色已晚，夜间与匪接触，顾军借庄前树林为障，猛施攻击。日人闻枪炮声，以为匪众作乱，亦出兵轰击，顾军因有树林遮蔽，未受损伤，而日人在庄后旷地，四面受敌，遂伤亡兵士百余人。次日始知为顾军，由是益嫉之，顾震百计向日乞和请谅解，迄无结果，遂离铁路，由西南开往诸城境内，经过黔陬、巴山、相州等处，辄借剿匪为名，强索给养、兵费等项。所至骚扰后，经杨虎城沿途截击，复回胶，

---

① “刘合清”，本页第6行作“刘河清”。名字用字不一，待考。

② “军”，底本无，据上下文补。

据王台镇，私设县政府，征收赋税，村民无力抵抗，损失甚巨。十八年二月，杨虎城军至王台驻扎，顾震始开赴即墨。驻城内之周崐山部，自十七年五月，顾军开往平度后，乃自称胶高保安司令，改军队为保安队，与日人交涉，准其驻扎。方留守时，卫队及二四连不过百余人，嗣又收匡耕山部二百余人、崔继盛部二百余人、齐某部百余人，名为三团，实不过六百余人，枪械不过三百枝，而周之气焰乃大张。会省委霍树声为胶县县长，邑人柳长泰为公安局局长，甫接篆均被周擅捕拘押，并将长泰枪毙。邑人皆畏周，无敢抵抗。惟索饷未若杂牌军队之多，亦无纵兵抢掠等事，胶人赖以苟安。是时，南乡刀会虽已缴械解散，而东乡一带刀会仍顽抗如故，嫉视军队如寇仇，蓄谋攻城已非一日，旋于十七年八月十四日，纠集会众四五百人，由东圩门蜂拥而入，分作三路，一股由圩内东北行经匡家街趋东门；一股东南行由麒麟街趋东门；又一股由天后宫沿大街直趋南门，东北、东南两股相合，直扑东门。时城东北大关帝庙驻有军队数十名，猝不及防，突有刀会数人入庙，夺去快枪数枝。及军队出庙齐兵时，城门已闭，有刀匪多人叫嚣城下。时警备队登城排枪下击，奋勇抵御，匪抵死不退，警队复用机关枪扫射，匪始败退。同时关帝庙之军队截击于护城河畔，刘惠林、周崐山各带队出南城门截击，毙匪十数人，匪西窜。崐山复知会驻胶日军，合力奋击，日人遂由北圩门外布置岗位，迤逦达至小教场。刀会知力不敌，遂如鸟兽散，出圩遁去。先是关帝庙驻有副官万某，系东乡沙岭人，闻刀会攻城，奋勇前救，因失足陷沟中，泥深不得出。匪连刃之，碎脑死，旋被官兵轰退，伤正兵一名。其由南圩门入者，警备队截击至水寨街，匪不得逞，仍出南圩门，南窜而去。其退出东圩门者，经周崐山军及匡耕山团协同，警队追击至烟墩一带，匪向北溃窜者多伏于沟堐之下，被日军追至击毙及受伤者数十人，余皆窜逸，刀会败退后不能复振。盖由乌合之众不解战术，亦无团结力，故易破也。时杂牌军队扰乱胶东各县，胶境北乡一带村庄被祸尤烈。是年冬十一月二十八日，突有顾震部下盛祥生，勾结前警备队分队长孙汉臣与土豪李善亭等，自邑南铺上集窜入邑北宋家屯，苛捐勒派，势汹汹，莫敢抗。时值隆冬，农民冲寒冒雨奔走运输，稍不遂，立加棰楚①。冬十二月初七日，忽有大刀会多人包围宋家屯东南面，联庄会包围西北面，互施攻击。附近难民扶老提幼、拖妻抱子，颠踣②于枪林弹雨中，纷纷逃避，哀声震原野，卒以强弱不敌，刀会败退。当退却③时，盛军则由东北门拍放迫击④炮，随后全队出发，直扑阎家屯前大路沟中，抄击刀会。之后，刀会见势危急，遂溃散。盛军尾追至大杜哥庄，放火烧民房，大肆搜掠。刀会愤甚，于是日下午未刻，复收集千余人，自毛家屯驶至北官荒北，冀图反攻，遇敌军激战二小时，死伤相当，刀会败退，被敌掳去三人。翌日，盛军分驻大、小杜哥庄，蔡家寺三处，取犄角之势，以宋家屯为根据地，将所掳三人于宋家屯，大、小杜哥庄各枭首以示众。是时刀会复收合余烬，聚

---

① 棰(chuí)楚：指鞭杖之类刑具。此指鞭打。

② 颠踣(diān bó)：跌倒、仆倒。

③ “却”，底本作“郤”，讹。据文义改。

④ “击”，底本作“机”，讹。

集五里堠子，并乞援于平度、即墨各会，与联庄会联合，意图再举。来援之会众甫至王朱集，喘息未定，而盛军自铺上集已陆续追至，又调动驻扎王家河头之伪团长李震等，于是月二十一日下午分队出发，一军猛扑王朱集，一军直攻五里堠子。驻王朱集之援众见敌军来，不战而溃，敌未入集，回军取五里堠子。该村居民仅百余户，虽集有会众，而新筑圩墙短而不固，不足防守。伪团长孙汉臣等指挥军队围攻东西南三面，村内会众用土炮快枪向外猛击，妇女亦登圩墙助战，砖石齐下，时值大风雪，民众皆忍冻拼死力拒敌，自薄暮剧战至夜半，敌军卒以苦寒不能持枪，始退至崔家岭、夏哥庄一带。村内会众度力薄难与抵抗，而弹药且告罄，遂捏称乞援邻村，乘间遁去，遗老弱犹死守，敌军喘息须臾，旋又回击。诘旦日出时，始知村内空虚，遂由东南小门齐拥而入，杀戮焚烧，行同流寇，火一昼夜不熄，复胁迫农民为运粮至宋家屯，牛马夫役络绎于途。是役，盛军中弹死者约有四五十人，乱定检查殉难村民六十四五人。二十七日晚，盛军忽迫索小车夫役至宋家屯备用。二十八日黎明，盛军拔队北窜平度北乡一带，村民始获安堵。以上据采访册。是年，庸生区店子庄段桂发、柏栏集张凤瑶、七城庄王斗瑞、高密大屯庄郭振藻等八十余人，假冒南政府委任便衣队名义，于夏五月初七日，在七城成立便衣队局，劫架勒捐，大肆骚扰。十七日，移驻玉皇庙庄，经警备队刘惠林派队击溃，段桂发等窜往高密张鲁集。冬十一月二十四日，复集合残部，勾串济宁县人许典华，邀同庸生区社长刘从桂等八名，呈准归刘惠林收编，段桂发充七城第一游击队，张凤瑶充后屯庄第二游击队，仍复强派给养，攫取民财。十八年春三月十一日，经警备队刘惠林带队往剿，始将段桂发等解决。采访册。是年三月，济案解决，驻胶路之日军一律撤退青岛。四月，国民革命军第二百七十三团团长宋润田来胶驻防。维时大珠山一带匪势猖獗，绑架劫掠日辄数起，宋团长遂于八月二十一日派其营长①苑金鉴带领全营兵士，并机关枪一排、迫击炮一排，前往剿办。复函青岛水上警察，使其堵截。苑营长与水上警察分配后，匪徒正据险开饭时间，苑营长分三路攻入，匪徒措手不及，犹恶斗三小时，被官军击毙三十余名，擒获者二十余名，均行就地枪决，逃者无几，自是匪氛稍戢②。十月，警备队刘惠林奉令改编山东警备第二旅第二营营长，调省训练，所有枪炮子弹均被装载而去。由是胶县枪械缺乏，城防空虚，人心大惧，县长叶钟英与邑绅公议，购枪募兵，以资保卫，乃委城长李翰专办购枪事。讵翰赴大连向日人石桥购得快枪三百枝，付价四万八千元，于十九年二月，由石桥装船起运，翰回胶，突接石桥来函，据称该船行至石岛，被刘珍年军将所载枪弹完全截留等语，以致枪款两无着落。叶县长以事迹败露，不承认派员购枪一案，卸责于翰。又因城防关系重要，不得已搜罗旧存土枪，并催办乡团。而土匪已知我城防空虚，于是伏莽③齐起，蔓延及于围墙附近各村，距城三四里路，即断行旅。十九年三月，西南乡土匪蜂起，著名匪首王子明、柳大和尚、李小七、孙宝善、咸麦自称麦司令。等皆啸聚为盗，利用大小珠山地势险要、灵山卫

① “营长”，底本作“营兵”，讹。据上下文改。
② 戢(jí)：本为收藏兵器，引申为收敛、止息。
③ 伏莽：指军队埋伏在草莽中，亦指潜藏的寇盗。

运输便利，狡焉思逞，各股多者一二百人，少者八九十人，分扰各村。其时西南乡一带被架者约五六百家，损失不下数百万元，遇害者不可胜计。叶县长与公安局定议，以整顿乡团为会剿之计，乃集合民团，暂假营长、连长名号，令驻城警备队率领往剿。时匪股窜入招贤区后立柱庄。五月三日，宝华区河西团练长相宝善，统带练众会剿出发时，令练众皆于衣袖钉布条为符号，上书某队字样，其号衣皆仿警队服式，不意被匪徒细作侦悉，亦仿效其服装，以图相混。是日出队剿匪，业将匪众包围，颇占优胜。忽有北来大队，声称系北练上人来助剿。相宝善等以其服装相同，与之联合，比就近审视，符号全异，知中贼计，正在急施攻击间，已被贼合围。宝善中弹死，其族弟副练长宝璐同殉。同时薛家庄民团团长薛增盛伤右股，其团丁负之逸。又前卢庄庄长刘全义、迟家屯庄长王景成、沙沟庄庄长韩西园，均遇害，而警队亦阵亡二人，同时殉难者共十余人，由是土匪势益猖獗。以上采访册。是月，宝华区尚庄社报称，土匪盘据张八朱一带，焚烧数村，勒捐八村，共索去洋三万余元。旋经高密开去军队，将匪击散。官军退后，仍回张八朱、尚庄一带，约匪众二百余名，勒迫各村筹办给养。经叶县长分令各区抽调民团二百名、快枪二百枝，并派警察队第三分队，共同组织警团联组游击队，于本月二十八日，在王台镇集合，加以编制，专事剿匪。叶县长即于三十日，督率警队出发，亲赴王台镇，集合警团开往南乡一带，沿途击散尚庄等处股匪。旋据探报，股匪数百人窜踞后立柱社，叶县长复率队前往堵剿，与匪接触，激战数小时，毙匪十余名。而股匪枪械精利，凶悍异常，抵死不退。该队官正在向前冲锋时，匪忽以手提机关枪扫射，警兵阵亡二名，团丁阵亡十余名，匪乘胜攻入村圩，负嵎抵抗。卒以警团寡不敌众，乃收队退回王台，暂时休养。叶县长亦于五月七日回城。以上档案。自此官兵视剿匪为畏途，而各股匪乘我空虚，益肆猖獗。初犹扰乱南乡沿海一带，继而弥漫全境，绑架掳掠，日有所闻，甚至有合村焚毁者、全家被杀者，所至糜烂，已成燎原之势。驻潍讨逆军韩总指挥复榘①闻知，委任季啸溪为讨逆军游击司令，来胶招安，意在收抚失伍军人、减除人民痛苦，实则季部所招皆悍匪头目，各带其部下匪兵，恃为隶属中央军队，乃假保护城池、拒绝红枪会为名，其匪首不时进城与县长交涉。是月下旬，城闉②突有五招兵处，发现当时季部尚未组织成军，较易防御。若禁止进圩，自卫能力尚有警察队二百余人，杂式枪枝一百余杆，公安局保安队一百三十人，快枪及林明敦约有三十杆。如悬重赏激励警队协力守城，并传谕附近各区民团互相策应，土匪知我有备，决不敢冒昧攻城，其赴王台一股，该处民团始终未开城门容纳，匪亦知难而退，此其明证。乃叶县长怯懦畏事，但令各隅出夫，每夜守圩瞭望，风雨无阻。贫民不堪其苦。并将东西圩门水闸用沙土填塞，各圩门只留南北两门以通出入。于是城厢加紧戒严，又因风声鹤唳，三城门白昼皆闭，站岗警察荷枪林立，出入搜检之严，异常紧密。奈匪势日强，不可遏抑，各匪目出入城圩各门，皆携带手枪，横行无忌，岗警不敢过问。自六月

---

① 复榘（jǔ）：底本作“渠”，讹。下同。韩复榘，字向方，直隶省顺天府霸州煎茶铺镇（今河北霸州）人，民国将领，冯玉祥手下的“十三太保”之一。

② 城闉（yīn）：城内重门，亦泛指城郭。

三日至十日，北乡匪首戚某连次率其党羽，由县署劫去被押匪犯十余名。叶县长见势危急，电请辞职不允，请兵亦未答覆，乃赴青岛医院借养痾为避难计。省政府乃调汶上县县长祁庆墀委署胶县。祁到任后，见城中兵械缺乏，无可防守，即赴青向海军司令部乞援，复由青晋省请兵。奉韩指挥令，以季啸溪维持胶县治安，而季所招募皆乡间悍匪编制成军，服装旗帜均系新造，就形式上观之，俨然中央正式军队也。六月二十日，啸溪至胶。二十二日，匪首孙宝善、王维周即王顺，亦号振东。进城，宝善部住城隍庙街曾宅，王顺部住城里第一小学及党部，又有李小七侄一部住前河堐韩宅。各部惟王顺最强悍，宝善次之。季恃王如左右手，王之私党均派充要职，并委王顺父增贵为稽查处处长，俾作耳目，住城里和济李宅，又有孙思良、崔吉胜两部及柳大和尚一部，共系六营，均自称团长。自二十二日进城，次日即拘押王家庄避票朱姓两家勒赎。季于二十六日复来胶，初驻车站，三十日匪军共迎季入城，住南门里达材①学堂旧址，设游击司令部。自匪军盘据关厢，被抢民户每夜多寡不等，合邑骚然。韩指挥得报，急召啸溪赴潍，将加以训斥。季惧不敢往，韩即将季所委任驻潍办事人员扣留，遂于三十日由高密派兵一连，来胶察看情形。匪军闻韩部已至，即率众潜出逃避，后探知军队回高，复于是晚进城，遂决意叛变。自匪军二次进城，即于七月一日黎明，将狱囚一律释放，官库亦被捣毁劫掠一空，并勾结警察队队长董某，全体缴械归季部改编。是夜匪军自由劫掠西南关一带，商民被劫尤众。祁县长闻变，即越城潜逃青岛。是日，城内各街口均布岗兵，城门及各圩门一律关闭，禁止出入，以致行人断绝交通，各机关人员皆逃亡一空，应付匪军无人主持。三日，啸溪招集邑绅组织临时治安维持会，派其参谋李钺为胶县政府主任兼维持会会长，并推城区区长王启甡、邑绅匡纯熙为副会长，商会赵汝曾、城绅逄绪训为名誉会长，财政局刘象仪为财政股主任，城长王至夔等为评议员，于四日宣告成立，时启甡、绪训、象仪等皆赴青岛未返，在会仅汝曾、纯熙、至夔等维持现状。而匪军各部索军费，索给养及种种用品，维持会几无法应付，每需索时，辄携带手枪到会恫喝威吓，急如星火，在会人员恐激暴动，无敢拒者。以故两旬日间，费至十二万二千余元。财政局人员避匿青岛，各钱庄亦关锁门户，款无从出，乃由城里四隅两社殷实民户摊派借款，应付一切。时南乡孙汉臣部亦来城，住北关马神庙一带，与季部合。惟匪军内部复杂，自司令季啸溪以下共分七部，约近千人，枪枝仅有三分之一。各部惟王顺最有势力，季颇信任，并为顺强娶女师范生刘企儒，以悦其心，所得金帛细软，先归王顺部，余以次有差，各匪首积不能平，李团尤愤怒，遂于十二日束载骡马西出圩门而去。自匪之据城也，时惧红枪会攻入破其巢穴，城圩各门警备严密。十三日，孙汉臣部同王顺部赴南乡剿红枪会，会众激战猛烈，殊死斗，孙部受伤，队伍皆披靡，未几纷纷败退。孙怒，攘臂解衣，挥刀前进，刃三人，奈寡不敌众，红会举枪攒刺，孙腋中数枪，犹纵马冲出重围，驰至马店后，血涌而仆，被护兵舁回。十四日，在城隍庙开奠，其部下军士哭之甚哀。自是三里河以南，匪军视为畏途，枪会亦不敢进城，匪军

① “材”，底本作“村”，讹。

防守愈形紧严。至匪军内容，季倚王顺为心腹，其待遇视他部特别优异。孙思良与王尤有隙，孙积怨之下，遂决意发难，一面密与亲信计画起事，一面派员密赴高密十九师赵长清处，接洽投诚。赵师长得报，恐事机泄露，亲率所部，于十九日午后至胶站驻扎，遥为声援。赵部开到时，孙已闻知，即结合孙宝善部，于二十一日发难，先将王顺诱至寺门首逄姓宅枪毙，并分别包围王部，勒令缴械，在城稍有抵触，双方开仗一小时即行停战，听受改编。先是二日，季之参谋兼维持会会长李钺秘密赴青岛，得脱于难。是役也，闻匪首刘大和尚及巨匪孟某均被杀。次晨，赵师长督队进城，收编匪兵。当孙部发难时，季闻变，即带其亲党微服潜遁，步行四十里，至李哥庄搭车东窜。赵师长闻报，即以电话达沿路各站截捕。至城阳站，遂被海军陆战队包围，当将季啸溪及亲信等八人擒获，余逸去，并搜出银币七千八百余元，经陆战队押解青岛，交海军司令部审讯。季供认不讳，即于二十三日，与王增贵、宋锡林等皆伏诛。孙思良以首先告发并诱杀王顺功，擢升旅长，继啸溪设司令部于南门里。时匪军仍分据城厢，需索无厌，城隅各户不时发生劫案。祁县长在青闻季军解决，即于二十三日回署，拟办善后。而韩指挥已委谢锡文署胶县县长，到任时，适赵师长来胶，谢县长即将匪军扰乱情形密报于赵。八月一日，赵勒令孙思良部开拔西去，二日手枪旅旅长雷太平来胶，复勒令季部各团完全开赴前线，胶民始庆安堵。按：匪军盘据胶县两月余，攫取城隅各户金银细软珍玩等，损失不下三十万元，地方精华吸收殆尽，至此解决，人心为之一快。是时晋军石友三部由尧沟进攻，入潍县县城，韩军退至高密南流，于胶县设中央总军团后防行营，大军云集胶城，并设中央后防医院，运载伤兵至胶者络绎不绝。胶济路自青岛仅通至高密，胶县几陷于战线中。九日，韩复榘军猛烈反攻，炮声隆隆，直达胶县。晋军退至潍县以西，自是韩军节节西展，于八月十七日，克复济南。自晋军于七月下旬占领省城，韩军屡战不利，至是晋军仍退黄河西岸。驻胶后防总军团开赴济南，胶济路完全通车，城厢解严。二十五日，驻胶革命军六十五旅一团三营营长靳宪章，奉令完全开拔西去，城防空虚，谢县长谕令韩信区民团团总姜子方，带领团丁调城防卫。二十六日，民团进城，共四十余人。二十八日，手枪队五十八旅一团二营营长张凌霄来胶接防，民团回店口原防。九月二日，张营长凌霄开赴潍县，手枪旅第二团第二营营长陈亚民来胶驻防。四日，国民军招抚司令张敬尧函胶县政府，拟来胶招集旧部在城中集合，并派其参谋长来胶接洽。邑绅惧蹈季军覆辙，当由商会赵汝曾并十三区区长，电请济南韩主席阻止来胶，事遂寝。九月二十九日，手枪旅第二营陈亚民部，奉雷旅长电令，调防高密，城绅以内部空虚，急电高密雷旅长，请兵接防，以资镇压。维时悍匪王子明、李小七等股纠党六七百人，携带男女肉票百余名，由安丘景芝镇，窜至诸城之大仁河，复由诸窜入胶县南乡高成区，占据距城百二十里之南塔桥庄、赵家庄等处，绑架劫掠，大肆猖獗。张营、里岔等处联庄会，带领民团前往截击，在塔桥东北距庄五里，双方接触，激战五小时，民团寡不敌众，纷纷败退，由是匪焰益炽。十月三日，由塔桥庄窜至法家庄、刘家庄一带，民团出与抵抗，被匪攻入庄内，纵火焚庄，法家庄被祸尤惨，杀死村民五十八人，掳去妇女四十余口。旋往据水城等村，另派队五十余人，驻大珠山与水城相犄角。

时驻城军队全部西开，所有新编之警察队、保卫团，多系新招之兵，未经训练，且枪械缺乏，以致城防异常吃紧。谢县长闻报，即于七日驰赴南乡，集合该区附近民团、联庄会严密防堵，并连电总指挥部，请兵剿办。商会赵汝曾亦代表民众及十三区区长，电请韩主席派兵痛剿。八日，陆军七十三师师长兼剿匪司令展书堂，统率马步军二混成团来胶。是夜，即派队赴王台镇防堵。十一日，展师长以二连及炮队留守城池，自率大军同谢县长抵王台，稍休息，即于十二日整队向阳武区水城、小珠山一带出发。是日抵水城，与匪接触，匪股约有三百余名，依据山岭顽强抵抗。展师长督率官兵奋勇进攻，并用大炮射击，激战数小时，匪力不支，即向小珠山溃窜。官军盘山越岭跟踪追击，当场毙匪四十余名，生擒三十余名。内有匪团长二名、匪参议一名，救出肉票五六十名，夺获迫击[1]炮四尊、大枪十余枝、手枪二十余枝、骡马三十余匹。官军阵亡三名，伤十余名，其生擒之匪，当场就地正法十余名。是日天晚，即在水城宿营。十二日早晨，侦悉匪股又结合七八十名，逃窜韩信区小麻湾一带，当由展师长派两混成营追击，其余军队暂驻王台镇。是日，展师长同县长回城，所擒匪参议翟元礼、匪团长于金等，及匪犯共二十余名，均押解来城，由司令部讯明，于十三日皆伏诛。以上据档案及采访册。先是海西薛家岛一带，忽发现土匪五六百人，势甚猖獗。当经青岛警察第三分局局长陈景熹，率领警兵前往剿办，恐兵力单薄，特请剿匪司令展师长派兵援助。展即由王台拨混成团一营前往协剿，于十二日在麻湾一带与匪激战。同时陈景熹亦在珠山口堵截，故匪力不支，向塔埠头逃窜。计是役毙匪六十余名，生擒百余名，现该埠已无匪踪。陈分局长即于是晚回青。王子明股自经展军痛剿后，除零散溃匪已派队四出截获外，其余成股之匪仅八九十名，于十三日晚逃窜高密境内。展即令饬陆茂德率队乘车赴高迎击。闻王子明股复由高密入诸城境，意在联合高建白残部，再据诸城。经该处民团北路剿匪司令路景诏率民团迎头痛击，匪军未得入城。展部混成团炮兵营亦前往堵剿，匪力不支窜去。以上据档案及采访册。十六日展师长奉韩指挥电令，全部开回潍县。濒行，商民于经过之处，皆燃放鞭炮、遍设茶点，表示欢送，颇极一时之盛。十二月，匪首孙梯云等结伙在东乡闸子一带扰乱各村。二十五日，谢县长将梯云擒获看押。旋令民团第二中队及店口民团联合即墨民团及海军陆战队，合力往闸子集[2]痛剿孙部。店口民团由姜子方带领，包围闸子集西北两面。即墨民团由高子美带领，包围闸子南面，东面由胶县民团第二中队担任。东北面由海军陆战队及即墨民团担任。二十六日拂晓，孙部往南闸子放哨，与高子美民团相遇，孙部见对方团兵甚夥，难以取胜，乃向闸子西北窜去，各处民团随后追击，当将悍匪刘启烈等数名捉获，送县惩办。《民国日报》。

---

① “击”，底本作“机”，讹。

② 闸子集：村名，位于今山东青岛胶州胶莱街道。明永乐年间由刘姓从云南迁来立村，因胶莱河南北通漕，设有河闸；村建后发展为重要集市，故称闸子集。

增修胶志卷三十四　艺文志第一　书目上

艺文志序

《前志》序曰：依《汉》《隋》艺文、经籍志例，特登其名目及著者姓氏而止。《旧志》所列篇文与世所传诵，并择其可存者分注于各门之中，不复专汇为卷。今志艺文一门，亦沿此例，而犹有《前志》未尽者，《前志》只列书目及著者姓氏，于书之大略不一语道及，殊失作者之意。兹本四库书目之例，每一书后，详述此书之颠末，并略叙作者之生平，以补人物所未备，故于此尤审慎焉。

李启白《周易讲义》四卷，高弘图《易解》，李世铎《易义》四卷，张文嵋《周易集解》，张禋《大象传解》一卷，薛世道《周易志疑》，薛桐《周易辨[①]解》，匡文昱《周易遵翼约编》，王克掞《周易考义》一卷，张寿颐《周易纂要》二十卷，高斑方《易翼皇极》。

右周易类。

庸谭《古文尚书》，张谦宜《尚书说略》，薛世道《尚书志疑》六卷，王克掞《尚书考义》一卷，赵节《禹贡今释》一卷，张寿颐《尚书论文》，张振鹭《禹贡考义》一卷。

右尚书类。

法寰《毛诗义》，薛世道《毛诗志疑》一卷，薛桐《诗经奥义》，张宾雁《诗古音》六卷。

右毛诗类。

赵偎《礼记思训》，赵佐《读礼三录》，王夏《周官释略》六卷，张抡彦《礼记集义》一卷，王翼周《仪礼图补》八卷，张宾雁《夏小正考》一卷。

右三礼类。

法寰《春秋繁露解》一卷，宋景白《左传钞》，法坤宏《春秋取义测》二卷，门人胡湘兰手书梓行。胡湘兰《春秋左传钞义》三十五卷，王克掞《左传考》，匡苞《春秋辑解》，张宾雁《春秋传通释》二十二卷。

右春秋类。

庸谭《齐论语》，李启白《四书讲义》五卷，赵偎《四书知二窃解》，法寰《四书义》，谈必达《四书艾义》六卷、尚书韩菼序。《四书集训》，李世铎《四书当下义》五卷，张谦宜《四书广注》《质言》《疏义》，宋振甲《四书讲义》，张燕翼《四书精义》，宋世峻《四书菁

---

① “辨”，底本作“辧(办)”，讹。

华》十九卷，张桐《学庸讲义》二卷，苏念祖《四书宗朱》十六卷，学使李光墺序。薛世道《家塾语录》四卷，薛世业《学庸讲义》一卷、《四书集解》五卷，陈之遵《四书朱注衍义》二十卷，高堡《四书集成》二十四卷，张洤《迂山笔述》四卷，王克掞《孝经考》一卷，王毅《四书义》，张寿颐《四书合解》，张宾雁《四书盖言》四卷，张乘雁《四书句读解》一卷。

右四书类。

高弘图《史记论事》一卷、《纲目别见》，高文熠《史异通鉴质证》，张谦宜《甲申群盗记》《胶镇志》《修史议》，法坤宏《纲目要略》，王克掞《马班异同》一卷、《通鉴摘钞辨证》一卷，高远业《深巷居史评》二卷，宋起蛟《历代世系考》六卷，赵节《读史释疑》一卷，张宾雁《唐书世系表考异》六卷、《伏生世系表》。

右史鉴类。

李元芳《奏疏》一卷，高弘图《奏疏》一卷，法若贞《谏垣疏稿》一卷，高文熠《彤廷奏对》一卷，张应桂《奏疏》一卷，王懿《奏疏》一卷，王纮《奏疏》一卷，张洽《奏疏》一卷，王岐毓《石楼政录》一卷。

右奏议类。

谈九畴《胶莱河图说》，高弘图《老氏解》《杂著》《尺牍》《画衣记》，赵僎《甲申日记》《洗月山房杂著》《赵氏三书》，赵业鸿《南钦天监志》，谈必达《远菴随笔》，张懋煌《胶西科目志》一卷，高璪《一笏堂尺牍》，崔居易《忠孝节义录》，张泰《鲁斋杂著》《孝感录》《奇姓略》《万言灯》，李世锡《楚中议》一卷，周肇汝《粤游俚言》，张谦宜《州志别本》《絸斋论文》二卷、《诗谈》二卷，王垓《使琉球记》一卷，张宿耀《老子解》《从使琉球日记》一卷，高凤翰《杂著》《砚谱》《印谱》，高敬业《静所杂著》《高氏世德录》，苏潜修《灵山卫志》四卷，法坤宏《迂斋学古编》《介亭待征录》《扶风世德录》，宋永年《琐琐录》一卷，薛世道《楚词志疑》一卷，张禋《性理注》，王克掞《老子解》《楚词考义》一卷、《尔雅考异》四卷、《韩文考异》八卷、《古字考》《古音考》《书目评》，张维祺《大名县志》十二卷，宗其彦《灵山卫志续纂》一卷，朱震《山城拾遗》一卷，赵节《待征录》一卷、《齐乘考证续》六卷，张宾雁《州志前编》十卷、《刘志疏证》三卷、《学古编辨证》一卷、《石古斋笔记》四卷、《后魏文纪》一卷、《山左金石遗珠录》一卷，宋兆彤《海上山庄随笔》。

右杂著类。

张复初《叶公政还金记》一卷，张绅《逸诗》一卷，高建节《归田稿》《永思录》，王和《逸诗》一卷，李相《篁坞遗集》二卷，李太和《致菴文集》四卷，马思问《文稿》，赵完璧《海壑诗文集》严从简序。《海壑吟》，栾尚约《岱沧集》一卷，赵慎修《清廓诗稿》一卷，薛曜《世德堂诗》，赵任《秋水斋诗文集》八卷，赵佐《中山小草》一卷，高弘图《太古堂集》一卷，王倜《太古园诗集》一卷，匡如桐《柳庄诗稿》，纪腾蛟《兆虬遗诗》一卷，宋之麟《南游草》一卷，高璪《劲草堂吟》一卷、《此君庐诗集》，谈必扬《南游诗草》，谈必昌《乙酉诗草》《长日编》十五卷，张若麒《止足轩集》二卷，李世镐《瑞杏园诗集》一卷，法若真《黄山文留》四卷、《诗留》二十卷、《驱病足文》一卷，纪起蛟《白云集》《由蘗集》一卷，韩魏《逸诗》一卷，张应桂《脱箨①轩偶存草》一卷，纪之石《那罗斋诗》一卷，李世锡《绮存集》四卷，纪之竹《渭川道人诗》，赵年《昨非馆偶吟》，赵文焽《粤游草》，张宿耀《韦斋诗草》，高曰恭《雪怀居士集》，高曰聪《温泉扈从恭纪诗》一卷，张洽《吏隐堂诗》，王如辰《北野遗诗》，王如春《粤游草》，法樗《书山草堂稿》，崔居易《香山诗草》，冷枚《金门遗草》，高荫棶《养芝山房诗稿》，周肇汝《余庆堂稿》，王懿《竹里楼诗》，高斯拱《辰山诗》，赵充廷《匏郙诗集》，匡瑮《介亭诗草》，张禋《二沽三汉草》，宋景白《莲友逸草》，宋瑞鉽《亭山堂古槐堂文集》二卷，法樟《又敬堂诗》，高辛裔《一笠居诗》，张谦宜《山农文集》八卷、《铜声集》《絸斋诗》三卷，王思《燕邸小草》，王纮《一亩园古文》五卷，薛世道《椒园诗草》，陈兆麟《荟萃集》，于衣《棩堂②诗偶存》，宋弘毅《艾麓草堂诗》，苏濬《群玉斋诗》，李涓《碧莲堂诗存》，薛桐《古文稿》，法光祖《介庐诗草》，张泰《西田遗诗》，王显宗《寄兴诗草》，法宗焞《铁麓山房诗》，张存仁《愚亭诗集》三卷，冷廷枢《瑞芝堂诗草》，宋云会《淡秋诗草》，法辉祖《念庐诗草》，宋圮《菜花书屋诗存》，宋京《中州遗诗》，宋男《愓斋诗草》，王功泽《墨河草庐诗》，赵熙焽《云鹤文稿》《千树斋诗》一卷、《清籁词》，高凤翰《南阜类稿》，王功沆《墨源草》，赵法宪《圣希遗诗》，冯继绪《慰前诗草》，张秉义《半舫诗钞》，王隽《剑外诗草》，张齐淹《恒斋诗稿》，高汝和《太元诗草》，法重辉《闇斋文稿》八卷、《保阳诗草》《雨窗词》，高攀霞《采芝山房诗》，法克平《勉夫诗草》，张洤《迂山遗诗》，高友仁《敛斋诗草》，蔡田《陶隐闲咏》《绿野诗草》，张崇礼《岸舫诗草》，纪缒《云泉逸士稿》，苏潜修《永贞堂诗草》，法坤宏《怡斋诗存》二卷，冷文炜《春晖堂诗草》，宋孝真《梓村诗草》，冷文翰《雪亭诗草》，张大亮《顽石居诗草》，赵执《一家郙诗集》，辛世宪《芸窗诗草》，法坤厚《荫松山堂诗集》，王维翰《槐荫堂诗草》，张在渭《嘤鸣诗集》，李可荣《落齐楼诗稿》，张大复《和厚堂诗草》，徐伯壎《六音诗稿》，宋儒轼《秋水轩诗稿》，栾廷鉁《燕山诗草》，周道恺《庐中草》，纪在谱《素园未定稿》，法嵩龄《拾余编诗草》，金鼎《白岳诗稿》，王缵庸《砚斋诗草》，宋廷霖《雨苍遗诗》，匡范《怀嘉树园诗》，宋暟《十砚斋诗草》，法上《槐荫诗草》，高蔚颖《待焚草》，王克掞《至泉诗古文遗集》，王克绍《闲云南中集》，徐佩玉《爻占遗诗》，周炳麟《旅亭诗草》，王道晟《曙霞诗稿》，张克宽《栗亭遗诗》，胡湘兰《少海遗诗》，张寿平《粤游草》，法士锷《疥驼集》《艾柱③集》《拟金源宫词》《咏史小乐府》，周再庚《晓园诗草》，王奋庸《槐荫诗稿》，纪圣谟《东皋居士稿》，张维祺《三松草堂诗集》，

---

① 箨(tuò)：竹笋上一片一片的皮。
② 棩(juàn)堂：于衣，字不尘，号棩堂。
③ 柱：道光《重修胶州志 · 艺文志》作“炷”。

王夏《大村逸诗》，纪岳《藻江诗集》，王克纯《颖叔诗草》，孙棠献《渠堂古文》，周天秩《礼亭诗草》，冷绣瑞《轶园诗草》，金迎元《晚香草堂诗存》，张斅谦《山甫诗钞》，宋潢《星海诗存》，赵宏钧《翕斋诗草》，王宸枫《遗诗》，赵潾卿《潜园诗草》，宗其彦《存斋诗草》，纪熙清《溪东诗草》，宋克明《允兹遗诗》，王仕《郕居诗草》，高若锡《云岭诗草》，宋牧《墨浦遗诗》，宋兰佩《是所留诗》，宋祥云《厓上庐诗草》，王同荪《霁园诗草》，李鸣谦《醉蝶园诗草》，宋绳先《松涧诗钞》，张曾霭《怡云楼诗集》二卷，宋兆彤《观复堂诗稿》，匡锡旂《月溪诗集》，纪熙瀛《秋溪诗草》，张宾雁《食阎草》，崔伟《蒲阪闲吟集》，郭振镛《遗诗》，张友仁《南邨诗集》，宋达孝《折枝集》，匡愫《卧游草》，宋尔璵《介西诗草》，逄克家《析酲[1]忆录》八卷，王龄芝《西溪诗草》，徐敏《孤雁吟》，王阶《野梅吟》，冷芸约《诗草》，宋兆麒《书画船诗草》，纪卯元《苕岑诗草》。

右古文诗集类。

宋振甲《德星堂稿》，王懿《制艺》，王纮《葆忠堂稿》二卷，赵泰临《文稿》，宋云会《须江近艺》《武林近艺》，纪汝奭《难中十艺》，焦复亨《文稿》，高铮符《墨阳藏稿》，李廷献《文稿》，匡文昱《监斋十艺》，薛桐《文稿》，张维祺《三松草堂制艺》，高鹤程《槐荫堂遗诗》，张洤《守拙堂稿》，赵锦《文稿》，王毅《文稿》，王夏《文稿》，胡湘兰《文稿》，高裕业《耕读家藏稿》，陈秉锦《环海堂稿》。

右制艺类。

高朗之室张寂真《自记里语》一卷，高荫棂室周淑履《峡猿草》一卷、《绿窗小咏》一卷，宋世显室姜如璋《淑斋诗草》，匡绍祖室高氏《孀居诗草》，宋世远副室冷月娟《砚罏阁诗集》，王功泽继室匡氏《雪斋小咏》，高虞恂室王氏《郭外楼诗稿》，王班室高梅仙《瓣香阁诗钞》，辛从昭室高月娟《埋香坞遗诗》。

右闺秀诗类。以上《前志》。

---

① 析酲(xī chéng)：解酒，醒酒。

增修胶志卷三十五　艺文志第二　书目下

经部

《周易辑说》四卷，王吉震撰。吉震，字雨桥，见“选举表”。是书纯钞来氏知德说，非一家言，故以辑说名。

《云溪易纂》八卷，徐煜撰。煜，字含光，诸生。是书已采入《山东通志》。

《范围易数》，无卷数。张蓴撰。蓴，字汇海，诸生。是书已采入《山东通志》。

《周易审诂》八卷，萧延年撰。延年，字桂园，副贡，见“选举”。

《禹贡舆地辑要》四卷，徐志达撰。志达，字彦方。是书有家藏稿。赵文运序曰：国朝之笺注禹贡者，惟胡朏明①《禹贡锥指》为最善。胡之前，有朱氏之《禹贡长笺》②，胡之后，有蒋氏之《尚书地理今释》③。大抵冀州之梁岐、碣石，青州之嵎夷，扬州之三江，荆州之九江以及江河之源，沱潜④之异地，自宋以来，各执一是，聚讼纷如。先生是书说梁岐也，不以为冀州之山，而以为雍州之山，即有以补《禹贡长笺》之疏漏；说碣石也，取昌黎县北之山以当之，与阎百诗合，足以订《禹贡锥指》之舛误；说嵎夷也，不从《齐乘》，而从班书，与《书·尧典》“宅嵎夷”⑤ 所在相符；说三江也，以岷江为中江，汉为北江，彭蠡为南江，与郑康成、苏了瞻之说合，足以祛孔、班、韦、桑、郭、顾⑥诸家之疑。至于说江河之两源，江发源西藏，岷江源出四川松潘卫⑦边外，以今新地理考之甚合。河源出于青海星宿海⑧，书中则谓河水，一出葱岭⑨，一出于阗⑩，合注蒲昌海⑪，潜行至积石。若梁州有沱、潜，荆州亦有沱、潜，则以从江汉出者皆曰沱、潜，但地势东南西下，虽于梁州合流，还从荆州分出是矣。此皆确⑫有依据，非如经学家好为聚讼也。是书采入《山东通志》。

---

① 胡朏(fěi)明：即胡渭，原名渭生，字朏明，晚号东樵。清浙江德清人。胡渭采撷众说，又一扫前人在《禹贡》研究上的附会变乱，撰成集大成的《禹贡锥指》。

② 《禹贡长笺》：朱鹤龄撰。是编专释《禹贡》一篇，前列二十五图，自《禹贡》全图以及导山导水，皆依次随文诠解，多引古说，而以己意折中之。

③ 《尚书地理今释》：蒋廷锡撰。廷锡字扬孙，常熟人。康熙癸未进士，谥文肃。是编乃其官内阁学士时所作。

④ 沱潜：《尔雅·释水》：“汉为潜”“江为沱”。潜、沱为汉水，长江的支流。

⑤ 宅嵎夷：《尚书·尧典》曰：“分命羲仲，宅嵎夷，曰旸谷。”东夷之地称嵎夷。旸，明也。

⑥ 孔、班、韦、桑、郭、顾：指西汉孔安国、东汉班固、三国吴韦昭、汉桑钦、晋郭璞、晋顾夷等对《禹贡》考证的诸家。

⑦ 松潘卫：明洪武十二年(1379)置松州卫，治今四川松潘。后与潘州卫合并为松潘卫。

⑧ 星宿海：位于青海果洛藏族自治州玛多县，东与扎陵湖相邻，西与黄河源流玛曲相接，古人以之为黄河源头。

⑨ 葱岭：古山脉名，是古时中国西部界山。

⑩ 于阗：在今新疆和田一带。

⑪ 蒲昌海：古湖泊名。即今新疆东部的罗布泊。

⑫ “确”，底本作“碓”，据上下文义改。

《尚书课》，张若麒撰。若麒，明崇祯辛未进士，官至通政使。是书采入《山东通志》。

《诗经经典释文引证》，张群雁撰。群雁，字不群，清候选兵马司吏目。是书采入《山东通志》。

《诗经课》，张若麒撰。采入《山东通志》。

《诗字形声说》四卷，张庸坊撰。庸坊，群雁子。

《左传汇编》，卷数未析。宋言扬撰。言扬，字春农。是书采入《山东通志》。

《春秋释地》，卷数未析。王吉震撰。已采入《山东通志》。

《谷梁传注》，十五卷，柯劭忞撰。是书于《谷梁》“九旨”① 之义大为阐发。

《礼经考正》，王克掞撰，见前志文苑。是书采入《山东通志》。

《礼记课》，张若麒撰。见《山东通志·经部》。

《四书集说》，宗启昌撰。启昌，字莪白，清雍正岁贡，官昌乐训导。是书采入《山东通志》。

《四书益文录》，张在渭撰。在渭，字磻溪，诸生。是书采入《山东通志》。

《四书正学渊源录》，赵泰甡撰。泰甡，字鹿友，清官湖州同知。是书采入《山东通志》。

《四书汇辨》，宋言扬撰。采入《山东通志》。

《尔雅草木虫鱼辨字》，张群雁撰。采入《山东通志》。

《校勘经典释文》，法伟堂校勘。见《校经室文集》，列入《山东通志》。

《校勘说文解字》《校勘唐一切经音义》，法伟堂撰。二书见《校经室文集》，采入《山东通志》。

《说文辨误》，柯培元撰。培元，字易堂，清官噶玛兰②通判。是书采入《山东通志》。

《说文次第考》，柯蘅撰。蘅，字佩韦，培元子，诸生。《山东通志》云是书乃未就之稿。见《校经室文集》。

《说文便览》八卷，王吉震撰。《山东通志》载是书云：自一部起至龠部止，盖未就之稿。

《篆说字典补遗》，张群雁撰。是书采入《山东通志》。

史部

《汉书七表校补》二十卷，柯蘅撰。《国史·儒林传》稿云：尝以史、汉诸表为纪、传之纲领，而讹误舛夺最称难治，乃条而理之，著《汉书七表校补》二十卷。为例十：一曰辨事误，二曰辨文字误，三曰辨注误，四曰辨诸家考证之误，五曰以本书证本书之误，六曰史、汉互证而知其误，七曰《汉书》《荀纪》互证而知其误，八曰《汉书》《水经注》互证而知

---

① 九旨：柯劭忞认为范宁《谷梁传集解》肤浅，钟文烝《谷梁经传补注》无裨传义，于是重新作注。以宋衷“三科九旨”之“九旨”为全书纲领，“九旨”者，一曰时，二曰月，三曰日，四曰王，五曰天王，六曰天子，七曰讥，八曰贬，九曰绝。根据刘向、郑康成对《谷梁传》的论述，引用《公羊传》徐疏，宋君《春秋注》，总结所谓“九旨”，作为《谷梁传》的义例。

② “噶玛兰”，底本作“璃玛兰”，讹。据民国《增修胶志》卷四一《人物志·列传三·清人物传(事功)》改。下同。

其误，九曰据纪、传以补表之阙，十曰据今地以证表之误。钩稽隐赜，掇拾繁碎，凡前人之说，皆取而辨其是非，至前人之未及者，又得二三千事，亦专门之学也。录《山东通志》。

《新元史》二百五十七卷，柯劭忞撰。劭忞，字凤孙，蘅子，清光绪丙戌科进士，官至典礼院学士。是书备载元兴始末，其述元世祖前后武功，视《旧元史》尤为翔实细密。徐大总统世昌称其书可入正史，题曰《新元史》，为刊行于世。

《读史杂录》一卷，王葆崇撰。见《山东通志·史部》。

《金石考略》一卷，周麟勋撰。麟勋，字小山，岁贡。平生酷好钱谱，自周秦以后，搜罗至数百种，多世人所未见者。利津李竹朋尚逊其博古，惜未成书，后人已散佚矣，载《山东通志》。

集部

《乔梓风雅》，赵完璧及其子慎修合刻之诗也。完璧有《海壑诗文集》，慎修有《清廓诗稿》，俱见《山东通志·别集》类。《通志》采访册载穆文熙是编序略云：其《乔梓》七言律，余既略收之明诗七言律中，《海壑全集》又刻之“南乐柯明府”，兹集则名之。二守王公及诸僚拔其《乔梓》之最精者，并梓之天雄署中。国家隆平二百余年，风雅独称何李①，其余尚争雄未定。求如有唐工部之于审言②、北海之于李善③者，至寥寥也。若《乔梓集》，兹其再见矣。

《醉蝉吟》一卷，李世锡撰。《胶州诗钞》云：“先生全集四卷未刊，余家藏《醉蝉吟》一卷仅数十首，多少年作。”采入《山东通志》。

《滇中吟》，李世锡撰。《山东通志》载吴自肃是编序云：“霞裳于酒酣耳热之余，捉笔为枯俗题十二律。予读之，且喜且讶，似不从学得者，急梓之以问世。”

《李嘉鱼诗录》一册，李世锡撰，同邑法士锷编。士锷，字尺水，槱之子。《山东通志》载其序云：“李嘉鱼，先廷评公执友也。暮年频过余家，与先公杯酒唱酬，清言竟日。余幼得其吟稿数十纸，皆就正于先公者。先公手加评骘④，一一精审，乃郑重录成一册。”

《懒吟园古诗》一卷，李世镐撰。世镐，字西京，清顺治丙戌进士，官刑部主事。《山东通志》载法坤厚《瑞杏园集》序云：“公才思逸群，诗学昌谷，著有《懒吟园诗》一卷。纵肆奇瑰，情辞迫切，鬼仙才也。为友人借观，漂没于水，其家无副本，可惜也。”

《慈云西庐诗稿》一卷，王墴撰。《山东通志》云：墴有《阿兰若杂录》，见子部杂家类。是编见采访册。

《耐园遗稿》，宋昙撰。昙，字瞿云，清诸生。《前志》本传云：有是编藏于家。采入《山东通志》。

---

① 何李：明文学家何景明（1483—1521）与李梦阳（1473—1530），皆生弘治、正德间，同倡复古，为“前七子”的首领。
② 审言：即杜审言（约645—708），字必简，襄州襄阳（今湖北襄樊襄阳区）人。唐代诗人。“诗圣”杜甫的祖父。
③ 李善：鄂州江夏（今湖北咸宁咸安区）人。唐朝著名学者，《文选》学的奠基人，有《文选注》传世。
④ 评骘（zhì）：评定。

《蜀道难集》，张谦宜撰。《山东通志》载其自叙略云："是集所载，或题于荒城废驿，或改于破庙孤村中，或傔从①之既睡，灯火微青，或阒馆其无人，怅操翰而乱落，若夫马上吟成，以当高唱，永夜不寐，用破乡思，皆是物也。诗不如古而情则至苦，予奚能忘此行乎？于是归而手自删薙，录成卷帙。"

《絸斋文录》，张谦宜撰，法坤宏选本。坤宏《学古编》载是编序略云："山民张先生，少以诗名负其雄才，推倒一世，中年折节读书，潜心宋儒性理之学，老而弥笃，著有《絸斋集》二十卷。其论文也，吐前人之糟粕，发自心之名理，挥霍跌宕，期与传注相应。扶衰之功，虽未知于昌黎何如，要其依经敷义，亦彬彬乎质有其文焉。兹录其各体文百十一首著于编。"

《家学堂诗钞》，张谦宜撰。《山东通志》载谦宜是编自叙略云："嘿自检点，辛卯南游，与小人伍，故其词忿。壬辰晚年登第，世网婴罥，其词拘。癸巳连年出塞，游乎方外，适入寰中，诗思洊深，时复浏漓②顿挫，得于读书者为多。甲午决意不求，适时自行其意，以此留贻后人。不得已而自言之，不欲使心血等于涕唾耳。嗟乎！学诗五十三年，存稿不下千余，或者凋零磨轧之后，好事者若石篑之于天池，吾复何恨哉！"

《夷白草》，高凤举撰。凤举，字翔紫，曰聪子，诸生。《胶州诗钞》载是编引高南阜序云："按《古懽录》：蔡荟，字休明，陈留人，清抗不俗。李扮谓江敳曰：'古称安贫清白曰夷，涅而不淄曰白，如蔡休明者，得不谓之夷白乎？'先伯兄生平雅崇洁操，疾俗如恶，闭门澹处，莳花③种竹以谢永日，素不治诗，晚乃寄意，而一为即工，有高达夫五十成名之遗风焉。顾平昔所作，多不留稿，今年甲子，取此遗草，点定编次而题以集名如右。"采入《山东通志》。

《南阜山人诗集》七卷，高凤翰撰。《山东通志》载是编云："凤翰有《赈荒八议》，见史部政书类。《四库存目提要》曰：'凤翰工于书画，笔墨脱洒，不主故常。风痹后右臂已废，乃以左臂挥洒，益疏野有天趣。间作诗歌，不甚研炼，往往颓唐自放；亦不甚局于绳尺，然天分绝高，兴之所至，亦时有清词丽句。'故少时以诗谒王士禛，极称赏之。生平所作凡三千余首，曰《击林集》，曰《湖海集》，曰《岫云集》，曰《鸿雪集》，曰《归云集》，曰《归云续集》，曰《青莲集》。晚年贫病且死，自《跋》其后曰：'盲子顽孙，箧笥④谁付？不知后来所作尚复几许，亦不知得成卷与册否，尚有人拾取于蛛丝蠹腹之余，以少得流传于人世否？露电茫茫，老病益笃，死且不知何时，而犹惓惓于此故纸橐中物。愚哉南阜！不直达人一笑矣，其志亦可哀矣。'"

《病中枕上吟》一卷，张颀撰。颀，字柞村，谦宜子。《胶迹纪近吟》载是编云："南阜老人评其足以传世，州志刻成，乃得其诗，不获入于'艺文'。"录《山东通志》。

《研经堂古今体诗》一卷，冷纮玉撰。纮玉有《花月新闻》，见《山东通志·小说》类。

---

① 傔从：侍从，差役。
② 浏漓：指流利飘逸貌。
③ 莳(shì)花：栽花。
④ 箧笥(qiè sì)：用于收藏文书或衣物的竹器。

是编见《通志》采访册。

《箧底蚕丛集》，匡范撰。《胶迹纪近吟》云："匡仪亭明经尝至蜀游幕，归得诗一帙，名《箧底蚕丛集》。"《山东通志》载是编王克挨序略云："读仪亭所论次，补善长①之注，谱少陵②之诗，旁及诸轶事，细大不捐。"

《怀清堂遗稿》一卷，纪有堂撰。有堂，字屏南，清乾隆辛卯举人，历官秀水知县。是编采入《山东通志》。

《乐吟草》《四余草》，匡文炅撰。文炅，字淑辰，文昱弟，清乾隆丙戌③进士，历官天门知县。是编采入《山东通志》。

《橘亭老人遗集》一卷，匡文炅撰。采入《山东通志》。

《石耳山人诗集》十卷，柯培元撰。《山东通志》云："培元有《说文辨误》，见经部小学类。是集见采访册。"《射鹰楼诗话》④云："道光辛丑，英窥厦门，胶州柯易堂大令培元陷于围者九日，作《九日陷夷记》。其口号诗有'吾无官守责，何以死疆场？吾为名义重，焉得辱犬羊'之句，读者壮之。"

《石耳山房文钞》，柯培元撰。见《蘅园类存》，采入《山东通志》。

《宝善堂遗诗》一卷，王朝栋撰。采入《山东通志》。

《咋唶⑤草》一卷，张群雁撰。群雁有《诗贯》，见经部诗类，是编见《蘅园类存》，采入《山东通志》。

《琴山学吟》，周肇汝撰。见《胶州诗乘》，采入《山东通志》。

《闲远轩遗诗》一卷，王亘撰。

《裕善堂遗诗》一卷，王重度撰。二编均入《山东通志》。

《五亩宅诗草》五卷，王大来撰。大来，字少楚，岁贡。是编，清光绪间其族弟葆崇所刊。葆崇跋略云："先少楚兄《五亩宅诗》凡六千余首，不存稿者十之八九。其存稿者，兵燹后不过千首，嗣经诸名公选订，存者约四百余首。光绪戊子，崇以《园居》稿八十首付梓，暇时翻阅遗书，复检得《五亩宅前集》及《山居》《村居》《碎琴》四稿，计三百余首，益以《园居》一册，适付四百之数。顾前三稿，久经诗家评选，无容复议。惟《碎琴》一稿，尚未出以示人。崇乃参以己见，删繁就简，合前三稿，俱付手民⑥。呜乎！今而后少楚之心可以少慰，即崇所以告少楚于九原者，亦可以少慰矣。"载《山东通志》。

《介西诗草》，宋尔琠撰。琠，字介西，诸生。李之雍⑦《胶迹纪近吟》云："一卷中有

---

① 善长：即郦道元（约470—527），字善长，范阳涿州（今河北省涿州市）人。

② 少陵：即杜甫（712—770），字子美，自号少陵野老，世称"杜工部""杜少陵"等。唐代著名诗人，被誉为"诗圣"。

③ 丙戌（1766）：民国《重修胶州志·人物》作"癸未"（1763），《山东通志·艺文志》与民国《增修胶志》同。

④ 《射鹰楼诗话》：共24卷，清福建侯官人林昌彝撰。射鹰楼为其室名。

⑤ 咋唶：呼喊吆喝声。

⑥ 手民：古时仅指木工，后指雕板排字工人。

⑦ 李之雍：字砚泉，号莲舟，清中期胶州人，撰有《胶迹纪近吟》。

《登岳阳楼诗》尤佳。”采入《山东通志》。

《鸿泥集》，宋言扬撰。采入《山东通志》。

《七哀诗》一卷，冷仁德撰。仁德，字蔼亭，岁贡。是编采入《山东通志》。

《云溪书屋诗钞》，王镃撰。镃，字玉璞，号璞园，埥子，诸生。

《廷尉诗集》，于广撰。广，字天如，衣从弟，清康熙己丑进士，历官大理寺少卿。是集见《胶州诗钞》，采入《山东通志》。

《南城杂咏》，杨阶撰。《山东通志》云：“阶有《南城随笔》，见子部杂家类。是编见采访册。”

《醒花斋诗草》，李之春撰。之春，字会园。是编采入《山东通志》。

《上洋诗草》一卷，纪廷鹤撰。廷鹤，字翔楹，清官布政司理问。《山东通志》采访册载是编及周荣程序云：“先生少贫，不克卒学，而性耽吟咏。晚岁薄游吴越，路途所经，多寄兴于诗，积久成帙。殁后十余年，哲嗣渐于、雨臣两君出先生遗稿。倩吾友李君莲舟选择之，又乞余一言以弁简端。余受而读之，见其诗本性情，不假藻饰，而和平乐易之概自流露于字里行间，令人顿生其爱敬焉。”

《覆瓿①集》，周荣程撰。荣程，字仰山，廪贡，清官文登训导。诗本性情，不假藻饰，与匡学洙鲁溪、陈际昌世五、宋言扬春麓结诗社，诗酒往来无虚日。与人交坦率无城府，村人乐就之。文苑有传。

《仰山遗山》三卷，周荣程撰，一名《吟山堂诗稿》。

《不斋居学古》一卷，高鄂撰。鄂，字秋卿，恩贡，设教辽东。晚年回里，求书法者踵相接。是集亦散佚矣。

《砚泉诗草》一册，无卷数。李之雍撰。是编为清道光甲午刊，逄克家序云：“吾友李莲舟秀才，为松坡先生仲子，少从宋采臣、纪秋溪两先生游，皆诗伯。故莲舟弱冠即能诗，然所为绝不沿袭三先生窠臼。以渊博写本真，化红朽为新颖，视诸前辈气象一变。”

《砚泉文草》一卷，李之雍撰，亦作《莲舟学古编》。

《胶迹纪近吟》一册，李之雍撰。是编皆七言绝句，纪胶州志乘应采之事，每首皆有小注，以备异日修志者之底本。据凡例云：“道光壬寅作一百十首，丁未又补作数十首。考核详明，诚善本也。”

《种德堂未焚草》一卷，王绅撰。绅②，字公垂，诸生。是编王葆崇梓行。

《面城居诗草》一卷，王服芳撰。服芳，字秋江。是编王葆崇梓行。

《东园逸稿》，姬凤举撰。凤举，字轩如，诸生。

《瘦菊轩藏稿》一卷，姬凤举撰。是集有徐宗勉刊本，凡七绝十八首，晚年作也。宗勉

① 覆瓿(bù)：喻著作毫无价值或不被人重视，有时亦用以表示自谦。

② “绅”，底本无，据上下文例补。

跋云："谈者顾以穷愁凄苦少之，此不考其世者耳。其自叙不云乎：'他年有过邙山北麓，酹余一杯酒，见有回风旋转而不去，则重泉人仿佛其来谢也。'吁！先生之遇甚窘，先生之音则悲矣。"以上诸集均采入《山东通志》。

《青艾集》一卷，姬凤举撰，徐宗勉选刻，凡五律十七首。宗勉叙云："清奇僻苦，多未经人道。前辈谓方之唐人，无惭郊岛①。东野②、阆仙③得昌黎而益显，先生乃终老牖下，名不出里闬间，其幸不幸为何如耶？"

《四痴主人诗钞》，陈际昌撰。际昌，字世五，诸生。是集徐宗勉刊并撰小传云："诗随事命言，遇景得情，皆工致沈着，有当乎人心。"

《客邸闲吟》一卷，张兆惠撰。是集徐宗勉刊，其序云："诗虽不多而真气所存，尚友古人，高出时辈，急付剞劂，以质后之先睹为快者。"

《韦每斋七律诗》一卷，徐守真撰。守真，字庐山，诸生。诗凡四十四首，附诗余八首，其侄宗勉刊。赵文运序云："晚年设教辽东，殁二十余年，其孙本令间关徒步至辽东，负骨以归。检旧箧，诗稿无一存者，劫火余烬，仅有《韦每斋试帖》四卷及此册。"

《文字禅》一卷，释孚一撰。孚一，姓徐，名应机。是集共诗十六首，附诗余六首，徐宗勉刊。

《灰烬余生草》一卷，徐守鑑撰。守鑑，字莲塘。是编见《蘅园类存》。

《西山闲吟》一卷，孙廷瑗撰。廷④瑗，字幼蘧，诸生。以上诸集俱载《山东通志》。

《西坪诗稿》一卷，宋孔昭撰。孔昭，字潜菴，西坪，其号也。春麓之子，徐庐山之高弟⑤，性耿介。父子诗合刻名曰《箕裘集》六卷，前有匡鹤泉源序，暨其门生管廷鹗序。采入《山东通志》。

《顽石斋诗集》，宋紫庭撰。紫庭，字白石。

《西游草》，傅文洛撰。文洛，字营周，诸生。

《拙石山房诗草》，张世侨撰。世侨，字菊泉。

《岛鹤集》一卷，宋恩淜撰。恩淜，字左海。

《鸡肋集》一卷，宋观炜撰。观炜，字幼海，清官礼部主事。

《薜萝菴诗草》一卷，范汝晋撰。汝晋，字莲溪，武生。

《墨云书屋诗稿》，范汝谦撰。汝谦，字迈千，岁贡生。

《虫吟草》一卷，高岳封撰。

《五老吟》一卷，田慎曾撰。慎曾，字景鲁，诸生。以上诸集俱见《山东通志》。

---

① 郊岛：中唐诗人孟郊、贾岛的合称。

② 东野：即孟郊（751—814），字东野，湖州武康（今浙江湖州德清）人，唐代著名诗人。

③ 阆仙：即贾岛（779—843），字阆（làng）仙，一作浪仙，唐朝河北道幽州范阳（治今河北涿州）人。自号"碣石山人"，人称"诗奴"。

④ "廷"，底本无，据前文补。

⑤ 高弟：谓门弟子之成绩优良者。

《小娜嬛室诗草》一卷，杨兆鹏撰。兆鹏，字海程。

《柿园诗草》，张南宿撰。南宿，字拱北，诸生。

《我集焚余》一卷，迟予信撰。

《方斋诗稿》，张唯道撰。唯道，字鲁庭。

《墨源主人诗草》，刘骥撰。

《楚中吟》，匡懋纶撰。懋纶，字丹庭，清道光癸卯举人。以上诸集俱见《山东通志》。

《题画诗》一卷，周相焯撰。相焯，字九梧。见选举表及人物传。

《半是斋诗草》二卷，王六谦撰。六谦，字爻皆，贡生。《山东通志》采访册载是编见其子葆崇《固有草堂拟古》跋云："《半是斋诗》，先大人遗作也。自丙辰以至辛未，凡十有六年，集凡四百余首，族兄楚为选八十八首。"

《春雨草堂诗选》一册，柯蘅撰。是集为郭绥之选本，同治间刊有绥之序。《校经室文集·柯封翁墓志》云："幼随父闽中，间从陈恭甫游，又尝受诗文法于萧远村、方彦闻两先生。李少白先生爱其诗，妻以女，尝称曰：'柯甥五字诗，可谓五言长城。'其所作浸浸入少陵之室，昔所称何、李弗逮也。"

《二珠山人诗集》，柯劭憼撰。劭憼，字敬儒，蘅子，清光绪己丑进士。《山东通志》云：是集有稿本未刊。民国初年，弟劭忞为刊行于世。

《蓼园诗集》四卷，柯劭忞撰。是集已刊行于世。

《平平斋诗钞》四卷，王吉震撰。是编一名《补斋未定草》。

《平平斋古文》，王吉震撰。以上诸集均采入《山东通志》。

《西堂遗稿》一卷，金长庚撰。长庚，字西堂，诸生。是集内有《泰山观日出歌》、《七古》二首最佳。

《固有草堂拟古》一卷、《助息园诗草》一卷，王葆崇撰。葆崇，字小姚，号次山，诸生，清官鸿胪寺序班。二编乃其子鸿图石印本。拟古一卷，其文集也，多有关于本邑文献。见《山东通志·集部》。

杂著

《州志辨》一卷，纪腾蛟撰。腾蛟，字兆虬，明崇祯癸未进士，历官户部员外郎，弘光时官浙江按察司佥事，明亡为僧以终。《前志》有传。是书见《山东通志》。

《海防说》，张懋熺撰。懋熺，字伯光，号石帆，明崇祯甲戌进士，历官监察御史巡按湖广。《山东通志》载是编云一卷。又载张谦宜《石帆家传》云："有《海防说》，此行世而载邑乘者。"

《少野遗言》一卷，王心学撰。《山东通志》云："心学有《楷草执笔说》，见艺术类①。

① "类"，底本作"频"，讹。据文义改。

是编见采访册。"

《阿兰若杂录》一卷，王墳撰。墳，字仲翔，清顺治甲午鳌山拔贡。《山东通志》载是编及李世锡序云："于理学、禅学，以及河渠地舆、乐律诸书，别有领悟，补前贤未发之蕴。"

《璞园杂志》，王镃撰。镃，字玉璞，号璞园，墳子，诸生。《山东通志》载是书及自序云："择掌故、传略、经解、诗话之切要者，随笔记入，有心悟处，亦附载焉。"

《给谏奏疏》二卷，王垓撰。垓有《使琉球记》，见《前志》杂著。《山东通志》载是编云："今王氏家乘中仅存《清查浮冒疏》及《蠲灾查勘疏》二篇。"

《太仆奏疏》一卷，匡兰馨撰。兰馨，字九畹，清顺治己丑进士，历官太仆寺少卿。是编见《山东通志·史部奏议》类。

《奏疏》一卷，张应桂撰。应桂，字复我，若麒子，顺治壬辰进士，历官光禄寺丞。是编见《莱州府志》。

《西园奏疏》一卷，李维翰撰。维翰，字西园，以父荫任兵部主事，历官本部侍郎。是编见《山东通志·史部奏议》类。

《火兽火车图》，王元浩撰。元浩，字海如，清雍正丁未武进士，以一甲一名授头等侍卫，历官湖南镇箪营总兵。《前志》本传云："初应会试，见知于怡贤亲王。世宗偶以火炮阵语王，王归第，召元浩询焉。元浩以《火兽火车图》进，王复入以奏。上叹曰：'全才也，不愧武科第一。'"按《山东通志》采访册"图"下有"说"字，兹仍从本传标目。

《火器图说》，王元浩撰。《山东通志》载是编云："官洞庭水师副将时，自制火器。绘图列说，以示其属。"

《炮车制造法》一卷，宋弘毅撰。弘毅，字木菴，武生，清官莱州卫守备。《山东通志》载是书云："弘毅守莱郡时，创造炮车，妙合古制，营伍多以之为法。"

《关外游历记》一卷，宋弘毅撰。《山东通志》载是编云："弘毅负文武才，豪宕自喜。髫年即徒步走关外，历边徼绝境上下诸亭障，作书记所过风土景物、扼塞要害，洒洒数千言，俱有条理。"

《高氏传家录》一卷，张谦宜撰。《山东通志》载是编云："叙高弘图相业及高文熠战迹。"

《稚松年谱》二卷，张谦宜撰。

《川程便览》，张谦宜撰。《山东通志》载其自序末云："指次饷道①所经，用告后之君子。"

《张氏家训》，张谦宜撰。

《䌹斋诗谈》八卷，张谦宜撰。是编乃《家学堂遗书》二种之一，乾隆戊寅刊，共二百十四条。《前志》云二卷。兹据《山东通志》补入。

---

① 饷道：运军粮的道路。

《覞斋论文》六卷，张谦宜撰。《家学堂遗书》二种之一，乾隆戊寅刊。《前志》云二卷。兹据《通志》补入。

《山东盐法志》，张谦宜撰。《山东通志》载是书云："盐法道漆复来聘修。"又，谦宜《山东盐法总论》略云："大利所在，大害所伏，贫极而贪，走死地如骛，愚民之常情也。权不自上操，则法乱而人骄；利不于下完，则壅蔽而人怨。此致治之大凡也，何独一盐法哉？故采辑案牍，斟酌古今，戒茧丝而勉为保障，俾受事者，得考证而称职焉。"

《注诗品》，张谦宜撰。是书及自序载《山东通志》。

《赈荒八议》，高凤翰撰。《山东通志》采访册载其全文，为目凡八。

《过庭录》，法坤宏撰。是书见《山东通志·子部》。

《治河条议》一卷，张宾雁撰。见《山东通志·史部地理》类。

《濬云河议》一卷，逄克家撰。克家，字介民，诸生。是编见《山东通志》。

《嘉树园记》一卷，匡范撰。范，字仪亭，岁贡。《山东通志》载是编见《胶迹纪近吟》云："治西里许，有匡松野给谏铎[①]嘉树园，海逆叛，被焚毁，其嫡孙范尝作《园记》，赵仁甫大理任[②]《秋水斋》，有咏其《园中响石》四绝句，今石不可见，惟存红叶树一株，在杨云台主政西厅事后。"是编采入《山东通志》。

《刘志疏证补》《修志管见》，张群雁撰。《道光志》凡例谓："宾雁亡，群雁复为《疏证补》《修志管见》二书，以终兄志。"采入《山东通志》。

《胶州方言》一卷，张群雁撰。《山东通志》载是编云："韵学书也。一名《俗字连珠》，自为之序。"

《增补胶谚征字》，李之雍撰。是编其自序末云："方言，俗语也，亦土音也。或有声而无字，或有字而不见于古，是非俗字不足以传其音。博采曲引，只以征实土著，原非发明经义，所谓可与俗人言者，此耳。"上二书，并入本志风俗类。

《宝善堂遗言初编》，王朝栋撰。朝栋，字臣一，原籍鳌山卫人，诸生。是书所言，皆冠婚丧祭之家法。采入《山东通志》。

《裕善堂遗言》一卷，王重度撰。重度，字复元，监生。《山东通志》载是书，一名《宝善堂遗言次编》。

《思善堂遗言》一卷，王亘撰。亘，字邃古，清官翰林院孔目。《山东通志》载是书，一名《宝善堂三编》。

《老子注》一卷，匡文昱撰。采入《山东通志》。

《黄华山馆日记》，柯培元撰。是书见《山东通志·子部》。

---

① 匡松野给谏铎：即匡铎，字淑教、松野，祖籍南直隶海州（今江苏连云港东海），其祖父匡德官胶州正千户，定居胶州。

② 赵仁甫大理任：即赵任，字仁甫、肩吾，号岙冲，明中后期胶州人。隆庆元年（1567）生于胶州，万历十一年（1583）十六岁中进士，御试钦定"天下第三才子"，官至大理寺右丞。

《海防志略》，柯培元撰。是编见《山东通志·史部地理》类。

《旧雨草堂劄记》，无卷数。柯蘅撰。蘅有说经、说史之作，门人集为是编。

《续兵事纪年》一卷，王六谦撰。是编本其五世祖九思《兵事纪年》，遵其体例以作续编。

《团防条议》一卷，周瑞第撰。瑞第，字辑五，诸生。是书卷末附《环城村社各修小围》一篇。

《火箭制造法》一卷，周瑞第撰。

《技勇钩玄》一卷，高昂撰。昂，字次轩，清官赵州知州。

《守御管见》，无卷数。宋言扬撰。

《蒲城守城记》二卷，周相焯撰。相焯，字九梧，清官凤翔知府。《山东通志》载是书及张庸坊书后云："当其议守之初，即曰城亡与亡，无第二句话说，是识先定也。围解之后又曰：'无德无才，值此大劫，乡间尽成焦土，城内满目疮痍，何劳之有？何绩之有？'及病卧床蓐犹曰：'夫勇不能照料公事，不能办理，一有疏虞，无以对阖城生灵、地下冤鬼。'其心之恳恻，何如也！"

《发捻寇胶记》一卷，张庸坊撰。《山东通志》云："庸坊有《方言续解》，见经部小学类。"采访册载是书云："记咸丰辛酉乱事。"

《警报纪闻》一卷，张庸坊撰。《山东通志》采访册云："记同治丁卯乱事。"

《华德交涉记略》一卷，张钟畺撰。钟畺，字介村，诸生。《山东通志》采访册载是书云："专记青岛改租界事。"

《南匪纪略》一卷，高辛元撰。辛元，字子才，岁贡生。是编光绪间刊行。

《益都县图志》五十四卷，法伟堂撰，孙文楷补。伟堂有《校刊经典释文》，见《山东通志·经部五经总义》类。文楷，字模山，益都人，同治癸酉举人。是志之修，始光绪癸巳至甲辰，伟堂以其稿付邑令李祖年。祖年复属文楷为之校补。至丁未，乃付梓。凡《图》四卷、《志》五十卷。祖年序略云："新志之成，增于旧志者十之七八，人物一志尤为详尽。然先生尚以未能为李之才作佳传，恨搜辑之多遗焉。先生之用心为何如哉！"又云："其官师、营建等志，及序录之，为模山先生所补者，皆先生未竟之绪也。"录《山东通志》。

《听训馆韵书》，法伟堂撰。孙葆田撰墓志云："始余尝目君为翟晴江一流人物。考君所得实远出翟氏上。其韵学则虽顾、江、戴、王①未能或之先也。惜编次未竟，其遗稿曰《听训馆韵书》，仅有散稿，数巨册存于笥。"录《山东通志》。

---

① "顾"，底本作"颜"，讹。顾，即顾炎武（1613—1682），明清之际思想家。江苏昆山人。学问广博，晚年治经侧重考证，开清代朴学风气。著有《日知录》《天下郡国利病书》等。江，即江永（1681—1762），清经学家、音韵学家。婺源（今属江西）人。通天文、地理，长于比勘，深究"三礼"。著有《周礼疑义举要》《古韵标准》等。戴，即戴震（1724—1777），清思想家，朴学皖派主要代表。安徽休宁人。博闻强记，对天文、数学、历史、地理均有研究。著有《原善》《原象》《孟子字义疏证》等。王，即王念孙（1744—1832），清音韵训诂学家。江苏高邮人。探究古书文义，以声音通训诂。精熟水利。著有《广雅疏证》《河源纪略》等。

《校勘列子》，法伟堂撰。《山东通志》载是编见《校经室文集》。

《切韵易知》一卷，李垚晋撰。垚晋，字文圃，清官兵部主事。

《琴谱》一卷，王心学撰。《山东通志》载是编及南华何应瑞撰传云："公与琴士郭梧轩、姜渭滨相善，在历下书肆中，共作幽兰曲，听者如堵。三公各擅其长，旁若无人，以故公琴有盛名。"

《吏隐斋砚谱》，王楫撰。楫，字济之，号涵冲，心学子，明万历己亥岁贡，官乾州知州。《山东通志》载是编云："与温如玉①、张应召②同订其论，砚以澄泥为上品。"

《印旨辑说》，王服芳撰。

《劳山九游记》，王大来撰。是书见《山东通志·史部地理》类。

《卫生一隅》四卷，王吉震撰。《山东通志》载是书，详列前人卫生论说，以方药附焉。

《治家格言》，张兆惠撰。兆惠，字慈民，见"人物·文苑"。诸生。

《端揆遗言》，王藩撰。藩，字端揆，岁贡。

《聊以自娱》一卷，周瑞第撰。是书主说理，不主叙事，逐日札记体也。

《松坡杂记》，李鸣谦撰。鸣谦，字贞甫。

《放斋随笔》一卷，王六谦撰。是编乃取经史子集及时人议论有契于心者，随笔记之。

《古训录》，王亘撰。

《南城随笔》一卷，杨阶撰。阶，字云台，清官刑部主事。是书盖其官南城指挥时所著。

《观书采录　集腋成裘》，李之汉撰。之汉，字南舟。《山东通志》采访册云："之汉以儒家子隐于市廛，年八十余，犹日作蝇头小楷，从事于著述。是书乃摘录各种丛书之要事，附以臆说，叙议悉当。"按之汉书，似是两种，不似书名，拟改为《集古录》或《观书随笔》。

《胶州文存》一卷，张祖樾撰。祖樾，字小云。见"人物·文苑"。

《清朝赋选》，冷绣瑞撰。是编见《蘅园类存》。

《胶州诗存》，高蔚佺编。蔚佺，字偓度。

《胶诗待征录》，姬凤举编。

《胶州纪氏诗存》二卷，纪圣选编。是编见《蘅园类存》。《山东通志》载圣选撰有《爨桐草》二卷，未知是否即此。

《胶州诗钞》八卷，纪圣选编。

《胶州诗钞》十二卷，匡源、姬凤举同编。《山东通志》云："是编有采访钞本，亦不载编者姓名，兹据《蘅园类存》题卷标名。"

《胶州诗钞》，周荣程编。

---

① 温如玉：一作汤如玉，字白雪，号伯坚，明中后期长洲（今江苏苏州）人，侨寓山东青州、胶州，籍于胶。有万历《肃府石刻》之《淳化阁帖》等传世。

② "张应召"，底本作"张应台"，讹。张应召，字用之，明中后期人。籍于胶。金石摹刻家，师从温如玉，曾帮助温如玉摹刻肃王府著名的《淳化阁帖》传世。

《声诗阐微》《杜诗七言拗律谱》，柯蘅撰。采入《山东通志》。

《古今各体诗选》一卷，王葆崇撰。《小学诗杂录》一卷，《劳山纪胜集》二卷，《莱州诗乘》二卷，《胶州诗乘》二十卷，《胶州闺秀诗选》一卷，《即墨经世文选》一卷，《胶州经世文选》一卷，《王氏文钞》一卷，《王氏诗钞》一卷，《经学辑说》二卷，《山左人物考略》一卷，《桑梓待征录》二卷，《墨志补正》一卷，《金石录》三卷，《戊申采访录》三卷，《胶属著述考》三卷，《鳌山采访录》一卷，《鳌山世官表》一卷，《胶州姓氏谱略》一卷，《诵芬轩琐录》一卷，《助息园志》一卷。以上皆王葆崇撰，采入《山东通志》。

《日本最近政学调查记》，逄恩承撰。恩承，字福陔，又号馥斋，民国官桂林道尹。是书乃清光绪丁未，恩承东渡视察政学时所辑。

闺秀

《锜斋日记》，李长霞撰。长霞，字德霄，掖县李图女。邑诸生柯蘅妻。是书见《校经室文集》，采入《山东通志》。

《锜斋诗集》一卷，李长霞撰。是集附刊《春雨草堂诗选》后，评者谓："集中五言古，如《辛酉纪事一百韵》《赴潍县南留店寻儿篇》等作乱离之慨，追踪杜陵，其《忆昔》篇则由杜以上窥汉魏，五律亦纯乎盛唐。"评语录《山东通志》。

《校文选李注》，李长霞撰。

《岁寒阁诗存》，柯劭惠撰。劭惠，蘅女，潍县蒋景郛妻，夫亡守节。是编采入《山东通志》。

《靡他吟》一卷，胡氏撰。氏，同邑李允平妻。《山东通志》采访册载是编云："徐宗勉已刊行。"

《红叶书屋诗稿》一卷，杨慎徽撰。慎徽，纪凤诏妻。

《不夜楼诗草》一卷，王氏撰。氏，薛曰炆妻。以上二集俱采入《山东通志》。

增修胶志卷三十六　艺文志第三　金石上历代金石

金石序

张宾雁《州志前编》原序曰：新旧志不收金石，而余考之者，以旧载缺略，传闻失实，惟金石足征。即以元普颜不花①事论之，两志误以史传同名人，合为一，故所书年月、官衔、修庙、死事，无一不颠倒谬误，得修庙碑与阴读之，俱可得其要领，而他可知矣。又曰：州故有宋庸生庙碑，见毛文简公诗；至元修文庙碑见延祐碑文；天德东岳庙碑见《齐乘》②，安得并出吾前而共征之也哉？兹据《前志》所载并补《通志》所录历代碑记共若干，复益以晋碑及清康熙迄民国碑记共若干，其文之阙如者，第存其目。惟汉琅邪相印、晋永宁砖、晋城阳王墓碑、宋板桥镇铜记，虽均系后出，以时代居先，故列于诸金石之前焉。

汉晋魏齐宋金石

汉琅邪相印，银质龟纽③，方，今工部营造尺八分弱④。连纽高九分弱。重，今库秤三两五钱。白文⑤曰：琅邪相印章。清代嘉庆时，大珠山下农民耕土得之。按：《前汉志》诸侯王、丞相，高帝置，掌治其国。景帝五年，令诸侯王不得治其国，天子为置吏，改丞相曰相。成帝绥和元年，更令相治民，如郡太守，秩比二千石以上，银印青绶。《汉旧仪》云：银印龟纽，刻其文曰某官之章。《后汉志》云：王子封王，其郡为国，置傅一人、相一人。前汉有琅邪王刘泽，然未久，移封地。志有郡无国，后志则置国。《光武十王传》琅邪孝王京⑥，建武十五年封琅邪郡公，十七年进爵为王，传国至初平中乃绝。藩屏悠久，相不止一人，宜其印之流播也。

晋永宁砖，长一尺，宽四寸五分，厚二寸，缺其两隅。其侧有书阳文十行，行三字，文

① 普颜不花(？—1367)：元蒙古族人，字希古。元顺帝至正五年(1345)由国子生登右榜进士第一，先后任翰林修撰、江西行省左右司郎中、中书参知政事等职。

② 《齐乘》：元于钦撰山东地方志，内容分沿革、分野、山川、郡邑、古迹、亭馆、风土、人物等八门。作者齐人，又官齐地，为地方志中的善本。

③ 龟纽：即雕成或铸成龟形的印纽，大多用绳子穿起来佩于腰间或系于臂上，随身携带，作为官职权力的象征。

④ 弱：用在数字后面，表示比此数略少一些。

⑤ 白文：指印章上与朱文相对的阴文部分，即镌刻成凹状的印文。

⑥ 琅邪孝王京：即刘京(？—81)，汉光武帝刘秀第十一子，母为光烈皇后阴丽华，建武十五年(39)，封为琅邪公，建武十七年(41)，封为琅邪王，建初六年(81)去世，谥曰“孝”。

曰：君汉故海常刘侯之苗胄，家于□□大村。大晋永宁二年岁次壬戌□□□□。清代道光二十四年，孙廷化于牧马城犁地得之。按：《汉书·王子侯表》：海常侯福，城阳共王①子，武帝元狩四年三月封，十三年，元鼎五年坐酎金②免，在琅邪。《晋惠帝纪》永宁二年十二月，改元太安，故《通鉴》无二年。此曰二年，未改元以前也。砖形似墓道，所以闭路者。考汉琅邪五十一城，无海常，则海常似乡侯以下，抑以国祚③不久而轶之，亦未可知。据此文，虽其苗胄之名弗传，而海常封近黔陬，亦一征也。以上《前志》。

晋风丘长城阳王墓碑，清光绪元年秋，农民于牧马城阴犁地得之。文曰“晋故风丘长城阳王墓神道”十一字，小篆体，右镌“太康五年岁在甲辰安丘立”十一字，隶书。

东魏胶州刺史祖淮碑。天平元年，文佚。采《山东通志》。

北齐胶州国盆造像记。武平四年，今归日照丁氏。采《山东通志》。

宋板桥镇铜记，篆文曰“板桥镇市舶司”钤记④。见高凤翰《古印册》。

金元金石

金玉泉庵碑，大定五年立，碑在大珠山庵内阶西，东向，高二尺许，正书⑤，阴列衔名，今已破裂。

大安石柱在治西南六十里孟慈社田中，正书“大安某年十二月某日立”十余字，字不满寸，亦朴率。

张仓镇铜记，重，今库秤三两七钱。方，建初尺二寸。连纽高二寸五分，面铸篆文八字曰“张仓镇商酒盐场记”，背凿正书二行，曰“正隆元年五月秘府监造”。按：张仓，胶西县三镇之一，场则榷场⑥，掌其地酒盐税务，而总其榷于商，故有此记也。

孔密州述祖碑在治西南七十五里孔家庄，篆额十字五行：孔密州追述祖先之墓志。大意谓：密州，宣圣之裔，遭乱失谱，乃追述祖妣以下名氏，以示后人。语颇沈痛，无朝代年号及书撰人名，惟云“时庚寅年十月，定远大将军⑦、元帅右都监、知密州”，验其官乃金元制。“庚寅”，疑是金哀宗正大七年。若为大定十年之庚寅，与元之两庚寅，不应不书朝代年

---

① 城阳共王：西汉第二代城阳王刘喜，齐悼惠王刘肥之孙，孝文帝四年（前 176）嗣位，前 144 年去世，有十四子，第十子刘福受封为海常侯。

② 酎（zhòu）金：汉代诸侯献给朝廷供祭祀之用的贡金。

③ 国祚（zuò）：王朝维持的时间。国运。

④ 钤（qián）记：中国古代官印的一种。清代称“钤记”。

⑤ 正书：楷书，亦称真书。

⑥ 榷场：是指宋辽金元时期位于民族政权交界地区所设的互市市场。

⑦ 定远大将军：官阶名，金朝置。为武散官从四品中，位在安远大将军下，怀远大将军上。

号，惟金自宣宗癸酉、丁丑、密州再破于蒙古，戊寅三破于红袄贼，秋四破于李全，己卯全又以州降宋。七年五易主，百姓惴惴无所适从，而辉实掌兵权，墓亦去州不远，故但书甲子，亦未可知也。

元普明院碑阴在明伦堂[1]左侧，高四尺，宽二尺，阳面已为明人磨刻训士卧碑[2]。阴，正书，列名多俚，上段十行，官吏多与内属连书，曰胶州某官娘子、某官太夫人或某官妻几姐，有“金紫光禄大夫[3]李太夫人”“安丘县赵君”，当是乡宦内属。余无行次，或不书名，曰：某大夫、某博士、某官人。又有书行次者曰：某姓某公几郎几哥，地名有胶西第五都、第七都、第八都，高密第六都，当是乡社次第，今不知所在。孟慈，今以名其社。末年号已泐，有“岁次庚子”字。观列衔与董进、栾彬二人，见元初他碑，知必在元初，而庚子，则太宗后称制之三年也。

武义将军卢琮葬亲碑在州北三十里柏栏村，州学正南华子撰，张某书丹[4]篆额。碑为卢琮葬亲而历叙其战功。宪宗癸丑，当宋宝祐元年，琮方二十余岁，与宋战，屡著勋绩，两史不载，不可得而详也。至元四年立石。以上俱《前志》。

武义将军卢琮墓碑在柏栏村。额与标题皆不可识，右下失去，左半犹可读，为琮之葬而历叙其三子战功，与前碑若一人作者。至元十八年，密州营军千户、子卢世荣立石。今村人以为墙基矣。

赵千户先茔碑在治东南七十里，新安社明秀山南。至元二十七年，益都路教授三山林和之撰，林熙载书丹。有“祖五代，明官至太子太师”语。铭云：赵氏先茔三百余年，悲风凄雨，斜阳淡烟。

乡贡进士王伟墓志在治南三十里十亩田，王氏茔。篆额四行，乡贡进士王公墓志，学正刘世杰撰书，王公名伟，葬王伟而历叙其行谊与子孙名位。至元二十八年，曾孙江淮枢密院提控案牍王简立石。

井口石记，至元三十一年立，向在洪福寺后墨河岸土中。《旧志》谓双井，一存一废。此其一废者，今石存洪福寺内。

武略将军刘君先墓碑在治东十八里小麻湾村西，圆首龟趺[5]，高五六尺，而苔藓侵蚀，中段为牧牛儿捶凿，尤不可读。篆额为“刘君营葬祖父墓志”八字四行。碑文正书，以意读之，刘君仕元，伐宋有武功，葬其先世。末行“时在至元□年”，阴列其考妣名氏。

胶州行军千户吉四公墓碑在治东北四十里双景村南，仆于田间。王良佐撰并正书，首行题衔：胶州行军千户吉四公墓，下多磨灭不可辨，以意读之，四公为本州千户，没而葬之而

---

① 明伦堂：建筑名，多设于古文庙、书院、太学、学宫的正殿，是读书、讲学、弘道、研究之所。
② 卧碑：明清时期称镌刻约束在学生员条规的碑，一般置于明伦堂之左。泛指镌刻各种禁例的石碑。
③ 金紫光禄大夫：文官，初为加官，无职掌，元代为从一品。
④ 书丹：碑刻术语，刻石必须经过三道工序：撰文，书丹，勒石。书丹指用朱砂直接将文字书写在碑石上。
⑤ 龟趺（fū）：碑下的龟形石座。

历叙其五子名位，中有“相门之后”，末有“能继其踵”语，不可解，至元□年子吉天玉等立石。

重修集元观碑，诚静致和大师、三洞讲经师王道显撰文，敕授彰德路教授刘世杰篆额，前本州权儒学正王文昌书丹。真一大师玄学讲经权讲、前本州道正王道和立石。额篆“重修集元观碑”六字。碑文正书，略云：兹观经始无考，重修于嘉定十七年。道士贾志渊幼慕全真，礼栖云①王真人为师，寓此券地，得五百亩，环于观之周回，与其徒张某、陈某等兴修构，圣堂、云房俱备，后张、陈接迹状请王义村师真观威仪②孙志忠主盟。至元甲子，孙委其上足王道和知观事，王复重加修饰。元贞丙申，余奉掌教真人命开讲，青社王来属门人知观李德明属余为之记云。观在治东南四十里石梁社，碑在观外，正书。阴列官吏衔名，乡宦多大夫、博士、官人之称，又有院士数人，不知为何等也；余则社长、里正并几公、几郎、几嫂、几姐等；元明观胶州道正、万仙宫道判、复点观提点某、师真观提点、太微观知观某；地名有沾化乡、龙泉社、石梁社、王太店、逄猛村、王义村，今仍旧名。其纸疃、孙家疃、坛后村、墨水村、葛家村，不知所在。

王二公等造象题名在艾山东石北路旁，长四尺，高二尺许，正书，有“至大四年十月，张二公、张六公、张七公”等字。

重修庙学记，集贤大学士、荣禄大夫③刘赓④撰，将仕郎、国子助教李泰行书，承直郎、国子司业⑤李之绍篆额。额失去，前有标题八字“胶州重修庙学之记”。文曰：国家承平，百有余年，今年下一诏，明年下一令，其于崇儒重道，无所不用其极。明经者复其身，上丁⑥释菜许以公服，从事建庙。京师置国子监学，增弟子员，廪饩以时。曲阜林庙成，树碑洒扫给户，尊圣人为大成至圣文宣王，遣使致祭，牲用太牢⑦，乐成登歌，跻宋儒周敦颐、程颢、程颐、邵雍、张载、司马光、朱熹、张栻、吕祖谦，本朝国子祭酒许衡为从祀。仍复科举取士，黼黻⑧太平，务在得人，所以继丕显之谟、启丕承之烈者于是乎在，故天下翕然化之，大而郡邑，下而党庠遂序，莫不有学。矧胶之为州，疆理则介葛卢之故墟，风俗则齐鲁礼义之乡，硕儒则庸生、王吉、郑康成之所从出，承流宣化者，宜何如哉？庙学在巽之隅⑨，学之所在，道之所在也。道何尝有污隆？学之废兴，则存乎其人。世祖圣德神功文武皇帝受尊

---

① 栖云：隐遁，远避尘土。

② 威仪：道教官职名。

③ 荣禄大夫：文散官名，金始置，从二品下，元升为从一品，清代后期以正一品优赠。

④ 刘赓：字熙载，元威州洺水（今河北邢台威县）人。至元十三年（1276），授国史院编修官，历官礼部尚书、国子监祭酒、集贤大学士。《元史》称其“赓久典文翰，当时大制作多出其手，以耆年宿德，为朝廷所推重云”。

⑤ 司业：学官名，隋代以后国子监设置司业，为监内的副长官，协助祭酒主管监务，清代末年废除。

⑥ 上丁：上丁，农历每月上旬的丁日。自唐以后，历代王朝规定每年仲春（二月）、仲秋（八月）的上丁之日为祭祀孔子的日子。

⑦ 太牢：古代帝王祭祀社稷时，牛、羊、猪三牲全备。

⑧ 黼黻（fǔ fú）：泛指礼服上所绣的华美花纹，谓辅佐。

⑨ 巽（xùn）之隅：东南角。巽：八卦之一。巽为风，位东南，主吉。

号之岁，前州倅林鹗为修复之，郡博士刘世杰碑记其事甚详，距延祐甲寅百一十四甲子矣。今监州下车之初，亦既奠谒，顾瞻殿宇倾圮腐败，仅蔽风雨，殆不能朝夕，荐献之所既陋且隘，则何以称大邦君之居乎？一日，谋诸僚佐，咸出己俸，方次第修葺之。胶西、高密、即墨三属县，洎耆宿①冷祯、乡三老之属，迭为佽助，积楮币②四万有奇。前大成门逵纡回不能施车，东庑逼近民屋，计钱为万二千六百买地，广袤十有一寻，主胶西簿孔氏五十四代孙思迪实董兹役。为正殿、为□、为门、为献幕，几五十楹，仿三圣人像、七十二贤、二十四大儒、从祀十儒，创以捏埭为之。又凿池以象泮宫之制。经始于是岁改元之正月，落成于秋七月四日。砻石③既具，伻④来京师，介监察御史郡人王玹、国子助教李泰求鄙文以为记。监州畏兀人小字燕帖木而，倅尚杰、乔汝楫，判官陈忠愿，从事李泰，儒学正林诚。监州勇于为善，其监是学也，每以身先之，尝谓人曰："兴修之际，苟费用不足，吾将罄家资以继之。"其志在于必成而后已。亲仁善邻，闻监州之风，亦当知所劝耳。乃父撞兀，亦尝监是州云。是年七月吉日记。碑在今治文庙大成门。刘赓、李之绍，《元史》并有传记，所书衔并与传合。赓传云：久典文翰，当时大制作多出其手。记称林鹗修庙，刘世杰撰文，当在至元三十一年，今其碑不可得。甲寅乃延祐元年，时庙尚在西城，而碑在此者，明建庙后迁之耳。《重修庙学记》后叙泰定改元三月有三日，祀三皇。前一日戊子，本州监州普颜不花公入庙，省牲⑤，时尚早，僚属未至，坐西庑下，若拙在侧。公曰："文庙之制，前监州燕帖木而之为也，公于斯役尽心与力，朝夕于是，七阅月而成。殿庑及门若干楹，埭三圣人、七十二贤、二十四大儒、从祀十儒之像，刻学士刘公之文，石未就，公去，遂弃之路左，今十二年矣。恐公之功绩久而后失之也，欲移斯石于庭而立之，使来者观之，不惟彰公之美，而亦知夫兴创之由也。子为序，刻诸背。"若拙应曰诺，书曰："人之有技，娼嫉以恶之。夫燕帖木而兴盖已备，所欠者一记石耳。今公汲汲而为树之，能成已废之功，不掩人之善。如此，与夫娼⑥嫉而恶之者，岂可同日而语？伏念圣朝受命，用诸色目掌握诸司，其听断曲直，分别是非，虽吏人文士不及也。以此知普颜公之贤，盖天性然也。公与知州、同知、州判并诸僚吏同心协力，行事之际，以身先之，凡有动作，旦夕亲临，不惮劬劳，期于必成而已，事事皆然，岂特此石而已哉！胶州儒学学正孙若拙序。"后书"泰定元年九月，吏目孙辉、司吏吕用"等六人，将仕郎、益都路胶州判官命安，承务郎、益都路同知胶州事莫文渊，奉议大夫、益都路胶州知州兼管本州诸军奥鲁劝农使王偁，忠翊校尉、益都路胶州达鲁花赤兼管本州诸军奥鲁劝农事普颜不花立。

加封孔子碑，碑分两截，上截加封诏，下截碑文，俱正书，无书人名。翰林待制、奉议

① 耆宿(qí sù)：年老资深德高望重的人。
② 楮币：指宋、金、元时发行的"会子""宝券"等纸币。因其多用楮皮纸制成，故名。后亦泛指一般的纸币。
③ 砻石：墓碑，石碑。
④ 伻(bēng)：使者。
⑤ 省牲(xǐng shēng)：指古代祭祀前，主祭及助祭者须审察祭祀用的牲畜，以示虔诚。
⑥ "娼"，底本作"媢"，讹，据前文改。

大夫兼国史院编修官张起岩撰并篆额。额失去，标题十字：皇元加封至圣文宣王碑。文曰：道原于天，理则根于人心。天生圣人，以明乎此也。故唐虞夏商周之阙，则知二帝三王周公之所传，初不外是。至于祖述宪章而于阙绳，然后知吾夫子之道为至，后之学者尊之以为先圣。有国之君，推崇封赠，不一而足，固宜然也。宋加文宣曰至圣，时以为能尊儒术，是□□。然庆历间，郡县方有学，始讲正其礼，下有司，则犹未备也。洪惟皇元，以文德化天下，祖宗肇迹朔方，首诏燕都，即孔子庙立学，盖与过鲁致祠者有默契焉。圣圣相承，兴崇学校，明教养之法。建学京师，遍及属县，成德达财，以需拔擢，垂为彝典。迨至武宗仁惠宣孝皇帝嗣服①之初，褒封先圣，冠以大成之号，临遣使者以太牢告祠阙里。中外欣欣，以为褒崇之典，称谓之当，情文之实，于是为备。仁宗皇帝以宋周敦颐而下九儒，暨先正许文正公衡列诸从祀一，新科举进，胄子入仕阶，百官胥吏参用文士，以广取士之路。今皇上践祚，制科举贡试如旧，典章文物蔚然，焕然太平之盛，于斯见之，士子彬彬，咸知向学矣！先是，佥浙西廉访司事臣吴举言大成加封诏文宜下郡县，立石垂示悠久。后十有五年，至治壬戌，胶州守臣达鲁花赤普颜不花、知州刘庆甫、同知莫文渊、州判赵景廉暨学正朱郁相与阙。齐故礼义乡，胶为齐之望郡，兹独阙焉？其何以祗承德意，风厉学者？亟命伐石以砻，遣教谕王思温致书贽，走京师丐文。谨岁月□□，起岩盖尝备员②胄监之属，其于昭代崇文右学、铺张扬厉职也。谨按：胶东在春秋时为介，实附庸国。汉为黔陬县。隋置县曰胶西，隶高密郡。宋为临海军节度治所，今州治阙曰即墨，即古夷国，汉不其县也。曰高密，是为莱夷维邑。名贤接踵，余风未远。越在内地，去邦畿伊迩③，德泽之所涵濡，其于向方④当何如也？今典郡得人，能以承宣为任，矧理之在人心初未尝泯，学者其益思勉勉循循，相观以善，以趋正阙，以造光大高明之域。临之在上，法固可见，取诸近则晏平仲、庸生、郑康成；临之在上，则先圣先师期于生不虚生，学为有用之学，以收儒者之效，以成圣朝乐育之美，是则郡长贰之所期望也。请书所言于石，以俟来者云。上列阁复加封制辞，学者多传诵，今不录。张起岩为延祐二年进士第一人，《元史》有传云：博学有文，善篆隶。碑结衔与所云胄监之属及序朝廷推崇先圣，皆与史合。而文亦典核⑤可诵，意重加封而并及科举等事，无非崇儒之意也。撰文在至治二年，立碑泰定元年。阴书州县官衔名多泐，所存者有益都路胶州达鲁阙益都路胶州知州兼阙务郎、益都路同阙仕郎、益都路阙、益都路胶州吏目阙副尉、益都路胶西县达鲁花赤兼管阙务郎、益都路胶西县尹兼管本县诸军阙从仕郎、益都路胶西县主簿阙、益都路梁乡镇巡检阙、益都路即墨县达鲁花赤兼管本县诸阙、益都路即墨县尹兼管本县诸阙佐郎、益都路即墨县主簿阙、益都路即墨县尉阙、益都路移风寨巡检阙佐郎、益都路高密县达鲁花赤兼

---

① 嗣服：继承帝位。

② 备员：充当。

③ 伊迩：不远。

④ 向方：归向正道；谓遵循正确方向。

⑤ 典核：典雅而确实；确实而有根据。

管本县诸军阙、益都路高密县尹兼管本县诸军阙尉、益都路高密县主簿孙阙、益都路高密县尉阙、胶州学正阙。碑在大成门外迤西，盖与前碑一时移来者。

栾氏显亲碑在治西十五里贡家疃。翰林国史院编修章嚞撰，胶西县尹王郁正书，主簿姬直方篆，至正二年，栾克敬立石。叙栾氏先世，可备掌故云。详“选举表”。

重修洪福寺记，至正六年九月立石，学正韩伯昌撰，生员贾亨行书。寺在南关石在寺。记颇简，云：寺已历年疏漏欲摧，有运判燕赤不花劝缘，教授严仲良、僧田智成恳启虔诚，不日成之。后书士夫并州县官衔名。详“职官表”。

崇福大藏碑，至正十一年，博平县尹杨居敬撰，前知州柴立本篆额，僧惠琳正书，广通立石。额为“创建十方崇福大藏碑记”十字。碑在治西二十里寺内，今名讲经寺。记云：广通，昌乐李氏，失母，出家入都，赐号广惠通辨。大师至胶东郭公等施地，因立寺，有经文三藏及画、五十三参、十六尊者①，今皆无存矣。末与阴及两侧列州县官与乡官衔名，余多某相公、某社长、几哥、几姐等。又有水陆院某提点、太微观某提举。地名有马家庄、宫家庄（多宫姓）、战鲁庄（多鲁姓及战姓）、孝苑祖村、东西杜村、苑家会、苑家庄（多苑姓），皆附近村也。阴额题“宗派之图”四字，地段在其下左侧又有“崇祯年千户所匡乾”数字，似后人增镌。以上俱《前志》。

明金石

城隍诰命碑。奉天承运皇帝制曰：帝受天明命，行政教于天下，必有生圣之瑞，受命之符，此天示不言之妙，而人见闻所及者也。神司淑慝②，为天降祥，亦必受天之命。所谓明有礼乐，幽有鬼神，天理人心其致一也。朕君四方，虽明智弗类代天理物之道，实罄于衷，思应天命，此神所鉴而简在帝心者。君道之大，惟在典神③，有其举之承。惟胶州城隍之神，聪明正直，圣不可知，固有超于高城深池之表者。世之崇于神者则然，神之受于天者盖不可知也。兹以临御之初，与天下更始，凡城隍之神，皆新其命。眷此州城，灵祀攸主，宜封曰④鉴察司民城隍灵佑侯。灵则随感而通，佑则锡善以福，此固神之德，而亦天之命也。司于我民，鉴于州政，享此祀典，悠久无疆，主者施行。洪武二年夏五月。

监修玄天上帝碑记。略曰：玄帝之道，于穆不已，赞天地之化育，而有补于世教者也。福善祸淫，有若影响，助扬威武，阴翊王化。悯天下之乱，而欲易乱以为治，悼天下之祸，

① 尊者：指罗汉。
② 淑慝：善恶。淑，善；慝，恶。
③ “惟在典神”，底本作“惟□神□”，据正德《颍州志·明实录·太祖高皇帝实录》卷三五补。
④ “宜封曰”，底本作“□封□”，据正德《颍州志·明实录·太祖高皇帝实录》卷三五补。

而欲转祸以为福，此天真之神妙而不可名言也。今户侯匡时济等谓诸僚属曰：洪惟圣朝，奉天承运，以抚华夷，感神之惠，佑护生民。奠安中外，敕命大臣，建修□□宫观，御守□城。且胶地，介葛卢之故墟，汉之胶东国也。其俗淳朴，其地沃壤，环山带河，实中外之要会也。儒雅则有庸生、王吉、郑康成，功烈则有晏婴、娄敬、张华之遗迹。第恐水贼、倭寇不时举发，故远托神庇，兴起善心，于永乐癸卯夏五月，经营量度于城北楼，规画基址，可构行祠，各捐俸以襄其事。按：州地属秦楚之际胶东地，而不属汉胶东国，《旧志》误载胶东国，沿此。后书洪熙元年夏季月，胶州儒学学正岳崇，武德将军、胶州守御千户所正千户匡时济，奉训大夫①、胶州知州阎珏、李哲。

重修城隍庙碑记略。曰：郡邑之祀城隍庙神，以其能捍灾御患，而庇佑一方之民也。胶州旧有城隍祠，在城外西隅。国朝洪武二年，知州张恭所建。时营创之初，规制未备。浙之钱塘阙经发身科目，成化庚寅来知州事。阙时则有若同知刘君显、判官朱君焕，咸同心协力，而襄赞厥美。胶州儒学学正武川吴勤撰，训导李实篆额，成化岁次己亥冬十一月吉日。按：是时知州系毛智。

重修灵山卫学记。文曰：灵山卫距胶州之南九十里，左右皆崇山。其南一望无际者，海也。有山涌出其间，俨若翠屏天开者，灵山也，卫因山而名。尝试登城以望，则层峦巨浸，周回环抱，烟云出没，波涛浩渺，渔村樵坞，历历如画图然。卫之有学，昉于正统之初，阅岁滋久，颓败不支。补苴罅漏虽有其人，彻而新之者若有所待。弘治改元戊申之岁，宪副西蜀赵公，名鹤龄，泸州卫人。奉玺书巡察海道，驻节于兹。展谒之顷，顾瞻兴叹，曰："学校人才所自出，而敝陋若此，非所以尊圣道、敦化原也。宜有以作新之，但钱非天雨，安所出乎？"至胶，乃谋诸郡守献陵鲁侯凯。侯曰："灵山在胶封内，而学校又守分内事，即躬诣而经营之。"仍倡率捐钱若干缗，属节判即州判。京兆赵侯钦董其役。于是伐木于灵山，采石于崛岭，乃作大成殿、东西庑、戟门、灵星门，以间计者二十有一。灵星门则以石焉。复作明伦堂、东西斋、讲堂、号房，以间计者二十有三。正殿则肖圣贤之像而藻饰之，东西从祀诸贤则以木主。阶陛门垣黝垩丹漆，以序以整，而后学宫之制视前，始于是年之春，落成于明年之冬。佥谓宪副公之嘉绩，来学者深，不可无述，以贻永久。于是摄学事、平度司训洛阳李君炎，命其弟子严和来征文，刻诸丽牲之石②。惟昔三代之盛，文事武备皆出于学，所以兴师必受成而行，及其还也，则释奠于学，而以讯馘③告，曷尝析④文武为二哉？世降教弛，士无全才，徒见夫被坚执锐，乃指为武，殊不知制胜两楹，折冲千里，而有所谓诗书之帅也，卫之不可以无学如此。我朝建学于卫，盖欲比隆三代，陋汉宋而不居也。灵山昔为屯垒，其俗尚武，人才未闻。近年来，士知尚学，俗渐归雅，非由地之有学、学之有教而然欤？矧夫

---

① 奉训大夫：文散官名。金始置，从六品下。元升为从五品。明为从五品初授之阶。清废。
② 丽牲之石：指祠庙或墓前所立的碑。丽，缠缚。丽牲，把牲系（在石）。
③ 讯馘（guó）：指古代战争中的俘虏和已毙之敌。讯，鞫讯所获生俘；馘，割取死敌左耳以计功。
④ "析"，底本作"歧"，讹。据《明文衡》改。

地灵则人杰，山川闷蓄其灵秀于昔，必将发泄于今，而豪杰钟之，叠出于其间。而又遇贤宪副笃意兴学，贤郡守克相其成，俾学校焕然一新，见者为之改观。诸士游歌于兹，亦当自思，曰学既新矣，使德业未新，伊谁咎耶？由是，皆激昂奋迅，黾勉修为，洗濯其旧见，刮磨其旧习，节必忠孝，才必文武，出而见用。平居则以礼乐陶吾情，我知①子游②之在武城；一遇四郊有警，当③如范文公胸中甲兵，西羌破胆④。使议者咸曰：是为灵山之产，乃无忝山川之灵，无负朝廷建学之意。而作新激励之功，不归诸宪副公乎？愚记其兴修之本末，敢以是为诸子告。弘治二年郡人宋汉撰，胶州知州鲁凯立石。

重建大成殿碑记。文曰：天下有府，若州县即有学，皆以为风化设也。夫县之置甚广，而附于府者，学亦不废，况州不附于府，亦无县以附其学。有必设者，凡学皆有庙，以祀孔子及配享、从祀诸贤。当庙初建，工必完，物必坚固，美好而不敝。久之，完者缺，坚者坏，甚则倾颓而敝矣。人见其敝，必指为守令事，曰："曷不葺而新之？"为守令者，有狱讼之决剖、粮饷之征输、徭役之调发、畜产之孳牧⑤，其事盈乎前，日无暇以及。虽然此固政事也，于风化有所系乎，苟其人泛然不以为意，此世所谓俗吏，而不知急先务者，则守令固难得其人也。幸而得其人矣，视庙学如其家，有必葺之意。然而旱涝之相仍，螟螣⑥之或作，盗贼之窃发，饥馑之荐臻⑦。岁有不虞，真无暇而为之，则为守令者，又难得其时，而非人之罪也。胶属莱州府，有学创于金承安间，增修于元至元末，重修于国朝洪武初，至今百三十年，可谓久矣。其庙制不徒敝，更卑陋不足观，凡春秋奠献，至不能容足。弘治丁巳，州守曹君鬲以名进士为抚州推官，多著政绩，擢守于兹。始至，入学谒庙，观其制不称，慨然叹曰："前守不必论，今其责则我矣。"他日即审地势，计财用，将有所改作，适岁不登，饿莩流移，赈恤不暇。明年戊午稍康，又明年己未岁益熟。君曰："吾事济矣。"乃与同知梁山等议，皆曰"善"。又白于知府李侯，侯亦曰"善"。君首捐己俸为倡，众相劝以助。始购诸邻地广袤数丈，以大其规，顾材物所出，即境内劳、艾二山，伐山凿石，辇载并至。更市巨木于江淮间，以充梁栋之用。召精工，择良日，而役兴焉。殿旧为三间，乃左右增置为五间。凡门庑斋厨亦增于旧，合若干余间。深广爽洁，巍然改观。至于祭器咸备，陶冶必精，以及广庭遍植嘉树，辛酉八月功告完。初，君兴是役，屡往临视，经营指画，劳心为多。落成之日，释奠以告，牲醴备陈，周旋有地，僚吏咸集，士庶聚观，师生欣欣，莫不诵州守之功，曰"此盛事也"。寥寥之余，获见此举，宜有纪述，以示后来。于是学正朱斌具述其事来请，

---

① "知"，底本作"知如"，讹。据乾隆《灵山卫志》改。

② 子游：姓言，名偃，字子游。孔子弟子。春秋末吴国人（一说鲁国人）。曾任鲁国武城宰，境内到处有弦歌之声。

③ "当"，底本作"尚"，据乾隆《灵山卫志》改。

④ 胸中甲兵，西羌破胆：范文公指北宋著名文学家、政治家、军事家范仲淹（989—1052），谥号"文正"，世称范文正公、范文公。范仲淹曾任延州知州，出奇制胜，大破西夏兵，西夏称其"胸中自有数万甲兵"，当地民谣有"军中有一范，西贼闻之惊破胆"。

⑤ 孳牧：繁殖牧养。

⑥ 螟螣（míng tè）：喻为害人民者。

⑦ 荐臻：接连地来到。

余于君为乡人，越自早岁，重君之贤，兹其为政，又知所先务，如此可无一言以相其役乎？盖自君为州守，既新庙学，逾岁再熟，政治益行，废坠悉起。部使者至若巡抚都御史徐公而下，率加称奖，可谓贤守矣，因附及之。若夫施政于斯，讲学于斯，仰瞻于斯，兴起其志，以成人材，为朝廷之用，州郡之光，不徒为是美观者，此固君之深意，在师生默喻而已。按：《旧志》以孔庙为金承安年建，元至元重修。本此。前书：资德大夫、正治上卿掌詹事府事、礼部尚书兼翰林院学士、经筵官同修国史长洲吴宽撰，赐进士第、中顺大夫、湖广按察司副使、前江西道监察御史、郡人宋汉书，赐进士第、文林郎、云南道监察御史、郡人匡翼之篆。后书：赐进士第、奉直大夫、胶州知州曹鬲，儒林郎、同知梁山，儒学训导田厚、常伦、徐祯，从仕郎、判官白思温、苑宽，吏目梁钰。大明弘治十有七年岁①次甲子夏五月立石。阴列特进荣禄大夫、上柱②国阳武侯薛伦，赐进士第、承事郎、大理寺左评事姜周辅，守御千户所正千户匡允定、汪林、杨辅，副千户储清、刘洁、朱桓、胡翰，致仕官、奉政大夫修政庶尹、工部郎中韩绅，承直郎、南京刑部主事彭瓒，知县张显、何琮、冷袭，主簿王和，司狱王文，推官张正学，吏目韩景，训导王济，闸官赵臻，判官栾鸿、宋琇，典史薛铎、张璇，驿丞冷智见、任官，知州萧鹗，教谕邓中和、林方，通判冷禄、王相，知县张勉学、王宪，教授宋逵，奉祀官栾鵕、张颙，训导崔瑄、王春、刘嵩、张岩，举人高迪、赵从龙，监生张翕、管清、杨佐、王淮、秦廷辅、秦浦，守御千户所百户张浩、朱浚、陆兴、谈经、王信、黄凯、郝继光、魏瀛、吴亮、丁宏，本州属官石河场大使胡斐文、副使李嵩，税课局大使张清，本州仓大使赵凤，医学典科姜逵，阴阳典术高晏，义官匡直之等十六人，生员邓中庆等一百四十八人。

尚贤祠碑记。略曰：尚贤祠，祀胶之先哲暨先名宦，其行义足为矜式，可以风动③乎后进，于焉尚其贤而祀之，盖有功烈于民于国，在祭法所必祀也。矧有关于风教可以不祀乎？是以义而祀之也。予承乏④于胶，顾惟谫薄⑤于事神治民之道，恒竞竞无敢怠荒。故于庠序之殿庑、门墙陋而敝者，既撤而新之矣。慨夫胶之先哲暨先名宦无文未秩，而何以风动乎后进？爰谋诸胶之四三巨公，暨合郡文学，相与夷考其行，稽之志，质之史，可以义而祀者，得二十有三人焉。在秦曰柏栏将军，在汉曰盖公、曰庸生、曰娄公敬、曰王公成、曰吴公祐，在金曰房公周卿，在胜国曰林公鹗、曰柴公本立、曰脱欢公、曰张公缉、曰张公复初，在皇朝曰文公敏、曰仇公镇、曰董公鼐、曰王公振宗、曰张公绅、曰杨公可久、曰殷公哲、曰薛公禄、曰崔公衍、曰李公纲、曰韩公福之数公者，或以言悟主，或以身殉国，或孝能悦亲，或忠能急君，或文可表世，或泽被生民，或有功文教，皆诵法圣人者也，皆后进所当尚而亲炙

---

① “岁”，底本作“藏”，讹。
② “柱”，底本作“桂”，讹。据官职名改。
③ 风动：教化，教育感化。
④ 承乏：指承人才匮乏之机而担任某职，多用于任官的谦辞。
⑤ 谫薄（jiǎn bó）：浅薄。

之者也，皆无愧于祭法而不可以不祀者也。乃于学宫戟门之右，构祠合而祀之。落成之日，凡同志者，其景仰向进之心，浡浡如也，真有益于风教哉！礼既成，佥谓予曰：莫为之前，虽美弗彰；莫为之后，虽善弗传。兹既祀矣，不有述焉？吾恐其历岁滋久，将芜秽澌泯①矣，其如祀何？呜呼！义乃人心之同然也，予既以义而起之，彼后之君子于兹，盖有甚于予者，复何疑？前书：赐进士、奉直大夫、胶州知州姑苏曹嵩撰，赐进士、中顺大夫、湖广按察司副使、前监察御史、郡人宋汉书，登仕郎、直隶山阳县主簿、郡人王和篆。后书：儒林郎、胶州同知梁山，从仕郎、判官白思温、苑宽，将仕郎吏目梁钰，儒学训导常伦、徐祯。弘治十七年甲子冬月立石。

观庙学落成诗并跋。石刻：宦迹东西类转蓬，归闲老眼阅奇功。三朝殿庑经新广，数仞门墙比旧崇。弦诵洋洋覃圣化，时髦济济亮天工。於皇有此伊谁致，思乐兴歌与古同。休致初归事未遑，拜观殿庑作吾庠。规模旧已鄙三世，轮奂新来耀四方。圣表帝王尊有像，贤分公伯祀无疆。成功悉是勤劳守，纪向斯诗令不忘。吾胶庠旧庙，欲倾且隘，建于皇统末，徙于延祐初。金岳庙，元假为文庙，迄今三百六十年。来守者弗克振作，和自戊辰游庠，丁酉应贡，每尝咨嗟。及乙卯簿山阳，己未调肥乡，尤常慨念。屡请，庚申始放归，居西石桥南街，常简静介持，不屑俗务。值兴至，但游阅郊郭，诗卷自乐。越甲子，和年六十八，适州守曹公营作落成，观其雄伟妍丽，加旧数倍，因喜甚，谨赋诗二律，以永其功，刻诸石云。后书：弘治甲子仲冬十七日王石溪德春识。

胶东八景诗刻序。胶，古名郡也。《旧志》即景原有八题，曰：文庙松风、双井神泉、庸生古庙、双女高冢、云溪晚钓、慈云晓钟、唐港秋潮、石桥夜笛。然胶之山水奇秀，文献古迹可歌可咏者，固不止此，观者多兴慨焉。愚于历览之余过，不自揣，更拈出八题，各勉成近体一章，曰：胶河澄月、珠岭飞云、柏栏忠义、介根古迹、石耳献奇，天泽昭应、铁橛樵歌、麻湾渔乐。欲丐达人硕士相与咏歌之，以扩未尽之意，以侈兹郡之盛。但意拙词俚，见者幸教之而弗哂焉。苏台曹嵩书。诗不具录。

重修城隍庙记。石刻后书奉训大夫、知胶州事邱凤来撰，同知刘学，判官王道，吏目许谦，儒学训导丁进禄，守御千户所掌印千户胡九皋、汪文焕、杨璋、匡天伦、李钊、刘希尧、储辅，耆民周英，嘉靖八年秋月立石。

重修城隍庙碑。文曰：胶之城隍有庙旧矣。神维灵佑，侯奠兹土。一方保障，百禩毛血②。虽愚夫妇，月致楮镪③。燎而拜祝，知神为司□。造命福物，尊而亲，威而爱，少而习，见长而安，不教而恭敬，故阳亢以雩，疢以祈瘳④，丧以讣，嫌以决。於戏，维神之灵休哉！庙以绥之，修以饬之，供祠者咸乐有所庇情欤！迄于今不衰。己酉春，将军北回，祗

---

① 澌泯(sī mǐn)：消失。
② 毛血：指祭祀时所用牺牲。
③ 楮镪(chǔ qiǎng)：指祭供时焚化用的纸钱。引申为钱。
④ 瘳(chōu)：疾病减轻，病愈。

恭祈事伏谒，仰风檐之瓦解，俯茅垣之土崩，萝薜①惊心，蜗鸟动色，呼主持而前议，董重役而兴葺，且曰：愚世荷恩，守御东海，与神实为表里，□初待今，员时梦诲之，怡以眷慕之怀，诱以当官之法，易其字曰阙，美其号曰金岩，寤而喜，喜而质于予心，异之以神祐，愚党而冥明，夹辅之功，期以勿替，□休命为事，铭在肺肝。今日增修之议，仆不敢延，归而谋诸耆丈，得杨君梅特主役事，乃集众鸠工，构材出资，首事风日②，省试③不辞。而州之人欣然从之，匍匐而输助者如缕。凡五越月告完。廊庙藻文，门垣焕炳。介泉子趋而贺，乡先生嘱以记之，永其德。予乃曰：考神宫募缘，疏托缁黄④辈，惑世诬民，祈祐幸福，兹役也果有，于是维神受皇帝之眷，卫我东土，固不俟人之崇奉而兆灵然。匡君世族，提兵典郡，为斯民表，戬穀⑤摠⑥禄，神之歆也久矣。而大事孔殷，祈祐一方，契合冥漠焉者，则又非为身家便也。呜呼！城隍之兴废，视郡圉之盛衰。郡圉之盛衰，视社稷之危安。北□子存大义以图成，忘小利而集事。君子之志，细人不与。乡先生曰“唯唯”。因勒诸石以成后事者之德。匡君讳天伦，字伯仁，守御所致任正千户。前书：胶州庠生介泉赵白璧撰，胶州庠生东涯匡天佑书，庠生穆菴王师文篆。后书：嘉靖二十九年立石。

新建海神庙记。文曰：古哲王之修祀典也，祀其有功于民生者，祀其有功于宗社者，而淫祀弗与也。今二氏⑦祠遍天下，而崇修二氏之学者亦遍天下，岂为其关于民生乎？抑为其关于宗社乎？此巫所谓淫祀也，必斥于古哲王之世者也。以古哲王之所必斥者，而今乃从而崇信之，是何□□倒置？自失其阙有斯世斯民之责者，不阙胶大夫念竹楼君，盖忧之独深者也。尝语二三僚佐，曰：天子以治民事神之责，畀之守土之臣。有是治民事神之责，必期于无负天子之命，而别邪正以一人心阙。按：州之境其庙祀二氏者，不下数十焉，于祀海之典独缺□？不可以观人心乎？阙本无以□其所□□，非守臣责耶。于是鸠工庀材，翦莱辟土，后阙□□绕阙庙之原额田数亩以饭守者，使无失所□，犹惧其岁久则易湮也。□勒之石焉，以图不毁，令予记之。□□天下之阙人心阙邪正之机□兆于□之好恶。晋人好老庄而五胡乱华，宋儒好佛氏而元人入主中国，盖人心一有不正，则百神得以入之，其势必然斯阙于州之南境，使胶之人知上之所好者，不在彼而在此。庶乎胶之人所崇信者，亦在此而不在彼也。是崇正祀，乃所以别淫祠，别淫祠乃所以正人心也。信乎！大夫之忧为独深也。凡今之人，可以无大夫之忧，而可以无予之记也？于是乎，勒之石以告天下后世凡有治民事神之责者。前书：赐进士第、中顺大夫、知河间府事、前户部郎中郡人鉴塘纪五常撰，中顺大夫、知岳州府事、郡人玉峰李元芳篆额，丙子科乡进士、郡人仰嵩张汝元书丹。后书：万历七年己卯赐进士第、

① “萝薜”：“薜”底本作“薛”，讹。据道光《重修胶州志》改。萝薜，植物，指女萝和薜荔。
② 风日：风吹日晒。
③ 省试：省视，视察督工。
④ 缁黄：指僧道。僧人缁服，道士黄冠。
⑤ 戬（jiǎn）穀：尽善。
⑥ 摠（zǒng）：通“总”。
⑦ 二氏：指佛、道两家。

奉直大夫、知胶州事、前刑部主事念竹楼楙中勒石。

增修庙学记。文曰：胶郡庙学，郡伯李公所增修而完美者也。是郡，盖古胶西汉董仲舒、宋苏长公所文治之地。至金，邑簿房周卿建大成殿于治之东南隅。迨我朝列圣庙学，益为廓增，至嘉靖丙午，灵宝杨公复易民间邻学地，改儒学门于庙右，置各官舍于庙左。是科得中式者五、继两榜而抡魁者四，相沿科第辈出。说者谓杨公开启贤科之功居多，恨未有片石以纪其盛。乃今岁久，大殿脊檐脱落，庑祠倾圮，明伦堂逼于隘巷，黉门[1]厂无棚栏，甚至斋房凿为酒肆，宫墙穿为便途，而官舍不敝风雨。张郡博始塞横衢巷[2]，窦苏府丞重构明伦堂，创敬一亭于堂后，起奎星楼[3]于巽方，殿庑斋垣等尚未完美也。癸丑春，尚孝廉署胶庠，与二三同寅考订先贤位次。而州牧孙公会年丈、佥宪匡公铎佐二千金，树门屏，立栅栏，修名宦、乡贤二祠。公盖先乡贤廉宪公后也。时孙公以才转曹州去，幸而襟岳李公自洧川擢来守胶。方公任洧川[4]时，典学育才，业有贤声，及守胶，剔宿蠹，锄巨猾，济时艰，苏民瘠，尊卧碑，以范士习崇礼俗，以正人心。顾瞻庙庑、斋房、宫墙等多残阙，少完美，俯而思曰："嘻！庙以依神，学以储俊，乌可弗完且美也？"于是申画示劝，庀材鸠工。役不于民，而以隶胥，费不于公，而以俸金。先大殿、次两庑、次戟门、次頖宫、次灵星门西，递学门以内，如堂如斋，扫其废者而新之，相其堕者补葺之，举向所穿墉凿肆者，悉厘正之。且曰："吾正欲完美此庙学也，胡容穿凿为？"辄易土为砖，砖费数万计，准初制之延袤，而南北如一，壁[5]立数仞。不三月，而闾左无扰，公帑无费，役不为劳，民不称厉，声色不动，而庙峨然，而学森然，弈弈煌煌，焰烂夺目，敻[6]为境内伟观。复议改名宦、乡贤二祠于启圣祠前，造诸官舍于斋堂后奎星楼，以次整饬。洵明兴未有之营缮，即先代董苏之文治不少逊焉。名虽修旧，功倍创始。已，胶庠师生咸谒予，请曰：庙学，完矣，美矣！先神依于斯，贤科储于斯，一时章缝[7]，沐浴道化，被服训养，思报完美之功于不替。谓予典在铨曹[8]，陟公上考[9]，庆得循良，而以知公者，属予也。予何吝纪之？贞珉[10]以垂不朽耶。乃原庙学以告于胶人，有闻董苏之风而兴者，曰"此李公之功也"。公讳尚志，别号襟岳，顺天人，登万历庚子科乡进士。《旧志》以州为汉胶西地。本此。前书：赐进士第、资政大夫、北京吏部尚书、前南京吏部尚书、北京刑部尚书、都察院左佥都御史、东莱赵焕撰文，赐进士第、朝议大夫、资治

---

① 黉(hóng)门：学校校门，古时对学校的称谓。

② 衢(qú)巷：指街巷。

③ 奎星楼：奎星为古代天文学中二十八宿之一，神话中是主宰文章兴衰之神。兴建奎星楼(阁)，多以祭祀、祈佑一地文章之盛。

④ 洧(wěi)川：地名，在中国河南省尉氏县。

⑤ "壁"，底本作"璧"，讹。

⑥ 敻(xiòng)：远。

⑦ 章缝：即章甫缝掖，儒者服饰，代指儒者或儒家学说。

⑧ 铨(quán)曹：主管选拔官员的部门。

⑨ 上考：官吏考绩列为上等。

⑩ 贞珉(zhēn mín)：为石刻碑铭的美称。

少尹、国子监祭酒、经筵讲官、前左春坊左谕德、翰林院侍读学士、即墨周如砥书丹，赐进士第、奉政大夫、南京户部贵州清吏司郎中、郡人高锵篆额。后书：奉直大夫、胶州知州李尚志，儒林郎、同知谭三才，征仕郎、判官姜文焕，吏目杨文焕，文林郎、前署儒学事尚三策，学正李如桂，训导刁学伊、陈九迁、衣应运、蒋勤，耆民李灼然监造，增生邹国儒摹勒。万历四十三年乙卯冬月立。阴书：乡进士、户部清吏司主事张汝元，赐进士第、大理寺右评事赵任，敕封中书舍人高梦说，赐进士第、中书舍人高弘图，安阳县县丞姜维稷，武英殿中书姜元春，乾州知州王楫，大宁县知县马如龙，砀山县知县高瀚，南宁府经历宋有庆，青城教谕周卜世，光禄寺监事赵佐，□问所理问宋时熙，附例袁允昌，游击将军杨世美，胶州所掌印正千户匡万里，边操正千户汪应选，佐贰百户张所蕴，京操百户韩甲，三科武举镇抚赵佑，鸿胪寺序班赵伸，三科武举把总官匡宏训，阖学生员廪生①上国光等二十七人，增生崔一凤等三十人，附生高师说等百四十二人，奉祀生匡隆，督工孝官冷国治。

重修圣庙记。略曰：胶西守松滋向君，讳君化，号相君，天启癸亥冬，奉命来守是邦。会东土有警，粮饷告匮，公蚤夜调剂。越二载，政平事理，将以其成，质之天子。适覃恩沾荣，二亲晋秩②，拜命。次日，释奠先师，见宫墙倾圮，太息曰："自以文章饰吏治，得君荣亲，圣泽之沦濡深矣，修葺之责非异人任。"乃捐俸金若干以供其事。经始落成，不日而焕然改观焉。八月上丁，有事明禋，益虔祼献，益肃骏奔，雍雍③乎礼乐之益辉煌。则向大夫之是举，真足以昭格圣灵，而开宏文化也。一时襄其谋者，则原任司训毕得□、梁任大、崔良能，新任学正李永训、孔□宾、黄一凤，鸠工课程则州倅周𫍯，其捐金共济则乡绅主事张汝元、于从政，副使高锵，侍郎高弘图，参政郭竹征，给事中宋可久，知州郭郛，知县高瀚、姜士佐，光禄寺署正赵佐，总兵赵佑，参将谈震采，举人袁允隆、赵僎、高弘教，贡士杨誉、张法致、张志定、高念兹，监生高淳、袁允昌。至于躬亲督率，补其不足，则有该诸生贤劳相助也，例得并勒之石，以志不朽。时崇祯十年岁次丁丑正月既望之吉，赐进士第、中宪大夫、翰林院提督、四驿馆太常寺少卿、前吏科给事中、东莱张孔教撰。以上均《前志》。

---

① 廪(lǐn)生：指科举制度中生员名目之一。明清两代称由公家给以膳食的生员。
② 晋秩：进升官职或等级。
③ 雍雍：和乐貌，和谐貌。

增修胶志卷三十七　艺文志第四　金石中清金石

清金石

重修北城真武庙碑记。文曰：胶城方三里，辟东西南三门，门各有楼，其北则建真武庙镇焉。庙创于明洪熙间，盖先千户所州城废，因移以为治者也。历三百年，庙屋材朽，至国朝康熙戊申，罹地震灾，凡城垣雉堞、官舍民庐，咸就倾圮，而庙遂同诸门楼一时颓坏。予于庚戌之冬来守兹土，登残垣而周望形势，胶虽弹丸，孤擎海口，上绾天津之锁钥，下扼江淮之咽吭，亘数百里，以襟带三州，联二属邑而独当一面。筹国者议移沂镇一军，用资弹压，非不知斥卤[①]边隅，刍茭弗备，诚见夫洋洋东海，浩渺苍茫，不得不屯聚重兵，以纾缓急，所借者惟金汤之固。是城何可不亟议请修？城修则庙与楼渐次可复昔日之观矣。因缮文屡请，而内府金钱方烦仰屋[②]，且通都大邑修葺未兴，无暇为一邑计。予虑雨雪一侵，砉然将解，乃乘农隙，佣工徒分版授筑，亲畚锸而馌食[③]之。土墉稍坚，已力尽气索，将伯助予[④]，烝也无戎[⑤]，亦无暇为一庙计。而胶绅方伯宋公[⑥]，时陈臬西川，万里邮筒，寓书于长君世远，捐资重修。鸠工庀材不日而成。丹雘[⑦]错施，金碧遥映。神像法幢，焕然聿新。漆几华灯，灿列咸备。鼓钟达远，不啻考无射[⑧]而伐灵鼍[⑨]。予于其落成之日，偕僚属登焉。凭高遐览，不禁慨然曰："壮哉！北则天柱之来，蜿蜒起伏，其昔时祀月之所乎？南望汪洋惊风，怒涛苍烟，浮岛缀双珠而砥铁橛，洵称大观。左顾东劳，层岚叠巘，吐景流霞，恍惚万状，其中或尚有隐君子焉。西眺琅邪，在遥青落照间，实有怀夫苏子超然之遗踪。胶之形胜观止矣。"予因是而叹宋公之明德，为无穷也。诗曰："价人[⑩]维藩，大师维垣。"又云："维桑与梓，必恭敬止。"公之清风惠泽遍海内，今者化行西蜀，天子下玺书褒美及衮衣绣裳之荣命，公承宣德意于百粤，屹然为东南万里长城，行见题名屏扆[⑪]，铭勋鼎钟，而先推公绸缪桑土，敬共明神之意，因为记而勒之石。康熙十二年岁次癸丑十月，知胶州事三韩孙蕴韬撰。

---

① 斥卤(chì lǔ)：盐碱地。

② 仰屋：抬头仰望屋顶。形容无计可施。

③ 馌(yè)食：指给在田间耕作的人送饭。

④ 将伯助予：语出《诗・小雅・正月》，请求帮助。

⑤ 烝也无戎：语出《诗・小雅・常棣》，无人相助。烝，句首语气词；戎，相助。

⑥ 方伯宋公：方伯，明清对布政使的称呼。宋公，即宋可发，字艾石，胶州人，顺治六年(1649)进士，事见民国《增修胶志・人物志》，长子宋世远。

⑦ 丹雘(huò)：可供涂饰的红色颜料，也兼指丹、青二色。

⑧ 无射：古十二律之一。

⑨ 灵鼍(tuó)：即鼍龙。一种与鳄鱼相似的动物，皮可鞔鼓，借指鼓。伐灵鼍，指击鼓。

⑩ 价人：甲士。

⑪ 屏扆(yǐ)：古代的一种屏风。

胶州知州赵公慕思碑。后叙略曰：赵公讳民善，字化宇，辽东人，来治胶，历十一载。民沐其膏泽，朝廷鉴其廉善，升太守，以民逋三千金，无力自完，求资于江南友人，遂以跋涉之劳，没于江上。胶民复輀[①]之归，创庙于城隍殿左，谓公生而神明，岁祀不辍，历今二十余年不能忘也。乙丑冬再祀，或曰：公治胶无大异政，没而思，思且慕，久且不忘者，何也？曰：公来胶，适乘叛逆之后，焚掠支离，公亟旋定奠室家，处之言之，曷能忘之？曰：愈于屠民而溅血于巷者也，无大异也。曰：东海寇发，大兵四集，大家小家，牛车不前。公单骑赉散，民怨不兴，输之直之，曷能忘之？曰：愈于杀民以媚戎者也，无大异也。曰：国赋烦冗，富者乐输，贫者载逋，公别其贤否而不尽之法，劳之剔之，曷能忘之？曰：愈于掊克[②]之求自胜者也，无大异也。曰：诸生固继敬□庸流之风，而下士以礼，塾之序之，曷能忘之？曰：愈于荒而鞠为茂草者也，无大异也。曰：兵戎未靖，民休于市，夙夜著丝于莩车，饮之食之，曷能忘之？曰：愈于狐威而束湿[③]者也，无大异也。曰：东逋肆虐，荼及缙绅，公□檄而争，翼之怀之，曷能忘之？曰：愈于贾祸而尸其惠者也，无大异也。曰：然吾闻之，好名者徙木，好利者茧丝。公施诸政，实洽恺悌，深其忧患，同其始终。□无所为而为之，而民亦未之或知也。此民之所以没而思，思且慕，历二十余年如一日者也。骏奔悽怆，洞洞乎其若思也，漆漆乎其若慕也，渺渺乎予怀之，终不能去也。诸君子或泣或悲或太息。予乃掇其言而勒之石，载登歌曰：拒艾屼屼[④]，墨水洋洋。栋桷[⑤]云白，木落霜黄。瞻之丹□，挹之绣裳。酌以杜酒，黍稷馨香。忾僾咽呜，钟鼓煌煌。素车白马，仿佛翱翔，於戏，贤大夫之终莫能忘。前正书：皇清诰封奉直大夫、胶州知州升衡州府知府赵公庙慕思碑。后书：治黄山逸史法若真顿首撰，谈延立书丹，李天润镌字。次列乡绅光禄寺寺丞张应桂、广西提学道王如辰、进士赵泰甡、举人张宿耀、贡士高国槱、官生宋世耀、阖学谈元立、乡耆傅廷豹等十二人。康熙二十五年立。

后学田碑记。略曰：州学在国之阳入镇海门者，先宫墙而后至有司治所，古人用意有缓急哉。学舍有田，皆以优给师儒也。□学舍，国初时，版□仅存于司牧，而地割于兼并税杂税民庸，勾考簿书，则学有田，籍核[⑥]出纳，则学实无田，盖五十年。天子崇道右文，百辟俱兴。首倡复学田者，为大参[⑦]丁公，七邑承风，争自检校，而称是职者，又得学正魏公、训导沈公阙履其疆亩，佃租之数瞭然。则敬以请之前刺史张公。张公者，蜀进士也，嘉其意而免其阙壹拾陆顷柒拾亩玖分肆厘，坐落行上、柏栏、人荣、古镇、启正五社内。除□□赋钱银贰拾肆两玖钱壹分阙不志于道者，弗滥予也。法良而意厚，盖隐然儒者之措置，王政之

---

① 輀（ér）：古丧车，载运灵柩的车。
② 掊克：以苛税聚敛财物。
③ 束湿：形容旧时官吏驭下苛酷急切。
④ 屼屼（wù wù）：山耸立貌。
⑤ 桷（jué）：方形的椽子。
⑥ 核：核实，检验。
⑦ 大参：参政的别称。

遗风欤。是役也，往复参验，上下阙考订，以讫于成，则有如廪生匡曰浚、于之超、高于峒、王国禄。前书：特召五经异才、进士出身、累进通奉大夫、江南安徽等处承宣布政使、前翰林院编修法若真，赐进士出身、光禄寺寺丞、前翰林院编修张应桂，赐进士出身、文林郎、翰林院编修王懿篆，赐进士出身、中宪大夫、提督福建通省学政按察司副使高曰聪书丹。后书：升胶州知州张象翀，四川安岳人；现任胶州知州孙文光，浙江余姚人；学正魏尊光，曹县人；州同阙训导沈濬，吏目叶其蓁。康熙三十二年癸酉七月勒。

胶州绅士乡民人等公建龚使君长生禄位祠记石刻。文曰：今龚使君且以尚书郎去矣，使君莅胶八稔①，不为赫赫名，优柔涵濡，与民休息，民亦相忘于江湖之阔，不知使君之大有造于胶也。一旦秩晋卿曹，始皇皇然，若有所失，曰：孰使我追呼不闻，而廪庾②不竭于称贷乎？孰使我逮系不烦，而狱讼不困于胥役乎？孰使我商安于市、卒安于伍，而喧哗竞噪不惊闾左③乎？盖胶之不遑宁处久矣。濒海瘠郡，近杂五方，名累于羸饶，而俗敝于雀鼠，朴者无全身之策，丰者无土著之谋，殆摇摇焉莫有定居矣。今而缙绅之族，故业以完焉。学校之中，弦歌无间焉。闾里之中，田连阡陌、马牛络绎焉。而骨肉族党不伤于角牙，军民市肆咸安于乐利焉。夫乃今知使君之寓抚字④于催科⑤，施礼教于律令，借仓粟以济饷，宽税课以通商，其利我胶者为无穷也。夫乃今知甲申大祲后，民气方嚣嚣焉未有所定，而使君之还定安集于无形者，为莫可测也。盖使君固尝佐郡宁海，擅发仓粟，活饥民数万，至今饮食尸祝之。及莅胶，清正居心，仁慈驭物，惠政不可枚举，以视桐乡奉尝之爱，何多让焉？今且以尚书郎去矣，虽他日以名卿抚二东，犹可竹马以迎，而今乃不能卧辕以留矣。故于其去也，相与肖像而瞻依之，因记其实政而刻诸石。使君浙江仁和县人，讳大良，字朴菴，原任胶州知州，今升员外郎。康熙五十二年癸巳五月立。以上《前志》。

胶营兵目公建龚使君生祠。勒石颂，石刻文曰：猗维龚公，是人中龙。品调秋水，神沐春风。峭如削壁，挺若乔松。起家西浙，德粹声隆。明湖秀汇，鹫岭英钟。襟期慷慨，入世推雄。少多经籍，长穷六艺。佐郡牟平，风光月霁。朝野名知，口碑无替。十载棠阴，前贤美媲。宽裕温柔，慈祥恺悌。请绝苞苴⑥，行由砥砺。懋德日修，著绩东牟。望仙门启，世济丹丘。明时奏最，命寄方州。轻车薄从，琴鹤风流。分符海澨，施泽山陬。闻善则拜，疾恶如仇。念我营伍，枕戈负弩。铁甲西风，倍尝艰苦。廪粟通周，得兵小补。化洽军民，两相□□。□□内升，失我召杜。欲□□□，□□廊庑。于万斯年，祠芳胶土。康熙岁次癸巳五月中浣诹吉。

---

① 稔(rěn)：年；一年。
② 廪庾(lǐn yǔ)：粮仓。
③ 闾左：居于里门左边的平民百姓，里门左侧是古代贫苦人民居住的地区。
④ 抚字：对百姓安抚体恤。
⑤ 催科：催办缴纳赋税。
⑥ 苞苴(bāo jū)：指馈赠的礼物。

南商邵启昇、金元顺、韩元大等公建郡伯龚太尊生祠。小引石刻文曰：窃惟贸迁[①]通旅，重于齐鲁，见持筹[②]崇德报功。每遇岘山还有泪[③]，临晋碑出《中郎》[④]，甘棠树遗召伯[⑤]，至今口颂无休，自古书传不息，则如我郡伯龚太尊犹有继焉。浙中巨族，吴下名流。钟龙飞凤舞之基，毓灵鹫凤皇之秀。单车莅此，化成牛犊之风。比户可封，咸乐桑麻之野。然而地邻海澨，管重济川，域界山陬厄耑[⑥]，开拓讥征[⑦]法古，笑看商旅如云。裕课苏商，喜见帆樯若市。抚循有道，货连九域三吴。招徕多方，贝贡七闽[⑧]百粤[⑨]。每于大风涉作，孜孜心系穷商；偶闻小丑跳梁，切切情怀孤客。恩宽正赋，痛革陋规。程令无苛，泽被盖公之里；廉隅自饬，德隆介子之乡。此真胶水蒙庥，抑且商民获福。于兹八载，侧闻内召以驱车。若此千商无计，攀辕而卧辙[⑩]。商等徒兴报本之心，难尽衔环之意。拟营吉地，敬建生祠，担砖运木，总皆万姓乐输，酬德崇恩，曾非一人私议。请题彩笔，以便鸠工。康熙五十二年岁在癸巳五月上浣之吉。

重修小桥堤岸记。文曰：胶滨于海，故三江两浙八闽之商，咸以其货艀[⑪]浮舶泛而来，居集乎东关之市廛[⑫]，牙佣[⑬]贩负，资货为利者，与附郭众庶，日往来络绎，熙熙然南门以外。而小桥北岸实为周道[⑭]，横当其冲，桥跨云溪，其来已久。溪涨则啮噬其岸，崩溃湫隘。居者虞倾，行者恐坠。丁亥之岁，苏商邵兰生尔芳慨然捐资，甃以甋砖，享其利者十年矣。近复圮塌，邵君且归，不谓其得之传闻者，利济倍切于怀也，为计捍流固堤，非石不可，于是托胶之太学生李君褎龄督其工，与其乡亲吴君士龙、夏君珏者共治之，期于一劳永逸，不惜其费。李君于三月十六鸠工，五月初八告成，挖淤下石，奠塞坚牢，虽饮食不敢离次，是以工速而其利百倍于前。计石堤长可丈许，为日五十有二，其费则钱六十余万缗也，悉邵君自捐者。州人士观感而兴，醵钱二十余万缗，并新小桥，亦赖李君以成。噫！此邵君之德化也欤。夫商人越江浮海不避险阻，孳孳[⑮]其利耳，锱铢虽细，难免于较，若异乡水土之患，

---

① 贸迁：贩运买卖。

② 持筹：手持弄筹，多指理财经商。

③ 岘山还有泪：岘山泪，典故名，典出《晋书》卷三四《羊祜列传》。羊祜镇守襄阳时，勤于治世，大兴学校，关心百姓疾苦，后人在他常游憩的岘山上为他立庙建碑，人见者无不落泪。后遂以"岘山泪"等比喻对死者的怀念。

④ 临晋碑出《中郎》：《中郎帖》是东晋宰相谢安所写的一封报告中郎去世的信，表达了内心的痛苦。该帖也是传世的书法名品，一直是后世书法爱好者临摹的对象。

⑤ 甘棠树遗召伯：召伯指姬奭，西周宗室、大臣，与周武王、周公旦同辈。姬奭执政期间，政通人和，贵族和平民都各得其所，因此深受爱戴。他曾在一棵棠梨树下办公，后人为纪念他，舍不得砍伐此树，《诗经·甘棠》中曾称颂此事。

⑥ 厄耑：山岭险厄之端。厄，险厄，厄塞；耑，端，边。

⑦ 讥征：稽查，征税。

⑧ 七闽：指古代居住在今福建和浙江南部的闽人。

⑨ 百粤：古代越族居住在江、浙、闽、粤各地，各部落各有名称。因部落众多，故总称百越，亦作百粤。

⑩ 卧辙：挽留去职官吏。

⑪ 艀（páng）：古代吴船名。

⑫ 廛（chán）：旧指街市商店的房屋。

⑬ 牙佣：亦称"牙钱"。指牙商为双方买卖撮合交易而向交易双方所收取的佣金。

⑭ 周道：大路。

⑮ 孳孳（zī zī）：勤勉；孜孜。

偶尔经涉，曾何与于己？乃存心利物，不恤先后数百金，如邵君者，盖亦鲜矣。又况千余里外，代谋长久，而托必得人，不更难乎？此归震川①记赵段圩堤，所谓事小而不可不书者也，是为记。康熙五十六年岁次丁酉，邑人王纮撰。

重修文庙碑记。略曰：今上御极之五十三年甲午夏，余自泰州移守胶西。释奠后，即考其创建之始与夫兴废之由。披阅志书，仅见故明学士吴公讳宽者碑记一篇，国朝则学正赵君讳秉正者有《重修祠庑》，缘引俱不叙其始末。我皇上崇儒右文，亲祀孔子，发数十万帑金重修曲阜圣庙，复颁御书“万世师表”四字，举天下之学宫，无不光被圣泽。迨历年久远，庙貌不严，凡有地方臣子之职者，固宜随时修葺。但予自莅胶，三届修船，两值军需，去岁运米出塞，往返数千里，盖五年来无岁无公事。今岁夏秋大雨之后，兼以飓风拔树掀屋，圣殿倾圮，因而筹画捐资，自闰八月十有三日，迄于重阳工竣。学博李君昭、赵君于蕃请予为之记。康熙五十七年戊戌孟冬，奉直大夫、知胶州事、静海高泽寰撰。又一碑乃胶州学正李昭、训导赵于蕃撰文，阖学周肇洓、高铮符等公立，不具录。

重修天妃②庙碑记。略曰：以海之险，贡艘商舶之所通，而无飓风蛟浪之恐者，惟神是凭，而其最灵曰天妃。宋迄元明，圣治翔洽，蛮裔向风，海波不扬而百灵顺。厥典更加，春秋命有司祭于其宫。胶州海口当南北阙，无何盛衰消息之间，倾颓若是。爰有商贾恢营旧址，殿宇鼎新，再采蘋蘩③，益隆香火阙亦贷千金止，以二十五亩偿之。绅以退地，恤商之义，鸣诸当事商，以垂永久。庙僧暨商及绅丐予文勒石。予曰：惟神灵应，沧波乃平。扶余诸服，朝于阙廷。帆樯鳞鳞，献獒献赍。我皇怀柔，百灵式从。珠山胶水，绀殿④穹窿。载荐之蘋，载锡之封。土田作供，典礼永崇。赐进士出身、文林郎、署胶州事、日照县知县成永健撰，王于辉、邵尔芳等置赡地二十五亩，计十六段，坐落延家庄社。康熙六十一年壬寅夏六月立石。

重修城隍庙寝殿碑记。文曰：古之事神远而尊，今之事神亲而亵。然因俗顺人，与时变动，诡不失正，其中亦有道焉。考古祀典，自天子建圜丘⑤方泽⑥，除土为坛，扫地以祭。降而诸侯卿士，下逮庶人，名岳广川，五行百祀，各以分属。诚通神接，焄蒿⑦凄怆，洽于冥漠。非有范金雕绘设像，惑俗之幻且妄也。然自上帝下祇以至百神，罔不歆格，无有怨恫。

---

① 归震川：即归有光（1507—1571），字熙甫，又字开甫，别号震川，又号项脊生，世称“震川先生”。苏州府昆山县（今江苏昆山）宣化里人。明朝中期散文家、官员。

② 天妃：亦称“妈祖”“天后”，俗称“妈祖婆”，是传说中掌管海上航运的女神。

③ 蘋蘩：可供食用的水草，古代常用于祭祀。

④ 绀殿：指佛寺。

⑤ 圜丘：皇帝举行冬至祭天大典的场所，又称祭天坛。

⑥ 方泽：古代夏至祭地祇的方坛。因为坛设于泽中，故称。

⑦ 焄蒿（xūn hāo）：指祭祀时祭品所发出的气味，后亦用指祭祀。

三代以后，古义寖衰，秦祠汉畤①，杂然繁兴，佛黠老猾，乘间蝟起②。琳宫③梵刹，布满世界。云龙凤鹤，葆幢④卤簿⑤，爵号名字，诡诞百出，而祀事滥不可问矣。惟乡有社，邑有城隍，各从方域，以报其御灾捍患、庇民生成之德。其制为近古而于礼为不悖，不得以后世淫祠拟之者。胶之城隍庙，其制已久，皆受天子锡命，晋秩侯爵，春秋享祀，载在制典。其神甚尊，侔于社稷神之祭。州牧主之，如古诸侯得各祀其封内山川之义，其于礼又甚正。神正而尊，礼正而古。虽设坛以祭，诚通冥漠无不可者。而乡之俗，顾不能以无庙，庙更不能以无寝，则惑于后世事神之亵。民蒙不知，士大夫或知之而不问，而自昔牧民之官，亦姑因之而不改也。岁在丙午，予来守兹土，其明年冬十月，胶人将谋修其城隍庙寝殿，郑重来告，意愚而志诚，似非得官主盟莫敢集役，则万姓之命势且获罪于神而不可活者。若必执古义，破彼锢习，于事无益而民志伤矣。又念神道设教，或可阴借震慑，消其浇荡，其于权宜化民，未始非法。且神无定在，生于人心。神不血食⑥，即为馁鬼者生，气不接于人也。今合群情，精贯神注，积诚所感，安知焄蒿凄怆之中，神不依此，以仿佛来临耶？阴阳日辟，气机日变，执此数端，衷以人事，亦未尝无说焉。于是寝殿成之日，撮其义以为记。既以明因俗为理不矫不随之意，并告后之通人巨儒识理道而达治术者，庶几其勿剌谬⑦也欤。雍正五年丁未季冬，奉直大夫、知胶州事洪山黄之瑞撰。

奉旨忠义题名碑。忠烈：秦柏栏将军，元脱欢，明杨京、纪懋勳、高濂、张熙、高弘图。孝义：宋祁玮，元张缉、刘濬，明栾大道、冷时泰、赵怀慎、冷国治、王肱、高三重、姜桃桢、赵佐、孙必登、高嗣吕、宋献璧、高景安、李缙、王斌、姜文盛、王世道、魏诏爵、郭环胶、赵运昌、冷若虚、高梦说、匡铎、王文炤、宋之曾、张弘范、袁学古。雍正六年立。

重修文庙碑记。后书乾隆八年闰四月，胶州知州陈端撰。

新建珠山书院碑记。文曰：大小珠山，胶之望也。对峙州西南，峦磴⑧竦秀，势如天阙。清淑之气，通重霄而凌溟渤。州人士禀厥秀灵，自昔多硕学伟材，故称文献之邦。州有学宫而书院未设，仅存社学、义学名，其址亦久废。同馆⑨朱君若炳由编修出为县令，来牧是州。既至，谒学宫，进诸生而训之，喟然曰："造就英才，州牧责也，不专立弦诵之所，可乎？"于是谘诹相度，得城南宅一区，为易旧观创新构，规制宏厂，气象整肃，门庑、讲堂、学舍、

---

① 畤(zhì)：祭祀天地五帝的固定处所。
② 蝟起：比喻纷然而起。
③ 琳宫：仙宫，是道观、殿堂的美称。
④ 葆幢：指幡盖。
⑤ 卤簿(lǔ bù)：古代帝王出外时扈从的仪仗队。
⑥ 血食：受享祭品。
⑦ 剌谬：违背；悖谬。
⑧ 磴：山路上的石台阶。
⑨ 同馆：指同在翰林院任职。

燕寝[①]，下及庖、湢[②]，莫不备具。落成之日，以珠山为州望，遂颜[③]曰珠山书院。延师主之，复为诸生口讲指画不倦。尝集其课文以视予，予喜而序之。后过州治，为登讲堂，其师、弟子来揖予，问答进退，俱彬雅有儒者风。因叹山川清淑之气，固应蔚为才薮。苟非朱君以大雅之才，陶冶振起之，乌能若是？兹州虽僻处海隅，然山川炳灵，考之史册，如庸谭、公沙穆、蒋钦绪诸公，以经术勋业著者，代不乏贤，典型可即，安在今人之不古若哉？朱君寻移德州，擢九江守，别予历下曰："所不忘于胶水者此尔，愿请作记。"别后以书来促，予既重其请，会代君者周君于智更以书院经久，规条质予。予嘉两君先后为政，俱能知治化之原。爰记其实，以报朱君，且畀周君。镌石院中，俾后人有所考，更以勖弦诵于斯者，益砥砺文行，异日并为乡邦伟人，以无忝先哲，庶使贤使君教育人才之意，不徒为缘饰吏治之文具也。乾隆十五年，分守登莱青道沈廷芳撰，胶州知州朱若炳创建，周于智立石。

重修张将军墓碑记。文曰：我朝定鼎之初，经纶草昧[④]，王师征伐不庭[⑤]。顺治十年，羽檄[⑥]下胶镇征兵。镇帅海时行骄蹇[⑦]，将士不用命。其年八月二十七日，驻莱州守道徐大用亲临督发，大阅于演武厅，唱名给饷，三呼，将士不应，归视乎时行，时行弗为戢。旗鼓司张将军思选义形于色，横刀出，立阅台，叱曰："奴辈反耶？何敢尔？"众拥上，杀思选于台，劫大用及署州印务推官李煌，胁与同反，不从，皆杀之。纵兵大掠，将军家妻妾子女，阖门自焚尽死。仆张俊负其幼孤逃去，后不知所终。胶人合祀三公于愍忠祠，而渴葬[⑧]将军于司署之外垣。邑乘载将军事本末未详，不志为何许人，亦不志墓地所在。或云文登人，或云延安人，既不可考。司署今夷为民居，孤坟埋没荒草中，无人过问。李生柔木世居土城口，司署故地也，距将军墓咫尺。自其大父感将军忠义，尝岁时具麦饭私祀之。胡生锜者，志义之士，惧其久而湮也，与李生共倡义举，议修将军墓。砻石具文，大书深刻，永其事。谨按功令，凡忠臣义士坟墓在境内者，百步内禁其樵牧，主者以时修理。将军孤忠亮节事状应于旗常[⑨]，不可以无书。而两生韦布[⑩]儒素[⑪]，乃能阐发幽微，加意于百二十八年死而无后之枯骨，尤人所难能而可贵者，皆宜书也，是为记。钦赐大理寺评事、辛酉科亚元法坤宏撰，甲午科举人胡湘兰书，乾隆四十五年庚子十月高攀琅镌字，兵马司正指挥法药生等捐资。

重修学宫记。后书：胶州知州顾昌运、州同李士勳、儒学学正尹云峙、训导程述程、吏

---

① 燕寝：指卧室。

② 湢(bì)：指浴室。

③ 颜：指题字于匾额或书籍封面上。

④ 经纶草昧：也称"草昧经纶"，草昧，蒙昧，指国家草创之始。经纶，整理丝缕，指处理国家大事。国家刚刚建立，秩序未定，还没来得及治理。

⑤ 不庭：不朝于王朝者。

⑥ 羽檄：古代军事文书，插鸟羽以示紧急，此指征兵文书。

⑦ 骄蹇(jiǎn)：傲慢，不顺从。

⑧ 渴葬：古礼称死者未及葬期而提前埋葬。渴，急切。

⑨ 旗常：借指王侯。

⑩ 韦布：韦带布衣，古代未仕者或平民的服饰，借指寒素之士。

⑪ 儒素：儒者的素质，修养。

目张任超，乾隆四十九年夏五月立。

新建胶西书院碑。文曰：为政之要，养与教，无异道，教民与教士亦非二端。所谓养者，因民之所利而利之，无使失业，不夺其时而已。至欲化民以成俗，必不能家喻户到，耳提而面命之也。盖将先其本务，而渐以暨之士也者，民之耳目也。士敦行谊而各矜式，其乡之民涵濡渐渍，入之深而持之久。亲逊成风，其以斗讼干有司者稀矣。今天子乘熙洽之运，声教四讫，鼛鼓轩舞。凡所为广厉学官之路，罔不备举。国有大学，直省郡邑皆设师儒董率之，而学使者以时校士，拔其尤，储桢干之用，文治固蒸蒸日上矣。顾所部地广而人众，不得不据文字为升黜。若学校之师隶弟子籍者，文武各数百人，即勤慎能举其职，亦往往隔阂不相及。惟是书院之设，郡邑多有简诸生之隽异者，廪给而督课之，亲师乐群，几无异于家塾，其意善矣。然先生之所以为教，与弟子之所以为学，大抵以工揣摩，取青紫①为急，而贤司牧亦不得不以腾达者多乐。吾育材之著成效，而于养贤以及民之指，判然不相蒙矣。夫古人为学之道，归于笃行，行身之要，不外伦常。师生朝夕与居，则其行可察而知，讲习相授，则其理可随时为之劝导。固不必屏弃举业，高谈性命而立讲学之标帜也。苟孝弟忠信之行体于身，则一家孚之矣，一乡亦化之矣。由是而登进任中外之职，孝于亲者，必忠于国，友于兄弟者，必信于僚友，乡党亲睦者，必能子惠万民而达于政事。虽假帖括经义为进身之阶，而所为经世致用之方，不待入官而以政学矣。且圣人论君子在先行而后从。先儒亦云必身体之乃言之，亲切而有味。制义之文固贵于博综经史，而非于理道，实有践履而钞袭涂饰以欺世，其得于有司者亦幸获耳。东坡先生与侄老佐书曰："无使一第之后，所学遂为弃物。"旨哉斯言，可深味也。武功张公德润以名进士，久官山左②，治行清卓，为齐鲁之最。所莅清平、峄县，养备而教亦兴。其立书院以课士，不惜捐俸，不务虚名。今莅胶州，以珠山书院在城外者为湫隘，爰相度东门爽垲③之宅，价购缮治，榜曰胶西书院。州之乐义者输资恐后，付质肆而薄其息，以时敛散，为束脯膏火之资，其数视他处加丰焉。而又为诸生求人师，不但求经师，其教也，先器识而后文艺。其学也，借举业文字以约之于躬行。所以植其体、达其用者，循序而渐摩之，以底于成。盖惟本化民之意以迪士，而乃可推教士之效以成民。诚足以仰副④朝廷选举贤才、移易风俗之至意。呜呼！董子之儒术，庸生之经学，皆是邦也。予于是为胶之人额手⑤属望焉。是为记，以镌诸石。其斋厨若干楹、经费若干两、支用若干，具有册档，兹不具。乾隆五十二年五月，旧史官洛南薛宁廷撰，胶州知州武功张玉树立石。

重修张忠烈将军墓记。略曰：胶州治西里许有祠曰愍忠，祀海逆之变死节之臣三人，为莱州守道徐大用，署知州、莱州推官李煌，一则张忠烈将军思选。嘉庆元年丙辰，复善由恩

---

① 青紫：指高官厚禄。

② 山左：山左是山东旧时的别称。山左中的"山"指太行山。中国古代，坐北朝南。坐于太行山，则太行山左侧为山东，故也将山东称为山左。

③ 爽垲：高爽干燥。

④ 仰副：古时奏折用词。凡对皇上所陈，必用"仰"字。副是相符、相称之意。

⑤ 额手：以手加额（表示庆幸）。

县知县擢莅兹土，下车修祀事，州人士佥曰："去祠东北行不一里，有土城口者，将军墓在焉。其旁民居湫隘，丛冢错处，久恐湮没。"予心识弗忘，旋奉檄塞决河，倥偬多故未暇往。三年秋，乃相与拜将军之墓而读其碑。碑为州人故大理评事法君坤宏撰，文简质可据。法君博闻好古，予以所撰文考之州志与故老传闻，皆不诬。盖距将军死事时至今几百五十年矣。复善窃谓，食朝廷禄，遇祸不顾身，此秉节持义之常，非有所冀于后。而龊龊者方自便其身图，遇小利害，辄瑟缩无由自振，以视将军之义不返顾、决然为之者，究竟何如乎？于是修葺将军之墓，远其居民，迁其旁之丛冢，缭以周垣，东西长九十有六尺，南北半之，门西向，工阅月，告成。呜呼！予为将军治墓，固守土之责，亦以愧夫为人臣而不忠其事者。嘉庆四年，知胶州事虞城刘复善撰。

岳州府知府李公祠堂祭田记。文曰：古者卿大夫建立宗祊，采地而外，皆受圭田①以供普淖②。其勤劳王家，生为民御灾捍患者，则祀为贵神，牺牲薪燎③，国有司掌之，先王所以教民美报也。予以嘉庆丙辰奉命擢刺胶西，首谒黉宫及山川风雨诸坛壝，即至李岳州祠堂，拜公遗像。询之土人，曰：前明以备倭故，山东创设驿递二十七所，公私烦费，百姓苦之。后倭寇息而驿递之扰民如故。公首议裁革，一时六府士民咸醵金市地，建公祠宇，迄于今二百有余年矣。予簿书之暇，偶检邑乘，得公所作《革驿传议》，读之，因叹仁人之言为利诚溥。公既没，而乡人尸祝之，不虚也。越数日，公裔孙柔木复持公家传来谒，益悉公之政绩及公生平出处大节。古人谓盛德必百世祀，如公者非其人欤。近闻春秋时，享土人第掇蕴藻④以羞，而实鼎伦肤⑤，久废不举。盖岁时流迁，贤吏之寝丘，无复有存焉者矣。予与绅士合议，以城东麻湾社新田五十三亩，畀柔木世守之。借地之所入，贮为公祠妥侑⑥之费。爰刻诸石，俾州人知陇西后裔之得歌楚茨，以祀其先，非独其似续之私情，盖借以慰东国士民之思，报公捍患之功德于无穷也。公讳元芳，号玉峰。嘉庆四年岁次己未十一月，胶州知州虞城刘复善撰。

重修胶西书院碑记。略曰：胶之泮宫、义学、社学由来久矣。乾隆十四年，朱君若炳始建珠山书院，甫成而移刺德州。继治者周君于智倡商民捐千金，权子母⑦以作膏火，此创始者之图维也。岁之甲辰，武功张君以书院在城外者为湫隘，爰相度东城内购宅缮治，讲堂、两庑巍然焕然。又劝州之乐义者捐资以广修脯膏火之费。由是，胶之士习，蒸蒸日上。嘉庆癸亥冬，予莅任兹土，诣讲堂课士，文章、品行斐然可观，但试之则来，试毕则去。问其故，

---

① 圭田：古代卿、大夫、士供祭祀用的田地。

② 普淖（pǔ nào）：指黍稷。普，同"普"。

③ 薪燎：烹饪和照明。

④ 蕴（wēn）藻：水草名，语出《诗经·小雅·蕴藻》。此指文学作品中蕴含丰富的意境和思想。

⑤ 伦肤：精选的肉类。

⑥ 妥侑（yòu）：指美酒佳肴等祭品。

⑦ 权子母：谓国家铸钱，以重币为母，轻币为子，权其轻重而使行，有利于民。后遂称以资本经营或借贷生息为"权子母"。

则以斋房狭隘且有渐即倾圮者。乙丑春，予捐廉俸四千金，令工师度木圬人①治墁②，倾圮者重整之，狭隘者扩充之。又选董事者附贡生杨相，太学生周儒俊、李景年、陆凤彩，四子者不辞势瘁，经营尽善，数月告成。俾前贤之功业，式廓增美，炳耀来兹。而胶之人士，日登讲堂与其师友切磋砥砺，以成国家之桢干。此则予之志也夫。嘉庆十年八月，胶州知州长白爱星阿立。

重修海神庙碑记。文曰：古有海之祀，与岳渎③并重。《舜典》六宗、鲁祀三望、先儒之说，海皆居一。胶城南里许，旧有海神庙者，二百余年前，海水至其地。今徙而南且二十里，桑田扬尘，其信然欤！庙有碑文，漫灭不可识，犹有岁月，为前明万历七年建造，岁久倾圮，庙之道士尤无赖，故庙之毁日甚。予莅是邦，欲理新之，州之人咸乐输是役。庙左又有地藏庵三楹，遂并新焉。庙旧有田十七亩，逐道士，易以僧，即以其地为僧之养。自经始迄竣工，凡三阅月，费千余金。督工者监生彭毓琦、冷维泰也。庙成以记请，予嘉州之好义者众，而二人者于予，相与以有成也，遂不辞而为之书其事。嘉庆十三年岁次戊辰九月，知胶州事抚宁徐绍薪记。

捐助诸生乡试资记，石嵌胶西书院西壁间。文曰：尝闻孔子云“道虽贵，必有时而后重，必有势而后行”，故贶④财尚焉。乡闱为多士入官之阶，间有勤学之士，刻励三载，或以道远乏资不能与试，殊堪扼腕。予籍隶省垣，未历兹苦，而得于耳闻目见者甚多。筮仕⑤以来，每遇乡试之时，必询访无力赴举者，量为资助，而终以未能博济为憾。胶州士习，文风夙称淳美，科名亦较他邑为盛。而地距省城七百余里，贫士赴试维艰。予莅任二载，积廉俸得千金，交典商生息以为乡试资斧之助，而自托于贶财之义。在有力者不过借润笔墨，而于贫士或不无小补云。嘉庆十六年岁次辛未孟秋月，知胶州事楚北刘文墺撰并书。

公议八条：一、捐银一千两，于嘉庆十六年六月十一日发交各典商承领，按月一分二厘生息，每年得息银一百四十四两。至十八年六月二十日连闰月共得息银三百八两。按应试人数分给后，复以十八年七月初一日起，至下届乡试六月止，照前生息算给。一、此项本银经十二典商具领，每典轮流承管一年。如各典内有于收银后歇业者，即将本银并已收息银算交接管之商，无庸缴回。其另有增开者一体派管，以昭公允。一、按本生息，州署立中字。第一号印簿，礼房存档，周年结算本利若干。三年支发后仍余若干，执月者开单禀州，查照登记。印簿记满续立第二号，以垂久远。一、捐银生息，义在赡贫，自应于遍给之中少为区别，以分字、贝字、田字列作三等，庶贫富有差，不失周急之意。一、学师与诸生最近，贫富自所深悉，应于录遗报名后，合科试正案，汇为一册，按名填定各字，移州以凭分派。一、给

---

① 圬人：泥瓦匠人。
② 墁：涂抹、粉饰。
③ 岳渎：五岳四渎的并称。岳，高大的山。渎，泛指河川。
④ 贶：赐予、赏赐。
⑤ 筮仕：古人将做官时必先占卜问吉凶，故后称刚做官为筮仕。

发银两，本寓奖励之意，科试所取与报名遗才[①]，亦宜分别其正案，以分字六两、贝字四两、田字二两为率，遗才减半，各生均于七月初一日赴学具领。一、恭遇恩科乡试，如在正科之前，所得息银动支一半，按等核摊，如在正科之后，以一年所得息银，同上届支剩及缴还各银，一并核数摊给。一、此项息银原为贫生乡试，筹其资斧，非恤其室家。如领银之后并未赴试者，自宜缴还。若违延不缴，司事查明，即以冒领注册，以后不准列名。文琠再书。后书：胶州儒学学正刘梅、训导牛松年、州庠生张颖建、纪熙皞、赵旸、薛维栋、纪卯元、张曾雯、纪毓珽、张曾霨、匡修龄、柯培元公议。

惜字戒文石刻。文曰：盖闻天著奎章[②]，古圣仰观以造字，地呈龟瑞，帝臣俯察而成书。肇启草昧之愚，笃生神智，一洗乾坤之陋，丕著声明。今者胶西为文学名区，举惜字纸之会，凡家弦户诵，咸知崇尚墨迹，无敢亵越斯文矣，抑吾尤有进者，鼎科[③]鹊起，甲第蝉联，显邀冥福[④]，焜耀后先，势有必至，理所宜然。第以自昔贤圣，既已宏牖启[⑤]之功，凡兹士民，自宜加护持之力，诚恐炯戒不谨，或致奉行渐怠。倘知触目维珍，尚望终身勿替。不但躬列胶庠者，可告无罪于先师先圣；即未尝学问者，亦必积余庆于若子若孙。为此谆诲，愿与士大夫共勉旃[⑥]。道光戊子正月，署胶州知州倪彤书立。

重修普济、广济二石桥记。文曰：胶治西二里官道，有二石桥，东曰普济[⑦]，西曰广济。修自刺史济源何公，久渐倾颓。越五十余年，刺史大兴王公来守是邦，复议修理，躬诣桥所，规画形势，并桥北近水义冢，亦为筑堤。爰约同寅，悉出俸金，而州人亦皆踊跃捐资。月余工竣。同督理者协镇胶州营欧阳公名焕，州同姚公名淦，吏目李公名玉棠，并勒石以志不朽。王公名镇，字中峰，壬子科举人。道光十年八月，阖州公立。

再修先师庙文昌阁碑记。文曰：屺尝恭读高宗纯皇帝御制《重葺芦沟桥》《涿州永济桥》诸碑，至修葺轻重之辨，而叹大哉。纶言[⑧]所以示天下臣工，以工程之有艺者，义深且远也。岂鳃鳃于训诂之异，为文人学士记载之便已哉？盖待其倾圮既甚而后修之，则工力劳而财费巨，故其成功也艰，而民或苦之。一失其时，则势等废地而前功归乎尽弃。及其未甚而时葺之，则功力少而财费省，故其成功也易。而人乐从事，而其功其地亦遂长赖焉而不废。然方其易为力也，上之人往往苟安，莫为之倡，以委其下[⑨]；下之人或又惜其资与力，虽倡焉而莫应，以委于上。及上下均无可委而后谋之，则其劳且费也将无纪极[⑩]，而其谋也愈以难济。

---

① 遗才：秀才参加乡试，先要经过学道的科举录送，临时填补核准的，称为遗才。
② 奎章：泛指杰出的书法或文章。
③ 鼎科：古代科举考试中的甲科。
④ 冥福：迷信谓死者在阴间所享之福。
⑤ 牖启：诱导，启发。
⑥ 勉旃（miǎn zhān）：努力。多于劝勉时用之。
⑦ “普济”，底本作“普桥”，讹。据原桥名改。
⑧ 纶言：为帝王诏令的代称。
⑨ “下”，底本作“上”，讹。据上下文义改。
⑩ 纪极：终极，限度。引申为穷尽。

故虽以国家之制度，学士大夫所瞻仰而景慕，以因循苟且而至于败毁，不可为者多矣。此圣人之言，所由洞鉴始终，以明民力之宜，惜功程之贵时，迟早、省费之间不可不预察。与其失之久，而为修之之艰，不如勤于先，而为葺之之易，其用力少，成功多也。予以嘉庆庚辰擢知斯州，访诸兴废之端，有重葺学宫之役，而文昌、魁星阁之陪祀宫左者，曾未及理而去。越十五年，道光甲午再莅兹土，将究前功之未终，而缙绅父老以至圣庙殿庑浸漏、頖池倾狭为言，惧霖之为害也。亟鸠工庀材，择诸生董治之，则又以资罄而止。次年乙未春，缙绅父老复来告，共醵金以集事。而后文昌、魁星阁之泐石败甓始咸更焉，以及学宫之垣墉丹雘风雨剥蚀者，无不焕然新矣。凡为工五千五百二十有奇，费制钱四千六百八十缗有奇。夫予来胶先后相距十余年，而再从事于兹，岂敢轻用吾民，而以区区财费为不足惜哉。诚恐可为而不为，将贻后人。以不可为而后为，其劳且费也，必有数倍于此，而成功反不如今日之完备者。然后知我高宗纯皇帝修葺之说，为万世臣庶力役者之大法。而予所以汲汲从事于兹，乐与缙绅父老观成功者，为此也。若夫为学之方，教士之规，则有世祖章皇帝训饬士子卧碑之文在此，都人士已沐浴圣化，砥砺学行之日久矣。两广文先生方日谆谆与诸生讲明切究之，而相勉于无穷，何待予言哉？何待予言哉？故因工事告竣，而述其颠末如此。道光十五年岁次乙未夏六月，胶州知州丹徒戴屺撰。

重修胶西、珠山两书院碑。文曰：道光乙未季春，修胶州学宫之役竣，既刻石志之。乃移其工于胶西、珠山两书院。功力财用减前工十之二，凡三越月而落成。董事者复请予言为之记。予谓三代教士之法尚矣。秦焚而后，学校之兴自炎汉，而书院之设盛于赵宋。二者其理一而其事不同，事不同而其归于化民成俗则一也，故其制不可以偏废。学校之法，官师有常职，弟子有常员，艺业考校有常年。故其为教也，严肃而清明，非茂才异等不得入，入者则上有科目之荣，而下亦有褫黜①之辱。书院之制，师以道相尚，不以职限弟子，以学进不以数拘。艺业考校有奖励之实，而无进黜之阶。故其为教也，详密而宽博，往不追，来不拒，惟视其才之所近，与志之所至，以委曲裁就之而易于相从。由此观之，学校者，造士之大法，所以收已成之才，示明体达用之学，而试之乡党，贡之邦国，以待朝廷之选者也。其制兴于上，故事专统于学使之臣，而其道宜严，不可有所冒滥。书院者为学之始基，无间于成人小子藏修游息之所，所以养德育才，辅学校所未逮，为多士储其根本者也。其事起于下，故责并归乎守土之官，而其道尚宽，不宜轻为简弃，所谓其理一，其事不同也。然二者之设，皆必择贤而为之。师选才而授之弟子，教立乎无隐，而学贵乎敬求，内以浚其仁义礼智之本，而外以扩其天地民物之怀，达古今之变通、当世之务，然后可谓有成，而无愧三代之遗教。凡以笃彝伦而砥廉隅②、励风教而已。故曰事不同而其归于化民成俗则一也，此其所谓不可偏废者也。若徒以是为弋科名、博利禄之具也，则乡曲章句之儒明于其术者，固自不乏，又

---

① 褫黜：革除。
② 廉隅：棱角。廉，边。隅，角。比喻端方不苟的行为、品性。

何待上之人官为之教、邑为之师，谆复不厌若是哉？我朝学校之制，大抵因乎明旧，而列圣训谕遍垂学宫，既使司铎者①得所总持，以大诱诲庠序，所兴多通经致用之士矣。今上御极以来，封疆大吏尤往往以各省书院筹画为言，而十四年夏遂有通饬天下府县兴复书院之旨，俾延学行修明者为主讲，而责其事于守令，岂不以作人之道贵乎广博详明，而训迪栽培必至无所不尽而后已？而守令为亲民之吏，又不宜徒以簿书会计毕乃事哉。胶固名区，费长翁、庸生、郑康成之遗风相去不远，故书院之盛，比隆郡都两地，肄业弟子常百有余人。又其风俗好公急义，每有兴作，若响应景附而不为难焉。然则今日之举也，固上应乎圣训，下因乎民风，而予与多士所乐观厥成，以免乎俗吏之诮者也。予何力之有而可为多词以贪功乎？然当修葺之日而思永终之誉，庶令后之览者，不以为踵事增华②而循名以责实。凡夫牧民之吏、讲学之师、从游之士，莫不思为政立教之本、会友辅仁之义，而上下交相勉以自勉也。则亦为记者区区之意，所不能无厚望也。夫庸书其词如左，以应董事者之请。道光十五年岁次乙未闰六月，胶州知州丹徒戴屺撰。

重葺刘猛将军庙并置岁修田③记。略曰：秦汉以来庙祀日增，然必以其有功德则祀之，刘猛将军以驱蝗独著。将军生当季晚，而庙貌广立遍天下，岂不以功在生民，能捍大患、兴大利哉？胶邑将军庙殿三楹，门一楹，庙西屋三间，缭以周垣。自乾隆十四年，前任朱若炳移建城内，距今八十余年，已就颓败。去岁葺而新之。适有利涉乡滨海荒田区一，为斯民讼薮，若沸羹扬波而不可止也，爰归将军之庙，择僧恒源守护，使收其租，以时续修之，以其余食是僧，庶可常妥将军之灵乎？僧恐后之无稽也，乃请刊石识之云。地坐落利涉乡麻湾社孙家顶官荒一处，丈清地官亩七十八亩有奇。道光十六年三月，胶州知州丹徒戴屺记。

历任贤牧从祀胶西书院碑。文曰：国家大法小廉，风同道一，东至黔陬野往往称大夫之贤。乾隆己巳，临桂彤章朱公④创建珠山书院。甲辰，武功德润张公创建胶西书院，祀汉儒胶西相董子、单父令费长翁、胶东庸生于仰山阁。修复庸生祠，创建灵山书院。嘉庆乙丑，长白景斋爱公撤仰山阁四旁屋宇而新之，费四千金。辛未，江夏云峤刘公⑤捐银千两为诸生乡试费，俱有碑记。庚辰，丹徒巳山戴屺大修学宫，以忧去，其再任也重修焉。道光壬午，昆阳垦石李公⑥知胶事，移珠山书院于云墨间，侨置⑦义学三所。云墨在城南为胜境而不无水患，公捐银为倡浚两河，未匝月而蒇事⑧。公曰："民安其居，然后兴学。"越七年己丑，公

---

① 司铎者：古代掌管文教的人。

② 踵事增华：继续前人的事业并使之更加完善美好。

③ 岁修田：书院田产的一种，田租收入作为专项资金，用于每年院舍维修之用。

④ 朱公：指胶州知州朱若炳。

⑤ 刘公：指胶州知州刘文琠。

⑥ 李公：指李文耕，字心田，别号复斋，后更字垦石。

⑦ 侨置：六朝时南北分裂，战乱频仍，诸朝遇有州郡沦陷敌手，则往往暂借别地重置，仍用其旧名，称为"侨置"。后指将甲地的地名移用到乙地。

⑧ 蒇事：完成；解决。指事情办理完成。

以山东臬司捐廉五百两，庚寅又捐廉五百两。札州交典生息，按会试人数多寡酌量给发，或十五两或十八两。息余作恩科会试诸生乡试资。戊戌，积息银五百两，蒙州大夫少溪韩公交典生息为乡试费，己亥、庚子两科均被惠焉。今秋，州人共议州大夫之贤者从祀仰山阁。适李公季子德蕙新免丧，持公行状来，遂于十月十五日奉安朱公、张公、爱公、刘公、李公、戴公神位于汉儒之侧。州大夫偕僚属暨绅士举祀礼，而李公子因得陪祀焉。谨掇其嘉惠士林数端，与夫事师心丧焄蒿凄怆如将见之者，刻诸石而措诸壁。道光二十年岁次庚子十二月，阖学公立。

重修胶西书院碑。文曰：胶州为滨海大邑，文章科第卓卓著声。书院之设旧矣。自乾隆甲辰武功张君实营构之，延师训课，井井有条。嘉庆乙丑长白爱君更新而扩大之，嗣后知是邦者历有整顿。至道光甲午，丹徒戴君重葺而鼎新焉。予于癸卯春来牧此邦，见其规模宏厂，楼阁爽垲，其乡先儒及官是地而有功德于民者奉祀其上，心甚韪之。乃下车甫旬日，而书院遘回禄[1]，仰山阁及配楼十楹烬焉，予及都人士咸惋惜之，议即修建。因初履任，民未信，不可劳也。今年春，集绅士而谋之，佥曰"此必不可缓事也，微公言无人倡首耳"，予遂捐俸廉以率，诸绅士亦各出资，无吝色。爰属在籍刑部主事杨君阶、原任铜陵令尹王君玕司厥事，鸠工庀材出纳悉委焉，官考其成而不使胥役得一假手。孟夏开工，仲秋告蒇，计用制钱四千缗有奇。改建厅事，顿复旧观。落成日，予开筵款都人士而劳之，曰："是役也，甫及十年大功再举，岂不甚劳？然事之得已而不已，与不得已而已焉者皆非也。今借群力，数月成功，诸君虽劳费，而文教攸关，又乌可以已哉？"于是都人士佥复于予曰："修书院以振文教，公之愿，亦邑人之愿也。甫修十年而遽兴兹役，非公之愿，以遘回禄之故耳。而原遘回禄之由，则以公未至时，营官借作公署之故。请与公约，自今伊始，营官借作公署者勿听，则百姓虽劳不怨矣。"予曰："诺。"乃述其颠末，勒诸石以告后之牧是邦者。道光二十四年岁次甲辰十月，知胶州事桐城张同声。

重修胶州城垣碑记。文曰：自古守土[2]者，不专恃城池以为固，而筑城凿池未始非守土之急务。矧滨海岩疆，尤资保障，未雨绸缪，计乌可缓？胶州城创始于元至正十七年，后因兵燹，故城已毁，乃移今城，盖元置兵马分司所也。城旧为土垣，明洪武八年，千户申义始甃以砖石，周三里余，东西南门上各加敌楼，北则建真武庙于其上而无门，阴阳家所谓趋避或有说欤。我朝顺治十六年，知州事赵君民善乃大修筑焉。康熙初地震，而城圮。至五十一年，龚君大良甫经修复。又七年淫雨甚，城之倾颓者大半。至乾隆三十二年蓝君应桂、李君奉翰始次第缮完，距今已七十七年矣。予下车即周视城垣，坍塌者已十之六七，询知两载前防堵海口，曾议筑城而未果。于是集邑之人，谋所以卫民生备不虞者。胶为剧邑，前者夷氛甚恶，特诏沿海郡县有能修理城堡保护地方者，即与军功无异，给予优叙[3]。此正宜固封疆

---

① 回禄：传说中的火神。此指遭受火灾。
② "守土"，底本为"守士"，讹。据文义改。
③ 优叙：从优叙功，晋升官职。

备边境之时也，都人士急功趋事之初志，将于是乎成。佥曰“惟命”。予乃捐俸，邑之人亦输将恐后，鸠工以戒事，平板干、称畚筑①，登登冯冯②，百堵皆作，阅一载而工竣，计费白金三万余两。夫乐于观成，难与虑始者，人之情也。今以此邦不可缓图之务重之，以天子之命，审时度势，为一劳永逸之计，都人士能不畏其难，而予亦借以尽守土之责，则所谓保障者，不永永无极也哉。是为记。道光二十五年岁次乙巳夏四月，胶州知州皖桐张同声撰。

创建考院规条石刻。窃思造士之典宜宽，而取士之法宜严。后世府州县之试士，即古者党正、族师书其德行道艺之遗意也。胶州书院有二，曰胶西，曰灵山。义学有五，曰珠山，曰四隅。惟州试向无考院，每试期于本署仪门③内，设席棚以扃试④，殊非所以重人才、严考察也。兹与绅士等议建考棚，以垂永久。予首为倡捐，州士民亦倾心慕义，陆续乐捐，俱有成数。爰于胶西书院之东，购得房舍一所，遴派绅士张兆惠等十人经理其事，购料鸠工，分别修造。自六月二十日开工，至九月底工竣，计房六十余间，计长棹八十二张，共编坐号七百五十七号。并于东偏围墙内，拓其隙地，筑箭亭以备校射，俾科岁两试称便焉。惟是考棚既立，岁修维艰，予另捐制钱五百千，发交各典商具领生息，以储经费，庶考院不致有岁久倾圮之虑云。所有一切规条开列于后：一、捐制钱五百千，于道光二十五年十月十五日发交当商承领，按月一分二厘生息，一年十二月共计生息可得制钱七十二千，有闰之年可得制钱七十八千。该商于每年六月底、十二月底将应交息钱作两次送库存，贮以备支用。一、此项本钱经十家典商具领，每典轮流承管一年。如各典内有于收钱后歇业者，即将本钱并应生息钱算交接管之商，毋庸缴回。其另有增开者一体派管，以昭公允。一、按本生息，州署立玄字一号印簿，礼房存档。其生息钱文虽送交存库，而收支钱数仍由礼房登记，随时送查。一号印簿记满续立二号，以垂永久。一、考院看役一名，每日给与工食大钱六十文，按月支给，闰月照发。令其小心在内看守，不准闲人出入。礼房仍随时前往稽查，如敢擅离及有损坏房屋、棹橙等事即行禀究。一、考院房屋，礼房于每年春间逐一查看，如有应修之处，即行禀候勘修，不得任其渗漏。至数年后或须大加修葺，而所得生息钱文不敷，另行筹议办理。一、每逢考试竣事，支给把门五百文、茶房五百文、茶炉五百文、水夫五百文、扫地夫五百文、厨役一千文、火夫五百文，俱系大钱，由内给发。道光二十五年岁次乙巳孟冬，知胶州事皖桐张同声书。以上《前志》。

六贤祠石刻二。祠在城西里许，祠堂庙街北，祀秦柏栏将军，汉胶西相董仲舒、庸生谭，晋司空张华，明阳武侯薛禄、岳州府知府李元芳。现庙宇坍塌，祭典亦废，惟庙内二碑尚存在。玩其文，系康熙朝圣祖东巡时赐胶州营副将之诗。诗曰：“边头射雕将，走马出中军。远

---

① 平板干、称畚筑：《左传·宣公十一年》：“量功命日，分财用，平板干、称畚筑……”此指筑墙事。平板干，指使墙体高下相等，整齐。畚，筐；称畚筑，指使运土之功与筑土之功相称。

② 登登冯冯：象声词，指筑墙的声音。

③ 仪门：仪门是县衙的礼仪之门，明清衙署第二重门通称仪门，是主事官员迎送宾客的地方。

④ 扃试：扃，上闩，关门，从里把门关上。扃试指科举时代考生各闭一室应答试题。

见平原上，翔身向暮云。”碑额有“渊鉴斋”三字，篆文，长圆印章。右书“康熙四十二年正月二十四日”。左刻“康熙家藏”四字篆文，方印，上书“赐”字，下书“胶州营副将臣金国正①”。又诗曰：“案读怡清流，澄怀夕景幽。敕几逢事少，吟咏敢忘忧？”右刻“渊鉴斋”三字，篆文，长圆印章，书“康熙四十四年闰四月十七日”，左书《南巡舟行会通河·杂咏四首》之四。上书“赐”字，下书“胶州营副将臣金国正”。

清岁进士荛谷纪公墓碑。荛谷名圣谟，《旧志》岁贡生。咸丰七年立碑，碑阴附刻荛谷《满江红》词。词曰：却恨生平，辜负了，长躯似铁。羡终军，请缨②□□③，壮夫肠热。一纪车驱燕市马，三声笛弄吴江月。看镜中，老矣此须眉，匀霜雪。留不住，容华歇。挥不去，饥寒切。镇迷傒，病也好凭谁说。自昔曾无人百岁，而今剩有愁千叠。卧西风，漏滴客中秋，楼头澈。此词乃荛谷作于秀水县。乾隆间高宗幸江南，至秀水，见此词，问何人所作，知县以乡试士子对。

介亭碑。治南五里，城子庄。介亭，《旧志》列入八景之一。前数十年，前亭之瓦瓴犹存遗制，今惟四柱及砖基尚无恙。亭北有石碑二，东西并列，文尚完好。《前志》均略而不载，故并录之。

重修介亭记。东碑文曰：介亭之废久矣。介之名始于春秋，历秦汉以至于今，屡易其名，而亭犹以介传志旧也。滇南周公来牧吾邦，搜罗轶事，访求旧迹，于城西三里许得遗址，高仅数尺。公临眺久之，慨然有复古之思。逾二年政通人和，乃修举废坠，首学宫，次书院，次邑乘，撤文庙之废材，复介亭之旧迹。诸事毕兴，而名彻帝座，擢升宣化郡守。去之日，而亭适成。于是州之父老子弟因饯公于亭上，举酒属之，曰：“去思碑，舆情也，贤牧令皆有之，不敢以溷吾公，且具文故事，孰与公之遗斯亭？其事在，即公在。见亭即见公，则公之明德，不且与斯亭并垂不朽也哉！”乃伐石纪词，书其事，以为别。公，云南人，讳于智，字明远，壬戌科进士。清慎仁明，君子也。观其所作，可以得其人焉。

乾隆十七年仲夏五月穀旦，阖邑绅士军民公立。

重修介亭记。西碑文曰：胶州之城，在汉为黔陬、计斤二县。计斤，故介根，《左氏传》所谓齐人伐莒，侵介根者也；黔陬，故介国，《春秋》所谓介葛卢来者也。《郡国志·黔陬》有介亭，以介名，盖昉④于此。《齐乘·黔陬》有东西二城，东城秦置。今牧马城，侧胶水，去西黔陬五十里，颇与《齐乘》符合。而介亭遗迹不复可考。刘昭注《郡国志·黔陬》引《左氏传》：介根，又号介国。盖后汉省计斤入黔陬，并计斤入黔陬下，而词不别白⑤，致相混淆。《齐乘》因之，谓胶西县，古介葛卢国。计基城号介国，由是介根、介国互并通称。

---

① “金国正”，底本作“金□□”，据金超清编著《金国正研究》（阳光出版社 2014 年）改。下同。

② 请缨：出自《汉书·终军传》。西汉武帝朝，南越（今广东、广西及越南北部）割据政权尚未完全归附，终军自请出使南越，表示“愿受长缨，必羁南越王而致之阙下”。后以此典故指主动担当重任，建功报国。

③ “□□”，底本无，据《满江红》词牌补。

④ 昉（fǎng）：起始，起源。

⑤ 别白：分辨明白。

国朝乾隆十七年，知州周公于智始于计斤起介亭，旋圮废。阅数十载，武功张公来知州事，诸所设施一出于儒术，乐接引名流，激扬地理，搜讨古迹，以次葺理而表章之，介亭其一焉。属其记于掞。掞谓修轶旧，振风雅，大夫之盛举。而考古证今，以志不忘，邑人宜所从事。故略叙旧闻，为游斯亭者，怀古商榷之助云。大夫名玉树，字德润，别号荫棠，辛巳进士。乾隆五十二年朔日，州人王克掞记，贡生杨楗、监生匡儁、吏员阎惟一督立。

李公修云墨二河碑，记知州李文耕。撰文曰：州治南门外有云溪河，发源数处，皆汇西河滩，俱归墨河，一道赴海，是以水势浩大。云河南又有墨河，发源自西南墨泉，迤逦至崔家坊，由大觉院前、海庙后至黑泥沟，汇云入海。此两河故道也。云、墨二水长堤，界南墨、北云，由来久矣。迨后因大水将高家茔、大觉院、东花园界长河堤打开三口，云水入墨。又开墨岸，云、墨水赴东滩漫溢，以致河漕水弱。每雨多淤，愈淤愈高，一直淤成平地，故此水患屡屡。乾隆五十三年，水灾更残，冲塌房屋数百余家，被房打死者多多，淹毙者不计其数，漂尸满滩，亦有冲海无踪，种种惨状，盖难尽述。河之淤塞害亦甚矣。壬午春，邑侯李父母莅胶，甫下车即念切水患，慨捐廉俸千两以为倡，州之人共乐输资，皆贤侯之□□也。而贤侯亲督工役，□□至海，屡察河工，不避寒热风雨，焦劳备至，将通济桥东淤成平地之河，挖深五尺、宽三丈，至塔埠头海口，长一千七百零五丈。又自蜚虹桥修至通济桥，深五尺、宽二丈、下流三丈，共费京钱三万一千零九十余千。云河工浚，遂疏墨河。自崔家坊开浚至黑泥沟墨水入云之处，计长二百五十五丈、宽三丈、深三尺，补筑旧堤为两河界，树桩捍土，期于久远。总工费钱三千六百余缗。云、墨二河浚修深阔，大水畅流，始免水患，民无颓房、淹毙、漂泊之害，能不遗民千百年之颂感也哉？爰立石以纪其事，并绘河图于碑阴，永垂不朽。道光三年岁次壬午七月穀旦，阖州公立。

建魁星阁及浮金楼碑记。文曰：沙滩文昌阁创立十余年，州西北文人咸收其利矣。因谋就其未备者，而完缮之。且议增建魁星阁于旁，乃苦于无资。乡先生邃古王公，家世以文学显，延至公，读书不成而雅好经史，凡有益于学校者，无不踊跃输将。今闻众谋佥同，遂于咸丰八年，庀材鸠工，就文昌阁之左建楼，祀魁星像，复就其右筑钟楼以配之，颜曰“浮金”，若阁之两翼然。是役也，计工三阅月，费金千余两，悉王公自捐者，而又身亲董理，任劳任怨，夏月汗流接踵，无恤也。於戏，洵义士也！落成日，适孙竹坡孝廉以应京兆试获隽[①]。实居阁之北者。厥后十余年间，登进士者三人，举孝廉者八人，贡成均者十有二人，其他蔚为诸生者渐至百人，谓非王公廓增斯阁之利也欤？况誉髦斯士[②]，率皆英特[③]有文，嗣是而蒸蒸日上，岂有既乎？当其时，恨无片石纪其事。后经辛酉乱，公之嗣君王爻皆学博，再修之，时匡鹤泉少宰欲为勒碑，缘事不果，寻卒。会己丑之岁，张君基昇重修是阁。工既竣，丹雘错施，金碧遥映。张君置酒相庆，谓董事者曰：“前人有其举而听其废也，可乎？”

① 获隽：会试得中，亦泛指科举考试得中。
② 誉髦斯士：指有名望的英杰之士。
③ 英特：才智超群。

曰:“不可。”“后人享其利而没其功也,可乎?”曰:“不可。”“今者补苴①粗具矣,何勿采南山之石,志前辈之功,为我辈景行仰止地乎?”咸曰:“善哉!是众意也。”爰勒石于魁星阁下,永垂不朽云。奉政大夫、同知衔、乡进士、前江苏溧水县知县、邑人匡懋纶撰,庠生高鸿逵书。

重修沙滩庙碑记。文曰:沙滩庙殿宇而外层廊叠阁,洵净土之巨观也。经咸丰辛酉乱,神像塌毁殆尽矣。岁在同治辛未,吾胶王癸皆学博将魁星阁、浮金楼葺而新之。明年匡鹤泉少宰纠合邑绅士再修大士庵。先是王家庄社有福寿寺,寺中大士像三尊,座下各骑野兽,盖王给谏巢云册封琉球时,路出闽省,择佳木、命工师雕成者。辛酉之役,福寿寺焚毁一空,惟木雕大士像无恙,因鼓乐移于沙滩庙而重新之。今且二十年矣,风雨剥蚀,殿中渐有渗漏处。张君基昇过而伤焉,首先捐制钱千二百缗,属唐君圣瑞督其事。唐君乃布告阖邑绅士,又得制钱五百缗,择日鸠工,凡四越月而告成。庵左灶君殿,庵右眼光圣母殿并老君殿,庵北文昌阁、魁星阁及钟楼及法堂皆焕然聿新。张君复捐资四百缗交敦吉钱铺,照年利生息,将永立庙田,备异日修补费。於戏,洵不易得也。爰为之书其事于石,并及大士像之始末,与夫前此重修诸善缘,使后之经纪斯庙者,咸知其梗概云。奉政大夫、同知衔、癸卯乡进士、前江苏溧水县知县、邑人匡懋纶撰,附贡生邑人黄圣训书。光绪十六年岁次庚寅二月,阖州立石。

建文昌阁碑记。文曰:州治西里许曰沙滩河,中云、西云合流处也。河之南旧有大士庵屋一楹,创建于顺治某年,岁久将倾圮。道光十四年,杨翼垣赠翁修而葺之,增为三楹。时形术家谓其地,若建文昌阁,则西北一隅当人文蔚起矣。杨翁素重文学士,因于庵北筑高阁,供梓潼帝君②像。阁西北尚未落成,而杨翁殁,其嗣君文堂学博复承先志,增修之。仍未臻大备也,而学博又殁。当时读书人未享其利,咸谓杨氏父子惑于术数家说,建斯阁不卒业而相继谢世,亦可悲矣。乃不数年间,濒居于双云西北两岸者,菁莪棫朴③之选挺生辈出,洵为一州冠矣。然后知翼垣翁肇造之深心,至公且溥也,于是乎书。奉政大夫、同知衔、癸卯乡进士、前江苏溧水县知县匡懋纶撰,邑庠增广生员高泽普书。光绪十六年岁次庚寅,阖州立石。

汉建信侯娄敬碑。文曰:汉建信侯娄敬故里。右书:敬,赐姓刘,初封奉春君。左书:乾隆五十二年五月穀旦立。此碑于近数年由治东五里堆耕出,送置县署大堂前。

珠山书院碑记。碑在镇海门外大桥迤南路东,书院旧址。文曰:教养皆大政,而事恒相因,养之成难,教之成尤难。养失而复之,教立而广之则更难,此其中若有天焉。虽然天限以数,有人力持其间,则人有功,所谓人存政举也。吾胶旧以人文表东郡,比年困于旱涝,

---

① 补苴(bǔ jū):指补缀,缝补。

② 梓潼帝君:别称文昌帝君,相传名张亚子,是保护文运与考试的神祇。

③ 菁莪棫朴(jīng é yù pǔ):菁莪,指育才之意;棫朴,比喻人才众多。形容学校人才辈出,犹如草木欣欣向荣,枝繁叶茂。

士民嗷嗷谋身体不暇，无论讲学矣。自桐庄朱公莅治，抚恤流离，民气以苏。旋于城南购屋而新之，颜曰：珠山书院。方召生徒授业，会调去不果，时乾隆十四年也。明年庚午，我明远周公，公车甫下，慨然踵前事而振兴之，拔生童各十余人，延师训迪。复劝捐千金，付质库以其息，资膏火不给，捐清俸助其半。每月院课三，署课如之，亲为指授。定甲乙以劝，而外之能文有志者，皆得与焉。期年文风丕变，举孝廉、冠童试者出其中。盖教化将成，必有人开其先而又得人以广之，道固然也。壬申春，诏书特下，擢公宣化府。闻命之日，万民怅怅，如赤子脱父母之怀，无所告。院中诸生尤不能自已，前而请曰："吾夫子来胶，承凋敝之后，政简刑清，与民休息，元气渐复，百废俱兴。其间修学宫、编志乘、筑堤防、赈灾荒，平讼恤商、敬老慈幼，种种德惠，州人公戴之而公思之，生等尤有难言者。夫子行矣，不可留矣，生等之愿洁身而浴德者，其何所取法也？精理奥义之难达者，何从质辨？问学之殖荒，谁与劝惩？士之贫而欲励者，又孰为之所？天以夫子福宣郡而独靳于吾胶，其若之何？"公曰："二三子来前。尔不闻为政在人乎？予固无善政于兹，不足系胶人望。今继予者为朴园宋公，公才十倍于予，又好贤乐士，必有大远于予之所为者。二三子勿替吾教而勤勉，以承新父师之德。此则二三子之志而所以慰予者，良厚矣。"于是诸生唯唯而奉教，涕泣不复言，乃退而为之记。乾隆十七年岁次甲申夏五月榖旦，阖邑绅士公立。

玉皇宫碑记。文曰：既堤而庙之，所以卫城而壮民观也。堤本土而石之，所以护庙而捍河患也。庙之工且巨万，石之工亦累千，而皆成于数月之间者，以民之乐事劝工而从上令也。民之从上奈何？以贤民牧之，暂至而成大劳，既去而不忘民也。何以云"暂至而成大劳"？惟我又锄倪老父母之摄胶也，以夏而其去也，以冬逾半载而蒇此功也。何以云"既去而不忘民"？惟我复斋①臬宪李大公祖初莅是州，既浚云墨，以兴民利。河之上旧有废祠，胶人欲复之而未果也。公于其去也，曰："吾必属后人终之。"今且五六年矣。而公以告倪父母，且蠲金以倡民募也。夫莅民者不以时暂而不为，不以既去而曰非吾事。为民者，既明乎上之为我，不以亟劳且费为辞，而踊跃以从令，则于天下事无不可为，而政教成矣。岂惟一庙一堤之勤而克竣乃事哉？若是，则虽未知斯役之果有益于民者何如？而二公之所以能用夫民，与民之所以应上者，皆可志也已。故特勒之，以告将来。其曰玉皇宫者，从旧名也。河之上旧有大觉院，其西偏曰玉皇阁。大觉既迁，统以其地为是宫云尔。大觉院旧域东西长六十二步，东阔三十步，西阔十三步半，东有房屋二十二间，俱系庙地。新建正殿三间、过厅三间、山门三间，东西斋房六间，周围墙垣前后河堐，统计用京钱壹万贰千壹百捌拾捌千有零。署山东按察使司按察使、盐运使李文耕捐银壹百两，署胶州知州、曹州府菏泽县知县倪彤书捐银叁百两，字号共捐银壹千叁百玖拾玖两，当铺共捐银壹千壹百贰拾两，各街铺户共捐京钱贰千捌百拾四千八百有零。咸丰十一年五月，钦加员外郎衔、刑部广东司主事彭守庸，诰授武德

① 复斋：即李文耕（1762—1838），字心田，别号复斋。嘉庆七年（1802）进士，曾任山东邹平知县、胶州知州，贵州按察使。有《喜闻过斋全集》。

骑尉李愈恒，候选都司彭维墉同监修，光绪十七年阖州重修。

重修东岳庙碑记[①]。东岳庙有旧碑，字为风雨侵蚀，剥落殆尽，惟重修碑尚可识认。《重修东岳庙碑记》文曰：岳考功德位列长养，故设井邑[②]修祀事与坛□，并建胶州东岳庙有自来矣。风雨历久，庙渐即于倾圮，而修葺之志终未已也。废而复兴倡之者不一人，我国朝起而修葺者，有若邑人徐援、周若梦、徐培德等张罗立社，会募四方，遂以集诸公之成。工既讫，诸同人嘉之曰："栋而伤折，惟子修之。壁而漫灭，惟子饰之。像而剥落，惟子新之。子之勤至矣。盍勒诸石以示不朽？"余曰："嘻！我与若共成厥事，同在阴驱成而弗觉者，谁之助耶？"于是相与志略综其始终大致，庶以昭神感之不爽云。

乾隆二十九年岁次甲申仲秋榖旦，李瀚勒石，住持道人胡本立，徒□□。

艾山寨碑记。文曰：凡事之可述而志者，必其为之也尽善，而垂之也可久，然后勒诸金石而无愧。艾山之修寨也，似未足传示后世矣。然寨不足志，而海印禅师之尽心于此寨者，则不可以不志。辛酉春，南匪北窜，未至胶仅百里，禅师策贼之必复来，而数十里内避贼必于此山也。鸠乡人议筑石寨为守御计。乃一时非惜财，即惜力，百计挠之，不克就。未几，贼果大至，挺而走者皆托命于艾山。贼踵之环集以攻，几陷者数次。师恻然曰："事急矣，吾安忍坐视而不救，请拚一身为大众请命。"时普明寺僧如空避难于此，闻师言伟之，请与俱。及见贼，喻以大义，触贼怒，竟被执以去。当是时，山上难民十余万，皆皇皇无固志，见两僧被执益恐，老弱多哭失声，始深悔向者不听印师言，守御无资以至此也。久之两僧皆脱身归，印师尤病甚，数月始杖而起。时风鹤屡警，师呼如空曰："曩众以吝，故致寨不得成。今既重创矣，宜悔且悟，庶可寻前议乎？余虽病不敢自惜，子盍佐余？"乃众以贼既去，志辄懈。两僧舌敝唇焦，指陈利害，始稍稍听，然仅粗置守具，所修寨亦草草略备规模而已。嗟乎！人情之惑也，始以吝财与力，卒致财不能守，力无可施，且几以身殉，后即幸免，而覆辙之戒，昭昭也，乃吝卒如故。虽以两僧殚心竭力，至于舌敝唇焦而所成就，止于斯也，岂不惜哉？然众人何足论？而印师以方外人悯众生之颠越，不辞劳，不避怨，以为一方保障计，其亦深可尚也已。师，琅琊人，道光辛酉由讲经寺卓锡[③]艾山，当寺宇倾圮之余，多方募化，数年间焕然一新，固有功于兹山者。余尤感其修寨一事，虽力不从心，而慈悲之念、宏济之志，则已大有造于吾乡也。爰碑而著之，使后世抚山半遗垒，勿忘师德，并深思备御之不可不豫，且不可不谋其万全也。

胶州知州李公德政碑。碑在城西里许，祠堂庙街。文曰：皇上御极之元年，海宇荡平，四方无事。凡有司牧之责者，上宜有以宣天子之恩，下宜有以培斯民之气。况胶邑僻处海隅，兼以兵燹之后元气未复，休养生息尤有望于贤父母焉。是岁，逢念仔李老父台[④]来牧是邦。

---

① "重修东岳碑记"，底本无，据上下文例补。

② 井邑：城镇，乡村。

③ 卓锡：名僧挂单某处。

④ 念仔李老父台：即李翼清，字念仔，江苏武进人，光绪元年擢知胶州。

公以爱民为心，举事之关民瘼①者，利则因之，弊则革之，宽猛相济，有古循吏风焉。公素以节义为重，下车后即出示晓谕，凡烈女节妇孝子湮没不彰者，采访确实，请上宪入告，得蒙旌表。州旧有义塾，分设四隅，咸丰辛酉毁于火，坐是罢。公重加整理，严设规条，并捐廉延师，俾童蒙之贫者入塾肄业，弦诵之声怡然不辍。旧制六乡各有社仓，积储仓谷以备凶荒。历年既久，社户沦亡，恐刁滑者缘以为奸，公请于上宪，悉蠲免之。自捻匪滋乱，官绅倡修圩围，数年以来雉堞倾圮，渐致坍塌。公督率绅民缮修完备，为未雨绸缪之计。丙子春，奉上宪檄文，沿海种树以为屏蔽，胶邑海岸地广，种树至数十万之多。公夙夜勤劳②，悉心区画，事易集而民不扰。事竣，蒙上宪嘉奖，邻邑之种树者或奉公以为法焉。三月间亢旱，公设坛城隍庙，徒步祷雨，三日内甘霖渥沛③，颂声遍四野。其时牟麦未登，万姓待哺，商人有自海道贩粮者，以税重为苦。公请于上宪，悉蠲其税，以是飞挽者咸踊跃争先，阖邑饥民均赖以济。是岁春，杂粮偶缺，谷价腾贵，商贾尽闭之籴，公为平其价，贫民始得食。四月间水旱，沮洳之内间有蝗生，令民捕治并设局收买，蝗尽歼。麦秋收成微歉，而乡间愚顽渐思蠢动，或至聚众劫粮。公获厥渠魁置于法，萑苻以靖，民得安堵。夫以数百万之命而系于公之心，究无一夫不被其泽，由公以爱民为本，故措之裕如耳。他日者膺封疆之重任，操赏罚之大权，其政绩治术裨益于民者，正未有艾也。爰拜手稽首颂之曰：惟天生民，作君作师。兴养立教，振古如斯。仰惟我公，民之父母。好恶与同，期于永久。勤劳抚字，比户可封。政修惟谷，本务于农。食用既充，教化勿替。女慕端庄，士修孝弟。惟公之德，格于苍穹。车随甘雨，四境绥丰。惟公之恩，慰彼黎庶。野逐飞蝗，群生悦豫。惟公正直，明慎用刑。口碑载路，肺石盈庭。惟公慈详，宽和御下。堂有鸣琴，野无害马。郇侯④之黍，召伯之棠。与公鼎足，万古流芳。敬献刍荛，式歌且舞。顾我蒸民，乐哉化宇。光绪二年岁在丙子九月，阖州乡城绅民公立。

僧王庙碑。庙在城东隅天妃庙迤东。僧格林沁破南捻，除教匪，屡建奇勋。同治四年四月，督军与贼战于曹郡，中伏阵亡。朝旨予谥忠亲王，敕令各省立庙祀之。光绪六年庚辰，州牧李翼清建。

增添胶灵两书院膏火碑。文曰：从来为政之道，养民、教士两大端。而欲有以教士，必先筹所以养士。余承乏东土二十余年，所至之区，无不以振文风、培寒畯为首务。岁乙亥擢任是邦，下车后进生童而甄别之。见两书院人数寥寥，询其故，岁仅三课，膏火亦甚微。余思胶西为东南大邑，科第甲他邦，何养士之资微薄至此？及检阅档册乃知，原设膏火入质肆权子母者，几及万金。辛酉之乱，城外悉遭兵燹，存款半毁于贼，其余则又提作兵粮团费以及修圩筑城之用。当时虽有公积归补之议，而频年以来商贾萧索，迄未清还，经费支绌之由，

---

① 民瘼(mò)：人民的疾苦。

② “劳”，底本作“势”，讹，据文义改。

③ 渥沛(wò pèi)：丰厚隆盛。

④ 郇(xún)侯：周文王第十七子，为州伯，有治诸侯之功。

职是之故，余亟思所以扩充之，而力未逮也。城内愉兴当东张君健封，蓬莱人也，家道殷实而又乐于为善，丁丑五月慨捐京钱六千串。余以两千串作为士子乡试路费息本，以一千串作为士子会试路费息本，而以三千串作为书院生童膏火息本，发交城乡三典，按照每月一分二厘生息。统计新旧息本，胶平银三百两、京钱一万三千二百六十六千二百五十文，每岁可得息银四十余两、息钱一千七百余串。除二月甄别及六腊两月酷暑严寒，并新正一月停课外，增补为八。其官课文理优异者，复由州捐廉给与花红，以示奖励。从兹肄业于斯者，焚膏继晷[①]无忧，既廪不充月试，岁稽差足，精勤是励，于以蒸蒸日上，蔚为国华，是则余之所厚望也。虽然事固艰于创始，而更难于图终。今之所存息本，他日设再挪贷动用，以致书院膏火仍无所出，则今日张君之义举与余培士之苦心，不几尽付东流乎？除移学立案外，为此勒石，以垂永久。至于此后维持而扩充之，则有望于后之牧是邑者。是为记。抚提[②]部院、营务处、知府衔、即补直隶州知胶州事、武进李翼清立，胶州学廪膳生纪宝鼎书，石匠宋培基镌石。光绪三年六月穀旦。

增添乡会试士子路费碑记。文曰：胶西距京师一千三百余里，距省七百余里。乡会士子每遇大比，辄以道途遥远、资斧艰难，往往有奋志三年不克一试者。嘉道间，前知州刘君文琠、李君文耕先后创捐乡会试路费二千两，发当生息。每遇乡试之年，分别贫富三等给发。会试之年按名给发。由是寒士得以沾润而无不能与试之虑。自辛酉之乱，生息所存不逮于前。每遇乡会之年，士子所领无多，仍不济用。余莅任，即思筹款增添。光绪丁丑五月，城内愉兴当东张君健封捐助地方经费六千串。余以三千串作为书院膏火息本，复以二千串作为乡试路费息本，以一千串作为会试路费息本。发交城乡三典，按照一分二厘生息，共计乡试新旧息本库平银五百两、京钱四千四百八十八千四百九十文。三年之内可得息银库平六百两。会试新旧息本库平银四百两、京钱一千八百千文。三年之内可得息银库平三百余两。于乡会两试士子，有力者可以借润笔墨，无力者可以用备舟车，从兹士子益以奋勉前修，以图上进。春杏秋桂，各励鹏程，余有厚望焉。斯举成，恐其久而旋废也，遂为移学立案，并勒石以垂永久。此项息本，无论地方何项公事，概不准动用，致废善举。至于他日复能扩而充之，则有待于后之牧是邑者。是为记。抚提部院、营务处、知府衔、即补直隶州知胶州事、武进李翼清撰立，胶州学廪膳生纪宝鼎书，石匠宋培基镌石。光绪三年六月吉日。

兴复义学碑记。文曰：从来振兴教化，必先培养士林。古者家有塾、党有庠、州有序，而皆董之以师儒，其所以人材蔚起。文教休明者，皆造士之有方也。胶西四隅，旧有官绅捐设义塾四座，贫家子弟无力延师者得以入塾读书。自辛酉之乱，原存息本仅百六十金，制钱九十千，每年计得息银二十两。经费既微，义塾遂废。频年以来，贫乏子弟非无英异之资，而无力延师，遂致终身荡废，甚为可惜也。乙亥年，余擢任是邦，捐廉于城隅寺院，复设义

---

① 焚膏继晷：夜里点了油灯，继续白天的事。形容学习、工作勤奋。

② 抚提：巡抚和提督的统称。

塾，四隅因之，周历东南各乡。又于濒海之灵山卫、薛家岛及东乡之七级集，添设义塾三区，均延请宿儒入塾设教，立课程，以时查考，务崇实效，不事虚名。但期得一读书之士，即多一明理之人，于士习民风大有裨益。余先后共捐库平银五百两、京钱一千串，复立碑以垂永久。合计新旧息本，每岁可得息钱四百十九千，塾师每年脩脯①京钱各八十千。城乡七处共计京钱五百六十千，除生息外，尚短京钱一百四十千，皆由州捐廉补之。苟后之牧是邑者能踵余之志，将不敷之项再为添补，并于四乡集场一律添设义塾，庶几家弦户诵，文教日新，是则余之厚望也夫。是为记，抚提部院、营务处、知府衔、即补直隶州知胶州事、武进李翼清撰立，胶州学廪膳生纪宝鼎书，石匠宋培基镌石。光绪三年六月吉日。

增修东云第一桥碑记。文曰：东云之水，发源治西北曾家庄，王少司寇所谓蜿蜒极态，形势如云者也。水入东云闸至王家庄社，有桥焉，是为东云第一桥，创建不知何年，其规模狭隘，仅能容车马。维时东云闸西偏有圩门当赴都孔道，仕宦商贾日络绎于斯桥，值署雨则病涉焉。咸丰十年，桥渐圮，里老王邃古先生悯而修之，较旧桥增高尺五、加宽八寸，登登冯冯，越月告成，洵不朽之丰功也。邃古先生殁，邑人思之为树碣于道旁，大书曰“东云第一桥，某年月日王亘增修”。后二十年先生嫡孙葆崇再修之，迄今又十余年矣。桥梁依旧，而两岸石坝渐倾塌。虽闸西圩门拥塞已久，是桥已不属通衢，然桥西岸贫户实繁，或牵车服贾，或携技售佣，必日渡斯桥，行市廛，方可谋升斗粟。至阴雨泥泞，河水泛溢，无不忧跋涉之劳，而叹邃古先生之不可复起也。今岁庚寅，会张君基昇出资修理。工既竣，张君嘱余纪邃古先生之始功，勒诸石之阴。余亦慕先生之德不衰，不敢以不文辞，且见其孙曾秀发，预卜王氏之登云有兆也。爰志东云桥之颠末如此。赐进士第、文林郎、翰林院编修、邑人柯劭忞撰，邑庠生高鸿逵书。光绪十六年岁次庚寅三月穀旦。

安乐桥王公堤碑记。文曰：安乐桥，水三云汇流之始。夏署雨，河水奔腾泙湃，劳不可遏。而南北两岸适为商贾辐辏地，日夜往来络绎，每多倾坠忧。旧有石桥跨岸，不知凡几倾圮矣。咸丰七年，桥又圮，乡先生邃古王公出资修之，意欲兼修两岸，为一劳永逸计。先是桥之东有小石桥，邑乘所谓石桥夜笛者是也。苏商邵尔芳增修时，兼筑北岸长堤丈余，以为捍御，负贩者至今利之，制诚善矣。王公因仿邵制，挖淤而下石焉，计南岸堤凡十余丈，较邵堤高且坚。北岸堤亦十余丈，高半之，而坚相埒，当日不知其费钱几十万缗也。自此安乐桥行人无其鱼之患矣。王公殁，州人思其德不衰，为立石于桥北，将纪其事而表扬之。会捻匪东下，烽火时警，仓猝之余，第题其额曰“安乐桥”，大书“王亘建修”而已。今者承平日久，或有告余者，桥之名曰安乐，固也；若堤者，其为功至巨，其为利至溥，是不可以不名。余曰：“然。昔赵中大夫白公奏穿渠引泾水，溉田四千五百顷，泾人名其渠曰白公；韩昌黎谪潮州，修桥广济，潮人名其江曰韩江，山曰韩山。今王公虽无父母斯民之责，而维桑与梓，必恭敬止。其仁慈恻隐之怀，何止与苏商邵君后先竞美已乎？即较诸白、韩二公无他让

---

① 脩脯(xiū fǔ)：旧时称送给老师的礼物或酬金。

焉。其援此例，而名之曰王公堤乎？”佥曰：“唯唯，是确乎其不可易者也。”爰题额于石并述其事云。赐进士第、文林郎、翰林院编修、邑人柯劭忞撰，邑庠生高鸿逵书。光绪十五年岁次己丑十月穀旦。

重修庸生祠碑。文曰：胶州，汉庸生故里也。汉宣帝时，庸生谭传《古文尚书》、齐《论语》，世称为胶东庸生。盖孔壁所出《尚书》，蝌蚪文字①，人莫能识。孔安国写以篆隶，始能读。庸生得其传，递授胡常、徐敖、刘歆辈，而《尚书》始传。《齐论》较《鲁论》多《问王》《知道》二篇，其二十篇章句亦略增。庸生以授张禹，禹并《鲁论》读之，授汉成帝，而《鲁论》亦传。夫圣人之道存于经，经不存则道无所寄。汉代诸儒去古不远，皆亲得七十子之传。而当秦火以后经学在绝续之交，则诸儒讲经，视七十子尤难。庸生承绝学于东海之滨，特立独行，孑然无与。而《尚书》《鲁论》两经赖以不坠，是庸生一人为唐虞三代微言道统之所寄，亦即孔门之高弟子也。余按《胶州志》载，庸生祠在城西北七里砚里村，始建不详。乾隆五十一年，知州张玉树重建，道光四年知州冯云鹓、十三年知州吴梯重修。又载明大学士毛文简公谒祠诗，云“断碑岁月记宣和”。今断碑亦无考矣。又访砚里南有池，为庸生洗砚处，名濯砚泉，水清而甘，然牛马不敢饮，谓庸生灵异云。祠西南有三村皆名庸，遍访庸氏裔无存者。前任张建祠时，置田十亩，由诸城得庸生裔奉祀，今田皆他售，其裔人穴地而处，几难糊口，祠宇倾圮殆尽。余慨然倡重修之议，捐廉为倡，同城官绅、阖署幕友皆乐从，共得八百缗，挽邑绅王次山督其役。次山固好义勇为者，毅然任之，且捐制钱百二十缗襄赞。工程自五月鸠工，三阅月告竣。堂三楹，中一龛，祀庸生，像端坐，儒服饰，金碧童二，左右侍。龛西配前任重修者凡三位。东壁嵌石刻诗，为王广文振宗、毛阁老纪、高少尹凤翰、王茂才镃，凡四章。堂西旁屋三间，为谒祠暂憩之所。祠后庸生墓，绕马缨花数十株，土人云是花莫盛于此。缭以垣约二亩。祠门外西小屋二间，守祠人居之。其已售田，邑绅董备价赎出资养赡，永不许典卖。凡此皆次山之功也。落成时，次山乞余一言为记。夫山左为圣贤桑梓之邦，昌平阙里，万代宗师。汉儒隶斯土者，若伏生，若郑生，阐扬经学，功与庸生埒。伏祀邹平，郑祀高密，均置五经博士，世职奉祀。独庸生阙如，海澨山陬，不无遗憾。而复任其祠宇荒芜，莫为修葺，迨年湮莫考，则坐视废坠者，讵得辞咎耶？今者庙貌聿新，登其堂，读其书，穆然想见其为人。咸知韦布②之儒，荣于华衮③，一编牖世，俎豆千秋，穷经复古之心，当必有奋然兴起者。余为一乡望，为一邑望，为天下望，而非寻常急公好义、兴废举坠者比也。至于博士奉祀，奏请建置，则余固有志，而未能逮焉。傥后有继而作者，则今日修葺留一线不绝之基，实次山之功，尤余之所深幸也。时官斯土者，协戎尚君国泰，盐官廉君祥，广文田君赓和、李君衡鋆，少牧彭君松年、周君长煦，少尉杜君荣光均捐资协助。督斯役者则王次山鸿胪名葆崇，暨石天度、张九如、战铭勋、王旭奎也，例得

① “字”，底本作“子”，讹。据文义改。

② 韦布：古指未仕者或平民的寒素服装。借指寒素之士，平民。

③ 华衮（huá gǔn）：古代王公贵族的多彩的礼服，常用以表示极高的荣宠。

备书。中宪大夫钦加四品衔、赏戴花翎、壬戌恩科举人、特授历城县知县、调署胶州知州、古北平宋森荫撰文。光绪十九年岁次癸巳十二月穀旦，阖州立石。

胶州知州余公德政碑。碑在治北里余，阜安门内。文曰：窃惟官民之分相隔，而其情实相亲。亲则如慈父母之于赤子，不必有过人之举动。而托庇宇下者，隐受其福于无穷。若我州尊立之余公，诚不愧父母斯氏之称矣。公自壬寅秋来权胶篆，甫下车即询民间疾苦，时以兴利剔弊为怀。每折一狱，董劝兼施，胥吏不得扰，奸豪不得逞，务使悔罪迁善，各息争端而后已。至于捕盗，购觅眼线，不惜重资，获案尽法惩办。境内有著名讼棍，按图缉拿并无遗漏。尝谓地方除一害，则善良之保全者多。是以不数月而讼狱清简，匪徒敛迹。公犹不自暇逸，时复夜出巡行，铙声柝响，达旦频闻。迄今我胶民之得以安枕无惊者，皆公之赐也。自铁路兴而德人驻兵于胶，交涉日繁，宰斯邑者动多棘手。公尤熟谙公法，联络邦交，接之以礼，示之以信，持之以平，遇事息争，中外咸服。其顾全大局而兼恤夫民隐也，有如此。他如，学为图治之本，吾胶自前任张公创建达材学堂，未及蒇事，旋奉调去。公来筹增经费，选取内外班学生共六十人，延中西教习，分门授课。城南有育才义塾，及四隅四乡旧有义塾，均改为蒙学堂。嗣复筹公款于王家庄、庸村社、二十里铺，添设蒙学堂三处，其聘金、节敬①悉出捐廉。由是弦诵之声远近不辍。公之嘉惠士林为何如耶？又如，城西旧有普济堂一所，向为穷民无告栖止之区。近年以来，荒圮日甚，不蔽风日，每遇寒夜，惨裂饥肤。公心恻然，捐廉修葺，墙宇一新，赈恤以时，始终无间，而老羸幸得免于沟壑。是惠之周于境内，虽鳏寡孤独无一夫之不获矣。凡此数端，均指其大者言之。至于创医院、清街衢，善政所及，不胜枚举。惟念公来此二载，我胶民饮和食德，游于光天化日之下，深惧时过境迁，后之人莫知其所自来也。是以鸠工泐于石。光绪三十年秋七月，阖州绅民公立。

重修胶州考院碑记。文曰：胶州旧有考院，系道光乙巳宰斯邑者张君所建。迄今垂六十年，无人重修，堂楹号舍均就倾圮。光绪壬寅，余来承是篆，逾年届州岁试，假新立达材学堂为地，而原有考院竟弗能用，良可惜也。又逾年，缺改直隶州，辖高、即两县，科试士子来者益众，而是举更不容缓。爰乃倡议兴修，咨商绅董广筹经费，并分致属邑，共为赞成。议既定，择日开工，就原有基址加以扩充，堂楹、门厅、屋宇、号舍焕然一新，计十阅月而工竣，盖在光绪乙巳仲冬也。是年八月奉诏停科举，有从旁议者，曰："考院之设，以备岁科两试，今修理完整，美则美矣，不几置于无用乎？"夫法不嫌于变更，而学实垂诸永久。兹岁科虽停，而人才实趋重于学堂。以胶州幅员之广，升为列郡，士风朴茂，蒸蒸然，渐启文明，大吏以时考校，不有其地奚可哉？将见异日拔茅连茹②，以蔚为桢干材者，无不从兹院中来也，守土者实有厚望焉。因为之记，泐石以志不朽云。光绪三十一年十一月中浣，知胶州直隶州事、皖怀余则达撰。

---

① 节敬：称逢节日向所聘请者赠送的钱物。

② 拔茅连茹：比喻互相引进推荐，用一个人就连带引进许多人。

重修胶州考院捐项碑记。胶州城乡共捐京钱二万三千九百二十九千四百四十四文。高密县捐胶平银三千六百十九两四钱四分二厘，合京钱八千九百七十六千二百十六文。即墨县捐胶平银二千五百两，合京钱六千二百吊。胶、高、即共捐京钱三万九千一百零五千六百六十文，共使京钱二万五千一百四十七千一百五十文。除岁修钱二千吊外，修城、修井、修吊桥共使钱一千八百九十三千四百五十八文①。拨入罪犯习艺所②京钱二千吊，拨入医院京钱一千吊。息用通共除使并拨，净存实钱七千零六十五千零五十二文，此项拨兑达材学堂经费。赏戴花翎、抚提部院、营务处、在任候补府、知胶州直隶州事、皖怀余则达勒石。光绪三十二年八月穀旦。

重修城隍庙捐资善士题名并历任州牧德政碑记。文曰：胶之城隍庙，创建于前明洪武年间，岂宋元以来皆设坛以祭耶？自洪武至今五百余年矣，屡经重修，诸贤刺史及邑绅之捐资董事者皆有碑记。道光十五年，庙之后殿不戒于火。前刺史桐城张公③诣庙焚香祷祀，即延邑绅王曜首先倡捐重修，本境士商及外县之贸易在胶者，皆踊跃乐输，栋宇焕然。复以余资修赵公、龚公二祠以配庙殿，诚盛事也。咸丰十一年辛酉，南捻窜胶，焚掠关厢。庙之在西隅者悉为灰烬，前后困城二十余日。前刺史津门雨帆殷公④督率兵民竭力守御，城得无失。忠亲王统兵追剿，贼乃遁去，东省于是肃清。所幸连年丰稔，前之废者，次第举之。同治二年，前刺史黔南达三周公⑤，以阴阳一理比城隍于守令。于是延邑绅傅儒功、彭维壎、张东阳等议修，并谕高允业劝黄县寄籍胶州之绅士张允武、张允选，本州绅士王星五各捐地亩、钱文，高密绅士史允成捐木料、钱文，本州绅士栾景泗、李垚晋、傅儒功等，及士民、客商、钱市、各街铺户并捐钱。董事鸠工，任劳任怨，阅年余，方告竣焉。同治六年，南匪复窜至胶莱一带，宫保抚宪丁追贼至胶，于西关为行营，设粮台于东乡店口集，筑胶莱大墙御贼。协宪崐圃玉公印山督率兵戎，昼夜防堵，施放枪炮，轰毙贼匪多名，黎民得无虞。其一切备糗粮、积刍茭诸事，则前刺史叔通杨公⑥任之。公当戎马倥偬之际，应上宪而护小民，必于事之无害于地方者始行之，诚一州之保障。而州民之恃以无恐者，固由抚宪之坐镇，亦赖二公之筹画也。撤兵后，杨公以积劳而卒。州民感其德，为立木主，与前刺史长白爱公⑦配享庙殿，春秋致祭。此见州民爱戴之诚，实由公之惠泽及人者深也。今我念翁李老父台，于光绪元年莅胶以来，捐廉设立同善局，并设四隅义塾，捐助书院膏火，增乡会试者路费，济贫民衣食、舍棺木、舍义田、造桥修路、挑修河源、建立忠亲王祠诸德政外，复捐廉重修庙之后殿，与爱公、张公、周公、杨公四贤刺史之庇荫吾胶者，后先辉映也。爰勒诸石，以垂不

① “文”，底本作“千”，讹。据文义改。
② 罪犯习艺所：机构名，民政部下属的劳教机构。
③ 张公：即张同声，字振之，安徽桐城人。道光二十三年（1823）知胶州。
④ 殷公：即殷嘉树，原名家霖，字誉之，天津人。道光二十四年（1844）进士，历官山东青城县、寿光县知县，胶州知州。
⑤ 周公：即周于智，乾隆十五年（1750）知胶州。
⑥ 杨公：即杨济，字叔通，以军功擢知胶州。
⑦ 爱公：即爱星阿，字景斋，嘉庆八年（1803）为胶州知州。

朽。董其事者，例得备书，捐资善士，题名碑阴，是为记。邑绅钦加四品衔、兵部武选司主事傅儒功，钦加三品衔、候选都司彭维壎，钦加都司衔、候选守备、辛未武进士张腾甲，董事人四品衔、封典高允业。光绪九年六月吉日立石。

重修胶州城隍庙碑记。文曰：古今建置，首重城池。而城隍之祀，本与云雨、风雷山川同为坛祭。唐人乃有祝城隍之文，是庙祀盖肇于唐矣。考洪武初分封各州县，城隍神为公侯伯爵，列在祀典，守土者主祭。本朝因之，以能荫庇民生也。胶以州名侯，为灵佑，吏民瞻仰，奉为聪明正直之神。秋报春祈，望晴祷雨，于时乎虔致敬恭，即愚夫愚妇朔望焚香楮①叩拜，亦知冥漠中灵爽无异。明旦中之见闻，借以震慑愚蒙，阴消其怠惰之志。揆诸先王神道设教之微旨，岂不足辅明刑弼教所不及哉？此邦庙制崇宏，前此二百年创建，续葺详载邑乘，不复述。惟于道光丁未，经邑绅王曜、王廷杰、赵云、邓经、杨墀、杨起祥等鸠资重修，后于咸丰辛酉，迭遭捻逆蹂躏兼旬，庙庭毁焉，荏苒将十载矣。官斯土者，皆体察兵燹后民力凋瘵②，有兴举之志而未能逮也。同治癸亥仲春，周明府树德牧是邦，下车展谒，亦以未信不可以劳民也，方含意而未伸。乃闻阖邑士民齐心同愿集资修复，且善举多有不欲人知者，而鸠工庀材，以绅士傅儒功、彭维壎、张东阳劝邑绅王星五，并原籍黄县张允武踊跃倡捐，并各捐香火庙地。督同邑人高允业董厥事，阅两岁而蒇工焉。夫城隍之兴废，都邑之盛衰，视社稷之安危。方今荷朝廷威德，巨寇削平肃清，东国黎庶幸出水火而登衽席③。近者闾阎廛市关厢桥梁，渐见兴复，而建立砖圩，厥功尤巨。况神明陟降，赫声濯灵，胶之民丧以讣、疑以决，灾疾禳祷，其尊亲畏爱有素。设使庙貌颓然失所依赖，则舆情有皇然不自安者，故不约而同，争先恐后。虽神无定，在生于人心，然民不可使知，第可使由，神不血食，即所谓福善祸淫之理，无以悚惕。夫愚氓之习，今由群情供群力，无待官为之督、人为之催，自献其力，咸见轮奂之完美焉。适值光绪乙亥，李州尊篆翼清下车，既深嘉都人士之勇于为善，先得我心，欣然捐廉为助，共成义举。从此积诚昭格④，上下交孚，礼让成俗行见。岁时对越其焄蒿凄怆之感，举罔怨而罔恫，用以祇迓和甘，绥丰屡庆，庶几长承眷佑，尽涤灰烬余氛，重睹此邦，培养元气之盛也，于是乎书。赐进士出身、诰授光禄大夫、翰林院编修、吏部左侍郎、军机大臣、上书房行走、邑人匡源敬撰，州廪生纪宝鼎敬书，道正司道正薛宗慧，住持道人臧义嵩，木匠王宏义，石匠宋廷树，窑匠孙广之。光绪三年十月吉日立石。

育才义塾碑记。文曰：胶州为齐大邦，明迄国初，贤臣硕学接踵其间，足应山海之奇气，今无复鼎盛矣。岂时有变迁，才有消长欤？良由兵燹以还，元气凋而未复，书香旧族间亦力屈延师，不能培植子弟，微论寒素。即有笃学自好之士，又或就正无从，终难造于淹博，微论童蒙，人文安得不废坠哉？泉唐阙绮村太守因公莅是邦，恻然悯之。己丑春，偶兴学议，

---

① 香楮(chǔ)：祭神鬼用的香和纸钱。

② 凋瘵(diāo zhài)：凋残病困。指民生疾苦。

③ 衽(rèn)席：睡觉用的席子，借指太平安居的生活。

④ 昭格：降临吉祥、赐福。

偕尚子裕协戎，言于孙健菴刺史，力赞其成。而同志劻勷[1]者李惸如协戎，田仲平、颜孝先学博，王翼帆州司马，毓敏卿嵯尹，杜耀臣少牧，鹤俸[2]蚨钱[3]，官绅商各慨助焉。岁阑[4]积京钱陆千贯，发典权息，岁计壹分贰厘。初捐无成数，虑有不敷，税关委员刘安生明府，韩湘皋贰尹，请于关道盛公，准以胶口舢板耗羡给之，出纳罔弗备经制定，假胶西书院为塾，雅颂之声闻于比户。人皆欣然相告，曰："不图文教复振，异日得人之盛，今昔何相让耶?"夫义塾与学校相表里，王化之本而菁莪棫朴之所自出。傥无以垂久远，则何以告后之人，俾克守之用?勒石为碑，胪陈其事，是为记。光绪十六年岁次庚寅四月吉日公立。廪膳生高辛元书。

西云泉碑记。文曰：西云泉出辛置南沟，西云水所发源也。曩者先大父日理其支派，究以未得其渊源为憾。光绪癸未三月，春光袭人，崇散步西云河岸，沿河西南行，得斯泉也。俯视其水，清澈见底，掬而饮之，沁齿牙而洌肺腑。问之村人，咸曰俗呼为凉水湾。殆邑乘所谓辛泉者欤?泉东北百余步，先大父之墓在焉。绕墓松涛柳浪，镇日与泉相喷激，因谋所以修之，愧不能自效绵薄。张晓村贰守，吾乡义士也，闻有是谋，欣然乐输，助予于成。崇乃除其淤秽，芟其荒芜，量度地势，甃以小池。落成日，高秋卿先生题其碣，曰西云泉。由是樵者歌于泉，耕者息于泉，巡行阡陌者流览于泉，而西云之真源始裒然特出矣。暇时登高一望，其南则乱山合沓，若双珠嵌云，灵岛浮翠诸胜景，指瞩在有无中焉。东则有溟渤之奇，林霞岛雾，绮绾绣错，吾乡高太傅游息之迹，如或遇之矣。西则九层岭忽起忽伏，蜿蜒迤逦，莫可名状。北则树林阴翳，山樱掩映，汉儒庸生之濯砚泉，正遥遥地脉相接也。吁，是泉也，湮没于荒烟蔓草中，不知其几千百年矣。先大父当日求之不得而殁，殁后营兆域，乃适与泉为邻，卒令小子崇搜索而修理之，毋亦大父之神灵为之呵护乎?抑泉之遇不遇，实有数存乎其间耶?爰书其事于石，以告后之游斯泉者。邑庠生王葆崇谨志。光绪九年岁次癸未十月穀旦。

胶州直隶州知州德公德政碑。碑在治北里余，阜安门内。略曰：直刺德公莅胶之三年，兴利剔弊，百废俱举。胶之绅民谋所以永公之德，垂诸不朽，于是推州绅董其事，相与撮述公绩，勒之石。公印林，字桂馨，汉军镶蓝旗人，以附贡生笔帖式[5]先后随同出使德，和大臣品荫诸公出洋，洊擢直隶州知州。回国后蒙前抚宪杨奏调来东，旋补授胶州直隶州。公聪明仁肃，本乎天性，而出言和易，弗以声色加人。下车伊始，设匭受书，以知民之好恶。遇民遮道伸诉，停舆受辞，立为传质，或徐出一言以发其隙，前者辞穷，后者大畏，多改悔为善。邑有曾充院书某工，刀笔势甚横，陵暴乡里，人莫敢犯。公立即捕置之狱，奸猾闻风敛

① 劻勷(kuāng ráng)：辅佐。
② 鹤俸：官俸。
③ 蚨钱(fú qián)：钱币。
④ 岁阑：岁暮，一年将尽的时候。
⑤ 笔帖式：指清代官府中低级文书官员，执掌部院衙门的文书档案的官员，主要职责是抄写、翻译满汉文。

迹。由是州境大治。时朝廷锐意兴学，黜科举浮靡之习，而返之以朴实。州固创立达材学堂，公因旧规而大修之，延聘中西名儒，益以讲明学术，培植士类。又恐阻于年格，不能遍及，别立劝学、宣讲、阅报。士之志于上进者，得以观摩渐染，不至囿于见闻。胶之士风日盛，皆公之教也。自青岛划归德人，州境逼处环界，版图犬牙相错，民教杂处，交涉日繁，措置稍乖，动致困难。公因事推诚，开示大义，皆翕然悦服。久之，外人亦谅公诚信，相与敦尚辑睦，境内以安。公外宽内明，人不敢干以私。然遇地方公益，辄勇为，不避劳怨。公余巡视原野，劝农力穑，曰设官以为民也，吾尽吾分而已。其于狱辞不留滞。邑有因商亏耗、负累巨万者，力不能尽偿。债主讼诸州，久不决。公谕令七折认还，咸愧服，罢讼去。其他相机因应多类是。初，公随使出洋考察政治于英德，各文皆能精通，条贯内政外交之道。今小试一州，未足展公之长，异日扬历中外，功遍寰宇，将勋垂青史，何以区区纪述为哉？然公之德既已镌于人人之心，播诸人人之口，绅民欢欣鼓舞，自有不能已于言者。辞既成，复再拜稽首，而颂曰：巍巍我公，龚黄之伦。有蓄甫施，东海之滨。治民以静，携持保抱。布惠何殷，苏枯①嘘槁。耆老欢呼，妇孺祈祷。公车孑孑，于胶有造。明察滞狱，折以一言。锄警奸暴，以简御繁。兴教立学，士风丕变。雍容儒林，近今罕见。胶水汤汤，环界在疆。弥补阙漏，应变无方。惟公作牧，值有岁年。吾民颂之，曰仁与贤。公之政绩，挺然伟起。公之官阶，有进靡已。将相公侯，垂名策史。治行发闻，自吾胶始。光绪三十四年，阖州绅民公立。

---

① 苏枯：使枯萎的草木复活，比喻使困顿、灾难中的人得到拯救。

增修胶志卷三十八　艺文志第五　金石下民国金石　金石补遗

民国金石

重修胶县云墨二河碑记。略曰：吾胶自今春以来，赈务毕，河工竣，夏秋多雨而水不为灾。邑之人相聚而言曰：吾民之困于水患也久矣，云墨二河为民巨患，自古云然。近自清代道光二年，百岁之内，始自邑侯李公讳文耕倡修。继之者李公，讳翼清，时光绪六年也。大功再举，已勒诸石，以垂永久，距今又三十余年矣。濒海瘠区，沧桑屡变，四隅民舍倾而复建，大而改小者，几不辨其本来。至若荡析离居、生命无存者，尤不能指数也。补苴挑浚，久未举行。延至民国甲寅、乙卯，连年雨水，巨浸横流，沟浍皆盈，至于衢巷，或昼或夜，淹毙男女多人，漂没庐舍无算。今者痛定思痛，不堪回首。自兹以往，吾胶之恃以无恐者，皆我易振翁县长之力也。易公，粤之吴川人，印扬远，甲寅冬月，来宰吾邑，躬莅灾区，疮痍满目。时值邻国失和，青岛衅起，亟思修河之策，仓猝无力，且恐无暇，议未定而秋霪至，不数月间，中泽流亡更甚于昔。公悯然恻之，匍匐[①]救之，急发仓廪以资存活，旋禀省宪，颁发库帑京钱四万一千余缗，乃召集绅商士民，起而慨然曰："以赈济民，救民于目前也。以工代赈，救民命者，并除民患于将来也。小民畚锸之力，借以糊其口，而赡其家，俾老幼有养也，一举而两得焉。计有善于此者乎？"众韪其言，遂议修河之举。公倡捐巨款，邑人观感而兴，各出资，无吝色，集钱三万七千余缗，设局动工。公举邑绅逄绪训总司其事，以王至勋副焉，并遴派稽查监工十七人分任之。公不时督视，以考其成。云河自西圩水门起，东至塔埠头入海止。墨河自墨源桥起，东至汇入云河止。分段挑修，有桥梁堤堰倾圮者，尽行修筑。又念城垣因水坍塌，皆以护城河淤塞之故，一律疏浚。至金沟堐一水，年久闭塞，决而通之，均汇于云河而入海。自去岁十月三日开工，今岁三月蒇事，计共用京钱四万三千三百缗有奇，余款拨入城工。功既成，邑人感公之德并念董事赞助之力，故述其颠末如此。中华民国五年十月，阖州公立。

金石补遗

周酒器，藏前桂林道尹逄恩承家。器高今尺七寸九分，圆式口径九寸，底径四寸，自腹

① "匍匐"，底本作"匐匍"。尽力之意。

以下绣绿花斑，腹以上半赭黄斑点，两旁有耳，蟠夔[1]衔环。字古粤简朴，恐有漫灭，未可强解。然细味之，首用“册”字，次似“酒齐”二字，盖古人用香酒浸酒则为齐酒。下数字似“宋丹父作永世”，共计九字，然字迹甚古，非秦汉以下物，当为周器，姑存之，以备参考。

古食官钟，藏南关百忍堂张宅。考古家目为周代物器，有盖腹，连底高汉尺三寸五分，口长圆式，径二寸五分，横径二寸，轻清坚古，铜质绝佳，腹口只一“㞢”字，不测何义。以上二器均《采访册》。

汉铜碗，民国十四年，邑南七十里王家小庄农民王年平犁地得之。碗口径七寸余，高三寸余，色青翠斑斓，奇古，外镂二龙戏珠，纹甚灵活。底有汉篆方印，文曰：汉寿阳侯。考《旧志》封建国于胶者，前汉有祝兹侯，后汉有黟陬侯，无寿阳侯名号。查《南史》侯景封寿阳侯，又仕于齐梁之间。去汉已远，或系汉物遗落于此。然时代变迁，无从查考。《采访册》。

汉庙殿瓦，文曰：永奉无疆。冯[2]氏《石索》云：此庙殿瓦，故用“奉”字，或以为永寿无疆者，误也。申氏以为瓦质恢宏，异于常制，疑为汉宗庙瓦。按：《三辅黄图》载太上庙有寝庙园，以及卫思后[3]皇祖悼孝皆有庙园。庙曰奉明，与永奉意相合，则以为庙殿瓦无疑。今藏邑人傅采琛家。

大吉利砖，长约四寸，阔约一寸五分。上缺一角，砖文三字，曰“大吉利”，“吉”字作三横画，“利”字反文。砖无年代可稽，然隶法瘦劲，当是魏晋时手笔。按：古砖瓦，若万世不倾、千秋万岁、长乐未央，若富贵，若万岁，若万岁舍、大利善等类数见不鲜，乃古人通用祝颂语。此砖作“大吉利”，祝颂文之一种耳。清同治末年，邑东农人由地耕出，因购得之。今藏邑人傅采琛家。

清神鉴物镜，镜作八出形，周圆而势弯曲。正书，与唐菱花镜同。其字体及八出形式，与宋太公镜相类。考古家识为唐宋间物。今藏邑人傅采琛家。

宋象物簠，旧藏张宾雁学博家。器连足高汉尺四尺二寸，深二寸六分四，径长尺二寸七分，阔尺一分，腹作蟠夔文，重今秤六斤半。文曰：帝作簠，象物，昭事神，神永有依归，纯佑命于我邦。按：《金石索》云，此宋制也。周铭同称王不称帝，其重文[4]止用两铭。此二神字用两体书之，当非周制。味其词旨，与宋牛鼎相似。彼云帝若稽古，此云帝作簠，彼云审眂象，此云象物。恐亦系政和时，仿古所造。其象凝重，卓然可观。《采访册》。

元百户乔公孝思碑，在治西北家子头村。文多磨灭残缺不可辨，惟首行“敕授百户乔公孝思之碑”及“□进士鞠瑛”十四字，末一行“至元□十三年仲冬十月千户乔成立石”十五

---

① 蟠夔(pán kuí)：指盘曲的夔龙形装饰。

② “冯”，底本为“憑(凭)”，讹。《金石索》(书分《石索》《金索》二部分)为清代金石学著作，编者冯云鹏、冯云鹓，据此应作“冯”。

③ 卫思后：即卫子夫，西汉河东平阳(今山西临汾西南)人。汉武帝第二任皇后。汉宣帝时追谥曰“思后”。

④ 重文：指重出的异体字。

字，尚可辨认。《采访册》。

明张应集重修报恩碑记。文曰：尝谓佛氏兴于唐时，传于历代，盖有年矣。其术不过劝人为善而已。寺庙创业于古，垂统于今，而承传亦有日矣，其意不越褒扬功德而已。□张应院报恩寺坐落胶郡西南，乃建功于至正元年，而地邻张应，故取以为名。日月照临，风雨鼓越，□久无不弊哉？院主明性，又于正统八年，补其阙略，而革故鼎新也。以形势而言，则东邻艾山，南对珠山，西枕□行，北□峰岭，而为风水相因之美地。以规模而论，则前殿后宇之整饬，左廊右庙之完固，而为张然有条之僧所积累如此而。即墨县僧人许公福聚来游于此非止一日，而立心亦非一时。思其寺院虽美而□□者特少石，以为之记。故必化诸善士施布财物，乃于成化八年季春，得一石板，欲立佛护。故于斯时请工录刻，各遂其愿而为长久之谋。是芳名之昭著不惟播于当时，抑且垂于后世，不以□而盛赞功业之显扬，不惟光于今日而且流于历久，不以久而有坠，岂不盛哉？予忝在侧，故请辞以为□□，以□其意而为之塞白①，诚识者见哂也。姑以是为记云。

岳庙街东岳庙碑。考碑文为明万历年间创建，天启三年重修。历年既久，文磨灭不可辨认，为“大明天启三年，岁在癸亥九月，山西平阳府赵城县主簿宋时雍同众绅重建”三十字尚完全。

时大明成化九年岁次癸巳季春穀旦，胶郡后学庠生刘□嵩书。

清重修报恩寺碑记。文曰：胶西济实乡之报恩寺，古刹也。始建自元末至正元年，迄有明正统间重修之，其他无闻。贝宫清净，阅数代之星霜；莲界慈悲，庇八方之民物。经堂枕野，祇树参天。声传暮鼓晨钟，时发聋而唤梦；地接青山绿水，示觉路与迷津。无如久历暑寒，频经风雨，金凋碧落，瓦断鱼鳞，栋坏榱残，屋穿雀角。想前辈屡经葺补，始得留于兹，倘今人坐视倾颓，何以垂于后？乃于光绪五年春，修理两庑，兹又从事于佛殿焉，力由众出，资尽乐输，集狐腋以成裘，同擎义举，遂鸠工而涂茨载妥，神灵全教梵语一新，肃观瞻于靡已，庶得慈航普济，赖呵护于无穷。工既告竣，爰为立石以记其事云。以上《采访册》。

时大清光绪十一年岁次乙酉穀旦立石。

① 塞白：拼凑文字搪塞。

增修胶志卷三十九　人物志第一　历代人物

人物传序

张谦宜《州志别本》“人物部”引略曰：论人物，于今日不敢概绳以圣贤，然君子、善人犹可企而及，则责人者不苛，而论世之衡亦平。夫所贵乎善人君子者，存实心而行实事，经久而不变，其感人也常深。即不幸而坎坷沦胥，身名不能俱泰，有识者犹谅之、惜之，而力为表白焉。若徒以势利之焰夸为希有，焰冷而人遂亡，以诗文之誉矜为独得，誉衰而人亦晦，何者？实不足而伪无可恃也。嗟夫！士杰然自成为人物，岂不难哉！要不可以中无主而外无守，必有超然树立于穷达之表者。人先能自保于生前，庶几不忘于死后。吁！谦宜之论若此，盖甚疾夫殁世不称，有引以自镜之心焉，其称人必不苟矣。故凡《旧志》所载，与谦宜所称，《前志》皆叙而录之。兹复简择审慎，益以近六七十年来采访之人物，核其实而传之。仍本《前志》之例，分为事功、文苑、忠节、孝友、笃行、艺术，以及侨寓、外徙。自汉而降，若明、若清，则从旧制，书其官爵。迄于民国，则从新制书其职衔，庶览者有所区别焉。至于侈官阀，矜文章，徇群好，求悦于人，君子固无取云。

汉金元人物传

庸谭

庸谭，汉宣帝时人，居胶东，世称胶东庸生，传《古文尚书》《齐论语》。盖孔壁①所出《尚书》皆蝌蚪文，孔安国②以隶古写之，多于今文十六篇，传其家及司马迁、都尉朝③。谭得古文传，朝所授也。谭授胡常，常授徐敖，敖授王璜、涂恽。安国家尝以献于朝，遭巫蛊事，未施行。刘向以校今文三家，多脱误。刘歆传闻民间有胶东庸生遗学，抑而未施，甚为闵惜。平帝后，王莽重歆学，恽、璜亦贵显，故立学官焉。恽传东汉贾徽，徽传子逵，数为章帝言，古文遂行，永嘉之乱失亡。东晋梅赜上《古文孔传》，此生所不及知者。齐人所传《论语》，多《问王》《知道》二篇，其二十篇章句亦多于《鲁论》，谭不知其师承，其后先同学有王吉、宋畸、王卿、贡禹、五鹿充宗④诸家。张禹尝学《鲁论》，又从谭受《齐论》，择善而从，号曰《张侯论》，

---

① 孔壁：孔子故宅的墙壁。《汉书·鲁恭王余传》：“恭王初好宫室，坏孔子旧宅以广其宫，闻钟磬琴瑟之声，遂不敢复坏。于其壁中得古文经传。”这批简牍用古字即汉以前文字书写，有《尚书》《礼记》《论语》《孝经》等，称古文经。

② 孔安国（前156—前74）：字子国，汉代鲁国人，孔子后裔。西汉官吏、经学家，著有《古文尚书》《古文孝经传》《论语训解》等。曾受《诗》于申公，受《尚书》于伏生。

③ 都尉朝：西汉鲁国人，尝受《古文尚书》于孔安国。

④ 五鹿充宗：复姓五鹿，名充宗，西汉时期大臣、学者，《齐论语》和梁丘《易》的传人。代表作《略说》三篇，辑录于《汉书·艺文志》中。

最后而名于世，以授成帝。郑玄就张包周《鲁论》，考之《齐》《古》为注，凡五十事。其《季氏》一篇皆《齐论》，"不知命"一章，《齐》《古》同，何晏《集解》本此。由是两书之传益广。后崇祀乡贤祠。据张宾雁《庸生传》，其原赞云：两书出秦火后不数世，庸生得其传，受业者多以经术起家，尊为帝师，执政列爵，稽古有荣矣。生独抱遗经，教乡曲，不慕荣利，殆所谓特立之士欤。而刘歆、张禹所见闻，当有生训诂之语，然皆不可考。胶东地分入胶州，距治西北七里为庸村，生墓庙在焉。传有宋宣和年碑，苗裔世守祭扫。今官司仲春释奠后，必致祭于生庙，岁以为常云。

孔辉　王伟

孔辉，其先世曲阜人，因游宦来徙。祖进武，父德，皆有隐行。辉，当金中叶以武功显，仕至定远大将军、元帅、右都监，知密州事。以为绪承先圣，而乱离相仍，谱牒遗失，乃追述祖先，勒石贻后。碑见"金石"。辉虽武夫，而雅有至性语。王伟，先世仕宋，为殿丞，葬于胶，因家焉。伟颖敏好学，志行清介。金末乡贡进士，当得官，会大乱，避地山谷。入元遂绝意仕进，以儒业教授。兵燹后，邑里复闻弦诵声者，伟之功也。当事以官征之，以老疾辞，寻卒。有墓碑，见"金石"。以上据《州志前编》。

栾彬 孙克敬 克刚

栾彬，先世自黄县来迁。父琇，中金律官科，为济南路知法。彬亦中律官科，元初为本州知法，累授武翼将军，知密州事，以善政子民，民戴厥德。孙克敬、克刚。克敬，字敬夫，性友爱，兄弟不私财异爨，乡里化之。少历末秩①，以五事见称，名播中外。宣授承务郎，佩金符，温台千户，领海运。感上知，以清介自励，散金赈艘，规画有方，佣卒咸怀其德。飓风不作，络绎南北，历巨海如坦途，京庾赖焉。克刚，字正夫，初仕山东宣慰使奏差，累授进义副尉、安丘主簿，终中翊校尉、河南丰财场司令，历任有廉能之誉。编修章嘉、学士张起岩尝称道之。有墓碑，见"金石"。据《州志前编》。

卢琮 子世荣 世昌 世杰 附刘某

卢琮，世居柏栏村。父全，为评事官，以厚德称。兄青，业农。琮以材武隶军籍，年二十充牌子②。元宪宗三年，朝廷用兵，琮从复朐阳，擒一宋将，迁忠勇校尉，擢胶西县尉，赏"霸都"号，并银盂一只。巡边斩一校尉，迁帐前百户。八年，攻东海水师，杀溺甚众，夺战舰，先平水路，次破海门，鏖战争先，陷城功最上，迁武略将军、胶西主簿，又赐银盂一只，并银锞、锦衣。九年，选养精锐取长淮，琮奋力大呼，按剑而入，不避矢石，南兵立破。乘舟渡淮，叩新城，踊跃而上。敌见不利，弃城走。迁武义将军、管军总领，赏马二匹，正授主簿。其子世荣等皆以琮荫职，一时荣之。旋丁父艰，给假安厝。后又以功宣命金符，授行军千户。年四十九，卒于官。子三：世荣、世昌、世杰。世荣亦以勇敢称，与弟世昌、世杰俱隶军伍。世荣后以质子入宿卫，从攻徐州，以功赐锦衣、白银。从攻襄阳，授为千夫长。从攻樊城，杀获甚众，赏银五十两。东土城，樊城重城，元帅命取之。世荣竖云梯，踊

---

① 末秩：指低级官员。
② 牌子：指持盾牌的士兵。

跃先登，诸将从之，遂破其城。战丁家洲，夺宋战舰数只，败其帅，夏贵[①]走之。从取洞庭，奏功，宣命银符，加忠显校尉。宋人据阳罗堡以兵扼江中，世荣率舟师逆战中流，大军毕渡，弟世杰战没，元帅阿术赏其功，宣命金符，迁武略将军，赐白金二百，累以功勋宣授密州营军千户。世昌初袭父职，宣命金符，加忠勇校尉。从平湖襄，下广东州郡，加赐金银，迁忠武校尉，职事如故。至元十六年，取崖石，拔其寨，宋平，论功加武略将军。见《卢氏墓碑》。按：世荣兄弟继琮立战功，葬亲立碑以继前徽，在至元十八年。惜其后不可考。时又有刘某，轶其名，亦以伐宋有武功，加武略将军。见《刘氏墓碑》，据《州志前编》。

王玹 附冷祯　**刘濬　张缉　张复初**

王玹，元延祐间仕至监察御史。时监州燕帖木而改建圣庙，耆宿冷祯资助多金，以襄巨工。既成，玹与助教李泰求大学士刘赓为碑记其事。详见“金石”。刘濬，《旧志》：父母早卒，孝奉祖母王氏。王氏殁，庐墓三年，朝夕号泣，始终不懈。至正六年，旌祀乡贤、孝弟二祠。张缉，字士明，性孝友，能诗文。至正七年，与兄绅、弟经同领乡荐。官泽州学正，转泰州知州，一作泰州幕职。弃任养亲，寄居扬州。十五年，兵乱，母姬氏方卧病，贼突入，举刃刺母，缉以身蔽之，《胶西孝子合传》云：“缉以身蔽母，身中伤，母得免。”中胁而死。见《元史》本传。祀乡贤、孝弟二祠。绅，别有传。经，见“选举”。张复初，至正间官翰林院编修，能古文，尝作《叶公政还金记》以励俗，陶宗仪[②]亟称之。祀乡贤祠。见《辍耕录》。以上《前志》。

---

① 夏贵：字用和，安丰（今安徽淮南寿县）人，宋末元初名将。宋恭帝德祐元年（1275），贾似道以精兵七万人让孙虎臣指挥，驻扎在池州的丁家洲，夏贵以战舰二千五百亘江中，贾似道为殿后。夏贵不战而走。

② 陶宗仪（1316—1403后）：字九成，号南村，台州黄岩人。元末明初文学家、史学家。陶宗仪著述甚丰，其中《辍耕录》三十卷，是有关元朝的史事笔记，共585条；《书史会要》九卷，辑录从上古三皇至元末书家小传及书论，是我国一部权威性的书史著作。

增修胶志卷四十　人物志第二　明人物

明人物传 事功

殷哲　杨可久　崔衍　姜圭

殷哲，《旧志》：洪武初以贡生起家，累官至中书左丞。指陈时政，明白剀切，太祖深嘉纳之。详见《通志》。杨可久，居家孝友，学问宏博。尝读书东耳石室中，生徒甚众，一时缙绅皆出其门。洪武初，举孝廉，累官浙江绍兴知府，多善政。崔衍，岁贡，洪武间由荐举任北平卫经历，有廉能声，累迁北直隶河间知府，善政著闻，召为刑部侍郎，迁兵部右侍郎。永乐二十二年，调四川右布政使。据《旧志》，参《续文献通考》。与殷哲、杨可久并祀乡贤祠。姜圭，岁贡，《旧志》：洪武间由荐举任光禄寺署正，敬慎自持，勤于职务。升兵部职方司员外郎，清理戎政。寻以彰仪军功，荫一子，世袭锦衣卫百户。

薛禄

薛禄，父遇林，明初自陕西韩城始来迁。禄行六，军人呼曰薛六。杨士奇《忠武侯神道碑》：公兄弟七人，而公第六。自少杰特，有大志。未冠，籍戎伍，上官皆奇之。从北征金山及哈剌哈之地，又从征迤都山、乃儿不花等处，自是累出西北二边，涉万里而还。既贵，乃更名薛禄。郑晓《名臣纪》以为初名贵，误。薛贵与禄同时，封永顺伯。《皇明宝训》[1]：薛贵，一作薛斌。以卒伍从燕王起兵，首夺九门。真定之战，左副将军李坚迎斗，锋始交，禄持槊刺坚坠马，擒之。《纲目三编》[2] 注：惠帝下诏削燕王属籍，以长兴侯耿炳文为征虏大将军，驸马都尉李坚、都督宁忠副之。《太祖公主传》：坚坠马，禄欲致死之。坚呼曰："我李驸马，勿杀！"禄住，生擒之。伤已重，数日死。擢指挥佥事。《神道碑》：赐白金文绮，超升燕山右护卫指挥佥事。从援永平，下大宁、富峪、会州、宽河，还救北平，先驱败南军游骑，《神道碑》：时南军已围北平城，公还，先遇其哨骑，薄战，败之。车驾继至，从战郑村坝，敌大败。进指挥同知。攻大同，为先锋。《神道碑》：从克广昌、蔚州，攻大同，率兵前哨，获敌人马，遂从南征。战白沟河，追奔至济南，迁指挥使。《神道碑》：从克沧州。战东昌，以五十骑败南兵数百。《神道碑》：获马三十余匹。敌悉众来追，公复战，大败之，获马三百余匹。时成祖为盛庸所败，还走北平。庸檄真定诸将屯威县、深州，邀燕归路，禄皆击走之。战滹沱河，右军却[3]，禄驰赴阵，出入数十战，破之，追奔至夹河，斩馘无算。《神道碑》：获马五百余匹。战单家桥，为平安所执，《神道碑》：公马蹶，为敌所获。奋脱缚，拔刀杀守

---

① 《皇明宝训》：明代官修正史，与《明实录》同为辑录明代历朝皇帝言论和政事的史书。所谓宝训，即皇帝语录，按照内容分类辑录。明朝先后共修有十三朝宝训。

② 《纲目三编》：清乾隆年间修成的一部编年体明史史书，其凡经两修，现存初修20卷本和改修40卷本两种。

③ "却"，底本作"郤"，据文义改。

卒，驰还。复战，大败安军。掠顺德、大名、彰德，攻西水寨，生擒都督指挥花英，乘胜下东阿、东平、汶上，连战淝河、小河、灵璧。《神道碑》作淝河、大店、小河、汴堤、灵璧。率勇先诸军，遂渡淮河。功最，入京师擢都督佥事。《神道碑》：升骠骑将军、都督府佥事，以其官秩赠三代。永乐六年，进同知，充骠骑将军。从北征，进右都督。《神道碑》：八年，从车驾北征，至玄溟河，以功进荣禄大夫、右军都督府右都督兼左军都督府事，以其官秩加赠三代。十年，上言："自古用人，必资豫教。今武臣子弟闲暇不教，恐缓急无可使者。"帝韪其言，会四方送幼军数万至，悉隶禄操习之。《神道碑》：十二年，从车驾北征。十五年，以行在后军都督董营造。十八年冬十二月，定都北京，授奉天靖难①推诚宣力武臣，封阳武侯，禄千一百石。《神道碑》：工成，加"奉天靖难推诚宣力武臣"，特进荣禄大夫、柱国②，封阳武侯，食禄千五百石。追封其三代皆侯爵，赐诰券。此作"千一百石"，盖误。二十一年，将右哨从北征。还，讨平长兴盗。《神道碑》作讨捕湖州叛寇。二十二年，再领右哨从北征。仁宗即位，命掌左府，加太子太保，予世券。洪熙元年，充总兵官，备御塞外。寻以获寇功，益禄五百石。《神道碑》：奉命巡北边，适虏寇云州，公率兵追至大松岭，斩获甚众。事闻，赐敕嘉奖，遣中官及鸿胪卿军中劳之。既还，赐白金钞币，加岁禄五百石。是年，颁诸将军印于各边镇，《神道碑》作洪熙二年。洪熙无二年，盖字讹。禄佩镇朔大将军印，巡开平至大同边。宣宗即位，召还，陈备边五事，寻复遣巡边。宣德元年，从征乐安，为前锋。《神道碑》：先二日围其城。高煦就擒，留禄与尚书张本镇抚之。《神道碑》：还，赐银币甚厚。明年春，奉诏巡视畿南诸府城池，严戒军士毋扰民，违者以军法论。是夏，复佩大将军印，北巡开平，还驻宣府。敌犯开平，无所得而退去城三百里余。禄帅精兵昼伏夜行，三夕至，纵骑蹂敌营，破之，大获人畜。师还，敌蹑其后，复奋击，败之，敌由是远遁，召还。三年，从北征，破敌于宽河，留镇蓟州、永平。《神道碑》：秋，从车驾巡边，出会州。解后虏出塞下，与战，败之，生擒其酋，斩获其余众。遂镇蓟州、永平。冬还，赐银币加厚。事在二年。复数佩镇朔印，巡边护饷，出开平、宣府间。《神道碑》：四年，帅师护兵饷开平者再。五年，遇敌于凤凰岭，《神道碑》：五年春，佩镇朔大将军印巡边，至奇黄岭，遇虏拒战。斩获多，加太保。上言：永宁卫团山及雕鹗、赤城、云州、独石宜筑城堡，便守御。诏发军民三万六千赴工，精骑一千五百护之，皆听禄节制。临行，赐诗，以山甫、南仲③为比。禄武人，不知书，以问杨士奇，士奇曰："上以古贤人待君也。"禄拊心曰："禄安敢望前贤，然敢不勉图报上恩万一。"其年六月，有疾，召还，逾月卒。《神道碑》：奉命城隆庆、永宁、赤城、独石，竣事将归，以疾闻。上遣中官以御医往视，且赐敕谕劳。至京犹力疾入见，上慰谕再三。既归第，日赐御药，遣中官临问。无几，竟不起，七月二十三日也。讣闻，上震悼，亲为文祭之，诏有司治丧葬，其仪皆优等，盖特恩云。赠鄞国公，谥忠武，祀乡贤祠。禄有勇而好谋，谋定后战，战必胜。纪律严明，秋毫无犯。善抚士卒，同甘苦，人乐为用。

---

① 奉天靖难：《明史》记载，1398 年朱元璋死后，新继位的建文帝认为诸位皇叔的权力过重，决定采纳大臣齐泰、黄子澄的建议进行削藩，以统一军事。仅用不到一年的时间，解除了周、湘、齐、代、岷五王。建文元年（1399）七月，当建文帝准备削夺燕王时，燕王朱棣于北平府（今北京市）举兵反叛。以"清君侧""诛奸臣"为名，自称"奉天靖难"。

② 柱国：官名。战国时楚国设置，原为保卫国都之官，后为楚的最高武官。唐以后沿用作勋官的称号。指肩负国家重任的大臣。

③ 山甫、南仲：即仲山甫、南仲，皆是周宣王时贤臣。

《神道碑》：公平居无事，未尝忘危计边务，言之亹亹①，或诮其琐屑者，终不为变。盖其志为国，惟恐不尽。为将智勇兼备，常先事筹画，用心之至，以夜继日，故所向成功，未尝败北。间一二临阵，中矢石，裹创赴斗，有进无退。靖难诸功臣，张玉、朱能及禄为最，而禄逮事三朝，岿然为时宿将。孙诜嗣，自诜以下，详“世袭表”。至曾孙翰卒，无子，族人争袭，久之不得，请田宅并入官，世绝者三十余年。万历五年，乃复封翰族子铼为侯，再传至濂。濂别有传。据《明史》本传。

李纲　韩福　栾瑄

李纲，《旧志》：永乐二年进士，历官兵科给事中。性孝友，廉介俭约，朝野称之。后卒于京师，贫不能殓，乡人同仕者赙之，始得归葬。韩福，字以德，世居马店村。《旧志》：福年逾二十尚未读书，从父入城，见州守优礼诸生，始发奋向学。永乐十三年成进士，荐升陕西巩昌府知府，以廉能考最，士民建生祠祀之。后擢都察院右副都御史，巡抚宁夏，累建边功。以老疾告归，卒年七十。闻于朝，遣官谕祭，荫一子景入国子监。祀巩昌府名宦祠。子绅，见“选举”。按《明史·阉党》韩福系陕西西安前卫人，成化十七年辛丑进士，科目后胶州韩福六十七年，另是一人。栾瑄，字廷玉，金济南知法琇之裔也。《旧志》：瑄，永乐十六年进士，官刑部员外郎。有中贵②逮狱，同官顾望不敢问，瑄独鞫之。中贵服辜，直声大著。时大同多事，少师杨士奇荐为知府。瑄相度机宜，依山为堑，绵亘千余里，设兵捍御之，境内以安。致仕归，卒于家。与李纲、韩福并祀乡贤祠。

张显　子勉学　正学

张显，字至明，其先世宋元祐间自南直隶清河来迁。七传至凤，明永乐时岁贡。生子显，正统三年举人，任山西灵石教谕，以善教著。迁代府纪善，改湖广安化县丞，历北直隶巨鹿、江西萍乡知县，皆有政声。子二：勉学、正学。勉学，成化二十二年举人，历任北直隶枣强、柏乡知县，迁南直隶海州知州，俱以循吏著闻。正学，字宗鲁，成化十六年举人，任浙江绍兴府推官。居官廉洁，以报政入都，时王守仁官京师，为文赠之。文曰：胶州张侯宗鲁之节推吾郡也，中清而外慎，宽持而肃行，大获于上下，以平政刑，三载而绩成。是为弘治十三年，将上最天曹③。吾父老闻侯之有行也，皆出自若耶山谷间，送于钱清江上。侯曰：“父老休矣！吾无德政相及，徒勤父老，吾惧且怍。父老休矣，吾无以堪也。”父老曰：“明府知斯水之所以为钱清者乎？昔汉刘公之去吾郡也，吾侪小人之先亦皆出送，各有所赠献。刘公不忍违先民之意，乃人取一钱，已而投之斯水，因以名焉。所以无忘刘公之清德，且以志吾先民之事刘公，其勤如此也。今明府之行，吾侪小人限于法制，既不敢妄有所赠献，又不获奔走服役，致其惓惓之怀，其如先民何？”固辞不可，复行数十里始去。三月中旬，侯至京师，天曹以最上。明日遂驾以行，乡先生之仕于朝者闻之，皆出饯且邀，止之曰：“侯之远来，亦既劳止。适有司之不暇，是以不能羞一觞于从者，是何行之速耶？”侯俯而谢。复止之曰：“侯之劳于吾郡，三年有余，今者行数千里，无非为吾民其勤且劬也，事既竣矣，吾党不得相与为一日之从容，其如吾民何？”侯谢而起。守仁趋而进曰：“诸先生毋④为从者淹，侯之急于行也，守仁则知之矣。”佥曰：“谓何？”曰：“昔者汉郭汲

---

① 亹亹(wěi wěi)：勤勉不倦貌。
② 中贵：皇帝所宠幸的宦官。
③ 天曹：吏部的别称。
④ “毋”，底本作“母”，讹。后一“毋”字同。

之行部也，与诸童约为归期。及归而先一日，遂止于野亭，期乃入，曰：‘惧违信于诸儿也。’吾闻侯之来也，乡父老与侯为归期矣，而复滞迟于此，以徇一朝之乐，隳其所以期父老者，此侯之所惧，而不容已于急行也，毋为侯淹。”侯起拜曰：“正学非敢及此，然敢不求承吾子之志？”后告休，安贫守正，足迹不入城市。有同年友某携妓过访不遇。正学知之，询妓所履，锄去其土。时人有程夫子之称。后正学家愈贫，至不能治子女婚事。勉学出俸金数百助之，且以为诸犹子耕读资，正学力辞焉。及正学兄弟皆殁，勉学子卒以父命致之。

何琮　宋汉　袁瓒 孙继祖 继业　**田竣**

何琮，《旧志》作宗。景泰七年举人，任北直隶广平知县。《旧志》：容城知县。时比岁凶荒，民多转徙。琮律身清慎，听断明允，而急于劳来安集，由是去者复还。又以城垣倾圮，捐俸金筑之。据《广平府志》。宋汉，字天章，《旧志》其先世由德州来迁。汉以俊才奋学，成化十四年成进士，除北直隶庆云知县。考最，擢福建道监察御史，巡按两浙畿辅，革奸剔蠹，大著风裁。升湖广按察司副使，以疾归。袁瓒，《旧志》：榜姓彭，既仕，复姓袁。成化二十三年进士，任南京刑部主事。性沈毅，以勤毖治簿书。部有疑狱，辄属瓒，多所平反。子鹤龄，见“选举”。鹤龄子继祖、继业。继祖，字承芳，嘉靖二十五年举人，除河南南阳知县，有贤声。以弟继业为南阳知府，改北直隶肥乡，再改山西乡宁，多善政。继业，嘉靖二十九年进士，授中书舍人，擢监察御史。巡行所至，剔厘奸弊。除河南南阳知府，善政著闻，迁太仆寺少卿。致仕归，卒于家。子学古，别有传。田竣，由岁贡任西安府检校，朴实勤谨。九载告归，囊橐萧然。

匡翼之 孙铎 铎子延年

匡翼之，字朝敬，一字云溪。元季有九翁者，自南直隶海州避兵赣榆，生子福，从明太祖征伐有功，仕至沂州所副千户。福子德，授胶州所正千户，遂家焉。世袭详“职官表”。三传至封御史茂，生翼之。翼之幼即岐嶷①，稍长就外傅，有奇誉。成化二十三年成进士，除南京贵州道监察御史，奉命巡按浙江。翼之以江防为留京锁钥，补战舸，谨侦逻，严赏罚。有店户通巡库内监，侵渔百姓，翼之严法绳之，风裁大著。丁父忧，起，复补北京云南道。弹章②十余，上俄改陕西清军御史。覆校戎籍，行无窜伍。孝宗谓廷臣曰：“清军御史如匡翼之者，清得七分。”既而巡按贵州。贵州荒藩，吏治久不饬。翼之至，廉藩臬③以下诸惰员，褫罢之，一省愕然。未复命，除四川按察司副使。威、茂土番梗化④，连七十余寨，势猖獗。翼之亲莅营垒，谕以祸福，其酋长率众环跽马前乞降。以在贵州按千户王寿赃，迕刘瑾，矫诏左迁浙江桐庐县知县。翼之延问民间疾苦，桐庐有客星钓台，南北大吏过者登临，相属于道，颇縻费，翼之罢其供给而止，桐庐人立碑德之。瑾诛，武宗诏录忤瑾诸废官，翼之迁汝

① 岐嶷(qí nì)：幼年聪慧。
② 弹章：指弹劾官吏的奏章。
③ 藩臬(fān niè)：指藩司和臬司；明清两代的布政使和按察使的并称。
④ 梗化：谓顽固不服从教化。

宁府同知。未至，擢湖广按察司佥事，改陕西布政使参议、浙江按察司副使，总制三边。都御史杨一清以马政①久弛，请以天下藩臬二司有名者为苑马卿，升迁视京卿，诏以翼之为之，主陕以西马政。清牧地，验子母，牧事蕃盛。丁母忧，服阕，依一清前请，当右迁。久之，补广东按察司副使。初，吏部尚书陆完为兵部侍郎，御寇济上，按兵清源，久不发。翼之促之东，曰："公久驻，人不堪。"完衔之，至是谓人曰："匡公驻久，人亦不堪。故迟。"补如本阶，不得迁。既莅粤，土豪有弑叔父者，托监军阉臣焦坚赂求脱。翼之曰："法官可受贿耶？"立棰杀之，失阉臣欢。未几，卒于官。时年六十有二。柩行，士民北首攀泣者百有余里。翼之性孝友，父丧，庐墓侧三年。事母郭氏，稍不怡，必跽求，解颜乃已。故尤著闻于乡里。既卒，钦赐祭葬，祀乡贤、孝弟二祠。子允定，允定子铎。铎，字淑教，一字松野。嘉靖四十四年进士，除北直隶涞水知县。请罢协济②，定兴徭银，裁寄养马匹，以苏民困。历山西洪洞、河南新郑知县，革冗陋规千金，减沙田税，民永利之。内擢监察御史，迁兵科给事中。《匡氏族谱》作刑科左给事中。劾免礼部尚书史廷仪，风裁大著。会巨珰③马保逐阁臣高拱，复欲中以奇祸。铎约料道，谒阁臣张居正，言："顾命元臣，不宜罗织，损国体。"事寝，而居正亦嗛之，外改北直隶大明府知府。漳、卫二水为患，铎于府城北三里筑长堤二十余里，民德之，呼为匡公堤，山阴朱赓有《匡公堤记》。见《大名县志》。再贬夷陵知州，移河南南阳同知。怡然尽职，无迁谪意。居正殁，擢刑部郎中，寻迁陕西、宁夏道按察司佥事。以疾归，辟嘉树园以娱老。卒年七十有八。祀大名府名宦祠，本州乡贤、孝弟二祠。子延年。延年，字范先，一字五如。崇祯十年进士，任南京太常寺博士，改中书科中书舍人，致仕归。延年性俶傥好义。李九成之变，尝助守州城。又尝捐资修文庙，为粥赈饥。卒祀忠义祠。子嶐，见"选举"。

高迪　邓中和　姜周辅　崔志仁

高迪，字允德，先世迁自利津。迪，弘治五年举人，除北直隶良乡知县，迁宛平。厘奸剔蠹，不畏强御。京畿灾，上疏蠲田租之半。进太仆寺丞，奉使宣府、大同。二镇守臣贶百金，却之。守臣曰："例也。"迪曰："以今之却为例，于后不亦可乎？"人服其廉。祀良乡名宦祠，本州乡贤祠。子建节，别有传。邓中和，字维节。《旧志》：弘治五年举人，任山西垣曲县教谕。《高志》：任密云学博。创讲堂，训士有方。《山西通志·名宦传》载：中和，任垣曲教谕，学行殊常，教化丕振，后先莫出其右。考最，内迁刑部司务，转吏部司务，以忤刘瑾改国子监学录，外擢河南怀庆府同知。莅官清正，引疾归。囊橐萧然，杜门不出。喜为诗，年七十余，犹吟咏不辍，卒祀乡贤祠。姜周辅，字名世，《旧志》：弘治十二年进士，任大理寺左评事，数定疑狱。奉命鞫狱山西，多所平反。迁陕西按察司佥事，力革屯田积弊。崔志仁，字敬斋。《旧志》：性刚正。弘治十七年举人，除山西乡宁知县，擢直隶通判。清慎廉明，所至有政声。去

---

① 马政：历代政府对官用马匹的牧养、训练、使用和采购等的管理制度。
② 协济：旧时地方政府按中央命令将所征税款协助其他地方政府的部分。
③ 巨珰（dāng）：指有权势的宦官。

任，民皆泣送之，勒石以志德。祀乡宁名宦祠，本州乡贤祠。

赵从龙 子完璧 完璧子慎修 慎修子儆

赵从龙，字子云，其先南直隶徐州人。永乐初，有大老者始来迁。五传至本，岁贡，制行忠谨，肆力经学，生从龙。从龙，弘治十一年举人。《旧志》：初授河南开封府水利通判，治荆隆铜瓦罗卜张口三工，以除水患。正德七年，流贼刘六、刘七等寇河南。当道属以兵事，从龙购良骑，募劲卒，循行大河南北，贼氛稍息。行经属邑，贼突至围城，官民大恐，从龙指授方略，一夕完城陴，理战具。贼觇知从龙在，逸去。河北贼渠裴昆婴城自卫，势颇张，官军屡攻不能下。从龙张二军以迫之，秘使人间其心腹，贼内溃，遂获斩昆，众悉降。抚臣邓璋上其事，迁湖广武昌府同知，寻乞归。子完璧、白璧，白璧别有传。完璧，字文全，由例贡入监，授兵马司指挥。《旧志》：由成均辟荐，授京畿司城。《旧志》：执法不避权贵。时缇骑①横甚，完璧痛绳以法，忤九门提督陆炳，诬之下狱。时杨忠愍继盛已在狱，完璧与赋诗倡和，坦然自如。尚书徐阶雅重之，力为援救，外除陕西巩昌府通判。岁饥，以督赈著劳，权固原州通判。归囊如洗，杜门不出。著有《海壑诗文集》。子慎修。慎修，字敬思，一字清廓。《旧志》：嘉靖四十四年进士，授南直隶盐城知县，多惠政。内擢兵部主事，迁职方司郎中。出为南直隶扬州知府，有廉明声。筑大堤三百余丈，以利漕、灌田，民食其利。以事去任，后补北直隶大名知府，寻迁河南驿传道按察司副使，以亲老告归。著有《清廓诗集》。子儆。儆，字印清。《旧志》：赋性醇厚，笃学好古文。万历三十八年进士，观政刑部，未补官，卒。与其父慎修并祀乡贤祠。

高光烈　张汝翼　姜润身　马思问

高光烈，字承夫，一字玉泉，贵曾孙。正德五年举人，任山西平定州知州。性廉洁，政尚宽平，见用严刑者，辄深恶之。然赋办事集，吏民畏服，虽武健者，谢弗如，寻调绛州。去之日，士民攀卧悲号。据《山西通志·名宦传》。再调北直隶霸州，所至皆有政声，迁鲁府左长史。致仕归，卒于家。曾孙瀚，别有传。张汝翼，其先乐陵人，永乐时有文纲者始来迁，子翔、翕，孙瓒，见“选举”。汝翼为翔孙，正德十四年举人，授北直隶青县知县，建中条书院，选生徒读书其中，教以勤学，多闻力行。古道运河泛滥，波及城下，不没者三版，汝翼衣制荷锸，昼夜露居城上，消积水，济民难，民皆尸祝之。姜润身，选子。《旧志》：嘉靖五年进士，授南直隶盐城知县。明于治体，饬躬廉直，以治行卓异擢监察御史，巡按山西畿辅，皆著风规，墨吏敛迹。迁北直隶顺天府府丞，致仕归。马思问，字不疑。《旧志》：博览经籍，工文章。嘉靖十年举人，除刑部司务。以清慎自持，谳鞫明允，或以金馈，思问正色拒之。卒于官，不能归葬，自尚书以下，皆有赙赠，乃克旋里。著有文集行世。

---

① 缇骑：古代当朝贵官的前导和随从骑士，后亦用以称逮治犯人的禁卫吏役，如明代锦衣卫校尉、清代步军衙门番役等。

李元芳

李元芳，初名春芳，字应元。其先世明初有成进士者，或以为李纲，谱亡，无所考。元芳生而孤露。流贼刘宠兄弟掠胶州，元芳姊为宋氏妇，负之奔，从诸媪匿空冢，大啼，媪恐为贼所迹，使弃之，姊不忍，解襦包之，藏胁下，得不死。既长，为诸生，母事其姊。由嘉靖二十五年举人，除河南永城知县。积最，迁南阳府同知。隆庆初，有旨冗员末废，使内外官陈言，不限品秩。元芳上书，略曰河南利弊，大吏言之详。已职籍胶州，请言青、登、莱之困：先是，永乐十四年倭犯杨村岛，十七年犯望海埚，于是海上设戍兵。正德七年流贼入登、莱与陆完战潍水上，嘉靖三十二年倭犯江浙，战棹至日照，兵兴连年，故驿递棋布。今水陆之寇久平，勋戚、中贵分镇山东者皆罢，而置邮如初。自登州至济南，凡二十五所，惟金岭、青社二驿通江淮。若登、莱僻在一隅，游宦无几，力能自给。其词客、山人又不当乘传，民间充贴户，至卖田宅、子女，典妻妾，以填溪壑，甚可悯也。宜汰其官以节禄，予革其马以省刍茭①，游手坐食之青夫又可以归耕，间有使节，则官置供帐、什器，取之帑金，派里甲典守，勿令干没而已，不足复烦民也。其言绝痛切，南阳守不以越俎而上之河南抚臣，抚臣以上闻。是时，徐阶当国，务扬主明，宣德意，下其议于山东巡抚姜廷颐会议，佥以元芳言为可行，推广其说，谓济、兖、东昌间冗役尤多。当时为用兵孔道，承平则成弊薮，宜推广事例，使六府之民少得苏息，法至善也。奉旨允行，计岁省十万金有奇，六府以为姜公活我，实李府君倡言之，醵金至胶买地，建祠堂，肖像祀之。详见“金石”。万历三十年，平度监生崔旦复议开新河。按：元新河在州东陈村镇。伯颜惑于姚演之策凿之，用六年而废。明人读《元史》不详，误谓新河与海运相表里，可以避成山之险，然实不可行。嘉靖时，按察司副使王献凿马家濠通海水，而不能北达高地，至此复议。抚臣亲履勘，以元芳胶人习民事，调令监工，与崔旦偕至王乾坝，开地三丈以试其策。至四尺，皆冈句石，至一丈，则縻沙涣散，不能立岸畔。元芳囊沙以告抚臣，抚臣据其言请止。朝臣亦知元芳才，遂擢湖广岳州知府。府西有僧寺，隐负山林。村民有夫妇偕诣外家者，避雨寺门，僧杀夫而匿其妇，莫有见知者，两家讼不解。元芳至，问其里老，若夫妇所行处，绘图以进，见巨刹亘其中阻，心疑，先遣人侦之，而已随至入僧舍，无所见，登舆行五六里，改服从快手返，潜伺墙外，闻笛声发自地中，潜入，闻笑语哄作。乃召民釁至发掘，得大窟，几与寺等，藏子女、美妇、珍宝无数，下皆死人骨，被杀者之妇在焉。尽诛寺僧，火其屋。以上闻，然大狱兴，不无株连，元芳怏怏不自得，解组归。以上寿卒，祀乡贤祠。子启允，孙承岳，再传遂无闻焉。族人奉其祀，无废。据张谦宜《州志别本》。

赵一经　张铭 子汝元　刘早

赵一经，字允通。《旧志》：嘉靖三十四年举人，授河南府通判，改北直隶新乐知县。性廉直，不徇干请，以事罢归，囊无长物，惟以诗文自娱。张铭，字文粹。《旧志》：嘉靖三十五年进士，授户部主事，榷税江西九江关。风采卓厉，廉明著闻，为同官所忌，以飞语中之，

---

① 刍茭(chú jiāo)：指干草，牛马的饲料。

左迁州同知。子汝元。汝元，字亚甫。《旧志》：少孤，事母克孝。万历四年举人，授河南泌阳知县。值岁旱，七月始雨，督民急播苦荞，吏白霜且至，汝元不听，卒得半收。春赈饥，实惠及民。以荒政最，擢北直隶顺天府推官。刚正自持，权贵不敢干以私。迁户部主事，巡通州仓。父铭久官此，力清庾弊。汝元循其法，猾吏皆束手。告归，敬宗睦族，事事有法。年七十六卒于家。子榴徵，别有传。桂徵，见“选举”。刘早，父瑶，由掾吏任浙江嘉兴府司狱，多隐德。早，嘉靖四十一年进士，授咸宁知县。按：陕西、湖广皆有咸宁，《旧志》未明所隶。《旧志》：洁己爱民，节省妄费。考最，授南京刑科给事中。

郭居易 孙竹徵 郛

郭居易，字效白，其先益都人。元时，有子实者始来迁。七传至选由，岁贡，任北直隶真定府通判，生巍然。巍然，任山西阳曲县主簿，生居易。《旧志》：居易，嘉靖三十七年举人，除北直隶怀柔知县。平易近民，迁陕西秦州知州。以清静为治，民咸感之。居易子景定、景完。景定子竹徵，字孝生。《旧志》：幼孤贫，母高氏严督力学，三试童子皆第一，学使某异之，合莱属覆试，复冠军。天启二年成进士，授户部主事，督饷山海关，节縻费三十万，晋郎中，改河南南阳知府，擢陕西按察司副使，寻迁山西布政司参议、兵备道。流贼王加印扰河东，竹徵擐甲胄讨贼。贼遁河北，复同总兵曹文诏、游击谈震采追斩之。经略洪承畴檄兵擒剿巨贼点灯子，时沍寒①积雪，竹徵亲励士卒，奋勇登山，捣其巢，贼请降，竹徵谕擒贼首乃受降，众果缚点灯子数贼至，降者数千人，竹徵散之农伍。时晋藩宗人有谋夺郡王世封者，竹徵力请立其正嗣，奸谋阻。以母丧归，不复出。竹徵性至孝，读书靡不解，为文切中神理，士林宗之。子丽，见“选举”。景完子郛，字翰明。《旧志》：幼孤，事母尽孝。由恩贡任南直隶徽州府通判。廉介正直，民有“八便”之颂。寻迁邳州知州。

薛曜　纪五常　张鲤

薛曜，字光溥，有志操。族兄阳武侯翰，卒无子，停封三十余年。万历时，命择其族之贤者予袭。群称曜贤，宜请袭。曜独以疏远辞，于是其从子钛袭焉。曜力学，由隆庆元年举人任湖广襄阳府推官，鞫狱多所全活。迁陕西延安府通判，告归。好为诗，著有《世德堂稿》。又善形家言，先世窀穸②，皆目营乃定。子子愿，见“选举”。纪五常，字一元，一字鉴塘。其先青州人，永乐时有元者始来迁，五传至存仁，成化四年举人，任北直隶抚宁县教谕。五常为存仁曾孙。《旧志》：五常总角即有文名。隆庆二年进士，授兵部职方司主事，迁户部江西司郎中，皆称职，除北直隶河间知府。为政务持大体，不事烦苛。张鲤，字子化。《旧志》：家贫力学。由选贡历任河南内乡、山西芮城知县。仅携一仆往，恒不举火，日市胡饼啖之。直指③疑其矫，遣人侦视署中，惟五瓦罐米粮，外无长物，因呼为五罐先生。吏部

① 沍(hù)寒：寒气凝结，谓极为寒冷。

② 窀穸(zhūn xī)：墓穴。

③ 直指：汉武帝时朝廷设置的专管巡视、处理各地政事的官员。也称“直指使者”，因出巡时穿着绣衣，故又称“绣衣直指”，或称“直指绣衣使者”。

尚书陆光祖举为“天下清官第一”。神宗御书“清忠廉慎”四字赐之。擢周府长史，以疾归。祀乡贤祠。子志定，别有传。

高锵　于从政　姜士佐

高锵，字淑振，一字印南。父应辰，诸生，笃行力学，以长厚重于乡。锵承家学，由万历十三年举人，任观城县教谕。二十九年成进士，授北直隶大同府推官。廉介正直，人不敢干以私。时代藩将废嫡立庶，锵疏请正之。内官王虎以开采剥民，亦为锵所格，于是强宗、土豪皆敛迹，无敢肆。调湖广宝庆知府，迁南京户部主事，以忧归。服阕，起北京户部主事，理盐政，疏壅剔弊，务去民累。外迁河南归德知府，以宽简称职，擢陕西关内道按察司副使。以族子弘图按陕，改河南驿传道。因中丞张我续修旧郄，罢归。家居八载，直指屡荐之。起复为北直隶顺天府判官，清马政，仍转户部主事。监税江西，禁包揽，革耗羡，外迁盐运使分司。卒于官，与父应辰并祀乡贤祠。子濂，别有传。据《旧志》，参《高氏世德录》。于从政，字际明，万历二十八年举人，授南直隶清河知县。清河南临卫河，东凭运道，时河决凡十三处，水抵城下，从政患之。先是，清河东有疏水渠一道，湮塞已久，南宫居民不愿开浚清河，遂为之壑。从政立争疏凿，卒浚之，水患平。总督张凤翔上其事，荐牍有“费免三征，渠成两利”之语。迁户部主事。卒，祀清河名宦祠，本州乡贤祠。据《高志》。姜士佐，字滋水，继稷子。万历四十年举人，授山西芮城知县。性仁慈，抚民造士，具有才干。修城堡，救凶荒，劝开垦，曲尽其术。改河南南阳县，寻调北直隶宛平县。因俗为理，所至翕然。祀芮城名宦祠。据《山西通志》，参本州《旧志》。

赵俨　刘楷　宋可久

赵俨，原名仁，字季然，怀慎子。《旧志》：武生，性忠直，负奇才。万历间，倭寇高丽，廷檄各省举将材。俨时年十九应举，率兵往援，击寇有功，荐授北直隶遵化州游击，世袭胶州所镇抚，掌所印。卒年三十有七。世袭详“职官表”。子骥祥，别有传。刘楷，字攀朔，贡生，任湖广南漳县主簿。邑南地名青藜湾，势宽敞，尝引城南溪水以溉田。初立石墩作枧，又易为闸。万历时，溪涨闸毁，而田芜废。楷至，乃创为暗垆之制，合沙土、油灰为之，利于灌溉而狂澜不能摧。按：暗垆，见漳南士民祝楷寿文，未详其制。縻金三百，皆出己俸。士民上其事于上官，上官奖之，举卓异。复筑学宫及囹圄、养济院，诸工咸就。南漳士民为文纪其事，或献金帛，皆却之。后告归，卒于家。宋可久，字柱石，之曾子。《旧志》：少负文名，学问有根柢。为诸生时教授生徒，仿白鹿洞学规，务为实行。天启五年成进士，荐至吏科给事中，奏事不避权贵。崇祯时以太监张彝宪总理户、工二部，可久力争之。流贼猖獗，复劾首辅周延儒剿御无策，皆不报。崇祯五年，李九成围莱郡，援兵不至。可久与户部侍郎刘重庆屡疏请兵，以忧郁卒于官。祀乡贤祠。弟可发，别有传。

高弘图

高弘图，字子犹，一字研文。父梦说，太仆寺丞迪曾孙，诸生，端方有志操，尝却嫠妇之奔，贫而力学，以教授生徒终，祀乡贤、忠义二祠。弘图性沈毅，有器量，博学多识。举万历三十八年进士，授中书舍人，行使南京。从焦竑学治古文，名愈重。出使云中①按边，皆私识其亭障要害。以归，丁父艰，服除，擢陕西道监察御史。当光宗弥留，李选侍恃宠居乾清宫，谋胁熹宗请册立，左光斗、杨涟力请移宫。熹宗立，选侍惧，令内监属御史贾继春移书首辅，方从哲风闻选侍自经，恐为帝孝思之累而归罪于光斗、涟。熹宗怒其谲诞，敕暴选侍恶，光斗、涟皆疏辩，而从哲、继春言不已，熹宗除继春名。弘图上言谓："宫闱事秘，言官互争，非国体，请两平之。"坐护同官，夺俸二年。既而劾从哲，罢其官。疏略云：臣本一介寒儒，荷蒙三朝厚恩，使得厕台班，冒言路。昨当皇上御文华门，臣获近睹②龙颜，亲闻天语，不胜舞忭③之私。更见班列蝉联，威仪汉肃，纯是太平之色。用敢俯竭愚诚，仰尘天听。乃臣所欲言，诸臣累言之矣。拾残唾为先资，自觉可厌。己伏思之，第恐其所言之事，与所言之人，或迂而不急，或狂而无当。即一人言之亦赘，而苟其事属必行，言实中肯，总不妨且倡且和，为直为讽，申言之，极言之，必得请而后已。臣是以不避雷同之诮，祈懋日新之功，则无如讲学是也。伏考国典，惟经筵之设，一岁之间，寒暑皆歇。春秋月分，日不过三，三日之间，风雨则免，政事有妨则免。故又有"日讲"，取"日日讲"之义也。昔汉光武虽在军中，投戈讲义，息马论道，至夜分乃罢。唐太宗延四方文学之士，房、杜、褚、薛辈十八人，分番直宿，讨论经籍，或至夜分。宋之贤主，宫中消日，惟是观书。居常禁中亦有日课，翰林侍从日寓直禁中，以备顾问。自古帝王之学，类如此者。至我朝祖宗家法，或开礼贤馆，与学士辈日相讲论，诏诰天下皆出御制；或建弘文馆于思善门右，文学之臣数人入直，时至馆中讲论；或索《太极图》《西铭》等书于宫中嗜玩之，而又日临书数过，皆无时无处而不学，其为后世法程，至明也。皇上睿哲自天，冲龄方茂，讲明圣学，正其时也。乃于科臣李若珪之奏，一则曰每年十月初旬辍讲，皇祖时旧规。一则曰时临小雪，天气沍寒，非臣子爱君之义。夫当小春而即指为严序，蹉跎已是三月。倘值履端④，而更借口残寒，玩愒终非纯修。臣于是在草野中方不胜杞忧，然犹谓皇上尚未知学，当设何法以牖之？及其谕辅臣方从哲等，则直谓"讲学致知之本，朕已悉知"，又云"寿节伊迩，冬至将临，岂得倏作倏辍？"大哉圣言！一哉圣心，明知其当学，明知其不可作辍，直可远迈三代，克绍前休，此时将顺拨转，有何难事？而杳然不复，补牍以请，是皇上见以为致知之源，而辅臣以为致知之源不在是也。皇上见以为不可作辍，而辅臣以为倏作倏辍或亦无妨也。皇上有可为尧、舜之资，而不以舜之所以事尧者事君，辅臣将何为乎？臣素于诸臣之论，从哲每私语人曰："元辅虽碌碌不及一庸人，而必本无他，力诚不逮。"读书中秘，原未闻军旅之章，伴食纶扉，初不虞托孤之变。今必以其震世之业望之庸人，而并欲以马上之催定为罪案，臣料皇上至仁如天，必不肯以两朝旧臣元老，一旦从公论而膏鈇钺之诛也。故与其言而不必行，无宁为从哲宽之。而孰意日捱一日即讲学至要之事，请讲学至易之事仅仅一揭塞责，他何望乎？故事经屡陈，人且自厌其言多，彼实遑恤乎众口？从哲于是乎庸而顽，顽而鄙矣。以顾命元臣行径若此论从哲者，犹不忍尽言，恐伤国体，臣亦不得不熟思而厚原之也。今请为从哲画两策，惟从哲择之。闻言不必循杜门滥套，当明控我皇上，致语曰：人言臣庸，诚曲肖面目，但为受恩深厚，不忍当冲。主践祚之初，坚持小节，誓以死报今上，而慰皇祖、先帝之灵于在天。今后凡廷臣以为可行，臣不恃吾才，恃吾遇，必得皇上行之旨，不从中宣时不为姑待。如微臣今日之言，日讲即乞力赞皇上敕下阁部，于泰昌元年正月上旬，择一吉期及今上，请届期举行。即至严冬盛暑，俱不得援往例而隳来功。一事如此，事事如此，于以赎积愆，收晚效，是为上策。而臣知其必不能也，则又当明控我皇上，致语曰：人言臣顽臣鄙，无非爱臣以德，速臣以去，誓自今死不敢入阁门一步，一切票拟⑤，虽不吾弃，吾不与闻之，宁负君恩，而不敢妨国事。如科臣程注所云：开绿野于近郊，尽可偷逸送老，最属良

① 云中：古郡名。在今山西大同。
② "睹"，底本作"赌"，讹。据文义改。
③ 舞忭(biàn)：亦作舞抃，喜极而飞舞跳跃。
④ 履端：年历的推算始于正月朔日，谓之"履端"。
⑤ 票拟：明清内阁代皇帝批答臣僚章奏，先将拟定之辞书写于票签，附本进呈皇帝裁决。

药，是为中策。而臣知从哲之必不外此也，臣所以规从哲者止矣。乃若继从哲而起者，非刘一燝、韩爌其人乎？臣言之后，从哲亦有夜气，必不以臣言为谬，而求去必力亦必真。万乞两臣此番票拟，不妨奖饰元功，藻缛佳句，于君臣朋友之谊，为之曲全。而结束处"准归调理"四字，决不可少，盖担承国事为重，照管人情为轻。至若词林前后辈，政府首次辅之套，谁作之俑？若著为令，踵而不化，实非其心。况当中外多事之时，而有相与无相同，多相与独相同，其究不至于酿祸生衅误国殃民不止者。臣等执白简而从，其后悔庸何及乎二臣，其改图之他，如不烦再纠之孙如游，何不即移春明门外，以待得旨放归，北面稽首，永辞朝荣。而犹恋恋如昨，只于乞休疏内为之躲闪一语曰："径去非礼，夫礼以范。退而不以范，进未之前闻，如游何倒行而逆用之也？敬因忠告，三辅而并及之。"复陈时政八患，请起用邹元标、赵南星。疏略云：臣惟今日，神圣当天，师济在列。先是礼臣以加元服①，上请荷蒙允行，偶格于内臣之议，其名则是，其实若犹有待，而与大婚并举者，廷臣咸以为似礼非礼。臣不谙典故，未敢妄有渎陈。窃伏思之，天子加元服，取尊元首之义也，不惟其名惟其义，有先于礼者矣，而礼其后也。今诚知元首尊矣，谁实备众体而共成其尊者乎？于是有阁臣，皇上之心膂也；有部院大臣，皇上之股肱也；有台谏臣，皇上之耳目也；有百司庶尹、四海九州之中外亿兆臣，皇上之肢节腠理也；又有所谓宗室戚畹②臣，皇上之骨肉肺腑也。又不免有左右近幸臣，皇上之颐指气使也。此所谓众体也。元首之尊，尊以此也。皋陶扬言于舜曰："元首明哉，股肱良哉，庶事康哉！"舜作歌曰："股肱喜哉！元首起哉！百工熙哉！"盖君臣交相责以致太平、迓天休。而臣谊之不容自恕，尤先于责难。思昔神宗皇帝，始未尝不励精，而后稍倦勤，上下玩安忽危，纪纲日以废弛。譬之于疾，几成痿痹，望者却走。先帝缵服③，急投对症之剂，一朝顿有起色。皇上御宇以来，施行次第，条贯昭苏，即唐虞所称无虞，何以加焉。故今日之患，有不在于君在于臣，臣请为皇上陈之。一，章奏采听，不遗刍荛。下令如流水之速，君命委于草芥；覆奏有转石之艰，通在上而滞每在下，此脉络之患也。一，政府窃旨护身之赏参，未肯裹足；伏莽热中④之弹辅，谁复灰心？顽在朝而躁必在野，此心膂之患也。一，言路万国，衣冠遥拜，衮旒于双阙。六垣领袖，半投簪绂于长林。感激忠直之褒，怅叹纷纭之口，此耳目之患也。一，会议救辽，如沃焦釜，当不惜百万金钱发饷尽付漏卮⑤，能无怜亿兆生命，不清其出之途，转算其入之孔，此脂膏之患也。一，方舆一隅，小丑骚动中原之土，三辅二东，独苦海陆之冲。加编不闻有乘除之策，孑遗安望有息肩之日？此偏枯之患也。一，起用弓旌⑥。久赍于岩穴，邹元标犹作江干之叟；公车相望于长安，赵南星独怀向隅之悲。岂舆论犹有未协，抑畿地偏不及知，此犹不免于底滞之患也。一，封典京朝。一命而上，无问任浅任深，而纶书褒宠，咸相庆为格外之恩。辅国中尉而下，一遇请名请婚，而启事郑重反不比于异姓之臣，毕竟挂一而漏万，无非贵富而贱贫，骨肉懿亲之以为患者此也。一，刑狱。生入玉门之罪，抚延日东山死有余辜之囚，镐待时西市⑦。一当逮而不即逮，一当决而不即决，言之拊膺切齿，而共以为患者此也。有此八患，而荣卫不圀。所以尊元首者，仅堂陛之虚文，鲜精白之实效，国家亦何利？有若臣而又何责乎小臣、外臣与夫颐指气使之臣？臣是以不胜感愤，即当皇上加冠之始，直陈其大较若此。如果臣言不谬，除阁臣进退，应听自裁，其余诸款，即乞敕下议覆，使在廷诸臣，著实洗涤一番，而后元气充溢，通体皆灵。明良喜起之风再见于今日矣。按：《明史稿·弘图传》谓：弘图荐南星，而南星劾之去。弘图不能无怨望，复起弹南星。今考弘图《奏疏》，全无弹南星之事。又按：《学古编·明史高太傅传》辨谬云：修史者本王氏家藏书，其是非予夺，犹染明末门户旧习。太傅惟不附东林，立朝无党，故本传中叙次抑扬不无杯蛇弓影之疑。如《疏》论南星句，上加一"果"字，下加一"然"字，又"怂臾"句加以"因"字，皆其深文微词也。然要之征实处，

---

① 加元服：皇帝初次戴皇冠称加元服。

② 戚畹：外戚。

③ 缵服：继承职事。

④ 热中：中医病症名。指内热。

⑤ 漏卮（lòu zhī）：有漏洞的盛酒器。比喻使国家利益外溢的漏洞。

⑥ 弓旌：指延聘。古代征聘之礼，用弓招士，用旌招大夫。

⑦ 西市：明清时北京处决死囚的刑场。

亦断不能诬。试看所叙《疏》论南星语，何尝及修隙[1]一字？盖本《疏》具载实录，非深文微词所得巧诋者。据此，则《明史稿》实王万之误闻。出巡按陕西，秦王为太监张清所蔽，校尉承风旨，侵渔宗室百姓数十百家。弘图收捕论如法，独不得清。秦王恐，元夕酺宴，以弘图为上客，前为寿曰："寡人愿奉卮酒为欢，独无如舍人子何？"弘图正色再拜曰："臣奉法酒，未知其他。"使还，执奏曰："张清窃王威福，呼吸倾人身家，请斩清以谢宗民。"诸寺人[2]在熹宗左右，争炀庇清，弗行。魏忠贤嗛外廷不附己，矫诏逮都御史周宗建、吏部主事周顺昌等，下北寺狱者三十四人。复挟威福召弘图，弘图疏指其奸，不报。会王恭厂灾，弘图请宽刑狱以应天变，显为宗建、顺昌等地。忠贤怒，削弘图籍。崇祯元年，起复御史，劾忠贤党，府丞刘志选、太仆寺少卿梁梦环、巡抚田尔耕，逮下狱，擢弘图太仆寺卿，迁左副都御史。时刑部尚书乔允升以死囚越狱将置重典，都御史易应昌以失中不拟，上怒，诏并系狱，弘图持不可。上亲临诘责，疑为党，仗下，群臣皆失色。弘图免冠谢曰："臣初来自田间，不知有党，党亦不知有臣。"退，以封事进曰："允升罪当戍。不然，臣死不敢奉诏。"上怒旋解，如弘图议。秩满，改工部侍郎。中官张彝宪新受敕督部事，闻弘图名，绝欲得之。弘图与叙，主客而已。彝宪色沮，又请诣堂上共坐。弘图趋入小吏舍，开印篋署受事而退。拜疏曰："祖宗旧制，以尚书长侍郎，侍郎贰尚书。陛下不以臣为不才，将侍尚书乎？侍内臣乎？臣死罪，不知所出。"有旨彻彝宪席。彝宪请别开府，檄召侍郎计事。弘图复称疾笃不赴，力乞休，疏七上，忤旨，再削籍。归，杜门不出。崇祯十五年，胶有兵警，弘图与在籍参将谈震采同协知州郭文祥守州城，城赖以全。事闻，召补南京兵部侍郎，寻擢户部尚书。十七年，李自成陷京师，思宗殉社稷。南都大臣群为援立之谋，弘图时以筹运在江淮，与兵部尚书史可法议，谓非贤主不足定危倾，而凤阳督臣马士英贪定策功，以兵拥福王世子由松至，倡言叙嫡当立。勋畹、散吏、急富贵者和之，仓皇疑惧中遂称大号。采物望[3]改弘图礼部尚书兼东阁大学士，固辞，荐词臣姜曰广，而后就列。陈新政八事：一，宣义问。请声逆贼之罪，鼓发忠义。一，勤圣学。请不俟释服日，御讲筵。一，设记注。请召词臣入侍，日记言动。一，睦亲藩。请如先朝践极故事，遣官赍玺书慰问。一，议庙祀。请权附列圣神主于奉先殿，仍于孝陵侧望祀列圣山陵。一，严禀奏。请禁奸宄小人借端妄言，脱罪侥幸。一，收人心。请蠲江北河南、山东田租，毋使贼徒借口。一，择诏使。请遣官招谕朝鲜，示牵制之势。当时大议多出弘图，然士英管中枢，为首辅，结左右擅权纳贿，百官争走其门，忌史可法，托视师江北，加使相镇扬州。弘图虽在省中，不见专用。吏部尚书张慎言荐起故大学士吴甡、故吏部尚书郑三俊。时诚意伯刘孔昭恶不先叙戎臣，詈慎言于殿上，无君臣礼。弘图与曰广连章劾孔昭侵吏部权，且言三俊五朝人望臣，终以为可大用，以去就争之，乃复起用。弘图能知人，四镇皆无大将器，廷议授节，独不署授泽清、良佐，敕草逆知其不可恃也。荐给事中左懋第北修毅宗陵，卒以

---

① 修隙：报复旧日怨恨。

② 寺人：古代宫中的近侍小臣，多以阉人充任。

③ 物望：人望，众望。

死节著。宦官王肇基请催浙闽金花银，弘图抑不许。阮大铖以忠贤党见黜，马士英复援之进，乘弘图覆奏筹饷事，殿中大铖伏青蒲上称枉，且引弘图为证。弘图正笏对曰："臣知大铖之才，不知其品，请下九卿议。"谓逆案不可平反也。士英怒曰："臣受贿耶？"弘图折之曰："大臣不当辩受贿，国人皆曰贤，斯无弊耳。"《明吏传》：大铖以弘图不附东林引为证，弘图则力言逆案不可反。大铖、士英并怒。一日，阁中语及故庶吉士张溥，士英曰："我故人也，死。"酹[①]而哭之。曰广笑曰："公哭东林者，亦东林耶？"士英曰："我非畔东林者，东林拒我耳。"弘图因怂恿之，士英意解。而刘宗周劾疏自外至，大铖宣言："曰广实使之。"于是士英怒不可止，而荐张捷、谢陞之疏出，朝端益水火矣。内札用户部侍郎张有誉为尚书，弘图封还，具奏力谏，卒以廷推简用。中官议设东厂，弘图争不得，遂乞休，不许。士英语塞，乃借言大铖知兵，荐擢江防兵部尚书，日与士英构陷弘图。时庄烈帝未有庙号，弘图拟"思宗"，顾锡畴拟"乾宗"。士英嗾忻城伯赵之龙上言"思非美谥"，欲以倾弘图，卒不能害。士英、大钺以据高位，不惬人望。乃因国庆加弘图太子太傅、吏部尚书兼文渊阁大学士，予四世诰，荫其孤孙璪为中书舍人。弘图固辞，上不许。久之，以素性质强，不能曲将顺，乞骸骨归。士英、大铖从中赞可其奏，赐四表里白金上品一铤[②]，命行人持节护之吴门，月养米二十石，辞不受。士英专国，中外离心，左良玉举兵讨之，兵溃而死，三镇外讧无固志。弘图渡钱塘，欲约逐臣刘宗周为外援，抵越而金陵不守。是年乙酉，明亡。豫王以书币召，不应。九日不食，殉于会稽，年六十有二。《明史传》："弘图既谢政，无家可归，流寓会稽。国破，逃野寺中，绝粒而卒。"著有《易解》《论史》等书。详见"艺文"。子朗之，选贡，早卒。朗之子璪，以柩归葬。有专祀，并从祀忠烈、愍忠祠。璪，别有传。按：《明史》所载与胶人张谦宜所传颇不同。以谦宜胶人，识弘图子孙，故从谦宜传，而采《明史》附注之。鄞县谢山全祖望《为明故相国胶州高公立祠议与绍守杜君》略云：执事葺念台之精舍，祀寓山之影堂，皆近世俗吏所无，其有功风教大矣。而越中有一典礼，百年以来未之举者，则胶州高文忠公之祠是也。仆初至越，常向诸生问以胶州寓寮，而莫能对也。始宁倪生安世者，太保文正公后也，蹙然对曰："相传在野寺中，而今亦无确知其地者。盖天下之平久矣，但胶州之未有庙祀于越，是下国之耻也！"仆曰："善哉！对也。"是非文正之后不能为此言，然而无可告者。今幸值执事守越，讲明废阙，振起忠孝，胶州之祀，当在斯日。盖胶州寓公此间，无有子孙能请之当路者，倘得之，是尤天理人情之公、有光文献者也。胶州乖迕贵阳，其详已载《明史》。据李公映碧《三垣笔记》，则当其未去时，贵阳尚有牵制，自其去，而小人益无所忌。胶州家本素封，乱后一介不存，但携一少子欲居常熟不果，寄于长洲，久之入越。其居越也，日惟一餐，祈死于神，不见一客。及芜湖败问至，念台尚与熊公雨殷匍匐赴杭，议奉潞王发罗木营兵以拒守，而胶州不往。叹曰："天之丧明，若啬夫徒苦江东父老，亦复何益？吾筹之熟矣。"遂绝粒，贝勒以貂参致书，聘六公，胶州为首。使者至门，家人使致命于殡宫[③]，使者太息而去。时胶州已托其子于门客海宁谈迁挈之渡江，盖逆知浙东将有事也。会画江之师起，诏赠太师，谥文忠。其制[④]词吾乡林评事时跃所草，有云：即避兵之净土，为荐酹[⑤]之周垣。则是时有赐祠之旨，而兵革则匆匆未施行耳。是皆《明史》及诸野乘所未及者。赧王六相，大兴死于邗上，胶州死于越中，最后而新建死金王之难。不然，则南都纶阁，真秽地矣。而胶州首山之薇，适在此间，箕尾寒芒，至今临之，岂可使空山杜宇怨人也？谨即遣倪生持短笺商之执事，倘得俞允，不腆仆文，

---

① 酹(lèi)：将酒倒在地上，表示祭奠或立誓。
② 铤(dìng)：熔铸成条块等固定形状的金银，其重数两至数十两不等。
③ 殡宫：指停放灵柩的房舍或指坟墓。
④ "制"，底本作"致"，讹。据全祖望《鲒埼亭集》改。
⑤ "酹"，底本作"酎"，讹。据全祖望《鲒埼亭集》改。

即可采入丽牲之石①，亦未必无助也。

谈震采 子必扬

谈震采，字偃之，一字滁山，九畴子。九畴见“官师传”。震采生而奇伟，治《春秋》，为诸生，屡试不第，乃弃所学，学孙武术，通太乙、奇门诸书。举万历四十四年武进士。光宗初，授总河坐营官，纠河工。时政弛贿行，河久不治。震采严为理约，千里九日报竣。列其状以上同曹知儆，河不溢者数载。迁山东都司佥事，率班军修三殿工。是时，魏忠贤弄权，百官走骛，震采耻之。改山西掌印都司，罢常例，平市价，剔厘弊政，一军肃然。巡抚耿搢笏颇依赖之。简太原铁产，前官置之，震采曰：“勿置。用兵维急造资，战守城一陴四人，执矛一斧一，火器钩直二，计万械。”迁榆林卫游击。时外骑环伺，流寇内讧，死者相属。文武官唯争门户，盗边饷以自肥。震采曰：“天下事，何必不自我辈为之！”较士选器，无所侵，军人乐用命。乘暑护御史李某巡边永兴，猝遇外骑五百余，御史惊欲走。震采曰：“走则败。”从容下马，整鞍勒理弓刀，骑稍聚，炮击之。上马提刀，身先数百骑，逐三十里止。御史曰：“真将军也！”露疏以闻，不报。秋防宁塞，外骑大入来掠，再同守将陈某击却之，斩数十人，夺其辎重。西塞以震采多须，咸称“髯将军”。未几，流寇神一元破安边诸堡，据之。震采同副将苑某日数战，斩千余级，就阵上擒枭一元，追其弟一魁至砖井，突遇外骑八百余冲遮，诸军大惊。震采严阵堵之，外骑窥其整肃，乃乞和。以剿寇效，即收其黠长十二人入队，解庆阳围。而贼渠点灯子大掠。震采再同总兵曹文诏击河东，兼昼夜行，蹑千里余，大小六七战，斩首六百级，贼大溃。同平阳道臣郭竹徵下兵石楼，登河津山。山甚险峻，贼以胜负为进退，骑兵不得入。震采招诸将，下马拔刀，趋兵士攀磴穿棘，突入贼巢。贼窘乞降，震采不忍尽诛，惟点灯子以二十八骑亡走，追斩以闻，又降。寇党雄叛于绥德，夜袭破之，械镇城斩徇。抚军张福臻奇其才，表留屯守，诸道无梗。适镇兵匮饷，哗胁诸帅，独戒封震采福臻署，曰：“勿惊我廉威将主家。”震采以廉得军心，故屡战获奇功。以不赂当道，迟数岁，稍迁宁塞参将。宁塞，危疆也。贼数创，城无人烟，堂庑荆榛。震采至，请种劝稼，补伍恤商，流亡少辑，而上下控告不应。震采且病，慨然曰：“丈夫不难以死事君，徒死无济。”遂乞休。归之日，军民卫哭送之。巡道戴君恩叹曰：“惜老成之去，吾孤骞自怜也。”祖帐络绎三十里。归，杜门读书。崇祯十五年冬，大清兵徇地至胶，震采与在籍侍郎高弘图同协知州郭文祥守城，凡战守策悉谋之。明亡，隐居不仕，卒。据法若真《谈将军传》。子必达、必扬、必昌。必达、必昌，别有传。必扬，字旸若，诸生，有才略。崇祯十五年，从父震采协守州城，充将校。十七年，土贼张大雅之乱，绅士分任守御，必扬与诸生宋可发迭出击贼。清顺治元年秋七月，总兵柯永盛至，必扬诣军门，从平高密、即墨录功，将授以官，辞不就。暮年惟嗜吟咏，著有《南游诗草》。据《高密全城纪》。

---

① 丽牲之石：指祠庙或墓前所立的碑。

高衍庆　张若獬　纪腾蛟　张应运

高衍庆，字冲旸，建节孙。《旧志》：崇祯间岁贡。任金乡县训导，教士以实行，擢陕西西河知县。修城郭，复社仓，理冤狱，苏驿传，有“神君慈母”之称。流寇至，孤城独守，卒得全。当事者交章荐之，将大用。无何秦中多故，衍庆以目眚罢官。侧身戎兵间，洁清自靖。后子弘绣迎归，年八十有九，卒于家。祀乡贤祠。弘绣别有传。张若獬，字义生，熙子。《旧志》：崇祯七年进士。授北直隶河间知县，弭盗安民。考最，迁南京户部主事，擢淮徐道按察司佥事，督漕防河，多著劳绩。明亡，弃官，归隐，于州南旃檀庵以终。纪腾蛟，字兆虬。《旧志》：父丕烈，诸生。幼孤，事母孝，长以学行教授，一时名俊咸出其门。腾蛟，崇祯十六年进士，授兵部武选司主事，迁户部河南司员外。弘光时，腾蛟巡视两浙漕务，弁兵多骄纵，严法御之，弊端大息。擢浙江宁绍台兵备道按察司佥事。明亡，弃官，隐于扬州平山堂为僧。殁不能归葬，乡人贾于南者，醵金归其柩。腾蛟善书，法二王、苏、米，不轻为人书。子之石、之竹，见“选举”。张应运，字景开，珩从子。少英迈，有志操。崇祯十四年，投隶山东①巡抚马成名标下。成名器其才，补山海关车左营中军守备。时山东乱，难民多被虏，应运率甲士千余人，夺难民五百余口，皆资之使归。十六年，成名以失封疆听勘，新抚黎玉田特疏荐应运，迁抚标左营游击。次年，明亡，弃官归。清朝定鼎，当路者欲荐之，以亲老辞，卒于家。弟应昌、应象，见“选举”。

苏丛 从孙润 润子万春

苏丛，字茂元。父林，性醇谨，有厚德。尝拾遗金，俟其人不至，乃榜于树，卒还之。丛以选贡入监肄业，除陕西米脂知县。时久旱，丛至而雨，民大悦。学宫久扃，群惊有神怪，有司朔望拜门外，丛率夫役伐荆棘，洒扫释奠，而怪绝。尝于升堂时，见羊角风起阶下，遣人随之，至逆旅，掘地得客商王存义尸，主者伏辜，且毁其舍。岁饥，赈救尤众。任米脂四载，以课最，内擢江西道监察御史。巡南城九门、通州仓场，行赏边关，所在著贤能。巡按江南，翦除豪强，兴革利弊，吏民畏服。从肃宗驾幸承天，至卫辉，行宫火，以护驾功，拟升擢。以与给事中张守约劾武定侯郭勋，忤旨罢归。越四年，勋败，诏起复用。寻卒，祀米脂、泗州名宦祠。子应时、应节、应聘，见“选举”。应期别有传。从孙润，字栗轩，岁贡，任辽东教授。整躬率物，训士以德行为先。迁北直隶安平知县，多惠政。尝赈饥，筑堤以防沱水，民德之。祀安平名宦祠。子万春。万春，字同我，岁贡，任山西潞城县丞，署屯留县事。时军役繁兴，驿不堪命，万春调度得法，纾其困惫，邑人立碑颂之。子再武，别传。俱灵山卫人，见《卫志》。

宋井南　顾谌　高云龙　王经世

宋井南，岁贡，任陕西淳化知县。洁己爱民，民为立生祠，抚按荐“清官第一”。顾谌，岁贡，任北直隶庆云县教谕。署县事，多惠政。县有疑狱，数年不决，谌为平反，邑人神之。

---

① “东”，底本作“永”，讹。据道光《重修胶州志》改。

祀庆云名宦祠。后由夏津教谕升北直隶广平府教授。据《夏津县志》。高云龙，字苍林，谨言行，廉隅自饬。由岁贡任湖广常德府通判，升陕西庆阳府花马池同知。清正不阿，民为立生祠。王经世，父惟一，性孝友善，居丧尝拾遗金，候其主还之，祀乡贤祠。经世以岁贡授南直隶扬州府通判，有善政。崇祯三年，兵逼京师，乏饷，经世间道运至，上嘉之。子请试，见“选举”。俱灵山卫人，见《卫志》。

明人物传 文苑

张绅 赵白璧 孙任

张绅，字仲绅。元至正七年，与弟经、缉同领乡荐。绅能文工诗，善大小篆，精于赏鉴，法帖名画，多所品题。撰《法书通释》① 二②卷。明洪武十八年为主事刘庸所荐，召至京师，年已七十余，授陕西鄠县教谕，终浙江左布政使。按《明史》：绅，登州人。《明山左诗钞》③：绅，济南卫人，又自称云门山樵。盖尝至益都，皆其生平流寓之地。赵白璧，字介泉，从龙子。《旧志》：廪生。有学行，精戴礼，开讲堂，延多士肄业其中。颜曰“衍经”，学者无远近宗之，称介泉先生。子怀慎、怀礼，别有传。怀慎子任，字仁甫，一字肩吾。《旧志》：七岁能文，时有神童之目。万历十一年进士，授中书舍人。与李廷机、汤显祖读书中秘，为文友。神宗御试群臣，甲科出身者皆与焉，任名居第三。以忤权贵，谪南直隶太平县丞。远近名流以文就正特赏，汤宾尹④以为有玄度，会试果第一。内转大理寺右评事，终以不能俯仰于时，乞休归。时学宫多圮，任倡捐资修之，宏奖后进，一时游其门者拟之登瀛。著有《秋水斋诗文集》行世。子昌龄，见“选举”。昌嗣别有传。

高建节 赵僎 崔屿 赵开成

高建节，字立甫，迪子。《旧志》：由恩贡任北直隶无极县训导，善作人材，迁北京武教授。尝从修撰杨慎受《易学》，告归，杜门不出，讲学论文。著有《归田稿》《永思录》。子沧，别有传。赵僎，字弗如，慎动子。《旧志》：万历四十三年举人。任北直隶顺义县教谕，性磊落，负奇志。少读书密室中，十年不出。经史百家，无不贯通。家居时，以孝友、敦睦见称。崇祯五年，李九成围莱州。八月，僎自顺义历疏城守功罪状，诣阙奏之。又上《足民》《弭盗》二疏，皆不报。著有《礼记思训》等书。详见“艺文”。崔屿，字十洲。《旧志》：博学笃志，工文章。教授生徒，一时名宿咸出其门。由岁贡除兖州府训导，讲明正学，课诸

---

① “法”，底本原脱。《法书通释》，元代张绅编著的一部书学论著，共二卷。《四库全书总目》中记载：是书分十篇，曰八法，曰结构，曰执使，曰篇段，曰从古，曰立式，曰辨体，曰名称，曰利器，曰总论……案《静志居诗话》曰：张绅工大小篆，精于赏鉴。法书名画，多所品题。撰《法书通释》一卷。今检此本，实为两卷，盖朱彝尊偶误记也。

② “二”，底本作“一”讹。据本页注释①改。下同。

③ 《明山左诗钞》：清代宋弼编造的诗总集，三十五卷。此书辑录山东省明代431位诗人的作品，有乾隆三十六年益都李文藻刊本、《四库全书存目丛书》本。

④ 汤宾尹：字嘉宾，号睡庵，别号霍林，安徽宣州人。万历二十三年(1595)榜眼及第，授翰林院编修，内外制书诏令多出其手，号称得体，常受到神宗赞赏。

生如家塾。卒于官，门人敛赙，归其柩。赵开成，字尧天，慎几孙。《旧志》：崇祯十三年进士。颖异嗜学。早孤，孝事母，训子弟，有义方，性端严，不苟言笑，为文长于性理家言，从游多名下士。未仕，卒，祀乡贤祠。子煦烈，见“选举”。

王无竟　宋之麟　谈必达 弟必昌

王无竟，名僩，以字行。《旧志》：诸生，英特有文誉，性喜为诗。年十六，能为清远闲旷之言。时山东方宗李于鳞，无竟克自振拔，从陶、杜、岑、孟，入其气骨，遂卓荦①一时。远近名士皆以文章声气交无竟，而无竟尤与诸城刘翼明善。后无竟为仇党谋杀。弟无逸，诸生，亦以救兄被害。翼明代雪其冤，又迎养无竟母终身，辑其遗稿传于世。法坤宏《学古编》：王无竟工诗，与诸城刘翼明相友善。恃才任气，为仇家徐登第、思让所杀。无竟无子，母老弟幼，不能竟其狱。翼明为披发诉州堂。知州阎难之曰：“王氏子死，何与秀才事？异姓入爰书，非法也。”翼明抗首言：“使五伦无朋友，则翼明可以退。”阎语塞。狱三年不决，翼明发愤哭青州监司门三日夜，监司收讼牍，下其事于高密知县程万里，卒置二人于法，时称“刘王”。宋之麟，字仁趾。有隽才，以诗名。与王僩相倡酬，数奇不偶②。以诸生老，诗稿散漫，止存《南游草》一帙。谈必达，字白复，震采子。诸生，性孝友纯笃，读书务求实得。著有《四书艾义》诸书。详见“艺文”。弟必扬、必昌。必扬，别有传。必昌，字禹臣，诸生，性澹泊。居城东别墅，界姑、尤二水间。工诗，与法若真、刘翼明、杨六谦相倡和。著有《乙酉草》《长日编》诸诗集。详见“艺文”。

侯芝　苏应期 从子濬

侯芝，字芳谷。性严正好学，筑室小珠山，读书二十年，讲学论文，及门甚盛。由岁贡任河南汤阴知县，历九载，致仕归，囊空如洗。苏应期，字汝昌，丛子。聪敏力学，读书密室，昼夜不辍。由副贡授河南怀庆府通判，寻告归。教授里门，士林多宗之。子淳浩，见“选举”。从子濬，字东浦。性恬静，能文工诗。由岁贡任陕西鄜县知县，称循良。告归。诗酒自娱，不与世事。著有《群玉斋诗集》。俱灵山卫人，见《卫志》。

明人物传 忠节

高瀌　纪懋勋

高瀌，字澍之，一字心印，锵子。瀌承家学，有志操，以选贡入监肄业，授北直隶临城知县。其城西逼泜水，瀌相形势，筑堤三十丈，以捍民居。丁忧归，临城民为立碑。服阕，补东安知县。富商有仆死，其父剚③刃于腹，诬以见杀控。瀌廉其伪而释商。或谮于监司刘若金劾瀌失，出谪陕西西安府经历。以积劳迁南直隶赣榆知县。时流寇横行，所在残破，徐、沛、萧、砀间烽火相望。瀌独支拄一城，兴楼橹、渠答④，皆草创。崇祯十五年，大清兵南狩，自畿南抵淮扬，旋至赣榆。瀌集士民固守，城破巷战而死。《高志》：外援既绝，内力不支。城

---

① 卓荦：超绝，特出。
② 数奇不偶：指多次独占鳌头。
③ 剚(zì)：用刀刺进去。
④ 渠答：守城防御的战具，铁蒺藜。

陷，衣冠拜阙，死之。子国楹、孙爔同日殉，事闻，赠山东按察司佥事，祀赣榆名宦祠，荫一子国柱，入国子监。子国櫄，见“选举”。纪懋勳，字参乾，思温孙。幼孤，承兄教，长治《春秋》。崇祯三年举人，除河南鹿邑知县。值河北冲地，时流贼袁老山、一条龙、袁时中等数十万众，横行开封、归德间，官军当之辄败。懋勳倡立义勇营，修城堑、械仗，屹然独为保障。十五年，袁时中以十万众压城，懋勳帅民伍出战，杀数千人，贼披靡遁。县人踊跃，恃得官帅。时中诉于李自成，罗汝才悉其精锐，来决胜负。破归德、陈州，凶锋如雷霆。懋勳坚壁待之，间出斗，死伤相继，气不自夺。鏖战十余日，贼大怒，雨射城上，炮矢杀贼，贼肉薄以进者愈众，城遂圮。懋勳巷战，中刃，犹与贼拒。顾壮士多死，外无援兵，乃怀印拜阙，自缢于堂楹，与高瀌并祀乡贤、忠义二祠。据《州志别本》。

薛濂 子桀 **张熙** **张继芳** **苏万室**

薛濂，字仲涵。《旧志》：禄八世孙，袭阳武侯。崇祯三年，以中军府都督加太子太师。十七年，李自成陷京师，殉难死。子桀。桀，字孟彊，以勋荫仕至前府都督。父濂殉庄烈帝难，桀弃官扶柩归里。入清朝，召以故官起用，桀以疾辞。张熙，字春台，弘范子。《旧志》：诸生。少负才名，屡试不第。崇祯十七年，土寇起，熙避乱夹山。贼胁之，熙不从，遂遇害。祀乡贤、忠义二祠。子若獬，别有传。若麒，见“选举”。张继芳，州南农民，亦以不从土寇遇害。苏万室，字陶我。《旧志》：灵山卫人，由岁贡任莒州训导。崇祯末土寇薄莒城，万室协州人固守，城陷死之。

法寰 **高允兹** **张箓**

法寰，字开三，其先世袭济南卫指挥使。成化间有文质者，任州学正，遂家焉。十传至寰，天启七年举人，任北直隶静海知县。勤于抚字，岁祲①，征税不及额，左迁南直隶苏州府知事，历六合、太平知县，均有治声。迁河南怀庆府同知。明亡，弃官归里。清朝顺治十年秋，海时行叛，寰被执，骂贼死。二子文学若奭、若巽殉焉。时行遣人至京师，求招抚。寰子若真素服哭于兵部，师即日出。九月，时行伏诛，传首至胶。若真告于当道，请其首，手再斫之，以祭寰墓。初，寰在苏州，与江西杨廷枢、艾南英倡明正学，晚年读书于州之怡云岭，学者称怡云先生。著有《四书义》《春秋义》诸书。详见“艺文”。祀太平名宦祠、本州乡贤祠，雍正间入昭忠祠。至嘉庆六年，予世荫恩骑尉。世袭详“选举表”。若真，别有传。高允兹，字不疑。父翿，增生，家贫孝友，廉介不妄取，以言行重于乡党，祀乡贤祠。允兹，崇祯七年进士，任北直隶完县知县。有兵戒，守御有方，擢河南道监察御史，巡按南直隶苏、松等处。丁忧归。值崇祯末土寇之变，允兹分守北城，助饷为防御，城赖以全。明亡，不复出。清朝顺治十年，海时行叛，骂贼死。雍正间入昭忠祠，至嘉庆六年，予世荫恩骑尉。世袭详“选举表”。子简，别有传。张箓，字孝生。父大年，崇祯十六年进士，任南直隶华亭知县。箓少娴弓马，崇祯末，漕督某爱其材，署为都司使，就州镇储用。明亡，大年自华亭弃官归，箓自负材武，独骑护其家还，

---

① “祲”，底本作“祲”，形似而讹。

遂不复出。清朝顺治十年，海时行叛，箓时在别业与客弈，闻变，诣父所。道遇叛卒，叱箓曰："胡不胄而骑，乃祖衣为?"箓不应，直前手搏之。卒怒，剚刃其腹，仆地。贼弃箓，大掠至大年家。大年夫妇受创甚，以诸子在南庄，仆婢扶持逃往，寻殁。老奴叶某拽箓至家，箓竟卒。箓妻赵氏遣叶奴取僧寺寄柩以殓。据《州志别本》，余详《节妇·赵氏传》。

明人物传 孝友

栾大道　冷时泰　高三重　冷国治　王肱

栾大道，诸生。苦志向学，力行孝道。父殁，庐墓三年。妻死不再娶，鳏居终身。冷时泰，父禄，成化十六年举人，浙江温州府通判。时泰监生，父卒，哀毁几不起。葬之日，时泰白母曰："泰有弟，足事母。儿欲报父罔极恩万一。"遂庐墓侧，三年不归。高三重，字体元。父应熊，河南陈留驿丞。三重性纯挚，幼丧母，家贫，鬻盐为生，事父与继母尽孝。父嗜弈，三重日进数十钱为弈资。继母卒，哀毁尽礼。继母所生三妹，三重悉抚育之，为择良配。父殁时，三重年已六十余，结庐墓侧，疏食衰麻，隆冬不御绵。万历三十四年特旌。又冷国治、王肱，皆以父殁，庐墓三年。知州某表其门，与栾大道、冷时泰、高三重并祀孝弟祠。五人据《旧志》，参《孝子合传》。

赵怀慎 子佐　姜桃祯　孙必登　张凤化

赵怀慎，字后泉，白璧子，诸生，髫龄即以孝闻。父殁，怀慎请于学使，以养母终身不试。母殁，独处三年，食蔬啖粥，妻孥弗得面。祀乡贤、孝弟二祠。据《旧志》，参《孝子合传》。子五：任、僖、佐、佑、俨。任、俨，别有传。僖、佑见"选举"。佐，字臣哉，光禄寺监事。《旧志》：七岁读《戴礼》。尝曰："为人子弟者，固如是。"父殁，哭踊呕血。母殁，结庐墓侧，朝夕哭拜三年。乡里强迎之归。年已七十，目击万历时事，赴阙上书，陈民间疾苦，诏有司采择行之。巡按倪某表其门曰"移孝作忠"。著有《读礼三录》《中山小草诗集》。姜桃祯，学古子。《旧志》：亲殁，筑庐墓侧，时垒土，诵释氏经不懈，终老墓所，人皆呼为"姜孝子墓"。孙必登，《旧志》：农民，不识字。父早殁，必登力耕养母。母卒，弃妻子，结庐墓侧，负土为丘，历二十余年不懈。万历四十三年大祲，采柏叶、蒲根食之。有群盗过其庐索食，必登出所食，盗不能下咽而去。与赵佐、姜桃祯并祀孝弟祠。张凤化，《旧志》：灵山卫人。幼失恃，事父至孝。父殁，庐墓三年。

高嗣吕　高景安　魏诏爵　宋献璧　法振邦　徐顺

高嗣吕，字清寰，轸孙。《旧志》：家贫，幼失恃，事父与继母皆孝谨。万历间值大祲，嗣吕咽糠秕而养亲必有酒肉。父患胃脘，嗣吕侍疾不解带者七十余日。异母弟三人，友爱无间言。知州李茂时举乡饮礼，延嗣吕为大宾，固辞不出，茂时为表其门。曾孙大烈，见"选举"。高景安，《旧志》：性至孝，中年丧母，景安侍父榻侧，夏为父扇风，冬抱父足而寝，历十七年未尝懈。魏诏爵，字巨菴。《旧志》：父年六十有一，始生诏爵。父殁，事母匡氏始终尽孝。妻高氏，生子明庸。甫三岁，高氏卒，诏爵不再娶，或劝之，不答。未几，携明庸筑室父母墓侧以终。宋献璧，《旧志》：诸生。崇祯七年，父母皆八旬，相继殁。献璧哀毁逾礼，卜葬周村北岭，庐墓侧，负土成丘，手植松柏成林，终身不离墓所。后病笃，其子趋视，但云："父母之恩，昊天罔极，恨不能报。"长叹而逝。知州某表其庐，与高嗣吕、高景安、魏诏爵并祀孝弟祠。法振邦，《旧志》：事母笃孝。母病数年，侍汤药不怠，未尝寝私室。病危，号天吁代，母病寻已，振邦鞠瘁骨立，竟卒。徐顺，《旧志》：幼丧父，采樵养母，善体亲志。母病笃，晨昏祀天，愿减年以延母算①，母病寻痊。

明人物传 笃行

李缱 子相　王斌 子和、秬　姜文盛　冷若虚　王世道

李缱，其先北直隶枣强人，自元时有君实者始来迁。君实任浙江杭州府经历，八传至缱。《旧志》：缱，敦厚宽恕，乐施予。成化六年大饥，捐银易粟，全活万命。子相。相，字廷辅。由岁贡任山西阳曲县训导，有学行，著有《篁坞稿》。曾孙太和，见"选举"。王斌，字文浩。《旧志》：成化六年，出粟千石，赈济饥民。子和、秬。和，字德春。由应贡任南直隶山阳县主簿，迁北直隶肥乡知县。著有《石溪诗草》。秬，字禀春。以捐赈议叙承事郎，散官。姜文盛，原名茂。《旧志》：成化六年捐粟助赈，贫民赖之，与李缱、王斌同时奉敕旌褒。冷若虚，《旧志》：诸生。好学工文，敦尚古道，见野词邪说，即焚之。有故友储某女，贫无依，若虚资而嫁之，乡里恶少感其惠而改行者甚众。王世道，《旧志》：性笃实，克自砥励，尤潜心史鉴及为善格言，以劝化其乡，时称长者。与李缱、王斌、姜文盛、冷若虚并祀忠义祠。《旧志·祀典》：遗王世道。由清代雍正六年奉旨"忠义题名碑"补。

赵时弼　崔辅　边甯　邓廷珇　姜光宿　高沧

赵时弼，《旧志》：由岁贡除北直隶丘县训导，迁成安县教谕。正己率士，日勤讲贯，或分俸金以惠寒畯。崔辅，字君佐。《旧志》：由岁贡任山西平定州训导，善育人才。归里乐贫自如，不徇时好，以书法擅长。边甯，字静之。《旧志》：由岁贡授陕西富平县训导。教诲诸生，必以圣贤之学，馈遗悉却之。著有诗文稿藏于家。邓廷珇，字孔文。《旧志》：弱冠工诗文。由岁贡任陕西鄜州学正，训士有方。尝分俸金助诸生之贫者。致仕归，篋笥萧然，淡泊自安。姜光宿，达孙。《旧志》：由岁贡授南直隶华亭县训导，迁山阳县教谕，持己廉介。诸生进谒者，却其贽，尝分俸金以济寒士。子继曾，见"选举"。高沧，字伯涵，建节子。《旧志》：由岁贡除蒙阴训导，迁广宁屯卫教授，端严有学规。陶育诸生，却其馈遗。告归，以耕读课子，尤谨孝祀。三举乡饮大宾。

袁学古　宋之曾　张弘范　赵怀礼　高瀚

袁学古，字允获，继业子。《旧志》：万历元年举人，孝养不仕。笃爱兄弟，有让田之美。与人交，不苟取予。岁祲捐资赈济，全活甚众。子允隆，崇祯十年进士，疏请终养，未

① 算：寿命。

仕卒。宋之曾，字文山。《旧志》：诸生。性孝友，有文誉。父、母、兄皆早殁，幼弟、兄子并在襁褓。之曾养育训教，咸有义方。盐大使某罢官，贫不能归，将鬻十岁女治装。之曾闻之，瞿然曰："身列士林，奈何令官斯土者至此！"厚赆之以归。子可久、可发，别有传。张弘范，字子寿。《旧志》：诸生。家贫，授徒远方，年逾五旬，无子，妻赵氏为置妾。及夕，见其有忧色，诘之，泣曰："妾本有夫，以贫累，不得已鬻妾。"弘范危坐达旦，遣还之。逾年，生子熙。熙，别有传。与袁学古、宋之曾并祀乡贤、忠义二祠。赵怀礼，字三珠，白璧子。《旧志》：性笃厚。由岁贡除某县训导，迁江西瑞州府教授。育才训士，多所成就。告归，为乡里所矜式。三举乡饮大宾。高瀚，字演海。父铨，北直隶宝坻县丞。《旧志》：瀚由选贡任南直隶砀山知县，告归。从子一梗，早孤，瀚抚如己子。年逾九十，步履犹如少年。往事未晰者，咸就访之，邑人奉为典型。六举乡饮大宾。

匡如桐　张炯　法官　张志定　陈墀　赵运昌　郭缳胶

匡如桐，字钟阳，天祐孙。《旧志》：性孝友，重然诺。少孤，事祖母以孝闻。弱弟幼妹皆抚之成立。著有《柳庄诗集》。子兰馨，别有传。张炯，字斗华，正学曾孙。《旧志》：诸生。家贫，教授自给，敦行直道。尝诣东岳[1]庙，见遗钱，守之，以俟失者至，乃去。卒，年八十有二。子若騊，见"选举"。法官，字墨溪。《旧志》：孝事继母，兄弟相友爱，五十年如一日。待人恭恕，三尺之童无敢慢。家贫，能忠敬以求师，故子弟多以文行著。子若贞，别有传。张志定，鲤子。《旧志》：由岁贡为潞府长史，慷慨好义。有商人失资，号泣欲捐生，志定罄所有及是年馆谷[2]助之。三举乡饮大宾。陈墀，字五云。父增美，隆庆四年举人，北直隶香河知县。墀，崇祯六年举人，家贫嗜学，不汲汲于势利，循礼乐道，口无择言。赵运昌，字开仲。《旧志》：读书尚志。年三十丧妻，虑幼子失所，不再娶。炊汲之事，皆自任焉。祀忠义祠。又有郭缳胶者，亦以子幼不再娶，乡里称之。见《高志·孝义传》。祀忠义祠。见清雍正六年"忠义题名碑"。以上《前志》。

---

① "岳"，底本作"狱"，讹。

② 馆谷：泛指食宿款待，借指塾师的束脩或幕宾的酬金。

增修胶志卷四十一　人物志第三　清代人物事功

清人物传 事功

法若真 子樟　法若贞

法若真，字汉儒，寰子。性警敏。年四岁，闻诸生讲《大学》，即相问辨，寰甚奇之。少为明诸生。崇祯十五年，若真携家避兵，至铁橛山为健儿所获，剥衣而缚之。生母李、妻崔尽以行装赎若真还。窜避山谷者三年，读书弗辍。清顺治二年，礼部奏革五经应试，若真不知，仍为五经文二十首。主考官封其卷，以异才特荐，召送礼部。御试，授内翰林、国史院试中书舍人。举三年进士，改庶吉士，授编修，充福建戊子正考试官。迁秘书院侍读，掌六部章奏、诰敕、撰文。若真自以文学蒙特达①之知，窃以台衡自命，不乐外迁。适有诏书出，当若真行，大学士洪承畴私易之，若真以争，承畴触怒。适有同年生忤大学士陈名夏，承畴、名夏由是欲排诸词臣②于外。而若真以修《太宗文皇帝实录》，再蒙召与诸词臣御试。《黄山年略》：召与吕宫③、黄机④面试，若真卷先进。章皇帝手纳之，召黑特泐译清，不至。承畴、名夏口宣上命："诸词臣试，无所优劣，宜各勉旃⑤而罢。"及实录成，而承修诸臣多外简，若真授浙江粮道。未行，丁父忧，起，复补福建布政司参政、兴全永道。时大兵讨郑成功，遇贼于壶公山。若真驰白督帅："水星有晕，客兵不利，请勿战。"弗纳，战果不利。《黄山年略》：副总王某手报责以轻言，若真悔而焚天文诸书。其秋，成功以战艘数万围兴化，自西洛阳桥抵函江，三百里，断人行，势危急。若真集文武议战守计，无所从。诸生有从若真学者，秘问之，对曰："势在乡先生。"若真即邀诸绅士燕城楼，故礼部侍郎黄起，年逾七十，若真礼而归之，约有大议来会，余皆留，分城而守。令户出丁一人，每兵一人率民十人，各授梃以待战。若真亲率家丁，与千总马柱石分骑出城为游兵，使仆负剑以从，每行辄顾曰："此我死友也。"遣人侦贼，得其兵期，辄设伏邀杀之，贼胆落，少却。于是远近百姓来依城濠而庐者百万家。贼怒，故为骄态，遣人持牌招诸官降，若真碎其牌而缚之，送总督李率泰所，率泰不报。若真虑无火炮

---

① 特达：原谓行聘时惟圭、璋能独行通达，不加余币。后亦谓自达、自荐。

② 词臣：指文学侍从之臣，为皇帝充当顾问参政的博学多识之臣即为词臣。唐朝以中书舍人为皇帝的机要秘书和首席幕僚，乃词臣之首。明清两朝则以内阁中的诸学士、大学士担词臣之任。

③ 吕宫(1603—1664)：字长音，江苏武进人，清初大臣。顺治十年(1653)二月，上幸内院，召宫与侍讲法若真，编修程芳朝、黄机，命撰《柳下惠不以三公易其介论》。

④ 黄机(1612—1686)：字次辰，一字澄斋，号雪台。浙江钱塘(今属杭州)积善坊巷人。清顺治四年(1647)进士，选庶吉士，授弘文院编修，迁弘文院侍读。顺治末，诏辑《太祖太宗圣训》，充纂修官。

⑤ 勉旃(zhān)：努力。多于劝勉时用之。旃，语助，之焉的合音字。

难以御远，偶归署，闻弦歌声，乃诸吏为狎燕者，即罚吏硝黄三千斤。遣仆间道至仙游县，铸“万人敌①”，择力士负之来。贼不知也，将梯城以攻，及濠而炮发，应声皆倒，贼乃退。于是部檄大军移兴化，复集绅士议供刍米，或有挠议者，若真怒，将置之法，或惧而事集。既而大兵数千骑，载火辆携帑而至，将入城。城内惧，绎骚，皆号泣，谋不纳。濠外庐民百万，环跪乞保全，势汹汹，若将为变。若真乃约帅臣停南门外，纺一卒入视之，帅者乃止环民庐而壁于外。贼侦兵、民和，叹曰：“初谓法参政书生，不知兵，故欲破兴化，以绝漳泉粮道。今其用兵如山，不可撼。”乃遁去。初贼决海堤灌民稻，若真与民议，发兵，使老仆与千总马柱石分翼列津上，诈称待战；使民密荷畚锸，夜筑堤数百丈如故。贼惊，以为神助，不再掘。至是，大有秋，兵民并赖以给，土人名曰“法公堤”。及奏战功，而若真名不与。康熙元年入觐，迁浙江按察使，治造逆书朱佑明、王式讼巡抚朱鼎祚、前按察使宋琬二狱，佑明、式伏罪，释旁累数十人，时称明允。事平，鼎祚咨一省利弊，若真乃陈七事：一，以里单归粮长，清地丁吏胥之弊。一，专责藩司，以弥兵饷之缺。一，专责温台宁道，择水师要害，扼海寇之路。一，严保甲，清诸盗之源。一，广垦田，以安新迁之民，以申守界，杜平民诬陷之端。一，禁重役，以绝衙蠹之害。一，斥贪黩，以大官方之澄。皆采行。迁湖广布政使。丁生母忧，服阕，补江南安徽布政使，为政务持大体，不为苛细。故事州县催科未齐者，布政使遣官督催，若真以为滋扰，立风火雷三法，檄催之，而罢遣官，州县便焉。至今诸省遵其法。巡抚张伯行请免灵璧、盱眙等五县荒田租税，凡数万金。督臣难之，下布政司覆勘，若真覆如伯行。事已允行，而户部犹催本年荒税，若真破家代民输，将议乃息。江南铸务丛弊尤多，若真思力清之。以弗揭粮道周元亮亏帑，为漕臣所劾。旋丁嫡母忧。十三年，召举博学宏词科，大学士冯溥、李霨、杜立德合疏荐焉。若真年已六十七，至京，以疾弗与试。《槐厅笔记》谓，若真与田侍郎雯皆以被召应试，弗录。误也。年八十四卒于家。按：若真早登科第，以书画能诗名于世。其事迹反以文掩，世鲜知者，兹据其《年略》著为传。著有《黄山文留》《诗留》诸集。尚书王崇简《黄山诗序》：“近世诗人所尚，尚风调，则祢琅邪、历下；尚淡远，则宗公安、竟陵。淡远近于清，清之失或弱；声调近于壮，壮之失或浮。黄山之诗，因情以发气，因气以发声，因声而绘词。殆清不致弱，壮不及浮，信乎，其能感人者矣！”邑人张谦宜《法征君传》曰：“征君好诗，自登朝、庐墓，以至老放江海间，忧郁愤悒，实赖以自释。应人求，多不起稿，记室失编者时有。晚年定居黄山，自删薙留贻者尚四千余篇。其始入，尝宗李贺，怪闳搏希，掉鞅于北地、历下之外。中年以后，伤心饮血，历试于风涛颠簸之余，则约束杜陵以壮其悲。晚，罗百家旨趣，流漾而不自知，其警挚亦有独绝者。然用意深，抒辞隐，求诸缥缈离合之外，乃仿佛得乎情，则犹有骚人之遗意焉。”秀水浦山庚②《画征录》：“若真善山水，笔有奇趣。”安静子③致远《序》：“先生少以五经高第授翰林，扬历藩伯，晚居东海之滨，不仕者三十余年。予耳其名，疑为古人。庚午冬日大雪，予命酒独酌，有平头冒寒走三百里，寄我巨轴。开卷，则先生自画《青莲登华山落雁峰图》寄我，石势如波兴，云卷四壁欲动。予感其意，作长歌寄之。继而又以巨幅书司马温公禅偈见贻，笔势沈着飞翥，盖先生少以诗名，书画则其余。”子樟，字岘山，廪荫生。性孝友，好施

---

① 万人敌：一种守城用的大型爆炸燃烧式武器。

② 庚：即张庚（1681—1756），浙江秀水人，字浦山，号瓜田逸史，晚号弥伽居士。

③ 安静子：即安致远（1628—1701），字静子，别号拙石老人，清代文人。

与，岁饥大疫，出粟煮粥，施药饵，全活者甚众。德州卢见曾《山左诗钞》称，樟恬退不仕，有古人风。年八十余卒，著有《又敬堂诗草》。法若贞，字玉符，官子。顺治三年进士，授礼科给事中。时草昧初造，礼制尚简，而臣民或行不如。法若贞上疏，请定服色。疏曰："臣近读明旨，国家体统，首重尊卑之分，诚拨乱致治、兴道隆礼之要务也。而民间犹不免有以贱凌贵、以下欺上者。臣不敢远为追论。如奉圣谕后，兵部员外郎臣卜兆麟为优人袁守信所辱；科臣李生芳被土豪傅大诈称满洲掣衣落马，肆其暴戾，经刑部兵马司依例惩处。固小人无忌惮之故，实由等威不辨、体统不正所致也。考历代官民，各有服制，不待辨而尊卑明、体统肃。今群臣入朝则有顶戴别，燕私间处则与平民衣冠无异。吏胥华服过于官长，优隶衣饰同于公卿，非所以别等威、肃民志也。且顶戴披领，臣子所以见君父，今下司参谒长官用之，百官吉庆往来用之，舍此别无衣着，亦非尊朝廷之礼也。臣愚以为，朝祭之礼宜备一代之法服。贵贱之分，虽私会燕居，亦皆宜有一定服色，使民习见闻。习见闻然后等威辨，等威辨然后志气肃，志气肃然后忠敬生。所以明崇国体、防僭逾之萌，非渺小也。臣又见，皇上御极初年，三品以上大臣许乘肩舆，后不知何故，中又停止。近日九卿大僚，不善服马，间致坠伤病卧者多。似宜仍复其旧，以优礼大臣、整肃观瞻者也。"寻以丁忧归。起复，路见流民，至京，复上疏，略云："臣捧读新诏，引咎赦过，皆以生民失所为忧。臣系言官，目睹流民苦状，不敢不陈。臣自山东莱州来京，所过地方千有余里，仳离[①]载道，络绎不绝。或扶老携幼，无所投依；或典妻鬻子，而无售主。昼则乞食道旁，夜则露宿庙侧。存者延须臾之生，毙者极暴露之惨。臣初过雄县，见民尸暴冰上，鸦鹊争食，心大不忍，捐钱雇力瘗之。及至良乡城东，见尸骸纷弃如麻，半为鹰犬噬裂，携资无几，不能复为收掩。所见如此，所未见者又不知其几也。臣思皇上安插流民之旨久颁，督抚招徕之示甚切，而流民不得沾惠，残陨如此，其多者皆因束于逃人之禁，州县不实力奉行致然。坐视直隶、山东数十万茕茕无告之民，尽展转于沟壑而莫之拯，何其酷也？臣愚以为，逃人姓名、年状与所逃日月，皆有报部清册。宜饬督抚下州县簿存之，流民所到取逃人册籍磨对，符者为逃人，以逃人治之。不符者，皆皇上无告赤子，广加收恤，否者罢黜。庶几有司无误犯隐匿之恐，流民随处有拯救之望。俾上恩得下究，臣下无旷官焉。"皆蒙允行。再丁忧。起复，转兵吏二科。外补井陉守巡道，迁汉羌兵备道。所至并有惠政，民立石颂之，著有《谏垣疏稿》。曾孙重辉，别有传。

李世铎　匡兰馨　冷开泰　赵焘

李世铎，字伯端。《旧志》：父恪，明增生，家贫以教授为业。世铎承家学，举顺治三年进士，历任山西交城、直隶蠡县知县，俱有治声，三被荐，内擢户部浙江司主事，榷税临清，士民不扰。迁本部江南司员外，晋福建司郎中，外除江西按察司佥事，分巡饶南、九江兵备道。丁母忧，服阕，被湖广按察司佥事，分巡辰常黎靖兵备道，厘奸剔弊，一时有神君之目。署湖广布政使，以疾卒于官，年五十有九，与父恪并祀乡贤祠，著有《易义》《四书当下义》诸集。弟世钿，别有传。匡兰馨，字九畹，明世袭指挥德九世孙。弱冠为诸生，有文名，事父纯孝。崇祯十五年举人，其年有兵警，兰馨与侍郎高弘图并守州城有功。清顺治六年举进士，释褐授行人，辞不拜，请归葬。而后更命，以考绩优迁吏部主事，历考功稽勋验封各司员外、文选司郎中。时天下初定，吏道多杂，兰馨条上铨法百二十事，皆著为令，又请定行取卓异章程，以抑幸进[②]。迨京察，上亲定兰馨为上考。时朝政专任宰辅，犹时引群臣询民

---

① 仳离（pǐ lí）：底本作"仳儺"。指夫妻离别。

② 幸进：因侥幸而当官或升级。

情，兰馨以典铨选，屡被召。上问："行取吏，何以多荐给事中与御史?"兰馨曰："以习知民隐耳。"上嘉纳，由是卓异外吏往往入台省。兰馨仪表丰硕，须眉伟丽，上甚器之，以为国华，赐锦衣带宝玉，谓吏部满尚书曰："匡兰馨不署事而奉闻，虽为郎，礼遇与大臣等。"尝腊日侍内宴，上问儒者祀家庙仪，兰馨据《朱子家礼》以对，上叹许，顾左右，撤御前银爵赐之，曰："用祭汝祖考。"兰馨顿首谢，自以小臣蒙殊恩，愈思建白，乃乘间为上言："建州贵族凡从义旗入关者，奴子数百逃，辄下请道捕之，匿者罪至戍死，奴仅吏笞。重罪不知情之匿主，而背其主者无恙，人何惮而不逸，且逋逃日多，诖误益众，陛下奈何以逃奴累赤子，请自今逃者、匿者均其罪，则法平而天下无憾。"上是之。北直、山西、河南大饥，上命部议赈恤，兰馨言："俟议定而行，稽迟岁月，民死必多，不如速发内帑为便。"上立出内府金三十万以赈。一日，命兰馨代大学士直省事，群下惊愕，知将有不次之擢，既而迁太仆寺少卿，遇覃恩，荫一子入监。十五年，出典山西丁酉科乡试，后以病免官归。阅三年，世祖思建言旧臣，问："兰馨今安在?"廷臣具奏久病归籍。会缺吏部侍郎，上欲以兰馨起用，未奉召，龙驭升遐，事遂寝。兰馨闻变，北面恸哭，绝，复苏曰："先帝既弃臣民，再无知兰馨者矣!"杜门不复出，卒，年六十有四。其甥李世锡为之传。冷开泰，字謌雪。性慧，为诸生，以文章鸣于时。顺治六年成进士，与左敬祖、刘子壮颉颃[1]齐名。出知宜章县时，湖南犹未靖，宜章邻广西，伏莽四布，惟有空城，民皆避居山崄。开泰单骑宣谕，始各还其居，乃重招胥徒，祛其蠹顽，薄赋税，除耗羡，民用乐业。或有争讼，付以纸牌，使自来就理，不更遣呼，境内无鸡犬惊。大集士子，立社学劝课之法，文教以兴。土寇谭、王二姓纠合撬獠肆劫掠，群盗应之作乱，开泰率土兵乡勇守孤城，申请援兵。大军至，索饷于守令，其县八里多焚僇逃亡，仅有存者，无所蓄积。开泰劝化补葺，仅以给军。既除盗魁，乃筑颓垣，增其庳薄，宜章始有保障之借。又立法官养驿马，不下累民，疏通盐法，招徕商贾，邑有生色，上官嘉其劳勚。时边奉之例未行，官弗得迁，积最久之，升顺德府同知。开泰素廉谨，既去，宜章以新令失守，并罣开泰，人咸惜之。归隐于农，茹蔬粝食，处之如素，足不入城市。其座主为大学士，欲特荐起之，力辞而止。赵焘，字霞湄。《旧志》：父麟祥，幼孤，事母孝，苦志力学，州试童子第一，未成名而殁。母纪氏纺绩资焘读，以伸父志为勖。焘苦自砥砺，举顺治六年进士，授宁羌州知州。清兵下四川，焘往来以济军需，而民不扰，治声藉甚。迁郧襄府知府，有伪侍郎李企晟倡邪教谋乱，焘侦知之，遣部下健勇，乘不备擒之，获印三十余颗。转贵州提学道按察司佥事，改广东粮储道。值大兵进歼苏丑，刍茭飞挽不绝，著有劳绩。以养母告归，卒于家。

宋可发 子世显 从子世远 世厚 孙士芳　**张应桂** 子洽 从子淳

宋可发，字艾石。可久弟，少孤，事母至孝，以学问自励。顺治六年成进士，授福建将

---

① 颉颃(xié háng)：不相上下。

乐县知县。时闽广初定，土寇未靖，并有虎患。可发单骑往招，群盗款服。入山林修苗狝①之政，而虎患绝。县有井出龙水浸城，可发登城望拜，而水退，民大悦，为立生祠。九年，以奏最入京师。会有旨在廷大臣准保举守牧，户部尚书戴明说以可发膺荐，擢河南彰德府知府。禁旅云屯，可发措置得宜，兵民咸辑。迁福建按察司副使、海巡道。《旧志》遗之。值征郑芝龙，需战舰以千数，可发独监造无贻误，晋湖广布政司参政兼管驿传盐法道，按：可发《行述》曰驿盐道，下文有覃恩三品，荫一子。三品谓"盐道"也。《旧志》第曰"驿传"，误。浙闽督臣留督军务。越岁，乃莅湖广，鹾务、邮政皆得平，而民不扰。康熙三年，迁山西按察使，改补四川按察使。川故俗，乡里豪贵好强主他人聘娶，多婚姻之狱。可发得其情，择势魁罪之，勒石为禁戒，民俗以淳。府县狱上失当，辄平反之，称慎刑焉。十年，迁广东布政使，以其冬陛见，引疾归里居，多所修筑。初，兄可举明末罹兵难，妻张氏殉焉。举家散离，可发徒跣求兄遗孤世远、世厚，畜为己子，既生三子：世显、世峻、世耀，卒不改称。世远，字骥千。以岁贡任广东吴川县知县，绝请托，廉能有声。郡守重其才，遇疑狱，悉命鞫之，无不昭雪，以卓异膺荐，寻疾卒。吴川人尸祝之。世厚，字载公，爽慨，好济人急，族党多赖之，由廪贡援例授蒲台县教谕，作人材，恤寒畯。岁饥，官赈不继，世厚转运里中粟千余石济之，又以五百金代偿贫民逋赋。当道上其事，擢监利县知县，以疾归。世显，字翼公，性倜傥，由监生援例授平凉府同知，绰有政声，擢云南府知府，有豪猾八人，官吏莫能诘。世显下车，置于法，一郡肃然。以疾罢，滇人为立生祠。世峻别有传。世远子士芳，字祯菴，性笃孝。母病，衣不解带者累月。以选贡肄业国子监，为祭酒翁叔元、司业孙勷所称许，除新泰县教谕，言动有法，为多士楷式。尝捐全俸助庙工，邑人勒石颂之。张应桂，字复我。若麒子，顺治九年进士，改庶吉士，授内翰林弘文院编修。时翰詹②诸生犹得进言，应桂以明臣左懋第子孙久徙海滨，上疏乞赦。略曰：臣伏读诏谕，广开言路，中外欢腾。又恭奉纂修大训，谕旨注意忠孝，盖欲天下之臣尽为忠臣，子尽为孝子也。臣闻古来劝惩大权有正用之者，有反用之者。正用之，而赏必及端士，罚必逮淫人，所以垂不易之法也。反用之，而赏在此，罚乃在彼，罚在彼，惩乃在此，所以神不测之机也。故周封比干墓，万世知人臣之正，汉帝侯雍齿群下释偶语之猜，桀犬可使吠尧，匪特非其罪且赏其义矣。伏见皇上受命以来，爰民宥罪，无事不经创辟，而旷典所加，惟褒奖前明死难诸臣刘理顺等，尤昭彰在人耳目，莫不皆颂明圣，思沐厚恩，岂非反正互行不测之用乎？独明故臣佥都御史左懋第，当我朝南征时，执节就戮，未见录叙。伏乞皇上推广前事，以垂念刘理顺诸人者，察懋第苦节，鉴其无他旌，彼英魂录及后裔，以暨拒战得罪遣戍在道、懋第之族兄懋泰一并宽而宥之，昭以使过之条，开以自新之路，并邀浩荡之隆，庶几盛德旁昭，风及百世。夫懋第者，我朝之仇民，非我朝之友民也，且叨破格若此，则一切在廷诸臣，又何为而不奔走厥辟也？一切在外诸臣又何为而不戮力疆场也？忠臣义士，天下后世见之，将谓皇朝盛举，远轶周汉之赏忠封仇而无所私也。《书》云："非知之艰，行之维艰，王忱不艰。"臣屡读圣谕，贵设诚致行，故敢抒职掌所见，恭备采择。疏上，左迁行人。既而懋第子孙竟赦归。应桂以使四川宣谕称旨，迁光禄寺丞，以终养归。居乡以惠济见称，著有《奏疏》《脱箨轩偶存草》。子洽，字仲和。《旧

① 苗狝：泛指狩猎。古代狩猎春猎为蒐，夏猎为苗，秋猎为狝，冬猎为狩。

② 翰詹（hàn zhān）：清代对翰林和詹事的合称。

志》：康熙三十五年进士，初授永宁县知县。劝农桑，修学校，教化大行，以治行高等擢山西道监察御史，遇事敢言，无所挠避。时始定社仓，有司奉行不能如诏旨。洽上疏请立制，限时出入，为久远计，无扰民。又以关税滞留，弗便商贾，请严禁需索，饬监督与印文，以防重税。皆蒙采纳。著有《谏垣草》《吏隐堂稿》。从子淳，字孟朴。《旧志》：未弱冠举于乡，授寿昌令，裁陋规，三千余金赋额不登，复代民输千五百金，民戴之如慈母，以终养告归，浙人至今称遗爱焉。淳子柟，见“选举”。

王如辰 弟如春　**赵泰甡　赵泰临　高攀嵩**

王如辰，字中台。《旧志》：父柱今，明廪监生，读书目十行下，敏于文，屡试不售，教授生徒，远方来学者多名下士。如辰绍父学，举顺治十二年进士，授交城县知县。山多藏寇，如辰下车七日，以计擒渠魁，归京师戮之。邑有虎患，为文檄之，而虎逸。内擢主事，历户部郎中，外迁广西提学道按察司佥事。时兵燹，满九府学宫，鞠为茂草，如辰倡言修复之，立省会华掌书院，拔诸郡名士肄业焉，粤人为专祠祀之。著有《北野逸诗》。弟如春，字令始。康熙十七年举人，幼聪颖，于书无所不读，事亲以孝闻。族党婚葬不具者，皆赖以举。岁饥，捐赈多所全活，远近佩其德，祀乡贤祠。著有《粤游草》。弟如云，见“选举”。赵泰甡，字鹿友，基子。《旧志》：事亲以孝闻，由康熙二十一年进士任金华知县，廉介自持，刊先贤何王金许[1]《正学渊源》并《郑愍忠公文集》，以广其传。复修吕成公祠、胡文定书院，又建滋兰书院，设四乡义学，一时文教聿兴。擢湖州府同知，以忧归，哀毁骨立，丧葬皆如礼，年未五十而卒，远近惜之，祀金华、湖州名宦祠，本州乡贤祠。赵泰临，字敬亭。《旧志》：父握，少孤，以敦族睦众有闻乡里，里人有鬻子者，握倾囊赎之，无德色。泰临生而颖异，四岁识字，授书辄索训解闻。读史，遇古嘉言懿行，每有思齐之志，始为文，学章世纯、金声。既悟文之根本不在是，研求周、邵、程、张、朱子诸书，学大进。与同邑李湄、王钥、高铮符、张谦宜为文会，名益著。布政使卫既齐、学使徐铎并奇其文，招肄业白雪书院。举康熙四十一年乡试第一，四十二年成进士，改庶吉士，选习国书，以丁父忧归，服阕，以母老告终养，母殁，起复授检讨，充甲午科云南乡试正考官，中式卷多自搜得之，复命，遂引疾归，再为海山书院、龙章书院山长。五十八年秋，邑有水灾，泰临倡言当道以赈民饥，次年再司赈事，皆以惠称于时。年六十三卒。著有《制艺》行世。子嵚、忻，并见“选举”。高攀嵩，字云客。《旧志》：康熙四十五年进士，授湖广攸县知县，除里供陋规。邑有盗，以微罪抵重法，狱已具，攀嵩廉其实，曰“吾不忍以失中者轻民”，命改爰书[2]，得活数人。历署茶陵、湘潭剧县，荐升同知。归部铨试用广西，借补雒容县知县，署永宁县事，除重耗，革余米，又刊吕叔简《刑戒》以儆世，大得民心。以疾卒于官，广西抚臣李绂醵金助之，柩乃得归。

---

① 何王金许：宋元时期，金华学派的四位著名学者何基、王柏、金履祥、许谦的统称，也称“金华四先生”。

② 爰书：中国古代的一种司法文书，记录犯人供词。

高文熠

高文熠，字旦复。少孤露，长有勇力，善骑射。充即墨营，卒授百总职，为怨家所构，除戎籍，应副将陈建悭募，随至陕西河州。建悭病殁，从者留西陲。西宁总兵王进宝闻文熠材武，召致之。甘肃巡抚华善欲得之，进宝乃令入兰州，隶抚标。康熙十五年，札署本标守备王辅臣反，兰州将士潜通，欲为内应。华善夜走西河，文熠晨追之不及，兰州已为贼帅赵士升所据。士升素善文熠，强予以伪职，力辞不受。而颇进言于士升，止其杀戮。既而，进宝与提督张勇讨贼围城急，贼欲伪献西门，设大阱以陷官军，文熠力止之。城中食尽，文熠乃劝降，士升初怒不从，重以利害说之，且请出城见进宝，士升许之。进宝见文熠大喜，问城中情形，密语文熠："士升即反覆，汝为内应，以矢射南城外迎我。"士升竟以兰州降。进宝欲留，文熠自随华善，固请复隶抚标。文熠陷贼时，贼以美妇与之，文熠受而养之别室。至是，自言华善眷属，以归华善，华善喜而有是请。札委都司，从中军参将岳振邦讨反者，克通渭而守之。马牧于郊外，远不易收，文熠虑为贼乘，请与千总张献宰出收回，出则急收，马贼已至，献宰欲迎战，文熠曰："地平而逼，当贼锋而战，必败。"乃入郭，立马外向。贼果阵于平地，锋锐甚。振邦率六十骑出，将驻南坡。文熠曰："坡隘多堑，非战地，且兵少，不如引回驻西门下，以固根本。"贼据厄于要路，文熠怒，执刀大呼，力斗，众始得过。时贼兵万余人，官军仅得千人。文熠初出收马，未擐甲胄，贼射之，中其后卒，血溅文熠面，殊不顾，战益力，贼少退。乃得甲胄，引军砍其阵，开而复合者七，竟胜贼而归军中。自是，益服其勇。已而从华善，会进宝勇军营于落门。与贼帅王屏藩相拒，贼别部连三营峭壁下，官军逾山掩取之。留兵戍其营，而贼亦据山攻我，破二营，惟中营尚完。救兵在山上不得进，文熠将所部偃旗直突，死战。贼火器如雨下，众惧。文熠大呼曰："不疾战溃围出，贼掩杀，我军立尽矣！"于是，齐奋击，拔其戍兵，以归。华善寻卒。十八年六月，进宝以固原提督拜奋威将军，召文熠复隶麾下，绾兵如旧职，兼领左纛，倚为心腹，每战辄为前锋。既而，抚远大将军图海会诸军宝鸡，屯渭北，进宝尚未至，独令文熠率千人南渡渭十里，营于八角原，以拒贼，贼屡败。靖寇将军某兵势甚锐，然迄不敢犯。文熠军屯月余，贼据南山以俯瞰宝鸡。南山者，栈道北口也，地最险峭，大将军下令诸军分地攻之。诸军相顾，莫能登。文熠愤呼曰："岂可以大功让他人！"攀崖而上，以进宝大纛先登，贼望见皆惊走，曰："王将军至矣！"遂夺南山贼垒。后二日，进宝至，亦屯于渭北，日令逻骑居渭南小山以瞭远。文熠谏曰："山小，三面巉削，此绝地，不徙必败。"未及徙，而逻骑果为贼擒，进宝由是益重之。时贼营在宝鸡之利桥镇，距进宝军三百余里。文熠从进宝子用予率精兵捣之。贼断大木塞隘口，文熠率众舁之，顷刻而开。贼未觉，文熠前驰百余里，马蹶于悬厓，攀树而止，令后骑挽垂絙而上，易马复驰蹂贼，大破之，掠其辎重而归。军渡渭水，每筏载五十人，文熠身自掉筏往反数四，诸军赖以毕济。后从进宝征四川，进宝以凤县南北咽喉遗子用予，自间道人。恐正兵弗及应，文熠请先行，进宝大喜。文熠疾行至城下，用予已斗于东门。文熠斩西关入，克其城，复大破贼于凤岭，得甲仗与山齐，获伪总兵四人。进宝至，文熠从南攻武关，自朝至晚，贼大溃退走，复从蹑贼后，军于马道驿至鸡头关。贼归，师未过关者尚二千余人。临江道狭，马不能并行，进宝有令诸军且退。前军方回，而贼乘之。文熠叱曰："前军奈何不留拒贼?"莫应，乃独率所部，下马为殿，贼来辄射杀之，贼不敢乘我，进宝既破贼于武关，屏藩闻风震恐，弃汉中，狼狈由僻路窜保宁。进宝进军自汉中，克广元，合抚远军，抵保宁盘龙山屯营。保宁城三面阻嘉陵江，独北门外直盘龙山，地险绝。屏藩屯重兵城中，而掘北门外濠三里，为死守计。进宝知不可攻，恐贼兵断我粮道，请于大将军，愿独率师渡江，掠其谷草以困贼，伺变而动。大将军不可。进宝率众径西自瓦子滩渡江，水深及胸。文熠以三千人先济，登南岸，进宝大喜，顺流继进，军渡得万人，营于老土地。江水绕保宁城东、西、南三面，独南门外浮桥当锦屏，山北可入城，贼列兵守之。自锦屏西至老土地，官军初渡江，屯营其间无宿粮，乃遣军散出村落搜粮食，留营中者仅三千人，未暇击贼。屏藩觇渡江军少，发精兵二万人掩击。是日，南风甚厉，贼压山而阵。进宝仅三千人出战，分占四山头。文熠为第二队主，贼以拐子枪数百齐发，我军死者如麻。文熠以劲弓射之，远不能及。贼乘风纵火烧我军，我军退驻山上，贼益进。我军发巨石击贼，贼少却。文熠大呼曰："贼败矣，贼败矣!"我军闻之，气复奋。四山铁骑驰下，奋刀砍贼，遂崩摧，散入谷中。文熠谓诸将曰："直趋锦屏夺浮桥，则贼无能为矣，此上策也。邀败军而歼之，此中策也。俟主将至取进止，则恐败军复聚而致死于我，下策也。"众从其上策，文熠策马上山，山上贼皆惊走，遂夺贼垒。自山发炮以击贼兵之守浮桥者。进宝至，扬鞭大呼："过桥者赏!"文熠率死士下马，挺刀争先渡，势如风雨。屏藩登陴，见所发精兵二万人，无一人回。官军已渡桥逼南门，势已危。大哭下城，自缢死。文熠驰至南门，城下旌旗尽仆，守陴者无一人，遂逾城入，开门以纳诸军。城中贼数万人，伏颓垣破屋间，不敢动。进宝入城，皆匍匐降。乃令文熠至北门迎大将军入城。诸军佐皆惊愕以为神，文熠功最多。当屏藩屯兵保宁以拒官军，不及守成都，提督赵良栋潜师渡白水江，直抵成都，破其城。成都方破，而进宝已克保宁，尽降其众，四川遂平。进宝既入保宁，得委署守令，檄文熠知南充在县。十月，格于部议罢归，文熠叙功，牒下得都督佥事之命，阶当借补游击，无可除，复从进宝还固原。二十二年授广东右翼镇左营游击，分防清远县瑶僮①，瑶僮畏威不敢出。三十五年升江南提标参将，三十九年推升广西柳庆营副将。召见畅春苑问战功，文熠具以状对，而归功于主将，善禀承庙谟②。文熠出，有旨褒文熠材武，明于奏事，宜留居畿辅。明日调河间副将于柳庆营，以文熠代之。四十年，署天津总兵官事。召见桃花口，对称旨，再蒙褒奖。明年二月，车驾过龙泉关，特旨留文熠护驾五台，赐念珠诸物，比一品官。九月护驾巡视河工，特授南昌总兵官。训练军伍皆依进宝遗法，故标兵技击独精。四十六年，迎驾山东，随至杭州，回，赐珍果、五爪龙衣一袭，御书"树干城"三字，榻其堂。迁西安府驻防副都统。按清制，汉人不得官都统，而事载《高氏家谱》，自是一时权制。致仕

---

① 瑶僮(yáo zhuàng)：瑶，瑶族。僮，旧称壮族。指广州本地少数民族。

② 庙谟：庙谋，帝王、朝廷的谋略。

归，文熠官既贵而家殊贫，能自安，曰："此岂不胜囊在军中时耶!"其在南充，勤吏事，明于听断。戢禁兵之牧马于县，使不得扰民，县称治。去官之日，囊空如洗。在军中尤戒淫污妇女，尝在固原逐贼，得土穴避乱妇女百六十余人，同侪欲分取之，文熠拔刀以死阻之，白于进宝，各还其家，以是名尤重于西陲。著有《彤廷奏对》《史异通鉴质证》。国史、《山东通志》俱有传。

薛一棠　高昱之　张文嵋　周肇汝　徐擀　薛希瑄

薛一棠，冲和沈默，好心性之学。由拔贡除商河县训导。仿苏湖遗规[1]，以课诸生。接引者以为如坐春风。迁滨州学正，祀商河名宦祠，载《武定府志》。高昱之，弘都子。《旧志》：性笃挚。年十六，父为鸿胪寺丞，卒于南京。时方鼎革，兵燹未息，昱之闻讣，悲号赴金陵，扶榇归。由顺治十一年举人，授夏津县教谕，惠播士林，诸生有待以举火者，迁登州府学教授，卒于官。子班见"选举"。张文嵋，字峨江。《旧志》：家贫，励志躬耕以养亲。族兄若獬、若麒皆贵仕，分以负郭田[2]，辞不受。与兄同爨，文嵋每以劳役自任。由康熙十七年举人，除沂水县教谕。四十三年，大祲，尽以俸金赈诸生。归居乡里，颇著德声。子燕翼别有传。周肇汝，字南矣，谦子。《旧志》：康熙二十三年举人，除单县教谕。以丁忧归，起复除莒州学正。学使赵申季功令严肃，诸生以岁祲不赴岁试者百余人，申季欲除名，肇汝力请，得展期补试。又条陈禁例：有坟墓、田产者十年，无坟墓、田产者三十年后始得入籍。当事者上闻，著为令。著有《余庆堂稿》《粤游俚言》。徐擀，字扶青。《旧志》：岁贡生，任博平训导，历署陵县、历城训导。护理博平县事，志行端洁，训士有方。博平久无科第，擀至，修学宫，严校课，勤于指授，科名渐著。历任十五年，士林重之。薛希瑄，字拱璧，曜曾孙。康熙十七年举人，官夏津县教谕。喜奖借后学，为文有法度，颇称师范。尝上书学使，宜请加封孔子三代。《书》云：学校之设，所以广教化、美风俗也。事之宜举者多端，而其大者莫如尊圣人之身，而即有以尊圣人之亲，且有以尊圣人累世之亲也，何者？拜道崇师，实熙朝右文之意，而报本追远，尤先圣事亲之心。夫宣圣孔子，历代各有褒封，至于今日，所以尊崇之者，视前代有加。岂复有所未尽，烦学人之拟议。然犹不能无疑者，盖以至圣追崇其先之心尤甚，于自荣其身而报本追远之意，当不止及于生我者已也。倘不体圣人之心以追崇其先，则圣人之心不慰。体圣人报本追远之心，而不于报本之中，又报本追远之中又追远，则圣人之心犹不慰。且以士大夫之家，功在一时，犹量其品秩，荣及高曾[3]，况以大圣人之教泽贻乎万世，而所以荣其先人者，乃止于一二世焉，岂理也哉！今者启圣已锡显号矣，而启圣之祖若父，未闻其褒封者几人，血食者几人也。此有心人之所以不能无遗憾也。抑闻天子七庙，诸侯五庙，以孔子而为帝王师，使之比与大国诸侯，荣及五世，谁曰不宜？自启圣以上若者公，若者侯，因其隆杀而加之爵，则孔氏先灵均无怨而无恫矣。夫如是，庶可以仰体先圣事亲之心，并无负熙朝右文之意云尔。学使然其言，书未上。至雍正时特旨加封五代，人称希瑄之预识焉。

---

① 苏湖遗规：北宋教育家、理学先驱之一胡瑗（993—1059）创立的一系列先进的书院管理制度和教学方法，被称为"苏湖学派""苏湖教学法"。

② 负郭田：指近郊良田。典出《史记·苏秦列传》，苏秦曰："且使我有雒阳负郭田二顷，吾岂能佩六国相印乎！"司马贞索隐："近城之地，沃润流泽，最为膏腴，故曰负郭也。"亦泛指良田。

③ 高曾：高祖和曾祖，泛指远祖。

毕高选　宗泰　苏念祖

毕高选，字万青。《卫志》：由岁贡除芜湖县县丞，仕至赣州府同知。勤敏廉介，有青天之称。去官之日，士民为绘《甘棠遗爱图》，立生祠。后以贫依故旧于广东之龙南县。龙南人重之，载诸县志。宗泰，《卫志》：由岁贡选尤溪县县丞，以事左迁宣城主簿。俗多溺女，泰为设育婴堂乳哺之，置田以垂久远。申吕新吾①《乡约》以劝民善。迁安普卫经历，署连城县知县，所在贤声著闻。苏念祖，字陟庭。《卫志》：由岁贡授博兴县训导。岁饥，佐县令施赈，无稍徇私，邑人咸称之。以疾卒于官。著有《四书宗朱》，学使喀尔钦、李光墺并为序。

赵文熞　高曰恭 弟曰聪　**于广**

赵文熞，字玉藻。康熙九年进士，改庶吉士，官翰林院侍讲，充仁皇帝实录馆纂修。雍正十三年乙卯，典试广东，所拔多名流。时流寇犯高雷，故宦潘君某者家被掠。文熞会试出其门下，倾囊赎其家，复留十日，理其产业，告于墓而后去，人高其义。著有《粤游草》。高曰恭，字作肃。少工举业，与弟曰聪早年并负盛名。曰恭，康熙十四年举人，累试春官不第，乃就教职，历诸城、淄川两任，接诸生严正温厚，教诲如子弟，成就人才无算。自淄川归，生徒数百人，祖帐十余里，各为诗以送之。终曰恭身，书问起居者不绝。载《诸城志·名宦传》，著有《雪怀居士集》。曰聪，字作谋。生资颖异，读书目下数行，昼夜攻苦，举康熙十二年进士，授中书舍人。二十年辛酉，典试广东，得人称最盛。擢刑部员外，迁户部郎中。二十七年奉使提学福建，绝弊②端，拔寒畯，广置学田以造士。饬修宋以来先贤墓祠，其裔胄则多加甄叙③。上南幸，总督王仁岳奏曰聪廉明第一。寻以丁忧归。闽人思其德，勒铭于山。山在漳州府城东二十里，铭曰：遐哉督学，势利捐拔，尤选俊鉴之悬，迈彼前烈，开后贤。四十年，调天下学臣在籍者赴南河，曰聪以疾特免。是秋，上谕诸大臣保举贤能，巡抚李光地、彭鹏皆闽人，交章荐曰聪。上将大用，竟以疾卒。殁时床头仅一缗钱，箧中书函数十通，皆未发。盖督学时津要所遗而不省者。祀福建名宦祠、本州乡贤祠。著有《温泉扈从恭纪诗》。于广，字天如。《旧志》：早孤，家贫力学。康熙四十八年进士，改庶吉士，授编修。三为考官，所得皆知名士。累官大理寺少卿。立朝方直，一毫不以假人，屡疏辄允行。使湖广平粜，上以所余金赐广，广推惠同事。上甚嘉之，命视学河南，严绝请托，语人曰："吾所衡者文，不论人也。"或疑其矫廉，持千金私赠其家，见拒，乃叹服。再任云南学使，风裁益厉。以疾卒于官，滇人勒碑颂之，滇中仕宦称清介者，以广为最。

王岐毓　宋瑞鉽 弟瑞钰

王岐毓，字伯岐。性醇和，笃内行，早负文名，邻邑争延为师。由康熙二年举人除山西

---

① 吕新吾：即吕坤（1536—1618），字叔简，号新吾，宁陵（今属河南）人。以明道为己任。著有《呻吟语》《去伪斋文集》等。

② "弊"，底本作"毙"，据文义改。

③ 甄叙：经甄别而加以提升或任用。

石楼县知县，下车革里甲供给，民心大悦。岁饥，多流离或诱妇女转鬻为利，岐毓廉得其情，惩其奸，移文邻县，反之，使室家复聚。劝士兴学，为延师以课文艺。政尚清简，民用休息。有武氏子误杀人，惧问抵，缘人以五百金求免。岐毓曰：“枉法受金，孰如以清白遗子孙哉！”力却之。岁余告归，囊空如洗，民咸攀辕送之。著有《石楼政录》。宋瑞鉽，字珂江，源子。生而颖异，年十岁，能日诵千言，弱冠为诸生，有文誉。师事族兄振甲、舅氏张谦宜，与王纮、赵泰临为文友，尤潜心精研情理诸书。同侪知名多相继登第，瑞鉽独不遇。以廪贡考授官学教习，丁忧归，服阕，除山西临县，调芮城县。瑞鉽为政尚简，除里派，立社仓，均徭役，尤谨折狱。初至，吏民观新政，盈阶下数百人，门吏驱呵，瑞鉽止之，每判一牍，辄持与众共示视之，告曰：“如不允，勿缄默。”民皆悦安。邑有杀人未得主名，鞫狱多株连，上官以属瑞鉽，瑞鉽不言，察一人颜色微异，遽呼曰：“得非汝乎！”立服罪。洪洞大盗十三人，严刑不得实，瑞鉽开诚道之，皆涕泣输款，人称神明。瑞鉽曰：“为政之事，要在不欺吾心而已，何神焉！”建亭于署后，曰后乐，日以其暇，集诸生童子能文者，课其艺，相与饮射，序宾客，引经讲问，每至夜分。诸生文不当意，辄操笔为程式。以失报黄河清，罢官归。予子廷栋、廷榕、廷栴各十金，曰：“吾拙谋生，家居不能守先人遗产，今岂以一官为汝辈饱囊橐乎？廉吏未足为异，当局有多少未了事，惭负初心耳！”既旋里，惟日与旧友宴会讲学，未尝一语仕途事。著有《亭山堂》诸集。弟瑞钰，字孚尹。《旧志》：性沈毅，不苟言笑，读书能寻古人真谛。雍正七年举人，聘充河南壬子乡试同考官，所拔皆知名士。兄瑞鉽家业中落，瑞钰分以己产，凡所需用，皆竭力资之。从子失业者，为赎田焉。廷栴，见“选举”。

王懿　王纮

王懿，字文子，如辰子。康熙二十六年进士，授编修，改户科给事中。时九门提督陶和气贪横不法，举朝无敢言者。懿上疏发其奸。疏初上，圣祖置其疏于庋阁，后三年，圣祖阅群臣旧疏，诧曰：“此奏何以未发？”乃敕令和气明白覆奏，下刑部勘问。懿参和气有四罪。略云：臣办事垣中，每早入，一路出顺城门，忽亲见和气以提督僭用亲王威仪，已令兵民除道。一商人毛文学御控监督舒鼐伍什，通和气家人周三，侵蚀天坛钱粮一万余两。周三在刑部监狱，和气派富户轮流供亿，属部臣脱其罪。一诬大贾葛云为盗，取银四千两送部鞭责，释之仍勒云，以时馈送例金；一收侵食户部草豆帑银之金怀珍贿赂一万两，纵家人周三逼怀珍偿葛云银二千两。尚书巢可托覆奏懿劾不实，懿复疏劾巢可托曰：臣腐儒庸才，滥厕词臣，蒙恩拔置科员，豢养二十余年，欲图报，称言责之外，别无官守，又恐风闻不实，轻陈塞责，罪愈难逭[1]，故以见闻最确陶和气贪滥不法列款，上渎宸聪。又蒙皇上策励小臣，特赐茶饭，宠恩异数，粉骨莫报。令陶和气明白回奏，下部议，睿虑渊广，复降谕旨云臣所奏非虚，仰见皇上明并日月，无幽不烛，孤危小臣，感激涕零，谓是是非非，昭暴于光天化日之下矣。讵意刑部尚书巢可托为和气姻家，例应回避，不遵成例，居然主议，罔顾公论，将臣参疏任意低昂。虽谕旨所云非虚者一概议虚，欲治臣罪，幸都察院力争，得免。是不惟言官之纠弹不灵，即煌煌天语亦置若罔闻。臣不得已，敢将其护亲罔法颠倒黑白，再为皇上陈之。臣参陶和气头列顶马[2]，仪从僭奢，实所亲见。陶和气辨疏云何敢如此妄行，不知部臣何

---

① 逭（huàn）：逃避的意思。

② 顶马：旧时官员出行时仪仗中前导的骑马差役。

所据。而以陶和气所言为是又不知何所据，而以臣疏为虚也？臣参陶和气家人周三，名为墩门候[①]，质日派富户轮流供给，所目睹者乃周三与供给之赵姓刘姓人，刑部绝不严审，任其狡供。夫以提督之威势，即刑讯尚不吐实况，草草一问，谁肯轻言者？以此为断，何以服众？臣参陶和气前后诈葛云银八千两，金怀珍银一万两，送银之汪五、唐朝彦并葛云冤状可证，乃臣屡将所收葛云原状咨送刑部，屡驳不收，不知何意？汪五到案，未蒙严问，唐朝彦未到案，与冤状所列有名人犯，概置不究，辄断为虚。金怀珍侵蚀帑银，户部有案，不得不真矣，又凭陶和气回奏，未有状到衙门，遂卸免和气受贿之罪，并以遗漏小过，巧卸金怀珍侵帑重罪，复将出首侵帑得实之葛云，加以重役名色[②]，问拟[③]发遣。臣参疏与陶和气辨疏移送刑部，诸文皆无重役字样，而凭空拟以罪名，为敢告陶和气之戒，是非颠倒，骇人听闻，臣不知其所议矣。臣参调司官改讯，事出刑部堂官，暗受和气指使，今部议堂官罚俸三月，司官一年，夫调官而司官不应，则司官具呈之时，堂官何不参处？当时堂官既以司官为是，仍改归江南司矣，是司官无过，而又何以议罚俸也？总之，陶和气之势可薰天，巢可托之徇庇过甚，诸大臣纵清正自矢，犹未免有所顾徇，是必赖皇上神明渊昭，毅然独断，然后可以破奸邪而快舆论也。臣微末小员，得罪提臣，几中报复，危机今不度量，复纠刑官，臣祸愈不可测。然臣有不遑计者，近奉恩诏，首以敢言，作忠直之气，遇尧舜[④]之君，而不罔自奋，上报主知，尤鄙懦不堪矣。故敢沥陈其事，仰冀天鉴，乾断施行。疏上。诏刑部覆议，和气以事实得罪，巢可托左迁，懿晋顺天府府尹。上疏请减琉璃厂民房租。疏曰：臣蒙圣恩，拔置京兆，凡于地方利弊、有关民瘼者，不敢壅于上闻，以负职守。窃见琉璃、亮瓦两厂，正阳等八门户租，自定鼎以来，内城民房安置官兵，听民移居外城。不论官民，空地任其筑居，两厂属隙地小，民筑室之后，每年纳畦地租银六十八两四钱有奇，其各门房地并无租税。自康熙三十七年，九门提督将八门房屋题照官房例按月征租，计银七千四百五十三两。四十年，工部复将两厂民屋亦题照官房之例按月征租，随经御史傅作楫、陆毅具疏请减，今一年尚征银六千三百八十三两有奇。再查琉璃厂内，又有误报官旗房屋一项，实因查屋时或赁居人误报，或与旗人首尾不清，以房作当，或姓氏相同，生理瓜葛，以致开列差讹，遂将民房误报官旗，租税较民房倍重。自起征以来，居民无力完税，逃亡相继，以致逋欠盈万累千，屡蒙皇上加恩，予豁免，但月租之额未减，民力输将仍苦难继，逋欠相因，贻累无穷，臣请综其形势而备陈之。夫京都房屋坚厚高大者，每月赁银不过三钱，若僻巷蜗居，所赁有限，今门厂房屋每间每月征银三钱及一二钱不等，所得赁价仅足交官，毋论父母妻子无以为养，岁修所需亦何从办？欲弃则栖身无地，欲卖则承买无人，自住则租额无出，此其地之难办者一也。门厂居民多属四方穷黎，或小本营生，或肩挑糊口，不过谋微利，日趁日食尚虞不敷，安得余资纳税，此其人之难堪者一也。况乎岁额既多，势必任催罔应，彼明知纳少固欠，纳多亦欠，每逢一卯，止纳数钱，责比之外，法无可加，下之力穷，即上之法亦穷，此法之难征者一也。又两厂歪斜倒塌及鳏寡孤独等房，于四十五年曾经部议，仍照官地民房征收，臣查两厂居民数千余家，鳏寡孤独及歪斜倒塌之房，每岁所有后此者，至今数载未蒙议及，作何编审开除，至官旗富户及误报旗户，朝廷赤子，未便彼此岐视，且官员之迁转靡常，贫富之消长不一，但官员一朝去位，富户倏尔贫穷而租额载在部册，难以开除，不几为子孙之累乎？事同一例，而租有征免之分，皆为赤子，而赋有多寡之别，此又情之难平者一也。窃思民厂房屋系小民拮据工本，自行搭盖，非入官房屋可比，伏查黑窑、火把二厂皆官地，民房每年不过征钱三十文，以至银一钱二分，独门厂民房突起，按月征租之例，较原额不止百倍。顾此茕茕小民，虽有急公之心而力实莫措，况今夏雨水连绵，坍塌益甚，其流离失所之状，真有不忍见闻者。臣不揣冒昧，仰恳圣恩，请尽照黑窑、火把二厂之例，定额征收，仍于三年编审或增或汰，核实征租，则在官，不过去纸上之数，原于实额无损。而在民，免敲比之苦，无不乐输恐后。庶几民力易办，永久可遵。臣言是否有当，伏乞敕部覆议施行。陕西大饥，懿请运山西、河南仓米以救民，皆蒙允行。

---

① 墩门候：看守京师城门或主将营门的军官名称。

② 名色：名目、名义。

③ 问拟：审问罪犯，拟定罪刑。

④ “舜”，底本作“舞”，讹。

转大理寺正卿，岁值三法司会狱，时有平反。迁工部右侍郎，充戊戌会试副考官，蒙赐御制诗章。五十九年，命督屯田巴里坤，蝗蝻为灾，祷于神，一夕尽歼。雍正初，召还，卒于兰州，赐葬。著有《奏疏》《竹里楼诗》诸集。子功清、功濯别有传。王纮，字经千。少贫，为学务根柢，文有古人风格。举康熙三十九年进士，当时已知名，初授临淮令，有治声。充江南戊子乡试同考官，拔曹鉴伦、储高文辈，称得人。以丁忧归，雍正初，起复，调宛平县，执法不避权贵。入为部曹，复外迁，荐至浙江布政使。值大饥，奏请赈恤，命未下，即日开仓放赈，复发帑金十万，籴邻省米接济，活数十万人。擢安徽巡抚，甫下车，雪刘宁等诬伏数十案，其他杜干谒，清吏治，建书院，饬营伍。每疏上，皆蒙旨褒奖。内迁刑部侍郎。乾隆元年，转礼部。上以两朝望臣，事关秩宗者，辄荷询咨。一日问家产几何，纮顿首曰："频年获赐俸余，置田四百亩。"上颔之，曰："亦穷官耳！"四年，以工部侍郎致仕，年七十五，卒于家。著有《一亩园拟古》《葆忠堂文稿》。孙弈瞻，见"选举"。法坤宏《王少司空佚事》曰：初，公以进士通籍篮凤阳府临淮县，驿道刘邦彦私扣驿费数千金，抵属员规礼，而责其分偿。公丁外艰，去官囊空如洗，遂据实通详[①]。而大吏以下皆为刘用。檄下府提问，将置公法。公托太夫人于所，亲赴府待命。会府县诸生数百人，日守府门号冤。改提公金陵，委江宁县，锻炼[②]久之，不成狱，卒如公详。然督抚意终向刘，事既白，公投劾去，刘得减死论。大将军年羹尧为公进士同年友，尝致款曲，欲公一往其门，公谢之。时年以上公秉钺巡边，士人奏事，建大旆由驰道行，百官郊迎，长跪道旁。公起废员，宰宛平，为将军视途。将军遥望见，趋下握手道故。公以事见桐城张相公，相公戏谓大将军相见有加礼，君曷乃甘于自外？未几，将军败，坐党籍没千人，公得不染。公以文选司员外郎，署天津道。怡亲王总水利事务，奉旨勘河，过霸州时，连年荒歉，饥民数万，拥马首告哀，哭声震野。王大惊，召公问事宜，公谓宜急檄有司，开仓赈恤。王难之曰："擅发之罪，谁其任之？"公启云："皇上如天之仁，爱民何所不至。王今以骨肉至亲，受顾委之重，民饥如此而慢不加恤，异日皇上知此情，何所逃责？矫制事虽干法，第据实奏闻，引咎待罪其可。"王即如公策。今皇帝御极之元年，一日早朝，召问群臣，朕即位日新，卿等皆先帝老臣，可付托，历中外，久知民所疾苦，其各举属员之有才行者。工部左侍郎兼礼部左侍郎臣纮奏：臣抚安庆，知废员太平府知府李士杰为人老实，原任盐驿道包括有能名，现任凤阳道李如兰无过失。上问是江南布政使李兰乎？臣纮覆奏，臣所举李如兰系山西阳曲人，江南布政使李兰系直隶乐亭人。有旨用李如兰按察四川，包括防守登莱等处地方。李士杰起复某道，时包括以彭维新罣误逮刑部按问，拟决罪人也，李士杰即公之所参革也。其公忠体国不引嫌[③]类如是。

宋云会　李观瀛　张秉义 曾孙奎高

宋云会，字沛苍。家贫，以卖饼为业，过乡塾，闻书声辄止听，弗舍。年十六，始就学，刻自淬励，博极群书，尤谙本朝掌故。凡开创规模，与夫划平诸伪逆，庙谟将略，奇功异迹，皆能胪悉，历历如睹。举雍正四年进士，授浙江云和县知县。俗有溺女者，云会谆谕禁之，违令者置法，而俗变。调江山县，请免荒税金八百余两，立须江书院以来诸生，暇自为文以为式，汇梓《须江课艺》传于时。云会勤于恤下，方于事上，俸满考最不及，值简亲王总督浙闽，与语，奇其才，以卓异荐升，授杭州府海防通判，复以秘荐召见，旋卒于官。著有《须江近艺》《淡秋诗草》。子牧见"选举"。李观瀛，字湘友。雍正元年举人，性孝友，勤励

① 通详：旧时下级向上级申报文书。
② 锻炼：拷打折磨。
③ 引嫌：避嫌。

学，为文能阐发经义，有彀律，不趋时好。知州宋文锦延主珠山书院，王克掞、胡湘兰皆出门下，以文行见称。乾隆间，选授莱芜县教谕。诸生某代其族求雪冤，而与盐贾讼不直。监司①令归儒学，戒饬县令系于廷，而招学官三反。观瀛不往，而驰白泰安府求退，并陈县令待士无礼，恐成决裂。府故州牧宋文锦也，心直观瀛而不能斥县令，乃许观瀛去。后果有诸生以受笞赴诉于上，学使按泰安、莱芜，令与学官并引疾去，人服其先见云。张秉义，字质夫，沅子。由拔贡分发湖南试用州判，以军功升授湖南桑植县知县。苗疆新辟地称难治，秉义严无所苛，宽无所纵，士民安之。以考最超擢升广东琼州府知府，丁父忧，服阕，授四川宁远府知府，寻以失察所属罣议，左迁直隶良乡、临榆二县知县，所至有政声，吏民畏怀。以亢直不能事上，免官归。著有《半舫诗钞》诸集。曾孙奎高，字聚五，嘉庆六年举人。由教习期满以知县用，请改教职，授章丘县教谕。丁母艰归，终于家。奎高性廉介，不苟取予。在章丘时，县令陷一诸生罪，奎高力白其枉，令曰："君岂以教职老，若辈何足惜！"答曰："自顾菲才，不堪民社寄，故不为耳。无罪者何忍文致以刑之？"令惭，释其罪。

邓均　王元浩　徐世恩　胡景

邓均，由武举考授沂州费县泛把总。康熙五十九年，汶上盐枭孔复兴等啸众扰掠百姓，至费县，均同知县汪沺民击之，手擒其魁孔振公。迁蒙阴泛千总，载《沂州府·职官志》。王元浩，字海如。幼颖异，为人孝友廉介，喜读史，娴韬略，善骑射，晓阵法。举雍正五年武进士，殿试一甲第一，即授职头等侍卫。元浩初应会试，见知于怡贤亲王。既授官，世宗偶以火炮阵语王。王归第，召元浩询焉。元浩以"火兽火车图"进，王复入以奏。上叹曰："全才也，不愧武科第一。"命以参副外任，除偏关营参将，距授侍卫仅三月。之任未半载，升署蒲州营副将。十三年俸满当引见，以乏资久未行。抚臣知之，赆白金四百，比至都，而世宗宾天。高宗乾隆元年，授湖南洞庭水师副将，乃制火器，绘图以示其属，训兵恤民，洞庭清肃。以善抚边疆报最，升镇筸总兵官。卒年四十八。子道直，曾孙廷兰，并见"选举"。徐世恩，字惠菴。少失怙，事母至孝，贫无以养，年十六充胶州营骑卒。貌魁梧，膂力绝人，精骑射，发无不中，副将张孟仪甚器之。雍正中，随征西疆，遇敌身先，入阵斩馘，常倍其侪伍，以功最，擢德州营守备。运河秋涨啮堤，水猝至，吏民奔窜，不知为计。世恩袒裼②，率徒卒走堤上，手畚锸以当水冲。徒卒咸激厉争先，堤复完。居民尸祝之。事闻，迁四川黔彭营都司。其地多虎患，突屋壁攫人而食。世恩选武健，具弧矢，穷山林之阻，尽杀之，而患息。乾隆间再迁靖远营游击、会川营参将，历署夔关营副将、四川督标中军、成都营副将，以本官移守西藏察木多台，闻警不避炮矢，争先逐寇，而未尝遇伤。年逾六旬，内调直隶宣化镇蔚州路参将。年七十，以老告归。又五年，卒于家。世恩初为营校，惟一絮袍，昼衣趋官府，夜解以覆母寝。既娶妇，母食犹必亲侍，或手烹饪，明母所嗜，以示妇。胶营帅于其

① 监司：有监察州县之权的地方长官的简称。清代布政使、按察使及各道道员皆有监察所属府、州、县之权。
② 袒裼：脱去上衣，露出内衣。

西征时，恒遗糈金以赡其母，盖审知世恩之孝，故特厚恤焉。胡景，字运昌。乾隆间，由行伍拔补古镇炮台外委，迁博兴泛把总。嘉庆二年以川楚不靖，领青州兵百五十人，从将军明亮与贼战湖北竹山县，贼败遁川中。五年，从兵部尚书、经略大将军德楞泰攻贼川东至川西。官军大蓬寨为贼所乘失利，景与诸将以炮击贼退，追杀贼一日夜，生擒贼五人，获长枪火枪各二，论功以千总待升。六年，复与贼战于湖北竹溪县九里冈，被伤，留养于竹溪县。及回籍，檄赐恤银，伤未痊，卒。

王寯　邓光岳　周再庚　纪岳　徐瓒

王寯，字轶千。乾隆二年进士，改庶吉士、散馆，外除四川大足县知县。邑多柞树，而不知可为茧，寯教以饲蚕织作以兴县。旧例，里中正税银一两，帮费五钱，寯重申里甲，革帮费，百姓歌之云“王父仁，编我户，今纳粮，减加五”。其他开水利、崇学校，善政甚多。迁秩绵州知州，值金川用师，军需旁午①，不劳民而事治，迁顺庆府知府。卒于官。著有《剑外诗草》。孙夏，别有传。邓光岳，字岱东。父运序，家富好施，晚得光岳，过爱之。而光岳善体亲心，每自塾归，赞父母理家事毕，复焚膏攻书。父病侍药，衣不解带者四阅月。父殁，遵遗命，周恤贫乏，助修祠庙桥梁。以附贡援例授户部陕西司员外郎，以勤慎见知于兼部事大学士蒋溥初。雍正时，甘肃借军饷四千余金，追偿家蔓延及其亲党，不能补部匮。光岳请蒋公奏免，蒋难之，光岳曰：“请果不遂，愿毁家以偿。”蒋遂奏请，得免。因令光岳兼管十四司督催事务。以理伊犁军饷有劳绩，赐蟒缎，遂充通州大西仓监督，截取繁缺，知府记名未及，铨迁刑部湖广司郎中，次年以母老乞假终养。母丧，既阕，未还部，卒于家。周再庚，字方白。八岁善欧阳书法，后以优生贡成均，充咸安宫教习，勤于职业，为太常卿谢溶生所器重，除兰山县训导，倡修学宫，育人才，多所成就，年四十卒，著有《晓园诗草》。纪岳，字藻江。父世芳，监生，性仁厚，喜助邻里婚丧。家邻普济院居茕独，世芳冬必日一粥之。岳少工诗，善书法，事亲以孝闻。父有不怿，多方求，解颜乃已。以岁贡，历仕文登、东昌、丘县、莒州、乐陵训导，均以作养士品为先。当乐陵岁祲，岳以钱八百缗赈诸生。颍上令王大同、某县令李彬、给事中张源长皆其弟子，岳殁，各遣使至胶祭焉。著有《藻江诗集》。徐瓒，字质玉，一范子。由廪贡援例授滕县训导，勤考课，崇实行。初至滕，学署倾废，僦舍以居。越四五年，滕之士德之，鸠工庀材，为筑数椽。瓒度可与有为，乃正告曰：“瓒本无宦情，将归，诸君筑室留之。顾庙貌久颓，尤学博责也，其若何？”皆肃然起诺，瓒乃复留，修至圣庙工竣，引疾归。乾隆五十一年，举乡饮大宾。

高蔚宸　宋昱　杨志敏 从兄志聪 子维梁

高蔚宸，字枫宸。乾隆十年进士，授河南延津县知县，勤于庶狱。有段姓妇卢氏者，夜被杀，及其子女莫能主。夜方假寐，忽梦一马人立而言，蔚宸援弓射之，中其心，而寤。诘旦，复如段氏村，按里甲稽其姓氏得许忠，恍然悟，马言许也，中心，忠也，乃拘忠至，跪

① 旁午：交错，纷繁。

伏，屈一手，裹以絮，脱视之，则齿啮痕血犹渍。袒而观之，指爪痕遍焉，一鞫而服。狱定，上其事，诏建坊旌卢氏。淇县令周牖如作传奇，以记其事。乾隆十八年，阳武黄河溢，延津城几陷，蔚宸亲率民塞四门，巡视三昼夜，水退，乃葺城垣，赈饥乏。诸生之励学者，招署中训课之。去官后，民感其德，肖像祀之。宋昱，字屏南。乾隆癸酉拔贡，由郓城县教谕保荐选会同县知县，有理剧才，调长沙。民德之，为立生祠，以积最，荐升贵阳府知府。丁忧归，再授云南曲靖府知府。所至有政声，以年例入觐奏对，称旨，军机处记名，回滇。未至省，会特旨擢贵东兵备道，莅任未一载，卒于官。家人扶柩归，行李萧然。黔人至今犹称宋观察廉吏云。杨志敏，字懋斯。父璋，监生，慷慨好施。乾隆十三年，岁大祲，璋以辽东舟粟数千石，半其直以平粜。州牧朱若炳表其闾。志敏由诸生援例授赵州直隶州知州。岁饥，典肆俱闭，志敏请开仓平粜，以官帑贮质库以济民，皆不待上闻而行。其属宁晋、隆平二县被水患，志敏巡视民灾，令即出仓粟赈之，县吏以上请为言，志敏曰："譬孩提少乳，能须臾缓否。吾旦暮赴省，如不得请，当自偿之，不累县令也。"计口授粟，卒如所请。有蝗起，悬重赏捕之。州城圮，筑修之，役竣而民不扰。在赵州六年，援例候选守巡道，乞终养归，尤以厚施闻于乡。故友李文曾令敦煌，亏库帑万六千金被逮，函告志敏，即首助五千金，得免罪。州牧张玉树初立胶西书院，志敏首捐千金。父母殁，不复仕。从兄志聪，字顺思。由附贡援例除直隶武邑县知县。值年饥，志聪施粥全活者以万计。重修书院，束金膏火无所资，志聪家故富，皆自胶取给焉。武邑地小冲繁，疲于供给迎送，志聪虑滞民讼，夜为听断，悉得平，尝不及寝。民感戴之，为立生祠。以疾卒于官。后二十余年，族子桐行至武邑，逆旅馆之甚厚，卒不受直，相与谒志聪生祠，而同祭之，其遗爱不泯若此。志聪子维梁，字任可。少英敏，由拔贡朝考，授黄县教谕，贫者辄助以膏火，庚子得乡荐监理济南书院，以丁忧归，不复仕。

纪在谱　纪有堂　赵潾卿

纪在谱，字瑶编。少孤，躬操农圃以事母，长乃发愤读书。以乾隆十八年举人试用山西，署夏县知县，多惠政，民有借寇[①]之请，格于例实授长子县。有虎患，悬重赏捕之，患绝。为政以崇学校、重农桑为先务，重修县志。县有廉山书院，又有来熏亭，传为帝舜遗迹，并亟修之。勤于听断，非退食皆坐堂上，治簿书，胥役以事赴乡社限以日，迟则责之，故应繁剧而民不扰。俗多田讼，期功之亲[②]辄相争，在谱乃刻孝弟诗解，遍给村塾，使讽诵之。莅讼行春，必以训诲，期岁而民俗变。在县七年，解组归，宗族乡党穷乏者，咸有周助，年六十九卒。著有《素园未定稿》。孙毓琎、毓珽俱见选举。纪有堂，字屏南。乾隆三十六年举人，始由拔贡除齐东训导，后中式。时山东有水患，奉上檄勘赈，以疏水恤民得宜，荐授浙江安吉县知县，历德清、石门、永嘉、秀水诸剧邑。浙中有疑狱，上官辄命决之，悉得平，举卓异第一。永嘉故东瓯地，俗尚巫鬼，习溺女。有堂严加禁令，不数月而俗变。以海塘决，

① 借寇：指地方上挽留官吏。寇，指寇恂。典见《后汉书·寇恂传》，恂为颍川太守，政绩颇著，后寇恂从光武帝南征路过颍川，百姓请光武帝复借寇君一年，后因以"借寇"为地方挽留地方官吏留任之典。

② 期功之亲：血缘关系比较亲近的亲戚。

修鱼鳞塘四百七十余丈。署玉环海防同知，以事罢官。初，有堂以贫将弃学为贾，母李氏持其书，且焚且泣，有堂感而复学，卒以成名。孙卯元，别有传。赵潾卿，榜名霆，字潜园。由举人大挑一等，亲老告近，改授长清县教谕，修泮宫、池宫墙，文昌殿有碑记。家居孝友，从妹孀居无依，迎养以终，并嫁其三女。李文耕廉访于人书法不轻许，独称潾卿书为可传。著有《潜园诗草》。子岳栒，见“选举”。

栾廷鈖 张维祺 胡湘兰

栾廷鈖，字待卿，一字珠野。父坪，岁贡生，端方醇厚，教授生徒，有古人风，从学多所成就。廷鈖承家学，乾隆十五年举乡试第一，十六年成进士，授户部主事，迁本部郎中。以清正自持，不媚权贵。上官有欲劾之者，方进见，言廷鈖名，高宗曰：朕见其制义是能文。遂不见劾，而迁员外郎。一日大学士某公兼部务适至部，阒①无一人，独廷鈖在署，手一编不释。异而问之，以待公事对。旋值京察，部中无廉静可注者，某公忆廷鈖名曰：“是不奔竞，必廉吏。”注一等，补正郎。尝充某仓监督，有同曹谓曰：“以君贫甚，故堂官荐君是役，但言米恶，千金可立致。”廷鈖姑笑诺，及收米，略无所斥。次日，同曹诘之，曰：“顾米诚善，安得谓恶耶?”同曹叹服。外授贵州石阡府知府，未任卒，时年五十有五。贫不能返葬，门人钱世锡、吴舒帷等敛资归其柩。著有《燕山诗草》。或曰廷鈖外除时，当膺繁缺，部吏以无赂龁之，遂告终养，起，复除石阡府，盖简缺②云。张维祺，字吉甫。其先世掖县人，明季避乱徙于胶。父洛，事亲至孝。乾隆五十年预千叟宴。维祺自少有远志，父以服贾代人偿负钱，家贫甚。维祺与弟斅谦几废学，师匡淑烈器重之，不责脩脯尽其教。维祺昼夜攻苦，并督课其弟无遗力。兄思恭负贩街市，维祺在馆中，每闻呼声，必竦立泣下。后思恭知，即迂道不复过馆垣。维祺年十九，学使蒋溥拔置第一，许为“远到才”，一时名噪七邑。举乾隆四十三年进士，授直隶肥乡县知县。地僻小，前令某宽纵吏胥玩法，维祺下车择其渠，严治之，豪蠹敛迹，清积狱，日十余事。期年，数日始决一事，县以大治。时大名初并魏县，为大名府倚郭县，号难治，督臣单县刘峨知维祺才，移治之。蠹役施文龙倚势凌虐乡曲，把持官府短长，莫能除。维祺廉得实而未发。会有控文龙者，即拘而系之狱，招告得二十余事，乃置重法，民大悦。大名毗连三省，驿马不敷用，旧取民马更代，吏得缘为奸。维祺出廉俸购马数十匹，永停签派，民力顿舒。署东偏旧有书室，葺而新之，颜曰悦安，铭曰恺以强教，悌以悦安；彼莠斯拔，而雉驯田③。历官七年，抑豪强，安善良，大旨若此。五十年，以循绩迁河间府同知。将赴任，乃以大名死囚中途逃逸免官。峨延至单县，教其子。维祺喜汲引后进，诸生黄陆飞年五十余，已废业，闻维祺至，乃受学，卒登贤书。维祺复授教河南夏邑。弟斅谦、子曾霨、婿延津、申启贤并从之游，咸擢甲乙科。既归里，后进名流，皆受裁成文，有先进矩

① 阒(qù)：形容寂静。

② 简缺：职务较简单、低级的官缺。

③ 雉驯田：即雉驯于田，谓地方官施行仁政，泽及禽鸟。典出《后汉书·卓鲁魏刘列传》。汉鲁恭宰中牟，以德化民。时郡国螟蝗伤稼，独不入其境；有母雉将雏过童子旁，童子仁而不捕。

矱，人称云湄之徒云。云湄，维祺晚年所自号也。著有《大名县志》十二卷，《三松草堂诗文集》。弟毂谦见“选举”，子曾霨别有传。胡湘兰，字少海。其先江西龙泉县人。明洪武四年，远祖某以军功袭灵山卫百户，遂家焉。湘兰父镇元，性孝友，好学嗜古，为名诸生。湘兰承家学，务实行。乾隆三十九年，举于乡，屡试春闱不第，为学益力。邑人张维祺为肥乡令，延湘兰为书院山长，远近从学者麇至。遭父丧，哀毁骨立。胶俗，大殓后，辄延僧诵经为祈祷。湘兰力矫其弊，迄终丧，悉遵《朱子家礼》。五十二年，大挑①初试用广东信宜县知县。地多山，有虎患。湘兰至而患息，百姓歌之。歌曰：大尹清，窦江明，村农无事少来城，良田自在耕。大尹和，虎渡河，至诚动物理则那，百里听弦歌。历署丰顺、海康、封川，皆卓有循声。六十年，实授长宁县，以为地远民朴，可与为政，整饬县邑书院，讲圣谕，皆遵礼规，能以诚心感民，故教化日兴。严束胥吏，县无滞狱。居二年，以廉能调署花县。长宁人思其德，为立生祠，至花县未一月卒。湘兰平生笃于师友，尝师事法坤宏，坤宏殁，为服心丧，复手录所著《春秋取义测》，梓以行世。工书，晋唐名家无不摹肖，尤得力于褚河南②，尝手录《十三经》。既莅官未尝少辍。四十七年，闻朝廷以蒋湘帆衡③手书《十三经》镌列辟雍，以未与其事为憾。凡家藏诗文稿，皆其手迹，翰墨所播，为世所珍。著有《少海逸诗文稿》。

孙友于　王瑢　高薰业　胡桂

孙友于，字鄂亭。笃于学，为诸生，时邹相国炳泰为山东提学，赏其文，以为有德器。嘉庆五年举人，援例授兵部武选司员外郎，黜陟吏奸，悉绝其弊。上僚倚之，举御史，又举宝源局监督，皆未待除授，而以兄丧亟告归终养。为人动必以礼，性慷慨，乐施予。十六年饥，兵民不相安，友于曰：“古称素封者，以能周急分财，为国家养百姓也，奈何坐视不救乎？”独出数千金赈之，事乃息。故友岁贡张颖建，年老无子，友于劝置妾，辞以贫，友于即馈钱二百缗，曰：“不足，须相告，勿更周章④也。”凡邑有文行者，均有分财之惠焉。年五十余卒，属纩之际⑤，属其子泌、从子汗等，必以谦抑下物为本，皆遵循之，保其家云。王瑢，字佩和，以谕从子，轻财好义。嘉庆十年，援例以知州分发甘肃。时用兵西域，瑢以转饷见知于杨制府遇春。抚彝厅治在山丹县，与张掖县界，稻地皆赖沙河山水灌溉，两县民构讼，抚彝不得直。瑢适摄抚彝通判事，其民道迎泣且控词甚迫，瑢越日即赴甘州，见州守杨某言之。杨初不悦，见瑢指陈剀切，俯首无词而袒庇所治，终不从，乃上谒杨制府。制府见之曰：“葱王来，葱王来！”瑢以齐人嗜葱，故有此号。制府旧在西域识焉，故以相呼。及瑢陈沙河事，制

---

① 大挑：清乾隆以后定制，三科以上会试不中的举人，挑取其中一等的以知县用，二等的以教职用。六年举行一次，意在使举人出身的有较宽的出路。

② 褚河南：即褚遂良（596—659），字登善，杭州钱塘（今浙江杭州）人。唐朝宰相、政治家、书法家，弘文馆学士褚亮之子。出身河南褚氏，博学多才，精通文史。

③ 蒋湘帆衡：即蒋衡（1672—1743），江苏金坛人，原名振生，字拙存，一字湘帆，号江南拙叟，又号函潭老布衣。清代著名书法家。

④ 周章：迟疑不决。

⑤ 属纩（zhǔ kuàng）之际：指人疾病临危，弥留之时。属纩，古代汉族丧礼仪式之一，即病人临终之前，要用新的丝絮（纩）放在其口鼻上，试看是否还有气息。属，放置。此一仪式称为“属纩”。因而“属纩”也用为“临终”的代称。

府有难色。瑢俯伏阶前，抗声辩曰："瑢今日千里为民请命，如不得，愿解组归，不忍视一方填沟壑。"制府为心动曰："葱王去，吾必不负良吏。"乃遣官勘其事，令抚彝灌以春，张掖灌以秋，为永例。盖知甘州之不直，故与以秋灌田，乃保奏瑢实授岷州知州，抚彝民为瑢立生祠。岷州西北二郎山下临巨壑，为省会冲衢，山水骤至，漂没行旅无数，径仄多危石，岷人尤苦之。瑢亲履度形势，捐二千金，凿山开路长三十里，宽可容车，岷人立碑志之，曰"王公路"，岷中由此商旅辐辏。瑢家故富，以久宦清介，减其产，又数载，以疾卒于官。高薰业，字又阜。以援例历任江南望江、灵璧、太湖县知县。政尚严明，折狱如神，百姓畏服。调阜阳，丁忧归，服阕，改授直隶西宁县。上官知其廉能，特调清苑县，迁遵化州。卒于官，清苑人立祠祀之。胡桂，字小山。明世袭千户，武举，任都司胡懋功裔孙。援例分发福建试用，从九品补佳里兴巡检。浙闽督臣委桂董筑噶玛兰城，番人阻扰之。桂请红衣炮以行，番人闻炮声，惧有大兵，慑服，役竣而番民平。督臣乃命代理噶玛兰通判事，三年民悦服，为立生祠。继署闽安镇巡检，后以台湾民械斗，令桂往查。见桂至，皆弃械罗拜而斗止，其素信于民如此。丁忧归，服阕，补鹧鸪司巡检。台民械斗，官莫能禁，遣桂往。谕之不听，遂张盖于两敌之间，端坐不动，两敌火器俱备，恐伤桂而解。道光初，总督赵慎畛以桂前筑城功，奏请议叙，历华峰县丞，后保升知县，未实迁，以感瘴气，卒于驿馆。

孙汶　张曾霭　高槐业

孙汶，字宗岱，一字望山，铨孙。性颖异，少喜读书，笃内行，由举人援例授内阁中书。举嘉庆七年进士，改庶吉士，充武英殿协修，《词林典故》分校官，赐书籍及杯砚等物。散馆改外用，复援例授刑部云南司郎中。以母忧归，服阕，补督捕司郎中兼山西云南司总理。秋审事务谳狱持平。十八年迁陕西道监察御史，充福建正考官。十九年，改京畿道，请清理外省京控数百狱。二十二年，迁工科给事中，稽查户部内仓，转掌印稽查丰益仓。汶上疏请申旧律，严禁奸商，而陈清厘仓谷三法：一曰清查，以别亏欠之实数与廒座之修废。一曰采买，以杜派累之弊端与吏胥之侵蚀。一曰弥补，宜视年岁之丰耗定限期之远近。又有河工积弊、清厘营伍、严查匪徒三疏，并奉旨饬行。二十一年，巡视东城，其秋巡视淮安漕务。二十三年，充乡试内监试，巡视中城。二十四年，外迁授湖南粮储道，厘剔旧弊，绝苞苴，清惩帑。所辖五卫地，有被水灾、粮船敝坏、旗丁艰挽运者，皆多方调剂之。以回空船迟，详参属弁革职，继以原情复其官，德威大洽。督抚嘉其劳，合奏保荐，未及迁。以父忧，卒于家，年五十七。张曾霭，字次丰，一字铁峤，维祺子。幼颖悟，年五岁，口授唐人诗，一过能覆诵。年十七侍祖洛预千叟宴入京师，见者咸推为"远到才"。曾霭承家学，苦志下帷，举嘉庆十四年进士，改庶吉士，散馆，以主事用签分刑部陕西司。所领新疆西域事尤繁，曾霭视事数月，已悉其肯要。尚书金光悌奇其才，使主稿①。故事②爰书出吏掾手，曹郎③多上

① 主稿：清代各部负责办理文牍者，各部就所属司官中选派熟悉部务者担任。
② 故事：先例、旧例。
③ 曹郎：即部曹。部署各司的官吏。

堂画诺而已，曾霭惩其弊，自置一簿，区为三等，最要者手自为之，余付吏，以缓急立期程，有稽迟，辄绳以法，当事者咸倚重焉。尚书和瑛、文孚刘镮之、侍郎帅承瀛治狱甘肃、天津、福建，皆以曾霭从。旋授本部奉天司主事，累迁福建司郎中。道光二年，京察一等。上召尚书那彦成，问所保司员孰最优。以曾霭对，且言："臣数与计事不合，相执辩，徐察之，所言皆是。"乃记名，以道府用。七月授常德府知府。地为湖南重镇，提督、标兵桀骜不受法，悍民猾胥相结固，常构讼端。曾霭下车，亲厘积狱，骄卒黠吏胥裁以法。自置理事课簿，下属邑并行之。以其暇，约提督及中军共行饮射礼，从容相约，由是文武和兵民咸戢，郡以大治。四年迁福建汀漳龙道，士民送者数千人。曾霭抵闽未久，因前在刑部失察同人，受属议削职。后月余患病，卒于京，时年五十六。曾霭以廉吏子，励学通籍，遇事持大体，鲜忌避，不能依违于时，卒以无过罣吏议罢官，不复起，人共惜之。著有《怡云楼诗集》。弟曾雯，见"选举"。高槐业，字午清，先世以商事至京。槐业以大兴籍举嘉庆十八年乡试，由国史馆誊录官议叙。道光元年，除四川金堂知县，告近改河南新安县。下车修芝泉书院，延师课生徒，置学田，文教大兴。时西疆用兵，新安当陕甘孔道。军檄星驰至，槐业与民约曰："帅府且过，需车马多，违者有坐，吾亲与若值，使胥役不得扰，勿失期也。"民喜，至期皆集，军卒数千人无一误，以军功加二级。尝权莅永城。返新安，民闻之，走而迎者络绎于道。永城民亦欲得槐业为令。或闻于上官将移永城，槐业辞，惧不胜繁剧。上官曰："民意也。"乃之永城。值大水，民饥，槐业捐俸以劝民赈，全活者无算，以惠政著闻，入大计卓异候升，将迁官，以母老归养，又三年，卒于家。孙城方，别有传。

冷维焜　纪卯元

冷维焜，字象南，廪贡生。父蕴秀，与弟毓秀友爱甚笃。蕴秀子五而毓秀子一，毓秀请于兄，六子各予田二十亩，俾自食，观其才否，实隐让也。维焜读书敏于诸弟，秋试屡失意，毓秀乃出资，为维焜援例以训导，需次济南，教授生徒，必以行谊为本。嘉庆间，署临清训导。值岁饥，州牧王镇捐粟以赈，令维焜佐理。维焜曰："既司赈，虽冷官①不可独无所施。"乃典衣二十余金，以为助。实授登州府训导，以廉介闻，诸生不能自给者，尝周之。以年老告归，年八十余卒。维焜居叔丧，期年不燕会。姑庄氏早寡，维焜迎养。待其子长，为置田屋而返之，犹以叔遗命为言。毓秀曾孙旭昶、震东，并见"选举"。纪卯元，字茂甫。有堂孙，廪贡生，英敏力学，尤长于书法，充内阁誊录官。道光四年，《睿皇帝实录》告成，除东平州训导，倡修学宫，举行月课，聚诸生朝夕讲贯，必期以实学，州人士咸服其教。晚年书益进，笔墨秀逸，人争购之。俸满，迁莱阳县教谕，训诸生一如在东平时，以疾卒于官。有《苔芩诗草》。

高鸿举　崔伟　杨桂林　李之曾　王玕

高鸿举，字仞千，鹤程曾孙。性俶傥，少学武，骑射绝人。举嘉庆七年武进士，授侍卫，外除广东永安营都司。值海寇张保仔犯广州，发兵防御，士卒乏资，鸿举分俸金助之。岁大

① 冷官：地位不重要、事务不繁忙的官职。

旱，永安县令公出，鸿举率僚属及文吏佐贰，徒步祈雨紫金山上，三日得雨，士民为诗传诵之。以亲老约，资晋秩游击，请封典，如其官，乃告归。子含章，见“选举”。崔伟，字济夫。性孝友，好施予，由武生援例授蒲州营都司，善抚士卒。茶商有陋规，岁数百金，伟力却之。伟素与弟修相友爱，食必同案。在任六年俸满，以思弟故，引疾告归，蒲州士卒为立木主祀之。归里置义田数亩，族人无葬地者，皆得安厝。值年饥，河水泛溢，伟多方赈济，并倡众筑堤，赖以安全者甚多。著有《蒲版闲吟草》。修见“选举”。杨桂林，字馥堂。世选子，善左右射，嘉庆二十四年武进士，授侍卫，除江南河标营守备，以获盗历迁安徽营、颍州营游击，代理寿春镇兵事。湖州土贼起，奉檄与诸路会剿，贼遁去。提督尤渤、巡抚刘韵珂，以参将保荐，寻卒于官，年四十四。以上《前志》。李之曾，字仁浦。乾隆癸酉副贡，由秦州州判令敦煌县，廉正明达。准夷寇边，尝护军赴伊犁。罢官后綦贫，亲友为助偿亏帑。著有《西域纪略》《出栈诗草》。王玗，字竹溪。由监生例授知县，署太平绩溪。遇水灾，与民处山上，为谋食，极劳瘁。家素丰裕，以此产业亏其大半。调铜陵，遂告归，家无余资，惟给衣食而已。

孙荣昇　杨阶　孙彝训

孙荣昇，字晓帆。任直隶霸州时，有富绅某以女许字姜姓，旧家也，既凋落。某嫌其贫，逼退婚，另许富商张姓子，亲迎有日矣。适荣昇潜行，询得其故，嘱姜控案。次日乃张姓亲迎之期，荣昇饬差就彩舆舁女到署。富绅以千金馈，荣昇受之，即判女归姜。谓富绅曰：“吾岂受赂而枉法乎！”遂以千金作奁资予姜氏。颂其德，为立生祠。任无为州时，民有两家各畜一牝牛，一牛生犊，两家互争，讼之官。荣昇命皂役杖犊。犊哀鸣，生犊之牛急出救护，未生者罔恤也，事遂判，其剖决精明类如此。杨阶，字云台。附贡生，援例授南城兵马司正指挥。甫履任，即拿获邻境集年逃凶郑洪志、白三、牟永顺等，连破获三大案，擢升刑部主事。阶用法平恕，折狱明察，人不敢干以私。先是五城旧例，司官理死案，坊官理活案。自阶任南城，凡内坊为钱财婚姻涉讼者，城宪辄批司，阶独不辞劳瘁，剖决详明，一时都中人有云：杨公治狱人无冤。暇时辄托吟咏以自娱。尝自书楹联云：听讼犹人，臣心似水，哀矜勿喜，民命关天。其平日存心已可想见。又自出俸金二百两，于都城内设栖流所三处，以恤难民。著有《南城随笔》《归田草》藏于家。孙彝训，字铭庭，号鉴堂，昌乐县训导，汉子。读书有才略，不屑小就，援例授郎中，签分户部贵州司兼广西司行走，练习部务虚心请益。上官器重之，派管八旗现审处，谳断必得其平。嘉庆戊寅，仁宗巡幸木兰，举秋狝大典，彝训得扈从，事竣，加二级。道光元年，蒙派扈送梓宫①奉安山陵，礼成加一级，旋由郎中俸满截取知府，以繁缺补用。十年简授陕西凤翔府知府。时抚军为乐陵史谱，在京时素知彝训，颇委任之。守郡五年，接属官以礼，御民以慈，廉吏之声大著，以母丧解组归田，遂不出。教诲子侄不预外事，衣食朴素如未宦时，人咸服其雅量云。同治四年卒。

---

① 梓宫：指皇帝、皇后的棺材。

匡源

匡源，字本如，号鹤泉，锡嘏从子。生有异禀，十岁通五经，十三岁入邑庠，道光丁酉贡成均，己亥举顺天乡试第三人，庚子成进士，改庶吉士，授编修。癸卯、甲辰典试江西、山西，所至称得人。丁未充会试同考官，己酉以大学士杜珪荐，入直上书房。旋丁嗣母及本生父忧，咸丰壬子服阕，以原官充日讲起居注官，仍直上书房。癸丑复充会试同考官，累擢至吏部左侍郎，署礼部尚书，充经筵讲官。戊午奉旨，在军机大臣上行走，赐紫禁城骑马。源立朝无所攀附，惟以清勤结主知。不数岁间，骤跻卿贰，故深感知遇，密勿从。公入则备陈时务，出则博访人才，以待顾问。尝有条陈军务一疏，筹画甚悉。又尝纠弹户部尚书肃顺庇私误公，疏入留中不下。庚申秋，英夷入犯，廷议欲北狩，源泥首力争不得，次日拟再陈，而翠华①已警跸②矣。源不及归私第，驰骑以从。时定计仓猝，枢臣扈从只二三人，军机章京无一至者。中途批谕章奏、拟旨，皆出源手，奉行后犹必自录档案。或丙夜不休。事平，文宗升遐，穆宗嗣位，两宫皇太后垂帘听政。源自以受先帝殊遇，不敢随众为异同。会中旨治枢臣专擅不法者罪，源竟以诖误免官。当源在军机时，班次最后，事权所在首列者，秘不以闻，及得罪，部议遣戍，上特原之，谕旨有凶焰方张，彼亦难与争衡之语。部议遂寝。源既罢，贫不能归，留寓济南，主讲泺源书院，兼主尚志书院。同治三年，入都祝皇太后万寿，恩旨赏给三品衔。训诲诸生，首勉以立身行己、通经致用之方，视其才之高下而进退之。尝语诸生曰："读书而取科第乃分内事，必求所以重科第者，愿诸生更有进也。"在济十余年，及门诸生举乡会试及贡太学者四百余人，科第之盛向所未有。光绪七年，以疾卒于书院，诸生争出资敦事，丧归之日，执绋数百人临歧祭饯，皆哭之失声，并于泺源书院建教思碑，以垂不朽焉。国史、《山东通志》俱有传。

李维翰

李维翰，字月湖，号西园，廷扬子。以父荫任兵部主事，升员外郎，转监察御史。历掌山西、江南、福建各道署礼科给事中，居官有直声，奏疏皆切中时要。道光二十九年，奏请各省正杂款项余存，悉行解交京库，以杜新亏而实国帑。略曰：窃照各省亏空，业经遵旨清查，分别弥补追赔，惟积习既深，仍恐补旧挪新，有名无实。现当清查之后，应将已征正杂款项，除每省每年应支俸廉工饷等项外，所有余存，自道光三十年为始，照雍正八年谕旨，按春秋二季悉行解交京库。倘再借备公协饷以及另立名色，故意轇轕③辗转以为亏空搪塞之地，不能按季清解者，即由户部大臣随时严参惩办，庶颓风可挽，新亏亦无虞矣。寻补鸿胪寺少卿，擢内阁侍读学士、太仆寺卿、宗人府府丞。咸丰三年，议行钞法，维翰奏请暂停，养廉以充军饷。疏入，擢署兵部右侍郎，调补刑部左侍郎，充实录馆副总裁。丁父忧回籍。七年起，复蒙召见，仍署兵部右侍郎。时粤匪猖獗，维翰建议驱贼当置之死地。奏曰：逆匪顺江东下，已奉上谕，饬令守臣于大江两岸，择要节节防堵。查大江两岸上游小姑山，

---

① 翠华：用翠羽制作的旗饰，为古代天子出行时所用。喻指皇帝。
② 警跸（bì）：帝王出行时于所经路途侍卫警戒，清道止行。
③ 轇轕（jiāo gé）：交错，杂乱，纠缠不清。

为安庆之门户，下游采石矶乃江东之屏藩，两处江面窄狭，守御较易，诚能逼贼过小姑山而攻剿之，利有三：采石矶两山峙立，大江中流，此处安设大炮驻扎，重兵堵贼去路，俾沿江地方免其蹂躏，且能堵贼穷窜奔海，勾结洋盗，滋扰天津、山东等省，利一；小姑山扼要大江，孤峰峭拔相对，岸南之山宛如门阙，即以守采石矶之法守之，堵贼回窜，利二；饬令钦差大臣等，分兵两岸，居中调遣，击首则尾应，击尾则首应，击中则首尾俱应，使贼不能旁窜，利三。再调集镇江水师精兵实力攻剿，贼欲扬帆东奔，不能飞挽，而过采石欲返棹西渡，又不能凿险而逾小姑。欲弃舟登岸，又有重兵堵截，腹背受敌，左右被攻，已成游鱼入釜之势。贼兵杀一名即少一名，既消愿从之土匪。贼粮吃一日即少一日，复除接济之奸民，庶贼势日蹙，不难迅奏肤功①矣。旋补授兵部右侍郎，九年署吏部右侍郎，附片保举前江南监察御史阎临川等，品行端方，老成练达，才堪办理团练，九月充武会试较射大臣。十年大庆，恩赏奉旨加一级，十月以疾告归，光绪五年卒。国史、《山东通志》俱有传。

周相焯

周相焯，字荣甫，号九梧。父天度。相焯为诸生，屡试不售，遂游都门，入承德籍。道光二十三年举顺天乡试，二十四年成进士，以知县分发陕西，历署长武、白水、宜川、渭南等县。刚方守正，有强项②之目，所至政声载道。咸丰三年，廷议豫征山、陕、四川地丁钱粮事，将行矣，相焯适奉委赴盩厔③，遂于差次上禀大吏，痛陈其害。略云：窃卑职恭阅邸抄④，现奉谕旨，豫征山西、陕西、四川地丁钱粮。兹于盩厔差次敬悉，已发誊黄，不禁肠为九回，盖实有不可行、不能行者在也。姑无论晋、蜀两省情形奚似，请即陕西大概为大人陈之。西、同、凤、乾、邠五府州为中地，土厚人稠，钱粮居十分之六七，其地以麦收为丰歉，不专重秋禾，故有春征之税，上忙多而下忙少⑤也。兴、汉、商三府州为南山，其地以包谷为丰歉。延、榆、鄜、绥四府州为北山，其地以粟谷为丰歉，地瘠人稀，钱粮居十分之二三，大率上下忙各半征收，无所谓春征也。连年以来，捐输⑥数百万矣，供应兵差，筹备团练，民力竭蹶，迥非昔比。逆匪猖獗，所向披靡。近来屡获奸细，非无意于陕西也，幸民心尚未甚散，故勾结尚不甚多。当此之时，正固结之不暇，何堪更为骚动？造言生事之人，大而城市，小而村庄，在在皆有，无事尚且生波，一旦有所借口，不曰借征，而曰种一年田地，纳二年钱粮，相率怨咨，不约而同。是内而溃百姓之心，外而遂逆贼之愿，在此举也。所谓不可行者，理也。方今米麦每市斗价值二百余文耳，纹银之昂每两二千二三百文不等，北山一带或至二千六七百文，谷贱伤农。此其时也，百姓上户以粮为富而无人籴，下户以粮抵债而不值钱，贫富交困，情形显然，借征一年，断难措办。况南北两山多系客民，半无家去，北山则挖地为窑，南山则支木为棚，得利则常住，失利则他徙，催征正赋，已非易易。若再豫征一年，有不弃业而去者乎？且此等客民率多犷悍，即种地尚非良农，一旦散去，将何适从？路径既熟，跋涉尤惯，诚有不堪设想者。所谓不能行者，势也。顾或者谓比年捐输不下百万，通省钱粮不过百七十万耳，况系正赋，又只借征一年，应较捐输为易办。然捐输惟择富户而劝之，一县不过十余家，即大县亦不过二三十家。若地丁则无分贫富，种地即纳粮，大县花户数万，贫民居其大半。试即三四百家村庄而论，素有蓄积者不过十余家，其余粗足自给者四五十家耳。下此则种田数亩，借贷挪

---

① 肤功：大功。

② 强项：形容禀性刚直，不肯低头屈服。典出《后汉书·酷吏列传》。董宣任洛阳令，光武帝刘秀姐姐湖阳公主的家奴在洛阳城内仗势杀人，被董宣亲自就地斩首。光武帝让董宣向湖阳公主叩头认罪。董宣自认为没罪，不肯服从，小黄门用手压着他的头，企图让他把头低下，可董宣双手撑地，死不低头。光武帝深为他尽责尽忠的精神所感动，称之为“强项令”。后以“强项”代称刚正不阿，不向权贵低头的骨鲠之臣。

③ 盩厔(zhōu zhì)：今作周至，即陕西西安周至。

④ 邸抄：中国古代抄发皇帝谕旨、臣僚奏议和有关政治情报的抄本。

⑤ 上忙、下忙：官府对一年两度忙于催征地丁钱粮的俗称。

⑥ 捐输：指因国家有困难而捐献财物。

转，聊以糊口。即纳本年正课，尚属拮据，豫征一年，计将安出？当此人心皇皇，称贷无门，售产无主，加以官为催督，吏为追呼，恐始则驱差，继则聚抗，俱在意中。若曲加体恤，置之不理，则一村得计，各村效尤，一县如此，县县如此，豫征仍属不行。若治以刁抗之罪，既已聚众，何所顾忌？迨至激成事端，即将办理不善之州县，置之重典，亦何足惜？而无如于事无济也。又或谓西、同、凤、乾、邠既有春征之说，劝谕豫征似属不难，然上忙兼收，下忙或者尚可办理。百姓相沿已久，上忙均完八九分，下忙只完一二分，人人皆知为必不能欠。完有先后，赋无加增，善为劝导，或可幸保无事。所患者，七八月之间，豫征次年也。民间账债，多以麦收为期，至秋收则以棉花为重，而种棉花者绝少。其余杂粮，均不甚值钱，且留为御冬之计。故偿还秋后，即不可恃。地丁亦然，正月底开征，至四月底可完八九分，下剩一二分。六月间开征，十月尚有不能完者，其明验也。今于征收一二分尚难速完之时，而豫征次年之十分，其能行不能行，较然众著。故七八月之间，大为可虑。然此犹西、同、凤、乾、邠之情形耳。南北两山，即上忙兼收，下忙亦难保其必无事也。然而竟有谓能行者，且有谓宜速办者，抑又何也？署事者逆计①夏末秋初可以卸事，有志引退者逆计夏末秋初具禀告病，不顾贻误。将来倘问以秋间再征，能否必其无事？恐毫无把握，不过以临时再看为辞耳。夫临时再看，误事诚不小也。至其时不行而中止，而陕西钱粮从此难征；至其时不行而强以必行，必致滋事；既滋事而仍然中止，不但无补，而民心已漓，稍有蠢动，得不偿失矣。与其民心已涣，不仅于事无益，何如乘民心未散，而以体恤者固结之。此诚陕西安危之所系，而宜急为图者也。各省被贼蹂躏，不堪指数，而陕西尚属完全，今乃自启内溃之衅，实为可惜。倘豫征可以缓办，而民心已定，不特为陕西造无穷之福，实为国家保一隅之元气，所关岂浅鲜哉！陕抚据以入告，事遂寝，且以相焯名记枢垣。后历任米脂、富平、白河、大荔。十年十二月，自大荔调蒲城。同治元年，粤匪入武关，长驱至蓝田，全陕回匪乘机四起，而蒲城墙垣倾颓，守具一空。相焯乃集绅耆，首筹修筑，发公帑，克日兴作。捐廉俸，招乡勇，备军械，而蒲人多观望，且有异词。相焯慨然曰：城亡与亡。无第二句话说。于是屏除众议，独为其难，筹画粗定。而回匪至矣，日夜围攻城几殆，相焯亲督勇严守之。贼焚城门，相焯扶掖②沿街号哭，借器具，躬率亲丁堵塞，城始得完。当是时请兵则上官罔应，筹饷则罗掘俱穷，而回焰益张。数月间累进叠攻，欲得蒲城，据为窟穴，州城岌岌难支。相焯日夜奔走，露处城头，随机应变而御之。回匪终不得逞其欲。方贼焰之张也，内讧复甚，狱囚要挟出监，脱械夺门，势将难为收拾。相焯亲率勇队，捕诛数犯，乱遂定；奸人与贼通声气，约为内应，相焯严密搜捕，立正典刑，奸细乃绝；官军过蒲，入城休宿，而浮言胥动，妄指官军为贼，并谓县官通贼，巨祸之激，将不俟终夜。相焯剀切晓谕，人心始定，而官军亦安然无扰。统计议守之初，以至二年五月解围之日，无时不在困难危惧之中，以积劳故，病几殆，而相焯刚毅不挠，济以权变，故能转危为安。自著《蒲城守城记》，悉载守御方略。三年，升孝义厅同知，旋授乾州直隶州，升用知府，捐资建书院，以育人才。五年，署凤翔府，钦加二品衔，赏戴花翎。丁继母忧，归，杜门不出，以书史自娱，晏如也。光绪六年卒，年八十有一。子二，迎举、经成，守蒲时，俱尽力巡城。《山东通志》有传。

柯培元　王垲　匡懋纶　高徽翰

柯培元，字易堂，号复生。嘉庆二十三年举人，实录馆誊录官、协修，议叙知县，补福

---

① 逆计：预计。

② 扶掖(yè)：搀扶，扶助。

建瓯宁县知县，署龙岩直隶州知州，台湾噶玛兰通判。历充甲午、壬辰科乡试同考官。培元廉洁明察，所在多惠政，龙岩州民立生祠。著有《说文辨误》《两汉书摘误》《兰亭砚室金石记》《海防志略》《噶玛兰志略》《黄华山馆日记》《说剑堂兵书》《石耳山房诗集》《金刚楞严法华各经注》《春草堂琴谱》等书。子蘅，见"文苑"。王垲，号晓泉。笃学力行，以优等食饩。秋闱八荐不售，乃援例就教职。旋署武定府教授，补馆陶县教谕。修学宫，训士子，邑人矜式。后捐升知县，需次直隶，期年补龙门县。地处宣化万山中，民贫讼简。公召诸生与讲论，上游审知垲才，量移①阜城繁缺。路通九省，驿使迎送无暇晷②，又值捻匪侵扰，军书旁午，受事数月，日昃不遑③。旋奉委以军饷五万金解往徽营，长途二千里，屡遇贼警，比至大营，无铢两失。大帅喜，保加五品衔。未几，调高阳。高阳，小邑也，赋薄而讼繁，巨室大绅投书要挟，垲拒其人，火其书，无敢干以私者。又地居两大郡之中，商旅多夜行，盗劫案频出。垲严惩捕役，并派家丁悬重赏，擒获著名盗首阎马、高保，置之法，四境晏然，百姓快之。整顿濡上书院，亲加评定，士林翕服。缺瘠入不敷出，干求者未满所欲，谤言日腾，竟以人地不宜，撤任去。既而上官察其诬，将补昌黎，以痰疾卒于保阳寓所，年六十。匡懋纶，字温甫，号丹庭，均曾孙。生而凝重，聪颖过人。年十六入邑庠，道光癸卯举于乡。咸丰辛酉，捻匪扰胶，懋纶助守城池。乡团以献俘为名，或殃及无辜，懋纶必为之别白，全活甚众。同治壬戌，大挑一等，分发江南，以知县补用。乙丑，赴武昌解火药，出入贼地，履险如夷。事竣，赏加同知衔。丁卯，权溧水县事，招集流亡，兴复学校，谕百姓勿争讼，课诸生以经义，刁风丕化。去之日，士庶遮道攀辕，如失慈父母。庚午，充江南乡试同考官。金陵吏治考绩，懋纶屡拔第一。光绪乙亥，题补④赣⑤榆，以祖籍回避，借补海州直隶州州判，引疾归。己丑，举乡饮大宾，卒年七十六。著有《楚中吟》一卷，藏于家。高徽翰，字式南。咸丰壬子进士，选泰安府教授。捻匪扰胶境，徽翰适家居，与邑绅高含章、傅儒功、郭同源等督办团练，保卫备至，邑赖以安，人多感之。

高含章　傅儒功　宋嵩庆

高含章，字蕴堂，号峄峰，鸿举子。由邑增生援例授教谕，历署兰山县训导、沂州府教授，补峄县教谕。时学宫久荒，倡议修葺，不数月而庙宇焕然。又值黄河泛溢，襄办赈务，全活甚众。暇与诸生讲论不倦，以故擢巍科⑥者岁不乏人。俸满保升知县，赏戴蓝翎。咸丰二年回籍养疴，痊后，兵部侍郎李维翰专折具奏，钦派在籍团练。时官吏议筹经费，数分九等，含章以耗费扰民，恐人心涣散，数争于当路，始罢其议，胶人大悦。尝著《团练六要》，邻封州县皆奉以为法。辛酉春，因州城太狭，欲外筑石圩以资保障。值寇氛逼紧，庀料鸠工，

① 量移：泛指迁职。
② 暇晷：指空闲的时日。
③ 日昃不遑：太阳已偏西还不吃饭。形容专心致志，勤勉不懈。
④ 题补：旧谓官场出缺，奏请补授。
⑤ "赣"，底本作"赣"，讹。
⑥ 巍科：古代称科举考试名次在前，犹高第。

一时难备，含章倡议先筑土圩。工未毕，而南匪至境，含章督勇接仗，亲冒矢石，旋与众议："贼众我寡，难与为敌，不如同心固守。"遂率众入城，日夜巡视，劳怨不辞。复请于州牧，凡守陴乏食者发给仓粟，又自出金购柴薪，分恤断炊各户。民皆感德，协力死守，州城赖以保全。解严后叙守城功，含章归功于众，远近悦服。旋蒙钦差大臣奏加运同①衔。自经兵燹后，家道日衰，而慷慨好义，终身不衰。光绪八年卒。傅儒功，字建堂，性和平慨爽。由兵马司正指挥候补兵部主事，武选司兼武库司行走，加员外郎衔，在京供职七年回籍。咸丰十一年春，捻匪东扰，邑绅共议团练，儒功与高含章董其事，勤慎自矢，劳怨不辞。秋八月，捻匪大至，率众守城，防御弗懈。事平上闻，赏加四品衔。同治二年，重修城隍庙，儒功与彭维壎、张东阳等协力督办，庀材捐资，辛勤备至。次年，易土圩以砖，复与郭同源等监理，工程浩大，心力交瘁。光绪元年，与彭维壎、张腾甲等复监修城隍庙后殿。十三年，回京供职，至二十三年卒于京邸。宋嵩庆，字少汀，慧龙子。少颖悟，弱冠入邑庠，有大志，遂弃铅椠，业思建树。当时以河工议叙候补河南府经历，因回避改归直隶。咸丰间，需次②天津，时粤匪猖獗，分股扰直省。嵩庆与同官招募乡勇，操练精勤，昼夜防堵。贼至，嵩庆与各将弁登城楼议守御，各将弁畏葸相观望，嵩庆慨然曰："贼临城下，诸君如此畏缩，何以应敌？"乃请自率所练乡勇为前锋，而各军为后劲，众许诺，出城迎战，直捣中坚，贼众披靡，稍稍退，旬日间连战皆捷，贼遂遁去。上宪劳军，问摧锋陷阵状，论功以嵩庆居首，特荐于钦差大臣僧格林沁。后随僧邸转战，所向有功，擢广平府同知，署大名、正定、宣化各府，特授顺德府知府候补道，加盐运使衔。同治十三年卒。

逄润古　王和龄　孙大庚

逄润古，字子政，号海珊。同治四年进士，馆选后请假旋里，值捻匪东窜，州境戒严，城小不足恃，而外圩又复坍塌，不能御敌。爰商之州牧，劝募绅富，积资修筑。贼至境，不得逞，城赖以全。逾年散馆，授编修。光绪元年，充浙江乡试副考官，得士称盛。旋简放广东高州府，以丁艰未赴。服阕，放湖北汉阳府。凡遇控案，皆悉心研鞫，公平判决。整顿税关，厘剔积弊，收数日增。汉阳一带迭受水患，润古禀请大府筹积巨款，筑石堤以资捍御，民利赖之，因名为逄公堤。每年冬添设粥厂，以食贫民，全活甚众。余若育婴堂及各善堂，皆同时并举。调署宜昌府，遇有民教构衅，焚毁教堂之案，教士既日以虚声相悚，江上兵轮亦时来游弋，而宜俗素浮动，岌岌不可终日。润古神色不变，弹压四境，辑睦教领，卒能和平办结，为大吏所嘉奖。旋回本任，以汉郡居襄水下游，遇汉水骤至，坏估舶恒以百计，乃商之江汉关道恽某，与电局定议，在襄阳立水识，遇涨则电达汉口，命水役鸣金以晓篙工，于是帆樯安泊，保全者甚众。后西人将拓租界于汉口，润古与其领事商榷，力持大体，不亢不卑，领事折服。未几，调补武昌，治绩亦如汉阳。膺上考，署武昌盐法道。时盐库承积弊之余，一空如洗，润古撙汰冗费，

---

① 运同：盐运使的属官，有盐运司运同，又称同知，从四品。

② 需次：旧时指官吏授职后，按照资历依次补缺。

开源节流，得以裕如。以疾开缺①，侨寓鄂垣，未及旋里，卒，年七十有七。著有《词垣奏疏》。润古为人抗直，不屑以脂韦随俗。同治间，将议修圆明园，润古时在词垣②，闻之曰："当此之时，要以厉国耻、整武备为务，不宜侈土木之观。"即草封事，乞掌院代奏。会两宫以非急务罢之，而直声已播京师。润古于学无所不窥，尤邃于性理。蚤年从学于蒙古倭文端公仁③、长白宝文靖公鋆、陕西阎文介公敬铭诸公之门，故渊源有自，经术湛深。凡所设施，必因时制宜，而治绩卓著焉。子恩承，别有传。王和龄，同治辛未武进士，抚标左营补用守备。光绪八年，堵筑张园大工，蒙东抚任奏请奖励，赏戴蓝翎。旋补兖中营守备，署安东营都司。十七年，因东省黄河上下游连年抢护险工，并堵筑高家套漫口合龙出力，蒙东抚张奏奖以都司在任补用。嗣以遇乱守城功，实授济宁州城守营都司。孙大庚，字西泉。援例授浙江安吉县县丞，分防梅溪，有政声。讯断严明，不取民间一钱。运漕，以卓异荐加同知衔，在任候补知县，调补桐庐县丞。去后，民怀其德，立去思碑。大庚性慷慨好施，家素封，以历任故，罄产以偿赔累。卒于官，宦橐萧然。其子扶柩归里，士民哭送者络绎不绝。

宋企适 王叔谦 胡逢恩

宋企适，字南宫。由增生中式，光绪十五年恩科举人，次年成进士，即用知县，分发云南，补易门县知县，署理剑川州知州。企适性洒脱，工文章，援笔数千言立就。庚寅会试卷列魁选。揭晓后，士林传诵其文，咸推为名下士。自幼家贫，中年肄业泺源书院。时东抚张勤果公④深器许之，月给薪津，俾得专心励学。企适夙负济世安民之略。及需次云南，尝语人曰："害民者莫如贼，吾莅任后，必严刑治贼，为民除害可耳。"居官有政声，民感其德，送牌伞⑤者络绎不绝，惜仅年余而卒。王叔谦，字益山，其慎子。光绪二十年进士，即用知县，分发福建。丁酉科充乡试同考官。同年乐安成子健榷宦溪厘局⑥，病殁，家贫甚，叔谦百计归其榇，接办差竣，所余金尽致其家。署上杭县，俗多火葬，强宗傅姓为偷瘗金罐，构讼十余年不决。叔谦批其要害，各感服罢讼。旋丁外艰，服阕，署长乐县，政声卓著，甫半载，卒于任所。胡逢恩，字仲原，一字敬瑗。少有隽才，家贫力学，州牧幕客杨景熙阅其文，奇赏之。光绪十九年举于乡，二十年成进士，授内阁中书，旋署侍读。二十六年，拳匪煽乱，联军入京师，各署官吏散亡殆尽。逢恩奔赴柴市文信国祠，全家拟殉国难，探悉两宫无恙，乃止。寻奉派留京办事处行走，补内阁中书。二十九年，充会试同考官。是年，因缮皇史

---

① 开缺：旧时官吏因故不能留任，免除其职务，准备另外选人充任。

② 词垣：词臣的官署。宋翰林学士院的别称。元以后常沿用此称翰林院，亦称词苑。

③ 倭文端公仁：即倭仁(1804—1871)，字艮峰，又字艮斋，蒙古正红旗人，道光九年(1829)进士。晚清大臣、理学家。谥号"文端"。

④ 张勤果公：即张曜(1832—1891)，字朗斋，号亮臣。团练起家，战功彪炳，是左宗棠的得力帮手，后来官至山东巡抚，去世后被朝廷追谥为"勤果"，因此人称张勤果公。

⑤ 牌伞：旧时绅民为颂扬地方官的德政而赠送的伞。伞上缀有许多小绸条，上书赠送人之名氏。

⑥ 厘局：旧时管理征收厘金的机关。局下设卡，卡又有分卡、巡卡。

宬①圣训告成，派管诰敕房②事务，兼方略馆③校对，保准免补同知，以知府分发安徽补用，加盐运使衔，升用道。三十二年，委办安徽街口厘金局，设新安河畔。逢恩设官船以渡行旅，立官医局以疗疾病，人皆便之。地有土豪王藩，平日欺凌乡里。逢恩因其偷漏国税，置之法，一乡称快。期满交卸，记功七次。濒行，士绅送牌伞者，均却弗受。去之日，遮道攀辕者甚众。宣统元年，丁艰回籍。时国体改革，服阕后，隐居不出。先是当道令潍阳以东十八县民运区域均食官盐，各县大哗，胶亦抗拒甚力。逢恩以乡望推为领袖，奔走京师，吁请豁免，功成而不居其名。其生平好义类如此。民国七年，清恭邸④聘教其子贝勒，馆于青岛汇泉山中。年六十五，卒于家。逢恩性和而介，接人谦恭礼让，乡党无间言。殁后，识与不识皆惜之。

宋岱龄　王传曾　高昂　周骏声

宋岱龄，字鲁瞻，卫人。少孤，事母以孝闻。性聪敏，倜傥不群。年十六为诸生，试辄冠军，学使郑敦谨、尚庆潮皆器其才。咸丰十一年拔贡，同治元年举于乡，十年成进士。历任河南宁邱、祥符、鹿邑、怀宁等县，所至政声洋溢，士民怀思。光绪十年分校河南乡闱，荐拔皆知名士。后因母老告归。母殁，哀毁成疾，卒于家。王传曾，字心源，应蔚孙，监生。世居卫，历任安徽采石、白沙等司巡检，所至有声。任三山时，德政尤著。其地以文昌阁为巡署，岁久倾圮，传曾捐廉修葺，焕然一新，民为勒石。后因母老告归。适值日德争青岛，鏖战甚烈，沿海居民多受损失。传曾竭力筹防，卫独免祸，邑人德之。年五旬余卒于家。高昂，字次轩，桐业子。有文武才，少年习技击术，任侠不羁。光绪初年从军汴洛，倚马万言，军帅倚重之。后援例授州同，分发直隶，以计擒捕水寇，上宪以劳绩保署赵州知州，多异政。晚年卸篆归里，侨寓王氏助息园中，日与江南陆吾山诸名士诗筒唱酬。著有《拳勇钩玄》《次轩诗稿》若干卷，未梓行于世。周骏声，字景文。由增贡援例授诸城县训导，历任氾县、济阳教谕。性慷慨，有识略，谙阵法，通拳术，尤精金石学。清咸同间，捻匪张、赖各股窜扰山东，州县多被残破。同治元年，骏声适署济阳教谕，捻匪突至。时知县郑溥因公赴省，济阳危急。绅学公议请骏声主持守城事，辞不获已，一面禀请上宪，一面修城垣，备枪械，督率勇丁登陴固守。时匪已围城匝月，虽迭次猛攻，城卒无恙，骏声与有力焉。东抚丁宝桢上其功，加同知衔，赏戴花翎，以知县归部选用。宝桢以骏声文吏知兵，调赴行营效力。数年，以丁艰回籍。五年，胶大水，骏声慨捐银二百两赈其灾。光绪五年，又大水，复捐赈银三百两。州牧李翼清以胶迭被水灾，悉由云、墨二河淤塞所致，筹巨款疏浚二河，委骏声总理河工，劳瘁不辞，数月告竣。以积劳成疾，卒年七十一。所著有《练兵实记摘要》《济阳守城记略》《从戎日记》《历代帝王世系图考》《石鼓文集说》，待梓。

---

① 皇史宬：初名神御阁、表章库，始建于明嘉靖十三年（1534），为明清两代的国家档案存放处，现为中国第一历史档案馆明清档案陈列室。

② 诰敕房：是清朝中央内阁下设的机构，专司校勘和收发诰敕。

③ 方略馆：为清代编纂方略等官修书的机构，隶属于军机处。

④ 恭邸：指恭亲王奕䜣府。

增修胶志卷四十二　人物志第四　清代人物文苑

清人物传 文苑

李世镐　李世锡 从弟世钿 世钿子湄 湄子大标

李世镐，字西京。顺治三年进士，官工部主事。乞假省亲，途次卒肩舆中，时年二十八。世镐才思逸群，诗学《昌谷集》①，著有《懒吟园古诗》一卷。法坤厚尝称为仙才，惜限于年，后原册没于水，无副本。从孙诸生起燕得其《瑞杏园诗集》，坤厚序之，付梓以传。李世锡，字帝侯，一字霞裳，世镐从弟。《旧志》：生有夙慧，七月能言，周岁即记时事。年十三为诸生，十七领乡荐，二十四举顺治十八年进士，除湖广嘉鱼县知县。廉正爱民，性高伉，不能俯仰事上官。既为父兆男请封秩，遂以疾辞官。游历山川，以诗文交海内名士。倦归，筑室云溪西偏，曰丽草亭。贫而好客，虽杯酒菜根，倡和翕然。晚年喜禅学，移居溪南曰赵州庵，以蓺②菊售而自给，因更号卖菊翁。卒年七十有七，门人高凤翰为之传。其论诗以绝空辟境、自抒性灵为宗。著有《绮存集》四卷。卢见曾《山左诗钞》：霞裳诗才敏捷，尝为咏物诗十二首，田山姜③亟赏之。其《咏甘草》云“历事五朝长乐老，未曾独将汉留侯”，尤为时所称。从弟世钿，字霞渚。《旧志》：顺治八年举人，九年会副。少读书，以古人自期。与兄世铎齐名，时有“二程”之目。年二十八卒。子湄，字潜菴。《旧志》：幼孤，事母孝，苦志力学，工董赵④书法。康熙五十年举人。喜汲引后进，一时获隽者，若周卜世、王廷伟、法重辉、李观瀛，皆出其门。接物谦抑，而不可干以私，人称和介先生。未仕卒。著有《碧莲堂诗存》。孙大标，字斗枢。初入金州卫学，雍正间裁卫学归府，改府学廪生。与兄大树、弟幼樽并以文学知名。大标屡试不售，晚与法坤宏、宋廷栋辈同撰次《乡先生遗文》，存一州文献，间以诗酒自适，年五十九卒。法坤宏为之传。幼樽见“选举”。

于衣　姜錧　张宿耀　赵昌嗣

于衣，字不尘，诸生。《旧志》：衣有逸才，好游，所至名胜率多题咏。善书，精篆籀。为李世锡甥，从受诗。晚年丧明，犹苦吟不已，人谓酷似其舅。姜錧，字器山。《旧志》：附监生，考授州判职。父长植善书，能得二王遗意。錧承家学，而进以遒逸，尤擅名于时，人得尺牍以为珍。尝至京师，士大夫争购其手迹。张宿耀，字三河。《旧志》：少为诸生，性聪

---

① 《昌谷集》：唐李贺诗集，李贺亲手编写，共四卷，233首诗。昌谷为李贺出生地，后世称李昌谷。
② “蓺”：底本作“藝”，形似而讹。蓺（yì），种植。
③ 田山姜：即田雯（1635—1704），字纶霞，号山姜，德州人，康熙三年（1664）进士，为山左诗学名家。
④ 董赵：指明朝后期大臣、书画家董其昌和南宋晚期至元朝初期官员、书法家、画家、诗人赵孟頫。

敏，倜傥不群，得法寰指授，文益工。康熙二年，副使王垓出使琉球，聘宿耀为辅行。登台宣诏，状貌魁梧，音韵鸿畅，异域钦慕。康熙十一年举于乡，官海丰县教谕。文稿及《使琉球日①记》皆散佚，仅存《批点南华经》一卷及《韦斋诗草》。赵昌嗣，字百男，任子。《旧志》：善词赋，工书法，幼娴礼教。年十二，省父京师，为屠赤水②所器重。以明经历任东阿、齐河教谕。勤于课士，以敦行为先。与诸生讲明三礼，参以时制，期于可行。父殁，丧葬悉守古礼。弟八人，咸奉教惟谨，时称秉礼之家。

高弘晖　高弘逵 子瑄　**高册　高璪**

高弘晖，字旸谷。《旧志》：少负隽才，读书目数行下，为文援笔立就，为名诸生。事亲以孝闻。家故有楼，为族人所鬻，弘晖赎之，颜曰世书楼，率子弟讲学其中，寒暑③不辍。三举乡饮大宾，德行、文学为邑中冠。卒年九十七。高弘逵，字云倩，岁贡生。少负俊望，以教授养亲。父梦良病卧十余年，弘逵奉侍医药不少倦。海时行叛，弘逵方阅课文，闻变，置文袖中以奔。乱兵逐之，文落满道。乱兵相与大笑曰："高秀才，闻是好人。"乃护之归。知州某以"懿德世业"表其闾。子瑄，字德献，气宇卓荦，读书声若金石。早岁食饩，文名藉甚，日集名宿讲学世书楼。屡踬④棘围⑤，终以不克显亲为歉。居忧，哀毁绝粒，委顿不能起，家人进以药饵，乃支持营丧如礼。高册，字石函，诸生。《旧志》：潜心理学，讷言慎行，说经独有心得，足破诸家胶固⑥。张谦宜每以疑义质，辄叹服，述其问答，为文记之。高璪，字子素，弘图孙。夙颖慧，嗜读书，工吟咏。大父殉节后，孤苦漂泊，艰辛备尝，同母扶榇归里。著有《此君庐诗集》《劲草堂吟》《村留草》《病榻吟》。

张懋煌　王遇明　崔敷极　崔居易　姜长华

张懋煌，字子辉。《旧志》：父榴徵，性孝友，少遭悯凶，徒跣千里以奔母丧。接人谦让，无所矜饰。明季土寇蜂起，以长厚，相戒无犯其门。懋煌颖敏过人，读《通鉴》岁必一周，后以淹赅称一州文献。由岁贡除长子县县丞，仕优则学，历一考即告归。兄殁，有遗债，懋煌不忍累诸孤，鬻己产偿之。与季弟相友爱，里人有借券百余纸，未尝言索，或恤其子孙。卒年八十一，著有《胶西科第考》。子谦宜，别有传。王遇明，字宜之。《旧志》：恩贡生，教授生徒甚盛。性好义，能披肝胆，急人患。即墨土寇围城且久，杨晋生来胶乞援，遇明为力请于镇府。围解投赠，一无所受。晚年推明濂洛⑦之奥，多所著述。知州孙蕴韬尝称其文行兼优。崔敷极，字御六。《旧志》：岁贡生，刻意励学，读书大珠山，寒暑不辍。五年学大

① "日"，底本作"目"，据道光《重修胶州志・艺文志》改。

② 屠赤水：即明代文学家、戏曲家屠隆（1542—1605），字长卿，号赤水、蓬莱仙客、鸿苞居士，浙江鄞县（今宁波鄞州区）人。博学多才，诗文、戏曲、书画造诣皆深。

③ "暑"，底本作"署"，据文义改。

④ 踬：事情不顺利，受挫折。

⑤ 棘围：指科举时代的考场。

⑥ 胶固：固陋，拘执。

⑦ 濂洛：北宋两个理学学派。"濂"指濂溪周敦颐，"洛"指洛阳程颢、程颐。

进，试辄冠军。性友爱，兄弟五人析产日，敷极独泣曰："异日有余，不足致不同矣。"后数岁，兄弟皆剥落，复同爨如初。崔居易，字香山。《旧志》：副贡生，性醇和，乐道人善，凡潜德芳迹，俱搜罗成帙。家贫，鬻产刊传，事物必核其实，遂成邑中文献。所为诗歌，浑朴古茂，皆名教中言。著有《忠孝节义录》《香山文集》行世。姜长华，字蔚宗。《旧志》：博学能文，教授乡里，好奖励人材。李廷献少贩鱼盐，长华识其才，美饮食，教诲之。为诸生，有文名。长华后以副贡为文登训导，造就多士，称循职。

张燕翼 从子在渭 **张禋 张泰**

张燕翼，字敬堂，文嵋子。性敏慧，究心四子书，好读程朱文集。康熙四十四年举人，选单县训导，善陶成士子。告归，家居十余年，汲引后学，以经书文章自娱。晚年尤邃于《易》，著有《周易会解》《四书精义》。从子在渭，字磻溪，增生，能承家学。著有《四书益文录》《嘤鸣诗集》。张禋，字仲馨，诸生。《旧志》：学问渊博，通历法，精易数。尝注性理以训生徒，晚号河东睡翁。卒年九十五。著有《二沽三议草》。张泰，字鲁瞻，诸生。《旧志》：家贫好学，兄早世，事嫂有加礼。究明理道，不苟为文章。著有《孝感录》《奇怪姓略》《万言灯》《鲁斋杂录》《西田遗诗》十余种。

宋之钊 唐桂 陈之遵 苏潜修

宋之钊，字仙水。《卫志》：岁贡生，少孤露，力学能文，教授生徒，不厌谆复，文风为振焉。唐桂，字月宾。《卫志》：性迟钝，数日读一艺，苦读不辍，久之，一过即能记忆。为文拈笔立就，屡为学使所赏，后进咸敬师之。陈之遵，字孟公。《卫志》：岁贡生，幼丧父，事母尽孝，养两幼弟，既婚，尽以旧产畀两弟，携妻子设教诸城以自给。仲弟亡，抚其遗孤如己出。之遵学识通达，善翰墨，尤精性理家言，著有《四书朱注衍义》二十卷。中年以"学悔"名其堂，盖老益进德云。苏潜修，《卫志》：性嗜学，尤留意文献，邑中节孝、义行及先辈诗文多所纂集，广谘博访，至老不倦。以岁贡任日照县训导，著有《灵山卫志》四卷。

张谦宜

张谦宜，字稚松，一字山农，懋煌子。《旧志》：少年落拓，以诗名。中年折节读书，尤沈酣程朱之书，多所心得。年逾六旬举康熙四十五年进士，不仕，闭户著书，终身不辍。当未第时，尝拟郊社策，设为问答。其文宏衍渊深，能探经义而折其衷。文曰：朱子曰，"礼者，天理之节文也"。有条不紊谓之理，通达无碍谓之理。故溷乱邪杂，与夫人情所不惬者，皆非天理之本然，而节文所不必及也。请历辨前人之误，然后折衷以经典，庶乎其可信已。据《虞书》"类于上帝"之文，以为合祀天地者，丘仲深①也。天与地本异体而作配，非一体而为类也。观健顺之异性，生成之异用，清浊之异气，其非类也明甚，如之何强合也？其偃位之祭，与郊不同，焉得援一时之特典，定万古之常祀乎？天犹父，地犹母，父母可以共室，可以共食，此论其常耳。至有大事，如冠婚祝贺之类，宾从满堂，优伶奉伎，置母末座而饮食之，于心安乎？于理顺乎？宜六宗群神功

① 丘仲深：即明代文渊阁大学士丘濬（1421—1495），字仲深，琼山（今海南海口琼山区）人。景泰进士。掌内阁四年，熟悉当代掌故。

德万不及地，而犹得各享其祭，独简于地，仅使附食，有是礼乎？类祭之设，谓祭天而次及地，可也，谓祭天而不及地，非也。父可统母，而谓母氏衣食尽取父之馂余，故敝者用之，圣人无此法也。天一而已，为有六天者，郑康成[①]信谶纬之误也。以形体谓之天，以主宰谓之帝，以高大广明谓之昊。北极一小星，岂足当之？天之功用，分为五行，气之始也，而配以太皞、少皞、炎帝、黄帝、颛顼，则鬼属也。名以威灵仰、赤熛怒、黄枢纽、白招拒、黑汁纪[②]，则神属也。岂统摄无为之尊乎？且感五行而成形，何人不然？而以为始祖所自出之帝，谬矣。夫自出之帝，如后稷之于帝喾云耳，岂感生之说哉？王者受命，天地合德，而各以金木水火土相胜，又何谬也？子思曰："其为物不贰，则其生物不测。"若天分为六，地之承乎其下者，几何不拆裂乎？谓古无北郊祭地于社者，胡五峰[③]也。尝考立国之制，中朝左祖右社，径自库门以西，又折而北，所祀者畿内之土神耳。诸侯卿大夫迄于庶民，皆得立社。若坤德载物之地祇，惟天子得母事之，以与天配，非臣民所敢干也。所谓北郊，以方泽而知之，逼近公朝，焉得有泽乎？且祭天地必于郊者，何也？其气盛，非庙所能收；其形大，非主所能招。故即空旷洁清之处，以分致其诚。天，阳也，因高而祭，欲其焚燎之气上腾；地，阴也，因卑而祭，欲其沈埋之味下浃。古人行礼，皆有实意，行乎其间，而不敢苟主祭而鬼神享，正谓此耳。由是言之，谓无北郊者，亦非也。汉自武帝以前，惟知有秦法，孝武而后，皆惑于机祥，封禅庞杂，子长盖以示讥，而班史取补郊祀，志则邪慝之鬼神，并资掌故矣。以配天言之，汶上明堂已不合周制，所祀者太乙、五帝诸贵神，非郊天也。高庙神座与之对，非侧配也。登封则祀，过则已焉，非岁举也。成帝知其滥，而复南北郊，亦尝分祭天地矣。平帝之世，王莽专媚其姑，故合天地于南郊，而以高祖夫妇为配，固已黩乱尊卑，等威灭裂，乃其行之也。又以冬至分高帝于南，夏至分高后于北，仆仆奔走，岂有人理乎？夫贼臣妄诞，中兴不能革而踵行之，吾固知光武无学，同符于龙准矣。两汉以讫六朝，儒者惮于复古，又好姑息人主，以成骄亢，袭合食而不知其非，但欲节劳省费，乌知有事亲飨帝者哉？唐永徽中，虽革六天之妄，而合祭之陋不改。明皇好道，升老聃于天皇之上，分祭天亦不享，况合祭之陋乎？宋好矫诬，始于真宗，天书一出，无事不妄。继以徽宗邪暗，奉方士为师保，其视公共之天地，如独秘之灵神，视特举之巨典，如宫闱之醮箓[④]，此天地之所弃绝也。　分祀于元丰六年，余则合祀如故。开国之主多卤莽，守成之主好因循，何足怪哉？明洪武初年，亦尝分祀，从老儒旧说也。其后水旱不时，但当悔杀戮之酷惨，改号令之舛错，而乃合天地为一区，此何为也？其为坛也，覆以享殿，刊石为主，夫亡国之社屋之，此大忌也。一殿一石，谓足以容致天地耶？师心自用，而不通于古，人莫敢谏则有之，非不易之典矣。嘉靖虽非其人，而规恢亦欲近古，独北郊筑坛，不合方泽之义，必如元制，就地为壝而不至太高，庶为似之耳。当时张方并妒夏言，于是曲说阻挠，以周正建子，冬至祭天在岁首，夏至祭地在岁半，遵夏正而行周礼，则先地后天而失序，此不知气候之言也。夫一日之气，始于子，盛于午，而终于亥，一岁亦然，千百岁亦然。古之推历元者，于癸亥冬至取甲子，谓节气已交也。以此断之，今岁之冬至，即来岁之初元，迎气而祭，是谓太始，何名后天也？且周祀天于正月，犹属子气，明祀天地于正月，已属寅气，三阳俱足而后祭，不已晚乎？设曰人间节序，莫大于元朔，而迎阳冬至，迎阴夏至，又不可以人节比矣。尝考之春秋，鲁郊凡九，惟宣公三年、成公七年、定公十五年、哀公元年，四郊在正月，然俱以牛伤不果，余皆以四月九月，是周人而行周礼，亦有不合者。以日躔[⑤]论之则冬至，以国史按之则春正，名实乖矣，礼于何征？宜孔子欲行夏时哉！今以夏时而仿周礼，与报本返始之义悉合，尚何哓哓之有？九祭之说，亦起于康成。如其所言，冬至祭北极，既不可以言天矣，四郊五祭，尤为舛错。青赤白各按方位，彼黑帝之祀北郊，不嫌于妨地祇乎？土王四季，而特于季夏祀黄帝于南郊，以位以色，何取焉？秉受五帝之精，何时不可生人，而偏在寅月，以木气乘火，与五德不偏枯耶？龙见而雩，祈雨泽也，雨师主之，

---

① 郑康成：即郑玄(127—200)，字康成。北海郡高密县(今山东潍坊高密)人。东汉末年儒家学者、经学家。

② "威灵仰"至"黑汁纪"：威灵仰为东方青帝，执"规"；赤熛怒为南方赤帝，执"衡"；黄枢纽为中央黄帝，执"绳"；白招拒为西方白帝，执"矩"；黑汁纪为北方黑帝，执"权"。五帝分管五方，各执一样权威法器。

③ 胡五峰：名宏，字仁仲，南宋初著名学者。

④ 醮箓：指封建帝王或道教的神秘文书。

⑤ 日躔(chán)：太阳视运动的度次。

而总归五帝，信乎？帝各一方，而借寓南郊，顺乎？况严父配天于明堂，取纯亦不已之义，而五帝者，皆天之佐使也。然则因大臣而通人主，不几于媚灶之术乎？宜先儒讥其儿戏哉！大抵天地至尊，故南北郊亦至尊。每岁一举，而不可以他祭免者也。袁桷①之讥，以为祭天无间岁者，所以正数岁一郊之误，与夫临时摄行之非。元虽不用，而理胜者优，此议礼家所必采也。又谓群祀合祭，非周公之制。至哉斯言！可谓独尊天地而得其正矣。譬之享父不及家老，享母不及保姆，所专致者有主也。郊祀天地之次日，乃及星辰寒暑、海岳镇渎，岂有所不可哉？夫祭不数举，则诚意聚；祭不滥及，则诚意通。此主敬感格之理，岂曰仪文度数而已哉？其别著有《尚书说略》《四书广注》《质言疏义》三种，《州志别本》《古文丛语》诸书，皆为时所重。年八十三卒。

法檼 子光祖 从子宗焞 辉祖

法檼，字輿瞻，一字书山，若真子。《旧志》：康熙五十四年进士，官大理寺评事，充乾隆十二年顺天同考官。十五年，典试山西，前后得钱以垲、甄昭、李周望诸名士。以积劳，待迁主事，未实授。告终养，归家居三十年，不与官府事。著有《书山草堂诗稿》二卷。子光祖，字幼黄，监生。善画，颇似其祖若真笔。子坤宏、坤振、坤厚，别有传；基昌，见"选举"。檼从子宗焞、辉祖。宗焞，字中黄，诸生。苦志力学，好著书。少为学使赵申乔所赏识，晚年以病废于家。著有《墨山堂全集》《铁麓山房诗》二卷。辉祖，字稚黄。以荫生授行人，迁内阁中书。壮年告归，耽游山水，历大泽、二劳、五莲、九仙、华泉、灵岩诸胜，复浮淮溯江，登金焦，望衡庐而归，结庐大珠山石门磵以老。著有《念庐诗》四卷。

赵充庭 纪汝奭 焦复亨

赵充庭，字初筵，廪膳生。《旧志》：少孤贫，授徒养母尽欢。康熙元年，岁大饥，三日不食。张御史洽馈之粟，不受，侍御遣使致辞，充庭曰："吾恶夫无处而馈者，今周之，斯可以受矣。"侍郎冯公景夏②前知州事，雅重之，不获一见。后过里门，问赵先生安否，式③其庐而去。雍正初，州人拟举充庭贤良方正，力辞之。后州察举孝友，促之行，以母老诣官陈诉，情词悲苦，弗许。因翰林赵泰临以请，乃许之。既卒，法坤宏为之传。著有《匏村诗集》。纪汝奭，字景召。《旧志》：幼孤，受兄教成立，补增广生。为文雅洁有法，教授生徒甚盛。后为戚党所陷，感公冶事，作《难中十艺》。莱州守延之教其子，乃更名汝迁。援例入国子学，试京兆闱，再荐不售。既卒，门人高凤翰、张存仁等私谥"文惠先生"。著有《难中十艺》。焦复亨，字七来。《卫志》：父亮，字仲熙，岁贡生。家贫，嗜读书，不问生计，临老手录天文、地理、先儒语录数十卷，示子孙曰："以此贻尔等。"复亨自少砥行励学，以贫授徒四方，积书仪以养亲。父殁，继母郭耄老，家人谗构，变起阋墙④。复亨夙夜祗惧⑤，卒底于欢。先后十赴乡举，不售。既老，以拔贡除阳谷县教谕，未之任，改郓城。

---

① 袁桷（1266—1327）：元代学官、书院山长。字伯长，号清容居士。

② 冯公景夏：即冯景夏（1663—1741），字树仁（一作树臣），号伯阳，清浙江桐乡人，胶州知州。

③ 式：通"轼"。古人表达敬意的一种礼节。

④ 阋墙（xì qiáng）：指的是兄弟之间不和。

⑤ 祗惧：敬惧，小心谨慎。

既得貤赠二亲，泫然曰："禄不逮养，吾此行只为荣亲计也。"即投牒①归。与人语，下气怡色，讷讷如恐有伤。意所不可，强御莫能夺。大僚某，故门下士也，招复亨，将疏荐之，坚辞不往。未几某败，人服其见。几初，胶之乡前辈王少司空纮、赵太史泰临、张进士谦宜互相主持文坛，复亨通经学古，泊然墨守，精心孤诣，独辟门径。三人相继卒，复亨岿然独存，为一邑文望者六十年。年八十八卒，乡人私谥曰孝贞先生。甥法孝廉坤宏为志其墓。复亨平生为文，不轻示人，将之郓，出一帙付法甥，使选择五十余首。殁后，子汸复得遗文二十首于孝廉李观瀛家，合梓之，传于世。

赵联甲　宋振甲　宋景白

赵联甲，字步咸，初授经于其族丰玉家。丰玉好览万历人异说，听联甲说《论孟集注》，辄引异说驳之。联甲遂发愤读大全、蒙引、存疑、浅说、摘训，皆刻思而熟记之。丰玉复与辨，辄惭而退。联甲学由是进。康熙七年岁试，冠其曹。其文沈挚精微，学使周霖亟赏之，名大震。馆王氏家二十余年，尊若神明，远近秀良，投门下者日众。而联甲谦抑不自多，每有作，必就正于乡先生韩公蕴、战世臣辈，一字指摘，即面赤慄慄，改订而后已。公蕴辈死，人独推联甲为宿儒。启迪后学，悱恻恺切，与友人论书义文法，充口竭情，惟恐不悟。从游者若宋振甲、高弘撰、郭环等，皆一时知名士。据《州志别本》。宋振甲，字逸上，拔贡生。性伉逸，嗜文学。初习时艺，既悟其鄙庸，发愤读震川、荆川②诸集，祛其旧习，力为矫变腾骁之文，复沈酣于唐宋左史之书。晚年文境轻清湛逸，卒不得一第，而笃学不衰，或忘酬对，众哂为书痴。为人恂谨介特，不攀援豪贵，尤善处人骨肉间。家居教授生徒，多所成就。知州龚大良重其品，为表闾焉。著有《四书讲义》《德星堂文稿》。子孝诚，别有传。宋景白，字莲友。性孤介，不与俗伍。就试不售，遂终身不入场屋。北历燕赵，南尽吴越，以访硕儒。归，教授家塾，凡以礼来学，无不教者。授弟子以"为学体要"四则，曰：明伦纪、谨言动、甘淡泊、勤职业，违教者却之。或贫不自给，辄衣食之。及门多登科第。著有《左传钞》《莲友逸草》。

高凤翰　高铮符 子蕃仲　**薛世道** 兄世业 从孙桐　**法重辉**

高凤翰，字西园，一字南阜，曰恭子。少具异才，工书画篆刻，诗才尤敏，久困诸生。雍正五年，州牧黄之瑞荐举贤良方正，授安徽歙县县丞。时六安州知州卢见曾言其才于巡抚程元章，历署歙县、绩溪知县。两江督臣尹继善、高其倬，安徽抚臣徐本、王纮相继至，并奇其才。其倬尤雅重凤翰书画。乾隆元年，有旨征试博学鸿词，将以凤翰荐，而不果，委管泰州坝盐务，称掣事。俸满当叙升，将题补扬州仪征县时，见曾已为两淮转运使，尝为扬誉，同官有忌之者，构蜚语于其倬，控见曾与凤翰党，具列凤翰诸过。凤翰作诗以志愤冤，对簿日，抗辨不屈，得昭雪。寻病痹，废右手，漂泊江南者数年。书画惟用左手，而古趣横生，尤重于时。已而北归，制棺，营生圹，而自铭之。凤翰性醇挚，笃于孝友，跌宕诗酒，而无

---

① 投牒：投弃授官的簿录。借指弃官、辞职。

② 荆川：即唐顺之（1507—1560），字应德，号荆川。武进（今属江苏常州）人。明代儒学家、军事家、散文家、数学家，抗倭英雄。

跅弛[①]之讥。具经济才，人罕知之。终于下僚，独以书画为世重。张庚《画征录》评其画山水不拘于法，以气韵胜。又嗜砚，蓄藏千余，皆自为铭。著有《砚史》，诗有《击林》《湖海》《岫云》《鸿雪》《江干》《归云》《青莲》诸集，凡三千余首。高铮符，字子相。《旧志》：雍正元年举人。敏悟有夙慧，性至孝，父母有违言，必泣谏不避呵责，既悟乃止。祖父素爱之，别予之田。祖殁，固请均于诸父。兄殁，事寡嫂敬礼有加。善教人，尝谓："学者必使其敬畏，无暇乃能入理，垆锤[②]在我，何责顽金乎？"著有《墨阳藏稿》一卷。子蕃仲，字南州。雍正三年优贡生。少颖异，读书目十行下，弱冠有文名，秋试屡荐不售。既髦，守其家法，以礼学教授，论文绳尺先正，门下后先登贤书、成进士者甚众。卒年八十余。薛世道，字何思。《旧志》：希方子。雍正二年举人。事亲孝，执丧三年，皆疏食坐卧于地，癯瘠不胜衣。生平端方自矢，寡言笑，穷经必期于理解淹贯，学者咸就正焉。著有《周易志疑》《尚书志疑》《毛诗志疑》《楚辞志疑》《家塾语录》《椒园诗草》。兄世业，字何修，诸生。与兄世德、弟世道约为古文，弗汲汲于科名。同考官尝奇其文，荐元不遂，即不复试。居亲丧，三年不离苫块。以岁贡授德平县训导，殁于官，德平人赙送归葬。世业潜心理学，《诗》《易》各有著解，尤精四子书。著有《学庸讲义》一卷、《四书集解》五卷。世道从孙桐，字长琴。笃学力行，为诸生，试辄冠军。登莱道严有禧[③]爱其才，召入北海书院肄业。乾隆二十一年举人，大挑一等，改补沾化县训导。倡修学宫及宋五子、王将军、李烈女诸祠。诸生傅芳怀贫不能娶，助之婚。历署海丰县训导、惠民县教谕、武定府教授，监理泺源书院。能以言行为士表。寻以病告归，家居教授。五十一年饥，出粟以济族里。其秋，奉部檄截取[④]知县，以老辞不赴。著有《周易辨解》《诗经奥义》《古文稿》各一卷。世道孙维桢、维栋，维桢子雍熙，并见"选举"。法重辉，字旭升，一字闇斋，若贞曾孙。少负隽才，弱冠以文受知学使黄叔琳。雍正元年拔贡，十年顺天举人。尝游保定，为直隶督臣李卫草奏章，世宗宪皇帝亟赏之，由是大府交相延致。生平轻财重义，急人之难。尝脱侍御王某于厄，闭口不言劳，终身不见。以保荐拣发福建盐大使，题授顺昌县令。以右臂病废，罢归。贫不能自给，方伯海阳胡文伯、尚书海丰吴绍诗周之终身。卒年七十八。重辉工诗文，尤长于词。其出塞词有"黄云一抹平"句，为时所传诵，人称法黄云。著有《保阳草》《雨窗词》二卷、《闇斋文稿》八卷。

宋世峻　赵熙叟　张存仁　高鹤程

宋世峻，字东峰，榜名世藩。康熙四十一年举人，署山西徐沟县知县。以刚正不能事上官，改补济宁州学正。究心宋儒之书，精研奥义，至废寝食。著有《四书菁华》。赵熙叟，

---

① 跅弛（tuò chí）：放荡不循规矩。

② 垆锤：锤炼。

③ 严有禧：清常熟（今江苏常熟）人。字厚载，号韦川。雍正元年（1723）进士，授河南涉县知县，历迁山东滨州直隶州知州、莱州知府。乾隆三年（1738）迁登莱青道，调督粮道。著有《漱华随笔》四卷。

④ 截取：举人考中后，经过三科，未取中进士，由本省督抚给咨赴吏部候选，称为截取。

字帝载。少孤，与兄文熤事母以孝闻。博于学问，以岁贡终。著有《云鹤古文稿》二卷、《千树斋诗》四卷、《清籁词》三卷。张存仁，字伯刚，沅子。康熙五十六年举人，雍正二年会副，除陵县训导，升鳌山卫教授。以裁卫缺，改泰安府学教授。后以终养告归，作《归来吟》以见志。为学官时，勤于课士，以立身制行为勖。去陵时，顾慎行作《双松居士图》以况其操。鳌山卫学中有耐冬二株，数百年物，存仁有诗，传诵一时。性谦和，嗜学不倦，读书尝以午夜为率。著有《岱游草序》《乐轩吟》《愚亭诗集》三卷。高鹤程，字彭年。八岁丧母，哀如成人。长端方，不苟笑言。由拔贡选嘉祥县教谕，训迪士子，必本躬行，遇寒畯辄周急焉。以老引疾归，诸生祖帐二百余人。著有《槐荫堂文草》。曾孙鸿举，别有传。

匡圣时 子文昱 文炅 孙苞　**张洤** 孙宾雁

匡圣时，字际可，谧子。乾隆元年进士。颖悟好学，善制义，不规仕进。尤熟于古今地理，以河道有迁徙，地名有沿革，乃绘《禹贡山川以今舆图》释之。延掖县名宿吕司庭烜教子弟，从学者甚众。著有《筠心堂稿》。子文昱、文炅。文昱，字仲晦，一字监斋。乾隆二十七年，与弟文炅同举于乡。后屡踬春闱，遂绝进取，殚心理奥。尝语子弟曰："学者诵法圣贤，宜切究身心性命之学，以措诸实用，穷与达皆属末迹，彼夸多斗靡[①]，日从事章句者，何裨乎？"著有《周易遵翼》，大旨归于来氏知德[②]、任氏启运[③]错综之说。故曰："易之道，对待流行尽之矣。庄子所谓易本于阴阳也。"文炅，字淑辰。二十八年进士，以省母病，不与殿试。三十一年补试，授湖北保康县知县。历任襄阳、天门知县，以清静不烦为治。年五十，辞官归。与故友约为藜羹[④]之会，未尝问家计，布衣蔬食，廓如也。年逾八旬，犹能作蝇头细书，于枕上拈经义，终编[⑤]乃寐。著有《乐吟草》《四余草》。文炅子苞，字桑于。乾隆五十五年进士，家居不仕。性简默，嗜读书，终日危坐，不出户庭。与人交，初若不款曲[⑥]，然久敬弗衰。尝训子侄辈曰："汉儒经学，宋儒理学，皆以身体力行为先。即白鹿、鹅湖各有精诣，学者毋以一知半解自分门户，以议前贤。"晚年病目，不能披阅书籍，每言："吾于诸经，惟《春秋》未能上口。"因令童孙雒诵，听而熟之，曰："不意今日补吾旧阙。"其好学不倦如此。著有《春秋辑解》。张洤，字南溪。性嗜学，耽攻制义。年十五，入州庠。比长，文名益盛。学使徐铎令入泺源书院，为齐鲁高才生。乾隆六年，遂以选拔贡国学廷试至都，与武定李枬，时有山东二杰之目。洤竟不遇，归益励学。文章邃入理窟，风格高骞。年逾六旬，犹试秋闱，终不售。教授生徒，必先德义后文章。十七年，与修州志。法坤宏尝以议论不合，辞出馆，洤亦托疾不复入。著有《图书质疑》《通书孝经释义》《西铭集说》《守拙堂

① 斗靡：以词藻华丽竞胜。
② 来氏知德：即来知德（1525—1604），明代夔州府梁山县（今重庆梁平区）人。理学家、易学家，著名诗人。
③ 任氏启运：即任启运（1670—1744），清代学者。字翼圣，世称钓台先生，江苏宜兴人。
④ 藜羹（lí gēng）：指用藜菜做的羹，泛指粗劣的食物。
⑤ "篇"，底本作"萹"，讹。据上下文义改。
⑥ 款曲：衷情，殷勤的心意。

制义》。孙宾雁，字秋臣，一字雪爪。廪贡生，肄业国子监。期满，候选训导。历试七学①，所至山川、古迹、金石、遗文，无不搜讨。布政使某奇其才，令协同有司散给聊城、堂邑、莘、冠四县牛力、籽种，录其劳，饬署城武学篆。嘉庆二年返，谒布政使某，因询大小清河及会通河源流、胶莱河海运可行否，宾雁对如响应，而陈胶莱河及海运之失尤力。未几，曹县河决，宾雁举治河事宜十条上布政使，以达巡抚。伊江阿②乃檄宾雁驰赴苇河，听河道使遣。同事忌之，以为河工皆佐贰，参以教职不便。伊江阿乃饬宾雁署兖州府训导，监放曹县赈务。宾雁与各官议定，分厂散米，自冬至夏，钱粟无所虚滥。三年九月，补青州府训导。署旁有故学政赵公申季祠将圮，宾雁倡捐修之。学使刘凤诰与谈齐鲁汉儒，器重之，见宾雁所作《伏生世系》，奏请立伏生博士，得胜苗裔敬左立焉。及大计，巡抚全保以卓异入荐，按察使朱锡爵调宾雁监泺源书院。十五年，丁母忧。服阕，补莱芜县训导。二十年，复以俸满保荐。二十一年，推升江南江宁府经历，未任，丁父忧。服阕，请改复教职，历署栖霞、汶上学。道光九年冬，委署馆陶学，告休不赴。年七十九卒。宾雁学问博赡，著述甚富。历官四十年，归里，各学士子辄有来问起居者。著有《诗古音》《夏小正考证》《四书盖言》《唐书世系表考异》《伏生世系表》《州志前编》《刘志疏证》《学古编辨证》《石鼓斋笔记》《后魏文纪》《山左金石遗珠录》《食阁草》。

法坤宏 弟坤振 坤厚 从子士谔

法坤宏，字直方，又字迂斋。父光祖，中年不禄③。坤宏及事祖棂，承其家学，自童年端立懿行，嬉游无所事。及长，喜治古文，疏宕有奇气，得司马迁真脉。其舅焦复亨为郓城教谕，召坤宏督为制义百余篇，文益奇，学使徐铎特赏之。坤宏举乾隆六年乡试第二人，五策经论皆进呈，铎喜，诣主考周大璋贺得人。壬戌会试出闱，鞠翰林逊行索稿去，数日喧传都下，京师硕学宿儒如方侍郎苞、陈詹事兆仑、赵尚书国麟皆赏其文，谓得古法不在形貌。会国子监学正缺人，期为保荐，而国麟罢官不果。弟基昌殁于京邸，遂护其丧归，教授于家。州牧周于智修州志，延坤宏总其事。于智以事赴济南，幕中刘某示意曰："官府提举志局受成事，是非毁誉非所任。"坤宏乃取各家谱牒、志乘朱墨标付之，曰："一时是非之所系，百世荣辱之所关，莫重于人物一部，不可不严为区别，当俟明府回公议之。"于智旋擢宣化知府，将去，坤宏乃辞出，投书州署，志成日勿列己名。后于智丁忧归，途遇胶人，寄问坤宏，且询及修志始末，曰："法先生风义自持，不愧名家子。"坤宏七上公车，卒不第，以会试年届七旬，赐大理寺评事职，终年八十有七。坤宏交游当世，士皆博雅醇笃之儒，与昌乐阎怀庭循观、潍县韩理堂梦周尤善，于经史大义、古文体要、书札往复，皆折衷于至当而后已。耄年励学，未尝一日自倦。著有《学古编》《春秋取义测》《纲目要略》《介亭待征④录》《法氏

① 七学：唐代国子监所属的七类学校，即国子学、太学、广文学、四门学、律学、书学、算学。

② 伊江阿：拜都氏，字诚庵，满洲正白旗人。大学士永贵之子。

③ 不禄：死的讳称。

④ "征"，底本作"徵"，当形似（"徵""微"）而讹。

诗闻》《过庭录》《墨水传经录》《扶风旧德录》，惟《春秋取义测》凡九易稿而成。其自序云：《春秋取义测》测孔子窃取鲁春秋之义也。孔子之时，礼教衰微，先王经世大法荡然已无复存，欲述古以明其意，而徒托空言，无征也。乃博求当代大人有礼教之责，诸侯大夫见诸行事之实效，比义类，明是非，折而衷之以立教。而诸侯大夫行事，备载列国诸史。子曰：我欲观夏道，是故之杞，而不足征也。我欲观商道，是故之宋，而不足征也。我观周道，幽、厉伤之，吾舍鲁何适矣？吾犹及史之阙文也。盖鲁秉周礼，文、武之旧典礼经载在册府，太史职之，是是非非，无敢失周公之遗法。故鲁之《春秋》，虽与晋之《乘》、楚之《梼杌》并称，而辞约义该，信以传信，疑以传疑，考诸故府之藏，可以述往圣、诏来学，孔子独有取焉。当是时，王室东迁，周之子孙日失其序，鲁国积弱，无能自强于政治，其见诸行事，区区国故而外，惟承奉霸主之文告而已，故曰其事则齐桓、晋文。而史家记事之法，自有文例，君举必书，诸侯之会，其德刑礼义，无国不记，故曰其文则史。所以鲁之《春秋》，虽能有惩恶劝善之义，而其事其文，无关教义，拘于史例，过而存焉者，固已多矣。孔子于是笔而削之，笔其事文之足为法戒者，削其事文之无足为法戒者，故曰其义则某窃取之矣。其义，鲁之《春秋》之义。《春秋》本自有义，孔子以笔削取之，故曰取义。盖《春秋》之教，主于征信达道，据事直书，而其义自见。而说经者纷纷谓孔子作《春秋》，假《鲁史》以讥贬当世。隐闵之薨，旧史实书弑，孔子讳其文，改曰公薨。温之会，旧史实书召王，孔子嫌其文，改曰天王狩于河阳。又谓例当书爵，或黜而称人；例当称名，或进而书字。是孔子以己意变乱旧章，创作一部《春秋》，取义之旨隐矣。或曰：若然，孔子直抄写《鲁史》耳，何以谓之作《春秋》？曰：《鲁史》以劝惩举王法，《春秋》以笔削章圣教。取义之旨，寓于笔削，故曰作。《鲁史》举法而是，《春秋》特笔之，以章其是。如赵盾[①]之忠，与州吁、宋督[②]之弑同书；许止[③]之孝，与商臣[④]、蔡般[⑤]之弑同书。孔子并取之，此义明，而乱臣贼子之党，无所逃其诛矣。《鲁史》举法而非，《春秋》特削之，以章其非。如鲁群公之锡命则书，王使召伯廖赐齐侯命、王子虎策命晋侯为侯伯则不书。盖孔子削之，此义明，而假仁袭义之奸，无敢僭[⑥]其赏矣。然则诛赏者，法也；是非者，教也。法非天子不敢行，教虽庶人亦可明。《春秋》，天子之事也；笔削之《春秋》，庶人明天子之事也。故孔子尝曰：知我者其惟《春秋》乎！罪我者其惟《春秋》乎！记曰：属辞比事，《春秋》教也。韩子曰：《春秋》书王法，不诛其人身。此知孔子者也。若纷纷之论，皆罪孔子者也。坤宏，束发[⑦]受经，即蓄此疑，不揣谫陋，为取义测。以为孔子作《春秋》，一因《鲁史》旧文，有笔削而无改易。凡所谓笔者，笔其旧；凡所谓削者，削其繁。至其义，则具见于文事。吾之于人也，谁毁谁誉？子亦犹行三代之直道而已矣。於戏！此取义之微旨也夫。王克掞为之传。弟坤振，字兰埜，一字怡斋，监生。诗才敏妙，率易中往往句有天成。于郊外筑西墅，效韦家花树，与诸兄弟诗酒倡和。著有《怡斋诗》四卷、《西墅词》一卷。坤厚，字南埜，一字黄裳，监生。幼通五经大义，工画，似其曾祖若真，人称小黄山。乾隆时，帝东巡泰山，献《东封颂》。南巡，又献《迎銮诗》。待召行在[⑧]，赐缎匹。举乾隆十五年经学，十六年召试。生平雅游，所至倾倒。东国名宿二十余人结岱社，推坤厚为首。德州宋弼云：南埜与献县纪昀、平原董元度、历城周永年结诗社，皆推南埜为首。尝万里行，不

---

① 赵盾：即赵宣子，赵衰之子。公元前622年，代其父为晋国执政。

② 州吁、宋督：州吁（？—前719），姬姓，卫氏，名州吁。卫庄公之子，卫桓公异母弟。卫国第十四位国君，公元前719年在位，史称卫前废公。宋督，宋国太宰，宋国的公孙，是当时宋国国君宋与夷的叔叔。

③ 许止：《春秋》记载了一则故事，许止的父亲身染重病，熬好药之后，没有先尝尝就喂给他父亲喝。结果导致其父吃错了药而病故。当时的法官鉴于许止不存在“弑父”的动机，所以没有追究他的刑事责任。

④ 商臣：即楚穆王（？—前614），芈姓，熊氏，楚成王长子，春秋时期楚国国君，公元前625年至公元前614年在位。

⑤ 蔡般：姬姓，名般，谥为蔡灵侯。春秋时期蔡国的第十八任君主。

⑥ 僭：超越本分。古时指地位在下的人冒用地位在上的人的名义。

⑦ 束发：古代男孩成童时束发为髻，因以为成童的代称。

⑧ 行在：专指天子巡行所到之地，行宫。

治装，挐舟维扬，乱三江，逾仙霞岭，下广南，命榜人①惟其所至。坤厚为诗，无所依傍，一意孤行。吴越诸名士评骘其诗，咸以《建川草》为集中之冠，如燕公得江山之助云。著有《荫松堂诗②集》十六卷、《白石居文集》四卷。从子士谔，字尺水，诸生。博奥工诗，著有《疥驼集》《艾炷集》《拟金源宫词》《咏史小乐府》。子嵩龄，见“选举”。

匡淑烈　高蔚越　王克掞 从子夏　**王毅　赵节**

匡淑烈，字丕承，一字愚亭，增生。敦孝友，好学能文，以教授糊口。爱张维祺之才，不责束脩，尽其教。维祺成进士，终身称师德不衰。王毅及维祺弟斅谦、邓元炳皆出其门，为邑名宿。高蔚越，字扬夫。少为诸生，有文名。以举人大挑一等，改补高苑县训导。训及门③如子弟，高苑文风日进。以疾卒于官。书学颜、柳，诗不存稿。王克掞，字幼藻，一字至泉。性颖异，家贫力学。乾隆四十二年举人。中年即绝意进取，隐居教授。与从子夏并殚心经史，好考据，多著述。于经传可疑者，互相发明；于诸史得失利弊，辨论皆精。博观诸子百家与历代先儒所传而约取之，各手钞为秘本。克掞品度端凝，学识淹通，与夏共为一时名宿。游其门者，辄成名以去。著作甚富，多散佚。其可考者，《通鉴摘钞辨正》《礼经考正》附《毛诗》《尚书》《左传》数种，考订《尔雅》《周易》《尚书》《毛诗》《论语》《孝经》《公羊》《谷梁》《左传》《礼记》《老子》、古字、古韵共若干种。又《经史音字考异》《读史杂录》《古字考据》《注释昌黎全集》、诗古文、时文稿俱藏于家。夏，字大村，一字蜀子，寯孙，岁贡生。子早殁，无孙。著作多佚失，传者惟《周官释略》六卷，《大村制义》《诗草》各一卷，《史记论文》四卷。王毅，字鹖子。父早殁，母耿氏以遗腹五月生毅，随母育于舅氏。稍长，读书绝颖悟，事母孝谨。母少不适意，必长跪请罪，得解颜而后起。年十三将赴试，母怜其弱龄止之。愀然曰：“儿愿早博科名，以释母怀，辛苦弗恤也。”母许诺，乃行，遂补诸生。学使赵佑、谢溶生皆赏其文。家贫，以授生徒养母，文名日盛，生徒益进。尝谓：“制艺④，士子所由进身不可苟。理不本程朱，皆伪学也。法不准归唐、金、陈⑤，非正宗也。”读经史古文，皆有心得。于四书传注，抉摘尤精。毅性澹泊自守，接人如霁月光风，望者知为醇儒。与张维祺少同学，师事和刚中⑥，皆笃内行，以显亲为志。维祺举进士，仕至河间同知。罢归，毅犹困诸生间。嘉庆二十二年，始以岁贡部铨临朐县训导，而毅已卒。著有《四书义》《鹖子文稿》。赵节，字子安，一字子勍。少为人牧牛，牧主以午节与群牧钱各二佰。节得钱，市《佩文诗韵》二册，坐瓜庐中视之。值微雨，有塾师过之，问：“识否？”曰：“不识也。”问所从来，曰：“吾持钱入市，见无如此佳，故购之。字可尽识乎？”师语之，大悦，应如响，乃召其父问之曰：

① 榜人：船夫，舟子。
② “诗”，底本为“诸”，讹。据道光《重修胶州志·艺文志》改。
③ 及门：正式登门拜师受业的学生。
④ 制艺：亦作“制义”，指古代在考试时作的文章。明清两代一般指八股文。
⑤ 唐、金、陈：唐代的三高僧唐义净、金和尚、陈玄奘。
⑥ 和刚中：清代诗人，河南举人，乾隆二十六年（1761）补长阳县。

"君生子若此，奈何不使学而妄为人牧牛？"节父曰："牧可自食。"师笑曰："吾力能食而教之。"节父谢之，乃令从师读。博学嗜古，颖悟过其伦辈。乾隆五十三年，学使赵佑按试莱州，招覆优等。已出榜，幕友持节卷将置败等。佑览之，惊曰："首艺，余庶企及之；次艺，谢其古奥矣。"乃更出牌曰：阖郡超等生员某节。自是名重齐鲁间。次年，举乡试副榜，后以老生入闱，钦赐国子监学录衔，寻卒。著有《禹贡今释》一卷、《待征录》《读史记疑》。子不能继父业，皆亡佚。

高裕业　匡文坛　崔宏远　宗其彦　纪圣谟 从子熙瀛

高裕业，字德舆，廪生。性笃孝，少颖慧。十二岁应童子试，为州牧某所赏。学使赵佑谓其文似嘉鱼①。教授生徒，贫者辄却其束金。后馆于直隶，以奔侍父病得疾。父殁，复过哀，遂卒，年三十九。著有《耕读家藏稿》。匡文坛，字杏游，岁贡生。家贫，佐弟力农，读书不辍。教授乡里，为时所重。高照业、孙友于、孙汶皆其门人。崔宏远，字象溥，岁贡生。家贫，好读书。昆季五人，宏远最少，能尽孝道。为人谦和，无矫伪。乡闱屡荐不售，以教授后进终身。既老，家渐丰，从游多寒畯，赖其力不废业，至于成立者居多。宗其彦，字潞公。性孝友，事父母先意承志。中年偕弟读书珠山。弟卒，遭父母丧，皆哀毁过度。家贫，教授生徒，穷乏者却其脩脯，多所成就。州牧张玉树将修州志，以灵山卫事属之。玉树去官不果，遗稿犹存。乾隆末，诏举孝廉方正，邑人将以其彦应，力辞不就。十赴乡举，不遇，以岁贡终。纪圣谟，字莞谷，岁贡生。倜傥不羁。少为诸生，北游燕赵，南极吴越。归后，州牧张玉树延主讲珠山书院。为诗尚气魄，有横槊磨盾之概。间作小词，其《感怀满江红》《忆旧最高楼》，尤脍炙人口。著有《东皋居士诗稿》。从子熙瀛，字秋溪，诸生。早丧母，父病癫，奉事备极艰苦。家甚贫，以教授养继母尽孝。母殁，居外舍三年。弟殁于京师，徒步迎柩归。屡赴秋闱，荐不售，竟殁于济南。著有《秋溪诗草》。

王楹　张宁蕴 子抡彦 **张寿颐　张颖建**

王楹，字玉亭。少勤学，以贫去而服贾数年，复发愤读书。登乾隆六十年副榜。善诱后进，一时英才多出其门。楹善翰墨，嗜摹欧、褚两家，书辄毁之，片纸不存，盖深知其难也。张宁蕴，字鲁水，秉义孙，恩贡生。幼颖异，性严毅，博读群书。童年为诸生，试辄冠军，屡蹶棘闱，遂绝意进取，以启诲后学为事，多所成就。子抡彦，字公选，岁贡生。嗜古学，为文卓荦闳肆，有秦汉风，不屑趋时。中年谢绝世务，闭户读书，经史百家互相考证，博而能精，溽暑祁寒未尝少辍。著有《礼记集义》一卷。张寿颐，字山雷，恩贡生。性循谨，与兄寿灏友爱无间。幼嗜学，既耄不倦，解经不专倚注义，能引说而折其衷。著有《周易纂要》二十卷、《尚书论文》四卷、《四书会解》三十卷。张颖建，字企端，恩贡生。少孤，苦志力学，五经无不熟习，尤嗜《左氏春秋》《朱子纲目》，至老诵读不辍。性孝友，不苟取于

① 嘉鱼：指清初胶州诗人李世锡，顺治十八年（1661）进士，官湖广嘉鱼县知县，故人称李嘉鱼。高风翰师。此指高裕业文风似李世锡。

人。兄希靖中年丧妻，遂携其子勤塈入即墨山中，为道家弟子，身自为佣。颖建徒步至山中，将与兄及从子勤塈归，道士不允，颖建陈于官，乃得偕归。与兄同居，使勤塈复儒业，后食饩。颖建老无子，故人孙友于赠钱二百缗，使置二妾，卒无子。友于殁，颖建舌耕所积，足其数以偿友于子泌，泌力却，颖建强置之。颖建殁，泌尽以赙。

王翼周　宋绳祖 族弟达孝　**高珽方　逄克家**

王翼周，字维之，附贡生。其先云南乌撒卫人，自明时迁胶。父承先，监生。翼周年十七失怙，事母陈先意承志。母性畏雷，天阴在外，必趋归，虽夜必兴，以待霁乃已。笃行好学，栖霞牟贞相令肥乡，闻翼周名，延诲其子弟。贞相卒，宾从解散，翼周独留，遣人护其妻孥还里，而身为谋补匮帑，三年乃归。以母老不复出，家居教授以终。晚年好读《易》与《仪礼》，各择善本手录之。《仪礼》自宋杨复本朱子意为《仪礼图》，世称绝学。清钦定礼节图采元敖继公说，正订而稍增之。翼周复依张尔岐《郑注句读》，采经文备分图之，士冠礼增图八，士昏礼增图五，士相见增图六，乡饮酒增图四，乡射增图二十二，燕礼增图九，大射增图三十一，聘礼增图二十二，公食大夫增图八，觐礼增图二，士丧礼暨既夕增图十四，士虞礼增图五，特牲馈食增图二十二，少牢馈食增图十五，有司彻增图十四，惟丧服一卷无所增，合原图共三百六十有二。杨氏旧图三百五，钦定增十一，图凡一百一十六，今又增一百四十六也。盖杨氏旧图举其节要，钦定义在考其位次，翼周详述经文，无所遗漏，虽义无创获，而不惮详绎，以启后学，亦可谓善因者也。又著有《墨南诗草》一卷。书法师徐季海《不空碑》①。既耄，犹能作真行细书。年九十八卒。宋绳祖，《艺文》作绳先。字步武。二岁而孤，随母居外家。稍长，从高密李宪暠受业。去家四十余里，朔望必归省，寒暑风雨不敢爽期。宪暠尝称其孝，以励及门。乾隆五十九年举人，官嘉祥县教谕，监泺源书院。幼嗜吟咏，暮年尤寄托遥深，悉遵宪暠所授"主客图诗法"。著有《松涧诗钞》二卷。族弟达孝，字仰周，诸生。年六十，未解声病②，绳祖见所作绝句，谓弟非不能也，不为耳。且戏曰："何不为长者折枝③？"授以《主客图》，达孝读之而乐，乃日为诗，数阅月，得五律若干首。绳祖名之曰《折枝集》。年八十，以岁贡选济南府学训导。又三年，告归。高珽方，字搢玉。祖敬业，增广生，肆力经学，常终日危坐，琅琅出金石声。著有《高氏世德录》。先是，敬业数与法坤宏辨析《易》理。珽方六岁，立于侧，偶示以卦位，即欲求其故。坤宏惊曰："具此宿慧，真读书种子。"珽方稍长，颖悟绝人。为诸生，学使赵佑重其才，勉以古之立言者为程。珽方自是不屑尚词华，究心洛闽之学④，文以震川、荆川为轨法。肄业胶西书院，山长薛宁廷、周堿并器重焉。堿嘱其子虎拜师事之。虎拜，成进士，令某县，延以教其子。珽方晚年精于

---

① 《不空碑》：指唐徐浩的《不空和尚碑》。徐浩（703—782），字季海，浙江绍兴人。官至彭王傅，赠太子少师，谥曰"定"。

② 声病：指诗文声律上的毛病。此指不通声律。

③ 折枝：比喻为长者效劳。指拜师学作诗。

④ 洛闽之学：洛，指宋儒程颢、程颐的学术思想。闽，指宋儒朱熹的学术思想。

《易》，著有《易翼皇极》。逄克家，字季绳，一字介民，世宽孙。父洵殁，克家时年十三，哀毁如成人。既长，敏悟好学，师事王毅、张维祺、张斅谦、王克掞、王夏诸名宿。初为诸生，有经世之志，而屡试不售。按察使李文耕初来知州事，议治河道。克家上浚云议，文耕嘉其留心世务，大有才识。克家性孝友，兄克传久病，克家亲侍汤药者年余，卒获愈。以母胡氏病患咯血，克家潜心内经，遂精岐黄术。家渐落，兄弟群从皆仰给于医，然未尝索人谢。从妹高贫寡无所依，克家迎养终身。道光十四年，州牧戴屺至，闻其名，延胗疾，遂为文字交。屺厅事内外皆悬克家所书己诗，克家朝夕出入，未尝言公事。屺赠诗曰："得友澹台似，斯人偃室来①。"其见重如此。克家为文能脱时蹊，得古文意。书学褚登善、孙虔礼②，尤以诗名。著有《析酲忆录》八卷。以上《前志》。孙润古，别有传。

张颀　纪之竹 兄之石

张颀，字柞材，谦宜子。家于不落林。笃学工诗，高凤翰评其足以传世。著有《病中枕上吟》一卷。纪之竹，字友筠，号德园。康熙己酉举人，授章丘县教谕，升四川石泉县知县。工书法，癖好王孟津③墨迹，收藏尤富。故其书法纯学《拟山园》，而有出蓝之目④。凡遇孟津片纸只字，虽极拮据，必多方购之。著有《渭川集》行世。兄之石，字友麓，恩贡生，署曲阜县教谕，著有《那罗斋诗稿》。之石孙有堂，别有传。

孟嗣宣　王仕　宋兆彤　宋尔璵　纪圣选

孟嗣宣，字希文，诸生。幼嗜学，善教后进，一时得举者，若王景曾、宋健、杨维梁，皆其门下士。王仕，字少尹，纮曾孙。性情孤高，书法古劲，不论篇幅，任意疏密。诗亦不拘前人法，律有"风斜雨点长"之句，尤为当时所称。宋兆彤，字采臣，诸生，云会孙。八岁能作白描画，师王夏尝以"秋水为神玉为骨"评其诗文。秋闱屡荐不售，年三十六以疾卒。宋尔璵，字介西，诸生。性真朴，喜吟咏。族兄潢，官临武，邀去教子。归后得诗一卷，中有《登岳阳楼诗》尤佳。纪圣选，字青子。博闻强记，工诗，兼精词曲。感刘子羽为王竟报仇事，为作《青衿侠传奇》。

张群雁 子庸坊 从子民坊 言坊　**高徽峒** 子履方

张群雁，字不群，宾雁弟。附监生，同知衔，甘肃庆阳府安化县县丞。学问渊博，著作宏富，至老不倦。著有《诗经经典释文考证》一卷、《尔雅草木虫鱼辨字》一卷、《修史管见》一卷、《梓里拾遗》一卷、《刘志疏证补》《字典补注》《方言》《不误斋丛书》各若干卷，俱未梓，惟《啃咋草诗稿》一卷行于世。道光二十五年重修州志，聘群雁分纂，多

---

① 得友澹台似，斯人偃室来：此典故涉及孔子的两个弟子澹台灭明和言偃。澹台品行端正，"行不由径"，不对上司奉承。言偃有治才，宰武城时，澹台在言偃手下做小吏，孔子问言偃有人才否，言偃说："有澹台灭明者，行不由径，非公事，未尝至于偃之室也。"此诗意大家似澹台。

② 孙虔礼：即孙过庭(646—691)，名虔礼，以字行。杭州富阳(今属浙江)人，一作陈留(治今河南开封)人。唐代书法家、书法理论家。

③ 王孟津：即王铎，生于孟津。

④ 出蓝之目："青出于蓝"的略语。多用以比喻弟子胜过老师。

所考证。卒年八十四。子庸坊，字用之，庠生。著有《诗字形声说》《易韵》一卷、《发捻寇胶记》《警报记闻》《方言》《逢阳陋室草》各若干卷，俱未梓。从子民坊，字礼仲。博学洽闻，年四十后闭户读书，不图进取，著有《州志补遗》一卷、《乡井故实》一卷，未梓。言坊，岁贡生，候选训导，与兄民坊同校修州志。高徽峒，字同山，琦从子，恩贡生，候选直隶州州判。幼颖悟，长于古文，讲学以居敬存诚为主，喜诱掖后进，尤能急人之急。亲族有鬻女者，炎暑中奔走汗喘，称贷赎归。徽峒长兄以商业亏资，慨然出公中田产抵还，乡里皆推重之。著有《诗经管见》数卷存于家。子履方，拔贡生，主讲灵山书院，学行无忝父风。

李慎典　宋观炜　李之雍 弟之汉 从子振芳

李慎典，字徽五，增生。幼敦内行，言笑不苟，作文援笔立就，不落恒蹊①。以家贫弃学入质肆。年二十四，值某肆歇业，因复读入邑庠，家亦渐裕。道光十六年，岁大饥，常减食以周邻里，每以力薄不能遍及为憾。居家以孝友称，教授生徒，多所成就。尝言："汉儒精训诂，宋儒精义理，二者不可偏重。毛西河②、戴东原③宗汉儒以抵程朱，方望溪④、姚姬传⑤义理宗程朱而博稽汉唐。江子屏⑥作《汉学师承记》，凡宋儒学说遗置弗录。阮文达⑦订经解千四百卷，而于方、姚注述一字不收。分门别户，贤者不免。"拟就二者酌中以立说，俾学者有所遵循。惜志未逮，病卒。子林长、林贞，见"选举"。宋观炜，原名恩溥，榜名季子，字润生，号幼海。博学能文，咸丰戊午举人，己未成进士，官礼部主事，加四品衔。以《纂修佩文韵府》为庞钟璐侍郎所嘉许，尚书徐桐取其手笔长于史汉⑧，每有题奏，辄委主稿。时部务纷繁，日不暇给，观炜勤慎趋公，率夜分不得寝，由是积劳成疾。光绪八年卒于官，未竟其才，人咸惜之。著有《纂修佩文韵府》《鸡肋集》诗稿若干卷。李之雍，字砚泉，号莲舟，鸣谦子，岁贡生。幼承家学，性耽著述，于邑中孝义、节烈诸善行，尤极力表彰，至老不倦。道光二十六年，与修《前志》。著有《胶迹纪近吟》百首，补《前志》所未载者。年近八旬，与纪秋溪、杨云台、纪蔼堂诸先生迭主骚坛，唱和不倦。著有《砚泉诗钞》《古文草》数种、《砚泉杂著》《胶谚征字》各一卷，藏于家。弟之汉，字南舟。年少家贫，弃学

---

① 恒蹊：传统，俗套的意思。

② 毛西河：即毛奇龄（1623—1716），明末清初学者、文学家。字大可，又字齐于，号西河，学者称其"西河先生"。

③ 戴东原：即戴震（1724—1777），清思想家，朴学皖派主要代表。安徽休宁人。博闻强记，对天文、数学、历史、地理均有研究。著有《原善》《原象》《孟子字义疏证》等。

④ 方望溪：即方苞（1668—1749），字凤九、灵皋，号望溪，安徽桐城人。清代文学家，首创文学流派桐城派。

⑤ 姚姬传：即姚鼐（1732—1815），字姬传，一字梦谷，室名惜抱轩，世称"惜抱先生"，安徽桐城人。清代文学家，与方苞、刘大櫆并称为"桐城派三祖"。

⑥ 江子屏：即江藩（1761—1830），字子屏，号郑堂，晚号节甫老人，江苏甘泉（今扬州）人。从惠栋弟子余萧客、江声学，博通经史，兼善辞章，以《国朝汉学师承记》《国朝宋学渊源记》著称于世，为乾嘉时期"扬州学派"的代表人物。

⑦ 阮文达：即阮元（1764—1849），字伯元，号芸台、雷塘庵主、揅经老人、怡性老人，江苏扬州仪征人。清朝中期官员、经学家、训诂学家、金石学家。

⑧ 史汉：《史记》和《汉书》的并称。

习商贾，然性嗜吟咏，尝有“咏癞葡①萄”诗云：“本是葡萄种，人皆以为癞。不失赤子心，虽丑亦何害？”采入新《山东通志》。著有《观书采录》若干卷。从子振芳，字子麟，恩贡生，候选直隶州州判。性孝友，敦品励学，名重于乡。教授生徒，必以躬行实践为归。一时从游者，若徐宗稚、王叔谦辈，皆名下士。振芳堂兄清芳，幕游安徽，遘急病殁。二子尚幼，振芳力任艰苦，间关数千里，扶柩归葬。著有《征途痴景诗草》一卷。

柯蘅 兄𥶸

柯蘅，字我兰，号佩韦。庠生。幼好许郑之学②，尝以《史》《汉》诸表为纪传之纲领，而讹误舛夺最称难治，乃条分缕晰，著《汉书七表校补》二十卷。尤长于诗，著有《说文考异》《声诗阐微》《杜陵拗律审音》《杏花春雨堂诗集》。其说经说史之作，门人集为《旧雨草堂札记》。妻李氏，亦能诗。见“贤媛”。兄𥶸，字篠谷，号萧亭。福建延平府经历，南平、浦城等县知县，钦加同知衔，以军功升用府，赏戴花翎。著有《篠谷诗钞》《绿萝轩词》。子劭憼、劭忞。见“选举”。劭憼外徙。

宋季丰　张金铭　萧延年　周荣程 子麟勋

宋季丰，字小南。天性孝友，幼嗜学。初应童子试，州府院试皆第一，当时有“小三元”之称。由道光己酉拔贡中式本科解元，乙丑登进士，授知县，改授沂州府学教授。值捻匪扰齐鲁，沂州陷为盗贼渊薮，季丰屡受惊悸，染痫疾，卒于任所。季丰学问渊博，躬行实践，其入手工夫，以“日知所亡，月无忘所能”为要领，盖博闻强识为一生所最着力处。尤善诱掖后进，所至执经请业者，屦为之满，率皆成名以去。生平以恬淡自处，接人如霁月光风，望而知为醇儒。著有《阴骘文律赋》行世。张金铭，字缄若。性沈毅，有气骨，尤嗜学好古，菲史枕经，寒暑不倦。由咸丰辛酉拔贡领壬戌乡荐，就直隶州州判职，未仕，卒。先是金铭住近店口河堐，辛酉捻匪窜胶时，村人咸议就河筑堤，推金铭率众防守以拒贼。未几贼渡河破围，众见势急遂溃，金铭逃至龙家屯，头部受重伤，后半年方愈。及次年会试，谒座主③，问其受伤之故，金铭设词以对，盖不欲明言以邀名。生平不自矜伐④类如此。著有《绿筠轩诗稿》一卷。萧延年，字桂园。少孤，聪颖好学。同治十二年副贡，后屡试不售，遂绝意进取。教授乡里，潜心经史之学。著有《历代提纲》两卷、《周易审诂》八卷。周荣程，字仰山。廪贡生，任文登训导。先是，文登士子于诗赋词章之学，率弗注意。荣程司训时，乃择先正著作为程式，日开讲堂，延生徒教授其中，由是士习丕变。岁科两试，经古生童录取之多，辄为一郡冠。去任后，诸生思之，为立生祠，春秋祭享焉。荣程工诗赋，洒脱不羁。居家，主讲本邑珠山书院，人才多所造就。晚年与陈际昌、匡学洙、宋言扬等结诗社，

---

① “葡”，底本作“萄”，据文义改。

② 许郑之学：许郑，东汉著名学者许慎、郑玄。许慎（约58—约147），著有《说文解字》和《五经异义》等。其所开创的“说文”学又称许学。郑玄（127—200），字康成，高密人，东汉经学大师。以古文为主，今古文兼治。由于许慎、郑玄在文字学、训诂学上的卓越成就，后世称其学为“许郑之学”。

③ 座主：唐宋时进士称主试官为座主。至明清，举人、进士亦称其本科主考官或总裁官为座主。

④ 矜伐：恃才夸功、夸耀。

自号东痴主人。著有《覆瓿集》《仰山遗诗》，采入《山东通志》。嗣子麟勋，字小山。由岁贡就训导职。笃学嗜古，工钟鼎、篆隶诸书法。著有《古钱缘》一卷，藏于家。

张祖樾　杨际清　赵兰洲

张祖樾，字筱畇，曾霱子。幼席祖父业，举动皆有法则。年十二，随父至京师，读书数载，文思益进。既而从父之广东任，乃纳粟入监①，应京兆试，屡荐不售。旋考授州吏目，签掣云南。祖樾绩学不仕，为文肆力于古，不屑趋时尚。中年家渐落，客游保阳，受同邑署高阳知县王垲聘，主讲濡上书院。年老归家，以教授养亲，从学者益众。后州牧聘请，主胶西、珠山及灵山三书院讲席，为一州人文之望者三十年。年八十余，无疾而终。著有《杂体文抄本》一册，惜未梓行于世。杨际清，字子会，号镜海。少有宿慧，美丰姿，诗赋书法，隽秀天成。肄业济南泺源书院，为院长匡少宰源所奇赏。初举优贡，廷试第一，名噪京师。登光绪二年进士，咸以殿撰②目之。比殿试，为忌者所中，竟以卷端疵累③被抑。后内廷微悉其事，特擢独榜，点庶吉士，官刑部主事。供职数月，告归。主讲济宁任城书院，未二年卒。所著古近体诗文，刊入泺源书院《课艺三编》。赵兰洲，字湘圃。父意诚，精岐黄，应手辄效。兰洲能继父业，少嗜学，性慷慨，不喜阿谀。髫年入郡庠，旋以优等食饩，锐意进取。尝于治南西石耳读书，足不历城市者数年。为文肆力于古，不落恒蹊。秋闱屡荐不售。光绪己卯科房考已荐列前魁，竟因额满，抑置副车④，时论惜之。后居家教授生徒，从游者率皆成名以去。所交皆一时名宿，若杨际清、法伟堂、高英俊、王其慎，每以疑义质，辄据理剖晰，无不叹服。所著文稿多散佚。

法伟堂　纪宝鼎　傅振曾　王吉震

法伟堂，字容叔，号小山。生有夙慧，博学好古。由优贡生于光绪五年领乡荐，十五年成进士，授知县，改教职，选授武定府学教授，以疾辞不就。学使裕德雅重伟堂学行，力荐于朝，赏加国子监学正衔。先是，盛昱⑤典试山东时，倡建青州海岱书院，延主讲席。在青十余年，造就人才，一时称盛。东抚周馥闻伟堂名，举经济特科，亦力辞不赴。伟堂博极群书，不立宗旨。其学大抵由洨长⑥入手，而于诸子百家，无不流览。专精于古今音韵，于顾氏亭林、江氏慎修、段氏茂堂诸家外，别有心得。所校勘者，有《说文解字》《经典释文》《一切经音义》《列子》等书。尤精于算术，与潍县宋翰林书升齐名。一时齐鲁称硕学者，咸曰"法宋"云。荣城孙京卿葆田尝曰："余初以法君为翟晴江⑦一流人物，考其所得，实远出

---

① 纳粟入监：明清两代富家子弟捐纳财货进国子监为监生，可直接参加省城、京都的考试。

② 殿撰：明清之状元例授翰林院修撰，故沿称为殿撰。

③ 疵累：文字繁复、不简洁之病。

④ 副车：清代称乡试的副榜贡生。

⑤ 盛昱（1850—1899）：字伯熙，姓爱新觉罗，宗室。光绪二年（1876）进士，光绪十四年（1888）主持山东考试。

⑥ 洨长：东汉许慎代称。慎字叔重，汝南召陵（今河南漯河召陵区）人。为郡功曹，举孝廉，再迁除洨长，入为太尉南阁祭酒。

⑦ 翟晴江：即翟灏（？—1788），清著名学者。字大川，改字晴江，自号巢翟子。仁和（今浙江杭州）人。乾隆十九年（1754）进士，官金华、衢州府学教授。学问淹通，著述甚丰，有《尔雅补郭》《四书考异》等传于世。

翟氏上。盖其韵学，虽顾江戴王，未能或之先也。”生平恬淡深厚，与人处无圭角①。尤好诱掖后进，及门登贤书、捷南宫②者，指不胜屈。若历城陈殿撰冕③，尤其特著者。晚年在济南充优级选科师范学堂总教习，山东全省师范传习所所长。东抚杨士骧倡修《山东通志》，聘为总纂。其所手辑《山左碑目》一卷，即此时也。惜一生撰述皆未就。有遗稿曰《听训馆韵书》，仅有散稿数巨册存于家。纪宝鼎，字铭之。光绪壬午举人，考取咸安宫教习，留京供差三年，请假归里。后主讲本邑珠山书院，造就人才，为时所重。宝鼎工词章，善篆刻，精于金石之学。楷书初法二王，继学颜平原；隶法史晨、韩敕诸碑。所书钟鼎篆隶，尤为世所宝贵。傅振曾，字麟生，儒功从子。诸生。少有隽才，肄业济南泺源书院，为主讲匡少宰源所器重，经其品题，名益噪。光绪五年举于乡。振曾博学好古，能文工诗，于金石文字尤多心得。所结纳皆一时名士，若福山王太史懿荣、诸城尹广文彭寿，其最著也。晚年闭户养疴，以吟咏自娱。著有《蝶来仙馆汇钞》二卷，待梓。王吉震，字海霆，号雨桥，曜子，鳌山廪生，世居胶。吉震貌丰伟，有夙慧，读书数行下。性至孝，年十三即能默诵六经，博父母欢。同治癸酉科拔贡，东抚丁宝桢一见许为国器，乡试屡荐不第。后宝桢督川，犹致书数劝勉焉。以捐赈授教谕，再授内阁中书舍人。家居奉亲，不乐仕进。父曜好施予，吉震能继先志，凡修桥梁，施米粥，赡戚族，倾囊不吝。家故丰裕，藏书多披览外，暇辄抄录子史，集成巨册。尤善草书，时人得片纸以为珍。卒年六十一。著有《周易辑说》《春秋释地》《汉书音义》《字例》《史论》《说文便览》及诗集《平平斋古文》，均藏于家。

徐宗稚　张鸿仪　单伯诚　张兆惠 子世僖　世僖子继祖

徐宗稚，字友蕃，拔贡生。朝考二等，选授商河县训导。在任训迪士子，如塾师之课子弟。光绪甲午，学使案临武定，宗稚抱病送考，卒于旅寓。宗稚幼聪颖，读书过目不忘。年十四入邑庠，见者皆目为“远到之器”。棘闱屡荐不售。年未四十，赍志以殁，士林惜之。著有《留香草堂律赋》一卷行世。张鸿仪，字逵吉，岁贡。少颖悟，从平度陈小瀛太史学，深为器许。乡试屡荐不第。晚年无志仕进，家居授徒，从游者多胶、诸两邑知名士。著有《诗经集解》《竹轩杂记》。鸿仪为人静穆寡言，矜躁者见之辄化。殁后，乡人思其德焉。单伯诚，字希明，岁贡生。笃学力行，一依考亭④为言行之本。所居环座右书铭词以自警。尤喜读经济、治术、掌故、兵法等书，多有研究。同治丁卯，捻匪东窜，首倡筑堡自守，筹备军械，悉依兵法布置。匪至，不敢逼而去，众赖以全。其启迪后进，必先器识而后文艺，故一时造就者皆纯笃之士。尤善书，行草兼擅其长，累千百无毫发懈。晚号�庵山人。著有《音义笔记》《诗句碎金》《分韵诗钞》《石桥文赋遗编》《石桥诗存》《纸上谈兵汇集》、零

---

① 圭角：圭的棱角，比喻锋芒。

② 捷南宫：指科举时代会试中试。

③ 陈殿撰冕：即陈冕（1859—1893），字冠生。祖籍浙江绍兴府山阴县清水闸，籍贯济南。清代状元，翰林院编修，故称“殿撰”。

④ 考亭：朱熹的别称。

星笔记各若干卷。张兆惠，字慈民。父元哲，累世有潜德。兆惠生而颖异，性慷慨，尚义气。弱冠入邑庠，以家贫亲老，弃举业。应潍邑杨孝廉玉相聘，总理潍县、赣①榆、青口等处各典肆外事。尝赴金陵办票盐数次。时值年荒，兆惠在某典肆，有匪徒持刀入，厉声问："典人肉否？"兆惠突应曰："典。"该匪即割腿肉一片掷几上，兆惠喝曰："典，付钱一千。"其人瞪目持钱去，后遂无敢再来构衅者。尤好施与，遇不平，辄动义愤。排难解纷，咸得一言以为重，其为人所敬服如此。兆惠工诗善画，花卉翎毛，无不精妙，笔意法南阜山人，载入《续画征录》。诗学少陵、东坡。年届八旬，犹执笔挥洒，与相交倡和不倦。著有《客邸闲吟诗草》二卷、《朱子治家格言诗》一卷，藏于家。嗣子世僖，善承家学，早世。嗣孙继祖，字述堂。性超逸，胸无俗蒂，事嗣母以孝闻。工书画，山水法王蓬心②，隶书法邓石如③，尤嗜吟咏。著有《连山类语》《诗易各解》《说文解字》诸种。中年，嗣母殁，继祖筑庐墓侧，素食诵经，昼夜不懈，著有《回庐日记》。生平书画及所刻印章，均冠绝时流，得者宝之。

黄彝训 弟圣训 **孙廷瑗　金长庚　纪凤诏**

黄彝训，字雨苍，诸生。少负奇气，援例授山西沁源县典史，被议免官归，卒于家。遗诗草数百首，才气横溢，为时所称。最著者有《咏雪美人》二十首，尤工切绝伦。弟圣训，字敬之，附贡生。工书法，笔意逼近平原④，应试北闱，见其书者咸推重之。后因醇邸闻于内廷，自是远近求书者门庭如市。孙廷瑗，字幼蘧，号西山。生而聪慧，既长，安贫悦学，尤善丹青，精篆刻。性耽吟咏，有所见闻，辄托于诗，意致清远。以诸生终。著有《西山遗稿》，待梓。金长庚，字西堂，增生。性通方，喜交游，博学能文，尤工于诗。诗笔隽雅，饶才思，和人七律叠韵至二十五首不懈，古歌尤跌宕瑰奇。晚遇益窘，衰病不能出户庭。州牧宋森荫以其曾理同善局务，有前劳，津以薪水。寻寿终。著有《西堂遗稿》，内有《泰山观日出》《黉山古井歌》数首，为时传诵。惜诗稿未梓行于世。纪凤诏，字紫纶，诸生。性廉介，少喜读书，乐扬人善。家贫，教授生徒，著闻乡里。时值清咸丰末年，胶邑屡遭兵燹，遂淡于功名，一肆力于《史》《汉》及唐宋古文，间涉猎于百家诸书。著有《桐阴杂记》八卷，凡轶事奇闻有关于世道人心风化者，靡不采录。脱稿后，经傅孝廉振曾校正数年，间有补注。其从子荃撰出资，为之印行于世。又诗歌一卷，大抵感时记事，辄托吟咏，以发其慷慨悲歌之气，论者比之杜少陵"咏天宝轶事"诸作云。惜诗多散佚，存者仅十数首。

---

① "赣"，底本作"戆"，讹。

② 王蓬心：名宸，蓬心为其号，乾隆十五年（1750）举人，累官至永州知府。其曾祖王原祁，号麓台，康熙九年（1670）进士，清代著名画家。王蓬心画法深得家传之技，其作品被收藏家们所珍爱。

③ 邓石如（1743—1805）：初名琰，因避清仁宗讳，遂以字行，号完白山人，怀宁（今安徽安庆）人。清代乾、嘉时期著名碑学大师。

④ 平原：指颜真卿。颜真卿曾官平原，故称。

增修胶志卷四十三　人物志第五　清代人物忠节

清人物传 忠节

高简　匡兰兆　张若敛　张启先　宋宪儒　张槐徵

高简，字子静，允兹子。明崇祯十六年进士，入清授福建建宁府推官，廉直有声。迁建宁府知府，属邑被水，赈之，全活者数十万家。有节妇年八十余，以继子构讼，简亲造门以定其嗣。顺治中，土寇变，骂贼弗屈，赴火死。乱平，百姓为治殓具，送柩归，祀忠义祠。匡兰兆，字楚畹。《旧志》：绩学工文，顺治三年进士，授贵州道监察御史，抗直有声。出巡九省漕务，绩最，再出巡按浙江。十年秋，将复命，以便道归省亲。值海时行之乱，胁兰兆父如櫆，如櫆不从，兰兆趋救，与父同骂贼，死。雍正间入祀昭忠祠，嘉庆六年追恤世袭恩骑尉，子炎别有传。张若敛，廪生。家治西张家楼，从学于法寰。海逆之乱，贼突至，杀寰胁若敛，若敛不屈亦遇害。雍正间入祀昭忠祠，嘉庆六年追恤世袭恩骑尉。张启先，字仲开。《旧志》：儒官，为人孝友廉介，倜傥不群。海逆叛被执，逼出财自免。启先骂贼死。雍正间入祀昭忠祠，嘉庆六年追恤世袭恩骑尉。以上世袭，并详“选举表”。宋宪儒，字洙水，廪生，明御史汉来孙。海时行叛，手刃迫宪儒，不屈，死。张槐徵，字荫昌，汝元子，廪生，有学行。海时行叛，拥众坐大成殿，执槐徵至，欲授以伪官。槐徵厉声骂曰：“岂有从贼张荫昌乎？”贼好言慰之，骂愈甚，逼以利刃，终不屈，贼笑曰：“此迂儒耳。”监于东庑。槐徵负墙端坐，对先贤木主不转视，至夜引佩巾自缢死。越三日贼去，其家乃收槐徵尸以葬。以上《前志》。

张书绅　王懋勋 子国梁　高术方　冷馨德 族侄茂馨

张书绅，字笏山。道光己亥举人，咸丰二年，以大挑选郓城训导。时皖豫间捻匪北窜，数窥巨郓，书绅与县令共筹防御，民获安堵，以劳绩著，着以教授即补。十年九月，贼围郓，书绅守南门，城陷，急还署遣散吏役。贼入，书绅迎骂而出，刃交下，突有犬，人立啮贼头，贼怒，刺犬仆，遂遇害，侍役孟光伟殉焉。移时，犬复苏，伏尸侧不去，随柩归，守护如前，人咸义之。事闻，予云骑尉世职，加赠国子监学录，入祀昭忠祠。王懋勋，字建堂。道光戊戌科武进士，由守备累迁潮阳营游击，从征江南，擢参将，因忤琦善①意，罢官归里。咸丰十一年八月，捻匪扰胶，懋勋守西圩，闻贼由东南圩缺口入，知不支，率子武举国梁欲西走高密，以图外援。至宋哥庄遇乡团数千人，强之归，愿奉为帅。懋勋不可，请益力。懋勋曰：

---

① 琦善（约1790—1854）：博尔济吉特氏，字静庵，满洲正黄旗人。清朝大臣，鸦片战争时主和派的代表人物。

"果能无乱次、不先奔，则如约。"众唯唯，即时驰归。行至黄埠岭遇贼，挥众迎战，众果溃。懋勋挺刃直前，当辄靡。国梁左右格杀欲救父出，卒以众寡悬殊，父子同遇害。贼退，其胞侄鸣珂敛尸以葬。事闻，予云骑尉世职，与子国梁并祀昭忠祠。高术方，字仁堂，附贡生。咸丰四年，以吏目拣发湖北。五年，署沔阳州州判。时粤匪猖獗，武汉叠失陷，术方带勇防剿，夺回分水嘴，继随盐道常公克复汉川县城。积劳以府经历县丞升用。及常公移驻纱帽山，贼四路扑来，蔡店奓山一带守御空虚，术方与千总王三锡竭力抵御。讵意贼自后路关桥抄出，官军首尾不能相顾。术方与王三锡挥刃直前，力竭同遇害。冷馨德，举人，有学行。捻匪犯胶，馨德与族侄茂馨共守南圩，捍御颇力。及贼由东南围缺口入，众惊溃呼与逃。馨德不可，骂贼死。茂馨被掳，骂益厉，死尤惨。事闻，并予云骑尉世职。

王锦堂 郄世恩 高殿甲 徐源 杨克庆

王锦堂，道光丁酉武举。初隶胶州营，戊申以候补千总借补登中营把总。善抚士卒，训练有方。咸丰三年，捻匪窜入卫河界，调山东各营将弁带队协守临清州城，锦堂与州人武举登中营把总郄世恩、登中营经制外委高殿甲、莱州营把总徐源、即墨营把总杨克庆俱应调。比至战守兼营，心力交瘁，卒以军单食尽城陷。锦堂与世恩等同殉。事闻，均予云骑尉世职，附祀临清州知州张积功祠内，并祀本邑昭忠祠。

纪旭撰　宋舒翘 子翔运 从子翔南 翔鹤 **赵湘** 子恩普 恩沛

纪旭撰，钦赐副贡生。年八十五犹奋勉，有毅力。闻贼至，遣孥入城，谕之曰："吾身受国恩无以报，倘圩不守，有死而已。"家人泣劝弗从。及贼入其门，知为寒素，旋退出。旭撰呼还与语，责以叛逆。贼大哗，斥其迂。旭撰怒挥杖击贼，遂遇害。事闻，予云骑尉世职。宋舒翘，字挹秀，岁贡。咸丰辛酉捻匪窜胶，舒翘督率子侄辈守圩，日夜不懈。圩破，舒翘负重伤，幸家人舁归，气息仅续，至夜半次子瀛海逃归，见状痛甚。舒翘曰："勿我顾，闻官军且至，若早至一日，吾胶早得一日之安。"言罢从容而殁。子翔运，字射圃，邑廪生，有文名。道光己酉秋闱，翔运卷已入选，以痢疾，三场未毕黜之，然主司雅重其文，刊以行世。捻匪之乱，翔运遵父命守圩，竭尽心力，圩破被掳，不知所终。后有自匪中逃归者，始知已骂贼被害。从子翔南、翔鹤俱庠生，捻匪之乱，随舒翘轮流守圩，无少懈。圩破，翔鹤身殉，翔南誓不屈，投井死。事闻，均予云骑尉世职，入祀昭忠祠。赵湘，字秋圃，议叙八品衔。捻匪犯胶，圩陷，湘义不受辱，骂贼遇害，全家妻孥投缳死。子恩普，字渥泉，庠生。时已创甚，复被掳，誓殉，然欲乘间杀贼以泄愤，苦无隙而创益剧，贼弃去，遂茹痛不食，死。次子恩沛，业儒，性孝友。见父遭惨害，骂贼益厉，投石愤击，贼恨甚，裹去行数里，亦遇害，死事尤惨。后贼去，寻尸无所得，家中乃招魂以葬焉。恩普子天爵，时方七岁，亦被掳，已而逃回。事闻，予云骑尉世职，以子天爵袭，后以两世职，改授都司。

高对扬　宋沄　黄宗训　王培源　冷志权

高对扬，字藕塘，廪生。博雅工诗，有善行。捻匪围胶，圩陷，对扬具衣冠，焚香拜木主，誓必死。老仆劝之逃，泣曰："生灵涂炭，吾何忍独生！居平义气自负，贼至匆匆去，吾不为也!”贼入，对扬指骂而出，贼断手，骂益厉，贼怒，拥至户外，去衣履，裹以丝棉，以油渍之焚而死。宋沄，增生。性严正，尚气节。捻匪之乱，家人俱逃，沄独留，将谕以大义。及贼入，沄强聒呵斥，贼怒，刺其腹，沄夺枪转刺，贼蜂拥上，缚沄于树，以火炙之。沄骂不绝口而死。其家避难艾山者，遥望之而无如何也。黄宗训，附贡生，光禄寺署正。请假归省，适捻匪至胶，奉父母入城，独出率众守圩。贼势众，知不支，赴城告急，官弁无一应，宗训悲愤不欲生。及贼由东南圩入，宗训乘间出，顾谓人曰：“寄语吾父母，吾赴水师营请救去矣。”急驰去，途次遇贼死焉。王培源，诸生。捻匪至，圩陷，闻父已被掳，归与家人诀曰：“吾誓往寻父，不得不反也。”妻杨氏与其姊哭挽之，不可，乘间逸去。至谓贼曰：“吾父耄矣，无能为，请以身代。”贼诺，纵其父，遂拥之行，途次被戕死。冷志权，诸生。幼从父贸京都，因改籍，入大兴籍学。有妹及笄，被捻匪掳去至村外，据地哭骂，贼解带缚手足将犯之，志权伏丛莽中，忿不可遏，挺刃直前。时贼党避林外不及防，志权以利刃自后劈贼脑，立毙，解妹缚，负之奔。贼望见，麕至，遂同时遇害。

王凤仪　张申吉　张晋铭 王寅弼 法星煌 谈任子茂礼

王凤仪，字韶度，诸生。貌英伟，刚毅有谋略。捻匪围胶，凤仪督率团丁防贼于傅洛洼。贼至，挥众迎战。贼诈败，乡团素不知兵，争先追击。贼反攻，众遂溃，死亡枕藉①。凤仪犹手刃数贼，力竭遂遇害。事闻，予云骑尉世职，入祀昭忠祠。张申吉，增生。捻匪入境，至村外，申吉率众止其入。贼不从，申吉怒骂，以杖击贼，遂遇害。张晋铭、王寅弼、法星煌皆诸生，谈任八品寿官，捻匪入境，晋铭等四五人督率丁壮守御沽河东岸，避难者依焉。初甚严整，闻官绅和议成，众少懈。贼突至，杀掳无算，妇女多溺死，晋铭四五人同殉焉。

冷昀扬　王聿新　高徽域　宋学经　徐泽

冷昀扬，廪生。捻匪陷圩，与子皆被掳，贼纵其子，令入城贷金赎父。昀扬佯应之，是夜自缢死。王聿新，诸生。捻匪至，避难河东，圩陷被掳，骂且走。贼怒，以铁钩钩其舌，刀截之，噀血②喷贼，至死不屈。高徽域，诸生。捻匪至，分守南圩，势不支，徽域入城作秦廷哭③，州牧殷感其诚，分乡勇百人助之。后圩陷，徽域犹率众煮粥以饷勇。众已溃，从子魁方掖之出，遇贼被害。宋学经，诸生，祝村人。捻匪之乱，学经率民丁守御。贼至，乡民四散奔逃，学经被掳。初无恶意，学经愤起骂贼，被戕死。事闻，予云骑尉世职，入祀昭忠祠。徐泽，奎文阁典籍，性纯孝。捻匪入境，泽负母远避海隅。母饥，泽出觅食，遇贼被胁，泽言有老母在，贼怒，被刺死。

张寿朋 子长龄 复元　**王炳文** 子振邦　**崔枫林　高铜业**

张寿朋，随朝伴官。捻匪至，率众抵御。杀数贼，力竭被执，骂不绝口。贼怒，与子长龄、复元均支解而死。王炳文，从九品。捻匪至，率子振邦竭力守圩。圩陷，炳文骂贼死。

---

① “藉”,底本作“籍”,讹。

② 噀(xùn)血:含血而喷。

③ 秦廷哭:出自《左传·定公四年》。指向别国请求救兵,后也指哀求别人救助。

子振邦痛不欲生，力杀数贼亦死。崔枫林，有孝行。捻匪至，竭力守圩。圩陷，枫林负母逃。遇贼，贼胁以刃，枫林绐之曰："释吾母从尔去。"贼诺之。至圩外，与贼刀斗死，母得免。高铜业，事母孝。捻匪至，从众守圩。其兄负母入城，铜业不知圩陷，恐伤其母，急归寻之，因遇害。

徐子广　徐子招　杨蔚坊　张永成　刘殿祥 兄殿科

徐子广，性友爱。捻匪至，从兄守圩。圩陷，以身障兄，俾得脱，受重伤死。徐子招，以孝友闻。捻匪至，掳子招逼令相从，子招曰："父母衰迈，兄受伤，子侄辈被掳，若吾去，父母何恃?"贼怒杀之。邻人悯其惨，收尸瘗焉。贼又至，劈棺碎尸。杨蔚坊，刚果有谋。捻匪入境，避难堤子庄。贼至，蔚坊投子于河，挺刃与贼斗，被刺死。张永成，以拳勇著。捻匪至，率众抵御。众溃，永成挺刃直前，杀数贼，力竭被醢。刘殿祥，勇而有谋。贼至，语兄曰："事难兼顾，兄守家，弟守河口。"遂去。及贼渡河，殿祥与力战，杀数贼而死。未几，贼至家，殿科亦死。

张虎　殷书升　高恂方 姜三 **郭承福　杨荣**

张虎，事母孝。贼至入室，母邵氏怒起骂贼，贼抽刃刺其吻，虎以身障母，愿代受。贼怒刺母死，虎悲愤号泣，奋拳击贼，被斫死。殷书升，勇敢有谋。闻贼至，首倡练义勇御之。比贼来，力战击毙多人，以众寡不敌遂遇害。贼愤甚，焚其尸。以上咸丰辛酉殉捻匪之乱，均请恤有案。高恂方，官佣书[①]也，跛于足。捻匪之乱，圩陷被掳。恂方曰："我残疾耳，奚能为?"贼曰："虽跛于足，岂一无所能者?"曰："无已，则能酒。"贼壮其言，与之饮，且佐以牛脯。恂方且酌且啖，旁若无人，不觉酣醉。后忽歌忽泣忽大骂。贼犹以醉置之，未几，骂益厉，遂被害。姜三，逸其名，性嗜酒。闻贼至，感愤跳叫不欲生。从众守圩，方坐饮，或趣之曰："贼已由东南圩入矣，盍去诸!"姜愤然曰："临难先逃，非丈夫也。"左手提壶，右持刃，冲入队，乱击乱搠，遂遇害。贼退，家人寻得其尸，见两眦尽裂，右手犹作持刀状。郭承福，善拳术。捻匪至，从父振杰逃至杜哥庄，与贼遇，围裹数重，承福突围出，回顾父陷中坚，复杀入。父方危急，见子至，合力击之，贼稍解，父乘间跃出。贼复合，承福力尽死。杨荣，武生，饶膂力，工骑射。捻匪至，荣挟矢御敌，射一贼魁死。贼蜂拥上，攒刺而殒。

高桂森　王兰亭 从弟兰阶 **王会元** 子保、科 **于学古　黄珽**

高桂森，监生。母老而瞽且病。贼至，桂森负母逃匿丛苇中。贼尾其后，桂森被掳。不屈，死，母张氏不食亦死。王兰亭，性至孝。贼陷圩入，兰亭负母率家人逃避至二里河，与贼遇。兰亭藏母密室中，挺枪出斗。贼麕至，与从弟兰阶同被害，阖门俱殉，惟母幸免。王会元，跛于足。捻匪至，不能逃避，妻及长子保、次子科环而泣。会元谕令逃，妻、子不去，谋同死，结四环庭树间，方就缢，贼突入，断其绳，四人同起骂贼，均遇害。于学古，性刚毅。捻匪至，被掳。怒骂不屈，贼断其舌，学古噀血喷贼，复奋击，贼怒支解之。黄珽，年

① 佣书：受人雇佣以抄书为业。

八十余。闻捻匪将至，命子扶登圩墙，手握石子骂且击，圩陷，与子同殉。

冷云扬　黄宗文　黄守镇 弟守锷 从兄嘉誉 子羽 **巩蓬瀛** 子天相

冷云扬，儒家子，善技击。捻匪迫圩下，云扬偕丁壮百余人出击贼。贼伪遁，云扬堕其计，身先追逐。不里许，贼麕至，围裹数重，众奔散，云扬殉焉。黄宗文，性勇敢。捻匪围圩，石河陈万武率众来援。驻胶协镇春祺命把总左万清率民勇接应，及交绥，众皆溃，宗文遂殉。黄守镇，监生，饶于资。贼至，呼名索之，守镇与从兄嘉誉、弟守锷、子羽俱死庭中。巩蓬瀛，沙河庄人。捻匪入境，村人斩荆棘为圩，推蓬瀛为之长。贼至，蓬瀛偕子天相率众御之。三战，蓬瀛死。天相奋不顾身，提枪入贼队，连毙数贼。贼畏其勇，不与战。天相曰："杀父之仇不共戴天。"又追里许，卒以众寡不敌，遂遇害。

王同钺　牟光信　邓可久　刘兴 族侄文英 **赵文远**

王同钺，字子佩。捻匪窜胶，御贼被害，祀昭忠祠。牟光信，新屯人。捻匪至，倡众抵御，被掳不屈，胁至胶城遇害。邓可久，西拳口社人，有胆识。咸丰辛酉，捻匪二次犯胶，倡众御贼，以众寡不敌遂遇害。刘兴，刘家庄人。捻匪二次犯胶，与族侄文英同匿卤山后坡，被贼掳去。贼诱令开卤山圩门，叔侄同起骂贼，俱被害。赵文远，尚庄社人。咸丰辛酉从乡团御匪于大岭，未战而前已溃败，文远犹奋勇直前，遂遇害。

黑克言 弟克注 **刘道尊　王志荣　赵岳楣　赵仕志**

黑克言，后店口人，监生。咸丰辛酉，与弟监生克注，共办乡团御贼，同遇害。事闻，均予恩骑尉兼云骑尉世职。刘道尊，夏家庄人。捻匪二次犯胶，与兄道焕入山避匿。道尊以足疾被掳，骂贼而死。王志荣，身充地保。捻匪困州城，志荣率七屯人数百余赴援，力竭同殉。赵岳楣，字锦云，监生。捻匪之乱，骂贼被害。入祀昭忠祠。同治五年恤。赵仕志，捻匪之乱，因救护世父遇害，祀忠义、孝弟二祠。同治五年恤。

庄麟堂　韩学谦　卢文周 弟文典 **王鹤** 子墨魁 **陈万武**

庄麟堂，咸丰辛酉，御贼被害，予云骑尉世职。同治八年恤。韩学谦，韩家村人，咸丰辛酉御贼被害。卢文周，字维东。捻匪窜胶，文周与弟文典字其慎，随同大营剿贼，力竭同时殉。事闻，均予云骑尉世职，入祀忠义祠。王鹤，字彦林，柏栏社人，与子墨魁字星斗，俱隐于农。捻匪之乱，鹤先驱家人避入眢井，复函束其先人之木主手泽①，促墨魁负戴以行，不里许，贼突至，逼鹤索金资，势凶甚。墨魁忿不可遏，飞石击贼中额，血涔涔下，贼遂释鹤，挺刃向墨魁。墨魁呼父速去，勿相顾，因厉声曰："吾生不能杀贼，死必请于上帝以灭尔。"遂同遇害。事闻，均赐恤有案。贼退，墨魁妻蓝氏扶姑出诸井，为翁与夫营葬焉。事详"烈女传"。陈万武，治东石河人，以拳勇闻，年六旬余，右足复病跛。捻匪之乱，万武闻贼将至，集勇敢士数百人屯东关外，遥与城中犄角，约官军相接应。官军溃，贼以全力攻之，万武与其徒苏波奋呼冲突，力竭皆自刭死。

① 手泽：遗墨、遗物等。

崔继光　朱海门　石某　王贞士等

崔继光，治南灵山卫人，通兵法。捻匪北窜，知不免，练壮勇数千人以卫乡闾。比贼至，围州城，继光率众入援，至则围已解，乃还。适黑旂贼又至，前队过艾山下，继光邀击之，颇获胜。后贼大队掩至，继光力战殁。朱海门，辛酉捻乱，纠众御贼，众溃，海门死之。石某，逸其名。捻匪至，被掳。贼优礼，每呼先生共寝食。后掳一少妇，将犯之，石力劝，弗听，石怒殴且骂，遂遇害。王贞士，圣庙赍奏厅。萧士幹、刁秉礼、周廷梅、陈盛斯、高邦庆，俱从九品。张继恒、雷绪时，俱未入流。周瑞五、彭万奎、殷遇衡、李怀浚、黄光峄、刘殿瑗，俱从九品。杨兆焯，营千总职。周重元，诸生。唐可久，监生，乡饮介宾。王佩久，九品寿官。崔清琪，诸生。滕麟祥，监生。崔石林、宋伟，监生。孙殿选、徐肇垣、王廷植，俱武生。黄建业，武生。孙肇循、肇沛、堂侄迪凯、侄孙肇圩、杨际平，八品衔。弟塔、宋辉祖，貤封文林郎。王登高，监生。以上捻匪之乱殉难，均请恤有案。高徽琛，训导。魏松年，贡生。毕会麟，武生。徐守炯、董尔帷，俱诸生。以上俱殉捻匪之难。宋玉衡，诸生。冷义安、刘邦治、徐玫，布政司理问职。徐守纪、王延佩，寿官。洪毓珍，随朝伴官。徐应珣、子守岱，李廷相、高徽峨，诸生。徐肇桐、子启高、介贞，俱诸生。傅儒震、李寿堃、石天相、石天锡、徐守谦、顾阿、李永海、李协成，寿官。徐应麟、徐守任、徐守东、黄建堂、弟建庆、于得江、宋六。失名。以上皆捻匪之乱与贼接仗被害。孙殿安、李铸、李贞斗、李锦、李果行、陈吉祥、陶得仁、王振科、王淋、王顺、谈学仁、何长龄、张伾、单昭曾、单传锡、张图新、焦景霖、王堉、邓元勳、邵德贞、邵大宝、邵有、赵麟、丁华、顾聋子、邱桂、刘兆瑛、刘锷、刘鈔、刘镇、刘镐、马本曾、孟义、罗文贞、高徽升、冷兆勤、史廷璠、史升、萧兰馨、子振铎、李树、李登甲、李万春、韩振铎、范承申、宋魁曾、宋元曾、崔大成、朱显、苗进德、苗喜、吴桐、法考、吴永正、李健、邵魁、宋吉、郭启文、律发章、律发文、吕殿魁、刘文增、王云龙、冷松业、杨倮平、张在魁、李培告、栾谦、周培誉、孙秀子举、高玉辉、李在山、李在林、李殿元、李殿荣、陆在山、陆在春、高大荣、高二荣、高染匠。以上皆乡团，于捻匪之乱从邑绅王懋勳御贼于黄埠岭，同殉。邢凤昌、匡树谷、王熠、杜厨子、王钦诰、王升、杨学恭、李义、张二、邵德元、王贵、张大、匡青山、薛五、郜一和、郜二保、薛四、薛见璋、薛三、王乐善、王宝善、黄光浩、徐守浩、邵六月、宋景春、金玉、冷顺德、黄元圩子童、张殿甲、高徽堃、李钦甲、陈凤鸣、高振诗、匡应举、董林、董元清、孙云屏、匡鹏翰、董联奎、蒋成、王根、冷纯德、冷新德、傅兆仁、胡简勳、黄光皓、宋平、周伯济、张希年、姜玉、张迈、周道士、曹晋、李遇、黄建中、黄振芳、万禄得、万全、胡培勳、邱希运、叶鸿枝、邱希祥、孙维熙、付运昌、辛锦春、曾毓来、王颖绪、周吉第、弟仲弟、徐吉业、徐相英、王忻、傅惠曾、胡维馨、王得新、杨青云、王簧尤、杨松年、冷懋升、刘明悦、荆盛义、于周、陈有、高林方、高诚吉、弟谧吉、子官榜、高小顺、周卯年、高端方、张炅、张钧、彭维珀、雷永滨、弟永渠、娄元宗、徐硼、荆凤祥、崔业、周培远、周兆远、朱方义、朱寅、周和远、李文源、魏铜、魏镆、魏双印、魏允锡、张坤、崔清诰、崔榕林、杨壬子立讷、王敬安、高徽埒、子牢靠、张懋官、子万裕、刘贵、杨凤、殷大起、高徽德、霍得运、傅照。以上皆殉捻匪之难，请恤有案。郭清扬、张志仁、陈廷、张和、姜云鸿、郭培升、毛尚文、子惠、姜灿、隋景顺、邓双、宋玉、张希清、王七、匡延卿、张日新、李守业、李守训子云、周莲、刘长玉、姚廷资、姚云、姚发、姜庄、李谟、宋法、李联春，圩破持械毙贼一名。隋景玉、崔振镛、崔振芳、胡炳峣、李凤彩、刘岐河、刘岐山、刘岐源、钟天秀、赵顺隆、李义、史极长、王庚、王桂、赵燕、刘义、崔青云、宋成、狄克俭、杨墉、杨埴、杨敦睦、杨立锜、武成法、王孟宝、王仲珂、李怀淳、匡阁、王绍、宋有、宋扬，阵亡。李之珍、邱垍，圩破，杀一贼受重伤死。邱圩，圩破，杀二贼，被枪刺死。李永元、陆阶、杨经、赵德普、萧振铉、董连奎、杨蔚均，奋拳击贼被害。崔垲、刘考忠、赵志铨、朱存谦、子学海、孙亨元、崔汶、张培信、赵象明、赵培增、赵培芳、赵鸿禧、匡大汉、匡诺、崔炳韩，阵亡。高羊、高泌业，阵亡。高黑、高深方、郑本、赵青选、李凤增、李凤起、李春、李聋汉、高起义、高密、高回业、赵德山、赵象洙、赵象沄、张林、赵鸿熙、管太、高勣业、高功业、崔铎、孙继唐、栾宏儒、唐三、冷长荣、王玳、薛得盛、王启太、高徽林、胡中太、于志顺、纪毓瓒、纪毓珹、王兴、刘玉、刘志田、刘进、刘狮子、王元金，阵亡。孙裕、高徽玟、高蔚鹤、子燕业、高孝业、高本业、高徽珹、高徽仪、高徽行、高徽庆、高伯珩、高振纲、高振法、王永吉、王起、王大卯、王振汉、王好、杨兆麟、杨六、于锵、朱正、栾平、逄训、臧略、刘玉、李春、王振霖、赵柱、李继明、孙复祥、李文浩、李文彩、刘珍、李宏、孙顺、刘会仁、王监、赵谦、赵德温、赵德江、薛住、刘志纲、从子恂、李毓赉、纪毓珖、万福龙、万廷柱、王汝为、姜永浩、匡宗岳、万永顺、李绪辰、高万喜、弟万化、段四十、徐和尚、臧望、孙光华、子邦泰、臧伦、王宏、胡良、李兆得、李兆方、王从忠、李凤辉、杨景春、李凤元、孙云、葛雷、孙明奎、王尚珍、王连成、匡老虎、李永显、李永昌、门吉贞、窦志凤、徐天成、徐官、徐学思、高在陀、王希田、匡午田、刘清源、宋在中、苑春晖、苑玉、傅春、魏中明、魏中奎、高帅、刘清明、刘怀德、刘朴、刘成、李乐昌。以上皆殉捻匪之难，请恤有案。马维偕、子方纯、陈惠先、子怀廷、陈茂先、孙明、蒋廷元、于天喜、金希玉、金希才、金文奎、金泮藻、金希杲、金文智、金梁、于国桢、于国栋、陈伍、李学敏、逄清明、王成周、王政、王根、王连发、慈惠、慈友、于方、逄兆瑞、王敬、王光荣、王光彩、王幹、陈宏先、陈怀曾、陈寒食、于三良、陈相、于为成、宋绍金、张应珠，偕其二子失名。谢振江、耿凰、盛树、盛弼、薛林栋、张彭年、张彭龄、姜玖、金文田、张廷相、常永励、常殿考、常殿元、黄凰岐、李清奎、李际隆、张入中、王茂思、范三行、孙顺行、李松林、阮子方、王马、徐凤鸣、宋时礼、于长龄、施文礼、施文仁、李仁善、刘在升、徐方仁、邱永计、徐克明、徐克若、徐克润、刘万冬、李顺、王道清、王道峰、王道传、雒公、苏永敦、曹锦、曹章、曹宏禄、王宏举、王宏升、雒怀安、雒怀书、阎书典、阎书田、柳和、王模、王树、王阶、雒廷柏、雒元时、张允、朱廷茂、韩庆业、韩敬业、韩长业、韩槐业、韩怀业、韩光基、韩端基、韩速基、韩绍基、韩仁伟、韩三辰、王淋、宋尔浮、宋志高、宋志涛、宋志挺、宋志均、宋连第、宋连邦、宋连茂、宋连埧、宋连焯、宋来玉、万存礼、万存智。以上皆殉捻匪之难，请恤有案。匡元礼、陈宏猷、吴继业、宋在、陆匡佃、王联吉、赵玉川、宋辅廷、王同芳、杨靠、李玉魁、李凤山、李连桂、李连魁、李金铎、王名盛、刘学、李太中、李太钧、邱吉兴、迟国桐、李明著、戴斆彦、王殿、王成、王公、王逢春、冷复宗、王小有、姜敏行、刘永可、孙安、王联甲、王超龄、董言夏、葛长增、纪联芳、子秋、二小、三小。崔輅、王懋、刘景泰、弟三卻、孙毓礼、孙永年、孙毓本、孙毓翰、孙毓真、孙毓思、陆中柱、王珠、张起、姜大宗、孙悦、曾孙大本、宋杰、侄启会、启亮、马小、郭货郎、马伦、宋兆武、姜在杨、李仉、李甲、周时、陈有生、刘行、陆在辛、陆在宽、王茂、杨二、李三、杨辛、马士亮、石顺、高蔚堞、高徽镔、董有点、郭德桂、高徽度、冷万顺、韩三、吴廷桢、张希勇、梁成、叶坪。以上殉捻匪之难，均请恤有案。王凤魁、逄克成、朱凤鸣、朱凤冈、徐克己、崔松、杨宽、苏广荫、李三、周麻子、魏忙、李斗、张永和、徐小进、于殿琉、孙金、鲍三、辛良、邱九、鲍进、李清和、尚马、匡灿、王许东、刘赞、刘金、徐宗瀚、汪希龄、汪守义、汪世禄、周根、子寅、周云、矫屼、张宗顺、邱可成、张凤鸣、苏凤祥、苗发、高三、杨克薛、张印紫、徐岗、徐垠、徐永昌、崔沣、弟泙、子篠、矫岳、矫仑、徐永和、宋汝栋、雒元华、刘存忠、张继增、子荣、徐德、子留存、王凤、王效训、赵鸿举、邵光明、刘士孟、王福、赵景茂、薛相云、陈安、赵五、赵明。以上皆殉捻匪之难，请恤有案。刘世训、刘世乙、刘世先、刘永经、刘永奎、刘忠盛、刘永坤、刘振玉、刘朋锡、刘洲、刘清方、刘清宾、刘什一、刘和尚、王碣石、阎福江、崔喜、唐景禄、翟清山、韩梅、张振保、周亮、周由、李印、高柒、宋梅、宋虎、瞿仁、李信、翟英、王林、阎世柏、高忙、高二存、高大、高元、赵修清、赵二、赵祥、邹凤祥、王秋、周玿、周旺、孙烈、李汉章、陈荣、陈森、孙腊、张浩、张浴、张润、张二成、张汶、子小昇、张明、姜红、耿银匠、李光时、刘楹盛、刘林盛、刘朴盛、宋兆林、刘五、陈标、张春桃、李太初、李华章、迟六、迟清瑞、迟贵清、迟文远、许克法、王二、武文、盛林、王学勤、王学谦、王瑞贞、刘邦安、郑枢。以上殉捻匪之难，均请恤有案。孙深、林立基、孙克勤、孙福臻、纪三、鲁元仁、纪四、冯炘、王清洲、刘坦、李玉、周英、王清元、纪永和、孟元楷、刘有、邱文模，全家九口同遇害。孟顺、迟瑟、杨丕烈、刘起、钟有、孙岳、王法、孙永太、孙阁、尤文华、李串、李东春、刘盛、王玺、王兴、赵锦、王令、苗可秀、王彩、王乐桐、周成南、周盛南、周小及、周小十、周小图、周永立、裴椿、赵河源、周大彦、万里、崔沼、王续瞰、王续昌、王蹇、王震、李中良、李中学、李恒进、李显泮、李显江、李功、逄克良、李丑、贾敦贞、贾得章、李克官、逄士彩、逄成彦、逄成殿、马德良、郝思训、魏廷玉、王茂德、李显矩、李显本、李焕玉、张永昌、张得仁、张永清、田显、田五、隋斗、张永善、傅全隆、张景成、张山、张传、张陆、赵复立、宋嗣兴、徐殿元、王广成、王永辉、梁立本、张可耀、宋辉成、杨进山、柳十五、陈鸿、张劝、王根、袁学成、郭朝兑、袁忠、王喜太、王喜民、任殿栋、杨龙图、徐云和、崔佃、崔传、田福、周维治、周维清、周玫、周殿赓、周四、匡渥、王如洲、杨甲、匡沐、王镗、周维宦、李冬、周子、刘永祥、刘永礼，夏安、韩学修、苏永传、魏进泰、谈三元、张玉川、庞起、张苟盛、魏进玉、李和尚、吴五、韩茂福、韩守信、徐卷文、周成第、唐福先、曹得中、唐庚申弟富、乔玉钦、张立朋、张怀兰、徐庚辰、张毓会。以上捻匪之乱殉难，均请恤有案。王伯和、姜恩宗、陈宝、姜龙、刘茂得、姜之潭、吴子法、吴子若、张荣经、张子枚、张拴、姜礼谦、姜本华、卜云太、姜存宗、刘镇、姜隆谦、姜锁、姜华令、姜狮子、姜丙阳、姜赖化、周复年、姜本兰、姜仁德、李大群、王成盛、王复第、丁清、王桃礼、王成礼、王中可、王五、王复兑、潘德顺、马重阳、父汝秀，全家同殉。马聪、马绍宗、马大本、赵永、杨成业、战起海、李允台、李荣、张瑞、解青云、程二、张敦、管创、苏机、陈恂、陈万里、陈准、苏兰、苏蕙、苏文标、高二、于杰、孙秉礼、吴世瑄、吴广仁、姜祥、吴广伦、王大蜡、辛江河、滕存玉、周永、高元方、姜秋、姜创、姜服谦。以上捻匪之乱殉难，均请恤有案。许考、李元、许耀林、李五十、张二双、孙小聚、姜蛮、范五、范丕纯、李永海、姜四、陆殿梁、陆坤、杨凤泽、王得全、杨立贵、邹拴、徐志云、姜会、徐守元、马成文、徐应炳、匡进、崔广礼、崔四、徐靠、徐运、徐应显、徐应熿、匡和尚、李希、曲环珠、薛振、马成阶、王成修、马全、单大朋、马清德、梁喜平、马于清、子兴、梁喜功、高来。以上捻匪之乱殉难，均请恤有案。武钦、武建中、武建成、武喜、胡德全、姚三印、周云峰、曹广业、李维修、李有发、朱敬梓、匡紫、匡永山、匡永千、武汉、萧兆修、武凤阁、武太平、萧保、匡法、匡大相、李二顺、李三光、武泮、曹禄、周黑、王廷华、王丕升、刘盈、于允升、于允文、王溥恩、李维屏、李广顺、于允庚、李秀、薛璋、邓汉、周兆灿、刘希恭、刘柴、王介、邓铠、王焕、王昭礼、王昭许、王以信、王以传、王瑞兹、乔荣、杜柏、王鸿图，率子侄与贼斗，全家遇害。王垠、王阶、王传、王昭若、王小马、王埠、王芦、王小成、王璋、王音鸾、王槐、赵甫新、王丰滋，率子三人夺马四匹，杀贼二名，力尽阵亡。孙杭、王昭序、周会文、周在春、周灿、于龙、于虎、丁文杰、邢汝莲、纪进山、纪希坦、魏中元、倪祥、张开先、韩德信、王喜、张遂、石昊、石瑶、石恩、石信、石相、石蕴光、石蕴珠、石蕴富、石月荣、宋得盘、宋得金、宋胖、宋显新、宋得柱、宋得四、魏林、王鋽、王凤阁、陈花、邱象龙、陈月光、陈方廷、陈景书、滕继茂、徐鸿文、陈法周。以上与捻匪接仗阵亡，均请恤有案。崔垣、李璜、李和尚、綦成、王冬、王小、王志美、王思明、王思聪、王思恭、曲文景、曲元春、纪循名、陆成、刘时贞、刘希法、魏交河、赵亭节、徐忠文、徐新、陆殿良、陆坤、孙柏、况文禄、郭喜治、王得全、况文庄、况文洋、况永和、陆永彦、陆显、孙柏年、郭希智、况根兴、刘柱、杨忙、陆山、孟德、梁四、张景和、魏景和、杨修全、况文椿、况文扬、郭林、曲学礼、万金相、王敏、王寒食、况杌古、况文波、况学志、张法之、彭立吉、王景若、乔景龄、孙燕、冷尚清、王松文、王者佐、乔元启、乔元复、乔元升、乔云方、乔云峰、萧永富、张汉、郭祥、王玉、王立经、白如钊、白大元、白永公、白永天、白大有、白大淇、白大湖、白毓昌、衣绍德、王成、贾仁。以上殉捻匪之乱，均请恤有案。张延年、张倧宾、张法、张淑、张守柱、张小当、张广增、张遵道、张可利、张继常、孙国枝、孙国庥、孙继平、孙清晏、孙清涟、赵希椿、赵相、匡印、匡汉业、朱承坤、徐承培、高凤业、王鑑、栾沂、栾伋、张汉九、朱同方、逄大卯、曲冬、匡若中、张起宾、张坤松、孙继和、江永谱、丁永典、许六、李福柱、丁得福、丁述之、丁宏江、丁永谟、丁宏伦、丁延祥、李克信、朱名、王述龙、张梦元、周及第、周玉和、胡道士、周环、管玠、曹禄、周坦、张锦、孙五、高长业、子珠、张桂、姜清林、刘喜、高徽玉、刁七、宋梦元、刘喜玉、姜林、匡盛、李瑾玉、贾宾、贾万、贾振声、贾继盛、贾永福、贾元兴、叶廷检、叶廷荣、叶吉、叶鮀、叶崇吉、贾敦厚、陈大有、陈栒、陈櫄、陈松、陈梦燕、刘八、黑连锡、王重庸、陈允本、孙成勤、解曰太、王希勤、孙太彬、王志龙、刘守礼、王毓珊、韩春、韩大广、韩振翮，手刃数贼遇害。韩进吉、韩进林、韩保宗，以上殉捻匪之乱，均请恤有案。杨侠偕弟仔、任，三人均力战死。杨中顺、杨滋、杨立、王从贤、王从贞、王汝椿、朱虎、陈清杞、尹太保、高徽树、李才有。以上捻匪之乱殉难，均请恤有案。张作柄、王相千、张福德、张仕、张完、黄云宗、李兆德、郭体义、郭体智、张日勤、王鹤、子墨魁、冷新德、姜惆先、贾凤柱、吴凤翰、吴国方、赵树令、曲德扬、韩学古、李子茂、李创、李浩元、子克家、冷坤瑞、冷怀龄、冷茂松、冷万年、冷宝树、冷昌、冷若惠、冷升德、冷鳌瑞、冷孟德、冷永平、冷商瑞、赵维岳、赵可起、李六十、童七、冷芳春、赵江、刘年、朱怀玉、冷连玉、姚三、朱尊、冷茂龄、阮士英、孟仁业、孟利业、冷芳龄、孟坤、孟玉白、刘玉林、王贵、别思成、冷锡九、冷唐瑞、冷永熙、冷圭瑞、张子元、李荣、韩凤翔、郭成江、杨怀宝、杨宝珍、刘义、王克善、董根、冷永曦、姚山、李石、朱盛林、夏曰瑚、孟元业、孟久业、杨和、杨平、孟玉树。以上捻匪之乱殉难，均请恤有案。王迁，接仗被重伤，犹奋起杀贼数名，力竭被害。逯林、子根、张永年、子雷、于廷有、侄锁、陈秀、周四、朱贵、李腊，从张寿朋御贼被害。刘思维、刘云逵、刘云襄、刘永春、刘殿安、弟殿芳、刘云连、高葆业、王大伍、高徽珍、王小黑、王小启、高元业、高小龙、张立本、邵景奎、刘殿伦、徐隆泰、王森、王振元、高湖泗、胡嵩阁、子创、王霄起、王老黑、胡勤、王伍实、李疆、辛从盛、牛机、牛志英、牛志皋、牛志宾、牛煦、牛训、牛八、宋二、范均、牛惠、范大文、邱理、邱义、赵熙明、赵法、高徽田、唐大德、高徽顺、栾得福、高三、徐扬、张文礼、高凤仪、王禧、王更、张继亮。以上殉捻匪之乱，均请恤有案。刘元德、宋振修、宋振名、宋允和、韩明远、韩克均、蓝受增、蓝受孝、刘刚、杜振芳、王占、宋立仁、刘丁星、任湘、李凤云、韩英。以上捻匪之乱殉难，均请恤有案。马仁声、张俊英、葛大昭、葛桃、周志、徐来、高羊、庄茂盛、王鹏、徐朝林、王兆训、王尚宾、王和坤、王以安、庄三、庄茂祥、杨均、王以盛、王得功、王尚荣、曾玉珍、曾仁、张文源、王珍、姜云坤、刘殿甲，全家七口俱被害。杨怀清、王大昂、张进禄、张汝、范有、徐二、刘成全、韩虎、张大会、郭小昂、李文贵、李文祥、马学洲、杨岱、刘四子、王清林、史冬、刘成名、杨元、张岳、曾元、廖国政、王柱、穆克仁、穆克礼、马阳、马永顺、李汉锡、徐环、王会同、唐茂、王伯业、蔡梦林、邓乾、陈福全、李玉、王黉举、刘以茂、徐朝陛、石文、郭永松、高补、王梅、王培、朱禄、孙钦、徐朝成、薛成。以上捻匪之乱殉难，均请恤有案。俞文广、王宗方、王六、王长松、王钊、王临、李潮、张志、刘琴昌、高文德、高文隆、高文炳、耿玉石、徐学忠、薛在朱、邓送、殷凤林、薛在新、薛元礼、薛存礼、崔树香、崔金、王在玉、陈平、孙正、侯二、冯忠信、宋槐、刘成福、邢立让、董兆贵、薛景登、王年、相臻、邵鸿德、周太和、李景和、刘道、刘欣杰、邵鸿礼、宋时遴、逄令得、刘锡玉、刘锡宗、刘锡乔、王进元、张绪、张振元、杨成林、陈俊、张金贵、杨魁修、张维方、王晋元。以上捻匪之乱殉难，均请恤有案。尹及光、朱三、杨从、庄世增、邓在田、苗永禄、苗永广、苗实盛、冯立桂、杜绍敏、张增高、岳方、辛老大、黄建廷、吕来、张光时、刘槐、薛起思、郭维裕、刘阜、刘尊、赵勤、王在学、马成仁、李长庚、王开山、张立谟、张和、逄化秀、陈士起、刘成仁、薛八、唐锦、薛在序、韩祥震、祁光义、潘起、赵元礼、黑连丰、朱允德、朱允起、朱文章、姜春、姜中宗、孙悦典。以上与捻匪接仗阵亡，均请恤有案。杜方、赵善、张元有、朱字、高振一、高振隆、高振盛、张秉信、王沚、王文泉、杨芳龄、王俊民，灵山卫诸生。卢文典，儒童。薛测，儒童。薛寿檀、吕盛怀、殷成江、李文树、杨炳元、薛忻、薛士山、薛学俭、薛永魁、苏梦春、焦太明、宗永章、刘云、陈清柱、刘风云、张金光、薛存群、王印、姜中魁、杜长林、王进禄、孙兆垣、柴维和、宋玉彩、殷林、王赐美、李加德、杨赐文、姜廷平、苗永实、王方龙、朱岐、于岑、刘宏渚、刘宏仪、王法武、崔廷栋、刘子成、陈进、郭维裕、赵学枝、孙福华、薛思起、薛柱苏、李林、陈希廷、宋生陵、张钟芸、田永舍、房禄柏、张伦、陈小十、薛元英、王作霖。以上皆团练，殉捻匪之难，均请恤有案。李进山、子麟经、贾元、邓昌、薛葆、陈良柱，灵山卫人。魏进臣、高小松、周端有、邵德冈、弟德仁、田丹、宋维顺、梁保玉、陈发元、王之英、周有新、邵学礼、袁马、周伦、张坦、张恒科、张重元、战学亮、周波、王平、朱成化、于学贤、朱维义、战在元、战学礼、匡汉英、纪元、赵四、陈有、张继立、纪垣、张宸枢、张守经、纪源、赵象贤、高马、黄凤麟、子光清、宋怀礼、薛道士、匡宗显、郭振图、匡振翰、张承滋、李尚绪、李继名、张钟芸、王起元、李锡兰、卢永秀、隋秋、黄殿奎、高祥方、高徽传、张慈龄。以上捻匪之乱殉难，均请恤有案。高镇方、弟辅方，镇方武举人，胶州营效力。张荣棠，从九品。李北山、王会文，皆生员。李寿堃，儒童。冷鸿诏、张法林、高谭方、陆元熙、高蕙敬、高楹方、王际纲、刘振名、刘慎德。以上殉难各村团长，均请恤有案。王绪士、张荣身、张瑞林、张清林、王大、王八十、赵青麟、吴长发、田永春、张坪、黄振远、张泌、黄大印、戴凤祥、辛从和、匡长林、宋坦、杨履平、贾廷奎、杨皆、周画匠、赵芳有、高聿修、张百顺、戴崙、高徽瑊、高徽玫、张寿岳、张勤第、戴二、张勷第、高徽临、高蔚绪、张钧、张克信、孟兆显、任奎、徐中法、胡永林、王铎、刘廷胡、刘士传、张林基、张本基、张洪基、张烇、张继凤、孙景涟、孙朝恂、孙英、李思彬、李良芳、周克己、高相业、马元吉、孙华龄、孙诚、孙殿堂、张继山、周克让、周义、张淑山、张淑业、张维址、张显可、张维尧、张继松、张华、张继树、魏光振、高徽立、王永吉、陆皆、周续先、魏继光、李贵材、李中兰、于仓、李文晰、王起、逄廷飚、逄廷茂、逄廷均、韩志楷、韩升、韩希禄、韩述法、薛忙、张文荣、徐开泰、赵百仁、于永江、徐立安、李燕、谈荀龙、李条、谈翔鹤、谈唯谨、谈世久、谈足法、李大、孙相补、高小子、赵小、杨福茂、王基镇、谈世英、谈任、张锡正、张锡祥、刘进德、车有成、刘绪、姜洪喜、赵元印、赵元臣、徐振朴、陈考、徐训业、卢黑山、韩云、黄汝勤、姜得魁、陈有印、赵朋、刘思元、刘盛德、赵乐、赵训、刘劝、刘方龙、刘欣和、刘甸、刘仓、盛吉堪、戴佑武、孙贵、刘欣恭、刘全德、刘天汉、徐甸、刘天木、姜振坤、刘天起、徐均、苗元、刘树立、刘欣起、姜儒、刘树嘉、滕凤翔、董茂、刘岳、邵绪、尹立、周琅、臧洛、韩柏、孙可仪、王灏、孙可立、孙廷义、张法林。以上团勇，殉捻匪之难，皆请恤有案。

王峰云　杨林　宋兆麟

王峰云，字夏卿，诸生。居城东港北村。同治丁卯，捻匪窜胶，峰云御贼被掳，誓死不屈，负重伤犹噀血骂贼。卒以身殉。事闻，予云骑尉世职。杨林，治南杨家山人。同治丁卯，捻匪入境，林率团丁抵御。在前茅①以石击贼，百步外无虚发，毙贼多人。贼以洋枪伤之，犹回顾曰："勿退，退则败矣！"即时殒命。宋兆麟，字仲绂，号圣徵。同治元年春，土匪蜂起，倡办团练。闰五月，率众攻贼于黑土岭，奋勇突前，中弹亡。民国十一年，知事黄泽沛书"义勇千古"四字表其门。薛培、李开金、魏得法、魏重光、王廷炳、杜焕仁、李祥熙、王进，以上俱同治丁卯逆匪窜胶殉难。傅谟，瓦屋庄人，素务农，逆匪南窜，率义勇保村庄，与贼接仗死。刘立政，同治十年十月逆匪窜胶，率勇护村与接仗死。唐春桢，诸羊人，与贼接仗死。

高仁堂　刘藩锡 弟岱东

高仁堂，字乐山，治西行上店人。少重气节，读书未得志，援例授从九品，选直隶完县典史。光绪二十五年抵任，勤职奉公，有治绩。次年庚子，拳匪肇乱，德法等八国联军入京畿，完县适当其冲，县令闻警避匿，敌军入城搜查拳匪，势汹汹，莫敢较。仁堂毅然独出反覆与敌辩，夷人怒诘之，辩益厉，胁以刃，卒不屈，遂遇害。暨和议成，合肥李傅相鸿章汇案题恤，得旨追赠四品京卿衔，给予云骑尉世职。完人感仁堂为保全一邑生灵而死，事独惨烈，乃胪陈殉难事迹乞旌恤，并请于完邑建专祠。经直督袁公世凯专奏，奉旨予谥忠愍，并许建祠，兼以八品荫其子旷典也。刘藩锡，字康侯，太学生附贡，成圻长子。清咸丰十一年，办理团练。捻匪突至，村民惶惧逃避无计，藩锡与弟岱东督众御之，铺集一带老幼均逃入牧马城得免于难。藩锡等因御贼遇害。事平，赠世袭云骑尉世职。弟岱东，字岩泉，增广生，成圻次子。捻匪之乱与兄藩锡同殉难，赠世袭云骑尉世职。采访。

① 前茅：先行部队或先行者。

增修胶志卷四十四　人物志第六　清代人物孝友

清人物传 孝友

高弘绣　王笃生　王乾　邓可茂　仇文玉　王钊　匡炎

高弘绣，字子文，《旧志》：有文武才。父衍庆，陕西西河县知县，闯贼变起，全秦陷，衍庆流离失目，不能归。弘绣访求数年弗获。后入清，以武功擢甘肃抚标营中军，间关血战，求父踪迹，乃得遇于汉中荒陬间，遂去官，奉父以归。王笃生，《旧志》：顺治十八年恩贡，以父丧庐墓，祀孝弟祠。王乾，《旧志》：性至孝。父母殁，哀毁骨立，筑庐墓旁，朝夕号泣，若不欲生。祀孝弟祠。邓可茂，《旧志》：家贫至孝。父好弈喜施，可茂日积钱挂父杖头，以供父费。父负营卒钱十余缗，可茂知之，私求卒曰："父债我当偿，幸无向父索。"卒感其孝，止取其半。又尝拾遗金，访其人还之。州牧某表其门。祀孝弟祠。仇文玉，《旧志》：庐亲墓不归，死于庐所。祀孝弟祠。王钊，字元子，埰子。《旧志》：廪监生，性肫挚。九岁丧母，哀如成人。父殁，庐墓逾年而病，继母赵责钊："尔以如此为尽孝，独不念祖母在乎？"钊乃返舍，苫块以居，茹素三年。辑古人孝行及戒杀诸书为一编，曰《善果指掌》。服阕，以祖母丧，哀毁致疾不起。匡炎，兰兆子。《旧志》：岁贡生，以父殉难，终身不近音乐。兄瑾官凤翔知县，以亏帑羁留陕西，炎倾资补其亏，兄得归。举乡饮大宾，年七十六卒。

相国玑　王之垣　唐世泽　郭大通　徐振 子一范

相国玑，《旧志》：性纯孝，十岁父卒，哀毁尽礼。事母杨，躬耕以养，承欢四十年，人无间言。母卒庐墓三年。州牧某表其门。王之垣，《旧志》：性笃孝，父母卒，前后庐墓六载。唐世泽，《旧志》：事亲能先意承志。父殁，庐墓三年。母韩虑外家贫，世泽以田数十亩给之，岁出粟赡戚里贫乏者，又代族人输丁银以继父志，后由岁贡官博山县训导。郭大通，字解公。《旧志》：性纯朴。幼从父晓授《孝经》，辄曰："人子固当如是也。"母丧明，闻舌舐可愈，效之八载不倦，目果痊。母殁，侍父寝二十余年弗离。父殁，庐墓三年，躬筑坟土若阜。州牧王某表其门。徐振，《旧志》：诸生。幼丧母，侍继母疾，衣不解带。及殁，哀毁如所生，依父寝处，非应试，跬步弗离。州人欲举其孝，力辞止。子一范援例授州同职，事父振亦以孝称。父患痿痹，一范左右就养无间，昼夜饮食不假僮仆手。州人复欲举其孝，一范亦辞焉。子瓚别有传。

高溥之　赵骥祥　崔嗣统　王秉义　徐文藻　高辛祜

高溥之，字鹏客。《旧志》：岁贡生。事亲孝，事兄如父。兄召，虽中夜必整衣往。宗族言孝友者咸推焉。赵骥祥，字继先。《旧志》：诸生。幼丧父，伤不逮养，祭辄流涕，忌日尤悲不自胜。仲兄业正早世，骥祥以田四百亩迎养寡嫂。从兄业耕任参将，因亏帑辞职。骥祥代偿千金得复官。业耕殁于王事，骥祥徒步千里寻骨归，抚诸孤若已子。崔嗣统，字绍先。《旧志》：增广生。早丧父，事母孝。伯兄植纲殁于京都，嗣统时年十八，千里迎柩归。次兄早殁，抚其遗孤如已子。有故人匡姓子家贫，嗣统厚恤之，且为婚娶。有祭田，族人售于他姓，嗣统赎归，择贤者主之。王秉义，《旧志》：性纯厚。庶弟秉诚、秉宪幼丧，其所生，秉义友爱倍至。从弟秉仁、秉恭相继殁，叔母以痛子故又殁，秉义理其三丧，两孀妇赖以养。故人有庞姓者，贫且老，秉义惠恤而终葬之。又尝捐金为行路赎子女焉。徐文藻，字玉辉。《旧志》：监生，性孝友。母殁，侍父寝以终养，十六年不入私室。事继母匡，能得欢心。匡殁，勺水不入口数日。友爱两异母弟，让以良产。乡里有缓急，无不周之。高辛祜，字东园，辛裔从弟，康熙四十七年举人，元氏县知县。三岁父殁，母绝粒殉节，伯母郭鞠育之，得成立。事伯母如所生。

赵肖娧　匡谧 弟禔　**王功清** 弟功濯

赵肖娧，字悦菴。《旧志》：廪生。幼孤，事母尽孝，自伤不及事父，逢忌日，奉奠不胜悲痛。读书遇古孝子事，辄掩卷叹息。工诗赋，古文著述甚富。匡谧，字默菴。《旧志》：廪生。性敦朴，绩学能文，援例授商河县教谕。闻母病遽归，服阕，会举贤良方正，州牧冯景夏将以谧应，力辞不就。弟禔，字省菴。《旧志》：有夙慧，三岁父口授《孝经》，即成诵不忘。及长，以文学与兄谧齐名。由廪贡选武定府训导，亲老，不愿就，母命之任。寻以母病，不辞上官归，母愈不复仕。年届五十，犹孺慕焉。谧子圣时别有传，圣朝见“选举”。王功清，字式廓，懿子。《旧志》：增贡生。性醇厚，能文工诗。父官京师，事曾祖及祖父母皆能顺意承志。友爱弟功濯，教诲殷拳，周济族党，各如其意。闻父感时疫，星夜奔赴，奉侍汤药，目不交睫。病剧，功清为文吁天，愿以身代，父疾旋瘳。归里，以积劳病不起，赍志以殁。弟功濯，字东田。《旧志》：英敏好学。康熙四十四年举人，四十五年会副，由中书擢刑部主事，分校京闱，所取皆知名士。晋户部郎中，以积劳告病归。父懿督屯西陲，功濯跋涉省视万里外。旋里未逾年，闻讣至，哀痛几绝，扶柩归，丧葬一本古礼，去纸彩靡文，遂成风俗。庐墓三年，兄功清殁，抚孤侄如己子。周给族党，岁有定额，置义冢、设渡筏、协赈救饥，善行累累。子统先、纬先并见“选举”。

周廷梁 弟廷柬 子炳麟　**赵宏钧** 弟禄钧

周廷梁，字武臣，诸生，性孝友。父肇汝，为莒州学正。感痰疾，廷梁侍父饮食、药饵必亲，夜不解衣，卧父侧。居母丧与继母丧，皆致哀尽礼。兄某暮年家落，廷梁有田二十亩，推予之。乾隆十二年饥，有鬻女者，廷梁收蓄四人，长各还其母家，弗取原值。卒后乡人私谥文简。弟廷柬，字舜河，事亲孝。甫成童，为诸生。接人介而和，如秋月春风，人乐从之游。晚年精李之才、邵康节学问，卜者多验。廷梁子炳麟，字云浦，性醇厚，家贫能以菽水尽亲欢。父病，炳麟吁天请减年益亲寿。后父殁，哀毁备至。葬后日至墓所哭泣，筑土植树，仆仆无已。时母年至八十，炳麟移栖母室，饮食必亲，夜闻辗转必起问。乾隆四十八年，以恩贡就职，赴省看验，母骤病卒。未及讣，炳麟心忽悸，不待看验归，以未及含殓，痛不欲生。既葬，苫块处外室，三年不见齿。生平谨饬，恪守礼矩，教授不计束脩。州牧、学师先后五举优行，皆力辞。居父丧未阕，州牧张玉树初至任，闻其名，欲见炳麟，以禫服①辞，心异之。服阕，以请申文晋谒，玉树致接礼，因大敬服。五十三年，胶大水，漂殁者几千家，炳麟居近河，独无恙。玉树巡灾见之怪，问谁氏，乃叹曰："河伯为灾，独免善人，此修德之效也。"子茂龄，见"选举"。赵宏钧，字圣法，廪生。少孤，与弟禄钧同居五十余年，无私财。赵氏族居近墨河北岸，乾隆十三年，水涨，宏钧兄弟扶母避水光岳园。顾不见从兄法望，时夜深雨甚，水且暴至，雷电交作，宏钧嘱弟守母，奔往法望家，见其母子三人皆病，卧不能起，水已没榻，宏钧破牖出之，负携以奔。性恺悌乐易，兄弟相师友，教授诸子及乡里，多所成就。门人郭青田贫将废学，多方资之，卒为诸生。著有《翕斋诗文》。禄钧，字圣翼，诸生。弱冠能文，屡以五经荐，不得举。敦门内行事，大小悉禀承于兄，居母丧及兄丧皆哀感行路。家贫而喜济人急，晚年杜门隐居，教授训生徒，一以实行为重。子霔别有传。

汪铠　宋昙　蔡照

汪铠，字卢峰。乾隆四十年武进士，候选卫守备，家居墨河北岸。五十三年大水，父柩在殡，被漂东流下，铠以死抱柩回。与兄锦连扉载母逃，二女一子皆就溺卒，求尸不得。铠与人交必以诚，未尝设城府，族党有所求，无弗应。母殁后未及官卒。宋昙，字瞿云，增生。性孝友，好施予。年十八聘王氏女，未娶，父继泰疾笃，曰："吾一见新妇无恨。"比王氏送妇至，而父殁。百日后，咸谓宜权行婚礼。昙曰："焉有执亲之丧而取妇者乎？"独居一室，服阕始合卺焉。事母以孝称。乾隆五十一年大饥，有贷富室钱四百缗不能偿者，将鬻子女。昙售田代偿之。妹倩海阳李康官宿迁，昙往省妹，将归，康馈赆，辞曰："君出宰百里，为清白吏，胡可以是为君累？"终不受。族党贫无葬所者，皆给地以葬，复捐田二处为义冢，时遣人修补其冢，且岁时必焚楮为诗祭之。姨母李适姜氏，贫寡不能自存，昙迎养之。昙病笃而李尚健，乃豫为制棺衾，呼子告之曰："吾旦夕且不讳，姨母犹吾母也，可谨事之。"后李殁，家人葬如礼。著有《耐园遗稿》藏于家。蔡照，字晓昇，监生。母刘老，病卧不起，照侍饮食汤药，历六年如一日。母殁，哀毁尽礼。乾隆五十一年饥，州牧张玉树劝众赈之，照以捐粟得表闾。又督工修普济堂，云溪、太平等桥，且捐资焉。

薛希包　薛应騋　胡粲　高攀贞　宋男 子镆

薛希包，字汝南，士纲子，诸生。年十三丧父，哀感中外。事母克孝，母殁，水浆不入口数日。终身遇亲忌日，咸悲痛，素衣以居。两兄早殁，抚从子世道、世基、世宪，教以义方，俱为名宿。世道卒，又抚其遗孤应驹成立。康熙五十八年春大饥，出粟以赒族党。族人有忿争，辄从容为明是非，辨尊卑长幼之分，以杯酒释其憾，必使雍睦而后已。州牧李举为乡饮介宾，历城朱攸为之传。子世容，见"选举"。薛应騋，字星言，诸生。居亲丧，饮食

① 禫(dàn)服：丧服。禫，同"禫"，除丧服之祭。旧礼，父母之丧，二十七月而禫。

寝处无违礼，泣血三年，未尝见齿，人比之少连①、子羔②。胡粲，早孤，事母以孝闻。母殁，哀毁骨立。既葬，庐于墓侧，朝夕负土筑坟。胶俗，庐墓者皆戚友迎之返。粲三年后抵暮潜归，乡人高其行，将欲上其事于官。粲蹙然曰："吾岂借是以求名哉?"力辞之。高攀贞，字兰圃。幼时见父母作劳辄求代，稍长以服贾孝养。母殁，哀毁尽礼。父病，不脱冠带者年余。父殁，庐墓三年，亲友劝之归。月朔必赴墓，泣奠如初丧时。事庶母如母，兄弟五人皆友爱。族中贫不举火者多赖以存，尝冬月制绵衣，老病穷乏者，潜以衣掷其家，其好为阴行若此。道光二年，建坊旌表，祀孝弟祠。宋男，字少乾，廪生。生七日，生母郭殁。八岁痛不识母，辄背人号泣。长能文，屡蹶棘闱，援例授职训导。为生母郭请得赠典。奉敕日，涕泗沾臆。年既老，律身甚严，居乡虽遇稚贱，必以礼。年七十卒。张维祺为之传。子镆亦恂恂不坠家法。

宋廷仪　周相龙　周道恺 子天牧

宋廷仪，字凤来，廪生。天性纯笃，好学工文，困于场屋，教授生徒。每以束金周兄弟贫乏。父先殁，母病，祷于城隍庙愿以身代而母愈。阅岁廷仪殁，时年三十六。母年九十四以寿终。周相龙，字瑞符，赋性纯挚。父卧病数年，躬侍汤药，朝夕不离侧。母殁，庐于墓侧。乾隆二十八年，州牧李瀚上其事，建坊旌焉。祀孝弟祠。周道恺，字崇斋，诸生。父殁，庐墓三年，州牧张玉树表其门，李文耕为之传。祀孝弟祠。子天牧、天度。天牧，字建亭。父殁，事所后祖母魏以孝闻。祖母老，置榻于寝侧，时问安否。祖母惛耄，偶夜起，惊愕以旁卧者为盗，痛楚之，天牧愈不敢归私室。居近河岸，夜大雨，河暴涨，庭中水没膝，天牧亟负祖母出。雨益甚，天牧妇失目，与二幼子居别室。母命往救，四顾无安祖母处，方踌躇间，闻墙户摧崩声，愈不敢释肩。俄而，别室亦倾，及呼人发视，妇尚可活，二子俱毙矣。山长雒阳薛补山宁廷为赋《嗟哉周生行》以记其事。由嘉庆六年举人选恩县训导。卒于官。天度及天度子相焯并见"选举"。

纪学瀚　张岸登　匡培　王宏仁　张友仁　逄迪远

纪学瀚，监生。父当先，以诸生远游辽东。学瀚方幼，家贫不能给，每伪饱以慰母。尝流涕求寻父，母强止之。年十七，乃与母预约归期，徒行抵辽东，父已远徙千里。途雪没胫，或劝止，学瀚决意往。冻绝复苏，至父所，而父殊无归意。学瀚恐失约，急归以报母。再往，父仍不归，请留侍父，不许，力遣之。学瀚窥父意，为贫故。乃弃学服贾。稍积资，又贷亲故，为父备致衣履，往迎焉。父犹不欲返，学瀚见父渐老，乃号泣不食以求归，始恻然许之。及归，见其子能克家甚喜。父好图籍古玩，学瀚竭力致之，母辄以财艰止之，学瀚乃托为戚友馈遗者以进，母乃悦。父母均以大年终。乾隆二十二年，州牧傅某闻其孝，为表门焉。张

① 少连：东夷人，今山东人。《礼记·杂记下》记载，孔子曰："少连、大连善居丧，三日不怠，三月不解，期悲哀，三年忧。东夷之子也。"

② 子羔：即高柴（前521—前393），字子羔（高），齐国人。春秋时期思想家，孔门七十二贤之一，齐文公世孙。历任鲁国费县宰、郕县宰、武城县宰和卫国的士师。创办的"高柴书院"影响很大。

岸登，为人勤敏，有孝行。父以荡游走关外。岸登稍长，乃称贷以屦为业，家渐裕，乃辞母去南北，周寻万余里，卒得父所在，舆归。岸登愈自苦积资以供养。后父母相继殁，岸登哀毁，未几亦卒。匡培，监生。年七十母殁，欲庐墓，子孙以其老苦留，乃外除静舍，礼佛诵释经，独处三年。王宏仁，父殁，庐墓三年。嘉庆二十年，州牧表其门。张友仁，字纯侣。母殁。父老家贫，善为色养。侍父寝卧，涤秽器无慢容。性耿介，同人言不及义，辄避去。父殁，几无以殓，里人醵资殡之。著有《南村诗稿》。逄迪远，字惠可，治东北韩家庄人。父希尚以贫游学远方。迪远幼为人牧牛。年十四告母姜曰："父外游，儿无兄弟，不忍以佣故劳母持家。"乃归代母爨。尝佃外兄姜某田为养母资，姜鬻其田，乃多方称贷以得之田六亩，尽种豆，秋大熟，悉偿所负。喜曰："天以是田俾吾母子以糊口，无待外求矣。"父闻有田乃归。晚年积至六十亩。父殁，告于母，庐墓三年。母殁，又庐墓三年，冻饿濒死者数次。嘉庆时，学使钱表其门曰"至性过人"。庐墓时，初不识书，僧道过者，辄教之，使诵释经，欲引之归山，皆力辞。有道人知不可夺，授以五雷符咒，救人疾辄效。年八十，言及父母，犹泣下。筑墓所掘土坎，至今严寒不冻。

李珠　王以焗　万铠　田祥　梁似　郭人佐

李珠，字品九。早岁丧父。事母孝，食必亲尝，依依左右，孺慕甚笃。母年历九旬，爱慕未尝少改。事兄严敬，尝鬻产代兄偿人债，无吝色。解忿释难，人咸从之。王以焗，母殁，庐墓三年。嘉庆十五年，州牧表其门。万铠，监生，性孝友。四岁丧父，悲痛如成人。事母尽孝。年十二，母殁，哀毁骨立。兄与铠析居业农，铠服贾辽东，得资置产，复与兄共析之。遇先人忌日，衔悲祭荐，惘惘如有所失。尤好义，尝捐资立两贤祠。田祥，周岁丧父，比长业农。每适市必携甘旨以奉母。母殁，佣工自给。遇岁时及忌日必乞假祭墓，哭尽哀。或闻人呼母或遇殡葬者，辄泣下。梁似，家贫，年三十尚未授室。其祖青远以教授远县，卒于外，父游闽中五十年不能返祖榇，似佣身取值，迎柩葬之。年四十始有室，迎父归里，以力耕养亲。郭人佐，家贫，事亲以孝闻。父年耄①失明，人佐年六十尝身负父出入。父殁，庐墓三年。卒无以葬，人敬其孝，醵钱葬之。

高鹤程　傅儒忱　杜淇　杨梦龄　杨世选

高鹤程，与文苑传中高鹤程各为一人。农家子，家贫，父早殁。母匡性唆急，鹤程妇不能得母欢，出之后，又为弟鹏程娶妇，母复不能容，乃使弟率妇出佣，己躬执炊以养母三十余年，无怠容。里有争，鹤程一言无不解。母殁既葬，鹤程年五十余，以其屋使弟与妇居，自结庐墓侧，朝夕奠食数年。州牧刘复善迎之归，而表其门。傅儒忱，武生，文蕖子。父殁，庐墓三年。先是祖殁于山西，数十年不能归柩，儒忱徒步迎柩葬之。嘉庆二十四年，州牧李文耕表其门。杜淇，字右川，性孝友。大父思永，诸生。淇承祖学，沈默自励。长师王鹍子毅，毅器重之。为文不趋时尚，年逾三十，州府试皆第一，为诸生。事亲先意承志。居父母丧，

① "耄"，底本作"髦"，讹。据上下文义改。耄，八九十岁的年纪，泛指老年，高龄。

哀毁骨立。既葬，独居三年，不入私室。与兄某友爱无间，与人交不设城府，喜周人急。友人薛彭年应举济南，其母骤感时疫而歿，淇为经纪其丧，棺敛如礼。杨梦龄，父溶，增生。梦龄幼读书，家贫，力耕以养，能得亲欢。父歿，哀毁骨立，母歿，庐于墓侧三年。服阕，犹依依不忍去。戚友劝归，将为请旌，梦龄力却之。杨世选，监生，有至性。父病笃，焚香告天，乞以身代，父病霍然。父歿，事母能以色养。母歿，祔葬，庐墓侧，躬自执爨，祭而后食，日负土筑坟，遇风雨，辄伏泣不忍去。三年，服阕，亲朋强迎之归，犹数日一具馔奠焉。道光二十二年，建坊旌表，祀孝弟祠。子桂林，别有传。

宋尔玑　周元焜　于洵　高光斗　唐丰

宋尔玑，世居辛置村。家贫，业负贩以养父。每晨起，令子弟置榻树阴，待父出与乡老聚谈。每出归，必市甘旨以遗父，问所值，必减价以对。周元焜，庐母墓三年。道光二十年，州牧某表其门。于洵，父经邦，客死云南，柩未返。洵年方十三，闻讣号泣，痛欲奔丧，母邓以幼弱未许，后稍长，属弟涵孝事母，洵乃不辞万里匍匐就道，七越月负父骸骨归。高光斗，字子文，诸生。少贫励行。早丧父母，值忌日，常流涕不食。事继母雷以孝闻。雷性严，少有过辄怒，光斗长跪受责，无敢怨。从子某姊夫宋某歿，并收其遗孤抚养于家，未尝以贫辞。及光斗卒，无以治丧，邑人醵金葬之。唐丰，母歿，庐墓三年。道光二十三年，州牧张同声表其门。

金裔声　宗启昌 子冕 **程洲　陈尚志**

金裔声，字正音。《卫志》：农家子。少丧父，事母以孝闻，母所欲，必多方构之以献母。每戒曰："吾不愿以口腹增汝累。"终不懈。母歿，既合葬，庐墓侧，负土增坟，素食三年。服阕，姻党劝之归，不从，卒于墓所。有司屡表其门。所筑墓高，望数里，松柏茂密，咸呼为金孝子茔。宗启昌，字莪田。《卫志》：少孤，事母以孝称。卫守备某表其门。年八十余，手不释卷，著有《四书集说》藏于家。以岁贡任昌乐县训导卒。子冕，字郁文，恩贡生。为人纯笃方正，事亲以孝称。邑中有义举，冕常为首，尤善汲引后学，贫者招致门下，给饮食教诲之。程洲，字芳杜。《卫志》：性纯孝。父歿京师，家贫，数载柩不能旋。洲年十三，徒步往返三千里，扶父榇归葬。事母能尽菽水欢。母歿，哀毁骨立。凡母所命，终身不忘，念及辄流涕。既老以岁贡选汶上县训导，卒于官。陈尚志，《卫志》：性醇谨。自幼闻人谈孝行，肃然敬听。长力农以养亲。父疫，乞祷愿以身代。父歿，哀毁骨立。以母老设榻母寝侧，饮食起居皆亲视之。母命之去，侍门外以候之。母歿，遂庐墓侧，素食三年，负土成坟，望数里。乡里谋请旌，尚志长跽谢止之。

宋澍　苏再武　王汝为

宋澍，灵山卫人。母歿，庐墓三年。乾隆三十八年，州牧某表其门。苏再武，字又卿，灵山卫岁贡。幼孤，事母陈以孝闻。母歿，哀感行路。遇忌日含悲终日。岁时祭献未尝不流涕。王汝为，字振元，监生。世居灵山卫。初赤贫，岁饥，父母以疫歿。兄汝仁挟妻他出，兄德成、弟汝智皆出亡，遗妻女。汝为使妻子分食以活之。年丰渐有蓄积，闻德成、汝智所在，欲往寻。妻薛素贤，速之行，曰：“子女事，妾身任之，不遗君忧也。”汝为即日徒行之辽东，寻德成归。复之燕寻汝智，遇于逆旅，同返。后又迎汝仁夫妇归里，推产养之。卫人公题额于其室曰“友于”以示矜式。曾孙应蔚见“选举”。以上《前志》。

张敬礼　邓元春　李光烈　宋凤年　张步瀛

张敬礼，庐墓三年。邓元春，庐墓孝子。李光烈，庐墓孝子。宋凤年，庐墓三年。张步瀛，灵山卫诸生。性至孝。母殁，庐墓三年。

孙彝政 子大年　**王受训　阚琴　王其慎**

孙彝政，字芦丹，号梅农，泌子。同治十三年进士，官户部主事，旋乞假归。彝政冲龄[1]失怙。事母至孝，母患风痹，彝政侍奉汤药，衣不解带者累月。母殁，哀毁几不起，三年不茹荤酒。每月朔望及遇亲忌日，必徒行至墓所，伏地哀号，虽烈风甚雨，终身无间。尤勇于为善。道光咸丰间，岁屡歉，彝政与诸兄出粟平粜，首倡捐赈，为士绅劝。捻逆之乱，胶城外筑圩，掘地多枯骸，彝政咸具棺徙瘗他所。遭贼蹂躏男妇殉难以数千计，当时州署请恤者甚略，彝政自行采访，阅八稔，悉得汇而上闻，其孝行苦节年久弗彰者，尤为加意。光绪五年州大水，居邻被灾，多露宿，彝政安置文庙庑下，煮粥以济，并予以筑室之资。主灵山、珠山两书院讲席，诱掖诸生，各视其材而造就之，一时入词馆、登贤书者多出其门。尝有言曰：“一切敬父母之遗体，万勿留子孙以余殃。”卒年六十有七，乡人私谥曰孝端。子大年，岁贡生，授盐运司经历。自幼敦品励学，秋闱屡荐不售，家居教授。晨昏定省无少间。父殁，哀毁骨立，独居三年不茹荤酒，值亲忌日，必拜墓悲号，其孝友有父风。王受训，父同茹，其先鳌山卫人，九世有乾州者始来迁。受训幼失怙，母氏张抚养成立。家贫，有两兄常负贩远出，数年不归。受训与妻傅氏均善事孀母，以孝闻。中年傅氏殁，戚友劝之再娶，受训不肯，曰：“娶妻所以事母，然多一人口之累，则奉母之甘旨必薄。”卒不娶。母病痹数年，受训一人侍汤药昼夜不懈。母卒，受训结庐墓侧，每食必祭，朝夕负土筑墓，三年如一日。亲友强之，始归。日鬻蔬米自给，贫苦以终。阚琴，性诚笃，家綦贫。父祥殁时，琴尚幼，哀毁如成人。及长为人佣，司烹饪，凡人所分给食物，必归以奉母，曾未敢先尝。虽少贫无力读书，然性最嗜学，遇塾童辄就而问字，即牢记不忘。后闻君子远庖厨句，顿改旧业，尽出操刀所蓄钱，捐于福寿寺。尝于途次拾一布囊，裹钱两串，琴坐守以待觅者返之。母张殁，结庐墓侧，朝夕泣拜。琴妻在家奉姑主，日三焚香，饮食必祭，三年无少懈。光绪五年，州牧某旌其门。王其慎，字子恪。父侃，以睦族称。其慎工文善书，肄业济南泺源书院，名噪一时。性纯孝，躬自涤亲秽器。由优贡中式光绪二年举人，主讲章丘绣江书院。晚年回家主讲胶西书院。子叔谦别有传。

赵庆擢　逄瑗贞　杨元枚　宋奎阁 子希周

赵庆擢，武生，性孝友。父殁，庐墓三年。逄瑗贞，字景玉，号仁复，克家从子。家贫，

---

① 冲龄：帝王幼年即位，后泛指年幼。

依药肆为生。与兄瑞贞友爱甚笃。兄性急，稍不怿，辄色然怒，厉声谴责，勿敢违。析爨时，以兄食指繁，所有产推多取少，里党称之。性谦和，与人无忤。子润古登第，入词林，瑗贞益恂恂，见者不知其为封翁也。润古别有传。杨元枚，赋性肫诚，善事亲。母殁，结庐墓侧，躬亲负土，三年无间。嘉庆七年，学使杜光瀛旌其门。宋奎阁，字少游，生平以孝友称。幼好学，喜谈文艺，因家贫弃儒服贾，善货殖，为船号经理，遂渐致富。兄奎东向与析居，家无儋石储，奎阁时赒恤之。值岁饥，奎阁助兄益丰腆，家人异之，乃叹曰："吾今年生意胜于曩昔，此天以助兄之资与我，我若吝惜，违天不祥。"卒厚资之。及奎东卒，遗孤监周已入商肆，力可自食。奎阁锐任丧葬费，且为监周筹生计，待之加厚。晚年丧明，以忧郁卒。子希周，字淑濂，增贡生，孝友有父风。与邑绅赵文运、张建桢、徐宗勉等结心谷社，力行诸善，乡人称之。

宋恩涉　徐元震　宋汝增[1]　李光煦

宋恩涉，字静涵，号左海。性纯孝。尝侍祖母刘、母氏高，疾危笃时，两经刲股和药以进，皆获瘳。山东同乡官京师者具状奏闻，奉旨旌表。有诗稿曰《岛鹤集》，盖刻意摹效贾岛、李少鹤云。以弟观炜貤封中宪大夫。徐元震，性直朴，言诺不苟。亲故有贷人钱者，贫不能偿，则鬻己田代还之。治家无私产，有两弟乞分爨，元震召弟反覆痛陈流涕乃已。久之，家人积不相能，元震大痛，屏居一室，自痛责乃去，居崂山半岁方归，冀两弟之悔悟也。元震见势终不可合，遂将田宅器具任两弟择取，己闭户不问，惟以养母自任而已。宋汝增，禀性至孝，能以色笑娱亲。母殁，年九十余，汝增已六十一岁，哀毁几不起。葬后，汝增结庐墓侧，饮食必供，事死如生者三年。亲友门生强之再三，始归。旋因思亲病卒。光绪十年，由学请旌敕建龙坊，入祀孝弟祠。李光煦，字旭亭。少勤学，屡困场屋，以佾生终。父文法每食，光煦必以甘旨进，兼善体亲心。凡父之所欲，口不待言已早为之备，远近以孝称。父殁，哀毁尽礼，既葬，庐于墓侧，朝夕负土诵经，三年如一日。光绪三十一年，由院请旌，赏给七品顶戴。孝行载《通志》，祀孝弟祠。

赵伯楹　姜玠　王德敬　魏成恩

赵伯楹，字丹臣，候选盐课大使。幼失怙，哀毁如成人。事母张能色养。母性严正，每遇盛怒时，必偕妻叶长跪求解，母怒息乃敢食，否则终日不食。咸丰十一年，捻匪破圩入，时伯楹叔湘与两堂弟恩普、恩沛皆失散。贼去，而叔及全家皆遇害。伯楹乃告贷亲友，市棺以殓。惟两堂弟遗尸寻求弗获。日只身裹干糇四出访查，途中遇黑旂贼至，窜匿草垛中获免。至某村获恩普尸，归葬后以未得恩沛尸为憾。环境百里内踪迹遍历，时乱后伏莽迭起，艰险备尝。恩普遗子天爵，逃亡僻乡，百计寻归，视如己出。经理其产，丝毫必登簿。及长，为之授室，复清算其历年所积，凡一丝一粟，悉数指授归天爵焉。子二：炳乾、宗乾。宗乾见"选举"。姜玠，字媚川，增生。好学能文，以教授糊口。性至孝。咸丰十一年，捻匪至胶，

---

① "增"，底本作"曾"，讹。据本部分正文（本页第17行）"宋汝增"改。

玠父卧病未起，家人皆仓皇奔避。玠守其父，不忍去。贼入其室，谓之曰："人皆逃，汝独不畏死乎？"玠对以父病。贼曰："孝人也，吾当为尔保护。"以是得免于难。王德敬，父殁，庐墓三年。魏成恩，母殁，庐墓三年。

徐应吉　徐友竹　郭方杲　徐应默　韩宏远

徐应吉，字利九，文藻曾孙，从九品职。幼丧母，事父先意承志，能得欢心。父殁，季父已与析居，应吉事之如父，事无大小，必禀命而行。季父病，应吉朝夕侍，每食供甘旨，虽风雨无少间。次弟卒，遗一孤，教养备至，爱逾所出，卒以成立。尝于途间遇盗，将行劫，应吉谕之曰："汝虽穷，勿为苟且事陷法网。"助以资，使改行，盗感而去。子金声，别有传。徐友竹，监生。善事继母，诸弟依以成立，持家政无私蓄，其友爱之心老而弥笃。郭方杲，母殁，庐墓三年，光绪元年旌。徐应默，母殁，庐墓三年，光绪元年旌。韩宏远，庐墓孝子。

刘文珂　郭鹏飏　李肇基　杨成林 子铭鼎

刘文珂，庐墓孝子，光绪十三年旌。郭鹏飏，字石农，庠生。嗣母殁，庐墓三年，光绪三年旌表。李肇基，农家子，性至孝。母亡，哀毁不欲生，邻里劝之曰："汝安可殉母而忘父乎？"乃止。肇基父故好摴蒱①，每日必以所佣工资供博费，不足至息取以应。父殁，肇基积有赢余，戚友劝之娶。肇基曰："吾兄有子，而力不能兼养，侄必困顿，难以图存。且彼系宗祧，何若为吾侄娶，则兄之嗣续可延，此两全之道也。"后肇基年老，其侄亦事之如父焉。杨成林，监生，事亲以孝称。母病笃，祷于神，后渐愈。及母卒，哀毁骨立。比葬日，卧墓旁不归。戚族咸谓治家无人，轻弃先业为不孝，力劝之，方归。乃自除一室居之，朝夕两餐必至墓所泣拜，三年无间。子铭鼎能继父志。父殁时，铭鼎尚幼，哀毁如成人。后母殁，结庐墓侧，负土三年。

毛尚义　萧起　逄玉瑞　高徽岐　于殿元

毛尚义，幼失怙，哀毁如成人。家贫，事父必进甘旨。孺慕者五十余年。父殁，营葬毕，露宿墓侧。乡人怜其孝，为之结庐。负土筑坟，朝夕泣奠。三年服阕，亲友强之归。居平有言其孝者，辄泣下。每自憾未尽子职，终身未尝见齿。方尚义庐墓时，妻李氏寝苫枕块，每食必供主前，三年无懈。辛酉，捻匪窜胶，尚义负主思逃，甫出门即被贼掳，痛骂不屈而死。州牧殷为之请恤。奉旨建坊入祀。萧起，家赤贫，无力读，而识文义。比长，执技佣工，日有所获，必竭甘旨以奉。父殁，无葬地，乃殡于义田。日两次省墓，必携饭以祭，祭必哀，如是者十五年。未几，母亦病逝，欲别购新阡，奈无力营办，仍随父合厝于义田中。其地丛冢累累，狭隘无结庐地。起日夜号泣不食者累日，里人哀之，为立木主，使供奉于家，权作庐墓，以慰其志。起乃携畚锸，日三次累土于墓，三年无懈。光绪元年旌。逄玉瑞，庐墓三年，光绪元年旌以"纯孝性成"匾额。高徽岐，性孝友，事孀母先意承志，甘旨无缺。兄徽崿早卒，遗孤彤章，徽岐抚如己出，后成立，入武庠。母年八十余，奉事尤谨。比母殁，徽岐庐墓三年，光绪元年

① 摴蒱（chū pú）：一种古代赌博的游戏，投掷有颜色的五颗木子，以颜色决胜负，类似今日的掷骰子。

旌。于殿元，性至孝，父母年八旬余相继病殁，殿元庐墓三年。光绪五年，州牧李为请旌表。

李萼芳　李新铭　郑元熙　王树香　姜本淦

李萼芳，父殁，庐墓三年，光绪十年旌。李新铭，性纯孝。父母相继逝，庐墓情切。祖母季年届九旬无人奉养，新铭昼夜不离左右。迨咸丰六年，季氏百有一岁寿终，新铭即庐于墓侧，三年无间。光绪三年，州牧李旌其门。郑元熙，年四十二，父壬林、母刘氏相继病殁。葬后，元熙庐于墓所，寝苫枕块，负土三年，晨夕无间。光绪六年，州牧李为请旌表。王树香，性纯孝。母殁，结庐墓侧，风雨哀号，三年无间。光绪十四年旌。姜本淦，母殁，庐墓三年。光绪十一年旌。

王纲　纪永全 弟永恕　**杨志学　张凤蔼**

王纲，母殁，庐墓三年，光绪二十年旌。纪永全，农家子。父增乐善好施，世有潜德。永全性纯孝，事亲能得欢心。及父殁，恸不欲生，戚友以母老劝止。母殁，哀毁骨立。葬后，结庐墓侧，负土诵经，朝夕泣拜，阅六年始释服而归。光绪二十三年，州牧罗为请旌表，给予“纯孝可风”匾额。弟永恕，性纯朴，多善行，尤能济人之急。凡邻里故旧贫乏者，无不量力赒助。居家以孝友称。殁时，盥手焚香，谈笑端坐而逝。乡里为建塔以表扬焉。光绪二十八年旌。杨志学，母殁，庐墓三年。光绪三十三年，州牧德详请旌表，奉旨赏六品顶戴，建坊入祠。张凤蔼，字柳塘。早丧母，继母遇之虐，并失父欢，逐之出。凤蔼授徒村中，恒不自给，恐人议其父，每散学时，行吟阡陌间，以示无苦。一日粮绝，而炊烟腾起，弟忽入，视其釜所煮皆石子也。笑而喧诸外，邻里师友共怜而助之，父亦感悟。继母殁，哀如所生。父卒时，凤蔼年近六旬，以哭丧明，远近称其纯孝焉。

高振岳　傅矩曾　法鸾堂　张奉瑾　陈四

高振岳，城方子，性朴讷，与人无争。父壮岁失偶，不复娶。振岳事愈谨，昼夜扶持始终罔懈。父有时呵谴或至挞楚，劳而不怨。家贫，振岳菲食恶衣①，而养亲必有酒肉。凡父所嗜者必多方致之，以博欢心。妻傅氏尝典簪珥以佐之。以是孝闻于乡里。傅矩曾，父儒廉，庠生，翰林院待诏衔。矩曾幼失恃，以家道中落出外贸易，竭力以供甘旨。后见父衰老，即居家不出，晨昏定省，无少间。父殁，哀毁骨立。葬之日，绕墓痛苦不归，露宿三夜，亲友悯之，为结庐墓侧。矩曾负土三年。服阕，亲友迎之以归，州牧余旌其门。法鸾堂，父殁，庐墓三年。张奉瑾，字钟阳，性孝友。七岁丧父，哀毁逾成人。兄奉璠与析居，以奢侈荡产。奉瑾独养母，供甘旨无少缺，复出财粟赡兄。后兄嫂相继殁，遗子女各一，抚之如己出。奉瑾有子四人，晚年析产为五，俾子与侄均之。陈四，农家子，无名字。四故与兄析居，父母年皆七十余，四独任奉养。父盲于目，扶持维谨②，至殁弗衰。母性勤，终日纺绩，四屡止之，作如故，乃故与母言笑，引之逸出，则嘱妻继之。院之偏有斗室，一夜不戒于火，幸母

---

① 菲食恶衣：粗劣的衣食，形容生活俭朴。

② “谨”，底本作“瑾”，讹。据上下文义改。“维谨”即“惟谨”，此处谓“小心谨慎”之意。

聋，且酣睡。四大惊，恐母知觉，急与妻灭除焚迹，而覆以草。比晓，母讶问："此何为？"曰："屋材且坏，将改葺。"又问："何夜作？"曰："农事忙，恐失时。"于是母慰甚。其平日曲体亲心类如此。年未四十，与妻皆染疫卒。

某孝子　徐本令

某孝子，逸其姓。居黄山之阴，早孤，家贫，力田事母，年五十余，孺慕弗衰。母逾七旬，老病不能起，孝子竭力营甘旨。每夏夜执扇为驱蚊，恒自昏至晓无倦容。母慰，遣之不去。强之去，即返，终不忍离。母聋而好问日间事，人厌其重听也，莫之告。孝子虑母烦闷，每昼出耕作，必摭访里巷新闻，归而琐述博母欢。母病十余年，凡秽亵便溺必亲涤除，虽妻女谨顺不以任。或以事出不及时，归必自咎责，如重有违忤者然。人或以蚤作难之者，则曰："独不见一尺婴儿熨湿就干，谁为之耶？"母初以病为子累，恨死晚，既而相安，久且乐之。常语人曰："自卧病十余年，无一事懊恼不如意。"其孝思纯笃，乡人至今称之。卫人陈立德为作《某孝子传》。徐本令，字善亭。八岁，父出外，家窘甚。其叔祖守谅时赒恤之，乃弃儒习商业。先是本令祖殁于辽东，徒步负骸骨归葬。越二年，其父又殁，本令驰往扶榇以归。前后出关两次，往返数千里，志不少挫。乡无老幼，咸称其孝。光绪二十六年，州牧张为请旌表，奖以"行迈程通"匾额。年七十五卒。

张奎升　逄永瑞　于泰　周敦楷

张奎升，邑增生，松山裔也。为人沈静寡言。兄弟四人，长早逝，三人同居三十年无异产。娣姒辈，凡操工作均劳，一门翕然。晚年户口繁衍，遂析居。而于兄弟财产，必代为经营，五十年如一日。奎升好学博古，待子弟无畛域，每出游必提携与偕，时为讲解。延聘名师，优其脩脯，凡可以供奉先生者，靡不周至。以故子辑五，侄徽五、敬五皆入庠。宗族乡党至今称其孝友。逄永瑞，庐墓孝子，迪远孙。性至孝，有祖风。时永瑞叔母孀居乏嗣，迪远即以永瑞继其后。叔母殁，永瑞亦庐墓三年。出庐时，州牧余则达为书"孝绳祖武"匾额，以旌其间。于泰，母殁，庐墓三年。周敦楷，字伯端，乡饮耆宾。性纯笃，有孝行。母殁，事父益谨。父每出入，必操几杖从之。坐则侍立于侧，行则步趋其后，孺慕至老不懈，乡里皆称其孝。卒年九十四。

增修胶志卷四十五　人物志第七　清代人物笃行

清人物传 笃行

傅廷豹　雒献图　宋宏毅　姜廷枢　张维镐

傅廷豹，字云峰，少重气谊，有膂力。鼎革①初，土寇焚掠方燎原，廷豹单骑横刀立云河桥，能叱咤，使千人辟易②。寇少息，上官壮之，请加游击衔。顺治二年，诸生宾兴③，青州道梗，皆惴惴不敢前。廷豹仗剑跃马，率所部建儿拥护而行。是科得隽者三人，法若真以五经特荐，以故四方豪杰之士咸知豹名。柯大将军永盛来胶镇，将以前衔重用，廷豹不肯就，喜游览，好驰骋，耄而益壮。康熙三十年，年八十犹能一刻驰八十里，款若真门，握手道故。又数年以疾终。雒献图，字锡文，州南王台社人。父为总兵府掾史，携家居城中。献图乃读书，为诸生。顺治十年，海时行叛，大掠子女至淮安。海诛，许赎归，必嫡亲乃遣，雒掾④有婢在掠中，令献图携金往求之。至不见婢，有少妇邓氏闻乡音痛哭，献图素不相识，怜之，遂冒为妹赎归，使乘己所骑驴，步从之。宿旅邸，必属归主妇，独居外舍，迟明然后发，不昵视狎语。时大雪，乱后萧条，盗贼间发，献图所以护持者艰难靡不至。将近城，妇言家在东关，径送之门，始归。顺治十一年，入乡闱，号舍若有巨灯大书“邓氏”者，遂得举。十五年成进士，人谓雒生自以阴德致功名云。未仕卒，无子，妻张氏殉节死。以上据《州志别本》。宋宏毅，字若士，一字木菴，可久从孙。宏毅有大志，负文武才，豪宕自喜，不事家人生产。髫年，徒步走关外，历边徼⑤绝境，上下诸亭障⑥，作书记所过风土景物、厄塞要害，洒洒数千言，俱有条理。既授室，侨居灵山卫，尝登小珠山百尺岩，俯眺险隘。清初，用兵平群盗。故垒遗迹，慨然思建白于世，后以辕门效力，得试守莱州卫守备。康熙初年，西陲连用兵，闻朝廷选材能破格征用，跃然自喜，曰：“今可一试矣。”上书帅府请行。值西师解严⑦，报罢，郁郁不自得，乃引病归家，居治圃艾山下，闭门理家计，米盐琐屑，皆躬亲之。事兄如严父，兄卞急，一饭至呵叱数四，宏毅戒妻孥唯谨。乾隆间卒。素熟唐顺之《经世》《武编》

---

① 鼎革：指改朝换代等重大政治变革。
② 辟易：避开，退避。
③ 宾兴：地方官设宴招待应举之士。此指参加科举考试。
④ 雒掾：雒献图的父亲，为总兵府掾史。
⑤ 边徼：边界，边塞。
⑥ 亭障：边塞要地设置的堡垒。
⑦ 解严：解除非常的戒备措施。

诸书，创造军械，妙合古制。其守莱郡，制炮车，至今营伍以之为法云。姜廷枢，矢志固穷，一介不苟取。值岁饥，同妻张氏闭户饿而死。其行义有足多者，邑人王克掞有传，惜不传。以上据《学古编》。张维镐，岁贡生。性耿介，以教授自给，家贫，冬日衣无重著。尝馆于富室，主人请易衣不可，乃潜制衣，俟其寝而覆之。维镐寤，卒反其衣不受。又馆于某氏，主人初宴，师礼不备，次日以病辞去，尝曰"饿死可，师范不可自我坠"云。

周法稷 子谦 谦子肇洙　**赵东普　陈三谟　张应甲　匡熺**

周法稷，生明季，以德行著闻乡里。友人某寄金三百两，法稷受而泥诸壁中。壬午兵变，家资掠尽而壁金如故。乱定，以金付友人。清初，尝买宅，徙居，窗前壁陷，得藏金百余两，呼故主还之，而不肯受，法稷乃析宅居之，并给其衣食。子谦，字豫凡。顺治十七年举人，任历城县教谕，笃于孝友。弟谐病笃，祷于城隍庙，请以子代弟者再，弟病愈，而二子竟卒。胶之世族，类有宗祏[①]，谦置其宗祏祭田二百亩。族人某与表弟高某皆鳏居而贫，谦并代为成室焉。子肇洙，字姚泉。《旧志》：少颖异，九岁应童子试，州主器之，后为诸生，试牍[②]出，脍炙人口。庠师举优行，肇洙曰："优固难言，奈何形人之劣也。"辞不就。以明经授德州训导，敦尚实学，尤加意寒士，立馆舍，给膏火以训课之。告归，以诗文自娱，至老不倦。卒年八十有五。赵东普，字康侯，昌嗣子。《旧志》：明季入武庠，矜气节，有勇略。甲申土寇起，率众捍御。入清朝，折节[③]读书改文，为诸生。家居教授，多所成就，年八十余卒。陈三谟，字献之。《旧志》：为人朴诚质实，博闻强记，文誉著于一时。顺治六年，正贡[④]曾学镜有故例当后三谟，三谟让学镜，曰："君年长于余而子幼，不忍执成例以先君也。"学镜感拜，而先贡。至八年，三谟以覃恩[⑤]贡焉。张应甲，字先三，若麒子。《旧志》：性端方，少为诸生，有文名。弟应桂，早通仕籍，应甲以家居养亲，不求仕进，以岁贡终。若麒尝出田千余亩，一供祭，一赡族，一养士，名张氏三田。应甲承父志经理，祀必尽礼，赡族亲疏不遗，择贫士有志力学者给粟四石，岁以为常，八十年遵循弗改。匡熺，字心水。《旧志》：性慷慨，好济人急，掩骼埋胔[⑥]，岁以为常。济贫乏，周旅困，恳恳无倦。常遇醉人携重资路卧，熺呼之不应，守其旁，俟其家人至而后去。

高重新　高志清　张琛 弟珩　**赵年　张沅**

高重新，字肖初。《旧志》：性廉介，贫而好义。尝拾遗金数十两，揭于通衢以归失者。某氏负人租，鬻其许字女，券成而女持母恸。重新见之，恻然无计，归告其妻纪氏，妻慨然质簪珥以赎之。高志清，字还亭。性慈祥，慷慨好施予，多隐德。尝访人缓急而隐周之，邻有翁媪佣屋而居者，贫且病。一夕，大风雪填其门，自计必死。比晓，而志清适至，撞户入，

---

① 宗祏：宗庙中藏神主的石室。此指宗庙，宗祠。
② 试牍：试卷。
③ 折节：强自克制，改变初衷。
④ 正贡：正途出身的贡生，别于例贡（即捐纳取得的贡生）。
⑤ 覃恩：广施恩泽。旧时多用以称帝王对臣民的封赏、赦免等。
⑥ 掩骼埋胔：收葬暴露于野的尸骨。

则两人已僵卧雪堆中不能起。志清救而苏，易以温室，留数日，为治衣具糗粮以归，两人得无恙。据《高氏世德录》。夏夜有盗入室，执之，识其人，志清怃然曰："奈何至是，若贫耶当告我。"乃资而遣之，终不泄其名。两举乡饮大宾①皆不就，知州某造庐礼焉。子曰恭、曰聪别有传。张琛，字后溪。《旧志》：少孤力学，事大父色养备至，不以贫故缺甘旨。弟珩，字曰遂。幼承兄教，笃志勤学，由岁贡授湖北黄陂县知县，以善教授著名乡里，晚年举乡饮大宾。赵年，字丰玉，佐孙。《旧志》：父早殁，事母色养备至。叔业隆卒于官，囊空如洗，奉迎柩以葬。赵氏世传《礼》经，年著论阐发微旨②，以授子弟。又工诗，著有《昨非馆》三集行世。子文煚，别有传。张沅，字药山。九岁丧母，哀毁如成人，年十四为诸生。父应昌任金城县知县，沅督理内外，有干练才，人敬惮焉。兄弟皆早逝，抚诸孤如己子。后以援例任青州府训导，勤于课士，待寒畯以惠闻。其子存仁、秉义受业师纪汝奭被诬，感公冶长③事，为言于学使，诬得白。复为汝奭援例入成均，人咸服其义云。存仁别有传。

高顺之　王林　高堡　王士栋　王怀　赵秀　李汝治

高顺之，字彦则。《旧志》：少为诸生，事亲以孝闻，性醇朴，不慕荣利。族兄某少孤贫，抚于其家，割宅居之。既而族兄欲有其宅，竟授之，无难色。族兄卒，无子，顺之为立嗣，以岁贡终。王林，字翰园。《旧志》：家贫，教授近村。归拾白金十余两，林即诣官贮库，招失主归之，知州某表其门。高堡，字保甫。《旧志》：廪生，少失恃，哀毁若成人。比长，事继母以孝闻。性谨厚，杜门力学，务为长者行。邻营弁某嫌堡墙碍骑，堡恐失邻欢，遂撤去。有无赖子素凶顽，每遇堡必垂手却立。或诘之故，曰："高公齿德俱尊④，而和煦照人，无倨色，是以敬之。"子攀嵩，见选举。王士栋，字华东。《旧志》：岁贡生，慷慨好施，赈穷乏，多义举。族人贫而才者，多资之使学。有高氏女鬻于薛姓为婢，士栋闻之，蹙然曰："士族也，奈何为人奴？"赎而育之，及笄，择族孙而字⑤焉。王怀，字诚子。《旧志》：援例候选州同。父母早殁，事祖父克孝，抚兄孤如己子。与诸弟从子析居产，取其薄者，族人贫乏者酌而周之。子功滋、功淳、功济皆能世其德，以长厚闻。赵秀，字君实。《旧志》：增生。好施予，恤人患。州西苑哥庄河水为患，秀倡捐筑堤，获安堵者数百家。又捐某庙地数十亩。李汝治，字乐天。《旧志》：诸生。事继母得欢心，弟某不谨细行，荡其产，汝治分以己产。族人有鬻其孤于异乡者，汝治卖田赎还之。本州李学博⑥归老，遗子、妇三柩，在胶二十余年无归榇⑦者，汝治为葬于城北。

---

① 乡饮大宾：即"乡饮宾"，乡饮是古代一种庆祝丰收、尊老敬老的宴乐活动。一般乡饮都选德高望重长者数人为乡饮宾，与当地官吏一起主持此活动。

② 微旨：精妙深奥的旨意。

③ 公冶长：复姓公冶，名长，字子长，春秋末齐国人，一说鲁国人。孔子的弟子和女婿，"七十二贤"之一。公冶长曾被诬入狱。孔子说："公冶长虽在缧绁（监狱）之中，非其罪也。"并把女儿许配给公冶长。

④ 齿德俱尊：年岁大，品行好。也常指年高德重的长者。

⑤ 字：女子许嫁。

⑥ 学博：清代对州县学官之别称。

⑦ 归榇（chèn）：将棺材送回老家。

张畲行　迟必昂　常宪夏　周延植　李长发

张畲行，《旧志》：早孤，事兄如父。兄有疾，畲行侍汤药，昼夜不离者百余日。从子长不能养其亲，畲行以田数十亩与之，使供甘旨。从弟于蕃，家中落，畲行筹资助之，复其故业。迟必昂，《旧志》：黔陬社人，业农，性朴诚，有长者称。居胶河岸，河桥临通衢，必昂修之，岁以为常。知州某表之。常宪夏，字西河。《旧志》：诸生。好行其德，尝置义田，舍药材，修桥梁。岁歉，出粟济贫，乐施不倦，知州某表之。年八十而卒。周延植，《旧志》：性孝友。母病，衣不解带七月，无倦容。笃于事兄，爱从子如己子。生平足迹不履公庭，里人有争辄解之。尤好施，桥梁道路多所修理。后举贤良方正，授八品职，年九十卒。李长发，《旧志》：性醇笃，事亲能以色养，亲意所欲必勉致之。居丧，哀毁骨立。数年后，遇忌日，悲动左右。友爱其弟，不蓄私财。弟卒，抚遗孤如己子。知州冯某表其门。年八十遇覃恩，赐冠带焉。

高延春　叶成舟　徐培德　傅守钰　李褒龄　房玉

高延春，字生之。《旧志》：监生，性直爽，乐施予。康熙五十八年，岁大饥，煮粥助赈，凡数月，散绵衣，施槥①，以瘗道殣②。雍正八年，饥亦如之。捕蝗，修桥梁，多善举，当道屡表其门。叶成舟，《旧志》：性孝友。兄行舟有子英，自幼失明，兄尝怏怏而爱。成舟仲子芸，倜傥魁梧，成舟即以为兄子，后为登州营千总。兄殁，成舟以自置产为两券，以一俾英、芸，一俾群子，更以腴田四十亩予英，曰："使以养疾，慰吾兄于地下。"同族贫者多赖以存。徐培德，《旧志》：监生。早丧父母，叔鹤龄自少流落京师，培德迎归终养焉。兄种德，弟峻德、成德不善治生，培德皆为置恒产。族叔琬，老而丧子，又同族孀妇之贫者，皆赖培德养之。捐义田六亩，为邻里葬所。岁饥，煮粥赈饥，又赍糗粮钱物以投废疾，全活甚众，道殣必瘗。有刘姓逋官粮，将鬻妇以偿，培德助五金而已其事。乾隆十六年，与傅守钰等督修先师庙。傅守钰，字明环。《旧志》：监生。少孤贫，事母以孝闻。长能自立，家渐裕，勇于为善，族人贫者，每置田以养之。蜚虹桥倾，出千金建之，所葺桥梁庙宇不可胜纪。乾隆十三年，岁大歉，出粟煮粥赈，全活以千计。置义田十亩以葬客柩。有张氏女鬻于人，代赎归其夫家。以十六年监修先师庙，与徐培德同被巡抚某表其门。李褒龄，《旧志》：少负义气。遇岁饥，宗党不举火者百余家，褒龄尽出己粟，按户支给，赖以全活者无算。又，每倡捐监修桥路。房玉，少孤贫，性醇笃，与人无争，尤好闻善言。日为人汲水以自给，凡得余钱即贮藏之，年近五旬，积钱五十千。雍正八年，州人重修城隍庙，玉尽出其钱以助工，邑人为立石志之。

宋孝诚　王汝仁　张楷 弟柟 从孙元倩 **张袭庆　朱时**

宋孝诚，字莪园，振甲子。学有家传，康熙五十六年举人。尝赴省试，以力担囊，途见

---

① 槥：粗陋而薄的小棺材。

② 道殣：路边饿死的人。

骡缓缰至，而不见人，令力捉衔，候之不至。日暮羁回逆旅①，检视装金，约数百，招帖宣示，以归其人。王汝仁，卫人，少颇工书。康熙四十三年，大祲，贫无食，卫守备某悯之，欲以充署吏，汝仁辞不可。某怒，饬吏强取认状。汝仁逸大岛②薛贡生家。某素与薛善，遣索之，薛为营解，乃免。汝仁卒致富，二子皆为诸生。张楷，字书田，诸生，淳子。八岁丧母，哀毁如成人。事父先意承颜③能尽欢。援例授教谕，改捐光禄寺署正。家居主计张氏三田，奉祭、赡族、养士，无不周至。岁祲，出粟煮粥，全活不胜计。弟柟，字让木。性醇谨，善事父兄，言动必准于礼。积学，登雍正元年举人，不求仕进，砥砺实行。里党凡有所求，必称事与之，周恤戚族，岁以为常。从孙元倩，字景艺，监生，负气好义。继楷主计三田，以公溥著闻。嘉庆十七年，岁大祲，同里多不举火者，元倩出粟数十石赈之。张袭庆，字善余，楷族弟，好义。庄南曹溪，每逢夏秋河水为患，袭庆倡捐资，筑堤以御之，村人咸利赖焉。知州爱星阿、刘文琠并表其门。朱时，字灵南，性耿介。尝见遗金，俟失者至，还之，谢弗受。与人交，无疾言遽色④。或以非礼干，辄避不与较。惟乐善好施，济人困厄。

柳如果 弟如楹 **程世盛** **金楫** 子焯生 孙坊

柳如果，字毅臣，卫人。与弟如楹少孤，事母并以孝称，友爱甚笃。如果性爽直，好施予，善和乡里。雍正十一年，裁灵山卫归并胶州，独赴省会，吁请存留，不许。训子弟多义方，群从⑤列庠者十四人。如楹，字柱石。岁饥，尝贷粟于邻里，岁丰来偿，却之，邻里力请，收半焉。知府琳朝并表其门。兄弟皆年八十余卒。程世盛，字茂远，卫人，延祚子。家中落，以勤苦复致饶裕。兄弟之子多不能自立，世盛为完婚娶，给资产，训诲成立。尤笃任恤⑥，周里党之急。金楫，字济臣，卫人。父殁，兄弟析居，母养楫家。每具旨甘，必呼季弟枝佐食。家事多视母意所向，以博母欢。母殁，枝以田售楫，既与价，返其券。枝为乡约，亏租银追比⑦急，楫代偿之，不足，楫求缓期，乃毕偿。子焯生，字天章。慷慨有父风，邑中有义举，必竭蹶⑧赴之。岁歉，自安粗粝，多为粥以施饥者。孙坊，字汉升。年十六为诸生，代父焯生秉家政，宗党闾里不能婚葬者，必以父命助之。乾隆十三年，饥，坊施粥必亲视，施散乃归。

宋京 子晋 **周大诏** 子从义 从恕 **匡晖吉** 族子镛 **邱泰**

宋京，字中州。乾隆元年举人，分发浙江试用，借补东江盐场大使，居任数载，告归不

---

① 逆旅：客舍。
② 大岛：位于今山东即墨田横岛群以北，是三平岛三个岛屿中面积最大、最靠近大陆的岛屿。
③ 先意承颜：指孝子不等父母开口就能顺父母的心意去做。
④ 遽色：严厉的脸色。
⑤ 群从：族中堂兄弟及子侄辈。
⑥ 任恤：诚信并给人以帮助同情。
⑦ 追比：官吏严逼人民限期交税、交差，逾期受杖责。
⑧ 竭蹶：颠仆，竭尽全力。

复出。性端方，动循礼法，为乡里楷模。子晋，字升闻，拔贡生，任曲阜县教谕六十年，钦赐举人。嘉庆元年，钦赐翰林院检讨，恭预千叟宴。周大诏，字宸章，乾隆九年武举。制行端方，惠周戚党，教授生徒，能尽其才，从学者多掇武科。子从义、从恕。从义，字怀方。乾隆三十五年武举第一，考授督漕运。届选期，以母老辞不就，兵部檄催，终不赴，家居事母。善继父业，教授门徒亦颇盛焉。道光十一年，重赴鹰扬宴①。卒年九十有一。从恕，字行可，岁贡生。性严正，居家孝友，事兄尽敬爱，来学者不计束金②，奖掖劝诲，谆谆若不及。与兄文武歧业，并称良师。匡晖吉，字子光，乾隆四十年举人。有侠行，急人难不避汤火。为巨野县教谕。罢官归家，贫如故，以教授终。子慎行，见“选举”。族子镛，字帝音，性仁厚。家贫，任伯叔之葬克具礼，后渐饶裕，喜施予，戚族里党贫乏者咸赖焉。邱泰，字东表，增生，积学能文。乾隆三十年，乡试闱中魁选③已定，续得泰卷，副考官某奇赏之，必欲以冠。多士力争弗可，则收其卷起曰：“不首拔，不如已。毋颠倒，令识者笑吾曹。”正考官不怿，竟罢。三十三年，某复为山东正考官，而泰丁母艰，自是不复与试。家居教授，门下多知名士。性醇笃，勇于为义。族子妇少寡，携其孤丐亲戚以为活，室颓不足自蔽。泰招之来，处以旁舍给食，教其孤，俾能自持门户，乃遣去。邻女辛氏，其父素与泰善，父母殁，无所归。泰收养之，及笄，为择婿，具奁资嫁，有日矣。以猝疾殁，择地葬之。孙镛，见“选举”。

高琦 弟珙　**宋健　孙友闻　纪俭　杨维楹　宋起蛟**

高琦，字玉峰，廪贡生。父蔚哲由廪贡任诸城训导。琦性恬淡，喜读书，工书画，秋试屡不售，以教授生徒著闻乡里。与人交，忠告善道，人皆矜式④。弟珙，字荆川，监生。业贾尚义，亲族有厄难辄奔救之。尝代偿外弟李某负金者再，李卒奋以自立。又代偿曹姓负金百两。嘉庆十六年，大饥，有鬻女者，母持女泣，珙典衣代赎之，复买同鬻者二女，后各遣归。弟琅卒，孤幼，虽析居，珙日往经理，迄孤成立。孙行方，见“选举”。宋健，字姚侣，士芳曾孙。少好读书，攻举业，为诸生，肆力于经史古籍，有文誉。乾隆五十一年，举于乡。六十年，大挑一等，当授县令，以亲在不欲远离，改教职，补馆陶县训导。同官欲增童试陋例，健力持不可。丁父忧归，服阕，再选临清直隶州学正。训迪诸生，论文励行，皆出于身率。六载以母张年老乞终养，归送者数百人。抵家，诸生音问不绝。及丁母忧，相率千里致赙。为人性和易，言动必谨。家贫读书自乐，宴如⑤也。年逾七旬，犹手钞经义十余册藏于家。子垍，见“选举”。孙友闻，字辰三，乾隆五十一年举人。嘉庆六年，以大挑一等签分湖南，告近⑥署直隶香河县事，勤于抚字。丁忧归，服阕，仍发湖南，历署江华、安乡县事。

① 鹰扬宴：科举制度中武科乡试放榜后，考官和考中武举者共同参加的宴会。
② 束金：旧时入塾的学费。
③ 魁选：科举考试中的第一名。
④ 矜式：敬重效法。
⑤ 宴如：安然，安定平静貌。
⑥ 告近：清代官吏因任所离本籍过远而不能迎养父母者，请求改任于近地。

以在香河失察逋盗，降改邹平县教谕。诲诸生以立品为先，邹人士乐亲炙①焉。按察使李文耕时知县事，甚重之。秩满告归，家徒壁立，有故人至，见其拥敝裘，箪瓢②冷落，蹙然形于色。友闻笑曰："君以此境难堪耶！古人云饿死事小。第恐德薄，不称一饿耳。吾行年九十，不以此为病也。"善书，临《黄庭经》《乐毅论》皆数百本，文耕为刻《乐毅论》临本行世。纪俭，字慎之，在谱子。叔在文无子，在谱以俭嗣之。事所后母高能以色养，高疾，侍汤药，衣不解带数月。及居丧，哀毁备至。性慷慨好施，家不中资，冬尝为粥食饿者。岁杪③，必以粟馈亲族之穷乏者。子汝琎，见"选举"。杨维楹，字琴可，志敏子，廪生。性醇直，敦内行。嘉庆元年，诏州县举孝廉方正，州人咸荐维楹，辞不就，州牧某卒举之，钦赐六品顶戴。宋起蛟，字龙友，廪贡生。幼孤，读书能自立，事母尽孝。族人贫寡无依者多被收恤。勤于教授，后学质疑者多剖析源流，人服其博雅。著有《历代世系》若干卷。

孙铨　孙荣曾 从子渠　**王以谕** 兄以诗 以诗子琦　**杨兆勳** 从子圻

孙铨，字秉冲，监生，先世自武定府迁胶。铨早孤，倚伯父士润成立，共伯贸易起家。为人诚笃勤俭，伯父卒，铨感抚育恩，以己田百六十亩为祭田。继母王以节请旌④，且命铨为纪氏姑请，铨并为姑子书田置产，以广母意。乾隆五十一年大饥，有粮船自关东至，减价以平粜。出资畀僧人源从瘗路殍。出米银助兵饷，施粥厂至四月间，估船咸集，乃止。州牧张玉树善其行，上之大府⑤，表其闾。奴婢当婚嫁者，焚其券，并资之归。修桥梁以十数，遇修文庙、关帝庙、城隍庙，必出重资助之。五十三年夏六月，大水被灾者不下万家，铨复出资，使人持干糇饘粥，途遇分给之。亲友屋毁，咸助钱为修筑，又出享堂地，令居卑下者迁筑焉。年六十余卒，族党乡里皆悼之，不期而来吊者千余人。孙汶，别有传。孙荣曾，字贻亭，镐子，早为诸生。从父宦都中，援例贡成均，试京兆，再荐不售⑥。丁父忧归，不复进取。为人恬静寡欲，乐善好施，同里被德者甚众。凡遇凶岁，必出资以济贫乏。道光十六年，岁大饥，荣曾与弟荣煛首先倡捐银七千余两助。赈事竣，当道上其簿请优叙，荣曾辞不受。生平好积古书，遇佳刻秘本不吝重价购之，其教子弟每以知足为戒。自嘉庆末年，援纳例频兴，族人多入资为郎，或出牧州郡，荣曾独为子既堂援例教谕，曰："弟子员⑦食饩其阶可进者，如此而已，无须过望也。"年七十四卒。弟荣煛、子既堂，并见"选举"。从子渠，字星潢。早孤，有至性，事母谨孝，事叔父如父。兄河早卒，事寡嫂范敬礼有加，尤以敦睦宗族为亟，群从翕然和之。渠少习举业，援例入国学，试于京兆，再荐不售，乃援例授布政司理问。为父荣时请封典，不复就试。年四十余卒，著有《培树山房诗草》。王以谕，字俞

① 亲炙：亲受教益熏陶。
② 箪瓢：盛饭食的箪和盛饮料的瓢，亦借指饮食。后用为生活简朴，安贫乐道的典故。
③ 岁杪：岁末。
④ 请旌：旧制，凡忠孝节义之人，得向朝廷请求表扬，谓之请旌。
⑤ 大府：泛指上级官府。
⑥ 不售：指考试不中。
⑦ 弟子员：汉代指称太学生。明清时代指称县学学生。

亭，懿孙。性孝友，以父母早殁得郁疾，却声色，善调摄数年乃愈。援例授大理寺司务，勤慎严明，吏不敢以私干。以病假归籍，遂不出。生平好古籍，喜宾客，遇明家翰墨不惜购以重价。与人交，遇事必正言规劝，议论侃侃，人咸听受。周恤贫乏，岁有常规，遇岁歉捐粟，尝为一邑先，年七十八卒。子玗、琅，并见“选举”。从兄以诗，字班商，廪贡生。任平原县训导，训诸生咸以德行为先。尝以俸金周诸生贫乏，而已服食所需皆取给于家。归里后，诸生十数年书问不绝云。子琦，字少韩，廪贡生，援例授冠县训导，改光禄寺署正。好施予，周人之急无间亲疏。嘉庆十六年，岁饥，琦倡众捐资以赈，知州刘文琠表其门。琦子士庥，见“选举”。杨兆勳，字克猷，廪生，乡试屡荐不售，援例授府同知。好读书，延师课子弟及其族人，文分甲乙奖励之，多所成就。尤急公好施，嘉庆十六年饥，出粟赈贫民。十八年，滑县教匪之变，胶营卒从征者数百人，兆勳率子弟出千金以助饷，登莱青道陈文骏、知州刘文琠并表其门。其周恤姻族贫乏者岁有恒规。岁饥，见有剥柳榆叶以食者，即助以豆粟，命家人多为粥，乞者列坐户外，以次分给，遂以为常。濒殁，属子孙继之，无得废。子阶、孙立铣，并见“选举”。从子圻，字翼垣，援例授布政司理问。性好善，乐施予。以通衢太平桥圮，独修之。每岁冬日，施绵衣，为粥以待乞者。遇年饥，劝赈不惜费。择所居里东南旷地，建文昌阁，费数千缗。

逄世宽　周儒俊 子聪彝　**胡锜　黄光第　李尧年**

逄世宽，字宏远，其先世自诸城来迁。世宽生四岁而孤，母高食贫守节，世宽以服贾[①]养母，定省无缺。又三十年，为母请旌。母殁，年已六十余，哀慕如孺子。世宽既以贾起家，期功[②]子弟之贫者，皆量其材授之资，使各以力食。姊韩氏孤贫，从兄世德亦贫老无子，世宽并给养之，殁而敛葬焉。再从兄汶年老，子死依女家，世宽亦迎养焉。城西通衢有太平桥，狭且坏，世宽首倡，鸠工成之。董修姜家庄石桥，同事者不从世宽言，工竣数十日，水涨辄倾。世宽乃请于官，独捐资任其事，富室感其义，请分任，工复成。邻人妇鬻其女而自缢，救复苏，世宽以资赎其女而馈之粟。又尝助棺木成邻人之葬。嘉庆九年，恩诏赐天下耆年品秩，世宽年八旬得八品职。孙克家，别有传。周儒俊，字文园，监生。其先江西龙泉人。明初，有福者始来迁。儒俊性孝友，事父习圣、母高，备极色养。弟儒秀，少丧明，母因忧泣亦丧明，儒俊善体亲心，友于最笃，与弟同爨五十余年。与人交，必以诚，素好施予，同里被德者甚众。孝廉张敩谦卒，无葬地，儒俊赠以吉壤，且厚赙之。邵永清兄弟早孤，儒俊教之恤之，俾能成立。赵某负人债累万缗，贷儒俊者尤多，为众所讼，儒俊独具牒请息。州牧刘复善异之，儒俊曰：“生有母，年九十，息讼以免老母忧。”刘感其言以为孝，表其门。嘉庆十七年，岁饥，出粟以济邻里。州牧刘文琠延督赈事，不辞劳瘁。滨州张某过村中，忽遘疫，儒俊居以外舍，延医调理数月。病愈，感拜而去。子聪彝，郡廪生。承父训，能急人难。

---

① 服贾：经商。

② 期功：古代丧服的名称。期，服丧一年。功，按关系亲疏分大功和小功，大功服丧九月，小功服丧五月。此指五服之内的宗亲。

纪熙瀛赴省试，病殁。时溽暑且疫，聪彝出资为具棺殓，复倡同志归其柩。孙荣程，见“选举”。胡锜，字华九，世居土城口。明季世袭千户振十世孙。性端严，贫而能守，幼业儒兼精医术。礼貌不备，虽厚仪不往，而以所得资造药材，施舍无德色。又好阐扬古昔忠孝节义事。张将军思选墓近锜里，埋没草中已近百余年，无过问者，锜恐其湮也，与李柔木共倡义举，高大其冢，筑墙垣为围，勒石以表其事。州牧刘复善继修之，胶人于是咸仰拜祭奠焉。黄光第，字润庭，监生。性孝友，少执父丧，哀毁尽礼。长事母以孝闻，母病，祷于庙请以身代。母殁，日夜不离苫块①，得患湿疾。光第家不中资，好济人急。乾隆五十一年，大饥，设粥苇湾厓，待饿者食之。又二年，大水，邻里屋圮。借栖者，群屋客舍皆满，供饮食数月。冬，每竭资以施绵衣。有外姻某负钱六千余缗，将老，取券焚之曰“勿留此为他日衅”。卒年八十三，子建乐，见“选举”。李尧年，字华三，监生。三岁丧父，依兄成立。兄卒，晨起视母安，必诣嫂所问起居，如兄在日。兄子金声，官滁州卫守备，亏帑二千金，尧年倾资代补之。金声嫂黄氏孀居，并赒恤之。姜家庄有石桥二，久圮，尧年劝众重修，以便行旅。

李华西　匡圮　刘瑄 孙仪廷　**高蔚然　高若铜**

李华西，字岳龄。父人魁，郡诸生，性孝友，周恤无间亲疏。年届八十四，州牧刘复善表其门。华西援例授布政司经历，守父训，亦以孝友闻。为人醇和朴至，尝捐城西义田数亩。或告镌姓字立石，华西却之。又置族葬茔田二所。嘉庆十六年，岁饥，捐谷助赈，督粥场事尤力，州牧刘文琠亟奖之。从兄监生咸龄早卒，其妻邓氏守节，华西恤其家，临卒以未为邓氏请旌为憾，属子允元代请而建坊焉，其为人有终始如此。子允元，孙垚晋，并见“选举”。匡圮，字良书，性孝友。始家贫，圮以积聚，与兄同居，不敢私。妻子母失明，不离左右以尽欢。为人谦和好义，恤孤周贫，尝捐义田，修桥梁。有故人子王堦者，少孤，将废学。圮力资之，戒勿改业，卒为诸生。子锡嘏，孙源，并见“选举”。刘瑄，字焕章，监生。少目盲，事亲以孝闻，喜周亲故之乏，年逾五十目复明焉。孙仪廷，好善有祖风。尝为亲友称贷万余金，不能偿，仪廷鬻田代还之。嘉庆十六年饥，出粟数百石以给邻里，州牧某表其门。高蔚然，性醇厚，善睦闾党，喜修道路。乡里孤独与游旅困乏、急难相告者，无不往救，无德色。高若铜，字同源，候选州同知。精绘事，为人坦易豁达，轻财好急人难。乡里不能葬者助之，或无葬地者予之。冬夏，施衣食方药无间。尝买人地，怜其老无所养，令食其地租终焉。

邵光廷　郭方翰　孙永泰　周士宪　胡云鼎　栾庚

邵光廷，字亮工，监生。父化南，乾隆五十一年大饥，煮粥助赈。光廷颇有父风，疏财尚义。族中亲者各给产为赡养，疏者以时周之，外姻贫者令佃田，常弛其租，待举火者数十家。嘉庆十六年饥，设厂为粥，就食者无算。鬻地二顷，转籴以食饿者。道光十六年，复饥。光廷家已渐落，乃鬻王台镇故房一所，以赈邻里。令子培元、允元，察男女之来食

① 苫(shān)块：草垫和土块。古礼居丧时寝苫枕块。

者。老弱疾病倍其食，王昌社人赖其力，起沟壑①者甚众。卒年七十三，葬之日，送者塞途。郭方翰，字宪甫，好义举。族弟私鬻其田，方翰不较而养其三孤。乾隆五十一年，大饥，遇妇人将鬻女以葬夫，哭甚哀，方翰典衣助丧，使勿鬻。就赈者无所栖止，方翰即地庢构薪木束草为地窨以庇之。知州张玉树令东、西、南三隅皆仿为之，且延方翰督粥厂焉。五十三年，大水，邻居茕独无归者四十余口，方翰饮食之，几数月。孙永泰，性慷慨，好施予，以诚笃著闻乡里。当事者俾司社仓②出纳，值岁饥，尽出粟数百石以贷里党，逋负不能偿者，鬻田代偿之。乾隆五十三年，州牧何乐善③表其门。周士宪，字叔度，诸生。宽厚好施，邻里亲族婚丧被其惠者甚众。有江南曹振兴者至莱阳，投其姻戚不遇，于路得急疾不能言，逆旅主人摈之。士宪素通医，遂舁至其家而药之，疾已，体复故，赆之使归。邻村某侵士宪田，或谓士宪讼之官，吾助若质，士宪谢焉，卒弗较。子官典、与典，俱诸生，皆笃厚，有父风。胡云鼎，字定西。父为舟，郡增生，有学行。云鼎亦诸生，幼承父教，笃行好义，以所居牛沟村人鲜学，设义塾于其村，备束脩延师，收附近子弟而教之。家仅中资，积粟二十石。乾隆五十一年，遇饥，悉出以赈。里闬有勃豀④，必反覆晓譬，以解其纷。以故云鼎之世，希讼者四十年，号仁里云。栾庚，字希白，武生，少有至性。年十四侍父病，母以庚幼遣之寝，终弗去，衣不解带者四月。父殁，事母尤谨。既长，好为敦睦之行。栾故世族子孙散处或式微，庚博访坟墓，置碑碣、祭田，修畔岸而籍之，附于族谱。族人不能具丧礼者，赠棺木焉。

高元质　李淑孔 子鸣谦　**王瓚**

高元质，字鹤汀，援例授府同知。性醇笃，少失怙，事母以孝闻。异母女兄二，既嫁，贫不支，元质悉厚恤之。会族人结文社，自给书仪⑤，乡会试售者接迹⑥。族祖弘图相国祠圮，助工重建。族人墓被水啮，与资改葬。复舍义田二所，为贫者安厝，其给槥、施衣、赠粟，不胜纪。少习举子业，后乃专意读史，深悉世事，故其睦族尚义，得之稽古力为多。卒年六十九，礼部尚书海丰吴绍诗为之传。李淑孔，字鲁田，贫而好义。乾隆五十一年，岁大饥，州牧张玉树劝富绅分粟设厂以赈，淑孔与事，不辞劳瘁。尝拾金不匿，以忠厚称于乡。子鸣谦，字贞甫，性至孝，每以无兄弟为憾。幼时见伯叔分爨，即啜泣不食。应试不售，以心疾废进取，惟以教读养亲。父患痰疾，拮据以供甘旨。教七子具有义方，与人交和而介，尤严取与。喜游览山川，与纪熙瀛、宋兆彤相倡和。著有《醉蝶园诗稿》《松坡杂记》。王瓚，字在玑，候选府照磨。性仁孝，恤孤贫，侍父绥新痹疾，数年不倦。弟琛，方选拔而殁，遗妻边氏、孤庆颐，瓚让产田三十亩以给。妹张氏、女法氏皆寡而孤幼，瓚俱收养之。叔纪

① 沟壑：借指野死之处或困厄之境。
② 社仓：即义仓。古代为防荒年而在乡社设置的粮仓。
③ 何乐善：历官山东福山、诸城县令，晋胶州知州。
④ 勃豀：争斗，争吵。
⑤ 书仪：旧时馈赠钱物所写的礼帖和封签。泛指馈赠的钱物。
⑥ 接迹：足迹前后相接。形容人多。

新老而鳏且独，瓚迎养于家。叔嗣子现殁，遗妻马氏、幼孤二，亦收养之。孤长，为买宅。从堂弟序殁，遗妻匡氏及幼女，瓚招与邻居为立嗣，养其女为己女。又置墓田一所，使族人贫者皆得葬。岁歉，邻里多所周给，卒年七十九。

赵德泽　张元涛　王重度　张筠　崔楷

赵德泽，字光被。性孝友，事父母与所后父母①两得欢心。弟德涵，工绘事，游密云县数十年不归，德泽寻之还里，以己子嗣之。族人有鬻其二女者，德泽皆赎归而嫁之。张元涛，字巨川，监生。性醇笃，好施予。嘉庆十六年饥，施粥以待饿者，冬设绵衣，岁以为常。捐城西河头源义田数亩，遇邻里贫乏，辄暗助之，或觉踵门②言谢，终不自任。王重度，字复元，监生。性笃厚，尤殷殷为任睦之行。从兄某贫老，久析居，重度计其食，指月给其家，时馈甘滑③焉。刘氏从姊孀而多病，亦馈遗。如兄皆预治敛衣绞衾焉。从兄之女有方嫁，而夫出不归者，重度嘉其有志操，时资之以养其舅姑。从孙某母子流离失所，外兄张氏之孤无所依，皆招而授之室家。重度年四十未有子，置婢以待，年将及笄，乃知已受聘于张氏，为备嫁资而归其夫。其助乡里丧葬、收恤、饥寒，因时致惠者不可枚举。张筠，字竹山，监生。事亲以谨孝闻，族间孀孤无所告者，筠按月给粟以养。崔楷，字澄章。与弟模以友爱称，终身无间言。有寡姊迎养于家，及殁，丧葬皆备礼焉。以上《前志》。

赵玺绸　匡梦云　王亘 弟曜 子六谦 六谦子葆崇 曜子瑞藻

赵玺绸，字蕙可，从九品。父宜，字允中，自幼好善乐施。清乾隆五十一年，岁大饥，尝出钱市米数百石，由海舶运胶，以济贫乏，全活甚众。玺绸生而笃实，善继父志，遇人有急难，辄慷慨捐金，不少吝。值道光元年大饥，瘟疫流行，传染者十死八九，玺绸为舍药饵，施棺木，邑人多赖之。当疠疫极盛时，死亡日相枕藉④，棺木至造作不及，工肆⑤为之一空。玺绸悯死者无以殓，乃权舍大席二，以免暴露，当时咸称便焉。匡梦云，字石麒，号雨樵，廪贡生。生平浑厚简重，形容修伟。援例授训导，因亲老淡于仕进，隐居。好学，工书法。年十九，书治西沙滩菩萨庙“放大光明”，及治南杨家庙碧霞宫匾额，为时所称。幼从东越王绪昌学，绪昌流寓至胶，设帐于梦云家，供养备至，礼貌不少衰，殁后厚葬之。族孙懋纶领乡荐，会试无资，立为醵钱四百缗，以助其行。家蓄二婢，有求婚于其母者，家颇小康，婢母向主乞情，均听其择配而去，并助奁焉。性孝友，晚年因家累重，弟请分爨，梦云择田房优者予之，弟固辞，乃用阄分法，弟卒得佳产。不知两阄皆同也，其不私财类如此。居乡急公好义，历任州牧皆器重之。道光十六年，邑大饥，州牧戴倚梦云办赈事，灾民均沾实惠，全活数万人。议叙学正，适家道中落，拟赴淄川任，因病未果。州牧戴屺、张同声先后聘主

① 后父母：子女对母亲的后夫或父亲的后妻的称呼。
② 踵（zhǒng）门：登门，亲至其门。
③ 甘滑：鲜美柔滑的食物。
④ 枕藉（zhěn jiè）：交错地躺在一起。
⑤ 工肆：手工业作坊。

珠山书院讲席，遂终焉。孙懋彝，增生，敦品励学，教授生徒多所成就。王亘，字邃古，例贡生，议叙翰林院孔目。其先世以明世袭指挥官鳌山卫，遂占籍，七传至心学，始来迁，因世为胶西望族。父朝栋，优增生，以德行著闻乡里。亘少困窘，弃儒就贾，以毡业起家。性孝友，所得必丰甘旨，以博亲欢，余财佐弟读。尤乐善好施，修道路，建桥梁。每春时，集贫民负畚荷锸治通衢，辄达三十里外，桥则云溪、安乐、广济，皆捐资独修，邑人为立石焉。所浚沟渠不可胜计。于戚族邻里婚嫁丧葬或遇急难，尤多所成全。又设义塾两处，州牧殷嘉树为请旌表，亘固辞。年七十五卒。弟曜，字星含。性沈毅，好善与兄同，尤多才略，货殖[1]亿中，家以大起。历捐巨金，修城垣、助军饷、葺庙宇、建桥梁，设义塾以收贫户子弟。每遇大比年，资助寒畯之士，皆其荦荦大者[2]。他如施糜粥、舍棉衣、助婚丧，则岁以为常。咸丰间，捻匪窜胶，风声日紧，兼有海寇为乱，曜办团练，部署有方，人心大定。以军功议叙，授布政司经历加五品衔。州牧张同声榜其门曰“乐善不倦”。兄亘行五，曜行六，邑人至今呼其家为五善人、六善人云。亘子六谦，廪贡生，中书科中书，学行，详“侨寓”。六谦子葆崇，字小姚，号次山。性敏慧，博闻强记，学识过人。接人无疾言遽色。幼失怙，事母孝。由附贡援例授鸿胪寺序班，在京供职，恩赏六品衔。回籍后，以办公出力保升知县，分发湖北试用，加同知衔。因亲老，不乐仕进，家居，以著书自娱。尤能继承先志，里党戚族穷乏者，罔不从优佽助[3]。笃于师友，恤其身家，始终无间。邑有善举，如积义仓、浚云河、修庸生祠墓诸事，皆慨捐多金，以为之倡。此外，补修桥路远至十余里，费二万余缗，自卖膏腴田三百亩，以底于成，行旅便之。光绪三十三年，德据青岛，分兵驻胶，州牧张承燮倚葆崇办交涉，全境赖以安堵。葆崇工文词，熟掌故，著有《助息园遗书》三十三种，采入新《山东通志·艺文志》。光绪丁未秋，重修《山东通志》，聘葆崇为采访员。以积劳卒，年五十四。曜子瑞藻，字子班，号春如。秉资颖粹，弱冠丁父艰，遂废学治家事，能继述先志，久而弗倦。接人无老幼，一以温和待之，乡里称为长者。辛酉捻乱，筹款防御，皆瑞藻董其事。同治六年，修筑砖圩，首倡捐输保全尤大。援例授云南腾越厅经历，改分安徽，任凤阳府经历，供职清勤，为上游倚重，委摄寿州篆务。旋以母老告终养，隐居林下，足未一涉公门，卒年六十九岁。

栾景泗 子述祖　**王星五** 子圣格　**赵涵吉　韩振甲　匡嵩龄**

栾景泗，字杏园。以商业起家，由监生援例授主事，供职户曹。晚岁家居，乐施与，尤殷于劝善。辛酉捻匪之乱，城中避难者填塞街衢，适大雨至，计无出。景泗慨捐苇席数千张，妇女老幼以是得覆无患。每届年终，捐棉衣二百套，以济穷民，不署名。进士宋季丰著有《阴骘文赋》二卷，景泗为梓行于世。又刻《正心录》《救劫文》诸善书以劝世。同邑纪镇南，才而家贫，景泗资之游庠食饩，为知名士。子述祖，字述斋。为善一遵父志，设义塾三

---

① 货殖：经商营利。

② 荦荦大者：比喻主要的项目，明显的要点。出自《史记·天官书》：“此其荦荦大者。若至委曲小变，不可胜道。”

③ 佽（cì）助：帮助。

处，贫家子弟多赖以成。光绪五年，邑大水，捐钱三千缗，以赈灾民。后又灾，捐如前。述祖体肥重，艰于行动，勉应小试，不利，遂绝意进取。援例授同知职衔。年四十余以痰疾卒。**王星五**，原名映奎，以字行，号聚之。庆颐子。甫弱冠，失怙，家中落，弃儒服贾，遂致富。性慷爽，明大义。咸丰十一年，捻匪窜胶，星五倾财竭力，倡众守御，城卒无恙。同治三年，淫雨为灾，城圮十余丈，时贼氛未靖，星五独力修筑，费钱万余缗。州牧陈代卿上其事，由盐课司提举晋运同衔，加二级，授中议大夫。嗣子圣格，字麟绂。天性孝友，自幼为星五所钟爱，因继焉。本生家故寒，嗣父殁，迎母氏高，竭诚奉养，两弟元格、平格，亦随同居处，衣食费用悉与己同。族弟方格，自幼同育于星五家，及长，圣格为授室，并予夏屋一区、腴田二百亩、制钱三百缗。方格不善治产，复招入养之终身。殁后，恤其妻，供用无少缺。别出钱五千缗，分给远支，捐祭田四十亩，为族公产，以奉岁祀。尤加厚于嗣母高氏家，岁出资养其舅振汉，舅殁后，养其子。本生堂叔星璧、族祖钦健，或养之，或赒之，存殁均有所赖。光绪二十七年，诏各省立学堂，圣格倡捐五千缗，存典肆生息为州校的款①。圣格幼失学，比长，师事举人纪敦睦，晨夕攻苦，文境大进。试不利，遂纳粟入监，援例授分部员外郎，议叙加二级，授朝议大夫，年五十五卒。赵涵吉，字纯斋。少落拓，入都获奇遇，遂雄于财。性挥霍，好结纳，与中官某善，名达宫廷。咸丰间出巨资报效成庙，授武功将军。涵吉好善乐施，人有急难，无论同乡与否，靡不慨助。又捐资设介西义塾，以培植寒家子弟。咸丰辛酉，捻匪扰胶，众议修圩，涵吉首捐千缗以为之倡。回京后又函寄邑绅，愿续捐四千缗以成圩工，为其戚邱某所阻，不果捐。未几，贼至，涵吉之典肆烬焉。子宝书，监生，兵部车驾司员外郎，拳匪之乱殉难。韩振甲，字介春，恩贡生。嗜学力行，家贫，舌耕②糊口，事亲曲意承志，乡党以孝称。性廉介，不谐于俗，尤不媚豪贵，独与邑绅周相焯友善。相焯雅重之。食饩后，文名噪甚。咸丰戊午科秋闱，主司得振甲卷，拟中魁选，后以额满见遗，士林惜之。振甲遂绝意进取，家居授徒，从学者日众，善诱后进，英才多出其门，一时称盛焉。匡嵩龄，字闻山，诸生，圣庙司乐厅。亲族皆以忠厚人呼之。尝籴斗黍，其人负送至得值后，复乘间负之去。有顷，复返，觅其所遗物。嵩龄即以其物付之，不究其诡。弟华龄，久析居，以游荡鬻兄产，嵩龄于母前反掩其过，而以一笑置之。

李垚晋　张怀澄　庄以莅　王廷兰 从子尉 **冷仁德**

李垚晋，字文圃。由附贡援例授兵部车驾司主事，以知府候选在京供职数年，以母老告归。道光十六年，邑大饥，垚晋慨捐银五千二百两以赈灾民。同治三年，州牧陈代卿与邑绅议，易土圩以砖。垚晋独任围墙二十方。光绪五年，邑大水，居民庐舍漂没数千家，垚晋捐钱五百缗。八年，奉上宪檄各州县设立义仓。垚晋捐仓廒瓦房一所，并出修理费一千九百缗，又捐仓谷钱五百缗。垚晋家本中资，前后捐款皆系巨数，其热心公益可见。晚年，在家训子读书，不图进

---

① 的款：确定可靠的款项。

② 舌耕：一指授徒讲学谋生，二指说书。

取，尤精于音韵之学，著有《切韵易知》行世。张怀澄，字桐源，以恩贡授直隶州州判。性豁达，急人之难，尤殷于诱掖后进，从学者脩脯有无置弗较。尝授徒某家，三节未馈馆金，了不为意。久之，始知为赍送人所匿。咸丰辛酉，捻匪之乱，怀澄与子均被掳，乘间逃回。入城助守，筹画周详。先是州牧殷嘉树闻贼至，急令闭门守御。怀澄抗议，俟难民入城后，屯闭未迟。以是赖以保全者綦多。卒年七十余，白衣送葬者遮道，路尽生徒也。子紫宇，郡增生，工书法。庄以莅，字瀛洲。道光乙未举人，任蒙阴县教谕。汲引寒士，俸不敷用，出家资以助之。卸篆日，诸生送牌伞，罗拜于道。迁利津县教谕，任满回籍。适邑大饥，煮粥分给饥民，全活甚众。州牧旌以善行，匾额至今犹存。王廷兰，字纫秋。道光辛巳举人，大挑二等，署馆陶县训导，旋补莘县教谕。丁忧回籍，服阕，署新城训导，旋补汶上训导。在任清正廉洁，喜诱后进，所至士林矜式。廷兰天资颖悟，读书别有心得，尤精于易理，著有《易经精义》八册。从子尌，字龙门，岁贡生。幼负逸才，跅弛不羁。初就廷兰学，廷兰屏弗纳。尌时十余岁，痛自愧责，跽求教，誓改前度，乃戒而受之。自是，终身纯谨。教授生徒，量材而施。为文空灵矫变，游其门者，率成名以去。若杨际清、张金铭、王吉震尤其著者。同治初年卒。冷仁德，字蔼亭，号晓村，岁贡生。性笃恂，与物无竞，居常以谨厚训子弟。一日，子茂馨沾物议值，戒之曰："与肩挑贸易者勿沾彼便宜，嗣后有所购，如价偿之可也。"教生徒，以躬行孝弟为先，多所成就。晚年主讲珠山书院，以寿终。子茂馨，见"忠节"。

张允武 子基昇　**王士庥　傅儒兰　范承綖　蔡育辰**

张允武，字绳祖。自黄县以小贸易至胶，渐致富多财，为邑冠，遂占籍。咸丰辛酉捻匪之乱，允武适以海舟运米薪至，悉散给乡里，不取值。又修道路、建桥梁、设义塾、捐义田，以及施粥、施药、施棉衣诸善举不可胜纪。性俭朴，尚义气，重交游。州牧余师濂、李翼清先后旌其门。以助纳军饷功，议叙都司衔，授武翼都尉，候选游击，卒年八十四。子基昇，字东甫，援例候选同知。自幼朴讷，有大度，天真烂然。每于途次，遇小儿揶揄之，置弗较。居家以孺慕博亲欢，尤乐为善。光绪五年，邑大水，允武出重资以赈灾民，基昇赞助之力居多。二十二年又大水，踵行之有加焉。他如捐义田、设义塾、浚河渠、修庙宇、恤孤贫、施医药、惜字纸、纂谱系诸善举，行之累累，曾无德色，年四十七岁卒。王士庥，字荫堂。幼岐嶷，及长，魁梧英爽，伟然大器。由监生中式道光辛卯科顺天举人，援例授刑部员外郎，供职五年，勤慎奉公，上官倚重。会有某案，士庥当监刑，阅其狱，恻然悯之。而谳已具，无计平反，自是不乐仕进，遂解职去。隐居课子，以读书自娱，享林泉之乐四十余年。士庥品格高洁，曾不晋谒官府，本邑豪族亦罕与来往。接人则忠厚和蔼，人皆称之。州牧李翼清久在胶任，遇邑有公务，必肩舆就商，多有裨益。年八十七卒。傅儒兰，字同言，廪贡生，官武城教谕。性俭而厚，治家有法，喜藏书，每有善本，必购置，供人观览。同治间，与蔡姓各买一难女为婢，互问之，则姊妹也。儒兰乃商诸蔡，并为择婿，俾归一门，以资团聚，一时传为佳话。范承綖，字寿峰。咸丰壬子举人，挑取誊录，光绪十五年大挑一等，以知县用，改就教授。因不乐仕进，家居，主胶西书院讲席数十年，肄业诸生多所成就。承綖性和厚，喜与人为善，生平有隐德。一日，于路旁厕所见一小包，开视之，乃纸币京钱八百缗，知为前厕者所遗，立候其返。未几，失包者喘息而至，汗流遍体，自言有要事急需此款。承缇问其数，相符，即与之，其人感谢去。其临财不苟，闻者义之。卒年七十余。蔡育辰，字仲抚，廪生。性端方，不谐时尚。喜谈《朱子语录》《近思录》诸书。居恒默坐，友人询之，以慎思对。尝著《劝善录》，书于座右以自勉。砥行立品，士林重之。

赵子懿 冷润德 张青选 张元庆 刘述荣

赵子懿，字秉轩，廪生。少力学，谦和沈默，言语不苟。设帐于诸城，人材多所成就。举人管启桢、启菜等皆出其门，胶诸两邑生徒七八十人。子懿勤于教授，殁后皆感师恩，为立碑墓所，以志思慕。冷润德，字玉山。苦志力学，廉介自矢，虽丝毫不妄取。中年家益落，筑室南山中，日仅一餐而吟咏弗辍，晏如也。戚友有馈遗者，必固辞。曰："受此，则心病，君何为以此病吾心哉?"卒弗受。或有乘其出而馈其家者，及归，必促其子送还之。其终身廉洁如此。著有《玉山诗存》一卷。张青选，字遴卿，岁贡生。少负隽才，应童子试，一战冠军。逾年食饩，文名大噪。会捻匪窜胶，兵燹之余，家中落，遂绝意进取，授徒自给。青选性严正，动循礼法，教人循循善诱，一以尚志立品、敦崇道义为学者劝。尝曰："吾不敢以纵肆误人子弟也!"国变后，益韬晦。年八十余，以明经终。学者皆称为笃行君子云。张元庆，性慷爽，有善行。乡邻凡有斗者，元庆辄出为排解。人有所求，顾力能及，曾无推拒。族弟某病故，遗子女四，幼无依赖，元庆悉收养之，恩勤如已出。比长，又以次婚嫁。其族侄某家赤贫，给田数亩，俾耕种为衣食费。年八十三卒。刘述荣，字耀廷，业儒①。生平乐善不倦，遇岁饥，以己产立券，质诸富室，贷钱米以施饿者。又筑村南石桥二，鸠工庀材，皆自任之。述荣家非素封，桥工费钱二百缗，乃鬻田四亩以成其事。工竣，众议为请褒扬，述荣力却之。邑人为立石桥畔，以垂不朽。其姻戚诸城赵侍御秉璋题曰四亩桥。

王成林 刘成圻 刘玟 金振玉 刘焯

王成林，性诚笃。二次捻匪寇胶，村有土圩，邻村刘姓运谷数十石存于圩内，成林借其谷，悉分给邻里。后成林出资籴谷，如数偿还。乱后又遇岁饥，成林家营油业，乃制花生饼分食乡邻，全活甚众。一生好善乐施，田产销耗过半。卒年八十岁。刘成圻，字方千，庠生炳蔚子，附贡，素嗜学。子岱东、从子敷锡、孙清寅俱受成圻教入泮，四世芹香，著闻乡里。族有佳子弟贫者，尝代备脩脯，为之延师。兄与析居，成圻以田二百亩让兄。道光十三年，邑大饥，成圻出粟赈济，家无余粟，又质田百亩以助不足，全活甚众。谈疃铺南阻胶河，独捐资造石桥一座，行人称便。道光间，农民缺豆种，自南海籴豆八百余石，按亩均分。咸丰十年，捻匪警报至，成圻倡办乡团，捐巨资购火药。同治六年，贼复至胶，众以牧马城可避乱，共推成圻为团长，督修牧马城垣，六十村之生灵赖以免祸。又善治小儿痘疹，所至辄效，不受报酬。人以是愈重之。年八十五卒。刘玟，字琨山。六岁而孤，长能自立，以公直为乡

---

① 业儒：以儒学为业。

里所敬服。光绪二十六年，乡间土匪骚动，众议办团练，而难其长，共推玟。毅然任之，遂搜查奸匪，为清野计，诸村赖以无恙。匪坐是仇玟，因宣言曰："彼若散团练，则吾无所仇。否则，必致彼于死。"家人闻之，皆惶恐泣谏，玟不听。果于是年四月，贼纠众二百余人，围玟村。玟闻之，仓卒呼邻众，乘屋砖石齐下，并以土枪攻击。贼负伤遁去。质明，乡团齐集，追至灵山卫，擒获数人，送州署。州牧张上其事，奖给功牌。自是，匪皆敛迹，一乡安谧者数十年。玟晚年谢绝世事，杜门不出。金振玉，字韵亭，号西园，岁贡生。幼受庭训，课耕读。年十八，始刻苦力学，与邻村张雨亭等结伴读书石门寺，互相奋勉，后皆成名。振玉乡试屡荐不售，家居授徒，循循善诱，珠山附近被其教泽，文风大振。振玉曾与友赴秋闱，途次，友病，友之中表某舍之去，振玉为友进汤药，一路调护备至，待友病愈，同试而归。人咸重其义云。尤笃于邻里，遇急难，竭力救护，不为利害动，至今犹艳称之。刘焯，字闇公，诸生。性至孝，年十六，父养疴石门寺，焯日侍汤药，阅八月，无少懈。父病笃，吁天请代。比殁，哀毁骨立。母年逾八旬，孺慕益切。康熙间，族人苦丁徭，多流亡。焯曰："族无远近，皆祖宗裔，今失所，何以慰先人？"慨出膏腴地二百亩为义田，以赡族人之无依者。族人遇婚嫁丧葬，无力营办者，必出资助之。其邻人某因歉债被缧绁①，焯为代偿，救出之。生平义举甚夥，不可胜纪。盐道、州牧均赠匾额，褒美焉。

彭键　潘伯壎　宋愈　高城方　徐守谅 子宗勉

彭②键，字季宿，诸生。平生隐行善事，惟恐人知。为人所传述者，如刊印《敬信录》、造空白册、换旧书、埋枯骨、施药剂等诸义举。咸丰辛酉之乱，捻匪至其家，秋毫无犯，但书屏风"忠厚传家"四字而去。潘伯壎，字惠卿。有孝行，好善乐施，春夏常制药饵以济人。尤友爱两弟，同居三十余年，无间言。及殁，邻里乡党私谥曰成懿先生。宋愈，字慕韩，号松樵。好施与，周人之急。道光乙未、丙申，连岁大祲，愈贷城中富室粟，散给邻村，全活无算。事后鬻田二十余亩以偿粟价。年八十余以寿终。以子观炜封中宪大夫，著有《石者居士诗稿》数卷。子恩涉、观炜另有传。高城方，字汉池，江苏候补典史。祖槐业，官河南永城令。城方生永城署中，自幼英姿轩爽，读书过目不忘。会豫抚杨国桢巡阅至永城，城方年方六七岁，杨见之携手至阶下，琅琅诵所读书，杨喜之，因以笔墨赠。比长，读书见古人懿行，心辄向往。州郡试俱列前茅，旋丁父忧，适捻匪窜胶，城方襄办团练事，遂弃儒业，毁家纾难③。年三十余丧偶，不复娶。家居课子读。遇有义举，奔赴恐后人。有歉债致讼累者，解裘典赠，无吝色。子振岳，见"孝友"。徐守谅，字简堂，太学生，援例授布政司理问。性孝友，喜施与，早失怙恃，长兄亦相继殁。侄孙十数人，均依守谅成立。中年服贾，家渐裕，分财让产，未尝自私。周恤孀幼，岁有常规，族中待以举火者百余家。修家乘，建支祠，筑茔房，为敦本者倡。凡邑有义举，见无不为。里党故旧称贷莫偿，累数千金不形于

① 缧绁：古时捆绑犯人的绳索，代指监狱。

② "彭"，底本作"彰"，讹。据上文改。

③ 毁家纾难：捐献所有家产帮助国家减轻困难。

口。光绪丙申，邑大水，捐京钱五千缗以赈灾民，托言公款而不居其名。年六十余卒，远近来吊者千余人。乡人私谥曰端惠。州牧张承燮亲书“蹈道依仁”四字，表其门。善行传闻海内，名流题咏殆遍。醇恭两邸并有诗歌以褒扬之，采入新《山东通志》。子宗勉，字景修，诸生，鸿胪寺序班。性慷爽，有父风。以办本邑公务出力，保至府经历，签分河南。宗勉倡立心谷社，力行诸善。咸丰十一年，捻匪扰胶，男女殉难者计三千余人。宗勉禀承父命，悉刊传焉。又刻乡先生语录及诗稿，合编行世。著有《徐氏观感录》《阐幽录》两种。

郭同源　高鹏翮　王鸣珂　韩培甲

郭同源，字星溪，邑增生。因累办赈捐，议叙五品衔，援例授翰林院孔目，举乡饮大宾。同治初，胶易土圩以砖。同源监修圩工，昼夜巡视，虽盛暑不少息，用是弊清功速。嗣州牧李翼清奉宪檄令沿海一带尽植树株，知同源能，使与傅儒廉、韩培甲等董其役，未匝月而工毕，海边寥阔，栽树至数十万株。同源监视劳苦，受湿疾，两股肿疼，无怨言。光绪二十四年，德国租青岛，筑胶济铁路，州城北当站冲要。德国兵侵扰居民，城门夜不得闭。时张承燮任胶，弗能抗。同源请办保卫团，以资稽查。未几，张解任去，余则达继任，同源督保卫团，力行稽查，德人不得逞所欲，乃托巡夜之名与同源为难，击伤头颅。同源驰白余，余忿甚，亲至车站与德兵首领交涉，乃将滋事德人拘其二，声明回国法办。自是，恶焰顿息，胶民得以安枕，同源之力也。同源管仓谷数十年，人不疑其私，施赈济者七次，人咸服其公。凡修筑城池及桥梁河道等工，必亲行巡视，而公费则分毫不縻，急公好义，盖天性云。卒年八十五。高鹏翮，字云程，诸生。父珍方有隐德，尝于暮夜出钱五百缗拯人急难。鹏翮笃实尚义，邻寓有药商倪姓甬人也，病殁，遗一子十余龄，其妇自本籍来，甥某利其产，将危之。子故从鹏翮读，妇率子泣求救，鹏翮为遍告诸旅胶浙商，力全其母子，扶柩回籍。晚年，司本邑同善局事。每岁暮，由局内放给贫民年例钱，散尽后或有晏至者，辄以己钱与之。光绪丙申，举乡饮大宾。卒年七十三岁。王鸣珂，字瑞亭，恩贡生，候选直隶州州判。性纯孝，家贫力学，博览群籍，过目辄不忘，为文操笔立就，为学使冯誉骥所奇赏。乡试屡荐不售，未尝有戚戚之色。咸丰十一年，捻匪扰胶，鸣珂胞叔潮阳营游击懋勋，率子兵部差官国梁，御贼于治西辛置庄，父子同遇害。贼去后，鸣珂只身寻至战地，以豆秸①覆两尸，觅棺并殓而葬焉。时继母纪避难入城，惊悸成疾，鸣珂亲负至王家庄故宅，值劫火余烬仅存数椽，蔽以草荐，日夜侍汤药，衣不解带者百余日。未几，父母相继殁，又遭历兵燹，家益微。鸣珂以教授生徒自给，与诸生论文励行，皆出于身率，端坐讲解，终日无倦容。远近闻其名，从游者日众，贫寒如纪镇南、王芸阁、于维清等皆免其脩，不受一钱。先后成就数十人，门下知名之士以本邑纪镇南，从子叔谦、金铠，江苏魏葆澄、魏英骧为最著，学塾为一邑之冠。为人廉介端方，不苟取予，与人交无阿曲，遇事议论侃侃，闻者屈服。有故人匡绶玟游京师，鸣珂慨以金赠其行，绶玟因托其子超于鸣珂，恩勤教育，如父子焉。年七十六卒，弥留之际，

① 豆秸：底本作“豆楷”，讹。指豆类作物脱粒后的茎。

犹以“读书为立身之本，勤俭为持家之要”训勉其子侄云。子金鑑，见“选举”。韩培甲，字仁甫，廪生。性伉爽，勇于为义。自咸丰十一年至同治六年，捻匪累扰胶境。培甲与彭维壥、傅儒功等先后办理团练，精勤严正，州牧倚若左右手。又与彭维壥等监筑胶城外圩，易土以砖，历五年工竣，心力并瘁。光绪五六年间，州境迭遭大水，饥民或抢掠为生。适王台镇械一为首者至，州牧李翼清将正法，培甲怜其迫于饥寒，情有可原，约同事请于州牧，解免之。东圩莠民因圩墙坍塌，借端拆卖其砖以渔利，州牧怒，欲置之死，培甲与都戎尚国泰缓颊[①]以全其生。岁饥，州牧奉宪檄各县建筑义仓，培甲极力劝募，不数日告成。治东北有滩荒，已没于官，培甲力争捐作学田，积所收入以供岁科两试、院学规费。自是，寒畯入泮者无拮据忧。以积劳，议叙巨野县训导，未赴任，卒于家。

徐怀恭 弟怀慎　**徐方震　李振元**

徐怀恭，字慎斋。弟怀慎，字乐输。俱业农，事母至孝，虽世家子不能及。性慷慨，好排难、解纷、救灾、恤患。咸丰十一年，捻匪扰海上，怀恭兄弟奋然倡义，集村众就大珠山筑石堡，峙糗刍[②]其中，为守御计。贼至，怀恭兄弟督率丁壮辄击退之，冲突者五昼夜，贼不得逞，乃西窜。乱定，十室九空，怀恭兄弟慨出粮食，救济流亡，全活甚众。人咸称为义士云。徐方震，性廉直，敦古道，业商。尝购货，已付价，忽忆误短钱十五枚，彷徨终夜，黎明急起行二十里，寻其人补偿之。亲故以其然诺不苟，有息贷事，辄挽为保，或弗能偿，至鬻己田代偿之。每岁终，稽核债欵，度其困苦者即不复讨。有两弟听妇言，乞分爨，方震痛切开导，至于流涕，请如故，乃将田宅、器具任两弟择之，己则独养老母，所费不令分任[③]，自是家益窘。年六十余以疾卒。李振元，字仁亭。以商起家，慷慨好施与，恒济人急，求必应，或相负置弗问。桥梁道路则首倡修筑，不惜巨资。初与海关委员姚赞元友善，及姚为胶牧，曾未一至公廷，其族人以讼乞为缓颊，怒曰：“汝何污我，即我当讼，必姚去始可。姚在官，吾不仰其庇也！”年七十余卒。

周振年　胡香吏　张元连　姜志仁　单季勳

周振年，字化性。少孤，事母以孝闻，中年丧偶即弗娶。有田数亩，粗足自给。尝出资修石桥一，以便行人。他如惜字纸、埋枯骨、治道路，又于滨海口岸建龙王庙、筑草舍、施茶水、点夜灯，善行不可胜纪。后无疾而逝，乡人为之立善人碑以表扬焉。胡香吏，字佳如，别号云门野叟，诸生。性仁厚，嗜古文，工诗，尤勇于为义。咸丰十一年，捻匪之乱，携家避难于铁橛山，隐居讲学。有善举，慨捐无吝色。教授生徒必先德义而后文章，门下士多化于善。著有《文昌帝君阴骘文》诗，自为注解，别有诗集一卷，曰《云门未定草》。张元连，字中三，以义侠闻。乡人推主社仓事，会捻匪窜胶，仓储悉被焚毁，元连急破产补偿之。复平分所余田产，畀两孀嫂，己挟妻孥佣工为衣食计，无怨悔。不十年，业渐复，论者皆谓行

① 缓颊：为人求情或婉言劝解。
② 糗刍：粮草。
③ 分任：分别担任、分别承担。

善之报云。姜志仁，诸生，有文武才。咸丰辛酉捻匪围胶城，日出四乡抢掠。志仁村设一树围，贼攻之，志仁令众击以砖石，贼射中志仁首。志仁忿甚，拔矢率村人出围，力战，众皆奋勇直前，贼披靡遁去。乱定，州牧上其事，奖以五品军功。单季勳，字常卿。工书法，性恬淡，不慕荣利，以奖善励世为心。邻里有孝慈、忠直、节义等事，每书之标于通衢，为众劝。尤耽吟咏，其《时世行》云“乡有恶徒佳事少，国无良吏横征多”，为一时传诵。

杨文灼 弟文烺、文蒸 **李芝型** 薛云龙

杨文灼，世业农，富甲一乡，好善喜施与，凡造桥、修庙等善举，言于文灼，慨捐无少吝。咸丰十一年捻匪窜胶，村众闻警将逃避，文灼与两弟文烺、文蒸言于众曰：“汝等之逃，为无圩也。若能有圩，此即乐土。汝任力，吾任财。”于是，村人踊跃赴工，邻村亦接踵而至，不数日，工竣。比贼将至，文灼兄弟又曰：“圩虽修完，若不谨守，与无圩等。汝能守，凡一切食用吾任之。”闻者莫不感奋。捻匪自南而北，所过村庄涂炭殆尽，惟此村克保无虞，皆文灼兄弟之力也。李芝型，性慷慨，急于公义。居近治南老君塔，迤东有大桥二，久圮于水，行人苦之，众议修而难其资，芝型首捐钱四千缗以为倡，薛云龙又捐钱三千缗继之。巨工以成，至今称利赖焉。

张子用 张建桢 逄兴古

张子用，字礼堂。性醇谨，工文赋。早丧母，事父能得欢心，与弟友爱綦笃，家庭之间蔼如也。善交友，与人无争竞，生平嗜学博古，同辈质疑，应答如响。光绪十五年领乡荐，壬辰挑取誊录。时朝廷变法，诏各省立学堂，州牧余则达延子用，主中校汉文教习，品学为生徒所矜式。于他教员，或时起风潮，子用在校十数年，独无异议。胞弟子贞，为东某经理商业，亏折甚巨，时已析居，子用慨以己产抵弟债。东某感其义，卒不受偿，人两美之。年六十三卒。张建桢，字景周，拔贡生。性孝友，父会源殁，哀毁骨立。事母高善色养，敬兄如严师友。兄经商，每日晚归，建桢必俟兄归乃寝，数十年如一日。平居循循有法度，与人交，言必信，谋必忠，尤廉于财，取与不苟。与同志赵文运、宋希周、徐宗勉诸人结心谷社。放棉衣、施药饵、舍棺木、惜字纸，力行诸善，岁以为常。州牧余则达闻建桢名，聘为中校教员。初，胶邑顺德钱庄经理赵炳昌有侄某，在济南落拓无依。值丁酉乡试，拟乞胶人来试者解囊相助。建桢乃遍告同人，醵资助之。次年，赵某殁于济，其妻复以函，乞援于建桢。建桢力说炳昌，寄其妻银五十两，嘱在济友人代为安厝立碑焉。赵某夫妇存殁均有所赖，皆建桢力也。逄兴古，字子修，号海楼，瑗贞子。诸生，性孝友。兄润古，中年病痿，养疴于治西王氏别业，距旧庐二里余。兴古侍奉汤药，日辄数往，虽苦暑严寒、烈风雷雨无间也，兄疾寻愈。奉朝旨出守汉阳，兴古从榷税新关①，规画井井，一时商舶云集，税收益充裕。治家严而有法，尤勇于为义，所有筑圩墙、修考院、办昭信股票、赈水灾等事，无不躬任其劳，并累捐巨款为之倡，历任州牧皆倚重之，援例候选道加二品衔赏戴花翎，举乡饮大宾。卒年七十三。

① 新关：即海关。

王应蔚 子冠勋　**张元兴** 子金科 孙拱璧　**金鸿绪　叶秉璋**

王应蔚，字文堂，卫人。道光甲辰进士，即用知县，签分湖南，因亲老隐居不仕。家不中资，教授生徒不取脩脯，一时名下士多出其门。及门若宋岱龄，家寒几至废学，应蔚多方勉励，卒成进士。母刘氏①多病，应蔚奉侍汤药目不交睫者累月。病笃，为文吁天，愿以身代，母病旋瘳，而应蔚以积劳不起，赍恨②而殁，年六十五。子冠勋，字介封，监生。性爽直，治家有方，而厄于遇。咸丰十一年至同治六年，二次捻乱几至破产，不得已与弟家勋商承母命，让产析居。友爱之风，乡人至今称之。年八十二卒。冠勋子传曾，别有传。张元兴，字瀛宾，卫人。道光丁酉拔贡，朝考二等，即用知县，改就肥城训导，癸卯领乡荐。品格廉洁，雅重文学士，居家教训有方，非公事不入公门，为士林所推重。卒年六十六。子金科，字小瀛，诸生。博学多闻，喜诙③谐，乡党间凡有疑难，辄为剖解，无隐情。又善书，日习三千字，至老弗懈。秋闱④屡荐不第，隐居以诗文自娱，士林多宗之。金科子拱璧，字子珍。幼有异才，年十八入庠，旋食饩，光绪丁酉拔贡。工楷书，为时所称。后游幕安徽，卒于旅次。金鸿绪，字柳堂，附贡生，卫人，恂子。性直爽，急公好义，每遇造桥、修庙诸善举，辄慨捐不吝。光绪五年，出资修本邑两善堂，建利民乡义仓。二十五年春，苦旱，鸿绪祷雨于关帝庙，月余不归。五月十三日大雨，众情欢跃。自此，益乐善不倦，不御荤酒。年八十余无疾而逝。叶秉璋，字琨南，增生，纯谨力学。其邻胡某家赤贫不给饘粥，因鬻妻为生活计，价已付半。秉璋闻之，归与其父继昌急谋营救，以家贫力薄，乃遍告邻里，量力出资以助。所不足数，赖邑绅王葆崇独任之，其夫妇遂得复聚。胡氏至今子孙繁衍，秉璋力也。

傅俭堂　刘秀春　赵文璧　张士一　纪介若

傅俭堂，字叔勤，性孝友，喜为善。亲殁后，兄儒功、儒敏俱出仕。两弟均幼，赖俭堂教养成立。族人有因贫鬻女者，已受直。俭堂闻知，慨以金赎女，归养于家，稍长，为具奁资，择配世家子嫁之，且为谋生计，竟致小康。尤好施丹药，遵古方，亲炮炙，岁糜数百金以为常。咸丰辛酉春，捻匪扰胶。适兄儒功供职部曹，因请假回籍，办团练。时风鹤屡惊，合邑戒严，有难民数十人自西南来，众疑为贼谍，欲骈戮之。俭堂察其情状，似避乱者，详讯之果然。为言于官，俾栖宿于城隍庙，派勇守护，日给饘粥。匪退后，助以川资，遣之归，濒行时，皆感泣曰："微傅公活我，皆死矣！"八月，贼复至，幸团防未尽撤，俭堂躬率团勇，风雨梭巡⑤，力保危城。事平，由都司擢升游击。当兵燹后，廛市丘墟，负债者多匿财产，出少许折还，俭堂置不与较。然未尝负人，乃自出田六百亩，变价偿己债，家遂贫。族人乏嗣者，木主无所妥，俭堂于家庙后购屋数椽，供奉之。岁时奠祭，乱后家庙被毁，而此

---

① "母刘氏"，底本作"母氏刘"，讹，据此句文义改。
② 赍恨：抱憾。
③ "诙"，底本作"恢"，讹。据此句文义改。
④ 秋闱：底本作"秋阐"，形似而讹。
⑤ 梭巡：往来穿梭般巡逻。

数椽独无恙。族人公议，拟将正厅主位迁于其内，俭堂不谓然，曰：“楚炬成灰，先灵失所凭依，子孙之过也！”乃以己所存余者，悉捐以充公，命子振曾立据交族中执事。族人感服，皆出资重建家庙，复旧制。先是邑绅创修土圩，濠深丈许，枯骨被掘，皆暴露，俭堂出资购棺揜埋之。同治丁卯，捻匪复扰胶东，东抚丁檄邑绅，设局办防务，俭堂复襄办其事。一时悍兵骄将借端滋扰，俭堂悉心应付，凡两阅月，未受巨害。事平，当道以守城功议叙，俭堂让其师陈冬郰，由训导加六品衔。己巳冬，兄儒敏任沧州牧，因公亏帑，俭堂亲赴沧，为兄偿公款。时值除夕，归途冒风雪，病，几殆，寻愈，然因积劳成疾，日渐衰弱，卒年六十有四。子振曾，见“选举”，有传。刘秀春，世居邑西南之谭家村。父鸿诰喜为善，每春冬施饘粥，岁以为常，乞者至门，辄餍所欲而去。乡里称为善人。秀春能继父志，惟自幼丧母，八九岁父兄又相继殁，赖嫂柳孺人教养成立。每读孝弟诗至《马援敬嫂》篇，慨然曰：“人固当如是也！”由是待嫂如母，凡家无巨细，必禀承嫂命而行。尤善继父志，邻里有缓急，罔弗周恤，挥金无吝色。清同治六年，捻匪扰胶，西南尤甚，秀春被二十余村推为团长，率众督修牧马城。城故祓①侯遗址，素称险要，众感其义，皆踊跃，不日工竣，且密为设伏，以备不虞。匪突至，知城险，且有备，不敢进。数日解围去。以故，潜往避难者四十余村，均赖秀春得无恙。光绪元年春，大饥，施粥数月，乞者数十里相望于道，活人无算。州牧张承燮委为招贤乡乡长，凡有争讼，得秀春一言而解，至有感泣者。清季，余牧则达甫下车，即闻秀春名，为书“公正廉明”匾额以表其庐。每因公赴乡，必造访，探问民间疾苦，秀春皆据实以对。庚子春，土匪盘踞陈山，阖乡复推为团长，一如牧马城之役，守备完固。匪知秀春善人，相约不入其乡。是岁饥馑，复罄资购粮充赈，全活甚众。其村人至今感颂不衰云。年六十卒。子六均能继父志，象仪被举长财政。孙化龙，见“选举”。赵文璧，邑西南乡朱陈沟人，诚贵孙，廪生。博览群书，精农圃学。时值捻匪之乱，遂绝意进取，专以捍卫乡里为急务。时公议倡办民团，众多畏难，不能决。文璧晓以利害，皆感服，团练成。捻匪屡至，文璧督率村人，昼夜防守，匪不得逞。光绪二年春，饥民聚众抢掠，文璧适卧病，闻之，力疾出，修补圩墙，布置防务，尽出家财为众倡，一村得免于难。旋因劳致疾，未竟所施而卒。著有《耕余漫钞》待梓。子法聃，以善画名。张士一，字青子，乡饮耆宾。生平诗酒成癖，晚年精数学。同治初，捻匪东窜，所至屠戮无幸免。时各州县皆办民团，为防御计，邑绅素稔士一急公义，负文武才，乃举为猊河练练长，士一率团勇躬冒矢石，截击贼于沿河一带，附近村民均赖以安堵，得免于难，至今乡人犹称道之。著有《学古斋诗稿》待梓。纪介若，生而神异，平居不戒荤酒，亦不诵经，惟力善不倦，与人一团和气。邻里有争斗、急难事，必多方解救之。年四十三，始讽经持斋，至四十九岁。一日晨起，玉箸②双垂，端坐而逝。村中居民为之醵资修塔，塔成，邻村偕其弟子数百人往皈依祭奠焉。弟介净，亦好善，有兄风。

① “祓”，底本作“郏”，讹。牧马城属古祓国，遗址在今胶州里岔镇。郏县，遗址在今胶州铺集镇黔陬村。

② 玉箸：佛家指坐化时垂下的鼻涕。玉，指鼻涕色似玉。箸，筷子，比喻指鼻涕。

增修胶志卷四十六　人物志第八　民国人物

民国人物传 事功

郭绪栋　逄恩承　李鹏扬

郭绪栋，字梁丞，少沈敏，有大略。家贫，喜读书，惟于帖括①弗措意②，尝曰："世变日亟，吾欲以文字自奋难矣！"是时，东抚张勤果公曜领嵩武军，绪栋闻勤果善待士，乃至军中求自效，为中营文案，勤果大器之。勤果殁后，为武卫右军文案。光绪甲午，中东事起，绪栋出入于枪林弹雨中，而神志镇定，履危险如平。时和议成，为天津巡警总局文案，历充陆军第二、三镇书记官。民国肇建，擢济南商埠局局长，兼市政公所总办。绪栋综核精密，遇事持大体，声名藉甚。会两湖巡阅使吴佩孚与绪栋有旧，素重其才，至是开府洛阳，延绪栋为秘书长，倚之如左右手。绪栋感国士之知遇，事有可否，驳难往返，必得其当而后已。佩孚益厚遇之，相契之雅，当世以为美谈。民国十一年夏，奉、直开战，绪栋力疾从军，帷幄运筹，多所建白。事定，简授③济南道道尹，被佩孚挽留未赴任。癸亥冬，绪栋乞假归省，为母寿。念母春秋高，欲遂终养不复出。适佩孚调任直鲁豫巡阅使，连电绪栋，促回洛。时绪栋因积劳患痰喘，义不忍负，遂扶病而行。归后未半载，卒于洛。年五十有六。佩孚上其功于政府，照陆军上将例给恤，异数也。逄恩承，字福陔，润古子，监生，援例授分部郎中。性倜傥，有大略。秦晋大饥，报输赈银一万两。奉旨以道员分省补用，加二品衔，赏戴花翎，签掣广东。因亲老，改归江苏候补。光绪三十年，丁父忧回籍。服阕，改直隶候补道，充洋务局、善后局、谘议局④、总会办等差。恩承洁己奉公，遇事敏断，上官屡荐其才，称为监司中不可多得之员。民国元年，选充省议会临时议员，奔走各州县调查财政，无间寒暑。三年，奉广西巡按使张鸣岐咨调赴桂，充巡署总文案，兼都督府高等顾问，旋署桂林道尹。接见属县知事，谆谆以缉盗、安民、立学校、兴实业为急务。凡案牍手自批判，笔捷如飞，立功过簿，察勤惰⑤，赏罚立施。在任年余，吏治澄清。上峰以办事勤能，呈请大总统褒奖，奉令策命中大夫。未几，调充广东官煤局总局长。全省巡海兵舰共百三十余艘，统恃此局供

---

① 帖括：唐代举子把经书里难记的句子编成歌诀，以便诵读，称为"帖括"。此指科举应试文章。

② 措意：留意、用心。

③ 简授：铨叙授职。

④ 谘议局：清政府在预备立宪期间设立的地方谘议机关。规定该局有讨论本省行政兴革和公债税收等权，不能监督地方行政。

⑤ "惰"，底本作"隋"，形似而讹。

给。适军事倥偬，需用浩繁，日夜筹画，供应无缺，旋辞差。六年秋，广东督军龙济光复委充官煤局局长，未三月，疾卒。恩承天资明爽，敏而强记，留心经世之学，不屑屑于章句。当需次天津时，袁世凯督直，檄恩承东游日本，视察政治。未及一年，调查详确，手录成帙，著有《日本最近政学调查记》，自叙曰："以内国政教不足之点，印证他国政治发达之方，以谋改良，以速进步，此顾亭林①所谓匹夫之责也。"日本伯爵大限重信及文学博士井上哲次郎等，皆叙其书，称为精密翔实，足资文明之进化云。李鹏扬，字少文。清光绪间，由卒伍从王占元剿豫匪白狼，屡战皆捷，累功保至副将，赏戴花翎。民国初年，占元官湖北②督军，任鹏扬为督军署副官长，杜私交、屏货利，趋公勤慎，风纪肃然，以功授陆军少将，加中将衔。晚年归隐于乡，不复出。壬戌夏，奉直军兴，谣言纷起，土匪蔓延胶境，势尤披猖③，邑人立保卫局，推鹏扬为首，筹画防御，民赖以安。卒年六十六。

高凤城　李凤举

高凤城，字鸣岐。幼聪颖，体伟健，家贫无力求学，亦不屑就商贾。尝读其先世将军文熠传，见有清康熙赐书"树干城"三字匾额，慨然曰："先人有功德，子孙宜继述之。"由是隐然有四方之志。年二十三，计欲远游，而窘于资斧④，妻徐氏劝其行，乃手持制钱⑤千文以去，遂投效于直隶督标新兵左营，累升炮兵。上官奇其貌，挑入北洋武备学堂。毕业后历充毅军哨官、武卫军中路各营督操官、毅字军左营帮带。寻调入北洋陆军参谋学堂，肄业委学兵营工程队官。越二年，奉委管带常备军。是年，因永定河河工出力，调充奉天奉军中路各营帮统。清宣统二年，以剿匪出力，免补知县，以同知分省补用。民国元年，因改编陆军，奉委二十三师步兵四十五旅旅长，授陆军少将。是年，因剿平扎镇蒙匪出力，奖给三等文虎勋章，寻改调第二混成旅旅长，并代行将军事。旋任命延珲镇守使，晋予二等勋章，加陆军中将衔，并代行督军事。八年，代理中东铁路护路总司令，并调委滨江镇守使兼吉林清乡局会办。十年，奉调回省，聘充督署顾问。前后二十年间，办河工、勘匪乱以及护路清乡诸事，累著勋劳。尝曰："官职有文武之分，总以恤民为职志。"以故所历各处，人民翕然称颂。十八年夏，因积劳致疾，卒于吉林省寓。易箦⑥时犹嘱诸子竭力报国云。李凤举，字挺芝。性刚正，幼倜傥有大志。初在胶营充当马兵，因弓马娴熟，上宪赏给六品顶戴。清光绪十五年，赴高丽投袁⑦世凯标下，世凯优遇之。回国后，随同世凯在小站练兵，编列八卦队，擢升都司兼营务处总稽察。清末，升巴沟参府加副将衔，旋奉调北京，入卫清宫，以勤劳保升总镇兼北京招讨使。时代理胶县副将某期满赴京引见，资

---

① 顾亭林：即顾炎武（1613—1682）。
② 湖北：底本作"潮北"，讹。王占元曾任湖北督军，则"潮北"讹误。
③ 披猖：亦作"狓猖"，指猖獗、猖狂。
④ 资斧：借作旅费、盘缠。
⑤ 制钱：明清两代按其本朝法定的钱币体制由官炉铸行的钱币，以别于前朝旧钱和本朝的私铸钱。
⑥ 易箦（zé）：更换床席，喻指人将死。典出《礼记》，易箦指曾子死之前坚持换下所铺用的大夫席子。
⑦ "袁"，底本做"哀"，形似而讹。

斧不给，凤举慨以二百金贷之。后负其直，凤举坦然不与较，其生平周济急难类如此。民国初年，调隶王占元麾下，驻防湖北汉口、武昌等处，累著战绩。后以年老辞职，十八年卒于湖北省寓，时年七十有六。

民国人物传 文苑

赵文运

赵文运，字子开，号容斋。自幼颖敏嗜学，工文善书。弱冠食饩于庠，肄业济南泺源、尚志两书院，为匡少宰源、丁观察守存、孙京卿葆田诸先生所器赏。清光绪十九年，以第二人领乡荐，历主诸城、莒州两邑书院讲席，充续修《山东通志》局分纂。民国十年，续修《胶志》，公推文运为总纂，规画甫就，遽以劳疾卒。文运性浑厚，不苟言笑，尤笃于孝友。父殁，奉养季父蔼如事父同，与弟同居五十余年，家庭雍睦，始终无芥蒂嫌。甲午试礼闱未竣，闻母丧，奔归，遂淡于仕进，益肆力于古文，于小学尤多心得。与同邑法征君伟堂互相引重，著有《周易讲义》《尚书讲义》《尚书禹贡图义》各一卷，《说文谐声谱》《说文字例浅解》各二卷，《容斋诗文存》共三卷，俱未梓。

民国人物传 忠节

迟汉彝　柳长泰　张成仁　高祀恭　贾溢溥

迟汉彝，字叔伦，治西南黔陬人。性至孝，家素封，贼匪垂涎久。民国十一年春三月初九日，有匪百余人突扑汉彝家，汉彝开枪迎击，立毙数贼。将逃避，仓卒中失父所在，乃汲汲寻觅，三入三出，俄见其生母吴氏中流弹僵卧，汉彝惊痛，愤激挺身复斗，负重伤，自度不得脱，乃回枪自击而亡，年甫二十五岁，乡人皆惜之。柳长泰，字子开，胶之西南乡人。幼丧父，读书有胆略，居乡遇不平事，辄激于义愤，力任排解。清季，密结齐鲁少年谋革命事。宣统三年，武汉民军起义，长泰与同志邱丕振等举兵潍县，谋响应，未得逞。民国十五年，北伐军进逼鲁南，长泰密结张宗昌部属，约期反正，事泄，亡命走海上。十六年夏，陈以燊举义于胶州，聘长泰为参谋长兼前路总指挥，事败复走江宁。十七年春，蒋总司令中正二次进军鲁南，长泰于胶东一带联络民团数千人，牵制宗昌之师，北伐军得以长驱前进。是年五月，宗昌北遁，中正入济南，适日本暴动，据胶济路线，国民军置省政府于泰安，檄长泰为胶县公安局局长。视事之初，力宣革命大义，为日人所忌，嗾使驻胶伪保安司令周岷山捕置极刑，年仅三十有二。将刑，长泰大呼曰："吾三弟子祥，先吾两月战殁于鱼台，吾今又死之，吾兄弟为国民而牺牲，死无憾焉！"识者冤之。张成仁，字奎五，邑南邱家庄人。幼丧父，赖母抚养成立，为人有肝胆，尚义气。民国十六年，张宗昌督鲁，人民苦于供应。成仁目击时艰，乃毅然加入国民党，谋革命事。十七年，胶县党务指导委员会成立，因环境险恶，播迁于大小珠山一带，凡四阅月，常携带重要文件徒步往来，无难色。十八年，日本撤兵去，党部始设于城内，成仁被任为第三区筹备委员会委员。十九年春，又被选为第四区分部执行委员。时南乡盗匪猖獗，架案日有所闻，成仁首倡组织民团以资保卫，屡率团剿捕匪徒，不遗余力，匪由是益忌之，时谋报复。成仁惧祸及，拟迁居王台镇。匪侦知，遂纠合其党数十人，各持利械，将成仁寄宿之薛家庄包围。成仁方枕戈酣睡，匪已入室，及警觉，头部已中弹，并劫去匣枪二枝，越日卒，春秋仅二十有六。高祀恭，邑西乡高家河堐人。性公正，有胆略。民国十二年夏六月，有盗匪扰及附近各村，辄绑架农民，勒赎金。祀恭意不平，乃倡领村民于路截击，匪逸去。适有游匪经过其地，祀恭率民团追至高密境，与匪遇，剧战四小时，毙匪十数人，卒以众寡不敌，中弹卒。贾溢溥，字倬亭。性谨厚，尚气节。叔淑绥，邑庠生。民国十八年三月，突有匪人自称驻扎宋家屯顾震部下军队，将淑绥架去，挟索巨款。正在关说[①]间，适顾军拔队北行，带淑绥赴平度，而匪犹在家，伏匿未出。被溢溥侦知，遂于夜间率邻众潜往，冀捕获以报叔仇。适是夜，天阴昏黑，咫尺莫能辨，甫入门，被匪在暗处用手枪击伤干部，遂卒。方扑地时，犹大呼捉贼。邻众归，述其状，乡人皆怜其为叔捐躯，至今犹称其热烈。

赵法坪　相宝善 弟宝璐 刘全义 王景成 韩西园

赵法坪，邑西南乡良乡人。幼力学，后弃儒就商，慷慨有胆略，勇于任事。适胞兄法璋被举为民团团长，坪竭力扶助，备极劳瘁。民国十八年十月，土匪李小七盘踞柏乡一带，攻入龙王庙庄，逼掮焚杀，大肆猖獗。团丁闻而往救，至胶河东岸突被匪包围，进退维谷。坪急调团众驰往救援，匪见众至，乃遁去，团丁无一伤者。十九年三月，匪密结十余人潜入良乡集。坪侦知之，即率敢死队秘密往捕，直前冲锋，忽中流弹，登时陨命。乡人哀之，醵资立碑以志遗爱云。相宝善，字从之，邑南乡河西人，素以勇果闻。民国十八年被举为宝华区民团团练长。十九年五月三日，县长叶钟英派警察队会同该区民团，赴立柱村剿匪，宝善率练众助战。适北来匪众袭用警队服装符号，声言北练上人来此会剿，宝善初时未辨真伪，及就近察其非，方知中计，已防御不及，遂被包围，宝善中弹死。其族弟宝璐时充练长，亦同殉。同时遇害者卢东社前卢庄庄长刘全义、迟家屯庄长王景成、南沙社沙沟庄庄长韩西园。事详"兵防"。

柳长吉　杜占鳌　牟如瑾

柳长吉，字子祥，长泰弟。幼果敢有胆略，与兄长泰同入国民党，从事革命。民国十六年，革命军克武汉，长吉慨然曰："不于此际拚我头颅，为父老一伸民权，老死牖下何为耶?"遂饮泣别母，与兄长泰纡道南行，联络南中同志。适申江栖霞龙潭战事结束，北伐诸军势不能北进，遂入江宁村制育才馆研究村制，三月以优等毕业，主任荐于当局，委办村政。长吉太息曰："革命未成，遑言建设!"适第四十军教导师募集敢死士，长吉毅然应之，自是战略娴熟，见重侪偶[②]。旋北伐令下，教导师以战调赴前线，击孙传芳军，克徐州，乘胜杀

---

① 关说：代人陈说，从中给人说好话。

② 侪(chái)偶：同辈，同类的人。

敌巨万，进攻郑俊彦于鱼台，复大捷，会逆军扫数[①]返攻，长吉自午战至日没，弹尽援绝，犹于枪林弹雨中大呼奋斗，挥白刃往来冲突。会敌三面环攻，遂中数弹而仆，经红十字会及蚌埠医院医治，卒无效，越二日遂卒，时年二十三岁。杜占鳌，南塔桥社赵家庄人。民国二年，在四川陈将军部下充某营营长，勇猛有胆略。未几，因母老回里。十二年，与匪首逄翰林剧战数次，卒剿平之。十九年，悍匪头目李小七在西南乡一带纠众劫掠，势甚猖獗。占鳌密结村众前往捕捉，被贼侦知，出其不备，占鳌及弟东甫在芦山后均遇害，西南乡一带民众无不扼腕哀伤。牟如瑾，字子瑜，民国十七年充警备司令部稽查员。十八年三月，奉令赴东乡调查土匪情状。时东乡石濑子、王家庄大刀会会首王孝行聚众数百人，假联庄会名义购枪械、募兵勇，规仿陆军营制，设营长、连长、参谋长等官，横行乡里间。如瑾暗查至营，被刀会察觉，遂遇害，委其尸于河。其兄如琛以冤状诉于法院，株连店口团练长张金亭捕获下狱，寻病死。如琛乃为如瑾招魂，葬其衣冠焉。

民国人物传 孝友

王永泰　韩法颜　高瑞仪　刘云蒸　王悟格

王永泰，邑西南孝源店人，延昌仲子。清光绪中叶，兄弟析居，家贫出外营生，至吉林长白山，佣工于参园，颇蒙信任。主素富，一日，胡匪突至，强索金，声言不予即火其庐。主人恐，谋远避，虑眷口累，素谂永泰忠实，秘以二女托之，并赍以千金。泰受命，以车载二女并金，藏深林中，昼出乞食以供二女，事之唯谨。嗣以官军剿匪事平，侦主人返，遂挈二女及金还报命。主人详询二女，具告之。主人感其义，遂以参园赠。适参价暴涨，获资巨万。因念双亲久阙定省，遂辞归。由陆搭船，见船中一人泣甚哀，作投水状。永泰急问故，答曰："数年在外，积有百金，拟归家养亲，不幸金落水中，故觅死耳。"永泰悯然，立解囊，出百金赠之，其人泣而谢。及抵家，见兄弟赤贫，乃倾橐中金均分之，无私产。顾母已殁，父近八旬，永泰备极孝养。父殁，庐墓三年。事毕，戚友劝之归，永泰曰："不恋红尘矣！"遂隐居崂山白云洞，莫知所终。韩法颜，性至孝。民国二年，母病殁，庐墓三年，四年四月出庐。易县长扬远书"孝思维笃"，以旌其闾。高瑞仪，字凤亭，杜村人。性至孝，通文义，为人直朴。家贫，谋食他乡，屡佣工于商店，司簿记。经年在外，惟恃仲弟琇仪主持家事，供子职。民国十六年秋，大刀会扰及杜村一带，激动官军前往剿办，檄令不论良莠，概焚其庐。村民惊惧，纷纷携眷逃。瑞仪在胶庄闻耗，急旋里，与弟琇仪谋避难，令弟肩挑衣食物，带眷先行，己乃手扶迈父，背驼盲母，尾随其后。甫至村北岭前，猝遇官军，众皆弃眷奔窜，瑞仪独以身护父母，不忍去，竟被缚。双亲跪泣哀求，并诉父子逃难状，军官弗听，瑞仪遂遇害，时年四十有四。刘云蒸，少孤，事母至孝。家贫，以贩菜为业，稍得余资，辄市肥甘以供母。母性严，偶拂意则操杖责斥，不稍贷。云蒸每遇亲怒时，跽膝前，甘受杖，

---

① 扫数：全部，全数。

婉言承顺，必俟母色霁而心始安。母卒年八十余，云蒸始终如一，无少懈。家居邑之南坛，其左右邻皆称其孝云。王悟格，性纯孝。母殁，庐墓三年。

民国人物传 笃行

丁德祥　陈景瞻　萧凤枢　萧遐龄　王至勳

丁德祥，字仲瑞。尚义气，有胆略。咸丰十一年，捻匪入境，乡民惊惶失措，所居村北有邢家岭，地险要，可设法防御。德祥乃率众往，令老弱居中，强壮居前，各执兵械排列整齐，预备鸟枪子药，严守要隘。午后，贼麕至，众将溃，德祥厉声喝令勿动，挺身出，与贼讲和。会监守子药者失慎，烈焰腾霄，贼惊为神助，莫测虚实，遂退，千万人之性命赖以保全。民国二年，岁大祲，德祥命子出粟，提倡赈恤，全活甚众。卒年九十五，乡人为立碑，题曰"夫妇偕老"。子介南，见"选举"。陈景瞻，字轼朋。性坦白，好施与，尤善医，虽贱夫走卒，有求必应，广施药饵，岁耗巨资。遇瘟疫发生，必刊布经验良方，全活甚众。年七十卒。萧凤枢，字仲翔，延年次子。少有俊才，弱冠入邑庠。性豪放，重气节，勇于为义。民国初年，萑苻四起，胶南一带风鹤频惊，村民皆惶遽失措。凤枢倡议办团练，首重清查，以捍卫村堡。凡当时所有陋规苛索等弊，辄据理抗争，一乡赖以安谧。年六旬，染疫，卒于济南客寓。民国十四年，村人为建遗念碑于大珠山黄石坎之东。萧遐龄，字福卿，号逸农。诸生，性直朴。居乡，排难解纷，以理为据，不避谤怨。里闬中遇有疑难，多就正之，有忿争者，得遐龄一言即解，一乡称望人焉。中年困于棘闱①，屡荐不售，乃设帐于乡，勉诸生以穷经致用，一时游其门者，竞以器识相磨砺。清光绪二十七年，珠山一带土匪蜂起，遐龄忧愤成疾几殆，稍痊，力疾赴诸城，请练兵剿除。匪焰稍戢，复于王哥庄倡办民团，慨任筹款事，地方赖以安谧。民国纪元，匪势复猖獗，遐龄率乡董请陆军一连驻王哥庄剿捕，匪远避，无敢犯其境。又以陆军不能久驻为虑，选近村少年有勇力者数十人，从陆军练习枪法，为永久自卫计，寻因事多掣肘而罢，乃倡议就本村筑炮台。工竣，村民皆有恃无恐。尤嗜学，年过七旬犹执卷吟哦，无倦容。幼从族兄副贡延年读，延年著《易经训诂》，遐龄为校正其稿，以竟兄志。民国十七年卒。王至勳，字尧岑，圣格子。性聪敏，强记博闻，尤留心地方文献，与人谈论，娓娓不倦。清季筹备地方自治，办理保卫团，咸推至勳为领袖。州牧德林奖给"急公好义"匾额。民国七年，捐资创设王氏私立小学校，知事易扬远书"功资养正"以额其堂。他如管理仓款，保存学款，慎出纳，杜滥冒，胶人尤无异言。教育部、省长蔡儒楷前后均给奖章。生平和易近人，无疾言遽色，故士绅乐与之游。时以地方乱变，忧悸成疾，卒年五十有二。子克捷，留学英、德。详"学校"。

---

① 棘闱(jí wéi)：贡院的别称。闱指考场，因四周墙上遍铺荆棘，使人不能爬越，以防传递作弊，故名。亦作"棘院"。

人物补遗

民国人物传 事功

柴勤唐

柴勤唐，原名维桐。少倜傥，有智略。清季援例授广东海康县知县。邑多巨盗，甫下车躬自缉捕，擒获渠魁数名，歼以示众，民赖以安。旋调任番禺县。县境沙田地方，旧有官稻田数千顷，向属本地农民数万家耕种，赖以为生。时岑春萱总制两粤，力主收回官有，进款作为学校基金。稻熟派队往割，沙田民众环跪番禺首县，乞勤唐上请收回成命，否则数万生灵均将坐以待毙。经勤唐一再力争于岑，始蒙允准，民众感激勤唐功，即在该田中央为立生祠，至今犹焚香顶礼焉。继任潮阳县，寻以功擢升廉州府知府。岑公奇其才，以廉介、善筹饷，调开栾矿务局监督，历充吉黑榷运局、采运局、官产清丈局各局长，所至剔除积弊，风纪肃然。时值军事倥偬，勤唐多所赞画，为上官所倚重，历任吉林长春道尹、财政厅厅长，旋调山东盐运使，继充胶济路货捐局总办，署理济南道尹，嗣以军事奔驰，积劳致疾，卒于北平旅次。勤唐天资颖异，少失怙，事母李以孝闻，与兄瑞周友爱，终身无私产。尤勇于为义，有友人某殁于军次，为恤其孀孤，慨赠数百金，其生平行谊类如此。

民国人物传 笃行

匡纯熙　冷之珉

匡纯熙，字绩宸，廪贡生。幼失怙，事母至孝，性侠烈，勇于为义。戚族交游贫乏者，解囊无德色。历充保卫局局长、教育会会长、救济院院长，于地方利病多所兴革。民国十七年，邑东乡韩信区大刀会纠党滋事，纯熙只身亲往该区，招集会众，陈说祸福，会众皆俯首听命。乡民感其义，以鼓乐公送“德孚桑梓”匾额表其门。会顾震部周崐山在胶自称胶高保安司令，擅作威福，势张甚。纯熙密与警备司令刘惠林谋，潜诱周部二、四连，使之脱离，以孤其势。遂将周部勒令缴械，崐山遁去，人心快之。十九年夏，季啸溪招集匪军据县城，纯熙被推为临时治安维持会会长。时邑中绅富多迁避青岛，匪军各部威胁力迫，百端需索，独纯熙身当其冲，委曲应付，匪军无从寻衅，卒未暴动。事平，县长谢锡文为书“康济时艰”四字褒美之。未几，维持会改组，复被公推为公益局局长。时国民军陆续驻胶，纯熙筹画给养及劳军诸费，咸得其欢心，以是纪律肃然，无扰民者，地方赖以安谧。纯熙家仅中资，每任地方事辄自垫补助费。母在时，未敢白，年终息借以偿，虽因公屡有赔累，未尝有戚戚之色。二十年秋，积劳致疾卒。盖棺之日，谢县长亲率所属，祭于其庭焉。冷之珉，字杞笙，邑庠生，候选训导。敦品嗜学，著闻于乡。性直爽，好急人之难。商会四届改选，均被推为正会长。在会热心公益，市肆每遇债务纠葛，辄赖之珉为调解，商民皆感服，无异言。民国十二年，当道发起征收货物产销税，各县商民群起反对，胶市抵抗尤烈，乃相约罢市，群情汹汹，不可遏。之珉联合博山、临淄、淄川、即墨、潍县、坊子、昌乐、高密、长山、桓台、益都等县十数县商会并力抗争，一时函电交驰，各商会皆取决于之珉。之珉亦不辞劳瘁，迭次代表商民晋省，与当道侃侃辨论，词甚恺切。当道卒如其请，撤销税局，事不果行，商民为送“群情感荷”四字匾额，悬之会室。十五年，胶济铁路局局长阚铎拟扩张南派势力，排除北人，嗾使日人车务处处长以压力派员改服日装，至胶站接收站务，致新旧抵触，激动公愤，势将决裂，经之珉出而调停，风潮始息，北人在胶站者均供职如故。十七年，日军据济南，沿胶济路均驻日兵，省令未能东达胶县，政府无负责者。邑绅乃组临时治安维持会，公推之珉为会长，时顾震军驻王台镇，觊觎胶城，高密陈子成军亦派员疏通来胶，平度孙殿英军来索军费，本县警备司令刘惠林索购枪费，均被之珉婉辞拒绝。在会四阅月，批阅案牍，应付内外，悉协机宜，商民赖以安堵。之珉重然诺，不苟言笑，遇事无阿曲，历任县长皆器重之。二十年三月，积劳致疾卒。

增修胶志卷四十七　人物志第九　艺术

艺术传序

《前志》原序曰："《魏书》始有艺术，而释老[①]别焉。后之地志多因之，故《旧志》有仙释、技艺之分。窃以仙者，即老氏道者所出导引之方、卫生之诀，《参同契》诸书所言皆术尔。释氏所尊曰佛，昌黎[②]称为夷狄之一法。《易》曰'方法也[③]'，凡法皆有方者也，非无适无莫之道矣。至于书画医卜、青乌[④]之术，固以艺自命，合而传之，庶以见九流之派别，无庸为轩轾[⑤]云。"惟考书画二者，《周礼·保氏》：教之六艺，五曰六书。《鲁论》：子夏问素绚，子曰："绘事后素[⑥]。"是书画乃圣贤所尚，亦文学之一端耳。兹于艺术一门，除《前志》仍旧外，其长于书画者，均列于医卜等术之前。至于银锡铜铁土木诸匠，虽与书画高下悬殊，然能各出巧思，以神其技，亦特别艺术之专门名家者，未便湮没，故附列于艺术一门，以见善善从长之义焉。

去留馨　僧继达　麻衣赵　郭源昌　释普善

去留馨，《旧志》：世传其姓范氏，元人，自幼灵秀，好游，遇异人授以辟谷导引之术。既长，绝饮食，身轻如槁叶，行往处异香袭人，自号去留馨。歌舞于市，不以言笑假人。明洪武间飞升去。僧继达，姓田氏，字悟空，号素菴。《旧志》：通禅理，善赋诗，守戒行。明永乐间，唐赛儿为寇，闻其名，不敢入境，曰："田长老在，勿往也。"居慈云寺，寺前有湾，周围十亩，水色绿而味不臭，有蛙声彻数里。继达恶之，命僧投符水中，蛙竟不鸣。后入定[⑦]作偈[⑧]，趺坐[⑨]而化，偈曰："平生号守拙，一字不会说。说来则万般，放下无些些。"麻衣赵，遗其名，明人。《旧志》：冬夏恒衣麻，隐大珠山石室，辟谷得仙。其门上泐"朝阳菴"三字，至今人呼赵先生菴。郭源昌，字虹阳。《旧志》：好静坐，累日不移。时入肆，与无赖少年饮，醉辄卧地。冬不裘，雪中跣足行。年七十，遍辞亲友去。十年后，州人傅姓忽遇于桃叶渡，素识焉，呼之，顾笑不应，走。傅策骑追之，相去咫尺，终不及。入一廨，迹之无人，心惊。舍旁主人曰："昨日有老人寄一扇，云赠故人子傅某某。"视之，则其父赠虹

---

① 释老：释迦牟尼和老子的并称。亦指佛教和道教。
② 昌黎：韩愈自称"郡望昌黎"，世称"韩昌黎""昌黎先生"。
③ "也"，底本作"地"，讹。语气词。
④ 青乌：青乌子，古代堪舆家，指堪舆之术。
⑤ 轩轾（xuān zhì）：指中国古代的车，前高后低的车为"轩"，前低后高的车为"轾"，喻指高低轻重。
⑥ 绘事后素：先有白底子，而后才绘画。语出《论语·八佾》。
⑦ 入定：佛教徒闭目静坐，多取趺坐式。"入"，道光《重修胶州志》、民国《增修胶志》均作"人"，讹。
⑧ 偈（jì）：为佛教术语，意译为颂，是一种略似于诗的有韵文辞，通常以四句为一偈。
⑨ 趺（fū）坐：即互交二足，将右脚盘放于左腿上，左脚盘放于右腿上的坐姿。

阳书扇也，始知其仙。释普善，不知何许人。《旧志》：居城东关帝庙。康熙四十三年大水，云溪桥圮，或戏之曰："僧以普渡为怀，盍驾虹以济迷津？"善唯唯而去，后数月忽至巨石数百段，已集桥侧，旬日落成。一夜室中红光烛天，众惊往救，无火，已端坐而化。

冷超岩　冷枚　冷印乾

冷超岩，《旧志》：登州人，元时徙居胶。图画精妙，尤工人物，尝为顺帝写真容，称旨赐绛衣，擢秘书监。乡党尤以孝友称。冷枚，字吉臣，别号金门画史。《旧志》：工丹青，妙设色，初师五官正焦秉贞，后与秉贞名相埒，画人物尤为一时冠。清康熙时供奉内廷，为《桐叶封弟图》，尤著名于时。有数本盖因仁皇帝友爱庄亲王而作。又尝奉敕作《南巡图》，见王沛恂《匡山集》。秉贞奉敕绘《耕织图》，枚复助之。《画征录》载山东人惟秉贞与枚及州人法若真、高凤翰四人而已。冷印乾，字君若，超岩裔孙。明末，以贫隐于市井，而好儒行。篆师温伯坚如玉，洊入其室，书师姜梅石长植，得其结构而益之娟秀，所钞古文读本精纯绝伦。其镌石熟于记，文不苟作。然未尝择人与石，每下铁笔，必极工尽致而后已。学诗未能工，而笃好不移。为人温雅敦厚，乐道人善，不信有机诈事。其中年德重，为大家持筹策，分毫不苟，多亲信而重托之。尝浑脱毡帽也，见《唐·长孙无忌传》。方袍游江南，吴人惊其雅致，不知为懋迁①至者。少与张谦宜善，家相距五十里，每入城必留宿张氏，盘桓商确文墨。嗜读博古，赏鉴铜器不爽秋毫。时姜氏门阀华盛，为博古收藏家，请印乾别其鼎彝。出数十枚，皆不顾，后择其小者曰："此鼎可。"因教以磨、刮、烧、揩之法，果佳品，举坐叹服。殁后，张谦宜为之传。

孙养气　孙逊弟迪　**杨廷玉**玄孙永昆　**朱震**

孙养气，《旧志》：明布衣，学医于兄某，而名突过，诊②治无不验。当道者喜其术，褒以衣冠荣之。孙逊，字怀虚。《旧志》：养气同族，诸生，精岐黄术，救危拔痾，所至立起。为人敦厚曲谨，学宪屡取优行。弟迪，字启吾。《旧志》：业医，法朱丹溪③有心得，用剂辄效。年七十有余，无病而逝。杨廷玉，字凤冈。《旧志》：祖居治南石梁庄，以先世兄弟五人御流贼皆被害，因专习形胜及卜筮之术。正德六年，流贼刘六等寇胶州，陷灵山卫，过石梁，杨文绪与弟文表、文钭、文礼、文线截杀贼数人，贼众被执，俱焚死，《旧志》遗。崇祯壬午之变，廷玉与守州城。城中乏水，廷玉指三处掘之，俱获甘泉，无饥渴之患，众心始安。趋避之方尤多奇验，后举乡饮大宾。玄孙永昆，字裕亭。父钜，专攻相宅术，永昆自幼得指授，言休咎无不奇中。朱震，字东野，卫人，精堪舆。高密李时中、日照卜宁一、德州宋弼、景州张芝馨、任丘李堪皆称其理明学博，得先儒宗风，异乎时师。年九十六，见客不扶杖，迎送如常。

匡璜　郭经　李植　李永新　张雉　匡若讷

匡璜，字鲁山。《旧志》：诸生。性旷逸，善画，随意命笔，布置皆天就。邑人高凤翰题

---

① 懋迁(mào qiān)：指贸易。

② "诊"，底本作"胗"，讹。

③ 朱丹溪：元代著名医学家。

其画云："千古墨林成逸品，米颠①以后只倪迂②。"盖得两家胜致，故独步一时云。郭经，字藏山。《旧志》：善篆刻，尤工画山水。学董巨源，用墨潇洒，曲尽林泉幽致。与姜器山琯、法黄山若真、匡鲁山璜称胶西书画四山。李植，字函谷。《旧志》：幼聪慧，为邑人法若真所赏，授以画法，遂入妙。临摹古，尤神气迥出，人莫辨其真赝。李永新，字名远。《旧志》：为人恂谨。绘山水花木，落笔浑脱，一时罕有其匹。张雉，一名翠雉，字介公，庠生。工绘事，淡泼浓点，无不入妙。治东关帝庙有墨竹遗迹，为胶西巨观。游京师供奉内廷，尝为新城王渔洋士禛画《葛洪移家图》，渔洋作长歌纪之，有句云："张生妙笔擅黔陬，使我逸兴生丹丘。"见《渔洋精华录》。匡若讷，字木菴。《旧志》：好游览山水，目触神会，写来杼轴③予怀。雍正间召武英殿，绘时景称旨，自此名益高。

宋孝真 从子梓　**高汝瀣** 同族攀鳞、若锡　**傅文蕖**　**周训徵**　**辛道澄**

宋孝真，字样村。嗜吟咏，善书画，与高凤翰齐名。尤工绘竹石，淡墨传神，不亚张应召。尝作风雨墨竹，名《风调雨顺图》，留苏州平山堂，为名流所赏。又有《江山县地舆通景图》十二幅，传其子孙宝之，以诸生终。从子梓，字琴可，袭其艺，亦颇流传。梓孙汝坤，见"选举"。高汝瀣，字岱青，凤翰从子，监生。早孤，凤翰教之成立，诗文字画皆有所指承。凤翰晚岁作多汝瀣代创稿，凤翰左手点缀为题识，人鲜辨焉。凤翰殁，汝瀣收其著述表章之。凤翰孙攀鳞，字雷鲤。早丧父，为凤翰所钟爱，才高姿敏，为书画不守古人藩篱，神韵超逸，往往出人意表。若锡，字朋百，诸生，性豪爽。凤翰族子，亦工画，学攀鳞。尤精岐黄，闻邻里病者，每辍食往救之。傅文蕖，字莲漪，武生。聪敏多技，尤擅丹青，绘山水翎毛，翩翻如生，高凤翰、宋孝真而后罕有其匹。周训徵，字仲民，再庚子，增生。屡试不售，乃寄情翰墨以老。真书摹欧阳，行草自王孟津得路，上追晋贤，画兼花卉、翎毛、山水，各极生趣，不名一家。辛道澄，字景范，性孝友。工画人物，兴至则作，不轻应人求，故传播弗广。尝摹《松雪十八罗汉图》，人莫辨其真赝。

匡从先　邹圣裔　高执珂　赵系　赵守经　张佩

匡从先，字元公。善医，读《灵枢》诸书独有心得。施剂不拘古方，沈疴立起，世有扁、华之目。邹圣裔，字鲁辉。精岐黄术，时游京师，人皆重之。授太医院吏目，召诊保和殿有功，升御医。高执珂，字玉重。通岐黄术，尤精痘疹，所至辄效，人称神奇。历任州牧多表门焉，授典科。赵系，字友竹。感痨症治不效，因扃户检历名家书，皆究其微，三年病已，而术大进。乾隆二十九年，大疫，死者相望，系至辄效，人称为神，授典科。年八十三卒。赵守经，字正方。祖声闻为州名医，守经以祖传为医学典科。乾隆五十一年，疫大作，多死亡，守经医辄愈，传其方无不立效。州牧张玉树表其门。张佩，字调菴。精医术，救拔甚众，求者必应，于贫者尤加意。邑人欲举典科，托疾辞焉，年八十无病卒。

---

① 米颠：即北宋书画家米芾（1051—1107），其山水画独具一格。

② 倪迂：即倪瓒（1306 或 1301—1374），人称倪迂，元代四大家之一，开创了一代水墨山水画风。

③ 杼轴（zhù zhóu）：比喻文章的组织构想。

陈棕荣　徐友直　宋保和　邓鹏翥　王谨

陈棕荣，字蜀英，诸生，教授为业。性好医，家贫不能购书，手钞岐黄书数百卷。业既精，活人甚众。医贫者必却其馈，尤以裙带医著名，所制方，世医多珍藏之。徐友直，字质君。性纯朴，事无所私曲，好读朱子小学，每举以训子弟。又好集成方制药济人，遇善医者，辄款于家以求秘授，人谓之医癖。宋保和，字复元，监生，云会子。屡试不售，习岐黄术，尤善小儿痘疹，医治辄效，贫者馈遗必却之。邓鹏翥，字万九，诸生。为人重然诺，寡言笑。以母有痼疾，医药罔效，潜心岐黄术，至忘寝食。五年，母疾愈，由是以医知名，延请者踵接，所至辄效。家虽贫，未尝索人谢。王谨，字伯醇，元浩孙，监生。好岐黄术，会萃医说，披吟无倦。有所诊治不自是，尝中夜起披书相印证。晚游江西，得扁鹊书一卷，不忍暂释，以为医家真传，大旨统于扶阳抑阴。道光元年，州患大疫，施药以救，穷乏其方，远播高密、诸城间，皆宗之。子廷兰，见“选举”。以上《前志》。

胡仙人　僧广杰　尼广柱

胡仙人，名字不传，人呼为胡打壶。其先曾托业锡工，故云尝遇异人，教以静修，同宿于洪福寺门下。后自结瓜庐[①]于庭，隅坐其中，元旦火光透出，遂坐逝。邻人远归，遇于路，脱屦，令携以寄其家人，乃知其已仙去矣。至今西南隅有砖塔，为胡仙人葬所。僧广杰，卓锡[②]于薛家庙福庆庵，自幼善属文，工书法。今城西门额与关帝庙“义凛千古”额相传即其所题。人劝之蓄发应试，曰：“此命也，不可强。”州牧张玉树使住持北佛地寺，忽一日端坐，鼻垂玉箸而逝。尼广柱，号大方，鳌山世家王氏女。自幼祝发[③]于治西南隅新街关帝庙，矢志修真，若有病色。嘉庆己未，游京师，受戒西山，遂于南海礼大士。中年入崂山，初居摩日岭前镇武殿，复徙一气石，石夐绝无人迹，独坐洞中，冬夏一衲居。十八年，预示寂期，以道光乙未三月十五日戌时，合掌端坐而化。白云洞道人为置龛，葬之石侧。咸丰建元春三月，邑绅匡源等访其葬所，倩邑人王亘立石，源为作记，以志其道行。相传明亡，有仕者李冠义夫妇来劳山，一为僧，一为尼。广柱即其夫人支派也。《采访册》。

冷文炜 子纮玉、绣瑞　**周天度　赵文衢　纪卯元　赵鸿磐**

冷文炜，号艾西，廷枢子。乾隆九年副贡，任皋兰县知县。文炜善书法，初学《圣教序》，后改学《天冠山》，得其神髓，名重一时。至今珍藏家出其尺幅寸缣，尤多宝贵焉。子纮玉，乾隆四十三年进士，任东城兵马司正指挥，湖北安陆府同知，亦善书，超秀如赵文敏，而别有风神。绣瑞，字轶园。岁贡生，任长芦海丰场盐课大使，亦工草书，世其家学。周天度，字季旋，号运亭，嘉庆戊午举人，大挑二等，任茌平县教谕。工隶书，笔力浑朴，识者宝之。子相焯，别有传。赵文衢，字畊堂，庠生。工书法，笔力遒劲，纯得钟王遗意而不袭其迹。纪卯元，字茂甫，号苔岑。廪贡生，嘉庆癸酉科顺天乡试挑取誊录，任东平州训导，

---

① 瓜庐：形似蜗牛壳的小圆舍。泛指简陋的居处。

② 卓锡：卓，植立。锡，锡杖，僧人外出所用。因谓僧人在某地居留为卓锡。

③ 祝发：断发出家为僧尼。

升莱阳县教谕。工吟咏，尤善草书，著有《苔岑诗草》。赵鸿磐，廪贡生。善书，笔姿挥洒变化，纯任自然，为时所称赏。

相绅　匡学洙　辛从质　高鄂

相绅，字书岩，布衣。书法临《争坐位》《家庙碑》，俱得鲁公①遗意，为州牧张同声所称赏。今所书城隍庙戏楼“千秋鉴”匾额尚存焉。匡学洙，字鲁溪，恩贡生，性洒脱不羁。工诗，善草书，独成一家，随意所至，变化莫测。最喜摹董思白、刘石菴、郑板桥诸名家，虽精于赏鉴者不能辨②真赝，当时珍藏家得之以为秘宝。晚与周荣程、陈际昌、宋言咏结诗社，颜③曰“痴窝”，日觞咏④其中。辛从质，字义甫，布衣。以善书与相绅齐名，字摹松雪⑤而有所脱胎。今城隍庙广生殿外门石刻三字，即其所书。高鄂，字秋卿，邑诸生。工词赋，善草书。少年游京师，以笔墨营生，文名大振。中年回籍，求书者日众，至今得其遗迹者犹珍藏之。后回京，卒于旅邸。

傅儒芹 族侄绵曾　**陆元熙　杜鑑　冷宝书　孙彝恪**

傅儒芹，字小莲，从九品。文蕖族侄，得其指授，善画翎毛，栩栩欲生。儒芹族侄绵曾，字飏园，监生。善花卉翎毛，间画山水，均能脱尽时习。陆元熙，字石壁。聪敏多技，尤善丹青，山水花卉，随意布置，无不入妙。家贫，鬻画自给。晚年笔法益进，名重一时。杜鑑，字心斋。画人物、士女、花卉、翎毛，毕臻佳妙。尤工写真，鑑多巧思，仿造花果、松石各种盆景，妙构天然，见者莫辨真赝。又能翦彩制《麻姑三星图》，推为一时之冠。以贫隐于市肆，远近莫不闻其名焉。冷宝书，字森堂。品学兼优，不染俗氛。工隶书，规模于唐而浸淫于汉，尤善画山水，皴法秀丽，独步一时。然不轻为人应酬，故得者颇少。孙彝恪，字敬斋。性孤介，不苟取与。善绘事花卉、翎毛、人物、山水，操笔立就，不名一家。落拓无依，因鬻画自给。殁后无嗣，其门人张炳桢收葬之。

王敷芳　王贞士　匡绶玟　匡建章

王敷芳，又名服芳，字秋江，公垂子，增生。少负才名，试辄优等。善画山水，得八大山人遗意，铁笔亦工妙。嗜吟咏，任机而动，无所取法。其画幅篆章，好古者至典质相购，年未四十卒。著有《面城居未焚草》《印旨辑说》梓行于世。王贞士，字松谿，监生，援例授圣庙赍奏厅⑥。性旷逸，善丹青，山水花卉毕臻精妙，尤喜临摹古画，有仿宋、元、明诸大家山水及花卉两册，现藏于本邑周廷相、匡纯熙两家，见者莫辨真赝。道光二十五年，重修州志，延贞士绘图。咸丰十一年，捻匪扰胶，殉邑难，见“忠节”。匡绶玟，字岷山，别号介东居士，附贡生。性孝友，文思敏捷，操笔立就。州牧吉灿升奇其才，州试五场皆第一。

---

① 鲁公：指颜真卿（709—784），唐大臣，书法家。

② “辨”，底本作“变”，据文义改。

③ 颜：堂上或门上的匾额。

④ 觞咏：饮酒赋诗。觞，酒杯。

⑤ 松雪：即赵孟頫（1254—1322），字子昂，号松雪道人。元代著名书法家、画家。

⑥ 赍（jī）奏厅：位于孔府西厢。原是孔府主管传递公文的赍奏官办公的地方。

应京兆试，屡荐不第，遂绝意进取，专以书画自娱。绶玟幼善丹青，工山水，落笔简古峭拔，毕萃诸家之长。青绿师赵大年，得其神髓，尤为冠绝时流。花卉法南阜山人，以气骨胜。间画草虫，笔墨灵活，栩栩如生。东莱翟青野后，罕有其匹。壮年游京师，士大夫争购其画，名益高。年五十九卒于乡。远近识与不识，得其片缣尺幅，莫不奉为秘宝。子超，见“考授”。匡建章，字殿卿，武生。好游览山水，性嗜学，喜吟咏，尤善写真。一时搢绅巨室延建章绘像者，辄以重金酬之。间作山水小幅，亦明秀，有唐六如遗意。

高振古　崔懋宸　于维清　杨湘　周敬颐　万云程

高振古，字少如，别号技虫，诸生。幼聪敏，博学好古，兼长篆隶。市中铜业诸家，辄仰振古所书钟鼎文①得厚直②，其八分书③圆劲遒媚，尤冠时流④。间刻印章，亦刀法精妙。振古性缜密，多巧思，为人区画婚丧事，井井有条理。惜厄于遇，以贫困终，卒年六十有四。崔懋宸，字梅生，廪生。性和蔼，工词章，兼精铁笔，书法秀整圆润，名噪一时。同里法伟堂、王其慎、赵兰洲、李振芳诸名宿皆爱其才。尝师事邑中举人纪宝鼎，得其指授。于钟鼎、砖瓦、古器、古钱等，钩画抚摹，靡不工妙。尤长于篆隶，索书者日踵其门。一时制造铜器诸肆，皆镌刻懋宸钟鼎文，借增声价。会州牧余则达莅胶，闻其名，乞摹双钩帖八幅。书成，则达叹赏。民国二年，胶邑商会成立，延懋宸司文牍。在会十数年，市肆翕然无异辞。晚年病痿，犹力疾为人书联幅，民国十七年卒。于维清，字寰海，松年子。性诙谑，有洁癖。松年工丹青，维清世其家学，尤善画山水。师麓台⑤而变其皴法，以苍秀深厚胜，花卉敷色鲜明，笔致生动，尤能冠绝时流。后客济南，适陈观察义唐需次⑥省垣⑦，爱其画，介绍与其妇翁洪太守用舟。用舟故善画，得维清甚喜。义唐复为扬誉于东抚杨士骧。时快雪新晴，士骧延维清作《行乐图》，由是名益高。晚年病痹手战，不复弄翰墨。会邑人高凤城镇守吉林，以书乞画。维清感其意，力疾为画条山十九幅，凤城厚酬之。民国十三年卒。杨湘，字子江。天资聪慧，少具异才，工书画篆刻，丹青尤超妙。花卉敷色鲜丽，天机物趣，毕集毫端，近代写生手罕有其匹。山水初师元季四家⑧，以干笔⑨取胜，后变披麻⑩，用水墨渲染，尤具潇洒秀润之致。清光绪间，客游楚北，依荆州谳局⑪同里高振峦。振峦为之扬誉于当道及诸相

---

① 钟鼎文：即金文。上古钟、鼎等青铜器上的文字。

② 厚直：高价。“直”通“值”。

③ 八分书：八分书是隶书的一种，人们把带有明显波磔特征的隶书称为“八分书”。

④ 时流：世俗之辈。指当代人，时下的人们。

⑤ 麓台：即王原祁（1642—1715），字茂京，号麓台、石师道人，江南省苏州府太仓（今属江苏）人，王时敏孙。其画派称娄东画派，左右清代三百年画坛。王原祁成为正统派中坚人物。

⑥ 需次：旧时指官吏授职后，按照资历依次补缺。

⑦ 省垣：省会，省城。

⑧ 元季四家：元四家是指元代山水画的四位代表画家的合称。主要有二说：一说指赵孟頫、吴镇、黄公望、王蒙四人，见明代王世贞《艺苑卮言·附录》。二说指黄公望、王蒙、倪瓒、吴镇四人，见明代董其昌《容台别集·画旨》。

⑨ 干笔：犹枯笔。指画法中含水墨甚少的笔法。

⑩ 披麻：中国画山石皴法之一种。又称麻皮皴。

⑪ 谳局：古代审理案件的机关。

识，因得结交一时名流。会钟祥县某令闻其名，延为幕客，一时求画者益众。时诸城赵秉琛客湖北巡抚端方①幕中，尤雅重湘画，尝为秉琛画梅花帐檐，观者叹为绝技。惟作画不轻率落笔，非其人，虽缄重金求之，不为动。以故遨游三十余年，而贫如故。晚年隐居里门，莳花种竹，以吟咏自娱。民国十五年，复游济南，适掖邑方永昌旅长驻防东平，好书画，聘为谘议。湘感知己，为画巨幅若干报之。未半载，因劳致疾，舁至济南，遂卒。周敬颐，字虞臣，又字绍莲。性孝友，工绘事。花卉翎毛傅色妍净，笔致灵活，兼得南沙南田②遗法，尤长于巨幅，为近代写生高手。少年家中落，弃儒就贾，应聘于青州悦来公司，主会计。往来客商均赏其画，声誉大振。黎大总统闻敬颐名，赠手书寿字一方。敬颐绘长幅以报之。客青州十五年后归里，年四十九卒于家。万云程，字馨斋。性朴率，善丹青，人物、山水、花鸟、草虫并臻佳妙，山水不假临摹，随意布置，操笔立就，其皴擦渲染皆合古法。同里杨湘以善画著名，少所许可，独心折于云程，谓王石谷③、蓝田叔④复生，其见重如此。家贫卖画自给，尝客游诸城水西庄，有王孝廉尤奇赏云程画，延主其家，为之鉴别其家藏名流真迹，相得甚欢。居年余回里，民国十八年卒。

张怀璐　张继绅　高叙常　马志泮

张怀璐，字佩甫，号柳泉，兆惠族孙。善花卉，间画石，粼粼古怪，颇入神奇，笔意法南阜山人。赠九品衔，卒年七十二。张继绅，字书堂。工山水，壮岁南游吴楚，晚年始归，故所画传播弗广。年六十八卒。高叙常，字彝训。工花卉，性情洒脱，隐于乡，不轻应人求，故流传颇少。**马志泮，**号龙坡老人。善写生，画虾最著名。

张奉玙　邹峄阳　匡严共 子崇略

张奉玙，字伯珩，诸生，精岐黄术。同治元年疠疫盛行，请诊者日不暇给。奉玙素不乘车，徒步勤劳，日用二巾拭汗，自晨至午巾尽湿，午后再易二巾。有戚家匡某延视母疾，适奉玙晚归，惫不能行，急授一方，约于翌晨往诊。比至匡某家，施药一剂，病霍然愈。又尝闻邻居王姓妇哭甚哀，问之，则因疯犬啮其子，病创不能营生，又无食，馁甚。奉玙即令家人馈盘飧，并授一方，投药立效。其周人之急，类如此。邹峄阳，字鹤龄。童试不利，遂愤而习医，慨然有济人之志。昼夜攻苦，十余年成国手，治病多用重剂，辄奏奇效，尤善治伤寒症。州牧李翼清全眷染伤寒，兼患双单蛾⑤，遍延诸医，诊治皆无效，已废二公子矣。峄阳至曰："此症非猛治，不能起死回生。"翼清韪其议，投以重剂，数日合署全愈，为赠"着

---

① 端方：字午桥，号匋斋，清末大臣，金石学家。曾官湖北巡抚。

② 南沙南田：南沙，即蒋廷锡（1669—1732），号南沙，清朝康熙、雍正时期官员、画家、文献学家、藏书家。南田，即恽寿平（1633—1690），别号南田，清代著名画家，创常州画派。

③ 王石谷：即王翚（1632—1717），字石谷，清初"四王"之一。其山水画源于家学，后受到王鉴和王时敏的指导。

④ 蓝田叔：即蓝瑛（1585—约1666），明代杰出画家，字田叔，号蜨叟，晚号石头陀、山公、万篆阿主者、西湖研民，又号东郭老农，钱塘（今浙江杭州）人，是浙派后期代表画家之一。

⑤ 双单蛾：病症名。《景岳全书》卷二八："喉蛾肿于一边者为单蛾，此其形必圆突如珠。""盖肿于咽之两边者，为双蛾。"

手生春”匾额旌其门。又尝治匡某母气症，浆粒不入口者累日，诸医皆棘手。后延峄阳视之，药剂颇重，家人不知火候，一沸而干，仅得半匙许，服之，病爽然若失，遂连服二剂，乃全愈，其神妙如此。匡严共，字静菴。世习医兼痘科，性廉介，医病不受谢。适家有喜事，戚属妇女杂沓，有孙氏婢抱幼女嬉笑于庭。严共注目凝视。或加诮议，严共曰：“此婢数日内必生痘，痘出无医矣。”孙宅闻之，遣还母家，及期果亡。人神其术。子崇略，字元之，诸生，精痘科。小儿出痘，能一见决生死，或几日成熟脱痂，靡不亿中。善挑管痘，每施针，飞行绝迹，顷刻而毕。其立品尤高，有求者，无富贵贫贱，皆立往，愈后不受谢。家有一室，置痘科书，高可充栋。族祖梦云四子鸿庆，痘出危险，因服某医凉剂，痘反缩，一息恹恹。崇略一见，惊愕曰：“是必服凉剂之过也，盖北方气寒，南方气暖，必须因地施宜。今误服凉剂，日后必周身白癍。”遂易数方而愈。后果发现白癍，人呼为“痘儿哥哥家”。

赵邦畿　堵仲陶　张锡玉　王庆诏

赵邦畿，字华堂。少力学，因小试不遂其志，遂弃去，专攻岐黄术。尤长妇人科，并善治时疫等症，全活甚众，附近一带至今称之。堵仲陶，以字行，邑东北乡前店口人，庠生。精岐黄术，妇人科推为神手，著有《堵氏家藏》一卷。至今沽河两岸习妇科者皆宗之。张锡玉，字少美，善岐黄术。博涉群书，精究医理，喜读张仲景《伤寒论》，独有心得。凡所诊治，一以四时气候、五行生克为标准。由是以医知名，所至辄效。与人交重义气，遇有贫富交延者，每停车道左，步至寒者门，恐以仆马费累友也。以是文士乐与之游。著有医书数卷，惜未梓。王庆诏，字鸿禧，善数学。性伉直，落落不苟合。读书不成习，为贾数年，又弃去，最后精君平术①，设肆于准提庵之东廊，多奇验。终日人攘攘，户限为穿。咸丰庚申，忽语人曰：“我胶大难至矣，当在来岁八月。”是时，胶地清平，人亦漫置之。庆诏乃亟货家产，尽室东行。明年贼果至，前后蹂躏四十余日，杀人无算，而庆诏独以全家免。

刘元　李子真　郑名扬　史成方　臧懋礼

刘元，邑南窑湾村人。家贫，为泥瓦匠工头。性灵敏，胶之寺观、桥梁诸大工程，多由其谋画承修。尝自悟用机械运石磨一法，出资购料，闭户经营，屡耗财未如愿，乃苦思力索十余年，卒制造成功。德人租青岛时，驻兵胶城，其军官某见古寺中檀雕神像精巧绝伦，募有能仿造者，酬以巨金。元应募仿造成，与原像几无区别，军官厚赠之，运像回国，陈列博物院焉。李子真，业银工，能于镕化之银锭中提炼赤金。时当光绪中叶，理化之学未兴，人皆目为神技。登镇章高元②、即墨县令杨德成闻其名，礼而致之，遂合出资本，设提金炉于青岛，令李主持其事，获利甚丰。李之名由是大噪。郑名扬，业锡工。光绪中叶，设作坊于云溪大桥之南，所造仙鹤烛台，高与人等，以鹤嘴衔灵芝，上插烛签，姿势宛肖，飘飘若飞，下有座，周以栏，花样精巧，南北官商争定购焉。史成方，北坛人。清末习小炉匠业，性颖

① 君平术：君平之术，即占卜算卦之术。君平，即庄君平，名遵，字君平，西汉蜀郡（今四川）人。避汉明帝刘庄讳，改称严遵，严君平。好老庄思想，隐居不仕，在成都以卜筮为生。

② 章高元：清末淮军将领，曾驻胶澳。

悟，有巧思。外洋新出枪械，一见辄能修理或仿造。又创造豆油灯，有吸引力，能提油上升，油将竭而火光仍明。灯之周围镌透空精细花纹，他匠莫能及，用之书榻，便利无匹。由是，“史灯”之名几遍全国。其弟子习其术以致富者不胜枚举。臧懋礼，字敬之。居城南，业木工。幼贫寒，无力习童子业。及长，以木作起家，每以未读书为奇耻。时当咸、同之际，乡先辈张兆惠、张祖樾、冷馨德、宋蓼萧、王六谦诸先生方结社联吟，并以斯文启迪后进。懋礼执卷于诸先生之前，请业请益无虚日。诸先生鉴其诚，均乐指导之。不数年，懋礼学大进，能做五、七言诗，颇有宋人风味，为士林一时传诵焉。附王学博六谦酬梓人臧懋礼诗：久闻妙笔大如椽，韵采南皮今果然。叹起微云才两语，美增汾水不终篇。匠心有句夸成竹，班管无人赋采莲[①]。一诵鹤楼应辍翰，漫同窥豹只求全。

张骏声　周汉南

张骏声，字文誉，治北赵家庄人。性质朴，豪于饮。善岐黄术，尤长外科，脉息精密不与常医同。匡超父腰部生一恶疽，大如碗，他医皆束手。闻骏声名，延治之，未半月而愈，酬以金不受，惟与超结为义友而去。周汉南，字宗海，邑西南乡人。性方鲠，善医术。家素裕，尝施义浆，舍药饵，全活甚众，里中有善人之目。城西裕春号王某得奇疾，群医皆束手，病几殆。闻汉南名，延请诊治，数药而愈。王某喜且感，厚赠之，由是名益高。民国八年，诸城绅士赠“国士无双”匾额，日照亦赠“济世活人”匾额，以旌其门。

---

① 采莲：出自汉乐府民歌《江南可采莲》中的小赋，流行于江南吴、楚、越之地。

增修胶志卷四十八　人物志第十　侨寓外徙

侨寓外徙传序

《前志》原序曰：古者有寓公、士大夫去国，各主其夷等，终身而已。自晋南渡，衣冠之族有数世袭其故籍而不改者，是以刘宋有庚戌土断[①]之条。然其例行于庶民，世家、巨阀终不能移，如琅邪[②]王氏、安丘孟氏、乐安任氏是已。今绍兴人遍天下，而皆系以故籍，亦此类也。而近世地理人物志，偶尔寄迹，辄入侨籍。夫生卒皆不于斯，而收为此地人物，不亦过与？外徙之传，古志无闻，自李愚谷太仆《乐安志》始殊籍。而来迁者，有传则同籍，而他适者亦宜，录其义可以参观而不可偏遗者也。故汇而传之，以备土断之轶云。兹复据耳目所见闻者，补而录之，至侨寓而不知其人、外徙而不知其地者，概从略焉，识者谅之。

侨寓传

淳于恭　陈仲举　温如玉　张应召

淳于恭，字孟孙，后汉北海淳于人。善说老子，清静不慕荣名，幽居养志，潜于山泽，举动周旋，必由礼度。建武中，郡举孝廉，司空辟[③]，皆不应。客隐黔陬山遂数十年。肃宗下诏褒美，征为侍中骑都尉。卒于官。陈仲举，未识何许人，学黄老术。晋永嘉中，隐大珠山石室，黄发童颜，时人莫知其年。后周游四方，不知所终。温如玉，字白雪，别号伯坚，明长洲人。善真草行篆八分书，尤工印章。籍于胶，子孙居东乡温家庄。张应召，字用之，别号起莘，原籍陕西某县。善山水、人物，尤工写真。师事伯坚，万历三十一年，同应肃藩召，摹《淳化阁帖》，凡七年[④]而成。亦籍于胶，子孙居东乡华家庄。以上《前志》。

王真 子兴 兴子政 政子选

王真，字德一，原籍湖广黄州府麻城人。明初隶齐王府护卫。齐王废，从军，燕王以骁骑靖难功拔置列校，积功授山东世袭指挥使司指挥使，掌印鳌山。永乐八年，从上征本雅失里[⑤]，迁山东都指挥佥事。十八年，蒲台妖妇唐赛儿叛，据益都卸石栅。指挥高凤败，殁，贼益炽，其党董彦昇等陷莒州，进攻即墨。时真方屯海上，御却之，追至泊石桥，大破之，贼遁走安丘。都指挥刘忠与战，死之，而攻城益急。及都指挥卫青兵至，始解去，窜诸城。

---

① 庚戌土断：东晋兴宁二年（364）三月庚戌日废除西晋以来南渡的中原豪族设立的侨州侨郡侨县，使侨寓户口编入所在郡县统一管理，史称庚戌土断。

② “琅邪”，底本作“琅琊”，讹。

③ 辟：召见并授予官职。

④ 七年：底本作“十二年”，据《明肃府本淳化阁帖》之《温如玉题跋》改“七年”。

⑤ 本雅失里：即孛儿只斤・本雅失里，明代蒙古可汗。

真闻贼南下，选精卒百五十人，星夜驰至，分两翼设伏，痛剿之，歼悍贼千余人，余众悉散。事平，擢山东都指挥同知，诏授奉国将军护军。明初之设卫所，备东防也。自真守鳌山，即建议立营高旷处，可以俯瞰海壖，以备缓急。于是，复设即墨营，以统灵、鳌七卫所之分戍军，东防益固。及卫青驻登州，奉上命，调各卫军赴登操备，城寨半空虚。登州卫指挥戚珪争之不得，真慷慨上书言："屯聚则防疏，散处则力弱。如今议，宜令各官军于各营操备，不得专屯登郡。每遇泛期，量拨各卫军于各海壖，瞭守烟墩。遇有警急，互相应援，庶免顾此失彼之虞。"上称善，遂著为例。以故各卫军得无调滨海，人德之。殁后请于朝，为立专祠。真身经百战，娴韬略，以累功授昭武将军，世守鳌山，遂占籍。子兴，迁居胶之张耀屯，真就养，因家焉。兴，字起宗，饶膂力，善骑射。护军之平唐赛儿，兴身先陷陈，三发三殪。贼由安丘窜诸城，时卫兵多被征调，兴请于父曰："贼如此猖獗，我兵寡，不出奇以胜之，殆已。"真以为然，遂汰老弱，得精卒百五十人，每十人携一鼓，星夜赴诸城。兴挟弓矢立高冈，令左右执桴以待，与众约曰："不闻鼓声而虚发者，无赦！"比贼至，左右请击鼓，不许。贼近至百步外，又请击，仍不许。有贼酋身长九尺，黑而髯，手握大纛，指挥诸贼以进。兴度矢可及，一发殪之，一鼓鸣，众鼓齐应，贼惊溃，故一战而平焉。事闻，诏授兴鳌山卫指挥佥事。兴后袭父荫，授昭武将军、上轻车都尉。兴好著述，有《平妖贼记》一卷。晚年移居周臣屯，以次子政袭其职。政，字治国，初任雄崖所正千户，勤于训练，每京操辄冠其曹。尤笃于文学，尝谓弟子曰："国家方偃武修文，尔辈向学，即所以报国。"延经师课子侄，又于卫所及各屯广设义塾。以故子侄辈多显达，而户籍中亦有能文者。成化八年，岁祲，政首出俸金，为一邑倡，复劝邑绅捐资以助，请于令，开仓赈济，亲督其事，全活甚众，邑人德之。政子选，字维贤，号毅菴。状貌魁梧，好任侠，遇人急，排难解纷无不听从。以父荫袭指挥使，经营海防，无衅可入。正德中，刘七等焚掠胶西，甚惨苦，至周臣屯，愕然曰："此王将军里也。"为竖矢郭门，相戒不得犯。村人借以获安，其感人如是。后以子九思官封文林郎。年臻大耋，邑令请于上，特额其门焉。

王九思 子纳善　纳善子心学

王九思，字敬夫，号西渟，明鳌山选贡。有文誉，赵别驾完璧出其门。时王守仁以良知之说倡天下，海内翕然从之。而九思一以敦行励品为务。初授河南阌乡县主簿，迁光州判官，继升山西临晋县知县，旋调北直获鹿县。所至之地，必周谘其利弊，次第兴革。尤嗜学，凡邑中有学行者，必延至署，以所得俸佐其膏火，由是多所成就。晚年告归，士民泣送者千余人。居里，与胡广文①松、沈广文儒，及一家诸昆弟历游二劳，赋诗为乐。尤与周古柏笃交谊，有《送古柏擢教天成镇虏诗》，人至今犹传诵云。事迹载《正定府志》。子纳善，字子陈，号冠峰，明鳌山岁贡。初选舒城训导，诸生晋谒者却其贽②。俸有余，辄分济寒畯。迁贵州平

① 广文：明清称儒学教官为"广文"。

② 贽：初次拜见长辈所送的礼物。

越府教授。平越，古蛮地，俗强悍。万历初，始升为府，设教授，纳善首膺斯任，日与苗民讲习上国礼仪，苗民乐之。至万历中叶，其《风俗志》云："俗尚威武，渐知礼义，盖有得于纳善之教也。"晚年告归，以诗酒自娱，与赵完璧昆仲相唱和。凡三举乡饮正宾，年八十五卒。著有《柱峰草堂诗稿》行世。子心学，字存吾，号少野，形貌清癯。善诗词，精书法，通琴理，与琴士郭梧轩、姜渭滨相友善。事亲尽孝，顾雅好宾客，每招饮，不敢告父母，而赵孺人①已侦悉，为易簪珥以款之。居乡与宪副赵慎修、太守纪五常结诗文社，为莫逆友。万历己卯，试明经，心学扶病应选，竟获隽。次年，以病免廷试。卒年四十七。心学居周臣屯，徙葛埠岭，后设帐胶城，遂家焉。卒前三日，犹能临楷书《千字文》，并录《遗言》一卷，以示后嗣。

王楫 子文炤 文炤子垓

王楫，其先由湖广麻城来徙，籍即墨鳌山卫。子孙分居胶州城，试于胶者为州人，试于即墨者为鳌山卫人。《旧志》：楫，字济之，明鳌山卫选贡，授大同府通判，署山阴县事。邑产鹾，故事馈上官，楫至请裁焉。又籍荒田亩数以报幕府，令屯卒种之，省军饷十之三。擢乾州知州。立登云、图南两社，聚多士肄业其中，黎玉田、卢时泰等皆赖其教，先后成进士。致仕归，士民泣送之，为立生祠。岁祲，出粟赈济。三举乡饮大宾，年八十四卒。子文炤，字熙哉。《旧志》：文炤，明鳌山卫选贡。生而颖异，性豁达，笃行谊。父殁，庐墓三年。母疾，吁天，祈以身代。铨南直隶松江府通判，以刚直忤权要，引病归，不复出。《前志》。子垓，字汉京。《旧志》：家贫力学，以舌耕供菽水②，由顺治六年进士授行人。康熙二年，值琉球请封，同官多避就，垓慨然往。海水天风，几历危险，入境宣布朝廷威德，馈遗一无所受，异域耸服。累掌户科，时三藩叛，度支皇皇，苦心会计，以佐军需。典试浙江，所得皆知名士。分巡宁绍，海寇接境，垓严整斥堠，民赖以安。二十二年冬，七郡治舰于宁波，以冒寒董役③得疾，卒于官。著有《使琉球记》一卷。子铨、镇，并见"选举"。《前志》。

王埰 子铉 铉子泳度 从子渊度 泳度子廷偕 渊度子廷伟

王埰，字方岳，文谒子，明鳌山卫生员。清顺治四年进士，除太常寺博士，迁礼部郎中。性亢直，与长官言，侃侃无所挠，时重其风采。外擢安卢兵备道，时海寇初靖，六安西北接濠汝，丛山猬薄中，猾民啸聚，劫掠为害。埰数以策干，制府④久持不下，因与裨将议之，多以为权轻无以励战士。埰慨然曰："不有兵备使者在耶！为朝廷养后患，何以臣为？"乃选锐，授甲衔枚，夜趋兵突至，贼计不知所出，格斗死者过半，余悉平。制府闻捷大惊，欲以功荐，埰坚辞不居。后两摄按察司使，鞫谳多平反。以母老归养，年逾五十卒，远迩惜之。子铉，鳌山卫岁贡，授武城县教谕，有文誉。铉子泳度，鳌山卫岁贡，以康熙五十一年助修

---

① 孺人：古人对母亲或妻子的尊称。
② 菽水：豆与水。比喻粗劣清淡的饮食。
③ 董役：监督劳作。
④ 制府：明清两代的总督尊称为制府。

城垣，知州龚大良表其门。泳度子廷偕，附贡生，以雍正九年助赈，知州王维表其门。铉从子渊度，字廓宇，鳌山卫选贡。幼丧父，性孝友，奉母高先意承颜。诸弟同居四十余年，友爱甚笃。初，铉卒于武城，泳度幼，渊度千里迎柩归葬，礼哀兼至。康熙四十二年，岁饥，其族人居张耀、周陈两屯者百余人，皆以母命，周粟三月，得全活。亲朋婚丧不给者，悉为助之。渊度子廷伟，字相枢，鳌山卫学生，康熙五十年举人，授江西都昌县知县。存心忠爱，用刑辄垂涕，而不轻加罪，刁险为之敦化。以终养告，都昌民攀辕送之。家居，未尝入官府。乾隆十三年，胶兵大哗，官谕之，弗帖服，惟曰："愿得王都昌一言，订借粟，足矣！他人不敢信也。"廷伟赴庙与约，先出己粟，而劝富室均出借，事得辑。乾隆十七年与修州志。《前志》。

杨师亮

杨师亮，字戬夏，招远县廪生，承父荫当为三司首领官。明亡失职，避仇吴越间，转徙胶州。家贫不自给，走某将军幕府，不遇。再客吴江，以疾终于胶。初，父觐光为通政使，师亮具才纵之学，自六经子史、星卜、法家之书无所不窥，能弓稍击剑，驰马习行阵。尝与从兄师德偕应举，师亮兄弟皆乘名马，有盗见其马，即夹道驰，将不利于师德。师亮飞鞚从之，鸣镝逐盗去，而从者不知。明亡，群盗围杨氏，焚其居，师亮挟师德，使乘马突火走，徒步搏射而战，得免难。于是，以豪勇知名。长吏捕盗魁，多师亮为选锋。鼎革后，避难杭州，返留吴门，卖卜，多奇中云。胶人赵汝珣援之归，言于所亲姜长植结为友，馆之别墅，日与谈杜甫李贺诗，博考古今艺术。姜服其渊雅，遍为先达①称道之，无不争识。师亮以好射覆②、习古文，皆称为"君平子"云。居无聊，戏仿古衣冠，画仙佛神怪，众皆惊绝，争投绢楮以求画。师亮至不举火，未尝索一钱。于是，总兵佟辅圣转聘为幕客。佟去，遂从按察使宋某幕四川。值有武闱兴巨狱，宋欲减众罪而格于法。时两江督臣奏捕得大盗，而赦旨下：断斩则违制书，纵之则骩法③，奏取进止，诏竟释之。师亮闻奏，乃援为例，曰："典试行私与大盗同科，宜以为比。"乃不死者数人。宋迁广东布政使，又偕往，许岁寿以千金。粤东群货所辏，行省管利牡，沾溉及僚幕同事，或因致巨万。师亮独持介节，不苟取，反以馆谷金④贷宋。宋朝京师以休致，卒于家，不能酬师亮，师亮终不言。招远令署生芝七茎，聘能摹状者。族子或言师亮，令招师亮往，甚欢。廉知贫无家，为置地百亩，且复三岁征，劝之归。未几，令卒，师亮亦不复归，使三子分耕其田，独居胶。应吴江县令郭琇聘，不久复归。总兵惠占春延之幕中，始思买田为归老计，未遂，而竟病卒。师亮自为谋，多迂阔汗漫⑤之趣，及为人应大事先机，决事至不失毫发。与人接，无所忤，虽屠沽负贩必尽欢，与士大夫论事，微言可否，请择便利。遇知己，持正论，多引古义相劝勉，气色侃侃。以侨寓

---

① 先达：德行高、学问深的知名先辈。
② 射覆：古代游戏。把东西覆于器物下，让人猜。后也用于称行酒令时用字句暗指事物，让人猜测。
③ 骩(wěi)法：枉法。
④ 馆谷金：借指塾师的束脩或幕宾的酬金。
⑤ 汗漫：漫无标准，浮泛不着边际。

孤露，藏雄守雌，人多讥其樗散①云。《前志》。

王文燿 弟文烛 从弟文烨

王文燿，字子明，号朗哉，乾州牧楫之子也。由葛埠岭移居胶城。性警敏，有干济才。幼从父宦游，已练达，识事务。以明万历戊午副贡，天启五年任湖广随州同知。崇祯元年，裁缺改升留守司断事。文燿剖判精明，案无留牍，一时有神君之目。后以藩委买铜，中途被劫，竟以身殉。高太傅弘图为募金以恤其孤，闻者伤之。著有《朗哉诗草》一卷，宦绩载《随州志》。弟文烛，字调元，清顺治鳌山岁贡。任昌乐训导，甫下车，即修葺学宫，捐置祭器。邑令修县志，文烛多所发明，事载《昌乐志·宦绩传》。从弟文烨，字郁甫，号鼎实。幼失怙，胞伯楫抚之成立。以顺治鳌山岁贡，授河阴县知县。时国家新造，河阴屡遭流寇之乱，涂灰已极。文烨甫下车，即招辑流亡，资牛种，辟草莱。日出问民间疾苦，或下马入民舍，呼其妇子曰："吾饥矣，速具饭食我。"或以鸡黍进，则曰："无须，藜藿可甘也。"见者感泣。尝有讼者，其邻訾之曰："此何事而劳我贤父母耶？"皆赧然而退。大吏上其事，敕下玺书褒美，擢永州府同知。即至，所施一如河阴，民颂祷焉。当莅河阴时，胞伯楫手书谕之曰："砥节励名，勿堕清白家声！"文烨即铭诸座右。及楫殁，文烨闻讣，即于任所设位成服，衰麻擗踊，一时士民相率而泣，吊者趾相错，其感人类如此。年五十二卒。政绩载《河阴县志》。

张其策　万世馨　章进　和刚中　尹璐

张其策，《旧志》：字宋竹，平度籍副贡，选举表作恩贡。世居胶州，授顺德县知县，迁广州府通判。数岁后，顺德民变，公议歼之。其策请单骑往抚，至界，父老焚香遮道，拥至县署，依如慈母，立位祀之。事已，还报当道，升辰州府同知。以疾归，年七十余，犹读书不倦。万世馨，字德含，本籍平度，居胶州。《旧志》：家贫，饔飧不给，而励学不倦。由进士授德化县知县，为治宽严互济。以母忧归，行李萧然。既葬，服未阕，以哀毁病卒。章进，浙江会稽人。《旧志》：雍正元年，任胶州逄猛司巡检，治事练达，颇有民誉。以父忧去官，旅寓胶州。服阕，补贵州镇远司巡检，以剿苗匪随营效用，运饷中途，获苗丑类②数人，主帅嘉之。以积劳卒于军。事上，荫一子入监。旋柩于胶，其子遂占籍焉。和刚中，《旧志》：字健菴，一字寄园，陕西蒲城人，雍正壬子举人。历任湖北长阳、黄梅县知县，因事罢官，戍胶州。邃于经义，知州某延主书院讲席，受业举人赵衍祺、进士张维祺、岁贡王毅，皆为名宿。尹璐，《旧志》：字美玉，诸城人，世居灵山卫。父早亡，母卒时年已六旬，庐墓三年，卫巡检表其门。

王朝栋 孙六谦

王朝栋，字臣一，楫裔孙，鳌山卫增生，好施予。乾隆五十一年，大饥，契买二仆，育

---

① 樗散：樗木材劣，多被闲置。比喻投闲置散。
② 丑类：坏人，恶人。

养数十年，各为置室，以契还其父母。赎邻人鬻女，为嫁资，归其夫家。畜婢必早嫁，不取身资。置义田二所，为邻里、戚族共葬所，立碣志焉。以上至张其策均《前志》。子亘、曜别有传。亘子六谦，字爻皆，鳌山廪贡。世居胶，援例授学博，以亲老不仕。有至性，喜攻诗，所著皆本孝友，抒写性情，有《半是斋诗草》行于世。幼负大志，日以继述前勋为己责。于是走齐鲁燕赵，以图前取，卒未遇。适父亘以函促归，复折节为儒，科名非其所志。倦游还，辟小园，日与张慈民、张筱畇诸名宿相唱和，酒酣兴发，抵掌谈时事辄泣下。遇邑有义举，倾囊不吝。后以双亲继殁，哀毁构疾而卒，年仅四十，邑人惜之。易箦时，犹命子葆崇纳金帅府，以助军需。比晋秩中书，而殁已久矣。所遗著述有《放斋随笔》《清旷书屋》《课赋》诸种藏于家。

陈明熙　邓琳枝　王淦　周用霖　尚国泰

陈明熙，浙江温州府永嘉县人。清康熙间，由河南开封府通判擢任胶州知州，居官清正，惜未及一年而殁，无力南旋，遂占籍焉。邓琳枝，字芗峰，聊城籍举人，选授胶州学正。在任十余年，志操清洁，与诸生讲道论文，娓娓不倦，及门多所成就，后卒于任所。子四：同熙、重熙、晋熙、永熙，因琳枝置田产于胶，遂家焉。王淦，字翼帆，浙江山阴人，供事。光绪十一年，选补胶州州同，俸满，调即墨知县，未赴任，旋升直隶州知州，在省候补而妻孥仍寓于胶。淦两袖清风，以艰于资未获陛见，乃借戚友之力始北上，后终未补缺，卒于胶。淦精岐黄，尤长于裙带科，请诊者无富贵贫贱，必急赴，以是人皆称之。子二：寿同、福同。福同聘邑人傅氏女，遂占籍。周用霖，字亮卿，浙江海宁州人。由进士选授高密知县，清正勤朴，出不肩舆，常乘一黑卫夜出查赌，有姑妇二人纺绩过夜半，翌日奖之。一贫家以磨麦谋生，劳至夜深，恨无以代步，翌日策蹇①赐之。濠里地低洼，入夏即成泽薮，不宜禾，用霖教以方罫②之法，岁获屡丰，邑人刻石纪之。后调莒州，丁忧归，遂寓于胶。用霖先署即墨，后补高密，两袖清风，一贫如洗。其嗣孙为城隍庙道正③，借以糊口，人为叹廉吏不置云。尚国泰，字子裕，安徽太和县人。由武进士授蓝翎侍卫，貌魁梧奇伟，善骑射。在京供职五年，期满，选直隶龙固县都司。光绪四年，改选山东胶州都司，胶营尤重海防，国泰佐副戎，扼要布置，多所保全。晚年尤注重教育，与学博田赓和创设育材义塾，筹画维持，不遗余力。民国缺裁，适保卫局成立，邑绅禀上宪，延为总队长。国泰日夜训练，防堵綦严，匪人为之敛迹。后以年老不复回籍，民国十三年卒。子四：恩溥、恩润、恩浩、恩沛。

林寿殷　方希龄　余世培　管泽溥

林寿殷，福建人。清同治十三年，以候补盐大使分发山东。光绪六年，充胶海关船行委员，因娶本邑高家台子高氏女，生子三：振坦、振垣、振垲。十六年，补永利场盐大使缺，越二年，卒于任所。其妻遂携同三子扶柩回胶，僦居母家。先是寿殷原籍有三子，闻讣亦奔

---

① 策蹇：骑驴。

② 方罫：指整齐的方格形。

③ 道正：道观的住持，观主。

丧来胶，与继母商请，举室南旋。母允之，夜间起行。比晓，则高氏母子已南辕而北。前子知继母无赴南意，遂自回籍。高氏仍依母家居住。三子俱充货捐税局等差，近由高家台子徙居匙家庄。方希龄，原籍安徽桐城人。清道光间，遭粤匪之乱，适族叔方传植于咸丰八年牧胶，随入幕襄办军务。爱胶俗淳朴，遂占籍焉。余世培，安徽桐城人。清光绪十八年，随州牧许颂鼎为幕客，司征收事务，与学博田赓和、鹾尹[1]毓桢、都戎[2]尚国泰等相友善。二十年，在胶病故。身后萧条，赓和、国泰等筹资恤其遗属，并令其子入义塾读书。妻李氏抚孤成立，长子德著业商，次子德成充胶济铁路站长。管泽溥，诸城东乡麻姑店人。民国十七年，避匪乱至胶。十八年，令其孙回诸，不意被匪掳去月余，始逃归。未几，泽溥在胶病殁，遂家焉。子镜远，于民国元年山东法政学堂毕业，三年考授法官，现任辽宁沈阳地方法院书记长。

外徙传

薛桓

薛桓，阳武侯禄少子。明正统中，尚[3]常德长公主，宣宗次女，明制称皇姊妹为长公主。秩驸马都尉。《薛氏家谱》：英宗北狩之变，命郕王监国。既承太后命，即真王，辞，诸大臣劝进，桓名列第三。卒葬顺义怀柔县，与公主祔，墓地曰西府。西府者，盖公主所建府。犹有东府，世袭阳武侯所建府也，后皆以名地。

蓝道行　王宪

蓝道行，方士也，以降紫姑，动明世宗罢严嵩。《即墨志》载之云即墨人，于文定公[4]《笔麈》云胶州人。盖寄籍即墨。降紫姑，即今扶乩法。当世宗时，分宜[5]之权崇方赫，直谏若椒山[6]不能去分宜，赖道行诈为乩语去之，道行高人一等矣。据《州志前编》。按原注云，乾隆壬子，即墨吕克官至胶，携万历七年《即墨志》作吴道行，且列之附籍，而注于名下曰“其先盖”下缺三字。夫隐姓改籍，方士之常列之附籍，知其非即墨人矣。“其先盖”下缺文，当是“胶州人”三字。王宪，《旧志》：州东鄙人，以贫徙居即墨，授徒奉母。母病，药弗效，号泣吁天，割股作羹以进，遂痊。有司特表其庐。

韩成　薛受益 子孺

韩成，新置村人。少孤贫，时川陕不靖，成投军，以杀贼积功。清康熙中，仕至四川重庆营总兵，能得军心。既老，遂家重庆。子孙显贵，有闻于时。先墓在新置北岭，乾隆时犹

---

① 鹾尹：主管盐业的官。

② 都戎：武官。

③ 尚：娶公主为妻称尚。

④ 于文定公：即于慎行(1545—1607)，字可远，又字无垢。山东东阿人。明代诗人、文学家。谥文定。

⑤ 分宜：即严嵩(1480—1567)，其为袁州府分宜介桥村(今属江西分宜)人。严嵩善迎合帝意，前后专国政二十余年，操纵国事，吞没军饷。

⑥ 椒山：即杨继盛(1516—1555)，号椒山，明朝著名谏臣，曾弹劾严嵩。

来焚黄祭扫，立碑志焉。《州志前编》：成生子四：长良辅，庚午科武解元，辛未科武探花，历任兵部左侍郎、广西巡抚。次良弼，癸未武进士，参将。次良卿，壬辰武进士，陕西提督，谥勤毅。次良臣，丁酉科举人。良辅子三：长勳，戊子科武举，贵州提督，谥果壮。次烈，荫生，苇当营参将。次杰，荫生，奇兵营参将。良卿子煦，贡生，开封府通判。勳子隆基，荫生，光禄寺署正。皆入重庆籍。薛受益，《高密志》：字谦若，阳武侯禄疏族。清初徙高密，少落魄，不事家人生产，仗策走四方。之燕，不遇。之黔，又不遇。之滇，从总督赵廷臣。入浙，授千兵。康熙十三年，从征耿逆于江山，以登城功，补嘉兴守备。进征逆党，擒马朋，平王玉贞，功最著。十七年，以福建督标游击讨漳寇，连破十九寨，复海澄，晋汀州副戎。始受益与漳贼相持时日，冒矢石，身无完肤，炮石由面贯脑后，出血淋甲胄，犹力战。清圣祖闻之，召入，问前后破阵状，解衣验其创，特升潮阳总兵，予世职。世袭拜他喇布勒哈番①。在潮十余年，兵民相洽，俸入悉分亲故，不为子孙计。卒于官，赐祭葬，祀忠义祠。子瑺，字②山辉。以父荫，由侍卫任湖南镇筸营游击，五迁至福建台湾总兵。久历苗疆，纪律严明。在靖州五年，奉檄剿莫宜峒苗，晓以威福，令三日内尽献首凶，胁从罔治，全活苗民数千计。乾隆六年，黔粤苗瑶烧劫广东永从等县，瑺奉檄堵御，擒获无算。三为总戎，夙夜劳勩，不避艰险，咸谓克缵父绪云。以上《前志》。

冷芸约

冷芸约，枚玄孙。枚以善画供奉内廷，因家宛平，芸约因为宛平诸生，以博雅著闻。道光间，与修《济南府志》。著有《芸约诗草》三卷行世。《前志》。

匡懋忠　纪敦睦　邓廷法　高业伟　柯劭慜

匡懋忠，字砚农。少业儒，及长精医术。家居落拓，因兄懋敕寓都中授童子读，往依焉。一生因母疾祈诊，应手而愈。生之母系服役宫中，盛誉之，得入太医院。适值清慈禧后疾，众太医各以药进，独懋忠识为娠，即穆宗也。诞生后，由吏目升为院判，加五品衔。懋忠久客京师，娶妻生子，遂家焉。子三：谐、弼、虎。弼，山西巡检。虎，亦以医世其业。纪敦睦，字叙九。光绪元年举人，二十四年以大挑二等，选淄川县教谕。在任清慎勤俭，暇辄与诸生讲经论文，娓娓不倦，及门多所成就。为学邃入理窟③，思索精微，无丝毫溢于理法之外，一时推为名手。敦睦履任久，人地相宜，因出其俸余，薄置田产，遂家焉。民国元年卒。次子鸾哕，购淄地葬之。邓廷法，字效村，胶人，从祖寄居高密。性孝友，好施济。嘉庆丙戌科副贡，历署湖南宝庆府分府，以刚直忤上官，告归。教授生徒，吟咏自适，著有《天籁集稿》，未梓，密人单憻为刊行于世。《高密志》《山东通志》俱有传。高业伟，字小堂，邑增生，侨居高密。为人急公好义，尤风雅，尝与诸文士作诗酒会。后援例牧耀州，值岁饥，赈济有法，民为位祀之，以劳瘁卒于官。弟业传，字习菴，见“选举”。柯劭慜，字敬儒，蘅子，幼随母李氏寓居潍县。母名长霞，博学工诗。劭慜承其指授，学大进，举清光绪己丑科进士，

---

① 拜他喇布勒哈番：清初定世职世爵，自公爵以下共八级，此爵为第七级。
② “字”，底本作“宇”，讹。据道光《重修胶州志》改。
③ 理窟：指义理的奥秘。

授安徽贵池县知县。履任后，剔除胥吏皂隶陋规积弊，风纪肃然。上官嘉其能，保以知府，在任候补，调署太湖县知县。接篆①数月，旋调充江南乡试同考官，出闱后，因劳致疾，卒于江宁客寓。著有《二珠山人诗集》。见《艺文志》，并采入《山东通志》。弟劭忞，字凤孙。见“选举”。

高凤城

高凤城，字鸣岐。以军功历官至延珲镇守使，遂家于吉林车站东之向阳屯。训子孙务耕读，戒除纨袴习。又出俸余筑别墅，为游览之所，以娱晚景。十八年卒，年六十有四。子二：铭勳、铭鼎。详“人物志·事功传”。

① 接篆:新官到任接印。

增修胶志卷四十九 人物志第十一 列女上

列女传序

刘向作《列女传》，凡贞孝节烈皆载焉。后世史家用之，有志节特异者乃为立传，故志书有《列女》一门。然往往徒志节烈，而于大家壸范①、诗书名媛忽焉不纪，遗珠之憾，识者惜之。即以节烈而言，世族无论矣！乃至穷乡僻壤村妇小家，目不识诗书，耳不闻名教，一旦毅然殉夫，瞑②然不顾，可谓难矣！若咸丰辛酉之乱，一时妇孺辈蹈锋刃而死者，尤指不胜屈。其义不受辱、甘死如饴，何其烈也！至于青年嫠③妇、白发孤孀，茹苦含辛，贫富一辙，其志亦足悲矣！而后之论者，或颠倒是非、造作语言，使地下贞魂蒙冤不白，抑独何哉？兹据《前志》所载者备录之，复采诸近代补续于后，庶以绍彤管④之书，励风教之本云。

宋元列女传

烈女 王氏双女 宋靖康中，姊妹从母避乱，为寇所获。女绐之曰："放母还，当从汝。"寇即纵其母去。二女相谓曰："我名门女，肯为贼污耶！"遂投海死。里人葬其尸于南岭，号"双女冢"。见"古迹"。

节妇 阎氏，田顺妻 年二十四守节，事舅姑以孝闻。元至元七年旌。

明列女传

节妇 石氏，栾凤妻 年二十守节，洪武九年旌。李氏，王山儿妻 食贫养姑，抚二子成立。天顺二年旌。匡氏，生员张默妻 夫殁无子，抚幼叔成立，足不逾阃，年八十始出吊至戚丧。崇祯十一年旌。栾氏，张恪妻 选贡栾尚彩女，孝事继姑。子厥孝，守备；宿耀，举人。某年旌。郭氏，冷登如妻 嫁未逾年夫殁，以有娠不果殉。子某生员。战氏，马陈图妻 守节六十余年。知州表。朱氏，匡允兴妻 抚子及孙，俱生员。某年旌。陈氏，崔道宗妻 年十八夫殁，孝事孀姑，守节五十余年。知州表。曾氏，李任贤妻 年十九夫殁，守节六十余年。邓氏，冷永康妻 知州表。萧氏，郭居正妻 守节五十余年，子某生员。王氏，顺天府府丞姜润身继妻 清贫自守，不逾户庭。两院表。高氏，刘宗道妻 年十九夫殁，抚六月孤成立，守节五十余年，子某生员。知州表。王氏，萧应阳妻 夫殁，夫弟崇先、孝先相继殁。崇先妻匡氏又殉其夫，氏皆鬻产殓葬之。宋氏，王修己妻 抚二子，俱生员。刘氏，冷逵妻 年十九夫殁，守节六十余年。巡抚表。张氏，杨□妻 年十八夫殁，抚孤依母家，卒年八十。李氏，生员王之郊妻 抚周岁遗女以事姑。赵氏，匡拯妻 年二十夫殁，事两世孀姑，

---

① 壸(kǔn)范：妇女的仪范、典式。壸，古时宫中道路，引申指内宫，亦泛指妇女居住的内室。
② "瞑"，底本作"暝"，据文义改。
③ 嫠(lí)妇：寡妇。
④ 彤管：古代女史用以记事的杆身漆朱的笔，后因用于女子文墨之事。

抚幼子成立，卒年八十。张氏，生员匡维妻守节六十余年，子如梓、如栋。匡氏，监生袁允昌妻子骏早卒。知州表。王氏，袁骏妻孝事孀姑，抚子延祚成立，守节五十余年。延祚廪生。周氏，生员王梅妻即墨某官周护女，年二十夫殁，衣白茹素，五十载不逾阃。子文谒，永州府同知，早卒。于氏，永州府同知王文谒妻孝事孀姑周氏。子埰，进士，安庐道佥事。张氏，生员崔尔峦妻贡生张大纲女，守节五十余年，嗣子养流。姜氏，生员崔尔恒妻姜继宜女。巡按表。郭氏，周应元妻嗣子瑚，早殁，抚孙成立。陈氏，序班①薛子愿妻知县陈增美女，遗孤士纲、士纪俱在襁褓，时有家难，氏保孤全，节以终。周氏，韩应己妻抚四岁遗孤延龄成立，以孝称。甲申土寇之难，延龄与其妻李氏皆没，氏抚二幼孙成立，卒年八十余。纪氏，生员赵麟祥妻生员纪丕绩女，守节勤俭，贫不怨，富不骄。子焘，进士，广东副使。赵氏，姜长发妻光禄寺监事赵佐女，夫殁。遗孤錧方百日，氏抚养成立，錧见"选举"。张氏，监生高澺妻抚二孤成立。杨氏，匡辉妻食贫守节。雒氏，生员王秉铎妻翁被贼害，夫殉难，抚遗腹子瑗成立，年八十余卒。宋氏，王秉鑑妻夫为土寇所害，氏于艰险时，终抚三子成立。已上二氏《旧志》遗。

灵山卫千户宗守正妻年十九夫殁，子又殁，抚幼孙承袭。苏氏，指挥郭□妻年十八夫殁，抚两月遗孤，失禄食贫，卒以孝慈闻。

旌表烈妇 赵氏，董学妻吞炭求死不得，越二日自经。匡氏，萧崇先妻年十九夫殁，氏自经。赵氏，生员纪丕典妻夫死甲申之难，氏以死殉。周氏，王养蒙妻夫殁，氏自经。宋氏，王一麟妻夫溺碧沟河，柩至，氏头抢地，求死不得。姑以恸子病，侍姑病愈，氏自经。以上五氏旌失年。崔氏，高坡妻夫殁，氏自经。匡氏，生员王师龙妻名金梅，夫就医京都，回卒于途。氏闻讣，以头触地，死而复苏，柩至，自经。崔氏，生员赵僩妻夫殁，氏自经。赵氏，宋际新妻夫殁无子，翁为夫立嗣，乃自经。知州表。栾氏，王经妻栾澍女，夫殁，氏自经，年十九。高氏，生员匡嵘妻高嗣皋女，夫殁自经。纪氏，薛藩妻贡生纪起蛟女，夫以抑郁致疾自经，氏适在母家，闻讣奔回，触地碎首，亦自经。李氏，生员袁騄妻夫殁，氏自经。张氏，生员高昆之妻夫殁，氏拜辞翁姑，嘱幼女，自经。张氏，生员姜长菁妻夫殁，抱尸号恸，父曰："儿意若何？"氏曰："邻家妇已教我矣。"即投缳死。邻家妇谓张续清妻匡氏也。按：二张氏，俱廪生张槐徵女，槐徵妻孙氏遇乱自经，而二女皆从容就义，盖母教所承，赋性固然，而曰"邻家妇教我"，婉辞哉！匡氏，王维宁继妻维宁嫡妻于氏，值兵乱以骂贼死。继娶氏，维宁殁，氏无子，母欲夺其志。即夕，缢于柩前。

适外烈妇 高氏，高密李仙品妻生员高亮之女，夫殁，氏自经。高氏，高密管二元妻嫁未逾年，夫殁，伏柩不食七日死。旌失年。张氏，即墨黄贞复妻御史张懋熺女，夫殁，氏自经。胡氏，江西徐月桂妻夫商于胶，万历七年回籍省亲，殁于途。氏闻讣自经。丁氏，知州高光烈妾光烈殁，氏饮毒死。烈女温氏名媞，中书温如玉女，字赵昌祚。未婚，昌祚殁，誓以殉。父母力阻之，女佯应，徐绐母曰："今逢七，母宜往奠。"俟母出，女遂自经。万历三十五年旌。

殉难烈妇 栾氏，马堂妻名弱兰。正德六年，流贼入境以兵胁之，氏怒骂被害，事闻予旌。宋氏，生员张厥蕴妻生员宋学孔女。崇祯癸未遇乱，厥蕴被害，氏投水中，贼搴裳取之，氏骂不起，被害。宋氏，生员栾国栋妻亦宋学孔女。崇祯癸未，从姑避乱海上，兵猝至，氏尽以簪珥付姑，自投海死。国栋亦遇害，姑以簪珥遗

① 序班：古代文官官职名，明始置，清沿置，在清朝之位阶为从九品。掌朝会、宴享及进行各项活动中侍班、齐班、纠班及传赞等事，为配置于鸿胪寺或会同馆官署之基层官员。

兵获免。**高氏，生员宋之曾妻** 孝事翁姑，姑疾，氏祝天祈祷。姑殁，遗夫弟之桂，氏亲为乳哺，抚之成立。夫早卒，长子可久成进士，官给事中。崇祯壬午之变，率家属避兵海上，兵猝至，曰："我命妇，义不与相见！"遂投海死，子可举亦遇害。幼子可发，后成进士，仕至广东布政使。**张氏，监生宋可举妻** 生员张大度女。壬午之变，偕姑高氏投海死。方氏投海时，子世远、世厚俱在襁褓，嘱仆赵文选及李媪藏港沟中，获免。时赵并负己子，海潮方至，度不能两存，乃弃己子曰："失主人子，主人无嗣矣！"时人谓节烈所感，匹夫匹妇亦知大义。**赵氏，通判王文炤继妻** 生员赵延庆女。居葛埠岭，李九成兵过，氏被执，厉骂遇害。时崇祯十五年。**高氏，生员张梅徵妻** 宪副高锵女。崇祯十五年，从夫避乱铁橛山，兵至驱群妇北行，氏泣曰："与其蒙垢以生，何如清白以死！"遂投深涧死。**孙氏，生员张槐徵妻** 昌邑孙护女。壬午之乱，氏闻兵至，遂自经。**高氏，贡生张懋煌妻** 监生高淳女。壬午之乱，氏遇兵，投悬崖死。**宋氏，生员庄斯纶妻** 壬午之乱，家人逃避，氏偕小姑登后阁不出，兵至，两人俱经死。**张氏，宋瑛妻** 嫁未一载，避壬午兵难至城南，遇数骑缚之马上，氏号泣触地遂遇害。**林氏，李养静妻** 夫殁守节，壬午避乱城阴，兵于衣衽间搜所有，氏厉骂被害。**傅家二姑** 壬午兵乱，匡兰馨守西城，见辛置逃难诸妇，询问情形，云有一少妇衣白被执，不从杀之，询其姓氏，佥云傅家二姑。**于氏，王维宁妻** 值兵乱被执，怒骂，兵缚马上行数里，氏咬缚坠地遇害。**烈妇崔氏，乾州知州王楫妻** 崇祯壬午，氏殉难。《旧志》遗漏，据王氏族谱补入。**烈女赵氏** 名钱儿。正德六年，流贼摽掠，女年十八，在室捣衣，贼突入，欲犯之，女以杵击贼被害。事闻，予旌。**庄氏** 见宋氏庄斯纶妻传。

灵山卫殉夫烈妇　**汤氏，万宝妻** 夫殁，氏自经。指挥张尔忠为立碑。**尹氏，刘汉妻** 夫殁无子，出其所蓄，嘱人为翁姑备送终，具分其余于家人。俟夫殓毕，谢娣姒代事舅姑，遂自经。

灵山卫殉难烈妇　**崔氏，唐浒妻** 正德六年，流贼破卫，驱群妇北行，氏不从，遂被害。**史氏，唐钺妻**。**董氏，唐麟妻** 正德六年，二氏避乱唐岛，贼将及，俱投海死。**刘氏，指挥柳寄妻** 正德六年，流贼破卫，氏抗拒死之。以上四氏皆予旌。

孝妇　**纪氏，马清妻** 清年十五，久病且贫，愿毁姻，氏翦发自誓，终归清。氏善女红，得钱以供甘旨，久无所出，积资为夫买妾生女。夫殁，氏绝食将殉。姑泣曰："我活倚汝耳，汝死吾亦死！"氏乃勉事姑。姑卒，氏殓葬如礼，又罄所蓄以嫁女，氏守节终身。**李氏，袁骧妻** 夫家素贫，祖舅姑年迈目盲，寝疾溺秽者二十余年，氏朝夕易干湿，浣秽衬始终如一。姑早逝，翁亦目盲多病，氏奉事以终。**孝女某氏** 逸其姓，张仓人。母为狼所搏，女号叫，随之拿狼，狼毛尽脱，行数里，狼乃弃之，女抱母还。见《崔居易节孝录》。

清列女传

特旌节妇　**徐氏，生员樊印昌妻** 徐动礼女。年二十夫殁，事姑抚孤，备极艰苦，以寿终。子国琦，生员。康熙二十三年旌。**江氏，廪生崔为连妻** 即墨江日昌女。奉孀姑以孝称，年二十七，姑与夫相继殁，氏典簪珥以供殓葬，抚孤宸璋，险阻备尝。当外患内侮之交，教子游泮能复其旧业，完节终身。康熙三十三年旌。**任氏，王之奎妻** 高密任复女。夫殁，氏哀毁骨立，艰难备尝，守节以终。子驹，监生。康熙三十六年旌。**潘氏，增生赵业鸿妻** 高密潘蟾女。业鸿性孝，氏体夫心奉翁姑，色养备至。叔罹飞祸，赞夫破家救之。夫殁，氏矢志守节，训子孙以法度。孙文煛见选举。旌失年。**张氏，纪振蛟妻** 孝事舅姑，葬祭必竭力。年二十四夫殁，教子之钰，德行、文学为一时最。尝买婢，见母女相怜状，还其女，以厚资赠之。**高氏，于赓妻** 年十五于归，营女工以养孀姑，历三年，姑与夫相继殁，氏年十八，有遗腹。越五月，生子汝亨，以贫累依母家，延师训之，后贡成均。氏苦守五十九年。**张氏，匡譆妻** 廪生张塾女。年二十九夫殁，翁姑又继卒，诸叔幼，两孤尚在襁褓，氏延师训叔课子，俾各成立。守节二十九年卒。**张氏，匡大绅妻** 廪生张塾女。年二十七夫殁，氏孝事舅姑，教子成立，苦节二十五年。以上四氏，皆雍正六年旌。**高氏，廪生王念妻** 年二十三夫殁，抚遗孤功涵，苦节四十余年。**殷氏，刘荣妻** 年十六适荣，生子三，二十九夫殁，敬姑抚子，苦节三十九年。以上二氏，皆雍正七年旌。**张氏，傅良栋妻** 夫殁守节，抚遗腹子成立。雍正十三年旌。**栾氏，廪生法若巽妻** 安丘栾国祚女。顺治十年，海时行叛，若巽殉父难，氏抱孤儿檀走匿免，苦节五十余载，卒年八十五。**单氏，监生法果妻** 高密单若鲁女。夫故，氏年十九，以侄衍宗承夫嗣，氏苦节五十载。**张氏，监生法楠妻** 张懋炜女。夫亡，氏年二十三，抚孤守节五十余载。以上三氏，皆乾隆三年旌。**杨氏，刘子锜妻** 杨尚仪女。夫亡，氏年二十一。事翁姑孝，抚幼子沄成立，守节五十二载。沄，生员。乾隆八年旌。**尚氏，生员匡子诜妻** 诜故，氏年二十七，抚孤成名，守节四十八载。乾隆九年旌。**高氏，谈恂妻** 抚孤守节四十余载，以寿终。**高氏，生员张搢基妻**①贡生高顺之女。年二十四夫殁，事姑至孝，葬祭必以礼。抚嗣子洪钧，鞠育辛勤。洪钧夫妇相继故，又抚孤孙务滋，至于成立。以上二氏，皆乾隆十年旌。**高氏，张洪钧妻** 经历高璲女。洪钧故，氏年二十二事孀姑。高氏抚孤儿务滋，苦守二十三年，以疾卒。乾隆十二年旌。**范氏，张允恭妻** 年二十七夫故，守节三十八年。乾隆十三年旌。**李氏，邓垓妻** 吏员李树女。年二十四夫故，遗孤方周岁。氏勤纺绩，孝翁姑，择师训子，励以行谊，守节四十三年。乾隆十六年旌。**王氏，宋官绪妻** 庠生王晋侯女。年二十五夫故，欲殉。翁姑泣劝，氏念双亲无依，夫未立后，遂坚志苦守，勤纺绩，以资孝养晚年。继堂侄永立为嗣，教之读书，冰操三十六年。乾隆十六年旌，以上皆见《旧志》。**高氏，宋孝先妻** 年十八夫殁，抚遗腹子成立，守节三十一年。乾隆二十二年旌。**李氏，徐成锦妻** 李树女。夫殁，氏售簪珥以葬，孝养衰翁，抚周岁孤成立。**高氏，李勳妻** 生员高思义女。善事病姑，夫殁，苦志守节。以上二氏皆乾隆二十七年旌。**王氏，孙肇洽继妻** 夫殁，抚遗孤铨、铎成立，铨、铎俱监生。乾隆三十九年旌。**高氏，法克平妻** 乾隆五十年旌。**姬氏，刘照继妻** 姬国荣女。年十九于归，逾年夫殁。乾隆五十二年旌。**陈氏，蔡逢春妻** 乾隆五十五年旌。**宗氏，王与龄妻** 宗梦槐女。乾隆五十七年旌。**蔡氏，邱肇岐妻** 嘉庆六年旌。**周氏，高蔚趁妻** 周可寄女。年十九于归，是年夫殁，苦节终身。嘉庆九年旌。**周氏，逄克厚妻** 监生周儒俊女。年十七于归，十九夫故，遗孤又殇。孀姑胡悲哭丧明。氏守节孝养四十余年。先是克厚祖世宽，以氏孤孀，别给田四十亩。嘉庆十七年，夫兄弟以贸易负歉，尽出田以偿。氏不忍坐享安饱，亦尽出其田以偿，嗣子元贞。嘉庆二十一年旌。**张氏，宋允重妻** 嘉庆二十四年旌。**徐氏，高珂妻** 监生徐理中女。夫故，守节终身。嗣子徽昇，监生。**王氏，高蔚勄妻**。**萧氏，张维熙妻**。**刘氏，监生王彬妻** 以上四氏皆道光二年旌。**杨氏，辛从暐妻**。**高氏，辛从昣妻** 一门双节，皆道光三年旌。**张氏，高洺业妻** 岁贡张寿璜女。年二十一夫殁，氏与姒隋氏、王氏和睦无间，同室纺绩，以给嗣子徽丑。隋氏、王氏见汇旌。**边氏，拔贡王琛妻** 边坤女。孝事翁姑，夫殁，抚遗子庆颐成立。庆颐，见“选举”。以上二氏皆道光十年旌。**王氏，鞠承妻** 王时正女。年十九夫殁，食贫养姑，守节三十五年，嗣子肇元。**黄氏，崔茂林妻** 以上二氏皆道光十一年旌。**高氏，监生杨兆燗妻** 监生高蔚选女。夫殁，孝养翁姑，娣姒和睦。值岁饥，买婢，得江南黄氏女，后询知女本良家，遂养为义女，择配厚嫁之。嗣子艺，生员。**李氏，理问杨兆煊妻** 贡生李重女。翁姑殁，事诸嫂如执妇道。与夫兄兆燗妻高氏同居守节，子圩陛。以上二氏皆道光十三年旌。**刘氏，辛道清妻** 道光十四年旌。**孙**

---

① “妻”，底本作“姜”，形似而讹。

氏，傅金蓉妻千总职孙志翰女。子延缙，道光十五年旌。邓氏，监生李咸龄妻监生邓寯女。孝事翁姑，夫殁，抚遗子镆成立，镆殁，又抚幼孙恒继成立。守节五十余年，卒年八十一。道光十六年旌。周氏，徐志模妻武举周大诏女。年二十夫殁，时翁姑已殁，惟祖姑在，氏以针黹给养，守节七十余年，道光十七年旌。高氏，匡应宿妻道光十八年旌。田氏，张大榴妻道光十九年旌。孙氏，生员匡锡旂妻孙龙甲女。年二十夫殁，遗女又殇。氏事翁姑尽孝，抚嗣子源成立。源，见选举。道光二十年旌。逄氏，周荣昶妻监生逄克传女。年十九于归，越一载，夫忽患痫疾，氏侍奉尽瘁。年二十二夫故，氏苦志守节，事翁监生启绪、姑孙氏，能以妇代子职，抚嗣子同高成立。道光二十一年旌。刘氏，监生樊绣龙妻夫故守节，嗣子廷扬。道光二十五年旌。臧氏，法克平妾与嫡高氏同守节，皆乾隆五十年旌。

汇旌节妇　郑氏，高文光妻郑少海女。年二十八夫殁，守节六十一年卒。子二：人健、人价。高氏，张乃济妻高锜符女。年二十二夫殁，守节四十六年卒。嗣子检早亡，嗣孙衍煜，生员。杜氏，陆士连妻杜之价女。年二十九夫殁，守节六十年卒。子三：渭、沅、汉。王氏，徐汝枢继妻王之范女。年二十五夫殁，氏寄食族人及母家，守节五十七年。赵氏，监生法昆妻生员赵锡岳女。年二十二夫殁，守节三十七年。子，如憕。黄氏，张士俊妻黄逢恩女。年二十八夫殁，守节四十六年，抚遗腹子成立。薛氏，傅良臣继妻薛翼女。年二十一夫故，守节六十一年卒。嗣子钦，生员。周氏，生员李琳暲妻周泽厚女。性端淑，适李敬勤相夫，年二十六夫殁。氏血泪斑衣，绝粒几死。孝事翁姑，尤严于教子。以纺织佐读，苦节四十三年。子肇泰、肇丰克读父书，继其志。肇泰附贡候选州同，肇丰见选举。傅氏，李宷妻高密傅恂初女。夫殁无子。氏矢志守节，随翁肇丰官扬州。翁殁于任所，氏依翁副室襄氏，同居守义。后数年，族人助之资，氏始扶翁柩归安厝。时夫弟寅夫妇俱早没，氏抚其遗孤佩秋、可大、可标，俱为授室，并分以田。可大、可标皆嗣宷兄弟之无子者，佩秋独为寅后，氏乃择夫再从子可森为嗣。佩秋、可森俱为诸生，而可森夫妇复殁，氏抚育孤孙涵、淏成立。涵，岁贡生；淏，生员。柴氏，高茂翰妻柴文元女。年二十四夫故，守节五十七年卒，子博。法氏，彭廷橘妻法岱女。年二十三夫故，守节七十一年卒，年九十四岁。嗣孙毓魁。姜氏，郭肇洛妻姜淳翥女。年二十八夫殁，嗣子文树。后文树又殁，氏与寡媳邓氏同守节，卒年八十三。邓氏，郭文树妻邓文钦女。孝事孀姑姜氏，守节五十二年卒，嗣子人玲，监生。宋氏，李大桐妻宋继宗女。年二十六夫殁守节，遗子玫甫三岁，氏抚育之长，氏以针黹供师束脩，又尝以瓦盎贮水，随日暴晒之，以省樵苏，其勤苦大类如是。守节六十二年卒。李氏，纪鹏翱妻州同职李履凡女。鹏翱家素贫，其戚高琚知霸州，招致幕中，氏竭滫瀡①，养翁姑。翁姑相继殁，氏独营棺殓。鹏翱奔丧殂于途，氏迎丧归，一室三柩，称贷以葬。遗孤有堂，方六岁，长就外傅②，暮必课功，以绩伴读。后有堂以选拔任齐东司训，氏随之任。辛卯大水，有堂奉檄查赈，遵氏教民得实惠。是秋，领乡荐，甲午授安吉令，旋为浙闱同考官。氏属以细心衡文，当自思名场九次之困，勿负人寒窗三年之苦也。氏随任历德清，闻谳狱敲扑辄不怿，氏方严而仁慈类如斯！乾隆四十四年，殁于永嘉任所，时年七十五。兵部侍郎蒋元益为之传。宋氏，监生高镔妻宋淳修女。年二十八夫故，守节五十三年卒。子，士澥。于氏，周佐妻于兆玺女。年二十五夫故守节，遗孤士铎方四岁，氏抚养成立。苦节四十二年卒。马氏，王道凝妻马克保女。年二十九夫故，嗣子志，武生。及志又殁，氏与寡媳徐氏共守，卒年七十八。徐氏，武生王志继妻徐道生女。孝事孀姑马氏，守节五十一年卒。嗣子廷桂，武生。杨氏，苏福妻杨德修女。年二十八夫故，翁姑又殁，遗夫弟妹尚幼，氏皆为婚嫁。守节四十七年卒。氏持家有礼法，课子孙读书尤严，子士俊、孙肇许，廪生。王氏，

---

① 滫瀡(xiǔ suǐ)：古时调和食物的一种方法，主要使用植物淀粉拌和食物，使食物变得柔软滑爽。

② 外傅：古代贵族子弟至一定年龄，出外就学，所从之师称外傅。

周佶妻 王殿卿女。年二十二夫故，遗孤士铭，氏抚育成立。守节五十三年卒。毕氏，王方正妻 灵山卫毕大受女。年十九夫故，守节五十五年卒。嗣子亘，从九品。庄氏，刘佩妻 庄沛公女。年二十九夫殁，守节三十年卒。子士进。李氏，范愃妻 李彬如女。年二十六夫故，守节三十六年卒。嗣子汝诚。高氏，纪在文妻 高汝玑女。年二十九夫故，守节五十五年卒。嗣子俭。冯氏，监生张世埙妻 临朐冯光廷女。二十二夫故，守节四十八年卒。嗣子昌龄。陈氏，范汝宽妻 陈铭川女。年二十七夫故，守节五十七年卒。嗣子箴，生员，捐经历职。赵氏，胡淳妻 赵伦女。年二十五夫故，守节二十八年卒。子乔林。高氏，王俊妻 封职高立份女。年二十八夫故，子承基早亡，氏率寡媳孙氏抚三孙成立，卒年八十三。刘氏，法应珍妻 刘铎秀女。年十九夫故，守节七十三年卒，年九十二。嗣子克恭。韩氏，高人佩妻 韩福女。年二十六夫故，守节五十一年卒。子二：攀珍、攀诏。吴氏，彭勳妻 吴永灿女。年二十五夫故，守节五十八年卒。子二：毓芬、毓馥。王氏，赵启妻 王学曾女。年二十八夫故，守节四十五年卒。子二：永成、观成，生员。冷氏，匡永溥妻 冷珽女。年十九夫故，守节六十三年卒。嗣子献璪。高氏，监生韩铨妻 高思瑗女。年二十一夫故，氏抚三岁孤士旂成立。家遭水患，士旂与妻染疫同日殁，氏抚四岁幼孙渟成立，卒年八十三。朱氏，韩铎继妻 朱德正女。年二十五夫故守节，前子士华又殁，氏抚孤孙成立，卒年八十二。匡氏，谈炯妻 匡绍曾女。年二十六夫故，守节四十八年卒。子，世垲。赵氏，王华业妻 赵金若女。年二十九夫故，守节五十六年卒。子，应瑞。张氏，生员陆鸿遵妻 张方炜女。年二十七夫故，守节四十九年，以针黹养孀姑，为夫弟完婚。子在中，从九品。孙二：敦裕，生员；敦儒，监生。孙氏，徐燿继妻 孙士润女。年二十八夫故，守节五十七年卒，嗣子志墉。宋氏，高侗业继妻 宋国璧女。年二十八夫故，翁蔚宸宰延津，清廉无遗产。氏事八旬病姑，尽孝守节五十五年卒。嗣子徽符，监生。张氏，王道曾妻 生员张德滋女。年二十五夫故。有腴田十余亩，为族人谋去。或劝氏鸣官，氏曰："吾不忍以一讼薄骨肉。"守节五十二年卒，嗣子祺。张氏，姜文健继妻 张栴女。年二十六夫故，守节四十四年卒。子，统先。王氏，孙福任妻 王金女。年十九夫故，子永志早殁，与媳郭氏共守节，卒年五十九。郭氏，孙永志妻 郭人仕女。年廿七夫故，孝事孀姑王氏，守节四十九年。子，大瑛。于氏，张朴妻 于晖藻女。年二十八夫故，守节五十年，子二：衍绪、衍英。李氏，杨毓华妻 封职李大年女。年二十二夫故，翁大椿殁于外，继姑惊哀成疾，氏奉侍尽孝，守节三十年卒。嗣子承运，生员。张氏，陈佶妻 张燮之女。年二十六夫故，守节三十八年卒，嗣子文忠。陈氏，高蔚燃妻 陈如龙女。年二十七夫故，守节五十九年卒，嗣孙徽晊。薛氏，张纯妻 薛椅女。年二十三夫故，守节五十九年卒。嗣子梦锡。于氏，徐维榲妻 于麟女。年二十一夫故，有女。甫数月，姑又殁，翁鳏。氏先意承志，姑遗弱弟三人，氏乳哺抚养，皆为完婚。守节六十年卒，嗣子锦文。张氏，周大训妻 张广绪女。年二十夫故，守节五十四年卒，子梦龄，生员。孙氏，徐京继妻 孙文光女。年二十九夫故，守节五十二年卒。窦氏，朱克恭妻 窦桢女。年二十四夫故，守节六十三年卒，嗣子怀方。冷氏，黎维元妻 冷毓辉女。年二十一夫故，孝养翁姑，守节四十一年卒，嗣子会昌，廪生。张氏，郭方昇妻 张栴女。年二十三夫故，守节六十五年卒。嗣子振铎。胡氏，辛道宗妻 胡谦复女。年二十一夫故，守节六十二年卒。嗣子从景。李氏，赵光嗣妻 李德温女。年二十二夫故，守节三十八年卒。嗣子诚贵，生员。高氏，胡泽润妻 高亭女。年二十二夫故，守节二十九年卒。嗣子榅，因贫为商，氏遗嘱后人读书。榅子炳台，生员。王氏，冷甸瑞妻 生员王缵庸女。年二十七夫故，氏因翁姑年迈，弗敢身殉，矢志守节，卒年四十三。嗣子仁德，岁贡生。王氏，高徽德妻 王吉福女。年十九夫故，翁姑继殁，遗两弟两妹俱幼，氏抚育婚嫁，守节五十四年卒。嗣子勍方。刘氏，郎寿桐妻 刘嘉善女。年二十六夫故，守节三十九年卒，嗣子振飏。庄氏，郎寿梓妻 庄霆女。年二十一夫故，与孀嫂刘氏和睦无间，守节三十三年卒。嗣子振家。赵氏，庄允泽妻 赵佐女。年二十五夫殁，守节四十四年卒。子，理。孙氏，张应泰妻 孙文辉女。年十九夫殁，姑又殁，翁失目，同嫂奉侍惟谨，夫弟二人俱幼，氏抚育之。嫂殁，遗女数人，氏亦抚育之，皆为婚嫁。卒年四十一。张氏，管成德妻 张文灿女。年二十九夫殁，遗孤启亮甫三岁，氏守节抚孤，越数年，启亮又亡，与孀媳某氏同守志，卒年七十六。殷氏，监生邵仪廷妻 殷存柽女。年二十八夫殁，守节抚嗣子培元成立，卒年六十六。培元，议叙八品职衔。赵氏，宋尚时妻 赵德崧女。年二十七夫殁，遗孤镕尚幼，氏抚之成立，卒年七十一。张氏，匡奋业妻 张大传女。年二十二夫殁，遗孤琛，甫五月，氏抚育成立，卒年六十七。纪氏，高蔚泮妻 纪士继女。年二十三夫殁，夫无兄弟，氏事翁姑惟谨。翁姑殁，依夫堂弟度日，守节三十年卒。曾氏，刘汝贤妻 曾衍礽女。年二十四夫殁，遗孤起莘甫五岁，氏教诲有方，卒年六十三。王氏，法廷玢妻 候选府照磨王璿女。年二十四夫殁，守节三十四年卒，子星耀，监生。张氏，纪遵宪妻 张瓒女。年二十一夫殁，逾三月，生遗腹子春元，氏守节抚孤，卒年七十八。杨氏，徐应桂妻 杨大勳女。年二十夫殁，逾月，生遗腹子守训，氏守节抚孤，卒年三十五。守训，理问职。高氏，王逢盛妻 监生高攀锐女。年二十三夫殁，遗孤懋德，甫五岁，氏抚之成立。翁姑殁，氏拮据营葬，卒年七十二。懋德，生员。谈氏，王逢原妻 谈玫女。年二十八夫殁守节，子培早殁，抚孙孝先、承先成立。周氏，王逢贤妻 周道钧女。年二十八夫殁，孝事孀姑，遗孤壎早殁，氏与寡媳某氏同守节，卒年六十七。王氏，马勗妻 王君禄女。年二十七夫殁，氏为夫弟勤拮据完婚，抚嗣子廷桂成立，卒年六十九。薛氏，纪廷松妻 生员薛应骙女。年二十五夫殁守节，卒年七十六。钟氏，附贡杨维棋妻 诸城监生钟元声女。年二十四夫殁守节，卒年四十八，子兆炆，光禄寺署正。徐氏，叶均妻 监生徐理中女。年二十八夫殁，守节四十六年卒，嗣子树。李氏，王大勳妻 李海女。年二十夫殁守节，卒年四十四，嗣子云龙。王氏，高儒业妻 王扶蓟女。年二十五夫殁，遗孤徽经，甫四岁，氏守节抚孤，卒年五十四。杨氏，监生高琅妻 附贡杨樾女。年二十八夫殁，遗孤三，皆幼抚育成立，守节十九年卒。子徽嵛，千总职，徽岜、徽岳俱生员。宋氏，法徽琳妻 宋汉昇女。年二十五夫殁，遗子幼，氏守节抚孤，卒年六十三。子龠。隋氏，高滐业妻 隋清鹤女。年十七于归，五月，夫商于京都，次年殁。氏年十八守志养翁姑，卒年六十六，嗣子徽康。王氏，高求业妻 岁贡王毅女。年二十四夫殁，守节四十年，与嫂隋氏、滐业妻及娣张氏、洺业妻和睦无间，同室纺绩以给，卒年六十四。嗣子徽斗。里人为立一门三节碑，张氏见特旌。陈氏，薛维机妻 陈永伦女。年二十四夫殁，遗孤幼，氏守节抚孤，卒年六十五，子赉熙。王氏，邓廷翰继妻 王玕女。年二十五夫殁守节，四十六年卒，嗣子学中。张氏，姜圣许妻 张□女。年二十八夫殁，遗女二人，氏守节，孝事孀姑，卒年六十三。无嗣，二女葬之。徐氏，王颚妻 武生徐志魁女。年二十二夫殁，卒年五十六，嗣子永吉。王氏，宋志裕妻 岁贡王榖女。年二十八夫殁守节，卒年三十九，子连城。张氏，王锦妻 张若槼女。年二十夫殁，翁又殁。氏事姑尽孝，夜卧姑侧，卒年五十二。嗣子如河。郭氏，姜培成继妻 郭人兴女。年二十四夫殁，守节四十一年卒。李氏，唐可大妻 寿官李格女。年二十一夫殁，遗子二：书田甫四岁，在田甫一岁，氏抚养成立，守节四十三年卒。冷氏，法梦洵继妻 冷文寅女。年二十八夫殁，氏抚数月遗孤成立，守节三十二年卒。子，彭。赵氏，生员李铭宗妻 廪生赵纬女。年二十八夫故，遗孤来善方八岁，氏抚之成立，孝事翁姑，卒年五十一。来善从九品。徐氏，丁作格妻 即墨徐潭女。年二十一夫故守节，卒年六十八。子士元，武生。韩氏，高徽铎妻 生员韩斌女。年二十七夫故，守节事姑抚孤，卒年五十一。赵氏，胡会林妻 赵淇女。年二十七夫故，翁姑又殁，氏抚夫弟三人成立，卒年五十八。子承勳。王氏，宋位妻 高密王可发女。年二十四夫溺于海，氏质衣物募善泅者得夫尸。抚遗腹子方坤已十余年，族人有谋其产者，诬以将嫁，氏愤极成疾，遂卒。邓氏，法德麟妻 监生邓宏中女。年二十二夫殁，翁姑俱年高。氏以妇代子职，事亲尽孝，卒年六十三。嗣子梦贤，监生。胡氏，高志德妻 胡泽清女。年十九夫殁守节，卒年四十二，嗣子如岩。张氏，高本业妻 张宣女。年二十八夫故，翁姑又继殁。氏皆称贷营葬，抚孤守节三十六年。氏父宣，贫无依，养生送死，皆氏任之。子，徽文。李氏，杨在文妻 封职李尧年女。年二十三夫殁，守节二十一年卒。嗣子桂荣，武生。张氏，王维幹妻 张晏女。年二十夫殁，守节四十二年卒。嗣子瓆。赵氏，监生王检行妻 生员赵寰女。年二十九夫殁，孝事翁姑，守节二十六年卒。王氏，张元淦妻 王梅女。年二十二夫殁，越五月，生遗腹子，氏抚育成立。守节三十五年卒。邓氏，栾汝为妻 邓允中女。年二十四夫殁，守节二十一年卒。李氏，宋尔机妻 李元女。年二十四夫殁，遗孤志蕴甫三岁，氏抚养成立。守节三十年卒。马氏，曾兴诰妻 马世荣女。年二十八夫殁，养亲抚孤，守节三十二年卒。贤氏，监生高炯妻 贤珣女。年二十六夫殁，姑失明，氏奉养尽孝，守节三十一年卒。嗣子培基。王氏，赵绪妻 诸城王乘理女。年二十三岁夫殁，遗孤芳春方五岁，抚育成立。守节三十三年卒。陆氏，周培继妻 陆治女。年二十一夫殁，守节抚前室子永锡成立。卒年五十。薛氏，法庆攸妻 生员薛曰汶女。年二十夫殁，守节五十年卒，嗣子尚先。黄氏，徐景龙妻 黄玲女。年二十一夫殁，守节十二年卒。嗣子价早殁，子妇李氏李守谦女，苦志守节。唐氏，纪申元妻 监生唐廷弼女。年二十三夫殁，守节二十九年卒。田氏，监生薛起凤继妻 田万清女。年十七于归，越两月，夫殁，氏守节三十一年卒，嗣子云昇。许氏，赵休继妻 许福全女。年二十三夫殁守节卒。嗣子巽言。孙氏，王同绪妻 州同职孙德立女。年二十六夫殁守节，卒年五十二。张氏，王士诚妻 张坦宏女。年二十四夫殁守节，卒年三十八。嗣子鹧鹩。单氏，中书王琅妻 高密从九品单可珪女。年二十八夫殁守节，卒年五十。子士庾，监生。宋氏，杨丕宪妻 宋德新女。年二十三夫殁，遗孤蔚秀方五岁，氏抚育成立，卒年五十六。高氏，徐振坊妻 副贡高蔚昣女。年二十七夫殁，遗孤启贤甫五岁，氏鞠育成立，卒年四十。赵氏，宋进之妻 监生赵柏龄女。年二十一夫殁，守节二十八年卒，嗣子橥。徐氏，庄琛妻 徐元鹤女。年二十三夫殁，氏孝事翁姑，守节十六年卒，嗣子桂龄。高氏，徐应芳妻 高蔚渼女。年二十夫殁守节，卒年四十三。嗣子守典。周氏，杨兆熠妻 武举周从义女。年二十五夫殁，守节十四年卒。子，甄。李氏，孙惠汉妻 李棠女。年二十五夫故，姑以痛子殁。翁老且病，氏百计调养。夫殁后，迭遭大丧，兼为嗣子完婚，备历艰辛，卒年四十五。嗣子启科。孙氏，高徽烺妻 孙湘女。年廿七夫殁，守节十三年卒。卢氏，张毓珍妻 卢梓女。年十八夫殁，守节十二年卒，嗣子清泰。刘氏，王诰妻 刘思正女。年二十六夫殁，遗子维甸尚幼，氏鞠育备极勤劳，维甸入泮旋卒，氏与孀媳某氏艰苦度日，旌时年八十六。刘氏，高炳业妻 刘荣女。年二十四夫殁守节，旌时年八十五，嗣子徽振。高氏，孙梦兆妻 监生高博女。年二十六夫殁，遗孤福履甫四岁，氏守节抚孤，旌时年八十四。宋氏，匡梦哲妻 封职宋暟女。年二十四夫殁，氏守节抚孤，旌时年八十一。赵氏，朱克俭妻 赵栋女。年二十一夫故守节，旌时年八十。嗣子怀道。刘氏，林作栋妻 刘继辉女，年二十四夫殁守节，旌时年七十九。嗣子嵩高，生员。黎氏，冷维耀妻 黎应瑞女。年二十一夫故无子，夫生母温氏年老失明，氏左右扶持，竭诚尽孝十余年不倦。温氏殁，氏哀痛尽礼，旌时年七十九。杨氏，周元烺妻 理问职杨柱女。年二十二夫故守节，旌时年七十七。嗣子培节。赵氏，杨兆炅妻 监生赵致远女。年二十三夫故守节，旌时年七十八。嗣子垌。张氏，高欢业妻 张景祥女。年二十三夫故，氏守节抚遗腹子徽忙成立。后徽忙以家贫服贾于外，十数年不归，氏惟以针黹度日。旌时年七十八。殷氏，庄淇修妻 殷月中女。年二十五夫故守节，旌时年七十六。嗣子守经。法氏，纪佐妻 封职法堂女。年十九夫殁，家赤贫，苦志守节，恒依母家度日，旌时年七十六。嗣子乔年。柯氏，范节妻 监生柯廷桂女。年二十二夫故守节，旌时年七十四。嗣子承祐。萧氏，王熙春妻 萧起女。年十九夫殁守节，旌时年七十五，嗣子随。王氏，焦瑞彩妻 王士起女。年二十四夫殁守节，旌时年七十五。嗣子景遂，生员。高氏，庄德安妻 高蔚桢女。年二十九夫故守节，旌时年七十四。嗣子孝闵。李氏，宋端妻 李有青女。年二十八夫殁守节，孝事翁姑，旌时年七十三。嗣子存茂。赵氏，徐沣妻 赵宜之女。年二十九夫故守节，旌时年七十三。于氏，武生高伟业继妻 于经邦女。年二十八夫殁，家赤贫。氏与孀嫂马氏同居守节，孝事翁姑，善抚孤侄，无异己子。人有以宿债兴讼者，州牧刘传其子与侄讯之，因知两妇苦节。送二子于义塾，俱成立。旌时年七十一。侄徽沅，从九品，子徽濾，监生。王氏，李泰妻 王茂女。年二十六夫故，遗孤元斗甫四岁，氏抚孤守节，旌时年七十一。韩氏，孙秀英妻 韩家女。年二十三夫故守节，旌时年七十一。嗣子楷。毛氏，宋尔勋妻 毛顺女。年二十一夫故守节，抚遗孤成立，旌时年七十一。子，超然。宋氏，韩尚彬妻 宋一德女。年廿六夫故守节，抚嗣子成立，旌时年六十九。王氏，举人法梦渭妻 训导王以诗女。年二十五夫故守节，抚嗣子彤成立，旌时年六十九。邓氏，叶琦妻 邓廷藩女。年二十三夫故，遗孤本立甫周岁，氏守节抚孤，旌时年六十九。叶氏，高蔚珂妻 监生叶兆珩女。年二十五夫故守节，抚二子灿业、炅业成立。旌时年六十九。炅业生员。张氏，崔群妻 张大乐女。年二十三夫故守节，旌时年六十九岁。嗣子振元。戴氏，龚大文妻 戴成连女。年二十三夫殁，越四月，生子珣，氏守节抚孤，旌时年六十八。高氏，刘士秀妻 高攀学女。年二十七夫故守节，旌时年六十七。嗣子清泰。冷氏，法梦卜妻 附监生冷文焓女。年二十三夫故，遗孤式序甫三岁，氏抚孤守节，旌时年六十七。单氏，匡榛妻 高密单为宁女。年二十七夫故，抚嗣子希曾备极劬劳，希曾又卒，氏与孀媳赵氏抚幼孙成立。旌时年六十七。耿氏，周保祺妻 耿觐文女。年二十四夫故，越五月，生子璜，氏抚之成立，旌时年六十六。宫氏，廪生宋墫妻 高密宫淦女。年二十八夫故，后丨三日，生遗腹子伯瓒，氏辛勤抚育。及长，延师课读，伯瓒入泮食饩，年方及壮，遽病卒。氏与孀媳王氏纺绩度日，两世苦节。旌时年六十六。徐氏，郭永聚妻 徐志选女。年二十二夫故守节，抚嗣子维藩成立，旌时年六十六。蔡氏，匡泰妻 蔡兆麟女。年二十九夫故守节，养亲抚孤，旌年六丨六。张氏，范启泰妻 监生张维恕女。年十八夫殁守节，旌时年六十六。嗣子承先。张氏，萧埈妻 张思省女。年二十九夫故，遗孤甫六岁，氏守节抚孤，旌时年六十六。逄氏，张元诏妻 诸城逄克振女。年二十八夫故守节，旌时年六十六。嗣子雨亭，副贡。周氏，邹深妻 周逢五女。年二十九夫故，遗孤善友甫七月，氏抚孤守节，旌时年六十五岁。杨氏，周从正妻 杨从龙女。年二十七夫故，遗孤三：乔年、卯年、华年俱幼，氏守节抚孤，旌时年六十四。匡氏，生员周楘年妻 匡君与女。年二十四夫故守节，嗣子毓珩。旌时年五十五。王氏，周元炤妻 王殿女。年二十六夫故守节，旌时年六十四。韩氏，高杰业妻 韩佩礼女。年二十八夫故守节，旌时年六十四。嗣子徽炳。白氏，刘继泰妻 武生白阶女。年二十二夫故，越三月生遗腹子凌云，氏守节抚孤，旌时年六十三。殷氏，寇志妻 殷洪女。年二十四夫故，遗孤长发甫三岁，氏守节抚孤，旌时年六十一。李氏，徐镕妻 李宏模女。年二十夫故守节，旌时年六十三。钟氏，廪生杨兆颎妻 钟冈女。年二十八夫故守节，旌时年六十三。嗣子垠，生员。刘氏，曾兴荣妻 刘德照女。年二十七夫故，遗孤尚幼，氏守节抚孤，旌时年六十三。张氏，宋恒妻 张惟怡女。年二十六夫殁无子，遗一女①又殇，家赤贫。氏僦屋而居，佣针黹以度日，苦志守节，旌时年六十二。王氏，于泰妻 王霖女。年二十一夫故守节，旌时年六十二。嗣子从修。匡氏，赵宸妻 匡日曙女。年二十九夫故，抚嗣子若焯成立。若焯又亡，氏率孀媳某氏守志，

① “女”，底本作“夫”，讹。据道光《重修胶州志》改。

旌时年六十一。宋氏，赵于迈妻 宋因女。年二十八夫故，翁姑又相继亡，氏矢志守节，旌时年六十一。嗣子洵。杨氏，张开元妻 杨振女。年二十七夫故，遗孤敦书方四岁，女甫数月，氏守节抚养成立，旌时年六十一。张氏，薛维柖妻 张兆琮女。年二十三夫故，遗孤甫五岁，氏守节抚孤，值岁饥，捐粟赈饥，复煮粥以食饿者。旌时年六十一岁。陈氏，高励业继妻 陈宣女。年二十八夫故，遗一女甫周岁，孀姑久病在床，氏养亲抚幼，矢志守节，旌时年六十一。嗣子徽珽。王氏，陈松林妻 王会清女。年二十三夫故守节。嗣子震。堵氏，从九品蔡永学妻 生员堵斯淑女。年二十九夫故守节。道光八年秋大水，房屋尽毁，氏抱木主立水中，绝食二日。旌时年六十。嗣孙可法。胡氏，监生傅文祥妻 监生胡履正女。年二十九夫故守节，抚二子儒蕙、儒兰成立。旌时年六十。儒兰，生员。孙氏，李和妻 孙钦女。年二十二夫故，遗孤明秀尚幼，氏守节抚孤，旌时年六十。李氏，阎州妻 李志女。年二十五夫故守节，旌时年六十。嗣子钦若。王氏，马启元继妻 监生王允诚女。年二十八夫故。时夫妾孙氏生子怀曾，甫数月。氏抚如己出，后怀曾授室，旋卒。氏率孀媳黄氏同守志。旌时年六十。宋氏，生员赵续超妻 宋怀祖女。年二十六夫故，遗子允明尚幼，氏守节抚孤，旌时年六十。赵氏，刘霨妻 赵坤女。年二十七夫故，遗孤致桢尚幼，氏守节抚孤，旌时年六十。王氏，高志谦妻 王坦女。年二十一夫故守节，旌时年五十九。蒋氏，高徽甲妻 知县蒋廷瓒女。年二十九夫故守节，旌时年五十九。嗣子鸣盛。周氏，徐学懿妻 周凤侣女。年二十六夫故守节。夫兄学时任户部员外郎，嫂雍氏贫不能赴京，氏以针黹相助。旌时年五十九。于氏，高徽诏妻 平度监生于祖檀女。年十六夫故，奉侍祖姑及翁姑，以孝闻，旌时年五十九。嗣子省方。高氏，宋尔勉妻 监生高蔚升女。年二十四夫故，家苦贫，氏矢志养亲抚孤，旌时年五十九。子志灿。殷氏，田乔兴妻 殷启遂女。年十九夫故守节，旌时年五十八。子举垲。王氏，姜事宗妻 王德明女。年二十八夫故守节，旌时年五十八。嗣子象临。张氏，冷佩德妻 生员张寿庚女。年二十四夫故守节，旌时年五十八。史氏，林翰妻 史永龙女。年二十五夫故，无嗣。氏矢志孝养翁姑，夫有弱弟二人，氏代姑抚养成立，旌时年五十八。宋氏，李积方妻 宋文周女。年二十夫殁守节，旌时年五十八。嗣子茂林。金氏，萧育纲妻 金从霞女。年十九夫故。夫无兄弟，氏矢志孝养翁姑，旌时年五十八。嗣子镛。法氏，宋在嵋妻 生员法维鑑女。年二十七夫故守节，旌时年五十八。嗣子镠。王氏，宋恺妻 王舟女。年二十一夫故，家赤贫，赖针黹以养翁姑。翁姑殁，氏变产以葬，旌时年五十八。嗣子怀玉。周氏，孙诚妻 周贵女。年二十六夫故守节，旌时年五十七。姜氏，庄清平妻 姜玉德女。年二十五夫故，遗孤三，孝臻、孝宴、孝张，氏抚之成立。后孝臻、孝张又相继亡，孀媳依氏同守，旌时年五十七。李氏，监生傅云妻 李士杰女。嗣子松涛，旌时年七十九。宋氏，匡肇统妻 宋尔玠女。年二十五夫故，遗孤甫八月，氏守节抚养成立，旌时年五十七。徐氏，高惇方妻 徐继彬女。年二十四夫故，家素贫，姑以丧子成疾，氏奉侍惟谨，艰辛备尝，旌时年五十七。嗣子振鹗。张氏，监生高清璿继妻 生员张寿愈女。年二十一夫故守节，嗣子篡业。徐氏，宋轨妻 徐梦奎女。年二十四夫故。氏孝事翁姑及庶姑，嗣子效程方哺乳，抚养成人，为完婚，旋以疾亡。氏率寡媳同守节，旌时年五十六。陆氏，邓缵妻 贡生陆凤鸣女。年二十五夫故，遗二子一女。氏矢志养亲抚孤，子女又相继夭，氏艰苦备尝。旌时年五十六。高氏，王其珍妻 高环珠女。年二十五夫故，遗孤甫三岁。氏孝事孀姑，抚幼子成立。旌时年五十六。孙氏，高徽璠妻 孙廷桂女。年二十四夫故守节，子志方殿魁①。旌时年五十六。张氏，孟煓妻 张悦仁女。年二十二夫故。氏孝养翁姑，抚嗣子兆瑞成立，为完婚，旋卒。幼孙甫三岁，氏劬劳毕至，旌时年五十六。高氏，

① 殿魁：殿元。

匡裕兴妻知县高蔚溶女。年二十二夫故守节，嗣子延龄。旌时年五十六。崔氏，张世奎妻崔乾女。年二十于归，家赤贫，惟草庐一间，与夫拮据度日。逾年生子一，而夫病卒，氏抚遗孤苦志守节，子继茂。旌时年五十六。宋氏，匡元珠妻宋振修女。年二十四夫故，遗子甫周岁，旋夭。氏矢志守节，旌时年五十六。嗣子应举。王氏，高玺业妻王绪圣女。年二十四夫故，遗孤甫周岁，翁柩尚在堂，姑又年老。氏极力经营，族党咸称之。旌时年五十五。韩氏，姜熙元妻韩奎女。年二十三夫故守节，氏为夫继子，俾完婚生子，旋以病亡。氏率寡媳抚幼孙，恩义兼尽。旌时年五十六。纪氏，刘永基妻纪鸣林女。年二十二夫故，遗孤甫数月，旋夭。有夫弱弟三人，氏代姑抚养成立。旌时年五十五。郭氏，周培义妻郭彤女。年二十三夫故，遗一女甫周岁，翁姑尚在堂。氏奉养周至，翁姑殁，殡葬如礼。旌时年五十四。韩氏，王清燕妻韩兆女。年十九夫故，事孀姑以孝闻。嗣子克承。旌时年五十五。朱氏，王时妻朱克勤女。年十九夫故，家赤贫，孝事翁姑。翁姑殁，以针黹自给。岁饥，依戚族度日。旌时年五十五。栾氏，管启亮妻栾班瑞女。年十九夫故，孀姑在堂，以针黹奉甘旨，嗣子卯。旌时年五十四。周氏，纪毓清妻周堂女。年二十四夫故守节，子熙方。旌时年五十四。臧氏，贾策继妻臧元垲女。年二十四夫故，子文焯早殁，与寡媳抚幼孙成立。旌时年五十四。刘氏，陆基妻刘琛女。年二十二夫故守节，抚嗣子成立。旌时年五十四。李氏，监生陈麟惠继妻即墨李振先女。年二十二夫故，氏守节抚夫前室子凤蔼、子凤阁成立。旌时年五十四。宋氏，邓纲妻监生宋焜女。年二十一夫故，遗子吉全甫八月，氏守节抚孤成立。旌时年五十三。管氏，王其璠妻管若松女。年二十一夫故守节，旌时年五十三。嗣子开基。韩氏，高永续妻韩在基女。年二十四夫故守节，旌时年五十三。嗣子桂枝。杨氏，朱存厚妻杨克仁女。年二十四夫殁，遗子士柏甫二岁。氏守节抚孤，旌时年五十三。徐氏，崔执蒲妻徐克勤女。年二十夫殁守节，嗣子和铃。旌时年五十三。宋氏，张立范妻宋克谷女。年二十一夫故守节，旌时年五十。宋氏，监生匡锡纯继妻宋永先女。年二十二夫故守节。旌时年五十三。嗣子淇，生员。宋氏，徐应时妻宋磊女。年二十一夫故，遗子守仁甫数月，复失明。氏守节抚孤。旌时年五十三。孙氏，赵谦妻孙龙甲女。年二十一夫故，遗子煦春甫四岁，氏守节抚幼孤。旌时年五十二。高氏，吴邦隆妻高迈珠女。年二十三夫故守节。旌时年五十四。嗣子世俊。章氏，张岩妻年二十一夫故，遗子永昶甫三岁。氏守节，孝事孀姑，抚遗孤成立。旌时年五十二。崔氏，孟希忠妻崔永宗女。年二十夫殁守志。旌时年五十二。嗣子传薪。宋氏，周端行妻宋溥女。年二十二夫殁守节。旌时年五十二。嗣子骥。宋氏，冷佑德妻宋达德女。年二十夫故，氏守节孝事翁姑，抚嗣子成立。旌时年五十二。倪氏，孙德训妻倪瑞东女。年二十夫故守节，嗣子乐泮。旌时年五十一。赵氏，朝启年妻赵芹女。年二十二夫故，遗子松尚幼，氏守节抚孤，旌时年五十一。宋氏，张树绩妻灵山卫岁贡宗其思女。年二十夫殁守节，嗣子赐荣。旌时年五十一。张氏，王咏妻张灵女。年二十二夫故，遗孤承周尚幼，氏守节抚孤。旌时年五十一。叶氏，高凌嵩妻叶兆理女。年二十一夫故守节，嗣子聂业。旌时年五十一。徐氏，王翥鹤妻诸城监生徐纪女。年二十夫殁守节，旌时年五十一。李氏，宋汝为妻李渭女。年十九于归，逾年夫殁，无子，翁姑年老，氏守节事亲。嗣子长庚。旌时年五十。张氏，姜勗谦妻张礼女。年二十夫殁，氏苦志守节，旌时年五十。韩氏，马永深妻生员韩元善女。年二十夫故守节。旌时年五十一。嗣子柏。赵氏，王清泙妻赵光成女。年十八夫故，遗孤勉之甫三月，氏守节抚孤。旌时年四十九。徐氏，监生赵有钧继妻徐淦女。年二十一夫故，无子，前室子晏早殁。家素贫，氏率寡媳张氏同守志，旌时年五十。张氏，赵晏妻张焕新女。年二十五夫故守节，孝事孀姑，徐氏子庚年早卒，氏率寡媳胡氏守志。胡氏，胡荣女，三世苦节，旌时年五十五。赵氏，金长育妻监生赵轶俦女。年二十一夫故守节。旌时年五十。嗣子若潞。王氏，高徽铭妻经历职王道兴女。年十九夫殁守节。旌时年四十九。嗣子培方。邓氏，张昌龄妻 经历职邓以容女。年二十夫殁守节。旌时年四十九。嗣子震器。张氏，胡维翰妻 张大庚女。年十九于归，越三月夫殁守节。旌时年四十九。嗣子炳恒。庄氏，王荣兹妻 庄元淇女。年十七夫殁守节，旌时年四十八。嗣子昭瑞。纪氏，张志高妻 纪良弼女。年十六夫故，只遗一女，氏矢志守节。旌时年四十七。王氏，崔克恭妻 封职王道盛女。年十六夫故，越六月，生遗腹子臻，氏守节。旌时年四十六。胡氏，高徽瑱妻 胡艺林女。年十六夫殁守节，旌时年四十九。王氏，高履方妻 武生王廷杰女。年十六夫殁，氏守节，旌时年四十六。嗣子振翼。孙氏，杨塄妻 监生孙淦女。年十六夫故，旌时年四十九。嗣子立钧。襄氏，府知事李肇丰妾 淮安襄时荣女。肇丰官扬州，卒于任所，贫不能归，氏年二十三，截发守节，以女红自给，寄寓淮扬，守主柩者十余年。其后肇丰嫡子宫，以乡科任徐州州同，迎氏养官舍。未几，宫卒，氏与宫妻刘氏、宋妻傅氏抚孤，艰苦备尝。后数年，族人助资，氏同孀媳扶柩归葬，守节四十余年，卒年六十四。陈氏，理问范汝晋妾 诸城陈正仁女。年十八汝晋殁，氏守节，卒年六十一。滕氏，增生王朝栋妾 滕玉辉女。年二十八朝栋殁，氏守节三十一年卒。子二：亘、曜，俱从九品。于氏，知府杨兆煜妾 日照于岷养女。年二十七兆煜殁，氏守节。子执光禄寺署正职。李氏，经历职法亮中妾 日照李克昇女，年二十七亮中故，氏守节。王氏，附贡杨兆焯妾 沂州府王太清养女。年二十二兆焯殁，氏守节，抚兆焯嗣子塄，既娶，早殁，又与塄妻同守节。高氏，郎中杨兆熊妾 高蔚松养女。年二十兆熊殁，氏守节。庄氏，监生杨樵妾 日照庄复顺女。年二十七樵故，氏守节。

部表节妇 高氏，逄森妻 高玉女。年二十四夫殁，涕泣欲殉，以亲老子幼，贫寒无依，矢志苦守。孝事舅姑，养生送死，悉如礼。抚孤成立，乾隆二十九年表。子世宽，监生，恩赐八品衔。

和硕郑亲王表节妇 焦氏，李宜春妻 灵山卫岁贡焦深女。宜春有疯疾，将婚而剧，李以情告焦，令改适。氏不可，卒归。李宜春兄弟四人，与其父相继殁，惟宜春孤侄可臣甫四岁，其母他适。氏抚育如己子。及姑又殁，氏鬻衣物以葬。乾隆十四年大饥，氏遣可臣赴外家乞粟，闭门坚卧者三日。可臣归，氏泣曰："我不惜饿死，念汝无依也。"长为娶妇，生一女，妇死，可臣走关外不还。氏抚孤女孙嫁之。人怜其老而孤贫，时敛粟资之，年七十余卒。卫人至都者，闻其苦节于郑亲王，为表其门。

院表节妇 宗氏，张维鈵妻 年二十五夫殁守节，乾隆三十三年表。臧氏，姜中京妻 臧成勋女。年十九夫殁守节。袁氏，徐湛妻 食贫守节，年九十六卒。嗣子志栋，监生。马氏，邱肇业妻 抚孤守节。张氏，薛某妻。高氏，宋某妻。阎氏，周正妻 阎盛女。年二十五夫殁守节。以上六氏皆乾隆四十六年表。李氏，薛长荣妻 李贵女。年二十六夫殁守节。周氏，谈仪妻 监生周棠女。以上二氏皆乾隆四十九年表。王氏，李智妻 王有善女。年十九夫殁，守节六十年，乾隆五十一年表。孙氏，李循妻 孙永泰女。年二十四夫殁守节。潘氏，李履泰妻 年二十六夫殁守节。高氏，宋国祥妻 年二十一夫殁守节。陈氏，邹文芳妻 陈鑑女。年十九夫殁，守节四十二年，卒。赵氏，相主妻 赵仁贵女。年二十八夫殁守节。韩氏，高人伟妻 韩福女。年二十四夫殁守节。相氏，孙克诚妻 相瀚女。年十七于归，七月夫殁，守节十五年卒。刘氏，王国裕妻 刘紫沧女。年二十三夫殁，守节六十二年卒。以上八氏皆乾隆五十四年表。尹氏，孟可富妻 年二十夫殁守节。朱氏，杨启洽继妻 朱康臣女。年二十六夫殁守节。以上二氏皆乾隆五十六年表。赵氏，孙文炳妻 赵文簧女。年二十夫殁守节。王氏，张廷桂妻 王沂女。年二十四夫殁，子纯又早亡，与孀媳王氏同守节。王氏，张纯妻 王福章女。年二十三夫殁，孝事孀姑。王氏一门双节。高氏，徐成宪妻 高大煌女。年二十四夫殁守节。魏氏，供事周熙妻 监生魏士杰女。年二十五夫殁，守节七十二年卒。嗣孙天牧，见选举。庄氏，周方垣妻 庄大勇女。年十九夫殁，守节六十余年。子亮凤。高氏，赵文辉妻 高蔚斌女。年十八夫殁守节。逄氏，赵文江妻 逄大德女。年二十二夫殁守节。韩氏，殷存富妻 韩聚女。年二十三夫殁守节。以上九氏皆乾隆五十九年表。姜氏，王某妻 姜瑞女。嘉庆元年表。赵氏，徐协妻 年二十四夫殁守节。法氏，赵衍谟妻 年二十二夫殁守节。周氏，监生匡士杞妻 监生周朗若女。年二十四夫殁守节。管氏，于深妻 管正雅女。年二十五夫殁守节。纪氏，李本澄妻 年二十四夫殁守节。赵氏，宋坤元妻 赵汝楫女。年二十四夫殁守节。以上六氏皆嘉庆五年表。张氏，生员赵亨妻 张际超女。年二十一夫殁，守节三十九年卒。嘉庆六年表。况氏，马植妻 年二十一夫殁守节。陈氏，管肇烈妻 年二十六夫殁守节。以上二氏皆嘉庆八年表。丁氏，张大和妻 丁学溥女。年二十夫殁守节。郭氏，周圣瑄妻 年二十一夫殁，守节六十余年。子声闻。以上二氏皆嘉庆九年表。周氏，王世瑞妻 周应房女。子二，锟、铜。锟妻杨氏，见州表。王氏，孙志远妻 封职王化淏女。年二十七夫殁，孝事孀姑，抚子成立，卒年四十三。子炵。张氏，尚尔忠妻 年二十一夫殁守节。张氏，孙绍祖妻 年二十四夫殁守节。姜氏，王希贤妻 年十八夫殁守节。冷氏，纪鸣鹿妻 冷维煜女。年二十四夫殁守节，嗣子循渭。以上六氏皆嘉庆十一年表。徐氏，韩伸妻 年二十四夫殁守节。王氏，增生高遂业妻 增生王惺之女。年二十七夫殁守节。冯氏，王允塞妻 冯仁德女。年二十一夫殁守节。张氏，贾檀妻 年十六夫殁守节。以上四氏皆嘉庆十一年表。纪氏，武生孙文辉妻 年二十二夫殁，守节二十八年卒。嘉庆十三年表。张氏，杨党妻 年二十四夫殁守节。张氏，杨云妻 年二十三夫殁守节。田氏，周步墀妻 年十六夫殁守节。周氏，朱永年妻 年二十五夫殁守节。孙氏，刘兴妻 年二十六夫殁，子之栋又殁，氏与寡媳孙氏同守，氏守节六十八年，卒年九十四岁。孙氏，刘之栋妻 年二十四夫殁守节，孝事孀姑，孙氏一门双节。崔氏，王文勳妻 年二十五夫殁守节。田氏，孙成武妻 年十八夫殁守节。以上八氏皆嘉庆十四年表。周氏，赵班妻 生员周燮女。年二十八夫殁守节，子维清早殁，氏与寡媳管氏同守节。管氏，赵维清妻 年十九夫殁，孝事孀姑，周氏一门双节。皆嘉庆十五年表。高氏，宋云若妻 年十九夫殁守节，嗣子文立，廪生。表失年。邓氏，冷文先妻 邓连玉女。年二十夫殁守节。黄氏，李锦继妻 武举黄子壮女。年二十夫殁，守节四十八年，嗣子怀泗。彭氏，张楷妻 彭泽女。年二十夫殁，子志炳、志煌皆早殁，氏与寡媳姜氏、纪氏同守节。姜氏，监生张志炳妻 姜复光女。年二十九夫殁守节。纪氏，张志煌妻 纪世苞女。年二十二夫殁守节，与嫂姜氏同孝事孀姑彭氏，一门三节。黄氏，张大芝妻 年二十三夫殁守节。以上六氏皆嘉庆十五年表。于氏，李维妻 于超女。嗣子光达学宪帅表。孙氏，廪生邓可中妻 监生孙人龙女。年二十六夫殁守节。嘉庆十七年表。李氏，陈文起妻 李廷贞女。年二十六夫殁守节。子荆石。周氏，陈文起妻 周世恩女。文起兼承胞伯祀，故并娶李氏二人，同抚一孤守节，和睦无间。宋氏，监生张松岳妻 监生宋介锡女。年二十四夫殁守节。以上三氏皆嘉庆十八年表。姜氏，张人骥妻 年二十七夫殁守节。王氏，宋效妻 年十七于归，是年夫殁，氏守节。李氏，纪侗妻 年二十二夫殁，守节三十二年卒，子圣猷。以上三氏皆嘉庆十九年表。庄氏，李鉠妻 年二十三夫殁守节。刘氏，张德妻 年二十三夫殁守节。李氏，徐允为妻 年二十夫殁守节。以上三氏，皆嘉庆二十二年表。雷氏，王世佐妻 年二十夫殁守节。高氏，生员赵延义妻 年二十九夫殁守节，卒年四十三。纪氏，李圣培妻 附贡纪岱女。年二十五夫故，守节三十余年卒，子克绳、克绪。姜氏，蔡纕妻 年二十四夫殁守节。以上四氏，皆嘉庆二十四年表。池氏，张承恩妻 年二十一夫殁守节。杨氏，生员庄卫妻 年二十九夫殁守节。王氏，庄从正妻 年二十三夫殁守节。以上三氏，皆道光元年表。臧氏，宋立柱妻 年二十三夫殁守节。任氏，贡生法允华妻 高密监生任士錀女。年二十五夫殁，守节六十一年。子汝简，理问职。二氏皆道光二年表。陈氏，孙维灵妻 年二十一夫殁守节。陈氏，姜成妻 年二十五夫殁守节。韩氏，范大魁妻 年二十夫殁守节，子垲。以上三氏，皆道光四年表。纪氏，监生王廷维妻监生纪熙嘏女。年二十八夫殁，守节五十八年，卒年八十四。嗣子倩，生员。邱氏，王廷秀妻年二十九夫殁守节。以上二氏，皆道光七年表。高氏，生员崔晋阶妻年二十四夫殁守节。张氏，宁文庆妻年二十四夫殁守节。崔氏，金煜妻年二十八夫殁守节。刘氏，周建埰妻高密刘兆澄女。年二十夫殁守节。嗣子亮镇，生员。以上四氏，孝事翁姑，皆道光八年表。邱氏，李铨妻年二十九夫殁守节，表时年八十二，道光十二年表。周氏，王学洪妻年二十五夫殁，守节五十九年，卒年八十四。嗣子梦诰，监生。道光十三年表。庄氏，宋堪妻庄杞女。年二十二夫殁守节。李氏，宋坫妻李公和女。年二十八夫殁守节。高氏，宋云熙妻监生高炜文女。年二十八夫殁守节。宋氏，高云业妻宋允陛女。年二十二夫殁守节。以上四氏，皆道光十四年表。刘氏，韩瑶妻刘炳女。年二十四夫殁。嗣子振远。道光十年表。冷氏，监生黄光照继妻监生冷堉瑞女。年二十七夫殁守节。周氏，赵铣妻周永女。年二十一夫殁守节。卢氏，王永珖妻卢德女。年二十夫殁守节，子克荣。以上三氏，皆道光十八年表。宋氏，赵云岩妻宋松岳女。年二十九夫殁守节。韩氏，张秉泰妻年二十四夫殁守节。以上二氏，皆道光二十年表。毛氏，刘庶妻毛士仁女。年二十四夫殁守节。表失年。宋氏，生员赵霖妻宋晰女。年二十四夫殁守节，道光二十三年表。嗣子同云，生员。郭氏，张瑞节妻郭维堉女。嗣子嘉会。道光二十五年表。王氏，管景妻王国栋女。年二十六夫殁，子永俊又殁，与寡媳韩氏同守节。韩氏，管永俊妻韩平女。夫殁守节，孝事孀姑，王氏一门双节。程氏，监生孙班妻年二十九夫故守节，子志忠又殁，与寡媳赵氏同守节。赵氏，孙志忠妻监生赵泽女。孝事孀姑程氏，一门双节。子二，云阶、云书。匡氏，孙绪妻匡埏女。夫殁遗孤三，惠道、惠忠俱授室卒，氏抚幼子惠政成立。氏与寡媳高氏、曹氏同守，卒年九十岁。高氏，孙惠道妻高缵女。孝事孀姑匡氏。子启发。曹氏，孙惠忠妻曹文女。与嫂高氏同孝事孀姑匡氏，一门三节。以上七氏，皆道光二十六年表。

道表节妇 王氏，宋学庠妻高密王珂女。翁宋世峻，济宁学博，氏俭朴操作若寒素，侍翁姑虽秽污，不假他人手。乾隆十八年，登莱道沈廷芳表其门。杨氏，耿瓒妻。李氏，生员高学源妻举人李湄女。匡氏，赵成志妻。王氏，张某妻。姜氏，赵某妻。高氏，宋某妻。冷氏，邹某妻。匡氏，谈某妻。王氏，高某妻。周氏，张某妻。冷氏，法某妻。于氏，杨某妻。杨氏，匡某妻。匡氏，宋某妻。于氏，匡某妻。王氏，傅某妻以上十六氏，皆乾隆二十二年表。

州表节妇 张氏，生员冷世俊妻张信女。年十七于归，事孀姑竭尽诚敬，以孝称，年廿八夫殁，阅三月，生遗腹子宸锡，抚育成立。宸锡，生员。侄荣锡，三岁失怙恃，氏为婚娶。守节卅余年，州牧郑表。匡氏，高乃霁妻庠生匡璜女。年二十八夫殁，舅姑年迈，养生送死，氏皆竭蹶经营，抚孤成立，两侄幼孤，氏抚养如己子，苦节四十余年。州牧王表。周氏，生员宋士骥妻举人周谦女。年二十七夫殁，家贫，氏抚孤苦节五十余年，州牧龚表。于氏，宋廷枢妻年二十七夫殁，氏孝事翁姑，抚二子成立，守节四十九年，州牧黄表。赵氏，监生李恢妻年十六于归，甫两月，恢随父官云南，卒于任所。氏念翁姑无依，以妇代子职，苦节五十余年，州牧孙表。王氏，匡诰妻年二十三夫殁无子，氏奉养翁姑，克尽妇职，苦节四十六年，州牧龚表。李氏，王煌妻夫殁，氏抚三岁孤成立，为娶妻，孤又亡，氏与寡媳蒋氏相依为命，苦节终身，州牧表。蒋氏，王某妻夫殁，氏孝事孀姑李氏，同守节。傅氏，解元熹妻年二十四夫殁，艰苦备尝，奉姑先意承志，教子诜读书入泮，州牧郑表。张氏，崔景琳妻年二十七夫殁，守节四十八年，州牧王表。马氏，邓运珍妻年二十八夫殁，守节五十二年，州牧冯表。张氏，高斯伊妻生员张厥家女。年二十一夫故，守节坚贞，奉翁姑至孝，抚嗣子成立，州牧冯表。李氏，

廪生魏居鼎妻 年二十九夫殁，无子，氏念宗祧①所系，死不如守，遂议继。诸叔利其产，毁卖其箱柜田园，将嫁之。氏立嗣鸣官，卒复旧业，以成其志，寿八十岁，州牧龚表。单氏，岁贡张清继妻 生员单徽女。年二十七夫殁，氏孝继姑，爱前室女，抚婴儿，拮据辛勤，苦节三十六年，州牧龚表。毕氏，生员薛耕妻 灵山卫生员毕列宿女。年二十六夫故，越二月生遗腹子孝嗣，时翁姑已老，姑失明且多病，氏奉养惟谨。翁姑殁，丧葬如礼，守节三十六年卒，州牧王表。赵氏，樊国连妻 年二十六夫殁，氏孝孀姑，以妇代子职，抚三遗孤成立，一堂五世，寿八十八卒，州牧王表。张氏，生员周谐妻 张缙绅女。年二十七夫殁，氏苦节终身，事姑尽孝，饮食衣服咸出氏手，必称姑意。抚嗣子肇涛读书入泮，卒年七十八。李氏，生员周肇涛妻 李恭女。年廿二夫殁，与孀姑张氏相依为命，姑殁，氏拮据殡葬，咸如礼。夫女弟早逝，氏抚其女如己出，备妆奁以嫁之，问遗②不绝，年八十七卒，卒后女哭失明。州牧龚表“一门双节”。姜氏，傅天元妻 年二十一夫殁，孝事翁姑，抚嗣子珩成立。珩监生。乾隆二十九年表。孙氏，纪桂继妻 孙玫女。夫故守节。吕氏，宋财明妻 年二十七夫殁守节，抚子文桂、文栋，备尝艰辛，迄于成立，卒年九十七。王氏，张健妻 年二十七夫故，敬姑慈幼，周详曲到，守节四十年。纪氏，邓廷宣妻 夫故守节。周氏，张光斗妻 周青女。以上五氏，皆乾隆三十七年表。田氏，马起元妻；张氏，高攀岩妻 以上二氏，皆乾隆三十八年表。高氏，贤士荣妻 高志信女。年十八夫殁，后六月生子，氏事亲抚孤，孝慈无忝③，守节终身，乾隆四十六年表。高氏，赵印彭妻 高燮女。夫殁，氏苦志守节，抚嗣子汝桂成立，乾隆四十七年表。宋氏，张项妻 乾隆四十九年表。张氏，匡埈妻 张思咏女，年二十五夫殁守节，卒年七十六。郑氏，樊培深妻 年十九夫殁，守节五十五年卒。以上二氏，皆乾隆五十三年表。王氏，匡焕祖妻 岁贡王道亨女。年二十一夫殁守节。邢氏，于学文妻 邢瑞女。夫故家贫，氏孝事翁姑，抚幼子成立。于氏，谈荣妻 以上三氏，皆乾隆五十四年表。王氏，迟君琦妻 乾隆五十八年表。刘氏，徐存仁妻 夫故守节。赵氏，徐存智妻 以上二氏，皆嘉庆二年表。冷氏，于渭妻 嗣子佶。周氏，于泌妻 周光宗女。嗣子士业早殁，抚孙得邻成立。崔氏，郭宗彦妻 以上三氏，皆嘉庆六年表。李氏，陈士芳妻 嘉庆九年表。娄氏，刘文妻 嘉庆十一年表。孙氏，赵德崇妻 年二十二夫殁，卒年七十七。崔氏，徐典妻。张氏，李康宁妻。高氏，周天叙妻。高氏，屈成璲妻 以上五氏，皆嘉庆十三年表。周氏，毛瓒妻 子永庆早殁，与寡媳邱氏同守。邱氏，毛永庆妻 孝事孀姑，周氏一门双节。以上二氏，皆嘉庆十四年表。刘氏，赵士铎妻。刘氏，法应珍妻 以上二氏，皆嘉庆十五年表。法氏，宋坊妻 嘉庆十七年表。李氏，杨克中妻。匡氏，徐应鹤妻 嗣子守鼎，生员。阎氏，刘克仁妻 以上三氏，皆嘉庆十八年表。徐氏，韩熼妻。王氏，石连妻 监生王然女。纪氏，赵宁妻 以上三氏，皆嘉庆十九年表。高氏，邓云彩妻。耿氏，栾秉义妻。庄氏，赵惟益妻 年二十夫殁守节。高氏，孙有容妻 以上四氏，皆嘉庆二十年表。郭氏，范榛妻。杨氏，徐惇妻。高氏，陆柏妻 以上三氏，皆嘉庆二十一年表。徐氏，刘廷英妻 嘉庆二十二年表。高氏，宋炳妻 嘉庆二十三年表。谈氏，匡煜妻 年二十九夫殁，食贫守志，教子成立，卒年九十二。赵氏，袁焕妻。宋氏，郑锟妻 以上三氏，皆嘉庆二十五年表。张氏，赵介庭妻 嗣子轶俦，监生。徐氏，邓元炜妻。王氏，李银妻。姜氏，纪源柱妻 以上四氏皆道光元年表。匡氏，王琠妻。纪氏，李彩妻。张氏，孙恬妻。史氏，王可中妻。李氏，殷敬

---

① 宗祧（tiāo）：宗庙。也指家族相传的世系。
② 问遗：慰劳馈赠。
③ 无忝：不玷辱，不羞愧。

业妻。萧氏，王克智妻。匡氏，王克明妻。宋氏，高琸妻。苗氏，萧大中妻。郭氏，傅珮妻。杨氏，张嵝妻。秦氏，张士兰妻。姜氏，高鉽妻 年二十五夫故守节，卒年七十五，子士洋。赵氏，高蔚普妻。单氏，刘钦妻。田氏，杨大祥妻。于氏，傅文著妻。王氏，毛希贤妻。李氏，王以松妻。曾氏，陈绪妻。陈氏，王玺妻。尹氏，王兆垲妻。周氏，曾兴诏妻。王氏，宋文基妻。徐氏，王维猷妻。姜氏，韩宣宗妻。姜培女。年二十四夫殁守节，抚遗腹子彦陵成立，卒年七十三。高氏，韩训妻。赵氏，高叟文妻。刘氏，栾英妻。赵氏，刘公琢妻 生员赵振铎女。年二十四夫故，守节四十八年。赵氏，韩彦才妻。孙氏，邢梓妻。张氏，刘福兴妻。李氏，赵士锦妻。王氏，张立业妻 夫殁，氏矢志守节，后子与媳又殁，氏抚幼孙成立，卒年八十。法氏，冷文宪妻。董氏，冷鹄飞妻。匡氏，李宏泰妻 年二十九夫殁，苦志守节，卒年七十三，嗣子文琇。于氏，王祯妻。匡氏，高翔鸾妻。于氏，邓士琳妻。郭氏，高蔚秩妻。孙氏，刘礼妻。李氏，张维麟妻 以上四十四氏，皆道光二年表。郑氏，法茂妻 郑悦魁女。徐氏，生员赵厚妻 夫故，抚遗孤宏钧、禄钧成立。宏钧廪生，禄钧生员。邓氏，生员孙玉润妻 监生邓在庠女。周氏，黄子英妻。管氏，薛连智妻。王氏，姜焕懿妻。范氏，李中佩妻。焦氏，薛瑜妻。万氏，薛玉重妻。雪氏，薛士贞妻。唐氏，韩云璇妻。李氏，徐应辰妻 庠生李师恒女。年二十五夫故，守节四十七年，抚嗣子守炯成立，守炯生员。沈氏，赵国钧妻 嗣孙岳松，州牧冯表。高氏，匡煩妻。周氏，邹龙骧妻。陈氏，沙衍禶妻。王氏，邱垣妻 王炅女。于归后，事姑曲意承欢，以纺绩针黹资夫读，年十九夫殁，遗嘱以养亲相托，氏毅然自任，尽易妆奁供甘旨，守节三十年卒，道光四年表。徐氏，高攀俨妻 道光五年表。吴氏，张鹤文妻。马氏，朱仲权妻 即墨马洪德女。年二十二夫殁守节，卒年七十。以上二氏，皆道光六年表。刘氏，赵国璧妻。张氏，相孝恭妻。邹氏，韩缒基妻。李氏，窦文华妻。徐氏，张某妻 夫殁守节，州牧倪表。以上五氏，皆道光七年表。陈氏，王桐妻 灵山卫拔贡生陈勖女。年十九夫殁守节，卒年八十，子克荣。胡氏，王珊妻 以上二氏，皆道光八年表。徐氏，王淦妻。杨氏，张日炣妻 杨宗懋女。年二十四夫殁，逾月生子，某氏抚养成立，守节五十余年卒。蔡氏，王成荣妻 以上三氏，皆道光九年表。匡氏，宋尔鑑妻 匡承宗女。高氏，张人伟妻。李氏，傅文葵妻。戈氏，张洪妻 戈彭年女。年十九夫殁。以上四氏，皆道光十年表。郑氏，高徽荣妻。杨氏，王锟妻 杨英女。姑周氏，嗣子振基，监生。以上二氏，皆道光十一年表。姜氏，魏葆光妻 姜建女。道光十二年表。高氏，周天策妻 道光十三年表。范氏，武生李允泰妻 年二十八夫故守节，卒年八十八，嗣子钧，从九品。郝氏，黄光曦妻 监生郝士元女。以上二氏，皆道光十五年表。张氏，高远方继妻。宋氏，邓士涵妻。逄氏，王永龄妻。周氏，张焓妻。张氏，徐志廪妻。赵氏，王廷钧妻 生员赵德滋女。年二十九夫殁，守节四十八年卒，子梦元、梦魁。以上六氏，皆道光十六年表。冯氏，葛万妻 冯玉女。子希孔，道光十八年表。李氏，生员宋汝绥妻 高密知府李宪乔女。夫殁，氏守节五十四年卒，子荀龙，理问职，道光十九年表。宋氏，薛敬修妻 道光二十一年表。庄氏，马继岳妻 庄以竭女。子马正早殁。嗣子廷选。范氏，高宪章继妻 训导范汝谌女。于归后，夫早殁。氏贞洁自懔，誓愿守节三十余年。以上二氏，皆道光二十四年表。杨氏，李应泰妻 杨士佺女。以上三氏，皆道光二十四年表。徐氏，冷某妻 夫殁，孝事翁姑。王氏，张鐳妻 王可女。夫殁，抚孤继述成立。以上二氏，皆道光二十六年表。陈氏，匡炯妾。沈氏，匡陈尧妾。

学表节妇　杨氏，生员陆若骥继妻 杨泰女。年十七于归，贞静恭俭，伉俪甚笃，养夫前室女如己出。越十载，夫故，嗣子又亡，遗两孙，氏皆为婚娶，又迁夫前室温氏与夫合葬。卒年七十六。刘氏，朱倬妻 年十九夫故守节。刘氏，廪生宋植妻 监生刘文迪女。赵氏，监生田錞妻 赵君衡女。年二十一夫故，氏以针黹业自给，卒年六十七。嗣子乃光，从九品职。纪氏，武生田鉽妻 纪仪女。年二十二夫故，抚嗣子乃宣成立，卒年七十七。黄氏，监生田启雯妻 武生黄子杰女。年二十夫故，与赵氏、纪氏同守，一门三节。徐氏，邓致中妻。杨氏，生员王兆炎妻。杨氏，戴焕妻。赵氏，陈兆鲲妻 生员赵振铎女。年二十一夫殁，守节三十二年卒，子培宗。王氏，刘玉卿妻 王礼女。年二十三夫故，守节三十二年卒。黄氏，张涒妻。熊氏，魏可友妻 熊思忠女。郭氏，周培基妻 郭梧女。朱氏，刘希稷妻。张氏，高徽均妻 张启新女。年二十二夫殁守志，嗣子芹方，道光十六年表。韩氏，赵缙妻 韩德基女。李氏，叶蕴枝妻 李世泽女。李氏，张廷信妻。姜氏，高徽荚妻 姜珍女。纪氏，高徽琉继妻 纪仪女。王氏，张联第妻 高密岁贡王其振女。夫殁守节，嗣子钟豫。逄氏，周大经妻 逄桂女。年二十夫殁，子谕，道光二十年表。杨氏，监生崔清训妻 府同知职杨兆勳女。夫故守节，抚嗣子艺林成立，艺林生员，道光二十五年表。王氏，冷宪侨妻 州同职王绳先女。年二十二夫故守节，孝事翁姑，身操井臼，抚遗孤顺德成立，守节四十七年。孙氏，武生田功擢妻 孙鏀女。年二十九夫故，守节四十八年卒。李氏，监生黄桢继妻 从九品李钧女。年二十二夫故，守节三十七年，嗣子豫真。以上三氏，皆道光二十六年表。

学汇表节妇　张氏，贡生高朗之妻 生员张玿女，名寂真，夫早殁。氏侍翁明大学士弘图官金陵，及弘图殉国难，氏自会稽携幼子璪、琳数千里扶柩归胶。其家旧为叛镇海时行没入官，氏结庐于祖茔侧，守节教二子成立。著有《自记里语》一卷。璪别有传。孙荫棫，生员。周氏，生员高荫棫妻 莱阳侍卫周世祐女，名淑履。端淑有父学，伉俪倡和，陶然忘贫。荫棫殁，家益窘，氏携三遗孤淳、滢、渟至莱阳就食母家。未几，母家亦中落。氏复还胶，僦屋为人佣，针黹以给。年六十余，勤苦无少间。既老，出《峡猿草》一编授其子，曰："此未亡人心血所在，不可不令后人知我辛苦耳。"外有《绿窗小咏》一卷。《峡猿草》九首，其一曰：寒松幽谷中，苦竹南冈下。山空人境绝，咽鸣哀泉泻。嗟彼蕙与阑，零落委中野。萧萧风雨来，我亦无告者。其二曰：志士在首阳，饴甘薇与蕨。无劳天地宽，矢言江海竭。死生不一形，心血先消灭。嗟嗟未亡人，朽骨对霜月。其三曰：孤鹤唳青天，盘盘顾鹤子。羽毛尚未丰，焉能弃置尔？风雨撼危巢，几何其不毁。将子过南溟，终焉如厥始。其四曰：轧轧机抒声，漠漠空天雪。操作入中宵，十指皆皴裂。积丝岂易成？不忍中道绝。著此缟素裳，怡然归同穴。其五曰：披史教孤儿，心折古杵臼。自裁亦何难，孺子正黄口。咄哉彼程婴，乌忍释重负。仰希烈士心，何以告无咎。其六曰：涕泪向孤桐，柔条不盈尺。天寒霜雪深，保护伊谁责。三年植本根，十年凌松柏。叨叨劬劳心，未敢释朝夕。其七曰：孤儿髫龀年，欲令就外傅。大者陶性情，次亦博章句。宁云致通显，不敢陨故步。尔父有残书，慰母在寒素。其八曰，草木向春荣，无端被摧折。苍天讵不仁，独此遭逢啬。半生历辛苦，薄命尽离别。死别泪已枯，生离愁如结。其九曰，叹息未亡人，归宁倍凄楚。无以慰母心，反乱母心曲。长跪听母言，牵衣不敢哭。相将孤子行，未语先气促。高氏，匡绍祖妻 生员高荫棫女。母周淑履，幼承母教，亦能诗。年十八绍祖殁，抚孤守节，著有《孀居诗草》。尝与母周氏同咏匡氏嘉树园"心远亭"《梅花・蝶恋花》词云：阅尽阳和芳草歇，数点梅花，不共争炎热。馥香风寒凝雪冰，心恰向枝，头结影瘦横。窗淡皎月树底流，莺何妄攀折，漫道脂红与粉白，对君应自无颜色。又有《孀居诗草・元旦有感》云：除旧更新又一年，霜帷雪径尚依然。邻家守岁喧儿女，始信人间别有天。徐氏，栾岩妻 归岩未三载，遭壬午乱，岩遇害。氏年十九，怀孕甫三月，后生子，事姑抚孤，謦欬①不逾闺阃②，姑殁殓葬如礼。子成立，能继先业。郑氏，宋升俊妻 生员郑国俊女。年十

---

① 謦欬（qǐng kài）：咳嗽声，引申为言笑。
② 闺阃（guī kǔn）：内室。

六于归，甫二载生子，弥月俊殁于乱。氏抱子伏草泽中。顺治十年，海镇兵叛，氏惧掳，预毁面断发粪土自垢，获免。舅姑死，尽出家器，鬻钱以殓。汪氏，宋爆妻 千户汪如海女。爆殁，翁姑相继殁，拮据殡葬。二子方在襁褓，耕耘纺绩，日无暇晷①，教二子皆成立。杨氏，生员高瑛妻 崇祯壬午，州有兵警，瑛遇害，氏年二十五守节抚孤。高氏，纪之璧妻 御史高允兹女。之璧殁，氏年二十三，孝养孀姑，勉嗣子琨读书，卒年八十。徐氏，李大妻 年十九于归，甫两月夫殁。家贫如洗，姑为人佣工，以给衣食，氏归依兄弟，日夜纺绩，寸积铢累②，迎姑归养。初翁殁，槁葬。姑殁，氏营二棺合葬焉。逯氏，郭士伸妻 年二十八夫殁，抚三岁遗孤，守节六十余年卒。刘氏，姜嗣昌妻 年二十六夫殁，抚孤珍成立，守节七十一年，卒年九十七。郭氏，冷廷瓒妻 年二十六夫殁，抚孤成立，守节六十余年。高氏，生员赵敬植妻 年十七于归，甫二载夫殁，事孀姑管氏色养备至。嗣子中方五月，抚养成立，卒年五十，守节三十二年卒。杨氏，邓可茂妻 年二十七夫殁，抚孤成立，守节五十八年。冷氏，生员高辛裕妻 训导冷钥女。年二十三夫殁，因姑老不敢殉。继侄黓为嗣，勉黓力学，黓副贡，任教谕，氏卒年七十三。高氏，廪生匡瓛妻 生员高国栋女。年二十七夫殁，守节至八十五岁卒。邓氏，冷朋格妻 年二十九夫殁，抚两孤成立，守节五十三年卒。汪氏，王佐乾妻 年二十五夫殁，家贫，抚孤守节五十四年。张氏，徐启泰妻 年二十四夫殁，孝养翁姑，抚遗孤开宗成立，守节五十一年卒。胡氏，葛明诚妻 年二十一夫殁，守节五十年卒。郭氏，高珦妻 年二十七夫殁，抚孤守节四十五年。沙氏，高瑧妻 年二十七夫殁，守节三十九年。鹿氏，赵斤妻 年十八夫殁，孝事孀姑，艰贞自守，卒年四十九。郭氏，张秉镰妻 年二十六夫殁，翁姑早故。氏依母家，抚孤，孤又夭，茕茕独守，双目皆盲，守节三十七年卒。庄氏，周士元妻 孝养翁姑，抚孤成立。王氏，汪文治妻 年十九夫殁，奉姑至孝，抚嗣子玉枚成立，卒年七十。朱氏，高极妻 年十七于归，阅四载，夫殁。纺织自给，抚嗣子中吉成立，守节四十二年卒。高氏，匡坚妻 年二十八夫殁，抚遗孤应泰成立，守节三十四年卒。邹氏，高俊妻 生员邹连峰女。年十七于归，阅二载，夫殁。无子女，奉翁姑，先意承颜。姑病，氏亲尝汤药，涤秽器，及姑殁，悲号几绝，典簪衣以葬，抚嗣子成立。王氏，韩协恭妻 苦志守节。王氏，张僩妻 食贫守节。高氏，纪绅妻 年二十九夫殁，守节三十四年。刘氏，张常立妻 年二十四夫殁，无子女，苦节三十五年卒。高氏，李泽妻 年二十九夫殁，苦节三十余年。姜氏，宋永祥妻 矢志守节。邢氏，郑国卿妻 邢有才女。年二十五夫殁，翁姑在堂，贫不能给。氏为人佣舂，衣食不缺于供。姑病，徒步求药远方。抚嗣子勳如己出，后勳殁。氏与寡媳李氏同守节五十年卒。李氏，郑勳妻 李梅女。年二十五夫殁，奉孀姑邢氏孝如其姑。抚周岁遗孤世显成立，守节四十二年卒。一门双节。张氏，生员宋洎妻 抚孤守节。贾氏，王一第妻 年二十五夫殁，抚孤守节四十九年。姜氏，傅大融妻 年二十四夫殁，抚孤守节四十四年。苑氏，董汝臣妻 年二十七夫殁，抚孤守节四十余年。马氏，孟起先妻 年二十六夫殁，抚孤守节三十余年。赵氏，都司张箓妻 海逆之乱，箓中刃，仆扶至家，氏无所得药，以口吮其血。袖翦刀，度贼入，则自杀，更嘱乳媪夫妇，抱其六岁儿俶业以逃。箓殁，氏发丧大哭，遣人诣僧寺，取他人寄棺以殓。氏欲省舅姑，乘间夜，从老媪走南庄，而舅姑已以被创卒。俶业随乳媪夫妇逃，俱为贼所得，南至宿迁县。贼败，乳媪与俶业及夫皆相失，乳媪遂自缢。俶业从他难妇逃至灵璧县，有周生者以为养子。乳媪之夫为道士，乞食且求俶业。至灵璧，突遇于街衢，相惊泣，与订语，奔告箓兄镂，具重币往迎俶业还。氏见子，大痛，始为箓设主以祀。后氏殁，俶业合葬其父墓于祖阡，立碑表墓而详纪其事于阴。箓事详载《明代人物列传》。李氏，生员张然妻 然

① 暇晷(xiá guǐ)：空闲的时日。

② 寸积铢累：形容点点滴滴地积累，出自宋李纲《与右丞相条具事宜札子》。

素有学行，殁后，氏抚遗孤成立，卒年七十五。邹氏，王文焕妻矢志守节。宋氏，法梦兆妻年二十夫殁，守孤光国，教以读书，始入泮而殁于乱。氏依叔锦，苦节终身。白氏，举人高谒妻谒任兴化教职，为土兵所害。讣闻，氏投缳，翁姑力救，苦劝乃止，代夫尽职，生养葬祭，无毫发憾，苦节三十余年。边氏，崔尔崯妻。王氏，匡受言妻。张氏，高宏听妻。韩氏，生员薛润妻润力学有文名，及殁，氏守节，训孤绍闻，勤督课，卒能继父志。宫氏，李尧明妻。王氏，逯三友妻。栾氏，高祯妻栾驾女。祯尚气节，明末土寇起，祯为乡里守御，殁于乱。氏年二十六，恸夫死义，心摧血枯，抱孤流离播迁，迄于成立。夫妇志节，时论高之。陈氏，生员薛藻妻陈三谟女。藻故，氏十八，勤女工以事翁姑，抚遗孤成立，守节三十余年卒。周氏，徐茂德妻周延植女。年二十一夫故，事姑抚子四十年如一日，卒年六十三。刘氏，徐光德妻刘始宗女。年十七夫故，食贫茹痛，事舅姑抚幼子，苦节三十四年卒。窦氏，附监薛纶炯妻年二十八夫故，事衰姑，躬亲扶掖涤秽器，乡里称孝焉。延师教子，宽严互济，勤俭治家。家颇丰，出田三顷、钱三百贯为族党婚嫁之资，年九十余无病卒。张氏，臧之荣妻张谟显女。二十八夫故。氏事翁姑孝谨，不以贫窭贻亲忧。抚遗孤艰苦备尝，子不事常业，辄流涕教之，能改方止。有论及佛法者语之曰：父母安乐便是天堂，子孙忤逆便是地狱，功果轮回之说皆妄也。年七十二无病而卒。杨氏，郭英妻英寒素病故。氏罄所有为殓具葬，后无以为生，惟勤女工作生计，教孤世藩读书食饩。李氏，匡桿妻。张氏，崔为瑚妻。姜氏，生员高宏芳继妻。高氏，副贡赵烈妻年十五归赵，淑慎温恭，以文学为夫勖。夫故，氏恸悲几绝，念遗孤绍祖在抱，砥砺艰贞，用延宗绪①。子颖异亦以文学世其家。崔氏，知府高简妻夫官福建建宁府知府，殉难。讣闻，氏艰贞守节以终。崔氏，进士李世镐妻夫工部主事，乞假省亲，卒于途。氏孝养翁姑，抚孤成立。子涧，生员。董氏，高起楼妻。宋氏，傅廷虎妻。张氏，赵相如妻相如博学敦伦，事亲尽孝。及殁，氏茹荼积瘁，经百折而志弥坚，垂六十余年卒。王氏，姜成妻。袁氏，王大经妻。张氏，邢鑛妻鑛力田为业，病故。氏年二十，孝事翁姑，抚育婴息，固穷苦守，年七十而终。邹氏，耿式序妻年二十九夫故，抚遗孤瑗成立，后瑗又殁。氏与寡媳匡氏同守节，卒年七十二。匡氏，耿瑗妻年二十九夫殁，孝事孀姑邹氏，抚周岁孤德缵成立，为娶赵氏生二子，而德缵又殁，与寡媳赵氏抚诸孙成立。赵氏，耿德缵妻夫殁，孝事孀姑匡氏，抚子某成立。三世贞节。赵氏，张廓业妻年二十五夫殁，孝事祖姑及姑，抚遗孤成立，卒年六十一。陈氏，张宗绪妻年二十一夫殁，孝养翁姑。食贫守节，享年七十。于氏，进士万世馨继妻诸城于保定女。年二十五夫殁，卒年五十七。王氏，贡生万世尚继妻王三思女。年二十三夫殁，卒年六十三。郭氏，举人万世安妻郭仕任女。年二十八夫殁。与于氏王氏为娣姒，同居抚孤以延夫嗣。一门三节。刘氏，薛玫妻夫没，有遗腹临产，扃户决生死于男女，既而生男。氏不忍殉，抚之成立，卒年六十二。马氏，孟周臣妻年二十七夫殁，守节四十余年，子孙俱成立。李氏，举人赵嵚妻举人李湄女。恭顺执妇道。夫殁，孝事两世舅姑，抚嗣子尔昌成立，卒年六十。周氏，李登瀛妻训导周肇洙女。年二十一夫殁，后姑继殁，事翁及祖姑以孝闻，抚遗孤成立，守节四十年卒。冯氏，张曰聪妻年二十七夫殁，守节三十余年卒。冷氏，李纲妻年二十夫殁，卒年七十六。李氏，生员王功沛妻年二十二夫殁，事姑抚孤，卒年六十五。张氏，张伦妻年二十四夫殁，守节四十五年。丁氏，韩欣然妻夫殁，妾潘氏殉。氏曰："如俱殉，谁事翁姑，立夫嗣者？"守节三十余年，立嗣乃卒。庄氏，刘天强妻年二十七夫殁，孝事孀姑，抚二子皆成立，卒年六十五。高氏，廪生王聪妻事翁姑抚孤，

---

① 宗绪：祖先的绪业。绪业指事业，遗业。

以孝慈闻，卒年八十余。张氏，高洲妻 年十八于归，夫有宿疾，氏侍药饵，七年无倦容。夫殁，食贫抚孤，纺绩资给，卒以学世其家，苦节二十年。高氏，张荫溥妻 年二十四夫殁，抚孤守节。宋氏，谈洮妻 宋世权女。年二十四夫殁，食贫守节，抚孤成立。周氏，赵思恭妻 周澍女。夫有风疾，奉事九载无懈。夫殁，氏年二十七，无子女，欲不食死，既而念翁姑在，乃养生送死悉如礼。自奉淡薄，以余资济贫。乾隆十一年岁饥，出粟赈济，全活多人。郭氏，薛广妻 夫殁，姑老齿落，食必亲哺。荒岁，煮粥赈饥，多所存活。子培基，生员。赵氏，王耀宗妻 年廿九夫殁，抚四岁遗孤成立。有叔姑老而无子，氏养生送死悉如礼。荒岁，煮粥以赈。遇无依子女，收育之，逾时听其去留，而自奉俭约，至老如故。张氏，生员刘文彩妻 张厥久女。年二十四夫殁，守节四十一年。逄氏，张凤来妻 年二十三夫殁，食贫养姑，抚嗣子成立。郭氏，崔铎妻 年二十二夫殁，孝事翁姑，食贫守志，抚幼子成立，守节三十六年卒。栾氏，李作荣妻 栾堉女。年二十二夫殁，昼夜纺绩，营葬翁姑，抚幼子成立。薛氏，崔中妻 年二十八夫殁，绝粒六日，姑苦劝乃食，食贫养姑，抚孤[1]成立。薛氏，刘镜妻 薛云蒙女。夫殁于外，讣闻，氏哀号誓殉，翁苦劝乃止。敬翁育嗣，内外无间言。苏氏，薛扆妻 灵山卫苏珠峦女。年二十七夫殁，号泣几绝。勤纺绩，孝养翁姑，抚孤成立。栾氏，廪生薛世德妻 栾宾玉女。年二十五夫殁，子应騋甫六月，教诲成立。小姑贫不能葬，典衣钗赙之，抚孤侄一如己出。孙氏，王秉仁妻 孙玉山女。年二十一夫殁，孝事孀姑。子凤仪，生员。辛氏，王秉恭妻 年十九夫殁，抚嗣子，与嫂孙氏共守，人称"一门双节"。张氏，生员赵锡祚妻 年二十四夫殁，孝事孀姑，自生养以及葬祭，诚信丰洁。教孤严肃，课文必亲阅。长子亨，生员。次贞，业儒。胞侄殁，嫂与孤孙贫不克葬，氏竭力助之，又周其困乏。杨氏，王珠妻 杨贵女。年二十六夫殁，抚孤守节。陈氏，庄祯妻 陈若愚女。年十八于归，九月而夫殁。后五月，生子斯廉，上奉翁姑，下育弱息，苦节以终。赵氏，监生张曰锟继妻 孝养翁姑，抚前妻二子如己出。夫殁，氏年二十七，为两子完娶后，长子夫妇俱殁，又抚幼孙成立。宋氏，赵彤简妻 宋鉽女。年十九夫殁，孝养翁姑，抚幼孤成立。鲍氏，高辛仁继妻 夫殁，年二十六，抚前妻女四人，教养曲至[2]。遗孤甫五月，内患外侮，氏一身维持，抚孤成立。徐氏，邹岩妻 徐振女。年二十五夫殁，孝养翁姑，遗孤二亦相继亡，以侄继嗣，后嗣子夫妇俱殁，又抚嗣孙成立。马氏，刘重信妻 马振远女。年十九于归，未二载夫殁，翁姑俱逝，子女皆无，父母恐其难守，氏誓以明志，遂为继嗣，家贫纺绩以给衣食。张氏，崔植纲妻 监生张俶女。植纲以事卒于京，氏年二十五。闻讣尽鬻衣钗迎夫柩还。善事姑，姑病，氏年已七十，药必亲尝，衣不解带。子孙诸妇求代，不许，曰："姑有媳四人，惟吾仅存，忍稍远乎，且舍是吾无以事姑矣！"自病至殁，三月不懈，哀痛之情宛然孺慕。子燕，早卒，与寡媳宋氏同守节。宋氏，崔燕妻 宋廷栋女。年二十六夫殁，哀毁骨立，绝意省亲，与姑同室居，以慰晚景。遗孤病废，氏维持调护，心力俱瘁。赵氏，郝梅妻 赵显东女。夫殁，年二十五。翁姑在堂，遗孤士坦、遇隆未离襁褓，慈孝姻睦，氏兼尽焉，二子俱成立。宗氏，张继先妻 年二十八夫殁，抚嗣子成立。丁氏，李天润妻 年二十五夫殁，氏誓殉，翁姑谕以抚孤，乃矢志守节，与夫弟同居。梁氏，姜国佐妻 年二十六夫殁，亲老子幼，欲殉不得。姑病，氏侍汤药，寒暑罔间。翁八十五，氏孝养之。抚二子以读书世其家。赵氏，生员宋衍禄妻 赵录女，年二十一夫殁。时孀姑在堂，遗孤在抱，经营刻苦，备极劳瘁。高氏，张彦博妻 高钧符女。年二十四夫殁，矢志守节。翁年九十五，氏事之，爱敬备至。抚子骥成立。王氏，李英妻 王福丛女。年二十八夫殁。家贫，姑老子幼，昼夜纺绩，家道渐丰。子法盛，贡生。抚遗孙三人，延师训导。韩氏，吏员郝标妻

---

① "孤"，底本作"姑"，讹。据道光《重修胶州志》改。

② 曲至：周到。

韩文玉女。年二十四夫殁，事翁姑抚嗣子。王氏，廪生赵锦妻 锦文行素优，赍志殁，氏年二十四。陈氏，生员赵敦继妻 知府陈明熙女。年二十一夫殁，抚嗣子成立。王氏，傅爰立妻 廪生王聪女。年二十二夫殁，抚孤守节。薛氏，傅景韩继妻 薛翼女。年二十一夫殁，善事孀姑，悲恸誓殉，姑泣留之。为立嗣，长养教诲，备历艰辛，迄于成立。王氏，王文思妻 年二十九夫殁，抚孤澄，生员。王氏，王文蔚妻 年二十四夫殁，遗孤润甫周月，抚育成立，为娶相氏，逾年润卒，与寡媳同守。相氏，王润妻 于归一载，而夫殁，孝事孀姑王氏。一门双节。匡氏，王功沆妻 监生匡绳武女。年十八夫殁，抚遗孤棠成立婚娶。棠又殁，与棠妻傅氏共守，抚嗣孙成立。傅氏，王棠妻 孝事孀姑匡氏，一门双节。王氏，监生张浩妻 监生王玑女。孝事病姑，抚孤侄如己出。夫殁，年二十八，遗孤在抱，教育成立。林氏，张钜忠妻 年二十五夫殁，抚孤守节三十三年。潘氏，张季子妻 年二十一夫殁，子某早殁，与寡媳宗氏同守节。栾氏，张秉真妻 年二十六夫殁，抚三岁孤成立。李氏，张忠妻 年二十三夫殁，孝翁姑慈诸孤，长子元林早殁，与寡媳高氏共守，抚孙灿成立。高氏，张元林妻 夫殁，与孀姑李氏共守。子，灿。李氏，刘文茂妻 年二十一夫殁，抚孤守节。王氏，张聚继妻 聚前妻遗子秉义，氏生子秉礼、秉壮。聚殁，三子皆幼，氏一体抚育之。后秉义娶刘氏，二年殁，遗子硕。秉壮娶张氏，三年殁，继子儒。氏与刘张共守，一门三节。刘氏，张秉义妻 于归二年，夫殁，子硕。张氏，张秉壮妻 于归三年，夫殁，嗣子儒。赵氏，高协光妻 年二十夫殁，孝事翁姑，抚嗣子蔚嗣成立。赵氏，王文林妻 年二十五夫殁。孙氏，鹿相先妻 年二十夫殁，食贫守节。范氏，王世连妻 年二十五夫殁，抚孤守节。薛氏，张玉豸妻 薛公亮女。年二十四夫殁。孝事翁姑，抚遗孤跻嵋、跻岷成立。夫兄弟六人多贫窭，荒岁，氏出所有，以济伯叔。族党不能婚嫁者，往往捐资助之。郭氏，张志硕妻 郭元溥女。年二十二夫殁，后翁继殁，孝事孀姑，抚遗孤艾成立。谭氏，刘二妻 年二十一夫殁，食贫事孀姑，抚孤守节。周氏，谭章妻 年二十夫殁，纺织奉姑。王氏，宋衍智妻 年二十三夫殁，养亲抚孤，守节以终。王氏，赵所滋妻 贡生王淑度女。年二十三夫殁，孝事孀姑，抚嗣子成立。刘氏，赵玳妻 年二十三夫殁，孝事翁姑，遗孤克成甫六月，抚育成立。高氏，尹宗懋继妻 年二十四夫殁，孝事翁姑，遗孤环甫三岁，抚之成立。王氏，刘训妻 抚孤守节。庄氏，刘世润妻 年二十二夫殁，抚嗣子栋成立。刘氏，孙士魁妻 年十九夫殁，孝事翁姑，抚周岁孤成立。匡氏，张缵宗妻 年二十二夫殁。谈氏，张成宗妻 年二十五夫殁。陈氏，于春妻 年二十五夫殁。赵氏，庄应甲妻 赵伦女。年二十四夫殁，孝事翁姑，子某俱生员。管氏，王克济妻 管显节女。夫殁，孝事翁姑，出资助族党，子国骧，生员。王氏，韩堂妻 王壂女。年二十二夫殁，孝事翁姑。翁晚年病目，起居饮食皆能曲体之，抚孤成立。宋氏，崔梦卜妻 年二十八夫殁，孝养翁姑，抚孤成立。张氏，郭兴继妻 抚夫前室子如己出，夫殁，氏年二十二，矢志守节。谢氏，马之骥妻 年二十三夫殁，妯娌七八人，雍睦相得，嗣子成立。周氏，李士珍妻 年二十四夫殁，食贫守节，抚二孤成立。高氏，王闰妻 年二十六夫殁，孝养翁姑，抚嗣子成立。张氏，李弈曾妻 廪贡张崇礼女。年十七于归，未一载夫殁，孝事衰翁，于继姑尤婉顺，后翁姑相继殁，氏售衣饰以殓葬。嗣子鼎元，生员。张氏，监生宋云锦继妻 于归未一载，夫病殁，抚夫前室四岁子，恩逾己出，未几殇。事衰姑，守节以终。以上皆见《旧志》。焦氏，监生法光祖妻 灵山卫岁贡焦亮女。氏夙慧，闻父兄教，能明经史大义。夫故，氏抚诸孤，延名师，督课甚严，俱能继其家声。子八：坤宏，举人，大理寺评事，有传；坤振，监生；基昌，举人；坤厚，贡生；坤元、坤成、坤裕、坤顺皆监生。乾隆十二年，胶兵哗，弱息百口牵氏衣环泣，请出避。氏安坐不动，徐谕诸妇曰："吾辈女流避将焉往？与其流离旷野，曷若聚首死先人庐中，且作恶不过数人，未必阖营尽反。"行定矣，顷之，果定。自夫殁后，备尝艰苦，凡四十六年，卒年九十一。纪氏，王方大妻 年二十二夫殁，守节四十年卒。杨氏，戴文智妻 杨礼女。食贫守节，抚遗子山，即娶，卒。媳他适，抚遗孙福善，年七十余卒。于氏，王季春妻 夫病废而性躁烈，氏日夜为人磨麦以养疾，讫不闻诟谇①声。夫殁，氏年二十一，守节三十一年。张氏，刘俊妻 张荣女。年二十二夫故，食贫守节，以针指②养翁姑，送终皆其所蓄，守节五十余年卒。李氏，薛匡庄妻 李介城女。年二十二夫故，家赤贫无依，遗孤二，叙方离襁褓，玉甫逾月。夫葬后，为人执炊佣舂，以食其子。叙、玉渐长，乃为人佃田躬锄犁，率二子播耨以自给。二子皆娶妇，又相继殁，氏率两妇、稚孙以佃田，年已老犹能负担饷馌③。以年饥大疫，两妇一孙相继殒，一孙外出，氏年八十依女甥某家以终。李氏，王勳妻 生员李思义女。年二十五夫殁，孝翁姑，抚嗣子晋之成立。王氏，李建业妻 王祖庸女。年二十五夫故，家赤贫，以针黹养姑。族人议以祖茔田数亩养给④，为有力者所夺去，氏无怨言。嗣子襄连，佣工以终养焉。守节四十七年，卒年七十二。李氏，纪少仕妻 李锦女。夫故，氏奉孀姑，昼务针黹，夜纺绩以奉甘旨。姑年至八十七岁，起居需人，氏昼夜扶持，三十余年如一日。张氏，韩大妻 夫殁无依，遗孤秉礼未周岁，氏抱至城中，佣纪氏家，操作勤慎。子长，令贸易，得娶妇，生三孙。氏疾乃归，谓子曰："吾托贤主人荫庇三十余年，自反无愧，今可从尔父地下矣！"卒年六十七。某氏，张发妻 发愚蠢，氏事之惟谨，生子福。夫故，氏年二十六，立志守节，为人服役以自给，无苟言笑，终身不解衣寝，年逾七十卒。宋氏，谈思敬妻 生员宋兰徵女。年二十九夫殁，孝事孀姑。嗣子鸣鹤娶某氏，生子又殁，氏抚遗孙成立。匡氏，张守模妻 匡桐女。年十九夫殁，子永坤。匡氏，监生纪熙本继妻 匡煜女。年二十九夫殁，家赤贫，氏守节，抚夫前室子旭撰成立，苦节五十余年。旭撰，生员。周氏，孙灿妻 周霖女。氏少失怙，年十九夫故，遗孤士斌尚幼，姑又相继卒，贫无立锥。氏母弟习圣，迎氏养于家。氏守节抚孤，士斌授室旋亡，氏率孀媳高氏，苦志坚守，年逾七旬卒。高氏，孙士斌妻 士斌早孤无子，氏孝事孀姑周氏，守节终身，一门双节。李氏，王栻妻 李从女。夫殁，抚幼子成立，卒年七十八。子龄芝，廪生。蔡氏，廪生王龄芝妻 夫殁，氏年二十八，抚孤岱青成立，一门双节。徐氏，赵轶晋妻 徐介辉女。薛氏，邱某妻。殷氏，陈永妻。殷氏，高燕业妻 武生殷龙夔女。单氏，谈弼龙妻 高密单为凤女。年二十七夫殁，勤女工以养翁姑，后以忧劳卒。李氏，马凤巢妻 高密李钧女。杨氏，戴锡江妻。刘氏，魏杞妻。胡氏，薛百城妻 胡芳女。于氏，高随方妻 于吉业女。年二十一夫殁，守节三十余年，嗣子振麓。林氏，张玉阶妻 林天杓女。年二十八夫殁，抚子希燕、希年成立。邓氏，孙一韩妻 邓元焓女。孙氏，栾立基妻。孙氏，匡渭妻 武生孙志芳女。年二十六夫殁，守节三十三年。朱氏，王琦妻 年十八夫殁于外，食贫养病姑，守节六十余年。张氏，周从云妻 张汉三女。年十九夫故守节，嗣子卯年。高氏，周有年妻 高蔚森女。年二十四夫故守节。刘氏，周柏年妻 刘莅女。年二十四夫故守节。子毓琇。隋氏，周荣年妻 隋凯女。年二十夫故，氏守节抚孤。长子毓玮早卒，氏率寡媳孙氏苦志坚守，后数年，次子毓琨又卒，媳邱氏以烈著。氏艰难备尝，冰操益励。邱氏见学表烈节。孙氏，周毓玮妻 孙启猷女。年二十夫故，氏守节，孝事孀姑隋氏，子光远。宋氏，张凤鸣妻 年二十五夫殁，氏抚五月遗孤成立。宋氏，韩焌继妻 宋永祺女。年二十三夫故，氏守节五十四年卒，嗣子舜基。窦氏，朱克宽妻 窦桢女。窦氏，刘元桐妻 窦桢女。毕氏，崔元琛妻。冯氏，张志忻妻 冯立建女。年二十七夫故，氏守节五十年，卒年八十。丁氏，张大和妻。法氏，薛荣妻。黄氏，法天时妻 子玫。韩氏，宋冈陵妻 韩宽女。陆氏，萧士枚妻 陆相臣女。年二十九夫故，守节四十七年，子二：

---

① 诟谇：辱骂。
② 针指：指做针线活。
③ 饷馌：往田头送饭。
④ 养给：指生活所需得到满足。

圻、埙。**黄氏，韩琚妻**武生黄光炎女。年二十五夫殁，嗣夫伯兄中选次子振达为子。氏性婉挚诚笃，事翁姑能尽欢，翁每以其孝行语所亲。及翁殁，昼夜侍姑侧，劳悴备至。姑耄年昏瞀，恒中夜起，忘氏为谁，挞楚[1]之，氏百端开谕，比姑悟，或已达曙，终无倦。伯姒[2]李，先姑卒，临危泣语氏，以不获终养姑为憾，且属以诸幼弱，氏奉姑终天，教子侄皆成立。**陆氏，栾文彩妻**食贫守节，养亲抚孤，卒年七十五。**张氏，赵淮妻**监生张德修女。年二十八夫殁守节，孝事翁姑，与叔姑黄氏一门双节。**樊氏，于焕妻**樊朱女。年二十二夫故，氏苦志守节，卒年六十五。**周氏，理问职张顺雁妻**监生周汝舟女。年二十三夫殁。姑栾，年已逾七十，恸极不欲生。氏忍死慰姑，请以夫堂兄群雁子庸坊为嗣。日夜提携侍姑侧，姑常中夜哭，氏百端劝解，姑意往往达晓。姑益老，每食，氏手匕箸以进，一卧起，婉转为扶曳。姑年九十七患痢，裙牏浣涤，氏无一肯委人。六阅月，姑殁，氏病甚犹，强起理含殓事，时庸坊已入泮，涕泣劝止，不听。由此病剧，姑葬竟不能起，终身憾之。**吕氏，高蔚同妻**年二十七夫故，守节二十余年卒。**宗氏，姬甫月妻**。**田氏，宋以纯妻**。**田氏，于泰五妻**诸城田玉女。**魏氏，张世俊妻**魏崙女。年二十八夫殁，抚孤守节，卒年七十九。**魏氏，李元妻**。**逄氏，王殿元妻**。**辛氏，丁延儒妻**即墨辛延龄女。**傅氏，辛从璇妻**监生傅珩女。年二十七夫殁，守节。**傅氏，薛寿松妻**监生傅席儒女。年二十四夫殁，氏守节，孝养翁姑，卒年七十八。**傅氏，王汉妻**监生傅钦女。**石氏，王文绂妻**石宗基女。年二十九翁及夫并殁，孝事病姑，抚二子奎、炯成立。**高氏，陈和妻**高钦女。年二十二夫殁，抱子佣工以养姑二十年。**邢氏，周大训妻**生员邢宏绪女。夫殁无子，氏誓以殉。夫弟武举大诏妻蔡氏劝止之，时蔡只一子从义，即以为氏嗣，氏乃不殉。从义武解元，见选举。蔡氏寿百有三岁，见《祥异》。蔡氏子从恕，岁贡生。**高氏，生员宋谦妻**。**高氏，庄文堂妻**高立业女。嗣子桓。**高氏，赵华年妻**高攀寅女。嗣子百禄。**邱氏，监生匡大中妻**邱兆新女。年二十七夫故，守节。**李氏，马本妻**。**王氏，高正业妻**王廷价女。**张氏，孙履祯妻**张新远女。**李氏，刘士健妻**李子玉女。抚孤守节五十余年。**李氏，邓文桂妻**。**王氏，周思文妻**年二十二夫故，守节，抚嗣子福成、福安成立，守节二十五年卒。**王氏，周亮成妻**年二十五夫故，守节，嗣子举荣。**贺氏，周亮泰妻**年二十三夫故，守节五十余年，嗣子举廉。**王氏，周蕙传妻**年二十五夫故，守节，嗣子甸中。**殷氏，周懋传妻**年十九于归，甫六日夫殁，苦志守节，以纺绩事翁姑，备极艰辛。嗣子甸春。一门五节。**王氏，马廷枋妻**王以杰女。年二十一夫故，守节。**张氏，孙振家妻**封职张人林女。年二十九夫殁，守节，嗣子丕宪。**周氏，邹世栋妻**。**于氏，杨廷桂妻**监生于音女。**冷氏，王以倬妻**冷宽女。**孙氏，刘文启妻**食贫守节，抚遗腹子成立，卒年七十一。**朱氏，战志儒妻**朱永辉女。年二十三夫殁，矢志守节，卒年七十六，嗣子在祥。**杨氏，贤克承妻**杨缙女。年二十八夫殁，守节。□子长庆成立，后至道光三十年，补旌。**朱氏，王宗适妻**。**赵氏，刘思麒妻**赵见元女。年二十二夫殁。**赵氏，匡大本妻**赵良臣女。年二十二夫故，守节。**赵氏，郝业清妻**赵云亭女。**赵氏，高煜文妻**。**姜氏，栾振基妻**。**姜氏，王然妻**。**周氏，李世盛妻**年二十八夫殁，氏守节，卒年七十九。**周氏，孙玉妻**年二十二夫殁，氏守节，卒年五十四。**高氏，监生孙铎妻**监生高凤仪女。夫殁，抚四子成立。友昆，理问职；荣晧，武举候选卫守备；友于，举人，任兵部武选司员外郎；友尚，副指挥职。氏家素丰而勤俭，嘉庆十七年，岁大饥，氏令诸子出粟以赈，又以自蓄钱千缗济营伍兵民，多感之。年九十余卒。**姜氏，赵丕**

---

① 挞楚：鞭打。

② 伯姒：兄嫂。

妻。张氏，朱忠妻张尚文女。年十九夫殁，守节。薛氏，臧士秀妻。匡氏，生员谈傧妻贡生匡[1]大勳女。张氏，赵奎妻张光裕女。嗣子开运。徐氏，孙清江妻年二十二夫殁，氏守节至七十六卒。徐氏，王希三妻。袁氏，刘吉光妻年二十九夫故，守节。袁氏，王某妻翁王作殿，氏事之尽孝。夫殁，氏食贫守节三十年，临卒犹嘱其子善事翁。高氏，辛德润继妻高攀石女。守节三十九年。栾氏，邓宏业继妻栾永春女。氏子长龄。杨氏，匡国锡妻杨毓秀女。子二。李氏，潘木妻。刘氏，孙廷壁妻年二十夫故，守节，卒年七十二。王氏，姜克邦妻。刘氏，高承龙妻刘熹女。年二十六夫故，守节。王氏，韩怀义妻王林女。刘氏，李元龙妻刘吉人女。年二十五夫故，守节三十余年卒。管氏，王位妻管全女。胡氏，王芑妻胡建长女。于氏，匡思宜妻监生于其藻女。冷氏，邹人超妻冷东信女。嗣子龙标，武生。宋氏，石珣妻。隋氏，鲁道宏妻。朱氏，刘滋妻朱应起女。年二十二夫故，守节四十余年。袁氏，杨立业妻袁景清女。年二十二夫故，守节。子玉铉、玉钻。管氏，邱连山妻。赵氏，龚立吉妻赵可信女。柯氏，李怀淇妻封职柯春女。怀淇本生父鹤声，母纪氏，出嗣伯父武生泰，母王氏。事两室舅姑皆得欢心。怀淇殁，氏哀毁得咯血疾。时两室皆贫，寡姑王氏抱痼疾至日不举火。氏以针凿佐菽水，业驴磨常至夜分，不辍。舅姑赖以为食。既而泰复病蛊，起居需人，两孤皆幼稚，不任指使。氏力疾奉养，仍逐驴磨弗息。泰卒，氏含殓如礼，时氏病已甚，及葬，氏犹匍匐攀柩哀号，血大作，执姑手赍恨而殁，卒年二十六。郭氏，韩嗣宗妻与姑管氏同守，一门双节。姜氏，王域妻生员姜质女。匡氏，宋廷楫妻监生匡绳武女。匡氏，赵振珂妻匡文进女。年二十五夫殁。子紫澜。高氏，王云起妻年二十三夫故，守节。张氏，刘佃妻张德元女。嗣子昌龄。薛氏，张惇妻薛瀛女。年二十三夫故，氏守节，卒年七十四。子守朴。齐氏，夏世英妻。韩氏，高蔚璁妻年十九于归，越四月，蔚璁赴关东贸易，卒于外。翁老而贫，氏孝养翁姑，卒葬如礼，乃依母家，苦志守节，卒年八十一。高氏，郭人住妻高贞业女。韩氏，郭方浥继妻韩纯女。子振鹭。林氏，王会页妻林乾女。高氏，王石贞妻高式训女。张氏，傅松茂妻监生张太原女。年二十九夫殁，氏抚遗孤二人成立，守节四十八年。张氏，王延儒妻张云女。嗣子振昌。赵氏，栾永春妻赵致中女。嗣子□。纪氏，赵安妻嗣子惟惠，别本作安甫。高氏，赵轶俊妻高令名女。李氏，匡对超妻年十七夫殁，子植可，卒年八十九。宋氏，监生邓廷讲继妻夫故，氏守节四十余年。宋氏，韩复修妻宋简女。沈氏，范希信妻。尹氏，苗富春妻尹金女。年二十四夫殁，氏守节。臧氏，薛还妻。万氏，高世泽妻万启恭女。张氏，赵世佐妻张大坊女。年二十四夫殁，孝事孀姑，守节五十余年。张氏，高麟薮妻。张氏，邓宷妻张可埙女。夫殁守节，嗣子元琳生员。徐氏，王天畀妻监生徐俟女。年十九夫殁，嗣子应修。张氏，武生刘廷林继妻生员张寿愈女。年二十八夫故，氏守节，嗣子某。薛氏，李櫺妻薛子愿女。薛氏，宋慤妻。薛氏，王基妻。纪氏，郭方德妻纪圣与女。年二十九夫殁，守节。纪氏，王景妻。纪氏，高文斗妻生员纪傚女。李氏，杨思礼妻李从智女。年十八于归，越四月，思礼客远方，卒于外。氏矢志守节，卒年六十六，嗣子继宾。高氏，张思法妻。于氏，匡乾瞻继妻夫故，抚夫前子燕镐成立。燕镐，廪生。高氏，阎守约妻高华业女。年十七夫故，氏守节。王氏，黄瑞妻年二十七夫故，氏守节，卒年五十三。嗣子光奂。朱氏，黄光奂继妻朱沄女。年二十二夫故，守节，子训亦早卒，与寡媳同守志。刘氏，黄训妻刘鸿春女。年二十五夫故，孝事孀姑，嗣子成勳。王氏，张四妻。陈氏，王音宏妻

---

① “匡”，底本作“黄”，讹。据道光《重修胶州志》改。

陈江女。年二十夫殁。史氏，韩士照妻。王氏，高智妻王福增女。守节六十三年，卒年九十四岁。王氏，傅介璘妻王其建女。年二十九夫殁，氏守节抚遗孤成立。王氏，周世镐妻。王氏，赵吉孚妻增生王朝栋女。年二十八夫殁，氏守节。子庆善。王氏，赵元瑞继妻年二十五夫殁，氏守节三十四年卒。王氏，薛泌妻。王氏，张训在妻。王氏，薛久谦妻。王氏，邢进和妻。王氏，高蔚侃妻。王氏，李怀泗妻王廷维女。年二十八夫殁，守节。王氏，生员杨芳淇妻王森女。年二十八夫殁，越三月，生遗腹子培基。氏素多病，辛苦抚孤成立。先是氏夫与夫弟鼎勳久析居，鼎勳发解[①]后北上，资斧不给。氏售己田十余亩助之，复同爨，鼎勳客京十载，家无宿舂[②]，氏历凶岁，艰苦备尝，无怨言。王氏，郭士谨妻。王氏，唐秉光妻。王氏，胡凤舞妻高密王来仪女。年二十四守节，卒年六十。王氏，匡鸣翰妻。王氏，卢永堂妻王斌女。年二十七夫故，守节四十年卒。子景扬，生员。王氏，崔岳妻吏目职王延年女。王氏，杨法颜妻。刘氏，吕诚妻刘法仁女。刘氏，王鸿任妻刘永浩女。刘氏，王其维妻刘平女。刘氏，黄霈妻子元佐。刘氏，周学先妻年二十五夫故，氏守节，事姑抚孤，备极艰辛。孤长，氏假族人麦数升，磨面炊胡饼，遣子市里中，积息收藏数年。为子完婚，乃佃田数亩专农业，现年八十一岁，子端。宋氏，纪熙元妻。姬氏，吴堃妻姬子文女。姜氏，刘寅妻姜文玉女。年二十六夫故，守节。姜氏，李世泰妻年二十七夫殁，守节七十三年。张氏，朱兰妻年十九于归，数月夫殁，家赤贫，氏孝养翁姑，嗣子成德。张氏，王全妻。马氏，范均妻。任氏，王之奎妻。李氏，薛福妻。张氏，赵泰复妻。王氏，常梓妻王树勳女。年二十九夫故，抚嗣子光绶成立。女适丁，夫卒，亦以节著。常氏，丁某妻常梓女。赵氏，周士茂妻赵嘉德女。年二十一夫殁，氏抚孤守节，卒年六十八。王氏，李壎妻王度女。年二十于归，越八月，夫殁，氏苦志守节。王氏，王文远妻夫殁，翁姑相继殁。氏鬻产葬亲，携遗腹子吉佣工。周氏，王锜妻周坊女。子显曾。王氏，赵连妻嗣子凤喈。薛氏，杨圣功妻薛建女。氏子纯。殷氏，杨逢利妻殷存校女。氏子道继。袁氏，杨兆祥妻夫殁，氏守节。子元淇。赵氏，薛代富妻赵之九女。子奎。邓氏，李云鹤妻邓翔可女。嗣子永灏。刘氏，张廷训妻刘汝淮女。年二十二夫故，守节四十八年。徐氏，张廷让妻徐世禄女。年二十五夫故，氏守节四十四年卒。黄氏，张世增妻黄玲女。年十九夫殁，苦志守节。郜氏，庄成妻郜钧女。子锡九，监生。陈氏，于维业妻子振兴早殁，嗣孙瑞龄。杨氏，刘继元妻杨永昆女。年二十八夫殁，守节，抚子玉秀成立。张氏，相顺妻张金女。李氏，监生周元焘继妻年二十九夫殁，氏事姑尽孝，抚前室子女成立。匡氏，武生徐应元妻匡启佑女。年二十夫殁，守节。李氏，王蕖芳妻李敏学女。嗣子詠。刘氏，高成峒妻卫人刘树菴女。嗣子镇。陈氏，刘本妻陈德仪女。陆氏，岳宏礼妻陆应明女。黄氏，傅绍咸妻黄琛女。柴氏，刘有瑞妻柴文璞女。年十九夫殁，抚嗣子成立。戴氏，孙克一妻。邵氏，韩露妻邵永杰女。阎氏，马雯妻阎文选女。年二十五夫故，守节。廖氏，姜秀宗妻廖启斋女。刘氏，管承教妻。刘氏，范原妻年二十四夫故，守节。乔氏，杨克绥妻年十九夫故，孝事祖姑及翁姑，苦志守节。张氏，邱思源妻夫故，守节六十二年。冯氏，张琦妻子履道。赵氏，刘进业妻赵蓁女。年二十三岁夫殁，守节。嗣子凤林。郭氏，贾铤妻郭人昇女。年二十三夫殁，守节，嗣子若桢。张氏，监生法会妻湖北江夏县监生张芳女。年二十七夫殁，抚子庆延成立。赵氏，孙成玉妻诸城赵大女。夫殁无依，为人佣工以给，抚二子成立。徐氏，谈廷献妻徐陆女。夫殁家

---

① 发解:明清时乡试举人第一名称为解元,考中举人第一名为“发解”。泛指乡试考中举人。

② 宿舂:指少量的粮食。

贫，后翁殁，氏告贷以葬，抚四岁孤除成立。孙氏，徐原妻 孙若连女。年十七夫殁，苦志守节三十三年卒。匡氏，邹云景妻 匡继岩女。年二十五夫殁，守节，卒年八十三，子天泰。叶氏，邹云瑞妻 叶兆麟女。嗣子天和。李氏，王永泰妻 李桐女。嗣子观。李氏，韩跃龙妻 李士远女。年十八夫殁，孝事衰姑，嗣子肇兴。匡氏，生员邹咸临继妻 监生匡梦龙女。年二十二夫殁，无子，食贫，事姑抚弱女，守节卒。汪氏，王晋妻 汪凤辰女。年二十六夫故，守节。栾氏，王赞妻 栾守经女。年二十三夫故，与姒汪氏同守节。管氏，杨永炅妻 管铸女。年二十夫殁，现年八十八，子中□。于氏，杨永明妻 于敬女。年十九夫殁，卒年八十五，子中立。王氏，杨圣柏妻 王礼女。年二十一夫殁，现年七十九，子谦。杨氏，韩志照妻 杨镇女。年二十夫殁，卒年七十六，嗣孙绪宗。薛氏，赵福颜妻 薛丕基女。年二十三夫殁，嗣子应魁。王氏，韩秉端妻 王宗雨女。年十九夫殁，现年六十九，子瑞。管氏，李在道妻 管旭女。年十九夫殁，卒年八十七，嗣子倖。谈氏，张维型妻 谈世瓒女。牟氏，朱士松妻 牟翰文女。食贫守节，嗣子元英。王氏，孙云师妻 王泽女。年二十五夫殁守节。子瀛峤、瀛岱。张氏，宋湄妻 生员张焓女。夫殁无子女，家赤贫，夫兄滋与嫂又继殁，遗幼子女。氏抚之成立。氏以针黹养姑，嗣子震龙。姜氏，王玺妻 姜金女。张氏，李夏妻 张贡女。刘氏，李栋妻 刘得善女。杨氏，彭士玉妻 杨修道女。刘氏，生员赵望诸继妻 刘训女。年二十八夫故，依族人度日，越六旬生遗腹子复承，氏鞠育备极劬劳。及长，延师课读，克继家声。复承，生员。徐氏，吴季挺妻 徐灏女。夫故守志，抚嗣子怀琦成立。怀琦，生员。马氏，臧可举妻 马士文女。年二十六夫殁，守节。嗣子镛。吕氏，宋景灿妻 吕志立女。子浩珍。张氏，高隽方妻 监生张作圻女。年二十八夫殁，守节，子振元。于氏，高徽吉妻。郭氏，李友善妻 郭人彬女。年二十九夫殁，以针黹养姑，抚孤松龄成立。汤氏，周大贵妻 夫殁守节。张氏，孙田妻。王氏，孙朝楕妻 年二十一夫故，苦志守节四十五年。林氏，徐守田妻 林宦清女。年十九夫故，无子，家赤贫，拮据营葬，孝事翁姑，姑又殁，丧祭如礼。翁瞽且病，时年已七十余，氏奉事尤谨，族人助之葬。守节已三十一年。刘氏，王觐光妻 刘塄女。嗣子龙竹。周氏，苏肇敏妻 周文丰女。子春雯。赵氏，张芳桂妻 赵岳棠女。年二十三夫故，氏抚夫前室子省成立，卒年四十九岁。孙氏，赵芹妻 孙惠道女。朱氏，战之玉妻 年二十二夫故，守节四十九年卒。姜氏，徐玉林妻 生员姜太璞女。嗣子应基。王氏，徐玉树妻 王怡青女。嗣子应绍。王氏，庄珪妻 高密王秉云女。子兆恒、兆惇。于氏，张首栋妻 于万传女。子德聚，生员。张氏，庄尚鋕妻 张志女。子书珂。贤氏，孙廷枢妻 贤均女。守节三十六年。子俭。张氏，刘廷祥妻 张瑞女。赵氏，刘芳春妻 赵廷珍女。王氏，生员杨景嶟继妻 年二十九夫故，守节。杨氏，徐守心妻 生员杨景嶟女。年二十六夫故，氏守节抚孤成立。子宗咸。赵氏，韩忠业妻 赵鍙女。年二十五夫故，守节。嗣子永礼。于氏，吏目王世范妻 生员于椿荣女。年二十七夫故，无子，氏苦志守节。于氏，生员张曾霈继妻 于景业女。年二十四夫故，家贫，氏守节，以针黹度日，抚夫前室子祖枚成立。孙氏，潘成美妻 成美以行伍从征噶尔丹，阵亡。氏年二十八生遗腹子世彦。氏事姑抚孤，备尝艰辛，世彦又早卒，停柩十二年始克葬。氏苦节四十余年卒。纪氏，武生法梦诗妻 年二十五夫故，翁得茂，官贵州守备。逾年，翁又卒于任所，夫弟服贾出外不归，家赤贫。氏奉孀姑尽孝。姑殁，氏与翁侧室萧氏，依夫族叔德龄度日，同苦志守节。王氏，冷宝璠妻 王以诩女。年二十八夫故，守节三十四年卒。子暟扬、运昶。崔氏，羊晋妻 年二十五夫殁，守节。子宏度、宏宽。周氏，宋瑞周妻 周坊女。年二十一夫殁，氏守节三十七年。嗣子锡桓。朱氏，布政宋可发妾 守节终身。孙氏、于氏、刘氏，知县赵履谦妾 青年苦守，完节终身。范氏，贡生高淳妾 年二十淳殁，氏抚孤国梓成立。国梓卒，又抚孤孙。苦节六十余年卒。邓氏、徐氏，灵山卫主簿唐士魁妾 士魁《旧志》作士选。士魁殁，两氏年俱二十余，家贫无子，苦节相勖，不受馈遗，卒年皆八十余。以上节妾见《旧志》。沈氏，监生徐思恭妾 苏州人，事思恭母蔡、嫡室宋甚谨。氏生二女。思恭客游而宋殁，氏抚宋子女如己出。思恭殁于外，柩归，氏谋窀穸①有条理。蔡殁，氏以所蓄供丧葬，悉如礼。嫡子恒业娶万氏，三年恒业殁，遗一女。万亦依氏守节，旋卒。氏抚万遗女，嫁之。卒年六十三。孙氏，李承宗妾 嫡室张，病废不能侍姑，以氏孝谨，张爱之如妹。张殁，氏哀为废食。承宗殁，氏子璟七岁，氏以纺绩佐食，为璟谋从师。氏年老，亲族皆钦氏节，拟为请旌，氏力止之。璟殁，氏年八十余，率孀妇抚幼孙食糠衣鹑以终。李氏，武举纪元凯妾 李甫女。元凯妻张无出，纳妾赵生二女，继纳氏。二年而元凯殁，氏年二十一，遗腹生男，周岁殇，乃以奉嫡为己任。嫡患痰火，食饮无恒时。元凯素贫，所遗孀弱，赖其弟瞻顾。弟亦贫，所给无多余。氏拮据以供家，益窘，因日赴居近族人家为操作，自啖糠秕，携所得食物归奉嫡，如是十七年。嫡殁时，赵所生二女皆已嫁，赵得就食女家，氏益无依。方孤殇时，邻有为所亲谋室者，隐讽氏。氏拒之厉，后遂无敢再言者。及嫡殁，元凯弟垂病，虑氏终靡归，劝其早自计，氏勃然曰："吾苟自计，岂迟至今日乎？幸勿念！"逾日，元凯弟卒，族人闻氏语，咸慨叹。为敛资，召赵归，同业磨麦为活，犹辗转储钱，以时焚奠于其主墓。杨氏，举人匡晖吉妾 苦志守节。孙氏，知县匡伾妾 伾殁于江苏，惟氏在视，含殓携幼女扶柩归里，侍伾母二十年，氏卒年六十。冷氏，生员法峨妾。顾氏，监生王甫棠妾。宋氏，监生傅雯妾 雯殁，氏年三十，守节三十六年卒。子松涛。张氏，高士泳妾。王氏，从九品郭怀清妾 王云甫女。苦志守节。子斗珠，生员。管氏，韩孝先妾 年二十四孝先殁，时遗孤嗣宗方周岁，氏守志抚孤成立。后嗣宗贸易，卒于京师，氏质衣服归其柩，与孀媳郭氏同守节。

灵山卫汇旌节妇　惠氏，监生王守业妻 生员惠恺女。年二十一夫故，守节四十九年卒，嗣子煦。张氏，毕大辂妻 张士炯女。年二十六夫殁，守节五十六年卒。子麟书，生员。王氏，张经妻 王懋基女。年二十三夫故，守节。嗣子梦钧。陈氏，王庚妻 生员陈所志女。年二十七夫故，守节。嗣子梅鹤。毕氏，王绚修妻 毕春园女。年二十三夫故，守节。子负薪。姜氏，生员魏因亦妻 姜永泰女。年二十五夫故，守节。嗣子锡爵，生员。王氏，魏理宗妻 即墨王廷悦女。年二十四夫故，守节。嗣子振行。

灵山卫院表节妇　程氏，生员朱溶如继妻 训导程洲女。年二十一于归，越七旬夫殁，氏誓以身殉，投缳被救，不得已，守节以终。嗣子栋，生员。杰，监生，表失年。郭氏，匡维上妻 年二十夫殁，守节。嘉庆二十五年表。薛氏，石均妻 年二十二夫殁，氏誓愿守节，甘贫茹苦计四十余年。道光元年表。陈氏，侯晋妻 年二十夫殁，守节。道光四年表。宋氏，宗果妻 岁贡宋以恒女。年二十二夫殁，守节四十四年。道光十一年表，殁年六十五岁。嗣子联芳，廪生。殷氏，增生魏思聪妻 年二十六夫殁，守节。冯氏，张培元妻 年二十二夫殁，守节。以上二氏皆道光十三年表。

卫官表节妇　焦氏，苏继祖妻 贡生焦亮女。继祖未娶，遘疯疾不起，愿毁姻。氏年十九，闻之大恸，即归继祖，侍汤药二载。夫殁，氏为夫立嗣，抚养备尝艰苦，守节五十年卒。卫官表。宋氏，朱永嗣妻 夫殁，氏年十九，抚数月遗孤成立，年八十四卒。卫官杨表。陈氏，侯于周继妻 年二十九夫故，家贫，氏亲操井臼，事姑抚孤，备尝劳瘁。姑卒，氏经营丧葬，悉如礼。卒年八十八，卫官表。陈氏，张自修妻 生员陈文远女。氏年二十三，夫殁，守贞。事翁姑无缺礼，抚遗孤成立。子鹏翼，生员。卫官表。王氏，宗如砥妻 年二十六，夫殁，守节。孝事翁姑，抚遗孤启昌成立。卫官表。张氏，翟聚妻 于归后，翁老而盲，氏奉事无懈，生子国保，翁及夫相继殁，

---

① 窀穸(zhūn xī)：墓穴。

又生遗腹子国章。氏年二十四，苦志坚守，抚二子成立。尹氏，唐哭妻 年十九夫故，守节。孝事翁姑，抚嗣子凤来成立。

灵山卫学汇表节妇 王氏，吴六妻 于归数月夫殁，无子女，食贫守志六十余年，通政司张若麒闻氏苦节，馈粟二石布二匹，氏愕然曰："通政非吾戚里，受之何名？"力辞不纳。卒年八十余，里人葬之。陈氏，生员宋栻妻 州人陈仰泉女。年二十五夫殁，遗孤其璲尚幼，氏孝事孀姑，抚子成立。夫兄樟远游不返，遗一子一女，氏教育之不异己出。年七十余卒。宋氏，张俊妻 氏幼失恃，育夫家，能遵翁姑训。成室后生子而夫殁，氏年二十六，矢志守节。未几，孤又夭，夫弟尚幼，氏孝事双亲，亲卒，丧葬如礼。后为夫弟杰授室，杰生四子。氏继其次子为嗣，同爨者四十余年。及析居，氏令四分其产，人服氏贤而能让。王氏，生员张六仪妻 州生员王永真女。夫殁守节，嗣子希栻。以上见《旧志》。唐氏，程藻妻 夫殁，孝事衰姑，磨麦以给。幼子奉先废学鬻饼，里人王先生见而器之，教之读书，入泮①。孙豫亦生员。氏卒年七十。乾隆二十八年，里人立碑，纪其节。陈氏，程致中妻 夫殁于辽东，氏奉姑抚子六十九年，卒年九十二。陈氏，苏铨妻 年二十三夫殁，无子女。氏抚从子希贞为嗣，希贞以独子归宗，氏无可继，乃与嫂姜氏共抚之，历艰苦四十余年。后希贞以军功授明威将军，因氏与姜年高，告终养归。越二载，氏殁，年七十余。高氏，生员苏希辙妻 年二十三夫殁，氏守节三十余年，抚孤成立。匡氏，生员张若朴妻 州人匡吉女。宋氏，程梦龙妻 生员宋鹤书女。柴氏，陈绍虞妻 柴式宗女。年二十六夫殁，身亲薪水，孝养孀姑，卒年六十七。金氏，陈以桐妻 夫殁，守节。陈氏，王桐妻 拔贡陈勖女。年十九夫殁，守节三十八年卒。金氏，监生卢永勳妻 廪贡金廷瓒女。夫殁，守节。萧氏，唐钲妻 夫殁，守节。张氏，生员陈栻妻 武生张怀民女。子元贞。王氏，石文玉妻 州人王世贞女。年二十九夫殁，遗孤润甫二岁，氏守节抚孤，依母家度日，备历艰辛。崔氏，詹存诚妻 年二十四夫殁，遗孤礽方四岁，氏守节抚孤成立。杨氏，王思忠妻 夫殁，家赤贫，子海夫。兄逼嫁，氏不从，携子佣工，后为子纳妇，僦②屋守节以终。王氏，阎绪龄妻 武生王克迈女。年二十七夫殁，事姑尽孝，抚二子会晟、会昇成立，会昇从九品。薛氏，武生陈绍平继妻 嗣子芸台，武生。匡氏，程垣妻 匡永焕女。年二十三夫殁，氏守节三十年卒。薛氏，生员朱渊如继妻 夫前室生二子，氏生子杰，而渊如殁，氏又生遗腹子果。氏年二十五，矢志守节，孝事翁姑，抚前室子如己出，卒年四十八。生氏，郑志恭妻。匡氏，生员惠克宽妻 年二十五夫殁，卒年七十六。周氏，武生柳大樟妻 周世明女。夫仰药卒，氏年二十一，孝事继姑，守节五十九年卒。嗣子梦祥。焦氏，生员朱霍妻 年二十七夫殁，遗孤濬如甫三岁，氏事姑抚孤，后濬如又卒，氏与寡媳陈氏同守节以终。陈氏，朱濬如妻 年二十二夫殁，守节。孝事孀姑焦氏，抚遗孤杞成立。一门双节。殷氏，增生苏洽焜继妻 年二十六夫殁，遗孤楷方四岁，氏守节抚孤。楷授室后又卒，氏率寡媳薛氏同守，抚孤孙玉麟、玉成成立。薛氏，苏楷妻 年二十一夫殁，孝事孀姑殷氏，抚孤成立。一门双节。李氏，石材妻 年二十一夫殁，遗孤甫五岁，家赤贫，氏守节抚孤。后孤又夭，氏以针黹度日，卒年五十八。族人为立嗣，并勒石表之。嗣子文礼。朱氏，增生陈荃妻 朱维珍女。年二十六夫殁。氏依母家，抚孤督课维严，俾能成立。卒年六十二。子其铉、其铉，其铉，生员。吴氏，石腾先妻 年十九夫殁，遗孤上奎，越十载又夭。氏苦志守节，嗣子格。陈氏，生员张学义妻 年二十一夫殁，守节。子钊。董氏，柳全妻 董经女。张氏，郝琮妻 张忱女。抚孤，守节六十五年卒，子绪清。郝氏，宗景之妻 郝瑾女。夫殁，守节。郑氏，武生侯泽郊妻 子继功早殁，与寡

① 入泮（pàn）：指中国古代学生的入学仪式。

② 僦（jiù）：租赁。

媳薛氏同守节。薛氏，侯继功妻 孝事孀姑郑氏，一门双节。宗氏，薛润泽妻 宗克信女。陈氏，薛应骥妻 陈成甫女。李氏，郝士杰妻 李铎女。生氏，徐成妻 徐成佃种人地，夫耕妇馌[1]，勤苦力田。生子福强，甫三岁而夫殁，又生遗腹子福盛。氏年二十三，誓抚二子，苦守操作，输租赡家，二子俱成立。王氏，州同王敬业妻 州同王懋基女。于归二载夫殁，守节。王氏，刘汶妻 监生王言书女。年二十六夫殁，守节二十三年卒。宗氏，薛榧妻 于归月余夫殁，苦志守节二十八年卒。许氏，毕麟阁妻 年十八夫殁，守节。许氏，张志端妻 年十七夫殁，守节五十余年卒。陈氏，苏守仁妻 夫殁，守节。李氏，金以诚妻 年二十四夫殁，守节。薛氏，王某妻 夫殁，守节。某氏，从九品张麟祥妾。

灵山卫州表节妇 王氏，薛燕文妻 年二十一夫殁，守节五十余年。嘉庆十五年表。吕氏，监生刘延寿妻 年二十五夫殁，卒年七十六。卢氏，傅振浩妻 以上二氏皆道光二年表。孙氏，薛焯妻 夫殁，守节。卒年九十五。谈氏，薛櫺妻 年十七夫殁，守节四十九年卒。以上二氏皆道光四年表。卢氏，朱希轫妻 卢开基女。道光十七年表。

灵山卫学表节妇 生氏，张福盛妻 生可德女。年十九夫殁，抚遗腹子有成立。乾隆年表。逄氏，生员张宏妻 逄汉文女。夫故，守节。

特旌殉夫烈妇 匡氏，张续清妻 匡如櫍女。氏归续清半载，而续清疾笃，氏与夫诀誓必殉，及夫殁，呼号触地死，既而复苏，视夫含殓，拜辞姑与其父母，遂自经。顺治十七年旌。张氏，韩士楷妻 庠生张懋烇女。士楷病，氏亦病，氏扶病侍夫，昼夜不懈，士楷故，氏整容自经。旌失年。薛氏，李沅妻 夫殁，氏自经，时年十九。张氏，法象爔妻 夫殁，氏自经。纪氏，高时妻 夫病，氏尽卖衣饰供药饵，及殁，氏断食供含殓。一女字冷姓，招姻母付以童媳，氏乃自经于柩侧。以上三氏皆康熙二十年旌。张谦宜拟乐府《为烈妇纪氏作》：寡鹄飞何迟，翦翦凋双羽。一步一悲鸣，闻者泪如雨。且莫泪如雨，听歌纪氏女。女气秉懿良，许身一何庄。方其侍父母，影不溢闺房。十岁学刺绣，初认画鸳鸯。颇受邻媪教，此鸟生成双。其雄脱已死，雌不随群翔。十三学烹饪，便用桂与姜。诚不惜辛涩，所爱烈芬芳。十五学女红，机上割流黄。十六学女仪，薄粉轻檀芗。父母谓成立，饬办嫁女装。阿母何所赠，刀尺络丝筐。阿姨何所赠，红巾绣衣裳。阿妹何所赠，牙合缕金箱。阿爷独不赠，诫以事尊嫜。行行女出门，观者塞路旁。夫婿骑白马，朱舄[2]紫裲裆[3]。女驾青驳犊，匐[4]叶缀银珰。遂到夫婿宅，姑舅坐中堂。新妇前跪拜，阿姑亲扶将。念言儿与妇，翩翩两凤凰。三日引庙见，冢妇职蒸尝。桊韝[5]向中馈，试调新羹汤。姑舅大称好，摄客坐成行。妇咸为办饬，甘毳洁豆觞。客皆飶[6]饱醉，谓有大官方。新妇事小姑，为裁楚制襦。云波自相对，花草自相扶。新妇当杼织，经纬俱密致。札札机夜鸣，烛昏不成寐。舅少方领衫，姑少夹半臂。余帛不自衣，为娣裁作帔。新妇事夫子，戊夜盥栉[7]起。妾本不谙书，读书妾所喜。舅言丁男才，文字光如绮。翁言我婿才，唾手拾青紫。姑绝爱新妇，不令持箕帚。姻党亲戚来，说媳不离口。舅绝重新妇，夸向东邻叟。老年颇顺心，儿子得佳偶。阿翁闻此言，归即告阿母。娇女无童心，会稽持升斗。娇女无燕容，言笑不肯苟。愿令无差池，白发永相守。中道家不造，姑仅得中寿。哀哀小姑来，擗踊[8]谢

① 馌(yè)：给在田里耕作的人送饭。
② 舄(xì)：鞋。
③ 裲裆(liǎng dāng)：古作"两当"，即马甲、坎肩或背心。其名称最早见于东汉刘熙的《释名·释衣服》。
④ 匐(è)：妇女发髻上的花饰。
⑤ 桊韝(juǎn gōu)：卷束衣袖并加臂套。
⑥ 飶(bì)：食物的香气。
⑦ 盥栉(guàn zhì)：指梳洗。
⑧ 擗踊(pǐ yǒng)：悲痛时捶胸顿足，形容极度悲哀。

邱嫂。媪病辗转多，非嫂不至饱。汝舅予阿爷，形容渐衰老。嫂心密于兄，寒燠①先时保。哀哀妯娌来，向前拜邱嫂。姑昔有遗言，若辈俱娇小。新妇幸主张，盐米令明晓。见嫂如见姑，哀念诸孤渺。妇辄大伤心，痛哭缠相抱。新妇治丧资，持家自此始。夫婿不治生，私室清如洗。夫外有交游，妇内典簪珥。头上步摇钗，腕上金跳脱。什袭轻绡衫，编绣金孔雀。是妾嫁时衣，今日不须著。妇女耐贱贫，丈夫宁落魄。愿郎抱大志，文章日歕薄②。何妨侍巾帻，蓬垢日操作。郎心知妾心，下帷闭高阁。揣摩日就深，肌骨日就削。重令佐读人，缫绩兼斸③药。妇每尝一盏，郎或进一勺。相劝复相拒，怒则怡声却。参苓久伤脾，更为求膏酪。广伺所欲啖，饘粥④事精凿。缕缕砍细脍⑤，间杂以馎饦⑥。病久恶人言，屏息待唯诺。君病谓良已，沈沈浸不起。及乎疾大渐，扶坐凭危几。向妾诀别离，言言刺妾耳。初云结发来，半世同糠秕。生得阿母欢，吾心独谢尔。所悲无后嗣，一举得女子。再言不成名，泯泯终于此。继言病弥留，服食深为累。典罄妻子装，是吾没世耻。更为新妇筹，哽咽言旋止。妇前再拜对，大义妾颇识。行捐发肤身，地下从君死。执手话斯须，倏已分人鬼。惟时志妇奇，盼睐睫无泪。便呼娣辈来，为姒综大事。苍黄高氏家，竟不晓妇意。妇起指庾仓，历历皆封识。妇起指庋阁⑦，某所留饧饵。劈划布帛刀，某某分昆季。妇还谓娩若，为吾更制屐。为我更写眉，为我启奁笥⑧。取我旧茜裙，花是儿时刺。绾我断铜钗，是妾愁时置。服此追故夫，慎莫相疑忌。娣乃大错愕，阿舅尚未知。趋令相遣报，舅大惊以悲。先年丧我妻，今又夺我儿。新妇汝良苦，忍令死唱随。新妇汝莫虑，若侄即若儿。吾便同宗老，为汝远大规。志妇了不答，舅乃跪陈词。阿叔哭门外，妯娌哭床头。志妇大愦懑，果粟不下喉。阿娘呼抢地，阿爷呼向天。我昔生此女，曾积何罪愆。新图岂不令，骨肉本生怜。女复有何语，及此相披宣。女还启父母，儿心有所思。不幸有幼女，此后当依谁。叔家孩提多，抚女良不宜。夫婿昔在时，冷氏缔良姻。速迎亲家姆，我将致殷勤。亲母猝相见，妇起坐逡巡。妾有临死语，不次为具陈。抱女置姆膝，终非高氏人。妾死岂相待，不见婚嫁晨。念此女生日，妾实亶艰辛。今且无父母，弃如道旁尘。怜儿定怜妇，姑即为慈亲。亲姆倘见许，死亦不复颦。亲姆已颐颔，浪浪涕沾巾。妇便启小椟，婴儿服饰新。襜褕三四叠，藻绣妙若神。所弄诸佩环，琐细镂钿银。凤苴数十緉，附以短衾茵。旁人见此物，泣不能仰视。志妇徐付托，了不觉憔悴。袖出一版书，云是先夫字。上记典物状，裾夹杂珠翠。寄与亲家翁，微物不可弃。昔妾出门时，母娣所办治。藉曰不适时，聊以寄妾志。幸示所生女，俾知母所遗。他若合与箱，总是君家器。亲家姆报可，妇起据床跪。断食已七日，皤然负劲气。哀此黄口雏，绝不知痛楚。谓母将归宁，坐怀索乳哺。志妇更含笑，今日尽尔乳。便指冷氏姑，此母当哺乳。掬袂拜妯娌，努力奉所尊。阿叔便承家，勉侍饔与餐。娣有何音问，与姑地下言。妯娌不能言，血泪如芄兰。舅不复敢拒，袒免环三族。仰视天茫茫，乃降此酷毒。上奠郎君椓，下布莞蕈⑨席。妇便坐椓旁，丝缳适当嗌。绰约所娇女，还来附娘膈。见人啼亦号，龁指情难释。妇颊亦不白，妇颊亦不赤。但微一脱手，引颈还觇觇。俯身掣丝缳，委顿无反侧。气定散为虹，血定凝为碧。烈烈高家妇，气绝不复续。娣前抱嫂尸，徐纳饭含玉。阿舅见两棺，声声不相属。父母转昏眊，哭额向棺触。姻友互慰劳，生女如此足。邱墓在何乡，城南环崇冈。王氏有双女，高坟肩相望。秋草不敢生，行人拜道旁。交交鸳鸯鸣，月黑天雨霜。**邱氏，仇文玉妻** 文玉死于庐墓，氏闻之，不食死。康熙二十三年旌。**高氏，周大椿妻** 贡生高湓女。夫殁，氏自经。旌失年。**王氏，宋承**

---

① 寒燠(yù)：指冷热。
② 歕薄(pēn bó)：喷薄，喷涌。
③ 斸(zhú)：大锄挖。砍。
④ 饘(zhān)粥：亦作"饘鬻"，稀饭。
⑤ 细脍：指精细的食物。
⑥ 馎饦(bó tuō)："面片汤"的别名。中国的一种水煮面食。
⑦ 庋(guǐ)阁：搁置器物的架子。
⑧ 奁笥(lián sì)：奁，古代妇女梳妆用的镜匣。笥，盛饭或盛衣物的方形竹器。
⑨ 莞蕈(guān tán)：草席。

宗妻 灵山卫廪生王焜女。孝事孀姑，夫病，氏易簪珥①以供药饵，夫殁，氏拜娣姒②代养姑，遂自经。乾隆十七年旌。以上皆见《旧志》。宋氏，邓世玑妻 夫殁，氏自经，家人救苏，次日复自经死。乾隆二十五年旌。王氏，高攀云妻 夫殁，氏自经。嘉庆元年旌。王氏，高敬立妻 岁贡王椴女。年二十二夫殁，氏有遗腹，誓以男则守，女则殉。既而生女，氏遂自经。嘉庆五年旌。张氏，从九品李怀源妻 训导张宾雁女。夫葬后，氏自尽三次，家人解救，卒以缢死。侯氏，张瑞妻 侯文照女。瑞赤贫，佣于商，氏孝事姑，姑殁，尽哀。嘉庆二十二年瑞病笃，氏祷于神，求以身代。次年瑞殁，氏亲为含殓，又支典屋资买葬地，偿夫宿债，还夫所借邻人器物，于葬夫前六日，带己衣物归母家，尽为分散，拜别亲故，即日回，自缢于夫柩前，氏时年二十九。瑞固无亲族，里人葬其两柩，岁贡赵岳梋等更醵金，请旌，筑其墓而立碑焉。高氏，生员胡鸿纬继妻 高攀贤女。夫殁，氏自经。以上三氏皆道光二年旌。孙氏，杨珪妻 监生孙振堂女。夫殁九日生遗腹子立鈊，遂不食死。徐氏，祝瀛年妻 夫殁，氏以身殉。以上二氏皆道光十二年旌。冯氏，举人张仲光妾 仲光榜名芳，氏直隶人，为江西商曾姓养女。仲光患病数年，氏勤侍不倦。仲光殁，氏自经。道光三年旌③。

汇旌殉夫烈妇 高氏，生员殷澎妻 高煦女。翁有功，以武进士官广西，姑未随任，氏奉养尽孝。年二十九夫殁，越三日，氏自缢于柩前。子兆凯，生员。朱氏，彭廷李妻 朱士谟女。年二十五夫故，夫葬后，氏仰药卒。王氏，监生张庄妻 王缵庸女。年二十四夫故，夫葬后，氏仰药卒。嗣子若曾，生员。杨氏，董凤祥妻 杨文锡女。孝养翁姑。年二十三夫殁，氏仰药卒。嗣子允宣。逄氏，赵云织妻 逄士奇女。年二十八夫故，氏拜辞祖姑，哭尽哀，夜自缢夫柩前。嗣子作肃。王氏，举人郭振镛妻 生员王縠女。年二十七，夫殁于京，柩至，氏不食死。薛氏，生员法梦柟继妻 薛兆柏女。年二十七于归，翁姑已殁，逮事祖姑，氏竭诚尽孝。逾年，夫病，氏奉侍惟谨。大故，葬如礼，越二日，氏亲赴大墓哭奠。归是夜，自经。嗣子翔。学使某表其墓。后数年岁凶，翔全家饿死，人皆惜之。朱氏，陆炆妻 朱德宽女。年二十四夫殁，氏不食，越十日死。王氏，宋彭书妻 高密岁贡王瑛女。年二十七夫殁，姑痛子，遂病，氏朝夕奉侍两月余，姑痊，氏自缢夫柩侧。嗣子小史。谈氏，高攀招妻 谈伸女。年二十七夫殁于京，氏闻讣二日，仰药卒。嗣子蔚均。张氏，李年妻 张仁女。年二十四夫故，葬后，氏仰药卒。李氏，武生滕金韬继妻 李永维女。于归时，翁姑已殁，氏抚夫幼弟金策成立。年二十七，夫葬后，氏自经。王氏，胡炳崙妻 生员王大中女。年二十九夫故，无子女，氏自经。田氏，生员王岚妻 田启雯女。孝事翁姑。年二十八夫殁，遗孤又夭，氏售薄产以殓葬，并偿夫宿债，还夫所借书籍，遂自制棺木，为夫立嗣子义士，氏率之祭夫毕，仰药而卒。张氏，纪培岚妻 监生张维均女。二十二夫殁，氏不食死。徐氏，金怀妻 徐起堂女。年十七于归，十九夫故。时值凶年，氏誓从翁姑死守，及翁姑又殁，氏遂自经。陈氏，薛凤五妻 陈矩女。年十九于归，越五月，夫病殁，氏为夫立嗣，遂自经。刘氏，傅毓瑛妻 刘奎文女。年十九于归，甫两月，夫病，氏奉侍不辞劳瘁。夫故百日，氏为夫立嗣子诒昆，备祭品哭奠。越四日，晚犹侍翁姑，侧夜，遂仰药卒。烈女：姜氏女 姜福山女。字王学朋，将婚前数日，学朋病殁，女闻讣，越三日，遂自经，时年十九岁。王氏迎其柩与学朋合墓，刻石志之。以上者皆道光二十三年旌。

院表殉夫烈妇 张氏，魏炳妻 年二十九夫殁，氏以身殉。乾隆三十五年表。张氏，匡修妻 诗礼堂启

---

① 簪珥（zān ěr）：发簪和耳饰。古代多为高贵妇女的首饰。

② 娣姒（dì sì）：古代同夫诸妾互称，年长的为姒，年幼的为娣；妯娌，兄妻为姒，弟妻为娣。

③ 此处底本在“旌”字后还有“一”字，实为衍字，删除。

事张永泰女。年二十九夫殁，氏自经。嘉庆十一年表。刘氏，周奉南妻 刘福元女。年十九夫故，阅三月，子又夭，氏绝粒而逝。嘉庆二十一年表。葛氏，张端妻 年二十夫殁，遗孤甫数月，氏誓以殉，家人劝以抚孤为重。越三年，孤夭，氏不食死，年二十三。道光六年表。

府表殉夫烈妇 赵氏，纪瑍妻 夫殁，氏自经。康熙某年知府柴望表，见《旧志》。

州表殉夫烈妇 寇氏，杨秀妻 幼同养夫家，年十八成室后五载，夫殁，氏不哭，殓毕，投井死，尸出，面如生。衣皆缝纫不可解。州牧黄章亲往致奠，众将淘井，州牧止之曰："此烈妇井也，其水必香。"因取水自饮，立碑志其事。殁年二十二。赵充庭《烈妇行》：松柏肃肃城南路，霜威凛冽春不度。蓬门屹立古井上，行人指点殉夫处。杨家新妇寇家女，弱龄植节古无侣。生小裁缝与井臼，寻常未识女论语。连理树断比翼折，此心誓与重泉洁。婉语低徊慰姑嫜，沈思密计衣百结。荒原寒悄阴风厉，青磷明灭薄衣袂。微身已计践蝼蚁，晨汲忍复为长计。天宇仰视牛女耀，色正芒寒两相吊。岂为天地植纲常，不负魂魄留海峤。只今过客白杨陌，桔槔[①]声里问遗宅。沈吟起立三太息，古云大义留巾帼。杨氏，高蔚钦妻 夫病瘵，逾年不起，氏尽易其簪珥以供，夫属纩[②]时，氏乘间投缳，同日殁。州牧王亲为祭奠，立碑表之。高氏，王淇度妻 廪生高湁女。夫殁，氏誓必死，家人百计挽之，不可。视殓毕，氏拜辞翁姑父母，于柩前自经死。州牧王表。乔氏，汪玉枚妻 氏幼闻其伯父克宽，语忠孝节义事，辄泣下。于归三载，夫殁，氏誓以死殉。姑泣劝，不从。整衣就缳绝，而复易者四，竟缢死。州牧龚表。张氏，生员纪于璋妻 于归三年夫病笃，誓以共死。夫殁，含殓毕，即拜翁姑，缢柩前，面色如生。州牧龚表曰："节操纯笃"。赵氏，薛希玠妻 善事舅姑，夫游京师，岁荒，氏艰苦委顿，奉亲无少缺。夫归抱病，氏祈以身代，不食，随夫俱死。州牧龚表。刘氏，杨范妻 刘宗高女。夫殁服卤以殉。乾隆二十二年表。张氏，薛章妻 章五岁患痈[③]，十九岁不能起，翁姑欲退婚，氏不从，于归后夫殁，自缢以殉。乾隆四十年表。周氏，姚光裕妻 夫殁，葬后，正月一日，氏拜翁姑主，并拜谢其母，遂触案死。嘉庆十二年表。赵氏，耿湝妻 夫殁，自经。道光四年表。王氏，杨丕绪妻 王珍女。夫殁身殉，年二十二。道光八年表。殷氏，陈永图妻 殷作霖女。夫殁，氏自经。道光十年表。

学表殉夫烈妇 赵氏，张元杰妻 夫殁于关东，氏称贷备资，托族人归夫柩，柩既至，氏自经。李氏，辛循古妻 李然女。夫殁，氏不食死，年二十四卒。邱氏，周毓琨妻 邱铎女。夫殁，氏仰药卒，年二十四。一门七节。

学汇表殉夫烈妇 李氏，赵伯恭妻 恭英年有文名，顺治五年夭亡，氏拜翁姑，遂自经，翁撰为文以伤之。袁氏，高筠妻 顺治九年夫亡，氏即缢于柩前。李氏，生员夏大亨妻 亨父从高相国死东越，闻讣，大亨居家号泣，氏独无戚容。或异之，氏曰："主为君死，舅为主死，何憾为！"及亨殁，氏又不戚，或异之，氏曰："夫为父死，妻为夫死，何憾为！"遂阖户自经。高氏，生员张乔年妻 生员高弘化女。夫病笃，气不绝如缕，氏衣绛衣，拜天地，附夫耳若有所约。家人识其志，环劝之，氏绝袂去，自经，与乔年同时气尽。张氏，进士雒献图妻 夫南游病卒，氏闻讣恸绝，誓以必死，粒米不入口七日，夫同年友某使人劝慰之，氏曰："妾生无为，愿从夫地下，但家贫不能迎柩，倘得某能使夫骨归，即年谊不薄矣。"献图柩至，氏大恸，自经于柩前。李氏，董之英妻 夫殁，氏从容视殓，即自经夫柩侧。薛氏，生员匡基盛妻 夫病笃，氏曰："如不讳，必相从。"夫嘱氏母止之，氏不复言死，及基盛殁，氏以女托母，遂投缳死。宋氏，张煦妻 夫殁，遗孤素蕴十岁，氏矢志抚孤，又十年而孤殁。氏曰：

---

① 桔槔(jié gāo)：汲水工具，在水边架一杠杆，一端系提水工具，一端坠重物，可一起一落地汲水。

② 属纩(zhǔ kuàng)：用新绵置于临死者鼻前，察其是否断气。也指临终。

③ 痈(yōng)：皮肤和皮下组织的化脓性炎症，病原体是葡萄球菌，多发生在背部或项部。

"吾所以不即死者，惟子存耳，今复何为?"殓毕即自经。赵氏，孙续武妻 夫殁，殉节。吕氏，胡履宁妻 夫多病，氏为人佣，缝纫以供药饵。及卒，氏罄所有办夫殓葬，抚棺大恸，绝粒而卒。辛氏，王世泰妻 夫殁，自经，时年二十三。孙氏，王承先妻 夫殁，三日不食，自经。张氏，法象焴妻 廪监张柱公女。夫殁殉节。李氏，逄彩妻 夫殁，无子，伯叔欲嫁之，氏不从，自缢户枢。崔氏，徐尚友妻 孝事孀姑，夫殁，姑哀毁甚，亦相继亡，氏皆殡葬成礼，复省父母归，遂自缢。唐氏，生员薛竹兆妻 灵山卫生员唐士杰女。夫游学江右，氏孝事孀姑，忽闻讣音，拜辞孀姑，遂自经。以上《旧志》。马氏，庄延生妻 治西南乡平澜社流户马有才女。八岁目盲，使学琵琶度曲弗肯为，年十八嫁盲人庄延生，亦流户子，贫不能存，与氏去为丐。甓[①]瓻[②]挞背，哀叫墟市求一钱，众不以人比数[③]，而氏不怨也。然特刻苦铢累[④]，十年中，阴畜犉牛一头、粟二十石，遂不为丐。及延生病殁，氏尽以其资与夫兄子庄化起谋所以葬延生者，邻里皆笑之。一夕，氏自经，化起救之，醒跪请罪。氏不言社人，恐累化起，难之曰："须白诸官，乃可死。"氏故丐城中，识道路，乃夜遁诣官言："欲殉夫，且言犹子善事我，勿相累。"官诺之，氏即归，于八月十七日夜自经，死时年三十五。张谦宜为之传。刘氏，张辰妻 潍县进士韩梦周《刘烈妇碑记》云：刘烈妇，胶之三里河人，年十六适张辰。乾隆五十一年，大饥疫，其舅卒，夫亦卒，其姑欲嫁之，烈妇语其姑曰："吾祖姑在，二人养一人犹难，吾嫁而姑一人，目又多疾，恐不能养也。"因已，后祖姑卒，其姑复欲嫁之，妇泣曰："姑即不须我张氏坟墓，谁为拜扫者?"其姑曰："我食王氏粟，无以偿。"烈妇曰："什物可斥也?"姑不听，与王氏约曰："某日来娶妇。"妇闻之，哭于祖姑及其夫之墓。归，语其姑曰："村前有刘麦者可觅食。"姑出，遂自缢，时年二十二。王氏，周京镐妻 夫适辽殁，氏闻讣惊病，强饭以待榇，归即投缳，家人救而防之，卒不食死。王氏，刘清麒妻 夫殁，氏自缢。邑增生宋兆彤有《朱丝绳乐府七解》：朱丝绳直，不行众人，莫自贱其躯。君不见，刘家妇王氏既死乃不死，一解闻妇端且庄，生贫不识时世妆，来归夫子餔糟糠，嗟年十九岁已称未亡。二解。妇曰"吁予何所倚"，白发青灯原不难，夫未有子。三解。但死无复思，夫亦有兄弟，刘家宗祖宁馁而。四解。非求节烈名、非求乡里祀，但毕命即心安耳，能为乾坤存正气，其人不在知书史。五解。载卜吉日，合葬城西隅，白衣临穴，千人俱咸曰：士也且无。六解。贱子欲为纪，愧无大手笔，歌于逵道愿众听，但为井中水，莫从井底引银瓶。七解。李氏，薛有年妻 年十六夫殁，氏自经。匡氏，陈启茂妻 匡景阳女。年二十四夫殁，氏自经。潘氏，谈襄龙妻 高密潘熙女。年二十五夫殁，遗孤又夭，不食死。张氏，王辰妻 夫殁，氏殉节。刘氏，赵小禄妻 夫殁，投水死。赵氏，胡中林继妻 夫殁，氏自经。从氏，张儒业妻 年二十夫殁，葬后，氏不食死。王氏，生员王其猷妻 夫殁，氏以身殉。孙氏，周焕妻 夫殁，氏以身殉。阎氏，宋全妻 阎纮女。于归后，翁姑殁，以针黹助夫度日。夫殁，无子女，殓后百日自经，时年二十六。王氏，王际昌妻 王辅女。夫殁，氏自经。孙氏，王容德妻 即墨从九品孙允泮女。年十六于归，越三载，容德祖监生士绅遘疾，容德因求医渡河溺死。先是，道光十六年大饥，士绅煮粥赈附近数村，赖以全活者甚众。及容德没于水，乡人感士绅德，争泅水寻其尸，归之。时氏在母家，闻讣，冒雨奔丧，视夫殓毕，乘间自缢，年十九。王氏，生员李蕡妻 生员王敬典女。夫殁，氏自经。宋氏，纪瑁妻 宋喜昌女。夫病，氏侍汤药，昼夜不倦，吁天祈代。夫殁，含殓毕，氏从容投缳死。郭氏，姚五妻 年十九，夫殁，有遗腹，生女，氏自经。法氏，高理妻 年二十夫殁，遗孤三岁，氏誓以身殉。翁姑责以抚孤大义，始进饮食。又三年，孤稍长，托于兄嫂，遂绝粒而逝。张氏，姜沄妻 夫殁，氏请立后，夫两兄议不协。未即许，归议母家。母怜欲嫁之，

---

① 甓(pì)：砖。
② 瓻(lù)：砖的一种。
③ 比数：指相提并论或是考校计算的意思。
④ 铢累(lěi)：形容一点一滴地积累。

氏旋返，缢死柩前。宋氏，王屿妻 于归两月，夫病，侍汤药年余，夫殁，即殉。州人勒石纪之。郑氏，张凤仪妻 孝事翁姑，夫殁，氏泣曰："叔凤祥能养翁姑，儿愿从夫地下。"遂自经。孙氏，匡承祖妻 年二十三夫殁，氏即自殉节。黄氏，王宏毅妻 黄起女。年十八于归，家赤贫，氏勤十指，以针黹供饘粥，含辛茹苦，粗粝自甘。夫病笃，七日不食，与夫同殁。时年二十八。李氏，生员张乔年妾 乔年殁，妻高氏誓以身殉，乃出所蓄财物付之，氏不愿，与高氏同自经，实系一门双节。杨氏，生员谈必中妾 必中殁，氏自经。李氏，都统高文熠妾 张谦宜《烈妇李氏传》：李氏，胶州农家女，为高将军妾。左右多美人，氏质木，不能以巧言冶容市宠，司饮食衣服，唯将军知其无他。将军致仕五年，其疾痛疴痒，人不知而氏先知；昏眊①改，人不忧而氏先忧。将军病不起，众人嬉戏如故，氏□惧悲苦，属纩前，已断食含殓毕，水浆不入口者四日，无一言，无滴泪。内服故衣，外袭大布，端坐椅上而殁，颜色如生，得年三十二，时康熙六十年也。又词云："铁心铁骨不可回，幼妇尔何奇。曾在军中听鼓鼙②，鼓声凄绝将军死，生平辛苦今终矣。布衣椎髻，眼枯无泪，四日不食，负劲气坐，殉于皋比正位。呜呼！越女吴姬剧，可怜生相媚，死弃捐乡邻之产，独不然一直报所天尔！非巾帼，乃大贤。吁嗟乎！颜子之年。"潘氏，韩欣然妾 欣然殁，氏投缳，家人救之。苏曰："主母在，可奉养翁姑矣！妾死何恨?"语毕而卒。以上皆见《旧志》。傅氏，中书王埙妾 新城王士禛传《烈女传》：氏胶州人也，其兄为千总戍沂，携家居焉。年十五，内阁中书舍人王君埙纳为侧室，性慧而婉，不苟言笑。居四载，舍人殁，傅哭踊③，绝饮食，矢以身殉。诸子洎妇女劝譬之，不可。其母劝譬百端，左右皆饮泣不忍，闻志益坚，母罢泣，语家人曰："女性素坚正，不可回也，听其自裁可耳。"诸子请稍待，使衣衾备而死。乃许之，自是辍哭，徐取箧中纨绮，自制衣裳一称，平昔侍婢皆泣涕，不能仰视。傅从容如平时，既制衣具棺，欲自裁，家人复请曰："已报宗族亲戚，俟毕集，死未晚。"又许之，众既集，傅顾视日影曰："可矣！"诸子设祭于庭，傅去衰绖④，易新衣，南面诸子，北面拜者四，傅受其二妇女拜，亦如之。祭毕，呼婢结帛于舍人之柩侧，从容辞其母及诸亲。顾请母曰："慎勿哀我。"遂引头就帛而绝。时康熙二十八年十一月初二日也，距舍人殁甫三日，又三日，就含殓，颜色如生。某氏，刘思贞妾 思贞殁，仰药卒。王氏，武生赵瑞年妾 氏事瑞年母宋氏，朝夕奉养，弗离左右，与嫡张氏俱无子女，同抚嗣子如己出。瑞年病隔噎，氏事汤药，尽劳瘁。瑞年自知不起，以氏年少，嘱殁后令他适，氏以死自誓。既瑞年病已危，不知人事，不忍见其气绝，与嫡预备含殓诸物，遂乘间仰药死。

烈女　农家某氏女 治北王家庄人。将嫁，夫忽病卒，女闻讣，即夜自经。时顺治八年。见《旧志》。

灵山卫院表殉夫烈妇　宋氏，薛清熙继妻 卫人宋以智女。清熙亲迎日，值雨，姑狃⑤于俗，论恶之。姑即以智姊也，清熙以负贩养亲，氏勤操作，竭甘旨奉姑，抚前室子恩勤，姑终不怿⑥。岁祲且疫，翁殁，夫病剧，以老母孤儿托，氏诺之。及夫殁，姑愈恶之，欲其死，氏以夫遗嘱，不肯即殉，惟勤慎冀博姑欢。或怜其孱弱久劳瘁，为之请归宁，姑即欲借，使大归，氏乃自经死，年二十。州岁贡生张寿颐为立传。嘉庆十九年表。苏氏，孙廷元继妻 苏长松女。年二十五夫殁，葬后二日，氏以子女托其娣姒，自缢。道光十九年表。

灵山卫州表殉夫烈妇　邓氏，马洵妻 邓世基女。夫殁，欲以身殉，念姑无依，越三月，姑又殁，葬后，氏自经。嘉庆十年表。高氏，孟潜光妻 光殁，氏服卤死。道光九年表。石氏，刘芬妻 石裕女。夫殁五日，氏自经。道光十九年表。杨氏，尹在绪妻 杨元女。十九于归，侍祖翁姑，以孝闻。夫患疽，氏百计延医疗之。夫故，

---

① 昏眊(mào)：眼睛昏花。

② 鼓鼙(pí)：指大鼓和小鼓，古代军中用来发号进攻。

③ 哭踊：丧礼仪节。边哭边顿足。

④ 衰绖(cuī dié)：丧服。

⑤ 狃(niǔ)：拘泥，因袭。

⑥ 怿(yì)：欢喜，高兴。

氏断水浆，乘间自经。道光十二年表。

特旌殉难烈妇　吕氏，牛七妻　邹梓欲污之，氏不从，梓勒杀之。梓服罪。嘉庆七年旌。王氏，王小辰妻　因鲍二林调戏，氏自缢，二林服罪。嘉庆十九年旌。烈女：迟氏　名嫚姐。刘全强污之，氏不从，自缢。全服罪。乾隆四十二年旌。

州表殉难烈妇　某、某氏　娣姒二人姓氏皆失考，姒年十八，娣年十六。姑有乱命①，二氏义不受辱，同日投井死。知州某临葬而表之，因名"双女井"。邑人赵思诚《二贞妇》词："山云野水春漫漫，我欲吊此双节空含酸。淳风死去不可挽，声华千载颓狂澜。烈哉二淑女，冰雪凛肠肝。贞心逐幽渺，烈骨委清湍。只期共全节，渊泉沈去同相安。　春草空留翠绮罗，秋风零落金琅玕。纷华浊俗猥琐观，珠联青海星斗寒。君不见，须眉丈夫尽楚楚，胡为偷生反面视此曾无难。"李氏，冷勳妻　李淑林女。家赤贫，以针指自给。夫游惰不支，潜售氏于他姓，氏知之，仰药死。

学汇表殉难烈妇　高氏，栾瑛妻　高崇华女。顺治十年海时行之乱，逃至云溪桥，被执。氏力拒之，骂不绝口，为贼斫死，时年十九。王氏，典史高自卑妻　海时行之乱，义不受辱，投缳死。高氏，栾檀妻　典史高自卑女。夫殁守节，海时行之乱，闻叩门，急投井死。子狗儿，年十二，亦同死。高氏，举人李世钿继妻　海时行之乱，遇贼捉发提马上，氏踊身坠地，骂不绝口。贼刺其颈而去，喉犹未断，匍匐入尼庵，家人迎归，遂殁。子湄，举人。崔氏，生员郭士骅妻　生员崔尔崇女。海逆叛，谕子女走匿，氏与士骅诀曰："我誓不见贼，但不知死所。"既而自缢。宋氏，生员栾昇妻　宋启祥女。海时行之乱，逆兵横掠，氏惧，及投缳死。郭氏，生员刘重祥妻　海时行之乱，投水死。逄氏，生员于成龙妾　成龙殁，氏守志。海时行叛，贼执之挟与俱，行至深涧，忽跃入，贼立视其死而去。

殉难烈女　灵山卫陈氏双女　陈切女，长年十八，次年十六。顺治初，昌邑土贼李好贤破卫，二女从父母避乱竹子山。贼追之，掷以衣物，贼不顾，追益急，姊妹同投月儿涧下死。后人即其处葬之，为立碑曰："陈氏双烈。"竹子山，一名君子峰。诸城拔贡范德寿游君子峰，吊双节，诗云："封豕浊乾坤，海隅日月昏。全身君子地，洁志洗头盆。双节留青史，丹心照赤暾。珠峰多谢屐，万古吊贞魂。"海岸陈氏女　灵山卫农家女。康熙初，与兄某刈草海畔。船贼突上岸掠女，女号兄，兄与贼斗，贼击兄，仆地不起。女意兄已死，遂以镰自刎，尸旋为潮所没。兄苏，以女为贼劫去，号寻数日不得。有商航海遇风，叩祷间，见一女引于前，得泊岸。视港中有一刎颈女子，面如生，与前所见同，乃鸣诸里人。兄闻之，诣得尸，葬于顾家岛村后，商人与立庙于饮马泉，上曰："陈姑庙。"遇水旱祈祷，辄应。

贞女　李氏女　古镇社芏子口农人李西岐女。初字王景隆子经，未嫁，经殁。女母故瞽，弟妹相继夭，女矢志不嫁以侍母。父母潜改字刘姓，既定婚期，始以告女，啜泣不食数日。绐母他往，女乘间诣王氏，跪姑嫜陈来意，王氏惊感驰信。女家家人策蹇往迎之。女曰："吾固欲奉瞽母死，始归王氏，今不得遂志，故早来求葬。"所覆语父母，袖有翦刀，之死靡他也，卒弗返。刘氏索婚不遂，讼诸官。女恐父受辱，亦赴质，州牧阮讯之，女曰："夫妇之义定于纳采、问名，不可改也。"阮曰："何不从死？"对以："母瞽。"阮曰："何不居母家？"对以："再字见迫，故赴王氏，且王氏与母家何异？"阮见其意诚，判归王氏，令西岐还刘姓聘而罢。阮妻陈闻之，招女入内室，予以绫帛，女坚辞不受而出。女年未二十，两鬓有白发，闻父改字，一夜忧伤所致也。此案在道光元年后，父母屡劝女改适，女截二指以自誓，乃已。女勤俭治家，孝事双亲。及翁姑继殁，氏皆殡葬如礼，抚数月夫弟成立，为之授室。初，族人尝卖其草场，无以养姑，氏求赎不得，讼于官。官责族人，使买者还其草场，不得索值，氏卒与之值，氏现已守节二十余年。

学汇表孝妇　灵山卫张氏，谈波妻　氏素孝谨而不得于姑。乾隆十七年，州南有狼灾，氏随姑入山，遇

---

① 乱命：指人临死前神志昏迷时留下的遗言、悖谬的命令。

狼，氏匆遽持筐障，姑力不敌，狼突进撞，姑倒地，噬其腮。氏搯狼牙，乃脱。急以肱抱姑身，身覆姑上，大呼曰："狼吃我！狼吃我！"路人闻之，狼乃遁。姑自是甚爱其妇。某氏，生员唐重泰妻 孀姑苏老而贫，氏善承姑意，佐夫经营，家渐丰。夫弟庆泰析居已久，贫不能给，氏潜为资助。子曜，生员。张氏，朱仲玉妻 张大典女。继姑李性严，氏勤俭敬慎。夫常远出，值姑病，氏夜焚香，涕泣吁天请代。既愈，氏茹素十年。从子雯、霖、霈等幼而孤，氏佐夫抚之成立。岁饥，出簪珥佐夫推解，尝鬻一婢，知已字人，辄呼其父母夫家还之，使完聚而不索值。年八十卒。

孝女 王氏女 训导王恺女。母病，药不效，或传人肉可疗，遂割股以进。寻愈后，适高密生员张其猷，夫殁，遗孤在抱，不果殉。逾年，孤夭，绝粒而卒。

贤媛 姜氏，知府宋世显妻 名如璋，字淑斋，别号广平内史，姜长植女，埴妹。家世善书，氏自少喜临二王帖。尝过大庾岭立二大碑，一书曰"风度维严"，一书曰"雁回人远"。字大经尺，署曰："八岁童子宋世勳书。"乃借夫弟名也。王士禛《蜀道驿程记》亦言："淑斋工抚晋人书，京师士大夫得纨素①便面②，多珍秘焉。"尤侗《宫闺小名录》云："淑斋工诗善书。"朱彝尊《题淑斋诗卷太常引》词云："三真六草写朝云，几股玉钗分。仿佛卫夫人，问何似当年右军？郁金堂上，青绫帐外，小字讶初闻，门掩谢池春定，书遍双鬟练裙。"匡氏，生员王功泽继妻 自幼能诗，著有《雪斋小咏》。王氏，州同高虞恂妻 母家高密，世以文学显。氏晚年自胶迁居高密城北。著有《郭外楼诗草》。其读四子书云："自从识孔孟，始知有鄙夫。不见圣贤论，何以辨贤愚？"《咏兰》云："高格人多重，幽香自不知。"皆阅世名言。高氏，王班妻 寿官高蔚颖长女。幼承庭训，与妹皆能诗。著有《瓣香阁诗草》。《初省姑墓》云："未识阿姑面，初省阿姑墓。闻之临危时，叹儿未婚娶。遗我钗与镮，闪闪黄金镀。带此钗与镮，使媳愈追慕。未谙阿姑性，俎豆空供具。宿草埋黄土，红叶封山路。霜花落日寒，鸟栖白杨树。举目何萧条，一步一回顾。阴阳无二理，姑应知情素。呜呼灵未远，今夜梦中晤。"高氏，辛从昭妻 高蔚颖次女。著有《埋香坞诗草》。《病中思亲》云："挑灯翻药谱，攲枕③自悲嗟。骨瘦身偏重，秋深病易加。弟痴兼齿幼，亲病复年华。嘱婢归言日，半言复半遮。"冷氏，知县宋世远妾 原名玉娟，改名月娟，字姗姗，莱阳人。著有《砚垆阁诗草》。《七夕》云："银汉茫茫静不流，泪痕端的为谁收？何妨暂假今宵话，未许重来两地愁。天上一番酬令节，人间几处动悲秋。从来好会多难继，时夜高吟问斗牛。"《旧志》。

节妇 孙氏，王潾妻 孙林女。王氏，从九品李汉斗妻 王瑨女。嗣子有年。徐氏，纪忠撰妻 徐珓女。嗣子应绪。纪氏，张鸿逵妻 纪圣绪女。万氏，李恒业妻 董氏，刘绪妻 董文龄女。张氏，董凤翙妻 张宣女。高氏，周荣慎妻 附贡生高徽镶女。年二十六夫殁，守节。张氏，生员孙彝棐妻 廪生张魁新女。年十八夫殁，抚孤宝臣成立。刘氏，陈功深妻 生员刘文锦女。嗣子作楹。高氏，陈功捷继妻 高尚业女。嗣子作基。赵氏，杨龙霞妻 赵文彬女。嗣子昌龄。王氏，贾贞妻 王光女。郭氏，于振远妻 子吉龄。以上均《前志》。

---

① 纨素（wán sù）：白色的绸子；精致洁白的细绢。

② 便面：古代用以遮面的扇状物。

③ 攲（qī）枕：斜倚枕头之意。

增修胶志卷五十　人物志第十二　列女中

清列女传

旌表节妇　王氏，刘忻礼妻王德女。年二十六，夫殁，氏孝翁姑，抚二子：树策、树山，俱成立。守节三十六年，道光七年旌。杜氏，刘忻学妻杜太女。年二十一夫殁，氏孝事翁姑，抚嗣子树芳成立。道光七年旌。余见殉难烈妇。李氏，王秀章妻李子耕女。年二十九夫殁，苦节自守七十一年，寿百龄。子克学八十二岁，虽失明，犹以君平术养其亲。道光二十五年，州牧旌以德贞寿永。韩氏，傅作民妻年十七于归，二十岁夫殁，守节终身。以上二氏皆道光二十五年表。冷氏，张应本妻岁贡生冷仁德女。年二十五夫殁。氏孝事翁姑，抚嗣子梅成立。越十二年，氏以瘵疾卒。道光二十九年表。孙氏，黄啉妻贡生孙友晋女。年二十八夫殁。氏孝事翁姑，抚嗣子宗圣成立。计守节三十一年卒。王氏，宋思训妻王璐女。年二十三夫殁。氏孝事衰翁，抚幼儿、弱女均成立。守节二十二年卒。子奎麟。姜氏，郭方台妻恩赐九品姜珍女。年二十八夫殁，家赤贫。氏孝养翁姑，以纺绩佐饔飧①。抚幼子三人，守苦节二十三年卒。以上三氏皆道光三十年表。宋氏，张鉦妻监生宋敔女。年二十四夫殁。氏孝事衰姑，抚幼子澄清成立。守苦节二十年卒。咸丰五年表。黄氏，监生赵锡纶妻从九品黄瑾女。夫殁，守节孝养翁姑，抚嗣子湘成立。计守节三十九年，后至咸丰七年复请旌入祠。柳氏，迟彭龄妻拔贡柳殿元女。年二十二夫殁。氏孝事翁姑，抚嗣子佐周成立，苦节三十一年。咸丰七年表。高氏，宋时逊妻高巽业女。年二十四夫殁。时翁病姑衰，氏曲尽孝养。抚嗣子建郿成立，苦节二十六年卒。徐氏，董永宽妻徐德女。年二十七夫殁，翁姑衰病。氏曲尽孝养，抚嗣子尔帷成立。从针黹佐饔飧，计苦节二十六年卒。王氏，董永发妻王宽女。年二十三岁夫殁。氏坚贞自守，抚兄嗣子尔帷入泮，苦节三十一年。以上三氏皆咸丰八年旌。宋氏，李芳馨妻年十七于归，逾年夫殁，氏守节七十五年卒。杨氏，黄棫妻候选知府杨兆煜女。年二十一岁夫殁。氏孝事翁姑，冰霜励节，抚嗣子彝训成立。守节三十六年，旌年五十七。彝训，庠生，山西典史。杨氏，周清扬继妻杨梦龄女。年二十五夫殁，氏矢志自守。抚前室子昇平如己出，氏生二子振邦、陞堂。昇平，武生。振邦、陞堂亦皆成立。旌年六十六，计苦节四十一年。以上三氏皆咸丰九年旌。周氏，万景时妻周继尚女。年二十八夫殁。氏孝事孀姑，抚嗣子聚成立，守节二十六年卒。潘氏，李进芳妻年十九于归，二十一岁夫殁。氏守节终身。以上二氏皆咸丰十年表。某氏，徐仁妻。徐氏，韩仁桂妻二氏皆同治二年表。孙氏，张祖枬妻附贡生孙颖女。年二十四夫殁。氏孝事翁姑。抚嗣子燕昇成立。苦节三十七年。燕昇，邑庠生。同治三年旌。高氏，张乔新妻九品衔高经业女。年二十三夫殁。氏孝事翁姑，守节三十三年。高氏，宋柏柱妻九品衔高经业女。年二十一夫殁。氏孝事翁姑，抚遗孤成立。以上二氏皆同治四年表。李氏，商河县教谕彭维基妻李鸣谦女。年二十七夫殁。氏孝事祖翁姑，抚子世荣成立。同

① 饔(yōng)飧(sūn)：早饭和晚饭，饭食。

治六年补表，时年七十岁。世荣后亦任商河县教谕。张氏，匡灏妻 氏年二十一夫殁，苦节自守十九年卒。徐氏，范启逵妻 徐绣章女。年二十五夫殁。氏孝事翁姑。为嗣子锡朋娶傅氏女。锡朋卒数年，傅氏又卒，乃立承纫为嗣，并为锡朋立嗣。一门双节。刘氏，董文梧妻 年二十九夫殁。以上三氏皆同治六年表。刘氏，武举孙友玮继妻 八品衔刘汝渊女。年三十夫殁。氏孝事翁姑，抚前室二子泽、汗如己出，与己子藩俱成立。守节四十三年。张氏，布政司理问、议叙通判孙彝教妻 张习之女。年二十九夫殁。氏孝事承嗣翁姑，抚前室子大有、大庆如己出，氏生子一大中，皆教养成立。大有、大庆俱庠生。苦节十六年卒。唐氏，例封武略骑尉王廷瑶妻 唐可举女。年十九于归，二十五岁夫殁，孝事翁姑，抚嗣子遵南爱如己出，治家勤俭，始终不渝。卒生七十五岁，守节五十年。以上三氏皆同治七年表。范氏，孙若祥妻 年二十五夫殁，氏守节终身。曲氏，黑垍妻 曲宁女。年十六于归，越二年夫殁，氏守节终身。王氏，赵云昇继妻 贡生王怀曾女。年十九夫殁，遗子女各一，氏教养备至。以次为完婚嫁。苦节自守三十六年。以上三氏皆同治八年旌。程氏，张岩妻 程凤巢女。年十九夫殁。氏孝事翁姑，抚嗣子凤阁入武庠，守节三十六年。张氏，李铭妻 张培埙女。年二十九夫殁，氏敬事祖翁如舅姑在日，抚嗣子玉璧成立。守节四十六年。祁氏，李中金妻 祁锡珣女。年二十四夫殁，守节六十七年卒。以上三氏皆同治九年旌。逄氏，张世周继妻 逄克传女。年二十六岁夫殁，氏坚贞自守，抚嗣孙桂芳入邑庠。苦节三十七年。周氏，儒童匡淦继妻 周清女。年二十一夫殁，氏奉衰姑益谨，守节三十六年。以上二氏皆同治十年旌。张氏，孙振惠妻 张维翰女。年二十八夫殁，遗孤二丕懋、丕章，未几丕懋又亡。氏孝事翁姑，抚子丕章成立。守节六十四年。丕章议叙从九品。贤氏，儒童宋景达妻 贤克昌女。夫家贫力学，氏以针黹佐读。年二十一夫故。氏孝翁姑，抚幼子仅六年以悲伤致疾卒。张氏，杨型妻 张寿清女。年二十四夫殁。嗣子立鑑，氏抚之成立。贞节自守三十七年。以上三氏皆同治十一年旌。宋氏，张衡高妻 宋光祖女。于归后年二十夫殁。氏善事翁姑，抚嗣子麟瑞成立。守节四十八年，同治十一年旌。常氏，训导宋男妾。萧氏，守备法得茂妾 氏贵州人，得茂任镇远守备时，纳为侧室，生一女。越二载，得茂卒于官。氏年二十二，誓守节。时嫡室姜及嫡子梦书皆家居。氏寄书告丧期，先是得茂从母姜氏复出资，命梦书迎柩。氏扶柩归葬。事嫡抚女，历凶岁备尝艰辛。女长，择良家嫁之。同治十一年补旌。薛氏，赵儒临妻 薛培基女。年二十四夫殁。氏孝事翁姑，抚嗣子日进成立。守节五十年，同治十二年旌。高氏，李步云继妻 夫故，守节四十七年卒。庄氏，武庠生王元堂妻 庄玉珍女。年二十四夫殁，守节尽孝。辛酉捻匪入境，人皆惊逃。氏以翁姑衰病不忍去，卒免于难。以上二氏皆同治十三年旌。陈氏，庄培震妻 庠生陈辅清女。年二十五夫殁。氏誓以身殉，家人皆劝以应代子职侍翁姑，乃苦守十七年卒。赵氏，周化南继妻 从九品赵岳榈女。年二十三夫殁。时翁年七十余，有疯疾。氏扶持奉养，劳瘁不辞。祖姑尤动履需人。翁姑殁，祖姑赖氏存活，寿九十余。氏守节十一年卒。嗣子亮采。陈氏，范锡昣妻 儒士陈华女。年十八于归，越三月夫与舅同日殁。氏茹苦忍泣以慰姑心，曲尽孝养，守节七年卒。黄氏，宋元和继妻 廪生黄守真女。年二十九夫殁，翁又继亡。氏事姑尽孝，守节十年卒。嗣子得利。魏氏，周熙妻 魏士杰女。年二十四夫故，氏孝养翁姑，教嗣子天牧成立。天牧举人，恩县训导。计守节七十二年。潘氏，李荆芳妻 潘孟女。年二十一夫殁。时翁姑已老，氏代夫孝养，抚遗腹子成立。守节四十八年。王氏，冷艺苑妻 王启绪女。年二十一夫殁。氏孝事翁姑，抚嗣子继原成立。守节十七年卒。杨氏，范锡衔妻 布政司理问杨兆燽女。年二十七夫殁，氏尽孝翁姑，计守节二十二年。嗣子敬先。徐氏，范云章妻 徐应昇女。年二十八夫故。氏孝事翁姑，与寡嫂杨氏爱敬日笃。守节十四年卒。嗣子恭先。王氏，孙秀俭妻 王域女。年二十五夫殁，氏奉孀姑尽孝，苦节自守三十三年。以上十氏皆光绪元年表。卢氏，王炎妻 卢永堂女。十七岁于归，二十二夫故。守节三十八年，殁年六十一。嗣子宪宗，庠生。后至光绪元年表。于氏，王垲妻 于廷节女。年二十五夫殁。氏孝养翁姑，苦志守节六十九年。后至光绪元年补表。杨氏，监生黄栻妻 杨士荣女。年二十一夫殁，抚遗孤守真、毓真成立。守真入泮食饩。守节四十三年，后至光绪元年补旌。高氏，王庆预妻 高攀顺女。年二十九夫殁，氏孝事翁姑。抚幼子昀奎成立。守节五十年，光绪元年补旌。王氏，赵昇奎妻 王廷维女。年二十五夫殁。氏孝事翁姑，守节五十九年。光绪元年补旌。王氏，周显第妻 监生王续女。年二十八夫殁。氏孝养霜姑，教子义方。家贫，守节四十七年，光绪元年补旌。徐氏，胡守勳妻 徐焕女。年二十二夫殁。事亲尽孝，教子有方，守节四十三年。光绪元年表。胡氏，李允平妻 举人胡铣元女。年二十九夫殁。以针黹奉养衰姑，曲尽妇道。姑殁，氏营葬尽礼。氏工诗，尝以吟咏写其苦况，集曰《靡他吟》。夫胞兄允鲁殁，遗子念龄无依，氏收养以为嗣。同治十二年正月夜起诵经，忽炉中火炽，氏竟焚死，面色如生。计守节四十五年，光绪元年补旌。宋氏，监生胡硕林继妻 宋兰陔女。年二十二夫殁。孝事孀姑，妾生子继曾，氏抚育之，既娶又亡。氏与寡媳王同抚幼孙成立。姑卒，氏售屋葬如礼。光绪元年表。张氏，胡振声妻 张凌云女。年二十夫殁。氏甘旨养亲，家贫苦守。与祖姑宋氏、姑王氏一门三节，守节三十一年。光绪元年同表。殷氏，胡长隆妻 殷作霖女。年二十五夫殁，守节六十年卒，光绪元年表。郑氏，监生匡锡祚妾 郑忠养女。年二十五锡祚殁，氏守节三十五年，光绪元年补旌。夏氏，王时妾 夏太初女。年二十九夫故。氏躬操井臼，抚嫡子重度成立。重度监生。守节五十六年，至光绪元年补旌。谈氏，法庆延妻 谈诰女。年二十五夫殁，氏尽孝孀姑，诵经祈寿。避捻匪乱，氏恒不得食，惟供姑食无缺乏。苦节自守三十九年。韩氏，庄鸿范妻 韩玉麟女。年二十一夫殁。氏尽孝瞽姑，抚嗣子天泗成立。苦节四十三年。高氏，王在善妻 高行业女。年二十六夫殁。氏善事翁姑，抚二子栋、蓁成立。守节四十年。高氏，崔士林妻 高徽峋女。年二十九夫殁。氏尽孝翁姑，抚遗孤炳曜、炳焕成立。守节四十九年。高氏，黄毓真妻 高徽昇女。年二十九夫殁。氏事孀姑孝谨，教嗣子文源成立。守节三十一年。杨氏，崔清辅妻 捐职主簿杨兆燏女。年二十八夫暴亡，时姑柩未葬。氏破产营葬双柩。抚三子竹林、儒林、柏林俱成立。守节四十七年。王氏，崔清篪妻 王道旭女。年二十七夫故。氏事继姑，孝谨备至。抚遗孤丛林成立。守节四十八年。张氏，高询方妻 张元泰女。年十八夫殁。氏以针黹佐养翁姑，择堂兄子为夫嗣，计守节五十年。袁氏，徐应虞妻 袁宜春女。年二十八夫故，氏孝事翁姑，教养子女，守节二十六年。周氏，杨桂芳妻 周步崴女。年二十九夫故。氏善事翁姑，苦节自守三十三年。李氏，张子义妻 李贻纬女。年二十五夫故。氏孝养翁姑，抚子恩勤，守节五十四年。叶氏，高蔚墉妻 叶兆基女。年二十九夫故。氏养亲抚孤，孝慈兼尽。守节六十六年。董氏，姚廷梧妻 董玉麟女。年二十八夫殁，氏孝养翁姑，训子有方，守节四十六年。邢氏，王焕基妻 邢兆祥女。年二十四夫殁，氏孝亲教子，贞节自守六十九年。张氏，貤赠奉政大夫胡丕勳妻 张起业女。年十八于归，二十六岁夫殁，氏善事翁姑，抚孤成立。守节五十四年，子振壂。董氏，刘鸿绪妻 董文龄女。年二十二夫殁，绝粒誓殉。因姑泣谕百端，始易殉，为守苦节五十年。张氏，赵奎妻 武生张光裕女。年二十夫殁。氏孝事翁姑，抚孤成立。守节六十七年。赵氏，匡凤举妻 从九品赵檀女。年十七于归，二十八岁夫殁。氏能得姑欢心，勤俭治家，抚嗣子书城成立。守节五十一年。子书城，岁贡生，候选训导。周氏，苏肇敏妻 周文峰女。年二十六夫殁。氏教子春雯成立，守节三十七年。余见殉难烈妇。谈氏，宋尚炳妻 监生谈瑜女。年二十三夫故。时翁姑俱殁。氏奉养夫生母，曲意承欢，抚嗣子受田成立，守节三十七年。以上二十氏皆光绪元年表。张氏，刘德贵妻 张琮女。年二十六夫故，氏孝养翁姑，守节四十八年。邵氏，张敏沣妻 邵元和女。年二十一夫殁，孝亲教子，守节三十六年。赵氏，韩彦陵妻 赵柏龄女。年二十八夫故，氏孝养孀姑，教训幼子，守节五十五年。高氏，王石贞妻 高式训女。年二十夫故。氏善事翁姑，持家勤俭，守节二十五年卒。王氏，赵吉孚妻 王朝栋女。年二十九夫故。氏孝养翁姑，艰苦守节三十六年。殷氏，李铨妻 殷同女。年二十三夫殁，守节三十三年。高氏，傅玉芝妻 高蔚渼女。年二十五夫殁。氏孝亲教子，守节三十九年。高氏，杨德杰妻 高日富女。年二十二夫殁。氏事姑尽孝，食贫守节计四十年。高氏，刘宏璧妻 高玉绎女。年二十三夫殁。氏善事翁姑，教子成立。守节三十四年。万氏，杨琇妻 万瑚女。年二十八夫殁。氏尽孝翁姑，艰贞自矢，守节三十三年。以上十氏皆光绪元年表。傅氏，王馨绪妻 傅文泮女。年二十三夫殁，事翁姑尽孝，贫苦守节三十二年。王氏，李贵本妻 王林女。年二十四夫殁。氏奉姑孝敬，苦节自守五十年。王氏，魏道宗妻 王景年女。年二十六夫故。氏坚贞守节三十七年。张氏，从九品封典赵淮妻 张德修女。年二十八夫故，氏孝事翁姑，抚遗孤伯楹成立。守节五十四年。法氏，殷琳妻 法彭年女。年二十八夫殁。氏孝事翁姑，苦节自守四十六年。周氏，布政司经历杨官城妻 周元复女。年二十三夫殁，氏孝养翁姑，守节三十三年。黑氏，张振还妻 黑克泮女。年二十四夫殁，氏孝养翁姑，食贫茹苦，守节四十六年。孙氏，韩期炳妻 孙若彬女。年二十一夫殁，氏孝养翁姑，持家勤俭，守节四十二年。王氏，孙俭文妻 王域女。年二十一夫殁。氏孝养双亲，自甘粗粝，守节三十二年。邓氏，赵庆善妻 邓松鹤女。年二十六夫殁，氏孝事孀姑，教子成立。守节三十一年。王氏，冷炳钧妻 翰林院孔目王亘女。年二十二夫殁。氏孝事庶姑，持家勤苦，守节三十二年。孙氏，宋连第妻 孙世端女。年二十七夫殁。氏持家教子，备极勤劳，守节四十五年。赵氏，黄守铭妻 赵锡经女。年二十八夫殁。氏侍奉衰翁病姑，能得欢心。自甘贫苦，守节三十八年。刘氏，邓绍妻 刘英女。年二十四夫殁，氏孝养翁姑，抚孤成立，守节三十年。胡氏，王印奎妻 胡凑女。年十七于归，是年夫殁，氏孝事翁姑，坚苦守节二十八年。马氏，王澧妻 马益庶女。年二十六夫殁，氏孝事翁姑，矢志贞洁，守节六十年。胡氏，宋德恒妻 胡继曾女。年二十七夫殁。氏孝养老亲，抚育遗孤，守节二十五年。张氏，高玉堂妻 张德方女。年二十七夫殁。氏坚贞励操，甘旨养亲，守节三十八年。张氏，陆殿元妻 张作善女。年二十七夫殁。氏孝养翁姑，守节四十八年。姜氏，崔文秀妻 姜指南女。年十七于归，逾年夫殁。家赤贫，氏养亲尽孝，艰苦备尝。守节六十年。以上二十氏皆光绪元年表。王氏，傅介璘妻 王建女。年二十七夫殁。氏孝事翁姑。苦节自守五十年。朱氏，马从中妻 朱维业女。年二十夫殁。孝事孀姑，矢志贞洁。守节二十五年。穆氏，张崐妻 穆克敬女。年二十八夫殁。氏矢志坚贞，养亲尽孝。守节五十年。张氏，傅松茂妻 张沂女。年二十五夫殁。氏孝事翁姑，矢志坚苦。守节五十年。王氏，陆应清妻 王天荣女。年二十七夫殁。氏孝事孀姑，抚嗣子成立。守节五十年。张氏，况鹤年妻 张若占女。年二十夫故。氏孝事翁姑，教子成名。守节五十年。张氏，周鼎妻 张廷铎女。年二十三夫殁。氏敬事孀姑，抚幼子成立。守节三十六年。陈氏，张在谦妻 陈元贞女。年二十五夫外出病殁。氏矢志坚贞，教子勤劳。守节四十八年。薛氏，王守文妻 薛子新女。年二十六夫殁，氏孝养孀姑，义方教子，守节三十三年。杨氏，张纯古妻 杨欲兴女。年三十夫殁。氏事姑孝谨，训子有方。守节三十五年。姜氏，孙昌龄妻 姜明元女。年二十八夫殁。氏孝亲尽孝，治家勤俭。计守节三十年。李氏，马依中妻 李凤文女。年二十六夫殁。氏孝亲安贫，教子成立。守节四十二年。刘氏，薛起之妻 刘之川女。年三十夫殁。氏茹苦养亲，义方教子。守节三十五年。杨氏，徐守信妻 杨景嶟女。年二十六夫殁。氏善事翁姑，持家勤苦。守节五十五年。刘氏，贾士敬妻 刘茂女。年二十五夫殁。氏事姑孝谨，训子有方。守节五十一年。刘氏，金桂馥妻 刘应举女。年十八夫殁。氏安贫励苦，事亲抚孤，孝慈兼尽。守节三十余年。张氏，王奎妻 张茂女。年十九夫故。氏矢志坚守，待侄爱如所生。守节三十一年。仲氏，刘清和妻 仲克振女。年二十一夫殁。氏孝事翁姑，教子有方。守节三十四年。赵氏，高瑜方妻 赵汝莪女。年二十八夫殁。氏孝养翁姑，教子有方。守节三十七年。匡氏，宋藻妻 匡延龄女。年二十八夫殁。氏孝事翁姑，教子成立。计守节三十一年。王氏，宿璜妻 王恭女。年二十四夫殁。氏抚侄爱如己子。守节三十一年。潘氏，薛继贤妻 潘德荣女。年二十九夫殁。氏孝事舅姑，矢志贞洁。计守节四十年。陈氏，马志浩妻 陈文元女。年二十九夫殁。氏菽水承欢①，抚孤成立。守节四十六年。孙氏，马若理妻 孙守正女。年二十四夫殁。氏孝养翁姑，扶嗣子成立。计守节三十七年。陆氏，王得财妻 陆应棠女。年二十四夫殁。氏孝事翁姑，教诲嗣子，严不伤爱。守节四十五年。高氏，李翰芳妻 高辉彦女。年十八于归，是年夫殁。氏矢志贞洁，抚嗣子成立。守节四十三年。李氏，王丕宣妻 李滋女。年二十九夫殁。氏孝顺翁姑，教子成立。守节三十四年。苑氏，高仁方妻 苑克己女。年二十一夫殁。氏孝养翁姑，安贫耐苦。守节三十二年。高氏，徐钺妻 高龄长女。年二十五夫殁。氏竭力养亲，坚贞自矢。守节三十三年。刁氏，高恩方妻 刁继宗女。年十七于归，逾年夫殁。氏矢志坚苦，孝事翁姑。计守节三十二年。以上三十氏皆光绪元年表。王氏，周献忠妻 王偲女。年二十二夫殁。氏孝事翁姑，抚遗孤成立。守节三十七年。邱氏，张长龄妻 邱汝女。年二十八夫殁。氏食贫励节，训子有方。苦节三十四年。王氏，高徽平妻 王在策女。年二十八夫殁。氏孝养尽职，贫苦耐劳。守节四十年。安氏，李梦龄妻 安元女。年二十九夫殁。氏善事翁姑，矢志坚守。苦节六十年。傅氏，李建中妻 傅鹏龄女。年二十九夫殁。氏事姑尽孝，教子有方。守节四十二年。鲁氏，李灿妻 鲁道周女。年二十五夫殁。氏孝事翁姑，抚孤成立。守节三十五年。匡氏，高深业妻 匡永中女。年二十九夫殁。氏孝事翁姑，能得欢心，抚嗣子如己出。守节五十年。刘氏，增生赵望诸妻 刘训女。年二十八夫殁。守节三十八年。高氏，张里坊妻 高薰业女。年十九夫殁，氏孝事孀姑，抚嗣子钟艾成立。守节二十七年卒。李氏，傅儒同妻 李煦女。年三十夫殁。氏孝养翁姑，抚育幼子。守节二十二年卒。匡氏，徐应鹤妻 匡义斯女。年二十五夫殁。氏持家勤俭，砥砺艰贞。守节十四年卒。王氏，柯培谦妻 王堂女。年二十六夫殁。守节三十四年。陆氏，马锡绛妻 陆作栋女。年二十九夫殁。氏孝事翁姑，教子成名。守节四十年。王氏，张书绅妻 王钊女。年二十九夫殁。氏事姑尽孝。苦节自守三十一年。郝氏，黄楏妻 郝奇女。年二十九夫殁。氏善事孀姑，教养嗣子。守节二十年卒。邓氏，候选县丞高徽鑑妻 邓以容女。年二十八夫殁。时事姑尽孝，诲子勤严，守节三十五年。鞠氏，赵汝兰妻 鞠皐女。年二十夫殁。氏孝顺翁姑，抚幼孤成立。守节三十二年。匡氏，宋效程妻 匡跻堂女。年二十八夫殁。氏事姑孝顺，教子严明。守节四十二年。孙氏，金长增妻 孙殿贞女。年二十七夫殁。氏孝事翁姑，教养子女。守节三十一年。王氏，周鸿勳妻 王元逊女。年二十七夫殁。氏安贫耐苦，教子恩勤。守节三十五年。以上二十氏皆光绪元年表。刘氏，段承宗妻 刘雯女。年二十七夫殁。氏孝养翁姑，坚贞自矢。守节四十年。王氏，周玉松妻 王昭烈女。年二十四夫殁。氏善事翁姑，矢志坚苦。守节五十二年。姜氏，周甸琛妻 姜玉西女。年二十一夫殁。氏善事翁姑，坚贞励节三十三年。文氏，王茂德妻 文兆祥女。年二十二夫殁。氏侍奉翁姑以孝闻，教养嗣子如己出。守节三十年。高氏，石元龙妻 高选业女。年二十六夫殁。氏孝养翁姑，抚孤成立。守节四十三年。朱氏，崔清弼妻 朱存诚女。年二十八夫殁。氏事姑孝顺，教子恩勤。守节二十七年。赵氏，张镐妻 赵振霞女。年二十三夫殁。氏代夫奉养病姑，苦节四十八年。嗣子桂清。赵氏，韩得贵妻 年二十夫殁。守节四十年。石氏，万永俊妻 石天锡女。年三十夫故。氏安贫教子。守节四十年。刘氏，赵维泗妻 刘凤岐女。年二十二夫殁。氏孝奉翁姑，教子成立。守节三十一

---

① 菽水承欢：指身虽贫寒而尽心孝养父母。

年。丁氏，辛籍古妻 丁启明女。年二十二夫殁。氏谨守闺箴①，抚孤成立。守节四十年。高氏，姜庆云妻 高可业女。年二十六夫殁。氏孝敬翁姑，安贫励节，苦守四十九年。管氏，韩世传妻 管积德女。年二十九夫殁。氏尽孝励节。苦守五十年。宋氏，李金进妻 宋文谋女。年二十三夫殁。氏事亲孝谨，秉性端严。守节三十一年。孙氏，姜希周妻 孙有德女。年二十七夫殁。氏孝养翁姑，抚嗣子成立，守节四十二年。张氏，魏永禄妻 张廷本女。年二十六夫殁。氏孝事翁姑，能得欢心，抚子侄慈爱交至。守节四十七年。邹氏，魏永善妻 邹兴文女。年二十四夫殁。氏孝事翁姑，抚孤成立。守节三十八年。王氏，宋蟠龙妻 王岗女。年二十八夫殁。氏孝以事亲，贞以自守，苦节五十四年。郭氏，赵文轸妻 郭长庆女。年二十三夫殁。氏代夫尽孝，抚孤成立。守节以终。王氏，宋劭妻 王振仪女。年二十三夫殁。氏孝事翁姑，勤诲子女。守节二十九年。刘氏，柳缙云妻 刘希曾女。年二十八夫殁。氏事亲尽孝，抚孤成立。守节二十九年。张氏，庠生柳黄甲妻 张五典女。年二十四夫殁。氏孝事翁姑，坚贞守节。卒年四十四。周氏，赵永平妻 周具女。年二十七夫殁。守节五十六年。郝氏，宗景之妻 郝瑾女。年二十一夫故。氏事姑尽孝，纺绩甘贫。守节四十四年。黑氏，刘正声妻 黑克盘女。年二十四夫殁。氏孝事翁姑，治家勤俭。守节三十八年。殷氏，巩钵妻 殷钵女。年二十四夫殁。氏养亲抚孤，孝慈兼尽。守节三十五年。郭氏，从九品柳孟潇妻 郭善疆女。年二十八夫殁。氏孝事孀姑，抚孤成立。守节三十年。樊氏，柳青泰妻 樊永祉女。年十九夫殁。氏孝养翁姑，教嗣子成名。守节四十二年。胡氏，李青云妻 胡振基女。年二十一夫故，氏孝养翁姑，抚孤成立。守节三十一年。叶氏，孙鸿逵妻 叶大淮女。年二十五夫殁。氏养亲尽礼，矢志坚贞，守节五十六年。以上三十氏皆光绪元年表。李氏，陈士俊妻 李廷桂女。年二十四夫殁。氏孝事翁姑，训子有方。守节三十四年。王氏，綦丕宽妻 王点女。年二十二夫殁。氏孝事翁姑，克勤克俭。守节三十年。彭氏，綦丕比妻 彭继谟女。年三十夫殁。氏事亲尽孝，矢志坚贞。守节三十三年。王氏，刘润妻 王素女。年二十二夫殁。氏孝养翁姑，矢志靡他。守节三十一年。宋氏，管孔举妻 宋绍先女。年二十一夫故。氏代夫尽孝，矢志守贞。苦节三十五年。刘氏，张芸田妻 刘启福女。年二十六夫殁。氏孝顺翁姑，治家勤俭。守节三十二年。姜氏，李中山妻 姜天祥女。年二十八夫殁。氏善事翁姑，抚嗣子贵云成立。守节三十三年。王氏，姜杰先妻 王吉士女。年二十九夫殁。氏孝敬翁姑，慈抚子女。守节七十二年。刘氏，姜桓妻 刘福多女。年二十四夫故。守节五十六年。高氏，李鸿年妻 高中叶女。年二十夫殁。氏井臼亲操，贞洁自守，苦节四十一年。以上十氏皆光绪元年表。张氏，孙清直妻 张福女。年十九夫殁。氏事亲孝谨，矢志靡他。守节四十四年。刘氏，周思极妻 刘存梅女。年二十夫殁。氏孝养老亲，备尝艰苦。守节三十五年。王氏，韩振江妻 王朋女。年二十八夫殁。氏事亲孝谨，矢志贞洁。守节二十四年卒。刘氏，马广继妻 刘中文女。年二十五夫殁。氏克尽妇道，教子成立。计守节三十五年。于氏，杨法周妻 于清标女。年二十一夫殁。氏食贫守节五十四年。罗氏，孙继龄妻 罗廷华女。年十六于归，是年夫故。氏孝事双亲，柏舟自誓。守节四十九年。田氏，张正大妻 田福方女。年二十八夫殁。氏孝慈勤俭。守节五十年。王氏，孙化南妻 王振甲女。年二十九夫殁。氏养亲洁诚，坚贞自矢。守节十三年卒。王氏，赵耀顺妻 王朝栋女。年二十四夫殁。氏竭诚孝养。守节四十年。法氏，宋尚文妻 法兰芝女。年二十三夫殁。氏孝养翁姑，冰操自励。守节四十五年。刘氏，赵峒妻 刘谦女。年二十七夫殁。氏孝事翁姑，抚孤成立。守节六十一年。姜氏，吴广坤妻 姜茂宗女。年十九夫故。氏坚贞矢志，孝养衰亲。守节三十九年。李氏，王理妻 李可大女。年三十夫殁。

① 闺箴：指妇女应遵守的规诫。

氏孝顺翁姑，教子有方。守节四十九年。张氏，匡金猷妻张希珍女。年十九夫殁。守节二十三年卒。姬氏，胡德邻妻姬凤翔女。年二十四夫殁。氏事翁姑，能得欢心。立堂弟庆云子为嗣，教养周至。守节十八年卒。李氏，高缵方妻李琚女。年十九夫殁。氏孝事翁姑，抚嗣子成立。守节四十五年。高氏，赵象沛妻高蔚清女。年二十八于归，数月夫故。氏事亲尽孝，抚遗腹子成立。守节三十一年。王氏，范丕承妻王鹏龄女。年二十四夫殁。氏孝养翁姑，教遗孤成立。守节四十六年。傅氏，范锡朋妻傅学修女。年二十四夫殁。守节七年卒。于氏，王谨业妻于绍宗女。年二十八夫殁。氏孝养翁姑，矢志贞洁。守节五十七年。李氏，邱泽新妻李恒训女。年二十八夫殁。氏养亲尽礼，教子勤劬。守节十八年卒。以上二十氏皆光绪元年表。刘氏，匡成律妻刘栋女。年二十八夫殁。氏孝养翁姑，义方训子。守节六十四年。王氏，高从方妻王梦祥女。年二十六夫殁。氏安贫养亲，抚孤成立。守节三十八年。孙氏，姜振隆妻孙文桂女。年二十二夫殁。氏养亲尽孝，甘贫自守，苦节三十二年。法氏，董瀚妻法梦岱女。年二十五夫殁。氏竭力奉亲，择贤为嗣。守节三十二年。唐氏，孙楷妻唐可封女。年十九夫殁。氏善事翁姑，安贫耐苦。守节三十七年。邓氏，冷维烒妻邓守诚女。年二十夫殁。守节四十五年。宋氏，监生徐守长妻宋志通女。年二十二夫殁。氏孝事孀姑，抚嗣子成立。守节十三年卒。高氏，孙维藩妻高廷正女。年二十六夫殁。氏孝顺翁姑。守节五十二年。刘氏，王允升妻刘法秀女。年二十八夫殁。氏孝养老亲，慈诲幼子。守节三十五年。崔氏，张梦鑑妻崔元正女。年二十三夫殁。氏事亲抚孤，孝慈兼尽。守节四十九年。以上十氏皆光绪元年表。姜氏，吴广和妻姜茂宗女。年十九夫殁。氏冰霜励操，课子勤农。守节三十八年。李氏，耿建桢妻李本修女。年十八于归，百日内夫殁。氏治家勤俭，矢志坚苦。守节二十年卒。惠氏，匡元功妻惠建鸿女。年二十六夫殁。氏孝事翁姑，抚孤成立。守节四十一年。王氏，匡元照妻王以采女。年二十四夫殁。氏竭力奉亲，矢志贞洁。守节三十二年。卢氏，从九品崔墀妻卢永熙女。年二十五夫殁。守节三十七年。宋氏，土垐妻宋文焕女，年二十三夫殁。氏孝慈勤俭，食贫守节三十八年。王氏，李成妻王奎女。年二十八夫殁。氏事亲至孝，甘贫耐苦。守节三十九年。张氏，冷云扬妻张明玉女。年二十九夫殁。氏虔事翁姑，自奉俭朴。守节三十一年。孙氏，王鑑妻孙奎女。年二十九夫殁。氏孝养翁姑，以针黹佐甘旨，守节五十三年。刘氏，李东岱妻刘文光女。年二十五夫殁。氏冰霜矢志，课子勤农。守节三十一年。赵氏，李乐亭妻赵如意女。年二十三夫殁。氏孝养翁姑，抚孤成立。守节三十二年。袁氏，管学纯妻袁洪魁女。年十九于归，越三月夫殁。氏孝顺翁姑，屏除华饰。守节三十八年。陈氏，姜元信妻陈继善女。年二十四夫殁。氏孝事翁姑，守节四十三年。祁氏，孙兆纯妻祁学洙女。年二十五夫殁。氏孝顺翁姑，冰霜矢志。守节三十五年。李氏，姜曦妻李谟女。年二十九夫殁。氏孝事翁姑，教子成立。守节三十三年。李氏，柳逢春妻李玉麟女。年十九夫殁。氏食贫孝亲。守节四十五年。刘氏，刘文汉妻刘汝盛养女。年二十三夫殁。氏婉顺事亲，贞静守志。苦节四十年。谷氏，赵铨妻谷铨女。年二十九夫殁。氏善事翁姑，贞静守志。苦节四十一年。殷氏，李怀朴妻殷桐女。年二十五夫殁。氏孝养翁姑，抚嗣子如己出。守节三十三年。张氏，葛玉妻张建庆女。年二十九夫殁。氏孝养孀姑，自甘贫苦。守节三十三年。王氏，陈彝丰妻王益隆女。年二十六夫殁。氏井臼亲操，抚幼子备尽教养。守节四十五年。徐氏，庠生宋震修妻徐守约女。年十九夫殁。氏孝顺翁姑，抚养嗣子。守节三十一年。张氏，法徵珣妻张寿增女。年二十九夫殁。守节四十七年。孙氏，陈学德妻孙福祥女。年二十五夫殁。氏孝事翁姑，抚孤成立。守节四十五年。宋氏，冷永昶妻宋增女。年二十六夫殁。氏尽孝事姑，屏除华饰。守节三十二年。苗氏，李东昌妻苗清田女。年二十三夫殁。氏孝养翁姑，甘贫无怨。守节以终。戴氏，任世松妻戴玉女。年二十二夫殁。氏孝养翁姑，抚幼孤成立。守节四十四年。高氏，杨陞妻 高凌霄女。年二十九夫殁。氏孝养翁姑，矢志贞洁。守节三十三年。张氏，魏成华妻 张立基女。年二十八夫殁。氏贤孝并著，贫苦自甘。守节四十一年。王氏，魏成考妻 王勤光女。年二十五夫殁。氏事亲孝谨，食贫守节三十五年。王氏，张鄂妻 王中和女。年十九夫殁。氏孝事翁姑，自甘淡泊。守节三十八年。孙氏，未入流李煃淦妻 孙应诏女。年二十九夫殁。氏抚遗孤教养成立。守节四十六年。吴氏，牟守钦妻 吴成森女。年二十三夫殁。氏孝养翁姑，抚遗孤成立。守节三十四年。薛氏，武生田芳龄妻 薛瞻季女。年二十九夫殁。氏孝事孀姑，抚孤成立。守节三十九年。于氏，宋菘妻 于临五女。年二十三夫殁。守节三十二年。杨氏，生员徐怀源妻 杨兆镗女。年三十夫殁。氏奉亲抚孤，孝慈兼尽。守节四十三年。孙氏，田云蔚妻 孙秉和女。年二十二夫殁。遗孤子一，又早卒。氏食贫养亲抚孙成立，艰苦备尝，守节四十五年。徐氏，于九功妻 徐安居女。年二十三夫故。氏纺绩养亲，冰霜志苦。守节三十年。崔氏，于解五妻 崔维乐女。年二十一夫殁。氏严以训子，婉以奉姑。守节五十七年。孙氏，田开恕妻 孙文燧女。年二十三夫殁。氏奉亲孝谨，教子义方，守节三十九年。以上四十氏皆光绪元年表。张氏，王旭妻 张继德女。年二十一夫殁。氏自甘贫苦，孝敬事亲，守节六十七年。于氏，刘玳妻 于焕绪女。年二十二夫殁。氏甘旨养亲，志操贞洁，守节三十年。高氏，宋谧妻 高桓业女。年二十九夫殁。氏孝养衰姑，抚育幼子，守节四十一年。狄氏，赵景妻 狄克勤女。年二十一夫殁。守节三十六年。宁氏，庠生贾楹妻 宁允清女。年二十五夫殁。守节五十一年。王氏，匡建城妻 王官素女。年二十六夫殁。氏事亲尽孝，训子有方，守节四十一年。张氏，高徽琳妻 张兆桂女。年二十八夫殁。氏善事翁姑，始终罔懈，守节四十三年。王氏，徐云妻 王喜女。年二十九夫殁。氏孝养翁姑，辛勤教子，守节五十九年。孙氏，周顺妻 孙建章女。年二十九夫殁。守节四十年。姜氏，宋广学妻 姜士女。年二十六夫殁。氏孝养翁姑，抚育嗣子，守节三十七年。韩氏，李元璞妻 韩檀女。年二十七夫殁。氏养亲尽礼，教子恩勤。守节四十九年。王氏，张宪益妻 王芝女。年二十六夫殁。氏孝慈贞静，训子有方。守节二十二年卒。高氏，萧象豫妻 高成杰女。年二十九夫殁。氏孝事翁姑，抚孤成立，守节五十二年。傅氏，刘启元妻 傅玢女。年二十五夫殁。氏事亲孝谨，训子严明。守节十六年卒。郭氏，贾廷妻 郭人昇女。年二十五夫殁。氏孝养翁姑，守节五十三年。赵氏，夏清海妻 赵培桐女。年十九夫殁。氏奉姑尽职，守节三十八年。王氏，刘启明妻 王智女。年二十八夫殁。氏孝事翁姑，义方教子，守节三十五年。丁氏，王文典妻 丁芝女。年二十六夫殁。氏孝养翁姑，抚孤成立，守节五十六年。周氏，孙玉田妻 周荣泉女。年二十三夫殁。氏甘旨养亲，苦志守节四十年。汪氏，王相尧妻 汪文奎女。年二十五夫殁。氏孝顺翁姑，教诲嗣子。守节三十五年。张氏，丁延和妻 张士桓女。年二十九夫殁。守节四十八年。宫氏，王克仁妻 宫绰女。年二十夫故。氏事亲抚孤，孝慈兼尽，守节四十年。綦氏，丁士矩妻 綦士泰女。年二十七夫殁。氏孝事孀姑，慈抚幼子，守节五十二年。李氏，崔振芳妻 李长春女。年二十八夫殁。氏孝慈勤俭，守节终身。高氏，法翕妻 高徽琳女。年二十八夫殁。氏抚孤守节五十八年。胡氏，赵庚年妻 胡荣女。年二十五夫殁。氏侍奉重帏，克尽妇职，抚嗣子如己出，守节四十年。王氏，刘绍杞妻 王可女。年二十六夫殁。守节五十八年。王氏，丁延瑞妻 王汝宅女。年二十八夫殁。氏事亲尽孝，抚孤成立，守节三十三年。孙氏，张文炳妻 孙心斋女。年二十五夫殁。守节五十五年。刘氏，高基方妻 刘振烈女。年二十三夫殁。守节四十四年。史氏，戴周妻 史庄荣女。年二十九夫殁。守节四十九年。以上三十氏皆光绪元年表。赵氏，法兆起妻 赵蒿女。年二十七夫殁。氏孝奉翁姑，训子有方，守节三十九年。刘氏，李殿元妻 刘起女。年二十五夫殁。守节三十二年。张氏，庄效善妻 张仁信女。年二十四夫殁。氏孝养孀姑，教子成立，守节四十一年。牟氏，朱士松妻 牟翰文女。

年十九夫殁。氏事亲训子，孝慈兼尽，守节五十三年。赵氏，李继盛妻 赵咸池女。年二十二夫殁。守节三十六年。姜氏，王翰妻 姜温先女。年二十一夫殁。氏井臼亲操，矢志坚苦，计守节三十年。崔氏，陈荣妻 崔起成女。年二十二夫殁。氏养亲尽孝，守节五十三年。吴氏，韩振田妻 吴宁女。年二十三夫殁。氏孝养孀姑，慈抚幼子，守节四十二年。王氏，邓镈妻 王增女。年二十四夫殁。氏事姑尽礼，抚子恩勤，守节二十六年。高氏，纪芳池妻 高厚业女。年二十六夫殁。守节三十二年。以上十氏皆光绪元年表。衣氏，周瑛妻 衣训女。年二十一夫殁。氏孝亲抚幼，备历艰辛，守节三十三年。庄氏，尤立坦妻 庄松龄女。年二十九夫殁。守节三十五年。辛氏，丁延儒妻 年二十一夫殁。氏尽孝孀姑，抚嗣子成立，守节五十六年。綦氏，张腾霄妻 綦庸女。年十八夫殁。氏甘旨奉亲，安贫守志，苦节四十三年。韩氏，张炳元妻 韩廷奎女。年二十一夫殁。守节三十一年。曾氏，刘文忠妻 曾习堂女。年二十五夫殁。氏事亲尽孝，甘贫励节，苦守三十三年。高氏，武庠生李名扬妻 高启福女。年二十六夫殁。氏孝事衰姑，慈抚幼子，守节五十四年。朱氏，项方富妻 朱中桂女。年二十三夫殁。守节五十七年。孙氏，刘锡龄妻 孙敬临女。年二十六夫殁。氏尽孝重帏，抚育幼子，守节三十年。于氏，胡瀛妻 于德成女。年二十五夫殁。氏孝奉翁姑，抚孤成立，守节四十三年。王氏，李怀泗妻 王廷维女。年二十九夫殁。家贫，氏以纺绩养翁姑，抚幼子成立，艰苦备尝，守节三十九年。王氏，孙云师妻 王泽女。年二十八夫殁。氏孝养孀姑，持家教子，守节四十三年。张氏，黄元培妻 张兆阳女。年二十五夫殁。氏孝养翁姑，教子成立，守节四十四年。姜氏，监生蔡文钦妻 姜焕成女。年二十七夫殁。氏孝养翁姑，训子有方，计守节六年卒。迟氏，监生赵育春妻 迟元恺女。年二十四夫殁。守节以终。萧氏，张宏修妻 萧世铭女。年二十四夫殁。氏孝养翁姑，守节三十六年。张氏，武生刘廷林妻 张寿域女。年二十八夫殁。氏孝事衰姑，守节二十一年卒。范氏，姜本源妻 范境女。年二十七夫殁。氏孝事孀姑，教嗣子读书成名，守节三十二年。辛氏，赵亿年妻 辛道纯女。咸丰十一年，亿年遇贼殉难，氏年十八，孝养翁姑，冰操自励，守节四十一年。庄氏，庠生赵宪书妻 庄谨女。年二十八夫殁。氏孝养翁姑，抚育幼子，守节五十二年。谈氏，赵启勳妻 谈修玉女。年二十六夫殁。氏孝事孀姑，与姑同守，苦节计三十五年。王氏，胡继曾妻 王黉序女。年二十九夫殁。氏孝养衰姑，曲意承欢，守节三十九年。张氏，胡振声妻 张凌云女。年二十夫殁。氏甘旨养亲，家贫耐苦，守节三十一年。续《前志》：祖姑、胡硕林妻宋氏、姑王氏，一门三节。张氏，庠生孙彝棐妻 张魁新女。年二十二夫殁。氏侍奉重帏，曲尽孝养，抚育幼子，守节四十三年。胡氏，孙绶珣妻 胡垂勳女。年十九夫殁。氏养老承欢，幽贞自矢，计守节三十年。刘氏，张毓瓒妻 刘启坤女。年十九于归，未一载夫殁。氏食贫守节四十三年。陆氏，魏泽妻 陆哲女。年二十九夫殁。氏孝慈兼尽，翁姑称贤，子侄被爱，守节三十七年。屈氏，萧世铉妻 屈嘉严女。年二十一夫殁。氏事翁姑尽孝，教嗣子成立，守节三十七年。韩氏，庄洪范妻 韩玉琳女。年二十二夫殁。氏尽孝翁姑，持家勤俭，守节四十六年。尹氏，孙象雨妻 尹宏德女。年二十六夫殁。氏养亲尽孝，课子勤农，守节四十三年。孙氏，贾明秀妻 孙英女。年二十九夫殁。氏善事翁姑，治家勤俭，守节四十年。庄氏，李永临妻 庄永怀女。年二十九夫殁。氏事翁姑孝养备至，抚遗孤恩义兼尽，守节四十年。耿氏，侯凤阁妻 耿怀起女。年二十二岁夫殁。氏食贫守节三十九年。李氏，辛乐古妻 李文瑞女。年二十九夫殁。氏孝养翁姑，严明训子。守节三十一年。王氏，李汉斗妻 王缙女。年二十七夫殁。氏孝事翁姑，勤俭自持，守节四十年。李氏，高植方妻 李可久女。年二十一夫故，氏善事翁姑，矢志坚苦，守节三十五年。王氏，宋连妻 王鹤南女。年二十七夫殁。氏善事翁姑，甘贫守志，苦节三十年。李氏，辛承古妻 李欣女。年二十八夫故。氏善事翁姑，冰霜矢志，守节六十年。徐氏，舒昌新妻 徐志德女。年二十八夫故。

氏事姑曲尽，孝养教子，备极恩勤，贞节自持，三十余年如一日。郭氏，高徽俊妻 郭训女。年二十四夫殁。氏孝事翁姑，义方教子，守节五十三年。刘氏，刘文京妻 刘希颖女。年二十九夫殁。氏尽孝事亲，义方教子，守节三十三年。王氏，刘卓然妻 王珮女。年二十八岁夫殁。氏婉愉事亲，坚贞自矢，守节三十二年。王氏，宋云龙妻 王继昌女。年二十二夫殁。氏孝事翁姑，守节三十年。徐氏，于汉章妻 徐守信女。年二十九夫殁。氏善事翁姑，深明大义，守节三十一年。徐氏，王犹龙妻 徐葆贞女。年二十夫故。氏事亲抚孤，孝慈兼尽，守节三十三年。殷氏，胡长清妻 殷作霖女。年二十五夫殁。氏孝事翁姑，勤俭持家，守节三十年。王氏，赵德仁妻 王维新女。年二十八夫殁。氏孝顺翁姑，抚嗣子如己出，守节四十七年。李氏，王泮龙妻 李绍湘女。年十九夫殁。氏甘贫守节三十一年。杨氏，徐振铠妻 杨坷女。年十九夫殁。翁姑思子悲伤不已，氏百端劝慰，又善抚嗣子，爱如己出，守节三十二年。高氏，候选典史王善士继妻 高徽祇女。年二十八夫殁。氏鬻房营葬如礼。遗孤甫周岁，氏食贫抚幼，以针凿纺绩度日，守节十四年卒。张氏，高试业妻 张兆惠女。年二十三夫殁。氏事继姑曲意承志，得翁姑欢，抚幼子教养成立，守节三十一年。法氏，高鸿方继妻 法廷可女。年二十七夫殁。氏事翁姑尽孝，姑尝语人曰："有妇如此，菽水胜鼎烹矣。"家贫，以纺绩佐养，抚前室子振凯如己出，赖以成立，守节四十三年。崔氏，庠生高翰府继妻 崔清轸女。年二十五夫殁。氏甘贫苦守，抚嗣子承基成立，守节三十二年。邵氏，邱泽恺妻 邵维桢女。年十七夫殁。氏妇代子职，以纺绩针凿佐养，抚嗣子珮璋成立，守节二十六年卒。栾氏，监生邓珍妻 候选训导栾景洙女。年二十于归，事舅姑能得欢心，及舅姑相继逝，相夫营葬，备尽哀礼，年二十五夫殁。氏经理殡事如葬其亲。每值夫忌日，恒终日不食。嗣子怀方尚幼，氏恩勤抚育，视如己出。及长课读如师保，后怀方及孙林儒先后入庠，皆氏教也。卒守六十二。栾氏，邓吉来妻 栾汝为女。年二十二夫殁。氏事翁姑尽孝。家贫，以纺绩针凿佐养，翁姑相继殁。赖氏累积赢余，备丧费均如礼。守节三十七年。张氏，监生法怡妻 张元善女。年二十九夫殁。氏事翁姑孝谨。夫弟三人，氏皆佐姑抚育成人。夫遗孤子三：长庆、锡庆、有庆，氏备尽教养，计守节三十八年。黄氏，张世增妻。徐氏，张继绪妻 黄玲女。十九夫故。时祖姑、翁姑俱存。氏侍奉唯谨，祖姑卧病十余年，踵[①]昼夜扶持，备极劳瘁。祖姑、翁姑相继殁，先后葬丧皆氏经理，人称"贤能"。氏无出，以夫兄世高次子继绪为嗣。继绪又殁，嗣妇徐氏尤厚遇之，守节五十一年。与嗣妇徐氏，一门双节。傅氏，高闾方妻 傅曾陞女。年二十九夫殁。氏尽孝重帏，训子义方，守节二十一年卒。以上六十氏皆光绪元年表。胡氏，高迎方妻 胡建勳女。年二十四夫殁。翁姑早卒，氏以不得生事为憾，祭必诚洁。家赤贫，以纺绩针凿自给，矢志靡他，守节三十一年。张氏，崔芳林妻 张应考女。年十八夫殁。翁姑思子尝悲恸，氏百端劝解，以慰亲心，又俭朴自甘，不事华饰，守节三十九年。任氏，宋承昆妻 任庄峣女。年二十九夫殁。氏百端解姑忧，以兄子毅为夫嗣，教养成立，守节三十一年。匡氏，张孙禄妻 匡严共女。年二十九夫殁。氏孝养衰亲，抚幼孤成立，守节四十四年。纪氏，徐谦妻 纪元凯女。年二十八夫殁。氏纺绩度日，代子养亲。翁姑殁，氏鬻房营葬，归依母家以终，守节三十二年。胡氏，崔行端妻 胡范女。年二十三夫殁。氏孝养翁姑，荆布粗粝，守节四十九年。高氏，胡著勳妻 高徽珍女。年二十二夫殁。氏投缳数次，皆遇救不获死。翁姑泣劝，乃易殉为守，食贫尽孝，颇得翁姑欢，苦节四十年。冷氏，杨廷幹妻 冷级瑞女。年二十六夫殁。氏誓以身殉，翁姑苦劝乃止，子二敬恪、逢年，教养成立，敬恪入邑庠。守节三十四年。纪氏，高凌霞妻 纪倓女。年二十五夫殁。氏甘旨奉亲，孝养备至。夫葬后，家渐落，氏以纺绩针凿佐食，备历艰辛，守节五十六年。周氏，庠生王汝翰妻 周锡彤女。年二十八夫殁。氏誓以身殉，经翁姑劝谕乃易殉为守，纺绩安贫，守节

---

① "踵"，底本作"種(种)"，形似而讹。据上下文义改。踵，追随、接续之意。

三十年。以上十氏皆光绪元年表。逯氏，王坦妻 逯道仁女。年二十五夫殁。氏孝养翁殁，甘贫自守，苦节三十八年。匡氏，黎重熙妻 匡懋敕女。年二十一于归，八月夫殁。氏代夫养亲，甘旨无缺，抚嗣子汝善成立，守节三十年。殷氏，胡莲台妻 殷维朴女。年二十三夫殁。氏孝敬翁姑，翁殁后，事姑尤得欢心，自甘粗粝以甘旨养姑，守节三十一年。高氏，赵湘妻 高允升女。年二十五夫故。家赤贫，姑又殁，氏以纺绩养翁，又常归母家乞米以佐食，抚遗孤国梁成立，为授室，国梁又殁。氏坚苦守节三十年。高氏，叶发枝妻 高徽录女。年二十三夫殁。氏孝事孀姑，抚嗣子馥林成立，守节三十一年。刘氏，傅贻训妻 刘培元女。年二十夫殁。氏誓以身殉，因无人养姑，易殉为守。家贫，以针黹纺绩佐食，守节三十余年。张氏，刘鸿全妻 张兆伟女。年二十七夫殁。氏因家贫，以针黹佐食，抚遗孤殿松成立，守节三十六年。王氏，傅缵曾妻 王坊女。年二十八夫殁。氏力贫以养翁姑，抚两孤贻鹏、贻鸿成立，守节三十年。萧氏，张在中妻 萧炯女。年二十四夫殁。氏孝事翁姑，抚遗孤振武成立，守节四十四年。徐氏，王天畀妻 徐俟女。年十九夫殁。誓以身殉，翁姑苦劝乃止，家贫以针黹纺绩佐养。翁姑相继殁，丧葬如礼。以夫堂兄子应修为嗣，既授室，应修又亡，氏率妇徐氏同守苦节。天畀妻守节五十一年。周氏，高徽顺妻 周道乾女。年二十九夫故。家贫以佣工养继姑，抚嗣子俊方成立。俊方贸易，家渐小康，守节三十九年。赵氏，高坤元妻 赵锡光女。年十七于归夫久病，氏昼夜服侍，十余年无倦容。夫殁后，姑已近八旬，动作需人，氏扶持唯谨。嗣子巽方，氏爱如己出，抚之成立。守节三十三年。王氏，崔再郾妻 王思圣女。年二十四夫殁。氏孝顺翁姑，抚嗣子梦兰成立，守节三十二年。梦兰庠生。高氏，李瑞图妻 高朴斋女。年二十夫殁。氏誓以身殉，翁姑苦劝之，乃易殉为守，抚嗣子象孚成立，守节三十三年。徐氏，詹事府主薄孙彝敦妻 徐应时长女。年十五于归，甫三月夫殁。氏誓以身殉，因翁姑苦劝乃止。氏逮事祖姑，祖姑病，求以身代祖姑殁。事翁姑益孝谨，抚嗣子大庆成立，早年入庠。守节三十二年。高氏，徐熙绩妻 高蔚昱女。年二十二夫殁。氏誓以身殉，继念翁姑无他子，遂矢志坚守，孝养承欢。夫姊胡氏家中落，氏常恤之，守节四十八年。高氏，刘维锡妻 高朋业女。年二十四夫殁。氏善体翁姑意，竭力承欢，抚嗣子德成立，守节三十五年。李氏，魏永林妻 李永泰女。年二十二夫殁。氏七旬余，事孀姑张氏曲尽孝养，抚遗孤澍成立，守节五十五年。范氏，宋翥妻 范德女。年十九夫殁。氏孝姑抚子，守节四十二年。李氏，邓履妻 李绪彦女。年二十于归，二十七夫故。守节五十二年，卒年七十九。陈氏，张其和妻 陈起全女。年二十五于归，三十八岁夫故。守节四十六年，卒年七十三。刘氏，李元炵妻 刘吉人女。年十九于归，二十五岁夫故。守节五十三年，旌时年七十七。宗氏，薛鸿训妻 宗象贤女。年十九于归，二十四岁夫故。守节三十四年，旌时年五十八。张氏，贻赠奉政大夫胡丕勳妻 张起业女。年十八于归，二十六岁夫殁。氏善事翁姑，抚孤成立，守节五十六年。子振壂。王氏，魏德中妻 夫殁，守节终身。王氏，魏道宗妻 即墨王景年女。年十七于归，二十六夫殁。守节三十七年。以上二十六氏皆光绪元年表。王氏，宋志埈妻 王堦女。年二十五于归，二十七夫殁。守节终身。李氏，宋志坦妻 李汉女。十八岁于归，二十八夫殁。守节终身。高氏，宋志玺妻 高霖沛女。年二十二于归，二十五夫殁。守节七年卒。一门三节。以上三氏皆光绪元年表。刘氏，宋昙妾 年十七，昙纳为侧室，二十八岁，昙殁。氏抚孤守节，三子愈乂、新源、科俱成立，守节五十五年。孙四人。中子庠生，季子进士、礼部主事。马氏，昭武都尉王霖普妾 马廷文女。年二十夫殁。氏誓志自守，苦节八年卒。王氏，高蔚瀚妾 王太丰女。年二十八夫殁。断粒数日，因家人力劝，始易殉为守。孝养主母，与夫妾马氏亲睦无间，抚其子榴业如己出。计苦节五十三年。徐氏，杨执妾 徐兰养女。年二十七夫殁。氏苦节自守十六年卒。以上三氏皆光绪元年表。张氏，王重度妾 张义女。年二十八夫殁。守节三十二年。管氏，附贡生孙友晋妾 管存仁女。年二十八夫故。氏矢志坚贞，抚孤成立，守节四十七年。高氏，孙彝辅妾 年二十七夫殁。氏励操贞洁，抚育遗孤，守节四十一年。李氏，张之桢妾 李士恭女。年二十二夫殁。氏孝慈勤俭，贞节自矢，苦守五十六年。董氏，法汝简妾 董和女。年二十八汝简殁。氏冰霜励操，训子有方。守节四十一年。以上五氏皆光绪元年表。张氏，袁坤妾 张谨养女。年二十三夫殁。氏勤俭持家，择嗣抚养，守节三十八年。王氏，高蔚湘妾 王田女。年二十七夫殁。氏事亲至孝，从嫡勤慎，守节四十五年。卞氏，增生杨垠妾 卞元吉女。年十八岁夫殁。氏秉性贞静，持家勤俭，守节三十年。以上三氏皆光绪元年表。李氏，周培纶妾 李海女。年二十三培纶殁。氏孝养老亲，教子恩勤。守节三十二年。光绪元年表。刘氏，布政司经历杨兆炳妾 年二十一夫故，氏事嫡室益恂谨①，饮食必亲，病侍药饵无倦容，于嫡子尤以礼遇。嫡子陛妾张氏早殁，遗二子，氏抚育成立，爱逾所生。守节四十九年。以上皆光绪元年表。庄氏，生员赵宪书妻 庄允泽女。年二十八夫殁。氏孝养翁姑，抚幼子启运成立，守节五十二年。光绪二年补旌。李氏，韩学英妻 李务明女。二十九夫殁。守节四十四年。王氏，张若植妻 王诚女。年二十八夫殁。氏孝事翁姑，治家勤俭。守节四十一年。刘氏，冷国珍妻 刘人杰女。年二十七夫殁。氏孝养翁女，爱侄如子，守节二十三年卒。况氏，张若桃妻 况国枝女。年二十一夫殁。氏孝养翁姑，治家俭约，守节五十年。纪氏，叶玲妻 纪赞修女。年二十七夫殁。氏孝养翁姑，守节四十二年。高氏，马启坤妻 高攀谈女。年二十四夫殁。氏孝养翁姑，守节三十五年。周氏，高志方妻 周际清女。年二十七夫殁。氏曲意奉亲，抚孤成立。守节三十四年。周氏，张希玮妻 周元炵女。年二十七夫殁。氏孝事翁姑，抚孤成立。旌时守节三十三年。邱氏，贾浚妻 邱匀女。年二十夫故，孝事翁姑，抚孤成立。旌时守节三十六年。宋氏，张鸿新妻 宋球林女。年二十四夫殁。氏妇代子职，苦守贞节，旌时年七十五。徐氏，匡启贤妻 徐志成女，年二十夫殁。氏孝事翁姑，素明大义，守节三十三年。姜氏，高振鹏妻 姜泰女。年二十夫殁。氏竭力孝亲，矢志守节，旌时年五十一。殷氏，陈熙宏妻 殷维祥女。年十五于归，是年夫殁。氏养老抚幼，备历艰辛，旌时守节三十九年。高氏，九品衔徐肇栒妻 高垂训女。年二十四夫殁。守节，旌时年五十岁。陈氏，郭振键妻 陈怀图女。年二十四夫殁。氏曲体亲心，抚孤守节二十三年卒。万氏，徐恒业妻 万逸名女。年二十夫殁。氏甘贫苦守，矢志靡他，守节七年卒。王氏，宋汝缃妻 王立业女。年二十九夫殁。氏孝养翁姑，恩勤抚幼，守节五十三年。匡氏，黄文汉妻 匡桐女。年二十八夫殁。氏孝顺翁姑，不事华饰，守节三十四年。董氏，柳全妻 董希程女。年十九夫殁。氏善事翁姑，教子成立，守节五十一年。栾氏，举人宋牧妻 栾坪女。年二十九夫殁。守节四十五年。以上二十氏皆光绪二年表。张氏，赵如魁妻 张香桥女。年二十六夫殁。氏事姑尽孝，守节四十六年。苏氏，赵如进妻 苏臻女。年二十一夫殁。氏甘旨养亲，自奉俭约，守节三十二年。冷氏，黄光照妻 冷埴瑞女。年二十七夫殁。氏孝事衰姑，守节五十四年。杨氏，黎克昌妻 杨梦瑞女。年二十八夫殁。氏菽水承欢，柏丹矢志，守节四十七年。李氏，王会昌妻 李寅女。年二十三夫殁。氏善事翁姑，教诲子女。守节五十一年。冷氏，张承瑄妻 冷佐女。年二十七夫殁。氏食贫茹苦，教子成立，守节三十四年。李氏，监生黄桢妻 李钧女。年二十八夫殁。氏养亲尽孝，守节三十一年。赵氏，张万春妻 赵名书女。年二十五夫殁。氏孝顺翁姑，守节二十五年卒。张氏，宗传德妻 张福增女。年二十六夫殁。氏善事翁姑，素明大义，旌时守节四十一年。陈氏，宗怀妻 陈德建女。年二十八夫殁。氏事亲尽孝，训子义方，旌时守节三十三年。以上十氏皆光绪二年表。王氏，从九品冷逢勳妻 王福元女。年二十九夫殁。氏事亲教子，孝慈兼尽，旌时年六十一。邓

① 恂谨：恭顺谨慎。

氏，李长芸妻 邓林女。年二十八夫殁。守节四十三年。杨氏，高兴业妻 杨枝荣女。年二十九夫故。氏曲体亲心，抚孤成立，守节四十八年。吴氏，张汉酬妻 吴士玉女。年二十六夫故。孝顺翁姑，矢志守节，旌时年五十八。傅氏，宋保藩妻 傅鹤鸣女。年二十一夫殁。氏贞静守志，纯孝事姑，旌时年五十一。高氏，徐立健妻 高毓岍女。年二十夫殁。氏奉姑尽孝，食贫守节，旌时年五十二。刘氏，张立成妻 刘湘女。年二十三夫殁。氏孝事翁姑，抚子成立。旌时守节三十七年。张氏，张立中妻 张清文女。年二十一夫殁。氏奉养衰姑，食贫教子。旌时守节三十三年。丁氏，张立方妻 丁烈光女。年二十一夫殁。氏甘旨奉姑，慈严教子。守节三十三年。臧氏，张连捷妻 臧士纯女。年二十一夫殁。旌时守节三十二年。以上十氏皆光绪二年表。金氏，薛儒忱妻 金愈女。年二十夫殁。矢志守节，旌时年五十二。刘氏，赵汝懋妻 刘元经女。年二十八夫殁。氏纺绩安贫，苦节自励，旌时年五十五。杨氏，刘身修妻 杨连昇女。年二十夫殁，氏孝养翁姑，抚孤守节。旌时年六十五。范氏，徐镛妻 范锦女。年二十三夫殁。氏孝养双亲，抚孤守节。旌时年五十二。张氏，韩清许妻 张安女。年二十六夫故。家赤质，氏甘旨养亲，自安粗粝。旌时守节三十一年。高氏，谈笙鹤妻 高徽彦女。年十七夫殁。氏孝事翁姑，抚遗孤成立。旌时守节三十一年。王氏，张炳妻 王崐女。年二十五夫殁。氏孝顺翁姑，冰霜矢志。旌时守节三十八年。法氏，张金吾妻 法成勳女。年二十三夫殁。氏孝事翁姑，教子有方。旌时守节三十六年。邓氏，廪生徐翔云妻 邓在岐女。年二十八夫殁。氏食贫苦守，孝事翁姑，旌时年四十。傅氏，王穀士妻 傅有筠女。年二十九夫殁。氏孝事翁姑，守节二十六年卒。以上十氏皆光绪二年表。李氏，韩学英妻 李务明女。年二十九夫殁。守节四十四年。金氏，高守方妻 金长馨女。年二十九夫殁。氏甘贫苦守，为夫择嗣，以延宗祧，守节十六年卒。卞氏，张晋升妻 卞成业女。年二十七夫殁。氏孝事翁姑，艰辛备历，守节三十四年。王氏，姚潢妻 王德恂女。年二十八夫殁。氏善事翁姑，冰霜志苦，旌时年五十七。姚氏，高炳昌妻 姚祥女。年二十四夫殁。氏孝事翁姑，抚孤成立，守节以终。殷氏，管道盛妻 殷遇隆女。年二十五夫殁。氏安贫孝亲，抚孤成立，守节以终。纪氏，张鸣奎妻 纪圣序女。年二十夫故，氏竭力事亲，安贫守节，旌时年六十八。韩氏，高徽澄妻 韩盈基女。年十九于归，越十三日夫殁。氏孝事重慈，食贫守节，旌时年四十。姜氏，张文良妻 姜实明女。年二十夫殁。氏孝亲守节，旌时年四十六。杨氏，徐槐妻 杨可辅女。年十九夫殁。氏食贫守节，抚孤成立。旌时年六十一。张氏，刘清源妻 张信女。年二十四夫殁。氏善事翁姑，持家勤俭。旌时年五十二。李氏，齐永忠妻 李克富女。年二十九夫殁。氏奉姑尽职，教子有方。守节四十九年。王氏，光禄寺署正黄宗训妻 王廷翰女。年二十夫殁。氏孝事翁姑，抚孤成立。旌时年四十五。姜氏，徐汶妻 姜鸿业女。年二十八夫殁。守节，旌时年六十一。刘氏，高兰瑞妻 刘芳龄女。年十九夫殁。氏孝事翁姑，抚两子成立。旌时年五十。张氏，杨凤翔妻 张若桓女。年二十一夫殁。氏孝事翁姑，义方教子，计守节四十余年。高氏，邓永维妻 高铭业女。年二十九夫殁。氏矢志守节，竭力养亲，抚侄如己出，旌时年五十六。王氏，高徽琅妻 王凤彩女。年二十夫殁。守节，旌时年五十四。周氏，高徽玟妻 周廷甸女。年二十七夫殁。氏事亲尽孝，守节安贫，旌时年六十五。王氏，刘宗元妻 王成业女。年二十九夫殁。氏事姑尽孝，抚嗣子教训有方，旌时年五十九。以上二十氏皆光绪二年表。杨氏，纪熙宾妻 杨梦兰女。年二十九夫殁。氏食贫养亲，抚孤守节，旌年五十一。李氏，纪培树妻 李时女。年二十二夫殁。氏善事翁姑，矢志坚苦，守节五十年。韩氏，李懋聪妻 韩廷伦女。年二十八夫殁。氏竭力事亲，苦志守节，旌时年六十五。赵氏，刘毓珍妻 赵殿安之女。年二十八夫殁。氏事亲尽孝，坚贞守节，旌时年六十二。王氏，宁纪善妻 王成金女。年二十七夫殁。氏孝事翁姑，慈抚幼子，守节五十八年。王氏，庄守经妻 王宗儒女。年二十九夫殁。氏孝顺翁姑，义方教子，旌时年六十四。王氏，宋零妻 王瑞女。年二十四夫殁。氏孝养孀姑，抚孤成立，守节六十一年。卢氏，薛光岳妻 卢承德女。年二十一夫殁。氏抚孤成立，坚守贞节。旌时年五十五。娄氏，王兰馥妻 娄元起女。年二十四夫殁。氏善事翁姑，抚孤成立。旌时年五十二。杨氏，徐宗淮妻 杨承霖女。年二十二夫殁。氏矢志守节，抚孤成立。旌时年五十一。以上十氏皆光绪二年表。王氏，冷化春妻 王起山女。年二十九夫殁。氏甘贫养亲，抚育子侄，守节以终。张氏，周荣选妻 张从修女。年二十九夫殁。氏善事翁姑，教子成立。旌时年六十。张氏，魏樽妻 张钋女。年二十一夫殁。氏竭力事亲，抚孤守节。旌时年六十一。刘氏，高会文妻 刘永业女。年二十八夫殁。氏事亲尽孝，训子有方。守节四十七年。徐氏，孙骏妻 徐道智女。年二十一夫殁。氏善事翁姑，守节十二年卒。孙氏，匡渭妻 孙志芳女。年二十六夫殁。氏孝顺翁姑，抚孤成立。守节三十二年卒。匡氏，邓煦妻 匡瑞吉女。年二十一夫殁，守节五十年卒。李氏，张永树妻 李珍玉女。年二十四夫殁。氏竭力事亲，食贫守节四十五年。田氏，孙大仓妻 田方茂女。年二十四夫殁。氏事亲曲意承欢，择贤为嗣，守节四十五年。孙氏，周毓玮妻 孙启猷女。年二十二夫殁。氏孝养尽职，训子有方。旌时年五十五。于氏，殷梦更妻 于进元女。年二十八夫殁。氏安贫守节，旌时年五十七。贤氏，陈长清妻 贤润女。年二十八夫殁。氏竭力养亲，抚孤成立，旌时年五十四。李氏，王兰郁妻 李鸿年女。年二十六夫殁。氏孝事翁姑，矢志坚守。旌时年六十六。王氏，逯再燕妻 王兰郁女。年二十八夫殁。氏竭力事亲，抚孤成立，旌时年五十一。徐氏，王应修妻 徐玙女。年二十七夫殁。氏孝事孀姑，矢志苦守。旌时年五十一。匡氏，宋杰龙妻 匡芃女。年二十五夫殁。氏善事翁姑，义方教子，守节五十余年。毛氏，郭鸣琴妻 毛淇女。年二十二夫殁。家赤贫，翁老姑盲，遗孤尚幼，氏扶持鞠育，备历艰辛，苦志守节四十余年。张氏，李孝修妻 张德舆女。年二十六夫殁。氏孝事翁姑，抚孤成立。旌时年五十五。张氏，赵克昌妻 张琎女。年二十八夫殁。守节，旌时年五十。匡氏，赵心学妻 匡敉龄女。年二十七夫殁。氏事亲尽孝，训子有方。旌时年五十七。徐氏，崔克俊妻 徐凤鸾女。年二十六夫殁。氏善事翁姑，持家勤俭，守节四十八年。金氏，刘玉佩妻 金希业女。年十九夫殁。氏竭力养亲，课子勤农，坚守苦节，旌时年四十八。王氏，韩葆汶妻 王守仪女。年二十一夫殁。氏孝事翁姑，慈抚嗣子，守节卅五年。匡氏，王鸿文妻 匡承叙女。年廿二夫殁。氏力贫养亲，抚嗣子成立，守节三十七年。郭氏，赵鸿吉妻 郭永盛女。年二十八夫殁。氏孝事翁姑，课子有方，守节四十年。刘氏，李殿垣妻 刘德女。年二十八夫殁。氏抚孤守节三十八年。曾氏，李麟阁妻 曾钦女。年二十九夫殁，氏孝事孀姑，粗粝甘贫，守节十一年卒。王氏，从九品殷维礼妻 王应森女。年三十夫殁。氏孝养翁姑，安贫坚守，旌时年五十四。宋氏，雷永洵妻 宋兆麒女。年二十三夫殁。氏事亲尽孝，教子有方，守节三十一年。薛氏，殷汝贵妻 薛发元女。年二十九夫殁，氏守节甘贫，旌时年五十七。以上三十氏皆光绪二年表。孙氏，殷汝盛妻 孙一树女。年二十七夫殁。氏事亲至孝，淡泊自甘，旌时年五十二。王氏，周学仁妻 王兰起女。年十八夫殁，氏善体亲心，冰霜励操，守节三十二年。张氏，王维垣妻 张维烈女。年十九夫殁，氏孝慈勤俭，矢志靡他，守节三十一年。李氏，阎垂智妻 李奎修女。年二十一于归，是年夫殁。氏孝亲慈幼，节励冰霜，旌时年五十一。法氏，宋魁度妻 法和齐女。年二十四夫殁，氏竭力孝亲，食贫守节，旌时年五十五。隋氏，王允杰妻 隋永安女。年二十三夫殁，氏孝事翁姑，抚孤守节，旌时年五十一。张氏，崔炳烈妻 张庆云女。年二十八夫殁。氏善事翁姑，矢志守节，旌时年五十五。綦氏，李贵朴妻 綦维銮女。年十八夫故。氏孝养翁姑，抚嗣子成立，守节四十年。李氏，黄守鐍妻 李煃淦女。年二十九夫殁，氏安贫苦守，□幼劬劳，旌时年四十八。以上十氏皆光绪二年表。殷氏，陈琪妻 年二十七夫殁，守节以终。孙氏，王宗兴妻 年十七于归，逾年夫故。氏守节五十余年，旌时年六十五。张氏，魏永禄妻 张廷本女。年二十六夫殁，守节四十七年，卒年七十三。以上三氏皆光绪二年表。胡氏，宋日云妾 海阳胡实明女。年二十七夫殁，氏安贫事嫡，孝亲抚子，计守节三十一年卒。胡氏，高清琛妾 胡实明女。年二十七夫故，遗孤又殁。氏事嫡尽礼，抚孙成立，守节四十四年。董氏，廪贡生候选都察院都事杨兆勳妾 董和女。年二十九夫殁，氏孝以事亲，慈以抚子，守节二十二年卒。匡氏，徐应篮妾 匡姓养女。年二十九夫殁，氏矢志守节，食贫自甘，旌时年六十。马氏，法梦书妾 马步云女。年二十九夫殁，氏事嫡益谨，抚子恩勤，苦志守节三十余年，无懈志。赵氏，杨葵荣妾 赵连女。年二十四，葵荣殁。氏事嫡驯谨，矢志靡他，守节三十一年。以上六氏皆光绪二年表。叶氏，邢茂盛妻 叶茂女。年二十八夫殁，氏纺绩安贫，守节四十五年卒。李氏，姜牢靠妻 李本女。年二十三夫殁，氏善事祖姑，丐食养亲，守节十二年卒。臧氏，赵腾龙妻 臧荣女。年二十八夫殁，氏孝事翁姑，抚孤守节，旌时年五十六。迟氏，崔逵妻 迟固女。年二十八夫故，守节。旌时年五十二。宋氏，杜沛妻 宋磊女。年三十夫殁。氏孝顺翁姑，严慈训子，守节四十三年。孙氏，张清楫妻 孙可楹女。年二十八夫殁，氏养亲教子，守节四十年。宋氏，赵田妻 宋汝坤女。年二十七夫殁。氏孝事翁姑，抚嗣子成立，旌时年五十五。况氏，贾敦仁妻 况文纬女。年二十八夫殁，守节三十年。王氏，宋娗妻 王鹤南女。年二十九夫殁，氏孝事翁姑，苦志守节，旌时年五十二。郑氏，苏春雷妻 郑璨女。年二十夫殁，氏事翁姑，尽孝抚遗孤，教训有方，守节三十年。刘氏，邓连珠妻 刘华芝女。年二十一夫殁，氏孝养翁姑，矢志守节，旌时年四十三。马氏，贾敦宗妻 马锡朋女。年二十八夫殁，氏善事翁姑，训子有方，守节四十一年。孔氏，赵湘霭妻 孔森女。年二十九夫殁。氏事亲尽孝，抚嗣子恩勤。旌时年五十三。王氏，赵湘云妻 王名逸女。年二十八夫殁。氏孝事翁姑，抚孤守节，旌时年五十。以上十四氏皆光绪三年表。薛氏，赵文焕妻 年二十一于归，越二载夫故。氏孝事孀姑，能得欢心，守节至七十余岁卒，光绪三年表。徐氏，刘元书妻 庠生徐克明女。年二十夫殁，守节以终，光绪三年表。嗣子效哲。曾氏，杨基妻 曾衍祁女。年二十二夫殁，氏孝养翁姑，不事华饰，守节四十年。孙氏，陆象贤妻 孙启发女。年二十五夫殁，氏事姑尽孝，井臼亲操，守节八年卒。王氏，李乔芳妻 王效泗女。二十七岁夫殁，氏抚孤钟嵋成立，守节二十三年卒。钟嵋，庠生。范氏，九品衔张梅妻 范承祺女。年二十二夫殁。氏孝事孀姑，抚嗣子炳文成立，守节二十二年卒。徐氏，孙笈妻 徐守仁女。年十八夫殁，氏事姑尽孝，训子有方，守节二十三年卒。黄氏，李永光妻 黄铭新女。年二十二夫殁，氏孝养翁姑，治家勤俭，守节十五年卒。陈氏，薛再新妻 陈毓纯女。年二十八夫殁，氏事亲孝敬，自奉俭约。旌时年五十四。宋氏，胡骏声妻 宋经女。年二十二夫故。氏曲意奉亲，矢志坚守，守节四十年。高氏，杨立铭妻 高焕章女。年二十八夫殁，守节四十四年。高氏，姬连魁妻 高楹方女。年二十一夫殁，氏抚孤守节，旌时年五十五。王氏，王子林妻 王景女。年二十六夫殁，氏孝顺翁姑，克勤克俭，守节五十八年。王氏，监生迟继周妻 王应蔚女。年二十八夫殁，氏纯孝事姑，贞静守志，旌时年五十四。李氏，马士运妻 李恒女。年二十六夫殁，氏孝事翁姑，矢志贞洁，守节三十七年。姜氏，耿溪妻 姜在忠女。年二十二夫殁，氏事亲尽职，训子有方，守节三十年。杨氏，刘惠妻 杨忠女。年二十二夫殁，氏孝养翁姑，课子勤农，守节五十三年。匡氏，高缵元妻 匡敏业女。年二十八夫殁，氏奉姑尽礼，抚嗣子成立，守节三十八年。以上十六氏皆光绪四年表。高氏，孙灿妻 高理业女。年二十九夫殁，氏孝亲训子，守节五十四年卒。高氏，匡大文妻 高徽铎女。年二十一夫殁，氏孝顺翁姑，勤俭自守，守节四十一年卒。张氏，董凤翙妻 张继先女。年二十四夫殁，氏代夫葬亲如礼，守节五十四年卒。王氏，赵清轸妻 王文女。年二十四夫殁，氏安贫养亲，守节五十六年卒。李氏，从九品纪钰妻 李怀濬女。年二十六夫殁，氏孝亲教子，守节二十一年卒。邱氏，徐

华林妻 邱埠女。年二十八夫殁，氏井臼亲操，孝慈勤俭，守节四十六年卒。夏氏，杨璟妻 夏梦尧女。年二十九夫殁，氏善事翁姑，自奉俭约，旌时年九十三。匡氏，郭方墀妻 匡录女。年二十七夫殁，氏孝慈贞洁，旌时年五十一。高氏，赵荣禄妻 高达方女。年二十夫殁，守节旌时年五十。赵氏，高琛方妻 赵志经女。年十八夫殁，氏竭力孝亲，矢志守节，旌时年四十八。蔡氏，赵珣妻 蔡沛恩女。年二十六夫殁，守节抚孤成立，旌时年五十八。张氏，庠生黄履平妻 张应璧女。年二十二夫殁，氏孝事孀姑，矢志守节四十七年。曾氏，周学孔妻 曾毓琴女。年二十二夫殁，氏孝事翁姑，贞坚守节，旌时年五十三。匡氏，庠生宋彦龙妻 匡芸女。年三十夫殁，氏孝亲抚孤，坚贞守节，旌时年八十。高氏，武生纪凤林妻 高徽进女。年二十九夫殁，氏食贫守节，旌时年七十。赵氏，叶绳武妻 赵明德女。年十七于归，旬有五日夫殁，氏孝顺翁姑，矢志守节，旌时年五十五。张氏，刘福瑞妻 张立业女。年二十九夫殁，氏孝亲抚幼，节励冰霜，旌时年八十。卞氏，鹿金藻妻 卞振业女。年十九夫故守节，旌时年四十八。杨氏，王思孝妻 杨德立女。年二十八夫殁，氏食贫守节，旌时年七十三。孙氏，于得水妻 孙奎女。年二十七夫殁，氏竭力孝亲，抚嗣子如己出，旌时年六十二。王氏，逯盛业妻 王新年女。年十七于归，七日夫殁，氏甘贫守节，旌时年七十。刘氏，云骑尉李奎年妻 刘殿鳌女。年二十九夫殁，氏孝亲训子，苦志守节。旌时年七十二。辛氏，杨万德妻 辛春女。年二十一夫殁，守节。旌时年六十四。舒氏，王允昇妻 舒昌绪女。年十九于归，二十六岁夫殁，守节。旌时年五十九。刘氏，王允恭妻 氏年二十五夫殁，守节五十六年，与夫兄允昇妻舒氏一门双节。曲氏，生员张祖槐继妻 曲云女。年十九夫殁，氏事姑至孝，守节十七年卒。以上二十六氏皆光绪五年表。于氏，张敬祉妻 年二十三夫殁，守节终身，光绪五年表。徐氏，邱绍昌妻 徐廷焯女。年十八于归，逾年夫故。守节二十六年，卒年四十四。周氏，杨法臣妻 周聪女。年十八于归，二十二岁夫故。守节五十年，卒年七十二。逄氏，王殿元妻 逄文思女。年十八于归，二十七岁夫故。守节四十二年，卒年六十九。林氏，杨蔚坤妻 林作榕女。年十七于归，越三载夫殁，守节四十一年，旌时年六十。姜氏，李绍绪妻 姜玉女。年十九于归，二十九岁夫故。守节三十一年，旌时年六十。孟氏，薛令昌妻 孟兴福女。年十九于归，逾年夫故。守节四十九年，旌时年六十八。潘氏，郭振烺妻 潘启和女。年二十于归，二十二岁夫故，守节三十五年，旌时年五十七。卢氏，张本妻 卢希盛女。年十七于归，十九岁夫故。守节六十五年，旌时年八十四。王氏，卢暄妻 王福深女。年十九于归，二十四岁夫故。守节三十一年，旌时年五十五。邢氏，庄岳瑞妻 邢震女。年二十于归，二十二岁夫故。守节三十八年，旌时年六十。孙氏，刘增煜妻 孙梁女。年二十三于归，二十五岁夫故。守节三十五年，旌时年六十。张氏，傅勇文妻 张廷杞女。年二十四于归，二十七岁夫故。守节四十七年，卒年七十四。高氏，邵永昇妻 高蔚运女。年十七于归，三十岁夫故。守节五十八年，卒年八十七。高氏，陈兆璜妻 高蔚彩女。年二十一于归，二十四岁夫故。守节三十年，旌时年五十四。戴氏，周见龙妻 戴慎修女。年二十一于归，二十四岁夫故。守节三十三年，旌时年五十七。薛氏，王春妻 薛绪先女。年十七于归，二十三岁夫故。守节五十八年，旌时年八十。以上十六氏皆光绪六年表。赵氏，高琛妻 年二十一夫故，守节。光绪六年表。潘氏，儒童解家修妻 年二十夫故。守节五十余年卒。宁氏，贾永钦妻 宁珠女，年十八于归，二十四夫殁，氏誓以身殉，转念翁姑已老，继嗣未立，遂毅然坚守，孝事翁姑，抚嗣子德敬成立，家业赖以不坠，寿至七十六岁，尚强健如平时。姜氏，张懁璿妻 年二十二夫故，节三十余年卒。魏氏，丁良泮妻 魏鑑女。夫故守节五十余年卒。况氏，丁公泮妻 年二十二夫故，守节三十余年卒。周氏，张怀玱妻 夫故，孝事翁姑，守节以终，孙学铭高等学校毕业生。邵氏，李敬义妻 年二十七夫故。氏孝事翁姑，治家勤俭，足迹不出闺门，守节六十年卒。高氏，王岱龄妻 高纯业女。年二十八夫故。氏事亲至孝，抚孤成立，守节四十七年卒。纪氏，范钟嵋妻 纪钰女。年二十一夫故，守节二十三年卒。张氏，孙育辰妻 张修女。年二十夫殁，守节七年卒。韩氏，张凤宸妻 韩方平女。年二十七夫殁守节。旌时年六十。薛氏，吴时恭妻 薛维礼女。年二十九夫故，守节。旌时年六十一。牟氏，于永祥妻 牟贞吉女。年十九夫故守节。旌时年五十。刘氏，于永清妻 刘旭女。年十九夫故守节，旌时年四十九。万氏，于永允妻 万代清女。年十九夫殁守节，旌时年五十。胡氏，万云章妻 胡骏声女。年十九夫殁守节，旌时年四十九。尹氏，孙泌妻 尹成绪女。年二十二夫殁守节，旌时年七十一。以上十七氏皆光绪七年表。叶氏，孙春奎妻 夫殁守节终身，光绪七年表。赵氏，远嵛妻 赵世起女。年二十九夫殁，守节五十二年卒。贤氏，张坤妻 贤寿同女。年二十二夫殁，节守四十五年卒。张氏，廪生王晓妻 张允武女。年二十九夫殁，守节十一年卒。于氏，姜之钧妻 于耀女。年二十八夫殁，守节三十八年卒。薛氏，田宗禄妻 薛云海女。年二十一夫殁守节，旌时年六十六。杨氏，庠生徐恩清妻 杨树升女。年二十七夫殁守节，旌时年五十一。单氏，马倬妻 单基女。年二十一夫殁守节，旌时年七十九。张氏，远鸿诗妻 张志远女。年二十三夫殁守节，旌时年五十五。张氏，匡宗鲁妻 张承绥女。年二十九夫殁守节，旌时年六十一。尹氏，邢鸿基妻 尹可堂女。年二十一夫故守节，旌时年九十二。孙氏，胡兆庆妻 孙思举女。年二十九夫殁守节，旌时年六十三。陈氏，杨克谦妻 陈允曾女。年十八夫殁守节，旌时年四十七。杨氏，庠生王培源妻 杨葵荣女。年二十七夫殁守节，旌时年四十八。徐氏，王顺妻 徐经女。年二十六夫殁守节，旌时年五十九。周氏，庠生邓凤书妻 周钟璜女。年二十八夫殁守节，旌时年四十七。丁氏，刘兆珂妻 丁继长女。年二十八夫殁守节，旌时年四十九。辛氏，刘元泰妻 辛育长女。年二十四夫殁守节，旌时年四十八。宋氏，陆延庆妻 宋玉章女。年二十五夫殁守节，旌时年六十五。李氏，傅儒纯妻 李玉女。年二十四夫殁守节，旌时年五十五。逄氏，从九品傅荐陛妻 逄克传女。年二十九夫殁守节，旌时年四十九。沈氏，王湄妻 沈增田女。年二十五夫殁守节，旌时年六十一。赵氏，贤克家妻 赵培德女。年十七于归，是年夫殁守节，旌时年四十二。王氏，姜象坤妻 王篚女。年二十三夫殁守节，旌时年四十八。以上二十三氏皆光绪八年表。张氏，候选州同彭鐍妻 张履坊女。年二十八夫殁，守节三十年卒。郭氏，高在陀妻 郭人树女。年二十夫殁，守节二十二年卒。王氏，陈熙纶妻 王鹤南女。年二十一夫殁守节，旌时年六十二。綦氏，刘成济妻 綦维璜女。年二十一夫殁守节，旌时年四十三。崔氏，高徽喜妻 崔阁女。年二十九夫殁守节，旌时年七十七。高氏，傅承曾妻 高桂森女。年二十夫殁守节，旌时年五十。朱氏，庠生高徽清妻 朱琛女。年二十八夫殁守节，旌时年五十。纪氏，李文泮妻 纪毓刚女。年二十六夫殁，守节十五年卒。王氏，殷季云妻 王可辅女。年二十一夫殁守节，旌时年五十五。徐氏，赵汝萼妻 徐守价女。年二十七夫殁守节，旌时年四十九。张氏，徐宗宜妻 张立堦女。年二十九夫殁守节，旌时年五十三。高氏，王学贡妻 高桂森女。年二十夫殁守节，旌时年四十九。以上十二氏皆光绪九年表。李氏，马鸿逵妻 年十七于归，越三载夫殁，氏守节五十余年，卒年七十二。王氏，魏德滋妻 年十九于归，逾年夫故。守节终身。以上二氏皆光绪九年表。张氏，姜存理妻 张纲女。年二十四夫殁，守节二十六年卒。邓氏，姜宏镇妻 邓元曾女。年二十四夫殁，守节三十二年卒。祁氏，生员李廷楠妻 祁清栋女，年二十七夫殁，守节二十一年卒。陆氏，赵缙妻 陆永和女。年二十九夫殁守节，旌时年七十七。杨氏，姜维性妻 杨永和女。年二十六夫故守节，旌时年五十二。刘氏，胡三光妻 刘永锡女。年二十七夫故守节，旌时年七十三。崔氏，韩金相妻 崔文烺女。年二十一夫故守节，旌时年五十五。吴氏，邱泽源妻 吴云翥女。年二十一夫故守节，旌时年五十二。高氏，韩向阳妻 高徽镐女。年二十一夫故守节，旌时年五十二。綦氏，王艮德妻綦丕桐女。年二十五夫故，守节十九年卒。姜氏，杜魁元妻姜凤吉女。年二十二夫故守节，旌时年七十七。尹氏，薛起芝妻尹常进女。年二十四夫故守节，旌时年五十四。苑氏，雷坤妻苑克己女。年二十夫故守节，旌时年五十九。范氏，张义妻范荣女。年二十夫故守节，旌时年四十二。以上十四氏皆光绪十年表。密氏，韩兆乾妻年二十七夫殁守节，至八十一岁卒。隋氏，管岳惠妻年十八于归，越三载夫殁，氏苦节自守，始终不渝。辛氏，丁延义妻年十九于归，二十一夫故守节终身。以上三氏皆光绪十年表。赵氏，王懋德妻赵守信女。年二十九夫殁，守节十五年卒。邓氏，杨晋清妻邓麟阁女。年二十四夫殁，守节十一年卒。法氏，张宇清妻法希维女。年三十夫殁，守节二十二年卒。刘氏，黄际清妻刘丕琳女。年十九夫殁，守节三十二年卒。逄氏，朱枚妻逄文荣女。年二十八夫殁守节，旌时年六十八。以上五氏皆光绪十一年表。毕氏，王凤书妻毕朋龄女。年二十三夫殁，守节二十七年卒。韩氏，赵恩沛妻韩振甲女。年二十二夫殁，氏抚嗣子天爵成立，守节终身。赵氏，孟衍棠妻赵福信女。年二十九夫殁，氏孝亲抚孤，安贫纺绩，守节二十四年卒。赵氏，程玉妻赵吉祥女。年二十一夫殁，守节六十年卒。宋氏，傅忻曾妻宋玉珺女。年二十九夫殁，守节二十五年卒。王氏，庄德龄妻王燕禄女。年二十九夫殁守节，旌时年六十一。孙氏，张希显妻孙训可女。年二十八夫殁守节，旌时年六十二。杨氏，胡维馨妻杨增女。年二十一夫殁守节，旌时年五十二。高氏，孙政妻高永安女。年二十九夫殁守节，旌时年五十六。殷氏，王振侯妻殷大仁女。年二十二夫殁守节，旌时年六十一。以上十氏皆光绪十二年表。史氏，徐守典妾史云女。年十九守典殁，守节十九年卒。光绪十二年表。宋氏，候选州吏目世袭云骑尉杨墧妻宋震女。年二十捻匪至胶，夫殉难。氏守节二十五年卒，嗣子立钥。于氏，周东彦妻于振绪女。年二十一夫殁，守节十三年卒。阎氏，陆如埠妻阎锦女。年二十四夫殁，守节四十六年卒。孙氏，王汉皋妻孙吉女。年十六夫殁，守节以终。以上四氏皆光绪十三年表。萧氏，刘鹤林妻夫殁，守节以终。孙氏，刘长龄妻年十九于归，二十七夫殁，守节以终。以上二氏皆光绪十三年表。邱氏，黄光皓妻邱元顺女。年二十六夫殁，守节四十三年卒。刘氏，孙可当妻刘玉女。年十八岁夫殁守节。旌时年七十三。杨氏，李庭芳妻杨兆煌女。年二十九夫殁守节。旌时年六十六。张氏，周锡龄妻张太和女。年二十一夫殁守节，旌时年五十二。以上四氏皆光绪十四年表。周氏，李德显妻年二十八夫殁。氏事翁姑以孝闻，守节四十二年。孙氏，马若谨妻年十九于归，二十一岁夫殁。氏守节五十余年，七十三岁卒。以上二氏皆光绪十四年表。徐氏，刘兆瑛妻徐应启女。年三十夫殁，守节二十八年卒。遗孤二，铠、钦，氏抚之俱成立。王氏，高振翥妻王瑞藻女。年二十七夫殁，守节十年卒。殷氏，苗应全妻殷文元女。年二十一夫殁守节，旌时年六十一。王氏，尤振元妻王中燕女。年二十九夫殁守节，旌时年六十四。卢氏，苗继盛妻卢赞女。年二十六夫殁守节，旌时年六十。李氏，苗应芳妻李大谋女。年十九夫殁守节，旌时年六十。姜氏，周元贞妻姜信女。年十八夫殁守节，旌时年五十四。以上七氏皆光绪十五年表。田氏，刘文阁妻年二十三夫殁，氏矢志守节，孝顺翁姑，义方教子，卒年九十三。陈氏，宋拱妻年二十一于归，越三载，夫故。氏坚苦守节六十一年，卒年八十五。以上二氏皆光绪十五年表。宿氏，王垲妾宿全女。年二十四夫故。氏誓以身殉，仰药二次，以救护未遂其志，乃屏除华饰，苦守终身。事嫡曲尽诚敬，能得嫡怜。氏没，嫡室悲恸异常。守节二十年卒。李氏，高友第妾李德盛女。年二十九友第殁，守节三十年卒。以上二氏皆光绪十五年表。马氏，邱连盛妻马凤开女。年二十六夫殁守节终身，旌时年八十九。光绪十六年表。时氏，程龙田妻时永基女。年二十五夫殁，守节二十年卒。匡氏，徐秉志妻匡应楷女。年十七夫殁，守节二十一年卒。薛氏，高徽珂妻薛芳女。年二十夫殁守节，旌时年六十八。李氏，赵秀臣妻李和女。年二十二夫殁守节，旌时年六十四。韩氏，高秉愫妻韩逊基女。年二十二夫殁。氏痛不欲生，闭户自经者再而带绝。族邻苦劝，谓尔命当生，何死为？乃孝亲抚嗣子。嗣子又亡，抚嗣孙恭寿成立，守节四十五年。石氏，韩联元妻石福臻女。年十八夫殁，守节三十七年卒。刘氏，李名芳妻刘福训女。年二十八夫殁，守节三十一年卒。张氏，王盛文妻张廷增女。年二十五夫殁守节，旌时年六十六。韩氏，姚寿昌妻韩光瀛女。年二十六夫殁守节，旌时年六十一。刘氏，周殿庚妻刘云泉女。年二十六夫殁守节，旌时年六十四。薛氏，苗永广妻薛先女。年二十七夫殁守节，旌时年六十。以上十一氏皆光绪十七年表。王氏，陈宗湘妻年二十五夫殁，守节终身。管氏，宋自籥妻年二十于归，逾年夫殁。家贫窘，翁姑以痛子故，皆卧病不起，氏为人佣缝纫得资，延医调治，卒不救。一年中三营丧葬，艰苦备尝，冰操益励，里人称之。卒年六十九岁。以上二氏皆光绪十七年表。郝氏，杨懋妾年二十一夫殁，守节二十八年卒。光绪十七年表。纪氏，张世禧妻纪印元女。年三十夫殁，守节三十一年卒。张氏，卢文典妻张学瑎女。年二十夫殁，守节二十一年卒。薛氏，卢文周妻薛进璋女。年二十一夫殁，守节十一年卒，嗣子葆棣。林氏，王元琛妻林峻女。年二十八夫殁，守节四十六年卒。冷氏，徐宗羲妻冷占魁女。年二十九夫殁。氏事亲至孝，抚孤植本成立，守节四十九年，卒年七十八。植本巡检。宋氏，法慎先妻宋虞采女。年二十九夫殁守节，旌时年七十。刘氏，王焓妻刘良信女。年二十一夫殁守节，旌时年六十六。管氏，韩茂棫妻管月庭女。年十九于归，是年夫殁守节，旌时年七十三。唐氏，陈亮妻唐福吉女。年二十四于归，是年夫殁守节，旌时年五十五。张氏，卢文政妻张温女。年二十二夫殁守节，旌时年五十二。隋氏，徐守贤妻隋凤阁女。年二十二夫殁守节，旌时年五十七。以上十一氏皆光绪十八年表。马氏，邱连胜妻年十九于归，二十一岁夫故守节。卒年八十，光绪十八年旌。沈氏，王湄当妻年十九于归，逾年夫故，氏守节以终。陈氏，魏德宪妻年十八于归，逾年夫故。氏翁姑均逝，亦无伯叔兄弟，抚襁褓女，坚苦守节四十年。陈氏，廪生迟锡麒妻布政司理问陈庆林女。生长儒门，熟读《四书》《毛诗》《女诫》诸书，善算术。夫殁守节。学院奏表。单氏，儒童迟汉邦妻廪生单传业女。夫殁守节，学院奏表。以上四氏皆光绪十八年表。张氏，魏进高妻年十七于归，二十岁夫殁。氏守节五十年，光绪十九年表。刘氏，王继浦妻年二十一于归，越三岁夫殁，守节终身。高氏，儒童谈晋鹤妻夫早殁，氏年二十三守节，五十二年卒，旌时年五十五。李氏，王岱宗妻李来善女。年二十九岁夫故守节，抚二子成立。以上三氏皆光绪二十年旌。杨氏，徐守田妻监生杨坤女。年二十六夫殁。氏孝奉翁姑，守节五年卒。李氏，臧梦先妻李本女。年二十六夫殁，守节二十九年卒。邢氏，唐芳田妻邢凤彩女。年三十夫殁，守节三十五年卒。陈氏，薛庆霖妻陈士俊女。年二十二夫殁，守节三十五年卒。乔氏，吴殿世妻乔辉尚女。年十七夫殁，守节三十一年卒。杜氏，高戊方妻杜允龄女。年二十五夫殁，守节三十二年卒。龚氏，薛超然妻龚太兴女。年二十三夫殁，守节三十一年卒。张氏，傅延曾妻张应甲女。年二十八夫殁，守节二十年卒。纪氏，徐守保妻纪玉瓒女。年二十三夫殁守节，旌时年六十二。王氏，刘凤林妻王杰女。年二十四夫殁守节，旌时年五十七。栾氏，相若林妻栾秉成女。年二十四夫殁守节，旌时年七十五。徐氏，吕兴业妻徐守业女。年二十九夫殁守节，旌时年六十一。宋氏，徐宗儒妻宋福增女。年二十五夫殁守节，旌时年五十九。柳氏，柴可新妻柳兆登女。年二十四夫殁守节，旌时年六十七。韩氏，宋可文妻韩清奎女。年二十五夫殁守节，旌时年五十八。魏氏，张志福妻魏永年女。年二十六夫殁守节，旌时年五十九。刘氏，王宗太妻刘永全女。年二十五夫殁守节，旌时年五十六。徐氏，傅学信妻徐顺女。年二十六夫殁守节，旌时年六十四。张氏，徐世敦妻张义祉女。年二十六夫殁守节，旌时年五十六。丁氏，徐守璠妻丁锡桂女。年二十八夫殁守节，旌时年六十。以上二十氏皆光绪二十一年表。郭氏，魏学孔妻 郭文林女。年二十三夫殁守节，旌时年五十五。纪氏，徐守俊妻 纪汝昌女。年三十夫殁守节，旌时年六十四。邓氏，张寅裕妻 邓元进女。年二十三夫殁守节，旌时年六十六。刘氏，马士善妻 刘长清女。年二十六夫殁守节，旌时年五十八。徐氏，魏永惠妻 徐中勤女。年二十九夫殁守节，旌时年六十六。刘氏，徐宗太妻 刘进女。年二十八夫殁守节，旌时年五十八。李氏，滕麟祥妻 李永吉女。年二十九夫殁守节，旌时年六十一。李氏，徐宗海妻 李居正女。年二十九夫殁守节，旌时年六十。徐氏，魏全宗妻 徐子均女。年二十于归，是年夫殁守节，旌时年五十四。潘氏，魏永泽妻 潘增女。年二十七夫殁守节，旌时年五十八。孟氏，徐宗礼妻 孟兆吉女。年二十五夫殁守节，旌时年五十五。姜氏，张仁趾妻 姜之锾女。年二十五夫殁守节，旌时年六十。马氏，万廷柱妻 马廷桂女。年二十六夫殁守节，旌时年二十六。王氏，魏永格继妻 王士大女。年二十七夫故，翁又继殁。氏事孀姑能得欢心，抚前室子教养成立，旌时年五十八。郝氏，魏永果妻 郝廷达女。年二十六夫殁守节，旌时年五十九。刘氏，魏忠宗妻 刘子楹女。咸丰十一年，忠宗与弟志宗同殉难。氏年二十四，与志宗妻张氏欲俱殉。因姑老无依，忍泣而止。刘无子，夫弟遗孤甫五龄，被贼掳去，后觅归，双祧①抚之成立。旌时年五十七。张氏，魏志宗妻 张永会女。年二十五夫殉难。抚孤守节，旌时年五十八，与夫兄忠宗妻刘氏一门双节。姜氏，魏佩玉妻 姜之桐女。年十七于归。二十六岁夫与弟永扬同殉难，时夫季弟尚幼，氏欲以身殉，翁姑泣劝之，乃佐姑抚育季弟。因痛夫失明，守节九年卒。王氏，魏永扬妻 王士大女。年十九于归，二十四夫与兄佩玉殉难，氏誓以身殉，因翁姑苦劝乃止。氏无子，抚嗣子守节以终，旌时年五十六。与佩玉妻姜氏一门双节。以上十九氏皆光绪二十一年表。荣氏，张作榕妻 即墨荣福本女。年十九于归，二十二岁夫故。无子，翁殁，夫弟生甫三月，夫妹方三岁，零丁孤苦，度日维艰。氏矢志坚守，抚幼弟弱妹俱成人。夫弟娶妻生子，氏保抱提携，爱如己出，驯至成立。年六十五族人为请旌立碑，寿七十五岁终，光绪二十一年表。高氏，陈学义妻 高振淮女。年十八夫殁，守节十二年卒。于氏，邱佩桢妻 于坡女。年二十二夫殁守节，旌时年六十二。王氏，孙衍圻妻 年十九于归，二十六夫殁，守节以终。王氏，儒童葛克岩妻 年二十四夫故，守节至七十四岁卒。以上四氏皆光绪二十二年表。阎氏，戴福洪妻 阎秀举女。年二十八夫殁守节，旌时年六十一。孙氏，李怀信妻 孙绣亭女。年二十五夫殁守节，旌时年五十九。以上二氏皆光绪二十三年表。高氏，纪孝信妻 高徽昱女。年二十三夫殁，守节三十二年卒。崔氏，高吉业妻 崔文诰女。年十九夫殁，守节四十一年卒。傅氏，赵继武妻 傅韶庭女。年十六夫殁守节，旌年五十三。张氏，唐玉田妻 张方仁女。年二十夫殁守节，旌时年六十六。范氏，王霜妻 范文高女。年二十六夫殁守节，旌时年六十二。庄氏，朱芳林继妻 庄玉进女。年二十九夫殁守节，旌时年六十七。贾氏，赵鸿渐妻 贾龙沾女。年二十七夫殁守节，旌时年六十四。陈氏，苑伟妻 陈崐女。年二十九夫殁守节，旌时年六十六。任氏，刘振采妻 氏年二十一夫故守节，学院奏表，光绪二十四年奉旨建坊。周氏，宋连桂妻 周德祥女。年十七于归。二十八夫殁，守节以终。以上十氏皆光绪二十四年表。高氏，栾景文妻 高森业女。年十九于归。二十三夫殁守节，卒年五十六岁，光绪二十四年表。赵氏，布政司经历高振珩妾 年二十二于归，是年夫殁，守节三十三年卒。孟氏，州同加三级孙荧炅妾 二十九夫病故，守节三十三年卒。吕氏，州同加三级孙荧炅妾 十八岁于归，二十八夫殁，守节十六年卒。王氏，高谊方妾 十六岁于归，二十六夫殁，守节四十年卒。李氏，武生王云峤妾 二十九夫殁守节，旌时年七十五。姜氏，奎文阁典籍徐应林妾 年十九于归应林，生二子，年三十而应林殁。长子守礼九龄，次子守禩方周岁。嫡宋氏衰且病，经营丧葬，惟氏是赖。越岁值捻乱，氏率老弱避难城

① 双祧：一子兼祧两房，俗称两房合一子。祧，承继为后嗣。

中，几濒于危。贼退，庐舍半烬。氏昼操劳夜纺绩。守礼每夜醒，闻母泣且祝曰：“愿天佑此两孤成立，以延徐氏血食。”积数年，家渐裕，始为子先后授室，后各以商业兴。宋年八十余，卧疾不起，氏躬侍汤药。虽有两子妇，不以代，曰“吾分尔也”，守节以终。光绪二十四年旌。孙宗杰、宗棣，宗杰见“选举”。王氏，孙大同妾 大同左右多婢妾，惟氏性醇朴，寡言笑。平居循分自安，不以冶容希宠。然大同疾痛疴痒人不知，而氏先知。大同怜其诚悫，优待之。后大同病剧，众人嬉戏如故，氏独悯惧悲苦。夫殁三日，氏绝粒卒。以上七氏皆光绪二十四年表。高氏，赵鸿熙妻 高叙常女。年二十八夫殁，守节三十三年卒。战氏，徐凤华妻 战松茂女。年三十夫殁，守节四十二年卒。冷氏，赵文霖妻 冷承曾女。年二十九夫殁，守节三十一年卒。赵氏，刘潴妻 赵健女。年二十六夫殁，守节三十一年卒。张氏，赵葵妻 张启龙女。年二十七夫殁，守节四十八年卒。韩氏，高徽成妻 韩荣基女。年十九于归，是年夫殁守节，旌时年五十七。谈氏，杨蔚文妻 谈思登女。年三十夫殁守节，旌时年六十五。王氏，韩永瞻妻 王德言女。年二十七夫殁守节，旌时年六十三。赵氏，韩永佐妻 赵德明女。年二十六夫殁，守节三十二年卒。尤氏，栾起全妻 尤纪女。年二十九夫殁守节，旌时年七十七。臧氏，高尚方妻 臧时全女。年二十五夫殁守节，旌时年六十八。牟氏，雷振田妻 牟茂文女。年二十二夫殁守节，旌时年七十三。王氏，高志妻 王丕龙女。年二十一夫殁守节，旌时年七十。姜氏，李魁元妻 姜顺女。年二十九夫殁守节，旌时年六十一。朱氏，傅贻恩妻 朱相书女。年二十九夫殁守节，旌时年六十七。徐氏，李登妻 徐明诚女。年二十六夫殁守节，旌时年七十。刘氏，于喜妻 刘玉贵女。年二十九夫殁守节，旌时年七十四。李氏，王德贤妻 李凤文女。年二十九夫殁守节，旌时年六十七。王氏，徐燕求妻 王扬善女。年二十六夫殁守节，旌时年六十九。韩氏，高喜方妻 韩得臣女。年二十二夫殁守节，旌时年五十四。以上二十氏皆光绪二十五年表。赵氏，张双印妻 赵学成女。年二十夫殁。氏守节，旌时年五十一。李氏，崔炳漠妻 李晋女。年二十三夫殁守节，旌时年六十一。李氏，高振甲妻 李蓝田女。年二十二于归，百日内夫殁守节，旌时年六十四。李氏，王学桢妻 李仁女。年三十夫殁守节，旌时年八十。贾氏，刘凤诏妻 贾凯女。年二十八夫殁守节，旌时年六十四。杨氏，石岷山妻 杨衍纬女。年二十九夫殁守节，旌时年六十一。纪氏，曾传恕妻 纪希龄女。年二十九夫殁守节，旌时年七十。高氏，张大黑妻 高怀业女。年三十夫殁守节，旌时年七十四。赵氏，乔文焯妻 赵丕祥女。年二十二夫殁守节，旌时年六十七。林氏，徐晋妻 林阶女。年二十五夫殁守节，旌时年五十五。王氏，井有为妻 王希曾女。年二十二夫殁守节，旌时年五十二。杨氏，范绳先妻 杨埒女。年二十九夫殁守节，旌时年六十四。周氏，冷伯训妻 周顺女。年二十四夫殁守节，旌时年六十二。王氏，赵鸿来妻 王连珍女。年二十六夫殁守节，旌时年六十一。以上十四氏皆光绪二十五年表。宋氏，高龙田妾 宋桂女。年三十夫殁，守节十四年卒。光绪二十五年表。丁氏，王振璐妻 丁延住女。年十八夫殁，守节六十一年卒。赵氏，韩永杰妻 赵复成女。年二十七夫殁，守节二十四年卒。隋氏，王矞云妻 隋克仁女。年二十五夫殁守节，旌时年六十四。石氏，王崇礼妻 石凤元女。年二十一夫殁守节，旌时年六十。王氏，张汉妻 王汝鸿女。年二十四夫殁守节，旌时年六十五。杨氏，张清棨妻 杨柱选女。年二十八夫殁守节，旌时年七十九。赵氏，张奎基妻 赵泰文女。年二十四夫殁守节，旌时年六十二。姜氏，李奎元妻 姜顺女。年二十五夫殁守节，旌时年六十二。以上八氏皆光绪二十六年表。薛氏，儒童刘士富妻 年二十夫殁守节，至七十五岁卒。姜氏，张肇贞妻 年二十三夫殁，守节终身。以上二氏皆光绪二十六年表。徐氏，李麟章妻。周氏，崔元林妻。法氏，高攀景妻。李氏，万廷桓妻。张氏，孙既堂妾 以上已故节妇五氏，皆光绪二十七年表。周氏，法维周妻。孙氏，王晋妻。黑氏，贾敦恭妻。吕氏，李捷奎妻。高氏，王锡逑妻。徐氏，王狮子妻。薛氏，陈遐龄妻。崔氏，马驼妻。况氏，崔麟堂妻。王氏，高振玮妻。殷氏，管道深妻以上现存节妇十一氏，皆光绪二十七年表。高氏，姬联科妻高卫方女。年二十八夫殁，守节三十一年卒。冷氏，丁进田妻冷为方女。年二十二夫殁，守节七十一年卒。沙氏，张欢妻沙进福女。年二十三夫殁守节，旌时年五十三。高氏，王德运妻高振麟女。年二十九夫殁守节，旌时年六十四。赵氏，杨克勤妻赵惠女。年十七于归，是年夫殁守节，旌时年五十八。叶氏，庠生王凤臣妻叶鸿泰女。凤臣游庠后病故，氏年二十九，矢志坚守，抚孤至润成立，女适邑庠生孙恒晋，氏守节四十五年卒。王氏，附贡生战在立妻王维清女。年二十九夫殁守节，旌时年六十。宋氏，孙启仁妻宋雨女。年二十九夫殁守节，旌时年六十二。以上八氏皆光绪二十八年表。王氏，李云湄妻王克己女。年二十三夫殁守节终身，表时年六十一。潘氏，于旺妻潘殿阳女。年二十一于归，越二岁夫故。氏生遗腹子，食贫养姑，抚孤成立，守节至八十一岁终。以上二氏皆光绪二十八年表。况氏，崔林党妻年十九夫殁，守节终身。光绪二十八年旌。姜氏，徐铎妻。顾氏，徐方茂妻姜氏年十六于归，二十一岁夫故。无子，氏苦守贞节。继夫胞兄子方茂为嗣，娶媳顾氏。年二十一，方茂又故，妇自经以殉。一门节烈双著。光绪二十九年旌。萧氏，宋连方妻年十七于归，逾年夫病故，氏守节终身。王氏，李寿康妻年二十于归，二十四夫故，氏守节终身。周氏，栾财妻年十六于归，越三载夫故，遗孤肇邦甫二岁，氏孝事双亲，慈抚幼子，内外无间言。后翁姑相继逝，丧葬尽哀尽礼。子肇邦成立，为聘魏氏女入门后，雅重和婉，克如姑意。咸丰十一年捻匪窜胶，肇邦殉难，魏氏年二十，以妇代子，孝养孀姑。姑媳俱年七十余卒。一门双节，二氏均光绪二十九年表。姜氏，魏文林妻年十九于归，年余夫殁，氏守节以终。王氏，况学顺继妻年二十于归，未一月夫病故。前室遗一女，甫五龄，遗孤方二岁。氏誓志守节，事翁姑能得欢心，抚子女如己出，内外无间言。孙氏，罗德业妻年二十九夫殁，守节终身。以上七氏皆光绪二十九年旌。吴氏，郭云汉妻吴怀珮女。年二十五夫殁，守节三十四年卒。王氏，庠生匡彭纪妻王志薰女。年二十七夫殁，守节三十三年卒。杨氏，周继升妻杨鹏女。年三十夫殁，守节五十年卒。张氏，王锡晏妻张文耀女。年二十三夫殁，守节三十六年卒。宋氏，高光仪妻宋实传女。年二十二夫殁，守节五十五年卒。高氏，栾洞妻氏年二十二夫殁，守节六十三年卒。娄氏，高徽严妻娄元瓒女。年二十二夫殁，守节六年卒。刘氏，张士贞妻刘晖吉女。年二十夫殁守节，旌时年七十二。于氏，李显官妻于云龙女。年二十九夫殁守节，抚遗腹子成立，旌时年五十八。黄氏，李显温妻黄积健女，年二十八夫殁守节，旌时年五十七。胡氏，马三珠妻胡乾女。年二十五夫殁守节，旌时年五十八。高氏，陈锟妻高宸方女。年二十九夫殁守节，旌时年六十四。张氏，叶龙拳妻张云龙女。年二十五夫殁守节，旌时年六十七，嗣子乾元。杨氏，李韶芳妻杨墩女。年二十五夫殁，守节四十一年卒。刘氏，徐守俊妻刘振玉女。年二十六夫殁守节，旌时年五十八。杨氏，徐守礼妻杨明女。年二十八夫殁守节，旌时年六十七。法氏，王瑞璋妻法连玺女。年二十七夫殁守节，旌时年六十二。孙氏，宋投妻孙璜女。年二十七夫殁守节，旌时年六十七。崔氏，衣绍德妻崔治业女。年二十四夫殁守节，旌时年六十六。高氏，宋正妻高绍文女。年二十八夫殁守节，旌时年六十。于氏，宋积让妻于泳女。年十八夫殁守节，旌时年五十九。以上二十一氏皆光绪三十年表。王氏，儒童陈应篟妻庠生王锡畴女。年十七于归，二十一岁夫殁，守节三十八年卒。子衍裕，监生。李氏，张熙春妻六品衔李恒田女。年十八于归，二十一岁夫故，氏坚贞守节，抚嗣子灿文成立。以上二氏皆光绪三十年表。张氏，教谕傅儒兰妾十七于归，二十七夫殁，守节二十四年卒。任氏，候选府经历高光仪妾任性女。年十八夫殁，守节四十二年卒。二氏光绪三十年表。张氏，臧永连妻张学文女。年十九于归，二十四岁夫殁，守节至八十六岁。子孙蕃衍，五世同堂，卒年八十九。张氏，郭方枚妻 张起进女。年二十八夫殁守节，旌时年六十四。蓝氏，王墨魁妻 高密县蓝景奎女。十六于归。家本不丰，而翁姑素性挥霍，渐致困窘。氏荆钗布裙，躬操井臼，竭甘旨养翁姑，不以缺乏贻亲忧。咸丰十一年，捻匪寇胶，翁殉难，夫奔救父亦遇害。时氏年二十九，居房尽毁于火，家益零落。上有孀姑，下有数子均幼。氏养亲抚孤，昼樵采夜纺绩，食贫守节，备历艰辛。姑殁葬祭皆如礼。诸子教以耕读，游泮纳粟，接踵而起。族党咸推重焉，年七十一卒。邹氏，朱学陶妻 邹云明女。年二十九夫殁守节，旌时年七十七。殷氏，王恩沛妻 殷学盛女。年十八夫殁守节，旌时年五十八。王氏，匡在清妻 王奎女。年二十七夫殁守节，旌时年七十二。杨氏，陈廷傧妻 杨旭女。年二十六夫殁守节，旌时年六十六。王氏，周澄桂妻 王丕宴女。年三十夫殁守节。以上八氏皆光绪三十一年表。王氏，候选布政司经历孙藩妾 王成义女。二十七夫殁守节，旌时八十四，光绪三十一年。刘氏，杨履恒妻 年二十四于归，夫病，氏侍奉汤药，衣不解带。夫故，痛不欲生，因有娠未殉，后五月生子秉钧，抚养成立，守节三十年。崔氏，王某妻 氏年二十四夫殁，守节终身。王氏，况学珠妻 夫故，守节以终。李氏，刘凤德妻 李茂女。年二十九夫殁，守节三十三年卒。以上四氏皆光绪三十二年表。逄氏，刘成进妻 逄成忠女。年二十六夫殁，守节三十一年卒。徐氏，王毓桂妻 徐元明女。年三十夫殁守节，旌时年六十岁。赵氏，王同庆妻 赵贵甫女。年二十九夫殁守节，旌时年五十九。宋氏，高亿方妻 宋连科女。年二十八夫殁守节，旌时年七十五。马氏，薛桂城妻 马锡玉女。年二十一夫殁守节，旌时年七十三。赵氏，刘闻妻 年十九于归，未期年夫殁，守节终身。高氏，王立常妻 年二十二夫故，守节至八十四岁卒。赵氏，韩学之妻 赵允明女。年十八于归，越三载夫殁。氏誓守苦节，事衰姑以孝闻，抚前子如己出，律身严谨，治家勤俭，乡里称之。赵氏，某妻 赵敏女。年十六于归，二十岁夫故。孀姑寡媳，咸守苦节。家赤贫，氏勤操作，尽孝养，曲意承欢，抚嗣子迄于成立。一门双节。鲁氏，魏腾光妻 年十九于归，六阅月夫病故，守节四十余年。赵氏，王基祥妻 年十九夫殁，氏守节孝姑。姑病，氏亲侍汤药，衣不解带者数十昼夜。姑殁，葬祭如礼，后无疾卒。以上十一氏皆光绪三十三年表。高氏，王大年妻 高相业女。年二十一于归，是年夫殁，守节四十三年卒。张氏，随朝伴官匡楷妻 楷年逾六旬无子，续聘同邑张吉凤女，年二十一于归，逾年生子在庚。氏二十五岁夫病故。遗孤甫四龄，氏恸不欲生。念子幼，家贫无人抚养，乃易殉为守。择塾师课子读，持家勤俭，操作如农家妇。一日，有无赖子昏夜叩门，声言借菜刀用。氏惧受辱，呼四邻起，而叩门者远遁。氏虽知其人，终不形于口。守节四十八年，卒年七十三。董氏，梁得有妻 年十九于归，二十一岁夫殁。氏苦志守节，事翁姑竭力孝养。家贫，以纺绩、缝纫佐衣食，卒年六十七。以上三氏皆光绪三十三年表。刘氏，王开基妻 年十九于归，期年夫殁，守节以终。孟氏，蔡景诗妻 年十七于归，夫殁，氏矢志守节，孝事翁姑，抚嗣子如己出，卒年六十六岁。刁氏，安百顺妻 年十九于归，逾年夫故。氏养亲抚孤，孝慈备至，八十三岁卒，守节六十一年。郭氏，彭钧德妻 年十七于归，越五载夫故。氏孝事翁姑，慈抚幼女，治家勤俭，赖以小康。以上四氏皆光绪三十四年表。綦氏，李贵越妻 年二十一于归，是年夫殁。氏苦志守节，孝事翁姑。继夫兄子显滨为嗣，视如己出，表失年。韩氏，姜希敬妻 年十七于归，六阅月夫殁。家素贫，氏坚苦守节，继夫兄子为嗣，视如己出。治家勤俭，卒致小康，表失年。高氏，邵景云妻 从九品高依方女，年二十一于归，二十七岁夫故守节以终，表失年。张氏，赵在泮妻 年二十二夫殁，守节五十七年，光绪三十四年病故，时年八十五，表失年。王氏，苑福临妻 庠生王沛宏女。夫殁守节，表失年。王氏，张同锡妻 夫殁，守节终身，表失年。邓氏，考授武英殿供事即选县丞王福同妻 从九品邓元沛女。夫殁守节，表失年。王氏，刘效骞妻 王君义女。年十九夫殁，守节五十五年卒，学政潘表。嗣子丕瑶，孙可瀚。乔氏，

张成惠妻 年十七于归，逾年夫故。氏苦志守节五十年，表失年。谷氏，清授登仕郎宋连科妻 年十七于归，二十三岁夫故，遗孤二。氏孝翁姑，抚幼子，勤俭自持，始终罔懈。咸丰辛酉，捻匪犯境，人皆惊悸，不知所归。氏母家近小珠山，乃扶老携幼并戚族邻里男妇多人，从母家潜避珠山中，卒免于难。光绪十一年八月卒，寿八十五岁。逄氏，张桐芳妻 诸城逄承基女。年十九于归，二十四岁夫殁。氏坚苦守节，事翁姑无违言，和睦亲族，治家勤俭，同治十二年卒，年六十五岁。嗣孙恒坤。逄氏，刘僖妻 年十九于归，期年夫殁。氏食贫养姑，义方教子，守节四十年，阖学汇旌。逄氏，刘培坦妻 年十九于归，越二载夫殁，守节终身，阖学汇旌。高氏，马成美妻 年二十七夫殁，守节以终，阖学汇旌，年失考。郭氏，贾芝瑞妻 年二十一夫殁，氏坚贞守节，事亲曲尽妇道，数十年如一日，阖学汇旌，年失考。姜氏，蔡纕妻 夫殁守节五十九年，学院华表。李氏，张立业妻 年十九于归，二十三岁夫故，守节五十年，学使旌以志苦节光。刘氏，监生王廷琏妻 刘爽女。于归三月夫故。氏守节事姑，为夫立嗣，九十六岁卒，旌表入祠。徐氏，王秀林妻 年二十于归。秀林经商恒外出，氏孝事翁姑，代理家政。年二十八夫殁，夫弟方数岁，时翁已先殁，氏侍孀姑，抚弱弟，支持门户，勤劳备至。咸丰十一年捻匪窜胶，氏奉姑携夫弟欲避乱南山，行十余里遇贼，夫弟被掳，氏跪贼马前，指弟而言曰："王氏两世只此一块肉，若掳去，则王氏香烟断矣。"叩头流血，痛哭不已。贼怜而释之，并释他男妇甚多。人以为诚动鬼神。弟长为娶妇。未几姑殁，氏主持丧葬皆尽礼。后夫弟子女繁衍，氏鞠育教诲，备极恩勤，即以夫弟长子凤岐为嗣，卒年八十余岁。夫弟感嫂恩，为成服焉，旌表失年无考。尚氏，诸城逄钧鏓妻 氏于归一年夫殁，守节终身，学使旌。吴氏，林永桂妻 夫殁守节，光绪某年表。孙氏，陈芑沣妻 孙青刚女。年二十二夫故，守节终身，学使旌以节操冰清。刘氏，杨立信妻 年十八于归，逾年夫故。氏誓以身殉，浆粒不入口者数日，家人多方譬解，乃易殉为守，孝事翁姑，慈抚嗣子，坚苦守节五十余年，光绪某年旌。刘氏，李延绪妻 年二十一于归，逾年夫故，守节至七十九岁卒。崔氏，法同枝妻 年二十五夫殁，守节三十年，五十五岁卒。高氏，孙大蘉妻 高载方女。年二十八夫殁，守节十九年，卒年四十六。以上①宣统元年表。赵氏，王吉祥妻 赵义会女。年十九夫殁，守节三十二年，卒年五十岁。法氏，王思永妻 法星江女。年二十九夫殁，守节十余年，卒时年四十岁。赵氏，王寿华妻 赵良女。年二十六夫殁，守节五十六年卒，年八十二。刘氏，高振润妻 刘世恂女。年二十八夫殁，守节二十七年卒，年五十五。况氏，王汝泽妻 况学成女。年二十一夫殁，守节三十二年卒，年五十二。张氏，谈荀鹤妻 张民坊女。年三十夫故，守节三十年，旌年六十六。姜氏，高吉方妻 姜希天女。年三十夫殁，守节四十七年，旌年七十七。韦氏，魏永思妻 韦素光女。年二十二夫殁，守节三十五年，旌时年五十六。顾氏，宋滙清妻 顾兆仁女，年二十四夫殁，守节四十六年卒，年七十。郭氏，朱承喜妻 郭大文女。年二十八夫殁，守节四十五年，旌时年七十三。孙氏，李殿时妻 孙德女。年二十一夫殁，守节四十七年，旌时年六十八。樊氏，刘文桢妻 樊永纯女。年二十三夫殁，守节五十一年，旌时年七十四。尹氏，孙景清妻 尹家训女。年二十五夫殁，守节四十七年，旌时年七十一。赵氏，高璧方妻 赵茂龄女。年二十三夫殁，守节四十五年，旌时年六十七。万氏，李宝森妻 万人杰女。年二十九夫殁，守节四十年，旌时六十八。万氏，李希贤妻 万永佐女。年二十九夫殁，守节三十五年，旌时年六十五。韩氏，张于忠妻 韩新基女。年二十五夫殁，守节三十九年，旌时年六十四。贤氏，祁清溪妻 贤可恭女。年二十六夫殁，守节四十三年，旌时年七十一。宋氏，刘学诗妻 宋鸿旭女。年二十一夫殁，守节四十四年，旌时年六十五。以上二十氏皆宣统元年表。蔡氏，宋守训妻 蔡文教女。年二十四夫殁，守节三十八年，旌时年六十二。崔氏，王元善妻 崔鸿基

① "上"，底本作"下"，讹。据上下文义改。

女。年二十六夫殁，守节四十六年，旌时年七十一。宋氏，王元吉妻宋志普女。年二十七夫殁，守节四十年，旌时年六十六。张氏，法星魁妻张成宗女。年二十七夫殁，守节三十年，旌时年五十七。巩氏，刘邦安妻巩天平女。年二十二夫殁，守节三十二年，旌时年五十三。赵氏，王官云妻赵德注女。年二十三夫殁，守节三十一年，旌时年五十四。宋氏，刘文绪妻宋鸿女。年十八夫殁，守节七十一年，旌时年八十九。柳氏，刘桂林妻柳殿翰女。年二十夫殁，守节四十八年，旌时年六十八。杨氏，王际明妻杨恒读女。年二十八夫殁，守节四十五年，旌时年七十二。邱氏，宋裕昌妻邱元喜女。年二十三夫殁，守节五十一年，旌时年七十三。刘氏，张麟阁妻刘文泮女。年二十八夫殁，守节三十五年，旌时年六十三。王氏，张同起妻王丕宇女。年二十九夫殁，守节三十二年，旌时年六十。谈氏，张淑德妻谈省三女。年二十八夫殁。生女三，氏坚贞守节，自奉俭朴，事姑以孝闻。姑殁，哀毁尽礼，继夫胞弟淑敏长子为嗣，视如己出，守节终身。王氏，谈哲妻王德福女。年十七于归，咸丰十一年夫殉捻乱。氏守节终身，卒年八十岁。宋氏，李旭昌妻年十九于归，夫故，氏守节四十余年卒。唐氏，郭连城妻唐嘉善女。于归甫一载，捻匪入境，翁殉难，夫痛伤翁故。氏年二十，子女均无，惟祖姑与姑在堂，形影相吊，族邻皆苦之。氏志操坚决，不改常度。祖姑年八旬目盲，姑亦年迈，氏竭诚奉侍，俱得欢心。二老相继逝，氏经理丧葬皆如礼，嗣子承宗抚如己出。旌时年八十一。高氏，敕封文林郎监生徐宗彝妻候选县丞高观方女。年三十夫故。氏柏舟誓节，始终不渝，卒年五十七岁。嗣子述本按察司经历。以上十七氏皆宣统元年表。孙氏，杨陛妾孙成女。十六于归，二十六夫殁，守节二十四年卒，年五十岁。宣统元年表。王氏，马锡庆妻王登高女。年二十六夫殁，守节三十三年，卒年五十六。孙氏，李宗保妻孙永桂孙女。年二十夫殁，守节四十年，旌时年六十。单氏，王丕厚妻高密单全徵女。年十七于归，越三载夫殁。氏坚守苦节，孝事孀姑，治家勤俭。继夫族兄丕拨子以续宗祧，爱如己出，五十三岁卒。庄氏，范文斗妻。王氏，范师庆妻庄氏年二十五夫殁，遗孤师庆尚幼。氏矢志坚守，抚孤成立，娶媳王氏。未几，师庆又殁，媳年二十二，与姑守节，均四十余年。一门双节。赵氏，郭振信妻赵凤彩女。年二十五夫殁，守节五十九年，旌时年八十四。刘氏，张绣峰妻刘鸿云女。年二十八夫殁，守节三十六年，旌时年六十三。刘氏，吴曰坤妻刘道远女。年二十六夫殁，守节五十四年，旌时年八十。刘氏，张玉明妻刘凤晓女。年二十九夫殁，守节三十五年，旌时年六十三。孙氏，李玉珂妻孙会丰女。年二十岁夫殁，守节四十年，旌时年六十。张氏，孙清喆妻张起凤女。年二十八夫殁，守节四十三年，旌时年七十一。刘氏，栾立中妻年二十四夫殁，守节五十余年。范氏，佾生①王中伦妻范文锦女。夫殁，坚贞守节，孝事翁姑，历三十年无少懈，抚养幼子丕枚，延师课读以承父志，卒入邑庠。韩氏，杨立恕妻年十八于归，越二载夫故，氏守节以终。王氏，满兆明妻年十六于归，十九岁夫故。氏坚苦守节四十五年。以上十五氏皆宣统二年表。黄氏，杨钟芳妻黄宗程女。年二十九岁，守节三十三年，卒年六十二。高氏，王玉书妻高徽章女。年二十六夫殁，守节三十二年，卒年五十八。庄氏，崔文斗妻庄永怀女。年二十八夫殁，守节四十二年，卒年七十岁。辛氏，孙有庆妻辛学古女。年二十九夫殁，守节三十九年，旌时年六十八。王氏，李汝麟妻王顺思女。年二十六夫殁，守节三十二年，旌时年五十八。韩氏，杨立茂妻韩述材女。年十八夫殁，守节四十三年，旌时年六十。宋氏，刘天泰妻宋鸿女。年十八夫殁，守节七十六年，旌时年九十三。王氏，议叙从九品李传芳妻王金第女。夫故，守节二十八年卒。子三：钟和、钟湘、钟洵，均成立。崔氏，杨永若妻年十九于归，夫故守节四十年。高

---

① 佾生：又名佾舞生、乐舞生，清代朝廷或文庙举行庆祀活动时充任乐舞的童生。

氏，赵旭昇妻 年二十九夫故，抚遗孤秉仁成立，守节四十年，卒年七十岁。子秉仁入泮。以上十氏皆宣统三年表。王氏，议叙九品衔李传芳妻 十六于归，二十八夫殁，守节三十二年，旌时年六十①。程氏，候选都司张应甲妻 程盛女。年二十五夫殁，守节四十五年，旌时年七十，宣统三年表。于氏，李果妻 于凤心女。年十九于归，越二年夫故，时翁故俱存，氏侍奉周至，一如夫在时。翁姑殁，氏立夫弟松长子鹏翔为嗣，爱如己出。未几鹏翔妻又殁，遗子女各一，光绪庚子鹏翔旅京师，夫弟松率子女往投之，道经沧州为拳匪所害。氏闻耗，携孙暨孙女急往，见夫弟老幼皆遇害。氏以状诉于沧牧，时匪首为沧之富豪某，欲贿氏使罢讼。氏不受，讼益急，某惧，遍贿沧署胥吏，牧亦庇护之，讼半载不得直。氏悲愤交集，而嗣子鹏翔又卒于京邸。氏计穷气沮，遂藁葬夫弟及其子女而归，以故家益窘。时孙甫五岁，孙女甫四岁，老弱孤寡，饔飧不给。氏率往远乡乞食为生，岁时必归祭先人墓。及孙与女稍长乃归，谋婚嫁事甫毕，而氏病已笃，临终谓孙曰："勉为之生计，稍裕，急归汝祖父骸骨也。"卒年六十六岁。刘氏，匡振兴妻 刘明德女。年二十一于归，逾二年夫故。临终时氏对夫誓以终守。振兴殁，氏事翁姑以孝闻，姑翁殁，葬如礼，抚幼女成人，后继族侄祯奉祀，卒年七十三。庄氏，匡瑞妻 庄云女。年十九于归，逾年夫故。氏孝事翁姑，食贫茹苦，守节终身。当夫故时兄子振安尚幼，氏抚养成人，即立为嗣，年七十三卒。郭氏，邓吉人妻 年十九于归，夫年二十二因家贫远游三年不返，在外病故。时氏年二十六，守节四十七年卒。匡氏，张星煜妻 年二十六于归，春嫁，秋夫故。氏孝事孀姑，苦节自守三十四年，嗣子景桓。孙氏，邑庠生杨克昌妻 庠生孙鼎元女。年三十夫故，遗孤甫五岁，氏抚养成人。高氏，宋槐妻 高攀倓女。夫业儒，年十九，值咸丰十一年捻匪寇胶，被贼掳去。氏年二十，生女甫数月，尚在襁褓，氏恸不欲生，亲族苦劝之乃止。守节事翁姑，曲尽妇道，抚幼女成人，卒年五十九。徐氏，战麟锡妻 徐守谅女。年二十八夫故，守节三十一年，时年五十九。张氏，徐守摛妻 摛二十四岁得瘵疾殁，氏年二十六，食贫守节，艰苦备尝，现年五十七。杨氏，江苏试用县丞匡郁妻 年二十三于归，越三载夫病故，氏矢志守节。家小康，经理井井，戚族有急，辄慨助之，足迹不逾闺阃者三十余年。嗣子恩润，抚如己出。时五十八岁。高氏，赵允明妻 年二十五夫故，守节四十九年，卒年七十四岁。高氏，赵昀昇妻 年二十七夫故，守节三十余年，卒年六十二岁。李氏，栾毓经妻 年二十四夫故，守节事姑，孝闻乡里，时年七十六岁。高氏，孙文妻 年二十九夫故，氏食贫守节，艰苦备尝，卒年八十二岁。赵氏，韩学时妻 赵允明女。年十八岁于归，越三载夫病故，氏事衰翁，曲尽妇职，抚前室子，爱如己出。未几翁殁，子亦相继而殇。氏率幼媳纺织度日，年近七旬犹勤俭持家，志不稍懈。光绪三十三年旌，时六十八。纪氏，韩永仪妻 年二十九夫故，食贫守志，苦节终身，垂三十二年卒。臧氏，赵景坊妻 臧德三长女。年十九于归，二十四岁值捻匪寇胶，夫被掳殁于贼。氏坚守苦节五十九年，卒年八十三岁。张氏，赵金鑑妻 年二十于归，二十九岁夫故。氏坚苦守节四十六年，卒年七十五岁。殡后家有二犬，住氏墓痛号七日，不食而死，人以为氏德所感云。赵氏，张承恩妻 赵钦仪女。年十九于归，二十九岁夫故。时本生姑及承嗣姑均在堂，二子尚幼。氏昼侍两姑，夜训子，勤苦罔懈，内外肃然。子立勋、立煦现均成立。守节二十余年，今年五十二。贾氏，张燕时妻 贾曰桢女。年二十八夫故。氏家无儋石储，矢志苦守二十余年如一日。嗣子贻绅，廪生，氏抚养成立。卒年五十九岁。郭氏，王登科妻 年二十六夫故，事孀姑以孝闻，现年六十一岁，守节四十一年。周氏，丁藻泮妻 年十九于归，二十六岁夫故。氏治家勤俭，现年七十八岁，守节五十二年。杨氏，张连科妻 咸丰十一年，捻匪寇胶，连科率乡团击贼遇害。贼积诸死者而焚其尸。氏闻之号恸几绝，数求其尸，卒不得，不得已葬。遗衣冠招魂而哭奠焉，殡后矢志坚守，事姑如孝子，训子如严父，乡里咸称之。守节至八十一岁

① 从"十六于归"至此的几句话，传主系谁，底本阙如。待考。

卒。薛氏，李少泽妻 年十九于归，二十二岁夫故。氏苦守贞节，寿至七十三岁终。臧氏，张连捷妻 年十九于归，二十一岁夫殁，有遗腹子源，氏上奉孀姑，以针黹资养育，孝慈兼尽，人无间言，守节至九十九岁终。庄氏，王尔藻妻 年十九于归，二十二岁夫故。氏苦节自守，孝事翁姑，宗族乡党无间言，行年五十余。姑病殁，氏哀痛尽礼，夫兄与氏析居，土地什物，听夫兄择之，置不问。后夫兄家产荡尽，殁后贫无以葬。氏出资葬之，又出地五亩以养其子焉。贾氏，高振礼妻 年十七于归，越二载夫故，守节至三十八岁终。丁氏，邓琰妻 年二十一夫病殁，愿以身殉夫，葬后念翁姑已老，子女俱幼，家赤贫已，若死殉老弱将无依，遂易殉为守，为人缝纫纺绩，资以养老抚幼，后家道卒致小康。翁姑继逝，葬祭皆如礼，子女俱成立，卒年七十三岁。李氏，邓可耕妻 年十九于归，数月夫病故。氏以死自誓，翁姑知之，泫然曰："吾二人年已衰迈，赖汝生活，若果殉，忍视尔翁姑填沟壑耶。"氏幡然改悟，苦志守节，事翁姑以孝闻。继夫兄可臻子瑶为嗣，视如己出。卒年六十七岁。乔氏，张敬峰妻 高密县乔培心女。年十九于归，氏母家贵族，夫家富室，自幼天性淡定，不以富贵骄人。年二十四夫殁，氏矢志守节，除定省翁姑外，未尝妄离闺门，现年六十岁，守节三十余年。张氏，刘九坦妻 年十九于归，二十六夫殁。氏矢志守节，孝翁姑抚幼子，艰苦备尝，有劝其改适者，曰："贫穷不若人所可自信者节耳，又事二夫，富贵何取焉?"闻者莫不叹服。守节至四十九年卒。王氏，王廷温继妻 年二十于归，数月夫故，前室遗子甫六岁。氏苦志守节，抚前子如己出，卒年七十余岁。孙氏，姜筹妻 年二十夫殁，守节终身。周氏，丁芹泮妻 年二十四夫殁，氏孝养翁姑，慈抚幼子，治家尤力持勤俭，守节五十余年。陈氏，孙阔繁妻 年二十五值捻匪寇胶，夫殉捻难，氏守节五十余年。孙氏，王福曾妻 年二十六夫殁，守节以终。姜氏，范从新妻 年二十夫殉捻乱，氏守节五十年。姜氏，武生丁凤池妻 年二十三值捻匪扰胶，夫督乡勇击匪阵亡，氏守节终身。纪氏，孙玉璜妻 年二十夫殁，守节以终。姜氏，于廷扬妻 年二十九夫殁，守节以终。刘氏，张杰恭妻 年二十七夫殁，氏守节终身。纪氏，韩守存妻 年二十六夫殁，氏守节终身。法氏，王应晋妻 年二十九夫殁，守节终身。李氏，刘文修妻 年十八于归，期年夫殁，守节终身。岁贡刘慎典勒石表之。殷氏，周懋传妻 年二十六夫殁，氏食贫奉姑，育子恩勤，守节以终。宋氏，高发轫妻 宋彝典女。年二十四夫殁，氏坚苦守节以终。沙氏，周雨妻 年二十于归，逾年夫渡河溺死。氏守节坚而事姑孝，卒年七十。赵氏，周晏妻 年三十夫殁，未几夫胞弟亦故，弟妇王氏时年二十四，皆无子。氏与娣王氏同守贞节，事翁姑俱以孝闻，后翁姑相继逝，娣姒协理丧事井井有条，族党无间言，两氏卒年均六十余。王氏，赵宾妻 年二十一于归，逾年夫殁，遗孤又殇。氏坚守贞节，终身不渝。牟氏，杨汝洛妻 年二十一夫殁，遗孤传兴甫逾周岁，氏守节抚孤，七十七岁卒。姜氏，高徽荚妻 年二十二夫殁，氏守节终身。张氏，高邦僎妻 张价女。年三十夫殁。氏孝事翁姑，义方教子，守节至六十六岁卒。匡氏，高振鹭妻 年三十夫殁，守节以终。高氏，儒童法本传妻 高玺方女。年二十八夫殁，守节三十年，五十四岁卒。张氏，李寿昌妻 张彝铭女。年十九于归，二十四岁夫殁，仅遗一女。氏矢志守节，奉姑抚女，慈孝兼尽，继夫胞弟三子德昭为嗣，视如己出，卒年五十余岁。焦氏，薛喜妻 年二十七夫殁，氏坚贞守节，治家勤俭，卒致小康，抚子希武成立，年七十二岁卒。马氏，贤国庆妻 年二十一于归，二十八夫殁。时翁姑早逝，生子二，长五岁，次二岁。氏苦志守节，抚孤成立，族党无间言。郑氏，孙大罄妻 年二十九夫殁，守节终身。孙氏，未入流高辅益妻 年二十九夫殁，守节终身。郭氏，孙崇勳妻 年二十三夫殁，守节终身。徐氏，从九品孙继绩妻 年二十五夫殁，守节终身。张氏，祁鸿陞妻 年二十夫殁，守节四十八年，六十八岁卒。管氏，庄发业妻 年二十七夫殁，守节至六十岁卒。杜氏，张学海妻 武庠生杜鸿奎女。年二十三夫殁，守节至六十岁卒。孟氏，陈有文妻 年三十六夫故，守节五十年，卒年八十六。高氏，马志桂妻 年十八于归，二十四岁夫殁。氏守节四十八年，卒年七十二。王氏，王廷钦妻 王子南女。年十九于归，二十三夫殁。时翁姑均殁，夫弟幼弱，葬夫后誓以身殉，夫弟牵衣号泣。氏念弱弟抚养无人，如饿死，则王氏香烟绝矣。遂毅然坚守，抚弟教养兼至，稍长为弟完婚，生子二。氏继其长子为嗣，视如己出，抚育成人，寿至六十二岁终。管氏，从九品赵熙绩妻 年十八于归，二十二夫故。氏坚贞守节，孝事翁姑，和睦娣姒，内外无间言。继夫胞兄子为嗣，抚养成立，卒年七十八。徐氏，张福俊妻 年十八，夫病故。氏苦志坚守，孝养翁姑，计守节三十一年。李氏，许永和妻 李玉喜女。年十九于妇，逾年夫故，守节至七十八岁卒。郭氏，汪云祥妻 年十八于归，二十岁夫故。无子，亲族拟为立嗣，商之氏。氏曰："可停柩，暂勿葬，天或者不绝汪门①后乎。"数月，果生遗腹子天邦，乃以礼葬其夫。氏事翁姑孝，抚孤子成立，卒年七十八，守节五十余年。鲍氏，陈凤兴妻 年十六于归，十八岁夫殁。时翁姑俱老，遗孤尚幼，越二载姑又逝，治家无人，渐至贫窘。氏孝事衰翁，抚幼子慈，率诸娣姒勤俭数年。后家渐小康，族邻并资助之。人皆称其节，颂其德焉。王氏，儒童韩铭鼎妻 王振举女。年十六于归。逾年夫病不起，又数月翁患痫。氏兼侍汤药，目不交睫。翁殁，氏代夫理丧，皆如礼。未几夫亦病故，子女均无，嗣子方五岁，家渐落。姑年近六旬，且多病。氏百计节省，以养姑抚子，夙夜焦劳，数十年如一日。忧郁成疾，自知不起，遗嘱子曰："汝已成立，吾无憾。所不能释然者，汝祖母耳。吾殁后，汝善事之，孝汝祖母即孝汝母也。"言讫，含泪而殁。年五十九，守节四十年。雒氏，曹克八妻 年十九于归，二十八岁夫殉捻乱，遗孤书林方月余。氏事姑尽孝，抚孤成立，守节至七十四岁卒。刁氏，韩维义妻 刁延年姊。年二十于归，越三载夫病故。氏苦守贞节，抚嗣子延庆成立，卒年八十，守节五十七年。李氏，刘天禄妻 年十九于归，数月夫病故。氏抚嗣子文学成立，守节终身，卒年八十四。綦氏，赵虎妻 年二十于归，越三载夫故，遗孤侃甫周岁。氏抚孤守节，至八十岁卒。高氏，杨桃妻 年十八于归，逾年夫故，氏守节终身，嗣子世昌。苑氏，杨岳妻 年十九于归，廿二岁夫殁，守节终身，嗣子世恩。庄氏，李翼修继妻 年廿四于归，夫殁守节抚孤，治家勤俭。一家五十余口，皆以氏为范，秩序井然。寿九十七岁终，子孙蕃衍，五世同堂。邓氏，柳正言妻 年十八于归，二十八夫故，氏守节终身。郑氏，胡成明妻 年二十于归，越三载夫故，氏守节终身。赵氏，丁鸿道妻 年十八于归，越五载夫故，氏守节终身。胡氏，廪生李德泽妻 年十九于归，二十六岁夫殁，氏守节三十四年。王氏，增生丁鸿慈妻 年十七于归，二十五岁夫殁，氏守节四十余年。张氏，李寿眉妻 年二十五于归，月余夫故，氏守节三十三年。郭氏，李寿春妻 年二十三于归，越四载夫故，氏守节三十二年。张氏，丁衍琚妻 年十八于归，二十五岁夫故，守节四十年。张氏，李龙翔妻 年十九于归，二十五岁夫故，守节六十余年卒。马氏，丁衍瑯妻 年十七于归，二十四岁夫故，守节四十余年。张氏，丁虎臣妻 年十九于归，二十八岁夫故，守节四十余年。张氏，王清汉妻 家素贫，夫故，子女均幼，氏皆抚养成人。勤俭治家，孙曾继起，五世同堂，卒年九十五。秦氏，刘君河妻 年十七于归，生子二，长元琮、次元琳，皆幼。咸丰十一年，夫殉捻乱，氏亲率犹子②元珠寻夫尸归，葬讫。矢志守节，抚两孤成立，卒年八十一，守节五十一年。林氏，纪熙宸妻 年十九于归，逾年夫故。氏守节自矢，事翁姑以孝，抚嗣子曾撰以慈，族党称贤妇焉，卒年六十五。毛氏，孙守进妻 年二十夫殁守节，七十六岁卒。王氏，张澄妻 王善堂女。年二十三岁夫故，守节以终。姜氏，吴广伸妻 姜茂宗女。夫故守节三十八年卒。周氏，儒童孙石麟妻 年二十七于归，未三年而夫殁，氏守节至九十三岁而终。黄氏，范钟峻妻 年十九于归，阅四年夫故。氏孝

---

① "汪门"，底本作"郭门"，讹。据"郭氏汪云祥妻"改。

② 犹子：侄子。

事翁姑，以代子职，终以日夜忧郁致疾，至三十九卒。张氏，世袭武略骑尉姬学孟妻 张曾雯孙女。氏幼娴祖训，读书能明大义。于归后，事孀姑能得欢心。值洪杨之时①，夫从戎八载，因病归，遂卒，遗子女各一，皆幼。家计萧条，孀姑老病，氏井臼亲操，昼则缝纫，夜则磨面，以为仰事俯蓄②之资。及姑殁，营葬悉如礼。子女以次完婚嫁，子名肇岐，以家贫弃学就□。尤善事继姑，□党皆以孝友称。高氏，杨聚清妻 年十七于归，二十四夫故。家无儋石储，依母家以居，苦志守节四十一年。高氏，徐本纯妻 年十九于归，二十六夫故，生遗腹子法正，抚养成立，守节三十八年。王氏，赵淑仁妻 夫故，氏年二十三岁，守节四十一年。孙氏，高永方妻 于归后，二十七夫故，守节五十年。张氏，宋翔鹄妻 年二十九夫故，遗二女。家赤贫，存身园舍，以纺绩糊口，与二女煮野菜食之，日仅一餐，苦节坚守四十一年。刘氏，杨建贵妻 刘兆隆女，年十七于归，二十二岁夫故。氏苦志守节，抚养孤子成立，守节二十二年。庄氏，黄泽贤妻 庄金南女。年十九于归，未三月而夫故。氏苦志守节，孝养翁姑，以代子职，守节三十二年。周氏，崔念祖妾 周永善女。夫殁，氏勤俭持家，抚遗孤天佑成立，守节四十年。董氏，纪腾云妾 入门贞静柔顺，规矩肃然。二十九夫殁，氏事嫡抚幼，迹不出闺门，戏玩事曾不目睹。未几嫡室高氏殁，氏茹苦守贞，数十年如一日，亲族贤之，佥议扶堂③。会氏嫡兄及族侄素知氏贤故，先倡议扶堂，亲友赞成之。因氏生辰，遂成礼焉。

灵山卫旌表节妇　李氏，郑宾妻 李凤女。十八于归，二十六夫故，生遗腹子维江，氏抚孤守节。维江长，聘陈汉林女为妻。维江亡，媳同姑守，一门双节。陈氏，郑维江妻 十七于归，二十四夫殁。氏竭力奉姑，姑六十六岁殁。氏苦守贞节四十八年，旌年七十二。焦氏，庠生翟锡玉妻 焦可英女。二十七夫殁，守节二十九年，旌年五十五。唐氏，武生王应兰妻 监生唐廷弼女。二十八夫故，守节三十年，旌年五十八。陈氏，儒童唐维洵妻 陈汉平女。二十一夫殁，守节三十四年，旌年五十四。王氏，金以诜妻 武举水师营千总王长龄女。二十六夫殁，守节五十九年，旌年八十二。冷氏，武童金鸿渐妻 冷宜德女。二十九夫病故，守节三十五年，旌时年六十三。张氏，陈清玉继妻 张怀起女。二十七夫殁，守节四十五年，旌年七十二。张氏，武生王春龄妻 张行本女。二十九夫殁，守节二十五年，旌年五十五。王氏，庠生王应策继妻 庠生王釜女。年二十九夫殁，守节二十二年，旌年五十一。陈氏，张在周妻 陈幹铭女。年十八于归，二十四夫殁，守节四十九岁，卒年七十三岁。隋氏，王廷列妻 陈相女。二十三于归，二十四夫故，守节四十四年，旌年六十七。薛氏，王骏声妻 薛蕴玉女。十九于归，二十一夫故，守节三十二年，旌年五十二。嗣子裕曾，议叙七品衔。丁氏，惠梁妻 丁廷湘女。十九于归，二十九夫故，守节三十三年，旌年六十二。陈氏，王孙奎妻 陈尚友女。十七于归，二十八夫故，守节四十二年，旌年六十九。张氏，王汝霭妻 张立女。十七于归，二十九夫故，守节四十年，旌年六十九。张氏，王廷桂妻 张维坦女。二十二于归，二十八夫故，守节四十四年，旌年七十一。薛氏，李廷锡妻 薛子章女。十九于归，二十九夫故，守节二十二年，旌年五十岁。薛氏，翟维检妻 薛子礼女。十九于归，二十九夫故，守节三十七年，旌年六十五。陈氏，薛怀琴妻 陈元利女。十九于归，二十九夫故，守节三十三年，旌年六十三。宋氏，张茂楮妻 宋维女。十九于归，二十二夫故，守节四十六年，旌年六十八。刘氏，马恒成妻 刘继升女。二十于归，二十四夫故，守节二十三年，旌年五十六。侯氏，程致平妻 侯棹女。十九于归，二十二夫故，守节四十九年，旌年

---

① 洪杨之时：指清末洪杨（洪秀全、杨秀清）太平天国运动。
② 仰事俯蓄：上要侍奉父母，下要养活妻儿。泛指维持一家生活。
③ 扶堂：把妾升格为正妻。

七十。陈氏，苏守仁妻陈承女。十九于归，二十四夫故，守节四十年，旌年六十三。薛氏，庠生张文鸿妻薛维朱女。二十六夫殁，苦节三十年，旌年五十五。以上二十六氏光绪元年表。侯氏，王炯妻侯曜女。二十四于归，二十七夫故，守节四十二年，卒年六十八。光绪二年表。李氏，郑永佩妻李木女。十九于归，二十二夫故，守节三十三年，旌年五十四。光绪四年表。金氏，卢永勳妻金廷瓆女。十九于归，二十九夫故，守节四十六年，卒年七十四。光绪六年表。吴氏，林永茂妻吴瑞女。二十一于归，五日夫故，守节四十二年，旌年六十二。光绪十年表。金氏，王青芹妻金鸿扬女。年二十于归，二十一夫故守节，旌时年五十。光绪十二年表。安氏，宋溢妻安仁女。十七岁于归，二十夫故，守节五十六年，旌年七十六。光绪十六年表。宋氏，惠椿园妻宋桓女。二十四于归，二十九夫故，守节四十三年，旌时年七十一。光绪二十二年表。翟氏，于洋妻翟维楷女。二十三于归，二十四岁夫故，守节四十一年，旌时年六十三。光绪二十三年表。薛氏，苏兆瑞妻薛道范女。年二十八夫故，守节五十四年，旌时年八十二。光绪二十八年表。苏氏，王廷辉妻苏敬滋女。夫殁守节四十四年卒，嗣子全曾。陈氏，王伟勳妻监生陈廷锦女。年二十于归，二十六夫故，守节五十六年。子慎曾，议叙六品衔。张氏，从九品王简勳妻监生张元盛女。年十八于归，二十七夫故，守节四十年卒。子效曾，议叙七品衔。潘氏，柳允中妻年十九于归，越三载夫故。氏坚贞守节，教子绪新成立。

旌表殉夫烈妇 錙氏，刘汝楷妻錙焕章女。年二十一，其夫家已择吉娶妇。楷忽病，濒殆者数矣。楷父与女父议改期，约以楷病如不起，女即另择配。女闻知，出语其父云："女与汝楷誓同死，改期、改嫁均誓死不从命。"两家计无所出。至期，女直入夫家，登堂拜翁姑，执行妇礼。侍夫病，衣不解带者四十余日。未几夫故，氏日夜啼哭，绝粒数日，亦卒。此道光二十七年事。张氏，马寿春妻处士张永昌女。道光二十六年，氏年十七岁于归。咸丰三年十月，氏夫病故，氏本夜自经，年二十四。咸丰三年表。杨氏，李文田妻杨洛珍次女。年二十于归。咸丰二年，夫病故，葬后殉节。咸丰三年表。曲氏，张某妻因王更秽语辱骂，致张曲氏气忿服卤而死。咸丰七年表。王氏，张继屏妻鳌山卫武童王庆肇女。年十九于归，事舅姑尽孝，夫妇情笃。越十四年夫殁，氏年三十三，亲视含殓，后乘间仰药死。同治元年表。郭氏，刘锷妻从九品郭斗标女。辛酉夫御贼力战遇害。同治二年八月夫忌日，率子培松哭墓回，缢树殉。本年表。薛氏，王学敏妻薛堜女。二十八夫殁，自缢殉。同治七年表。萧氏，逯文渠妻萧振铎女。二十八夫殁，即仰药殉。赵氏，马舍元妻赵咸池女。年十六于归，二十九夫故。葬日，氏仰药殉。周氏，刘恒泰妻周思宽女。年十七于归，二十岁夫故。百日，氏省墓回，是夜即自殉节。宋氏，周贡妻宋鸿书女。年十七于归，越二载夫殁，三日遂以身殉。孙氏，况学传妻孙松女。年二十八夫殁，氏自经。卢氏，陈广增妻卢起凤女。年二十于归，越九月夫故，氏服毒以殉。方氏，萧汉妻方杜珑女。年十九于归，二十一夫故。葬后，绝粒殉节。韩氏，庠生周廷槐妻韩思业女。于归后，以纺绩佐夫读，夫年十九入泮。未几廷槐病故，氏年二十六，誓以身殉。端坐窗前，针刺如平时，数日绝粒卒。以上五氏皆光绪元年表。杨氏，李符鳌妻杨缵修女。年二十一于归，是年夫殁，越数日氏仰药以殉。光绪三年表。陈氏，韩鹏震妻陈继成女。年十九于归。后甫二载，夫赴辽东寻父，在外病故。氏闻耗，仰药以殉，时年二十一。王氏，苑福临妻王佩蘅女。年十九于归，越三载夫故。葬后祭墓回，服鸩以殉，时年二十二。以上二氏皆光绪四年表。姜氏，庠生孙恕堂妻姜舜卿女。年十九于归，逾年夫故，氏投缳以殉。卢氏，丁凌阁妻卢时女。年廿四于归，越二载夫病故，氏自经。卢氏，丁树勳妻卢公著女。年二十四于归，越二载夫故，氏自经。以上三氏皆光绪七年表。崔氏，张森妻于归后，夫出外营工，久未归。一日，有无赖子张汝功强逼女，欲污辱之，氏力拒。汝功手刃刺伤数十处，氏抵死抗不屈，喊救甚急，遂被害。氏身无完肤，死状甚惨。方汝功逞凶时，氏子小山救母，亦被重伤。时邻右张姓闻喊趋救，见氏已死，乃急寻氏夫回，协同地保至汝功家。见伊衣带血痕，即时拿获，鸣官，一讯而服。时光绪七年，州牧李详其事，奉旨赐恤银三十两，建坊旌表。**张氏，杨慎修妻** 张元泰女。年二十一于归，是年八月夫故。越两月，氏投缳以殉。**吴氏，姜本坪妻** 吴继廷女。年二十一于归，二十五夫殁，即日殉节。以上二氏皆光绪八年表。**綦氏，张学礼妻** 綦克杰女。年十九于归，二十七夫故，氏誓以身殉。转念夫弟学易远出，姑老无人侍养，暂饮泣以待。越数月，学易回，氏遂乘间自经。光绪十一年表。**崔氏，龙在川妻** 崔垲女。年十九于归，二十九岁夫殁。氏为立嗣，营葬事毕，是夜乘间自经。**王氏，黄金城妻** 王宗圣女。年十九于归，二十六岁夫故，越二日氏乘间投缳以殉。以上二氏皆光绪十三年表。**高氏，邓奎吉妻** 附生高霖普女。年十七于归，二十二岁夫故。氏亲视含殓毕，即绝浆粒数日，遂殁。**赵氏，孙培成妻** 赵载新女。年十七于归，三十一岁夫故，氏即日殉节。以上二氏皆光绪十五年表。**韩氏，王兰芬妻** 韩铭周女。年十九于归，二十三岁夫故。二周忌日，氏往哭诸墓归，遂仰药以殉。光绪十八年表。**李氏，黄谦吉妻** 李宝善女。年十七于归，二十九岁夫故，越二日仰药以殉。**王氏，魏淑麟妻** 年二十于归，逾年夫故，葬后氏以身殉。以上二氏皆光绪二十一年表。**宗氏，郑梦元妻** 宗学彦女。年二十一于归，四十岁夫故。氏营理夫葬后，仰药以殉。**高氏，张锡明妻** 高元伟女。年二十四于归，三十岁夫故，越七日氏投缳以殉。以上二氏皆光绪二十二年表。**高氏，吴新妻** 高万方女。年十七于归，六年夫故，氏仰药以殉，年二十二岁。**单氏，高传方妻** 单兆金女。年十九于归，二十七岁夫故。夫葬后，投缳以殉。**高氏，刘清春妻** 监生高仁甫女。年十九于归。夫病，氏奉事不倦，进药必尝。夫殁，即以身殉，年二十四。**徐氏，李桂妻** 徐亮女。年十七于归。夫为邻佣工，猝遇昏晕卒，氏闻之，即仰药以殉。**赵氏，鞠见亭妻** 安丘县赵乐山女。年十七于归，二十一岁夫故。氏哀痛不食，誓以身殉，越七日仰药以死。**卢氏，王永道妻** 卢文蔚女。年二十三于归。逾年夫病，氏侍奉汤药，昼夜不懈。夫故，遂饮鸩以殉。**张氏，杨宪章妻** 庠生张兆霖胞侄女。年十九于归，越三年夫故。氏誓不独生，家人百端劝慰。夫周年，氏哭墓归，绝粒卒。以上七氏皆光绪二十四年表。**柴氏，高桂乾妻** 柴可珍女。年二十岁于归，二十一岁夫故，越三日仰药以殉。**白氏，陈光宗妻** 岁贡白子登女。年二十一于归，越三载夫病故。氏即欲殉，转念己无子，继嗣未定，义难决绝，追服将阕乃请于翁，邀同戚族，继堂兄守宗子祖勳为嗣。氏曰："承祧有人，吾志遂矣。"遂仰药死。以上二氏皆光绪二十五年表。**纪氏，黄建章妻** 纪凌云女。年十九于归，越数年夫病笃，氏侍奉汤药，昼夜无间。夫故后仰药以殉，年二十三。**滕氏，刘希英妻** 夫故殉节。**卜氏，赵梦弼妻** 夫故殉节。以上三氏皆光绪二十六年表。**顾氏，徐芳茂妻** 于归后，年二十一夫故。氏恸不愿生，誓以身殉，孀姑苦谏不听，是夜更深时，投缳以殉。光绪二十九年表。**周氏，任锡伦妻** 周益明女。年二十六于归，二十九岁夫故，氏誓以死殉。未几忧郁成疾，十余日不食卒。**李氏，王凤翔妻** 李禹范女。年十九于归，二十三岁夫故。氏恸哭致疾，医药罔效，遂仰药死。**杨氏，宋联桂继妻** 杨凤洲女。年三十于归，四十五岁夫故，殉节。以上三氏皆光绪三十年表。**张氏，王元格妻** 张钟秀女。素行端淑，夫病故，氏年三十九。念翁姑殁，膝下仅一幼女，且多病，遂誓以身殉。殓后二日，乘昏夜无人，即于柩前仰药死。家人救之不及，视其面，烈气如生。光绪三十一年，州牧余为请旌表，奉旨建坊，封孺人，入祀节孝祠。**宋氏，孙仲玉妻** 夫故仰药殉节。光绪三十一年表。**曲氏，邓环妻** 年二十六夫故，氏日夜号泣，绝粒卒。光绪三十二年表。**张氏，刘振岫妻** 张显思女。年十八于归，越二载夫故。葬毕，氏仰药以殉。**薛氏，宋福恩妻** 薛复元女。年二十一于归，是年夫故。氏恸不欲生，逾年饮毒死。以上二氏皆光绪三十三年表。**杨氏，徐瑞妻** 杨得利女。年十八于归。氏孝事翁姑，三十一岁夫病，氏侍奉汤药，谨诚毕至。夫故，氏痛不欲生，视夫含殓毕，遂仰药以殉。王氏，姜杰先妻 王振升女。年二十于归，二十七岁夫故。葬毕，氏遂以身殉。薛氏，刘建铭妻 薛熙梅女。年二十一于归，二十二岁夫故。葬毕，氏服毒以殉。以上三氏皆宣统二年表。姜氏，胡克恭妻 姜龙文女。贞静和婉，不苟言笑，父母笃爱之。年十九于归，善事翁姑，伉俪甚笃。夫病故，氏含恸尽礼，殡后归宁，谓其母曰："女者，少从父母，嫁从夫，夫殁从子。若无子者，亦各从其志耳。"母知其必死，而难以言解。及回家，氏赴墓哭奠归，自经以殉。宣统三年表。朱氏，王麟富妻 年二十四夫殁，氏悲哀视殓，自经以殉。陈氏，周邦友妻 年二十一夫殁，殡三日仰药以殉，时光绪十六年。刘氏，郭长龄妻 刘全贵女。年十九于归，越二年夫故，氏三日不食，仰药死。于氏，萧凤章妻 年十九于归，二十一岁夫殁。氏无翁姑，亦鲜兄弟，理夫丧葬三日，自经以殉。刘氏，杨云汉妻 刘可宗女。年十九于归，二十三岁夫殁。氏誓以身殉，亲族劝之不听，绝粒三日卒，同夫葬。魏氏，叶贵年妻 年二十一于归，逾年夫故，氏无子，以死自誓。营葬毕，亟请于姑，立夫胞兄富年之子阳春为嗣。越百日，氏亲诣夫墓，焚继券，泣拜曰："夫殁所不即从者，为宗祧计耳。今奉祀有后，妾事了矣。"及墓归，托孀姑于其嫂，复托嗣子于其伯，是夜即投缳死。邑人为请旌表，立碑焉。崔氏，臧有富妻 崔学孔女。有富家贫，佃地数亩，氏年二十于归，生二女，无子。夫病故，氏食贫守节，内外肃然，虽邻媪亦罕至其家，累年以纺绩积资，即鸠工作棺木并营冢圹，人皆未悉其意。二女稍长，皆急为择配嫁之。后二女归宁，促之还，是夜氏遂自经。赵氏，法鹏翔妻 年三十九夫殁，遗孤一。氏事翁姑，抚孤子，艰苦备尝。夫三周岁，氏哭墓归，遂投水死，年四十一。刘氏，杨嵩妻 刘玉堂女。年十七于归，二十三岁夫故，氏绝粒七日卒。卢氏，王仁妻 卢文蔚女。年十七于归，二十岁夫故，氏即日仰药死，里人为请旌表。刘氏，张春发妻 刘在庚女。年十九于归，姑早殁，惟翁在堂，氏聪淑娴闺训，克尽妇职。家素贫，兄嫂皆为人佣，犹子幼弱，氏教养成立，并为完婚娶。及翁殁，家益不支，夫远游谋食，卒于沪。氏闻讣，痛不欲生，绝粒数日，亲族譬劝之。氏曰："翁姑先后弃世，又无襁褓儿子，留何用？所以未即诀者，意典质居房，移夫柩归，奈心力终相左，复何望？"一日，氏晨起盥栉，闭户自经，年三十一。旅沪同乡王成之、万子明等，义氏烈，为募金恤其家业，并运氏夫柩归里合厝焉。常氏，刘文智妻 年十九于归，二十四岁夫病故。氏不言亦不哭，营葬三日后，仰药死。王氏，苑文彩妻 年十七于归。越二载，夫以贩牛为业，被奸商骗去四百余缗，贫乏无以偿，自缢死。氏痛极，亦自经。王氏，姜本琦妻 年二十八夫殁，氏投缳以殉。光绪某年表。殷氏，孙峨妻 殷遇衡女。年二十六于归，三十岁夫病故，氏自经。杜氏，俞成业妻 杜桂女。年十九于归，三十岁夫故，氏仰药以殉。蓝氏，殷遇隆妻 蓝景田女。年十七于归，二十六岁夫故，氏绝粒数日，投缳而死。光绪二年表。臧氏，宋兆骏妻 臧梅女。年二十一于归，二十六岁夫故，葬毕，氏绝粒卒。宣统三年表。

灵山卫旌表殉夫烈妇 逄氏，柳孟瀛妻 年十八于归，越数载夫故，氏绝粒弗食，呕血卒。光绪元年表。刘氏，侯鹏霄妻 刘得业女。年十九于归，二十岁夫故，氏自经。张氏，监生王范宗妻 张学本女。年十七于归，阅二载夫故。氏痛不欲生，家人邀邻媪多方劝解，始止。然至此不食亦不语，时而端坐，或僵卧。越十余日，饿死柩侧，与夫同日归葬。以上二氏皆光绪元年表。陈氏，岁贡生侯玉书妻 本邑陈奎周女。自幼有气节，不假人以词色，年二十于归，孝事翁姑，和睦娣姒，上下无间言。玉书家贫，嗜读，氏纺绩缝纫佐夫勤学。夫病，氏侍奉汤药，经年罔懈。及夫殁，氏饮食言语如平时，唯留心于棺木衣衾，并请家族为夫立嗣，人犹未知其以身殉也。葬之前一日，氏早起料理葬事毕，乃乘间仰药以殉。家人觉，急救之。氏曰："人乐生，我乐死耳。"遂含笑而逝，年三十四岁。光绪七年，州牧李为请旌表，并给建坊银三十金。薛氏，孙庆三妻 夫殁殉节。光绪二十八年表。王氏，侯长有妻 王祥云女。年十九于归，二十二岁夫殁，氏即日自经。光绪元年表。

旌表殉难烈妇 张氏，邱和妻。韩氏，王清遴妻。邱氏，张敦义妻。某氏，法五妻 以上四氏，捻匪至，俱投井死。法五妻并同子媳。宋氏，纪循浩妻。高氏，徐瑑妻。邱氏，王龙云妻。某氏，赵凤宗妻。韩氏，葛进山妻捻匪至，俱被杀。赵氏，崔汉妻贼至，自缢死。刘氏，杨烈妻。杨氏，马联元妻贼至，俱被焚死。郭氏，杨克锋妻。周氏，庠生王寅弼妻贼至，俱投沽河死。徐氏，从九品张应田妻应田，贼至被杀。氏及子妇高氏、幼孙一，俱投井死。张氏，周锡某妻。章氏，张世增妻张氏，贼至被杀。章氏，因投井死。邵氏，张虎母咸丰十一年，捻匪窜胶。母骂贼，贼怒抽刀刺之。虎以身蔽母，代受刃，卒杀其母。虎悲泣，奋拳击贼，贼乱砍之，亦遇害。崔氏，马聪从母。朱氏，唐庚申母偕弟富，并殉。某氏，逄克良母。某氏，李功母以上二氏，皆被杀。柳氏，周伯济母。毛氏，周吉第母同吉第及弟仲第、女一，俱殉难。管氏，李谟母。刘氏，梁成母。王氏，杨辛母辛负母遇害。以上三氏，皆殉难。雷氏，举人高攀璧继妻。冷氏，恩贡张淮澄妻。谈氏，岁贡白大纯妻偕子其昌，俱殉难。匡氏，岁贡魏松年妻暨子媳孙氏、女四，并弟妇。高氏，魏榕年妻俱殉难，一门殉节。杨氏，附贡范篑妻偕子从九品承祚。高氏，监生王长卿妻暨子媳叶氏、孙同鈜、孙女驯姐，俱殉难。周氏，监生黄建勳妻暨子媳邱氏。管氏，监生王骞妻。刘氏，监生魏保宗妻。王氏，从九品张荣棠妻。纪氏，从九品杨岐周妻。匡氏，生员王允青妻抱子同殉。尹氏，生员赵永檀妻。高氏，生员赵毓振妻。邓氏，生员石琳妻。栾氏，把总张增妻。徐氏，武生孙德裕妻。张氏，武生马士正妻。柴氏，杨学江妻。姜氏，孙永元妻。陈氏，孙德林妻以上十五氏，皆咸丰辛酉殉难。赵氏，生员王聿新妻。匡氏，生员王履信妻捻匪至，俱殉难。郭氏，李毓函妻守节三十年。捻匪至，投火死。徐氏，匡永安妻。苟氏，张文棠妻守节四十年。捻匪至，投水死。赵氏，黄昭湘妻。吴氏，张明扬妻。安氏，王续曦妻。某氏，张举妻。王氏，汪鹭程妻捻匪至，随家人邻右避贼于菜园。乘夜贼至，掳掠拥鹭程去。时男女哭号，昏暗难辨，俄闻贼刀伤一人，姑误为己子，抱尸痛哭，氏遂投井死。后月余，鹭程逃归。张氏，徐某妻暨女大嫚姐、二嫚姐、三嫚姐，同殉难。张氏，王垗妻。郭氏，黄梃妻。宋氏，王义士妻。殷氏，邹太和妻偕次女喜安、三女荣安。高氏，王圣选妻。薛氏，李三妻。汪氏，王曾熙妻。崔氏，高鹏业妻。匡氏，邓旭妻与夫同焚死。纪氏，蓝绅妻。汪氏，王玉程妻。张氏，邓凤翔妻。鲁氏，匡渥母。朱氏，王录妻惧辱，自缢。杨氏，周永锡妻。张氏，周光�妻。刘氏，周光篪妻。刘氏，周因可妻。孙氏，杨宗妻。叶氏，郭某妻偕子忠业。赵氏，朝启年妻以上二十一氏，皆咸丰辛酉殉难。白氏，周念易妻。王氏，周瑞清妻偕女殉难。郭氏，王联吉妻郭铭女，善事翁姑。捻匪至，联吉护父母出避，遇贼被掳。胁至尹家庄时，氏从邻妇多人潜伏井傍草中，窥其夫被缚，乃突出伏地哀求，愿以身代。贼不应，遂杀之，氏即投井以殉，夫妇俱十九岁。王氏，朝凤年妻偕女正姐同殉难。刘氏，陈福相妻。戴氏，陈桂妻偕女正姐同殉难。王氏，陈光明妻。陈氏，张泮母。某氏，翟青云妻。王氏，吴某妻偕子同殉。王氏，刘某妻。张氏，刘宪钦妻。某氏，李基妻。某氏，迟尚青妻。匡氏，高绥方妻。萧氏，刘孟令妻。王氏，刘作魁妻。孙氏，耿徽勤妻。牟氏，韩振镗妻。陈氏，乔福林妻。张氏，乔梦林妻。张氏，乔介鸿妻。王氏，李三来妻偕二子泮、春，同殉难。某氏，李顺行母。管氏，李某妻偕子同殉难。邱氏，匡盛妻偕孙同殉难。阎氏，杨升妻。王氏，毛惠妻。马氏，陈涛妻捻匪至，惧辱，投水死。宋氏，高理方妻以上三十氏，皆咸丰十一年殉难。贺氏，王里仁妻。刘氏，王鸿仕妻。赵氏，王鸿逵妻。王氏，王以宲妻。冷氏，孙腊妻。唐氏，邓金牛妻。高氏，张履堡妻。王氏，于泰妻旌表节孝，八十二岁骂贼焚死。高氏，郭景飏妻。曾氏，高徽晋妻年五十六岁，孀居守节三十余年，贼至被杀。宋氏，王义妻。张氏，宋尚惠妻。姜氏，姚牢靠妻五里堆人，捻匪至，氏与侄女同被掳，乘隙投井，贼下一巨硙①而去。村人出石硙，氏脑裂，其侄女吐水数升，复活。张氏，刘荣妻捻匪至被掳，贼挟之马上，氏乘势抢下，血流交颐②，贼释之。突撞贼仆，贼怒杀之。某氏，刘方增妻。范氏，张启培子媳。王氏，张启坤妻。岳氏，张懋明妻。某氏，战忠亮妻。蔡氏，张梦玉妻偕女避难，遇捻匪，俱投井死。女即匡学濂妻。韩氏，金泮藻妻。张氏，金有妻。程氏，冷文方妻。宋氏，耿振贷妻捻匪至，抱子投井死。陈氏，李根妻。萧氏，戴云升妻。宋氏，高徽森妻。冷氏，李环妻。徐氏，韩培基妻。匡氏，王乔龄妻以上三十氏，俱咸丰十一年殉难。王氏，王鹤龄妻。宋氏，王连申妻。王氏，赵锡龄妻。张氏，宋得金妻捻匪至，殉夫难。周氏，宋得盘妻捻匪至，殉夫难。刘氏，魏乐有妻捻匪至，殉夫难。周氏，王镐妻。陈氏，王光亮妻。王氏，陈方全妻捻匪至，触墙死。逄氏，王本妻。杨氏，张继本妻。周氏，刘成妻。高氏，张立垲妻。某氏，于全母。马氏，胡殿敬妻。臧氏，刘作善妻。周氏，苏肇敏妻年二十六夫故，孀居守节，事载州志。捻匪至，骂贼被害，时年七十三。马氏，李太中妻。綦氏，李兆训妻。吕氏，李金平母。杜氏，逯和妻。宋氏，马盛宗妻偕女殉难。蓝氏，祁学礼妻。袁氏，宋诚妻。王氏，曲元妻。郑氏，刘堂妻。王氏，陈凤鸣妻。陈氏，郑允妻。杨氏，徐佩绂妻。于氏，薛见璋妻以上三十氏，皆咸丰十一年殉难。袁氏，宋健妻。于氏，高振丰妻。于氏，陈万典妻。姜氏，徐朋妻。周氏，张春妻。苏氏，王喜修妻。姜氏，徐守蓬妻。马氏，徐守全妻。战氏，栾均妻。汪氏，武禄阁妻氏年四十六，守节几二十年，捻匪至，投河死。王氏，萧兆基妻。吕氏，曹广业妻。王氏，于宸俊妻。臧氏，张同妻。李氏，张绪裕妻。匡氏，张若户妻。刘氏，范沛然妻。匡氏，范雨霖妻。魏氏，李俊德妻。刘氏，魏登妻。赵氏，张肇璠妻。姜氏，张肇琦妻。马氏，张肇瑁妻偕子女同殉难。崔氏，张肇瑜妻偕子殉难。孙氏，王成吉妻偕子殉难。王氏，刘思妻。谢氏，张龙聚妻偕子某、女正姐，殉难。赵氏，孙彦公妻。范氏，马若时妻。纪氏，刘士得妻以上卅氏，皆咸丰十一年殉难。于氏，张立朋妻。牟氏，徐岱兆妻捻匪至，因夫瘫痪，义不逃。贼击岱兆索银，氏因理阻被杀。徐氏，李谨妻。赵氏，张永德妻。庞氏，张正月妻。王氏，徐熙妻。王氏，张福宏妻。某氏，唐大德妻。李氏，韩大妻。黄氏，郝均妻。朱氏，郝臣妻。朱氏，邓氏，王勤妻。萧氏，高徽治妻。徐氏，赵树声妻。王氏，毕天瑢妻。赵氏，韩垂基妻。某氏，李文蔚妻。韩氏，姜恂妻。邓氏，雍宪章妻偕女辨姐及幼子，同殉难。王氏，徐登妻。苗氏，黑大妻。林氏，刘大妻偕子殉难。匡氏，刘大妻携一子二女，同殉难。杜氏，刘大妻。王氏，姜大妻。王氏，韩大妻。李氏，宋大妻。张氏，彭大妻。赵氏，王绪芳妻携女三姐、便姐，皆同殉难。王氏，赵鹤母以上三十氏，皆咸丰十一年殉难。某氏，赵庆孚妻。傅氏，法绍先妻。宋氏，赵大妻。马氏，刘大妻。某氏，王喜龙妻。某氏，王下龙妻。孙氏，隋大妻。李氏，刘澄江妻。姜氏，徐大妻姜墉女，适徐未逾年而寡。闻警

---

① 硙：石磨。

② 交颐：满腮。

誓不辱，贼至投湾死，时年二十。姜氏，王大妻。孙氏，张乌九妻携子窝同殉难。某氏，宋志韶妻。刘氏，孙启学妻。陈氏，黄有增妻捻匪至，被掳，服毒死。谈氏，赵起训妻年二十八夫殁，守节。捻匪至，陷贼中，义不辱，痛遭捶楚，得间自缢死。高氏，刘惇德妻偕子殉难。崔氏，马聪母。白氏，李贵瀛妻。某氏，曹大妻。张氏，白玉璞妻。王氏，白大泮妻。孙氏，白际昌妻。陈氏，白仁昌妻。金氏，殷大妻。辛氏，郭大妻。某氏，冷大妻。张氏，黑大妻。姜氏，王大妻。梁氏，张清之妻。刘氏，张龙之妻以上三十氏，皆咸丰十一年殉难。萧氏，张中度妻。丁氏，张延庆妻。张氏，丁延班妻。张氏，丁延珂妻。王氏，丁延强妻。张氏，丁宏举妻。张氏，丁雷妻。王氏，丁如述妻。隋氏，宋希庸妻。祁氏，宋显诰妻。王氏，宋显瑞妻。陈氏，宋茂方妻。李氏，张延萃妻。许氏，徐大妻。崔氏，邓在杞妻。某妻曾氏郝伍屯人，孀居守节多年，遇贼投水死。杨氏，高谥吉妻。纪氏，李春妻。周氏，张元瑞妻。刘氏，高铜方妻偕子。李氏，张梓妻。史氏，曾勉妻。周氏，张榕妻。刘氏，李贵相妻。姜氏，李显洲妻携子丑同殉难。某氏，李丑母。韩氏，李中良妻。王氏，李贵扬妻。杨氏，李汝堰妻。刘氏，李桂杭妻偕女媚姐同殉难。以上三十氏，皆咸丰十一年殉难。马氏，李贵斗妻。乔氏，韩志敏妻。陈氏，韩振翩妻。王氏，韩进文妻。李氏，韩志成妻。姜氏，韩兆图妻。张氏，韩景芳妻偕女同殉难。王氏，韩振翙妻。于氏，韩志灏妻。纪氏，张淑志妻。李氏，张志全妻。李氏，张维菘妻。王氏，刘守元妻。徐氏，李明敬妻携女殉，姐同殉难。朱氏，郭臣妻。许氏，郝义妻。李氏，王重桂妻。刘氏，王重德妻。高氏，王更妻。王氏，栾恺妻携女倚姐，同殉难。张氏，栾泰妻携幼女同殉难。赵氏，孙延功妻。高氏，宋在陆妻。高氏，胡榕妻。高氏，胡柱妻。赵氏，高攀文妻。赵氏，高攀英继妻。孟氏，高大迈继妻携子同殉难。王氏，管金亭妻。周氏，高徽庸妻以上三十氏，皆咸丰十一年殉难。纪氏，匡懋训妻。王氏，陈安母。高氏，傅大妻。董氏，徐福妻。某氏，史大妻捻匪至，惧辱自经。郭氏，矫从信妻。某氏，张仁妻。刘氏，李培新妻偕子媳魏氏同殉难。魏氏，李三妻。高氏，张明仁妻。崔氏，高墨林妻。高氏，李太清妻。王氏，陈吉妻。纪氏，刘启文妻携子晋吉、晋福，同殉难。张氏，刘殿理妻。王氏，杨立祥妻偕子辛同殉难。冷氏，胡缀妻。某氏，高由妻偕二子同殉难。高氏，邱元太妻。匡氏，周卯年妻。刘氏，汪大妻。某氏，汪希贵妻。某氏，周申妻。某氏，周寅妻。赵氏，王承绅妻。郝氏，王承维妻。张氏，王保泰妻。胡氏，廖清芳妻。邓氏，张文魁妻。高氏，崔汶妻。马氏，叶廷葱妻偕女双姐同殉难。高氏，宋志浩妻偕女雪姐同殉难。郑氏，高汝方妻。徐氏，纪开妻。邵氏，袁忠妻。汪氏，王发亮妻。郭氏，王发盛妻。张氏，隋斗妻。杨氏，袁马母。籍氏，袁马妻以上四十氏，皆咸丰十一年殉难。王氏，郭大妻。尤氏，王许东妻。逄氏，李显沐妻。李氏，韩成礼妻。刘氏，王云鹏妻。范氏，姜之茂子媳偕子申同殉难。某氏，薛三妻。陈氏，张廉母。某氏，李文蔚妻。逄氏，陈梦吉母。匡氏，某妻携子女同殉难。陈氏，邓在滋妻携二幼子，捻匪至，俱投水死，同夫殉难。某氏，殷二妻随夫舅某，捻匪至，俱自经。某氏，谈僖妻。某氏，王鹗妻。某氏，张维埏妻。某氏，张淑志妻。某氏，张天祥妻以上十八氏，俱咸丰十一年殉难。高孙氏 李刘氏 李姜氏 李王氏 李白氏 李马氏 李逄氏 李大姐 李二姐 李三姐 李韩氏 李小姐 李刘氏 李幼姐 李马氏 李大姐 李杨氏 韩张氏 韩姜氏

韩大姐 韩王氏 韩李氏 韩姜氏 赵张氏 韩谈氏 韩于氏 韩李氏 韩叶氏 韩王氏 逄梁氏 韩大姐 韩乔氏 姜贾氏 萧万氏 方大姐 高姜氏 高大姐 刘张氏 王官氏 张纪氏 张李氏 周邓氏 魏毕氏 魏张氏 魏刘氏 魏孙氏 魏王氏 匡高氏 冷张氏 刘杜氏 以上皆殉捻匪之难，旌表有案。韩氏，高徽堃妾 与高徽堃同殉难。某氏，矫崙妾 与嫡室刘氏同殉难。傅氏，范启宇妾 偕子同殉难。倪氏，刘思敬妾。姜氏，刘云鸿妾。孙氏妾珍珠姐 以上六氏，俱咸丰十一年殉难，已请旌表。杨氏，凤翔府知府周相焯妻 杨烈妇，咸丰十一年捻匪寇胶，氏率二子迎举、逵举及两妇张氏、李氏，避难至沽河。李氏怀抱幼女甫三龄，贼至，杨氏惧受辱，与两妇俱投水死。同治四年旌，并准捐资建祠，一门三节。高氏，监生赵岳楣妻。韩氏，赵岳梂继妻。邢氏，从九品赵登志妻 庠生邢维熙女，遇贼投井死。以上三氏皆同治五年表。李氏，八品衔赵湘妻。张氏，庠生赵恩普妻 恩普，湘子。咸丰十一年，捻匪至胶，恩普同母李氏、妻张氏、弟恩沛及其妹秀姑、女二，合家俱死于贼。恩普独受创被掳，初意不忍徒死，必欲乘间杀贼，而创犹未合，行至某村，贼弃之去。遂悲愤不食，数日死。傅氏，庠生宋翔南妻 捻匪至，翔南及妻傅氏、幼女时姐、侍女春梅，俱投井死。以上三氏皆同治七年表，祀节孝祠。薛氏，王瑞铎妻 年十九于归，越二十六日夫殁，氏苦志坚守，侍孀姑以孝闻。咸丰十一年，捻匪至，氏恐被辱，遂自经。同治七年旌。刘氏，矫崙妻。某氏，矫岳妻。刘氏，周亮妻。孙氏，陈荣妻。高氏，张润妻。某氏，王喜太妻。某氏，王喜民妻。某氏，任殿栋妻。杨氏，匡永千妻。邱氏，萧兆修妻。某氏，刘殿安妻。孙氏，刘云连妻。某氏，田丹妻 丹被杀，妻陷于贼，求速死。贼斫之，项背受伤，复拥以行，至河投水死。张氏，彭万奎妻。辛氏，黄元圩妻。赵氏，胡简勳妻。赵氏，胡培勳妻。张氏，邱希祥妻。张氏，辛锦春妻。高氏，崔汶妻 以上二十氏，皆咸丰辛酉殉难，同治七年旌。郭氏，高回业妻。胡氏，王玳妻。张氏，王监妻。陈氏，谢振江妻。董氏，常殿元妻。姬氏，王会元妻。纪氏，邱桂妻。张氏，刘邦治妻 被焚死。李氏，徐守纪妻 自缢死。某氏，石天锡妻。胡氏，黄建堂妻。高氏，王兰阶母。纪氏，王兰阶妻。杨氏，王乐善妻。张氏，王嘉善妻。高氏，王宝善妻 咸丰辛酉之乱，王兰亭率家人负老母逃。贼大至，与从弟兰阶同被杀。子乐善妻杨氏，嘉善妻张氏，宝善妻高氏，女赛儿，兰阶母高氏、妻纪氏、幼女一，俱投濠死，母幸免。韩氏，举人冷馨德妻。周氏，廪生冷茂馨母。宋氏，冷茂馨妻 馨德与侄茂馨同守围圩。围破，挺刃御贼，遇害。馨德妻韩氏及一女、茂馨妻宋氏及子一，同殉，母周氏投井死。监生高桂森母 母张氏瞽病不能行。贼至，桂森负之出匿丛苇，贼尾之。桂森被裹，不从死，母数日不食，亦死。张氏，周锡燕妻 捻匪至，氏从夫逃至沽河东岸，被裹不从，背受二刃，反身投河中未死，家人负归。黑旗贼又至，氏骂贼，剖腹刳肠，死湾中。张氏，孙振家妻 捻匪至，氏携甥匡氏、幼子逃。遇贼，骂不已，继以头撞贼，贼怒杀之。郭氏，周培基妻 捻匪至，氏年七十五，缢死正寝，面色如生。邹氏，庠生黄光普继妻 年十八余，骂贼被焚死。纪氏，冷兆勤妻 捻匪之乱，闻夫战殁欲殉，邻媪劝之抚子，乃缚小兒于腰间，逃出。贼追及，氏大呼曰："天乎，吾夫绝嗣矣！"遂投湾死。匡氏，王汝舟妻 捻匪至，被掠。夫愤欲斗，氏遥止之曰："勿相斗，吾去矣。"抱幼女匆匆从贼去，至东关外云溪下流，俗名龙湾，乘间投河死。李氏，韩振毅妻 贼至，氏与及笄女菊姐，相对缢死于闺中。谈氏，赵启勳妻 氏守节二十年。贼至，由宋哥庄扶孀姑入围，寄至亲庄氏家。贼突入，氏被刃昏倒，姑乘乱出逸，人未之知。氏苏，不见姑，泣曰："吾不能奉姑以安，又失所在，死无以见吾夫矣。"姑暮归，氏已缢死。范氏，马若明妻。王氏，韩兆燕妻 范氏抱幼子一及王氏，俱投河死。以上三十氏，皆同治七年旌。周氏，庠生王汝翰妻 夫殁二十余年，艰苦备尝。捻匪之乱，氏从兄弟逃至沽河东岸。贼迫，氏携女随儿投河死，子第年十六，亦从母死。宋氏，冷续德妻 宋汝纯女。年二十于归，二十三岁夫故。咸丰十一年捻匪至，氏惧辱，投井死。以上二氏同治九年表。孙氏，赵廷扬妻 孙云卿女。年十七于归，是年八月贼至，与姑殉难，姑媳双烈。祁氏，况学辉妻 祁敏中女。年十七于归，二十三夫殁。越三载捻匪窜胶，氏骂贼不屈，投水死。宋氏，王述善妻 宋劭女。年十七于归。咸丰十一年捻匪窜胶，氏恐遇贼受辱，投河死，年二十六。马氏，李显芳妻 马钦中女。年十七于归。咸丰十一年捻匪窜胶，氏遇贼，投水死，年二十三。高氏，匡溶妻 高徽德女。年二十三于归，二十八岁夫故，守节。咸丰十一年贼至，殉难，时年六十七。李氏，刘致桢妻 李茂林女。年二十于归，二十五夫故。咸丰十一年捻匪至，氏殉难。高氏，张祖槐妻 高炅业女。年二十七于归。咸丰十一年捻匪至，氏投井死，时年三十三。高氏，姜锡琛妻 高振业女。年十七于归，二十四夫故。咸丰十一年捻匪至，氏惧辱，投水而死。姜氏，徐守贵妻 姜墉女。年二十一于归，二十二夫故。咸丰十一年捻匪犯胶，氏投水死，年二十四。李氏，赵秉锡妻 李有女。年二十一。咸丰十一年捻匪至，殉难。乔氏，韩志敏妻 乔树桢女。咸丰十一年南捻窜胶时，投水死，时年二十八。郑氏，王富妻 年二十于归，三十夫殁。咸丰十一年捻匪至，氏投井死。以上十二氏皆光绪元年表。宋氏，王联芳妻 宋尔瑞女。年二十三于归，二十九夫故。咸丰十一年捻匪窜胶，氏投海死，时年三十五。高氏，张化妻 高益业女。年十六于归。咸丰十一年贼至，氏投水死，时年五十六。赵氏，王联辉妻 赵聿书女。年二十一于归。咸丰十一年捻匪窜胶，遇贼，氏偕幼女窘迫无所为计，自念义不可辱，遂同幼女投海港而死。以上三氏皆光绪元年表。庄氏，张为基妻 庄永怀女，年十八于归，二十二夫故。咸丰十一年捻匪窜胶，氏投水死，时年四十九。王氏，匡本容妻 王旻女。年二十三于归。咸丰十一年捻匪窜胶，夫遇害，氏亦投井死，时年五十四。张氏，匡学濂妻 张钰女。年二十二于归。咸丰十一年南捻窜胶，夫遇害，氏遂投井死。时年二十七。范氏，张稼明妻 范文瀛女。年十八于归。咸丰十一年捻匪窜胶，氏投水死，时年二十。贾氏，匡丕烈妻 贾荣业女。年十七于归，越三载夫故。适南捻窜胶，氏投水死。孙氏，贤贻庆妻 孙仲伊女。年十八于归。三十岁值南捻窜胶，夫被贼掳去，氏与十岁女琐嫚同时投河死，母女双烈。高氏，王承运妻 高霈业女。年十九于归。六十二岁值南捻窜胶，氏与子兰阶妇王氏避难无方，惧受辱，同自缢，姑媳双节。任氏，邹鸿仪妻 任成翔女。年十七于归。咸丰十一年南捻窜胶，氏携女出圩避难，投井死，时年六十六。周氏，徐会复妻 周振声女。年十六于归。咸丰十一年南捻窜胶，遇贼投井死，时年三十六。以上九氏皆光绪二年表。叶氏，张尧墀妻 叶大杨女。年十七于归。咸丰十一年南捻逼逐，投水死，时年四十五。潘氏，姜云程妻 年十七于归，二十四夫故。咸丰十一年捻匪至，遂投河死，时年三十。以上二氏皆光绪八年表。王氏，潘克信妻 王隆女。年十七于归。咸丰十一年捻匪至，氏年十九，惧辱，投水死。光绪九年表。高氏，宋志韶妻 高立业女。年十七于归。咸丰十一年闻贼至，遂投井死。光绪十一年表。乔氏，黑善亭妻 儒童乔荩臣女。生而端庄，喜读书，年十七于归，事翁姑能得欢心。年二十值捻匪窜胶，全家避难堤子疃。氏父荩臣待探消息，翁令氏母子随父北逃围阡，氏曰："妇道宜服从翁姑，若随父去，如翁姑何?"突报匪至，氏恐己累二老，急劝夫护翁姑速逃。即再拜，示己身义不辱，又题绝命诗于壁上，末云："惟有堤子河中水，千年照见妾心清。"题罢，抱子投河死。光绪十六年表。匡氏，徐应度妻 匡机女。年十九于归。咸丰十一年捻贼突入，强逼，氏骂贼不屈，伏刃死，时年二十九。邱氏，武生郭同汾妻 邱钰女。年十九于归。咸丰十一年贼至，被掳，氏骂不绝口，身被重伤，投水而死。以上二氏皆光绪二十二年表。潘氏，孙彝敏妾 年三十三，捻匪乱胶，殉难。孙氏，九品衔张荣棠妾 咸丰十一年捻匪窜胶，氏逃难遇贼，惧受辱，及侍女正姐同投井死。以上二氏皆光绪二十二年表。王氏，布政司理问赵樗妾 年二十过门。

咸丰十一年南捻入境，椁入乡避难，全家被掠，氏投水死，时年三十。光绪二十三年表。高氏，李太清妻 高辰方女。年二十一于归，二十六岁捻匪至，氏被掳，怒骂，被贼惨害。光绪二十五年表。周氏，杨敬恪妻 周凤第女。年十九于归。咸丰十一年捻匪窜胶，贼突入，逼氏同行，氏惧辱，抱幼子投濠而死。光绪二十六年表。刘氏，杨梦兰妾 刘永祥女。年十八于归。咸丰十一年捻匪扰境，突入，氏骂不绝口，以首触贼，遂遇害，时年六十五。光绪二十六年表。崔氏，高顺方妻 崔元女。年十九于归。咸丰十一年捻匪犯境，逼氏，欲夺其志，氏拒绝不从，遂遇害。姜氏，郭云和妻 姜恒谦女。年二十一于归，二十三岁夫故。咸丰十一年捻匪犯境，氏被掳，刺贼遇害。以上二氏皆光绪三十年表。叶氏，王伯元妻 咸丰十一年，与女驯姐同殉捻乱。光绪某年表，入祀节孝祠。冷氏，徐石妻 冷仁德女。咸丰十一年捻匪窜胶，遇贼不屈，负伤投井死，年四十二，表失年。于氏，监生李镛妾。陈氏，武生李殿鳌妾 年六十，守节三十年，骂贼死。马氏，周浩妾。王氏，王钵妾。高氏，冷绍德妻。辛氏，赵廷扬母 以上俱殉捻匪之难，据殉难事略补入。

灵山卫旌表殉难烈妇 侯氏，唐檀妻 朱家庄侯立业女。年十七于归，二十四岁夫故，氏苦守贞节。咸丰十一年捻匪入境，氏恐遇贼受辱，遂自经。光绪元年表。

旌表殉难烈女 生员徐石女存姐同妹回姐 咸丰十一年捻匪至，二女骂贼不屈，贼怒以刀画吻至耳，与母冷氏同殉难。光绪元年表。王赛姐 王兰亭女。咸丰十一年捻匪窜胶，出围避难，遇贼投井死，时年十六岁。光绪元年表。匡文姐 匡本容女。咸丰十一年捻匪窜胶，惧受辱，遂投井死，时年十五岁。王伦姐 王兰阶女。咸丰十一年捻匪窜胶，女投井死，时年十九。邹回姐、邹安喜姐 邹鸿仪女。咸丰十一年捻匪窜胶，二女恐为贼辱，同投井死，回姐年十六岁，安喜姐年十四岁。徐顺姐 徐会复女。咸丰十一年南捻窜胶，随母投井死，时年十六岁。金氏女 金廷栋女，幼字高墀，方未及嫁，值咸丰十一年捻匪窜胶，女骂贼不屈，遂遇害。以上六女皆光绪二年表。潘氏女 潘思忠女。咸丰十一年被捻匪驱逐，投河死，时年十七岁。光绪九年表。张氏女 张炯女。咸丰十一年南捻窜胶，恐失节，遂投井死，年二十三岁。光绪九年表。宋雪姐 宋志韶女。咸丰十一年闻贼至，从其母投井殉难，时年十七岁。光绪十一年表。孙辰姐 孙启宇女。年十八，值捻匪乱，同妹考姐遇贼，怒骂不已，激贼怒，中刃死。光绪二十四年表。万丑姐 万景春女。年十六，咸丰十一年捻匪犯境，丑姐随其亲避难。及贼至，逼之不屈，乃断其一臂，女遂投土窖死。光绪三十年表。朝永年二女 长年十九，次年十七。咸丰十一年捻匪寇胶，二女逃乱，行至治北松园突遇贼，女惧受辱，视贼近，同投井死。朝凤年女 捻匪寇胶时，随母王氏避难，行至治北松园遇贼，贼劫女害母，女骂不绝口，贼怒斫死。举人冷馨德女考姐。监生黄建勳长女转姐同妹婵姐。监生李贵楹女展嫚同母白氏 捻匪至，俱投湾死。生员匡本榕女贞姐，随母王氏偕妹淑姐、稳姐 捻匪至，俱投井死。李廷相女存姐。周光篪女正姐。周琎女 赵家庄人，捻匪至，投河死。王光宗女文淑姐 斜沟堐，捻匪至，惧辱自缢。周念易女大正姐同妹二正姐 马店。捻匪至，投水死。周念通女同嫂王氏 投水死。韩追基女快姐同妹瑞姐 辛置人。捻匪至，骂贼死。冷志仁女嫚姐。王昭山长女。张照女。孙悦让女。张启忠女。高际盛女 捻匪至，骂贼被笞，甚惨，乘隙投井死。高荣方女 大行庄人。捻匪之乱，氏被掠，坚不辱。贼怒，系发马尾上，马驰数里，肌肤尽糜，骨骸脱落死。姜之桓女枚姐偕女甥芹姐。李化学女。李玉女 温家庄。范起梧女葛嫚 随父避难河东，贼至，以袂掩面投河死。周元女 大荒庄。唐福先女改姐。马士庸女 捻匪至，坚不从贼，遇害。殷学曾女辞姐 沈家河。陈允吉胞妹 堤子村。陈凤鸣女运姐。徐壎女记姐。徐永辉女藏姐 上二女，杨哥庄。邢文光女三姐 王家河套。张天祥女花竹姐 捻匪至，逼胁不屈死。赵燕女引第姐。王锡女大姐 三里河。金廷栋女荣姐 捻匪至，被胁不从死，刘家村人。李显沐女大瑞姐，随母逄氏同妹小瑞姐。孙文海女玉姐，随母刘氏同妹福姐、娥姐。逄瑞先女头嫚，随母宋氏。孙文汉女改姐，随母祁氏同妹小嫚 捻匪至，投湾死。王钧女端姐同妹敬姐 店口社人，捻难，林中自缢死。胡炳基女谐姐，随祖母高氏、父炳基、母王氏、生母潘氏 捻匪至，俱被肢解死。万春女酬姐同母王氏 三里河人，贼胁不屈，焚死。陈旭女秀姐。陈殿元女景姐。周维式女大姐、二姐 赵家庄。刘士得女正姐。刘大女正姐、二正姐。范启宇女爱姐。韩景芳女正姐。杨嵩龄女聪姐 黄埠后庄。徐方智女 乜庄。赵大女葵姐。牛惠偕女占姐 以上俱殉捻匪之难。武生孙桂扬女 年十五，父早亡，母有痰疾，依祖母成立。贼至，祖母卧病，女不忍去，贼突入焚屋，火光中见女抱祖母冒火窜出，贼突前欲犯之，女反身投火中，骨肉焦死。二烈女 二烈女者，不知谁氏子，年俱及笄。医生某被掳，贼首延视疾，至袁家巷高姓门外，见其一缚夹板内，二贼巨解之，悉悉有声，血流被体，犹骂不绝口，一伏地哭骂。二贼指之曰："不从，即与俱死。"女大呼不从："吾誓与偕死，速杀，速杀。"贼并解之而焚其尸。以上录《胶西辛酉殉难事略》，俱旌表有案。冷志权妹 见忠节志权传。

旌表烈女　周氏女 周鸿绪女。道光三十年许字高晖晋，未嫁，而晖晋感疫卒。女闻讣，即于次日投缳以殉。其舅云书诹吉，以鼓乐迎女柩，与晖晋合厝，成其苦志。州人士闻而义之，不期而会者五百余人，皆往送成礼焉。先是女胞兄廷槐病故，妻韩氏殉节，女时甫十一岁，叹曰："嫂得其死所哉。"盖女之贞烈，其天性云。咸丰九年旌。田氏女 廪生田慎曾女。咸丰五年许字灵山卫举人张元兴子金鑑，未嫁，金鑑病故，女年十四。父母秘不以告，及长议改字。女闻之，谓家人曰："比年来颇有所闻，所以隐忍至今者，为未得张家确耗，故不敢造次耳。今如此，夫复何言？"遂潜于别室自经，时年二十二岁。同治十三年表。宋氏女 宋翔龙女。同治十二年许字周建瓴，年十九尚未成婚，建瓴旋于光绪元年冬病故。闻讣，是日自经，家人救，复苏。光绪二年，闻有人作伐议改字，事将成，遂服毒死。周家以礼迎柩，合葬焉。光绪二年表。翟氏女 翟义女。许聘李连芳。光绪二年春将娶，未及期，连芳病故。闻讣，痛哭七日殁，时年十七。光绪九年表。石氏女 石鸿逵女。许字逄兆燕，未及婚，兆燕病故。女泣不食数日，乘间投缳殉，年十八。光绪十六年表。孙氏女 孙拴扬女。许字邓光庭子。将嫁，夫殁，女誓殉，父母严防，乃誓不再嫁。嗣闻父又许聘张姓，遂仰药死。王氏女 农人王凤来女。幼字陈玉子，未嫁，夫殁。女誓不他适，欲事翁姑，而陈贫，难随其志。适有议婚者，父母秘商之，女泪眦荧荧，默然就寝。比晓视之，饮鸩死矣。村人哀之，醵钱治丧，并请表其门。宋氏女 宋尊典女。幼许字于坤长子。长子殁，女投井殉。孙氏女 孙光泰女。年十九许字于刘思敬子怀孟，未嫁，怀孟卒。女闻讣，即为成服，悲哀不食数日，凡素所珍藏衣物等，悉焚毁之，矢志不复嫁。父母延瞽者推算，以窥其意，女泣曰："女命终如此矣，卜何为者？"迨服将阕，女言笑如常，父母意其夙志已衰，谋再择偶。女知之，适家人出，阖户自经。三日殓，面色如生，刘姓礼迎其柩，合葬怀孟之墓，从其志也。

旌表灵山卫烈女　侯氏女 侯维仪女，灵山卫阎家夼人。许字韩永昌子长金，将嫁，长金忽病卒。女闻讣，即于是日身殉，时年二十三。光绪二十八年表。

旌表孝妇　叶氏，候选盐课大使赵伯楹继妻 叶鸿翔女。入门敬事孀姑，曲意承欢，前室遗一女，方三岁，视如己出。氏年三十余一产三男，弗育，深以乏嗣为夫忧，即请诸姑为夫纳妾，生二子，氏恩勤抚育，使皆成立。姑年八十余，忽染病，氏夜半焚香祷天，愿减己年以益姑寿，姑病寻愈。次年夫殁，遗孤均十余龄，氏经理丧事，井井有条。姑年老，因伤子致疾，氏年已六十余，侍奉汤药、便溺、转侧，皆氏一人扶持，衣不解带者九阅月。姑殁后，丧葬悉如礼，戚族称之。宣统二年旌以"母仪足式"匾额。崔氏，廪生宋翔运妻 庠生崔清藻女。年十九于归，执妇道能得翁姑欢。捻匪犯胶，氏率子及侄女避难桥下。贼退，回家探视，见翁舒翘卧道侧，身负重伤，氏急裂衣襟裹其创，扶归而殁。时夫翔运被掳，未卜吉凶，氏与夫弟瀛海经营丧葬，备竭心力。后闻夫已殉难，氏食贫守节，佐以针黹，又十五年而终，乃招翔运之魂而合葬焉。

旌表孝女　祝氏，湖南候补知府赵环庆妻 祝氏河南固始县人，已故广东开平县知县祝庆符之女，归湖南候补知府赵环庆为妻。咸丰九年，母陆氏身患痼疾，该氏尚未嫁，亲侍汤药，衣不解带，后病笃。氏祷以身代，割臂肉三指许和药，血涌满襟，秘不使母知。和药进，竟瘳，人以为孝德所感。后归赵，亦以孝闻，光绪七年表。刘素姐 直隶河间府河间县拔贡刘浴女。因幕游齐地，眷属侨寓胶州。光绪七年，孝女为亲母王氏患病衣不解带者年余，母故后，恸不欲生，誓以身殉，族邻苦劝乃止。矢志心丧不嫁，终以哀痛过度，双目失明，计守志四十三年。光绪二十三年表。周氏女 周从齐女。孝事父母，誓志不嫁，年四十二岁。

旌表贞女　邵氏女 邵清玉女，小字淑洁。幼聪慧，好读书，父为讲解，辄了悟。许字宋文经，将嫁，而文经病殁。女闻讣，不哭亦不食，父母虑其自裁，密防之。数日后，女言笑、饮食俱如恒，以是防稍疏忽。启箧检裹所藏旧物，得间携之出，赴文经墓，一恸几绝。适有野老过其旁，女乃访明文经家，登堂拜翁姑。翁姑皆惊愕，讯之乃泫然曰："吾命无儿，敢望有妇乎？"女以愿代子职对，自是躬亲操作，艰苦备尝，事翁姑尽孝，养生送死悉如礼。继夫堂兄子为嗣，教养成人，家业日盛，村中孤贫者，莫不受其体恤。卒年九十三，同治四年表。金氏女 金志女。许字张锡珍，嫁有期矣，未几，锡珍病故。女年十九，闻讣，痛不欲生，父母再三劝谕，誓不他适。道光末年，守贞已四十年。同治七年，送归夫家，奉姑守志以终。举人宋岱龄请旌其门，州牧书"香薰女史"四字旌之。邵氏女 邵永和女。道光二十五年许字宋文同。年十八，将嫁，而文同病故。女自赴其家，侍奉翁姑，曲尽孝养。姑殁，事翁孝顺。同治九年旌，时年三十九。王氏女 王纲女。幼字宋如槐。未嫁，如槐病故，女年十九，矢志不再嫁。咸丰四年卒，年二十六岁。光绪元年表。张氏女 张尔涛女。年十七议婚，许字唐盛明。时盛明远出营生，数年无耗，女坚守以待。及闻盛明殁，遂矢志不再嫁，卒年七十七。光绪二年表。杨氏女 湖南候补知县杨元祖女。许字四川川东道王廷植次子宪勋，庐陵人。未娶病故，氏泣请于母，矢志守贞。母未许，氏绝粒，母乃许之，通知王门迎接过门，成礼持服，时年十九，乡党无不贤之。王氏女 王以志女，名珠娘。幼许字于掖县夏丘铺翟某。年十八，翟某病殁，女闻讣，毁容成服。服将阕，父殁，母欲许字李姓，女泣曰："必一身事两姓，有死而已。"自与夫家订约，载夫木主亲迎，守节以终。王氏女 王陆龙女。许字李砚田，未嫁而砚田殁，女誓欲归李，终事翁姑。父母亦不忍违其志，事未果行，抑郁成疾，卒时三十九岁。弥留之际，与父母诀曰："儿之骸骨，宜瘗李家坟墓，不能生事舅故，得以魂魄事之，足矣。"闻者哀之。世袭云骑尉宋瀛海女 许字邑庠生高秉愉子芳型，未嫁而芳型病殁。讣至，女适午餐，即辍食僵卧，醒后多谵语。母问之，涕泣不言，延医诊视，医以难治辞。病三月而殁，合葬于高氏先茔，时光绪十七年。张淑元 父鸿仪，母丁氏。女自幼失明，教以诗，辄不忘，又素持经咒诵之，颇了悟。年及笄，父母欲备妆奁择配嫁之。女闻之，泣不食，谓母曰："儿已失明，如从人，必贻父母累，愿终身侍父母，足矣。且素奉佛，愿以此身归净土。"母以是不相强，值母疾，女奉汤药无倦容，又焚香默祝，请以身代，疾旋愈。后父母继逝，女尽哀尽礼。年七十余，犹终日静坐蒲团，诵经不辍。又数年，无疾而殁。贤媛孙氏，曾绍书妻 年十九于归，治家勤俭，门内肃然，性宽仁，好济人之急。年四十夫故，子泗玲亦逝，氏操劳家事，昼夜不少懈，而于周急利人诸善举，益乐施不倦。清光绪二十八年，邑大水，居民露处者数百家，氏恻然曰："是不可不急赈。"于是出钱一千五百缗，散给贫户，全活无算。三十二年，又大水，复捐资一千缗，以赈济之。州牧余亲书"萱堂日永"，以表其门。卒年八十五，继孙鲁信见"选举"。黄氏，庠生王沛洽妻 即墨县侍读学士黄鸿中女。著有《绣余吟上》，周心雪先生诗云："邯郸初学步，字略识之无。随意短长句，浑忘大小巫。荣施元晏笔，奖及郑家奴。珍重金针度，瓣香为巨儒。"宋氏，岁贡生高苑县教谕即墨蓝中珪妻邑贡生宋岳女。自幼能诗，适即墨蓝中珪。有《挽郭冷亭夫人》云：“为赋哀蝉悲落叶，几回踯躅最伤神。”其二云：“依欲招魂招不得，西廊月上自黄昏。”**王氏，太学生宋珏妻** 附监生考授州判王镇女。幼聪慧，喜读书，女工余暇，惟以吟咏临摹为事，有《病起诗》云：“深林忽被苍苔滑，手握花枝立片时。”**张氏，廪贡生莱阳县教谕纪卯元妻** 河间府同知张维祺女，福建汀漳龙道曾霭妹。幼耽吟咏，有《寄外》二首。一云：“西风吹处暮云寒，云破月来弓影弯。悄对姮娥问消息，素轮何日便团栾。”又云：“忆君千里怅迢迢，书寄平安慰寂寥。莫把荣枯谈世事，岁寒松柏不曾凋。”**王氏，庠生薛炆曰妻** 诸城王某女，著有《不夜楼诗草》。**杨氏，诸生纪凤诏妻** 廪贡生候选同知杨兆勳女，刑部主事阶妹。著有《红叶书屋诗稿》一卷，其《送大兄云台赴都》云：“路逢险处须停骑，天遇寒时早著裘。长安虽好休多恋，堂上双亲已白头。”**李氏，邑诸生柯蘅妻** 氏名长霞，字德霄，掖县拔贡博兴教谕李图女。幼承庭训，博学工诗，著有《绮斋诗选》一卷，自跋云：“岁在金鸡，寇来铜马，昆冈之火①一焚，石室之笈并烬，旧作所存十之二三，命儿辈录之，虽等文章于白豕，幸余尘劫于红羊②。”云云。生子二，长劭慜，次劭忞，均赖母教成名，见“选举”。女劭惠，聪慧贤淑，与母同，适潍县蒋景郛。夫故，守节以终。著有《岁寒阁诗存》，见“艺文闺秀”。

---

① 昆冈之火：昆仑山失火，将玉和石头一起烧掉。比喻不分好坏，同归于尽。

② 红羊：古代的神学之说，代指国难。

增修胶志卷五十一　人物志第十三　列女下

民国列女传

旌表节妇　徐氏，王锡吉妻 中书科中书徐金声女。夫故，守节三十余年。民国元年表。宋氏，郑克健妻 年十八于归。二十四夫故，守节。高氏，生员杨华清妻 武庠生高鑑清女。年十六于归。入门后，殷勤佐夫读。未几，华清以文学补博士弟子员，攻苦益力，旋因劳疾卒。氏年二十四，誓以身殉。又念翁姑春秋高，遗孤克勤甫四龄、克慎甫两周岁，养亲抚孤，皆未亡人之责。乃以妇代子职，孝事翁姑，曲意承欢。教养二子不稍姑息，后均成立。守节四十余年。孟氏，夏克诚妻 年十八夫故。守节五十年。毕氏，王振善妻 夫家居石板河庄，濒海峡，世以捕鱼为业。忽一日，振善遇风覆舟溺死。氏年二十，誓以死殉，苦不得间。翁姑使其两兄各出子为振善后，氏乃安心守节，事亲课子，孝慈备至。旌时年五十一。宋氏，李毓琪妻 宋毅女。年二十三夫殁，矢志守节，孝事孀姑，抚遗腹子绍勋成立。旌时年五十六。姜氏，匡肇骏妻 年二十五夫故。氏事翁姑尽孝，抚遗孤绣千成立。守节三十五年，旌时年六十。杨氏，刘岷山妻 年二十一夫殁。守节五十一年。王氏，毕守见妻。单氏，孙启亮妻 以上九氏皆民国七年表。薛氏，张绅可妻 年二十夫故。守节四十余年。民国八年旌。姜氏，张文仁妻 于归三年，夫病故。氏守节四十余年。王氏，高振瓛妻 年二十夫故。守节二十年。张氏，彭介妻 年二十二夫故。守节三十八年。杨氏，刘建东妻 年二十四夫故，守节四十年。李氏，姜护先妻 年十六于归，二十四岁夫故。生遗腹子希敏。氏苦志守节，抚孤成立。未几，希敏亦殁。与媳徐氏同守节。徐氏，姜希敏妻 氏年二十六，夫病殁，遗孤亮修甫数龄，氏抚幼子事孀姑，一门双节。李氏，孙启铭妻 年二十四夫殁，守节三十余年。以上七氏皆民国九年表。王氏，杨振声妻 王善政女。年二十夫故。氏艰贞苦节三十余年。民国十年表。单氏，孙奎禄妻 高密单玉堂女。年十七于归。越三年夫故。氏愿以身殉，念孀姑在堂，子女均无，养亲立嗣，责无旁贷，遂易殉为守。继子官元，教养备至，爱逾所生。守节三十五年。民国十年表。傅氏，儒童高济益妻 年二十二夫故。守节三十年。民国十年表。张氏，儒生匡宗孟妻 年二十四于归，越六年夫病故。时翁姑均殁，遗孤纯熙甫二周岁，氏抚育勤劬。及长，延师课读，待子不稍姑息。未几，纯熙弱冠游庠。逾年食饩，卒赖母教成名。家虽丰，氏布衣粗食，操作如贫家妇。岁时伏腊祭品，躬自烹饪，不假厨仆手。戚族困乏者周助钱粟，无吝色。守节四十余年，孙曾并列，门内雍和，邻里羡之。民国十年大总统褒以“节励松筠”表其门。卒年八十二岁。陈氏，臧金斗妻 年二十二夫故，无子，姑又殁。翁继崔氏生子三俱殇。又继刘氏，生子二。氏历事三姑，委曲承顺，俱得欢心。抚诸弱弟均成立。冰霜励节，艰苦备尝。旌年六十二。安氏，张殿锡妻。高氏，邵景云妻。张氏，刘玕妻 以上四氏俱民国十一年表。徐氏，张继善妻 年十八于归，二十七夫殁。氏守节三十一年，旌时年五十八。韩氏，刘效信妻 年十九于归，二十二夫殁。氏守节三十三年，旌时年五十五。张氏，姬宗孟妻 夫殁，氏矢志坚苦守节。以上三氏皆民国十二年表。庄氏，赵金陵妻 年二十二夫殁。氏矢志守节，孝事翁姑。旌年五十二岁。杨氏，吕恭妻 年二十于归，二十六岁夫故。氏坚苦守节三十年。旌年五十八。祁氏，曹福海妻 年十八于归，二十一岁夫殁。氏守节终身。民国十二年旌。高氏，李凤五妻 民国十三年表。赵氏，张承恩妻 民国十三年表。刘氏，周洪训妻 刘永瑞女。

许字后，夫得疯痫疾，人有劝其改字者，氏以死自誓。卒归洪训，侍奉十余年。夫疯痰间作，每疾发时，辄棰氏几死者数，氏无怒色，无怨言。翁姑只洪训一子，年老家贫，氏操作代子职，竭诚孝养。邻里戚党无间言。夫故，遗孤茂吉甫弥月，氏抚养成立。翁姑殁，葬丧如礼。食贫守节三十年如一日。旌年六十余。杨氏，匡金妻 金为乡饮老耆宾，五世同堂，志懋长子。氏于归后，事翁姑以孝闻。年二十六夫故。守节四十二年。纪氏，李增绥妻 夫殁守节四十七年。现存子二，大昌、鸿昌。法氏，生员鞠铭琪妻 年二十五夫故，守节三十六年。旌年六十一岁。郭氏，孙崇勳妻 于归后七阅月夫殁，守节三十余年。王氏，徐本芝妻 举人王其慎女。夫本芝少有文名，小试辄前列。未几，得瘵疾殁。氏恸不欲生，一日，潜服铅粉。经翁姑及母家苦劝，乃服解毒方。愈后艰贞守节。卒年六十七。朱氏，刘文照妻 年十九于归，逾年夫故。氏坚苦守节三十余年。旌年五十四。魏氏，王辉序妻 年十八于归，二十岁夫故。氏矢志守节，孝事翁姑，抚幼子朝选成立。旌年六十二。张氏，宋长兴妻 张采蔚女。年二十五夫殁。以兼祧故，氏奉养两房翁姑，曲尽妇职。继族侄恩德为嗣，视如己出。旌年六十八。逄氏，张炎彬继妻 诸城逄涵润女。年二十六夫故。氏抚前室子女及己女，无歧视，次第为完婚嫁。旌年七十岁。子世圻。张氏，程照文妻 张沛女。年二十三夫殁，遗一女。氏劝翁继娶刘氏，生二子，刘殁，氏俱抚之成立。为授室，即以夫弟维地子为嗣。旌年五十九。张氏，孔继荣妻 张崙山女。年二十于归，生二女。越六载，夫故。氏食贫守节，以佣工养翁姑，抚二女，俱适人。继兄光禄子为嗣。旌年八十一。石氏，张荫楠继妻 张宾鸿女。年二十一于归，甫三月夫病殁。氏抚前室子统熙成立。旌年五十一。庄氏，张逢喈妻 诸城庄珮女。年二十一夫殁。氏坚贞守节，事翁姑以孝闻。继夫侄为嗣。旌年七十三。尹氏，张绪声妻 诸城尹文论女。年二十四夫殁。七月生遗腹子延鸿。氏事亲抚孤，贫苦守节。旌年六十九。戚氏，儒童刘丕玮妻 监生戚学铭女。年十八于归。越三载，夫以小试不利，抑郁成疾卒。氏孝事孀姑，慈抚子女，艰苦守节，至老不衰。旌年五十七，守节三十六年。臧氏，王述业妻 高密臧瑞贞女。年二十七夫故，无子。继堂兄子振声为嗣。翁姑先后逝，氏率子经理丧葬俱尽礼。旌年六十九，守节四十二年。董氏，王振梓妻 董振藻女。年二十三夫故守节。旌年五十三岁。葛氏，王振赞妻 高密葛天爵女。年二十五夫故。遗孤奉吉尚幼，氏奉姑抚子，守节不渝。旌年七十二。单氏，按察司经历徐述本妻 高密举人单步青女。幼承父训，于归后孝事翁姑。清光绪二十六年，拳匪之乱，夫遇害。矢志坚守，抚遗孤中兴成立。苦节三十余年，尚存。周氏，柳长盛妻 周中和女。年十七于归。未一载而夫病故。氏守节奉姑。以勤俭积资置产，家赖小康。双继两房夫兄子文贞、文光为嗣。旌年六十五。薛氏，牟如堂妻 薛复荣女。年二十夫故，守节抚孤。旌年七十一。王氏，崔乔龄妻 年二十一夫故，守节六十余年。旌年八十四岁。姜氏，李龙池妻 年二十七夫故，守节。旌年七十二。徐氏，姜忠年妻 年二十五夫故，守节三十六年。旌年六十一岁。刘氏，赵凤仪妻 刘华林女。年十九于归，二十四岁夫故。遗孤甫二岁，翁犹在堂。氏誓以身殉，邻妇婉劝之，弗听。翁泫然曰："吾年老而丧子，即死沟壑不足惜。惟赵氏一线宗祧，恃此襁褓物。汝殉，孙何得生？是绝吾嗣也。"氏感悟，乃矢志守节，孝事衰翁，教幼子瑞章成立。饮冰茹蘖三十年。旌年五十八。刘氏，韩克善妻 年十八于归。二十六岁夫病故。氏坚苦守节，事翁姑能得欢心，治家勤俭，备历艰难。翁姑俱八旬余，辄对人称贤妇云。氏旌年五十五岁。韩氏，张于文妻 韩新基女。年十九于归，二十四岁夫故。遗孤若涟甫六月，一女仅三龄。时翁姑俱逝，氏食贫守节。薄产托于近服侄，抱子携女依母家度日，抚若涟成立，以胞兄开业女娶为子妇。未几，若涟又殁。遗孤英甫六龄。姑媳两孀，拮据辛苦二十余年，一门双节。姑七十一岁卒，妇旌年六十。薛氏，张应芸妻 清武举际昌女。年二十一于归，二十六岁夫殁。氏无出，继夫胞弟子志学为嗣。氏矢志守节，奉翁姑、抚嗣子，孝慈兼尽。翁病痹，不能举匕箸，氏侍饮食三年无倦容。姑年八十，病卧不能起，便溺无定时，惟氏是赖。及翁姑相继逝，葬祭皆如礼。族党邻里议为请旌，旌年六十五岁，守节四十年。车氏，崔元祥妻年十八于归，越三月，夫病。氏侍奉汤药，衣不解带者七阅月。夫故，氏为夫择嗣，遂自经。适家人觉而救之，得无恙，乃易殉为守。事翁姑，养生送死悉如礼。抚嗣子成立，为娶妇刘氏。未几，嗣子又殁，媳年二十二，与孀姑同守，一门双节。姑年七十一岁卒，刘旌年五十余岁。刘氏，杜某妻刘瑶长女。年三十于归。三月，夫染痁疾。家赤贫，氏质簪珥供汤药。夫故，氏水浆不入口者数日。葬后拟投缳，时姑年七十余，觉而泣劝之。氏感悟，乃矢志守节，为人佣缝纫，得资养姑。姑殁，葬祭皆如礼。旌年六十九。陈氏，周瑞书妻年二十三于归，二十八岁夫殁。翁姑早逝，子女俱无。零丁孤苦，几无以存。氏为夫立嗣，丧葬皆如礼。坚守苦节四十四年。旌年六十七。宋氏，李克忠妻年十七于归，十九岁夫故。无子，继夫兄子生为嗣，矢志坚守，孝翁姑和娣姒，抚嗣子如己出。勤俭持家，始终不懈。旌年六十二，守节四十余年。李氏，孙光照妻年二十八夫殁，氏贞节自矢。继夫兄子生才数月，氏保抱提携以至成立。卒年六十五岁。樊氏，郭祥云妻年十九于归，二十一岁夫殁，遗孤甫一龄。氏事翁姑抚幼子，备尝艰苦，志不少渝。卒年八十五。卞氏，张耀宗妻卞鸿清女。年十九于归，二十一岁夫殁。氏苦志守节，孝事翁姑。旌年五十二。姜氏，牟维融妻姜海女。年十七于归，二十三岁夫殁，遗一女。含哀茹痛，苦守贞节。事翁姑，克尽妇职。家綦贫，值岁饥，仰事无资，抱女赴邻村乞食，每得干糇，归以奉亲，己则风餐露宿，忍受饥寒，而志不稍变。旌年五十四岁。王氏，樊立福妻年十九于归，二十二岁夫殁，生遗腹子鸿裕。氏尝泣而抚之曰："樊门一线弗绝，在此一子，我之所以苦守者，亦在此子耳。"后抚养成人。氏守节终身，卒年七十四。樊氏，刘文隆妻年十八于归，二十一岁夫殁。氏守节六十余年，旌年八十九。王氏，刘大成妻夫故，氏年三十三岁，生子二女二，俱幼。孀姑在堂，家复贫窘。氏乞食以养亲，抚子女成立。姑殁，葬祭如礼。旌年六十九。傅氏，宋彝典妻年三十夫殁，无子，生女二，氏坚贞守节。家贫甚，教女纺绩度日。虽日不举火，未尝乞怜于人。旌年六十二。张氏，宋鸿鹄继妻年二十于归，二十八岁夫殁，氏誓以身殉。因幼女牵衣悲啼，乃止。家清贫，尝以破扉易䅟数斗，支持月余，艰苦备尝，冰操益励。旌年七十五。薛氏，王奎妻年二十四夫殁，生女一。氏誓以身殉，归别父母。胞弟国桢以大义责之曰："夫死身殉，独不念衰姑弱女耶？何以对亡人？"氏悟，乃易殉为守，操作农事，虽劳不怨。养老抚幼，孝慈并著。旌年五十八。贾氏，张鸿源妻年二十八夫殁，守节三十余年。旌年六十八岁。冷氏，九品封职张甡芳妻夫殁守节三十年。旌年六十七。庄氏，儒童张孖芳妻夫殁守节四十三年。旌年六十三。李氏，张怀清妻年二十八夫殁，守节三十年。旌年六十八。韩氏，张怀信妻年二十九夫殁守节。旌年七十六。韩氏，张怀美妻年二十三夫殁，守节三十余年。旌年六十。薛氏，李廷槐妻年二十九夫殁，守节三十余年。旌年六十一。李氏，张廷训妻年三十五夫殁，守节三十九年。旌年七十四。王氏，薛云阶妻年二十八夫殁，守节四十余年。旌年七十三。龚氏，薛殿平妻年二十八夫殁，守节四十余年。旌年七十二。张氏，祁鸿陛妻年二十八夫殁，守节四十年。旌年六十八。张氏，祁凤展妻年三十夫殁，守节三十余年。旌年六十四。薛氏，王立祥妻年二十二夫殁，守节四十八年。旌年七十。管氏，庄发业妻年二十七夫殁，守节至六十岁卒。隋氏，王裔云妻年二十五夫殁捻匪之乱。氏矢志守节。旌年七十四。韩氏，于泰妻年二十七夫殁，氏苦守贞节。旌年五十七。韩氏，刘玉堂妻年二十五夫殁，守节三十年。旌年五十五。徐氏，韩廷相妻年三十夫殁，守节五十余年。旌年八十一。邱氏，徐本圣妻年二十六夫殁，守节三十年。旌年五十六。高氏，陈培缙妻年二十一于归，二十九岁夫故，苦节自矢。旌年七十岁，守节三十余年。相氏，王逢春妻年二十一于归，逾年夫故，氏守节四十六年卒。殷氏，王凤春妻殷曰序妹。年十八于归，逾年夫殁。氏哀泣不食，誓以身殉，家人婉劝不听。姑曰："吾子已死，吾妇欲殉，岂我独乐生耶？"氏乃守节奉姑，一切家事代姑料理，如是者数年。民国三年姑殁，氏丧葬如礼，遂忧郁致疾卒。梁氏，杨大年妻 年十七于归，二十三岁夫故，遗孤二：冰清、玉清，俱幼。氏苦节自守，抚两孤成立，事翁姑以孝闻。旌年五十。刁氏，刘长舒妻 年二十于归。逾年，捻匪乱胶，夫被掳，旋闻遇害。氏坚守苦节，事翁姑以孝闻。待嗣子宗范如己出。卒年八十四。孙氏，高初旭妻 孙寿图女。年十八于归，逾年夫故，氏苦守贞节，孝事翁姑。未几，姑又殁，翁年老，氏奉养愈谨。旌年五十一，守节三十余年。杜氏，宋大训妻 年二十六夫故，遗孤甫三月，家徒壁立。氏负薪汲水，服役如健男，敝衣粗粝，抚孤成立。积资稍裕，置田产，家道小康。旌年六十二。姜氏，李锡田妻 年二十于归，生子女各一，二十八岁夫故。氏孝养翁姑，严课子女。翁姑殁，丧葬尽礼。每值岁时伏腊，洁治祭品，不假他人手。子女以次完婚嫁。茹荼尽瘁，守节三十余年。旌年六十三。于氏，贾锡珠妻 年十七于归，逾年夫故。氏守节七十七岁终。耿氏，贾相敬妻 年十九于归，二十一岁夫故。氏守节三十余年，旌年五十三。张氏，贾相为妻 年十九于归，二十二岁夫故。氏守节三十三年，旌年五十六。陈氏，樊立高妻 陈世进女。年十七于归，伉俪甚笃。逾年夫病，医药罔效。氏欲刲股肉和药以进。夫觉，泫然曰："我病已如此，命也。汝慎勿伤父母遗体。倘蒙孝事老母，和睦家人，我目瞑矣。"言讫而殁。氏一恸几绝，誓以死殉。孀姑兄嫂苦劝之，志不稍动。举家忧惧，废寝食。氏乃憣然悟，曰："与其违夫命以死节，曷若遵夫命以全孝？"乃易殉为守，奉侍衰姑，教养嗣子，一门称盛德焉。旌年六十五。吴氏，清吏部左侍郎匡源妾 氏直隶吴桥县农家女，因岁饥流落京师，源纳为侧室。氏事嫡室高氏甚谨，与源妾杨氏和睦无纤芥嫌。杨氏生子星临，氏抚育周至，爱如己出。源主讲泺源书院，氏日侍左右。源殁，氏年三十，恸不欲生。仰药数次，俱被救。乃苦志守节三十余年，民国四年卒。高氏，监生李凤五妾 诸城农民高斗女。入门后生子二：文海、文山，俱幼。凤五病故，氏年二十，矢志坚守。嫡妻赵氏虐待之，欲夺其志。氏备受凌辱，侍奉惟谨，而终不易操。未几，次子文山亡，氏哭之哀，赵妒如故。氏曰："承先人后恃有两孤，今殇其一，如此孩提，设教养无人，敢望其成立耶？不然，氏一身之生死，去留固无关重轻耳。"言甚凄婉，赵颇感悟。文海长，氏为延师课读，偶见其嬉戏，辄督责之，不少纵。族邻有所求，必商诸赵，与之而不责其偿。自奉俭约，里党称焉。后文海读书多材艺，尤善医。旌年六十二，守节四十余年。

灵山卫旌表节妇　宗氏，增生王惠树妻。丁氏，庠生王惠梁妻 树妻宗氏与梁妻丁氏，娣姒相处，和睦无间。未几，树、梁相继病殁，娣姒皆坚守苦节，历四十余年，一门双节。惠梁妻，清光绪元年表。刘氏，程肇楠妻 年二十四于归，越四岁夫故。遗一女，甫三龄。继夫胞兄肇栋子熙绩为嗣。夫葬后，氏坚苦守节，勤俭治家，事翁姑以孝闻，抚嗣子如己出。氏夫胞兄肇栋、肇梁，逾年分爨，氏依翁姑度日。肇栋不理生业，荡游在外卒。肇梁卒，妻子移居港口，氏养老抚幼，备历艰辛。未几，肇栋妻郑氏亦殁，遗女二，均年幼，贫窘无归。氏收养之，使与己女同，又为嗣子延师课读。翁困于酒，饮食无定时。姑聋聩且多病，氏供奉无少缺。后翁姑相继逝，氏躬理丧葬皆如礼。又为子女及侄女辈先后完婚嫁。赖氏力，家益小康。时年六十，守节三十二年，民国十一年族党为请旌表。

烈妇　宋氏，王学印妻 于归后，夫家綦贫。氏勤慎俭朴，一家无冻馁忧。年三十五，夫为邻家运碾石被伤，舁归卒。氏抚尸大恸，欲即殉，经戚邻劝止之。乃请诸族人，急为夫择日营葬。殡后遂仰药死。

烈女　王氏女 太学生王蕙祥女，许字马麟祥。未嫁，麟祥卒。女闻讣，备极悲惨，浆粒不入口者数日，家人苦劝始进食。其母欲改字，女侦知，夜服电矾。母闻女呕吐声，急问状，女以偶受感冒对，黎明竟卒，面色如生。民国十三年旌。臧氏女 臧廷明女，许字管金常。年十九将嫁，而金常暴卒。女闻讣，誓不欲生。父母婉劝之，女曰："命已至此，苟生何为？"母泣曰："苟可不死，惟儿所愿。"女曰："愿致意管家，迎儿去奉侍翁姑，尽妇道以代子职，儿尚可生。"母诺之，倩人致意夫家，管氏以家贫辞。女日夜哭，勺饮不入口者数日，鸡骨支床，奄奄一息。母怜而绐之曰："夫家适遣人来，谓汝翁姑已死，但须来春涓吉迎之。"女乃辍泣，饮食如常。居半载，有议婚者，母心许之。女略闻，犹疑管家人定期迎己也，启箧检其服饰。家人见之，戏曰："婚事已定，乃安排嫁衣耶？"女惊愕，立诘母。母实告之。女恚曰：“我生不得为管家妇，亦死为管氏鬼耳。”遂乘间自裁。弥留间犹执母手请合葬于管氏墓云。张氏女 许字即墨孙安述，未嫁而安述殁。女闻讣，遂仰药死。时民国十一年八月。王氏女 王茂檀女，幼许字于高密张述清。未嫁，述清病故。氏年十三，闻耗绝粒三日。父母力劝，乃复食。越二年春，女告父母曰：“我张家人也。夫死，当从地下。所以不果死者，为亲恩未报耳。今已三年，当践我志。”乃不食五日卒。时民国二年夏历三月。张家迎其柩与述清合葬焉。张氏女 邑庠生刘绩本子祖嵒，随父在哈尔滨药肆营生，聘本埠张姓女。未婚，祖嵒染疫卒。女闻讣，恸不欲生，绝粒十余日，亦卒。两家悯其苦志，以鼓乐送其柩并寄庙中，以待异日迁柩合葬焉。宋氏女 宋鸿鹄女，许字周某子。将嫁，而周某子暴卒，女誓以身殉。家人觉，密防之。女绝粒死。周家乃舁其柩合葬焉。宋氏女 宋希源女。五岁即失恃，啜泣不食，已具特性，九岁许字。刘钿子培淑，女与培淑为外表亲。年十九，刘议婚，未果。越二年，又议婚而培淑病，未几卒。其父与继母刘始隐讳之，已而讣闻。女曰：“吾十五岁中两遭鞠凶，命也，夫何尤？顾夫妇之义定于纳采、问名，吾其终于刘乎？”其父母难之，议改字。女以病辞如是者四五年，竟抑郁成疾，殁于民国十二年二月。弥留之际，其翁姑亲临省视，允如所请。卒后，两家曲成其志，为继子成礼。舁培淑木主，迎女柩而合葬焉。

殉难烈女 薛氏女 薛兰堂女，未字。民国十一年六月，土匪入其家，将女架至门外。女曰：“我家素贫，无少储蓄，将奚为者？”贼但促之行且击以枪柄。女曰：“身可杀，不可夺。”有死不从。贼强挽之，女厉声痛骂。触贼怒，枪弹贯脑而死。

旌表孝妇 刘氏，王季文妻 于归后，翁姑颇欢慰，委以家事。氏昼操作夜纺绩，勤俭无少间。姑病卒，翁性严厉，举家畏惮，氏奉侍惟谨。翁年七十余病痿，嗣又喑不能言，有所需，颐指手示，人多难之。季文又在外贸易，氏朝夕侍疾，曲体亲心，无不如意。少有沾污，辄涤除，易中衣不避臭秽，如是者八年。翁卒，尽哀尽礼，戚邻族党皆称孝妇焉。时年六十六。公议醵金为请旌云。傅氏，湖北补用知县王葆崇妻 武城县教谕傅儒兰女。于归后事姑曲尽色养，得姑欢心。姑病，昼夜侍汤药，衣不解带、目不交睫者累月。夜焚香涕泣，吁天请以身代，姑疾寻愈。未几，夫以积劳卒。氏以妇代子职事姑，愈谨。姑年九十余始殁，氏殡葬如礼，戚族邻里咸称其孝焉。民国七年，蒙黎大总统奖给“妇德母仪”匾额，时年七十余。子鸿图，师范毕业生。

孝女 张纯忠女 女性至孝。纯忠无子，女依依膝下，定省无少间。年将及笄，父母为择配。女曰：“待双亲百年后嫁，亲在女他适，无人奉养。”云未几，母殁。女为立嗣，丧祭如礼，事父如母在时。时年三十九，尚未字焉。

贤媛 叶氏，直隶完县典史追赠四品京卿高仁堂妻 氏孝慈恭俭，内外无间言。会清光绪二十六年拳匪之乱，夫仁堂殉难于直隶完县任所。氏号痛欲以身殉，继念翁鳏且老，又病目，侍奉需人，乃敛哀茹痛。孝事衰翁，自生养以及葬祭备致丰洁，自奉淡薄，以余资济贫戚族穷乏及无力婚嫁者，多所周助。子翔龙好交游，客至无虚日，氏皆隆其礼，厚待之。宾客过其庐者，佥谓有陶母截发之风云。卒年六十三。

列女补遗

旌表节妇 沈氏，王梅妻 于归后，二十四岁夫殁，守节五十余年。清光绪十一年奉旨建坊，文曰：志坚金石，节比冰霜。臧氏，王华藻妻 臧玉贞女。年二十六夫殁。氏誓志坚守，事翁与继姑以孝闻。时夫弟金田、金宝尚幼，氏抚养成人，皆为授室。金田生子九功即立为嗣，爱如己出。守节四十四年，旌年六十九。赵氏，韩学时

子尊之妻 赵敏女。年十六于归，二十岁夫故。氏与孀姑矢志守节，曲尽孝道，四十年如一日。清光绪三十三年表。**赵氏，王同庆妻** 年三十夫故，守节四十年卒，年七十一。清光绪三十三年旌。**刘氏，杨立信妻** 年十八于归。越二年，夫病笃。氏誓以身殉，浆粒不入口者累日。翁姑忧之，属宗妇诚实者朝夕防护，多方譬解，氏乃易殉为守。夫故，无子，继夫弟立仁子在邦、立业子在岐并为嗣，以防争执。守节四十年如一日。清宣统二年表。**韩氏，杨立恕妻** 年十八于归，越二年夫故。氏孝事翁姑，抚嗣子在田成立。守节四十一年。清宣统二年表。**李氏，刘克明妻** 氏于归后未半载，适夫兄弟三人分爨，夫与兄克让仅得茅屋数椽，无尺寸地，兄弟相依为命，因忧郁成疾，相继殁。氏无出，孀嫂殷氏生子一尚在襁褓中，氏与殷誓养此孤。未几，殷又病殁。氏食贫守节，抚孤如己出。适母舅朱清葆有薄田三亩，怜甥孙孤苦，悉与之，并亲为耕作。氏得此援助，益务勤俭十余年，家道小康。其孤子亦赖以成立，里党称之。**任氏，张世荣继妻** 年三十九夫故，氏仅生一女，抚前室三子二女咸如己出，无歧视。其邻右贫寒孤寡者，罔弗周恤，人皆呼为活菩萨。时年六十九岁，守节三十年。**李氏，刘囤妻** 十七岁于归。未数月，夫病殁。氏孝事孀姑，家赤贫，佃地为业。因佣工于地主家，得钱米辄供姑使温饱，十余年人无间言。适有邻妇与氏不协，横造蜚语，诬以守节不终将改嫁，其姑为所惑。氏闻之，日夜号泣，以死自誓，不食者累日，濒就危殆。而邻妇适发狂疾，自言刘氏先人以余造谣言，坏妇名节，捉余赴冥司受罚。其手足类撑拒状。是夜，邻妇自经死。氏冤愤稍舒，主人百端譬解，乃复食。自是羸弱多病，民国十五年卒。**姜氏，黑弄璋妻** 年十九于归，事翁姑以孝闻。未三年，夫病殁，矢志守节。夫侄道明生甫五龄，丧母，氏爱如己出，抚养成立。年届六旬，邀同亲族立道明为嗣，以续宗祧。里人嘉其节，为立碑以表之。**叶氏，李星涣妻** 叶奎女。年二十一于归。越四载，夫殁。氏无子，只生一女，乃以夫弟子继夫后，爱如己出，抚养成立。事翁姑曲意承欢，克尽妇职。未几，翁姑殁，夫弟相继逝。氏经理家政，井井有条理。守节五十余年，时年八旬余。**张氏，杨希林妻** 张公孝女。三十岁夫殁。姑利其奁资逼之嫁，不从。坚守苦节四十六岁，冻饿成疾卒。**李氏，刘德音妻** 李必豫女。三十三岁夫故。民国十三年，县长王旌以金石铭贞立石。**孙氏，杨成堂妻** 孙培温女。年二十三夫殁。氏孝事翁姑，教养幼子。守节五十年，时年七十三岁。**陈氏，杨成元妻** 陈日宾女。年二十三夫故。氏孝顺翁姑，教子课孙，动遵礼法。守节四十七年，时年七十岁。**杨氏，匡思恒妻** 杨汲修女。年二十八夫殁。氏孝事翁姑，抚孤文选成立。时年六十二岁。**柴氏，杨思全妻** 柴可章女。年二十五夫殁。氏孝事翁姑，守节四十余年。教子课孙，治家勤俭，至老不衰。时年六十七岁。**李氏，于希浚妻** 李大昕女。年十七于归，二十七岁夫殁。氏无子，誓以身殉。娣姒辈百端譬解，乃止。氏孝事翁姑，抚幼侄，恩勤备至。守节三十四年，卒年六十一。民国十五年，莱胶道尹马为请旌表。**邓氏，张淦妻** 邓林艺女。年十七于归。逾年，夫故，氏孝事翁姑。姑晚年病痹，口噤不能言。氏曲体意旨得姑欢。越数年，翁伤右臂，卧不能起，氏扶掖备至。翁姑殁后，抚嗣孙仲芬，恩勤教育，茹苦含辛三十年如一日。**张氏，朱德华妻** 张金钊女。年十七于归。次年，夫殁。氏孝顺翁姑，抚遗孤成立。贞洁自守，历三十年。**李氏，高振田妻** 年十八于归，三月而夫殁。氏孝事翁姑，抚继子鹏翼教养成立。卒年七十八岁。**宋氏，刘天泰妻** 宋公鸿女。夫殁，守节五十余年，以侄文绪为嗣。因丁口众多，与夫兄析居让产大半，自奉俭约，时以纺绩补助。时年九十四岁，民国某年表。**徐氏，崔元丰妻** 徐永建女。年十九于归，二十六岁夫故。氏孝事孀姑，敬养备至。越十七年，姑殁。抚嗣子性善成立，守节四十余年。旌年六十五。**张氏，宋振鹏妻** 张伯元女。十九岁于归。越四载，夫殁。氏孝事翁姑，抚遗孤守性成立。守节四十余年，旌年七十有四。**刘氏，赵学海妻** 幼娴礼教。于归后，孝事翁姑和娣姒，内外无间言。夫殁，矢志守节。复捐资于本村立小学校，岁费洋二百元。邻里咸称颂之。**徐氏，孙继勋妻** 徐敦清长女。年十九于归。越六载，夫殁。遗孤尚在襁褓，九岁而殇，氏恸不欲生。转念翁姑年迈，侍奉无人，遂毅然矢志守节，曲尽孝道，历三十余年无少变。族党贤之。

旌表烈妇　王氏，魏淑麟妻 于归后孝事翁姑，年二十一夫殁。氏送葬归，绝粒数日卒。邑绅为请旌典并勒石以表其墓。张氏，黄德臣妻 民国十二年四月间，刘家岛匪绑架西门庄农户数人。回经氏村，氏闻匪至，逃避于村之南岭。适匪众因被娄敬庵村人截击，窜由僻径，谋遁去，与氏遇于途，欲犯以非礼。氏义不受辱，骂詈不已。匪怒，以枪击之，遂遇害。王氏，苑文采妻 王池女。年二十一于归，五年夫殁。翁姑哭之恸，氏百端劝慰，经营葬事无忧色。夫葬之夕自经卒。

焦花女　时代、家世不可考。氏少寡，事姑至孝。明季有文人某呈报官府表其节。现孝源庄有焦花女庙，村人谓孝源即由焦花女得名。

贤媛　刘氏，赵蓝生妻 幼机警，三岁丧母。清咸丰十一年，捻匪窜胶，刘方五岁，其祖母负之逃。祖母年衰目昏瞀，每遇贼，惊惶无措，氏辄在背上指示其避匿处。一日，在后张奴庄东西狭巷口，突有匪数人自巷东口转出，其祖母犹前行，刘即急掣祖母衣袖，曰："藏东苇湾!"遂往匿，卒脱于难。盖巷侧有苇湾一处，时值仲秋，苇尚未刈，故借以障蔽。其机警类如此。及长归蓝生，事翁姑勤慎。翁姑常语人曰："吾儿妇无他，但能使意乐耳。"卒年六十五岁。胡氏，李允平妻 莱阳县教谕诜之女。夫亡守节。著有《靡他吟》，其《独步月下》云："空阶缓缓步，对影自徘徊。春去春还至，花残花复开。海深犹可渡，恨满却难裁。惟有青天月，殷勤照我来。"《望雪》云："万里杨花落，纷纷下太清。随风如有意，到地竟无声。树树银装就，山山玉作成。遥天时极目，缭绕塞云平。"《秋声》云："四壁萧条夜正长，草虫何事逼人忙。寒砧①数处添秋思，孤雁一声带晚凉。飒飒寒庭风恋竹，纷纷古木叶飞霜。更兼几阵梧桐雨，触起新愁欲断肠。"皆可传之稿也。钟氏，柳循堂妻 诸城仁和世家女。钟氏为诸邑望族，科第联翩，代有显者。氏耳濡目染，学有渊源。于归后，适夫家中落。氏乃出其所学，以教读佐夫衣食需。为人贞静娴雅，平时吟咏不欲炫才于世，故其稿不传。

贞女　邢氏，兆德女　许字刘小强，未嫁而刘小强殁。父母欲夺其志，氏不可。至二十岁，只身归夫家，孝顺翁姑，佐理家政。二十一岁卒。

据《山东通志》补入节烈妇女　赵氏，匡凤章妻。况氏，贾廷芳妻。郑氏，苏肇麟妻。刘氏，邓长龄妻。杨氏，李日三妻。李氏，郑永佩妻。金氏，高墀方妻。周氏，赵同志妻。王氏，高昌继妻。张氏，张启龙妻。萧氏，邹子槐妻。王氏，宗继烈妻。王氏，孙尧云妻。刘氏，卜思义妻。张氏，张方坤妻。徐氏，魏全宗妻。贤氏，贻庆女。宋氏，志韶女。

补节妇　赵氏，徐宗范妻 年二十一于归，二十六岁夫殁。现年五十三岁，守节二十八年。嗣子茂本。

贞妇　薛宗周妻石氏 年十九于归，二十三岁一日晚间，突有匪等入室，将氏架去。氏以死自誓。行村外，即投入井中。被匪救出，见氏气绝，置于井涯而去。经夜复苏，匍匐归家。人重其节，待遇加厚。后生子女各一。于民国十七年卒。

---

① 砧(zhēn)：捶、砸或切东西的时候，垫在底下的器具。

增修胶志卷五十二　民社志

民社志序

专制之世，君为主体；共和之世，民为主体。今既变专制为共和，则民社不可不重。夫古时圣君贤相，一夫不获，则曰“时予之辜”①，《周礼》：大司徒献民数于王，王拜受之，登于天府。后世令辟，亦惟以家给人足为急务。则是君主之世亦未尝不注重民社，况际共和时代，主权在民众，进化由于社会不此之务而徒汲汲于高级之建设，是所谓遗其本而求其末者也。然则欲民社之发展，其道维何？亦惟注重民生而已。注重民生而民所依赖以生者，亦与之俱重。其所依赖以生者何？则农工商业在所当讲。农业兴，则民之衣食丰；工业兴，则民之器用足；商业兴，则民之财货通。皆民社之需要也。故补《前志》之缺，列入民社一门，以农、工、商业分载其中。盖民生既遂，方有自治能力，地方自治可以实现，故以地方自治终焉。

户口 据十八年胶县清乡局调查册

区别	城区	庸生区	娄公区	韩信区	庐公区	宝华区	陈圣区
户数	七二三九户	九四三八户	七二四一户	一、一一四四户	九二五八户	一、〇六一五户	六四〇五户
男女人口数	男二、一〇〇九口② 女一、七二五一口	男二、六八七二口 女二、一四七四口	男一、九九三二口 女一、六三九一口	男三、三〇九八口 女二、六九〇四口	男二、四七五八口 女一、九〇五五口	男二、二二六二口 女一、八九八三口	男一、七八六九口 女一、三三五五口
合计人口数	三、八二六〇口	四、八三二六口	三、六三二三口	六、〇〇〇二口	四、三八一三口	四、一二四五口	三、一二二四口

区别	龙泉区	朱仲区	高城区	郑城区	阳武区	齐城区	
户数	六七四九户	七二九三户	九五八〇户	八二一二户	八二七〇户	九五八三户	

---

① 一夫不获，则曰“时予之辜”：出自《尚书·说命下》。意指天下哪怕有一个人没有得到合适的安置，也是我的罪过。

② 底本中的“男女人口数”分“男”“女”二行排列，而以一个“口”字统之。整理本为方便表述清楚，再加一“口”字。下同。

男女人口数	男一、八六六四口 女一、五二四六口	男一、九〇三八口 女一、五〇六三口	男二、七〇〇六口 女二、一五七八口	男二、二〇〇三口 女一、九三七五口	男二、一一二三口 女一、七二五二口	男二、六〇五一口 女二、四二四九口	
合计人口数	三、三九一〇口	三、四一〇一口	四、八五八四口	四、一三七八口	三、八三七五口	五、〇三〇〇口	

以上合计一十一万一千零二十七户。男二十九万九千六百八十五口，女二十四万六千四百七十六口，共五十四万五千八百四十一口。

田地

县大粮地 八千五百四十四顷零五亩四分一厘八毫；**学田大粮地** 五顷零五亩零一厘；**卫屯大粮地** 二百六十三顷一十亩零四分四厘七毫；**官产升科①大粮地** 二顷九十六亩零八厘。共计大粮地三百六十弓八千八百一十五顷一十七亩零五分有奇；折合官亩二百四十弓一万三千二百二十二顷七十五亩五分有奇。以上亩数，系就地丁档案折合计算，与《旧志》田赋所载未经德国划界铁路占地及水冲沙压各地时数目不符。

农业

〔一〕农会

政府因农业不知改良，于民国三年特颁命令，设农会以资劝导。定章每届二年改选会长一次，胶县只选二次，高振洙、李绍泽、李成均、刘宗向相继被选为正副会长。余详民国职员表、民众团体。

〔二〕农民概况

〔甲〕耕地与户口之分配

胶县耕地共为一万三千二百二十二顷七十五亩，每亩二百四十弓。人口为五十四万五千八百四十一名。以人口数除耕地数，每人应摊二亩四分二厘有奇。夫以普通收成计之，每亩所入

① 升科：明清定制，开垦荒地，满规定年限（水田六年，旱田十年）后，就按照普通田地收税条例征收钱粮。科，科税。

麦子约二百斤，谷子约二百五十斤，高粱约一百三十斤，豆子约一百四十斤，平均计算，每亩可得一百八十斤。以二亩四分计之，可得四百三十二斤；以普通食量计之，每人每年需五百四十斤。以此相较，耕地所入，当然不敷人口之食，惟地瓜一项，每亩可得二千斤，供一人之食而有余。胶东一带，耕地以地瓜为大宗，职是故耳。

〔乙〕个人农业之举例　就普通农产言之，既有供不给求之虞，再就每人耕地十亩所用资本及收入以为比例而资考证。

〔子〕农用资本表

资本类别	需用价值	需用价值	需用价值	需用价值	合计	备考
创始资本	驴一 牛一　百元	农具六元	农舍三间 三十元	活动金 四十元	一七 六元	
常年资本	谷种五元	农具一元	劳力三元	肥料三十元	三十九元	

〔丑〕农产收入

就耕地产量言之，每亩平均年约值一十六元；以每人耕地十亩计算，年约得一百六十元。

以上所列，创始资本姑且不计，但就常年资本言之，年须支出洋三十九元。再就年入一百六十元计算，除去常年资本三十九元外，年得纯利一百二十一元；加以喂猪、养蚕、打渔、制蓑衣等诸副业，年约得收入三十元。两项合并计算，年约得收入一百五十一元。平均一家以五口为准，每人摊三十元有奇。以此糊口已属不敷，其他用项更无论矣。按上列各项农产系就肥沃之地，且普通收成言之。胶县惟城区及建信乡、招贤乡地质尚称肥沃，其余各区除中地外，或近海滩，或系山岭，硗瘠①皆未能如所计收入。若遇水旱虫灾，收入定然锐减。而一切婚嫁丧葬、庆吊往来及葺屋修墙等费均取给于是，恶得不拮据艰难耶？近年来赋敛重叠，负担加重；兵匪滋扰，损失无算，是又受战事影响，不可以常势论矣。十九年收获可称十成，既而地瓜干遇雨霉变，减去五成，人民又现恐惶之象。

〔丙〕生活情形　由上列各条观之，全县人民以农业最占多数，而收入最廉，处境最苦。今观《胶澳志》所载与胶县农民状况相比例，大致不甚悬殊，兹摘要揭载于左。

乡民对于衣食住三项经费，以食为大宗，大约每年每人需钱三百吊至四百吊。假定以最廉之甘薯俗名地瓜。计之，每日平均三斤，约值铜元五十枚，每年需铜元一万八千二百五十枚，即钱三百六十五吊余文。加之他项食物，则去四百吊不远矣。故乡民终岁辛勤所得十之七八用之于食，衣服所费不过一二成，居住则更占少数。乡民之食事，冬季朝、夕两餐②；春夏则朝、午、夕三餐；通年食物以甘薯为主，杂以粟、豆、高粱、小麦。冬春食甘薯居多，夏秋食粟居多，是为主食品；自制之腌萝卜③、白菜、菠菜、韭菜、茄子及豆腐之类，是为副食品。贫民则以甘薯之蔓晒干磨粉制为团子以供常食，其他野草凡叶之柔软者莫不采以供食。彼东三省以高粱为常食，而此地则以高粱、小麦为高等之食品，其食品之粗劣概可知矣。以上

① 硗瘠（qiāo jí）：贫瘠，土地不肥沃。
② “餐”，底本作“飱”，据下文改。
③ “卜”，底本作“葡”，讹。

《胶澳志》所载乡民生活，与胶县乡民生活程度大致相同，其困难可以想见。夫耕地只有此数，而人口日增，长此以往，恐求如今日之现状亦不可能。今欲于有限地亩中增进人民幸福，舍改良农业，其道无由。

附村谚

庄农谚语多系阅历之言，虽不尽可信，亦时有微验，所谓庄稼老知阴晴也。兹附于后，以备参考。

甲子雨晴六十五。言甲子日雨则此六十五日内半阴半晴也。

南风不受北风的气，倒个来就是三五日。

谷三千，麦六十，小豆角子十二粒。谷每穗有三千粒，麦每穗有六十粒，小豆每角有十二粒，则为丰收之年。

三月口诀　初一初二雨，典庄卖儿女。麦吃三月三场雨。

四月口诀　初一初二麦丹黄，初三初四麦有糠，初五初六麦上场。言以上等日有雨，则丰歉应之。

五月口诀　五月大，大建。瓜菜葫芦不进家；五月小，小建。瓜菜葫芦吃不了。有钱难买五月旱，六月连阴吃饱饭。

六月六，看谷秀；七月七，看谷米。拖泥秀谷。豆子开花，上沟摸虾。言此时宜多雨也。

八月初一下一阵，旱到来年五月尽。

八月十五云遮月，防备来年雪打灯。言中秋晚间阴云不开，则元宵夜必下雪。

处暑三日无青穇。

交了十月节，飘起风来就是雪。以上月数俱就夏历言。

商业

〔一〕商会

政府为改良商业起见，故于民国二年，令各县设立商会，由会员共选会长，胶县共选九次。详民国职员表民众团体。

〔二〕商业状况

胶县自数百年来，久为山东省之重要商港。南来货物先是取道于元代所辟之运河，以达于胶之少海，与内地最重要之商场曰潍县者相联络。厥后，运河淤废，始完全改由海道，由塔埠头卸载货物，转移于东西北各地，一时商贾辐辏、帆樯云集，故有金胶州、银潍县之谚。自胶澳开埠，铁路交通，水陆货物皆转移于青岛，而胶县商务乃至一落千丈。加以连年勒捐重叠，兵匪滋扰，倒闭者时有所闻，以致市面萧条，迥非昔比。兹将城乡各行、各商及其他各项营业情形分别开列于下，以资考查。

〔甲〕各行今昔之比较　行业与货物之多寡相为消长。货物之流通多则行亦多，货物之流通少则行亦少，甚至于消灭无存，此大较也。兹将各行之今昔情形分列于下，以资比较。

船行、姜行、皂矾行、碱靛行、席行、粉行。以上各行昔有今无。

牙行。全县共二十七行。张仓一行因无买卖取消。故此行视昔为少。

草果行、油饼行、斗行、渔行、皮行、炭行。此数行今昔俱有。但昔有因办行致富者，今各行皆收入无多。

〔乙〕城厢各商概数　各商家数甚多，难于详查。兹就大概并今昔异同之点列表于下，以资考证。

商规模	资本商				普通商								杂业商	
营业别	钱铺		销货铺		粮食铺	药铺	西药房	点心铺	茶叶铺	酱园	咸货铺	赁铺	理发所	钟表铺
家数	昔 十三家	今 三家	昔 四家	今 无	二十家	三十四家	五家	八家	四家	二家	十家	三家	八十家	四家
营业别	当铺		大杂货铺		绸缎布	纸铺	估衣铺	书坊	笔铺	草帽店	烧货铺	烧锅	澡塘	糖房
家数	昔 五家	今 无	昔 三十家	今 三家	二十家	二十家	四家	二家	三家	三家	三家	三家	四家	五家
营业别	油铺		瓷器铺		煤庄	饭馆	酒馆	旅店	小杂货铺	屠宰坊	漆店		照像馆	印刷局
家数	昔二十家	今二家	昔十家	今三家	六家	五家	八家	三十家	百家	五十家	一家		二家	七家
备考	所谓昔指二十年前言				此类商今多于昔								此类商近年始盛	

按以上所列，资本商昔多于今；普通商、杂业商今多于昔。总之，以家数言，可抵昔日而有余；以资本言，不抵昔日之二三；至营业货物，不外输入输出两大宗。兹分别列之于下。

〔子〕输出土货　胶县商业之衰落既如上述，然土产之出口每岁尚不在少数。试就最近调查所得，平均数列表于左。

土产类别	花生	瓜子	花生油	豆油	洪泰火柴	毡帽	毡鞋	白菜
行销地域	上海 东西洋	上海	上海 东西洋	上海 及各省	上海　济南	上海　宁波 福建	烟台 东三省	上海　日本
每年销数	五百万斤	八十万斤	五千篓	五千篓	万箱	五万顶	三万双	二百万斤
单位价值	七分	一角二分	二十五元	二十四元	三十元	六角	三元	一分
共计价值	三十五万元	九万六千元	十二万五千元	十二万元	三十万元	三万元	九万元	二万元
合计	一百一十三万一千元							
备考								

〔丑〕输入外货　外货输入为胶县一大漏卮①。兹据民国十九年商会调查各种外货输入大宗列表于下。

来路别／货类别	西洋货			东洋货		外省外县各货					
器用类	英美平白铅条	美国美孚灯	西洋桅灯大板	东洋茶杯	日本玻璃砖镜	东洋灯头大板	江西磁器	山西铁器	福建木料	宁波竹竿	
服用类	各项洋标	各项洋布	各项洋绸洋缎	日本花素织贡呢	日本缎	东洋毯子	上海袜子卫生衣	周村各项绸绫	杭州各项绸缎	沙河草帽	潍县土布
食用类	德国冰糖	英国白糖	吕宋红糖	东洋白糖	东洋冰糖	台湾红糖	上海姜片	上海罐头			
消耗类	美国美孚油	英国亚细亚油	英美烟公司烟	东洋雪花膏	日本美人牌牙粉		江苏福建河南浙江纸张	广东杭州冥洋	广东潮州锡箔	老河口漆	汉口桐油
备考											

以上所列多供本地需用，转移于外埠者甚少。其销数虽无确实统计，大约视输出货价值为多，诚不免利权外溢之患。至一切化妆品、饰美品、浮华品，市肆中尤占多数，更足引人入奢靡之习，而为居家者所当戒。近因关税自主，入口税增加，洋货尤形昂贵，其为日用所必需而国货无可替代者，厥惟煤油一项，有民社之责者，似应注意于此也。

〔丙〕城厢以外各商概数　乡间及外埠各商调查愈难。兹仅就约数开列于下。

〔子〕四乡各商

王台百家，张应十家，铺集八十家。

〔丑〕外埠由胶人组织各商

青岛二百家，红石崖五十家，塔埠头三十家，诸城三家。

〔丁〕市集　小本经营，无力购置大宗货物，乃于市集间懋迁有无，以博微利。亦便民利用之一途也。兹将城乡各市集分述于下。

〔子〕城市

城市，在西关沙滩，以每旬二、七、四、九为期，有牛驴骡马等交易品。其余各市分布四关各街，如粮食市、菜市、果木市、地瓜干子市、大鱼市、小鱼市、肉市、草市、扒市等，均于午前集合，午后即散。不同沙滩市之有定期也。

〔丑〕乡市

建信乡共六市。详“建置”。

利涉乡十二市。详“建置”。

---

① 漏卮(zhī)：有漏洞的盛酒器。此处比喻使国家利益外溢的漏洞。

实济乡十一市。详“建置”。

沾化乡共五市。详“建置”。

招贤乡十三市。详“建置”。

利民乡共十市。详“建置”。

〔戊〕山会 各乡市集以外又有特别山会，初由附近首事人等指定旷地择期布告，召致商人陈列百货；每年或一次或二次，每次或一二日或三四日不等。会期内交易繁盛，各行俱有。其兴盛者有外洋赛会情形。若能因势利导，评定甲乙予以奖励，则鼓舞而兴起者定有蒸蒸日上之观。兹将各地山会列表于左。

山会地点	王台	牛沟	市美	良乡	六旺	张应	谈町铺	百龄山	九龙山	庙子山
离城方位及里数	正南五十	西南七十	西南一百二十	西南八十	西南一百	西南七十	西南七十	西南六十	正南二十八	正南五十五
会期	二月二十六日十月二十八日	二月二十一日四月日①	六月十六日	四月二十日	六月十日	四月二十二日	二月二十三日十月二十三日	二月十一日	四月二十二日	三月十六日
山会地点	遥望山	柏乡	马虎庙	晾甲埠	王柱	双凤山	龙泉	老君塔	七宝山	
离城方位及里数	西南七十	西南八十	西南七十	正南六十	东北三十五	西南八十五	东南五十	正南六十五	西南七十	
会期	四月十八日	一月二十九日								

〔己〕交通 民生需要衣食住之外，厥惟行路。近日胶县汽车营业逐渐发达，亦足征道路之改良而民行之日趋便利也。兹将各汽车营业情形列表于下。

汽车名称	胶红	红莒	胶平	日卫	胶东	台泊	济众
资本	三万元	二万元	三万元	四千元	二万元	五千元	
车数	三部	客车三货车一部	二部	二部	二部	一部	
立案年月	十六年五月	十八年八月	十八年九月	十八年十月	十八年十一月	十八年十一月	十九年四月
起讫地名	胶县至红石崖	红石崖至莒县	胶县至平度	日照至胶县	胶县至东宋	王台至泊镇	胶县至日照
路长里数	二百一十里	三百十五里	一百二十五里	一百五十里	二百三十里	一百一十里	二百里
每月收入	一千八百元	一千〇九十四元	一千五百元	四百八十元	四五百元		
每月支出	一千六百元	二千一百元	二千余元	八百三十元	六七百元		

① 此处，底本日期阙如。待考。

按：上表据建设局调查所得，观此则除胶红外，皆在赔累之列。然赔累自赔累，进行自进行。推求其故，盖个人营业则获利，公司营业则赔累。一方面赔累，一方面必有大获赢余者，非其业之不能获利也。故虽时有倒闭，而继起者踵相接，是在人之善为经理耳。近来省政府鉴于商办之流弊，实行官商合办；以胶莱局、泰峄局委员管理胶县汽车事宜，原公司准以汽车入股。

工业

〔一〕工会

详民国职员表、民众团体。

〔二〕工业类别

〔甲〕机器工业

〔子〕工厂

洪泰火柴工厂，民国十二年成立，工人约四百余名；凤泰洋车工厂，十四年成立，工人约十五名；复东面粉工厂，十六年成立，工人约三十余名。

〔丑〕印刷局

复和、同源聚、昌鸿、双珠、瑞增福、同信、大同，共七家；合计工人三十余名。

〔寅〕纺织机

共十余家，合计工人三十余名。以上工人约共五百余名。

〔乙〕手工业

胶县手工素以灵巧著称，如铜万寿香炉镌古篆文，精致可爱；锡仙鹤烛台，象形维肖，以绸绫堆三星图及其他人物，面目如生，人多购备以为赠送品。又如史灯张签今为历禁，昔属时尚，一时名驰远迩，特以囿于故步，不能推陈出新，日进有功，故外洋巧制得起而驾乎其上。至于普通工业，又为机器工业所压迫，此其所以不振也。兹将城厢手工业约计概数列表于左。

工业别	铁工	银工	锡工	铜工	花边工	麻织帽工					
家数	二十五家	四家	十家	五家	一家	西关一家	附城村庄数处	罗家村一处	附近卢公、韩信等处	龙泉庄一	附近王台二十余处
工人概数	一百名	二十名	八十名	二十名	三十名	六十名	二百名	四十名	二百名	六十名	五百名

工业别	绳工	鞋工	染工	成衣工	毡工	扎纸工	刻字工	画工	窑工			
家数	四十家	三十家	二十家	十家	四家	十家	二家	二十家	田家窑三	叶家窑四	南庄一	周家庄一
工人概数	二百名	一百二十名	六十名	三十名	八十名	三十名	十名	六十名	二十名	三十名	三十名	二十名
合计工人	二千名											
备考	麻制帽以南方极细韧之麻，制成凉帽出售，因价值昂贵，用者多系外国人，华人购者甚少。											

以上各手工业，惟毡鞋毡帽销行广而获利厚，余则利益微薄，不能与机器场竞盛，其势然也。惟麻制帽、花边两项工业，虽系手制，而资本规模较大，与昔之绸①庄相似，不可与他手工例视。

〔丙〕工人概数及工资　以上工业均就胶县境内者言。兹再就境内境外各处工人概数并工资数列表于下。

工作地点		胶济铁路	青岛四方沧口各厂	汽车公司	机器工厂	手工各铺	各机关工友
工人数		三百人	千人	五十人	五百人	二千人	五十人
工人每名每月工资	最高率	三十元	二十元	五十元	二十元	十元	
	最低率	十四元	十元	三十元	十元	六元	
	平均率	二十二元	十五元	四十元	十五元	八元	八元
共计月资		六千六百元	一万五千元	二千元	七千五百元	一万六千元	四百元
总计月资		四万七千五百元					
每年工资		五十七万元					
备考							

按：上表所列工人数为三千九百名。每年收入数为五十七万元。平均计算，每工人一名每年可获收入一百四十六元有余，等于农人劳力所得。但一部分工人处繁华之地，立应酬之场，往往收入多而赢余少，反不若农人之尚能积蓄，是宜导以节俭而引入于贮蓄之途。

附家庭手工

席　出胶县南乡山家村，编成后四处售卖。

蒲鞋　冬天著之可以御寒，出胶县北洼。

蓑衣　蓑衣草出胶县乡间，制此者众，或以自用，或发售外县。

蒲包、席包　胶县西关芰子湾涯、浮萍湾涯两家制此，皆他县流寓于胶者。按此物用途颇

---

①“绸”，底本作“网”，讹。

广。昔所用者多由西来，现胶地既开始制造，将来学制者多，可以抵制外来货。

布雨伞 此伞出自潍县，近来胶县亦有学制者。

以上手工或农隙工作，以当农业之补助；或常年制造，以为历久之经营，要皆无力开办商号，只于家庭间男、妇、子女协力造作，以代胼胝之劳，故谓之家庭手工。若能逐渐推广，亦发达营业之一途也。

地方自治

胶县自治未成立以前，省会有自治筹办处，各州县有筹备自治公所、自治研究所之设。民国十二年，自治未恢复以前，省会又设自治筹备总处，胶东道设自治督察处、自治讲习所。各县设自治讲习所，凡此皆为自治成立或恢复之预备。自治完成后，各处所亦因之取消。二次恢复自治，因各县或用清制，或施行八年之县自治法统系，不能一律，亦不久消灭。然自治为实行共和政策必要之定章，无废除之理，故复有地方自治筹备处之设。究之有名无实，如同赘旒。直至党政统一，始无形消灭。统观前后筹备事实，皆地方自治所由生。筹备无诚意，故自治亦不能久存。兹将上下两级自治制成立及变更始末，列表于下。

自治机关	上级自治		下级自治		附属机关
	州议事会	参事会	城区议事会	董事会	自治委员
成立年月	第一届清宣统三年十二月成立；第二届民国元年八月改选；第三届十三年十二月恢复	同前	清宣统二年五月	同前	同前
选举方法	由合县选民票选会员三十三人，再由会员互选正副会长	由议事会员就会员中选举参事会员六人，以州官为会长	由城区合格选民票举会员二十人，再由会员互选正副会长	由城区议事会会员票举董事会员七人，不以议事会员为限	由州议事会员保证长官委任
办事权限	议决自治事件及预算、决算、岁出、岁入自治经费事项，清制以督抚为监督	此会为常设之议决机关。执行机关为长官兼。自治与官治性质同	议决城区自治事件由官府并上级自治监督	执行议事会议决事件	专掌议会收支并经理公款公产等事
开会日期	每年九月一次，以一月为限，展限不得过十日		每年二月、五月、八月、十一月共四次		
取消年月	第一届民国元年改选后停；第二届民国三年二月停；第三届恢复后月余停	同前	民国三年二月	同前	同前
备考	自治初办时，经费一项以钱粮赢余并串底两项，共一万三千余串。一半充上级自治经费，一半充下级自治经费。入民国后，由田赋附捐收入项下，开支详财赋门				

附载会长及委员姓名　州议事会第一届正会长裴毓棻，副会长刘伯勳；第二届正会长高翔龙，嗣被选为省议员，由副会长高振洙顶补，裴毓棻顶补副会长；第三届正会长高振洙、副会长叶秉钧；城区议事会正会长逄名训、副会长匡纯熙。董事会总董王至勳，自治委员卢葆栋。

按：清宣统二年为预备立宪之第二年，关于各省、各县自治事宜，力策进行，克期成立。其形式上大有革故鼎新之象，乃忽兴忽灭，如露如电，而不能持久者，何也？推原其故，一由于人民无程度，一由于政府无诚意。无程度，则不能各尽职务，反于职务外妄事干涉，贻人口实；而政府对于人民，本不愿授以事权，因是借故摧残之，以遂其愚民之故智，此其所以弊也。今值训政时期，行使五权，正在进行训练之际，一旦自治完成，民权伸张必不至于向之忽兴忽灭而不能持久，有断然者请拭目俟之。

增修胶志卷五十三　祥异

祥异序

《前志》记祥异，谓皆本官署案牍，不胪野史之言义，求其信、其论当矣。夫祥者，物之朕兆，兼乎吉凶而言。异者，事殊常理，令人不可揣议。当其发现之初而必欲穿凿附会、强求证应，适以惑民之听也。兹援《前志》之例，仍题曰“祥异”，并采省志《通纪》及《高密志·杂稽》中所书，凡祥异之关于兹土者，皆补入之，亦使一邑之人知天道远，人道迩，惟尽力于人道之当然，以求合于天道，而不必于冥冥之中妄加推测也。是则祥异之记，之所以矜慎不苟者耳。

壬辰　秦二世元年秋七月，琅邪大霖雨。

壬戌　汉文帝元年夏四月，地震。

辛亥　宣帝本始四年夏四月，琅邪郡地震。坏城郭，杀六千余人。王克掞补注。

甲戌　元帝初元二年夏六月，齐地饥，琅邪郡人相食。

甲申　建昭二年冬，雪深五尺。

丙午　东汉光武帝建武二十二年，蝗。

戊申　安帝永初二年，青州大饥，人相食。

癸亥　灵帝光和六年，大有年，冬大寒，井中冰。

戊子　晋武帝泰①始四年秋九月，青州大水。

乙未　咸宁元年秋九月，青州螟。

丁酉　三年秋九月，青州大水。

辛丑　太康二年夏五月，青州雹伤麦。

己巳　六年春三月，青州旱。

乙卯　惠帝元康五年夏六月，城阳大水杀人。

辛酉　永宁元年，青州自夏及秋旱。

戊寅　元帝大兴元年秋八月，青州蝗食生草尽，至于次年。

辛卯　宋文帝元嘉二十八年大水。以上《前志》。

丙辰　宋主昱元徽四年，大风雹。

乙丑　后魏孝文帝太和九年夏四月，陨霜。《前志》。

① “泰”，底本作“太”，讹。晋武帝泰始四年，为 268 年。

己卯 二十三年夏六月，大水。

庚辰 宣武帝景明元年夏，虸蚄①害稼；秋七月大水。以上《前志》。

戊寅 齐文宣帝天保九年，山东大旱，蝗。

甲申 武成帝河清三年秋，大水。

丁亥 天统三年秋，大水，饥。

庚申 隋文帝开皇二十年冬十一月，地震。《前志》。

己巳 炀帝大业五年，饥。

庚午 六年秋，大水。以上《前志》。

壬申 八年大旱，蝗疫。

丁亥 唐太宗贞观元年夏，大旱。《前志》。

庚寅 四年，大有年。

甲午 八年秋七月，大水。

乙卯 高宗永徽六年秋，大水害稼。

庚申 显庆五年，大稔。

戊辰 总章元年，旱饥。

丙子 上元三年秋，大水。以上《前志》。

壬午 永淳元年秋，大水，饥。

戊申 中宗景龙三年，大水。《前志》。

乙卯 玄宗开元三年，大蝗。

丙辰 四年蝗食稼，声如风雨。

癸亥 十一年大风雨，海溢。查《通志》开元十一年无此。以上《前志》。

癸丑 代宗永泰八年，大有年。

丙申 宪宗元和十一年夏六月，密州大风雨，海溢，毁城郭。

壬午 宋太宗太平兴国七年春，旱；秋，大水害稼。《前志》。

丙申 至道二年夏六月，蝗食生苗。

丙午 真宗景德三年，蝗蝻生。

辛亥 大中祥符四年秋七月，蝗。

丙辰 九年夏六月，蝗。

丁巳 天禧元年春二月，蝗蝻生。

乙未 三年，大水。

壬辰 仁宗皇祐四年，大旱，自正月至四月不雨。以上《前志》。

壬戌 金熙宗皇统二年秋，大熟。

---

① 虸蚄(zǐ fāng)：一种吃庄稼叶的害虫。

丁丑 正隆二年秋，蝗。

丙申 金世宗大定十六年，蝗。

庚午 金主永济大安三年夏四月，大旱；六月，雨复不止，地震累月。是岁大饥。

辛未 四年春二月，大旱。

壬申 崇庆元年春三月，大旱。

辛卯 元世祖至元四年，蝗。

己巳 六年，蝗。

庚午 七年秋七月，旱，蝗。

戊子 十八年夏，蝗。《前志》。

乙未 二十五年，大水，饥民采橡为食。

戊申 武宗至大元年，大饥；夏五月，蝝①。

辛酉 英宗至治元年夏五月，饥。

丁卯 泰定帝泰定四年冬十二月，蝗。

庚午 文宗至顺元年春二月，饥。

辛未 二年春，饥。

己卯 顺帝至元五年，饥。

癸未 至正三年冬十二月，地震。

甲申 四年夏，旱。

丙戌 六年春二月，地震。

丁亥 七年春二月，地震。以上《前志》。

戊子 八年夏六月，大水；秋八月，雨雹。《通志》《前志》只云大水。

己丑 九年春，大饥，人相食。《前志》。

戊戌 十八年夏五月，地震。《前志》云夏蝗。

己亥 十九年夏五月，蝗。《五行志》：自大都以南，山东西至汴梁、郑、许、钧等州，皆蝗食禾稼，草木俱尽。所至蔽日，碍人马不能行，填坑堑皆盈。民捕蝗以为食，或曝干而食之。又罄，则人相食。《前志》。

壬寅 二十二年夏六月，蚜蝣生，害稼。

癸卯 二十三年秋七月，大水。以上《前志》。

丁未 二十七年夏五月，地震。

壬子 明太祖洪武五年夏，旱，蝗。

癸丑 六年秋七月，蝗。

甲寅 七年秋八月，胶河水溢。《前志》。

乙卯 八年秋七月，山东大水。

---

① 蝝(yuán)：蝗虫，未生翅的幼虫。

庚午　二十三年春正月，地震。是岁大水。《前志》只云大水，兹据王克揆注补入。

壬申　二十五年山东洊饥。

癸未　成祖永乐元年夏五月，蝗；秋八月，饥。

壬辰　十年夏四月，山东蝗伤稼，饥。

乙未　十三年夏六月，水溢，坏庐舍，没田禾。

庚子　十八年，大饥。

壬寅　二十年夏六月，山东霪雨伤稼。

丙辰　英宗正统元年夏闰六月，山东霪雨伤稼。

丁巳　二年夏四月，蝗。

壬戌　七年夏四月，旱，蝗。

乙丑　十年，山东饥。

庚午　景帝景泰元年，山东旱。

甲戌　五年，山东旱。

乙亥　六年，山东饥。

丙子　七年秋七月，大水；是岁，又饥。

戊子　宪宗成化四年夏五月，山东无麦。

庚寅　六年大饥。《前志》。

辛卯　七年秋闰九月，山东海溢。

癸巳　九年，大饥；秋八月，旱，蝗，旋大水。

甲辰　二十年，大旱。

乙巳　二十一年，山东饥。

丁未　二十三年，山东饥。

癸丑　孝宗弘治六年夏四月，旱，饥。

丁巳　十年秋九月，大水。《前志》云十年饥。

己未　十二年秋，大熟。《前志》。

辛酉　十四年夏五月，雨雹杀禾。

癸亥　十六年，山东饥。

丁丑　武宗正德十二年秋九月，地震。

癸未　世宗嘉靖二年春正月，地震；夏秋间，大水。

甲申　三年春正月，地震；是岁，山东旱。

乙酉　四年秋九月，大疫。

己丑　八年，山东饥。

甲子　四十三年，大饥。

己巳　穆宗隆庆三年夏闰六月，旱，蝗。《前志》云大水，饥。

辛未 五年冬十月，大水。

戊子 神宗万历十六年夏，大旱疫，蚜蚄害稼。《前志》。

庚寅 十八年春三月，大风，霾。

癸巳 二十一年春，旱；秋，大雨淹没民田殆尽。《卫志》：春旱，夏大风雨，拔木伤禾，雨自五月至八月不止，城垣楼铺倾圮殆尽。《前志》。

甲午 二十二年，大饥，海水溢，禾稼一空。《前志》。

庚子 二十八年夏六月，大风，雹。《通志》。《前志》云：秋，大雨雹。

辛丑 二十九年夏五月，大旱。

甲辰 三十二年夏，大水渰禾。《前志》。

丁未 三十五年冬十月，旱，饥。

己酉 三十七年秋九月，旱。

壬子 四十年，大有年。《前志》。

癸丑 四十一年秋七月，烈风淫雨数日，拔木渰禾；八月大水。

甲寅 四十二年，大水，伤稼。

乙卯 四十三年夏，大旱，有蝗。蚜蚄复起，禾稼尽，人相食。秋大疫。以上《前志》。

丙辰 四十四年夏四月，蝗，复大饥。

乙丑 熹宗天启五年夏，蝗；秋七月，大水。《前志》。

丙寅 六年夏六月，旱，蝗。

己巳 庄烈帝崇祯二年夏六月二十三日，晴昼，声震如雷。《前志》。

庚午 三年大水。

丁丑 十年夏六月，蝗，民大饥。秋七月，天雨血。

戊寅 十一年夏六月，大旱，蝗。

己卯 十二年夏六月，旱，蝗。

庚辰 十三年夏五月，大旱，蝗；冬十二月，大饥，人相食。《前志》云：沙鸡[1]遍天，夏，旱蝗。秋，大饥，斗粟银五钱，人相食。

辛巳 十四年夏六月，大旱，蝗，洊饥。

壬午 十五年，大有年。《前志》。

甲申 十七年春正月朔，大风，霾，昼晦；夏六月十一日，连夜空中响，如万马奔腾。见《府志》。

甲申 清世祖顺治元年夏，不雨；秋九月，雪。

戊子 五年冬十二月十六日夜，空中声如雷，火光烛天。《前志》只云夜空中声如雷。

庚寅 七年夏，旱；秋，大水平地，深数尺，坏南门外大石桥。

---

① 沙鸡：即莎鸡，昆虫名，生活于草地上。雄虫的前翅部有发声器官，发出像旧式手摇纺车的声音，又名络丝娘、纺织娘。在古代意象中寓意兵祸、灾难。

辛卯　八年，州署灾，前后毁烬。本《府志》未详月日。冬十二月二十八日，雷。

壬辰　九年春三月二十四日，霜；夏五月初三日，雨雹大如鸭卵，平地深尺余，禾尽伤。

甲午　十一年春正月二十三日，大风，其色赤。

丙申　十三年冬，大雪，人畜多冻死。

戊戌　十五年，有黑虫，昼伏土中，夜聚鸣如雷，食树叶几尽。次年复然。

己亥　十六年夏，雨雹；秋，淫雨四十余日，坏州城，没民庐舍，禾尽伤，大饥。

庚子　十七年夏四月初一日，雨黄，雨沾衣尽黄。

辛丑　十八年夏六月十一日，空中响，如万马奔腾，经夜不绝。次夜复然。

乙巳　圣祖康熙四年，大旱，饥。

戊申　七年夏六月十七日，地震，大雷雨，坏城垣、庙署、民居，压死九十余人。

庚戌　九年冬，大雪，奇寒，树木多冻死。

乙卯　十四年夏四月十七日，陨霜杀麦。

十七年秋七月，大雨伤禾，饥。

十八年，旱饥。

四十二年，沙鸡过，淫雨害稼。

甲申　四十三年春，大饥，人相食；秋，大疫。有蝇自北结阵而南，所至疫作，全家没，村落成墟，后投海死，潮出成堆。

戊戌　五十七年秋七月，大风拔木。

己亥　五十八年秋七月，大水，平地深丈余，城垣崩圮，漂没民舍无算，饥。以上《前志》。

庚子　五十九年春，大饥，斗粟千钱；夏，蝗；冬，无雪。《前志》云春大饥，斗粟千钱。夏蝗。

辛丑　六十年，大旱。

壬寅　六十一年，大旱，无麦。

癸卯　世宗雍正元年春三月，大风，霾。《前志》。

乙巳　三年春，饥。《前志》。

己酉　七年冬，沙鸡来。

庚戌　八年秋，淫雨自六月至七月，河水瀑涨，伤禾。《前志》。

辛亥　九年，饥。

丙寅　高宗乾隆十一年夏，淫雨害稼；秋饥。

丁卯　十二年春旱。秋七月，大风害稼，海水溢；大饥。冬，狼食人；十月朔雷。

戊辰　十三年春三月，蝗蝻；夏，大疫，大水没田禾，饥；连岁饥，斗粟银一两一钱，人民流散。秋，海大鱼出，长数丈；冬，狼食人，白昼入城。

庚午　十五年春，大饥；三月，雪，河水冰，桃李花落。夏，大疫，五月雨雹。冬十月朔雷。以上《前志》。

戊子　三十三年春二月，大风，霾，人有被吹至数里外者。讹言截发地生毛。

庚寅 三十五年，蝗。

庚子 四十五年，监生张钺年百岁。《前志》。

癸卯 四十八年夏四月，旱。

乙巳 五十年秋，歉。《前志》。

丙午 五十一年，大饥；秋，大疫。

丁未 五十二年夏，有麦。

戊申 五十三年夏六月初九日夜，大雷雨，河水涨，没庐舍，溺死多人。以上《前志》。

己酉 五十四年夏秋，淫雨害稼，连绵近六十日。冬十二月十一日，雪后电雷。

庚戌 五十五年春三月，陨霜杀麦。

甲寅 五十九年，大饥。《前志》。

丙辰 仁宗嘉庆元年，纪刘氏年八十四岁，五世同堂。岁贡生纪岳之母，敕赐银缎，额“坤贞衍瑞”四字。

辛酉 六年春正月初九日，大风。

壬戌 七年春正月，大雪。

癸亥 八年春正月，大雪二十一次。

丁卯 十二年春，旱；二月十七日大风，至十九日止，损民居。秋七月，大风害稼，海水溢，巨鱼见灵山岛。

庚午 十五年春正月十六日，红尘蔽天，至酉刻息；秋八月初四日，大水害稼。

辛未 十六年夏，大旱，饥。岁贡生张克宽妻，年百有二岁。

壬申 十七年春，大疫，淫雨害稼，大饥。

甲戌 十九年，周熙文妻王氏年百岁，五世同堂；张冷氏年九十六岁，五世同堂。

乙亥 二十年，武举周大诏妻蔡氏年百有二岁。事详“贞节·邢氏传”。高攀锐妻崔氏年百岁，五世同堂。

丙子 二十一年春三月二十三日，大霜伤稼；长子县知县纪在谱妻杜氏年百岁。道光五年卒，百有九岁。

丁丑 二十二年春二月二十七日，大风，其色黑，飞沙石，人畜有吹入海者。监生傅珩年七十九岁，五世同堂。

戊寅 二十三年秋，淫雨害稼。

己卯 二十四年夏，大雨水损民居。

辛巳 宣宗道光元年夏五月十九日，雨雹；六月寒秋；七月瘴疠盛行，死亡相继至，次年方止。

壬午 二年冬，王绣隆妻史氏，一产三男。官赐银四两、缎一匹。

戊子 八年秋七月初九日大雨，河水溢，损民居。

己丑 九年秋，狼食人；冬十月二十三日地震。监生匡域妻鞠氏，年百岁。

庚寅　十年，李元聚妻赵氏，年百岁。

壬辰　十二年夏四月初一日陨霜，微冰损麦；秋七月大疫；八月淫雨害稼，二十二日河水溢。

癸巳　十三年，岁贡生傅松龄年七十一岁，重逢五世同堂。松龄，珩子。

甲午　十四年夏五月十二日，有风自西南至，色赤，热如火，人畜有感暍①死者。

乙未　十五年夏五月，淫雨，秋大水伤稼，大饥，暴风损海舟。雷用极妻赵氏，年百有一岁。

丙申　十六年春，大饥，道殣相望；秋七月初五日，大风拔木；冬大疫。

丁酉　十七年，大旱；自五月至七月不雨；秋九月，蝗蝻生。

戊戌　十八年，王学洙妻高氏，年九十岁，五世同堂。

己亥　十九年春，久阴害麦；夏五月二十六日，风雨，城东罗家村坠一龙，鳞甲皆见，坏田禾数十亩，逾时，复一龙引之而升；秋七月淫雨损民居。附贡生王翼周年百岁。

庚子　二十年夏，旱，蝗；秋，淫雨损禾。

辛丑　二十一年春，正月二十六日大风雪，飞沙成堆，屋瓦交飞，行人多冻死。夏六月，雨雹，秋大熟。

壬寅　二十二年夏四月，淫雨损麦，十三日，小珠山大雨雹。秋，有年。

癸卯　二十三年春三月，胶西书院灾，正楼及配楼皆毁；冬，疠气盛行，伤童幼甚多。

甲辰　二十四年春夏，多雨损麦；冬十二月二十八日夜子刻，雷电。

乙巳　二十五年夏有麦，北鄙蝗不伤稼；秋大熟。李正仁妻唐氏年百有三岁，五世同堂。监生孙廷连妻王氏年百岁。王秀章妻李氏年百岁。《前志》无王秀章妻。

丙午　二十六年，姜廷璸年八十七岁，五世同堂。以上《前志》。

辛亥　文宗咸丰元年，赵绪年九十八岁，五世同堂。

二年，丁世宽年九十岁，五世同堂。

辛酉　十一年春二月，磷火昼现。高辛元《南匪志略》：每晚磷火遍野，不甚避人，渐至白昼；亦现南山，东乡尤多。

丙寅　穆宗同治五年，王大民一百二岁，弟大展年百岁，均五世同堂。

庚午　九年，灵山卫进士王应蔚母刘氏年九十七岁，五世同堂。

乙亥　德宗光绪元年，王恺妻于氏年九十四岁，五世同堂。

丙子　二年大旱，饥。

丁丑　三年，于凤来年八十五岁，五世同堂。

己卯　五年，杨璞妻夏氏八十五岁，五世同堂。

---

① 暍（yē）：中暑。

六年，圣庙随朝伴官王熉妻赵氏年九十二岁，五世同堂。

十一年，大水。

戊子 十四年夏四月，大雨雹伤麦，五月地震。《通志》。

己丑 十五年，灵山卫进士王应蔚妻逄氏年八十七岁，五世同堂。

庚寅 十六年秋七月疫。

壬辰 十八年夏五月，大雨害豆苗。

癸巳 十九年秋七月，飞蝗蔽日，秫稻被食一空。

丁酉 二十三年，监生张元绥年九十五岁，五世同堂。

戊戌 二十四年，乡饮耆宾陈志山年七十九岁，五世同堂。

己亥 二十五年春，大旱，秋七月蝗害稼。刁焕章妻阎氏年九十二岁，五世同堂。

庚子 二十六年秋，有黑虫遍地，食谷穗几尽。

辛丑 二十七年，王续俭年九十六岁，五世同堂。

壬寅 二十八年，大水；秋七月疫。

癸卯 二十九年春正月雷电。徐守纲妻宋氏年九十一岁，五世同堂。李中山妻姜氏年八十八岁，五世同堂。

甲辰 三十年，附贡生候选训导孙彝炳妻陈氏年一百零一岁。王庆安妻卜氏年九十五岁，五世同堂。

乙巳 三十一年，儒童臧永连妻张氏八十六岁，五世同堂。

丙午 三十二年冬，地震。叶廷初妻王氏年百岁。

丁未 三十三年，大水。姜本恕妻王氏年百岁。

己酉 宣统帝元年，四品封典李金斗妻栾氏年一百零五岁；寿民胡玉阶年百岁。

庚戌 二年春正月，空中有声如雷鸣，自东南而西北；十二月，晦，大雨终夜，河水暴涨。乡饮耆宾匡志懋年九十岁，五世同堂。

辛亥 三年春正月，大疫。西人名为鼠疫。秋，连月大雨，河水涨溢。

中华民国 三年春三月，灵山岛海云变化，望若城市，忽隐忽现，竟日始灭。昔人称为海市，疑即此。是年大水。

四年，夏六月大雨，河水涨溢。

六年，清候选训导王六谦妻孙氏年八十八岁，五世同堂；乡饮耆宾萧钺年八十岁，五世同堂。

七年秋，疫。

九年，冷继训年八十八岁，五世同堂。

十年春三月，无风，天色昏黄；秋八月，日赤色而无光，傍晚色愈浓，望之如血，旬余始退。刁瑞年妻吕氏年八十一岁，五世同堂。

十一年秋七月，大雨，云墨二河涨溢。冷继训妻杨氏年九十岁，五世同堂。冷岱年九十六岁，五世同堂。

十二年大有年。刘文英妻赵氏年八十九岁，五世同堂。灵山卫农人石璋年百岁。

十四年，刘云德年八十五岁，五世同堂。清候选分州高振本妻于氏年八十四岁，五世同堂。清封登仕郎韩殿荣年九十三岁，五世同堂。

十五年，清乡饮介宾王锡璋妻贤氏年七十七岁，五世同堂。

增修胶志卷五十四　杂述

杂述记序

《前志》原序曰：《曲台礼》有“杂记”，盖五礼之末节，不专一义，故曰杂也。《五代史》有“杂传”，以其人历事数主无可入之代也。然使删之，则礼有不备，而史事缺矣。《易》称：玄黄，天地之杂然，则天地犹必待杂而后形色备，况儒者载笔能特取其纯哉。《孟子》称诸侯三宝曰：土地、人民、政事。地志之家，大抵以三者为义，故分其类：曰地理，曰人物，曰事迹，而总曰“杂述”，盖善恶巨细大备矣，后之览者，其庶亦有鉴于此乎？

地理类

州山考　崔季珪，清河东武城人。年二十九，就高密郑康成学。黄巾破北海，康成与门人避难不其山，以谷籴悬乏，罢谢诸生。季珪既受遣，而寇盗充斥，西道不通，于是周旋青齐之郊，作《述初赋》。其序云“登州山以望沧海”，封演①云：朱山西北数十里有春秋时淳于城，淳于即州国。吴楚之人谓“州”为“朱”，然则“朱山”宜名“州山”也。季珪失路徘徊当于此。

法若真“胶海说”　大海自南来，淼渺澎湃，苍茫亡涯，舳舻天落，瞬息千里，虽有数百万屯兵列寨岛屿，亦无所用其战守。其水汇于庙湾口，横青云山，下鹰游门，历海州、安东、日照诸岸，直抵即墨之女沽口。旧有胶即营塞其冲，去胶百余里，大洋东绕劳山，又东北数百里，过成山头，浮登莱，达天津，泊碣石。其洄流西转淮子口，山薄水面，水在山尖，长年操楫委蛇于水痕乱峡之间，稍攖石角，舟即碎，以故商舶轻渡，乘潮入守风湾。再十余里，滨水近胶之南门，与云溪上下。溪之北岸数武②为胶州，西黄埠，北王家屯，东葛埠、驼岭，四围城不过十余版，约二里许。内州衙文庙，外仅瓦草舍二百余户，惟前高阁臣遗宅，僻西隅，为总戎衙舍，其绅士、居民悉环处。三关诸将兵皆与民比屋，峙粟停蒭，不能日计。或水旱雨雪，皆走马弯弓待举火于十里外，时登城陴望东南，海潮洸洸一线，在二劳山腰，

① 封演：唐渤海蓨（今河北景县）人，天宝末登进士第。其著述有《封氏闻见记》，是唐代社会文学史料，其六“二朱山”条引崔琰（季珪）《述初赋序》。崔季珪曾随其师郑玄避黄巾难于不其（今青岛城阳区）。

② 武：古代以六尺为“步”，半步为“武”。

其飞流横波，重险门户在日照南。

法坤宏《学古编》　明万历二十四年，太监陈增来开矿，所至横索民财。富家良田、巨室、名墓、甲第，指以为下有矿脉，非重贿不得免。今治南七宝山、铁橛山、大峒诸矿坑，皆当时所掘也。

法坤宏《双景水车记》　滨沽水为胶之东乡，地卑湿而多水患。沽，《春秋传》所谓姑、尤是也。下流由此入海，夹岸居民蚁高阜起庐舍。夏秋雨集，河流涨发，穿防决渠，弥漫平隰，远近诸村，隐现沈浮，如漂萍之点水面。岁己巳，余徙居双景村，村仅百家，西枕河堤，四面隆起而中洼。自丙寅以来，霖雨为灾，潦水积久不退，汲薪者缚筏往来。余来乡，他务未遑，于是先谋所以祛此患者。木工陆姓，多巧思，能以意造水车，村民请试之。余周视地形，得村之东南窑湾，广可十余亩，旧为蓄水地，今堙作田，水无所归，逆流入村，与积水合。乃治窑湾，复其旧，纳水湾中，其洿深不可导者，水车激出之。时农务方急，工匠杂遝至村，民裹粮往食惟恐后。自经始以至告成，凡十日。工既竣，余矢之曰："水车之作，以除患也。请无防川，无竭泽。苟渝此盟，不得用吾水车。"以上《前志》。

马蹄泉　在城东五里堆村后，为张庄河之西源。《高志》谓：源出石孔，状若马蹄也。泉水味清冽，嗜茶者多往取之。其地树林阴翳，山石起伏，风景绝佳。民国四年，县知事吴镇涛凿池于其南，以蓄水焉。

大珠山石门寺　为邑名胜之一，殿壁有平山和尚留题《秋怀诗》十七首，今已磨灭。寺前有卧象石，状如象背，镌"卧石"二字，诸城刘子羽翼明书。寺西廊为法太史若真读书处，榜曰"磨铁庵"，系黄山手题。寺东南崆峒寨后，削壁数丈，上刻"青华岩"三字，大径尺，去地丈余，未识何人所作。

石耳争奇　即艾山东石、西石，为邑八景之一。石突起于山之左右，若两耳然，形势尤以西石为胜。自背望之，挺然孤立，高欲侵云。其前则土堆地盘，大可十亩，凡三层，下层一院，有住持室；中层一院，有小殿三楹；上层一院，内亦小殿。院东南隅有巨石一，曰望月台。西则一厢，厢后修篁丛莽，下临旷野，幽峭绝伦。清同治间，邑人赵湘圃兰洲，尝读书于此。内题"斗室"二字，宋隽圃纯书，笔力遒健，墨色如新。立此院中，仰观石巅，尤不可以寻丈计云。

匡氏嘉树园　初名享堂，所以祀其始祖者，创于明成化十三年。给事中匡铎始修为别墅，自嘉靖四十年迄万历四十年，台池亭树始备。清顺治十年，海时行叛，焚为灰烬。其七世孙匡范有《嘉树园记》，甚详。后其地夷为民居，然犹名为花园。今刑部主事杨阶①家犹存合抱之木，曰红叶树，叶大如柿，暗而绉，以簪书之即成赤文，历久不渝，霜降则全叶变红，虽远游历者未尝见之。或古所谓题红叶者即此，无俟笔墨乎？诚三百余年之硕果也。想见尔时奇卉异木之多，宜其园以"嘉树"名焉。《前志》。

高太傅别墅　在城东南五里，后归王氏。台池重整，为游观名胜地，名池子厓，今废。

---

①　"阶"，底本作"楷"，讹。据民国《增修胶志·艺文志》改。

邑人宋兆彤《游王氏池亭》诗：满地桐阴覆绿苔，酴醾架下一秤开。子声初落鸣禽散，花片扑衣如雨来。《前志》。

连家园 传为连将军洗之园，在城西南二里。墙外有将军墓，园屡易主。乾隆间，杨孝廉维梁重整为宴集之所，今亦荒废。广文纪熙清诗：葵扇蕉衫六月天，绿阴亭下看流泉。花明鸳锦初经雨，树老龙麟不计年。一局纹楸风过竹，半坛醽醁①月当筵。主人潇洒浑无我，遮莫园名仍姓连。《前志》。

杨家园 即嘉树园之遗址，然特园中之一隅耳。杨比部阶结构池亭，莳花种竹，经营数十年而成。铁尚书保题其馆曰水木清华之斋，后归傅氏。清光绪中季，重加修整，为邑人雅集之所。民国十年售于工人陈某，经栖霞李涵清购而新之，然非复曩时胜景矣。

王氏助息园 在城西南隅。先是为宋氏西园，后为孙太史汶宅。邑绅王亘购为别墅，传至孙葆崇，辟而新之，名曰助息园，有花木竹石之胜。清光绪末年售于邑人王兰徵，未几又为瑞典国牧师重价购去，改为耶稣教堂。邑诸生王少楚大来代周广文骏声题助息园诗曰：别墅荒芜二十年，重修端赖主人贤。玉兰烂熳香迷路，银杏扶疏翠□天。风约松声调绿绮，月留花影覆青毡。晋卿偏爱招名士，摩诘何妨筑辋川。多酿醇醪②三百瓮，联吟韵语数千篇。知君谁与寻同乐，不是诗仙即酒仙。补《前志》。

明弘治年，知州曹嵩有“胶东八景”诗刻，序云《旧志》即景原有八题，俱详金石。清康熙年，《志·艺文》载明学正王振宗所咏八景诗，即诗刻序所引之八景也。按：王振宗，永乐七年任，则永乐时之《志》已有八景矣。康熙年《志》又载明邑人赵慎修所咏续八景曰陇树春云、山城晚照、莲塘横晓、柳径含风、溟峰吐月、石濑秋吟、古墓寒烟、遥村霁雪。乾隆年《志》更定八景曰双珠嵌云、胶河澄月、石耳争奇、灵岛浮翠、铁橛悬泉、少海连樯、介亭春树、麻湾渔乐。视前稍觉切当，究亦各凭臆见，无关考稽。但久为学士吟咏所寄，姑志其目于此。《前志》。

人物类

戴良 字淑能，浦江人，元至正间授淮南、江北等处行中书省儒学提举。迨浙东已隶明籍，乃避地吴中；又挈家泛东海，憩登莱，求间行归扩廓军不得达，侨寓昌乐，访求齐鲁间豪杰，奋欲有为，而卒无所遇。洪武六年始南还，隐居四明。十五年，召至京师，试文词若干篇，欲官之。以老病辞，次年卒于寓舍，盖自裁也。其《抵胶州》诗云：“舟行无休期，晨夜涉风水。蹈越历吴乡，乘楚造齐鄙。逗浦波尚崄，即陆路才砥。依稀见州郭，仓皇问官邸。土墙讶半颓，草屋惊全圮。所幸民俗淳，稍使客情喜。北来既旬月，西去尚几里。严程谓已近，危途方始此。沮洳浩茫茫，菅茅复靡靡。幽燕去魂断，伊洛望心死。日暮坐空床，浩然念枌梓。”又云：“自入胶东路，乡邦此地赊。人悲西候日，帆乱北溟霞。民俗农为业，

---

① 醽醁(líng lù)：美酒名。

② 醇醪(chún láo)：浓烈精纯的美酒。

州城土作家。驿楼何处是，庭树暮栖鸦。”

大明宝训 永乐十九年五月壬戌，给授阳武侯薛禄等铁券，并封赠其三代诰命。上谓禄等曰：“卿等事朕久，勤劳亦多，所以致此不易矣。但人情位高易骄，禄厚易侈，宜思得之不易，保之维艰，则安荣始终，传及后嗣。勉之勉之。”

孙鼺 山西阳曲人。《山东通志》：正德间任观城令，有惠政，民甚爱之。寻擢知胶州，卒于官。其子厚扶柩归里，观城民留其柩葬之，并为卜宅于观城之南郭，遂占籍焉。

张谦宜《杨将军轶事》 顺治初，东征多名将。杨翼明者，柯都督之偏裨也，骁勇善战，于山隅扶台甬射获盗魁韩继本，州境以平。东剿即墨逋寇，俘黄宗贤，斩其头授县人。从贼郭尔标，箭贯喉而死。北讨平度搔搭毛，贼伏秫林，股中五枪，血凝靴袜，归而洗疮，饮酒，天明束帛复起，率众酣战，遂殪勍敌。翟五和尚漏网求和，佯许其降，会于大豁口神祠，豫藏短刀于侍神后，烧猪酾酒，袒饮极欢，醉则互为角抵试力，扼和尚于逼狭处，犹哗不止，近土偶矣，抽刃刺死。北方之伏莽以靖，后随柯将军移镇赣州，数年官至湖广提督。

张谦宜《胶镇志》 世祖章皇帝知镇兵蚕食军民，致奸富卒骄不可使，乃罢镇兵，务休息。自顺治十一年，戍守皆沂镇偏校或抚标委署，其可纪者曰：洪进、王守居、温其厉、陈国隆。客兵土著不过千人，会厦门贼风漂战棹，入登窑口，杀毛千总。兵部议改胶镇为营，选参将吴友名从江西来，掠贵俊子弟为优伶，即在官可知矣。沂镇旧驻沂州，邻蒙阴、莒州、沂水，万山含岈，马贼昼夜间出，总兵臧延龄战不给，惧且得罪，贿巡抚耿淳，摭登窑口事。于顺治十五年，移延龄镇海，徙友名。即墨今为营，胶州遂为沂镇治所。及厦门平，海禁弛，镇名卒不可改，然亦颇减损已。延龄逸乐死。十七年，李永盛总兵，短小无勇力，十八年从征巨齿岈贼，丁七掣其胄，后失大憝逮下狱。康熙元年，佟将军辅圣总兵，辽东贵族也，少立战功。仗一黄骡，日行八百里，驰骤山峪如飞，将军贵犹骑爱之。仁而有威，甚廉俭，然好赈贫士，以公正为搢绅推服，非如海时行巧险餂①人钱者。有权贵求其骡，怒不与，乃调天津，又左迁，忿悒卒，州人思之。自佟将军却陋规，镇府已贫薄，李克德来，更侈泰，庐儿多不法，兵横行，顾家门贵盛天下。无事，手弩、臂鹰、抱狗，领妻子媟游闾巷而已。吴三桂反，书闻，震慑不敢坐厅，奴子多买毡帽，婢妾竞效汉女妆，数向僚佐言：“我故明李永芳种。”其呆悖如此。部将犯下海禁，受筏户赃用，贿得不罢。十三年四月一日，克饷，酷兵几杀监支，知州孙蕴韬、克德被甲杜门，出剥银以悦众事。张丐秀才、里长出，讳结党②戎首，酒狂徒笞之。克德上山，中风死。十六年，周卜年总兵好酒色，时入旧家攫古玩，遇下苛，几为家人所刺。皇帝独断除其名。惠占春者，流贼革里眼、名登相儿也，以参将署都督佥事来总兵。逆种不良，好与民事关说诈财，尤轻薄狂躁，其所建白舁轿夫，纯黑衣材官，执红枪，殿呵呼“威武”至。欲改先师冕旒像，淘废井，求叛兵妇首饰珠玉。与知州黄章互

① 餂(tiǎn)：诱取，骗。

② “党”，底本作“當(当)”，应是二字“當”“黨”形似而讹。据上下文义改。

讦败，方狱急，夜起彷徉，谋杀知州反，武游击以兵劫之止。会兵部议裁镇，祸乃息。此后定改胶州营，铲沂镇弊，号兵不满千，设副将。初任李世兴，老死。次周洪昇，以从征噶尔丹升守京口。继之者王应虎、姜际龙，不久迁官去。贤将金国正，陕西人，能御海寇，息饥氓之乱，战士历凶年无哗者，今为总兵官镇平阳。王景奭者，狗监小儿，得官骄横，州刺史畏如狮豹。兵与士讼，必辱以悦之，民则鱼烂矣。后调云南，人以为放逐云。今任副将李麟，本劾退官居京师，从猎关外马侍卫获生麋，使献，得授职。性狡黠，尝导州牧为非，今升登州总兵，西征。后来者副将王珏，奋威将军之孙也，镇与州相表里。顺治中能抗总兵护百姓者，有廉平知州赵民善。康熙初，州镇俱贤，和协清静而治者有郎熙化、孙蕴韬。乃甘为奴隶构衅、媒糵①、生事自喜者，革职贪官徐世臣。与之角而幸胜者为丁忧知州黄章，然亦相君子，多微巧以济。其与海时行忤、先以他事褫而免于祸者，文吏王星华也。以上《前志》。

张谦宜志平山和尚石门寺题壁诗 平山和尚，不知何许人。顺治某年秋，突至大珠之石门寺。寺僧异其貌，不敢纳，乃宿之大雄殿中。未几，复有伟干虬髯者至，与之偕宿。寺僧愈疑，夜侦之。声喘喘，语难辨，时闻啼泣声，乃意其非常人，质明将礼之，而已不知何时行矣。壁间墨迹淋漓，则所题《秋怀诗》十七首也。其一：密雨斜侵薜荔门，疏桐花长旧中原。黄龙未布临安诏，玄兔空归碛历魂。石径风危三匝树，江梅烟蔽几重村。秋来何处愁心切，静裹雨声夜声猿。其二：鹦鹉洲前春未回，飘风先控凤凰台。已无孝子守绵竹，惟有明妃辱马嵬。苇齿露催先腊笋，芦花月浸早秋梅。逢山便悟禅心静，借与疏云日日来。其三：疏冷天香月满床，稻花如雨曝秋阳。有诗尽可惊天地，无贼谁能较短长。白露暗催千亩实，青苔空老一帘香。野云氾氾归来晚，满径新红烂海棠。其四：蜀道淋铃去不还，大江东下水潺潺。幽居日入芦花港，载酒多于莲子湾。晚涧乱流千渚月，秋风高系五湖烟。藤萝细雨年年足，老却江南万里山。其五：中秋秋露露初干，日上东轩睡已残。小叶孤飞千树薄，疏红新砌一庭寒。文章自古推司马，忠义从今数老瞒。长啸画图幽竹里，闲将棋子策邯郸。其六：夜坐秋寒绕敝斋，挑灯重语故人怀。数年募士三千甲，一日征兵十二牌。自此酒场期自适，敢将诗思动吾侪。九龙秋尽云如雪，斫罢茱萸只当柴。其七：枫落吴江万里愁，江亭雨锁汉时秋。已无太上辞灵武，那有将军遇督邮。连璧未能全返赵，衣冠何忍不从周。雁声历落空庭月，几处芦花满旧洲。其八：诛茅作屋蓼花洲，明月莹莹几处愁。西子即沈犹越女，东陵虽老亦秦侯。云蒸海网千溪晚，露簇樵衣万里秋。小饮初酣贫以拙，携壶典菊对庄周。其九：晚燕蹁跹别故廛，紫萝斜溅玉山泉。历朝所见惟冯道②，蹈海曾无两仲连。虫小声迟依梦切，山空秋老伴愁眠。南华读罢余钟晓，古月经今又几圆？其十：半窗疏雨湿铜铛，破扇秋风别晚晴。惶恐滩头怀信国，天津桥③上望真卿。丈夫所贵全初节，豪杰徒然博大名。沙渚溶溶流碧月，甘州一曲与鸥盟。其十一：白云知我宋孤臣，勿种青松猎逸民。属国虽持茂陵④节，汨罗何益武关人。一庭碧雨蒸香黍，万里金风守石鳞。沾酒赋诗三百首，暮秋都变满庭春。其十二：桐花香瘦露初凋，翦翦西风怯洞箫。将恨寄来飞燕子，倾愁付与大芭蕉。可怜关陕全无策，莫怪钱塘竟不潮。命酒欲烦葵佐黍，轻烟邻妇火新敲。其十三：刀尺新寒玉杵愁，荻花摇落满江秋。降霜促妇缝绵被，翦菊呼僮煮芋头。汉帝悔教从魏相，宋王空自傅居州。挑镫夜对青齐史，鼓掌田单一火牛。其十四：爽气萧萧到竹林，一天秋籁自沈吟。云屯半壁兵戈象，风断千山草木音。寂历深斋如夜坐，闲将小斧斫秋

---

① 媒糵：酒母。比喻借端诬罔构陷，酿成其罪。

② 冯道（882—954）：字可道，号长乐老，瀛州景城（今河北沧州西北）人，五代十国时期著名宰相，历经四朝十代君王，世称“十朝元老”。

③ 天津桥：古浮桥名。故址在今河南洛阳西南。隋炀帝大业元年迁都，以洛水贯都，有天汉津梁的气象，因建此桥，名曰天津。

④ 茂陵：西汉五陵之一。西汉武帝刘彻的陵墓，也是规模最大的西汉帝王陵。所在地原属汉代槐里县茂乡。

阴。虫声落落东墙起，霜下荒村急暮砧。其十五：十年恢复付东风，魂梦苍茫识故宫。秦国若能诛指鹿，楚人何敢竟烹翁。昭阳秋雨宫香罢，凝碧寒烟柳影空。独有幽人吊千古，数枝新竹寄徽宗。其十六：英雄离乱不为家，得运昌期辅斩蛇。豫让既能吞若炭，邵平焉敢老于瓜[①]。吟风荡袖霞初落，醉月当轩桂已华。今日莫辞秋障里，风尘冉冉盗如麻。其十七：白帝城高驾鹤还，银河夜倒水潺潺。罗衣轻荡三吴客，烟障升沈六代山。草舍不知天下事，才名莫到野人班。谷城黄石[②]非高士，空有遗音断续间。**附高征君凤翰跋：**平山之来大珠，未识何年。其清初诸名公读书寺中者，于其壁上得之。尔时，墨痕想犹新也。奈人过境迁，年深时远，其间老袈裟亦几骨朽，几辈禅室、僧厨又几更。迄今过寺门而欲询其习静之人，以及笔墨所在，不可复得。漠然徒见山高而水清，令人不胜寒烟荒草、阴风凄雨之悲，因得句云："泉澈沙门静，山空帝子魂。"盖即其地以怀平山也，良深浩叹。据《采访册》补录。

呜呼！顺治初，明之忠臣义士盖犹有存焉者。和尚虽不传姓名，然迄今读其诗，想见其慷慨悲歌之状，缠绵笃挚之情，苟非有大不忍于中者，何能为是？然则其诗在斯其人存，而或以为明宗室之遗贤，或以为明异姓之贵戚者，盖皆可存而不论矣。又相传崇祯第九子削发为僧，游至石门寺，有《秋怀诗》一十七首。

诸城刘翼明书王无竞事　无竟，名僩，初号无竞，后因唐人王无竞未以善终，改"竞"为"竟"。先失父，异母弟四人。无逸茂才，无竟遇祸时，无逸夷然不避，竟殉兄。邱子廪有诗所谓"辣手锄兰并及蕙"者也。无竟家大朱山北山之左右，旧无工诗者，倡之自无竟始。无竟死后，逄贡士鸣乔、张孝廉南海、逄秀才太冲、王秀才靖乾，皆产于朱山左侧，素与无竟为忘形交。不十年，凋零且尽，无竟殆始终为之领袖哉。

法严　邑诸生，任侠尚气，不畏强御，为人报不平。清道光间州牧韩亚熊私加田赋，严积众议抗拒。亚熊遣男丁捕严，置之狱，具酷刑，欲诬以纠众抗粮，终不服。狱中寄诸友诗云："湖海昂藏剑箧尘，十年抱负竟何因？弯弓射月心犹在，拍板登坛气未伸。破产子房终败楚，围城鲁仲不降秦。诸生素有勤王志，敢惜残生不死身！"乡民闻状欲哗变，亚熊文其辞以详院，严提省鞫。亚熊贿解役于途毙之，亚熊卒以是免官。严以公义捐生，邑人至今称之。当时与严同志瘦死狱中者，有管大成。《采访册》。

事迹类

《续夷坚志》[③]　胶州南小珠山双峰嵯峨，高入云际，中间一水，清泚可鉴，为团顶智。金正隆四年秋雨，民行山隈至智侧，见一大卵，光怪陆离，刈葛缚致山下，举村聚视，数少

---

① 邵平焉敢老于瓜：出自典故"邵平瓜"。邵平，秦时为东陵侯，秦亡后为平民，因家贫而种瓜于长安城东，前后处境截然不同。《史记》卷五三《萧相国世家》："召平者，故秦东陵侯。秦破为布衣，贫，种瓜于长安城东，瓜美，故世俗谓之'东陵瓜'，从召平以为名也。"

② 黄石：指黄石公。黄石公本为秦汉时人，后得道成仙，被道教纳入神谱，据传是秦末汉初的五大隐士之一，排名第五。

③ 《续夷坚志》：元好问著，是一部承续宋人洪迈《夷坚志》编辑而成的志怪小说。

年煮食之。越旬日，大风夜作，居民百余家掀举山巅，旋落团顶。食卵诸恶少尽扑死，余千余人俱无伤。至今败瓦、朽木犹存。

赵怀慎与栾侍御尚约比邻，夙有隙。尚约举家十八口为家奴栾桂所杀，只留一妾，而印血于赵氏门。地方官罗织推鞫，几成冤狱。事下莱州府推官赵思诚，一谳得情，桂等伏诛，人称神明。思诚，山西乐平人，嘉靖进士，隆庆元年任。

张谦宜书甲申群盗事 明崇祯十七年甲申三月十九日，贼李自成犯阙，毅宗缢于万寿山。致仕陕西巡抚张尔忠，潍县人，前奉旨拘戮李氏宗族，为自成所毒怨，大惧，阴使客邵生结乡兵以御变。众已集，误谍故太子立，张旋悔，遣信止，邵不听，乃阵城下以待誓。张以计给①邵，缒上城斩之，因谢罢诸豪杰。众怒哗，大掠四境，而胶州、即墨、高密、昌邑之贼续起。明季搢绅好恣睢武断，夺人田宅、子女以为常。至是，忿民群来诟噪抶逐，已少辑，张大雅、韩继本始为反谋。大雅，灵山卫人，与弟千出俱有口辨，滑黠无行，群盗推为盟主。继本，埠后社土豪，故匡氏奴也。诸宦仆外守田庐者，皆籍佃户为贼，各谋杀主，分其财，有名号者数十家，皆属继本。大雅开牙城南为连珠寨，日夜攻州城。贼初起贫陋，渠帅佩鞬骑驴，揭妇女裙襦为旗，故易破也。当是时，福州郭文祥为知州，始约绅士为城守，各募游手为官兵括马，得百余骑，出库藏敝铠朽仗以授裨校。诸生宋可发、谈必扬等，分护出战不能胜，互杀伤而已。贼乃焚掠三关厢，攫冠带袍绶，署游侠以伪官，始有部伍营垒。制攻具，向城辄为地雷炮所毁。登州防抚曾化龙，故与郭知州同里，移衙兵五百人就之，守益坚。大雅结夏庄单之赏，犄角环攻闽兵，战不利。贼又约劣生朱黑子内应翻城，郭知州捕斩之。贼本乌合，贪卤获，攻城不专力，以故得不破。六月，曾化龙以书招登州将滕允玉来解围，大雅遁。会昌邑土豪李好贤持张司马福臻书来归，曾抚军署为游击，使图大雅。移兵灵山卫，诱主霸盟。大雅、千出果来盟，遂擒以献郭知州，磔于南门。好贤、允玉退兵，单之赏先归，据高密。贼继本收大雅余众，复围城。先是李自成②伪官虽枭示，而莱州伪知府已据上游，曾抚军、郭知州航海去。于是，搢绅莅城守而内讧作。方募兵时，无籍杂滥，世家子弟为首领，多不协睦。而袁生子国尤恃兵怀怨望，将不利于诸搢绅，张氏、高氏、匡氏皆去子国前。进士允隆子拥重资，而新失势。壬午，搢绅以输饷重困之，乘贼起散橐中金，募壮丁五百人，使杨九为中军官，身衣绯襜座拥矛戟，出入甲骑殿呵，搢绅反仰鼻息处其下。子国少年无胆略，久弄兵，思屠割而不敢发，以鹰白党掣其肘也。鹰白党者，郭知州遗兵。其魁黄厨，侍郎高弘图饔奴也。壬午之役，提砍脍刀，窃主人马，驰骤羊马墙外。侍郎恶其跃冶，笞之。侍郎起南兵部，黄被逐流落。及充衙前兵，遂以无赖为暴，所结不过百人，特以敢死凌袁家兵，著鹰白帽以为识别。郭知州去，黄厨僭居廨宇，称主将，使其党异舆张盖拥己游行为娱嬉。搢绅畏子国，则假黄厨树之敌。其心腹有辛六者，尤慓悍。儒家子薛庄，年十八，有膂

① “给”，底本作“绐”，讹。据道光《重修胶州志》改。
② 李自成：底本作“李自城”，讹。

力，往从黄厨游，喜人称勇士，辄为尽死力。其家闭置空房，夜抉椽奔之，数出杀贼，特用自喜，固非有大志者。子国忌黄厨，则阴结薛庄，顾未有隙。庄横稍巡内，徼城下，贼仰骂之。庄跳城拄稍下，应手刺杀贼，掣得一囊银。黄厨俯堞挥逐濠外贼："我为若守！"庄殪濠外贼而还，取银无有，缒上以诘。黄厨谩曰："若未有所属也。"庄大怒懑。子国急使人挑怒，庄志乃决。黄厨故小人，艳金帛子女，颇通夏庄贼，约以某日夹攻城，屠脔诸宦家。众口汹惧。贼亦风闻大清兵破自成，五月朔定鼎，颇惮慑，思罢兵。而黄厨犹挟贼骄人，其党既无纪律，黄厨又愎躁多贱态，醉辄提刀骂街巷，指斥袁家。杨九闻之怒，自领百稍手赴之。黄党未至而围已合，急遽牵马去，挺刃睨袁兵。皆排稍不敢逼。至南门犹倚马詈，杨九大呼出袁兵后，挥稍直杀其马者，薛庄也。黄厨骇党变，剚刃铁锁，锁辄断，独跳出门，而庄随之。排稍者喊逐贼。及于务门街转斗薛庄，刀稍相当，而黄厨心悸欲走。至寺门街，往取赵生马，庄入赵宅与死战。黄厨上屋时已中稍，庄从屋上搏之，凡三中稍。遂出赵宅，走通衢，走西门，以待辛六反出迎。稍手远合围时，袁子国勒兵据西城，而辛六持兵待，人少不敢动。庄自城下呼辛六，子国拔刀断其头。黄厨重伤又失援，乃入空舍自捍门。稍刺门如编棘，顾无一人撩其耄。庄翻稍逼刀，洞胸及墙，而后袁兵入，斩之。稍上贯头入南门，犹怒目张髯也。黄厨死，袁氏亦不能立军威报夙嫌，廑廑自守而已。然内讧息，外援绝，继本之师亦老且溃矣。秋七月，国朝总兵柯永盛①先破单之赏，继本亡走小珠山，州人迓王师。袁兵散遣为编氓。永盛仗马棰，下高密，鼓行入胶州。旧弄兵者，皆股慄。昌邑李好贤已早降，遣董大用解即墨围，斩黄宗贤。周六还。遣杨翼明夜袭继本寨，大破之。继本乃与死士踞扶台甬，小珠山最险处。翼明亲冒矢石仰攻之。贼殊死斗，久乃不支，斩继本，而州南之盗以次平。呜呼！天下大变，皆始于搢绅，上有夺货之君子，则下有揭竿之小人，其由来者渐矣。社稷已亡，而仓猝起事，庸有济乎？夫已为不义，而欲以大义激愚顽，其不为所噬者几希。是以先发者为戎首，后息者伤自焚，佳兵之不祥也。岂不信哉！岂不信哉！

胶州兵制可考者，自明始。地方官统民兵其在城者曰马快壮丁，知州领之；在乡者曰弓兵，巡检领之。屯兵则有胶州守御千户所，灵山卫指挥使，夏河备御千户所，统辖于都司海防道。清代民兵仍旧，裁诸卫所，设兵防。《山东通志》：即墨营原属胶州营防巡，顺治十五年移沂镇驻胶州，拨在陆营防守即墨，改右水营防守安东卫。十八年，安东卫另设营泛将，驻防安东卫兵撤回，驻即墨兼防胶州，为胶即营。康熙三年，改胶镇左营为即墨营，另改原沂州随镇防胶之左营，为胶州营。盖沂镇虽驻胶州，仍名沂镇，未尝正名胶镇也。

莱属官盐，革自雍正八年。然据《府志》：康熙间，丁蕙为莱州参议道，盐税编之里甲，驱奸商辛镕出境，曰："吾不忍东莱产盐之地，反俾民苦盐价之踊也。"是莱属税入里甲已入，至雍正八年始题请耳。惜《府志》不载某年，无从编入大事记中。

法坤宏《学古编》　乾隆十二年，岁大饥，官设粥食饥民。孝子郭大通与焉。时连歉，

---

① "盛"，底本作"盘"，据道光《重修胶州志》及下文"永盛"改。

米价腾贵，就食者蜂集。胥吏监粥多杂糠秕、沙石，死者相枕藉。自去冬不雨至夏四月，当事走望祈祷二十余日，卒不雨，人情益汹汹。大通慨然誓曰："吾闻匹夫积诚可以动天，当不惜舍身以生众人。"即日不食，跣足露顶，跪烈日中。入夜，微雨；人劝之食，不应；次日，大雨沾足。高征君凤翰有《孝子祈雨歌》纪其事。以上《前志》。

附器物类

小玉磬 邑城西门内，高姓家有小玉磬一枚，置于砚盘内，架座俱全，如插屏式，初未识其异。一日，有戚某至，用笔敲之，其声清越，余韵悠然以长。戚某曰："此非寻常玩器可比，当宝之。"考《禹贡》"泗滨浮磬"，注云："似玉之石。"或即其物欤？磬深绿带金黄色，光泽翠润，形式约二寸许。其架粗视之，则多年未盘之老铜也。后为州牧李翼清以十金购去，署中幕友皆诧为异宝。始将铜架极力磨擦，垢去光辉焕发，盖精金也。高姓闻之，始悔贱售之误。

楷木如意 曲阜孔林楷木，相传为端木子贡庐墓时手植，与蓍草并称于世，迄今两千余年，枯而不朽。惟历代以来禁樵采，其得之者，亦只看守人窃取其断枝耳。考楷木可为杖，又可为棋。其萌可为蔬，又可为茶。其瘿①可为瓢，其子榨油可为膏烛。用途甚广。惟楷木如意比紫檀、沈香等尤为珍贵，以其得自孔林不易也。城里故绅李垚晋家，藏有楷木如意一柄，制造玲珑，上刻楷书"孔林楷木如意"字样，书法亦工整。惜历年既久，中有寸许剥落，微有残缺痕，今不知归谁氏。

古铜印 铜印多有前代古物，被博古家搜罗得之，奉为秘宝。如邑人高征君凤翰家，藏卫青铜印，又藏古印册，有《宋板桥镇铜记》是也。清光绪末叶，邑有冷姓操古董业，尝在侯②府街摆摊，陈列铜印甚夥。中有一印，上带龟纽，其篆文无从辨识，价只京钱四百文。适有西客至，一见，问价。冷以其外客也，故高其直，索钱四千文。客即如数付之，取印去。冷后悔，潜尾其后。客至西关店，扬言曰："胶古董客无识货者，此元朝金印，渠作铜印售矣。"适店中同寓者愿购之，问价，则以金之重量计算。时金价每两只京钱百余缗，秤之值六十缗。未及成交，适邑绅张基昌亦来此店，即照秤量付价购之去，复分十缗与冷姓，以息其争焉。

古镜 邑西关高亿卿家藏古镜三枚，一镜圆形，约径三寸余，铜色，甚古。铭体非篆非隶，似佛经梵字；一镜圆如中碗，口约径五寸余。内镂花纹，似人似兽，形状不一。外镌楷书五言诗四句，文曰：赏以秦王镜，拚不惜千金；非关欲照胆，好是自明心。一镜约径三寸，铭十六字，字皆漫灭，多不可识认。以上三镜均不知何代物。采访册。

---

① 瘿(yǐng)：植物受病菌、昆虫、叶螨、线虫等寄生后，常形成"瘿"。

② "侯"，底本作"候"。旧胶县有"侯府大街"。存疑待考。

增修胶志卷五十五　讹疑

讹疑考序

《前志》原序曰：史书以“考”名，始于宋欧阳氏《五代》“司天”“职方”二考。盖有所慎而未尽，故不曰“志”而曰“考”。地志家一书而自考其舛谬者，亦自宋人张淏续修施宿《会稽志》始。今之修志乘者多宗之。盖地理、谱学二者自古多误说，而近世州县之志多肇于明万历时，稽古尤疏，继其书者不能无所辨别。如《汉书》注沽水为治水、计亓为计斤；《魏书》注以黔艾为野艾，此字形之讹，犹其小也。至《水经注》以扶柳为郏，张谦宜以壮武郡公为壮武侯，《高志》以侵介根为侵介，《刘志》以介、根牟二国断介根为句。又汉胶东非秦楚际之胶东也，苏文引用汉胶西名，非宋代之胶西县也。《旧志》皆混而一之，名实乱，古今紊矣。若斯之类，非纠而正之，滋惑何已？若乃传闻所及，故实无征，土人艳称而学者难道之；或实有其人其事，而书阙有间，不能不从慎言之，例汇而存之，以质来贤，统名曰“讹疑考”。盖讹者已为古人考之，疑者犹望后人为吾考之，载笔者之所不能无憾也，故以为斯志之殿。

明《志》于建城年代考核未确，心尝憾之。忽于《高密志·沿革部》见一笔云：“元丁巳，胶西县增置胶州，以县属焉。”按此书法，是元朝未有国号年号时。因查《历代纪元汇考》，元蒙古宪宗蒙哥七年乃丁巳，宋理宗宝祐五年也。元有天下三十八年，元仁宗延祐四年又丁巳。假使胶州建于后丁巳，当大书曰“元仁宗延祐四年丁巳”，乃曰“元丁巳”何也？且圣庙前有元武宗至大年间修庙碑，后丁巳之前九年乃武宗至大元年，若谓建于后丁巳，则修庙反在建城前矣，理可信乎？延祐四年丁巳，后越五十一年而元灭，更无第三丁巳也。其为蒙哥七年之丁巳，更无可疑。

州志之书建城，则曰：明初止有土垣，千户申义乃因故址甃砖石。于立州署，则曰：洪武三年经营开创。则前此土垣之内一片荒凉可见已。而于学宫之设，则大书曰：金大定年间建，元至正年间修。按：今州土垣立于元顺帝至正十一年。立此城之第六年，毛贵屠旧城，越十一年而元亡。上溯金大定元年，一百九十有一年。当是时，圣人复生，不意此地建城也，而早于人烟断绝、荆棘丛生之处，为二百年后之秀才豫立先师之庙乎？或曰：庙建于金，误已。至正间既有此城，庙或修于此时乎？不知彼时旧城建立已旧，而土垣特为屯兵耳。焉有九十年来不立圣庙于民城，而于土垣才立之军城忽立至圣之庙者？至正修庙之说，又误矣。然于学宫之前，又见元武宗至大年间修庙碑。再查至大元年在建立今州四十四年之前，而彼时之碑，何已立于至正十一年之城中乎？度此情事，必是旧城中修庙之碑，城屠庙毁，此物犹存，不便弃置，移于此耳。断无明初千户才修城，而六十年前之元监州已豫为修庙立碑之理。存之以备参考焉。以上录张谦宜《读志附辩》。

《新志刊误》：本志“星野”注“介根”。谨按：《唐书》所引古国二十二，有介，无介根。介根，莒邑，非国也。上文颛臾、牟，为颛臾国、牟国。下文介、根牟，为介国，为根牟国。牟、根牟，二国名，并见于《春秋》桓公十五年，邾人、牟人、葛人来朝。御纂注云：“牟国，今在山东济南府东二十里，有牟城。宣公九年秋，取根牟。”御纂注云：“根牟，东方夷国。今在青州府沂水县。”本志见《唐书》“介根牟”三字连书，遂断根牟“根”字属上，读作介根，殊误。

本志“建置志”：今治城，本隋胶西县土城。“古迹志”：古胶西城，隋置，在高密县东南二十五里，俗名诸宴城。又云：“元太祖于县置胶州，古介葛卢国，隋所置县。”今西关外有城址，俗呼为土城口。谨按：诸宴城在高密县，土城口在治城西关外，不得云“今治城，本隋胶西县土城”，且三城分立，不得俱云“隋置”。

本志“兵防志序”：表海之雄。谨按：表海乃太公之齐都，在营丘，为古青州。史所称表海，乃渤海也。胶海名曰少海，在淮子口内。淮口险，仅容舠，洋行大船皆莫敢入，惟市舶入焉。其通洋海道尚在日照以南、登州以北，距吾胶百里。而云“表海之雄，胶独当一面”，殊误。又按：唐制，兵之戍边者，大曰军，小曰守捉，曰城，曰镇。《唐书·百官志》：莱州有守捉使。本志云“唐置守捉于胶”，亦误。

本志“艺文志序”：庸费谈经。谨按：《通志》云庸生谭治《古文尚书》。后人因名《古文尚书》为庸生谭经。《通志》原属臆说，本志不能考正，因改“谭”为谈论之“谈”，兼扯入费直，云“庸费谈经”，误甚。又按：庸生名谭，见宋邢昺《论语疏》。

介亭、尤涉亭辨。袁崧《郡国志》：黔陬有介亭，葛卢有尤涉亭。胶州《旧志》云：“黔陬，古介国也。”又云：“计斤有尤涉亭，介葛卢所构。”是合黔陬、计斤，通为古介国，而以介亭、尤涉亭为葛卢所名亭，则大误矣。按《汉书》：黔陬、计斤皆汉县，黔陬故城在今治西南七十里，计斤城在治西南五里。葛卢亦县名，后汉所置，城今废，无考。尤，水名也，见《左传》，即今小沽河，在治东北三十里。古谓“渡”为“涉”，尤涉，当是尤水渡口，地在葛卢县境，因以名。亭西距介亭百里，跨汉三县，不应尽属古介封土也。已上录法坤宏《学古编》。

《齐乘》：黔陬城，在高密县西六十里云云。按：今胶州即故黔陬地，而高密在其西北，此云黔陬在西，误矣。《水经》：胶水北过黔陬县西，又北过夷安县东。夷安，今高密，则黔陬当在县①之东南。《郡国县道记》所谓在今郡东北百一十里者，指诸城言耳。今胶州，在唐及宋初为高密之板桥镇，元祐三年始置胶西县，故《寰宇记》云：“黔陬城在诸城东北，计

---

① 县：指高密县。

斤城在高密东南也。”于氏[1]当元世，已立胶州，则黔陬自应云在州南，而仍以高密系之，非是。录周两塍《齐乘考证》[2]。

《汉志》：“曲成县阳丘山，治水所出，南至沂入海。”全氏祖望曰：“曲成阳丘山之治水，何以得至沂入海?”《说文》云：“治水出东莱曲成阳丘山，南入海。”不云至沂也。此水但当于胶潍之间入海，不应间关二千里，历济、淮二濆，至沂入海。自《续志》、晋魏史志及李氏《元和》、乐氏《太平》、王氏《元丰》诸志，又皆无曲成治水之目，则大可疑者。窃谓出阳丘山者，非治水也，乃沽水也。《左氏传》：“姑、尤以西。”杜元凯曰：“姑，大沽水也；尤，小沽水也。”《魏书·地形志》：“东莱郡长广县有沽水。”《寰宇记》云：“沽、尤即齐界。”然则《汉志》所云南至沂者，亦非沂也，乃计亓之脱误耳。汉之曲成，在今掖县，小沽水出焉。其东，则黄县，大沽水出焉。径福山而招远、而莱阳，至于平度、即墨之间，而合流三百余里，自东而南，直趋胶州之麻湾口，明世议海运口者之道也。故其时尝有议东引沽河者，其入海之处正汉计亓县地。东莱之水，未有大于沽河者，亦未有古于沽河者。次之，则清阳水耳。《汉志》《说文》皆误以为治水，而沽之名隐矣。此与泰山郡南武阳冠石山之治水，截然不同，故分疏之如此，按《地理志》：琅邪郡黔陬，故介国也。计斤，莒子始起此，后徙莒，有盐官。师古曰：“即《春秋左氏传》所谓介根也，语有轻重。”东汉废介根入黔陬，又析置葛卢。故《续志》东莱郡下云：“黔陬侯国，故属琅邪。有介亭。”刘昭补注云：“《左传》襄公二十四年，齐伐莒，侵介根。”杜预曰：“县东北计基城，号介国。”计基，即计斤也。又，葛卢有尤涉亭，即姑、尤之水入海之处。全氏以《汉志》沂为计斤，凿然可据。录赵一清《水经注释》。

《刘志》“星野”：主奎且绘为图，皆非是。今按《汉书·地理志》：“齐地，虚、危之分野[3]，东有淄川、东莱、琅邪、高密、胶东。鲁地，奎、娄之分野，东有东海，南有泗水至淮。”作志者意在主奎，故删去齐地虚危、琅邪一段，又删去奎娄上“鲁地”字。不知鲁，东汉有东海郡，治郯城，属县，东极于海。所谓东海也，北距治内少海五百余里，不当阑入本志。琅邪属县郏、黔陬、计斤，皆在齐长城迤北数十里，不当属奎、娄鲁分野。一行“山河两戒说”[4]曰：循岱岳众山之阴，东南极高密，又东尽莱夷之地，皆主虚、危。循岱岳众山之阳，以负东海之滨，东南抵淮，皆主奎、娄、胃。徐州领三郡，东海临淮，及琅邪之南部皆鲁分，北部则齐分。《汉志》以九概一，故徐州通属降娄之次。若作州，志则当于州域

---

① 于氏：即于钦（1283—1333），字思容，元代方志编纂家、历史地理学家、文学家，山东益都（今青州郑母镇）人。官至中书省兵部侍郎。所著《齐乘》，是山东现存最早的方志，也是全国名志之一，久负盛誉。

② 周两塍（chéng）：即周嘉猷，字辰告，号两塍，钱塘人。乾隆丁丑（1757）进士，官益都知县，作《齐乘考证》六卷。“证”，底本作“征”，讹。

③ 分野：古以十二星次的位置划分地面上州、国位置。就天文说称作分星，就地面说称作分野。

④ 山河两戒说：唐代天文学家、高僧僧一行（683—727）曾著《山河两戒图》，关于分野理论，提出了“山河两戒说”。

详分齐星，不得以奎、娄、胃徐州，鹘突①了事也。表内列齐国齐郡，而星野独主鲁，亦相矛盾。按《晋书·天文志》：“自须女八度至危十五度为玄枵，于辰在子，齐之分野，属青州。北海入虚九度。”今作者删去此段，而但举鲁分野。又云：“琅邪入奎六度。”不知此时黔陬已属青州之城阳郡，不属徐州之琅邪郡。而城阳又汉之北海所改，则城阳入娄之说尚须再析。而琅邪入奎，迥不相涉矣。琅邪自后汉南徙开阳，至晋不改，今为沂州府，去此五百余里。按《唐志》又云：“女、虚、危，玄枵也，齐分野。循岱岳众山之阴，东南及高密，又东尽莱夷之地。”州在唐不设县，隋以黔陬入胶西，城在高密界，唐以胶西入高密。故“东南及高密”一语，括尽州境。新志乃不引此而引奎娄一段，自知不妥，删去“鲁分野循岱岳众山之阳”十字。又云“得古鲁等国”，不知古国二十皆在山阳，独夷在即墨，春秋属莱夷。介在汉黔陬城，南距黔艾山三十里，系唐高密东南境，皆在山阴，与虚、危段自相矛盾。《旧志》属危，《刘志》“凡例”谓与《晋》《唐书》《通志》《府志》不合，易之，不知其何说。《唐志》以危得高密与莱夷之地，又以奎得夷、介。夷属莱夷，介则高密耳。此自是欧公疏舛，而刘君意在主奎，从此得间而误引之，且断句误读之，真一误再误。《通志》《府志》此等更不能详核。志内沿二书之误，多矣。

《刘志》“沿革”，引《山东通志》：“莱州府，秦为齐郡东境。”不知《通志》亦言一府大概，而未能分析，故但云然。按《水经注》：“琅邪郡，城在琅邪台西北十里。”当在今夏河城，明属灵山卫，清属诸城县，去州界二十许里。秦置齐郡，又析置琅邪郡。岂有密迩琅邪郡治之地而析隶齐郡者乎？《通典》：“高密郡，秦为琅邪郡东境。”《寰宇记》引《郡国县道记》曰：“黔陬县，秦置。”则县亦可考，而况郡欤？又云汉黔陬，今为黔陬社，在治西南七十里。不知此黔陬社之城在胶水西岸，乃晋所迁之西城，不当引以注“汉县”也。又云祓②，今在治西南七十里，是与黔陬皆在一处③，同时并立，未知此城果安在耶。

又云《隋书·地理志》：“炀帝改州为郡。”按：隋文帝罢天下诸郡，降州治郡事，州即郡也。炀帝又改为郡。是地先属胶州平昌郡，隋废郡，直属胶州。又改胶州为密州，又改密州为高密郡。是改为郡者即郡，而领郡之州固在也。志引《隋书》，既删文帝罢郡降州之文，而以炀帝改州为郡列之第一格，是误以所废胶州与元魏之领郡者同视，遂不知隋有青州之名，真一误再误矣。自唐而后置统辖者，曰道、曰路、曰行省，而州乃小，此皆祖述④隋文帝。当云罢郡降州自隋始，不当云改州为郡自隋始也。又引《隋书》：“胶西县，旧曰黔陬。置平昌郡，开皇初郡废，十六年置县，曰胶西。大业初，又以黔陬入焉。”是说也，心窃疑之：既云旧曰黔陬，后因置县，何又云以黔陬入⑤焉？及读《齐记》，曰：“黔陬，秦置，在高密郡

① 鹘突：模糊，混沌。

② 祓：汉代侯国名，在今胶州市西南牧马城。《尔雅·释诂》：祓，福也。《齐乘》：“汉祓侯国……俗曰肥城。”

③ 今在治西南七十里，是与黔陬皆在一处：《大明一统志》载“废祓县又名木马城”。故址位于今胶州西南的里岔镇。西晋元康五年（295）西迁之黔陬县城，故址位于今胶州铺集镇黔陬村北，汉时为郑。祓与郑皆位于“治西南七十里”，西汉时并存。此处“与黔陬皆在一处”者为郑，祓与黔陬不在一处。

④ 祖述：效法遵循前人的学说或行为。

⑤ 以黔陬入：宋欧阳忞《舆地广记》卷六“胶西县，春秋介葛庐国，二汉为黔陬县……隋开皇初废郡，十六年置县，曰胶西，大业初省黔陬入焉，属高密郡”。黔陬与胶西，非同时废立。

东北，后移县于胶水西，东西二城夹胶水而立，相去三十里。”据此，则知黔陬有二已。又读《密志》云：“其县东南之朱宴城，即古胶西县。”细询土人，朱宴城在胶水东，距西黔陬三十里。则《密志》所谓朱宴城者，东黔陬，非古胶西也。乃知《隋志》所谓胶西县者，即今胶水西之黔陬社。又以黔陬入焉者，即胶水东之黔陬，《密志》所谓朱宴城也。

又云《金史》：“宋安化军节度使，领县四、镇七，治诸城。”又引《齐乘》：宋安化军，元祐三年改为临海军。不知宋之安化军自治诸城，临海军自治胶西。设临海军后，安化军仍在，南渡[①]尚有为安化军使者。《齐乘》：临海军治胶西，金因之。何尝有改安化为临海之事？

《刘志》“封建”：扶柳侯吕平。《括地志》：扶柳，在冀州信都县，泽多柳，故名。《水经注》作“扶”，小注云：“《汉书》作邦。”然《汉志》邦县未尝注侯国。又胶东王所辖八县，在今平度、即墨、莱阳，无与州境。徒以庸生之故株连多人，甚不确也。又载金胶西郡王范成进。按：成进，莒人，迁潍，乃李全之党，假名号以纵横。受封之时，金人已失山东，空名羁縻，无可考据，不当入志。

《刘志》“建置”：州署，谓明嘉靖十四年知州刘孟承建。考之“职官”，是年为刘鲸，而刘孟承于三十七年始任，相距二十三年。

又云：“八蜡庙，隆庆六年知州赵廷芝重修。”及考“职官”，是年乃王炎，而刘廷芝以嘉靖四十五年任，且非赵姓。以上《前志》。

关帝庙，《李志》谓元明宗天历元年封显灵威勇武安英济王。考《元志》，明宗未改元，天历系文宗年号，疑误。王克掞《补注》。

《刘志》“山川”：艾山，一名拒艾，误。按《水经注》：黔陬县西南拒艾山。即《齐记》所谓黔艾山也。《山东考古录》[②] 以拒艾山为铁橛山。

又云：“张鲁河，北流会孝源水，过高密、平度界，入胶莱北河。”按：张鲁河在胶水东，胶水既入南河，张鲁河何能飞越入北河乎？志误。

又云：“云河，源出治西南辛置岭，又一水出谷家庙石泉。”按：云河，乃城市之水，万户取汲，而饮水不能思源，何也？盖云水上溯似有三源：东出曾家庄，中出谷家庙，西出辛置。而长流不竭者，实只东、中二源。此二源，皆出治西之北。《旧志》既漏曾家庄之东源，王少司空纮以为正源者。而以谷家庙之中源为又一水，且云“至匡家庄前会辛泉”，而以西南辛置岭为正源，皆误。辛置岭之河，由郭家茔前入城，冬春常竭，七八月雨集，行潦，大至挟西南一带岭沙涌入河身，水无所容，居民大受其害。乾隆五十三年，大水淹毙多人，倒塌房屋无算。道光二年，州牧李文耕醵钱四万余缗，佣工除沙，旋除旋入。此可谓云河客水，不可谓之正源也。

又云：“淮子口，有露明石。”按：灵山岛距东北十里，有石突出水面，长二丈余，名鱼

---

① 南渡：指宋高宗建立的南方政权。

② 《山东考古录》：清代著名学者顾炎武撰，全书仅47条，未成书。此书涉及山东政区、历史地理，较有参考价值。后有清叶圭绶《续山东考古录》32卷，卷首有《图考》及《总沿革》1卷，是研究山东历史地理的重要资料。

鸣石。虽在淮子口之西南，实即灵山岛之东北，但相去远耳。灵明石、鱼鸣石一分为二。《府志》又作驴鸣石，朱震《山城拾遗》作玉鸣石。僻地，固无正字也。以上《前志》。

《水经注》有拒艾水，一作[1]洋洋水。《高密志》以拒城河当之，非胶之洋河也。《李志》以铁橛山为拒艾山，恐亦未确。王克掞《补注》。

《刘志》“古迹”：介根城。引《齐乘》云：“有两塔对立，曰东西计斤。”又云：“今治西南五里，有介城遗址。”按：此是图说已，以介根城立介亭，今直以为介城，歧之中又有歧焉。介根城，名城子村，其西南二里有村，名计斤庵，或即于氏所谓东西计斤，古各有塔而今废欤。

又曰：“回车岭。”《府志》：孔子适齐，东观于海，至此回车，故名。按：此事《家语》《史记》皆不载，即《阙里志》《文献考》《祖庭广记》亦不及，而以《府志》一语，遂成故事，实为无据。又按：回车岭，见明成化间武略将军刘公墓表，亦不知何据。

《旧志》“八景”：少海图有虹岭，在治东南海岸，自水师营东望，若几上横琴。《李志》“山川”诸岭内未录，疑有疏漏。补。

又云：“艾山祠。”《魏书》：黔陬城野有艾山祠。按：黔艾与艾是两山。黔艾之祠与艾之泰山行宫是两事，志误。又云：“庙内有银杏一株，古碑半嵌树中。”按：银杏树中并无半嵌古碑，而段赤亭[2]《山左碑目》转据此以收魏碑。甚矣，臆说之误人也。

又云：“古胶西城。”《齐乘》谓在高密东南二十五里，胶、墨二水之间。按：墨水即张鲁河，在州治直西，而胶西城在其西。故《齐乘》系之高密也，东去州界三里。

又云：“唐岛。”唐太宗征高丽，曾驻师于此，故名。按：唐岛在卫南门外，有空水一湾，色味恶，不可饮。船进淮子口或为东风所逼，驻此。若开洋，经白水、绿水、黑水，望延真岛，断无泊此之理。《唐书》：唐太宗十九年二月亲征高丽，自洛阳宫至定州、幽州，东北陆行积粮，大人城、三山铺、乌胡岛皆在莱州东北，兵将总管由莱州渡海北行，未尝至胶。志误。

又云：“石臼岛龙祠。”《齐乘》：宋绍兴三十一年，李宝遇金完颜郑家奴于胶西海口，祷于神，得风助，顺遂殪金师。按《宋史》：李宝破海州而北，而完颜氏已出胶西海口，泊陈家岛，中隔一山。宝过山薄敌，鼓声震荡，海波腾跃。则宝所祷者，日照之石臼所。既祷而北，故遇于胶西海口也。《金史》称“水路三百里”，则石臼岛，与州无涉矣。

又云：“双女井。”《旧志》：双井在治南隅，洪福寺东，一存一废。不知双女井，非双井。双井在寺东，废井，有刻石“至元三十一年”字，下逮国朝雍正初，五百余年矣。二贞妇所投，传其地故在苑家巷，非此井也。两地合而为一，误。

《刘志》“学校”：文庙，金承安间建，元至元间监州普颜不花帖木儿[3]重修。按：承安

---

① 作：底本作“水”，讹。据道光《重修胶州志》卷一二《山川志》“洋水，一作洋洋水”改。

② 段赤亭：名松苓。青州名士，曾协助毕沅编撰《山左金石志》。著有《益都金石记》《赤亭金石跋》《山左碑目》等。

③ 儿：底本作“而”，讹。据乾隆《莱州府志》、道光《重修胶州志》改。本志下文亦作“而”，《山东通志》作“耳”。

诏州不诏县①，金胶西县不倚郭，无从用承安诏。盖此庙建于金皇统末，修于元延祐初，以后元假金岳庙为文庙。延祐修庙者燕帖木而，至治立碑者普颜不花。不花去两至元②甚远，不但未创，亦未修，皆见《元祐庙学碑》并阴，及明王和《观文庙落成诗序》石刻。要此所云皆西城文庙，于今无干也。至以大成殿、灵星门等宋明之制，填入承安下、至元上，亦颠倒失序。

《刘志》“职官”：以东坡有“予自钱塘移守胶西”一语，又以隋改黔陬为胶西，遂劲扳坡翁为吾州太守。不知隋大业末年胶西县废于贼，唐武德六年省入高密，以其地为板桥镇。中历唐二百八十四年，五代五十四年，宋有天下，又历太祖、太宗、真宗、仁宗、英宗、神宗六帝，至哲宗元祐三年，乃复以板桥镇为胶西县。自唐至宋，胶西没于高密，凡四百六十七年。东坡出守胶西，在神宗熙宁八年。后十三年，乃哲宗元祐三年，胶西乃得复为县，前此未有此县也。彼自密州太守耳。谓之胶西者，盖指所属之地大段在胶水以西而言，言各有属，不可不察也。

《刘志》“选举”：明洪武甲子科举人栾彬。按元碑及栾氏族谱：彬，中金朝律官科，元初仕至密州守。胶之栾无二族，金至明初不过百余年，疑即金元之栾彬误入明耳。

《刘志》“人物”：娄敬③，胶西人。按《汉书》：娄敬，齐人。称郡，则临淄人。《汉书》之例，以郡称者，指所治也，如称齐，则为临淄。否则以其县著之，如鲁国薛人，琅邪皋虞人之类，是其例也。封关内侯，号建信侯。建信，指建言利汉，故以为号。高帝所谓齐虏以舌得官也。千乘郡有建信县，不注侯国，而《水经注》：漯水又东北，径建信县故城北。高帝封娄敬为侯，国当在今高苑县西北④。志误。又载费直、公沙穆。按：费直，《汉书》“东莱人，治《易》”，与州无涉。公沙穆，世居胶东，魏初犹有强宗公沙卢，见《后汉书》及《三国志》。即穆所居建成山、东莱山，亦与胶无涉。平度有公沙山、公沙村及墓，不必攀援也。

《刘志》“隐逸”：盖公。按：盖公为齐相师，而齐以大治，是有志用世者，非隐逸。安丘东有盖公山，有祠墓，去今州甚远。《旧志》之误，亦以错解苏文之故。又载：赵杲卿。按：赵杲卿，字明叔，密州乡贡进士，本州教授。本州谓密州非胶州，是时胶州尚为板桥镇。非州人，尤非隐士。志误。按：今诸城明伦堂，苏东坡隶书纪游石刻，有“禹功传道明叔子瞻游”九字可证。

《刘志》“方伎”：成公兴，隐居山阿云云。按：成公兴居山阿，道人法穆居长广东山。事见《魏志》。兴自云胶东人，曾于长广东山见道人法穆。兴已非州产，穆更可疑。

---

① 承安诏州不诏县：元承安时期诏命各州设立学宫文庙，未诏命各县。

② 两至元：元朝以“至元”为年号共两次，一为元世祖忽必烈年号（1264—1294），一为元惠宗妥懽帖睦尔年号（1335—1340）。

③ 娄敬：《史记》《汉书》称“齐人”，因建议定都有功，被汉高祖封“奉春君”“建信侯”，并赐姓刘，故又称刘敬。《齐乘》卷五载：“娄敬祠、墓，德州德平东南二十里。祠在墓侧，五代周显德间建。胶州复有奉春墓，未详。”元时地志学家于钦对于胶州有娄敬墓作了记载，但已不能明其由来。明李贤、彭时等撰《大明一统志》（1461 年成书）卷二五载：“娄敬墓，在胶州西三十五里。敬，齐人，汉关内侯，墓旧有祠。”民国《山东古迹名胜大观第一集 胶县》载：“此碑原在城东北五里堆，久埋地中。后有农人耕田出之，文曰‘汉建信侯娄敬故里’。清乾隆五十二年，移至州署内。”

④ 高帝封娄敬为侯，国当在今高苑县西北：《胶州直隶州乡土志》“《旧志》误，但《高苑县志》曾未载有敬传”。

《刘志》“仙释”：陈仲举，州人。按：《郡国志》《齐乘》皆不著何处人。又云：“天和子，徐姓，州人。”按《即墨志》：徐复阳，号太和子。余与此传同，不言州人。

《刘志》“列女”：焦花女。按：定陶有焦花女墓，长清有焦花女祠。《高志》无，《刘志》乃载。今治西南二十五里，孝源村有燎麦台遗址，未详何时，沿误。

《刘志》“冢墓”：康王墓。按：山东沿海州县康王墓不可胜数，志所载州境已有墓二处矣，皆系“康公迁海上”语附会之。考《城冢记》，康公城在牟平城东十里，当今福山县之罘岛之西。其府县志皆言之罘岛有康公墓，与《城冢记》合，非今州所有。

又云：“祝英台墓在治南祝家庄。”按：祝英台有鸳鸯冢传奇，赍诏旌表者官为谢安，盖浙江人。宁波府有其墓，不应在胶。

《刘志》“大事记”：齐筑防为长城。按：赵伐长城在显王元年。王命韩赵伐齐入长城在威烈王十六年。长城之阳则鲁，其阴则齐，见《管子》书，又在春秋之世矣。志云“长城乃显王十八年、齐威王二十八年筑”，误。

又云：“金章宗承安四年建文庙。”按：庙建于皇统末，至此已六十年。又，监州普颜不花帖木儿重建文庙。小注“以移城故，年月无考”。此盖修志者见普颜不花益都死节之前，州有移城事，故臆造。至正修庙，即以两人合为一人，属之普颜不花。不知延祐甲寅前监州燕帖木而修庙制碑未立，后监州普颜不花立之，在至治壬戌，见碑记，非皆修庙也。监州五品普颜不花，色目人。其至正丁未官益都之普颜不花，蒙古氏，乙酉第一人，官平章山东行省，守御益都，阖门死节。上距至治壬戌又四十八年矣，决非一人，何得至正癸卯尚与燕帖木而来修州庙乎？况是时，兵燹饥荒，何暇文教？《府志》但沿人讹传，未可据耳。又云：“明太祖八年，知州赵礼重修。”注“以元末毁故”。考元末所毁者，西城之文庙，此城固无庙可毁也。元移城后，假岳庙为文庙，明初乃以普明禅院旧基创建。“重”字宜删。

《刘志》“艺文”：胶水考，引《旧志》云云①。盖作考者未见《水经注》故。黔陬胶山，以经为注，夷安潭以注为经，夷作义，皆误。剧清池②二语，皆出《汉志》长广县下注，去此二百余里，不可强合。按：胶水之名最古，著见于《国策》，而其源则始见于魏人所作《水经》，曰胶山。以后《后魏书》《齐记》《水经》皆以为五弩山，无异说也；《齐乘》以为卤山、卤水。《水经注》所谓广异名，有何不可？但因此遂谓卤水非胶水，胶水发于州之铁橛山，王州牧维③又谓发于铁橛山北麓之望荡山，而以古说为误，未免好新弃旧。赵节谓二水皆胶源，如人有兄弟，当论嫡庶，不当论肥瘦；木有根本，当辨干枝，不当辨巨细，极为有见。以上录张宾雁《刘志疏证》。

《刘志》“山川”：张鲁河。按《高密县志》：张鲁河，一名张奴河。《汉书·光武记》：

---

① 《旧志》云云：指《胶水考》“故黔陬城至高密界北流九十五里入百脉湖”句下“《旧志》谓入都泺，《水经》谓之义安潭，《秦地图》谓之剧清池，即古豨养泽”。

② 剧清池：《汉书·地理志》“琅邪郡长广县”下注“奚养泽在西，《秦地图》曰剧清池，幽州薮”。

③ 王州牧维：即胶州知州王维。

更始①二年，拔卢奴。章怀太子注②引《水经注》张奴水曰：“县有黑水，故池水黑曰卢，不流曰奴。”训诂之例，凡音同者皆一义。是张鲁，即张奴。张奴，即墨水。故《齐乘》云：“隋胶西县，在胶、墨二水之间。”《刘志》不为辨明隋胶西县址，于何考证？且张鲁河即孝源河之下游，《刘志》云北流会孝源水，误矣。又云出治西棘埠岭，查州境无此岭名，则一误再误矣。《府志》于胶州墨水下注云：“源出九层岭，古名墨水。”即指孝源河，非谓西南③之墨河也。但又云：“平度东北墨山出墨水，南流胶州、即墨界。县之北半里马栏岭，亦出墨水，合淮涉河，南流入海，总一墨水也。”则直是呓语，不足与较。

志又云：“唐岛在灵山卫南海岸，与灵山岛南北相对，有炮台。”按：炮台在卫城南海岸山上，名唐④岛口，非唐岛也。《府志》作唐岛口，志漏“口”字，又别录小唐岛，皆误。

《刘志》“选举”：张整，洪武十七年举茂才异等⑤，授嘉善县县丞。《高志》阙。据《张氏家乘》增入。查张整，洪武三十一年贡生，岂有荐举、授职中隔十四年再出贡者乎？整名不载《通志》，不得不据家乘。但家乘亦多有讹传者，不必尽足据也。考洪武贡生十一人内，明明有张整，而《刘志》削去，其意可以意会。

《刘志》“忠义”：柏栏将军，秦二世将，韩信破齐，假道追田横。将军不忍背秦，拒战，死。张谦宜引迁固⑥驳之，诚为确论，独据《名胜志》，改为齐将，谓柏栏即将军姓名，于史亦无所征。法坤宏又以柏栏为亚将周兰，不知当韩信决潍时，兰已被虏，尤属不合。按：今治北柏栏社，有元人卢琮以军功封武义将军，其墓碑载封号、里居，曰“武义将军，柏栏人也”。岂以碑有柏栏字、将军字，后人遂相传为柏栏将军，而遗其名欤？

《刘志》“孝义”：祁玮，字坦之云云。按《府志》“孝义”内载祁玮事，与州志同。《山东通志》有初玮，胶水人，进士，度支员外郎。又《山东通志》有祁晖，知潍州，系莱州人。初玮、祁玮、祁晖一人，而姓名互异。又《山东通志》“人物”内有祁玮，字坦之，胶州人。所载事迹与州志同，则州志盖用《山东通志》也。然宋时无胶州，胶州当是胶水之讹，此据文可知者。又《平度志》有祁玮，称集贤院学士，余则悉与州志同，其为平度人，无疑。

《刘志》“方伎”：冷枚，传称枚绘《耕织图》。按：《耕织图》系钦天监五官正焦秉贞画，鸿胪寺序班朱圭镌图，列衔俨然，且有圣祖御制序文在前，何可任意冒滥！

《刘志》“大事记”：元顺帝至正十七年，刘福通遣其党毛贵攻陷胶州，佥⑦枢密事脱欢死之。屠掠殆尽，遂移治今城。城既系元至元间移治，则金承安间所建文庙，不在今城内东南，明矣。又引《旧志》注云“大定”。查“大事记”，无大定修庙事，此必因庙内元碑而

---

① 更始：指23年，绿林军领导者王匡、王凤等人拥立刘玄为帝，恢复汉朝国号，建立更始政权，自称玄汉王朝。

② 章怀太子注：指由唐高宗李治第六子章怀太子李贤召集文官注释《后汉书》，史称“章怀注”。

③ “南”，底本在此处有“阡”字，据道光《重修胶州志》删。

④ 唐：底本作“座”，讹。据乾隆《胶州志》“古镇口亦有炮城制，与唐岛口东西相列”改。

⑤ 茂才异等：茂才异等科，科举制科之一，唐宋设置。

⑥ 迁固：即司马迁（约前145或前135—？）和班固（32—92），代指汉司马迁所著之《史记》和班固所著之《汉书》。

⑦ “佥”，底本作“金”，讹。

讹。元庙碑云："延祐元年，前监州燕帖木而修庙刻碑，未立而去，后十二年为泰定二年，普颜不花乃为树之。"录碑者因"泰"而讹为"太"，修志者又因"太"而讹为"大"耳。已上录张群雁《刘志疏证补》。

《州志前编》记：金立学宫在皇统九年。盖因王和诗叙有皇统末之语。皇统尽于九年，故云然。然考诗作于弘治甲子，而云三百六十年。溯至皇统元年，得三百五十五年。若九年，仅三百四十六年。则皇统末与三百六十年，皆是概举之言，亦未可为九年征。

《州志前编》：元"职官表"有盐司李实，盐判史国英、罗国才、蔡仲彬。考元傅[1]元弼《西由场文庙记》"予乘驲[2]于莱馆，盐判罗国才、运使綦豫、副使邓玉、司判张植、蔡仲彬相与诣谒"云云。按：莱之北鄙仅五十里西由镇[3]，监盐司使，授五品阶，总八场，岁办盐策凡三万五千计，则盐司不住胶州可知。盐判亦宜随正使，惟副使不审所驻。然设官首地曰胶莱，则副使或当在胶管勾[4]。局官[5]以下，或每场所并有耳，故存其表，而删李实等官。又《山东通志》"嘉靖时移驻济南"。按：成化时修城隍庙碑，有石河场盐大使孙钊，而无分司，官名似不自嘉靖始移也。

《旧志》"职官"：胶州知州赵礼八年任，张恭十九年任。八年以前，皆缺知州。《府志》及《高志》亦然。《旧志》"宦绩"[6] 以张恭后赵礼，云一遵赵礼法制，无所更改，时称"赵张"。《学古编》：洪武四年建州署，省胶西县治，领高密、即墨二县。《府志》：胶州署，洪武三年创建，至八年，知州赵礼始缮修完备。皆不书创建之人。《旧志》"大事记"：洪武二年，千户袁贞重筑州城。亦不言及知州。夫自明洪武初既以州治胶西县，并领高、即二县，断无至八年始设知州之理，心常疑之。今考明成化十五年《修城隍庙碑》，有洪武二年知州张恭。使前令为赵，则自洪武八年至十九年，赵在任几十二年矣。金石信而有征，不应先后颠倒若此。毋亦明初建置皆出张恭，而赵礼继之耶？抑八年前张恭来任，八年赵礼来任，至十九年张恭复任耶？《旧志》无所考于前，特有所据于后耳。

又"职官"：州判王荐。《府志》失籍，云此后裁。按：真武庙钟，万历二十八年，荐与知州汪兆龙、万历二十六年任。州同潘梦同时，系直隶真定卫军籍，山西清源人。又按：四十三年庙学碑有州判姜文焕与知州李尚志、学正谭三才同时。则《府志》云"王荐后裁州判"，误矣。

名宦祠：明知州徐律时之次有知州高瀛台神牌，不知何时入祀。高、刘两志不载，并"职官"亦无其人。今据神牌，列其姓氏于表，亦云有其举之，莫敢废耳。或疑高瀛台与名宦之高文登似一人之名，与字义亦近是。但神牌亦有高文登，岂立牌时误传一人为二人乎？

---

① "傅"，底本作"傳（传）"，讹。
② 驲（rì）：古代驿站专用的车，后亦指驿马。
③ 西由镇：今位于莱西北部。元至元十九年（1282）在西由镇设立胶莱莒密盐司，负责8个盐场的盐业事务。
④ 管勾：管理。
⑤ 局官：盐司机构设盐局，局官负责管理盐务及税收。
⑥ 绩：底本作"迹"，讹。据乾隆《胶州志》改。

姑并载以俟考。

《刘志》“兵防”：顺治十五年抚臣密陈海防，请移沂镇总兵驻扎胶州，辖山东全省兵马。按张谦宜《胶镇志》：沂镇旧驻沂州，邻蒙阴、莒州。沂水万山含岈，马贼昼夜间出，总兵臧延龄战不给，惧且得罪，贿巡抚耿淳①。于顺治十五年，移延龄镇海，无“辖山东全省兵马”事。不知《刘志》何所据而云然。《刘志·兵防》作“臧永龄”。

张华庙：在治西南五里计斤社，未知建始何时。《齐乘》：华，封壮武。今胶州西南有华庙，即壮武地。考晋城阳郡有壮武县，华封壮武郡公。《晋·地理志》无此郡，而以县为郡，实于氏之误。《旧志》谓有张司空墓，人颇疑之。张谦宜《张司空墓辩》云：“茂先，范阳方城人，今直隶之固安县。被害于邺，今河南之彰德府。当日不藁葬②都下，则迁葬本乡，墓在于此，顾何为者？不然，华殁国废，子孙犹据其封邑以为葬地，有是理乎？”其言颇为有见，惜其未知华墓之在北邙，为徒疑耳。按《寰宇记》“河南县芒山”条云：张华冢在此山后。芒山即邙山。又或以为南燕之张华，华亦为司空，然华非黔陬人，且为宋武帝刘裕所虏，未尝北归，亦安得有墓此地？要之，《齐乘》有庙无墓，后人因《齐乘》而附会之，实不知谁何墓也。又或以为顺治时工部主事张茂先之墓，然茂先墓在不落林村，且时代至近，亦不当讹传至此。以上《前志》。

---

① 耿淳：《清史稿》《山东通志》作“耿焞”。耿淳，字青藜，辽东都指挥使司（今辽阳）人。顺治十一年（1654）出任山东巡抚，顺治十四年（1657）考绩期限满，加兵部侍郎衔。顺治十五年（1658）因贪污等罪，被弹劾入狱。

② 藁（gǎo）葬：草草埋葬。

刊误

按：此次排印《胶志》，正、分校仅止二人。而正校因兼师校教员职务，每值赴校授课时间，仅有分校一人司校事。而印刷社以期限关系，又兼办他项印刷品，致于排印志书时缓时急。本图详细校对俾免鱼豕①，乃印样每页改正后，往往不待重校，辄即出版，以致错误层见叠出。若逐字改正，诸多困难。因将出版后校出之错误，于卷终附列刊误一门，以便阅者检查更正。惟目力未经察及者，仍不敢自谓无讹，识者谅之。

卷二大事记 第十三页 第五行“倭寇灵山卫”误“倭冠”。第十五页 第二十行“海氛”误“海气”。第十六页 第二十二行“童生应试”，“试”误“该”。第二十页 第二十行小注“二河挑浚之工”，“挑”误“桃”。又第十五行“则漫溢出漕”，“漫”误“慢”。第三十一页 第九行“李小七”，“小”误“少”。

卷三疆域志沿革 第五页 第八行“属青州城阳郡”，“郡”误“都”。第六页 第二十行小注“今地志书地惟及布政”误作“惟地”。第九页 第八行“兹平公”，“平”误作“平”。

卷四疆域志道里表 第一页 第十五行大字十一栏“正西”误作“正南”。

卷五疆域志山川 第二页 第十七行小字第二行“有抽兜石”误作“押兜石”。第五页 第十九行小字第二行“为我拔沈疴”，“沈”字误“洗”字。

卷七疆域志古迹 第五页 第三行“壮武西境地”，“壮武”误“址武”。第七页 第二十行“汉庸生祠”注“州牧冯云鹓”，“鹓”误“鸮”。第八页 第三行小注“冯云鹓”，“鹓”误“鸮”。

卷八疆域志建置 第四页 第十四行“东潮海社”小注“大麻湾”，“麻”误“庥”。第十页 第四行“娄公区”，“区”误“社”。第十九页 小字第二十一行“后崔家庄”，误漏“庄”字。第二十二页 小字第七行“盛小庄”，“庄”误“屯”。又小字第十七行“薛家庄”，“家”误“学”。又小字第四十行“牛膝后牛膝前”，误“牛漆”。第三十三页 第二十行小字“郡人赵佐妻张氏”，误“张民”。第三十七页 第二十一行“计斤社”，“社”误“社”。第五十页 第十六行“葬旅柩之无主者”，“旅柩”误“族柩”。第五十一页 第一行“杨坊”，“杨”字误“扬”字。

卷九疆域志物产 第三页 第十七行第四栏“鸱鸮”注“捉鸟子”，“鸟”误“乌”。第六页 第一行“禹贡厥篚”，遗“禹”字。又第四栏小字第二行“与比目鱼不同”，“目”误“日”。又第三栏“萝卜”注小字五行“胡萝白”下遗“色赤叶”三字。第十页 小字十九行“鳆鱼”注“毋报往”，“毋”字误“每”字。第十二页 第十一行“蜻蜓”误“蜻蜒”。第十五页 第二十三行“桑”注“皮可绩纸”，“皮”误“谷”。第二十六页 第三行小字“一作蘡薁”，“蘡”误“□”。

卷十疆域志风俗 第三页第四页 骑缝“风俗”均误“物产”二字。第六页 第十行“秋秸曰莛杆”，“莛”误“筵”。

卷十二职官志元代职官 第一页 第五行“一邑之疆理”，“疆”误“彊”。

---

① 鱼豕:“鲁鱼亥豕”的略语,意思是把“鲁”字错成“鱼”字,把“亥”字错成“豕”字。

卷十三职官志明代职官 第六页 第十三行“汤承宠”，“汤”误“杨”。又第十七行“葛景晖”漏“景”字。又二十八行“王荐”误作“□”。第十九页 第二行小字“原籍”，“籍”误“笔”。第二十一页 第八行“训导”注“按明史”，“史”误“吏”。又十三行“零混”误“灵混”。又十六行“子健”，“健”误“建”。

卷十四职官志清代职官 第三页 第三行“沈联清”，“清”误“川”。第二页 第二十四行“程正儒”，“程”误“稍”。第六页 第九行小字“委驻防”，“防”误“院”。第十七页 第十七行“薛懋功下福建”，“福建”误“建福”。又二十一行“姚骧”，“骧”误“让”。第二十页 第二十四行“张炳蔚”漏“炳”字。第三十四页 第九行第一栏“三等侍卫”，“侍”误“待”。第三十五页 第三行第一栏“杨录之”注“三等侍卫”，“侍”误“待”。又二十二行第一栏“授侍卫”，“侍”误“待”。

卷十六职官志历代官师 第四页 第一行“赏金碗及银二百五十两”，“银”误“金”。又第四行“六年袭父职”，“袭”误“龚”。

卷十七明官师 第一页 第十九行“迁鲁王府纪善去”，“去”误“云”。

卷十八清官师 第七页 第三行“是秋荒旱”，“旱”误“早”。

卷十九财赋志清赋役 第十页 第五行“八十一顷”，“顷”误“项”。第十一页 第十一行“除豁免实征”，“除”误“余”。

卷二十一盐法 第九页 第二十行“变洋后”，“后”误“从”。

卷二十二学校志清学校 第五页 第十二行“毋令某人”，“毋”误“母”。第十一页 第十五行“宋封下邳公”，“邳”误“邱”。第十六页 第十二行“延平先生”，“延”误“廷”。第二十页 第六行“延祐三年”，“延”误“廷”。

卷二十三选举志金元选举 第二页 第十九行第四栏小字“显亲碑”，“亲”误“观”。

卷二十六清选举中 第三页 第三行“法枚”注“若真子”，“若”误“苦”。又第七行“王懋”注“如辰子”，“如辰”误“妻辰”。第八页 第四行“宋晋”注“京子”，“京”字误“亦”字。第十七页 第十四行“梁秉枢”，“秉”误“乘”。

卷二十七清选举下 第二页 第二十一行第二十二行“徐擀赵熙”误“徐熙赵擀”。第三页 第九行“法果”注“若贞子”，“贞”误“真”。第十六页 第六行“王若曾”，“曾”误“增”。第十七页 第十七行“赏戴花翎”，“戴”误“载”。第二十页 第十一行“法信堂”注“旭堂弟昉子”，“昉”误“昀”。又第十七行“陕西雒安县三要司”，“西”误“补”。第三十一页 第一行“在任即补”，“在”误“任”。又第四行“以嵩武营军功保升”，漏“军”字。又第十五行“因办昭信股票”，“办”误“辨”。附诰敕表第四十七页 第四行三栏“法得峻”注“得茂”，误“德茂”。第四十九页 第二十二行第一栏“孙颖”，“颖”误“频”。第五十五页 第二十行第三栏“彭守庸”注“以孙璋”，下漏“封”字。

卷二十九典礼志清典礼 第二页 第三行“守土官”误“守士”。第三页 第四行“众随行礼”，“行”误“官”。第四页 第九行“敦崇礼教”误“敦礼崇教”。又十一行“乃读律令”遗“读”字。又十三行“举馔案于宾”，“案”误“序”。第六页 第三行“司祝三叩”，“祝”误“受”。第二十页 第四十行“凡声教所覃敷”，“敷”误“服”。第二十六页 第十二行“行庭参礼”，“庭”误“停”。

卷三十民国典礼 第一页 第二十二行“实以黍稷”误“稻粱”。第二页 第一行“展器于馔幔”，“幔”

误“慢”。第四页 第二十行小字“黄瓦神牌”，“牌”误“碑”。第八页 二十八行“崇圣祠”，“圣”误“神”。第十五页 备考栏第六行“压迫者”误作“压者迫”，订。又五栏内第九行“各地高级”，“级”误“纪”。又“清理共党”栏下第二栏第六行“彼党清除”，“彼”误“被”。

卷三十二兵防志民国兵制 第九页 第三行小字“胪列于后”，“列”字误“别”字。第二十三页 第十三行小字“大队部”，“部”误“都”。第二十四页 第二行“民团旗帜”误“民国”。又第十三行“民团符号”误“民国”。

卷三十三清兵事 第七页 第八行小注“据通志”，“据”字误“接”字。民国兵事第八页 第十三行“民军起义”，“军”误“国”。第十四页 第十三行“大小朱葛”，“朱”误“米”。

卷三十四艺文志 第一页 第八行“人物所未备”，遗“备”字。第四页 第六行“张应桂”，“张”字误“桂”字。第六页 第三行“匡憬卧游草”，“草”误“诗”。又十六行“瓣香阁诗钞”误“诗阁钞”。

卷三十五经部 第十三页 第五行“经解诗话之切要者”，“解”误“言”。

卷三十六历代金石 第六页 第十七行“主胶西簿”，“簿”字误“薄”字。第九页 第十六行“而并及科举等事”，“科举”误“□举”。第十二页 第十五行“赵公”下小注“泸州卫人”，“泸”误“滤”。又第十六行“而敝陋若此”，“敝”误“敞”。

卷三十七清金石中 第七页 第一行“岁次丁酉”，“酉”字误“西”字。第十页 第十六行“将军家妻妾子女”，“妾”误“妄”。第十四页 第五行“盖岁时流迁”，“盖”字误“花”字。第十五页 第十三行“必有势而后行”，“而”字误“面”字。第十九页 第十八行“守土之官而其道尚宽”，“而”误“面”。第二十一页 第一行“荒田一区”，“一区”误“区一”。第二十五页 第十九行“长躯似铁”，“躯”误“驱”。第二十六页 第十一行“而亭适成”，“亭”字误“介”字。第四十二页 第八行“特授历城县”，“授”误“受”。第四十五页 第七行“栾景泗”，“泗”误“驷”。

卷三十九人物志历代人物 第三页 第五行“京庾赖焉”，“庾”误“庚”。

卷四十人物志明人物 第三页 第三行“去城三百里”，“去”字误“出”。第五页 第十六行小字“据广平府志”作“广志平府”。第七页 第二十一行“致仕归”误作“致任”。第十五页 第六行“枧”字误“视”字。又第十二行“为诸生时教授生徒”误“生授生徒”。又第十六行“刘重庆屡疏请兵”，“屡”误“娄”。第十七页 小字第十五行“臣知从哲之必不外此也”，“哲”字误“誓”字。第十八页 大学第十五行“张清所蔽”，“蔽”字误“敝”字。第二十一页 第十一行小注“祀寓山之影堂”，“祀”误“祝”。

卷四十一人物志清人物事功 第十三页 第二十二行“守浮桥者”，“浮”字误“净”字。第十四页 第三行“至南门城下旌旗尽仆”，“下”误“上”。第二十页 小字第三十行“官旗房屋一项”，“项”字误“顷”字。第二十二页 小字第六行“进士同年友”，“进”字下遗“士”字。第二十七页 第十八行“皆自胶取给焉”，“给”误“络”。第三十页 第二行“维祺廉得实而未发”，“维”字下多一“除”字。又第九行“维祺复授教河南”误作“祺维”。又第十二行小注“云湄维祺晚年所自号也”，“云湄”误“云维”，“晚年”下误增“湄”字。第三十四页 第十二行“遇事持大体”，“体”误“礼”。第四十三页 第十一行“全活甚众”，“全”字误“金”字。第四十七页 第二十行“官医局以疗疾病”，“医”字误“酱”字。

卷四十二人物志清人物文苑 第一页第二页 骑缝俱误作“事苑”。又第二页 第六行“善书能得二王遗意”误作“二得”。第六页 第三行小字“分察天地矣”，“察”误“祭”。第十三页 第十二行“宾雁字秋臣”，“秋”误“秩”。第十五页 第六行“折衷”，“衷”字误“哀”字。又本行“耄年励学”误“耄学励年”。第十七页 第十行“夏字大村”误“大材”。第十九页 第六行“备极艰苦”，“苦”误“苫”。

卷四十三人物志清人物忠节 第六页 第四行“被胁泽言有老母在”，“言”误“解”。第十页 第二十一行“魁曾元曾殉难”录作“魁增元增”。第十一页 第三行“匡树毅殉难”录作“树毅”。第十二页 第四行“孙亨元”误“孙亭元”，第九行“纪毓珹”误“纪毓瑊”，第十五行“李绪辰”误“李绪宸”，第十六行“李兆方”误“李兆芳”，第十九行“傅春”误“传春”。第十三页 第五行“范三行”误“苑三行”，第十五行“邱吉兴”误“邱吉典”，第十八行“姜大宗”误“姜大宋”，第二十一行“董有点”误“董有照”。第十四页 第五行“崔沣”误“崔澧”，第十行“高柒”误“李柒”。第十五页 第十三行“丁清”误“丁青”。第十九页 第一行“以上捻匪之乱殉难均请恤有案”，遗“恤有案”三字。又十四行小注“以上”误“以之上”，“捻匪之乱”“匪”字下遗“之”字。

卷四十四人物志清孝友 第四页 第十一行“炳麟吁天请减年”，“请”误“清”。第八页 第三行“母辄以财艰止之”，“母”误“父”。

卷四十五人物志清笃行 第十页 第十一行“历署江华安乡县事”，“署”误“暑”。第十八页 第一行“刘氏从姊”，“姊”误“妹”。又第二行“从兄之女”，“女”误“妻”。第三十六页 第二十行“人固当如是也”，“固”误“故”。

卷四十六人物志民国人物 第五页 第十三行“为国民而牺牲”，“国”字下遗“民”字。第十一页 第十行“甫下车”，“车”字误“军”字。又十八行“剔除积弊”，“弊”误“奖”。

卷四十七人物志艺术 第一页 第七行“青乌之术”，“乌”误“岛”。第十一页 第三行“傅色妍净”，“傅”误“传”。

卷四十九列女上 第十页 第十二行“遗女二人”下遗“氏”字。第十二页 第廿四行“戴氏龚大文妻”，“氏”误“民”。第十五页 第十九行“宋氏邓纲妻”注“监生”误“尽生”。第十六页 第三行“孙氏赵谦妻”注“夫故”误“夫政”。第二十一页 第十四行“魏居鼎妻”注“卒复旧业”，“卒”误“将”。第二十四页 第十四行“陈氏匡炯妾”，“炯”误“炯”。第二十九页 第十九行“马氏刘重信妻”，“信”误“言”。第三十九页 第二十四行“灵山卫王守业妻”注“年二十一”，“二”字误“一”字。第五十一页 大字第十四行“孝女王氏女”，“孝”误“李”。

卷五十列女中 第四页 第十四行“杨桂芳妻”注“周步岚女”，“岚”误“岁”。第二十五页 第十五行“傅承曾妻”，“承”误“成”。第二十六页 第五行“杜魁元妻”，“魁”误“奎”。第三十四页 第七行“布政司经历孙藩妾”，“妾”字误“妻”字。第三十六页 第三行“孙氏陈芑沣妻”，“沣”误“澧”。第三十七页 第十二行“孙氏杨陛妾”，“妾”误“妻”。第三十八页 第七行“王氏李传芳妻”，第九行亦“王氏李传芳妻”，似重出。第四十五页 第十二行“邻右张氏”，“右”误“佑”。第五十九页 第七行“孙氏女将嫁”，“嫁”字误“家”字。又第八行“夫殁”，“殁”字误“残”字。第六十页 末一行“素持经咒”，“咒”字误“兕”字。第六十一页 第七行“瓣香”，“瓣”字误“办”字。

卷五十一列女下 第四页 第十六行“夫殁”，“夫”字误“大”字。第五页 第十六行“医药罔效”，“医”字误“酱”字。第六页 第十七行“怜而给之”，“给”字误“绐”字。又二十一行“闻耗”，“闻”字误

“间”字。

卷五十三祥异 第五页 第二行“五年”，“年”字误“月”字。

卷五十四杂述 第三页“马蹄泉后大珠山石门寺”误与“马蹄泉”连印。又第十四行“笔力遒健”，“遒”字误“遵”字。第十二页 第十六行“黄厨又愎躁”，“厨”字误“稍”字。又第二十一行“杨九大呼出”，“呼”字误“吟”字。第十四页 第七行“盐价之踊”，“价”字误“政”字。

卷五十五讹疑 第六页 第三行“不属徐州之琅邪”，“徐”字误“青”字。第七页 第七行“遂不知隋有青州之名”，“遂”字误“逐”字。又第八行“当云罢郡”，“云”字误“去”字。第十六页 第六行“元弼西”，“弼”字误“粥”字。第十八页 第七行“时代至近”，“近”字误“今”字。

附录一　胶州直隶州乡土志全编

胶州直隶州乡土志目录

胶州全境山脉水源图

按：州境之水，发源他境者，以胶水③为大。西源自诸城，入境屈曲，行五十余里入高密。平度境至州城西北五十里之吴家口，合与胶莱南河。其西三十余里有分水岭，为南北胶河分流之处。

---

① 耆(qí)旧：年高望重者。耆，本指六十岁的老人，后为对老人的通称。
② 文学：指精通儒家经典的人。学校负责人称为“文学”。
③ 胶水：即胶河。《太平寰宇记》“水色如胶”，故名胶河。

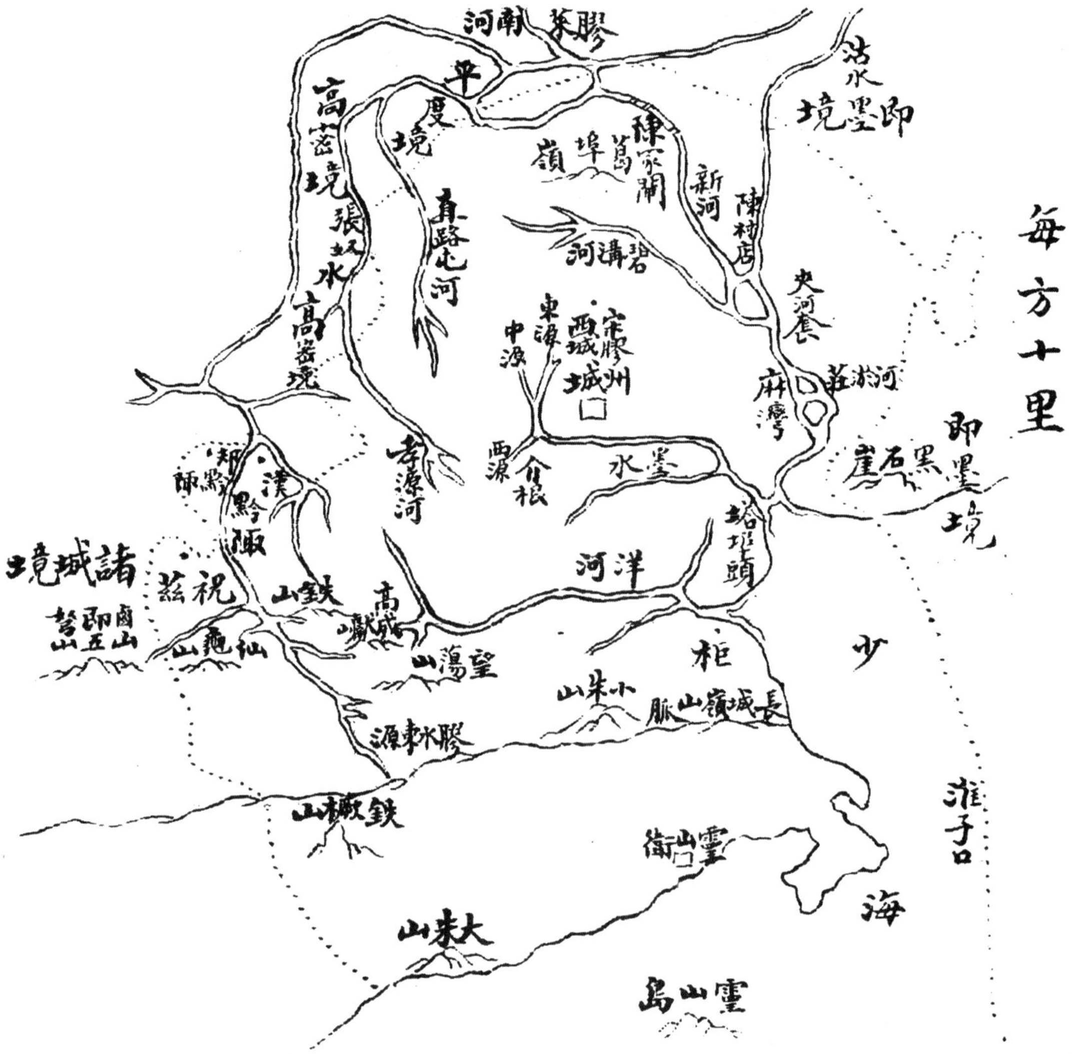

自吴家口东南名新河，即元莱人姚演议开之海运，欲自陈村海口西北达胶莱北河，避成山之险以通漕直沽。明时议开此河，又因陈村闸以北水浅不能行。万历年间人议修至分水岭，沙靡不能立埽①，水深不过三尺。议引海水济之，则南潮止行二十里，北潮止行六十里。欲引沽河，则水急、多沙；欲引潍河，则崖高路背。抚臣疏覆乃止。按：此则元时议开此河，以劳费不资，迄无成效。后之议开者皆不知形势，附和言之耳。邑人张谦宜辨之甚详。

胶州直隶州乡土志卷一：地理

历史，州之命名昉自胶水。州境西南二十余里，二城夹胶水而立，东曰东黔陬，西曰西黔陬。黔陬之名最古，而城南有介亭，为春秋时介葛庐故国。然胶西之称则以西黔陬著。汉

① 埽(sào)：治河时用来护堤堵口的设施，用树枝、秫秸、石头等捆扎而成。

属徐州，魏晋属青州，后魏及后周属胶州。胶州，古密州，治今诸城也，隋及金皆属密州。唐于州置板桥镇，宋改胶西县，元太祖于县置胶州，县为倚郭，胶西、高密、即墨三县属焉，是为州城建置之始。明洪武初，以州治胶西县省入，领高、即二县，属莱州府。国朝以高、即隶莱州府，而胶州始不领县矣。光绪三十年改设直隶州，复领高、即二县。

道路　正北四十五里入平度界，东北六十二里入即墨界，正东四十里入即墨界，东南二十里至塔埠头，正南一百里至薛家岛，西南九十三里入诸城界，正西四十里入高密界，西北二十五里入高密界。铁路自城东北六十里贾疃等社入州境，西行至城北转西北至二十五里之紫兰庄入高密境，逶迤曲折约历八十余里。

建置　州城周四里，高二丈五尺，厚一丈二尺，池阔二丈五尺，深一丈五尺。门，东南西凡三，无北门。北城有庙，曰镇武，向无外郭。同治间，筑砖圩城内外，分四隅：曰正南、正东、正西、西南。西北曰社，正北曰屯。乡有六：曰建信，领社二十六、屯七、村庄二百一十四；曰利涉，领社四十三、屯二、村庄二百二十一；曰济实，领社十八、屯三、村庄二百二十九；曰沾化，领社十五、屯一、村庄一百七十三；曰招贤，领社二十一、屯一、村庄二百有八；曰利民，领社十五，村庄二百二十一。

海岸　自大珠山以北，迄胶州湾西岸皆是。州东南百余里，灵山岛孤悬海中，形如胡卢①，周二十余里。北对灵山卫，西望大珠山。上有十八村，计共四百余户。小珠山在卫城之北，蟠亘于胶湾西南岸，与大珠山东西对峙。湾内西北有塔埠头。西北距州城十八里，为民船停泊处。湾北有阴岛，周五十余里，与大陆相连。南有黄岛，其西又有大乾小乾二小岛，潮退时褰②裳可涉。湾之口名淮子口，斗山、腕子山隔水与团岛犄角，以扼淮子口之险。轮船停泊湾内，风浪不作，安若堂奥。自光绪二十五年，划为德国租界，海口利权与青岛埒。

山　以小珠山为中条，朱州音转朱，山又称州山，在州东南九十里，两峰屹然。《续夷坚志》所谓双峰嵯峨高入云际也。脉自长城岭西来，与诸城琅琊山相连续，逶迤入海。七宝山、五老峰附之。七宝山俗名矿山，明太监陈增尝开矿于此，以未得金而止。五老峰有龙泉，祷雨辄应。自中条分支，南出者，为州西南百十里之铁橛山，《齐记》谓之黔艾山，《水经注》谓之拒艾山，《齐乘》谓之铁橛山，以石色黝黑得名。又，为州南百二十里之珠山，《齐乘》谓之大朱山，南峰临海，石室悬峭壁，下临深涧，晋陈仲举、元张清源、明赵麻衣俱尝隐此。《通典》谓仙人朱仲所居。近人王无竟僩，诸城刘子羽翼明、李渔村澄中皆游此。州人法黄山若真读书磨铁庵，皆大珠山左右也。自中条分支北走者，为州西南三十五里之艾山。山东西两峰屹立，名东西石耳。逄猛山以隐士逄萌得名。徐山以徐福所经得名。志传所记或附会欤。

水　分二派，有发源本境者，有发源他境者。其发源他境者以胶水为大。胶水发源诸城

---

① 胡卢：葫芦。

② 褰（qiān）：撩起、掀起。

五弩山，亦曰卤山；东北流至徐家屯，南入州境，又东北流入平度州境之吴家口，合胶莱南河，有旧闸存焉。南河者，元时所开新河，以济海运者也。元初，莱人姚演建议开凿，起胶西县东陈村海口，西北达胶河。凿陆地二百里，欲通漕直沽海口。以沙壅土松，迄不能就。今其遗迹尚存，小麻湾以北皆是。邑人张谦宜陈其害甚详。张奴水①发源高密县东南埠下，其上源名孝源。其发源本境者，云水、墨水最著。云水有三源，中源出城北谷家庙，西源出城西辛置岭，东源出城北曾家庄。至城西北里许之土城口三源合流。志云西源之水，来源微细，冬春常涸，夏秋雨集，挟岭沙而下，淤填河身。水无所容，能为城市害。按：州城南滨海滩。三百年前，潮汐至城南门外长桥十三虹，名曰云溪，即三云合流入海之道。数十年来潮汐浸淫之地，芦苇蔚然。然河沙淤垫下流，壅塞云水河身，几高于地。时遇干旱，流仅如线。雨潦骤至，近河民居遍成泽国。疏浚利导诚匪易，易度其高下所宜先焉。墨水，源出城西南二里河头源，东流至城南，与云水相隔一堤。又东南经海庙后，水盛时则东入云水。洋水，出黔陬县西南拒艾山，或谓即铁橛山。洋水今出高成巘诸山，而不发于铁橛。郦道元注《水经》云：出拒艾者，特举其山之著名者耳。巨洋水，有二源，西源出七宝山，东源出石炭山之硿山汪至河西村东，与西源合，东北入于洋水。

古迹 之可指名者，城则有介根，《汉书》作计斤。今治南五里城子村，有土城，其故址欤。后人筑亭其地，名介亭也。东黔陬城，在治西南八十里，胶水之东，其西即西黔陬城。柜城，在治东南四十五里，洋水之南，与新莽之祓同也。郑城，字又作扶。《水经注》胶水径扶县故城，即此城矣。胶西县城，在治西关，州人名土城口。祠墓，则庸生祠，在治西北五里庸村东，墓在祠中，村亦以是名。介葛庐墓，《山东通志》谓古黔陬东是矣。双女冢，在治南七里，岭上巍然若二土阜，高数仞。相传宋靖康中王氏二女从母避乱，母为贼获，二女绐贼释母。贼将污之，二女投海死，里人葬之岭上。若孔子回车岭、徐福入海处、焦花女台、祝英台墓影响讹疑，概从盖阙不备书，书其确者。

户口 现计汉族户共六万一千零八十，户口共四十万零六千零零六口。天主教堂八处，教士司鼎名、舒礼博均系德国人，教民约二百七十余名。耶稣教堂七处，牧师帅得顺、任其斐均系瑞典国人，教民约九十余名。回教侨寓者约八名。统计全境四民各占之业，士约十分之一，工约十分之一，商约十分之二，农约十分之六。

氏族 之著望于胶者，曰张曰徐曰赵曰法。张氏之望，凡三：曰松山，曰漕汶，曰河荣，并详其所由迁者。徐氏之望曰麻湾，迁自泗水。赵氏之望凡二：曰六汪，曰水寨。水寨之赵迁自青州。法氏迁自济南，胶望以海上庐法家街为最著。匡氏迁自江南赣榆，高氏迁自利津，宋氏迁自德州，郭氏迁自益都。迁胶之后望族未详其时代，均在元时胶州立城以后，绵延至今五百余年。若庸生故里，为今城西北庸村。崔氏迁自博陵，在东汉中叶。张氏迁州，在宋

① 张奴水：墨水河简称墨河，古称张奴水、墨水、张鲁河、乌池河诸名。《水经注》卷二六有记载：胶水又往东北流，左面与一条水汇合，世人称为张奴水，发源于夷安县东南面的山岗下，往西北流经胶阳县，注入胶水。

元祐间。州人所传崔氏乔松、元祐老屋是其遗迹。然皆在州城未立之先，亦难详其里居云。

局厂　戒烟局一处，侨设州城内书院前厅。光绪三十三年，知州德林奉宪谕开办，官绅分班轮值，剀切劝导，并开会演说数次，闻者感动。按册领药者，日约五十余人。城隅已戒者约数百人。六乡现谕仿公局办理。

习艺所　一处，在城购民房改建，犯人十六名，织造各件，精益求精。

胶州直隶州乡土志卷二：学校

《旧志》载先圣先贤先儒之祀典，及朝廷颁谕士子之文学额学田附载其中。今科举既停，学堂创立，就其尤亟者，胪列于左。

官立中学堂　一处，创建于州城南门里，购民房改设，高等小学堂附设其中，内班学生共七十名，讲堂、膳宿房皆备。

官立初等小学堂　三处，设于城南分水岭街中。每处蒙学生二十人。四隅六乡，官立初等小学堂十二处，皆就各区庙宇轩敞者附设。其中，公立初等小学堂二十四处，学生各如额招送。

师范传习所　一处，就珠山书院改设。讲堂、寝室具备。内班学生二十人。

劝学所　一处，就城内考院改设，宏敞适中。总董徐宗勉由绅界、学界投票公举，提学司札派。再由城隅六乡慎选劝学员十四人，各立分所，计共分三十五学区，各绘图列表。创设初等小学堂，逐渐扩充，现正试办，未便限额。

宣讲所　附设劝学所内，每月朔望，宣讲员恭读《圣谕广训》，阖城绅庶皆得进所敬听。

阅报所　附设劝学所内，汇购报章十余种陈列其中。每日自八点钟至下午三点钟，绅商士庶皆得入所翻阅，冀以开通风气并激发其爱国之心。

巡警学堂　一处，在州城西门外通衢，购民房改建。讲堂、操场、斋舍俱备。毕业学生六十名。自光绪三十三年二月出岗，分昼夜两班轮次守望，遵章办理。

胶州直隶州乡土志卷三：职官

胶州幅员辽阔，南滨海澨，山岭崎岖。官斯土者，首以诘海盗、保商舶为兴利除害之原。海潮汹涌，河溢为灾，近城居民半忧泽国。浚河筑堤，其大端也。州治建置最晚，户口无多。水旱频仍，民生凋敝，徭役烦苦，道路流亡，其要在苏民困、缓催科。向时习俗朴野，风化易移，然阻山滨海之区，习于犷悍，逞其狙诈，强弱相吞噬、良莠相鱼肉者，亦复不少。其急又在清讼狱、靖萑苻[1]。今就莅斯土者，约为四端，胪书于左：曰防海，曰浚河，曰爱民，曰听讼。

防海

赵礼，籍贯未详，明洪武八年知州事。经营草昧，创建聿新。询知海口为商船辐辏地，胥吏缘关税为奸，礼曰："人出万死，涉海觅微利，岂可令若辈坐享耶?"严禁绝之。王献吉，直隶华亭举人，崇祯八年知州事。首以三议请于上官。一为查海盗，一为厘田赋，其一则略曰："胶城东三里，即海潮往来之地，南至灵山卫百五十余里，俱可泊船；居民稀少，墩台废颓，宜屯兵设守，筑台瞭望。"言之甚切，书上，上官韪其言，因循未果行。龚大良，国朝康熙四十四年知州事。时水师远哨外洋，海贼猝至。侦闻，大良率轻骑南驰百六十里，夜登贼舟，俘其酋五十八人以归。初至，时值甲申大祲后，大良缓征平粜，清讼狱，严保甲，邑赖以安。遗爱在民，民为立生祠。

浚河

成永健，江南盐城进士。康熙五十八年知州事，时云水泛溢，又值年饥，永健多所全活。雍正元年再莅胶，增筑墨河西堤。冯景夏，字树斋，或作树臣，浙江桐乡举人，康熙五十九年知州事。值胶水泛溢，为筑正南隅河荣社两堤，以障狂澜。州人立石曰冯公堤。郑虎文传[2]曰：胶州濒海，南门外河通潮汐，多水患，俗又畏旱。相传旱魃[3]为陈尸所化，愚民察墓土色微润者，辄掘尸毁之，谓之打旱魃云。公下车，知其事，曰治胶二者莫与校大，于是禁毁尸，而堤南门河。堤成，民德之，名冯公堤。久之，视听大化，泽及枯骨矣。筑沽云二河堤者，前有知州周于智，后有知州李瀚。于智，云南嶍峨进士，莅胶多惠政。瀚，字文澜，内务府镶黄旗汉军人，以举人莅胶，凡八年。导诸河入海以息水患，筑沽河堤五十余里，瀹[4]云溪筑堤艺柳。民思其泽，为勒石道旁，曰李公树。道光二年及七年，李文耕知州事，下车后修云墨二水，督率尤勤。倪彤书知州事，疏河道，筑云溪堤堰，皆系人思云。

爱民

知州为亲民之官，教士劝农，其卓著者，然恺恻慈祥之心用于赋役者为多。胶滨海，地碱薄[5]，民多积赋远逃，居者有代纳之苦。仇镇至，详请除荒地三千九百余顷，蠲税粮一万

---

① 萑苻(huán fú)：盗贼出没之处。指盗贼、草寇。

② 传：指郑虎文为冯景夏所作的传。

③ 旱魃(hàn bá)：中国古代神话传说中引起旱灾的怪物。

④ 瀹(yuè)：疏通河道。

⑤ 碱薄：贫瘠。

七千余石，岁为定额。胶田粮多飞诡①，豪者耕无粮之地②，而责孱者偿租。李学礼至，一一清丈之，造鱼鳞、经纬、顺甲三册，由是亩清税定，旧弊全袪。大祲之后，民多流亡，户口凋残。姚国枢至，除免死，绝丁徭，民困以苏。国初公私粗定，民心未安，奸民漏赋，吏胥侵盗库帑，酿成顽习。王星华至，履亩清税，抉剔历年痼弊。先是李茂时，已减地丁、火耗，革杂派不征，以纾民困。后刘大庆亦革火耗，皆卓然知大体者。乾隆时岁比不登③，流亡在道。朱若炳至，力为赈拯，民赖以安。有弃婴儿者，若炳抱归署中，多方哺育，全活数十人。后召其亲属与之，闻者感泣。张玉树莅胶，值岁饥、民疫。玉树捐廉劝赈，煮粥施药。大水淹没民舍甚多。玉树遍查灾户，按名给钱，并禀上宪，请帑赈济，实惠及民，全活尤众。又创建胶西、灵山两书院，购书数千卷，分贮之。延名师讲授，诸生肄业院中者，有簿册以录功课，有假单以稽勤惰。循循诱掖，若父兄之督责子弟。公暇，每亲诣讲论，至夜分不倦，并倡捐三千余金，取息以为膏火资，嘉惠士林，为前后牧民者冠。爱星阿复捐廉四千金，重修胶西书院，更拓基添建斋房，自是肄业者益众。刘文琠莅胶，值岁大饥，劝粟监放，多所全活。尤重文教，凡乡试资斧、童试卷资，皆文琠捐置。厘定条规，立碣书院以垂永久。李文耕在按察使任，亦邮寄千金存典生息，为举人会试资，并补乡试之不足。戴屺再莅胶，值大饥，剀切劝谕，邑绅感动。巨款以集，并遣人赴沭阳贩舟粮，为来岁民食计。请免海估粮税，以广招徕。凡平粜④施粥，皆经纪得宜，不为煦煦惠。镇，山西汾州举人，明正统十三年任。学礼，南直隶颍州进士，隆庆四年任。国枢，南直隶昆山举人，万历四十四年任。星华，字已山，江南金坛贡生，国朝顺治八年任。茂时，直隶举人，顺治三年任。大庆，陕西榆林卫荫生，康熙七年任。若炳，字彤章，广西临桂进士，乾隆十四年任。玉树，字荫堂，陕西武功进士，乾隆四十九年任。爱星阿，字景斋，满洲镶黄旗翻译生员，嘉庆八年任。文琠，字云峤，湖北江夏生员，嘉庆十四年任。屺，字已山，江苏丹徒进士，嘉庆二十五年任。

听讼

知州邱凤来爽明英断，王炎折狱如神，杨位善于听断，皆前明时任。孙蕴韬，缓征税，辨冤狱，有慈母神君之誉。陈端，性英毅，衙无蠹吏，案无留牍。许承苍，善听断，勤捕盗，讼狱以息。其以廉介著者，刘孟承，江西庐陵人，明嘉靖三十七年莅任，居官廉洁。陈辅尧，扬州举人，初治县，大计为天下清官第一，明万历间来知州事，纤芥不受馈遗。郎熙化，满洲正黄旗贡生，国朝康熙元年莅任，性廉介，有古循吏风。杨奇烈，汉军正红旗贡生，康熙五年莅任，廉介爱民，有德政。郑为龙，山西文水进士，雍正二年莅任，清廉爱民，以风骨

---

① 飞诡：明时粮食户将田地寄在享有免徭役的官吏、士绅名下，以逃避赋役的一种方法。

② 无粮之地：不缴税纳粮的土地。

③ 岁比不登：指农业连年歉收。

④ 平粜（tiào）：官府在荒年缺粮时将仓库所存粮食平价出售。

称者。赵民善，字化宇，奉天人，或云满洲人，贡生，顺治十年莅任。时海逆初平，城同新造，民善抚流亡、核吏事，旬日间，纪纲具举。次年籍海逆叛产二十万金，变价者破家殒命，大吏亲临督责。民善力争之，得少减。大兵平栖霞山贼还，过胶，轮蹄[①]杂遝络绎三百余里。民善与其帅约，犯者，亲注骲箭[②]，射其脐，旗丁[③]震慑[④]。鞫冤狱，却巨金。张琢玺，河南邓州荫生，康熙十六年莅任。蠹役马成[⑤]盘踞官衙四十余年，琢玺不动声色，置之法。黄章，浙江钱塘副贡，康熙十九年莅任。时总兵惠占春镇胶，年少倨贵，恃势贪横。章一绳以法，不少贷，兵与民讼者，辄裂其牍。占春积忿，昌言攻章，一军尽甲。章闻之，大启重门，秉烛坐堂上以待，中军武横刀立镇府门。占春欲出，不得，久乃罢。因并书之以为牧民者劝。若综前后计之，祀名宦祠者，赵礼、张恭。恭，湖广沔阳人，明洪武间两莅胶。一遵赵礼法制，时称赵张。文敏，与恭同乡，永乐三年任。仇镇、董鼐。鼐，通州举人，天顺六年任。毛智，浙江杭州举人，成化六年任。林璿，福建长乐进士，成化八年任。张铨，南直隶吴江人，嘉靖十七年任。姚国枢、王献吉、徐律时。律时，南直隶宣城进士，崇祯十三年任。民间立生祠者龚大良，卒后祠祀者赵民善。龚、赵皆并祀名宦祠。祀愍忠祠者李煌，江南人，顺治十年莅任，殉海逆之难。民立木主祀于胶西书院者朱若炳、张玉树、爱星阿、刘文琠、李文耕、戴屺，称六贤焉。

胶州直隶州乡土志卷四：耆旧

珠山、胶水之灵，人才蔚起，其间科第之联翩、忠孝之间出，代不乏人。是编限于尺幅，难免挂漏。然或详其里居、姓氏而事迹略而不传，则文献无征，欲从末由闻风者，又乌能勃然而兴起乎。故于编次中列叙人名，而有奇功异节，足以启发后人之志气者，略陈梗概，以垂永久焉。

事功

汉

娄敬，高祖时人，过洛阳，衣褐谒帝，请都关中，拜郎中，赐姓刘。后封为关内侯，号建信侯，事详《史记·列传》。按：州《旧志》“人物传”：娄敬，胶西人。新志载入讹疑，

① 轮蹄：车轮与马蹄。代指车马。
② 骲（bào）：骨镞。
③ 旗丁：指清朝时期运粮的军人。
④ 慑（shè）：恐惧，害怕。
⑤ 马成：道光《重修胶州志》、民国《增修胶志》作“马成龙”。《直隶州乡土志》《胶志通纪》作“马成”。

谓《史》《汉》称娄敬齐人，不言某县。称郡，则临淄人，千乘郡有建信县，不言侯国。汉高帝封敬为侯国，当在今高苑县西北。《旧志》误，但《高苑县志》曾未载有敬传。今胶州境内有建信乡、奉春墓，皆敬故封号，又村名娄敬菴。《旧志》相传以为敬胶人也，故仍编之篇首。

金

孔辉，先圣裔，后以武功显仕，至定远大将军、元帅右都监、知密州事。

元

栾彬，知密州事，以善政子民，民戴其德。

明

殷哲，洪武初，以贡生起家，有才识，累官中书左丞，士林重之。

崔衍，洪武初，任北京卫经历，以廉能升河间知府，善政著闻，诏为刑部侍郎，与殷哲并祀乡贤祠。

匡允中，武德将军，忠勇素著。正德间，流贼猖獗，预为守备。贼果至，允中叱其众，曰："敢有言逃者，按军法。"贼逼城，矢石俱下，贼逸去。允中纵兵击杀甚众。入祀忠义祠。

杨可久，笃行博学，尝授徒东耳石室中，举洪武孝廉，官绍兴知府，多善政。

薛禄，微时无名字，乡里谓之髭六。后贵，赐名禄。靖难诸功臣，禄称最。永乐初，营建北京，禄董其事。复从征胡虏，宣德初从征武定州，历三朝，以功名终进爵太保、阳武侯，卒，追封鄞国公，谥忠武。事详《明史》本传。少子桓，正统中尚常德长公主，秩驸马都尉。终明之世，嗣侯七人，历二百三十一年。

韩福，永乐进士，荐升巩昌知府，以廉能考最，擢都察院右副都御史，巡抚宁夏，累建边功，祀巩昌府名宦祠。

栾瑄，字廷玉，永乐进士。官刑部时，直声大著，杨士奇荐为大同知府，设兵御寇，境内安然。与韩福并祀乡贤祠。

袁瓒，成化进士，刑部主事。性沉毅。部有疑狱，辄属瓒平反。子鹤龄，贡成均①。孙继祖、曾孙学古，俱领乡荐。次孙继业、玄孙允隆，俱成进士。科第蝉联，极一时之盛。

匡翼之，字云溪，成化进士。授御史，累迁至广东按察副使。性廉介，数忤阉宦，直声著闻。卒，祀乡贤、孝弟二祠。孙铎，字松墅，嘉靖进士，令涞水，考最，擢御史。弹劾不阿，声震一时，改大名守。漳、卫二水为患，公筑长堤，民德之。迁陕西佥宪，风纪卓然。卒祀忠义祠。

邓中和，字维节，举人。垣曲教谕，教化丕振。先后莫出其右，升怀庆府同知。

高迪，字允德，弘治举人。除良乡知县，迁宛平。厘奸剔蠹，不畏强御，进太仆寺丞，以廉节称。卒祀乡贤祠。

---

① 贡成均：选拔到国子监。成均，古代的大学。

赵从龙，字子云，弘治举人，开封知府，平河南贼有功。子完璧，别有传。孙慎修，嘉靖进士，扬州知府，有政声。曾孙儆，万历进士。

李元芳，字应元，嘉靖举人。南阳府同知。隆庆初，上书请除青登莱三郡驿传之害。东抚姜廷颐因推广其议，胥罢济、兖、东昌间冗役。万历朝议开新河，元芳又一言罢之，擢湖广岳州守，除奸僧积害。卒祀乡贤。六府民为立李岳州庙于胶，肖像祀之。至今李氏奉其祀无替。

赵完璧，号海壑，由例贡授兵马司指挥，执法不避权贵。提督陆炳诬之下狱，与杨忠愍公赋诗倡和，坦然自如。后事白，外除巩昌府通判。有《海壑诗文集》十二卷。

张铭，字文粹，嘉靖进士，户部主事，榷税九江，廉明著闻。子汝元，万历举人，泌阳知县。时大旱，七月始雨，汝元督民种荞，岁得半收，擢顺天府推官，刚正自持，权贵不敢干以私。

赵一经，字允通，嘉靖举人，新乐知县。性廉直，不徇干请。弟一鹗，字士荐，岁贡，城武训导，学行殊常，升定辽卫教授。

张鲤，字子化，讲学以致良知为务。以选贡历任内乡、芮城令。署中惟储五罐粗粮，因号五罐先生。陆光祖举为天下清官第一。卒祀乡贤祠。

郭竹徵，字孝生，孤贫力学，三试童子皆第一。学使某异之，合莱属覆试，复冠军。成天启进士，累迁至山西布政使参议、兵备道，剿巨贼点灯子有功。

宋可久，字柱石，天启进士。荐至吏科给事中，奏事不避权贵，为国事日非忧郁，卒祀乡贤祠。

谈震采，字滁山，万历武进士。时称髯将军，破流寇神一元等，廉得军心，故屡战获奇功。

张若獬，字义生，崇祯进士。河间知县，弭盗安民，考最，迁户部主事，擢按察司佥事，督漕防河，多著劳绩。明亡弃官归隐。

苏丛，灵山卫人，由贡士任米脂令，选授御史，扈从武宗南征，建言回籍。

国朝

韩成，新置村人，川陕不靖，成以杀贼积功。康熙中，仕至四川重庆营总兵，能得军心，既老遂家重庆。按：《州志》，成四子，长良辅，武探花，广西巡抚。次良弼，武进士，参将。次良卿，武进士，陕西提督，谥勤毅。次良臣，经魁。良辅子勳，武举，贵州提督，谥果壮，皆四川重庆籍。魏源《圣武记》卷十三“杂述”内，历数汉武将至韩良辅，云甘州人，与子勳皆提督，并误。

法若真，号黄山，顺治初，以五经异材特荐，丙戌翰林，任福建兴化道。粤士素闻公名，负笈从游者百人。若真馆之梅峰。时海氛未靖，郑寇万艘云集，若真危坐城头，与诸生酬答文字，秘授方略，谈笑却敌。官至安徽布政。若真生平以书画诗名世，其政绩反以文掩，世鲜知者。康熙己未，开宏词科，三相国疏荐，以足疾辞不就。著《黄山文留》八卷、《黄山诗留》二十卷。从弟若贞，字玉符，同榜进士，历礼、户、吏三科给事中。数上书论事，外补井陉守巡道，迁汉羌兵备道，多惠政。民立石颂之。有《谏垣疏稿》行世。子檑，字书山，康熙进士。屡充考试官，称得人。告终养，家居三十年不入官府。

匡兰馨，字九畹，顺治进士。吏部文选司郎中，条上诠法百二十事，皆著为令。北直[1]、山西、河南大饥，兰馨请发内帑，速行报，可。屡次召对，因敷陈儒者祀家庙仪，上以为宿儒，撤银爵赐之，寻升太仆司少卿。

冷开泰，字翯雪，顺治进士。与左敬祖、刘子壮齐名，授宜章县令。民有争讼，付以纸牌，使来就理，不更遣呼。土寇合搀獠掠境，开泰率土兵御之，贼立却。援兵至，索饷于守令。时县民无蓄积，开泰劝化以给军。

赵焘，字霞湄。父早殁，母纪氏纺绩资焘读。焘苦自砥砺，登顺治进士，知宁羌州事。王师下四川，焘往来济军需而民不扰。迁郧襄知府，擒邪教李企晟诛之。转黔学使，改广东储粮道。大兵进歼苏丑，馈饷不绝。

王埰，字方岳，顺治进士，安庐兵备道，以计平濠汝贼，摄按察司使，鞫谳多平反。弟垓，字汉京，号巢云，顺治进士。宁绍台道按察副使，初官行人。时琉球请封，司僚多畏避，垓慨然持节海外，宣布威德，馈遗无所受，著《使琉球记》一卷。

宋可发，可久弟，顺治进士，将乐知县，靖土寇，绝虎患，民为立生祠。官至四川按察使，抑豪贵，府县上狱多所平反。

张应桂，顺治进士，授职编修。时明臣左懋第子孙久徙海滨，应桂上《广励忠孝疏》乞赦。虽镌级[2]调用，而懋第子孙竟赦归，应桂之力也。后以光禄寺丞告归。

王如辰，字北野，顺治进士，交县知县。山多藏寇，如辰下车七日，即计擒渠魁。邑有虎患，为文檄之，而虎逸。内擢户部郎中，迁按察司佥事，立学宫华李书院。

张其策，字宋竹，副贡，顺德知县，升本府通判。数岁后，顺德民变，议尽歼[3]之。公请单车往抚，民呼慈母。寻授辰州同知。

赵泰甡，字鹿友，康熙进士。任金华知县，廉介自持，刊先贤何、王、金、许《正学渊源录》并《郑愍公文集》，以广其传。修吕成公祠、胡文定书院，又建滋兰书院，设四乡义塾，一时文教聿兴，擢湖州同知。年未五十卒，祀金华、湖州名宦祠。

赵泰临，字敬亭，康熙解元。由庶常晋检讨，典试云南未称旨，罢官归。历掌海山、龙章书院，文名满二东。晚年辟衍经堂，与张谦宜、高铮符辈讲学其中。

高文熠，字旦复。由行伍从征贼帅王辅臣、王屏藩有功，官至南昌总兵、西安府副都统。传在《国史》。著有《彤廷奏对》《通鉴质证》。

---

① 北直：北直隶。

② 镌级：降低官阶，降职。

③ "歼"，底本作"纤"，形似而讹。

徐擀，字扶青，岁贡，博平训导，历任十五载。志行端洁，府县拟卓异，辞不就，家居教子孙先行后文。《诫言》一卷，人谓有颜柳家训之遗意焉。从弟援，字扶翰，诸生，与名宿立孝义会，感化里人。从子大章，廪贡，登州训导，莅廪贡，撰《徐氏世记》二卷，均有学行。

薛希瑄，字拱璧，康熙举人，夏津教谕，上书学使，请加封孔子三代，学使许之。书未上，雍正时，特旨加封五代，人服其预识焉。

赵文熨，号铁源，康熙进士，翰林院待诏。典试广东，时海寇犯境，潘君某者，文熨之会试房师也，家被掠。为倾囊赎之，告墓而去，人高其义。著《粤游草》。从弟熙熨，字云鹤，廪生，事母以孝闻。著《千树斋诗》四卷、《清籁词》二卷。

高曰恭，字作肃，康熙举人。少时工文，与弟曰聪，字作谋，并负盛名。而曰恭累试春官不第，乃就教职。历淄川、诸城两任。接诸生严正温厚。曰聪举进士，仕至户部郎中，奉使提学福建，饬修先贤墓祠。

于广，字天如。曾祖从政，字时可，举人，清河知县。浚渠除水患，民为立生祠。广登康熙进士，授职编修，仕至大理寺正卿。立朝方正，一毫不以假人，使湖广，有平粜，推惠同事①。视学河南，严绝请托。再任云南学使，风裁益励，以疾卒于官。

王岐毓，号康山，康熙举人，除石楼知县，政尚清简，民用休息。著《政录》一卷。

宋瑞鉽，字珂江，少师事族兄振甲、张谦宜，友事王纮、赵泰临。潜心性理诸书，以廪贡授官学教习。寻擢临县、芮城等县，鞫狱多奇中，人称神明。弟瑞钰，雍正举人。

王懿，如辰子，康熙进士，授编修，改户科给事中。时九门提督陶和气贪横不法，举朝无敢言者。懿特疏发其奸，又奏参刑部尚书巢可托坦护陶督。上诏刑部覆议，悉得事实。晋懿顺天府尹。疏奏允行，迁工部右侍郎，充会试副考官。

王纮，字经千。康熙进士，授临淮令，有治声，充江南戊子同考官，所拔皆知名士。雍正初，调宛平县，执法不避权贵，入为部曹。复外迁至浙江布政使，值大饥，奏请赈恤。命未下，即日开仓放赈，复发帑金十万，接济活数十万人。擢安徽巡抚，内迁至刑部侍郎。乾隆元年转礼部，寻以工部致仕。

宋云会，字沛苍，雍正进士，授云和县令，变溺女俗。调江山县，免荒税金。简亲王以卓异荐升海防通判。

李观瀛，字十洲，雍正举人。敦行力学。王克掞、胡湘兰皆出门下。乾隆中，授莱芜县教谕，因县令待士无体，恐成决裂，告退。后事起，人服其先见云。

徐瓒，字质玉，廪贡生，任滕县训导，勤考课，崇实行。重修文庙，功尤巨。因庇秀才，与当事者不合，去官。王仕有《三广文合传》谓李观瀛、焦复亨与瓒也。

张秉义，字质夫。由拔贡仕至宁远知府，所至有政声，以亢直不能事上，免官归。

王元浩，字海如，雍正武进士，状元及第。见知于怡贤亲王，授湖南水师副将，训兵恤

① 事：底本衍“事”字，删除。

民，报最[1]，升镇筸总兵。

徐世恩，雍正中随征西疆，功最，擢德州守备，迁四川黔彭营都司。除虎患，屡击贼有功，调直隶蔚州路参将。

徐瀛，字唐洲，乾隆武举，浙江嘉湖卫守备。宋云会赠诗有“好武挽强弓，好文弄柔翰。浙水东西间，借寇殆将遍”之句。弟渭，乾隆武榜眼，湖南长沙营协镇。

王寯，字轶千，乾隆庶常，外除大足知县。教民兴蚕利，储军需，不劳而治。迁顺庆知府。

高蔚宸，字枫宸，乾隆进士，延津知县。多惠政，勤于听断，雪段氏妇冤狱。周壎作传奇记其事，民肖像祀之。

栾廷鈞，号珠野，乾隆举乡试第一，成进士，授户部郎中，京察一等。尝充某仓监督，同曹服其清正，外授石阡知府。

纪有堂，字屏南，乾隆举人。浙江秀水知县。历署剧邑，皆有治声，举卓异第一。终玉环海防同知。初，有堂因家贫将徙业为贾，母李氏持其书，且焚且泣。有堂感而复学，卒以成名。世两贤之。孙卯元，号苔岑，廪贡，莱阳教谕，书法秀逸，人争购之。

张维祺，字吉甫，号云湄。家甚贫，兄某负贩街头，每呼，维祺在馆中闻之必竦立，泣随声下。后兄知，不复过馆垣。维祺登乾隆进士，令肥乡豪猾敛迹，县以大治，移治大名，置蠹役施文龙于法。省驿代，苏民困，七年以循绩迁河间同知。罢官后教授豫、兖，高才生咸擢甲乙科。刘观察潆、卢相国荫溥，其尤著者。著《大名县志》十三卷，《三松草堂诗古文集》。弟教谦，举人。子曾霭，字铁峤，嘉庆庶常、刑部主事。吏掾有不法者悉绳之，大僚咸倚重焉。常德为湖南重镇，兵桀民悍，常构讼，曾霭莅任，胥裁以法，文武协和，郡以大治。仕至福建汀漳龙道。

胡湘兰，字少海。乾隆举人。署广东信宜县，除虎患，百姓歌之。任长宁，莅官廉能，县无滞狱，百姓为立生祠。调花县，卒。湘兰书法遒劲，远近争宝之。为其师法坤宏书《学古编》《春秋取义测》，梓以行世。尝手录《十三经》，著《少海逸诗文稿》。

赵潾卿，乾隆举人，长清教谕，工书法，尝见许于李文耕廉访[2]。

杨志敏，字懋斯，诸生，援例授赵州直隶州知州。赈饥岁，恤水灾，惠洽属邑。归里，尤以厚施闻。故友李文曾亏库帑被逮，志敏助五千金，得免罪。子维梁，字任可，举人，黄县教谕，有文行。

孙友于，字鄂亭，嘉庆举人，援例授兵部员外郎，居恒动必以礼，性慷慨乐施。年饥，兵民不相安，友于出数千金赈之，事乃息。

王镕，字佩和，轻财好义。援例以知州分发甘肃抚彝厅[3]。民与张掖为稻田构讼，镕平

---

① 报最：旧时长官考察下属，把政绩最好的列名报告朝廷。

② 廉访：明清按察使的别称。

③ 抚彝厅：清乾隆十九年（1754）置，治所即今甘肃临泽西北。1913年改名抚彝县。

其争，收回水利，民立生祠。

孙汶，字望山。祖诠，多善行，乾隆丙午大饥，舟运关东粮，全活甚众。汶幼颖异，嘉庆庶常，任京畿道御史，有《肃清讼狱疏》。转工科给事中，有《清厘仓谷三法疏》，有《河工积弊》《清厘营伍》《严查匪徒》三疏。典试福建，巡漕江浙，并绝馈贻。仕至湖南粮储道①，所辖五卫，德威卓著，人皆以为先世厚德之报云。

高鸿举，字仞千，嘉庆武侍卫。广东永安营都司，平海寇有功。

杨阶，字云台，由指挥升刑部主事，用法平恕，事载《南城随笔》。

杨桂林，字馥堂，嘉庆武侍卫，江南司标营守备，升游击，代理寿春镇兵事，以平湖州土贼，保用参将。

李维翰，字西园。父廷扬，嘉庆武探花，仕至宣化总兵。事迹见国史。维翰以父荫任兵部主事，升员外郎，擢山西道监察御史，有直声。奏疏八上，皆切中时要，上嘉纳之。仕至兵部侍郎，以疾告归。托迹渔樵，款款②与里中人语，毫无达官意气。所著有《西园疏稿》。

匡源，号鹤泉。道光进士，授职编修，仕至吏部右侍郎转左署尚书，充经筵讲官、军机大臣。源恪恭谨慎，尝有《纠弹肃顺庇私误公》一疏，极切要。后以诖误免官。主讲泺源书院，成就多人。

周相焯，字九梧，道光进士，乾州直隶州知州，署凤翔知府，性刚方，时目为强项令。任蒲城时，却回匪之乱，著《蒲城守城记》。鄠县差次，所上《请停陕西预征》，禀陕抚据以入告，事得寝。其曲突徙薪③之功伟矣。

匡懋纶，字丹庭，道光举人，溧水知县。兵燹后，溧水少居民。懋纶集流亡兴学校，谕百姓无争讼，而俗以化。金陵考绩第一。

高徽翰，字式南。咸丰进士，泰安教授。粤匪起，徽翰家居，与峄县教谕高含章、兵部主事傅儒功、翰林院待诏郭同源督办团练，卫乡里。乙卯春，洋舶猝扰胶口，邑赖以安。

逄润古，字子政，同治进士，授职编修。时词垣有议修复圆明园者，润古力持谓非急务，当汲汲于厉国耻、修武备。上深重之，授汉阳知府。汉阳居襄水下流，每逢汉水暴至，船坏者以百计。润古商之江汉关道，为立水志，过涨则电达汉口，鸣锣谕众，舟人赖以预防，永为例。调武昌，有条陈八事，仕迹皆隆隆可观。

王和龄、张腾甲俱同治武进士。和龄，兖州守备安东卫，济宁州都司，守御有功。腾甲，字春海。家居不仕，读书赋诗以自娱，乡里有义举，力襄其成。

王叔谦，字益山，其慎子，光绪进士，福建即用知县，丁酉同考试官。解元郑书祥出其门。同年友乐安成子健榷宦溪厘局，甫两月病殁，家贫甚，叔谦百计归其榇，接办差竣，所

① 粮储道：官名，清代管理漕粮储运等事的道员，秩正四品，受总督、巡抚统辖。

② 款款：诚恳，忠实。

③ 曲突徙薪：典故出自《汉书·霍光传》。把烟囱改建成弯的，把灶旁的柴草搬走。比喻事先采取措施，才能防止灾祸。

余羡金，尽致其家，一毫不染。署上杭，强宗傅姓为偷瘗金罐构讼，十余年不决，叔谦批其要害，各感服，罢讼。旋丁外艰，服阕，署长乐，政声卓著，甫半载病殁。

文学

汉

庸谭，宣帝时人，居胶东，传《古文尚书》、齐鲁《论语》。世称胶东庸生，为经学之宗焉。后崇祀乡贤祠。

金

王伟，颖敏好学，绝意仕进，以儒术教授终。

元

张复初，至正间官翰林院编修，能古文，尝作《叶公政还金记》，陶宗仪载入《辍耕录》。

明

张绅，字仲绅。元至正七年，与弟缉、经同领乡荐。工诗文，善大小篆，撰《法书通释》二卷。明初以荐授鄠县教谕，终浙江布政。按王驭超《海岱史略·明遗贤传》：张绅，登州人，洪武时，为刘庸所荐，官终布政。《元史·孝义传》：张缉，益都胶州人。胶在元隶益都路，故云。《史略》谓绅登州人，自是沿明史之误。州志以绅别号云门、山樵，谓曾流寓益都，误。宋弼《山左明诗钞》谓绅济南卫人，尤误。

赵白璧，字介泉，有学行，精《戴礼》。学者远近宗之。子任，字仁甫，七岁能文。登万历进士，授中书舍人，与李廷机、汤显祖读书中秘，为文友。神宗御试廷臣，任名居第三。以忤权贵，谪南直隶太平县丞。特赏汤宾尹①文，以为有玄度，会试果第一。内转大理寺评事。著《秋水斋诗文集》八卷。

赵僎，万历举人，顺义教谕。少读书密室，十年不出，经史百家无不贯通，李九成围莱州，僎自顺义疏上《城守功罪状》，又上《足民》《弭盗》，二疏皆不报。

纪腾蛟，字兆虬，崇祯进士，官至按察司佥事。明亡不仕，善书法。子之竹，字友筠，举人，陕西石泉知县。有《渭川道人集》。

王无竞，名僴，以字行。喜为诗，近体清贵，古体傲岸深异，遂卓荦一时，后为仇所杀。友人诸城刘翼明为之申冤。宋云会刻其《太古园诗集》。

国朝

李世镐，字西京。顺治进士，工部主事。诗学昌谷②，奇肆瑰丽。惜卒年二十八。惟传《瑞杏园诗稿》一卷。从弟世锡，号霞裳，进士，嘉鱼知县。廉正爱民，性高伉，不能事上

---

① 汤宾尹：字嘉宾，号睡庵，别号霍林，安徽宣州人。万历二十三年（1595）榜眼及第，授翰林院编修，内外制书诏令多出其手，号称得体，常受到神宗赞赏。

② 昌谷：即唐代著名诗人李贺（790—816），因其为河南府福昌县昌谷乡（今河南宜阳）人，故后世称李昌谷。

官，移疾归。晚年艺菊自给，更号卖菊翁，著《绮存集诗文》六册。从弟世铎，字伯端，顺治进士，仕至湖广按察司佥事，分巡辰常黎靖兵备道①，厘奸剔弊，有神君之目。著《易义》《四书义》诸集。弟世钿，字霞渚，举人。读书以古人自期，与兄世铎时有二程之目。

张懋煌，字子辉。父榴徵，性孝友，明土寇起，以长厚相，戒勿犯其门。懋煌聪颖过人，读《通鉴》岁必一周，淹赅称一时文献。由岁贡除长子县丞。子谦宜，少年落拓，以诗名，中年折节，读程朱书有心得，旋举于乡，暮年成进士，闭户著书，终身不辍。著有《四书广注》《质言》《疏义》三种、《尚书说略》诸书。

张宿耀，字三山②，康熙举人。王垓使琉球，宿耀为辅行，文学为异域钦慕。

宋世峻，字东峰，康熙举人，究心宋儒之书，至忘寝食。著有《四书菁华》。

李湄，字潜菴，康熙举人，力学工文，及门多获隽以去。著《碧莲堂稿》。子大标，字斗枢，廪生，与法坤宏、宋廷栋辈撰次《乡先生遗文》，存一州文献。

高凤翰，字南阜，曰恭子，由诸生举雍正五年贤良方正，出为歙县丞。具经济才，终淹下僚。寻病痹，废右手，晚年书画惟用左手，而古趣横生，尤重于时。著《南阜类稿》《砚谱》《印谱》各若干卷。

高铮符，字墨阳，雍正举人，性至孝。父母有违言，必泣谏，既悟乃止。祖父素爱之，别与之田。祖殁，固请均于诸父兄，敬事寡嫂。著《墨阳藏稿》。

薛世道，字何思，雍正举人，性端方，研求经术，理解贯澈，学者咸就正焉。著有《周易》《尚书》《毛诗》《楚词》志疑数种。兄世业，字何修，岁贡，德平训导，著《四书集解》五卷。从孙桐，字长琴，沾化训导，修学宫及宋五子③、李烈女诸祠，以言行为士表。著《周易辨解古文稿》一卷。

焦复亨，字七来，岁贡，自少砥行砺学，手录天文地理先儒语录数十卷，藏于家。大僚某，故门下士也，招复亨，将疏荐之，坚辞不往，未几，某果败，人服其先见。

匡圣时，字际可，乾隆进士，熟于古今地理之学。子文昱，号监斋，举人，著《周易遵翼约编》十一卷，《读易拾遗》一册。文炅，号橘亭，进士，任湖北天门知县，有诗古文草数种。孙苞，字桑于，进士，读书终日危坐，以身体力行为先。著《春秋辑解》。

法坤宏，字镜野，号迂斋，乾隆举人，授大理寺评事职，与昌乐阎循观、潍县韩梦周并称理学名儒。治古文，疏宕有奇气，得太史公真脉，著《学古编》《春秋取义测》《纲目要略》。所纂述有《介亭待征录》《法氏诗闻》《过庭录》《扶风旧德录》。弟坤振，字兰埜，监生，有《怡斋诗》四卷，《西墅词》一卷。坤厚，字黄裳，监生，幼通五经大义，举乾隆十五年经学，著《荫松堂诗集》十六卷、《白石居文集》四卷。

冷文炜，字艾西，副贡，甘肃皋兰知县，书法擅名于时。子绣瑞，字轶园，盐课大使，

① 兵备道："整饬兵备道"的简称。分理辖区军务，监督地方军队，管理地方兵马、钱粮和屯田，维持地方治安等。

② 三山：民国《增修胶志·人物志》作"三河"。

③ 宋五子：指北宋理学家周敦颐、邵雍、张载、程颢、程颐。

亦工书。纮玉，字华云，乾隆进士，湖北安陆府同知，后里居结文社，宏奖后进，名人词赋多镌板以传。

王克掞，字幼藻，乾隆举人，与从子夏并殚心经史，为一时名宿。克掞于三礼学尤精，尝病《礼记》烦猥，多后人钤说，删存若干篇，附《仪礼》后。注释《昌黎全集》，考订《九经》，并《尔雅》《说文》《楚词》《文选》《古字古韵》共若干卷，藏于家。夏，字大村，岁贡生，著《周官释略》六卷，《史记论文》四卷，诗文草各一卷。江藩《汉学师承记》称：王夏好学笃古，尤邃于经，其持论多发前人所未发。《释稷》一篇，穿穴经传，义明词达，可谓通人矣。

徐煜，字含光，诸生，潜心理学，著《云溪易纂》八册。子志达，字彦方，博通经史，著《禹贡舆地辑要》四卷，《洪范讲义》一卷，《史汉考异》二卷。孙应骥，字子良，有《汉才逸诗》存于家。

高远业，字翔千，廪贡，德州训导，著《深巷居史评》四卷。桂林胡德琳《序》谓：片语单词，悉中肯綮，可与《唐鉴》① 并传。

赵节，字子勍，少为人牧牛。午节②，牧主与钱二百，节买《诗韵》二册，坐瓜庐中视之。有塾师奇而义诲之，颖悟迈伦，遂博通今古。见知于学使赵佑，擢阖郡超等生乡试副榜。著有《禹贡今释》《待征录》《读史记疑》。

匡文坛、匡范、王毅、崔宏远、宗其彦、纪圣谟、徐佩玉，俱岁贡，有学行。

宋绳祖，字步武，乾隆举人，喜吟咏，其诗法悉遵李宪噩所授《主客图》，著《松磵诗钞》二卷。

徐学诗，字圣可，嘉庆举人，任户部员外，考取御史，著《十二律图说》。

柯培元，字易堂，嘉庆举人，福建瓯县知县，署龙岩州直隶州知州，台湾噶玛兰通判，所在多惠政，龙岩民立生祠祀之。著《说文辨误》《海防志略》《噶玛兰志略》《黄华山馆日记》《石耳山房诗文全集》。子蘅，字佩韦，诸生，著有《说文考异》《汉书七表校证》③《春雨堂诗集》。

逄克家，字继绳，诸生。按察使李文耕初来知州事，疏河道，克家上浚云议，文耕嘉之。精岐黄术，州牧戴屺闻其名，延诊疾，遂为文字交。著《析醒忆录》八卷。

宋季丰，字小南，力学攻苦，一日率成数艺，每夜读，恒至达旦。州郡院试皆第一，由道光拔贡，举乡试第一，登进士，官沂州教授，著《阴骘文赋》行世。

张宾雁，字雪爪，廪贡，莱芜训导，历署十九学。所至山川古迹、金石遗文，无不搜讨。升江宁府经历，著述甚富，有《胶志前编》及《刘志疏证》若干卷，尤为赡博精详。弟乘雁，字多崖，诸生，著《四书句读》。

---

① 《唐鉴》：宋范祖禹（1041—1098）著，12卷，主要对唐代历史进行评论，为后世之鉴。

② 午节："端午节"的简称。

③ 《汉书七表校证》：民国《增修胶志》作《汉书七表校补》。

张祖樾，字小云，曾霱子，国子监肄业生，读经史皆有心得。留京久，通掌故，人多谘询之。同治纪元，诏举贤良方正，州牧殷嘉树、陈代卿先后欲以祖樾名应，力辞不就。主讲濡上及胶西、灵山书院。

李之雍，字砚泉，号莲舟，岁贡，性耽著述，喜表彰孝义节烈，著《胶迹纪近吟》百首、《砚泉诗古文草》数种。同时比部杨阶有《南城杂咏》，岁贡纪圣选有《爨①桐集》，诸生姬凤阁有《东园逸稿》，俱一时诗伯。

周荣程，字仰山，廪贡，文登训导，诗陶写性情，率臆不修饰。晚与匡学洙鲁溪、陈际昌世五、宋言扬春麓结诗社，颜曰痴窝，日觞咏其中。

张兆惠，字慈民，诸生，工诗善画，主盟一时。赓和者有姬凤举轩如、纪凤诏紫纶、冷韶春蕙庭、宋瀛海蓬仙、王大来少楚、王六谦㕛皆、徐守真庐山、徐守鑑莲塘、孙廷瑗西山、孙言泉竹坡、郭方楹丹宸，并以能诗名。

范承缍，字寿峰，咸丰举人，博闻强记，学问淹贯，橐笔走都门，北及滦平，一时从游之士，多俊才。归后益务渊博，主讲胶西、灵山书院。

杨际清，字镜海，光绪庶常，少颖悟，美丰姿。初举优贡，朝试第一，群以殿撰目之，名噪京师，为忌者所误，以卷端疵累②被抑，授职刑部主事不就，主讲任城书院。

宋季子、高英俊。季子改名恩溥，字幼海，咸丰进士，礼部主事，供职二十余年，熟于掌故。英俊，字季秀，聪明过人，少见许于匡少宰源，旋以光绪领乡荐，官寿张训导。

宋企适，字南宫，光绪进士，颖敏过人，读书日数百行，官易门知县。纪宝鼎、傅振曾，均举人。赵兰洲，副贡，皆主讲珠山书院。高履方，拔贡，主讲灵山书院。学行俱为时所称。

忠烈一

雍正元年，建忠义祠，祀死事诸臣：秦柏栏将军、明赣榆县知县高瀌、鹿邑县知县纪懋勳等。柏栏将军不见史传，《旧志》载：将军秦人，不忍背秦，拒战死，其事在二世时。邑人法坤宏《学古编》引《汉书》韩信追齐王田广于阳城，还攻杀齐将田既于胶东，虏亚将周兰，今治东北柏兰社有韩信道、将军遗庙在焉，柏兰或周兰之讹与？瀌，字澍之，盐运分司锵之子，历任临城、东安知县，多惠政。断狱如神，迁赣榆知县。崇祯时守城，城陷，巷战死。子国楹、孙燨同殉焉。懋勳，字参乾，鹿邑知县，崇祯十五年流贼袁师中破县城，懋勳怀印自缢死。

薛濂，殉明庄烈帝之难者也。濂，字仲涵，阳武侯禄八世孙。崇祯三年，以中军府都督加太子太师。十七年，李自成陷京师，濂殉焉。

张熙、张继芳、苏万室，皆殉土寇之乱者也。熙，诸生，崇祯十七年，土寇起，熙避乱

① 爨（cuàn）：底本作“爂”，讹。“爨桐”，谓焚烧桐木为炊，引申指遭毁弃的良材。
② 疵累（cī lèi）：文字繁复、不简洁之病。

夹山，贼胁之，熙不从，遂遇害。继芳，州南农民，亦以不从土寇遇害。万室，灵山卫人，由岁贡任莒州训导。是时土寇薄①莒城，万室协州人固守，城陷死之。

法寰、高允兹、张箓、匡如槚、匡兰兆、张若敛、张启先、宋宪儒、张槐徵，皆殉海时行之难者也。高简，则死土寇之变者也。寰，以举人历任静海、六合、太平知县，均有治声。海逆叛，寰被执，骂贼死。子若爽、若巽殉焉。子若真，官于朝，素服哭兵部门，即日出师，海逆伏辜。允兹，字不疑，进士，由知县擢河南道监察御史，巡按南直隶苏松等处。丁忧归，值崇祯末土寇之变，允兹守御助饷，乡里倚赖。海时行叛，骂贼死。箓，字孝生，少娴弓马。父大年，进士，任华亭知县，明亡弃官归。海逆叛，父子死之。兰兆，进士，巡漕巡浙，皆抗直有声。归省亲，值海逆叛，胁兰兆父如槚，如槚不从，兰兆趋救父，同被害。若敛，廪生，学于法寰。海逆之叛贼突至，杀寰，胁若敛。若敛不屈，亦遇害。启先，《旧志》曰：儒官，孝友，性倜傥。海逆叛，逼出财免，启先骂贼死。宪儒，廪生，海逆手刃逼宪儒，宪儒不屈，死。槐徵，字荫昌，廪生，有学行。海逆坐大成殿，执槐徵至，欲授以伪官。槐徵厉声骂曰："岂有从贼张荫昌乎？"自缢于东庑。

忠烈二

高弘图，字研文，一字硁斋，明万历三十八年进士，授中书舍人。从焦竑学治古文，擢御史。熹宗天启初移宫案起，弘图以言夺俸。复陈时政八患，出按陕西，劾秦王太监张清，弗行，移疾去。魏忠贤攻东林，亟起故官，以弘图尝为赵南星所纠，谓必挟私报复也。弘图至，则杨、左②狱已成，疏斥魏珰之奸，不报，乃告归。崇祯元年，起复御史，弹劾不避权贵。任左副都御史时，平乔允升、易应昌之罪。任工部侍郎时，不拜中官张彝宪，上七疏乞休，忤旨削籍归。崇祯十五年，胶有兵警，弘图破家悬赏，格练义勇，与在籍参将谈震采、协知州郭文祥守州城，城赖以全。事闻，召补南京兵部侍郎，寻擢户部尚书。十七年明京师陷，思宗殉社稷。南都议立君，弘图与史可法意见同，与马士英异。福王立，弘图与姜曰广同辅政，条陈新政八事，福王不能行，朝端相水火，卒以马士英、阮大铖议不合，乞骸归。事载《明史》甚详。弘图既谢政，无家可归，栖于会稽，日惟一餐，祈死于神，不见一客。及芜湖败，问至，刘宗周尚与熊汝霖匍匐赴杭，议奉潞王，发罗木营兵以拒守，弘图不往，叹曰："天之丧明若啬夫，徒苦江东父老，亦复何益？吾筹之熟矣。"遂绝粒九日以殉，年六十有二。子朗之，选贡，早卒。子妇张氏明大义，弘图不食数日矣，左右泣进饮食，氏曰："此吾翁大节，所关无庸尔。"公卒，携两幼子归葬焉。鲁王时诏赠太师，谥文忠。胶有专祠，并从祀忠烈、愍忠祠。所著有《易解》《论史》等，书《太古堂古文》。

按：全谢山《鲒埼亭集》：公之事屡见，而往往不尽合。其作《祁六公子墓碣铭》则云：

---

① 薄：迫近。
② 杨左：即明末杨涟（1572—1625）与左光斗（1575—1625）。二人弹劾魏忠贤，同被诬陷入狱。

却貂参之聘，方寓山阴。其与绍守议立公祠，则云：豫王致聘时，公已正命。是一人之集，而前后异也。谢山又曰：公知浙东将有事，托其子于门客海宁谈迁，挈之渡江。而吾乡李砚泉作《胶西纪近吟》则云：公官金陵时，长子已殁。公殉后，公子妇携两幼子归，其为公两孙无疑。然于公之幼子，从谈迁渡江者，则未之及也，是两人之说而彼此异也。嗟乎，以谢山之时去公未远，又在公殉地，求公之寓寮①，已不可得。况又经百余年沧桑之变，传闻之疑，又当何如耶？又按：公被劾家居时，与谈震采守城，捐巨金助饷，事载《莱州府志》，其有功于梓里者甚大。州志及他书多不载，亦一缺陷也。州志人物传入公名于"事功"中，恐公之大节将为事功掩。今依《府志》入忠节传例书之忠烈门，特揭以为一邑光。详考之，以为后世之激厉奋发云尔。

高术方，字仁堂，附贡生。咸丰四年以吏目拣发湖北。五年五月署沔阳州州判。时粤匪犯纱帽山，随大吏防剿。旋贼以大股扑蔡店，蔡店奓山一带守备空虚，术方与千总王锡三同遇害。咸丰十年，又有以训导殉捻匪之难者，张书绅也。书绅，字笏山，咸丰二年以举人任郓城训导。时皖豫间盗贼蜂起，数窥巨郓。书绅与知县多方守御，民获安堵。庚申九月十三日贼大至，书绅守南门，城陷，骂贼死。侍役孟光伟同殉焉，柩归厝西郊。辛酉贼扰胶境，谂知书绅柩，火之，以前官郓时旧憾也。妾匡氏侍书绅郓城任所，遗腹得男。氏曰："妾事毕矣，愿报主君地下。"八日不食，呕血死。先是书绅祖好生，尝于屠狗家赎犬放之，书绅遇难时，有犬人立啮贼颈。贼大哗，杀犬。犬复苏，守书绅尸不去，随柩归，朝夕卧柩侧，无顷刻离。见者叹息，目为义犬。呜呼！书绅精诚所感格及豚鱼，当不止役殉其官，妾殉其主也，则以兵火，又何疑于贼之残酷哉！

忠烈三

王懋勳，武进士，同子武举人国梁皆殉辛酉捻匪之难者也。懋勳家世尚武，以安徽随营参将谙习纪律。咸丰十有一年，捻匪警耗②逼，偕子国梁守西圩，闻贼已由东圩入，仓卒集乡兵，顾视已四散奔逃，适乡民数千人强要为主帅。懋勳知不可恃，与众约如律。贼近，众皆窜，父子力战死。乡民从死者，王家庄、鲁哥庄、行上等处丁壮刘兆瑛等五十五名。续考者，鲁哥庄人高万善等四十五名。同时率众御贼者陈万武，平时以拳勇著闻，年六旬余，右足复病跛。闻贼至，传呼素所知爱得四五百人，屯东关外，遥与城中踦角，约官军相接应。官军溃，贼以全力攻之。万武与其徒苏波奋呼冲突，不得出，力尽皆自刭。崔继光，城南灵山卫人，素习奇门，通兵法，练壮勇数千人捍御乡里。贼南掠不得逞，继光防御之力居多。闻州城被困，率众入援，纪律甚整，至则围已解，遂归。黑旗贼至，南股过艾山下，继光邀击之，颇获胜。贼大队至，继光被戕，众几尽焉。从继光同殉者，宋哥庄、南佛乐庄人王道清等二十二名，灰村社人刘成

---

① 寮(liáo)：小屋。
② 警耗：警报。

福等六名。从王鸿图同殉者，七城社人王瑞兹等二十四名。从乔景龄同殉者，王家村人孙燕等十五名。从张寿朋同殉者，景要社人王迁等十一名。从于凤池同殉者，朱家屯人黑连丰等七名。从王俊民同殉者，薛寿檀等五十四名。同殉李家河头庄之战者，綦南社人四十一名。其余奋勇杀贼、力竭阵亡者不下数千人，所记仅数十分之一耳。

忠烈四

其时以文人学士激发忠义，或骂贼被戕，或挺身赴难者，举人冷馨德，廪生冷茂馨，副贡纪旭撰，岁贡宋舒翘，庠生宋翔鹤、宋翔南，廪生高对扬，附贡黄宗训，庠生高徽域、王培源，增生宋沄，庠生赵恩普、冷志权，廪生冷煦扬、候选训导高徽琛，岁贡魏松年，庠生张晋铭、徐守炯、王寅弼、法星煌、宋学经、宋玉衡、宋相运、高徽莪、王聿新、张申吉、周重元、崔清琪，武庠生杨荣、孙殿选、徐肇垣、黄建业、王廷植也。旭撰，年八十余，遣帑入城，誓必殉，以杖击贼，遇害。对扬，博雅工诗，广行善事。贼至，老仆劝之逃，对扬泣曰："无力不能杀贼，有舌尚可骂贼。居平义气自负，贼至匆匆去，吾不为也。"骂贼死，最烈亦最惨。沄，性廉正，闻贼耗逼近，饬家人逃，己将以大义谕止之。贼至，沄强聒呵斥。贼怒，缚沄树上，以火炙之，至死骂不绝口。志权妹为贼所得，妹哭且骂。贼缚其妹，将强污之。志权伏草中岔跃起，以刃劈贼脑，立毙。解妹缚，负之奔。数武①群贼麇至，与其妹同遇害。聿新，避难河东，围破骂贼，贼怒，以铁钩牵其舌，刀截之。噀血喷贼，至死不屈。荣，工骑射，毙一贼魁，贼攒刺之死。若馨德、茂馨、徽域、申吉、重元、清琪、殿选、肇垣、建业、廷植以守御死，舒翘、翔鹤以骂贼死，翔南以投井死，宗训以请救死，培源以代父死，恩普以不食死，煦扬以缢死，玉衡以焚死。若徽琛、松年、学经、相运、徽莪、守炯、晋铭、寅弼、星煌或被贼杀于家，或被贼杀于途，死不同，其均得死所，则一也。

忠烈五

若夫武夫走卒、村氓贩竖以及平时稍读书知大义者，皆能名节自爱，一瞑不返。时则有王兰亭负母遇贼，藏母密室中，偕弟兰阶与贼战，同被杀。一门投濠死，其母独免。王会元，素跛于足。贼至，与妻子谋同缢。贼突入，断其绳，同起骂贼，贼并杀之。于学古骂贼，贼怒割其舌，学古噀血喷贼，贼支解之。石姓，逸其名，初被贼虏，贼敬礼之，呼曰先生，与同寝食。贼虏一少妇，将犯之，石劝谕百端，卒不听，石怒起击贼，贼杀之。黄珽，年八十余，命子扶登圩墙，遥望贼至，愤然大骂，手握石子击贼。贼至，与其子并遇害。冷云扬，儒家，中知枪法，率丁壮百余人出，遇贼西南隅。贼设伏诱之，陷重围被戕。郭承福，从父振杰出，遇贼，父子俱被围。承福突出，回顾父陷贼中，复杀入。父出，承福力竭死。高瘸子者，名恂方，围破艰于行，被贼虏，曰："我废人，虏我何用?"贼曰："汝岂一无所能

---

① 数武：不远处，没有多远。武，半步为武，足迹。

者?”瘸子曰：“能饮。”贼壮其言，与以酒佐以牛脯。瘸子饮啖豪放，贼益壮之，移时大醉，时歌时哭，遂大骂不止。贼不能堪，杀之。姜三者，性嗜酒，闻贼至，感愤跳叫，不欲生，从众守围。贼逼近，或趋之逃。姜三奋然跃起曰：“非丈夫也。”左提壶，右持刀，望贼大骂，冲入贼队，死焉。事后寻其尸，目眦尽裂，右手犹作持刀状。袁三子者，优人也，性忠诚，娴武技，水师营游击陈其恕素以国士遇之。贼至营房，袁适在陈署，陈令逃避，袁不可，随陈出御。比接仗，勇健无伦，挥双刀如掣电，伤贼甚众。贼披靡，陈力竭，匹马落荒走。袁步驰从之，贼追及，攒矛刺陈，坠马死，袁弗及救，大号哭，反身入贼队，复伤数贼，身负重伤，以刀自刺其喉死。贼退后二日，其家人求得尸，面如生人，咸异之。王志荣者，地保也。贼困州城，志荣率七屯人数百余赴援，力竭殉焉。至稍稍得诸父老传闻，见于乡先生纪载者，以负母死者徐泽、崔枫林、高铜业也。父子杀贼被戕者，张寿朋偕子长龄、复元，王炳文偕子振邦，巩蓬瀛偕子天相也。殉父死者，宋平也。护兄死者，徐子广也。侍父病不去、阖门遇害者，马重阳也。伤父母年迈不降被戕者，徐子招也。以身蔽母受刃死者，张虎也。率勇阵亡者，滕麟祥、张永成、杨立、傅谟、刘立政也。率子侄御贼阵亡者王鸿图，王丰滋，黄肇循、肇沛、肇圩，迪凯及李联春，宋扬，李之琛，邱垍，邱圩，杨蔚均、蔚坊，高泌业，张永成，宋杰启，曾启亮，高徽镔，刘钻等二十四人。宋汝栋，雒元华，姜本兰，韩振翮，杨侠偕弟任，刘殿祥、殿科，邵鸿德、鸿礼，冯立桂，杜绍敏，殷书升，王文泉，魏得，法重光，王廷炳，杜焕仁，唐春桢也。

孝友

州志元孝友二人。刘濬，事祖母孝，殁，庐墓三年。张缉，举人，泰州知州，奉母避乱遇害。俱祀乡贤、孝弟二祠。明十六人，高三重，鬻盐事亲。父嗜奕①，著甚谬，三重日进钱，为奕资。父殁，年六十，结庐墓侧。与栾大道、冷时泰、冷国治、王肱五人俱以父殁庐墓，祀孝弟祠。赵怀慎，诸生，髫龄即以孝闻，祀乡贤、孝弟二祠。子佐，母殁庐墓，与姜桃祯、孙必登、高嗣吕、高景安、魏诏爵、宋献璧七人并祀孝弟祠。余张凤化、法振邦、徐顺亦各以孝友称。

国朝孝友共七十二人。王笃生、王乾、邓可茂、仇文玉、高攀贞、周相龙、周道恺、杨世选八人俱祀孝弟祠，春秋附祭，典至渥也。余分类载之，略以时次焉。

父子俱以孝友著者十二人。徐振，诸生，事继母如母，母殁侍父，卧侧依依，孺子慕者三十年。子一范，善事亲，一如振之事其亲也。从子文藻，事亲孝友，爱两异母弟，让以良产。周廷梁与弟廷东俱诸生，父感痰疾，夜不解衣卧父侧，居丧能致哀尽礼。子炳麟，恩贡，能以菽水承亲欢，偶赴省，母骤病殁，痛不欲生，苫块处外室，三年不见齿。宋男，廪贡生，七日生母郭殁，痛不识母，常背人号泣，后为生母请赠典，捧敕日，涕泗沾臆。子镤，恂恂

---

① 嗜奕：喜欢下棋。“奕”通“弈”。

不坠家法。周天牧，举人，恩县教谕。父恺，庐墓孝子。乾隆戊申夜大水坏民居，天牧负其祖母出，二子失救皆没。宗其昌，岁贡，昌乐训导。子冕，恩贡，父子能以孝其家。

兄弟俱以孝友著者六人。匡谧，廪生，商河教谕，弟谟，廪贡，武定训导，俱以母病辞官，不复仕。王功清，增贡，事曾祖及祖父母，皆能得其欢心。弟功濯，举人，户部郎中，父殁庐墓。赵宏钧与弟禄钧，俱廪生，同居五十余年，无私财，禄钧居兄丧，哀感行路。

仕绅以孝友著者八人。高弘绣，甘肃抚标营中军。父衍庆，令西河，明亡流离，失目不能归。弘绣访求数年，遇于汉中，乃弃官奉父归。匡炎，岁贡。兄瑾，令凤翔，以亏帑羁留。炎倾资赎兄归。唐世泽，岁贡，博山训导，父殁庐墓。赵骥祥，诸生，分田四百亩，迎养寡嫂。从兄某参将因亏帑解职，骥祥代偿，复其官。后殁王事，复千里寻骨归。高辛祜，举人，元氏知县，幼依伯母成立，事伯母如母。汪铠，乾隆武进士，河水泛滥，漂父柩东下，铠以死抱柩回。与兄锦连扉载母逃，子女俱溺死。薛希包，诸生，幼丧父，如成人，父母忌日，终身素衣悲痛。抚从子世道、世容俱为名。孝廉程洲，父殁京师，年十三，往扶父榇归，母殁哀毁骨立，后以岁贡任汶上训导。

士庶以孝友著者二十六人。高溥之，岁贡，事兄恭甚，虽中夜召，必整衣冠以往。王汝为、王秉义、李珠皆能善处兄弟，友爱倍至。赵肖叟，廪生，幼孤读书，遇古孝子事，辄掩卷泣。崔嗣统、杜淇、宋昙，诸生，蔡照、万铠，监生，俱事母孝，又各能推恩于族党。张友仁，诸生，善色养侍父，寝卧涤溺器，无惰容。匡培，监生，年七十，母殁，茹素独处三年。高光斗，诸生，父母忌日常流涕不食。继母性严急，光斗每跪受责，无怨言。苏再武，岁贡，少孤，事母孝，岁时祭献，流涕被面。傅儒忱，武生，祖殁山西，迎柩归葬，父殁庐墓。王之垣，庐父母墓前后六载。王钊，廪监生，父殁，庐墓逾年而病，居祖母丧卒。相国玑、胡粲、王宏仁、王以爓、杨梦选、周元琨、唐丰、宋澍、陈尚志俱以庐墓旌，而粲与梦选、尚志皆以戚友谋请旌，长跪谢止之。

佣贩以孝友著者五人。逄迪远为人牧牛，事父母孝，庐墓六年，冻饿濒死者数次，屡感异迹。宋尔玑，业负贩，晨起置榻树阴，奉父出，与邻翁坐话，归必进酒肉。田祥，佣农家，每携甘旨奉母。母殁，闻人呼母，或遇丧者辄泣下。郭人佐，父失明，身负父出入，父殁庐墓。卒，人醵钱葬之。梁似，父游闽，祖殁于远县。似佣身取直，迎葬祖柩。年四十始有室，迎父于闽以终养焉。

孝友而奇苦者八人。郭大通，母丧明，闻舌舐可愈，效之八载不倦，目果痊。庐父墓，躬筑土若阜。薛应騋，诸生，居亲丧，泣血三年，人比之少连、子羔。宋廷仪，廪生，母病，祷于城隍庙，愿以身代，母愈，而廷仪殁。纪学瀚，父以诸生游辽东。年十七，辞母往寻。及至，而父已远徙千余里。时途雪没胫，或劝止，不听，冻绝复苏。及至，而父殊无归意。学瀚归，报母再往，父仍不归，窥父意为贫故。学瀚归，乃服贾，学居积，备资装往迎焉，父犹不欲返。学瀚见父渐老，乃号泣不食以求归，始恻然许之。及归，父好图籍古玩，学瀚力致之，父乃甚喜焉。张岸登，父游荡走关外。岸登以屦为业，家渐裕，乃辞母，去南北周寻万余里，卒得父所在，舆归。于洵，父客死云南。年方十三，号泣欲奔丧，母不许。稍长，匍匐就道七越月，负父骸骨归。金裔声，少孤，母殁庐墓，负土增高望数里，服阕不归，卒于墓所，人呼为金孝子茔。高鹤程，母性唆急，妇不能得姑欢出之。弟娶妇，母复不能容。鹤程使出佣，躬执炊养母三十余年。母殁，使弟与妇回居，而自结庐墓侧。

《旧志》失载孝友三人。王元震，诸生，善勾股算术，刑名书劄皆精通，能约束幼弟。母殷氏丧，如礼从事。见张谦宜《王孝子传》。张笃行，举孝友，人以为荣，于科第，见《张谦宜日记》。徐友竹，监生，善事继母，诸弟依以成立，持家政无私蓄，友爱，老而弥笃。见《徐氏世纪》。

道光乙巳修志后，以孝友著者十五人。王受训，幼孤，事母孝，母遘痿疾，转侧需人，受训衣不解带，三年如一日。母殁庐于墓。与诸生张步瀛并称庐墓孝子云。阚勤，贫家子，父殁时尚幼，哀毁如成人。中年承乏厨役，人分给之肉脍，必归以供母。后悔杀生非善事，尽出操刀所蓄钱，捐于福寿寺。母殁庐墓侧。妇在家奉姑主，日三焚香，饮食必祭，其敬一如平日云。徐守京、徐守武，窘饿中能抚养幼弟守谅。后守谅以善行著，其功有足多者。王大民，一百三岁，胞弟大展，一百一岁，子孙曾玄共四十三人，孝友恭俭，同居翕和无间言。州牧陈代卿申请建坊，五世同堂，洵人瑞也。按，王士禛《香祖笔记》：上驻驿杭州山阴，耆民王锡元同胞兄弟五人见于行宫。长次系双生，年八十，次皆七十余，子孙三十五人，赏赐甚厚。御书匾额“一门人瑞”，皇太子赐联“五枝锦树荣今代，百秩仙筹萃一门”。吾胶王大民、大展过山阴王锡元兄弟远甚，而所遇不同矣。逄瑗贞，字仁甫，家贫，依药肆谋生，与兄瑞贞最友爱。兄性急，稍不怿①辄色然怒，厉声谴责。勿敢违，必求怒解始退。子润古，登第入词林，瑗贞益恂恂，里党见者不知其为封翁也。孙彝政，字芦洲，同治进士，笃学力行，父母殁服阕，忌日必斋居茹素，悲号墓侧，年老不衰，则生前之孝养可知也。兄彝教稍长彝政，谨遵母训，事必禀命而行。兄疾笃，忧虑至废寝食，夜祷天求代。徐守忠，字子厚，岁贡。弟某凶悖无状，守忠妇气蒙于目，犹日以含忍劝辑，终其身无怨尤。子宗稚，拔贡，商河教谕，著《留香草堂律赋》行世。李振芳，字子麟，岁贡，授徒为业。弟某殁于江南，间关数千里，扶柩归葬。李林贞，字介臣，副贡，岁入脩脯数百金，兄弟分取，终身无难色。王其慎，字子恪，父侃以收族②著称。其慎工文善书，有至性，躬自涤亲秽器，由优贡中式举人，主讲绣江、胶西书院。子叔谦别有传。高振岳，性朴讷，与人无争。父城方，浙江候补典史，壮岁失偶，不复议娶。振岳自母殁后，事父愈谨。父性躁，时或谴诃，继以挞楚，振岳惟忍受，无怨色。家贫妻孥至乏饔飧，而其父每日必需旨甘，振岳供奉无少缺。妻傅氏尝典簪珥以佐之，其父亦不询所自来，终岁怡然自乐。

---

① 怿(yì)：欢喜、高兴。

② 收族：谓以上下尊卑、亲疏远近之序团结族人。

笃行

明

张正学，字宗鲁，成化举人，绍兴府推官，有廉节，以报政入都。王守仁为文赠之，称其清慎宽肃。后告休家居，有同年友挟妓过访不遇，正学知之，询妓所行，锄去其土，时人有程夫子之目。

姜文盛，成化中捐粟助赈，贫民赖之，与李缙、王彬同时奉敕旌褒。

冷若虚，诸生，好学工文，焚野词邪说。有故友储某女贫无依，若虚资而嫁之。乡里恶少感其惠而改行者甚众。

崔辅、赵时弼、边宁、邓廷绍、姜光宿、高沧，俱学官有志行。

高梦说，诸生，所居与寡妇邻，遣婢贿十金，约逾墙夜会。时公甚贫，婉辞之，即日携眷走外家。生子弘图，为忠臣大节，烈烈有自来矣。

其同时以盛德称者，宋之曾，诸生，盐大使某罢官，贫不能归，将鬻女。之曾厚赆之以归。子可久、可发俱进士，别有传。

张弘范，诸生，五旬无子，妻为置妾。询其有夫，危坐达旦，遣还之，逾年生子熙，诸生。孙若獬、若麒俱进士，若獬别有传。数家科第，皆至今不绝。

国朝

傅廷豹，少负气谊，有膂力。顺治初年寇乱犹炽，诸生宾兴①，青州道梗，皆惴惴不敢前。廷豹仗剑跃马率众拥卫而行。是科得售者三人，法若真以五经特荐，以故四方豪杰咸慕豹名。

张应甲，岁贡生，尝出田千亩，一供祭，一赡族，一养士，名张氏三田。圣祖仁皇帝尝于命州牧张象翀时援示劝训，亦可风矣。

徐继善，性慷爽。国初沿明末陋习，杂税繁重，继善毅然请于当道，剔除积弊，因得从减，州人至今便之。弟继徽，少游京师，通习满语。康熙元年，禁旅②平栖霞山寇，驻胶阅三月。继徽故与各旗内将帅相洽，隐诣陈情，多方获置，以故兵民和辑。人知州牧赵民善之功，不知继徽与有力焉。

雒献图，字锡文。胶镇海时行叛，大掠子女至淮海。伏诛，许赎归，必嫡亲。乃遣献图寻父婢，不获，有少妇邓氏闻乡音痛哭，怜之，冒为妹赎归，送还其家。顺治甲午乡闱，号舍若有巨灯大书“邓氏”者。戊戌成进士，人谓献图自以阴德致功名云。

周法稷，性笃信，不苟取人财。尝有人寄金三百两，稷受而泥诸壁窦。壬午兵变，家资掠尽而壁如故。后友来慰问，启窦与之，友叹服。其闻风兴起者，有高重新尝拾遗金数十两，揭于通衢以归失者。王林拾白金十余两，诣官贮库，招失主归之。宋孝诚途获逸骡装金数百，

---

① 宾兴：周代举贤之法，谓乡大夫自乡小学荐举贤能而宾礼之，以升入国学。此指参加乡试。

② 禁旅：禁军。

招帖以归其人。朱时见遗金，守俟失，谢弗受。

刘焯，字闇公，廪生，尝出膏腴二百亩为赡族田，乡居，义行甚夥。

高志清，字还亭，性乐施与，人有缓急，隐访周之，有赖以更生者。夜有盗入室，执之识其人，危语切戒，资而遣之，终身不泄其名。

崔敷极，字御六，岁贡，兄弟五人析产日，独饮泣不食，后兄弟皆剥落，复同爨①如初。崔居易，字香山，副贡，著《忠孝节义录》，凡邑中幽潜②，刊传表扬，蔚为一时文献。

迟必昂，居胶河岸，河桥临通衢，必昂岁修之以为常。若张袭庆之于曹溪，赵秀之于苑哥庄。河水为患，倡捐筑堤，其利赖有足多者。

房玉，少孤贫，性纯笃，好闻善言，日为人汲水以自给。年近五旬积钱至五十千。雍正八年，州人重修城隍庙，尽出其钱以助工。

徐培德与傅守钰同称好义，其赡族，同葺桥梁、捐义田，同岁饥出粟煮粥，同赎人妇女，同乾隆十六年监修先师庙，同被巡抚某表其门。

李褒龄，母周氏。张谦宜有《李媪周氏善行记》：褒龄幼承母教，多豪举，岁饥尽出己粟，籍宗党不举火者，按户支给，百余家赖以全活。

孙荣曾，字贻堂，诸生，为人寡嗜欲，同里被德者甚众。道光十六年，岁大饥，荣曾与弟荣婸首先倡捐银七千余两。事竣，当道上其簿请优叙，辞不受。

徐应吉，文藻曾孙，自奉俭而乐于施人。岁大饥，出重资济乡邻。途遇盗，婉谕改行。子金声，诸生，能承父志，性诚朴。其师宋基恒举以为弟子法，孝友天成，士林重之。其施于人也，无德色，尝有焚券数事。

王亘，字邃古，性戆直，见不善如探汤③，面加诃责，无少贷。每当春仲，必有兴作，使贫民借以自食其力。道路辄修至二十里外。又曾独力设义塾，建桥梁数处。弟曜，字星含，性沈毅，慷爽好义。凡修城、捐饷、助赈、救灾、成桥，皆捐输恐后。尤加意寒畯，每逢大比，各为备卷资，士林感之。

张允武，原籍黄县，服贾致富，乃归里，设祭田，建宗祏以笃其所生。凡胶之庙寺桥梁围圩有颓圮者以告，则慨然助修，无吝色。咸丰辛酉捻匪扰境，允武适由海州运米薪至，散给贫民，毫不取直。

蔡育辰，字仲抚，廪生，性端方，不谐时尚。喜读《朱子语录》及《近思录》诸书，居恒默坐，人询之，以慎思对。尝著《劝善录》书于座右以自勉。

徐守谅，字简堂，理问职，居乡有重德，族党待以举火者百余家，凡借贷赒恤④都无券记。丙申邑大水，倡捐赈恤多所全活，托言公款，不署名。殁之日，行道感泣，吊者千余人，

---

① 爨：底本作“爨”，讹。据上下文义改。“同爨”，谓同灶饮食，不分家。

② 幽潜：隐居之人。

③ 探汤：指试探沸水，形容戒惧。

④ 赒（zhōu）恤：周济救助。

议谥端惠。州牧张承燮批牍云："故职徐守谅，孝友睦姻任恤六行克全，跻之乡贤，无愧善行。"传述倾动王侯，醇邸、恭邸特咏其遗行以风世云。

彭键，字季宿，诸生，平时皆隐行善事，惟恐人知。今即人所曾见者，如刊印《敬信录》，造空白册换旧书，埋枯骨、施药材等事笔不胜述。辛酉之乱，捻匪至其家，秋毫无犯，但书屏风"忠厚传家"四字而去。

艺术

北魏

成公兴，隐居山阿，精九章要术，殷绍尝师事之。同时有道人法穆，居长广东山，亦以九章数学擅名。

元

冷超岩，图画精妙，尝为顺帝写容，称旨赐绛衣，擢秘书监，号"一手先生"，性孝友，人爱重之。

明

孙养气，精医学，诊治悉验，当道嘉其术，衣冠荣之。同时以善医名者，宋启先、孙逊、孙迪。逊，字怀虚，诸生，救危拔疴所至立起，为人敦厚曲谨，学宪屡取优行。迪，字启吾，业医，法朱丹溪①有心得，用剂辄效。年七十余，鹤发童颜，无病而逝。

温如玉，号伯坚，长洲人，寓胶因籍焉，善真草行篆八分书，尤工印章。万历时，奉肃藩召，重摹《淳化阁帖》，凡七年②而成。任武英殿中书。张应召，字用之，别号③起莘，原籍陕西，曾与温伯坚同摹阁帖。画工写真，其墨竹尤名于世。

国朝

杨廷玉，字凤冈，习堪舆，通《春秋繁露》，祈祷屡应。壬午之变，城中乏水，廷玉指三处掘之，俱获甘泉。趋避之方尤多奇验。

徐友直，字质君，好制药济人。遇善医者辄款于家，以求秘授，人谓之医癖。

姜館，字器山，附监生，家世以善书名。館，结体遒劲，尺牍所传，人以为法。妹，字淑斋，号广平内史，知府宋世显妻。王士正《蜀道驿程记》言：淑斋工樵晋书。尤侗《宫闺小名录》云：淑斋工诗善书。朱彝尊题淑斋诗卷：太常引词尤著。

匡璜、郭经。璜，字鲁山，诸生，性旷逸善画，规仿米颠、倪迂④，得其胜致。经，字藏山，善篆刻，尤工画山水，与姜器山館、法黄山若真、匡鲁山璜称胶西书画四大山。

---

① 朱丹溪：即朱震亨，字彦修，名"丹溪"，元朝医学家。

② "七年"，底本作"十二年"，讹。据《淳化阁帖》改。明万历四十三年（1615），肃宪王命金石摹刻家温如玉、张应召等人将"肃府底本"双钩上石，于天启元年（1621）刻竣，前后共历时七年完成。

③ "用之，别号"，底本无，据民国《增修胶志》补。

④ 倪迂：即元末明初画家、诗人倪瓒（1306 或 1301—1374），人称"倪迂"。

冷枚，字吉臣，别号金门画史，官至内阁中书舍人。见《黄山诗留》，州志失考。工丹青，妙设色，初师五官正焦秉贞，后与秉贞名相埒。康熙时，皇太后梦白衣大士，枚所画独符，得供奉内廷。奉敕作《桐叶封弟图》《南巡图》，复佐秉贞绘《耕织图》。枚又作《罗汉图》，其徒雕版以传，李侍郎绂记称为天下奇作。又称其与作《万寿图》，长二十余丈，巨丽工妙，画史凡十数人，而枚为之冠。冷印乾，工镌刻，有雅致。同时张雄，字介公，善画山水人物花鸟，各尽其致，尝为王士正作《葛洪移家图》，士正作长歌纪之。雍正时，匡若讷，字木菴，召武英殿绘景称旨，名益高。乾隆时宋孝真，字样村，嗜吟咏，善书画，与高凤翰齐名。从子梓，字艾北，善画墨竹。高汝澥，字岱青，凤翰从子，监生，早孤，凤翰教之成立，又字画皆有指授。凤翰晚岁作，多汝澥创稿，凤翰左手为题识，人鲜辨焉。

高执柯，字玉重，通歧黄术，尤精痘疹，所至辄效，人称神奇，历任州牧多表门焉。

匡严共，号静菴，累世习医，善痘科，不受谢仪。适家有喜事，戚畹①妇女杂沓，有孙宅及笄婢抱幼女嬉笑庭中，婢颇有姿，严共注目凝视，人或加诮议。严共曰："此婢百日内必生痘，痘出无医也。"孙宅闻之遣还母家，及期果亡。子充略，能继父业。州学博汪沛霖给予"功参化育"四字，以额其堂。

胶州直隶州乡土志卷五：兵事

《州志》纪胶州兵事，自春秋时齐崔杼帅师来侵始，邑人法坤宏著《胶志通纪》，则以韩信击杀楚龙且②于潍水为始。然皆非州境，其去今之州城更窎远③矣。今概弗牵引，第就乡里父老所传闻，并自移治今城之后，有简册可稽、实事可据者，分段标目，以为事后之师云尔。

毛贵屠城及移治之缘起

元顺帝至正十七年春二月壬申，颍川白莲会妖人刘福通之党毛贵屠胶州，签枢密院事④脱欢死之。故老相传，毛贵夜入城，屠戮殆尽，匿免者四家，曰栾，曰崔，曰邓⑤，其一人亡其姓。自是遂移治千户所城。

按：胶西名县，始于隋开皇十六年，故城在胶、墨二水之间，大业末土寇起，城废为墟，

① 戚畹(wǎn)：外戚、亲戚邻里。

② 龙且(jū)：秦汉之际楚国将领。

③ 窎(diào)远：深远。

④ 签书枢密院事：宋官名，为知枢密院事的副职。

⑤ 曰栾，曰崔，曰邓：民国《增修胶志·大事记》作"曰栾，曰崔，曰邓"，而《胶志通纪》作"曰栾，曰崔，曰王"。

土人呼为朱晏城。今州治西里许俗名土城口，在唐时为板桥镇，宋哲宗元祐三年以板桥镇为胶西县，旧城移治焉。元太祖二十二年置胶州于胶西县，明洪武二年省胶西县治入之，今州治为元千户城。毛贵屠城后，自胶州旧治移于此，是为今州城建置之始。

土寇之变

国朝顺治元年春，诸城土寇邱子嬴陷灵山卫，土寇张大雅等攻州城。明登莱巡抚曾化龙、知州郭文祥御却之。夏五月，张大雅复攻城，登州将官滕允玉以兵至围解，昌邑土寇李好贤降，擒大雅斩之。六月，大雅党韩继本再攻州城，时化龙、文祥已弃官航海去矣。

邑人黄厨之乱

顺治元年六月，曾、郭之去官也，城内空虚，邑人黄厨之乱作。黄厨者，旧为高氏饔奴①，时充本州衙兵，入据州署。袁子国假名讨乱，散橐金觅兵，西城境内无赖子群起辅翼，跃马弯弓，日以报复为事。佃杀其田主，奴僇其家长，胶人如坐水火中矣。秋七月，固山柯永盛统五营兵镇胶，擒渠魁斩之，乱兵散遣为编氓。永盛本辽东名将，号令严明，部将董大用、杨遇明、连洸、刘伯禄、贾熊、孔国治等，皆选锋②虓武③，甲士搜余党，辄献首功，驻胶一年，土寇悉平。

海镇之叛逆并裁镇为协

顺治十年秋八月庚寅，胶州镇总兵海时行反，登莱守道徐大用，署州事、莱州府推官李煌，旗鼓司张思选皆死之。初，时行镇胶，利故相高弘图田宅，诬为逃官，没入之。随行将士百人皆文安霸上余寇，故与时行等夷日夜聚谋，挟私长乱，时行浸不能制。秋八月，朝命调胶镇兵南征，时行逗遛逾时不发。驻莱州分守道徐大用亲临催督，大阅于演武厅，发帑犒师。将士露刃挺立，呼不应。旗鼓司张思选横刀阅台，叱之曰："奴辈反耶，何敢尔？"众拥上杀思选于台，遂执大用胁与同反，不从杀之，并杀署州印推官李煌。州人给假④御史匡兰兆与父如槚皆死，前致仕官法寰及二子文学若爽、若巽同日殉。时行焚劫七日，率兵南下屠莒州。九月，时行伏诛，传首胶州。康熙二十一年，胶镇惠占春到镇后，与知州黄章相抵牾⑤。事急，章夜赴省城告变，因陈利害，抚院为具题裁改，命下之日，万民欢呼，共勒石纪其事。

---

① 饔(yōng)奴：厨工。
② 选锋：突击队。
③ 虓(xiāo)武：勇猛威武。
④ 给假：准予休假。
⑤ 抵牾(dǐ wǔ)：矛盾、冲突。

辛酉捻匪之难

方捻首李成等大股由南路莒日之深入也，八月初十日五鼓，由州东北阡缺处入。是时土堑颓瘵，守备单虚，民生不见兵革二百余年矣。贼长驱入，初据关厢，焚掠竟日，遂迫城下。十二日，拔队东去。二十七日，贼复至，城守綦严，至九月十六日，始解围，西行扰高密一带，焚毁市廛三十余街，城外官署民房略尽，里巷萧条，不仅燕巢，林下也亦惨矣哉。

按《山东军兴纪略·皖匪》条云：分扰胶州之贼万余，知州殷嘉树、副将春林、城团傅儒功、高含章等自八月乘城死守，屡濒于危，至九月十八日，城围始解，四乡无完户。又云：贼走诸城，入安丘之井丘、莒州之招贤馆，循海南奔出东疆，入江境。证以胶人纪事，大略相同，并识于此。

胶州直隶州乡土志卷六：物产实业附

五谷收获价值比较表

名类	每亩收数 统按官亩上地丰年计算，以次核减	每斗价值 统按官斗丰年计算，以次核减
大麦	市斗　五六斗	合官斗　二石余，每市价值制钱一千五百
小麦	五六斗	二石余，每市价值制钱二千
谷	一石	四石余，每市价值制钱一千
豆	四五斗	二石，每市价值制钱一千五百
秫秫 一名高粱	六七斗	二石四八，每市价值制钱一千
黍	八九斗	三石二六，每市价值制钱五百

按：州境宜麦，屑面最佳。宜谷，谷一名禾，《说文》：“禾，嘉谷也。二月始生，八月而熟，得时之中，故谓之禾。”宜豆，养生之外，可榨为油，其渣滓压为饼，可饲豕，可肥田。秫，秫即《月令》“秫稻必齐”之秫，可食，可酿酒。藁直可编为席，或名篾，《尔雅·释草》注：“秫，黏粟。”又曰黏稷，然则秫又通稷矣。诸书稷，五谷之长，言其高也，今俗名高粱。此[1]穄，字书皆曰似黍而不黏。按：稷为今之秫，穄为今之稷，音同类异，展转相通。州境艺秫者多，艺穄者少，其以穄为无所用与。

---

① “此”，底本衍“此”字，删其一。

蔬菜杂植收获价值比较表

名类	每亩收获 统按官亩上地丰年计算，以次核减	每斤价值
白菜一名菘	一万四五千斤	约值制钱　五文
莱菔	一千四五百斤	三文
花生	七百余斤	三十文
红薯	二千余斤	五文

按：州境白菜，产宜城南三四里，土松水浅，为物产之一大宗，呼为胶白，最著名。莱菔可腌为菜。花生可榨油，压饼，用同大豆，调和五味，花生油尤宜。红薯屑为粉，可作粉条。若葱若韭若麻若棉，凡为衣食之用者，随地适宜，农人自为也，不悉载。

自然物制造物出入比较表

名类	水运	陆运	每年销数	每年入款
白菜	上海		未详	未详
花生	上海		三万余斤	未详
瓜子	上海		未详	未详
豆油	上海		二百万斤	未详
花生油	上海		未详	未详
豆饼	上海　辽东		六七千斤	未详

按：花生油有出本境者，有来自他境者。出本境者多繁衍于城南洋河涯两岸。出他境者，自昌邑、诸城、沂州府来。本境出数约八九千斤，他境来数约二万余斤。豆油亦然，自他境来者约到一百六十余万斤，出本境者约四十余万斤。豆饼则只就本境所出计之。然四乡小油房零售之数亦未能详查也。

物产分动物、植物、矿物三类。植物已列表详之，动物无特别之产，牛驴骡马鸡豕等物，大半畜于田间，供负载刀俎之用，羊则其毛用弓弹开，细者为绒，可制帽毡，粗者亦可制为毡为靴，与南乡一带山蚕作茧为绸，皆为实业之一端。矿产，城南偏西之黑山及从家屯、薛家沟等处之矿苗①，虽已发见，不知是何矿质，尚未开辨。

① 矿苗：是“矿产露头”的俗称，即各种矿产自然露于地表的部分。

附录二　胶志通纪 法坤宏

《周礼》有小史，达四方之志。诸侯亦有国史，岁贡其书于王，所志皆王事也。《语》云："贤者识其大者，不贤者识其小者。莫不有文武之道焉。"故《春秋》之法，或以事录人，或因人见事。博贯多连参错，以寓比属之教，志之善者也。胶之始封微矣，要其后沿革匪一，事变各殊。二千余年，世升世降而治乱因之志，盖可忽乎哉？夫天下犹身也，牵一发而全体动。通纪其略于天人之理，古今之故，可以备考焉。

胶之为邑，以胶水得名，其方土分合，三代以前靡得而纪云。《春秋》僖公二十有九年"春，介葛卢来"。杜注："介，东夷国，在城阳黔陬县。"今治西七十里有黔陬城，则胶故介地也。襄公二十四年《传》"齐崔杼伐莒，侵介根"，杜注："介根，莒邑，城阳黔陬县东北计基城是也。""计基"《汉书》作"计斤"，今治西七里有计斤城，则胶又故莒地也。昭公二十年"姑、尤以西"，《传》杜注："齐东界，姑水、尤水皆在城阳郡东南入海。"姑、尤，今大、小沽河。大沽出黄县蹲狗山。小沽即尤水，出掖县马鞍山，西南流通治境胶莱南河入麻湾海口，则胶又故齐东境地也。夫疆埸无常，而河山不改，故善志者以河山为纪。按：胶，今胶河，其名始见于《战国策》，苏代云："以胶东委燕，以济北委赵。"又《史记》蒯通语淮阴侯[①]云：全齐故境，尽有胶泗之地。盖战国时，齐境西南接淮徐与楚邻，东北与燕赵邻。胶东、济北、泗上，乃齐与楚赵燕分界处。而胶水发源胶山，即今治南铁橛山，北流径黔陬城，入东莱海仓口。西南一带，岸海名山以百数，惟古琅邪台为最著。秦始皇帝二十六年，灭齐，分天下为三十六郡，分齐地东偏置琅邪郡，郡亦以琅邪山得名也。二十八年，始皇东行郡县，南登琅邪，留三月，徙黔首三万户琅邪台下，作琅邪台。按：置郡以监县，实自秦始，则胶地在秦时当是琅邪属县。但秦汉之初，郡县统属名数，史无明文。故今志于武帝元封以前郡国事并举，而胶事因之以见。汉王元年，灭秦。楚项羽徙齐王田市更王胶东，都即墨，立田都为齐王，田安为济北王。田荣击走齐王都，追杀市于即墨，击杀济北王安，自立为齐王，尽并三齐之地。按：以胶名国始此。寓县分裂大故也，特志之。或疑志一邑而侈举郡国，不已费乎？《春秋》，鲁史耳，其事则齐桓、晋文[②]，孔子修之存而弗削者，以为非一国之故，实王道所由废兴也。太史公记十六国世家，备录孔子相鲁，及各国篡立诸大事，是乃史法。故凡郡国大故与邑事相关者，例得书。四年，韩信袭齐，齐王田广东走高密，楚救齐，与信军夹潍水而阵，信击杀楚将龙且，追北至城阳，虏齐王广，还攻杀齐将田既于胶东。高帝六年，田肯说上曰："齐东有琅邪、即墨之饶，南有

---

① 淮阴侯：即韩信（？—前196），西汉开国功臣、军事家，韩信灭齐，曾被刘邦封为齐王。

② 其事则齐桓、晋文：出自《孟子·离娄下》："孟子曰：'王者之迹熄而《诗》亡，《诗》亡然后《春秋》作。……其事则齐桓、晋文，其文则史。'"

泰山之固，西有浊河①之限，北有渤海之利，地方二千里，非亲子弟，莫可使王齐。”乃立子肥为齐王，王七十余城，民能齐言者皆属齐，以曹参为齐相国。时天下初定，参相齐，问所以安集百姓，闻胶西有盖公，厚币请之。盖公为言“治道贵清静而民自定”，参乃避正堂舍盖公。相齐九年，齐国大治。按：此时胶西尚未立国，而汉初郡国仍秦，亦无有以胶西名县者。所谓胶西，盖胶水之西，如《春秋》书漷东、沂西云尔。七年，封奉春君娄敬为关内侯，号建信侯。《汉书》本传：娄敬，齐人也。《唐书·世系表》：娄氏出自姒姓，夏少康裔孙东楼公封于杞，为楚所灭，子孙食邑于娄，因以为氏。城阳诸县有娄乡是也。按：娄乡在诸城县与胶治西南建信乡接境。今建信乡房沟社有奉春墓。高后元年，立吕平为郱侯，割齐地为封国也。《汉志》注云：郱，胶水东至平度入海。《水经注》：胶水，经郱县故城西。汉封吕平为郱侯，即其地，其城址在今胶治西南。七年，割齐琅邪置国，立营陵侯刘泽为琅邪王。八年，立吕莹为祝兹侯，亦割齐地，《汉表》属琅邪。《水经注》：胶水经祝兹故城西。《齐乘》云：西汉无祝兹县，盖是乡聚之名，取为国号耳。今胶治西南五努山北，有故城址。齐王襄劫琅邪王泽，发其国兵并将而西讨吕氏，会朱虚侯章诛诸吕，齐兵罢。文帝元年，徙琅邪王泽为燕王。凡所夺齐地琅邪等皆还予齐。十六年分齐地，立悼惠王子卬为胶西王，雄渠为胶东王。胶西立国始此。景帝三年，胶西王卬、胶东王雄渠及淄川、济南、吴、楚、赵七国连兵反，兵败皆诛。武帝元朔五年，以董仲舒为胶西相。元狩元年，立城阳顷王子霸为祓侯。《汉志》：祓，侯国。师古曰音废。《齐乘》云：在胶州西南七十里，俗名肥城，废音之转也。四年置盐铁官，从桑弘羊之请也。《汉志》：计斤有盐官。元封五年，复十二州旧号，州置刺史，以部郡。琅邪郡属徐州，领黔陬、计斤等五十一县。黔陬名县始见此。《汉书》注：黔陬，古介国也。计斤即介根，语音有轻重。按：琅邪统县五十一，祓、郱、黔陬、计斤、兹乡皆在今胶治境内。天汉二年，琅邪盗起，遣绣衣使者②暴胜之等杖斧逐捕，诛刺史郡守以下。孝宣帝本始四年夏四月，琅邪地震。甘露四年，立城阳王子弘为兹乡侯。按：兹乡，汉县，故城址在今胶治南境。成帝河平三年，谒者陈农求遗书，得胶东庸生《古文尚书》。按刘歆《移太常博士书》：学官所传古文旧书，经或脱简，传或脱编，博问人间，则有鲁国桓公、赵国贯公、胶东庸生之遗学。今胶治西北七里有庸生故里，遗庙在焉，故汉胶东境也。新莽元凤五年，赤眉樊崇等起琅邪，破杀莽大夫廉丹。光武帝建武五年，徙泰山太守陈俊为琅邪太守。时剧贼张步作乱青、徐、琅邪，犹未平，帝乃徙俊治之。始入境，盗皆解散。二十一年，省并郡国，改黔陬县，属东莱郡，统青州部。按：东莱郡治黄，领十三城，无计斤、郱、祓、兹乡诸县国。《郡国志》云：凡《前志》有县名，今所不载者，皆世祖所省并也。十六年，青、徐、幽、冀州盗起，遣使者下郡国，听群盗自相纠摘除罪。安帝永初二年，禀东莱贫民。时州郡大饥，米石二千，人相食，老幼相弃道路。三年，海贼张伯路等

---

① 浊河：指黄河。

② 绣衣使者：汉武帝末年各地农民起义，汉朝政府特派官员衣绣衣，持节发兵，进行镇压，并有权诛杀镇压不力的地方官员，称为“绣衣直指”，亦称“绣衣使者”。

寇略缘海九郡。四年，青州刺史法雄讨张伯路，伯路乞降。东莱郡独不解甲，贼复叛入海岛。五年，法雄击张伯路，斩之。延光三年，遣侍御史分行青、冀二州灾害，督录盗贼。灵帝光和五年二月，彗星出奎，逆行入紫宫，三出，六十余日乃消。献帝初平元年，山东州郡起兵讨董卓，推渤海太守袁绍为盟主，卓败山东兵，青州刺史焦和走，死，卓遂焚宫庙，迁帝于长安。袁绍以其子谭为青州刺史。建安二年，袁绍自领大将军，兼督冀、青、幽、并四州。时曹操逼挟天子迁许，绍坐拥四州地财富，兵强而不勤王，卒为操所并。十年，曹操破袁谭于青州，斩之。

晋武帝太康元年，改黔陬属城阳郡，统青州部。《晋书》：城阳郡治莒，领县十。惠帝元康五年四月，有星孛于奎，至轩辕太微，经三台大陵。永康元年，壮武郡公、司空张华为赵王伦所杀。今胶治西七里计斤社，晋壮武境地也，有张司空墓，《旧志》以为张华。按本传：华，范阳方城人，以平吴功封广武侯。惠帝即位，进封壮武郡公，为司空。贾后之废，并及祸。赵王伦诛。壮武国臣竺道诣阙称冤，诏复华侍中中书监司空公广武侯印绶符策，遣使祭吊，事见国史。昔楚灭陈，嬖人袁克私葬其君，《春秋》大书之曰“葬陈哀公”。华身殄族夷，而墓存故国，官称不废，盖本其国臣私葬之义以立文云。置高密国，分黔陬、壮武、淳于、昌安、高密、平昌、营陵、安丘、盖、剧、临朐十一县，改封太尉、陇西郡王泰为高密王。光熙元年，东莱惤①令刘柏根反。青州刺史、高密王简奔聊城，国改为郡。怀帝永嘉五年，曹嶷寇青州，尽得齐鲁郡县，筑广固城，临河置戍。按《晋志》云，永嘉之乱，中原郡县沦没于石氏，神州陆沉，天下之大故也，特志之。成帝咸康二年春正月，慧星见奎、娄。武帝太元九年，秦青州刺史苻朗帅众来降，喜归正也，特志之。置幽州，以别驾辟闾浑为幽州刺史，镇广固。安帝隆安三年，燕慕容德陷广固，杀幽州刺史辟闾浑，遂据广固，建都称帝，是为南燕。义熙五年，车骑将军刘裕伐南燕，围广固，六年拔广固，夷其城，置北青州，以长史羊穆之为刺史，筑东阳城而居之。宋武帝大明八年，青州领高密等九郡。《宋志》：高密郡，领县六：黔陬、淳于、高密、夷安、营陵、昌安。明帝太始三年，沈文秀据青州，帝遣将军刘怀珍将兵迎之，进至黔陬，怀珍军于洋水，遣王广之将百骑袭不其城，拔之，文秀降。按《水经注》：“拒艾水，出黔陬县西南拒艾山，又谓之洋洋水。”今治南三十里洋河是也。四年，分青州置东青州，统高密、北海、平昌、长广、东莱五郡军事。魏慕容白曜围青州，刺史沈文秀守东阳，帝所遣救兵不敢进，乃以文秀弟文静为东青州刺史，由海道往救。文静至东莱不其城，为敌所遏，因保城自守，未几，不其城陷，文静见杀。五年，魏陷青州，执刺史沈文秀，青州郡县尽入于魏。魏庄帝永安二年，初置胶州，领东武、高密、平昌三郡，治东武陵，以胶名州始此。《魏·地形志》：高密郡领县五：高密、夷安、黔陬、平昌、东武。北齐文宣帝天保十年，杀其胶州刺史杜弼。《北史》本传：弼，中山曲阳人，居官清静廉洁，吏民怀之。置平昌郡治黔陬。陈废帝光大二年秋九月，孛星入奎，至娄而灭。隋文帝

① 惤(jiān)：县名，即㡆县。在今山东龙口东南。

开皇五年，废平昌郡，改胶州为密州。十四年冬十一月，彗星孛于虚、危及奎、娄。十六年，置胶西县。《齐乘》：故城在高密县东南二十五里，胶、墨二水之间。大业末，土寇起，城废为墟。今土人呼为诸晏城。按：胶西名县始此。今州治西南黔陬社两城夹胶水而立，东西相距三十里，一为黔陬城，古介国地，一为诸晏城，隋所置胶西县也。炀帝大业三年三月，长星见西方，应奎娄角亢而没。改密州为高密郡，治诸城，并黔陬入胶西县。《隋书》：高密郡领县七：诸城、东莞、郚城、安丘、高密、胶西、琅邪。

唐高祖武德六年，省胶西入高密县。太宗贞观元年，分天下为十道，以密州高密郡属河南道。《唐书·地理志》：密州高密郡领县四，诸城、辅唐、高密、莒；肃宗至德元载，置青密节度使，领北海、高密、东牟、东莱四郡。唐中世藩镇之祸，志之特详。上元元年夏四月，彗出娄胃。二年，贼陷平卢军，节度使侯希逸走，保青州，诏授希逸青密节度，号淄青平卢节度使。代宗永泰元年，淄青平卢将李怀玉逐其节度使侯希逸，诏以怀玉为留后①，赐名正己，据有淄、青、齐、海、登、莱、沂、密、德、棣十州地。德宗建中二年，密州降。三年，置徐海沂密都团练观察使。淄青平卢留后李纳攻陷密州称王。兴元元年大赦，李纳归命，废徐海沂密观察使，复置淄青平卢节度使，领青、淄、登、莱、齐、兖、郓、徐、海、沂、密、曹、濮十三州，治青州。宪宗元和十一年，密州海溢。十三年，淄青平卢副大使李师道献沂、海、密三州。时王师平蔡，师道惧，乃割地质子，既而中悔，帝怒，下诏削其官讨之。十四年，淄青平卢都将刘悟执师道斩之，诏分其地置沂海观察使，领沂、海、兖、密四州，治沂州。懿宗咸通九年春正月，彗出娄胃。昭宗乾宁四年，朱全忠陷沂、海、密三州。天复三年，平卢节度使王师范讨朱全忠，败魏博之兵于米河，拔密州。全忠将杨师厚攻师范于青州，密州复陷。

汉高祖②天福十二年，群盗陷密州。按《宋史·地志》注：石晋省辅唐入胶西县。《五代史·职方考》无，复置胶西，年号附识于此。

宋太祖开宝五年，升密州为安化军节度。太宗至道三年，置京东路，领密州。真宗咸平四年，颁九经于州县学校。大中祥符六年，以龙图阁待制孙奭知密州。九年，知海州王博文徙知密州。时诸路旱蝗，州负海盐场，饥民多盗鬻抵罪。博文为请弛盐禁，以俟丰年乃复，从之。乾兴元年，给诸州学田，用判国子监孙奭言也。仁宗庆历元年，罢密州盐课。时京东淄、潍、青、齐、沂、密、徐、淮阳八州，仍岁凶灾，弛盐禁，听人贸易，官收其算，而罢密、登岁课，第令户输租钱。皇祐三年，知谏院吴奎出知密州，坐党唐介论文彦博事。神宗熙宁四年，罢诗赋及明经诸科，以经义、策论试进士。置京东、西诸路学官，使之教导。七年，移太常博士、直史馆苏轼权知密州军事。八年，分胶西地置安丘县，分京东为东、西路，以密州属东路，领诸城、安丘、莒、高密、胶西五县。哲宗元祐三年，以板桥镇为胶西县兼

---

① 留后：官职名。唐中叶后藩镇坐大，节度使遇有事故，往往以其子侄或亲信将吏代行职务，称节度留后或观察留后。

② 汉高祖：指五代后汉高祖刘暠（895—948），本名知远。

临海军使。初，知密州范锷上言，板桥滨海，东则二广、福建、淮浙，西则京东、河北、河东三路，商贾所聚，海舶之利，颛于富家大姓，宜即本州置市舶司，板桥镇置抽解务。诏都转运使条析以闻。至是锷等复以为言，乃置密州板桥市舶司，胶西县移治板桥镇。《齐乘》：移临海军理此。《东岳庙碑》：临海军治胶西，为东武剧邑。盖控东南海道，风帆信宿可至吴楚。按：故城在今治城西北里许，俗名土城口。徽宗崇宁元年，京东蝗。二年，令州县立党人碑，籍元祐用事诸臣，以司马光为首，目曰奸党，刻石文德殿门。蔡京又自书为大碑，遍颁郡国。凡在籍者三百九人。五年春正月，彗出西方，如杯口大，光芒散出，如碎星，长六丈，阔三尺，斜指东北，自奎宿贯娄胃昴毕后，入浊不见。大观四年夏五月，彗出奎、娄，光芒长六尺，北行入紫微垣。大赦。自蔡京当国，变乱钱法，前后两铸崇宁、大观，御书当十钱，样颁式于诸路，置铸钱监，换纳民间私钱，依式改铸，严盗铸之法。行大观新修钱法，命监司分行州郡，按责居停邻保，告验私钱给赏，中间以人言不便，诏当十钱送官，偿以小钱，而条序不一。诸路或用或否，又朝令暮改，盗铸者益众。福建奸民或私铸转入淮浙、京东等路。折十钱为币既重，一旦更令，民往往不肯输官，亦多冒法私贩，入东北所在州县，督捕急则弃之江河或瘗藏不出。乃申当十钱行使之，令京东、京西、河北并边镇寨、四榷场，以及登、莱、密州缘海县镇，皆令禁止。至是以星变赦天下，凡以私钱得罪，有司上名数，亡虑十余万人。宣和四年，会金伐辽，京东两河之民疲于调度。五年，京东饥。六年赦，以收复燕云，故山东盗起，时连岁凶荒，方转粮给燕山，重以盐额科敛，饥民并起为盗。有张仙者众至十余万。七年，金人分道入寇，道君皇帝内禅钦宗。靖康二年夏四月，金人以二帝北去。五月，金人徇山东，屠密州。是月，康王构即位于南京，诏京东募兵入卫。高宗建炎元年，知密州赵野弃城走。三年，知济南府宫仪及金人战于密州，兵溃，守将李逵以密州降金。四年，权密州都巡检徐文率部兵泛海南归。金人入东京，自是密州遂没于金。绍兴二十九年，金罢胶西榷场。三十一年，金主亮大举入寇，别将完颜郑家奴将水军由海道趋临安。冬十月，浙西副总管李宝大败金舟师于胶西陈家岛。金人犯海州，李宝屡战败之，解围去。宝引舟师至胶西石臼岛，金人舟已出海口，泊陈家岛，相距一山。时北风盛，宝祷于石臼神，风自柂楼①中来，如钟铎声，乃帅师过山薄之。敌操舟者皆中原遗民，遥见宝船，给敌兵入舟中。王师猝至，金人惊，掣碇举帆，帆皆油缬，弥亘数里，风浪楼集一隅，无复行次。宝烧其战艘数百，降众数千人，斩副统制郑家奴等六人。亮驻瓜州，方期指日渡江，胶西败闻至，乃为其下所杀。孝宗乾道四年，金置山东东路统军司，治益都府，领州七、县五十三，胶西县仍属密州，统益都路。宁宗庆元五年，金命其行省山东等路括地。嘉定六年，蒙古攻密州，屠之。十年，蒙古入益都，陷密州，杀金节度使完颜寓，京东忠义李全复密州。初蒙古兵破中都，金主窜汴，赋敛益横，遗民保岩阻思乱者众。杨安儿起，掠莒、密。全与兄福聚众，保潍州。金行省官讨乱杀安儿于即墨，乱党奉其妹妙真，众尚万余。全以其众附，妙

① 柂楼：大船后舱的楼。

真嫁之，至是，合军克复密州，又袭破海州、莒州，全兄福克青州。知楚州应纯之闻于朝，放粮万五千人，名忠义粮。十一年，诏以李全为京东路总管。金人寇胶西，李全救之不克，金人陷密州。李全入密州，执金招讨使黄掴阿鲁答、同知节度使夹合寺家奴。十二年，金张林以青、莒、密、登、莱、潍、淄、滨、棣、宁海、济南十二郡附李全来归，进全广州观察使、京东总管，增放二万人钱粮，屯楚州。十五年，张林叛，降于蒙古，李福自胶西逃归楚州。李全以胶西当登、宁海之冲，百货辐凑，使其兄福守之。时互市始通，北人尤重南货。全诱商人至山阳，以舟浮其货而中分之，自淮转海，达于胶西。福又具车辇之而税其半，然后听往诸郡贸易，车夫[①]皆督办于林，林不能堪财，仰给六盐场，福又欲分其半，林许福恣取盐，而不分场，福怒，林惧，遂以京东诸郡降蒙古。理宗宝庆三年，忠义军范成进以楚州叛，降金，金封成进为胶西郡王。朝廷患李全之跋扈而力未能讨，全攻张林入益都，蒙古兵围之经年，乃命盱眙令刘琸知楚州兼淮东制置，与忠义军总管夏全、范成进等共图之。时传全已死，全妻杨妙真行成[②]于夏全。夏全至，妙真迎之，与按行营垒，曰："人传三哥死，吾一妇人安能自立？便当事太尉为夫。"置酒，邀饮言欢，就寝如归，更与谋琸。琸夜半缒城走，仅以身免。夏全既逐琸，暮归营，妙真拒之，夏全奔金。朝廷以乱故，楚州不复建阃[③]。忠义粮不继，乱党相谓曰："朝廷不降钱粮，为反者未除耳。"乃杀李福及全次妻刘氏，以为杨氏，函首送京师。既而成进知杨妙真故无恙，亦以楚城降金。端平元年，金亡，京东郡县皆没于蒙古。三年，蒙古置胶州，属益都路，即今胶州。

《元史·地理志》：胶州，宋胶西县，太祖二十二年，于县置胶州，分密州之高密县、莱州之即墨县属焉。按：吾胶分畛于是始判。淳祐四年，寿春军涉海捣胶州。八年，统制赵葵遣兵袭胶州，复袭高密县，以牵制蒙古侵淮之师。景定三年，蒙古籍益都路兵民，十取二充武卫军。四年，蒙古禁煎贩私盐。徙胶莱、莒密之民及灶户居其内地。设巡盐禁军。度宗咸淳七年，统制范广帅师攻胶州，兵败被执。恭帝德祐二年，蒙古复沂、莒、胶、密、宁海五州所括民为防城军者，为民。元世祖至元十七年，初用姚演言，开胶莱河，起胶西县东陈村海口，西北达胶河，出海仓口，南北通潮汐，长三百里。十八年，夏蝗。十九年，立胶莱莒密盐使司。《元史·百官志》：山东东路转运盐使司，管领盐场一十九，每场设司令一员。今胶治内有石河盐场官。二十年，立江淮都漕运司，仍各置分司，以督纲运[④]。岁运江淮漕米百万石于京师：海运十万石，胶莱运六十万石，济运三十万石。按《元史·百官志》：荥阳等纲凡三十，有胶西纲、胶水纲，每纲押纲官二员，每编船三十只为一纲。是年，置海道运粮万户府，掌每岁海道运粮供给大都。二十二年，诏罢胶莱所凿新河，以军万人隶江浙行省习水战，万人载江淮米泛海，由利津达于京师。初，元人江南粮运自浙西涉江入淮，由黄河

---

① "夫"，底本无，据《宋史》卷二三五补。

② 行成：议和。

③ 建阃(kǔn)：建制。阃，将帅或大臣。

④ 纲运：成批运送大宗货物。如若干船为一组，一组称一纲，谓之纲运。管理纲运的官署，又称纲署。

逆水至中滦旱站，路运至淇门入御河，以达于京。故用王积翁言，使阿八赤于济州新开神山河，又用姚演议，开胶莱新河道以通海。后命上海总管朱清、张瑄等造平底船六十艘，运粮四万六千余石，从海道径至京师。而阿八赤、姚演所开新河道，劳费不赀①，卒无成功，至是皆罢。明年，以张瑄管海道运粮船，朱清并为海道运粮万户。二十五年秋七月，大水，饥民采橡为食。二十六年，海船万户府言，山东宣慰使所运江南米陆负至淮安，易闸者七，然后入海，岁止二十万石，若由江阴入江至直沽仓，民无陆负之苦，且米石省运谷八贯有奇。乞罢胶莱海道运粮万户府，而以漕事责臣，当岁运三十万石许之。又罢济州泗汶漕运使司。明年遂罢海道运粮万户府，改利津海道运粮万户府为临清御河运粮上万户府。又明年，罢江淮漕运司，并于海船万户府，由海道漕运。自是，海运终元世不废。敕枢密院计胶莱诸处漕船，备征日本。仁宗延祐五年，罢胶莱莒密盐使司。《元史·百官志》：以盐法涩滞，颁分司印，巡行各场，督收课程。罢胶莱监司所属盐场。英宗至治元年，胶州饥。泰定帝泰定四年冬，胶西县蝗。文宗至顺元年春，胶州饥。二年，益都路宋德让、赵仁各输米三百石赈胶州饥。顺帝至元五年秋，胶州即墨县蝗，胶州饥。至正三年冬十二月，胶州、高密地震。五年夏，胶州、高密县旱。六年春二月，地震。八年夏六月，大水。九年春，大饥，人相食。十一年，罢沂州分元帅府，改立兵马指挥使司，复分司于胶州。冬十一月，孛星见于奎宿，癸丑孛于娄宿，甲寅见于胃宿，乙卯丙辰亦如之。十七年春二月，毛贵屠胶州。签枢密院事脱欢死之。初颍州白莲会妖人刘福通聚众为乱，横行汝、颍间，州郡为之残破。至是遣其党毛贵陷胶州，连陷莱州、益都路以及滨莒等州，遂据山东。按：毛贵之难，州民屠杀无遗类。闻诸父老匿免者四人，曰栾曰崔曰邓，其一人亡其姓。十八年夏，胶州、高密蝗。十九年，是年大都、霸州、通州、真定、彰德、怀庆、东昌、卫辉、河间之临邑，东平之须城、东阿、阳谷三县，山东益都、临淄二县，潍州、胶州、博兴州，大同、冀宁二郡，文水、榆次、寿阳、徐沟四县，沂、汾二州，及孝义、平遥、介休三县，晋宁潞州及壶关、潞城、襄垣三县，霍州赵城、灵石二县，隰之永和，沁之武乡，辽之榆社、奉元，及汴梁之祥符、原武、鄢陵、扶沟、杞、尉氏、洧川七县，郑之荥阳、汜水，许之长葛、郾城、襄城、临颍，钧之新郑、密县，皆蝗，食禾稼草木俱尽，所至蔽日，碍人马不能行，填坑堑皆盈。民捕蝗以为食，或曝干而积之，又罄，则人相食。二十三年，改修文庙，于是移治今城，故改修文庙。今城，元千户所城也。移城年月《旧志》不载，无考。二十七年，吴元年②，大将军徐达拔益都，徇下潍胶诸州县，分兵取登莱，齐地悉定。

明太祖洪武元年，置山东等处行省中书，治济南府。二年，免今年田租。诏天下郡县立学。三年春，免今年田租。四年夏六月，倭寇胶州。建州署，省胶西县治，领高密、即墨二县。七年秋八月，胶河溢。八年，知州赵礼至。知州官题名始此。《旧志》云：礼，清修雅

① 不赀：数量极多，无法计量。
② 吴元年：元至正二十四年（1364）朱元璋自称吴王，至正二十七年（1367）为吴元年，下令全国开科取士。

重，动循礼法，经营草昧，才冠一时，祀名宦祠。置古镇巡检司、逄猛巡检司，为倭夷入寇故。九年，改行中书省为承宣布政使司，领府六：济南、兖州、东昌、青州、莱州、登州。胶州改隶莱州府。十年，始遣御史巡按州县。十三年，命天下学校师生，日给廪膳。十四年，诏天下编赋黄册①。十六年初，命天下学校岁贡士于京师，州人殷哲以岁贡，仕至中书左丞。十七年，颁科举取士式。初设科时，第一场经义二道，《四书》义一道；二场论一道；三场策一道。至是先书后经，《四书》义三道，经义四道，二场加表判诏诰各一道，三场策五道，永为定式。秋八月乡试，州人周思再、栾彬膺荐。州人乡试中式，自是科始。遣信国公汤和巡视沿海，设卫所城堡以防倭。今治南沿海一带诸废营寨，相传皆和所立。十八年，蠲山东田租。诏有司举孝廉，州人杨可久膺荐，仕至绍兴府知府。二十年，命国子生武淳等分行州县，量度田亩方圆，次以字号，书主名及田之丈尺，编册为鱼鳞图册。莱州饥。二十三年，山东大水。二十四年，免山东田租。二十八年，免山东秋粮。三十一年，置灵山卫，设有世袭指挥使、指挥同知、指挥佥事、经历、镇抚司镇抚，卫左所、夏河所、胶州所守御千户、百户等官，边操、京操、守城、屯田等军。

成祖永乐二年春三月，赐曾棨等进士及第，出身有差。州人宋臻、李纲登第，州人成进士始此。十二年，发山东民运粮赴宣府。十三年，会通河成，罢胶莱诸运。十四年，都督同知蔡福等备倭山东。十八年，妖贼唐赛儿寇胶州。封右都督薛禄为阳武侯。禄，州人，以卒伍从燕王起兵，擢都督佥事，进右都督，以后军都督董营造。是年十二月定都北京，授奉天靖难推诚宣力武臣，封阳武侯。仁宗即位，加太子太保，予世券。从宣宗北征，加太保。筑独石城，赐诗以山甫、南仲为比焉。卒于宣德五年七月，赠鄞国公，谥忠武。禄逮事三朝，岿然为时宿将。孙诜嗣，至曾孙翰卒，无子，世绝。万历间，续功臣后，乃复封翰族子铱为侯，再传至濂，明亡殉国难。十九年，发山东丁壮运粮宣府。宣宗宣德元年，养马于山东。时畿内马大蕃息，军民为畜牧所困，兵部尚书张本请分牧于山东、河南及大名诸府州县，胶人有以马头官役破家者。九年，山东蝗，遣给事中、御史、锦衣卫官督捕。

英宗正统元年初，命田亩纳税，折银每粮四石，收银一两，解京以为永例。十三年，永康侯徐安备倭山东。十四年秋，瓦剌也先寇大同，帝亲征。八月，次土木，师溃，也先拥帝北去，征山东备倭军入卫京师。九月，郕王即位，遣御史募兵山东。冬十月，也先陷紫荆关，京师戒严，诏山东巡抚及募兵御史将兵入援。景泰二年，诏山东巡抚官举廉能吏，专司劝农，授民荒田、贷牛种。宪宗成化六年，胶州饥，邑人王斌出粟千石赈济。事闻，下诏旌奖。冬，免山东被灾粮税。九年，三振山东饥。孝宗弘治二年，御史孙纮来为州判，以劾中官谪降。武宗正德三年，山东盗大起，所在屠州县、杀官吏，道路梗绝。六年，流贼刘六等寇胶州，胶州所千户匡允中御却之，贼陷灵山卫。七年，兵部侍郎陆完败贼于莱州，贼悉平。九年，加田赋。世宗嘉靖三年春正月，两京、河南、山东、陕西同时地震。十四年，海防副使王献

---

① 黄册：明清为征派赋役编造的户口册籍。一说户口册籍封面黄色，因名黄册。

开胶莱新河。十六年，王献凿马家濠。十八年，大饥。三十四年，开山东银矿。三十九年，禁莱州商贩往来辽左，从巡抚山东朱衡之请也。穆宗隆庆二年，裁青莱登三府驿递。初朝廷以倭夷出没海上，沿海置卫所，巡检司建阃，省会遣勋戚中贵官出镇。自登莱至济南设有急递驿传二十七所，后倭患既息，阃府改都司，而驿递如初，公私骚扰，百姓苦之。州人李元芳为南阳府同知建议具关[1]东抚，疏请裁革，山东六府士民诣胶市地，为元芳立祠，有石坊。三年，山东大水。四年，在籍御史栾尚约为其奴桂所杀，妻子家人同死者十八人。神宗万历三年，知州王琰清丈地亩。时张居正当国，建议天下田亩通行丈量。四年，尚书刘应节、侍郎徐栻开胶莱新河。六年，免莱属逋赋。十九年春三月丙辰，有星如彗，长尺余，历胃室壁，长二尺，闰月丙辰朔，入娄。知州余邦辅建社学。按：洪武初，诏天下州县立社学。弘治间，申命府、州、县选择明师，民间幼童十五以下入社学读书。顾其法寝，不举行，特书建大复古也。巡抚李公辅筑沽河新河堤。二十二年，大饥，人相食。二十四年，太监陈增来开矿，所至横索民财，富家良田、巨室、名墓、甲第，指以为下有矿脉，非重赂不得免。今治南七瑶山下，铁橛山、大峒诸矿坑皆当时所掘也。增又兼征税务，奸民纳贿给有指挥千户札水陆树旗建厂。又多立土商名目，穷乡僻坞，米盐鸡豕皆令输税。二十八年秋，大雨、雹。三十二年夏，大水。四十一年秋七月，霪雨烈风，拔木。四十二年，大水。四十三年，大饥，人相食，大疫。四十四年，山东盗贼大起。四十六年，派运辽饷加田赋。户部尚书李汝华请亩加三厘五毫，明年复加三厘五毫。又明年以兵工二部请复加二厘。通前后九厘，遂为赋额。四十八年，建三贤祠，祀知州陈忠烈公辅尧也，三贤谓董公广川、苏公文忠，配公而三，皆宦胶西者。《启祯野乘》：辅尧，扬州人，由举人任知县，大计天下清官第一。拟授御史。选人有所求，弗应，转胶州。州绅赠茧绸一匹，辞之不得，遂悬公帑。升永平同知，督刍辽左。治胶方五月，闻命单车就道，行李萧然。胶人绘像于二贤之右，合祀焉。旌表孝子高三重之门，有石坊。

熹宗天启五年，蝗。秋七月，大水。榜东林党人姓名，颁示天下。庄烈帝崇祯二年，妖贼邱扦先据谈疃铺，署州事同知寇化捕斩之。三年，增田赋为军兴，从兵部尚书梁廷栋之请也。于九厘外，亩复征三厘。后又概征粮银一两加一钱，名曰助饷。后复行均输法，亩输米六合，石折银八钱，又亩加征一分四厘九丝。杨嗣昌督师，又请亩加练饷银一分。兵部郎张若麒又请收兵残遗产为官庄，分上中下，亩纳租八斗至二三斗有差。四年，知州王献吉上议，言地方切要利害三事：其二事为兵赋，一为城筑。议曰：州城因胶州所旧址，周围仅四百余丈。内止州治、儒学及一二宦宅，士民数千余家，俱住城外。近传流寇窃发，人心恟惧，猝有不虞，入城则无地可容，居外则无垣可障，合无择要害之处，设立门楼，司启闭，供瞭望，视民居疏密，联以木栅，为仓卒预备计。更以暇日，筑土垣于外，庶缓急足恃，胶人得以安枕，不报。妖贼张允、王才等结党为寇，知州王献吉擒斩之。五年春二月，孔有德围莱州，

---

① 关：公文。

陷平度。州人闻邻邑不守，竞议走山海，距险阻。有庞生者，晓天文，语人曰：“难星不入胶，无恐也。”有德至马店，违城二十五里而回。三月，兵部侍郎刘宇烈督理山东军务，讨孔有德。夏四月，刘宇烈败绩于沙河。秋七月，孔有德伪降，诱执登莱巡抚都御史谢琏，莱州知府朱万年死之。有德语城上人曰：“尔无望救至，兵部已许我招抚矣。”于是郡人侍郎刘重庆、州人给事中宋可久沥血陈请。疏再上，兵乃出。八月，巡抚山东朱大典督军救莱，参将祖宽败孔有德于沙河，莱州围解。工部侍郎高弘图削籍归。初，帝以司礼太监张彝宪有心计，令钩校户、工二部钱粮，为之建署，名曰户工总理。给事中宋可久等相继谏，不听。弘图，以左副都御史迁工部右侍郎，耻与彝宪共坐，廷争之曰：“臣官侍郎侍尚书耶？侍宦官耶？”七疏乞休。帝怒，革职为民。七年，莱州饥。九年，盗杀文学王无竞。无竞，名倜，以字行，州诸生，工诗，与诸城刘翼明相友善，恃才任气，为仇家徐登第、思让所杀。无竞无子，母老弟幼不能竟其狱。翼明为披发诉州堂。知州闫难之曰：“王氏子死，何与秀才事，异姓入爰书，非法也。”翼明抗首言：“使五伦无朋友，则翼明可以退。”闫语塞，狱三年不决。翼明发愤，哭青州监司门三日夜。监司收讼牍，下其事于高密令程万里，卒置二人于法。翼明复辑无竞佚稿，行世至今，人称王刘。十三年，防抚徐亮生来视胶莱河，上三议，不报。议见砼斋《太古堂集》。沙鸡遍天，大饥，人相食。十五年冬十二月，大清兵南狩过胶，知州郭文祥率民兵登埤固守。十六年春正月，女沽营千总杨京将兵来援，战而死。京，胶州千户所人，武解元。十七年春正月，大风霾，昼晦。二月，闯贼犯京师，烈皇帝殉社稷。时邻邑寇攻陷灵山卫，土贼张大雅攻城，登州防院曾化龙、知州郭文祥御却之，诛高密县闯贼伪官孙握玉。张大雅复攻城，七日，登州将官滕胤玉救兵至，解去。昌邑县土贼李好贤诣防院降，诱张大雅诛之。

是年，大清顺治元年夏五月，我朝定鼎于燕京。知州事郭文祥弃官航海去，防院曾化龙亦去，城内黄厨乱作。黄厨者，高相国饔奴，见充本州衙兵。州署空，黄入据之。袁生子国假名讨乱，散橐金觅兵西城。绅士、无赖子群起辅翼，跃马弯弓，日以报复为事，佃杀其田主，奴僇其家长，胶人如坐水火中矣。秋七月，固山柯永盛统五营兵镇胶，擒胶州韩继本，高密单之赏、张宇，即墨黄宗贤、周六、邱尚佐、王守玺，平度骚搭毛、翟五和尚、张广等斩之，乱兵散遣为编氓。永盛，辽东名将，号令严明，部将董大用、杨遇明、连洗、刘伯禄、贾熊、孔国治等，皆选锋虓武。甲士搜余党，辄献首功，驻胶一年，土寇悉平。二年秋九月，山东巡按御史李，大主考向、琐，同考官十五人，公疏荐五经异才法若真。明致仕太子太保、文渊阁大学士兼户部尚书高弘图卒于会稽。弘图起废官，迁南京户部尚书。明福邸立，与姜曰广、史可法同心辅政，一时大议多出弘图。值马、阮乱政，弘图力争不得，遂乞休。明亡，绝粒野寺竹林中，九日不食乃卒。三年夏五月，钦授进士法若真翰林院庶吉士。州人馆选始此。总兵海时行来镇胶。时行，天津人，以冒军功议叙得官。利故相高弘图田宅，诬为逃官，没入之。随行将士百人，皆文安霸上余寇。故与时行等夷日夜聚谋，挟私长乱，时行寝不能制。八年秋八月，大星流，声震如雷。九年春三月，霜。夏五月，雨雹大如鸡卵，深尺余。

十年秋八月，胶镇总兵海时行反。朝命调胶镇兵南征，时行逗遛逾时不发。是月二十七日，驻莱州分守道徐大用亲临催督，大阅于演武厅，发帑犒师。将士露刃挺立，呼不应。旗鼓司张思选横刀阅台，叱之曰："奴辈反耶？何敢尔？"众拥上，杀思选于台。遂执大用，胁与同反。不从，杀之。并杀署州印、推官李煌。时行自称"重兴王"。给假御史匡兰兆与父如檟皆死。前致仕官法寰及二子文学若䕫、若巽同日殉。胶人被杀者不可胜计。贼焚劫七日，率兵南下屠莒州。九月，海时行伏诛，传首胶州。贼舆金帛入京求招抚，翰林法若真哭大司马门，请兵复父仇。兵部尚书王永吉檄兵追讨至亳州，擒斩之。十一年，大风色赤如血。籍海时行叛产，抚院耿焞亲临督催，倍增价值计银一十四万两有奇。州人破家殒命者相踵。十五年，复设胶镇为海防，移沂镇驻胶。有虫昼鸣土中，夜飞有声，所过食树叶殆尽。十六年夏，雨雹。秋，霪雨四十余日，城圮，伤禾稼。十七年，雨黄雨，沾衣尽黄。牛神庙有声鸣地中。十八年夏六月，空中有声，如万马奔腾，经夜不绝。康熙元年，大兵养马于胶三阅月。建赵公祠。赵，名民善，辽阳人，海镇叛，以简材能来知州事。时焚劫之余，城同新造。民善招抚流亡，精核吏事，旬日间纪纲具举。大兵平栖霞山贼还，过胶轮蹄杂遝，络绎三百余里，势如海潮山涌。民善故识其大帅，出与约，"请勿入城，勿毁庐舍，勿夺人酒脯什器，违者死"。大兵分屯三城隅。民善昼夜步出巡巷市，遇有不法，令两健儿拉臂，亲注骲箭，射其脐三发，旗丁震慑惮之，如帅府大兵驻胶三月去。民善升衡州府知府，以逋累不能行。一夕，病酒卒。州人丧之，如哭其私亲。四年，大旱，饥。七年夏六月，地震，声如殷雷，坏城郭屋宇，压死人畜不可胜计。九年冬，大雪。十六年，知州张琢玺罢去。琢玺，河南人，以祖荫来知州事，年二十有四，祖母严正有庭训，随之任。主幕事者为经师叶某，云间人。琢玺禀受成事，如学徒之承师授。是时蠹役马成为民害，胥吏悉听其颐指，盘据官衙四十余年，历任官莫敢谁何。琢玺按行郊坰，成骑前导，顾曰："使君年少，如是第坐府中，凡事委成，不难治矣。"琢玺心嗛之，而未有以发。会有奸僧藏妇人尸积草中而迹大露，遣成往捕，成阴纵之以逃。复，琢玺不动声色，姑薄笞系之狱，夜毙诸狱中，陈尸于市，民大说。以诖误降调出，府舍囊空如洗，贩夫小儿争解衣投赠。去之日，胶人攀辕哭送数十里。开国以来所未有也。

十七年，诏举博学鸿词之士，州人法若真膺召。二十一年，裁胶镇改设胶州协镇营，允知州黄章之请也。帅府惠占春由袭荫来镇胶，年少倨贵，遇事掣肘有司，镇兵复恃势贪横，夺民产、出息钱，与贫民子母相权，而责其必偿。章一绳以法，兵与民讼者，辄裂其牍。帅积忿，昌言攻章，一军尽甲。章闻之，大启重门，秉烛坐堂上以待。中军武横刀立镇①府门，帅欲出不得，久乃罢。章夜赴省告变，因陈利害，抚院为具题裁改。命下日，万民欢呼，共勒石纪其事。四十二年，沙鸡过，霪雨害稼。协镇营副将金国正击海贼于瞭头营。国正，陕西人，由行伍任。本年七月，海贼至，国正迎击于灵山卫。贼东走即墨登窑，国正纡道驰三

① "镇"，底本原脱，据道光《重修胶州志》补。

百里追及之。贼舍舟登岸，国正策贼必西窥瞭头营，设伏峡中，断其归路。日暮，贼果至，伏发获七人，悬首国门。胶议设水师营缘此起。四十三年春，大饥，人相食，大疫。诏蠲今年、明年租赋。四十五年，移登镇水师前营驻胶。四十六年，赐南昌总兵官高文熠堂额。文熠以军校从奋威将军王进宝推锋破寇，树立奇功。四川平，累进江南提标、参将，推升广西柳庆营副将。召见畅春苑，有旨：高文熠明于奏事，宜留居畿辅，调河间副将于柳庆，以文熠代之。后署天津总兵官事，召见桃花口，问练兵，则曰："前镇之训也。"问行间被伤，则曰："仰仗天威，幸得无伤。"天子顾大臣连赞赏之，寻授南昌总兵官。天子南巡，顾江西巡抚张志栋称其材武，御书"树干城"三字以示宠异。

五十二年，水师营游击滕国祥出哨海洋，遇贼战死。国祥，蓬莱人，由行伍任。本年，帅舟师出哨登窑，海洋遇贼将战，期会而后哨船不至。国祥独进，时营兵多闽人，与贼通。战方接，舵工故抢下风，国祥立斩之，左右皆逃。国祥左臂挟舵，右执短兵，斩贼十余人，力尽而死。事闻，赠骠骑将军，荫一子。知州龚大良擢刑部郎中。大良，仁和人，以吏员递升来知州事。值甲申大祲后，缓催科，平粜籴，清讼狱，严保甲，邑赖以安。水师远哨外洋，海贼猝至，侦闻，大良率轻骑南驰百六十里，夜登贼舟，俘其酋五十八人以归。素性宽仁，莅胶九年，前后垫空丁一千有奇，劝赎难民万口。胶人爱之，呼为龚大娘。去之日为立生祠，留其像，舆大良临观焉。五十八年秋七月，大水，云河瀑涨，漂没人民庐舍，城垣倾圮。日照县知县成永健来署州事。永健，盐城人，康熙甲戌进士。时水灾之余，继以荒歉，永健为请赈，劝输煮粥，忧劳日昃，情见乎词，有《胶西纪事》诸什，州人至今歌诵之。五十九年，建南极坊，知州冯景夏为法樗年八十九、高文熠年八十七、王懿年七十三立坊，在治城西南隅务门口。知州冯景夏筑墨河堤。雍正元年春三月，大风霾。赐工部右侍郎王懿谕祭。四年，内阁学士何国宗、巡抚陈世倌来视胶莱河故道。摊丁银入地亩。五年，诏举贤良方正之士，胶人高凤翰膺荐，官歙县县丞。七年，水师营移驻灵山卫头营子。水营游击谢云，同安人，短小精悍，练习军事。水军营务久弛，云至，壁垒旌旗，为之一变。镇帅万巡边过胶，大阅于演武厅。帅出，立阅台，同属员校射。自镇帅而下，递及协副、参守无一中者，惟云矢无虚发。帅意不自得，独呼云复射，亲与之耦，人五矢。时台下军民聚观近万人。云一矢中，台下观者辄大呼以笑，连四大呼笑，帅益愧诎，不终发，罢去。云尤是久不得调。迟十年，以绩劳迁。建忠义祠，祀死事诸臣秦柏兰将军、明赣榆县知县高濂、鹿邑县知县纪懋勋等。柏兰将军不见史传，《旧志》：将军秦人，不忍背秦拒战死。汉王起义兵，诛无道秦，柏兰忠非其主，死不足称也。《汉书》：韩信追齐王田广于城阳，还，攻杀齐将田既于胶东，虏亚将周兰。今治东北柏兰社，有韩信道，将军遗庙在焉。柏兰或周兰之讹。八年，霪雨，自夏六月至秋七月。九年，饥。十二年，裁并灵山卫，改逄猛巡检司为灵山巡检司。十三年，劝民垦荒田，限年起课。

乾隆二年，工部左侍郎王纮致仕。纮累疏恳辞，准以原品休致。命子主事元啓，同归侍养。四年，复天下学校生员廪膳。八年冬，彗星见，光芒数丈，扫奎壁间，凡九十余日而灭。

十一年夏，无蝇，霪雨害稼。秋，大饥。十二年春，旱。秋七月，大风，海溢。冬十一月，胶兵哗，三日乃定。孙治国，济南历城人，由行伍任胶协城守、把总。御卒严而有恩。丙丁之际，勤心诘盗，谨夜巡，通商便民，士论翕然归之。时比岁荒歉，斗粟银二两，负贩者不至，营兵无所得食。治国为告籴州绅，请春出粟估值，秋饷至，如数抵扣奉价。绅有富而黠者，阴与阃司相首尾，奉价到，伪让不受。州绅之受价者闻之皆反价。是年冬又饥，治国复为请，州绅惩前事，颇藉藉有违言。营兵怒诟曰："非吾辈不完若价，若自惜情面私官府，今阃司父子，借吾金生息渔利，而坐视吾辈死。事急，吾并屠若家矣。"乃号于众，共赴协帅府诉其情，府门闭不得入，众兵拥府门麾不退。会协帅以他事系人，门启，锒铛出。众兵遂大噪，折槛走，鸣钟聚谋关帝庙。饥民之待哺者且千人，环伺庙门外耽耽，乘间将作乱。阖城恟惧，富绅夜走避。水营游击赵得禄闻变，率神机军二百，向晨至，设伏东郭冢间，独步诣庙门，哭而入，与众兵誓于神祈，州堂①宋预借支库金二千两，按名遍给，州绅之前不出粟者皆争出。乱既定，富绅扬言于国曰："始祸由治国。"上官系治国于狱。人谓治国趣自明，不自明且得重谴。治国叹曰："官府交相为，而欲委罪于末员，将何所逃死?"仰药而卒。事上，闻诛首乱者七人，阃协皆夺官。州人怜治国之无辜，相与敛钱，恤其妻子，送还家。十三年春三月，蝗蝻。夏大水，没田禾。钦命御史来赈。秋，海大鱼出，长数丈，骨径十围。冬，狼食小儿，白昼入城伤人。时连岁饥，斗粟银一两二钱，奸民略卖男妇，出贩远方，户口耗散。十四年春，免被灾田赋之四。秋，胶河改东流入南新河。冬十月，知州朱若炳建珠山书院。若炳，广西桂林人，由翰林改授知县，升本州守，工词翰，爱民如子，振兴文教，雅意作人。书院成，甫数月调德州去。十五年春三月，雪，河水冰，桃李花落。夏五月，雨雹。十六年春，知州周于智修两河堤，因旧增筑，绵亘五十余里。秋九月，修州志。

---

① 州堂：明清时指中央各部和地方各级的正职官员，如都御史称"都堂"，尚书称"部堂"，府、州、县的正印官称正堂。州堂是一个州的正职官员，明清时期叫"知州"，隶属于"府"，有的州有辖县，有的没有辖县，本身相当于县一级。

附录三 新志刊误 法坤宏

凡二十五条。篇首言本志即新志也。谨按：以下系刊误文。

本志“星野”注：介根。谨按：《唐书》所引古国二十二，有介，无介根。介根，莒邑，非国也。上文颛臾牟为颛臾国、牟国。下文介根牟，为介国、为根牟国。牟、根牟，二国名，并见于《春秋》。桓公十五年，“邾人、牟人、葛人来朝”。御纂注云：“牟国，今在山东济南府东二十里，有牟城。”宣公九年：“秋，取根牟。”御纂注云：“根牟，东方夷国，今在青州府沂水县。”本志见《唐书》“介根牟”三字连书，遂断根牟，“根”字属上，读作“介根”，殊误。

本志星野图：主奎。谨按：胶州星野，明史《清类天文志》主危。《旧志》主虚、危，《府志》主胃。《晋书》：“自奎五度至胃六度为降娄，于辰在戌，鲁之分野属徐州。”《唐书》：“奎娄，降娄也。”自蛇丘以负东海得汉琅邪、古介国云云。详见晋唐《天文志》。本志据《晋书》分野，谓胶为古黔陬，属琅邪、徐州，改主奎。然考郡国缠次，琅邪郡入奎六度，高密国入娄一度，城阳国入娄九度，胶东国入胃一度。晋改黔陬属城阳，又分黔陬置高密国。而庸生，古胶东人，其故里距今治西七里。今胶移治胶东境内，准以郡国缠次，当兼主娄胃，不专主奎。

本志八景图介亭春树。谨按：“介根，莒邑”，见《左传》杜注，谓黔陬计基城，《汉志》所谓计斤县也。“介，古东夷国”，见《春秋》杜注，谓在城阳黔陬，《汉志》所谓黔陬县也，判然两地。其以介根城为古介城，史注本有此说，《莱州府志》亦云。然以介根城为介城则可，以介根为黔陬则不可。《后汉志》言黔陬有介亭，不言介根。本志既以黔陬介亭入古迹，又筑亭介根入八景，是有二介亭矣！又，古之亭如今之堠，所以息行人，稽察往来，故汉有亭长，有亭侯，非如今园林所构之亭以供眺玩也。

本志沿革表：秦齐郡。谨按：齐郡，秦置也。黔陬，汉县，属琅邪，统徐州部。后汉属东莱，统青州部。无统齐郡之明文。

本志沿革表：唐以其地为板桥镇。谨按《唐书·地理志》武德六年，省胶西入高密县，无以其地为板桥镇之明文。板桥镇名见于《宋史》。据《宋史·地理志》，神宗熙宁八年分京东为京西路，以密州属东路，领诸城、安丘、莒、高密、胶西五县。盖石晋时已复置胶西县。至元祐三年，置密州板桥市舶司，以板桥镇为胶西县，兼临海军使。始移县治及临海军治于此。是宋以板桥镇为胶西县，非唐以胶西县为板桥镇也。本志盖沿《旧志》之误。

本志《建置志》：今治城，本隋胶西县土城。《古迹志》：古胶西城，隋置，在高密县东南二十五里，俗名诸晏城。又云：元太祖于县置胶州，古介葛卢国。隋所置县，今西关外有城址，俗呼为土城口。谨按：诸晏城在高密县，土城口在治城西关外，不得云今治城，本隋胶西县土城。且三城分立，不得俱云隋置。

本志《坊表志》不入刘妻杨氏。谨按：山海并纳，朝廷宽大之典，或容滥竽，泾渭分流。史笔激扬之权，断难假借。本志于旌表贞烈，漫无区别，借口谓已经题请，不敢私为去取，似已然据见送馆。贞节二刘之妻，刘荣妻殷氏，刘子锜妻杨氏。均系奉旨旌表，立有坊石，其为慝为淑，直道在人，清议难诬。本志取殷去杨，此等激扬，岂不大乖物议？

本志《祀典志》：乡贤祠，祀明李元芳、于从政、宋之曾、高衍庆、法寰。谨按：李元芳以下五人，《旧志》载国朝乡贤祠，以五人皆顺治间邀恩从祀，故志其始事，以昭国典。本志尽改入明祀中，误。

本志《祀典志》：乡贤祠，祀明通判王文炤。谨按：王文炤，国朝以子垓封通议大夫、陕西道监察御史，见《封赠志》。入乡贤祠。本志录入前明乡贤祠，又不录国朝封爵，均误。

本志《祀典志》：忠义祠，祀明封翰林院编修法寰，国朝封御史匡如槻。谨按：先高祖寰与匡如槻俱系国朝受封官，于顺治十年八月二十七日同殉海时行之难。而一祀明朝之忠，一祀国朝之忠，误。

本志《职官志》：宋苏轼，眉山人，守胶西。见宦迹。谨按：《宋史·苏轼传》云徙知密州。宋时密州治诸城。胶西，密之属县，知密州不得云守胶西。文忠《超然台记》云“余自钱塘移守胶西”。宋之密州，本隋唐以前之高密郡，乃改汉胶西国所置。文家用事，每本其原初，所云胶西谓胶西国是密州本称，非谓胶西县也。

本志《封赠志》：明宋之曾、赵怀慎、赵佐、赵麟祥、法官、法寰、李恪、王文炤、高弘都。谨按：封赠，国之大典，纪国之典例，应以国朝为主。宋之曾以下九人，均于我朝以子贵得膺宠封，故《旧志》悉载入国朝封赠中，最合史法。本志改入明朝，而注国朝字样于下，误。

本志《兵防志序》：表海之雄。谨按：表海乃太公之齐都，在营丘，为古青州，史所称表海，乃渤海也。胶海，名曰少海，在淮子口内。淮口险，仅容舠，洋行大船皆莫敢入，惟市舶入焉。其通洋海道尚在日照以南、登州以北，距吾胶数百里，而云“表海之雄，胶独当一面”，殊误。又按：唐制，兵之戍边者，大曰军，小曰守捉，曰城，曰镇。《唐书·百官志》，莱州有守捉使。本志云唐置守捉于胶，亦误。

本志《人物志》：娄敬，胶西人。谨按《汉书》：娄敬，齐人。本志欲牵合己说，于史文辄加改窜。

本志《人物志》：费直。谨按《汉书》：费直，东莱人。胶于汉为黔陬，不为东莱，《旧志》误入。本志不能改正，因删去《汉书》本传东莱字。

本志《人物志》：王懿参陶和气疏，留中三年。谨按：《王懿家传》载《续参刑部尚书巢可托护亲枉法疏》，内引“奉上谕有王懿参本，并付该部”之语。则参陶和气疏，当时即蒙发出。本志言留中，误。

本志《人物志》：不入高文熠。谨按：国朝高文熠，以材官蹶张①，著有军功，仕至西安府副都统、将军。圣祖仁皇帝御笔“树干城”三字嘉奖之，名上史馆。史臣汪份有传。后以本官致仕，享年八十七岁。《府志》载入人物，见《莱州府志》。本志乃削去不录。又，处士姜廷枢，矢志固穷，一介不苟取。值岁凶，同妻张氏闭门饿而死。其行义有足多者。邑人王克揆有传。本志人物亦不录。拟与文熠均当补入。

本志《列女志》：贞节。谨按：妇人旌表贞节，旧例满三十年，新例青年守节，未及三十年而卒，亦准合例，初非滥予也。本志不审例意，将现在守节妇人概行录入。

本志《列女志》：烈节丁氏，知州高光烈妾。逄氏，庠生于成龙妾。杨氏，庠生谈必中妾。李氏，都统高文熠妾。潘氏，韩欣然妾。贞节朱氏，布政宋可发妾。孙氏、于氏、刘氏，俱青县令赵履谦妾。襄氏，进士李肇丰妾。范氏，贡生高淳妾。谨按：本志人物而外尚有文学、忠孝、隐逸、善行、方伎、仙释诸志。《列女志》惟载贞节、烈节二项，其余虽有贤媛淑女，妇德母仪，苟年事无关于贞烈者，均不见录，以朝廷旌表止此二项故也。然考诸从来典礼，无旌表妾妇节孝之例。今例但云旌表某人之妻，不闻旌某人之妾。则妾与妻并列于贞节烈节中，未免名实乖舛，贵贱混淆。今拟丁氏以下十一人，别为一编，收入附录中。既不混国家区别流品之法，又不害士君子阐显幽微之义，斯两得之。

本志《冢墓志》：明法寰墓、法官墓。谨按：先高祖寰，从高祖官，俱膺我朝封爵。树墓华表，用皇清国号，所以纪恩宠、昭盛典。《旧志》原列国朝，本志改入明代，误。

本志《大事记序》：存国是、谨天戒、恤民力，期无戾于《春秋》之义。谨按：《春秋》纪事以书法见义。本志有当书不书，如举孝廉，明洪武间杨可久。旌孝子，明万历间高三重。国朝开制科，康熙年。举贤良，雍正年。复廪饩，乾隆初年。或旷世而一举，或既废而复存，皆非常典也，本志皆削而不书。有不当书而大书，如魏裴灿、齐杜弼同以胶州刺史见杀，纲目于弼，书杀而不去其官，而于灿则略之。盖以灿狂诞废事，误国殃民，其死事本不足录，此《春秋》法也。本志乃大书之，与纲目书杜弼同例。书法颠倒如此，而自云“存国是，无戾于《春秋》之义”，殊谬。又按：《春秋》书灾异，不言事应而事应具存。本志每摭拾五行，穿凿附会之文以信其占，晋惠帝元康五年夏四月，有星孛于奎。占曰后五年司空、壮武郡公张华遇祸。齐后主天统四年孛星入奎，至娄而灭。占曰大臣诛。至武平二年，琅邪王俨杀和士开，寻被杀之类。而云“谨天戒，无戾《春秋》之义”，殊谬。又按：《春秋》之义，凡有城筑必书，而作阏宫则不书；作雉门及两观必书，而诸宫寝则不书。以为朝庙之地教化之原，虽用民力，义不可以或已。故等于常事不书，以此示人君当知所务也。本志于修州署、修文庙，一书再书，至于三四而未已。既详建置学校，又详各官宦绩，又详大事记，分明借民力以为纪录考绩之效。而云“恤民力，无戾《春秋》之义”，殊谬。

本志《艺文志序》：庸、费谈经。谨按：《通志》云庸生谭，治《古文尚书》。后人因名

---

① 蹶张：以脚踏强弩，使之张开。谓勇健有力。

《古文尚书》为《庸生谭经》。《通志》原属臆说，本志不能考正，因改谭为谈论之谈，兼扯入费直，云《庸费谈经》，误甚。又按：庸生名谭，见宋邢昺《论语疏》。

本志文字错误。谨按《沿革志》：表时代，脱金字。《建置志》：州署，洪武八年知州赵礼建。《大事记》：洪武六年，知州赵礼建州署。州署两见，年分互异。《古迹志》：黔陬城，齐天宝间废。北齐无天宝年号，宝当是保字之讹。《学校志》：乡贤祠，明曹鬲创修，康熙七年地震倾圮。康熙上脱国朝字。社学，明万历九年知州余邦辅创建。按《职官志》，知州余邦辅，万历十七年任，九字上当有脱字。《祀典志》：乡贤祠，元张缉，泰州知州。节孝祠，元张纬，泰州知州。《选举志》：元举人张缉，泰州幕职，见孝行。一人三见，名爵互异。又《祀典志》：节孝祠，王淇度妻，高氏。《列女志》：高氏，王洪度妻。氏夫两见，名字互异。《选举志》：国朝韩希瑄。是科举人有薛希瑄，无韩希瑄。又《选举志》：明胶州贡生崔宗经，龙游县知县。灵山卫贡生崔宗京，龙游县知县。一人两见，名籍互异。《宦迹志》：陈尧辅。《旧志》名宦祠，《扬州府志》忠孝祠及《明史·忠义传》俱称辅尧，本志倒辅尧为尧辅，当改正。《大事记》：固山柯永盛统兵事。与明防院曾化龙等混同一例连书，不另别以国朝字样。《艺文志》：苏轼，密州上韩丞相书。失注宋字。现任登莱青道沈廷芳七言绝句诗。失注国朝字。又按：本志文字错误甚多，至不可枚指，今略举有关教义者。

后记：让书写在古籍里的文字活起来

不忘本来才能开辟未来，善于继承才能更好创新。习近平总书记指出，中华优秀传统文化是中华民族的突出优势，中华民族伟大复兴需要以中华文化发展繁荣为条件，必须大力弘扬中华优秀传统文化。要对传统文化进行创造性转化、创新性发展，让收藏在禁宫里的文物、陈列在广阔大地上的遗产、书写在古籍里的文字都活起来。

中共中央办公厅、国务院办公厅印发《关于推进新时代古籍工作的意见》提出：做好古籍工作，把祖国宝贵的文化遗产保护好、传承好、发展好，对赓续中华文脉、弘扬民族精神、增强国家文化软实力、建设社会主义文化强国具有重要意义。要深入推进中华优秀传统文化创造性转化、创新性发展，加强古籍抢救保护、整理研究和出版利用，促进古籍事业发展，为实现中华民族伟大复兴提供精神力量。胶州市委强调党校要“做好胶州历史文化系列课题研究，讲好胶州故事，增强文化自信”。根据市委要求，党校教职员工认真研究胶州历史文化，成立“胶州历史文化”工作专班，聘请省市级历史文化学者、大学教授、胶州历史专家进行评审、研讨，反复进行修改、完善、论证，在出版《胶州史略》《胶州政德纪略》的基础上，对《增修胶志》进行校释。希望通过这本书让读者了解胶州5000年历史，宣传上合、宣传胶州，讲好胶州故事。

《增修胶志校释》在编纂过程中查阅和参考了清康熙志、乾隆志、道光志、《齐乘》《汉书》《水经注》《隋书》《唐书》《宋史》《元史》《太平寰宇记》《胶澳志》《大明一统志》《清史稿》《灵山卫志》等古籍和反映胶州历史文化的相关书籍，学习研究胶州的历史文化知识，因为有的古籍印刷模糊不清，辨认困难，所以很多字还不完全准确。

该书是全体编委会成员共同努力的集体成果。在编纂过程中，搜集资料时得到市委办公室、市政府办公室、市委组织部、市委宣传部、市文旅局、市政协文史办、市档案馆、大沽河博物馆等部门的大力支持。全书校对审核由青岛大学汉语言文字学专业硕士研究生导师、文献学学科带头人窦秀艳教授完成，编纂过程中得到齐鲁书社原社长宫晓卫编审、山东省图书馆周玉山副馆长、青岛大学孟天运教授的支持，展旭杰、石业华、柳邦松、王磊、高祀祖、孙光磊、宋长坤等同志也提出很好的修改建议，中国书法家协会副主席、天津书法家协会主席张建会老师为该书题写了书名，并由山东书法家协会副主席、山东艺术学院教授陈靖老师篆刻，在此一并表示感谢。

该书由本人担任编纂委员会主任，胶州党校全体教职员工都参与到全书的整理校释中，其中卷一至卷十五由曹海珍、孙晓梅、赵丽娟、刘骏骎负责整理校释，卷十六至卷三十由杨硌堂、朱金涛、刘洋、贾泽荣负责整理校释，卷三十一至卷三十八由张硕、许彤、张海伦、綦咏负责整理校释，卷三十九至卷四十四由张雪、纪金成、朱铎鹏、刘志城负责整理校释，卷四十五至卷四十九由刘珺、陈俊超、余定鑫、高铁军负责整理校释，卷五十至卷五十五由刘乃明、冷吉青、姜建云、周文丽负责整理校释，《胶州直隶州乡土志》《胶志通纪》《新志刊误》由潘晓、仇张娣、王鹏举、马文飞负责整理校释。由于作者水平和理解不同，书中校释或有不当之处，恳请读者见谅并提出宝贵意见，以便再版时修改。

《增修胶志校释》一书，历时二年多时间，数易书稿终于付梓。谨以此书献给胶州人民。

本书的出版，齐鲁书社副总编辑刘玉林编审，责任编辑李军宏编审、周磊副编审，美术编辑刘羽珂女史付出了辛勤的汗水，在此表示衷心感谢。

胶州市委党校常务副校长　贾泽荣

2024 年 5 月